NOUVEAU MANUEL
DE L'ESCOMPTEUR,

DU BANQUIER, DU CAPITALISTE ET DU FINANCIER,

OU

Nouvelles Tables de calculs d'intérêts simples,

AVEC

LE CALENDRIER DE L'ESCOMPTEUR,

Par LACOMBE.

NOUVELLE ÉDITION,

PRÉCÉDÉE

D'UNE INSTRUCTION SUR LES CALCULS D'INTÉRÊTS ET L'USAGE DES TABLES,

Par M. LAASS D'AGUEN,

Éditeur des Tables de Violeine,

ET SUIVIE D'UN

Exposé des lois sur les intérêts, les rentes, les effets de commerce, les chèques, etc.,

—————— ✦ ——————

PARIS,
GAUTHIER-VILLARS, IMPRIMEUR-LIBRAIRE
DU BUREAU DES LONGITUDES, DE L'ÉCOLE POLYTECHNIQUE,
SUCCESSEUR DE MALLET-BACHELIER,
Quai des Augustins, 55.

1877

NOUVEAU MANUEL

DE

L'ESCOMPTEUR.

NOUVEAU MANUEL

DE L'ESCOMPTEUR,

DU BANQUIER, DU CAPITALISTE ET DU FINANCIER,

ou

Nouvelles Tables de calculs d'intérêts simples,

AVEC

LE CALENDRIER DE L'ESCOMPTEUR,

Par LACOMBE ;

PRÉCÉDÉ

D'UNE INSTRUCTION SUR LES CALCULS D'INTÉRÊTS ET L'USAGE DES TABLES,

Par M. LAASS D'AGUEN,

Éditeur des Tables Violeine ;

ET D'UN

Exposé des lois sur les intérêts, les rentes, les effets de commerce, les chèques, etc.,

— · ———⊰⊙⊛⊙⊱——— · —

PARIS,

GAUTHIER-VILLARS, IMPRIMEUR-LIBRAIRE

DU BUREAU DES LONGITUDES, DE L'ÉCOLE POLYTECHNIQUE,

SUCCESSEUR DE MALLET-BACHELIER,

Quai des Augustins, 55.

—

1877

AVANT-PROPOS DE L'ÉDITEUR.

L'auteur, convaincu que le premier mérite d'une Table de comptes-faits est l'exactitude, ne s'est pas contenté d'apporter la plus scrupuleuse attention aux calculs et à l'impression du *Nouveau Manuel de l'Escompteur :* il a eu la patience de le comparer avec les meilleurs ouvrages publiés sur la matière. On peut donc se servir de ce Manuel en toute confiance.

Un grand avantage que présentent ces Tables est de donner non-seulement les intérêts depuis 1 jour jusqu'à 360 et même 366 jours pour les taux de 3 %, 3 1/2 %, 4 %, 4 1/2 %, 5 %, 5 1/2 %, 6 %, mais encore de fournir les *nombres,* c'est-à-dire les produits des capitaux par les nombres de jours. On sait, en effet, de quelle utilité est l'emploi des *nombres* pour l'établissement des comptes courants, le calcul de l'échéance commune, etc.

Les Tables d'intérêts sont suivies d'un Calendrier composé d'un tableau pour chaque jour de l'année, et donnant sans calcul le nombre de jours, à compter d'une date à une autre, dans le cours d'une année. Le calcul de ces nombres de jours est la source de fréquentes erreurs, qui seront épargnées aux lecteurs de cet Ouvrage.

M. Laass d'Aguen, éditeur des *Nouvelles Tables d'intérêts composés* de Violeine, a bien voulu donner pour cette nouvelle édition une Instruction détaillée sur le calcul des intérêts, sur l'établissement des bordereaux et sur l'usage des Tables.

L. — *Manuel.*

Enfin M. B., docteur en droit, a rédigé, à un point de vue très-pratique, un intéressant exposé des lois qui régissent, en matière civile et commerciale, les questions d'intérêts, de rentes sur l'État, d'effets de commerce, de chèques, etc.

Nous dirons, en résumé, qu'avec l'aide de ce Manuel on pourra facilement calculer tous comptes d'intérêts et d'escompte, et établir tous bordereaux d'effets sur Paris, les départements et l'étranger.

Instruction sur les calculs d'intérêts et l'usage des Tables.

1. On appelle *intérêt* le bénéfice que procure une somme d'argent que l'on prête pendant un certain temps (*).

La somme prêtée se nomme *capital*.

2. L'intérêt est *simple* lorsque le capital ne change pas, quel que soit le temps pendant lequel il reste placé. L'intérêt est *composé* lorsqu'il s'ajoute au capital, à la fin de chaque année, pour porter lui-même intérêt.

Nous ne nous occuperons ici que de l'intérêt simple (**).

3. Le taux est l'intérêt de 100 francs placés pendant un an.

4. La loi française ne permet pas de dépasser le taux de 5 °/₀ en matière civile et 6 °/₀ en matière commerciale. Cependant il y a, pour es colonies, quelques exceptions à cette règle générale.

5. L'année commerciale est de 360 jours; elle est divisée en 12 mois de chacun 30 jours. Cette manière de diviser l'année ne fausse le calcul que d'une manière insignifiante sur les petites sommes; elle donne 1/72 environ en trop au prêteur et présente de très-grands avantages pour la rapidité du calcul, le nombre 360 renfermant beaucoup plus de diviseurs que les nombres 365 et 366.

Calcul de l'intérêt simple.

6. L'intérêt simple est donné par la formule

$$1) \qquad I = \frac{Cta}{100},$$

(*) L'escompte *commercial* n'est qu'un intérêt qu'on retranche d'un capital au lieu de l'ajouter; il suffit donc ici de s'occuper de l'intérêt et de son calcul.

(**) Pour les intérêts composés, *voir* l'Ouvrage de M. VIOLEINE : **Nouvelles Tables pour les calculs d'intérêts composés, d'annuités et d'amortissement, etc.**; 3ᵉ édition, revue par M. LAASS D'AGUEN, gendre de l'auteur (Paris, Gauthier-Villars. — In-4°; 1873. Prix : 15 fr.)

dans laquelle I représente l'intérêt, C le capital, t le taux et a le nombre d'années.

Cette formule se déduit du raisonnement suivant :

Si 100 francs donnent par an. . . . . t francs,

1 franc donnera 100 fois moins, ou. . . . . $\dfrac{t}{100}$,

C francs donneront C fois plus, ou. . . . . . . $\dfrac{Ct}{100}$,

En a années, ils donneront a fois plus, ou. . $\dfrac{Cta}{100}$.

L'usage commercial est de compter tous les mois de 30 jours et l'année de 360 jours. Si l'on admet cette simplification et si l'on prend le mois pour unité de temps, il faut, dans la formule (1), remplacer a par $\dfrac{m}{12}$, en représentant par m l'expression en mois de la durée du placement. On a ainsi

$$(2) \qquad\qquad I = \frac{Ctm}{1200}.$$

7. De même, si l'on prend le jour pour unité de temps, il faut remplacer a par $\dfrac{n}{360}$ dans la formule (1), en représentant par n l'expression en jours de la durée du placement, ou remplacer m par $\dfrac{n}{30}$ dans la formule (2). On a ainsi

$$(3) \qquad\qquad I = \frac{Ctn}{36000}.$$

Cette dernière formule est employée par l'escompteur, qui généralement ne traite que pour un nombre de jours, de sorte que, si dans la question posée il entrait des années ou des mois, on réduirait ces années ou ces mois en jours, pour que n ne représentât qu'un nombre de jours.

8. On peut écrire de la manière suivante la formule (3) :

$$I = \frac{Cn}{\dfrac{36000}{t}}.$$

La quantité $\dfrac{36000}{t}$ est invariable dans toutes les questions concernant un même taux. Cette remarque donne l'origine des *diviseurs* employés d'ordinaire pour le calcul de l'intérêt simple.

Le tableau suivant contient les valeurs de $\dfrac{36000}{t}$ pour les taux les plus usuels :

TABLEAU DES DIVISEURS.

TAUX t	DIVISEURS d	TAUX t	DIVISEURS d
» $1/4$	144.000	6 $1/4$	5.760
» $1/2$	72.000	6 $1/2$	5.538
» $3/4$	48.000	6 $3/4$	5.333
1 $^o/_o$	36.000	7 $^o/_o$	5.143
1 $1/4$	28.800	7 $1/4$	4.966
1 $1/2$	24.000	7 $1/2$	4.800
1 $3/4$	20.571	7 $3/4$	4.645
2 $^o/_o$	18.000	8 $^o/_o$	4.500
2 $1/4$	16.000	8 $1/4$	4.364
2 $1/2$	14.400	8 $1/2$	4.235
2 $3/4$	13.091	8 $3/4$	4.114
3 $^o/_o$	12.000	9 $^o/_o$	4.000
3 $1/4$	11.077	9 $1/4$	3.892
3 $1/2$	10.286	9 $1/2$	3.789
3 $3/4$	9.600	9 $3/4$	3.692
4 $^o/_o$	9.000	10 $^o/_o$	3.600
4 $1/4$	8.471	10 $1/4$	3.512
4 $1/2$	8.000	10 $1/2$	3.429
4 $3/4$	7.579	10 $3/4$	3.349
5 $^o/_o$	7.200	11 $^o/_o$	3.273
5 $1/4$	6.857	11 $1/4$	3.200
5 $1/2$	6.545	11 $1/2$	3.130
5 $3/4$	6.261	11 $3/4$	3.064
6 $^o/_o$	6.000	12 $^o/_o$	3.000

Pour se servir de ce tableau dans le calcul de l'intérêt simple, il suffit de remarquer que la formule $\dfrac{Cn}{\frac{36000}{t}}$ conduit à la règle pratique suivante :

Multiplier le capital par le nombre de jours, et diviser le produit trouvé par le diviseur.

9. La formule $\dfrac{Cn}{\frac{36000}{t}}$ ou $\dfrac{Cn}{d}$ donne encore naissance aux *nombres*.

On appelle ainsi le produit du capital par le nombre de jours, c'est-à-dire la quantité Cn.

On fait usage des *nombres* dans l'établissement des comptes courants portant intérêts et dans celui des bordereaux d'effets à présenter à l'escompte (*).

Disposition des Tables

10. Chaque Table renferme tous les éléments de la formule $I = \dfrac{Cnt}{36000}$.

L'en-tête de la page indique le nombre de jours (avec le nombre de mois renfermé dans celui-ci, quand il y a lieu)... n

L'en-tête de chaque colonne du milieu de la page indique le taux... t

La première colonne à gauche donne les chiffres du capital. C

L'une des six colonnes du milieu donne l'intérêt de ce capital.. I

La dernière colonne à droite donne les *nombres*........ Cn

11. La colonne de droite peut encore indiquer un capital dont l'intérêt, pour un seul jour, est donné dans l'une des colonnes du milieu au taux t. En effet, la colonne de droite représente la quantité Cn, et a deuxième colonne (une des colonnes du milieu) représente I ou $\dfrac{Cnt}{36000}$. Or, si dans cette formule on considère Cn comme capital, on voit bien qu'elle donne l'intérêt du capital Cn, au taux t, pendant 1 jour.

(*) Nous donnons plus loin (page xviii) des indications détaillées sur l'emploi des *nombres*.

12. On peut aussi prendre l'en-tête de la page pour un capital, la colonne des capitaux pour des nombres de jours, et l'intérêt se trouvera dans la deuxième colonne, au taux t.

Ainsi, si je veux connaître l'intérêt de 227 francs à 6 % pour 96 jours, j'ouvre la page 227 :

$$
\begin{array}{lr}
 & \text{fr} \\
\text{Vis-à-vis de 90, je vois, colonne 6 °/\textsubscript{0}.............} & 3,40 \\
\text{»} \quad \text{de 6,} \qquad \text{»} \qquad .... & 0,23 \\
\hline
\text{Soit, pour 227 francs placés à 6 °/\textsubscript{0} pendant 96 jours...} & 3,63
\end{array}
$$

Ce fait s'explique par l'examen de la formule $1 = \dfrac{Cnt}{36000}$, qui montre que l'intérêt I est le même pour le capital C pendant n jours que pour le capital n pendant C jours. Dans le cas actuel, l'intérêt de 227 francs pendant 96 jours est le même que l'intérêt $3^{fr},63$ de 96 francs pendant 227 jours.

Application de ce qui vient d'être démontré à quelques exemples.

13. D'abord remarquons dans le tableau des diviseurs ceux des taux

4 %	4 ¹/₂	6 %	9 %	12 %
9000	8000	6000	4000	3000;

ils sont importants par leur simplicité et peuvent suppléer à tous les autres, comme nous allons le montrer par les exemples suivants :

EXEMPLE. — *Trouver l'intérêt de 475 francs à 4 °/\textsubscript{0}, 5 °/\textsubscript{0} et 7 °/\textsubscript{0} pendant 45 jours.*

Avec le seul diviseur 6000 de 6 °/\textsubscript{0}, on peut donner les trois réponses. La formule étant $I = \dfrac{Cn}{6000} = \dfrac{475 \times 45}{6000} = \dfrac{21,375}{6} = 3^{fr},563$ pour 6 °/\textsubscript{0}, on aura :

Pour 4 °/\textsubscript{0}.	Pour 5 °/\textsubscript{0}.	Pour 7 °/\textsubscript{0}.
fr	fr	fr
3,563	3,563	3,564
$-\frac{2}{6} = -\ ^1/_3 ...$ 1,187	$-\ ^1/_6 ...$ 0,594	$+\ ^1/_6 ...$ 0,594
2,376	2,969	4,157

Ce procédé est généralement employé chez les banquiers.
Avec la Table 45 jours, on obtient les mêmes résultats :

1re colonne.	4 %.	5 %.	6 %.
fr	fr	fr	fr
400	2,00	2,50	3,00
70	0,35	0,44	0,52
5	0,02	0,03	0,04
475	2,37	2,97	3,56
			+ $\frac{1}{6}$... 0,59 } = 4fr,15

EXEMPLE. — *Trouver l'intérêt de 585 francs à 3, 4, 5 et 6 % pendant 92 jours.*

Avec le seul diviseur de 4 %, 9000, on peut donner les quatre réponses. On a d'abord :

$$I = \frac{Cn}{9000} = \frac{585 \times 92}{9000} = \frac{53^{fr},820}{9} = 5^{fr},98 \quad \text{pour} \quad 4\ \%,$$

et par suite :

Pour 3 %.	Pour 5 %.	Pour 6 %.
fr	fr	fr
5,98	5,98	5,98
− $\frac{1}{4}$... 1,49	+ $\frac{1}{4}$... 1,49	+ $\frac{1}{2}$... 2,99
4,49	7,47	8,97

Avec la Table 92 jours, on trouve de même :

1re colonne.	3 %.	4 %.	5 %.	6 %.
fr	fr	fr	fr	fr
500	3,833	5,111	6,389	7,667
80	0,613	0,818	1,022	1,227
5	0,038	0,051	0,064	0,077
585	4,484	5,980	7,475	8,971

EXEMPLES POUR L'INTÉRÊT ANNUEL.

La formule que nous avons démontrée contient quatre quantités, qui peuvent indifféremment faire l'objet de la question proposée : de là quatre questions possibles, qui ont chacune leur formule dérivée de la première. Dans le cas où la durée du placement est exprimée en années, ces quatre formules sont

$$I = \frac{Cta}{100}, \quad C = \frac{100I}{ta}, \quad t = \frac{100I}{Ca}, \quad a = \frac{100I}{Ct}.$$

1° *Quel est l'intérêt d'un capital* C, *à un taux donné t, pour une ou plusieurs années?*

$$I = \frac{Cta}{100}.$$

EXEMPLE. — *On demande l'intérêt de* 875 *francs, à* 4 °/₀, *pour* 1 *an.*

$$I = \frac{875 \times 4 \times 1}{100} = 8,75 \times 4 = 35^{fr}.$$

Table 360, colonne 4 °/₀.

fr		fr
800,00	rapportent	32,00
70,00	»	2,80
5,00	»	0,20
875,00	»	**35,00**

2° *Quel capital a-t-on placé, à un taux donné t, pour recevoir* I *francs d'intérêt après une ou plusieurs années?*

$$C = \frac{100\,I}{ta}.$$

EXEMPLE. — *Quel capital a été placé à* 4 °/₀ *pour avoir donné, en* 2 *ans,* 70 *francs d'intérêt?*

$$C = \frac{100 \times 70}{4 \times 2} = \frac{7000}{8} = 875^{fr}.$$

L'étendue des Tables ne dépassant pas une année, on divise l'intérêt reçu par le nombre d'années donné, et l'on a alors l'intérêt du capital nconnu pour 1 an ou 360 jours. Dans cet exemple, on dit : L'intérêt, étant de 70 francs pour 2 ans, est de $\frac{70}{2} = 35$ pour 1 an ; la question revient donc à trouver le capital qui, placé pendant 1 an à 4 °/₀, a rapporté 35 francs.

Table 360, colonne 4 °/₀.

fr		fr		fr
32,00	sont l'intérêt de	800,00	Reste	3,00
2,80	»	70,00	Reste	0,20
0,20	»	5,00		
35,00	»	875,00		

2

3° *A quel taux a-t-on placé un capital donné* C *pour rapporter* I *francs d'intérêt après une ou plusieurs années ?*

$$t = \frac{100\,I}{Ca}.$$

EXEMPLE. — *A quel taux a-t-on placé* 875 *francs pour toucher* 70 *francs à la fin de la deuxième année ?*

$$t = \frac{100 \times 70}{875 \times 2} = \frac{7000}{17,50} = 4\,°/_0.$$

L'étendue des Tables ne dépassant pas une année, on cherche à que taux on a placé 875 francs pour toucher $\frac{70}{2} = 35^{fr}$ à la fin de la première année.

Table 360.

En face de 800, on regarde les intérêts 24, 28, 32, 36, etc., et l'on voit que 32, qui répond aux données du problème, est dans la colonne 4 °/₀. Il faut ensuite vérifier ce résultat et voir si, à ce taux, 875 francs rapporten bien 35 francs.

fr		fr
800,00	à 4 °/₀ rapportent	32,00
70,00	»	2,80
5,00	»	0,20
875,00	»	35,00

4° *Pendant combien d'années un capital donné* C *est-il resté placé à un taux t pour rapporter* I *francs d'intérêt ?*

$$a = \frac{100\,I}{Ct}.$$

EXEMPLE. — 875 *francs placés à* 4 °/₀ *ont rapporté* 70 *francs d'intérêt ; on demande pendant combien d'années ils sont restés placés.*

$$a = \frac{100 \times 70}{875 \times 4} = \frac{7000}{3,500} = 2 \text{ ans.}$$

Table 360.

On cherche dans cette Table l'intérêt de 875 francs, à 4 °/₀, pendant 1 an, et l'on trouve 35 francs. Divisant ensuite l'intérêt reçu 70 francs par 35, on a $\frac{70}{35} = 2$ ans pour la durée du placement.

EXEMPLES POUR LES MOIS.

Les quatre formules sont, pour le cas où la durée du placement est exprimée en mois,

$$I = \frac{Ctm}{1200}, \quad C = \frac{1200\,I}{tm}, \quad t = \frac{1200\,I}{Cm}, \quad m = \frac{1200\,I}{Ct}.$$

1° EXEMPLE. — *Quel intérêt recevra-t-on pour 15000 francs placés à 5 %, pendant 15 mois?*

$$I = \frac{Ctm}{1200} = \frac{15000 \times 5 \times 15}{1200} = \frac{11250}{12} = 937^{fr},50.$$

L'étendue des Tables ne dépassant pas 12 mois, on prend une fraction du temps donné, soit $\frac{1}{3}$ des 15 mois, ou 5 mois = 150 jours. On cherche dans la Table 150 l'intérêt I %, de 15000 francs pour 5 mois, et il suffit ensuite de multiplier par 3 le résultat trouvé.

Table 150, colonne 5 %.

10000,00	rapportent	208,33
5000,00	»	104.17
15000,00	»	312,50

$$312^{fr},50 \times 3 = 937^{fr},50.$$

2° EXEMPLE. — *Quel capital a été placé à 5 %, pour avoir donné 937^{fr},50 d'intérêt en 15 mois?*

$$C = \frac{1200\,I}{tm} = \frac{1200 \times 937,50}{5 \times 15} = \frac{1125000}{75} = \frac{45000}{3} = 15000^{fr}.$$

L'étendue des Tables ne dépassant pas 12 mois, on prend une fraction du temps, soit le $\frac{1}{3}$, et la même fraction des intérêts. Dans le cas actuel, on prend $\frac{1}{3}$ de 15 mois, soit 5 mois ou 150 jours, et le $\frac{1}{3}$ des intérêts, soit $\frac{937,50}{3} = 312,50$. Il suffit maintenant de chercher le capital qui, placé à 5 % pendant 5 mois, a rapporté 312^{fr},50.

Table 150, colonne 5 %.

208,33	sont l'intérêt de	10000	Reste la différence 104,17.
104,17	»	5000	
312,50	»	**15000**	

3° EXEMPLE. — *A quel taux a-t-on placé* 15000 *francs pendant* 15 *mois pour toucher* 937^{fr},50 *d'intérêt?*

$$t = \frac{1200\,I}{Cm} = \frac{1200 \times 937,50}{15000 \times 15} = \frac{1125000}{225000} = \frac{45}{9} = 5\,\%.$$

L'étendue des Tables ne dépassant pas 12 mois, on prend la même fraction du temps et de l'intérêt, le $\frac{1}{3}$ par exemple, et l'on ramène la question à celle-ci : A quel taux a-t-on placé 15000 francs pendant 5 mois pour toucher 312^{fr},50?

Table 150.

En face de 10000 et de 5000, on prend dans les colonnes du milieu les intérêts pour divers taux, 4 %, 4 $\frac{1}{2}$ %, 5 %, etc., jusqu'à ce qu'on trouve un total égal à 312^{fr},50. Le taux de la colonne qui donne ce total est le taux cherché.

		4 %.	4 $\frac{1}{2}$ %.	5 %.
		fr	fr	fr
10000	rapportent	166,67	187,50	208,33
5000	»	83,33	93,75	104,17
15000	»	250,00	281,25	312,50

Le taux demandé est **5 %**.

4° EXEMPLE. — *Pendant combien de mois a-t-on placé* 15000 *francs* à 5 % *pour toucher* 937^{fr},50 *d'intérêt?*

$$m = \frac{1200\,I}{Ct} = \frac{1200 \times 937,50}{15000 \times 5} = \frac{1125000}{75000} = \frac{45}{3} = \textbf{15 mois.}$$

Table 30 (ou 1 mois).

On cherche dans cette Table l'intérêt de 15000 francs, à 5 %, pendant 1 mois.

			fr
10000	rapportent en 1 mois		41,67
5000	»		20,83
15000	»		62,50

Autant de fois 62^{fr},50 seront contenus dans 937^{fr},50, autant de mois aura duré le placement : $\frac{937,50}{62,50} = \textbf{15 mois.}$

EXEMPLES POUR LES JOURS.

Les quatre formules sont, pour le cas où la durée du placement est exprimée en jours,

$$I = \frac{Ctn}{36000}, \quad C = \frac{36000\,I}{tn}, \quad t = \frac{36000\,I}{Cn}, \quad n = \frac{36000\,I}{Ct}.$$

1° EXEMPLE. — *Quel est l'intérêt de 1495 francs, à 6 %, pour 62 jours?*

$$I = \frac{Ctn}{36000} = \frac{1495 \times 6 \times 62}{36000} = \frac{1495 \times 62}{6000} = \frac{92,690}{6} = 15^{fr},45.$$

Tabe 62, colonne 6 °/₀.

fr		fr
1000	rapportent	10,33
400	»	4,13
90	»	0,93
5	»	0,05
1495	»	**15,44**

2° EXEMPLE. — *Quel capital a-t-on placé à 6 %, pendant 62 jours, pour toucher 15^{fr},45?*

$$C = \frac{36000\,I}{tn} = \frac{36000 \times 6}{6 \times 62} = \frac{6000 \times 15,45}{62} = \frac{92700}{62} = 1495^{fr},16.$$

Table 62, colonne 6 °/₀.

fr		fr		fr
10,33	sont l'intérêt de	1000	Reste	5,12
4,13	»	400	»	0,99
0,93	»	90	»	0,06
0,05	»	5	»	0,01
15,44	»	**1495**		

3° EXEMPLE. — *A quel taux a-t-on placé 1495 francs pour obtenir 15^{fr},45 d'intérêt en 62 jours?*

$$t = \frac{36000\,I}{Cn} = \frac{36000 \times 15,45}{1495 \times 62} = \frac{36 \times 15,45}{1,495 \times 62} = \frac{556,20}{92,69} = 6\ °/₀\ \tfrac{6}{9269}.$$

Table 62.

	4 ½ °/₀.	5 °/₀.	6 °/₀.
	fr	fr	fr
1000 francs rapportent...	17,75	8,61	10,33
400 » ...	3,10	3,44	4,13
90 » ...	0,70	0,77	0,93
5 » ..	0,04	0,04	0,05
	11,59	12,86	15,44

Le taux demandé est 6 °/₀.

2.

4º **Exemple.** — *Combien a-t-il fallu de jours pour que, placés à 6 %,* 1495 *francs aient rapporté* 15^{fr}, 45?

$$n = \frac{36000\,I}{Ct} = \frac{36000 \times 15,45}{1495 \times 6} = \frac{6000 \times 15,45}{1495}$$

$$= \frac{6 \times 15,45}{1,495} = \frac{92,70}{1,495} = 62 \text{ jours.}$$

Table 100.

On cherche dans cette Table l'intérêt de 1495 francs pendant 100 jours.

		^{fr}
1000 francs rapportent...		16,67
400	»	6,67
90	»	1,50
5	»	0,08
1495	»	24,92 soit 0,249 pour 1 jour.

Autant de fois 0^{fr}, 249 sera contenu dans 15^{fr}, 45, autant de jours aura duré le placement

$$\frac{15,45}{0,249} = 62.$$

Des nombres.

14. Nous avons dit (9) qu'on appelle *nombre* le produit Cn de la multiplication du capital par le nombre de jours du placement.

Les valeurs des *nombres* sont inscrites dans la colonne de droite de chaque Table.

Nous allons passer en revue les principaux cas où il est utile de faire intervenir leur usage.

15. *Somme des intérêts de plusieurs capitaux placés au même taux pendant des temps différents.* — D'après la formule $I = \dfrac{Cn}{\dfrac{36000}{t}}$ ou

$I = \dfrac{Cn}{d}$, on obtient l'intérêt en divisant le *nombre* Cn par le *diviseur* (*voir* nº 8).

Soit, par exemple, à trouver le total des intérêts à 6 % des capitaux. 640   347   548   755 francs

placés pendant. 62   77   93   116 jours.

Les Tables donneront (colonne de droite) les *nombres* C.n, et, en divisant chacun de ces nombres par le diviseur correspondant à 6 %, soit 6000 (*voir* le tableau, page IX), on obtiendra les intérêts partiels des divers capitaux. Il suffira ensuite d'additionner ces intérêts partiels pour obtenir la somme 34^{fr}, 40 des intérêts.

	Nombres.	Intérêts.
640 fr. pour 62 jours	39680	$\dfrac{39680}{6000} = 6,61$
347 » 77 »	26719	$\dfrac{26719}{6000} = 4,45$
548 » 93 »	50964	$\dfrac{50964}{6000} = 8,49$
755 » 118 »	89090	$\dfrac{89090}{6000} = 14,85$
	206453	34,40

Mais il est facile de voir que, si au lieu de diviser chacun des *nombres* par 6000 et d'additionner les quotients trouvés on avait divisé la somme des *nombres* 206453 par ce diviseur, on aurait obtenu le même résultat.

$$\frac{206,453}{6000} = 34^{fr}, 40.$$

On voit donc que l'emploi des *nombres* permet de simplifier beaucoup les calculs, puisqu'on remplace ainsi plusieurs divisions par une seule. Cette méthode est usitée dans l'établissement des comptes courants.

16. *Intérêts pour un jour.* — Si l'on suppose que les *nombres* de la colonne de droite représentent des capitaux, les colonnes du milieu donneront, pour les divers taux, les intérêts de ces capitaux pour un jour; c'est ce qui a été démontré au n° 11.

Prenons, par exemple, le *nombre* 1120000, Table 12, colonne de droite, cinquième ligne. On trouve immédiatement que ce *nombre*, considéré comme un capital de 1120000 francs, donne pour intérêts d'un jour.............. 93^{fr},33   108^{fr},89   124^{fr},44   etc.
au taux de............ 3 %   3 ½ %   4 %   etc.

Supposons qu'on ait à chercher l'intérêt pour un jour, au taux de 6 %, du capital 206453 francs :

Table 206, ligne 14, le capital 206000 donne..... 34^{fr},33
Table 45, ligne 32, le capital 450 donne......... 0,07
34,40

On remarquera que, sans recourir à une deuxième Table, on aurait trouvé avec un peu d'attention, dans la Table 206, un nombre rapproché de 453. En descendant à la quarantième ligne, on voit 412, qu donne l'intérêt 0^{fr},07. Le résultat est le même, car la différence de plusieurs dizaines sur les nombres n'influe que sur les millimes des intérêts, ou n'introduit au plus qu'une erreur de 1 centime par excès ou par défaut.

17. *Échéance commune.* — On demande à quelle époque devraient être soldés, en un seul payement, sans bénéfice ni perte, deux billets dont l'un serait de.... 1125^{fr} payable dans 30 jours $Cn = 33750$
et l'autre de........ 3375 » 96 » $Cn = 324000$
Somme des capitaux.. 4500 ___ Somme des nombres $= \overline{357750}$

Pour obtenir l'échéance commune, on divise la somme des nombres par la somme des capitaux, et l'on trouve $\dfrac{357750}{4500} = 79^j,50$.

Comme les jours ne se fractionnent pas, on néglige les 50 centièmes et la réponse est **79** jours.

Voici l'explication de cette manière d'opérer.

Le taux de l'intérêt ne fait évidemment pas varier le résultat; mais supposons un instant, pour la facilité du raisonnement, que l'intérêt soit à 4 % par exemple. Le diviseur, dans ce cas, est 9000.

Le total des intérêts des deux billets est, d'après le numéro précédent, égal à la somme des nombres divisée par 9000, soit... $\dfrac{357750}{9000}$

Le capital unique 4500 francs, placé pendant un nombre de jours n, rapportera.... .... $\dfrac{4500n}{9000}$

On doit choisir n de telle sorte que ces deux intérêts soient égaux; il faut donc que

$$\frac{4500n}{9000} = \frac{357750}{9000}$$

ou bien

$$4500n = 357750;$$

d'où l'on tire

$$n = \frac{357750}{4500}.$$ C. Q. F. D.

18. Nous allons donner des modèles de bordereaux, avec ou sans commission, courtage et change.

Modèles de bordereaux d'escompte.

Paris, le 31 décembre 18 .

1ᵉʳ Bordereau *des effets remis à l'escompte par* Joubert
à MM. Girard *et* Cⁱᵉ, *intérêts à* 6 °/₀ *l'an.*

Sommes.	Souscripteurs ou payeurs.		Échéances.	Jours à courir.	Intérêts ou escompte.
fr					fr
1200,00	Billet Guérin, payable à Paris au		20 janvier.	20	4,00
725,50	» Pougin,	»	31 »	31	3,75
1074,55 (*)	» Gando frères,	»	28 février.	59	10,57
640,35	» Bernard,	»	31 mars.	90	9,60
559,60	» Durand,	»	30 avril.	120	11,20
800,00	» Michaud,	»	31 mai.	151	20,13
					59,25
	Soldé en espèces par appoint de....				4940,75
5000,00	*Pour acquit,* Joubert.				5000,00

Nota. L'acquit du bordereau est nécessaire, parce qu'il arrive souvent que l'on remet des effets signés en *blanc,* ce qui n'est pas régulier, et, dans ce cas, il faut pouvoir justifier par un titre de la propriété des valeurs qu'on a remises pour répondre à ceux qui réclameraient un second payement à cause de l'endossement irrégulier.

Pour établir ce bordereau, on range les effets, suivant l'usage, par ordre d'échéances, la première étant au 20 janvier, puis on cherche dans le calendrier le tableau du 31 décembre (les personnes qui comptent un jour de plus prendront le tableau précédent, soit du 30 décembre), qui fait connaître les jours à courir jusqu'à l'échéance; ensuite on cherche dans les Tables, pour le nombre de jours indiqués, l'intérêt de chaque somme dans la colonne du 6 °/₀, qu'on porte en regard de chaque somme, et, après avoir fait les additions, la balance se trouve de 4940ᶠʳ,75, payés à Joubert pour solde des effets qu'il a remis à l'escompte.

(*) Dans la pratique, on ne compte l'intérêt des centimes qu'après 50, que l'on considère comme 1 franc; jusqu'à 50 centimes, on néglige d'en prendre l'intérêt.

Paris, le 31 mars 18 .

2ᵉ BORDEREAU *des effets présentés à l'escompte par* M. *à* M.,
intérêts à 6 % *l'an.*

Avec commission et courtage (*).

Sommes.	Souscripteurs ou payeurs.	Échéances.	Jours à courir.	Intérêts.
fr				fr
3400,00	Billet Redard, à Paris,	au 20 avril.	20	11,33
1200,00	» Gravier, »	au 5 mai.	35	7,00
340,00	» Baisse, »	au 15 »	45	2,55
660,00	» Boyer, »	au 31 »	61	6,71
				27,59
	Commission de ¹/₂ % sur 5600 francs.......			28,00
	Courtage de ¹/₄ % sur			7,00
	Appoint soldé par			5537,41
5600,00		*Pour acquit.*		5600,00

Nous reproduisons ces deux bordereaux en suivant la méthode des
nombres en usage chez les banquiers.

Paris, le 31 décembre 18 .

1ᵉʳ BORDEREAU *des effets sur Paris présentés à l'escompte
par* M. *à* M. , *intérêts à* 6 % *l'an.*

Sommes.	Souscripteurs ou payeurs.	Échéances.	Jours à courir.	Nombres.
fr				
1020,00	Billet Guérin,	au 20 janvier,	20	24000
725,50	» Pougin,	au 31 »	31	22475
1074,55	» Gando frères,	au 28 février.	59	63425
640,35	» Bernard,	au 31 mars,	90	57600
559,60	» Durand,	au 30 avril.	120	67200
800,00	» Michaud,	au 31 mai.	151	120800
5000,00				
59,25	intérêts sur les nombres divisés par 6000......			355500
4940,75	net produit soldé ce jour.			
		Pour acquit,		

(*) Les tribunaux admettent la commission et le courtage, qui varient
selon la volonté des parties, bien que certaines personnes regardent cela
comme un surcroît d'intérêt déguisé.

Paris, le 31 mars 18 .

2ᵉ BORDEREAU *des effets sur Paris présentés à l'escompte*
par M. à M. , *intérêts à* 6 °/₀ *l'an.*

Avec commission et courtage.

Sommes.	Souscripteurs ou payeurs.	Échéances.	Jours à courir.	Nombres.
fr				
3400,00	Billet Redard,	au 20 avril.	20	68000
1200,00	» Gravier,	au 5 mai.	35	42000
340,00	» Boyer,	au 15 »	45	15300
660,00	» Baisse,	au 31 »	61	40260
5600,00				165560

	fr	
	27,59	intérêts sur les nombres.
62,59	28,00	commission ¹/₂ °/₀ sur 5600 francs.
	7,00	courtage ¹/₈ °/₀ sur »
5537,41	Produit net soldé ce jour.	

Pour acquit,

BORDEREAU *des effets sur les départements ou l'étranger, présentés*
à l'escompte par M. .

Avec commission et change.

Le Comptoir n'est responsable d'aucune des conséquences des er-
reurs de toute nature commises par les présentateurs ou leurs cédants,
et spécialement de la fausse indication de somme, d'échéance ou du
lieu de payement, soit sur les effets, soit sur le bordereau.

4 *Effets.* — Fr. 3200.

Sommes.	Villes.	Échéances.	Jours à courir.	Escompte.	Change.	Produit du change.
fr				fr		fr
600,60	Lyon,	au 15 avril.	15	1,50	¹/₄ °/₀	1,50
1000,00	Rouen,	au 24 »	24	4,00	¹/₂ °/₀	5,00
400,00	Turin,	au 30 »	30	2,00	1 °/₀	4,00
1200,00	Gênes,	au 10 mai.	40	8,00	1 °/₀	12,00
3200,00				15,50		22,50

	fr	
	15,50	intérêts.
54,00	22,50	perte sur le change.
	16,00	commission ¹/₂ °/₀ sur 3200 francs.
3146,00	Produit net soldé ce jour.	

Pour acquit,

BANQUE DE FRANCE.

Paris, le 2 juin 18 .

Approuvé
pour F.

Le gouverneur,

BORDEREAU DES EFFETS SUR PARIS, *présentés à la Banque de France pour être escomptés, et dont le produit net doit être porté au crédit du compte de*

D'après les statuts et l'arrêté du Conseil général du 4 février 1808, les actions de la Banque et les fonds publics français transférés à la Banque servent de garanties pour toutes les signatures de l'auteur du transfert qui peuvent se trouver dans le portefeuille de la Banque.

Nota. Les effets échéant à la fin du mois doivent, comme les effets au comptant, être présentés à l'escompte l'avant-veille de l'échéance, *les jours fériés non compris.*

La Banque n'est responsable d'aucune des conséquences des erreurs de toute nature commises par les présentateurs, et spécialement de la fausse indication de somme, d'échéance et de lieu de payement, soit sur le bordereau, soit sur l'effet.

6 *effets.* — Fr. 25000.

ACCEPTEURS, TIREURS des traites non acceptables. — Souscripteurs des billets.	TIREURS DES TRAITES acceptables — Premier endosseur des billets ou des traites non acceptables.	SOMMES.		ÉCHÉANCES.	JOURS à courir.	ESCOMPTE.
		F.	C.			F. C.
Milbert.	Torlonia.	6000		10 août.	69	57,50
Rougemont.	Bira.	3000	»	15 »	74	30,83
Martin.	Roland.	7000	»	15 »	74	71,94
Delessert.	Sina.	4000	»	20 »	79	43,89
Aillaud.	Moulon.	2000	»	31 »	90	25,00
Thorel.	Durand.	3000	»	31 »	90	37,50
		25000	»			266,66

Certifié le présent Bordereau montant à la somme de vingt-cinq mille francs en six effets.

GANDO frères.

Nota. L'intérêt est à 5 °/₀.

COLONNE DES CAPITAUX	INTÉRÊTS POUR 1 JOUR.						NOMBRES PRODUITS des CAPITAUX multipliés par 1 Jour.
	à 3 %	à 3 ½	à 4 %	à 4 ½	à 5 %	à 6 %	
fr.	fr. c.	fr. c.	fr. c.	fr. c.	fr. c.	fr. c.	
50,000	4, 17	4, 86	5, 56	6, 25	6, 94	8, 33	50000
40,000	3, 33	3, 89	4, 44	5, 00	5, 56	6, 67	40000
30,000	2, 50	2, 92	3, 33	3, 75	4, 17	5, 00	30000
20,000	1, 67	1, 94	2, 22	2, 50	2, 78	3, 33	20000
10,000	0, 83	0, 97	1, 11	1, 25	1, 39	1, 67	10000
9,000	0, 75	0, 87	1, 00	1, 12	1, 25	1, 50	9000
8,000	0, 67	0, 78	0, 89	1, 00	1, 11	1, 33	8000
7,000	0, 58	0, 68	0, 78	0, 87	0, 97	1, 17	7000
6,000	0, 50	0, 58	0, 67	0, 75	0, 83	1, 00	6000
5,000	0, 42	0, 49	0, 56	0, 62	0, 69	0, 83	5000
4,000	0, 33	0, 39	0, 44	0, 50	0, 56	0, 67	4000
3,000	0, 25	0, 29	0, 33	0, 37	0, 42	0, 50	3000
2,000	0, 17	0, 19	0, 22	0, 25	0, 28	0, 33	2000
1,000	0, 08	0, 10	0, 11	0, 12	0, 14	0, 17	1000
900	0, 07	0, 09	0, 10	0, 11	0, 12	0, 15	900
800	0, 07	0, 08	0, 09	0, 10	0, 11	0, 13	800
700	0, 06	0, 07	0, 08	0, 09	0, 10	0, 12	700
600	0, 05	0, 06	0, 07	0, 07	0, 08	0, 10	600
500	0, 04	0, 05	0, 06	0, 06	0, 07	0, 08	500
400	0, 03	0, 04	0, 04	0, 05	0, 06	0, 07	400
300	0, 02	0, 03	0, 03	0, 04	0, 04	0, 05	300
200	0, 02	0, 02	0, 02	0, 02	0, 03	0, 03	200
100	0, 01	0, 01	0, 01	0, 01	0, 01	0, 02	100
90	0, 01	0, 01	0, 01	0, 01	0, 01	0, 01	90
80	0, 01	0, 01	0, 01	0, 01	0, 01	0, 01	80
70	0, 01	0, 01	0, 01	0, 01	0, 01	0, 01	70
60	0, 00	0, 01	0, 01	0, 01	0, 01	0, 01	60
50	0, 00	0, 00	0, 01	0, 01	0, 01	0, 01	50
40	0, 00	0, 00	0, 00	0, 00	0, 01	0, 01	40
30	0, 00	0, 00	0, 00	0, 00	0, 00	0, 00	30
20	0, 00	0, 00	0, 00	0, 00	0, 00	0, 00	20
10	0, 00	0, 00	0, 00	0, 00	0, 00	0, 00	10
9	0, 00	0, 00	0, 00	0, 00	0, 00	0, 00	9
8	0, 00	0, 00	0, 00	0, 00	0, 00	0, 00	8
7	0, 00	0, 00	0, 00	0, 00	0, 00	0, 00	7
6	0, 00	0, 00	0, 00	0, 00	0, 00	0, 00	6
5	0, 00	0, 00	0, 00	0, 00	0, 00	0, 00	5
4	0, 00	0, 00	0, 00	0, 00	0, 00	0, 00	4
3	0, 00	0, 00	0, 00	0, 00	0, 00	0, 00	3
2	0, 00	0, 00	0, 00	0, 00	0, 00	0, 00	2
1	0, 00	0, 00	0, 00	0, 00	0, 00	0, 00	1

COLONNE DES CAPITAUX	INTÉRÊTS POUR 2 JOURS.						NOMBRES PRODUITS des CAPITAUX multipliés par 2 Jours.
	à 3 %	à 3 ½	à 4 %	à 4 ½	à 5 %	à 6 %	
fr.	fr. c.	fr. c.	fr. c.	fr. c.	fr. c.	fr. c.	
50,000	8, 33	9, 72	11, 11	12, 50	13, 89	16, 67	100000
40,000	6, 67	7, 78	8, 89	10, 00	11, 11	13, 33	80000
30,000	5, 00	5, 83	6, 67	7, 50	8, 33	10, 00	60000
20,000	3, 33	3, 89	4, 44	5, 00	5, 56	6, 67	40000
10,000	1, 67	1, 94	2, 22	2, 50	2, 78	3, 33	20000
9,000	1, 50	1, 75	2, 00	2, 25	2, 50	3, 00	18000
8,000	1, 33	1, 56	1, 78	2, 00	2, 22	2, 67	16000
7,000	1, 17	1, 36	1, 56	1, 75	1, 94	2, 33	14000
6,000	1, 00	1, 17	1, 33	1, 50	1, 67	2, 00	12000
5,000	0, 83	0, 97	1, 11	1, 25	1, 39	1, 67	10000
4,000	0, 67	0, 78	0, 89	1, 00	1, 11	1, 33	8000
3,000	0, 50	0, 58	0, 67	0, 75	0, 83	1, 00	6000
2,000	0, 33	0, 39	0, 44	0, 50	0, 56	0, 67	4000
1,000	0, 17	0, 19	0, 22	0, 25	0, 28	0, 33	2000
900	0, 15	0, 17	0, 20	0, 22	0, 25	0, 30	1800
800	0, 13	0, 16	0, 18	0, 20	0, 22	0, 27	1600
700	0, 12	0, 14	0, 16	0, 17	0, 19	0, 23	1400
600	0, 10	0, 12	0, 13	0, 15	0, 17	0, 20	1200
500	0, 08	0, 10	0, 11	0, 12	0, 14	0, 17	1000
400	0, 07	0, 08	0, 09	0, 10	0, 11	0, 13	800
300	0, 05	0, 06	0, 07	0, 07	0, 08	0, 10	600
200	0, 03	0, 04	0, 04	0, 05	0, 06	0, 07	400
100	0, 02	0, 02	0, 02	0, 02	0, 03	0, 03	200
90	0, 01	0, 02	0, 02	0, 02	0, 02	0, 03	180
80	0, 01	0, 02	0, 02	0, 02	0, 02	0, 03	160
70	0, 01	0, 01	0, 02	0, 02	0, 02	0, 02	140
60	0, 01	0, 01	0, 01	0, 01	0, 02	0, 02	120
50	0, 01	0, 01	0, 01	0, 01	0, 01	0, 02	100
40	0, 01	0, 01	0, 01	0, 01	0, 01	0, 01	80
30	0, 00	0, 01	0, 01	0, 01	0, 01	0, 01	60
20	0, 00	0, 00	0, 00	0, 00	0, 01	0, 01	40
10	0, 00	0, 00	0, 00	0, 00	0, 00	0, 00	20
9	0, 00	0, 00	0, 00	0, 00	0, 00	0, 00	18
8	0, 00	0, 00	0, 00	0, 00	0, 00	0, 00	16
7	0, 00	0, 00	0, 00	0, 00	0, 00	0, 00	14
6	0, 00	0, 00	0, 00	0, 00	0, 00	0, 00	12
5	0, 00	0, 00	0, 00	0, 00	0, 00	0, 00	10
4	0, 00	0, 00	0, 00	0, 00	0, 00	0, 00	8
3	0, 00	0, 00	0, 00	0, 00	0, 00	0, 00	6
2	0, 00	0, 00	0, 00	0, 00	0, 00	0, 00	4
1	0, 00	0, 00	0, 00	0, 00	0, 00	0, 00	2

COLONNE DES CAPITAUX	INTÉRÊTS POUR 3 JOURS.						NOMBRES PRODUITS des CAPITAUX multipliés par 3 Jours.
	à 3 %	à 3 ½	à 4 %	à 4 ½	à 5 %	à 6 %	
fr.	fr. c.	fr. c.	fr. c.	fr. c.	fr. c.	fr. c.	
50,000	12, 50	14, 58	16, 67	18, 75	20, 83	25, 00	150000
40,000	10, 00	11, 67	13, 33	15, 00	16, 67	20, 00	120000
30,000	7, 50	8, 75	10, 00	11, 25	12, 50	15, 00	90000
20,000	5, 00	5, 83	6, 67	7, 50	8, 33	10, 00	60000
10,000	2, 50	2, 92	3, 33	3, 75	4, 17	5, 00	30000
9,000	2, 25	2, 62	3, 00	3, 37	3, 75	4, 50	27000
8,000	2, 00	2, 33	2, 67	3, 00	3, 33	4, 00	24000
7,000	1, 75	2, 04	2, 33	2, 62	2, 92	3, 50	21000
6,000	1, 50	1, 75	2, 00	2, 25	2, 50	3, 00	18000
5,000	1, 25	1, 46	1, 67	1, 87	2, 08	2, 50	15000
4,000	1, 00	1, 17	1, 33	1, 50	1, 67	2, 00	12000
3,000	0, 75	0, 87	1, 00	1, 12	1, 25	1, 50	9000
2,000	0, 50	0, 58	0, 67	0, 75	0, 83	1, 00	6000
1,000	0, 25	0, 29	0, 33	0, 37	0, 42	0, 50	3000
900	0, 22	0, 26	0, 30	0, 34	0, 37	0, 45	2700
800	0, 20	0, 23	0, 27	0, 30	0, 33	0, 40	2400
700	0, 17	0, 20	0, 23	0, 26	0, 29	0, 35	2100
600	0, 15	0, 17	0, 20	0, 22	0, 25	0, 30	1800
500	0, 12	0, 15	0, 17	0, 19	0, 21	0, 25	1500
400	0, 10	0, 12	0, 13	0, 15	0, 17	0, 20	1200
300	0, 07	0, 09	0, 10	0, 11	0, 12	0, 15	900
200	0, 05	0, 06	0, 07	0, 07	0, 08	0, 10	600
100	0, 02	0, 03	0, 03	0, 04	0, 04	0, 05	300
90	0, 02	0, 03	0, 03	0, 03	0, 04	0, 04	270
80	0, 02	0, 02	0, 03	0, 03	0, 03	0, 04	240
70	0, 02	0, 02	0, 02	0, 03	0, 03	0, 03	210
60	0, 01	0, 02	0, 02	0, 02	0, 02	0, 03	180
50	0, 01	0, 01	0, 02	0, 02	0, 02	0 02	150
40	0, 01	0, 01	0, 01	0, 01	0, 02	0, 02	120
30	0, 01	0, 01	0, 01	0, 01	0, 01	0, 01	90
20	0, 00	0, 01	0, 01	0, 01	0, 01	0, 01	60
10	0, 00	0, 00	0, 00	0, 00	0, 00	0, 00	30
9	0, 00	0, 00	0, 00	0, 00	0, 00	0, 00	27
8	0, 00	0, 00	0, 00	0, 00	0, 00	0, 00	24
7	0, 00	0, 00	0, 00	0, 00	0, 00	0, 00	21
6	0, 00	0, 00	0, 00	0, 00	0, 00	0, 00	18
5	0, 00	0, 00	0, 00	0, 00	0, 00	0, 00	15
4	0, 00	0, 00	0. 00	0, 00	0, 00	0, 00	12
3	0, 00	0, 00	0, 00	0, 00	0, 00	0, 00	9
2	0, 00	0, 00	0, 00	0, 00	0, 00	0, 00	6
1	0, 00	0, 00	0, 00	0, 00	0, 00	0, 00	3

COLONNE DES CAPITAUX	INTÉRÊTS POUR 4 JOURS.						NOMBRES PRODUITS des CAPITAUX multipliés par 4 Jours.
	à 3 %	à 3 ½	à 4 %	à 4 ½	à 5 %	à 6 %	
fr.	fr. c.	fr. c.	fr. c.	fr. c.	fr. c.	fr. c.	
50,000	16, 67	19, 44	22, 22	25, 00	27, 78	33, 33	200000
40,000	13, 33	15, 56	17, 78	20, 00	22, 22	26, 67	160000
30,000	10, 00	11, 67	13, 33	15, 00	16, 67	20, 00	120000
20,000	6, 67	7, 78	8, 89	10, 00	11, 11	13, 33	80000
10,000	3, 33	3, 89	4, 44	5, 00	5, 56	6, 67	40000
9,000	3, 00	3, 50	4, 00	4, 50	5, 00	6, 00	36000
8,000	2, 67	3, 11	3, 56	4, 00	4, 44	5, 33	32000
7,000	2, 33	2, 72	3, 11	3, 50	3, 89	4, 67	28000
6 000	2, 00	2, 33	2, 67	3, 00	3, 33	4, 00	24000
5,000	1, 67	1, 94	2, 22	2, 50	2, 78	3, 33	20000
4,000	1, 33	1, 56	1, 78	2, 00	2, 22	2, 67	16000
3,000	1, 00	1, 17	1, 33	1, 50	1, 67	2, 00	12000
2.000	0, 67	0, 78	0, 89	1, 00	1, 11	1, 33	8000
1,000	0, 33	0, 39	0, 44	0, 50	0, 56	0, 67	4000
900	0, 30	0, 35	0, 40	0, 45	0, 50	0, 60	3600
800	0, 27	0, 31	0, 36	0, 40	0, 44	0, 53	3200
700	0, 23	0, 27	0. 31	0, 35	0, 39	0, 47	2800
600	0, 20	0, 23	0, 27	0, 30	0, 33	0, 40	2400
500	0, 17	0, 19	0, 22	0, 25	0, 28	0, 33	2000
400	0, 13	0, 16	0, 18	0, 20	0, 22	0, 27	1600
300	0, 10	0, 12	0, 13	0, 15	0, 17	0, 20	1200
200	0, 07	0, 08	0, 09	0, 10	0, 11	0, 13	800
100	0, 03	0, 04	0, 04	c, 05	0, 06	0, 07	400
90	0, 03	0, 03	0, 04	0, 04	0, 05	0, 06	360
80	0, 03	0, 03	0, 04	0, 04	0, 04	0, 05	320
70	0, 02	0, 03	0, 03	0, 03	0, 04	0, 05	280
60	0, 02	0, 02	0, 03	0, 03	0, 03	0, 04	240
50	0, 02	0, 02	0, 02	0, 02	0, 03	0, 03	200
40	0, 01	0, 02	0, 02	0, 02	0, 02	0, 03	160
30	0, 01	0, 01	0, 01	0, 01	0, 02	0, 02	120
20	0, 01	0, 01	0, 01	0, 01	0, 01	0, 01	80
10	0, 00	0, 00	0, 00	0, 00	0, 01	0, 01	40
9	0, 00	0, 00	0, 00	0, 00	0, 00	0, 01	36
8	0, 00	0, 00	0, 00	0, 00	0, 00	0, 01	32
7	0, 00	0, 00	0, 00	0, 00	0, 00	0, 00	28
6	0, 00	0, 00	0, 00	0, 00	0, 00	0, 00	24
5	0, 00	0, 00	0, 00	0, 00	0, 00	0, 00	20
4	0, 00	0, 00	0, 00	0, 00	0, 00	0, 00	16
3	0, 00	0, 00	0, 00	0, 00	0, 00	0, 00	12
2	0, 00	0, 00	0, 00	0, 00	0, 00	0, 00	8
1	0, 00	0, 00	0, 00	0, 00	0, 00	0, 00	4

COLONNE DES CAPITAUX	INTÉRÊTS POUR 5 JOURS.						NOMBRES PRODUITS des CAPITAUX multipliés par 5 Jours.
	à 3 %	à 3 ½	à 4 %	à 4 ½	à 5 %	à 6 %	
fr.	fr. c.	fr. c.	fr. c.	fr. c.	fr. c.	fr. c.	
50,000	20, 83	24, 30	27, 78	31, 25	34, 72	41, 67	250000
40,000	16, 67	19, 44	22, 22	25, 00	27, 78	33, 33	200000
30,000	12, 50	14, 58	16, 67	18, 75	20, 83	25, 00	150000
20,000	8, 33	9, 72	11, 11	12, 50	13, 89	16, 67	100000
10,000	4, 17	4, 86	5, 56	6, 25	6, 94	8, 33	50000
9,000	3, 75	4, 37	5, 00	5, 62	6, 25	7, 50	45000
8,000	3, 33	3, 89	4, 44	5, 00	5, 56	6, 67	40000
7,000	2, 92	3, 40	3, 89	4, 37	4, 86	5, 83	35000
6,000	2, 50	2, 92	3, 33	3, 75	4, 17	5, 00	30000
5,000	2, 08	2, 43	2, 78	3, 12	3, 47	4, 17	25000
4,000	1, 67	1, 94	2, 22	2, 50	2, 78	3, 33	20000
3,000	1, 25	1, 46	1, 67	1, 87	2, 08	2, 50	15000
2,000	0, 83	0, 97	1, 11	1, 25	1, 39	1, 67	10000
1,000	0, 42	0, 49	0, 56	0, 62	0, 69	0, 83	5000
900	0, 37	0, 44	0, 50	0, 56	0, 62	0, 75	4500
800	0, 33	0, 39	0, 44	0, 50	0, 56	0, 67	4000
700	0, 29	0, 34	0, 39	0, 44	0, 49	0, 58	3500
600	0, 25	0, 29	0, 33	0, 37	0, 42	0, 50	3000
500	0, 21	0, 24	0, 28	0, 31	0, 35	0, 42	2500
400	0, 17	0, 19	0, 22	0, 25	0, 28	0, 33	2000
300	0, 12	0, 15	0, 17	0, 19	0, 21	0, 25	1500
200	0, 08	0, 10	0, 11	0, 12	0, 14	0, 17	1000
100	0, 04	0, 05	0, 06	0, 06	0, 07	0, 08	500
90	0, 04	0, 04	0, 05	0, 06	0, 06	0, 07	450
80	0, 03	0, 04	0, 04	0, 05	0, 06	0, 07	400
70	0, 03	0, 03	0, 04	0, 04	0, 05	0, 06	350
60	0, 02	0, 03	0, 03	0, 04	0, 04	0, 05	300
50	0, 02	0, 02	0, 03	0, 03	0, 03	0, 04	250
40	0, 02	0, 02	0, 02	0, 02	0, 03	0, 03	200
30	0, 01	0, 01	0, 02	0, 02	0, 02	0, 02	150
20	0, 01	0, 01	0, 01	0, 01	0, 01	0, 02	100
10	0, 00	0, 00	0, 01	0, 01	0, 01	0, 01	50
9	0, 00	0, 00	0, 00	0, 01	0, 01	0, 01	45
8	0, 00	0, 00	0, 00	0, 00	0, 01	0, 01	40
7	0, 00	0, 00	0, 00	0, 00	0, 00	0, 01	35
6	0, 00	0, 00	0, 00	0, 00	0, 00	0, 00	30
5	0, 00	0, 00	0, 00	0, 00	0, 00	0, 00	25
4	0, 00	0, 00	0, 00	0, 00	0, 00	0, 00	20
3	0, 00	0, 00	0, 00	0, 00	0, 00	0, 00	15
2	0, 00	0, 00	0, 00	0, 00	0, 00	0, 00	10
1	0, 00	0, 00	0, 00	0, 00	0, 00	0, 00	5

COLONNE DES CAPITAUX	INTÉRÊTS POUR 6 JOURS.						NOMBRES PRODUITS des CAPITAUX multipliés par 6 Jours.
	à 3 %	à 3 ½	à 4 %	à 4 ½	à 5 %	à 6 %	
fr.	fr. c.	fr. c.	fr. c.	fr. c.	fr. c.	fr. c.	
50,000	25, 00	29, 17	33, 33	37, 50	41, 67	50, 00	300000
40,000	20, 00	23, 33	26, 67	30, 00	33, 33	40, 00	240000
30,000	15, 00	17, 50	20, 00	22, 50	25, 00	30, 00	180000
20,000	10, 00	11, 67	13, 33	15, 00	16, 67	20, 00	120000
10,000	5, 00	5, 83	6, 67	7, 50	8, 33	10, 00	60000
9,000	4, 50	5, 25	6, 00	6, 75	7, 50	9, 00	54000
8,000	4, 00	4, 67	5, 33	6, 00	6, 67	8, 00	48000
7,000	3, 50	4, 08	4, 67	5, 25	5, 83	7, 00	42000
6,000	3, 00	3, 50	4, 00	4, 50	5, 00	6, 00	36000
5,000	2, 50	2, 92	3, 33	3, 75	4, 17	5, 00	30000
4,000	2, 00	2, 33	2, 67	3, 00	3, 33	4, 00	24000
3,000	1, 50	1, 75	2, 00	2, 25	2, 50	3, 00	18000
2,000	1, 00	1, 17	1, 33	1, 50	1, 67	2, 00	12000
1,000	0, 50	0, 58	0, 67	0, 75	0, 83	1, 00	6000
900	0, 45	0, 52	0, 60	0, 67	0, 75	0, 90	5400
800	0, 40	0, 47	0, 53	0, 60	0, 67	0, 80	4800
700	0, 35	0, 41	0, 47	0, 52	0, 58	0, 70	4200
600	0, 30	0, 35	0, 40	0, 45	0, 50	0, 60	3600
500	0, 25	0, 29	0, 33	0, 37	0, 42	0, 50	3000
400	0, 20	0, 23	0, 27	0, 30	0, 33	0, 40	2400
300	0, 15	0, 17	0, 20	0, 22	0, 25	0, 30	1800
200	0, 10	0, 12	0, 13	0, 15	0, 17	0, 20	1200
100	0, 05	0, 06	0, 07	0, 07	0, 08	0, 10	600
90	0, 04	0, 05	0, 06	0, 07	0, 07	0, 09	540
80	0, 04	0, 05	0, 05	0, 06	0, 07	0, 08	480
70	0, 03	0, 04	0, 05	0, 05	0, 06	0, 07	420
60	0, 03	0, 03	0, 04	0, 04	0, 05	0, 06	360
50	0, 02	0, 03	0, 03	0, 04	0, 04	0, 05	300
40	0, 02	0, 02	0, 03	0, 03	0, 03	0, 04	240
30	0, 01	0, 02	0, 02	0, 02	0, 02	0, 03	180
20	0, 01	0, 01	0, 01	0, 01	0, 02	0, 02	120
10	0, 00	0, 01	0, 01	0, 01	0, 01	0, 01	60
9	0, 00	0, 01	0, 01	0, 01	0, 01	0, 01	54
8	0, 00	0, 00	0, 01	0, 01	0, 01	0, 01	48
7	0, 00	0, 00	0, 00	0, 01	0, 01	0, 01	42
6	0, 00	0, 00	0, 00	0, 00	0, 00	0, 01	36
5	0, 00	0, 00	0, 00	0, 00	0, 00	0, 00	30
4	0, 00	0, 00	0, 00	0, 00	0, 00	0, 00	24
3	0, 00	0, 00	0, 00	0, 00	0, 00	0, 00	18
2	0, 00	0, 00	0, 00	0, 00	0, 00	0, 00	12
1	0, 00	0, 00	0, 00	0, 00	0, 00	0, 00	6

COLONNE DES CAPITAUX	INTÉRÊTS POUR 7 JOURS.						NOMBRES PRODUITS des CAPITAUX multipliés par 7 Jours.
	à 3 %	à 3 ½	à 4 %	à 4 ½	à 5 %	à 6 %	
fr.	fr. c.	fr. c.	fr. c.	fr. c.	fr. c.	fr. c.	
50,000	29, 17	34, 03	38, 89	43, 75	48, 61	58, 33	350000
40,000	23, 33	27, 22	31, 11	35, 00	38, 89	46, 67	280000
30,000	17, 50	20, 42	23, 33	26, 25	29, 17	35, 00	210000
20,000	11, 67	13, 61	15, 56	17, 50	19, 44	23, 33	140000
10,000	5, 83	6, 80	7, 78	8, 75	9, 72	11, 67	70000
9,000	5, 25	6, 12	7, 00	7, 87	8, 75	10, 50	63000
8,000	4, 67	5, 44	6, 22	7, 00	7, 78	9, 33	56000
7,000	4, 08	4, 76	5, 44	6, 12	6, 81	8, 17	49000
6,000	3, 50	4, 08	4, 67	5, 25	5, 83	7, 00	42000
5,000	2, 92	3, 40	3, 89	4, 37	4, 86	5, 83	35000
4,000	2, 33	2, 72	3, 11	3, 50	3, 89	4, 67	28000
3,000	1, 75	2, 04	2, 33	2, 62	2, 92	3, 50	21000
2,000	1, 17	1, 36	1, 56	1, 75	1, 94	2, 33	14000
1,000	0, 58	0, 68	0, 78	0, 87	0, 97	1, 17	7000
900	0, 52	0, 61	0, 70	0, 79	0, 87	1, 05	6300
800	0, 47	0, 54	0, 62	0, 70	0, 78	0, 93	5600
700	0, 41	0, 48	0, 54	0, 61	0, 68	0, 82	4900
600	0, 35	0, 41	0, 47	0, 52	0, 58	0, 70	4200
500	0, 29	0, 34	0, 39	0, 44	0, 49	0, 58	3500
400	0, 23	0, 27	0, 31	0, 35	0, 39	0, 47	2800
300	0, 17	0, 20	0, 23	0, 26	0, 29	0, 35	2100
200	0, 12	0, 14	0, 16	0, 17	0, 19	0, 23	1400
100	0, 06	0, 07	0, 08	0, 09	0, 10	0, 12	700
90	0, 05	0, 06	0, 07	0, 08	0, 09	0, 10	630
80	0, 05	0, 05	0, 06	0, 07	0, 08	0, 09	560
70	0, 04	0, 05	0, 05	0, 06	0, 07	0, 08	492
60	0, 03	0, 04	0, 05	0, 05	0, 06	0, 07	420
50	0, 03	0, 03	0, 04	0, 04	0, 05	0, 06	350
40	0, 02	0, 03	0, 03	0, 03	0, 04	0, 05	280
30	0, 02	0, 02	0, 02	0, 03	0, 03	0, 03	210
20	0, 01	0, 01	0, 02	0, 02	0, 02	0, 02	140
10	0, 01	0, 01	0, 01	0, 01	0, 01	0, 01	70
9	0, 01	0, 01	0, 01	0, 01	0, 01	0, 01	63
8	0, 00	0, 01	0, 01	0, 01	0, 01	0, 01	56
7	0, 00	0, 00	0, 01	0, 01	0, 01	0, 01	49
6	0, 00	0, 00	0, 00	0, 01	0, 01	0, 01	42
5	0, 00	0, 00	0, 00	0, 00	0, 00	0, 01	35
4	0, 00	0, 00	0, 00	0, 00	0, 00	0, 00	28
3	0, 00	0, 00	0, 00	0, 00	0, 00	0, 00	21
2	0, 00	0, 00	0, 00	0, 00	0, 00	0, 00	14
1	0, 00	0, 00	0, 00	0, 00	0, 00	0, 00	7

COLONNE DES CAPITAUX	INTÉRÊTS POUR 8 JOURS.						NOMBRES PRODUITS des CAPITAUX multipliés par 8 Jours.
	à 3 %	à 3 ½	à 4 %	à 4 ½	à 5 %	à 6 %	
fr.	fr. c.	fr. c.	fr. c.	fr. c.	fr. c.	fr. c.	
50,000	33, 33	38, 89	44, 44	50, 00	55, 56	66, 67	400000
40,000	26, 67	31, 11	35, 56	40, 00	44, 44	53, 33	320000
30,000	20, 00	23, 33	26, 67	30, 00	33, 33	40, 00	240000
20,000	13, 33	15, 56	17, 78	20, 00	22, 22	26, 67	160000
10,000	6, 67	7, 78	8, 89	10, 00	11, 11	13, 33	80000
9,000	6, 00	7, 00	8, 00	9, 00	10, 00	12, 00	72000
8,000	5, 33	6, 22	7, 11	8, 00	8, 89	10, 67	64000
7,000	4, 67	5, 44	6, 22	7, 00	7, 78	9, 33	56000
6,000	4, 00	4, 67	5, 33	6, 00	6, 67	8, 00	48000
5,000	3, 33	3, 89	4, 44	5, 00	5, 56	6, 67	40000
4,000	2, 67	3, 11	3, 56	4, 00	4, 44	5, 33	32000
3,000	2, 00	2, 33	2, 67	3, 00	3, 33	4, 00	24000
2,000	1, 33	1, 56	1, 78	2, 00	2, 22	2, 67	16000
1,000	0, 67	0, 78	0, 89	1, 00	1, 11	1, 33	8000
900	0, 60	0, 70	0, 80	0, 90	1, 00	1, 20	7200
800	0, 53	0, 62	0, 71	0, 80	0, 89	1, 07	6400
700	0, 47	0, 54	0, 62	0, 70	0, 78	0, 93	5600
600	0, 40	0, 47	0, 53	0, 60	0, 67	0, 80	4800
500	0, 33	0, 39	0, 44	0, 50	0, 56	0, 67	4000
400	0, 27	0, 31	0, 36	0, 40	0, 44	0, 53	3200
300	0, 20	0, 23	0, 27	0, 30	0, 33	0, 40	2400
200	0, 13	0, 16	0, 18	0, 20	0, 22	0, 27	1600
100	0, 07	0, 08	0, 09	0, 10	0, 11	0, 13	800
90	0, 06	0, 07	0, 08	0, 09	0, 10	0, 12	720
80	0, 05	0, 06	0, 07	0, 08	0, 09	0, 11	640
70	0, 05	0, 05	0, 06	0, 07	0, 08	0, 09	560
60	0, 04	0, 05	0, 05	0, 06	0, 07	0. 08	480
50	0, 03	0, 04	0, 04	0, 05	0, 06	0, 07	400
40	0, 03	0, 03	0, 04	0, 04	0, 04	0, 05	320
30	0, 02	0, 02	0, 03	0, 03	0, 03	0, 04	240
20	0, 01	0, 02	0, 02	0, 02	0, 02	0, 03	160
10	0, 01	0 01	0, 01	0, 01	0, 01	0, 01	80
9	0, 01	0, 01	0, 01	0, 01	0, 01	0, 01	72
8	0, 01	0, 01	0, 01	0, 01	0, 01	0, 01	64
7	0, 00	0, 01	0, 01	0, 01	0, 01	0, 01	56
6	0, 00	0, 00	0, 01	0, 01	0, 01	0, 01	48
5	0, 00	0, 00	0, 00	0, 00	0, 01	0, 01	40
4	0, 00	0, 00	0, 00	0, 00	0, 00	0, 01	32
3	0, 00	0, 00	0, 00	0, 00	0, 00	0, 00	24
2	0, 00	0, 00	0, 00	0, 00	0, 00	0, 00	16
1	0, 00	0, 00	0, 00	0, 00	0, 00	0, 00	8

COLONNE DES CAPITAUX	INTÉRÊTS POUR 9 JOURS.						NOMBRES PRODUITS des CAPITAUX multipliés par 9 Jours.
	à 3 %	à 3 ½	à 4 %	à 4 ½	à 5 %	à 6 %	
fr.	fr. c.	fr. c.	fr. c	fr. c.	fr. c.	fr. c.	
50,000	37, 50	43, 75	50, 00	56, 25	62, 50	75, 00	450000
40,000	30, 00	35, 00	40, 00	45, 00	50, 00	60, 00	360000
30,000	22, 50	26, 25	30, 00	33, 75	37, 50	45, 00	270000
20,000	15, 00	17, 50	20, 00	22, 50	25, 00	30, 00	180000
10,000	7, 50	8, 75	10, 00	11, 25	12, 50	15, 00	90000
9,000	6, 75	7, 87	9, 00	10, 12	11, 25	13, 50	81000
8,000	6, 00	7, 00	8, 00	9, 00	10, 00	12, 00	72000
7,000	5, 25	6, 12	7, 00	7, 87	8, 75	10, 50	63000
6,000	4, 50	5, 25	6, 00	6, 75	7, 50	9, 00	54000
5,000	3, 75	4, 37	5, 00	5, 62	6, 25	7, 50	45000
4,000	3, 00	3, 50	4, 00	4, 50	5, 00	6, 00	36000
3,000	2, 25	2, 62	3, 00	3, 37	3, 75	4, 50	27000
2,000	1, 50	1, 75	2, 00	2, 25	2, 50	3, 00	18000
1,000	0, 75	0, 87	1, 00	1, 12	1, 25	1, 50	9000
900	0, 67	0, 79	0, 90	1, 01	1, 12	1, 35	8100
800	0, 60	0, 70	0, 80	0, 90	1, 00	1, 20	7200
700	0, 52	0, 61	0, 70	0, 79	0, 87	1, 05	6300
600	0, 45	0, 52	0, 60	0, 67	0, 75	0, 90	5400
500	0, 37	0, 44	0, 50	0, 56	0, 62	0, 75	4500
400	0, 30	0, 35	0, 40	0, 45	0, 50	0, 60	3600
300	0, 22	0, 26	0, 30	0, 34	0, 37	0, 45	2700
200	0, 15	0, 17	0, 20	0, 22	0, 25	0, 30	1800
100	0, 07	0, 09	0, 10	0, 11	0, 12	0, 15	900
90	0, 07	0, 08	0, 09	0, 10	0, 11	0, 13	810
80	0, 06	0, 07	0, 08	0, 09	0, 10	0, 12	720
70	0, 05	0, 06	0, 07	0, 08	0, 09	0, 10	630
60	0 04	0, 05	0, 06	0, 07	0, 07	0, 09	540
50	0, 04	0, 04	0, 05	0, 06	0, 06	0 07	450
40	0, 03	0, 03	0, 04	0, 04	0, 05	0, 06	360
30	0, 02	0, 03	0, 03	0, 03	0, 04	0, 04	270
20	0, 01	0, 01	0, 02	0, 02	0, 02	0, 03	180
10	0, 01	0, 01	0, 01	0, 01	0, 01	0, 01	90
9	0, 01	0, 01	0, 01	0, 01	0, 01	0, 01	81
8	0, 01	0, 01	0, 01	0, 01	0, 01	0, 01	72
7	0, 01	0, 01	0, 01	0, 01	0, 01	0, 01	63
6	0, 00	0, 01	0, 01	0, 01	0, 01	0, 01	54
5	0, 00	0, 00	0, 00	0, 01	0, 01	0, 01	45
4	0, 00	0, 00	0, 00	0, 00	0, 00	0, 01	36
3	0, 00	0, 00	0, 00	0, 00	0, 00	0, 00	27
2	0, 00	0, 00	0, 00	0, 00	0, 00	0, 00	18
1	0, 00	0, 00	0, 00	0, 00	0, 00	0, 00	9

COLONNE DES CAPITAUX	INTÉRÊTS POUR 10 JOURS.						NOMBRES PRODUITS des CAPITAUX multipliés par 10 Jours.
	à 3 %	à 3 ½	à 4 %	à 4 ½	à 5 %	à 6 %	
fr.	fr. c.	fr. c.	fr. c.	fr. c.	fr. c.	fr. c.	
5o,000	4I, 67	48, 6I	55, 56	62, 5o	69, 44	83, 33	5ooooo
4o,000	33, 33	38, 89	44, 44	5o, oo	55, 56	66, 67	4ooooo
3o ooo	25, oo	29, 17	33, 33	37, 5o	4I, 67	5o, oo	3ooooo
20,000	16, 67	19, 44	22, 22	25, oo	27, 78	33, 33	2ooooo
10,000	8, 33	9, 72	11, 11	12, 5o	13, 89	16, 67	1ooooo
9,000	7, 5o	8, 75	10, oo	11, 25	12, 5o	15, oo	90000
8,000	6, 67	7, 78	8, 89	10, oo	11, 11	13, 33	80000
7,000	5, 83	6, 81	7, 78	8, 75	9, 72	11, 67	70000
6.000	5, oo	5, 83	6, 67	7, 5o	8, 33	10, oo	60000
5,000	4, 17	4, 86	5, 56	6, 25	6, 94	8, 33	50000
4,000	3, 33	3, 89	4, 44	5, oo	5, 56	6, 67	40000
3,000	2, 5o	2, 92	3, 33	3, 75	4, 17	5, oo	30000
2.000	I, 67	I, 94	2, 22	2, 5o	2, 78	3, 33	20000
1,000	0, 83	0, 97	I, II	I, 25	I, 39	I, 67	10000
900	0, 75	0, 87	I, oo	I, 12	I, 25	I, 5o	9000
800	0, 67	0, 78	0, 89	I, oo	I, II	I, 33	8000
7oo	0, 58	0, 68	0, 78	0, 87	0, 97	I, 17	7000
6oo	0, 5o	0, 58	0, 67	0, 75	0, 83	I, oo	6000
5oo	0, 42	0, 49	0, 56	0, 62	0, 69	0, 83	5000
4oo	0, 33	0, 39	0, 44	0, 5o	0, 56	0, 67	4000
3oo	0, 25	0, 29	0, 33	0, 37	0, 42	0, 5o	3ooo
200	0, 17	0, 19	0, 22	0, 25	0, 28	0, 33	2000
1oo	0, 08	0, 1o	0, 11	0, 12	0, 14	0, 17	1000
9o	0, 07	0, 09	0, 1o	0, 11	0, 12	0, 15	900
8o	0, 07	0, 08	0, 09	0, 1o	0, 11	0, 13	800
7o	0, 06	0, 07	0, 08	0, 09	0, 1o	0, 12	700
6o	0, 05	0, 06	0, 07	0, 07	0, 08	0, 1o	6oo
5o	0, 04	0, 05	0, 06	0, 06	0, 07	0, o8	500
4o	0, o3	0, 04	0, 04	0, 05	0, 06	0, 07	4oo
3o	0, 02	0, o3	0, o3	0, 04	0, o4	0, 05	3oo
20	0, 02	0, 02	0, 02	0, 02	0, o3	0, 03	200
1o	0, 01	0, 01	0, 01	0, 01	0, 01	0, 02	1oo
9	0, 01	0, 01	0, 01	0, 01	0, 01	0, 01	9o
8	0, 01	0, 01	0, 01	0, 01	0, 01	0, 01	8o
7	0, 01	0, 01	0, 01	0, 01	0, 01	0, 01	7o
6	0, 00	0, 01	0, 01	0, 01	0, 01	0, 01	6o
5	0, 00	0, 00	0, 01	0, 01	0, 01	0, 01	5o
4	0, 00	0, 00	0, 00	0, 00	0, 01	0, 01	4o
3	0, 00	0, 00	0, 00	0, 00	0, 00	0, 00	3o
2	0, 00	0, 00	0, 00	0, 00	0, 00	0, 00	20
1	0, 00	0, 00	0, 00	0, 00	0, 00	0, 00	10

COLONNE DES CAPITAUX	INTÉRÊTS POUR 11 JOURS.						NOMBRES PRODUITS des CAPITAUX multipliés par 11 Jours.
	à 3 %	à 3 ½	à 4 %	à 4 ½	à 5 %	à 6 %	
fr.	fr. c.	fr. c.	fr. c.	fr. c.	fr. c.	fr. c.	
50,000	45, 83	53, 47	61, 11	68, 75	76, 39	91, 67	550000
40,000	36, 67	42, 78	48, 89	55, 00	61, 11	73, 33	440000
30,000	27, 50	32, 08	36, 67	41, 25	45, 83	55, 00	330000
20,000	18, 33	21, 39	24, 44	27, 50	30, 56	36, 67	220000
10,000	9, 17	10, 69	12, 22	13, 75	15, 28	18, 33	110000
9,000	8, 25	9, 62	11, 00	12, 37	13, 75	16, 50	99000
8,000	7, 33	8, 56	9, 78	11, 00	12, 22	14, 67	88000
7,000	6, 42	7, 49	8, 56	9, 62	10, 69	12, 83	77000
6,000	5, 50	6, 42	7, 33	8, 25	9, 17	11, 00	66000
5,000	4, 58	5, 35	6, 11	6, 87	7, 64	9, 17	55000
4,000	3, 67	4, 28	4, 89	5, 50	6, 11	7, 33	44000
3,000	2, 75	3, 21	3, 67	4, 12	4, 58	5, 50	33000
2,000	1, 83	2, 14	2, 44	2, 75	3, 06	3, 67	22000
1,000	0, 92	1, 07	1, 22	1, 37	1, 53	1, 83	11000
900	0, 82	0, 96	1, 10	1, 24	1, 37	1, 65	9900
800	0, 73	0, 86	0, 98	1, 10	1, 22	1, 47	8800
700	0, 64	0, 75	0, 86	0, 96	1, 07	1, 28	7700
600	0, 55	0, 64	0, 73	0, 82	0, 92	1, 10	6600
500	0, 46	0, 53	0, 61	0, 69	0, 76	0, 92	5500
400	0, 37	0, 43	0, 49	0, 55	0, 61	0, 73	4400
300	0, 27	0, 32	0, 37	0, 41	0, 46	0, 55	3300
200	0, 18	0, 21	0, 24	0, 27	0, 31	0, 37	2200
100	0, 09	0, 11	0, 12	0, 14	0, 15	0, 18	1100
90	0, 08	0, 10	0, 11	0, 12	0, 14	0, 16	990
80	0, 07	0, 09	0, 10	0, 11	0, 12	0, 15	880
70	0, 06	0, 07	0, 09	0, 10	0, 11	0, 13	770
60	0, 05	0, 06	0, 07	0, 08	0, 09	0, 11	660
50	0, 05	0, 05	0, 06	0, 07	0, 08	0, 09	550
40	0, 04	0, 04	0, 05	0, 05	0, 06	0, 07	440
30	0, 03	0, 03	0, 04	0, 04	0, 05	0, 05	330
20	0, 02	0, 02	0, 02	0, 03	0, 03	0, 04	220
10	0, 01	0, 01	0, 01	0, 01	0, 02	0, 02	110
9	0, 01	0, 01	0, 01	0, 01	0, 01	0, 02	99
8	0, 01	0, 01	0, 01	0, 01	0, 01	0, 01	88
7	0, 01	0, 01	0, 01	0, 01	0, 01	0, 01	77
6	0, 01	0, 01	0, 01	0, 01	0, 01	0, 01	66
5	0, 00	0, 01	0, 01	0, 01	0, 01	0, 01	55
4	0, 00	0, 00	0, 00	0, 01	0, 01	0, 01	44
3	0, 00	0, 00	0, 00	0, 00	0, 00	0, 01	33
2	0, 00	0, 00	0, 00	0, 00	0, 00	0, 00	22
1	0, 00	0, 00	0, 00	0, 00	0, 00	0, 00	11

COLONNE DES CAPITAUX	à 3 %	à 3 ½	à 4 %	à 4 ½	à 5 %	à 6 %	NOMBRES PRODUITS des CAPITAUX multipliés par 12 Jours.
fr.	fr. c.	fr. c.	fr. c.	fr. c.	fr. c.	fr. c.	
50,000	50, 00	58, 33	66, 67	75, 00	83, 33	100, 00	600000
40,000	40, 00	46, 67	53, 33	60, 00	66, 67	80, 00	480000
30,000	30, 00	35, 00	40, 00	45, 00	50, 00	60, 00	360000
20,000	20, 00	23, 33	26, 67	30, 00	33, 33	40, 00	240000
10,000	10, 00	11, 67	13, 33	15, 00	16, 67	20, 00	120000
9,000	9, 00	10, 50	12, 00	13, 50	15, 00	18, 00	108000
8,000	8, 00	9, 33	10, 67	12, 00	13, 33	16, 00	96000
7,000	7, 00	8, 17	9, 33	10, 50	11, 67	14, 00	84000
6,000	6, 00	7, 00	8, 00	9, 00	10, 00	12, 00	72000
5,000	5, 00	5, 83	6, 67	7, 50	8, 33	10, 00	60000
4,000	4, 00	4, 67	5, 33	6, 00	6, 67	8, 00	48000
3,000	3, 00	3, 50	4, 00	4, 50	5, 00	6, 00	36000
2,000	2, 00	2, 33	2, 67	3, 00	3, 33	4, 00	24000
1,000	1, 00	1, 17	1, 33	1, 50	1, 67	2, 00	12000
900	0, 90	1, 05	1, 20	1, 35	1, 50	1, 80	10800
800	0, 80	0, 93	1, 07	1, 20	1, 33	1, 60	9600
700	0, 70	0, 82	0, 93	1, 05	1, 17	1, 40	8400
600	0, 60	0, 70	0, 80	0, 90	1, 00	1, 20	7200
500	0, 50	0, 58	0, 67	0, 75	0, 83	1, 00	6000
400	0, 40	0, 47	0, 53	0, 60	0, 67	0, 80	4800
300	0, 30	0, 35	0, 40	0, 45	0, 50	0, 60	3600
200	0, 20	0, 23	0, 27	0, 30	0, 33	0, 40	2400
100	0, 10	0, 12	0, 13	0, 15	0, 17	0, 20	1200
90	0, 09	0, 10	0, 12	0, 13	0, 15	0, 18	1080
80	0, 08	0, 09	0, 11	0, 12	0, 13	0, 16	960
70	0, 07	0, 08	0, 09	0, 10	0, 12	0, 14	840
60	0, 06	0, 07	0, 08	0, 09	0, 10	0, 12	720
50	0, 05	0, 06	0, 07	0, 07	0, 08	0, 10	600
40	0, 04	0, 05	0, 05	0, 06	0, 07	0, 08	480
30	0, 03	0, 03	0, 04	0, 04	0, 05	0, 06	360
20	0, 02	0, 02	0, 03	0, 03	0, 03	0, 04	240
10	0, 01	0, 01	0, 01	0, 01	0, 02	0, 02	120
9	0, 01	0, 01	0, 01	0, 01	0, 01	0, 02	108
8	0, 01	0, 01	0, 01	0, 01	0, 01	0, 02	96
7	0, 01	0, 01	0, 01	0, 01	0, 01	0, 01	84
6	0, 01	0, 01	0, 01	0, 01	0, 01	0, 01	72
5	0, 00	0, 01	0, 01	0, 01	0, 01	0, 01	60
4	0, 00	0, 00	0, 01	0, 01	0, 01	0, 01	48
3	0, 00	0, 00	0, 00	0, 00	0, 00	0, 01	36
2	0, 00	0, 00	0, 00	0, 00	0, 00	0, 00	24
1	0, 00	0, 00	0, 00	0, 00	0, 00	0, 00	12

COLONNE DES CAPITAUX	INTÉRÊTS POUR 13 JOURS.						NOMBRES PRODUITS des CAPITAUX multipliés par 13 Jours.
fr.	à 3 %	à 3 ½	à 4 %	à 4 ½	à 5 %	à 6 %	
	fr. c.	fr. c.	fr. c.	fr. c.	fr. c.	fr. c.	
50,000	54, 17	63, 20	72, 22	81, 25	90, 28	108, 33	650000
40,000	43, 33	50, 56	57, 78	65, 00	72, 22	86, 67	520000
30,000	32, 50	37, 92	43, 33	48, 75	54, 17	65, 00	390000
20,000	21, 67	25, 28	28, 89	32, 50	36, 11	43, 33	260000
10,000	10, 83	12, 64	14, 44	16, 25	18, 66	21, 67	130000
9,000	9, 75	11, 37	13, 00	14, 62	16, 25	19, 50	117000
8,000	8, 67	10, 11	11, 56	13, 00	14, 44	17, 33	104000
7,000	7, 58	8, 85	10, 11	11, 37	12, 64	15, 17	91000
6,000	6, 50	7, 58	8, 67	9, 75	10, 83	13, 00	78000
5,000	5, 42	6, 32	7, 22	8, 12	9, 03	10. 83	65000
4,000	4, 33	5, 06	5, 78	6, 50	7, 22	8, 67	52000
3,000	3, 25	3, 79	4, 33	4, 87	5, 42	6, 50	39000
2,000	2, 17	2, 53	2, 89	3, 25	3, 61	4, 33	26000
1,000	1, 08	1, 26	1, 44	1, 62	1, 81	2, 17	13000
900	0, 97	1, 14	1, 30	1, 46	1, 62	1, 95	11700
800	0, 87	1, 01	1, 16	1, 30	1, 44	1, 73	10400
700	0, 76	0, 88	1, 01	1, 14	1, 26	1, 52	9100
600	0, 65	0, 76	0, 87	0, 97	1, 08	1, 30	7800
500	0, 54	0, 63	0, 72	0, 81	0, 90	1, 08	6500
400	0, 43	0, 51	0, 58	0, 65	0, 72	0, 87	5200
300	0, 32	0, 38	0, 43	0, 49	0, 54	0, 65	3900
200	0, 22	0, 25	0, 29	0, 32	0, 36	0, 43	2600
100	0, 11	0, 13	0, 14	0, 16	0, 18	0, 22	1300
90	0, 10	0, 11	0, 13	0, 15	0, 16	0, 19	1170
80	0, 09	0, 10	0, 12	0, 13	0, 14	0, 17	1040
70	0, 08	0, 09	0, 10	0, 11	0, 13	0, 15	910
60	0, 06	0, 08	0, 09	0, 10	0, 11	0, 13	780
50	0, 05	0, 06	0, 07	0, 08	0, 09	0, 11	650
40	0, 04	0, 05	0, 06	0, 06	0, 07	0, 09	520
30	0, 03	0, 04	0, 04	0, 05	0, 05	0, 06	390
20	0, 02	0, 03	0, 03	0, 03	0, 04	0, 04	260
10	0, 01	0, 01	0, 01	0, 02	0, 02	0. 02	130
9	0, 01	0, 01	0, 01	0, 01	0, 02	0, 02	117
8	0, 01	0, 01	0, 01	0, 01	0, 01	0, 02	104
7	0, 01	0, 01	0, 01	0, 01	0, 01	0, 02	91
6	0, 01	0, 01	0, 01	0, 01	0, 01	0, 01	78
5	0, 01	0, 01	0, 01	0, 01	0, 01	0, 01	65
4	0, 00	0, 01	0, 01	0, 01	0, 01	0, 01	52
3	0, 00	0, 00	0, 00	0, 00	0, 01	0, 01	39
2	0, 00	0, 00	0, 00	0, 00	0, 00	0, 00	26
1	0. 00	0. 00	0, 00	0. 00	0, 00	0, 00	13

COLONNE DES CAPITAUX	INTÉRÊTS POUR 14 JOURS.						NOMBRES PRODUITS des CAPITAUX multipliés par 14 Jours.
	à 3 %	à 3 ½	à 4 %	à 4 ½	à 5 %	à 6 %	
fr.	fr. c.	fr. c.	fr. c.	fr. c.	fr. c.	fr. c.	
50,000	58, 33	68, 06	77, 78	87, 50	97, 22	116, 67	700000
40,000	46, 67	54, 44	62, 22	70, 00	77, 78	93, 33	560000
30,000	35, 00	40, 83	46, 67	52, 50	58, 33	70, 00	420000
20,000	23, 33	27, 22	31, 11	35, 00	38, 89	46, 67	280000
10,000	11, 67	13, 61	15, 56	17, 50	19, 44	23, 33	140000
9,000	10, 50	12, 25	14, 00	15, 75	17, 50	21, 00	126000
8,000	9, 33	10, 89	12, 44	14, 00	15, 56	18, 67	112000
7,000	8, 17	9, 53	10, 89	12, 25	13, 61	16, 33	98000
6,000	7, 00	8, 17	9, 33	10, 50	11, 67	14, 00	84000
5,000	5, 83	6, 81	7, 78	8, 75	9, 72	11, 67	70000
4,000	4, 67	5, 44	6, 22	7, 00	7, 78	9, 33	56000
3,000	3, 50	4, 08	4, 67	5, 25	5, 83	7, 00	42000
2,000	2, 33	2, 72	3, 11	3, 50	3, 89	4, 67	28000
1,000	1, 17	1, 36	1, 56	1, 75	1, 94	2, 33	14000
900	1, 05	1, 22	1, 40	1, 57	1, 75	2, 10	12600
800	0, 93	1, 09	1, 24	1, 40	1, 56	1, 87	11200
700	0, 82	0, 95	1, 09	1, 22	1, 36	1, 63	9800
600	0, 70	0, 82	0, 93	1, 05	1, 17	1, 40	8400
500	0, 58	0, 68	0, 78	0, 87	0, 97	1, 17	7000
400	0, 47	0, 54	0, 62	0, 70	0, 78	0, 93	5600
300	0, 35	0, 41	0, 47	0, 52	0, 58	0, 70	4200
200	0, 23	0, 27	0, 31	0, 35	0, 39	0, 47	2800
100	0, 12	0, 14	0, 16	0, 17	0, 19	0, 23	1400
90	0, 10	0, 12	0, 14	0, 16	0, 17	0, 21	1260
80	0, 09	0, 11	0, 12	0, 14	0, 16	0, 19	1120
70	0, 08	0, 10	0, 11	0, 12	0, 14	0, 16	980
60	0, 07	0, 08	0, 09	0, 10	0, 12	0, 14	840
50	0, 06	0, 07	0, 08	0, 09	0, 10	0, 12	700
40	0, 05	0, 05	0, 06	0, 07	0, 08	0, 09	560
30	0, 03	0, 04	0, 05	0, 05	0, 06	0, 07	420
20	0, 02	0, 03	0, 03	0, 03	0, 04	0, 05	280
10	0, 01	0 01	0, 02	0, 02	0, 02	0, 02	140
9	0, 01	0, 01	0, 01	0, 02	0, 02	0, 02	126
8	0, 01	0, 01	0, 01	0, 01	0, 02	0, 02	112
7	0, 01	0, 01	0, 01	0, 01	0, 01	0, 02	98
6	0, 01	0, 01	0, 01	0, 01	0, 01	0, 01	84
5	0, 01	0, 01	0, 01	0, 01	0, 01	0, 01	70
4	0, 00	0, 01	0, 01	0, 01	0, 01	0, 01	56
3	0, 00	0, 00	0, 00	0, 01	0, 01	0, 01	42
2	0, 00	0, 00	0, 00	0, 00	0, 00	0, 00	28
1	0, 00	0, 00	0, 00	0, 00	0, 00	0, 00	14

INTÉRÊTS POUR 15 JOURS.

COLONNE DES CAPITAUX	à 3%	à 3½	à 4%	à 4½	à 5%	à 6%	NOMBRES PRODUITS des CAPITAUX multipliés par 15 Jours.
fr.	fr. c.	fr. c.	fr. c.	fr. c.	fr. c.	fr. c.	
50,000	62, 50	72, 92	83, 33	93, 75	104, 17	125, 00	750000
40,000	50, 00	58, 33	66, 67	75, 00	83, 33	100, 00	600000
30,000	37, 50	43, 75	50, 00	56, 25	62, 50	75, 00	450000
20,000	25, 00	29, 17	33, 33	37, 50	41, 67	50, 00	300000
10,000	12, 50	14, 58	16, 67	18, 75	20, 83	25, 00	150000
9,000	11, 25	13, 12	15, 00	16, 87	18, 75	22, 50	135000
8,000	10, 00	11, 67	13, 33	15, 00	16, 67	20, 00	120000
7,000	8, 75	10, 21	11, 67	13, 12	14, 58	17, 50	105000
6,000	7, 50	8, 75	10, 00	11, 25	12, 50	15, 00	90000
5,000	6, 25	7, 29	8, 33	9, 37	10, 42	12, 50	75000
4,000	5, 00	5, 83	6, 67	7, 50	8, 33	10, 00	60000
3,000	3, 75	4, 37	5, 00	5, 62	6, 25	7, 50	45000
2,000	2, 50	2, 92	3, 33	3, 75	4, 17	5, 00	30000
1,000	1, 25	1, 46	1, 67	1, 87	2, 08	2, 50	15000
900	1, 12	1, 31	1, 50	1, 69	1, 87	2, 25	13500
800	1, 00	1, 17	1, 33	1, 50	1, 67	2, 00	12000
700	0, 87	1, 02	1, 17	1, 31	1, 46	1, 75	10500
600	0, 75	0, 87	1, 00	1, 12	1, 25	1, 50	9000
500	0, 62	0, 73	0, 83	0, 94	1, 04	1, 25	7500
400	0, 50	0, 58	0, 67	0, 75	0, 83	1, 00	6000
300	0, 37	0, 44	0, 50	0, 56	0, 62	0, 75	4500
200	0, 25	0, 29	0, 33	0, 37	0, 42	0, 50	3000
100	0, 12	0, 15	0, 17	0, 19	0, 21	0, 25	1500
90	0, 11	0, 13	0, 15	0, 17	0, 19	0, 22	1350
80	0, 10	0, 12	0, 13	0, 15	0, 17	0, 20	1200
70	0, 09	0, 10	0, 12	0, 13	0, 15	0, 17	1050
60	0, 07	0, 09	0, 10	0, 11	0, 12	0, 15	900
50	0, 06	0, 07	0, 08	0, 09	0, 10	0, 12	750
40	0, 05	0, 06	0, 07	0, 07	0, 08	0, 10	600
30	0, 04	0, 04	0, 05	0, 06	0, 06	0, 07	450
20	0, 02	0, 03	0, 03	0, 04	0, 04	0, 05	300
10	0, 01	0, 01	0, 02	0, 02	0, 02	0, 02	150
9	0, 01	0, 01	0, 01	0, 02	0, 02	0, 02	135
8	0, 01	0, 01	0, 01	0, 01	0, 02	0, 02	120
7	0, 01	0, 01	0, 01	0, 01	0, 01	0, 02	105
6	0, 01	0, 01	0, 01	0, 01	0, 01	0, 01	90
5	0, 01	0, 01	0, 01	0, 01	0, 01	0, 01	75
4	0, 00	0, 01	0, 00	0, 01	0, 01	0, 01	60
3	0, 00	0, 00	0, 00	0, 01	0, 01	0, 01	45
2	0, 00	0, 00	0, 00	0, 00	0, 00	0, 00	30
1	0, 00	0, 00	0, 00	0, 00	0, 00	0, 00	15

COLONNE DES CAPITAUX	INTÉRÊTS POUR 16 JOURS.						NOMBRES PRODUITS des CAPITAUX multipliés par 16 Jours.
	à 3 %	à 3 ½	à 4 %	à 4 ½	à 5 %	à 6 %	
fr.	fr. c.	fr. c.	fr. c.	fr. c.	fr. c.	fr. c.	
50,000	66, 67	77, 78	88, 89	100, 00	111, 11	133, 33	800000
40,000	53, 33	62, 22	71, 11	80, 00	88, 89	106, 67	640000
30 000	40, 00	46, 67	53, 33	60, 00	66, 67	80, 00	480000
20,000	26, 67	31, 11	35, 56	40, 00	44, 44	53, 33	320000
10,000	13, 33	15, 56	17, 78	20, 00	22, 22	26, 67	160000
9,000	12, 00	14, 00	16, 00	18, 00	20, 00	24, 00	144000
8,000	10, 67	12, 44	14, 22	16, 00	17, 78	21, 33	128000
7,000	9, 33	10, 89	12, 44	14, 00	15, 56	18, 67	112000
6 000	8, 00	9, 33	10, 67	12, 00	13, 33	16, 00	96000
5,000	6, 67	7, 78	8, 89	10, 00	11, 11	13, 33	80000
4,000	5, 33	6, 22	7, 11	8, 00	8, 89	10, 67	64000
3,000	4, 00	4, 67	5, 33	6, 00	6, 67	8, 00	48000
2,000	2, 67	3, 11	3, 56	4, 00	4, 44	5, 33	32000
1,000	1, 33	1, 56	1, 78	2, 00	2, 22	2, 67	16000
900	1, 20	1, 40	1, 60	1, 80	2, 00	2, 40	14400
800	1, 07	1, 24	1, 42	1, 60	1, 78	2, 13	12800
700	0, 93	1, 09	1, 24	1, 40	1, 56	1, 87	11200
600	0, 80	0, 93	1, 07	1, 20	1, 33	1, 60	9600
500	0, 67	0, 78	0, 89	1, 00	1, 11	1, 33	8000
400	0, 53	0, 62	0, 71	0. 80	0, 89	1, 07	6400
300	0, 40	0, 47	0, 53	0, 60	0, 67	0, 80	4800
200	0, 27	0, 31	0, 36	0, 40	0, 44	0, 53	3200
100	0, 13	0, 16	0, 18	0, 20	0, 22	0, 27	1600
90	0, 12	0, 14	0, 16	0, 18	0, 20	0, 24	1440
80	0, 11	0, 12	0, 14	0, 16	0, 18	0, 21	1280
70	0, 09	0, 11	0, 12	0, 14	0, 16	0, 19	1120
60	0, 08	0, 09	0, 11	0, 12	0, 13	0, 16	960
50	0, 07	0, 08	0, 09	0, 10	0, 11	0, 13	800
40	0, 05	0, 06	0, 07	0, 08	0, 09	0, 11	640
30	0, 04	0, 05	0, 05	0, 06	0, 07	0, 08	480
20	0, 03	0, 03	0, 04	0, 04	0, 04	0, 05	320
10	0, 01	0, 02	0, 02	0, 02	0, 02	0, 03	160
9	0, 01	0, 01	0, 02	0, 02	0, 02	0, 02	144
8	0, 01	0, 01	0, 01	0, 02	0, 02	0, 02	128
7	0, 01	0, 01	0, 01	0, 01	0, 02	0, 02	112
6	0, 01	0, 01	0, 01	0, 01	0, 01	0, 02	96
5	0, 01	0, 01	0, 01	0, 01	0, 01	0, 01	80
4	0, 01	0, 01	0, 01	0, 01	0, 01	0, 01	64
3	0, 00	0, 00	0, 01	0, 01	0, 01	0, 01	48
2	0, 00	0, 00	0, 00	0, 00	0, 00	0, 01	32
1	0. 00	0, 00	0, 00	0, 00	0, 00	0, 00	16

COLONNE DES CAPITAUX	INTÉRÊTS POUR 17 JOURS.						NOMBRES PRODUITS des CAPITAUX multipliés par 17 Jours.
	à 3 %	à 3 ½	à 4 %	à 4 ½	à 5 %	à 6 %	
fr.	fr. c.	fr. c.	fr. c.	fr. c.	fr. c.	fr. c.	
50,000	70, 83	82, 64	94, 44	106, 25	118, 06	141, 67	850000
40,000	56, 67	66, 11	75, 56	85, 00	94, 44	113, 33	680000
30,000	42, 50	49, 58	56, 67	63, 75	70, 83	85, 00	510000
20,000	28, 33	33, 06	37, 78	42, 50	47, 22	56, 67	340000
10,000	14, 17	16, 53	18, 89	21, 25	23, 61	28, 33	170000
9,000	12, 75	14, 87	17, 00	19, 12	21, 25	25, 50	153000
8,000	11, 33	13, 22	15, 11	17, 00	18, 89	22, 67	136000
7,000	9, 92	11, 57	13, 22	14, 87	16, 53	19, 83	119000
6,000	8, 50	9, 92	11, 33	12, 75	14, 17	17, 00	102000
5,000	7, 08	8, 26	9, 44	10, 62	11, 81	14, 17	85000
4,000	5, 67	6, 61	7, 56	8, 50	9, 44	11, 33	68000
3,000	4, 25	4, 96	5, 67	6, 37	7, 08	8, 50	51000
2,000	2, 83	3, 31	3, 78	4, 25	4, 72	5, 67	34000
1,000	1, 42	1, 65	1, 89	2, 12	2, 36	2, 83	17000
900	1, 27	1, 49	1, 70	1, 91	2, 12	2, 55	15300
800	1, 13	1, 32	1, 51	1, 70	1, 89	2, 27	13600
700	0, 99	1, 16	1, 32	1, 49	1, 65	1, 98	11900
600	0, 85	0, 99	1, 13	1, 27	1, 42	1, 70	10200
500	0, 71	0, 83	0, 94	1, 06	1, 18	1, 42	8500
400	0, 57	0, 66	0, 76	0, 85	0, 94	1, 13	6800
300	0, 42	0, 50	0, 57	0, 64	0, 71	0, 85	5100
200	0, 28	0, 33	0, 38	0, 42	0, 47	0, 57	3400
100	0, 14	0, 17	0, 19	0, 21	0, 24	0, 28	1700
90	0, 13	0, 15	0, 17	0, 19	0, 21	0, 25	1530
80	0, 11	0, 13	0, 15	0, 17	0, 19	0, 23	1360
70	0, 10	0, 12	0, 13	0, 15	0, 17	0, 20	1190
60	0, 08	0, 10	0, 11	0, 13	0, 14	0, 17	1020
50	0, 07	0, 08	0, 09	0, 11	0, 12	0, 14	85c
40	0, 06	0, 07	0, 08	0, 08	0, 09	0, 11	68c
30	0, 04	0, 05	0, 06	0, 06	0, 07	0, 08	51c
20	0, 03	0, 03	0, 04	0, 04	0, 05	0, 06	34c
10	0, 01	0, 02	0, 02	0, 02	0, 02	0, 03	170
9	0, 01	0, 01	0, 02	0, 02	0, 02	0, 03	153
8	0, 01	0, 01	0, 02	0, 02	0, 02	0, 02	136
7	0, 01	0, 01	0, 01	0, 01	0, 02	0, 02	119
6	0, 01	0, 01	0, 01	0, 01	0, 01	0, 02	102
5	0, 01	0, 01	0, 01	0, 01	0, 01	0, 01	85
4	0, 01	0, 01	0, 01	0, 01	0, 01	0, 01	68
3	0, 00	0, 00	0, 01	0, 01	0, 01	0, 01	51
2	0, 00	0, 00	0, 00	0, 00	0, 00	0, 01	34
1	0, 00	0, 00	0, 00	0, 00	0, 00	0, 00	17

COLONNE DES CAPITAUX	INTÉRÊTS POUR 18 JOURS.						NOMBRES PRODUITS des CAPITAUX multipliés par 18 Jours.
	à 3 %	à 3 ½	à 4 %	à 4 ½	à 5 %	à 6 %	
fr.	fr. c.	fr. c.	fr. c.	fr. c.	fr. c.	fr. c.	
50,000	75, 00	87, 50	100, 00	112, 50	125, 00	150, 00	900000
40,000	60, 00	70, 00	80, 00	90, 00	100, 00	120, 00	720000
30,000	45, 00	52, 50	60, 00	67, 50	75, 00	90, 00	540000
20,000	30, 00	35, 00	40, 00	45, 00	50, 00	60, 00	360000
10,000	15, 00	17, 50	20, 00	22, 50	25, 00	30, 00	180000
9,000	13, 50	15, 75	18, 00	20, 25	22, 50	27, 00	162000
8,000	12, 00	14, 00	16, 00	18, 00	20, 00	24, 00	144000
7,000	10, 50	12, 25	14, 00	15, 75	17, 50	21, 00	126000
6,000	9, 00	10, 50	12, 00	13, 50	15, 00	18, 00	108000
5,000	7, 50	8, 75	10, 00	11, 25	12, 50	15, 00	90000
4,000	6, 00	7, 00	8, 00	9, 00	10, 00	12, 00	72000
3,000	4, 50	5, 25	6, 00	6, 75	7, 50	9, 00	54000
2,000	3, 00	3, 50	4, 00	4, 50	5, 00	6, 00	36000
1,000	1, 50	1, 75	2, 00	2, 25	2, 50	3, 00	18000
900	1, 35	1, 57	1, 80	2, 02	2, 25	2, 70	16200
800	1, 20	1, 40	1, 60	1, 80	2, 00	2, 40	14400
700	1, 05	1, 22	1, 40	1, 57	1, 75	2, 10	12600
600	0, 90	1, 05	1, 20	1, 35	1, 50	1, 80	10800
500	0, 75	0, 87	1, 00	1, 12	1, 25	1, 50	9000
400	0, 60	0, 70	0, 80	0, 90	1, 00	1, 20	7200
300	0, 45	0, 52	0, 60	0, 67	0, 75	0, 90	5400
200	0, 30	0, 35	0, 40	0, 45	0, 50	0, 60	3600
100	0, 15	0, 17	0, 20	0, 22	0, 25	0, 30	1800
90	0, 13	0, 16	0, 18	0, 20	0, 22	0, 27	1620
80	0, 12	0, 14	0, 16	0, 18	0, 20	0, 24	1440
70	0, 10	0, 12	0, 14	0, 16	0, 17	0, 21	1260
60	0, 09	0, 10	0, 12	0, 13	0, 15	0, 18	1080
50	0, 07	0, 09	0, 10	0, 11	0, 12	0, 15	900
40	0, 06	0, 07	0, 08	0, 09	0, 10	0, 12	720
30	0, 04	0, 05	0, 06	0, 07	0, 07	0, 09	540
20	0, 03	0, 03	0, 04	0, 04	0, 05	0, 06	360
10	0, 01	0, 02	0, 02	0, 02	0, 02	0, 03	180
9	0, 01	0, 02	0, 02	0, 02	0, 02	0, 03	162
8	0, 01	0, 01	0, 02	0, 02	0, 02	0, 02	144
7	0, 01	0, 01	0, 01	0, 02	0, 02	0, 02	126
6	0, 01	0, 01	0, 01	0, 01	0, 01	0, 02	108
5	0, 01	0, 01	0, 01	0, 01	0, 01	0, 01	90
4	0, 01	0, 01	0, 01	0, 01	0, 01	0, 01	72
3	0, 00	0, 01	0, 01	0, 01	0, 01	0, 01	54
2	0, 00	0, 00	0, 00	0, 00	0, 00	0, 01	36
1	0, 00	0, 00	0, 00	0, 00	0, 00	0, 00	18

COLONNE DES CAPITAUX	INTÉRÊTS POUR 19 JOURS.						NOMBRES PRODUITS des CAPITAUX multipliés par 19 Jours.
	à 3 %	à 3 ½	à 4 %	à 4 ½	à 5 %	à 6 %	
fr.	fr. c.	fr. c.	fr. c.	ft. c.	fr. c.	fr. c.	
50,000	79, 17	92, 36	105, 56	118, 75	131, 94	158, 33	950000
40,000	63, 33	73, 89	84, 44	95, 00	105, 56	126, 67	760000
30,000	47, 50	55, 42	63, 33	71, 25	79, 17	95, 00	570000
20,000	31, 67	36, 94	42, 22	47, 50	52, 78	63, 33	380000
10,000	15, 83	18, 47	21, 11	23, 75	26, 39	31, 67	190000
9,000	14, 25	16, 62	19, 00	21, 37	23, 75	28, 50	171000
8,000	12, 67	14, 78	16, 89	19, 00	21, 11	25, 33	152000
7,000	11, 08	12, 93	14, 78	16, 62	18, 47	22, 17	133000
6,000	9, 50	11, 08	12, 67	14, 25	15, 83	19, 00	114000
5,000	7, 92	9, 24	10, 56	11, 87	13, 19	15, 83	95000
4,000	6, 33	7, 39	8, 44	9, 50	10, 56	12, 67	76000
3,000	4, 75	5, 54	6, 33	7, 12	7, 92	9, 50	57000
2,000	3, 17	3, 69	4, 22	4, 75	5, 28	6, 33	38000
1,000	1, 58	1, 85	2, 11	2, 37	2, 64	3, 17	19000
900	1, 42	1, 66	1, 90	2, 14	2, 37	2, 85	17100
800	1, 27	1, 48	1, 69	1, 90	2, 11	2, 53	15200
700	1, 11	1, 29	1, 48	1, 66	1, 85	2, 22	13300
600	0, 95	1, 11	1, 27	1, 42	1, 58	1, 90	11400
500	0, 79	0, 92	1, 06	1, 19	1, 32	1, 58	9500
400	0, 63	0, 74	0, 84	0, 95	1, 06	1, 27	7600
300	0, 47	0, 55	0, 63	0, 71	0, 79	0, 95	5700
200	0, 32	0, 37	0, 42	0, 47	0, 53	0, 63	3800
100	0, 16	0, 18	0, 21	0, 24	0, 26	0, 32	1900
90	0, 14	0, 17	0, 19	0, 21	0, 24	0, 28	1710
80	0, 13	0, 15	0, 17	0, 19	0, 21	0, 25	1520
70	0, 11	0, 13	0, 15	0, 17	0, 18	0, 22	1330
60	0, 09	0, 11	0, 13	0, 14	0, 16	0, 19	1140
50	0, 08	0, 09	0, 11	0, 12	0, 13	0, 16	950
40	0, 06	0, 07	0, 08	0, 09	0, 11	0, 13	760
30	0, 05	0, 06	0, 06	0, 07	0, 08	0, 09	570
20	0, 03	0, 04	0, 04	0, 05	0, 05	0, 06	380
10	0, 02	0, 02	0, 02	0, 02	0, 03	0, 03	190
9	0, 01	0, 02	0, 02	0, 02	0, 02	0, 03	171
8	0, 01	0, 01	0, 02	0, 02	0, 02	0, 03	152
7	0, 01	0, 01	0, 01	0, 02	0, 02	0, 02	133
6	0, 01	0, 01	0, 01	0, 01	0, 02	0, 02	114
5	0, 01	0, 01	0, 01	0, 01	0, 01	0, 02	95
4	0, 01	0, 01	0, 01	0, 01	0, 01	0, 01	76
3	0, 00	0, 01	0, 01	0, 01	0, 01	0, 01	57
2	0, 00	0, 00	0, 00	0, 00	0, 01	0, 01	38
1	0, 00	0, 00	0, 00	0, 00	0, 00	0, 00	19

COLONNE DES CAPITAUX	INTÉRÈTS POUR 20 JOURS.						NOMBRES PRODUITS des CAPITAUX multipliés par 20 Jours
	à 3 %	à 3 ½	à 4 %	à 4 ½	à 5 %	à 6 %	
fr.	fr. c.	fr. c.	fr. c.	fr. c.	fr. c.	fr. c.	
50,000	83. 33	97, 22	111, 11	125, 00	138, 89	166, 67	1000000
40,000	66, 67	77, 78	88, 89	100, 00	111, 11	133, 33	800000
30,000	50, 00	58, 33	66, 67	75, 00	83, 33	100, 00	600000
20,000	33, 33	38, 89	44, 44	50, 00	55, 56	66, 67	400000
10,000	16, 67	19, 44	22, 22	25, 00	27, 78	33, 33	200000
9,000	15, 00	17, 50	20, 00	22, 50	25, 00	30, 00	180000
8,000	13, 33	15, 56	17, 78	20, 00	22, 22	26, 67	160000
7,000	11, 67	13, 61	15, 56	17, 50	19, 44	23, 33	140000
6,000	10, 00	11, 67	13, 33	15, 00	16, 67	20, 00	120000
5,000	8, 33	9. 72	11, 11	12, 50	13, 89	16, 67	100000
4,000	6, 67	7, 78	8, 89	10, 00	11, 11	13. 33	80000
3,000	5, 00	5, 83	6, 67	7, 50	8, 33	10, 00	60000
2,000	3, 33	3, 89	4, 44	5, 00	5, 56	6, 67	40000
1,000	1, 67	1, 94	2, 22	2, 50	2, 78	3, 33	20000
900	1, 50	1, 75	2, 00	2, 25	2, 50	3, 00	18000
800	1, 33	1, 56	1, 78	2, 00	2, 22	2, 67	16000
700	1, 17	1, 36	1, 56	1, 75	1, 94	2, 33	14000
600	1, 00	1, 17	1, 33	1, 50	1, 67	2, 00	12000
500	0, 83	0, 97	1, 11	1, 25	1, 39	1, 67	10000
400	0, 67	0, 78	0, 89	1, 00	1, 11	1, 33	8000
300	0, 50	0, 58	0, 67	0, 75	0, 83	1, 00	6000
200	0, 33	0, 39	0, 44	0, 50	0, 56	0, 67	4000
100	0, 17	0, 19	0, 22	0, 25	0, 28	0, 33	2000
90	0, 15	0, 17	0, 20	0, 22	0, 25	0, 30	1800
80	0, 13	0, 16	0, 18	0, 20	0, 22	0, 27	1600
70	0, 12	0, 14	0, 16	0, 17	0, 19	0. 23	1400
60	0, 10	0, 12	0, 13	0, 15	0, 17	0. 20	1200
50	0, 08	0, 10	0, 11	0, 12	0, 14	0, 17	1000
40	0, 07	0, 08	0, 09	0, 10	0, 11	0, 13	800
30	0, 05	0, 06	0, 07	0, 07	0, 08	0, 10	600
20	0, 03	0, 04	0, 04	0, 05	0, 06	0, 07	400
10	0, 02	0 02	0, 02	0, 02	0, 03	0, 03	200
9	0, 01	0, 02	0, 02	0, 02	0, 02	0, 03	180
8	0, 01	0, 02	0, 02	0, 02	0, 02	0, 03	160
7	0, 01	0, 01	0. 02	0, 02	0, 02	0, 02	140
6	0, 01	0, 01	0, 01	0, 01	0, 02	0, 02	120
5	0, 01	0, 01	0, 01	0, 01	0, 01	0, 02	100
4	0, 01	0, 01	0, 01	0, 01	0, 01	0, 01	80
3	0, 00	0, 01	0, 01	0, 01	0, 01	0, 01	60
2	0. 00	0, 00	0, 00	0, 00	0, 01	0, 01	40
1	0, 00	0, 00	0, 00	0. 00	0, 00	0, 00	20

INTÉRÊTS POUR 21 JOURS.

COLONNE DES CAPITAUX	à 3 %	à 3 ½	à 4 %	à 4 ½	à 5 %	à 6 %	NOMBRES PRODUITS des CAPITAUX multipliés par 21 Jours.
fr.	fr. c.	fr. c.	fr. c.	fr. c.	fr. c.	fr. c.	
50,000	87, 50	102, 08	116, 67	131, 25	145, 83	175, 00	1050000
40,000	70, 00	81, 67	93, 33	105, 00	116, 67	140, 00	840000
30,000	52, 50	61, 25	70, 00	78, 75	87, 50	105, 00	630000
20,000	35, 00	40, 83	46, 67	52, 50	58, 33	70, 00	420000
10,000	17, 50	20, 42	23, 33	26, 25	29, 17	35, 00	210000
9,000	15, 75	18, 37	21, 00	23, 62	26, 25	31, 50	189000
8,000	14, 00	16, 33	18, 67	21, 00	23, 33	28, 00	168000
7,000	12, 25	14, 29	16, 33	18, 37	20, 42	24, 50	147000
6,000	10, 50	12, 25	14, 00	15, 75	17, 50	21, 00	126000
5,000	8, 75	10, 21	11, 67	13, 12	14, 58	17, 50	105000
4,000	7, 00	8, 17	9, 33	10, 50	11, 67	14, 00	84000
3,000	5, 25	6, 12	7, 00	7, 87	8, 75	10, 50	63000
2,000	3, 50	4, 08	4, 67	5, 25	5, 83	7, 00	42000
1,000	1, 75	2, 04	2, 33	2, 62	2, 92	3, 50	21000
900	1, 57	1, 84	2, 10	2, 36	2, 62	3, 15	18900
800	1, 40	1, 63	1, 87	2, 10	2, 33	2, 80	16800
700	1, 22	1, 43	1, 63	1, 84	2, 04	2, 45	14700
600	1, 05	1, 22	1, 40	1, 57	1, 75	2, 10	12600
500	0, 87	1, 02	1, 17	1, 31	1, 46	1, 75	10500
400	0, 70	0, 82	0, 93	1, 05	1, 17	1, 40	8400
300	0, 52	0, 61	0, 70	0, 79	0, 87	1, 05	6300
200	0, 35	0, 41	0, 47	0, 52	0, 58	0, 70	4200
100	0, 17	0, 20	0, 23	0, 26	0, 29	0, 35	2100
90	0, 16	0, 18	0, 21	0, 24	0, 26	0, 31	1890
80	0, 14	0, 16	0, 19	0, 21	0, 23	0, 28	1680
70	0, 12	0, 14	0, 16	0, 18	0, 20	0, 24	1470
60	0, 10	0, 12	0, 14	0, 16	0, 17	0, 21	1260
50	0, 09	0, 10	0, 12	0, 13	0, 15	0 17	1050
40	0, 07	0, 08	0, 09	0, 10	0, 12	0, 14	840
30	0, 05	0, 06	0, 07	0, 08	0, 09	0, 10	630
20	0, 03	0, 04	0, 05	0, 05	0, 06	0, 07	420
10	0, 02	0, 02	0, 02	0, 03	0, 03	0, 03	210
9	0, 02	0, 02	0, 02	0, 02	0, 03	0, 03	189
8	0, 01	0, 02	0, 02	0, 02	0, 02	0, 03	168
7	0, 01	0, 01	0, 02	0, 02	0, 02	0, 02	147
6	0, 01	0, 01	0, 01	0, 02	0, 02	0, 02	126
5	0, 01	0, 01	0, 01	0, 01	0, 01	0, 02	105
4	0, 01	0, 01	0, 01	0, 01	0, 01	0, 01	84
3	0, 01	0, 01	0, 01	ö, 01	0, 01	0, 01	63
2	0, 00	0, 00	0, 00	0, 01	0, 01	0, 01	42
1	0, 00	0, 00	0, 00	0, 00	0, 00	0, 00	21

COLONNE DES CAPITAUX	INTÉRÊTS POUR 22 JOURS.						NOMBRES PRODUITS des CAPITAUX multipliés par 22 Jours.
	à 3 %	à 3 ½	à 4 %	à 4 ½	à 5 %	à 6 %	
fr.	fr. c.	fr. c.	fr. c.	fr. c.	fr. c.	fr. c.	
50,000	91, 67	106, 94	122, 22	137, 50	152, 78	183, 33	1100000
40,000	73, 33	85, 56	97, 78	110, 00	122, 22	146, 67	880000
30 000	55, 00	64, 17	73, 33	82, 50	91, 67	110, 00	660000
20,000	36, 67	42, 78	48, 89	55, 00	61, 11	73, 33	440000
10,000	18, 33	21, 39	24, 44	27, 50	30, 56	36, 67	220000
9,000	16, 50	19, 25	22, 00	24, 75	27, 50	33, 00	198000
8,000	14, 67	17, 11	19, 56	22, 00	24, 44	29, 33	176000
7,000	12, 83	14, 97	17, 11	19, 25	21, 39	25, 67	154000
6 000	11, 00	12, 83	14, 67	16, 50	18, 33	22, 00	132000
5,000	9, 17	10, 69	12, 22	13, 75	15, 28	18, 33	110000
4,000	7, 33	8, 56	9, 78	11, 00	12, 22	14, 67	88000
3,000	5, 50	6, 42	7, 33	8, 25	9, 17	11, 00	66000
2,000	3, 67	4, 28	4, 89	5, 50	6, 11	7, 33	44000
1,000	1, 83	2, 14	2, 44	2, 75	3, 06	3, 67	22000
900	1, 65	1, 92	2, 20	2, 47	2, 75	3, 30	19800
800	1, 47	1, 71	1, 96	2, 20	2, 44	2, 93	17600
700	1, 28	1, 50	1, 71	1, 92	2, 14	2, 57	15400
600	1, 10	1, 28	1, 47	1, 65	1, 83	2, 20	13200
500	0, 92	1, 07	1, 22	1, 37	1, 53	1, 83	11000
400	0, 73	0, 86	0, 98	1, 10	1, 22	1, 47	8800
300	0, 55	0, 64	0, 73	0, 82	0, 92	1, 10	6600
200	0, 37	0, 43	0, 49	0, 55	0, 61	0, 73	4400
100	0, 18	0, 21	0, 24	0, 27	0, 31	0, 37	2200
90	0, 16	0, 19	0, 22	0, 25	0, 27	0, 33	1980
80	0, 15	0, 17	0, 20	0, 22	0, 24	0, 29	1760
70	0, 13	0, 15	0, 17	0, 19	0, 21	0, 26	1540
60	0, 11	0, 13	0, 15	0, 16	0, 18	0, 22	1320
50	0, 09	0, 11	0, 12	0, 14	0, 15	0, 18	1100
40	0, 07	0, 09	0, 10	0, 11	0, 12	0, 15	880
30	0, 05	0, 06	0, 07	0, 08	0, 09	0, 11	660
20	0, 04	0, 04	0, 05	0, 05	0, 06	0, 07	440
10	0, 02	0, 02	0, 02	0, 03	0, 03	0, 04	220
9	0, 02	0, 02	0, 02	0, 02	0, 03	0, 03	198
8	0, 01	0, 02	0, 02	0, 02	0, 02	0, 03	176
7	0, 01	0, 01	0, 02	0, 02	0, 02	0, 03	154
6	0, 01	0, 01	0, 01	0, 01	0, 02	0, 02	132
5	0, 01	0, 01	0, 01	0, 01	0, 02	0, 02	110
4	0, 01	0, 01	0, 01	0, 01	0, 01	0, 01	88
3	0, 01	0, 01	0, 01	0, 01	0, 01	0, 01	66
2	0, 00	0, 00	0, 00	0, 01	0, 01	0, 01	44
1	0, 00	0, 00	0, 00	0, 00	0, 00	0, 00	22

COLONNE DES CAPITAUX	INTÉRÊTS POUR 23 JOURS.						NOMBRES PRODUITS des CAPITAUX multipliés par 23 Jours.
	à 3 %	à 3 ½	à 4 %	à 4 ½	à 5 %	à 6 %	
fr.	fr. c.	fr. c.	fr. c.	fr. c.	fr. c.	fr. c.	
50,000	95, 83	111, 80	127, 78	143, 75	159, 72	191, 67	1150000
40,000	76, 67	89, 44	102, 22	115, 00	127, 78	153, 33	920000
30,000	57, 50	67, 08	76, 67	86, 25	95, 83	115, 00	690000
20,000	38, 33	44, 72	51, 11	57, 50	63, 89	76, 67	460000
10,000	19, 17	22, 36	25, 56	28, 75	31, 94	38, 33	230000
9,000	17, 25	20, 12	23, 00	25, 87	28, 75	34, 50	207000
8,000	15, 33	17, 89	20, 44	23, 00	25, 56	30, 67	184000
7,000	13, 42	15, 65	17, 89	20, 12	22, 36	26, 83	161000
6,000	11, 50	13, 42	15, 33	17, 25	19, 17	23, 00	138000
5,000	9, 58	11, 18	12, 78	14, 37	15, 97	19, 17	115000
4,000	7, 67	8, 94	10, 22	11, 50	12, 78	15, 33	92000
3,000	5, 75	6, 71	7, 67	8, 62	9, 58	11, 50	69000
2,000	3, 83	4, 47	5, 11	5, 75	6, 39	7, 67	46000
1,000	1, 92	2, 24	2, 56	2, 87	3, 19	3, 83	23000
900	1, 72	2, 01	2, 30	2, 59	2, 87	3, 45	20700
800	1, 53	1, 79	2, 04	2, 30	2, 56	3, 07	18400
700	1, 34	1, 57	1, 79	2, 01	2, 24	2, 68	16100
600	1, 15	1, 34	1, 53	1, 72	1, 92	2, 30	13800
500	0, 96	1, 12	1, 28	1, 44	1, 60	1, 92	11500
400	0, 77	0, 89	1, 02	1, 15	1, 28	1, 53	9200
300	0, 57	0, 67	0, 77	0, 86	0, 96	1, 15	6900
200	0, 38	0, 45	0, 51	0, 57	0, 64	0, 77	4600
100	0, 19	0, 22	0, 26	0, 29	0, 32	0, 38	2300
90	0, 17	0, 20	0, 23	0, 26	0, 29	0, 34	2070
80	0, 15	0, 18	0, 20	0, 23	0, 26	0, 31	1840
70	0, 13	0, 16	0, 18	0, 20	0, 22	0, 27	1610
60	0, 11	0, 13	0, 15	0, 17	0, 19	0, 23	1380
50	0, 10	0, 11	0, 13	0, 14	0, 16	0, 19	1150
40	0, 08	0, 09	0, 10	0, 11	0, 13	0, 15	920
30	0, 06	0, 07	0, 08	0, 09	0, 10	0, 11	690
20	0, 04	0, 04	0, 05	0, 06	0, 06	0, 08	460
10	0, 02	0, 02	0, 03	0, 03	0, 03	0, 04	230
9	0, 02	0, 02	0, 02	0, 03	0, 03	0, 03	207
8	0, 02	0, 02	0, 02	0, 02	0, 03	0, 03	184
7	0, 01	0, 02	0, 02	0, 02	0, 02	0, 03	161
6	0, 01	0, 01	0, 02	0, 02	0, 02	0, 02	138
5	0, 01	0, 01	0, 01	0, 01	0, 02	0, 02	115
4	0, 01	0, 01	0, 01	0, 01	0, 01	0, 02	92
3	0, 01	0, 01	0, 01	0, 01	0, 01	0, 01	69
2	0, 00	0, 00	0, 01	0, 01	0, 01	0, 01	46
1	0, 00	0, 00	0, 00	0, 00	0, 00	0, 00	23

INTÉRÊTS POUR 24 JOURS.

COLONNE DES CAPITAUX	à 3 %	à 3 ½	à 4 %	à 4 ½	à 5 %	à 6 %	NOMBRES PRODUITS des CAPITAUX multipliés par 24 Jours.
fr.	fr. c.	fr. c.	fr. c.	fr. c.	fr. c.	fr. c.	
50,000	100, 00	116, 67	133, 33	150, 00	166, 67	200, 00	1200000
40,000	80, 00	93, 33	106, 67	120, 00	133, 33	160, 00	960000
30,000	60, 00	70, 00	80, 00	90, 00	100, 00	120, 00	720000
20,000	40, 00	46, 67	53, 33	60, 00	66, 67	80, 00	480000
10,000	20, 00	23, 33	26, 67	30, 00	33, 33	40, 00	240000
9,000	18, 00	21, 00	24, 00	27, 00	30, 00	36, 00	216000
8,000	16, 00	18, 67	21, 33	24, 00	26, 67	32, 00	192000
7,000	14, 00	16, 33	18, 67	21, 00	23, 33	28, 00	168000
6,000	12, 00	14, 00	16, 00	18, 00	20, 00	24, 00	144000
5,000	10, 00	11, 67	13, 33	15, 00	16, 67	20, 00	120000
4,000	8, 00	9, 33	10, 67	12, 00	13, 33	16, 00	96000
3,000	6, 00	7, 00	8, 00	9, 00	10, 00	12, 00	72000
2,000	4, 00	4, 67	5, 33	6, 00	6, 67	8, 00	48000
1,000	2, 00	2, 33	2, 67	3, 00	3, 33	4, 00	24000
900	1, 80	2, 10	2, 40	2, 70	3, 00	3, 60	21600
800	1, 60	1, 87	2, 13	2, 40	2, 67	3, 20	19200
700	1, 40	1, 63	1, 87	2, 10	2, 33	2, 80	16800
600	1, 20	1, 40	1, 60	1, 80	2, 00	2, 40	14400
500	1, 00	1, 17	1, 33	1, 50	1, 67	2, 00	12000
400	0, 80	0, 93	1, 07	1, 20	1, 33	1, 60	9600
300	0, 60	0, 70	0, 80	0, 90	1, 00	1, 20	7200
200	0, 40	0, 47	0, 53	0, 60	0, 67	0, 80	4800
100	0, 20	0, 23	0, 27	0, 30	0, 33	0, 40	2400
90	0, 18	0, 21	0, 24	0, 27	0, 30	0, 36	2160
80	0, 16	0, 19	0, 21	0, 24	0, 27	0, 32	1920
70	0, 14	0, 16	0, 19	0, 21	0, 23	0, 28	1680
60	0, 12	0, 14	0, 16	0, 18	0, 20	0, 24	1440
50	0, 10	0, 12	0, 13	0, 15	0, 17	0, 20	1200
40	0, 08	0, 09	0, 11	0, 12	0, 13	0, 16	960
30	0, 06	0, 07	0, 08	0, 09	0, 10	0, 12	720
20	0, 04	0, 05	0, 05	0, 06	0, 07	0, 08	480
10	0, 02	0, 02	0, 03	0, 03	0, 03	0, 04	240
9	0, 02	0, 02	0, 02	0, 03	0, 03	0, 04	216
8	0, 02	0, 02	0, 02	0, 02	0, 03	0, 03	192
7	0, 01	0, 02	0, 02	0, 02	0, 02	0, 03	168
6	0, 01	0, 01	0, 02	0, 02	0, 02	0, 03	144
5	0, 01	0, 01	0, 01	0, 01	0, 02	0, 02	120
4	0, 01	0, 01	0, 01	0, 01	0, 01	0, 02	96
3	0, 01	0, 01	0, 01	0, 01	0, 01	0, 01	72
2	0, 00	0, 00	0, 01	0, 01	0, 01	0, 01	48
1	0, 00	0, 00	0, 00	0, 00	0, 00	0, 00	24

COLONNE DES CAPITAUX	INTÉRÊTS POUR 25 JOURS.						NOMBRES PRODUITS des CAPITAUX multipliés par 25 Jours.
	à 3 %	à 3 ½	à 4 %	à 4 ½	à 5 %	à 6 %	
fr.	fr. c.	fr. c.	fr. c.	fr. c.	fr. c.	fr. c.	
50,000	104, 17	121, 53	138, 89	156, 25	173, 61	208, 33	1250000
40,000	83, 33	97, 22	111, 11	125, 00	138, 89	166, 67	1000000
30,000	62, 50	72, 92	83, 33	93, 75	104, 17	125, 00	750000
20,000	41, 67	48, 61	55, 56	62, 50	69, 44	83, 33	500000
10,000	20, 83	24, 31	27, 78	31, 25	34, 72	41, 67	250000
9,000	18, 75	21, 87	25, 00	28, 12	31, 25	37, 50	225000
8,000	16, 67	19, 44	22, 22	25, 00	27, 78	33, 33	200000
7,000	14, 58	17, 01	19, 44	21, 87	24, 31	29, 17	175000
6,000	12, 50	14, 58	16, 67	18, 75	20, 83	25, 00	150000
5,000	10, 42	12, 15	13, 89	15, 62	17, 36	20, 83	125000
4,000	8, 33	9, 72	11, 11	12, 50	13, 89	16, 67	100000
3,000	6, 25	7, 29	8, 33	9, 37	10, 42	12, 50	75000
2,000	4, 17	4, 86	5, 56	6, 25	6, 94	8, 33	50000
1,000	2, 08	2, 43	2, 78	3, 12	3, 47	4, 17	25000
900	1, 87	2, 19	2, 50	2, 81	3, 12	3, 75	22500
800	1, 67	1, 94	2, 22	2, 50	2, 78	3, 33	20000
700	1, 46	1, 70	1, 94	2, 19	2, 43	2, 92	17500
600	1, 25	1, 46	1, 67	1, 87	2, 08	2, 50	15000
500	1, 04	1, 22	1, 39	1, 56	1, 74	2, 08	12500
400	0, 83	0, 97	1, 11	1, 25	1, 39	1, 67	10000
300	0, 62	0, 73	0, 83	0, 94	1, 04	1, 25	7500
200	0, 42	0, 49	0, 56	0, 62	0, 69	0, 83	5000
100	0, 21	0, 24	0, 28	0, 31	0, 35	0, 42	2500
90	0, 19	0, 22	0, 25	0, 28	0, 31	0, 37	2250
80	0, 17	0, 19	0, 22	0, 25	0, 28	0, 33	2000
70	0, 15	0, 17	0, 19	0, 22	0, 24	0, 29	1750
60	0, 12	0, 15	0, 17	0, 19	0, 21	0, 25	1500
50	0, 10	0, 12	0, 14	0, 16	0, 17	0, 21	1500
40	0, 08	0, 10	0, 11	0, 12	0, 14	0, 17	1000
30	0, 06	0, 07	0, 08	0, 09	0, 10	0, 12	750
20	0, 04	0, 05	0, 06	0, 06	0, 07	0, 08	500
10	0, 02	0, 02	0, 03	0, 03	0, 03	0. 04	250
9	0, 02	0, 02	0, 02	0, 03	0, 03	0, 04	225
8	0, 02	0, 02	0, 02	0, 02	0, 03	0, 03	200
7	0, 01	0, 02	0, 02	0, 02	0, 02	0, 03	175
6	0, 01	0, 01	0, 02	0, 02	0, 02	0, 03	150
5	0, 01	0, 01	0, 01	0, 02	0, 02	0, 02	125
4	0, 01	0, 01	0, 01	0, 01	0, 01	0, 02	100
3	0, 01	0, 01	0, 01	0, 01	0, 01	0, 01	75
2	0, 00	0, 00	0, 01	0, 01	0, 01	0, 01	50
1	0, 00	0, 00	0, 00	0, 00	0, 00	0, 00	25

INTÉRÊTS POUR 26 JOURS.

COLONNE DES CAPITAUX	à 3 %	à 3 ½	à 4 %	à 4 ½	à 5 %	à 6 %	NOMBRES PRODUITS des CAPITAUX multipliés par 26 Jours.
fr.	fr. c.	fr. c.	fr. c.	fr. c.	fr. c.	fr. c.	
50,000	108, 33	126, 39	144, 44	162, 50	180, 56	216, 67	1300000
40,000	86, 67	101, 11	115, 56	130, 00	144, 44	173, 33	1040000
30,000	65, 00	75, 83	86, 67	97, 50	108, 33	130, 00	780000
20,000	43, 33	50, 56	57, 78	65, 00	72, 22	86, 67	520000
10,000	21, 67	25, 28	28, 89	32, 50	36, 11	43, 33	260000
9,000	19, 50	22, 75	26, 00	29, 25	32, 50	39, 00	234000
8,000	17, 33	20, 22	23, 11	26, 00	28, 89	34, 67	208000
7,000	15, 17	17, 69	20, 22	22, 75	25, 28	30, 33	182000
6,000	13, 00	15, 17	17, 33	19, 50	21, 67	26, 00	156000
5,000	10, 83	12, 64	14, 44	16, 25	18, 06	21, 67	130000
4,000	8, 67	10, 11	11, 56	13, 00	14, 44	17, 33	104000
3,000	6, 50	7, 58	8, 67	9, 75	10, 83	13, 00	78000
2,000	4, 33	5, 06	5, 78	6, 50	7, 22	8, 67	52000
1,000	2, 17	2, 53	2, 89	3, 25	3, 61	4, 33	26000
900	1, 95	2, 27	2, 60	2, 92	3, 25	3, 90	23400
800	1, 73	2, 02	2, 31	2, 60	2, 89	3, 47	20800
700	1, 52	1, 77	2, 02	2, 27	2, 53	3, 03	18200
600	1, 30	1, 52	1, 73	1, 95	2, 17	2, 60	15600
500	1, 08	1, 26	1, 44	1, 62	1, 81	2, 17	13000
400	0, 87	1, 01	1, 16	1, 30	1, 44	1, 73	10400
300	0, 65	0, 76	0, 87	0, 97	1, 08	1, 30	7800
200	0, 43	0, 51	0, 58	0, 65	0, 72	0, 87	5200
100	0, 22	0, 25	0, 29	0, 32	0, 36	0, 43	2600
90	0, 19	0, 23	0, 26	0, 29	0, 32	0, 39	2340
80	0, 17	0, 20	0, 23	0, 26	0, 29	0, 35	2080
70	0, 15	0, 18	0, 20	0, 23	0, 25	0, 30	1820
60	0, 13	0, 15	0, 17	0, 19	0, 22	0, 26	1560
50	0, 11	0, 13	0, 14	0, 16	0, 18	0, 22	1300
40	0, 09	0, 10	0, 12	0, 13	0, 14	0, 17	1040
30	0, 06	0, 08	0, 09	0, 10	0, 11	0, 13	780
20	0, 04	0, 05	0, 06	0, 06	0, 07	0, 09	520
10	0, 02	0 03	0, 03	0, 03	0, 04	0, 04	260
9	0, 02	0, 02	0, 03	0, 03	0, 03	0, 04	234
8	0, 02	0, 02	0, 02	0, 03	0, 03	0, 03	208
7	0, 02	0, 02	0, 02	0, 02	0, 03	0, 03	182
6	0, 01	0, 02	0, 02	0, 02	0, 02	0, 03	156
5	0, 01	0, 01	0, 01	0, 02	0, 02	0, 02	130
4	0, 01	0, 01	0, 01	0, 01	0, 01	0, 02	104
3	0, 01	0, 01	0, 01	0, 01	0, 01	0, 01	78
2	0, 00	0, 01	0, 01	0, 01	0, 01	0, 01	52
1	0, 00	0, 00	0, 00	0, 00	0, 00	0, 00	26

COLONNE DES CAPITAUX	INTÉRÊTS POUR **27** JOURS.						NOMBRES PRODUITS des CAPITAUX multipliés par 27 Jours.
	à 3 %	à 3 ½	à 4 %	à 4 ½	à 5 %	à 6 %	
fr.	fr. c.	fr. c.	fr. c.	fr. c.	fr. c.	fr. c.	
50,000	112, 50	131, 25	150, 00	168, 75	187, 50	225. 00	1350000
40,000	90, 00	105, 00	120, 00	135, 00	150, 00	180, 00	1080000
30,000	67, 50	78, 75	90, 00	101. 25	112, 50	135, 00	810000
20,000	45, 00	52, 50	60, 00	67, 50	75, 00	90, 00	540000
10,000	22, 50	26, 25	30, 00	33, 75	37, 50	45. 00	270000
9,000	20, 25	23, 62	27, 00	30, 37	33, 75	40, 50	243000
8,000	18, 00	21, 00	24, 00	27, 00	30, 00	36, 00	216000
7,000	15, 75	18, 37	21, 00	23, 62	26, 25	31, 50	189000
6,000	13, 50	15, 75	18, 00	20, 25	22, 50	27, 00	162000
5,000	11, 25	13, 12	15, 00	16. 87	18, 75	22, 50	135000
4,000	9, 00	10, 50	12, 00	13. 50	15, 00	18, 00	108000
3,000	6, 75	7, 87	9, 00	10, 12	11, 25	13, 50	81000
2,000	4, 50	5, 25	6, 00	6, 75	7, 50	9, 00	54000
1,000	2, 25	2, 62	3, 00	3, 37	3, 75	4, 50	27000
900	2, 02	2, 36	2, 70	3, 04	3, 37	4, 05	24300
800	1. 80	2, 10	2, 40	2, 70	3, 00	3, 60	21600
700	1, 57	1. 84	2, 10	2, 36	2, 62	3, 15	18900
600	1, 35	1, 57	1, 80	2, 02	2, 25	2, 70	16200
500	1, 12	1, 31	1, 50	1, 69	1, 87	2, 25	13500
400	0, 90	1, 05	1, 20	1, 35	1, 50	1, 80	10800
300	0, 67	0, 79	0, 90	1, 01	..1, 12	1, 35	8100
200	0, 45	0, 52	0, 60	0, 67	0, 75	0, 90	5400
100	0, 22	0, 26	0, 30	0, 34	0, 37	0, 45	2700
90	0, 20	0, 24	0, 27	0, 30	0, 34	0, 40	2430
80	0, 18	0, 21	0, 24	0, 27	0, 30	0, 36	2160
70	0, 16	0, 18	0, 21	0, 24	0, 26	0, 31	1890
60	0, 13	0, 16	0, 18	0, 20	0, 22	0, 27	1620
50	0, 11	0, 13	0, 15	0, 17	0, 19	0 22	1350
40	0, 09	0, 10	0, 12	0, 13	0, 15	0, 18	1080
30	0, 07	0, 08	0, 09	0, 10	0, 11	0, 13	810
20	0, 04	0, 05	0, 06	0, 07	0, 07	0, 09	540
10	0, 02	0, 03	0, 03	0, 03	0, 04	0, 04	270
9	0, 02	0, 02	0, 03	0, 03	0, 03	0, 04	243
8	0, 02	0, 02	0, 02	0, 03	0, 03	0, 04	216
7	0, 02	0, 02	0, 02	0, 02	0, 03	0, 03	189
6	0, 01	0, 02	0, 02	0, 02	0, 02	0, 03	162
5	0, 01	0, 01	0, 01	0, 02	0, 02	0, 02	135
4	0, 01	0, 01	0. 01	0, 01	0, 01	0, 02	108
3	0, 01	0, 01	0, 01	0, 01	0, 01	0, 01	81
2	0, 00	0, 00	0, 01	0, 01	0, 01	0, 01	54
1	0, 00	0, 00	0, 00	0, 00	0, 00	0, 00	27

COLONNE DES CAPITAUX	INTÉRÊTS POUR 28 JOURS.						NOMBRES PRODUITS des CAPITAUX multipliés par 28 Jours.
	à 3 %	à 3 ½	à 4 %	à 4 ½	à 5 %	à 6 %	
fr.	fr. c.	fr. c.	fr. c.	fr. c.	fr. c.	fr. c.	
50,000	166, 67	136, 11	155, 56	175, 00	194, 44	233, 33	1400000
40,000	93, 33	108, 89	124, 44	140, 00	155, 56	186, 67	1120000
30 000	70, 00	81, 67	93, 33	105, 00	116, 67	140, 00	840000
20,000	46, 67	54, 44	62, 22	70, 00	77, 78	93, 33	560000
10,000	23, 33	27, 22	31, 11	35, 00	38, 89	46, 67	280000
9,000	21, 00	24, 50	28, 00	31, 50	35, 00	42, 00	252000
8,000	18, 67	21, 78	24, 89	28, 00	31, 11	37, 33	224000
7,000	16, 33	19, 06	21, 78	24, 50	27, 22	32, 67	196000
6 000	14, 00	16, 33	18, 67	21, 00	23, 33	28, 00	168000
5,000	11, 67	13, 61	15, 56	17, 50	19, 44	23, 33	140000
4,000	9, 33	10, 89	12, 44	14, 00	15, 56	18, 67	112000
3,000	7, 00	8, 17	9, 33	10, 50	11, 67	14, 00	84000
2 000	4, 67	5, 44	6, 22	7, 00	7, 78	9, 33	56000
1,000	2, 33	2, 72	3, 11	3, 50	3, 89	4, 67	28000
900	2, 10	2, 45	2, 80	3, 15	3, 50	4, 20	25200
800	1, 87	2, 18	2, 49	2, 80	3, 11	3, 73	22400
700	1, 63	1, 91	2, 18	2, 45	2, 72	3, 27	19600
600	1, 40	1, 63	1, 87	2, 10	2, 33	2, 80	16800
500	1, 17	1, 36	1, 56	1, 75	1, 94	2, 33	14000
400	0, 93	1, 09	1, 24	1, 40	1, 56	1, 87	11200
300	0, 70	0, 82	0, 93	1, 05	1, 17	1, 40	8400
200	0, 47	0, 54	0, 62	0, 70	0, 78	0, 93	5600
100	0, 23	0, 27	0, 31	0, 35	0, 39	0, 47	2800
90	0, 21	0, 24	0, 28	0, 31	0, 35	0, 42	2520
80	0, 19	0, 22	0, 25	0, 28	0, 31	0, 37	2240
70	0, 16	0, 19	0, 22	0, 24	0, 27	0, 33	1960
60	0, 14	0, 16	0, 19	0, 21	0, 23	0, 28	1680
50	0, 12	0, 14	0, 16	0, 17	0, 19	0, 23	1400
40	0, 09	0, 11	0, 12	0, 14	0, 16	0, 19	1120
30	0, 07	0, 08	0, 09	0, 10	0, 12	0, 14	840
20	0, 05	0, 05	0, 06	0, 07	0, 08	0, 09	560
10	0, 02	0, 03	0, 03	0, 03	0, 04	0, 05	280
9	0, 02	0, 02	0, 03	0, 03	0, 03	0, 04	252
8	0, 02	0, 02	0, 02	0, 03	0, 03	0, 04	224
7	0, 02	0, 02	0, 02	0, 02	0, 03	0, 03	196
6	0, 01	0, 02	0, 02	0, 02	0, 02	0, 03	168
5	0, 01	0, 01	0, 02	0, 02	0, 02	0, 02	140
4	0, 01	0, 01	0, 01	0, 01	0, 02	0, 02	112
3	0, 01	0, 01	0, 01	0, 01	0, 01	0, 01	84
2	0, 00	0, 01	0, 01	0, 01	0, 01	0, 01	56
1	0, 00	0, 00	0, 00	0, 00	0, 00	0, 00	28

COLONNE DES CAPITAUX	INTÉRÊTS POUR 29 JOURS.						NOMBRES PRODUITS des CAPITAUX multipliés par 29 Jours.
	à 3 %	à 3 ½	à 4 %	à 4 ½	à 5 %	à 6 %	
fr.	fr. c.	fr. c.	fr. c.	fr. c.	fr. c.	fr. c.	
50,000	120, 83	140, 9ͬ	161, 11	181, 25	201, 39	241, 67	1450000
40,000	96, 67	112, 7ᴜ	128, 89	145, 00	161, 11	193, 33	1160000
30,000	72, 50	84, 58	96, 67	108, 75	120, 83	145, 00	870000
20,000	48, 33	56, 39	64, 44	72, 50	80, 56	96, 67	580000
10,000	24, 17	28, 19	32, 22	36. 25	40, 28	48, 33	290000
9,000	21, 75	25, 37	29, 00	32, 62	36, 25	43, 50	261000
8,000	19, 33	22, 56	25, 78	29, 00	32, 22	38, 67	232000
7,000	16, 92	19. 74	22, 56	25, 37	28, 19	33, 83	203000
6,000	14, 50	16, 92	19, 33	21, 75	24, 17	29, 00	174000
5,000	12, 08	14, 10	16, 11	18, 12	20, 14	24, 17	145000
4,000	9, 67	11, 28	12, 89	14, 50	16, 11	19, 33	116000
3,000	7, 25	8, 46	9, 67	10, 87	12, 08	14, 50	87000
2,000	4, 83	5, 64	6, 44	7, 25	8, 06	9, 67	58000
1,000	2, 42	2, 82	3, 22	3, 62	4, 03	4, 83	29000
900	2, 17	2, 54	2, 90	3, 26	3, 62	4, 35	26100
800	1, 93	2, 26	2, 58	2, 90	3, 22	3, 87	23200
700	1, 69	1, 97	2, 26	2, 54	2, 82	3, 38	20300
600	1, 45	1, 69	1, 93	2, 17	2, 42	2, 90	17400
500	1, 21	1, 41	1, 61	1, 81	2, 01	2, 42	14500
400	0, 97	1, 13	1, 29	1, 45	1, 61	1, 93	11600
300	0, 72	0, 85	0, 97	1, 09	1, 21	1, 45	8700
200	0, 48	0, 56	0, 64	0, 72	0, 81	0, 97	5800
100	0, 24	0, 28	0, 32	0, 36	0, 40	0, 48	2900
90	0, 22	0, 25	0, 29	0, 33	0, 36	0, 43	2610
80	0, 19	0, 23	0, 26	0, 29	0, 32	0, 39	2320
70	0. 17	0, 20	0, 23	0, 25	0, 28	0, 34	2030
60	0, 14	0, 17	0, 19	0, 22	0, 24	0, 29	1740
50	0, 12	0, 14	0, 16	0, 18	0, 20	0, 24	1450
40	0, 10	0, 11	0, 13	0, 14	0, 16	0, 19	1160
30	0, 07	0, 08	0, 10	0, 11	0, 12	0, 14	870
20	0, 05	0, 06	0, 06	0, 07	0, 08	0, 10	580
10	0, 02	0, 03	0, 03	0, 04	0, 04	0, 05	290
9	0, 02	0, 03	0, 03	0, 03	0, 04	0, 04	261
8	0, 02	0, 02	0, 03	0, 03	0, 03	0, 04	232
7	0, 02	0, 02	0, 02	0, 03	0, 03	0, 03	203
6	0, 01	0, 02	0, 02	0, 02	0, 02	0, 03	174
5	0. 01	0, 01	0, 02	0, 02	0, 02	0, 02	145
4	0, 01	0, 01	0, 01	0, 01	0, 02	0, 02	116
3	0, 01	0, 01	0, 01	0, 01	0, 01	0, 01	87
2	0, 00	0, 01	0, 01	0, 01	0, 01	0, 01	58
1	0, 00	0, 00	0, 00	0, 00	0, 00	0. 00	29

3.

COLONNE DES CAPITAUX	INTÉRÊTS POUR 30 JOURS (ou pour 1 mois.)						NOMBRES PRODUITS des CAPITAUX multipliés par 30 Jours.
	à 3 %	à 3 ½	à 4 %	à 4 ½	à 5 %	à 6 %	
fr.	fr. c.	fr. c.	fr. c.	fr. c.	fr. c.	fr. c.	
50,000	125, 00	145, 83	166, 67	187, 50	208, 33	250, 00	1500000
40,000	100, 00	116, 67	133, 33	150, 00	166, 67	200, 00	1200000
30,000	75, 00	87, 50	100, 00	112, 50	125, 00	150, 00	900000
20,000	50, 00	58, 33	66, 67	75, 00	83, 33	100, 00	600000
10,000	25, 00	29, 17	33, 33	37, 50	41, 67	50, 00	300000
9,000	22, 50	26, 25	30, 00	33, 75	37, 50	45, 00	270000
8,000	20, 00	23, 33	26, 67	30, 00	33, 33	40, 00	240000
7,000	17, 50	20, 42	23, 33	26, 25	29, 17	35, 00	210000
6,000	15, 00	17, 50	20, 00	22, 50	25, 00	30, 00	180000
5,000	12, 50	14, 58	16, 67	18, 75	20, 83	25, 00	150000
4,000	10, 00	11, 67	13, 33	15, 00	16, 67	20, 00	120000
3,000	7, 50	8, 75	10, 00	11, 25	12, 50	15, 00	90000
2,000	5, 00	5, 83	6, 67	7, 50	8, 33	10, 00	60000
1,000	2, 50	2, 92	3, 33	3, 75	4, 17	5, 00	30000
900	2, 25	2, 62	3, 00	3, 37	3, 75	4, 50	27000
800	2, 00	2, 33	2, 67	3, 00	3, 33	4, 00	24000
700	1, 75	2, 04	2, 33	2, 62	2, 92	3, 50	21000
600	1, 50	1, 75	2, 00	2, 25	2, 50	3, 00	18000
500	1, 25	1, 46	1, 67	1, 87	2, 08	2, 50	15000
400	1, 00	1, 17	1, 33	1, 50	1, 67	2, 00	12000
300	0, 75	0, 87	1, 00	1, 12	1, 25	1, 50	9000
200	0, 50	0, 58	0, 67	0, 75	0, 83	1, 00	6000
100	0, 25	0, 29	0, 33	0, 37	0, 42	0, 50	3000
90	0, 22	0, 26	0, 30	0, 34	0, 37	0, 45	2700
80	0, 20	0, 23	0, 27	0, 30	0, 33	0, 40	2400
70	0, 17	0, 20	0, 23	0, 26	0, 29	0, 35	2100
60	0, 15	0, 17	0, 20	0, 22	0, 25	0, 30	1800
50	0, 12	0, 15	0, 17	0, 19	0, 21	0, 25	1500
40	0, 10	0, 12	0, 13	0, 15	0, 17	0, 20	1200
30	0, 07	0, 09	0, 10	0, 11	0, 12	0, 15	900
20	0, 05	0, 06	0, 07	0, 07	0, 08	0, 10	600
10	0, 02	0, 03	0, 03	0, 04	0, 04	0, 05	300
9	0, 02	0, 03	0, 03	0, 03	0, 04	0, 04	270
8	0, 02	0, 02	0, 03	0, 03	0, 03	0, 04	240
7	0, 02	0, 02	0, 02	0, 03	0, 03	0, 03	210
6	0, 01	0, 02	0, 02	0, 02	0, 02	0, 03	180
5	0, 01	0, 01	0, 02	0, 02	0, 02	0, 02	150
4	0, 01	0, 01	0, 01	0, 01	0, 02	0, 02	120
3	0, 01	0, 01	0, 01	0, 01	0, 01	0, 01	90
2	0, 00	0, 01	0, 01	0, 01	0, 01	0, 01	60
1	0, 00	0, 00	0, 00	0, 00	0, 00	0, 00	30

INTÉRÊTS POUR 31 JOURS.
(ou pour 1 mois et 1 jour.)

COLONNE DES CAPITAUX	à 3 %	à 3 ½	à 4 %	à 4 ½	à 5 %	à 6 %	NOMBRES PRODUITS des CAPITAUX multipliés par 31 Jours.
fr.	fr. c.	fr. c.	fr. c.	fr. c.	fr. c.	fr. c.	
50,000	129, 17	150, 69	172, 22	193, 75	215, 28	258, 33	1550000
40,000	103, 33	120, 56	137, 78	155, 00	172, 22	206, 67	1240000
30,000	77, 50	90, 42	103, 33	116, 25	129, 17	155, 00	930000
20,000	51, 67	60, 28	68, 89	77, 50	86, 11	103, 33	620000
10,000	25, 83	30, 14	34, 44	38, 75	43, 06	51, 67	310000
9,000	23, 25	27, 12	31, 00	34, 87	38, 75	46, 50	279000
8,000	20, 67	24, 11	27, 56	31, 00	34, 44	41, 33	248000
7,000	18, 08	21, 10	24, 11	27, 12	30, 14	36, 17	217000
6,000	15, 50	18, 08	20, 67	23, 25	25, 83	31, 00	186000
5,000	12, 92	15, 07	17, 22	19, 37	21, 53	25, 83	155000
4,000	10, 33	12, 06	13, 78	15, 50	17, 22	20, 67	124000
3,000	7, 75	9, 04	10, 33	11, 62	12, 92	15, 50	93000
2,000	5, 17	6, 03	6, 89	7, 75	8, 61	10, 33	62000
1,000	2, 58	3, 01	3, 44	3, 87	4, 31	5, 17	31000
900	2, 32	2, 71	3, 10	3, 49	3, 87	4, 65	27900
800	2, 07	2, 41	2, 76	3, 10	3, 44	4, 13	24800
700	1, 81	2, 11	2, 41	2, 71	3, 01	3, 62	21700
600	1, 55	1, 81	2, 07	2, 32	2, 58	3, 10	18600
500	1, 29	1, 51	1, 72	1, 94	2, 15	2, 58	15500
400	1, 03	1, 21	1, 38	1, 55	1, 72	2, 07	12400
300	0, 77	0, 90	1, 03	1, 16	1, 29	1, 55	9300
200	0, 52	0, 60	0, 69	0, 77	0, 86	1, 03	6200
100	0, 26	0, 30	0, 34	0, 39	0, 43	0, 52	3100
90	0, 23	0, 27	0, 31	0, 35	0, 39	0, 46	2790
80	0, 21	0, 24	0, 28	0, 31	0, 34	0, 41	2480
70	0, 18	0, 21	0, 24	0, 27	0, 30	0, 36	2170
60	0, 15	0, 18	0, 21	0, 23	0, 26	0, 31	1860
50	0, 13	0, 15	0, 17	0, 19	0, 22	0, 26	1550
40	0, 10	0, 12	0, 14	0, 15	0, 17	0, 21	1240
30	0, 08	0, 09	0, 10	0, 12	0, 13	0, 15	930
20	0, 05	0, 06	0, 07	0, 08	0, 09	0, 10	620
10	0, 03	0, 03	0, 03	0, 04	0, 04	0, 05	310
9	0, 02	0, 03	0, 03	0, 03	0, 04	0, 05	279
8	0, 02	0, 02	0, 03	0, 03	0, 03	0, 04	248
7	0, 02	0, 02	0, 02	0, 03	0, 03	0, 04	217
6	0, 02	0, 02	0, 02	0, 02	0, 03	0, 03	186
5	0, 01	0, 02	0, 02	0, 02	0, 02	0, 03	155
4	0, 01	0, 01	0, 01	0, 02	0, 02	0, 02	124
3	0, 01	0, 01	0, 01	0, 01	0, 01	0, 02	93
2	0, 01	0, 01	0, 01	0, 01	0, 01	0, 01	62
1	0, 00	0, 00	0, 00	0, 00	0, 00	0, 01	31

COLONNE DES CAPITAUX	INTÉRÊTS POUR 32 JOURS. (ou pour 1 mois et 2 jours.)						NOMBRES PRODUITS des CAPITAUX multipliés par 32 Jours.
	à 3 %	à 3 ½	à 4 %	à 4 ½	à 5 %	à 6 %	
fr.	fr. c.	fr. c.	fr. c.	fr. c.	fr. c.	fr. c.	
50,000	133, 33	155, 56	177, 78	200, 00	222, 22	266, 67	1600000
40,000	106, 67	124, 44	142, 22	160, 00	177, 78	213, 33	1280000
30,000	80, 00	93, 33	106, 67	120, 00	133, 33	160, 00	960000
20,000	53, 33	62, 22	71, 11	80, 00	88, 89	106, 67	640000
10,000	26, 67	31, 11	35, 56	40, 00	44, 44	53, 33	320000
9,000	24, 00	28, 00	32, 00	36, 00	40, 00	48, 00	288000
8,000	21, 33	24, 89	28, 44	32, 00	35, 56	42, 67	256000
7,000	18, 67	21, 78	24, 89	28, 00	31, 11	37, 33	224000
6,000	16, 00	18, 67	21, 33	24, 00	26, 67	32, 00	192000
5,000	13, 33	15, 56	17, 78	20, 00	22, 22	26, 67	160000
4,000	10, 67	12, 44	14, 22	16, 00	17, 78	21, 33	128000
3,000	8, 00	9, 33	10, 67	12, 00	13, 33	16, 00	96000
2,000	5, 33	6, 22	7, 11	8, 00	8, 89	10, 67	64000
1,000	2, 67	3, 11	3, 56	4, 00	4, 44	5, 33	32000
900	2, 40	2, 80	3, 20	3, 60	4, 00	4, 80	28800
800	2, 13	2, 49	2, 84	3, 20	3, 56	4, 27	25600
700	1, 87	2, 18	2, 49	2, 80	3, 11	3, 73	22400
600	1, 60	1, 87	2, 13	2, 40	2, 67	3, 20	19200
500	1, 33	1, 56	1, 78	2, 00	2, 22	2, 67	16000
400	1, 07	1, 24	1, 42	1, 60	1, 78	2, 13	12800
300	0, 80	0, 93	1, 07	1, 20	1, 33	1, 60	9600
200	0, 53	0, 62	0, 71	0, 80	0, 89	1, 07	6400
100	0, 27	0, 31	0, 36	0, 40	0, 44	0, 53	3200
90	0, 24	0, 28	0, 32	0, 36	0, 40	0, 48	2880
80	0, 21	0, 25	0, 28	0, 32	0, 36	0, 43	2560
70	0, 19	0, 22	0, 25	0, 28	0, 31	0, 37	2240
60	0, 16	0, 19	0, 21	0, 24	0, 27	0, 32	1920
50	0, 13	0, 16	0, 18	0, 20	0, 22	0, 27	1600
40	0, 11	0, 12	0, 14	0, 16	0, 18	0, 21	1280
30	0, 08	0, 09	0, 11	0, 12	0, 13	0, 16	960
20	0, 05	0, 06	0, 07	0, 08	0, 09	0, 11	640
10	0, 03	0 03	0, 04	0, 04	0, 04	0, 05	320
9	0, 02	0, 03	0, 03	0, 04	0, 04	0, 05	288
8	0, 02	0, 02	0, 03	0, 03	0, 04	0, 04	256
7	0, 02	0, 02	0, 02	0, 03	0, 03	0, 04	224
6	0, 02	0, 02	0, 02	0, 02	0, 03	0, 03	192
5	0, 01	0, 02	0, 02	0, 02	0, 02	0, 03	160
4	0, 01	0, 01	0, 01	0, 02	0, 02	0, 02	128
3	0, 01	0, 01	0, 01	0, 01	0, 01	0, 02	96
2	0, 01	0, 01	0, 01	0, 01	0, 01	0, 01	64
1	0, 00	0, 00	0, 00	0, 00	0, 00	0, 01	32

COLONNE DES CAPITAUX	INTÉRÊTS POUR 33 JOURS. (ou pour 1 mois et 3 jours.)						NOMBRES PRODUITS des CAPITAUX multipliés par 33 Jours.
	à 3 %	à 3 ½	à 4 %	à 4 ½	à 5 %	à 6 %	
fr.	fr. c.	fr. c.	fr. c.	fr. c.	fr. c.	fr. c.	
50,000	137, 50	160, 42	183, 33	206, 25	229, 17	275, 00	1650000
40,000	110, 00	128, 33	146, 67	165, 00	183, 33	220, 00	1320000
30,000	82, 50	96, 25	110, 00	123, 75	137, 50	165, 00	990000
20,000	55, 00	64, 17	73, 33	82, 50	91, 67	110, 00	660000
10,000	27, 50	32, 08	36, 67	41, 25	45, 83	55, 00	330000
9,000	24, 75	28, 87	33, 00	37, 12	41, 25	49, 50	297000
8,000	22, 00	25, 67	29, 33	33, 00	36, 67	44, 00	264000
7,000	19, 25	22, 46	25, 67	28, 87	32, 08	38, 50	231000
6,000	16, 50	19, 25	22, 00	24, 75	27, 50	33, 00	198000
5,000	13, 75	16, 04	18, 33	20, 62	22, 92	27, 50	165000
4,000	11, 00	12, 83	14, 67	16, 50	18, 33	22, 00	132000
3,000	8, 25	9, 62	11, 00	12, 37	13, 75	16, 50	99000
2,000	5, 50	6, 42	7, 33	8, 25	9, 17	11, 00	66000
1,000	2, 75	3, 21	3, 67	4, 12	4, 58	5, 50	33000
900	2, 47	2, 89	3, 30	3, 71	4, 12	4, 95	29700
800	2, 20	2, 57	2, 93	3, 30	3, 67	4, 40	26400
700	1, 92	2, 25	2, 57	2, 89	3, 21	3, 85	23100
600	1, 65	1, 92	2, 20	2, 47	2, 75	3, 30	19800
500	1, 37	1, 60	1, 83	2, 06	2, 29	2, 75	16500
400	1, 10	1, 28	1, 47	1, 65	1, 83	2, 20	13200
300	0, 82	0, 96	1, 10	1, 24	1, 37	1, 65	9900
200	0, 55	0, 64	0, 73	0, 82	0, 92	1, 10	6600
100	0, 27	0, 32	0, 37	0, 41	0, 46	0, 55	3300
90	0, 25	0, 29	0, 33	0, 37	0, 41	0, 49	2970
80	0, 22	0, 26	0, 29	0, 33	0, 37	0, 44	2640
70	0, 19	0, 22	0, 26	0, 29	0, 32	0, 38	2310
60	0, 16	0, 19	0, 22	0, 25	0, 27	0, 33	1980
50	0, 14	0, 16	0, 18	0, 21	0, 23	0. 27	1650
40	0, 11	0, 13	0, 15	0, 16	0, 18	0, 22	1320
30	0, 08	0, 10	0, 11	0, 12	0, 14	0, 16	990
20	0, 05	0, 06	0, 07	0, 08	0, 09	0, 11	660
10	0, 03	0, 03	0, 04	0, 04	0, 05	0, 05	330
9	0, 02	0, 03	0, 03	0, 04	0, 04	0, 05	297
8	0, 02	0, 03	0, 03	0, 03	0, 04	0, 04	264
7	0, 02	0, 02	0, 03	0, 03	0, 03	0, 04	231
6	0, 02	0, 02	0, 02	0, 02	0, 03	0, 03	198
5	0, 01	0, 02	0, 02	0, 02	0, 02	0, 03	165
4	0, 01	0, 01	0, 01	0, 02	0, 02	0, 02	132
3	0, 01	0, 01	0, 01	0, 01	0, 01	0, 02	99
2	0, 01	0, 01	0, 01	0, 01	0, 01	0, 01	66
1	0. 00	0, 00	0, 00	0, 00	0, 00	0, 01	33

COLONNE DES CAPITAUX	à 3 %	à 3 ½	à 4 %	à 4 ½	à 5 %	à 6 %	NOMBRES PRODUITS des CAPITAUX multipliés par 34 Jours.
INTÉRÊTS POUR 34 JOURS. (ou pour 1 mois et 4 jours.)							
fr.	fr. c.	fr. c.	fr. c.	fr. c.	fr. c.	fr. c.	
50,000	141, 67	165, 28	188, 89	212, 50	236, 11	283, 33	1700000
40,000	113, 33	132, 22	151, 11	170, 00	188, 89	226, 67	1360000
30,000	85, 00	99, 17	113, 33	127, 50	141, 67	170, 00	1020000
20,000	56, 67	66, 11	75, 56	85, 00	94, 44	113, 33	680000
10,000	28, 33	33, 06	37, 78	42, 50	47, 22	56, 67	340000
9,000	25, 50	29, 75	34, 00	38, 25	42, 50	51, 00	306000
8,000	22, 67	26, 44	30, 22	34, 00	37, 78	45, 33	272000
7,000	19, 83	23, 14	26, 44	29, 75	33, 06	39, 67	238000
6,000	17, 00	19, 83	22, 67	25, 50	28, 33	34, 00	204000
5,000	14, 17	16, 53	18, 89	21, 25	23, 61	28, 33	170000
4,000	11, 33	13, 22	15, 11	17, 00	18, 89	22, 67	136000
3,000	8, 50	9, 92	11, 33	12, 75	14, 17	17, 00	102000
2,000	5, 67	6, 61	7, 56	8, 50	9, 44	11, 33	68000
1,000	2, 83	3, 31	3, 78	4, 25	4, 72	5, 67	34000
900	2, 55	2, 97	3, 40	3, 82	4, 25	5, 10	30600
800	2, 27	2, 64	3, 02	3, 40	3, 78	4, 53	27200
700	1, 98	2, 31	2, 64	2, 97	3, 31	3, 97	23800
600	1, 70	1, 98	2, 27	2, 55	2, 83	3, 40	20400
500	1, 42	1, 65	1, 89	2, 12	2, 36	2, 83	17000
400	1, 13	1, 32	1, 51	1, 70	1, 89	2, 27	13600
300	0, 85	0, 99	1, 13	1, 27	1, 42	1, 70	10200
200	0, 57	0, 66	0, 76	0, 85	0, 94	1, 13	6800
100	0, 28	0, 33	0, 38	0, 42	0, 47	0, 57	3400
90	0, 25	0, 30	0, 34	0, 38	0, 42	0, 51	3060
80	0, 23	0, 26	0, 30	0, 34	0, 38	0, 45	2720
70	0, 20	0, 23	0, 26	0, 30	0, 33	0, 40	2380
60	0, 17	0, 20	0, 23	0, 25	0, 28	0, 34	2040
50	0, 14	0, 17	0, 19	0, 21	0, 24	0, 28	1700
40	0, 11	0, 13	0, 15	0, 17	0, 19	0, 23	1360
30	0, 08	0, 10	0, 11	0, 13	0, 14	0, 17	1020
20	0, 06	0, 07	0, 08	0, 08	0, 09	0, 11	680
10	0, 03	0, 03	0, 04	0, 04	0, 05	0, 06	340
9	0, 03	0, 03	0, 03	0, 04	0, 04	0, 05	306
8	0, 02	0, 03	0, 03	0, 03	0, 04	0, 05	272
7	0, 02	0, 02	0, 03	0, 03	0, 03	0, 04	238
6	0, 02	0, 02	0, 02	0, 03	0, 03	0, 03	204
5	0, 01	0, 02	0, 02	0, 02	0, 02	0, 03	170
4	0, 01	0, 01	0, 02	0, 02	0, 02	0, 02	136
3	0, 01	0, 01	0, 01	0, 01	0, 01	0, 02	102
2	0, 01	0, 01	0, 01	0, 01	0, 01	0, 01	68
1	0, 00	0, 00	0, 00	0, 00	0, 00	0, 01	34

INTÉRÊTS POUR 35 JOURS.
(ou pour 1 mois et 5 jours.)

COLONNE DES CAPITAUX	à 3 %	à 3 ½	à 4 %	à 4 ½	à 5 %	à 6 %	NOMBRES PRODUITS des CAPITAUX multipliés par 35 Jours.
fr.	fr. c.	fr. c.	fr. c.	fr. c.	fr. c.	fr. c.	
50,000	145, 83	170, 14	194, 44	218, 75	243, 05	291, 67	1750000
40,000	116, 67	136, 11	155, 56	175, 00	194, 44	233, 33	1400000
30,000	87, 50	102, 08	116, 67	131, 25	145, 83	175, 00	1050000
20,000	58, 33	68, 06	77, 78	87, 50	97, 22	116, 67	700000
10,000	29, 17	34, 03	38, 89	43, 75	48, 61	58, 33	350000
9,000	26, 25	30, 62	35, 00	39, 37	43, 75	52, 50	315000
8,000	23, 33	27, 22	31, 11	35, 00	38, 89	46, 67	280000
7,000	20, 42	23, 82	27, 22	30, 62	34, 03	40, 83	245000
6,000	17, 50	20, 42	23, 33	26, 25	29, 17	35, 00	210000
5,000	14, 58	17, 01	19, 44	21, 87	24, 31	29, 17	175000
4,000	11, 67	13, 61	15, 56	17, 50	19, 44	23, 33	140000
3,000	8, 75	10, 21	11, 67	13, 12	14, 58	17, 50	105000
2,000	5, 83	6, 81	7, 78	8, 75	9, 72	11, 67	70000
1,000	2, 92	3, 40	3, 89	4, 37	4, 86	5, 83	35000
900	2, 62	3, 06	3, 50	3, 94	4, 37	5, 25	31500
800	2, 33	2, 72	3, 11	3, 50	3, 89	4, 67	28000
700	2, 04	2, 38	2, 72	3, 06	3, 40	4, 08	24500
600	1, 75	2, 04	2, 33	2, 62	2, 92	3, 50	21000
500	1, 46	1, 70	1, 94	2, 19	2, 43	2, 92	17500
400	1, 17	1, 36	1, 56	1, 75	1, 94	2, 33	14000
300	0, 87	1, 02	1, 17	1, 31	1, 46	1, 75	10500
200	0, 58	0, 68	0, 78	0, 87	0, 97	1, 17	7000
100	0, 29	0, 34	0, 39	0, 44	0, 49	0, 58	3500
90	0, 26	0, 31	0, 35	0, 35	0, 44	0, 52	3150
80	0, 23	0, 27	0, 31	0, 35	0, 39	0, 47	2800
70	0, 20	0, 24	0, 27	0, 31	0, 34	0, 41	2450
60	0, 17	0, 20	0, 23	0, 26	0, 29	0, 35	2100
50	0, 15	0, 17	0, 19	0, 22	0, 24	0, 29	1750
40	0, 12	0, 14	0, 16	0, 17	0, 19	0, 23	1400
30	0, 09	0, 10	0, 12	0, 13	0, 15	0, 17	1050
20	0, 06	0, 07	0, 08	0, 09	0, 10	0, 12	700
10	0, 03	0 03	0, 04	0, 04	0, 05	0, 06	350
9	0, 03	0, 03	0, 03	0, 04	0, 04	0, 05	315
8	0, 02	0, 03	0, 03	0, 03	0, 04	0, 05	280
7	0, 02	0, 02	0, 02	0, 03	0, 03	0, 04	245
6	0, 02	0, 02	0, 02	0, 03	0, 03	0, 03	210
5	0, 01	0, 02	0, 02	0, 02	0, 02	0, 03	175
4	0, 01	0, 01	0, 02	0, 02	0, 02	0, 02	140
3	0, 01	0, 01	0, 01	0, 01	0, 01	0, 02	105
2	0, 01	0, 01	0, 01	0, 01	0, 01	0, 01	70
1	0, 00	0, 00	0, 00	0, 00	0, 00	0, 01	35

COLONNE DES CAPITAUX	INTÉRÊTS POUR 36 JOURS. (ou pour 1 mois et 6 jours.)						NOMBRES PRODUITS des CAPITAUX multipliés par 36 Jours.
	à 3 %	à 3 ½	à 4 %	à 4 ½	à 5 %	à 6 %	
fr.	fr. c.	fr. c.	fr. c.	fr. c.	fr. c.	fr. c.	
50,000	150, 00	175, 00	200, 00	225, 00	250, 00	300, 00	1800000
40,000	120, 00	140, 00	160, 00	180, 00	200, 00	240, 00	1440000
30,000	90, 00	105, 00	120, 00	135, 00	150, 00	180, 00	1080000
20,000	60, 00	70, 00	80, 00	90, 00	100, 00	120, 00	720000
10,000	30, 00	35, 00	40, 00	45, 00	50, 00	60, 00	360000
9,000	27, 00	31, 50	36, 00	40, 50	45, 00	54, 00	324000
8,000	24, 00	28, 00	32, 00	36, 00	40, 00	48, 00	288000
7,000	21, 00	24. 50	28, 00	31, 50	35, 00	42, 00	252000
6,000	18, 00	21, 00	24, 00	27, 00	30, 00	36, 00	216000
5,000	15, 00	17, 50	20, 00	22, 50	25, 00	30, 00	180000
4,000	12, 00	14, 00	16, 00	18, 00	20, 00	24, 00	144000
3,000	9, 00	10, 50	12, 00	13, 50	15, 00	18, 00	108000
2,000	6, 00	7, 00	8, 00	9, 00	10, 00	12, 00	72000
1,000	3, 00	3, 50	4, 00	4, 50	5, 00	6, 00	36000
900	2, 70	3, 15	3, 60	4, 05	4, 50	5, 40	32400
800	2, 40	2, 80	3, 20	3, 60	4, 00	4, 80	28800
700	2, 10	2. 45	2, 80	3, 15	3, 50	4, 20	25200
600	1, 80	2, 10	2, 40	2, 70	3, 00	3, 60	21600
500	1, 50	1, 75	2, 00	2, 25	2, 50	3, 00	18000
400	1, 20	1, 40	1, 60	1, 80	2, 00	2, 40	14400
300	0, 90	1, 05	1, 20	1, 35	1, 50	1, 80	10800
200	0, 60	0, 70	0, 80	0, 90	1, 00	1, 20	7200
100	0, 30	0, 35	0, 40	0, 45	0, 50	0, 60	3600
90	0, 27	0, 31	0, 36	0, 40	0, 45	0, 54	3240
80	0, 24	0, 28	0, 32	0, 36	0, 40	0, 48	2880
70	0, 21	0, 24	0, 28	0, 31	0, 35	0, 42	2520
60	0, 18	0, 21	0, 24	0, 27	0, 30	0, 36	2160
50	0, 15	0, 17	0, 20	0, 22	0, 25	0. 30	1800
40	0, 12	0, 14	0, 16	0, 18	0, 20	0, 24	1440
30	0, 09	0. 10	0, 12	0, 13	0, 15	0, 18	1080
20	0, 06	0, 07	0, 08	0, 09	0, 10	0, 12	720
10	0, 03	0, 03	0, 04	0, 04	0, 05	0, 06	360
9	0, 03	0, 03	0, 04	0, 04	0, 04	0, 05	324
8	0, 02	0, 03	0, 03	0, 04	0, 04	0, 05	288
7	0, 02	0, 02	0, 03	0, 03	0, 03	0, 04	252
6	0, 02	0, 02	0, 02	0, 03	0, 03	0, 04	216
5	0, 01	0, 02	0, 02	0, 02	0, 02	0, 03	180
4	0, 01	0, 01	0. 02	0, 02	0, 02	0, 02	144
3	0, 01	0, 01	0, 01	0, 01	0, 01	0, 02	108
2	0, 01	0, 01	0. 01	0, 01	0, 01	0, 01	72
1	0. 00	0, 00	0, 00	0, 00	0. 00	0, 01	36

COLONNE DES CAPITAUX	INTÉRÊTS POUR 37 JOURS (ou pour 1 mois et 7 jours.)						NOMBRES PRODUITS des CAPITAUX multipliés par 37 Jours.
	à 3 %	à 3 ½	à 4 %	à 4 ½	à 5 %	à 6 %	
fr.	fr. c.	fr. c.	fr. c.	fr. c.	fr. c.	fr. c.	
50,000	154, 17	179, 86	205, 56	231, 25	256, 94	308, 33	1850000
40,000	123, 33	143, 89	164, 44	185, 00	205, 56	246, 67	1480000
30 000	92, 50	107, 92	123, 33	138, 75	154, 17	185, 00	1110000
20,000	61, 67	71, 94	82, 22	92, 50	102, 78	123, 33	740000
10,000	30, 83	35, 97	41, 11	46, 25	51, 39	61, 67	370000
9,000	27, 75	32, 37	37, 00	41, 62	46, 25	55, 50	333000
8,000	24, 67	28, 78	32, 89	37, 00	41, 11	49, 33	296000
7,000	21, 58	25, 18	28, 78	32, 37	35, 97	43, 17	259000
6 000	18, 50	21, 58	24, 67	27, 75	30, 83	37, 00	222000
5,000	15, 42	17, 99	20, 56	23, 12	25, 69	30, 83	185000
4,000	12, 33	14, 39	16, 44	18, 50	20, 56	24, 67	148000
3,000	9, 25	10, 79	12, 33	13, 87	15, 42	18, 50	111000
2,000	6, 17	7, 19	8, 22	9, 25	10, 28	12, 33	74000
1,000	3, 08	3, 60	4, 11	4, 62	5, 14	6, 17	37000
900	2, 77	3, 24	3, 70	4, 16	4, 62	5, 55	33300
800	2, 47	2, 88	3, 29	3, 70	4, 11	4, 93	29600
700	2, 16	2, 52	2, 88	3, 24	3, 60	4, 32	25900
600	1, 85	2, 16	2, 47	2, 77	3, 08	3, 70	22200
500	1, 54	1, 80	2, 06	2, 31	2, 57	3, 08	18500
400	1, 23	1, 44	1, 64	1, 85	2, 06	2, 47	14800
300	0, 92	1, 08	1, 23	1, 39	1, 54	1, 85	11100
200	0, 62	0, 72	0, 82	0, 92	1, 03	1, 23	7400
100	0, 31	0, 36	0, 41	0, 46	0, 51	0, 62	3700
90	0, 28	0, 32	0, 37	0, 42	0, 46	0, 55	3330
80	0, 25	0, 29	0, 33	0, 37	0, 41	0, 49	2960
70	0, 22	0, 25	0, 29	0, 32	0, 36	0, 43	2590
60	0, 18	0, 22	0, 25	0, 28	0, 31	0, 37	2220
50	0, 15	0, 18	0, 21	0, 23	0, 26	0, 31	1850
40	0, 12	0, 14	0, 16	0, 18	0, 21	0, 25	1480
30	0, 09	0, 11	0, 12	0, 14	0, 15	0, 18	1110
20	0, 06	0, 07	0, 08	0, 09	0, 10	0, 12	740
10	0, 03	0, 04	0, 04	0, 05	0, 05	0, 06	370
9	0, 03	0, 03	0, 04	0, 04	0, 05	0, 06	333
8	0, 02	0, 03	0, 03	0, 04	0, 04	0, 05	296
7	0, 02	0, 03	0, 03	0, 03	0, 04	0, 04	259
6	0, 02	0, 02	0, 02	0, 03	0, 03	0, 04	222
5	0, 02	0, 02	0, 02	0, 02	0, 03	0, 03	185
4	0, 01	0, 01	0, 02	0, 02	0, 02	0, 02	148
3	0, 01	0, 01	0, 01	0, 01	0, 02	0, 02	111
2	0, 01	0, 01	0, 01	0, 01	0, 01	0, 01	74
1	0. 00	0, 00	0, 00	0, 00	0, 01	0, 01	37

COLONNE DES CAPITAUX	INTÉRÊTS POUR 38 JOURS (ou pour 1 mois et 8 jours.)						NOMBRES PRODUITS des CAPITAUX multipliés par 38 Jours.
	à 3 %	à 3 ½	à 4 %	à 4 ½	à 5 %	à 6 %	
fr.	fr. c.	fr. c.	fr. c.	fr. c.	fr. c.	fr. c.	
50,000	158, 33	184, 72	211, 11	237, 50	263, 89	316, 67	1900000
40,000	126, 67	147, 78	168, 89	190, 00	211, 11	253, 33	1520000
30,000	95, 00	110, 83	126, 67	142, 50	158, 33	190, 00	1140000
20,000	63, 33	73, 89	84, 44	95, 00	105, 56	126, 67	760000
10,000	31, 67	36, 94	42, 22	47, 50	52, 78	63, 33	380000
9,000	28, 50	33, 25	38, 00	42, 75	47, 50	57, 00	342000
8,000	25, 33	29, 56	33, 78	38, 00	42, 22	50, 67	304000
7,000	22, 17	25, 86	29, 56	33, 25	36, 94	44, 33	266000
6,000	19, 00	22, 17	25, 33	28, 50	31, 67	38, 00	228000
5,000	15, 83	18, 47	21, 11	23, 75	26, 39	31, 67	190000
4,000	12, 67	14, 78	16, 89	19, 00	21, 11	25, 33	152000
3,000	9, 50	11, 08	12, 67	14, 25	15, 83	19, 00	114000
2,000	6, 33	7, 39	8, 44	9, 50	10, 56	12, 67	76000
1,000	3, 17	3, 69	4, 22	4, 75	5, 28	6, 33	38000
900	2, 85	3, 32	3, 80	4, 27	4, 75	5, 70	34200
800	2, 53	2, 96	3, 38	3, 80	4, 22	5, 07	30400
700	2, 22	2, 59	2, 96	3, 32	3, 69	4, 43	26600
600	1, 90	2, 22	2, 53	2, 85	3, 17	3, 80	22800
500	1, 58	1, 85	2, 11	2, 37	2, 64	3, 17	19000
400	1, 27	1, 48	1, 69	1, 90	2, 11	2, 53	15200
300	0, 95	1, 11	1, 27	1, 42	1, 58	1, 90	11400
200	0, 63	0, 74	0, 84	0, 95	1, 06	1, 27	7600
100	0, 32	0, 37	0, 42	0, 47	0, 53	0, 63	3800
90	0, 28	0, 33	0, 38	0, 43	0, 47	0, 57	3420
80	0, 25	0, 30	0, 34	0, 38	0, 42	0, 51	3040
70	0, 22	0, 26	0, 30	0, 33	0, 37	0, 44	2660
60	0, 19	0, 22	0, 25	0, 28	0, 32	0, 38	2280
50	0, 16	0, 18	0, 21	0, 24	0, 26	0, 32	1900
40	0, 13	0, 15	0, 17	0, 19	0, 21	0, 25	1520
30	0, 09	0, 11	0, 13	0, 14	0, 16	0, 19	1140
20	0, 06	0, 07	0, 08	0, 09	0, 11	0, 13	760
10	0, 03	0, 04	0, 04	0, 05	0, 05	0, 06	380
9	0, 03	0, 03	0, 04	0, 04	0, 05	0, 06	342
8	0, 03	0, 03	0, 03	0, 04	0, 04	0, 05	304
7	0, 02	0, 03	0, 03	0, 03	0, 04	0, 04	266
6	0, 02	0, 02	0, 03	0, 03	0, 03	0, 04	228
5	0, 02	0, 02	0, 02	0, 02	0, 03	0, 03	190
4	0, 01	0, 01	0, 02	0, 02	0, 02	0, 03	152
3	0, 01	0, 01	0, 01	0, 01	0, 02	0, 02	114
2	0, 01	0, 01	0, 01	0, 01	0, 01	0, 01	76
1	0, 00	0, 00	0, 00	0, 00	0, 01	0, 01	38

COLONNE DES CAPITAUX	INTÉRÊTS POUR 39 JOURS (ou pour 1 mois et 9 jours.)						NOMBRES PRODUITS des CAPITAUX multipliés par 39 Jours.
	à 3 %	à 3 ½	à 4 %	à 4 ½	à 5 %	à 6 %	
fr.	fr. c.	fr. c.	fr. c.	fr. c.	fr. c.	fr. c.	
50,000	162, 50	189, 58	216, 67	243, 75	270, 83	325, 00	1950000
40,000	130, 00	151, 67	173, 33	195, 00	216, 67	260, 00	1560000
30,000	97, 50	113, 75	130, 00	146, 25	162, 50	195, 00	1170000
20,000	65, 00	75, 83	86, 67	97, 50	108, 33	130, 00	780000
10,000	32, 50	37, 92	43, 33	48, 75	54, 17	65, 00	390000
9,000	29, 25	34, 12	39, 00	43, 87	48, 75	58, 50	351000
8,000	26, 00	30, 33	34, 67	39, 00	43, 33	52, 00	312000
7,000	22, 75	26, 54	30, 33	34, 12	37, 92	45, 50	273000
6,000	19, 50	22, 75	26, 00	29, 25	32, 50	39, 00	234000
5,000	16, 25	18, 96	21, 67	24, 37	27, 08	32, 50	195000
4,000	13, 00	15, 17	17, 33	19, 50	21, 67	26, 00	156000
3,000	9, 75	11, 37	13, 00	14, 62	16, 25	19, 50	117000
2,000	6, 50	7, 58	8, 67	9, 75	10, 83	13, 00	78000
1,000	3, 25	3, 79	4, 33	4, 87	5, 42	6, 50	39000
900	2, 92	3, 41	3, 90	4, 39	4, 87	5, 85	35100
800	2, 60	3, 03	3, 47	3, 90	4, 33	5, 20	31200
700	2, 27	2, 65	3, 03	3, 41	3, 79	4, 55	27300
600	1, 95	2, 27	2, 60	2, 92	3, 25	3, 90	23400
500	1, 62	1, 90	2, 17	2, 44	2, 71	3, 25	19500
400	1, 30	1, 52	1, 73	1, 95	2, 17	2, 60	15600
300	0, 97	1, 14	1, 30	1, 46	1, 62	1, 95	11700
200	0, 65	0, 76	0, 87	0, 97	1, 08	1, 30	7800
100	0, 32	0, 38	0, 43	0, 49	0, 54	0, 65	3900
90	0, 29	0, 34	0, 39	0, 44	0, 49	0, 58	3510
80	0, 26	0, 30	0, 35	0, 39	0, 43	0, 52	3120
70	0, 23	0, 27	0, 30	0, 34	0, 38	0, 45	2730
60	0, 19	0, 23	0, 26	0, 29	0, 32	0, 39	2340
50	0, 16	0, 19	0, 22	0, 24	0, 27	0, 32	1950
40	0, 13	0, 15	0, 17	0, 19	0, 22	0, 26	1560
30	0, 10	0, 11	0, 13	0, 15	0, 16	0, 19	1170
20	0, 06	0, 08	0, 09	0, 10	0, 11	0, 13	780
10	0, 03	0, 04	0, 04	0, 05	0, 05	0, 06	390
9	0, 03	0, 03	0, 04	0, 04	0, 05	0, 06	351
8	0, 03	0, 03	0, 03	0, 04	0, 04	0, 05	312
7	0, 02	0, 03	0, 03	0, 03	0, 04	0, 05	273
6	0, 02	0, 02	0, 03	0, 03	0, 03	0, 04	234
5	0, 02	0, 02	0, 02	0, 02	0, 03	0, 03	195
4	0, 01	0, 02	0, 02	0, 02	0, 02	0, 03	156
3	0, 01	0, 01	0, 01	0, 01	0, 02	0, 02	117
2	0, 01	0, 01	0, 01	0, 01	0, 01	0, 01	78
1	0, 00	0, 00	0, 00	0, 00	0, 01	0, 01	39

INTERÊTS POUR 40 JOURS.
(on pour 1 mois et 10 jours.)

COLONNE DES CAPITAUX	à 3 %	à 3 ½	à 4 %	à 4 ½	à 5 %	à 6 %	NOMBRES PRODUITS des CAPITAUX multipliés par 40 Jours.
fr.	fr. c.	fr. c.	fr. c.	fr. c.	fr. c.	fr. c.	
50,000	166, 67	194, 44	222, 22	250, 00	277, 78	333, 33	2000000
40,000	133, 33	155, 56	177, 78	200, 00	222, 22	266, 67	1600000
30,000	100, 00	116, 67	133, 33	150, 00	166, 67	200, 00	1200000
20,000	66, 67	77, 78	88, 89	100, 00	111, 11	133, 33	800000
10,000	33, 33	38, 89	44, 44	50, 00	55, 56	66, 67	400000
9,000	30, 00	35, 00	40, 00	45, 00	50, 00	60, 00	360000
8,000	26, 67	31, 11	35, 56	40, 00	44, 44	53, 33	320000
7,000	23, 33	27, 22	31, 11	35, 00	38, 89	46, 67	280000
6,000	20, 00	23, 33	26, 67	30, 00	33, 33	40, 00	280000
5,000	16, 67	19, 44	22, 22	25, 00	27, 78	33, 33	240000
4,000	13, 33	15, 56	17, 78	20, 00	22, 22	26, 67	200000
3,000	10, 00	11, 67	13, 33	15, 00	16, 67	20, 00	160000
2,000	6, 67	7, 78	8, 89	10, 00	11, 11	13, 33	120000
1,000	3, 33	3, 89	4, 44	5, 00	5, 56	6, 67	80000
							40000
900	3, 00	3, 50	4, 00	4, 50	5, 00	6, 00	36000
800	2, 67	3, 11	3, 56	4, 00	4, 44	5, 33	32000
700	2, 33	2, 72	3, 11	3, 50	3, 89	4, 67	28000
600	2, 00	2, 33	2, 67	3, 00	3, 33	4, 00	24000
500	1, 67	1, 94	2, 22	2, 50	2, 78	3, 33	20000
400	1, 33	1, 56	1, 78	2, 00	2, 22	2, 67	16000
300	1, 00	1, 17	1, 33	1, 50	1, 67	2, 00	12000
200	0, 67	0, 78	0, 89	1, 00	1, 11	1, 33	8000
100	0, 33	0, 39	0, 44	0, 50	0, 56	0, 67	4000
90	0, 30	0, 35	0, 40	0, 45	0, 50	0, 60	3600
80	0, 27	0, 31	0, 36	0, 40	0, 44	0, 53	3200
70	0, 23	0, 27	0, 31	0, 35	0, 39	0, 47	2800
60	0, 20	0, 23	0, 27	0, 30	0, 33	0, 40	2400
50	0, 17	0, 19	0, 22	0, 25	0, 28	0, 33	2400
40	0, 13	0, 16	0, 18	0, 20	0, 22	0, 33	2000
30	0, 10	0, 12	0, 13	0, 15	0, 17	0, 20	1600
20	0, 07	0, 08	0, 09	0, 10	0, 11	0, 13	1200
10	0, 03	0, 04	0, 04	0, 05	0, 06	0, 07	800
							400
9	0, 03	0, 03	0, 04	0, 04	0, 05	0, 06	360
8	0, 03	0, 03	0, 04	0, 04	0, 04	0, 05	320
7	0, 02	0, 03	0, 03	0, 04	0, 04	0, 05	280
6	0, 02	0, 02	0, 03	0, 03	0, 04	0, 05	240
5	0, 02	0, 02	0, 02	0, 02	0, 03	0, 04	200
4	0, 01	0, 02	0, 02	0, 02	0, 02	0, 03	160
3	0, 01	0, 01	0, 01	0, 01	0, 02	0, 02	120
2	0, 01	0, 01	0, 01	0, 01	0, 01	0, 01	80
1	0, 00	0, 00	0, 00	0, 00	0, 01	0, 01	40

COLONNE DES CAPITAUX	INTÉRÊTS POUR 41 JOURS. (ou pour 1 mois et 11 jours.)						NOMBRES PRODUITS des CAPITAUX multipliés par 41 Jours.
	à 3 %	à 3 ½	à 4 %	à 4 ½	à 5 %	à 6 %	
fr.	fr. c.	fr. c.	fr. c.	fr. c.	fr. c.	fr. c.	
50,000	170, 83	199, 30	227, 78	256, 25	284, 72	341, 67	2050000
40,000	136, 67	159, 44	182, 22	205, 00	227, 78	273, 33	1640000
30,000	102, 50	119, 58	136, 67	153, 75	170, 83	205, 00	1230000
20,000	68, 33	79, 72	91, 11	102, 50	113, 89	136, 67	820000
10,000	34, 17	39, 86	45, 56	51, 25	56, 94	68, 33	410000
9,000	30, 75	35, 87	41, 00	46, 12	51, 25	61, 50	369000
8,000	27, 33	31, 89	36, 44	41, 00	45, 56	54, 67	328000
7,000	23, 92	27, 90	31, 89	35, 87	39, 86	47, 83	287000
6,000	20, 50	23, 92	27, 33	30, 75	34, 17	41, 00	246000
5,000	17, 08	19, 93	22, 78	25, 62	28, 47	34, 17	205000
4,000	13, 67	15, 94	18, 22	20, 50	22, 78	27, 33	164000
3,000	10, 25	11, 96	13, 67	15, 37	17, 08	20, 50	123000
2,000	6, 83	7, 97	9, 11	10, 25	11, 39	13, 67	82000
1,000	3, 42	3, 99	4, 56	5, 12	5, 69	6, 83	41000
900	3, 07	3, 59	4, 10	4, 61	5, 12	6, 15	36900
800	2, 73	3, 19	3, 64	4, 10	4, 56	5, 47	32800
700	2, 39	2, 79	3, 19	3, 59	3, 99	4, 78	28700
600	2, 05	2, 39	2, 73	3, 07	3, 42	4, 10	24600
500	1, 71	1, 99	2, 28	2, 56	2, 85	3, 42	20500
400	1, 37	1, 59	1, 82	2, 05	2, 28	2, 73	16400
300	1, 02	1, 20	1, 37	1, 54	1, 71	2, 05	12300
200	0, 68	0, 80	0, 91	1, 02	1, 14	1, 37	8200
100	0, 34	0, 40	0, 46	0, 51	0, 57	0, 68	4100
90	0, 31	0, 36	0, 41	0, 46	0, 51	0, 61	3690
80	0, 27	0, 32	0, 36	0, 41	0, 46	0, 55	3280
70	0, 24	0, 28	0, 32	0, 36	0, 40	0, 48	2870
60	0, 20	0, 24	0, 27	0, 31	0, 34	0, 41	2460
50	0, 17	0, 20	0, 23	0, 26	0, 28	0, 34	2050
40	0, 14	0, 16	0, 18	0, 15	0, 23	0, 27	1640
30	0, 10	0, 12	0, 14	0, 15	0, 17	0, 20	1230
20	0, 07	0, 08	0, 09	0, 10	0, 11	0, 14	820
10	0, 03	0, 04	0, 05	0, 05	0, 06	0, 07	410
9	0, 03	0, 04	0, 04	0, 05	0, 05	0, 06	369
8	0, 03	0, 03	0, 04	0, 04	0, 05	0, 05	328
7	0, 02	0, 03	0, 03	0, 04	0, 04	0, 05	287
6	0, 02	0, 02	0, 02	0, 03	0, 03	0, 04	246
5	0, 02	0, 02	0, 02	0, 03	0, 03	0, 03	205
4	0, 01	0, 02	0, 02	0, 02	0, 02	0, 02	164
3	0, 01	0, 01	0, 01	0, 02	0, 02	0, 02	123
2	0, 01	0, 01	0, 01	0, 01	0, 01	0, 01	82
1	0, 00	0, 00	0, 00	0, 01	0, 01	0, 01	41

4.

INTÉRÊTS POUR 42 JOURS.
(ou pour 1 mois et 12 jours.)

COLONNE DES CAPITAUX	à 3 %	à 3 ½	à 4 %	à 4 ½	à 5 %	à 6 %	NOMBRES PRODUITS des CAPITAUX multipliés par 42 Jours.
fr.	fr. c.	fr. c.	fr. c.	fr. c.	fr. c.	fr. c.	
50,000	175, 00	204, 17	233, 33	262, 50	291, 67	350, 00	2100000
40,000	140, 00	163, 33	186, 67	210, 00	233, 33	280, 00	1680000
30,000	105, 00	122, 50	140, 00	157, 50	175, 00	210, 00	1260000
20,000	70, 00	81, 67	93, 33	105, 00	116, 67	140, 00	840000
10,000	35, 00	40, 83	46, 67	52, 50	58, 33	70, 00	420000
9,000	31, 50	36, 75	42, 00	47, 25	52, 50	63, 00	378000
8,000	28, 00	32, 67	37, 33	42, 00	46, 67	56, 00	336000
7,000	24, 50	28, 58	32, 67	36, 75	40, 83	49, 00	294000
6,000	21, 00	24, 50	28, 00	31, 50	35, 00	42, 00	252000
5,000	17, 50	20, 42	23, 33	26, 25	29, 17	35, 00	210000
4,000	14, 00	16, 33	18, 67	21, 00	23, 33	28, 00	168000
3,000	10, 50	12, 25	14, 00	15, 75	17, 50	21, 00	126000
2,000	7, 00	8, 17	9, 33	10, 50	11, 67	14, 00	84000
1,000	3, 50	4, 08	4, 67	5, 25	5, 83	7, 00	42000
900	3, 15	3, 67	4, 20	4, 72	5, 25	6, 30	37800
800	2, 80	3, 27	3, 73	4, 20	4, 67	5, 60	33600
700	2, 45	2, 86	3, 27	3, 67	4, 08	4, 90	29400
600	2, 10	2, 45	2, 80	3, 15	3, 50	4, 20	25200
500	1, 75	2, 04	2, 33	2, 62	2, 92	3, 50	21000
400	1, 40	1, 63	1, 87	2, 10	2, 33	2, 80	16800
300	1, 05	1, 22	1, 40	1, 57	1, 75	2, 10	12600
200	0, 70	0, 82	0, 93	1, 05	1, 17	1, 40	8400
100	0, 35	0, 41	0, 47	0, 52	0, 58	0, 70	4200
90	0, 31	0, 37	0, 42	0, 47	0, 52	0, 63	3780
80	0, 28	0, 33	0, 37	0, 42	0, 47	0, 56	3360
70	0, 24	0, 29	0, 33	0, 37	0, 41	0, 49	2940
60	0, 21	0, 24	0, 28	0, 31	0, 35	0, 42	2520
50	0, 17	0, 20	0, 23	0, 26	0, 29	0 35	2100
40	0, 14	0, 16	0, 19	0, 21	0, 23	0, 28	1680
30	0, 10	0, 12	0, 14	0, 16	0, 17	0, 21	1260
20	0, 07	0, 08	0, 09	0, 10	0, 12	0, 14	840
10	0, 03	0, 04	0, 05	0, 05	0, 06	0, 07	420
9	0, 03	0, 04	0, 04	0, 05	0, 05	0, 06	378
8	0, 03	0, 03	0, 04	0, 04	0, 05	0, 06	336
7	0, 02	0, 03	0, 03	0, 04	0, 04	0, 05	294
6	0, 02	0, 02	0, 03	0, 03	0, 03	0, 04	252
5	0, 02	0, 02	0, 02	0, 03	0, 03	0, 03	210
4	0, 01	0, 02	0, 02	0, 02	0, 02	0, 03	168
3	0, 01	0, 01	0, 01	0, 02	0, 02	0, 02	126
2	0, 01	0, 01	0, 01	0, 01	0, 01	0, 01	84
1	0, 00	0, 00	0, 00	0, 01	0, 01	0, 01	42

COLONNE DES CAPITAUX	à 3%	à 3 ½	à 4%	à 4 ½	à 5%	à 6%	NOMBRES PRODUITS des CAPITAUX multipliés par 43 Jours.
INTÉRÊTS POUR 43 JOURS (ou pour 1 mois et 13 jours.)							
fr.	fr. c.	fr. c.	fr. c.	fr. c.	fr. c.	fr. c.	
50.000	179, 17	209, 03	238, 89	268, 75	298, 61	358, 33	2150000
40,000	143, 33	167, 22	191, 11	215, 00	238, 89	286, 67	1720000
30 000	107, 50	125, 42	143, 33	161, 25	179, 17	215, 00	1290000
20,000	71, 67	83, 61	95, 56	107, 50	119, 44	143, 33	860000
10,000	35, 83	41, 81	47, 78	53, 75	59, 72	71, 67	430000
9,000	32, 25	37, 62	43, 00	48, 37	53, 75	64, 50	387000
8,000	28, 67	33, 44	38, 22	43, 00	47, 78	57, 33	344000
7,000	25, 08	29, 26	33, 44	37, 62	41, 81	50, 17	301000
6 000	21, 50	25, 08	28, 67	32, 25	35, 83	43, 00	258000
5,000	17, 92	20, 90	23, 89	26, 87	29, 86	35, 83	215000
4,000	14, 33	16, 72	19, 11	21, 50	23, 89	28, 67	172000
3,000	10, 75	12, 54	14, 33	16, 12	17, 92	21, 50	129000
2 000	7, 17	8, 36	9, 56	10, 75	11, 94	14, 33	86000
1,000	3, 58	4, 18	4, 78	5, 37	5, 97	7, 17	43000
900	3, 22	3, 76	4, 30	4, 84	5, 37	6, 45	38700
800	2, 87	3, 34	3, 82	4, 30	4, 78	5, 73	34400
700	2, 51	2, 93	3, 34	3, 76	4, 18	5, 02	30100
600	2, 15	2, 51	2, 87	3, 22	3, 58	4, 30	25800
500	1, 79	2, 09	2, 39	2, 69	2, 99	3, 58	21500
400	1, 43	1, 67	1, 91	2, 15	2, 39	2, 87	17200
300	1, 07	1, 25	1, 43	1, 61	1, 79	2, 15	12900
200	0, 72	0, 84	0, 96	1, 07	1, 19	1, 43	8600
100	0, 36	0, 42	0, 48	0, 54	0, 60	0, 72	4300
90	0, 32	0, 38	0, 43	0, 48	0, 54	0, 64	3870
80	0, 29	0, 33	0, 38	0, 43	0, 48	0, 57	3440
70	0, 25	0, 29	0, 33	0, 38	0, 42	0, 50	3010
60	0, 21	0, 25	0, 29	0, 32	0, 36	0, 43	2580
50	0, 18	0, 21	0, 24	0, 27	0, 30	0, 36	2150
40	0, 14	0, 17	0, 19	0, 21	0, 24	0, 29	1720
30	0, 11	0, 13	0, 14	0, 16	0, 18	0, 21	1290
20	0, 07	0, 08	0, 10	0, 11	0, 12	0, 14	860
10	0, 04	0, 04	0, 05	0, 05	0, 06	0, 07	430
9	0, 03	0, 04	0, 04	0, 05	0, 05	0, 06	387
8	0, 03	0, 03	0, 04	0, 04	0, 05	0, 06	344
7	0, 03	0, 03	0, 03	0, 04	0, 04	0, 05	301
6	0, 02	0, 03	0, 03	0, 03	0, 04	0, 04	258
5	0, 02	0, 02	0, 02	0, 03	0, 03	0, 04	215
4	0, 01	0, 02	0, 02	0, 02	0, 02	0, 03	172
3	0, 01	0, 01	0, 01	0, 02	0, 02	0, 02	129
2	0, 01	0, 01	0, 01	0, 01	0, 01	0, 01	86
1	0, 00	0, 00	0, 00	0, 01	0, 01	0, 01	43

COLONNE DES CAPITAUX	INTÉRÊTS POUR 44 JOURS (ou pour 1 mois et 14 jours.)						NOMBRES PRODUITS des CAPITAUX multipliés par 44 Jours.
	à 3 %	à 3 ½	à 4 %	à 4 ½	à 5 %	à 6 %	
fr.	fr. c.	fr. c.	fr. c.	fr. c.	fr. c.	fr. c.	
50,000	183, 33	213, 89	244, 44	275, 00	305, 56	366, 67	2200000
40,000	146, 67	171, 11	195, 56	220, 00	244, 44	293, 33	1760000
30,000	110, 00	128, 33	146, 67	165, 00	183, 33	220, 00	1320000
20,000	73, 33	85, 56	97, 78	110, 00	122, 22	146, 67	880000
10,000	36, 67	42, 78	48, 89	55, 00	61, 11	73, 33	440000
9,000	33, 00	38, 50	44, 00	49, 50	55, 00	66, 00	396000
8,000	29, 33	34, 22	39, 11	44, 00	48, 89	58, 67	352000
7,000	25, 67	29, 94	34, 22	38, 50	42, 78	51, 33	308000
6,000	22, 00	25, 67	29, 33	33, 00	36, 67	44, 00	264000
5,000	18, 33	21, 39	24, 44	27, 50	30, 56	36, 67	220000
4,000	14, 67	17, 11	19, 56	22, 00	24, 44	29, 33	176000
3,000	11, 00	12, 83	14, 67	16, 50	18, 33	22, 00	132000
2,000	7, 33	8, 56	9, 78	11, 00	12, 22	14, 67	88000
1,000	3, 67	4, 28	4, 89	5, 50	6, 11	7, 33	44000
900	3, 30	3, 85	4, 40	4, 95	5, 50	6, 60	39600
800	2, 93	3, 42	3, 91	4, 40	4, 89	5, 87	35200
700	2, 57	2, 99	3, 42	3, 85	4, 28	5, 13	30800
600	2, 20	2, 57	2, 93	3, 30	3, 67	4, 40	26400
500	1, 83	2, 14	2, 44	2, 75	3, 06	3, 67	22000
400	1, 47	1, 71	1, 96	2, 20	2, 44	2, 93	17600
300	1, 10	1, 28	1, 47	1, 65	1, 83	2, 20	13200
200	0, 73	0, 86	0, 98	1, 10	1, 22	1, 47	8800
100	0, 37	0, 43	0, 49	0, 55	0, 61	0, 73	4400
90	0, 33	0, 38	0, 44	0, 49	0, 55	0, 66	3960
80	0, 29	0, 34	0, 39	0, 44	0, 49	0, 59	3520
70	0, 26	0, 30	0, 34	0, 38	0, 43	0, 51	3080
60	0, 22	0, 26	0, 29	0, 33	0, 37	0, 44	2640
50	0, 18	0, 21	0, 24	0, 27	0, 31	0, 37	2200
40	0, 15	0, 17	0, 20	0, 22	0, 24	0, 29	1760
30	0, 11	0, 13	0, 15	0, 16	0, 18	0, 22	1320
20	0, 07	0, 09	0, 10	0, 11	0, 12	0, 15	880
10	0, 04	0, 04	0, 05	0, 05	0, 06	0, 07	440
9	0, 03	0, 04	0, 04	0, 05	0, 05	0, 07	396
8	0, 03	0, 03	0, 04	0, 04	0, 05	0, 06	352
7	0, 03	0, 03	0, 03	0, 04	0, 04	0, 05	308
6	0, 02	0, 03	0, 03	0, 03	0, 04	0, 04	264
5	0, 02	0, 02	0, 02	0, 03	0, 03	0, 04	220
4	0, 01	0, 02	0, 02	0, 02	0, 02	0, 03	176
3	0, 01	0, 01	0, 01	0, 02	0, 02	0, 02	132
2	0, 01	0, 01	0, 01	0, 01	0, 01	0, 01	88
1	0, 00	0, 00	0, 00	0, 01	0, 01	0, 01	44

COLONNE DES CAPITAUX	INTÉRÊTS POUR 45 JOURS (ou pour 1 mois et 15 jours.)						NOMBRES PRODUITS des CAPITAUX multipliés par 45 Jours.
	à 3 %	à 3 ½	à 4 %	à 4 ½	à 5 %	à 6 %	
fr.	fr. c.	fr. c.	fr. c.	fr. c.	fr. c.	fr. c.	
50,000	187, 50	218, 75	250, 00	281, 25	312, 50	375, 00	2250000
40,000	150, 00	175, 00	200, 00	225, 00	250, 00	300, 00	1800000
30,000	112, 50	131, 25	150, 00	168, 75	187, 50	225, 00	1350000
20,000	75, 00	87, 50	100, 00	112, 50	125, 00	150, 00	900000
10,000	37, 50	43, 75	50, 00	56, 25	62, 50	75, 00	450000
9,000	33, 75	39, 37	45, 00	50, 62	56, 25	67, 50	405000
8,000	30, 00	35, 00	40, 00	45, 00	50, 00	60, 00	360000
7,000	26, 25	30, 62	35, 00	39, 37	43, 75	52, 50	315000
6,000	22, 50	26, 25	30, 00	33, 75	37, 50	45, 00	270000
5,000	18, 75	21, 87	25, 00	28, 12	31, 25	37, 50	225000
4,000	15, 00	17, 50	20, 00	22, 50	25, 00	30, 00	180000
3,000	11, 25	13, 12	15, 00	16, 87	18, 75	22, 50	135000
2,000	7, 50	8, 75	10, 00	11, 25	12, 50	15, 00	90000
1,000	3, 75	4, 37	5, 00	5, 62	6, 25	7, 50	45000
900	3, 37	3, 94	4, 50	5, 06	5, 62	6, 75	40500
800	3, 00	3, 50	4, 00	4, 50	5, 00	6, 00	36000
700	2, 62	3, 06	3, 50	3, 94	4, 37	5, 25	31500
600	2, 25	2, 62	3, 00	3, 37	3, 75	4, 50	27000
500	1, 87	2, 19	2, 50	2, 81	3, 12	3, 75	22500
400	1, 50	1, 75	2, 00	2, 25	2, 50	3, 00	18000
300	1, 12	1, 31	1, 50	1, 69	1, 87	2, 25	13500
200	0, 75	0, 87	1, 00	1, 12	1, 25	1, 50	9000
100	0, 37	0, 44	0, 50	0, 56	0, 62	0, 75	4500
90	0, 34	0, 39	0, 45	0, 51	0, 56	0, 67	4050
80	0, 30	0, 35	0, 40	0, 45	0, 50	0, 60	3600
70	0, 26	0, 31	0, 35	0, 39	0, 44	0, 52	3150
60	0, 22	0, 26	0, 30	0, 34	0, 37	0, 45	2700
50	0, 19	0, 22	0, 25	0, 28	0, 31	0, 37	2250
40	0, 15	0, 17	0, 20	0, 22	0, 25	0, 30	1800
30	0, 11	0, 13	0, 15	0, 17	0, 19	0, 22	1350
20	0, 07	0, 09	0, 10	0, 11	0, 12	0, 15	900
10	0, 04	0, 04	0, 05	0, 06	0, 06	0, 07	450
9	0, 03	0, 04	0, 04	0, 05	0, 06	0, 07	405
8	0, 03	0, 03	0, 04	0, 04	0, 05	0, 06	360
7	0, 03	0, 03	0, 03	0, 04	0, 04	0, 05	315
6	0, 02	0, 03	0, 03	0, 03	0, 04	0, 04	270
5	0, 02	0, 02	0, 02	0, 03	0, 03	0, 04	225
4	0, 01	0, 02	0, 02	0, 02	0, 02	0, 03	180
3	0, 01	0, 01	0, 01	0, 02	0, 02	0, 02	135
2	0, 01	0, 01	0, 01	0, 01	0, 01	0, 01	90
1	0, 00	0, 00	0, 00	0, 01	0, 01	0, 01	45

COLONNE DES CAPITAUX	INTERÊTS POUR 46 JOURS (on pour 1 mois et 16 jours.)						NOMBRES PRODUITS des CAPITAUX multipliés par 46 Jours.
	à 3 %	à 3 ½	à 4 %	à 4 ½	à 5 %	à 6 %	
fr.	fr. c.	fr. c.	fr. c.	fr. c.	fr. c.	fr. c.	
50,000	191, 67	223, 61	255, 56	287, 50	319, 44	383, 33	2300000
40,000	153, 33	178, 89	204, 44	230, 00	255, 56	306, 67	1840000
30,000	115, 00	134, 17	153, 33	172, 50	191, 67	230, 00	1380000
20,000	76, 67	89, 44	102, 22	115, 00	127, 78	153, 33	920000
10,000	38, 33	44, 72	51, 11	57, 50	63, 89	76, 67	460000
9,000	34, 50	40, 25	46, 00	51, 75	57, 50	69, 00	414000
8,000	30, 67	35, 78	40, 89	46, 00	51, 11	61, 33	368000
7,000	26, 83	31, 31	35, 78	40, 25	44, 72	53, 67	322000
6,000	23, 00	26, 83	30, 67	34, 50	38, 33	46, 00	276000
5,000	19, 17	22, 36	25, 56	28, 75	31, 94	38, 33	230000
4,000	15, 33	17, 89	20, 44	23, 00	25, 56	30, 67	184000
3,000	11, 50	13, 42	15, 33	17, 25	19, 17	23, 00	138000
2,000	7, 67	8, 94	10, 22	11, 50	12, 78	15, 33	92000
1,000	3, 83	4, 47	5, 11	5, 75	6, 39	7, 67	46000
900	3, 45	4, 02	4, 60	5, 17	5, 75	6, 90	41400
800	3, 07	3, 58	4, 09	4, 60	5, 11	6, 13	36800
700	2, 68	3, 13	3, 58	4, 02	4, 47	5, 37	32200
600	2, 30	2, 68	3, 07	3, 45	3, 83	4, 60	27600
500	1, 92	2, 24	2, 56	2, 87	3, 19	3, 83	23000
400	1, 53	1, 79	2, 04	2, 30	2, 56	3, 07	18400
300	1, 15	1, 34	1, 53	1, 72	1, 92	2, 30	13800
200	0, 77	0, 89	1, 02	1, 15	1, 28	1, 53	9200
100	0, 38	0, 45	0, 51	0, 57	0, 64	0, 77	4600
90	0, 34	0, 40	0, 46	0, 52	0, 57	0, 69	4140
80	0, 31	0, 36	0, 41	0, 46	0, 51	0, 61	3680
70	0, 27	0, 31	0, 36	0, 40	0, 45	0, 54	3220
60	0, 23	0, 27	0, 31	0, 34	0, 38	0, 46	2760
50	0, 19	0, 22	0, 26	0, 29	0, 32	0, 38	2300
40	0, 15	0, 18	0, 20	0, 23	0, 26	0, 31	1840
30	0, 11	0, 13	0, 15	0, 17	0, 19	0, 23	1380
20	0, 08	0, 09	0, 10	0, 11	0, 13	0, 15	920
10	0, 04	0, 04	0, 05	0, 06	0, 06	0, 08	460
9	0, 03	0, 04	0, 05	0, 05	0, 06	0, 07	414
8	0, 03	0, 04	0, 04	0, 05	0, 05	0, 06	368
7	0, 03	0, 03	0, 04	0, 04	0, 04	0, 05	322
6	0, 02	0, 03	0, 03	0, 03	0, 04	0, 05	276
5	0, 02	0, 02	0, 03	0, 03	0, 03	0, 04	230
4	0, 02	0, 02	0, 02	0, 02	0, 03	0, 03	184
3	0, 01	0, 01	0, 02	0, 02	0, 02	0, 02	138
2	0, 01	0, 01	0, 01	0, 01	0, 01	0, 02	92
1	0, 00	0, 00	0, 01	0, 01	0, 01	0, 01	46

COLONNE DES CAPITAUX	INTÉRÊTS POUR 47 JOURS (ou pour 1 mois et 17 jours.)						NOMBRES PRODUITS des CAPITAUX multipliés par 47 Jours.
	à 3 %	à 3 1/2	à 4 %	à 4 1/2	à 5 %	à 6 %	
fr.	fr. c.	fr. c.	fr. c.	fr. c.	fr. c.	fr. c.	
50,000	195, 83	228, 47	261, 11	293, 75	326, 39	391, 67	2350000
40,000	156, 67	182, 78	208, 89	235, 00	261, 11	313, 33	1880000
30,000	117, 50	137, 08	156, 67	176, 25	195, 83	235, 00	1410000
20,000	78, 33	91, 39	104, 44	117, 50	130, 56	156, 67	940000
10,000	39, 17	45, 69	52, 22	58, 75	65, 28	78, 33	470000
9,000	35, 25	41, 12	47, 00	52, 87	58, 75	70, 50	423000
8,000	31, 33	36, 56	41, 78	47, 00	52, 22	62, 67	376000
7,000	27, 42	31, 99	36, 56	41, 12	45, 69	54, 83	329000
6,000	23, 50	27, 42	31, 33	35, 25	39, 17	47, 00	282000
5,000	19, 58	22, 85	26, 11	29, 37	32, 64	39, 17	235000
4,000	15, 67	18, 28	20, 89	23, 50	26, 11	31, 33	188000
3,000	11, 75	13, 71	15, 67	17, 62	19, 58	23, 50	141000
2,000	7, 83	9, 14	10, 44	11, 75	13, 06	15, 67	94000
1,000	3, 92	4, 57	5, 22	5, 87	6, 53	7, 83	47000
900	3, 52	4, 11	4, 70	5, 29	5, 87	7, 05	42300
800	3, 13	3, 66	4, 18	4, 70	5, 22	6, 27	37600
700	2, 74	3, 20	3, 66	4, 11	4, 57	5, 48	32900
600	2, 35	2, 74	3, 13	3, 52	3, 92	4, 70	28200
500	1, 96	2, 28	2, 61	2, 94	3, 26	3, 92	23500
400	1, 57	1, 83	2, 09	2, 35	2, 61	3, 13	18800
300	1, 17	1, 37	1, 57	1, 76	1, 96	2, 35	14100
200	0, 78	0, 91	1, 04	1, 17	1, 31	1, 57	9400
100	0, 39	0, 46	0, 52	0, 59	0, 65	0, 78	4700
90	0, 35	0, 41	0, 47	0, 53	0, 59	0, 70	4230
80	0, 31	0, 37	0, 42	0, 47	0, 52	0, 63	3760
70	0, 27	0, 32	0, 37	0, 41	0, 46	0, 55	3290
60	0, 23	0, 27	0, 31	0, 35	0, 39	0, 47	2820
50	0, 20	0, 23	0, 26	0, 29	0, 33	0, 39	2350
40	0, 16	0, 18	0, 21	0, 23	0, 26	0, 31	1880
30	0, 12	0, 14	0, 16	0, 18	0, 20	0, 23	1410
20	0, 08	0, 09	0, 10	0, 12	0, 13	0, 16	940
10	0, 04	0, 05	0, 05	0, 06	0, 07	0, 08	470
9	0, 04	0, 04	0, 05	0, 05	0, 06	0, 07	423
8	0, 03	0, 04	0, 04	0, 05	0, 05	0, 06	376
7	0, 03	0, 03	0, 04	0, 04	0, 05	0, 05	329
6	0, 02	0, 03	0, 03	0, 04	0, 04	0, 05	282
5	0, 02	0, 02	0, 03	0, 03	0, 03	0, 04	235
4	0, 02	0, 02	0, 02	0, 02	0, 03	0, 03	188
3	0, 01	0, 01	0, 02	0, 02	0, 02	0, 02	141
2	0, 01	0, 01	0, 01	0, 01	0, 01	0, 02	94
1	0, 00	0, 00	0, 01	0, 01	0, 01	0, 01	47

INTÉRÊTS POUR 48 JOURS
(ou pour 1 mois et 18 jours.)

COLONNE DES CAPITAUX	à 3 %	à 3 ½	à 4 %	à 4 ½	à 5 %	à 6 %	NOMBRES PRODUITS des CAPITAUX multipliés par 48 Jours.
fr.	fr. c.	fr. c.	fr. c.	fr. c.	fr. c.	fr. c.	
50,000	200, 00	233, 33	266, 67	300, 00	333, 33	400, 00	2400000
40,000	160, 00	186, 67	213, 33	240, 00	266, 67	320, 00	1920000
30.000	120, 00	140, 00	160, 00	180, 00	200, 00	240, 00	1440000
20,000	80, 00	93, 33	106, 67	120, 00	133, 33	160, 00	960000
10,000	40, 00	46, 67	53, 33	60, 00	66, 67	80, 00	480000
9,000	36, 00	42, 00	48, 00	54, 00	60, 00	72, 00	432000
8,000	32, 00	37, 33	42, 67	48, 00	53, 33	64, 00	384000
7,000	28, 00	32. 67	37, 33	42, 00	46, 67	56, 00	336000
6,000	24, 00	28, 00	32, 00	36, 00	40, 00	48, 00	288000
5,000	20, 00	23, 33	26, 67	30, 00	33, 33	40, 00	240000
4,000	16, 00	18, 67	21, 33	24, 00	26, 67	32, 00	192000
3,000	12, 00	14, 00	16, 00	18, 00	20, 00	24, 00	144000
2,000	8, 00	9, 33	10, 67	12, 00	13, 33	16, 00	96000
1,000	4, 00	4, 67	5, 33	6, 00	6, 67	8, 00	48000
900	3, 60	4, 20	4, 80	5, 40	6, 00	7, 20	43200
800	3, 20	3, 73	4, 27	4, 80	5, 33	6, 40	38400
700	2, 80	3, 27	3, 73	4, 20	4, 67	5, 60	33600
600	2, 40	2, 80	3, 20	3, 60	4, 00	4, 80	28800
500	2, 00	2, 33	2, 67	3, 00	3, 33	4, 00	24000
400	1, 60	1, 87	2, 13	2, 40	2, 67	3, 20	19200
300	1, 20	1, 40	1, 60	1, 80	2, 00	2, 40	14400
200	0, 80	0, 93	1, 07	1, 20	1, 33	1, 60	9600
100	0, 40	0, 47	0, 53	0, 60	0, 67	0, 80	4800
90	0, 36	0, 42	0, 48	0, 54	0, 60	0, 72	4320
80	0, 32	0, 37	0, 43	0, 48	0, 53	0, 64	3840
70	0, 28	0, 33	0, 37	0, 42	0, 47	0, 56	3360
60	0, 24	0, 28	0, 32	0, 36	0, 40	0, 48	2880
50	0, 20	0, 23	0, 27	0, 30	0, 33	0 40	2400
40	0, 16	0, 19	0, 21	0, 24	0, 27	0, 32	1920
30	0. 12	0. 14	0, 16	0, 18	0, 20	0, 24	1440
20	0, 08	0, 09	0, 11	0, 12	0, 13	0, 16	960
10	0, 04	0, 05	0, 05	0, 06	0, 07	0, 08	480
9	0, 04	0, 04	0, 05	0, 05	0, 06	0, 07	432
8	0, 03	0, 04	0, 04	0, 05	0, 05	0, 06	384
7	0, 03	0, 03	0, 04	0, 04	0, 05	0, 06	336
6	0, 02	0, 03	0, 03	0, 04	0, 04	0, 05	288
5	0, 02	0, 02	0, 03	0, 03	0, 03	0, 04	240
4	0, 02	0, 02	0, 02	0, 02	0, 03	0, 03	192
3	0, 01	0, 01	0, 02	0, 02	0, 02	0, 02	144
2	0, 01	0, 01	0, 01	0, 01	0, 01	0, 02	96
1	0, 00	0, 00	0, 01	0, 01	0, 01	0, 01	48

COLONNE DES CAPITAUX	INTÉRÊTS POUR 49 JOURS (ou pour 1 mois et 19 jours.)						NOMBRES PRODUITS des CAPITAUX multipliés par 49 Jours.
	à 3 %	à 3 ½	à 4 %	à 4 ½	à 5 %	à 6 %	
fr.	fr. c.	fr. c.	fr. c.	fr. c.	fr. c.	fr. c.	
50,000	204, 17	238, 19	272, 22	306, 25	340, 28	408, 33	2450000
40,000	163, 33	190, 56	217, 78	245, 00	272, 22	326, 67	1960000
30.000	122, 50	142, 92	163, 33	183, 75	204, 17	245, 00	1470000
20,000	81, 67	95, 28	108, 89	122, 50	136, 11	163, 33	980000
10,000	40, 83	47, 64	54, 44	61, 25	68, 06	81, 67	490000
9,000	36, 75	42, 87	49, 00	55, 12	61, 25	73, 50	441000
8,000	32, 67	38, 11	43, 56	49, 00	54, 44	65, 33	392000
7,000	28, 58	33, 35	38, 11	42, 87	47, 64	57, 17	343000
6.000	24, 50	28, 58	32, 67	36, 75	40, 83	49, 00	294000
5,000	20, 42	23, 82	27, 22	30, 62	34, 03	40, 83	245000
4,000	16, 33	19, 06	21, 78	24, 50	27, 22	32, 67	196000
3,000	12, 25	14, 29	16, 33	18, 37	20, 42	24, 50	147000
2,000	8, 17	9, 53	10, 89	12, 25	13, 61	16, 33	98000
1,000	4, 08	4, 76	5, 44	6, 12	6, 81	8, 17	49000
900	3, 67	4, 29	4, 90	5, 51	6, 12	7, 35	44100
800	3, 27	3, 81	4, 36	4, 90	5, 44	6, 53	39200
700	2, 86	3, 33	3, 81	4, 29	4, 76	5, 72	34300
600	2, 45	2, 86	3, 27	3, 67	4, 08	4, 90	29400
500	2, 04	2, 38	2, 72	3, 06	3, 40	4, 08	24500
400	1, 63	1, 91	2, 18	2, 45	2, 72	3, 27	19600
300	1, 22	1, 43	1, 63	1, 84	2, 04	2, 45	14700
200	0, 82	0, 95	1, 09	1, 22	1, 36	1, 63	9800
100	0, 41	0, 48	0, 54	0, 61	0, 68	0, 82	4900
90	0, 37	0, 43	0, 49	0, 55	0, 61	0, 73	4410
80	0, 33	0, 38	0, 44	0, 49	0, 54	0, 65	3920
70	0, 29	0, 33	0, 38	0, 43	0, 48	0, 57	3430
60	0, 24	0, 29	0, 33	0, 37	0, 41	0, 49	2940
50	0, 20	0, 24	0, 27	0, 31	0, 34	0, 41	2450
40	0, 16	0, 19	0, 22	0, 24	0, 27	0, 33	1960
30	0, 12	0, 14	0, 16	0, 18	0, 20	0, 24	1470
20	0, 08	0, 10	0, 11	0, 12	0, 14	0, 16	980
10	0, 04	0, 05	0, 05	0, 06	0, 07	0, 08	490
9	0, 04	0, 04	0, 05	0, 06	0, 06	0, 07	441
8	0, 03	0, 04	0, 04	0, 05	0, 05	0, 07	392
7	0, 03	0, 03	0, 04	0, 04	0, 05	0, 06	343
6	0, 02	0, 03	0, 03	0, 04	0, 04	0, 05	294
5	0, 02	0, 02	0, 03	0, 03	0, 03	0, 04	245
4	0, 02	0, 02	0, 02	0, 02	0, 03	0, 03	196
3	0, 01	0, 01	0, 02	0, 02	0, 02	0, 02	147
2	0, 01	0, 01	0, 01	0, 01	0, 01	0, 02	98
1	0, 00	0, 00	0, 01	0, 01	0, 01	0, 01	49

5

COLONNE DES CAPITAUX	INTÉRÊTS POUR 50 JOURS (ou pour 1 mois et 20 jours.)						NOMBRES PRODUITS des CAPITAUX multipliés par 50 Jours.
	à 3 %	à 3 ½	à 4 %	à 4 ½	à 5 %	à 6 %	
fr.	fr. c.	fr. c.	fr. c.	fr. c.	fr. c.	fr. c.	
50,000	208, 33	243, 06	277, 78	312, 50	347, 22	416, 67	2500000
40,000	166, 67	194, 44	222, 22	250, 00	277, 78	333, 33	2000000
30,000	125, 00	145, 83	166, 67	187, 50	208, 33	250, 00	1500000
20,000	83, 33	97, 22	111, 11	125, 00	138, 89	166, 67	1000000
10,000	41, 67	48, 61	55, 56	62, 50	69, 44	83, 33	500000
9,000	37, 50	43, 75	50, 00	56, 25	62, 50	75, 00	450000
8,000	33, 33	38, 89	44, 44	50, 00	55, 56	66, 67	400000
7,000	29, 17	34, 03	38, 89	43, 75	48, 61	58, 33	350000
6,000	25, 00	29, 17	33, 33	37, 50	41, 67	50, 00	300000
5,000	20, 83	24, 31	27, 78	31, 25	34, 72	41, 67	250000
4,000	16, 67	19, 44	22, 22	25, 00	27, 78	33, 33	200000
3,000	12, 50	14, 58	16, 67	18, 75	20, 83	25, 00	150000
2,000	8, 33	9, 72	11, 11	12, 50	13, 89	16, 67	100000
1,000	4, 17	4, 86	5, 56	6, 25	6, 94	8, 33	50000
900	3, 75	4, 37	5, 00	5, 62	6, 25	7, 50	45000
800	3, 33	3, 89	4, 44	5, 00	5, 56	6, 67	40000
700	2, 92	3, 40	3, 89	4, 37	4, 86	5, 83	35000
600	2, 50	2, 92	3, 33	3, 75	4, 17	5, 00	30000
500	2, 08	2, 43	2, 78	3, 12	3, 47	4, 17	25000
400	1, 67	1, 94	2, 22	2, 50	2, 78	3, 33	20000
300	1, 25	1, 46	1, 67	1, 87	2, 08	2, 50	15000
200	0, 83	0, 97	1, 11	1, 25	1, 39	1, 67	10000
100	0, 42	0, 49	0, 56	0, 62	0, 69	0, 83	5000
90	0, 37	0, 44	0, 50	0, 55	0, 62	0, 75	4500
80	0, 33	0, 39	0, 44	0, 50	0, 56	0, 67	4000
70	0, 29	0, 34	0, 39	0, 44	0, 49	0, 58	3500
60	0, 25	0, 29	0, 33	0, 37	0, 42	0, 50	3000
50	0, 21	0, 24	0, 28	0, 31	0, 35	0, 42	2500
40	0, 17	0, 19	0, 22	0, 25	0, 28	0, 33	2000
30	0, 12	0, 15	0, 17	0, 19	0, 21	0, 25	1500
20	0, 08	0, 10	0, 11	0, 12	0, 14	0, 17	1000
10	0, 04	0, 05	0, 06	0, 06	0, 07	0, 08	500
9	0, 04	0, 04	0, 05	0, 06	0, 06	0, 07	450
8	0, 03	0, 04	0, 04	0, 05	0, 06	0, 07	400
7	0, 03	0, 03	0, 04	0, 04	0, 05	0, 06	350
6	0, 02	0, 03	0, 03	0, 04	0, 04	0, 05	300
5	0, 02	0, 02	0, 03	0, 03	0, 03	0, 04	250
4	0, 03	0, 02	0, 02	0, 02	0, 03	0, 03	200
3	0, 01	0, 01	0, 02	0, 02	0, 02	0, 02	150
2	0, 01	0, 01	0, 01	0, 01	0, 01	0, 02	100
1	0, 00	0, 00	0, 01	0, 01	0, 01	0, 01	50

COLONNE DES CAPITAUX	INTÉRÊTS POUR 51 JOURS (ou pour 1 mois et 21 jours.)						NOMBRES PRODUITS des CAPITAUX multipliés par 51 Jours.
	à 3 %	à 3 ½	à 4 %	à 4 ½	à 5 %	à 6 %	
fr.	fr. c.	fr. c.	fr. c.	fr. c.	fr. c.	fr. c.	
50,000	212, 50	247, 92	283, 33	318, 75	354, 17	425, 00	2550000
40,000	170, 00	198, 33	226, 67	255, 00	283, 33	340, 00	2040000
30,000	127, 50	148, 75	170, 00	191, 25	212, 50	255, 00	1530000
20,000	85, 00	99, 17	113, 33	127, 50	141, 67	170, 00	1020000
10,000	42, 50	49, 58	56, 67	63, 75	70, 83	85, 00	510000
9,000	38, 25	44, 62	51, 00	57, 37	63, 75	76, 50	459000
8,000	34, 00	39, 67	45, 33	51, 00	56, 67	68, 00	408000
7,000	29, 75	34, 71	39, 67	44, 62	49, 58	59, 50	357000
6,000	25, 50	29, 75	34, 00	38, 25	42, 50	51, 00	306000
5,000	21, 25	24, 79	28, 33	31, 87	35, 42	42, 50	255000
4,000	17, 00	19, 83	22, 67	25, 50	28, 33	34, 00	204000
3,000	12, 75	14, 87	17, 00	19, 12	21, 25	25, 50	153000
2,000	8, 50	9, 92	11, 33	12, 75	14, 17	17, 00	102000
1,000	4, 25	4, 96	5, 67	6, 37	7, 08	8, 50	51000
900	3, 82	4, 46	5, 10	5, 74	6, 37	7, 65	45900
800	3, 40	3, 97	4, 53	5, 10	5, 67	6, 80	40800
700	2, 97	3, 47	3, 97	4, 46	4, 96	5, 95	35700
600	2, 55	2, 97	3, 40	3, 82	4, 25	5, 10	30600
500	2, 12	2, 48	2, 83	3, 19	3, 54	4, 25	25500
400	1, 70	1, 98	2, 27	2, 55	2, 83	3, 40	20400
300	1, 27	1, 49	1, 70	1, 91	2, 12	2, 55	15300
200	0, 85	0, 99	1, 13	1, 27	1, 42	1, 70	10200
100	0, 42	0, 50	0, 57	0, 64	0, 71	0, 85	5100
90	0, 38	0, 45	0, 51	0, 57	0, 64	0, 76	4590
80	0, 34	0, 40	0, 45	0, 51	0, 57	0, 68	4080
70	0, 30	0, 35	0, 40	0, 45	0, 50	0, 59	3570
60	0, 25	0, 30	0, 34	0, 38	0, 42	0, 51	3060
50	0, 21	0, 25	0, 28	0, 32	0, 35	0, 42	2550
40	0, 17	0, 20	0, 23	0, 25	0, 28	0, 34	2040
30	0, 13	0, 15	0, 17	0, 19	0, 21	0, 25	1530
20	0, 08	0, 10	0, 11	0, 13	0, 14	0, 17	1020
10	0, 04	0, 05	0, 06	0, 06	0, 07	0, 08	510
9	0, 04	0, 04	0, 05	0, 06	0, 06	0, 08	459
8	0, 03	0, 04	0, 05	0, 05	0, 06	0, 07	408
7	0, 03	0, 03	0, 04	0, 04	0, 05	0, 06	357
6	0, 03	0, 03	0, 03	0, 04	0, 04	0, 05	306
5	0, 02	0, 02	0, 03	0, 03	0, 04	0, 04	255
4	0, 02	0, 02	0, 02	0, 03	0, 03	0, 03	204
3	0, 01	0, 01	0, 02	0, 02	0, 02	0, 03	153
2	0, 01	0, 01	0, 01	0, 01	0, 01	0, 02	102
1	0, 00	0, 00	0, 01	0, 01	0, 01	0, 01	51

COLONNE DES CAPITAUX	INTÉRÊTS POUR 52 JOURS (ou pour 1 mois et 22 jours.)						NOMBRES PRODUITS des CAPITAUX multipliés par 52 Jours.
	à 3 %	à 3 ½	à 4 %	à 4 ½	à 5 %	à 6 %	
fr.	fr. c.	fr. c.	fr. c.	fr. c.	fr. c.	fr. c.	
50,000	216, 67	252, 78	288, 89	325, 00	361, 11	433, 33	2600000
40,000	173, 33	202, 22	231, 11	260, 00	288, 89	346, 67	2080000
30,000	130, 00	151, 67	173, 33	195, 00	216, 67	260, 00	1560000
20,000	86, 67	101, 11	115, 56	130, 00	144, 44	173, 33	1040000
10,000	43, 33	50, 56	57, 78	65, 00	72, 22	86, 67	520000
9,000	39, 00	45, 50	52, 00	58, 50	65, 00	78, 00	468000
8,000	34, 67	40, 44	46, 22	52, 00	57, 78	69, 33	416000
7,000	30, 33	35, 39	40, 44	45, 50	50, 56	60, 67	364000
6,000	26, 00	30, 33	34, 67	39, 00	43, 33	52, 00	312000
5,000	21, 67	25, 28	28, 89	32, 50	36, 11	43, 33	260000
4,000	17, 33	20, 22	23, 11	26, 00	28, 89	34, 67	208000
3,000	13, 00	15, 17	17, 33	19, 50	21, 67	26, 00	156000
2,000	8, 67	10, 11	11, 56	13, 00	14, 44	17, 33	104000
1,000	4, 33	5, 06	5, 78	6, 50	7, 22	8, 67	52000
900	3, 90	4, 55	5, 20	5, 85	6, 50	7, 80	46800
800	3, 47	4, 04	4, 62	5, 20	5, 78	6, 93	41600
700	3, 03	3, 54	4, 04	4, 55	5, 06	6, 07	36400
600	2, 60	3, 03	3, 47	3, 90	4, 33	5, 20	31200
500	2, 17	2, 53	2, 89	3, 25	3, 61	4, 33	26000
400	1, 73	2, 02	2, 31	2, 60	2, 89	3, 47	20800
300	1, 30	1, 52	1, 73	1, 95	2, 17	2, 60	15600
200	0, 87	1, 01	1, 16	1, 30	1, 44	1, 73	10400
100	0, 43	0, 51	0, 58	0, 65	0, 72	0, 87	5200
90	0, 39	0, 45	0, 52	0, 58	0, 65	0, 78	4680
80	0, 35	0, 40	0, 46	0, 52	0, 58	0, 69	4160
70	0, 30	0, 35	0, 40	0, 45	0, 51	0, 61	3640
60	0, 26	0, 30	0, 35	0, 39	0, 43	0, 52	3120
50	0, 22	0, 25	0, 29	0, 32	0, 36	0, 43	2600
40	0, 17	0, 20	0, 23	0, 26	0, 29	0, 35	2080
30	0, 13	0, 15	0, 17	0, 19	0, 22	0, 26	1560
20	0, 09	0, 10	0, 12	0, 13	0, 14	0, 17	1040
10	0, 04	0, 05	0, 06	0, 06	0, 07	0, 09	520
9	0, 04	0, 05	0, 05	0, 06	0, 06	0, 08	468
8	0, 03	0, 04	0, 05	0, 05	0, 06	0, 07	416
7	0, 03	0, 04	0, 04	0, 05	0, 05	0, 06	364
6	0, 03	0, 03	0, 04	0, 05	0, 05	0, 05	312
5	0, 02	0, 03	0, 03	0, 04	0, 04	0, 04	260
4	0, 02	0, 02	0, 02	0, 03	0, 04	0, 03	208
3	0, 01	0, 02	0, 02	0, 02	0, 02	0, 03	156
2	0, 01	0, 01	0, 01	0, 01	0, 01	0, 02	104
1	0, 00	0, 01	0, 01	0, 01	0, 01	0, 01	52

COLONNE DES CAPITAUX	à 3 %	à 3 ½	à 4 %	à 4 ½	à 5 %	à 6 %	NOMBRES PRODUITS des CAPITAUX multipliés par 53 Jours.
fr.	fr. c.	fr. c.	fr. c.	fr. c.	fr. c.	fr. c.	
50,000	220, 83	257, 64	294, 44	331, 25	368, 06	441, 67	2650000
40,000	176, 67	206, 11	235, 56	265, 00	294, 44	353, 33	2120000
30,000	132, 50	154, 58	176, 67	198, 75	220, 83	265, 00	1590000
20,000	88, 33	103, 06	117, 78	132, 50	147, 22	176, 67	1060000
10,000	44, 17	51, 53	58, 89	66, 25	73, 61	88, 33	530000
9,000	39, 75	46, 37	53, 00	59, 62	66, 25	79, 50	477000
8,000	35, 33	41, 22	47, 11	53, 00	58, 89	70, 67	424000
7,000	30, 92	36, 07	41, 22	46, 37	51, 53	61, 83	371000
6,000	26, 50	30, 92	35, 33	39, 75	44, 17	53, 00	318000
5,000	22, 08	25, 76	29, 44	33, 12	36, 81	44, 17	265000
4,000	17, 67	20, 61	23, 56	26, 50	29, 44	35, 33	212000
3,000	13, 25	15, 46	17, 67	19, 87	22, 08	26, 50	159000
2,000	8, 83	10, 31	11, 78	13, 25	14, 72	17, 67	106000
1,000	4, 42	5, 15	5, 89	6, 62	7, 36	8, 83	53000
900	3, 97	4, 64	5, 30	5, 96	6, 62	7, 95	47700
800	3, 53	4, 12	4, 71	5, 30	5, 89	7, 07	42400
700	3, 09	3, 61	4, 12	4, 64	5, 15	6, 18	37100
600	2, 65	3, 09	3, 53	3, 97	4, 42	5, 30	31800
500	2, 21	2, 58	2, 94	3, 31	3, 68	4, 42	26500
400	1, 77	2, 06	2, 36	2, 65	2, 94	3, 53	21200
300	1, 32	1, 55	1, 77	1, 99	2, 21	2, 65	15900
200	0, 88	1, 03	1, 18	1, 32	1, 47	1, 77	10600
100	0, 44	0, 52	0, 59	0, 66	0, 74	0, 88	5300
90	0, 40	0, 46	0, 53	0, 60	0, 66	0, 79	4770
80	0, 35	0, 41	0, 47	0, 53	0, 59	0, 71	4240
70	0, 31	0, 36	0, 41	0, 46	0, 52	0, 62	3710
60	0, 26	0, 31	0, 35	0, 40	0, 44	0, 53	3180
50	0, 22	0, 26	0, 29	0, 33	0, 37	0, 44	2650
40	0, 18	0, 21	0, 24	0, 26	0, 29	0, 35	2120
30	0, 13	0, 15	0, 18	0, 20	0, 22	0, 26	1590
20	0, 09	0, 10	0, 12	0, 13	0, 15	0, 18	1060
10	0, 04	0, 05	0, 06	0, 07	0, 07	0, 09	530
9	0, 04	0, 05	0, 05	0, 06	0, 07	0, 08	477
8	0, 04	0, 04	0, 05	0, 05	0, 06	0, 07	424
7	0, 03	0, 04	0, 04	0, 04	0, 05	0, 05	371
6	0, 03	0, 03	0, 04	0, 04	0, 04	0, 05	318
5	0, 02	0, 03	0, 03	0, 03	0, 04	0, 04	265
4	0, 02	0, 02	0, 02	0, 03	0, 03	0, 04	212
3	0, 01	0, 02	0, 02	0, 02	0, 02	0, 03	159
2	0, 01	0, 01	0, 01	0, 01	0, 01	0, 02	106
1	0, 00	0, 01	0, 01	0, 01	0, 01	0, 01	53

5.

COLONNE DES CAPITAUX	INTÉRÊTS POUR 54 JOURS (ou pour 1 mois et 24 jours.)						NOMBRES PRODUITS des CAPITAUX multipliés par 54 Jours.
	à 3 %	à 3-½	à 4 %	à 4 ½	à 5 %	à 6 %	
fr.	fr. c.	fr. c.	fr. c.	fr. c.	fr. c.	fr. c.	
50,000	225, 00	262, 50	300, 00	337, 50	375, 00	450, 00	2700000
40,000	180, 00	210, 00	240, 00	270. 00	300, 00	360, 00	2160000
30,000	135, 00	157, 50	180, 00	202, 50	225, 00	270, 00	1620000
20,000	90, 00	105, 00	120, 00	135, 00	150, 00	180, 00	1080000
10,000	45, 00	52, 50	60, 00	67, 50	75, 00	90, 00	540000
9,000	40, 50	47, 25	54, 00	60, 75	67, 50	81, 00	486000
8,000	36, 00	42, 00	48, 00	54, 00	60, 00	72, 00	432000
7,000	31, 50	36, 75	42, 00	47, 25	52, 50	63, 00	378000
6,000	27, 00	31, 50	36, 00	40, 50	45, 00	54, 00	324000
5,000	22, 50	26, 25	30, 00	33, 75	37, 50	45, 00	270000
4,000	18, 00	21, 00	24, 00	27, 00	30, 00	36, 00	216000
3,000	13, 50	15, 75	18, 00	20, 25	22, 50	27, 00	162000
2,000	9, 00	10, 50	12, 00	13, 50	15, 00	18, 00	108000
1,000	4, 50	5, 25	6, 00	6, 75	7, 50	9, 00	54000
900	4, 05	4, 72	5, 40	6, 07	6, 75	8, 10	48600
800	3, 60	4, 20	4, 80	5, 40	6, 00	7, 20	43200
700	3, 15	3, 67	4, 20	4, 72	5, 25	6, 30	37800
600	2, 70	3, 15	3, 60	4, 05	4, 50	5, 40	32400
500	2, 25	2, 62	3, 00	3, 37	3, 75	4, 50	27000
400	1, 80	2, 10	2, 40	2, 70	3, 00	3, 60	21600
300	1, 35	1, 57	1, 80	2, 02	2, 25	2, 70	16200
200	0, 90	1, 05	1, 20	1, 35	1, 50	1, 80	10800
100	0, 45	0, 52	0, 60	0, 67	0, 75	0, 90	5400
90	0, 40	0, 47	0, 54	0, 61	0, 67	0, 81	4860
80	0, 36	0, 42	0, 48	0, 54	0, 60	0, 72	4320
70	0, 31	0, 37	0, 42	0, 47	0, 52	0, 63	3780
60	0, 27	0, 31	0, 36	0, 40	0, 45	0, 54	3240
50	0, 22	0, 26	0, 30	0, 34	0, 37	0, 45	2700
40	0, 18	0, 21	0, 24	0, 27	0, 30	0, 36	2160
30	0, 13	0, 16	0, 18	0, 20	0, 22	0, 27	1620
20	0, 09	0, 10	0, 12	0, 13	0, 15	0, 18	1080
10	0, 04	0 05	0, 06	0, 07	0, 07	0, 09	540
9	0, 04	0, 05	0, 05	0, 06	0, 07	0, 08	486
8	0, 04	0, 04	0, 05	0, 05	0, 06	0, 07	432
7	0, 03	0, 04	0, 04	0, 05	0, 05	0, 06	378
6	0, 03	0, 03	0, 04	0, 04	0, 04	0, 05	324
5	0, 02	0, 03	0, 03	0, 03	0, 04	0, 04	270
4	0, 02	0, 02	0, 02	0, 03	0, 03	0, 04	216
3	0, 01	0, 02	0, 02	0, 02	0, 02	0, 03	162
2	0, 01	0, 01	0, 01	0, 01	0, 01	0, 02	108
1	0, 00	0, 01	0, 01	0, 01	0, 01	0, 01	54

COLONNE DES CAPITAUX	INTERÊTS POUR 55 JOURS (ou pour 1 mois et 25 jours.)						NOMBRES PRODUITS des CAPITAUX multipliés par 55 Jours.
	à 3 %	à 3 1/2	à 4 %	à 4 1/2	à 5 %	à 6 %	
fr.	fr. c.	fr. c.	fr. c.	fr. c.	fr. c.	fr. c.	
50,000	229, 17	267, 36	305. 56	343, 75	381, 94	458, 33	2750000
40,000	183, 33	213, 89	244, 44	275, 00	305, 56	366, 67	2200000
30,000	137, 50	160, 42	183, 33	206, 25	229, 17	275, 00	1650000
20,000	91, 67	106, 94	122, 22	137, 50	152, 78	183, 33	1100000
10,000	45, 83	53, 47	61, 11	68, 75	76, 39	91, 67	550000
9,000	41, 25	48, 12	55, 00	61, 87	68, 75	82, 50	495000
8,000	36, 67	42, 78	48, 89	55, 00	61, 11	73, 33	440000
7,000	32, 08	37, 43	42, 78	48, 12	53, 47	64, 17	385000
6,000	27, 50	32, 08	36, 67	41, 25	45, 83	55, 00	330000
5,000	22, 92	26, 74	30, 56	34, 37	38, 19	45, 83	275000
4,000	18, 33	21, 39	24, 44	27, 50	30, 56	36, 67	220000
3,000	13, 75	16, 04	18, 33	20, 62	22, 92	27, 50	165000
2,000	9, 17	10, 69	12, 22	13, 75	15, 28	18, 33	110000
1,000	4, 58	5, 35	6, 11	6, 87	7, 64	9, 17	55000
900	4, 12	4, 81	5, 50	6, 19	6, 87	8, 25	49500
800	3, 67	4, 28	4, 89	5, 50	6, 11	7, 33	44000
700	3, 21	3, 74	4, 28	4, 81	5, 35	6, 42	38500
600	2, 75	3, 21	3, 67	4, 12	4, 58	5, 50	27500
500	2, 29	2, 67	3, 06	3, 44	3, 82	4, 58	27500
400	1, 83	2, 14	2, 44	2, 75	3, 06	3, 67	22000
300	1, 37	1, 60	1, 83	2, 06	2, 29	2, 75	16500
200	0, 92	1, 07	1, 22	1, 37	1, 53	1, 83	11000
100	0, 46	0, 53	0, 61	0, 69	0, 76	0, 92	5500
90	0, 41	0, 48	0, 55	0, 62	0, 69	0, 82	4950
80	0, 37	0, 43	0, 49	0, 55	0, 61	0, 73	4400
70	0, 32	0, 37	0, 43	0, 48	0, 53	0, 64	3850
60	0, 27	0, 32	0, 37	0, 41	0, 46	0, 55	3300
50	0, 23	0, 27	0, 31	0, 34	0, 38	0 46	2750
40	0, 18	0, 21	0, 24	0, 27	0, 31	0, 37	2200
30	0, 14	0, 16	0, 18	0, 21	0, 23	0, 27	1650
20	0, 09	0, 11	0, 12	0, 14	0, 15	0, 18	1100
10	0, 05	0, 05	0, 06	0, 07	0, 08	0, 09	550
9	0, 04	0, 05	0, 05	0, 06	0, 07	0, 08	495
8	0, 04	0, 04	0, 05	0, 05	0, 06	0, 07	440
7	0, 03	0, 04	0, 04	0, 05	0, 05	0, 06	385
6	0, 03	0, 03	0, 04	0, 04	0, 05	0, 05	330
5	0, 02	0, 03	0, 03	0, 03	0, 04	0, 05	275
4	0, 02	0, 02	0 02	0, 03	0, 03	0, 04	220
3	0, 01	0, 02	0, 02	0, 02	0, 02	0, 03	165
2	0, 01	0, 01	0. 01	0, 01	0, 02	0, 02	110
1	0. 00	0, 01	0, 01	0, 01	0, 01	0, 01	55

COLONNE DES CAPITAUX	INTÉRÊTS POUR 56 JOURS (ou pour 1 mois et 26 jours.)						NOMBRES PRODUITS des CAPITAUX multipliés par 56 Jours.
	à 3 %	à 3 ½	à 4 %	à 4 ½	à 5 %	à 6 %	
fr.	fr. c.	fr. c.	fr. c.	fr. c.	fr. c.	fr. c.	
50,000	233, 33	272, 22	311, 11	350, 00	388, 89	466, 67	2800000
40,000	186, 67	217, 78	248, 89	280, 00	311, 11	373, 33	2240000
30 000	140, 00	163, 33	186, 67	210, 00	233, 33	280, 00	1680000
20,000	93, 33	108, 89	124, 44	140, 00	155, 56	186, 67	1120000
10,000	46, 67	54, 44	62, 22	70, 00	77, 78	93, 33	560000
9,000	42, 00	49, 00	56, 00	63, 00	70, 00	84, 00	504000
8,000	37, 33	43, 56	49, 78	56, 00	62, 22	74, 67	448000
7,000	32, 67	38, 11	43, 56	49, 00	54, 44	65, 33	392000
6,000	28, 00	32, 67	37, 33	42, 00	46, 67	56, 00	336000
5,000	23, 33	27, 22	31, 11	35, 00	38, 89	46, 67	280000
4,000	18, 67	21, 78	24, 89	28, 00	31, 11	37, 33	224000
3,000	14, 00	16, 33	18, 67	21, 00	23, 33	28, 00	168000
2,000	9, 33	10, 89	12, 44	14, 00	15, 56	18, 67	112000
1,000	4, 67	5, 44	6, 22	7, 00	7, 78	9, 33	56000
900	4, 20	4, 90	5, 60	6, 30	7, 00	8, 40	50400
800	3, 73	4, 36	4, 98	5, 60	6, 22	7, 47	44800
700	3, 27	3, 81	4, 36	4, 90	5, 44	6, 53	39200
600	2, 80	3, 27	3, 73	4, 20	4, 67	5, 60	33600
500	2, 33	2, 72	3, 11	3, 50	3, 89	4, 67	28000
400	1, 87	2, 18	2, 49	2, 80	3, 11	3, 73	22400
300	1, 40	1, 63	1, 87	2, 10	2, 33	2, 80	16800
200	0, 93	1, 09	1, 24	1, 40	1, 56	1, 87	11200
100	0, 47	0, 54	0, 62	0, 70	0, 78	0, 93	5600
90	0, 42	0, 49	0, 56	0, 63	0, 70	0, 84	5040
80	0, 37	0, 44	0, 50	0, 56	0, 62	0, 75	4480
70	0, 33	0, 38	0, 44	0, 49	0, 54	0, 65	3920
60	0, 28	0, 33	0, 37	0, 42	0, 47	0, 56	3360
50	0, 23	0, 27	0, 31	0, 35	0, 39	0, 47	2800
40	0, 19	0, 22	0, 25	0, 28	0, 31	0, 37	2240
30	0, 14	0, 16	0, 19	0, 21	0, 23	0, 28	1680
20	0, 09	0, 11	0, 12	0, 14	0, 16	0, 19	1120
10	0, 05	0, 05	0, 06	0, 07	0, 08	0, 09	560
9	0, 04	0, 05	0, 06	0, 06	0, 07	0, 08	504
8	0, 04	0, 04	0, 05	0, 06	0, 06	0, 07	448
7	0, 03	0, 04	0, 04	0, 05	0, 05	0, 07	392
6	0, 03	0, 03	0, 04	0, 04	0, 05	0, 06	336
5	0, 02	0, 03	0, 03	0, 03	0, 04	0, 05	280
4	0, 02	0, 02	0, 02	0, 03	0, 03	0, 04	224
3	0, 01	0, 02	0, 02	0, 02	0, 02	0, 03	168
2	0, 01	0, 01	0, 01	0, 01	0, 02	0, 02	112
1	0. 00	0, 01	0, 01	0, 01	0, 01	0, 01	56

COLONNE DES CAPITAUX	INTÉRÊTS POUR 57 JOURS (ou pour 1 mois et 27 jours.)						NOMBRES PRODUITS des CAPITAUX multipliés par 57 Jours.
	à 3 %	à 3 ½	à 4 %	à 4 ½	à 5 %	à 6 %	
fr.	fr. c.	fr. c.	fr. c.	fr. c.	fr. c.	fr. c.	
50,000	237, 50	277, 08	316, 67	356, 25	395, 83	475, 00	2850000
40,000	190, 00	221, 67	253, 33	285, 00	316, 67	380, 00	2280000
30,000	142, 50	166, 25	190. 00	213, 75	237, 50	285, 00	1710000
20,000	95, 00	110, 83	126, 67	142, 50	158. 33	190, 00	1140000
10,000	47, 50	55, 42	63, 33	71, 25	79, 17	95, 00	570000
9,000	42, 75	49, 87	57, 00	64, 12	71, 25	85, 50	513000
8,000	38, 00	44, 33	50, 67	57, 00	63, 33	76, 00	456000
7,000	33, 25	38, 79	44, 33	49, 87	55, 42	66, 50	399000
6,000	28, 50	33, 25	38, 00	42, 75	47, 50	57, 00	342000
5,000	23, 75	27, 71	31, 67	35, 62	39, 58	47, 50	228000
4,000	19, 00	22, 17	25, 33	28, 50	31, 67	38, 00	171000
3,000	14, 25	16, 62	19, 00	21, 37	23, 75	28, 50	114000
2,000	9, 50	11, 08	12, 67	14, 25	15, 83	19, 00	57000
1,000	4, 75	5, 54	6, 33	7, 12	7, 92	9, 50	
900	4, 27	4, 99	5, 70	6, 41	7, 12	8, 55	51300
800	3, 80	4, 43	5, 07	5, 70	6, 33	7, 60	45600
700	3, 32	3, 88	4, 43	4, 99	5, 54	6, 65	39900
600	2, 85	3, 32	3, 80	4, 27	4, 75	5, 70	34200
500	2, 37	2, 77	3, 17	3, 56	3, 96	4, 75	28500
400	1, 90	2, 22	2, 53	2, 85	3, 17	3, 80	22800
300	1, 42	1, 66	1, 90	2, 14	2, 37	2, 85	17100
200	0, 95	1, 11	1, 27	1, 42	1, 58	1, 90	11400
100	0, 47	0, 55	0, 63	0, 71	0, 79	0, 95	5700
90	0, 43	0, 50	0, 57	0, 64	0, 71	0, 85	5130
80	0, 38	0, 44	0, 51	0, 57	0, 63	0, 76	4560
70	0, 33	0, 39	0, 44	0, 50	0, 55	0, 66	3990
60	0, 28	0, 33	0, 38	0, 43	0, 47	0, 57	3420
50	0, 24	0, 28	0, 32	0, 36	0, 40	0, 47	2850
40	0, 19	0, 22	0, 25	0, 28	0, 32	0, 38	2280
30	0, 14	0, 17	0, 19	0, 21	0, 24	0, 28	1710
20	0, 09	0, 11	0, 13	0, 14	0, 16	0, 19	1140
10	0, 05	0, 06	0, 06	0, 07	0, 08	0, 09	570
9	0, 04	0, 05	0, 06	0, 06	0, 07	0, 09	513
8	0, 04	0, 04	0, 05	0, 06	0, 06	0, 08	456
7	0, 03	0, 04	0, 04	0, 05	0, 06	0, 07	399
6	0, 03	0, 03	0, 04	0, 04	0, 05	0, 06	342
5	0, 02	0, 03	0, 03	0, 04	0, 04	0, 05	285
4	0, 02	0, 02	0, 03	0, 03	0, 03	0, 04	228
3	0, 01	0, 02	0, 02	0, 02	0, 02	0, 03	171
2	0, 01	0, 01	0, 01	0, 01	0, 02	0, 02	114
1	0. 00	0, 01	0, 01	0, 01	0, 01	0, 01	57

COLONNE DES CAPITAUX	INTÉRÊTS POUR 58 JOURS (ou pour 1 mois et 28 jours.)						NOMBRES PRODUITS des CAPITAUX multipliés par 58 Jours.
	à 3 %	à 3 ½	à 4 %	à 4 ½	à 5 %	à 6 %	
fr.	fr. c.	fr. c.	fr. c.	fr. c.	fr. c.	fr. c.	
50,000	241, 67	281, 94	322, 22	362, 50	402, 78	483, 33	2900000
40,000	193, 33	225, 56	257, 78	290, 00	322, 22	386, 67	2320000
30,000	145, 00	169, 17	193, 33	217, 50	241, 67	290, 00	1740000
20,000	96, 67	112, 78	128, 89	145, 00	161, 11	193, 33	1160000
10,000	48, 33	56, 39	64, 44	72, 50	80, 56	96, 67	580000
9,000	43, 50	50, 75	58, 00	65, 25	72, 50	87, 00	522000
8,000	38, 67	45, 11	51, 56	58, 00	64, 44	77, 33	464000
7,000	33, 83	39, 47	45, 11	50, 75	56, 39	67, 67	406000
6,000	29, 00	33, 83	38, 67	43, 50	48, 33	58, 00	348000
5,000	24, 17	28, 19	32, 22	36, 25	40, 28	48, 33	290000
4,000	19, 33	22, 56	25, 78	29, 00	32, 22	38, 67	232000
3,000	14, 50	16, 92	19, 33	21, 75	24, 17	29, 00	174000
2,000	9, 67	11, 28	12, 89	14, 50	16, 11	19, 33	116000
1,000	4, 83	5, 64	6, 44	7, 25	8, 06	9, 67	58000
900	4, 35	5, 07	5, 80	6, 52	7, 25	8, 70	52200
800	3, 87	4, 51	5, 16	5, 80	6, 44	7, 73	46400
700	3, 38	3, 95	4, 51	5, 07	5, 64	6, 77	40600
600	2, 90	3, 38	3, 87	4, 35	4, 83	5, 80	34800
500	2, 42	2, 82	3, 22	3, 62	4, 03	4, 83	29000
400	1, 93	2, 26	2, 58	2, 90	3, 22	3, 87	23200
300	1, 45	1, 69	1, 93	2, 17	2, 42	2, 90	17400
200	0, 97	1, 13	1, 29	1, 45	1, 61	1, 93	11600
100	0, 48	0, 56	0, 64	0, 72	0, 81	0, 97	5800
90	0, 43	0, 51	0, 58	0, 65	0, 72	0, 87	5220
80	0, 39	0, 45	0, 52	0, 58	0, 64	0, 77	4640
70	0, 34	0, 39	0, 45	0, 51	0, 56	0, 68	4060
60	0, 29	0, 34	0, 39	0, 43	0, 48	0, 58	3480
50	0, 24	0, 28	0, 32	0, 36	0, 40	0, 48	2900
40	0, 19	0, 23	0, 26	0, 29	0, 32	0, 39	2320
30	0, 14	0, 17	0, 19	0, 22	0, 24	0, 29	1740
20	0, 10	0, 11	0, 13	0, 14	0, 16	0, 19	1160
10	0, 05	0, 06	0, 06	0, 07	0, 08	0, 10	580
9	0, 04	0, 05	0, 06	0, 07	0, 07	0, 09	522
8	0, 04	0, 05	0, 05	0, 06	0, 06	0, 08	464
7	0, 03	0, 04	0, 05	0, 05	0, 06	0, 07	406
6	0, 03	0, 03	0, 04	0, 04	0, 05	0, 06	348
5	0, 02	0, 03	0, 03	0, 04	0, 04	0, 05	290
4	0, 02	0, 02	0, 03	0, 03	0, 03	0, 04	232
3	0, 01	0, 02	0, 02	0, 02	0, 02	0, 03	174
2	0, 01	0, 01	0, 01	0, 01	0, 02	0, 02	116
1	0, 00	0, 01	0, 01	0, 01	0, 01	0, 01	58

COLONNE DES CAPITAUX	INTÉRÊTS POUR 59 JOURS (ou pour 1 mois et 29 jours.)						NOMBRES PRODUITS des CAPITAUX multipliés par 59 Jours
	à 3 %	à 3 ½	à 4 %	à 4 ½	à 5 %	à 6 %	
fr.	fr. c.	fr. c.	fr. c.	fr. c.	fr. c.	fr. c.	
5o,ooo	245, 83	28ʒ, 8o	327, 78	368, 75	4o9, 72	491, 67	2950000
4o,ooo	196, 67	229, 44	262, 22	295. oo	327, 78	393, 33	2360000
3o,ooo	147, 5o	172, o8	196, 67	221, 25	245, 83	295, oo	1770000
20,000	98, 33	114, 72	131, 11	147, 5o	163, 89	196, 67	1180000
10,000	49, 17	57, 36	65, 56	73, 75	81, 94	98, 33	590000
9,000	44, 25	51, 62	59. oo	66, 37	73, 75	88, 5o	531000
8,000	39, 33	45, 89	52, 44	59, oo	65, 56	78, 67	472000
7,000	34, 42	4o, 15	45, 89	51, 62	57, 36	68, 83	413000
6,000	29, 5o	34, 42	39, 33	44, 25	49, 17	59 oo	354000
5,000	24, 58	28, 68	32, 78	36, 87	4o, 97	49, 17	295000
4,000	19, 67	22, 94	26, 22	29, 5o	32, 78	39, 33	236000
3,000	14, 75	17, 21	19, 67	22, 12	24, 58	29, 5o	177000
2,000	9, 83	11, 47	13, 11	14, 75	16, 39	19, 67	118000
1,000	4, 92	5, 74	6, 56	7, 37	8, 19	9, 83	59000
9oo	4, 42	5, 16	5, 9o	6, 64	7, 37	8, 85	531oo
8oo	3, 93	4, 59	5, 24	5, 9o	6, 56	7, 87	47200
7oo	3, 44	4, o2	4, 59	5, 16	5, 74	6, 88	413oo
6oo	2, 95	3, 44	3, 93	4, 42	4, 92	5, 9o	354oo
5oo	2, 46	2, 87	3, 28	3, 69	4, 1o	4, 92	29500
4oo	1, 97	2, 29	2, 62	2, 95	3, 28	3, 93	23600
3oo	1, 47	1 72	1, 97	2, 21	2, 46	2, 95	17700
2oo	o, 98	1, 15	1, 31	1, 47	1, 64	1, 97	11800
1oo	o, 49	o, 57	o, 66	o, 74	o, 82	o, 98	5900
9o	o, 44	o, 52	o, 59	o, 66	o, 74	o, 88	531o
8o	o, 39	o, 46	o, 52	o, 59	o, 66	o, 79	472o
7o	o, 34	o, 4o	o, 46	o, 52	o, 57	o, 69	413o
6o	o, 29	o, 34	o, 39	o, 44	o, 49	o, 59	354o
5o	o, 25	o, 29	o, 33	o, 37	o, 41	o, 49	295o
4o	o, 20	o, 23	o, 26	o, 29	o, 33	o, 39	236o
3o	o, 15	o, 17	o, 2o	o, 22	o, 25	o, 29	177o
20	o, 1o	o, 11	o, 13	o, 15	o, 16	o, 20	118o
1o	o, o5	o o6	o, o7	o, o7	o, o8	o, 1o	59o
9	o, o4	o, o5	o, o6	o, o7	o, o7	o, o9	531
8	o, o4	o, o5	o, o5	o, o6	o, o7	o, o8	472
7	o, o3	o, o4	o, o5	o, o5	o, o6	o, o7	413
6	o, o3	o, o3	o, o4	o, o4	o, o5	o, o6	354
5	o, o2	o, o3	o, o3	o, o4	o, o4	o, o5	295
4	o, o2	o, o2	o, o3	o, o3	o, o3	o, o4	236
3	o, o1	o, o2	o, o2	o, o2	o, o2	o, o3	177
2	o, o1	o, o1	o, o1	o, o1	o, o2	o, o2	118
1	o, oo	o, o1	o o1	o. o1	o. o1	o, o1	59

COLONNE DES CAPITAUX	INTERÊTS POUR 60 JOURS (ou pour 2 mois.)						NOMBRES PRODUITS des CAPITAUX multipliés par 60 Jours.
	à 3 %	à 3 ½	à 4 %	à 4 ½	à 5 %	à 6 %	
fr.	fr. c.	fr. c.	fr. c.	fr. c.	fr. c.	fr. c.	
50,000	250, 00	291, 67	333. 33	375, 00	416, 67	500, 00	3000000
40,000	200, 00	233, 33	266. 67	300, 00	333, 33	400, 00	2400000
30,000	150, 00	175, 00	200, 00	225, 00	250, 00	300, 00	1800000
20,000	100, 00	116, 67	133. 33	150, 00	166, 67	200, 00	1200000
10,000	50, 00	58, 33	66, 67	75, 00	83, 33	100, 00	600000
9,000	45, 00	52, 50	60, 00	67, 50	75, 00	90, 00	540000
8,000	40, 00	46, 67	53, 33	60, 00	66, 67	80, 00	480000
7,000	35, 00	40, 83	46, 67	52, 50	58, 33	70, 00	420000
6,000	30, 00	35, 00	40, 00	45, 00	50, 00	60, 00	360000
5,000	25, 00	29, 17	33, 33	37. 50	41, 67	50, 00	300000
4,000	20, 00	23, 33	26, 67	30. 00	33, 33	40, 00	240000
3,000	15, 00	17, 50	20, 00	22, 50	25. 00	30, 00	180000
2,000	10, 00	11, 67	13, 33	15, 00	16, 67	20, 00	120000
1,000	5, 00	5, 83	6, 67	7, 50	8, 33	10, 00	60000
900	4, 50	5, 25	6, 00	6, 75	7, 50	9, 00	54000
800	4, 00	4, 67	5, 33	6, 00	6, 67	8, 00	48000
700	3, 50	4, 08	4, 67	5, 25	5, 83	7, 00	42000
600	3, 00	3, 50	4, 00	4, 50	5, 00	6, 00	36000
500	2, 50	2, 92	3, 33	3, 75	4, 17	5, 00	30000
400	2, 00	2, 33	2, 67	3, 00	3, 33	4, 00	24000
300	1, 50	1, 75	2, 00	2, 25	2, 50	3, 00	18000
200	1, 00	1, 17	1, 33	1, 50	1, 67	2, 00	12000
100	0, 50	0, 58	0, 67	0, 75	0, 83	1, 00	6000
90	0, 45	0, 52	0, 60	0, 67	0, 75	0, 90	5400
80	0, 40	0, 47	0, 53	0, 60	0, 67	0, 80	4800
70	0, 35	0, 41	0, 47	0, 52	0, 58	0, 70	4200
60	0, 30	0, 35	0, 40	0, 45	0, 50	0, 60	3600
50	0, 25	0, 29	0, 33	0, 37	0, 42	0. 50	3000
40	0, 20	0, 23	0, 27	0, 30	0, 33	0, 40	2400
30	0, 15	0, 17	0, 20	0, 22	0, 25	0, 30	1800
20	0, 10	0, 12	0, 13	0, 15	0, 17	0, 20	1200
10	0, 05	0, 06	0, 07	0, 07	0, 08	0, 10	600
9	0, 04	0, 05	0, 06	0, 07	0, 07	0, 09	540
8	0, 04	0, 05	0, 05	0, 06	0, 07	0, 08	480
7	0, 03	0, 04	0, 05	0, 05	0, 06	0, 07	420
6	0, 03	0, 03	0, 04	0, 04	0, 05	0, 06	360
5	0, 02	0, 03	0, 03	0, 04	0, 04	0, 05	300
4	0, 02	0, 02	0, 03	0, 03	0, 03	0, 04	240
3	0, 01	0, 02	0, 02	0, 02	0, 02	0, 03	180
2	0, 01	0, 01	0, 01	0, 01	0, 02	0, 02	120
1	0. 00	0, 01	0, 01	0, 01	0, 01	0, 01	60

COLONNE DES CAPITAUX	INTÉRÊTS POUR 61 JOURS (ou pour 2 mois et 1 jour.)						NOMBRES PRODUITS des CAPITAUX multipliés par 61 Jours
	à 3 %	à 3 ½	à 4 %	à 4 ½	à 5 %	à 6 %	
fr.	fr. c.	fr. c.	fr. c.	fr. c.	fr. c.	fr. c.	
50,000	254, 17	296, 53	338, 89	381, 25	423, 61	508, 33	3050000
40,000	203, 33	237, 22	271, 11	305, 00	338, 89	406, 67	2440000
30,000	152, 50	177, 92	203, 33	228, 75	254, 17	305, 00	1830000
20,000	101, 67	118, 61	135, 56	152, 50	169, 44	203, 33	1220000
10,000	50, 83	59, 31	67, 78	76, 25	84, 72	101, 67	610000
9,000	45, 75	53, 37	61, 00	68, 62	76, 25	91, 50	549000
8,000	40, 67	47, 44	54, 22	61, 00	67, 78	81, 33	488000
7,000	35, 58	41, 51	47, 44	53, 37	59, 31	71, 17	427000
6,000	30, 50	35, 58	40, 67	45, 75	50, 83	61, 00	366000
5,000	25, 42	29, 65	33, 89	38, 12	42, 36	50, 83	305000
4,000	20, 33	23, 72	27, 11	30, 50	33, 89	40, 67	244000
3,000	15, 25	17, 79	20, 33	22, 87	25, 42	30, 50	183000
2,000	10, 17	11, 86	13, 56	15, 25	16, 94	20, 33	122000
1,000	5, 08	5, 93	6, 78	7, 62	8, 47	10, 17	61000
900	4, 57	5, 34	6, 10	6, 85	7, 62	9, 15	54900
800	4, 07	4, 74	5, 42	6, 10	6, 78	8, 13	48800
700	3, 56	4, 15	4, 74	5, 34	5, 93	7, 12	42700
600	3, 05	3, 56	4, 07	4, 57	5, 08	6, 10	36600
500	2, 54	2, 97	3, 39	3, 81	4, 24	5, 08	30500
400	2, 03	2, 37	2, 71	3, 05	3, 39	4, 07	24400
300	1, 52	1, 78	2, 03	2, 29	2, 54	3, 05	18300
200	1, 02	1, 19	1, 36	1, 52	1, 69	2, 03	12200
100	0, 51	0, 59	0, 68	0, 76	0, 85	1, 02	6100
90	0, 46	0, 53	0, 61	0, 69	0, 76	0, 91	5490
80	0, 41	0, 47	0, 54	0, 61	0, 68	0, 81	4880
70	0, 36	0, 42	0, 47	0, 53	0, 59	0, 71	4270
60	0, 30	0, 36	0, 41	0, 46	0, 51	0, 61	3660
50	0, 25	0, 30	0, 34	0, 38	0, 42	0, 51	3050
40	0, 20	0, 24	0, 27	0, 30	0, 34	0, 41	2440
30	0, 15	0, 18	0, 20	0, 23	0, 25	0, 30	1830
20	0, 10	0, 12	0, 14	0, 15	0, 17	0, 20	1220
10	0, 05	0, 06	0, 07	0, 08	0, 08	0, 10	610
9	0, 05	0, 05	0, 06	0, 07	0, 08	0, 09	549
8	0, 04	0, 05	0, 05	0, 06	0, 07	0, 08	488
7	0, 04	0, 04	0, 05	0, 05	0, 06	0, 07	427
6	0, 03	0, 04	0, 04	0, 05	0, 05	0, 06	366
5	0, 03	0, 03	0, 03	0, 04	0, 04	0, 05	305
4	0, 02	0, 02	0, 03	0, 03	0, 03	0, 04	244
3	0, 02	0, 02	0, 02	0, 02	0, 03	0, 03	183
2	0, 01	0, 01	0, 01	0, 02	0, 02	0, 02	122
1	0, 01	0, 01	0, 01	0, 01	0, 01	0, 01	61

COLONNE DES CAPITAUX	INTÉRÊTS POUR 62 JOURS (ou pour 2 mois et 2 jours.)						NOMBRES PRODUITS des CAPITAUX multipliés par 62 Jours.
	à 3 %	à 3 ½	à 4 %	à 4 ½	à 5 %	à 6 %	
fr.	fr. c.	fr. c.	fr. c.	fr. c.	fr. c.	fr. c.	
50,000	258, 33	301, 39	344, 44	387, 50	430, 56	516, 67	3100000
40,000	206, 67	241, 11	275, 56	310, 00	344, 44	413, 33	2480000
30,000	155, 00	180, 83	206, 67	232, 50	258, 33	310, 00	1860000
20,000	103, 33	120, 56	137, 78	155, 00	172. 22	206, 67	1240000
10,000	51, 67	60, 28	68, 89	77, 50	86, 11	103, 33	620000
9,000	46, 50	54, 25	62, 00	69, 75	77, 50	93, 00	558000
8,000	41, 33	48, 22	55, 11	62, 00	68, 89	82, 67	496000
7,000	36, 17	42, 19	48, 22	54, 25	60, 28	72, 33	434000
6,000	31, 00	36, 17	41, 33	46, 50	51, 67	62, 00	372000
5,000	25, 83	30, 14	34, 44	38, 75	43, 06	51, 67	310000
4,000	20, 67	24, 11	27, 56	31, 00	34, 44	41, 33	248000
3,000	15, 50	18, 08	20, 67	23, 25	25, 83	31, 00	186000
2,000	10, 33	12, 06	13, 78	15, 50	17, 22	20, 67	124000
1,000	5, 17	6, 03	6, 89	7, 75	8, 61	10, 33	62000
900	4, 65	5, 42	6, 20	6, 97	7, 75	9, 30	55800
800	4, 13	4, 82	5, 51	6, 20	6, 89	8, 27	49600
700	3, 62	4, 22	4, 82	5, 42	6, 03	7, 23	43400
600	3, 10	3, 62	4, 13	4, 65	5, 17	6, 20	37200
500	2, 58	3, 01	3, 44	3, 87	4, 31	5, 17	31000
400	2, 07	2, 41	2, 76	3, 10	3, 44	4, 13	24800
300	1, 55	1, 81	2, 07	2, 32	2, 58	3, 10	18600
200	1, 03	1, 21	1, 38	1, 55	1, 72	2, 07	12400
100	0, 52	0, 60	0, 69	0, 77	0, 86	1, 03	6200
90	0, 46	0, 54	0, 62	0, 70	0, 77	0, 93	5580
80	0, 41	0, 48	0, 55	0, 62	0, 69	0, 83	4960
70	0, 36	0, 42	0, 48	0, 54	0, 60	0, 72	4340
60	0, 31	0, 36	0, 41	0, 46	0, 52	0, 62	3720
50	0, 26	0, 30	0, 34	0, 39	0, 43	0, 52	3100
40	0, 21	0, 24	0, 28	0, 31	0, 34	0, 41	2480
30	0, 15	0, 18	0, 21	0, 23	0, 26	0, 31	1860
20	0, 10	0, 12	0, 14	0, 15	0, 17	0, 21	1240
10	0, 05	0, 06	0, 07	0, 08	0, 09	0, 10	620
9	0, 05	0, 05	0, 06	0, 07	0, 08	0, 09	558
8	0, 04	0, 05	0, 06	0, 06	0, 07	0, 08	496
7	0, 04	0, 04	0, 05	0, 05	0, 06	0, 07	434
6	0, 03	0, 04	0, 04	0, 05	0, 05	0, 06	372
5	0, 03	0, 03	0, 03	0, 04	0, 04	0, 05	310
4	0, 02	0, 02	0, 03	0, 03	0, 03	0, 04	248
3	0, 02	0, 02	0, 02	0, 02	0, 03	0, 03	186
2	0, 01	0, 01	0, 01	0, 02	0, 02	0, 02	124
1	0, 01	0, 01	0, 01	0, 01	0, 01	0, 01	62

COLONNE DES CAPITAUX	INTÉRÊTS POUR 63 JOURS (ou pour 2 mois et 3 jours.)						NOMBRES PRODUITS des CAPITAUX multipliés par 63 Jours.
	à 3 %	à 3 ½	à 4 %	à 4 ½	à 5 %	à 6 %	
fr.	fr. c.	fr. c.	fr. c.	fr. c.	fr. c.	fr. c.	
50,000	262, 50	306, 25	350, 00	393, 75	437, 50	525, 00	3150000
40,000	210, 00	245, 00	280, 00	315, 00	350, 00	420, 00	2520000
30,000	157, 50	183, 75	210, 00	236, 25	262. 50	315, 00	1890000
20,000	105, 00	122, 50	140, 00	157, 50	175, 00	210, 00	1260000
10,000	52, 50	61, 25	70, 00	78, 75	87, 50	105, 00	630000
9,000	47, 25	55, 12	63, 00	70, 87	78, 75	94, 50	567000
8,000	42, 00	49, 00	56, 00	63, 00	70, 00	84, 00	504000
7,000	36, 75	42, 87	49, 00	55, 12	61, 25	73, 50	441000
6,000	31, 50	36, 75	42, 00	47, 25	52, 50	63, 00	378000
5,000	26, 25	30, 62	35, 00	39, 37	43, 75	52, 50	315000
4,000	21, 00	24, 50	28, 00	31, 50	35, 00	42, 00	252000
3,000	15, 75	18, 37	21, 00	23, 62	26, 25	31, 50	189000
2,000	10, 50	12, 25	14, 00	15, 75	17, 50	21, 00	126000
1,000	5, 25	6, 12	7, 00	7, 87	8, 75	10, 50	63000
900	4, 72	5, 51	6, 30	7, 09	7, 87	9, 45	56700
800	4, 20	4, 90	5, 60	6, 30	7, 00	8, 40	50400
700	3, 67	4, 29	4, 90	5, 51	6, 12	7, 35	44100
600	3, 15	3, 67	4, 20	4, 72	5, 25	6, 30	37800
500	2, 62	3, 06	3, 50	3, 94	4, 37	5, 25	31500
400	2, 10	2, 45	2, 80	3, 15	3, 50	4, 20	25200
300	1, 57	1, 84	2. 10	2, 36	2, 62	3, 15	18900
200	1, 05	1, 22	1, 40	1, 57	1, 75	2, 10	12600
100	0, 52	0, 61	0, 70	0, 79	0, 87	1, 05	6300
90	0, 47	0, 55	0, 63	0, 71	0, 79	0, 94	5670
80	0, 42	0, 49	0, 56	0, 63	0, 70	0, 84	5040
70	0, 37	0, 43	0, 49	0, 55	0, 61	0, 73	4410
60	0, 31	0, 37	0, 42	0, 47	0, 52	0, 63	3780
50	0, 26	0, 31	0, 35	0, 39	0, 44	0, 52	3150
40	0, 21	0, 24	0, 28	0, 31	0, 35	0, 42	2520
30	0, 16	0, 18	0, 21	0, 24	0, 26	0, 31	1890
20	0, 10	0, 12	0, 14	0, 16	0, 17	0, 21	1260
10	0, 05	0, 06	0, 07	0, 08	0, 09	0, 10	630
9	0, 05	0, 06	0, 06	0, 07	0, 08	0, 09	567
8	0, 04	0, 05	0, 06	0, 06	0, 07	0, 08	504
7	0, 04	0, 04	0, 05	0, 06	0, 06	0, 07	441
6	0, 03	0, 04	0, 04	0, 05	0, 05	0, 06	378
5	0, 03	0, 03	0, 03	0, 05	0, 04	0, 05	315
4	0, 02	0, 02	0, 03	0, 03	0, 03	0, 04	252
3	0, 02	0, 02	0, 02	0, 02	0, 03	0, 03	189
2	0, 01	0, 01	0, 01	0, 02	0, 02	0, 02	126
1	0, 01	0, 01	0, 01	0, 01	0, 01	0, 01	63

COLONNE DES CAPITAUX	INTÉRÊTS POUR 64 JOURS (ou pour 2 mois et 4 jours.)						NOMBRES PRODUITS des CAPITAUX multipliés par 64 Jours.
	à 3 %	à 3 ½	à 4 %	à 4 ½	à 5 %	à 6 %	
fr.	fr. c.	fr. c.	fr. c.	fr. c.	fr. c.	fr. c.	
50,000	266, 67	311, 11	356, 56	400, 00	444, 44	533, 33	3200000
40,000	213, 33	248, 89	284, 44	320, 00	355, 56	426, 67	2560000
30,000	160, 00	186, 67	213, 33	240, 00	266, 67	320, 00	1920000
20,000	106, 67	124, 44	142, 22	160, 00	177, 78	213, 33	1280000
10,000	53, 33	62, 22	71, 11	80, 00	88, 89	106, 67	640000
9,000	48, 00	56, 00	64, 00	72, 00	80, 00	96, 00	576000
8,000	42, 67	49, 78	56, 89	64, 00	71, 11	85, 33	512000
7,000	37, 33	43, 56	49, 78	56, 00	62, 22	74, 67	448000
6,000	32, 00	37, 33	42, 67	48, 00	53, 33	64, 00	384000
5,000	26, 67	31, 11	35, 56	40, 00	44, 44	53, 33	320000
4,000	21, 33	24, 89	28, 44	32, 00	35, 56	42, 67	256000
3,000	16, 00	18, 67	21, 33	24, 00	26, 67	32, 00	192000
2,000	10, 67	12, 44	14, 22	16, 00	17, 78	21, 33	128000
1,000	5, 33	6, 22	7, 11	8, 00	8, 89	10, 67	64000
900	4, 80	5, 60	6, 40	7, 20	8, 00	9, 60	57600
800	4, 27	4, 98	5, 69	6, 40	7, 11	8, 53	51200
700	3, 73	4, 36	4, 98	5, 60	6, 22	7, 47	44800
600	3, 20	3, 73	4, 27	4, 80	5, 33	6, 40	38400
500	2, 67	3, 11	3, 56	4, 00	4, 44	5, 33	32000
400	2, 13	2, 49	2, 84	3, 20	3, 56	4, 27	25600
300	1, 60	1, 87	2, 13	2, 40	2, 67	3, 20	19200
200	1, 07	1, 24	1, 42	1, 60	1, 78	2, 13	12800
100	0, 53	0, 62	0, 71	0, 80	0, 89	1, 07	6400
90	0, 48	0, 56	0, 64	0, 72	0, 80	0, 96	5760
80	0, 43	0, 50	0, 57	0, 64	0, 71	0, 85	5120
70	0, 37	0, 44	0, 50	0, 56	0, 62	0, 75	4480
60	0, 32	0, 37	0, 43	0, 48	0, 53	0, 64	3840
50	0, 27	0, 31	0, 36	0, 40	0, 44	0, 53	3200
40	0, 21	0, 25	0, 28	0, 32	0, 36	0, 43	2560
30	0, 16	0, 19	0, 21	0, 24	0, 27	0, 32	1920
20	0, 11	0, 12	0, 14	0, 16	0, 18	0, 21	1280
10	0, 05	0, 06	0, 07	0, 08	0, 09	0, 11	640
9	0, 05	0, 06	0, 06	0, 07	0, 08	0, 10	576
8	0, 04	0, 05	0, 06	0, 06	0, 07	0, 09	512
7	0, 04	0, 04	0, 05	0, 06	0, 06	0, 07	448
6	0, 03	0, 04	0, 04	0, 05	0, 05	0, 06	384
5	0, 03	0, 03	0, 04	0, 04	0, 04	0, 05	320
4	0, 02	0, 02	0, 03	0, 03	0, 04	0, 04	256
3	0, 02	0, 02	0, 02	0, 02	0, 03	0, 03	192
2	0, 01	0, 01	0, 01	0, 02	0, 02	0, 02	128
1	0, 01	0, 01	0, 01	0, 01	0, 01	0, 01	64

COLONNE DES CAPITAUX	INTÉRÊTS POUR 65 JOURS (ou pour 2 mois et 5 jours.)						NOMBRES PRODUITS des CAPITAUX multipliés par 65 Jours.
	à 3 %	à 3 ½	à 4 %	à 4 ½	à 5 %	à 6 %	
fr.	fr. c.	fr. c.	fr. c.	fr. c.	fr. c.	fr. c.	
50,000	270, 83	315, 97	361, 11	406, 25	451, 39	541, 67	3250000
40,000	216, 67	252, 78	288, 89	325, 00	361, 11	433, 33	2600000
30,000	162, 50	189, 58	216, 67	243, 75	270, 83	325, 00	1950000
20,000	108, 33	126, 39	144, 44	162, 50	180, 56	216, 67	1300000
10,000	54, 17	63, 19	72, 22	81, 25	90, 28	108, 33	650000
9,000	48, 75	56, 87	65, 00	73, 12	81, 25	97, 50	585000
8,000	43, 33	50, 56	57, 78	65, 00	72, 22	86, 67	520000
7,000	37, 92	44, 24	50, 56	56, 87	63, 19	75, 83	455000
6,000	32, 50	37, 92	43, 33	48, 75	54, 17	65, 00	390000
5,000	27, 08	31, 60	36, 11	40, 62	45, 14	54, 17	325000
4,000	21, 67	25, 28	28, 89	32, 50	36, 11	43, 33	260000
3,000	16, 25	18, 96	21, 67	24, 37	27, 08	32, 50	195000
2,000	10, 83	12, 64	14, 44	16, 25	18, 06	21, 67	130000
1,000	5, 42	6, 32	7, 22	8, 12	9, 03	10, 83	65000
900	4, 87	5, 69	6, 50	7, 31	8, 12	9, 75	5850
800	4, 33	5, 06	5, 78	6, 50	7, 22	8, 67	5200
700	3, 79	4, 42	5, 06	5, 69	6, 32	7, 58	4550
600	3, 25	3, 79	4, 33	4, 87	5, 42	6, 50	3900
500	2, 71	3, 16	3, 61	4, 06	4, 51	5, 42	3250
400	2, 17	2, 53	2, 89	3, 25	3, 61	4, 33	2600
300	1, 62	1, 90	2, 17	2, 44	2, 71	3, 25	1950
200	1, 08	1, 26	1, 44	1, 62	1, 81	2, 17	1300
100	0, 54	0, 63	0, 72	0, 81	0, 90	1, 08	650
90	0, 49	0, 57	0, 65	0, 73	0, 81	0, 97	5850
80	0, 43	0, 51	0, 58	0, 65	0, 72	0, 87	5200
70	0, 38	0, 44	0, 51	0, 57	0, 63	0, 76	4550
60	0, 32	0, 38	0, 43	0, 49	0, 54	0, 65	3900
50	0, 27	0, 32	0, 36	0, 41	0, 45	0, 54	3250
40	0, 22	0, 25	0, 29	0, 32	0, 36	0, 43	2600
30	0, 16	0, 19	0, 22	0, 24	0, 27	0, 32	1950
20	0, 11	0, 13	0, 14	0, 16	0, 18	0, 22	1300
10	0, 05	0 06	0, 07	0, 08	0, 09	0, 11	650
9	0, 05	0, 06	0, 06	0, 07	0, 08	0, 10	585
8	0, 04	0, 05	0, 06	0, 06	0, 07	0, 09	520
7	0, 04	0, 04	0, 05	0, 06	0, 06	0, 08	455
6	0, 03	0, 04	0, 04	0, 05	0, 05	0, 06	390
5	0, 03	0, 03	0, 04	0, 04	0, 05	0, 05	325
4	0, 02	0, 03	0, 03	0, 03	0, 04	0, 04	260
3	0, 02	0, 02	0, 02	0, 02	0, 03	0, 03	195
2	0, 01	0, 01	0, 01	0, 02	0, 02	0, 02	130
1	0, 01	0, 01	0, 01	0, 01	0, 01	0, 01	65

COLONNE DES CAPITAUX	INTERÊTS POUR 66 JOURS (ou pour 2 mois et 6 jours.)						NOMBRES PRODUITS des CAPITAUX multipliés par 66 Jours.
	à 3 %	à 3 ½	à 4 %	à 4 ½	à 5 %	à 6 %	
fr.	fr. c.	fr. c.	fr. c.	fr. c.	fr. c.	fr. c.	
50,000	275, 00	320, 83	366, 67	412, 50	458, 33	550, 00	3300000
40,000	220, 00	256, 67	293, 33	330, 00	366, 67	440, 00	2640000
30,000	165, 00	192, 50	220, 00	247, 50	275, 00	330, 00	1980000
20,000	110, 00	128, 33	146, 67	165, 00	183, 33	220, 00	1320000
10,000	55, 00	64, 17	73, 33	82, 50	91, 67	110, 00	660000
9,000	49, 50	57, 75	66, 00	74, 25	82, 50	99, 00	594000
8,000	44, 00	51, 33	58, 67	66, 00	73, 33	88, 00	528000
7,000	38, 50	44, 92	51, 33	57, 75	64, 17	77, 00	462000
6,000	33, 00	38, 50	44, 00	49, 50	55, 00	66, 00	396000
5,000	27, 50	32, 08	36, 67	41, 25	45, 83	55, 00	330000
4,000	22, 00	25, 67	29, 33	33, 00	36, 67	44, 00	264000
3,000	16, 50	19, 25	22, 00	24, 75	27, 50	33, 00	198000
2,000	11, 00	12, 83	14, 67	16, 50	18, 33	22, 00	132000
1,000	5, 50	6, 42	7, 33	8, 25	9, 17	11, 00	66000
900	4, 95	5, 77	6, 60	7, 42	8, 25	9, 90	59400
800	4, 40	5, 13	5, 87	6, 60	7, 33	8, 80	52800
700	3, 85	4, 49	5, 13	5, 77	6, 42	7, 70	46200
600	3, 30	3, 85	4, 40	4, 95	5, 50	6, 60	39600
500	2, 75	3, 21	3, 67	4, 12	4, 58	5, 50	33000
400	2, 20	2, 57	2, 93	3, 30	3, 67	4, 40	26400
300	1, 65	1, 92	2, 20	2, 47	2, 75	3, 30	19800
200	1, 10	1, 28	1, 47	1, 65	1, 83	2, 20	13200
100	0, 55	0, 64	0, 73	0, 82	0, 92	1, 10	6600
90	0, 49	0, 58	0, 66	0, 74	0, 82	0, 99	5940
80	0, 44	0, 51	0, 59	0, 66	0, 73	0, 88	5280
70	0, 38	0, 45	0, 51	0, 58	0, 64	0, 77	4620
60	0, 33	0, 38	0, 44	0, 49	0, 55	0, 66	3960
50	0, 27	0, 32	0, 37	0, 41	0, 46	0. 55	3300
40	0, 22	0, 26	0, 29	0, 33	0, 37	0, 44	2640
30	0, 16	0, 19	0, 22	0, 25	0, 27	0, 33	1980
20	0, 11	0, 13	0, 15	0, 16	0, 18	0, 22	1320
10	0, 05	0, 06	0, 07	0, 08	0, 09	0, 11	660
9	0, 05	0, 06	0, 07	0, 07	0, 08	0, 10	594
8	0, 04	0, 05	0, 05	0, 07	0, 07	0, 09	528
7	0, 04	0, 04	0, 05	0, 06	0, 06	0, 08	462
6	0, 03	0, 04	0, 04	0, 05	0, 05	0, 07	396
5	0, 03	0, 03	0, 04	0, 04	0, 05	0, 05	330
4	0, 02	0, 03	0, 03	0, 03	0, 04	0, 04	264
3	0, 02	0, 02	0, 02	0, 02	0, 03	0, 03	198
2	0, 01	0, 01	0, 01	0, 02	0, 02	0, 02	132
1	0. 01	0, 01	0, 01	0, 01	0, 01	0, 01	66

COLONNE DES CAPITAUX	INTÉRÊTS POUR 67 JOURS (ou pour 2 mois et 7 jours.)						NOMBRES PRODUITS des CAPITAUX multipliés par 67 Jours.
	à 3 %	à 3 ½	à 4 %	à 4 ½	à 5 %	à 6 %	
fr.	fr. c.	fr. c.	fr. c.	fr. c.	fr. c.	fr. c.	
50,000	279, 17	325, 69	372, 22	418, 75	465, 28	558, 33	3350000
40,000	223, 33	260, 56	297, 78	335, 00	372, 22	446, 67	2680000
30 000	167, 50	195, 42	223, 33	251, 25	279, 17	335, 00	2010000
20,000	111, 67	130, 28	148, 89	167, 50	186, 11	223, 33	1340000
10,000	55, 83	65, 14	74, 44	83, 75	93, 06	111, 67	670000
9,000	50, 25	58, 62	67, 00	75, 37	83, 75	100, 50	603000
8,000	44, 67	52, 11	59, 56	67, 00	74, 44	89, 33	536000
7,000	39, 08	45, 60	52, 11	58, 62	65, 14	78, 17	469000
6,000	33, 50	39, 08	44, 67	50, 25	55, 83	67, 00	402000
5,000	27, 92	32, 57	37, 22	41, 87	46, 53	55, 83	335000
4,000	22, 33	26, 06	29, 78	33, 50	37, 22	44, 67	268000
3,000	16, 75	19, 54	22, 33	25, 12	27, 92	33, 50	201000
2,000	11, 17	13, 03	14, 89	16, 75	18, 61	22, 33	134000
1,000	5, 58	6, 51	7, 44	8, 37	9, 31	11, 17	67000
900	5, 02	5, 86	6, 70	7, 54	8, 37	10, 05	60300
800	4, 47	5, 21	5, 96	6, 70	7, 44	8, 93	53600
700	3, 91	4, 56	5, 21	5, 86	6, 51	7, 82	46900
600	3, 35	3, 91	4, 47	5, 02	5, 58	6, 70	40200
500	2, 79	3, 26	3, 72	4, 19	4, 65	5, 58	33500
400	2, 23	2, 61	2, 98	3, 35	3, 72	4, 47	26800
300	1, 67	1, 95	2, 23	2, 51	2, 79	3, 35	20100
200	1, 12	1, 30	1, 49	1, 67	1, 86	2, 23	13400
100	0, 56	0, 65	0, 74	0, 84	0, 93	1, 12	6700
90	0, 50	0, 59	0, 67	0, 75	0, 84	1, 00	6030
80	0, 45	0, 52	0, 60	0, 67	0, 74	0, 89	5360
70	0, 39	0, 46	0, 52	0, 59	0, 65	0, 78	4690
60	0, 33	0, 39	0, 45	0, 50	0, 56	0, 67	4020
50	0, 28	0, 33	0, 37	0, 42	0, 47	0, 56	3350
40	0, 22	0, 26	0, 30	0, 33	0, 37	0, 45	2680
30	0, 17	0, 20	0, 22	0, 25	0, 28	0, 33	2010
20	0, 11	0, 13	0, 15	0, 17	0, 19	0, 22	1340
10	0, 06	0, 07	0, 07	0, 08	0, 09	0, 11	670
9	0, 05	0, 06	0, 07	0, 08	0, 08	0, 10	603
8	0, 04	0, 05	0, 06	0, 07	0, 07	0, 09	536
7	0, 04	0, 05	0, 05	0, 06	0, 07	0, 08	469
6	0, 03	0, 04	0, 04	0, 05	0, 06	0, 07	402
5	0, 03	0, 03	0, 04	0, 04	0, 05	0, 06	335
4	0, 02	0, 03	0, 03	0, 03	0, 04	0, 04	268
3	0, 02	0, 02	0, 02	0, 03	0, 03	0, 03	201
2	0, 01	0, 01	0, 01	0, 02	0, 02	0, 02	134
1	0. 01	0, 01	0, 01	0, 01	0. 01	0, 01	67

COLONNE DES CAPITAUX	INTÉRÊTS POUR 68 JOURS (ou pour 2 mois et 8 jours.)						NOMBRES PRODUITS des CAPITAUX multipliés par 68 Jours.
	à 3 %	à 3 ½	à 4 %	à 4 ½	à 5 %	à 6 %	
fr.	fr. c.	fr. c.	fr. c.	fr. c.	fr. c.	fr. c.	
50,000	283, 33	330, 56	377, 78	425, 00	472, 22	566, 67	3400000
40,000	226, 67	264, 44	302, 22	340, 00	377, 78	453, 33	2720000
30,000	170, 00	198, 33	226, 67	255, 00	283, 33	340, 00	2040000
20,000	113, 33	132, 22	151, 11	170, 00	188, 89	226, 67	1360000
10,000	56, 67	66, 11	75, 56	85, 00	94, 44	113, 33	680000
9,000	51, 00	59, 50	68, 00	76, 50	85, 00	102, 00	612000
8,000	45, 33	52, 89	60, 44	68, 00	75, 56	90, 67	544000
7,000	39, 67	46, 28	52, 89	59, 50	66, 11	79, 33	476000
6,000	34, 00	39, 67	45, 33	51, 00	56, 67	68, 00	408000
5,000	28, 33	33, 06	37, 78	42, 50	47, 22	56, 67	340000
4,000	22, 67	26, 44	30, 22	34, 00	37, 78	45, 33	272000
3,000	17, 00	19, 83	22, 67	25, 50	28, 33	34, 00	204000
2,000	11, 33	13, 22	15, 11	17, 00	18, 89	22, 67	136000
1,000	5, 67	6, 61	7, 56	8, 50	9, 44	11, 33	68000
900	5, 10	5, 95	6, 80	7, 65	8, 50	10, 20	61200
800	4, 53	5, 29	6, 04	6, 80	7, 56	9, 07	54400
700	3, 97	4, 63	5, 29	5, 95	6, 61	7, 93	47600
600	3, 40	3, 97	4, 53	5, 10	5, 67	6, 80	40800
500	2, 83	3, 31	3, 78	4, 25	4, 72	5, 67	34000
400	2, 27	2, 64	3, 02	3, 40	3, 78	4, 53	27200
300	1, 70	1, 98	2, 27	2, 55	2, 83	3, 40	20400
200	1, 13	1, 32	1, 51	1, 70	1, 89	2, 27	13600
100	0, 57	0, 66	0, 76	0, 85	0, 94	1, 13	6800
90	0, 51	0, 59	0, 68	0, 76	0, 85	1, 02	6120
80	0, 45	0, 53	0, 60	0, 68	0, 76	0, 91	5440
70	0, 40	0, 46	0, 53	0, 59	0, 66	0, 79	4760
60	0, 34	0, 40	0, 45	0, 51	0, 57	0, 68	4080
50	0, 28	0, 33	0, 38	0, 42	0, 47	0, 57	3400
40	0, 23	0, 26	0, 30	0, 34	0, 38	0, 45	2720
30	0, 17	0, 20	0, 23	0, 25	0, 28	0, 34	2040
20	0, 11	0, 13	0, 15	0, 17	0, 19	0, 23	1360
10	0, 06	0, 07	0, 08	0, 08	0, 09	0, 11	680
9	0, 05	0, 06	0, 07	0, 08	0, 08	0, 10	612
8	0, 05	0, 05	0, 06	0, 07	0, 08	0, 09	544
7	0, 04	0, 05	0, 05	0, 06	0, 07	0, 08	476
6	0, 03	0, 04	0, 05	0, 05	0, 06	0, 07	408
5	0, 03	0, 03	0, 04	0, 04	0, 05	0, 06	340
4	0, 02	0, 03	0, 03	0, 03	0, 04	0, 05	272
3	0, 02	0, 02	0, 02	0, 03	0, 03	0, 03	204
2	0, 01	0, 01	0, 02	0, 02	0, 02	0, 02	136
1	0, 01	0, 01	0, 01	0, 01	0, 01	0, 01	68

COLONNE DES CAPITAUX	INTÉRÊTS POUR 69 JOURS (ou pour 2 mois et 9 jours.)						NOMBRES PRODUITS des CAPITAUX multipliés par 69 Jours.
	à 3 %	à 3 ½	à 4 %	à 4 ½	à 5 %	à 6 %	
fr.	fr. c.	fr. c.	fr. c.	fr. c.	fr. c.	fr. c.	
50,000	287, 50	335, 42	383, 33	431, 25	479, 17	575, 00	3450000
40,000	230, 00	268, 33	306, 67	345, 00	383, 33	460, 00	2760000
30,000	172, 50	201, 25	230, 00	258, 75	287, 50	345, 00	2070000
20,000	115, 00	134, 17	153, 33	172, 50	191, 67	230, 00	1380000
10,000	57, 50	67, 08	76, 67	86, 25	95, 83	115, 00	690000
9,000	51, 75	60, 37	69, 00	77, 62	86, 25	103, 50	621000
8,000	46, 00	53, 67	61, 33	69, 00	76, 67	92, 00	552000
7,000	40, 25	46, 96	53, 67	60, 37	67, 08	80, 50	483000
6,000	34, 50	40, 25	46, 00	51, 75	57, 50	69, 00	414000
5,000	28, 75	33, 54	38, 33	43, 12	47, 92	57, 50	345000
4,000	23, 00	26, 83	30, 67	34, 50	38, 33	46, 00	276000
3,000	17, 25	20, 12	23, 00	25, 87	28, 75	34, 50	207000
2,000	11, 50	13, 42	15, 33	17, 25	19, 17	23, 00	138000
1,000	5, 75	6, 71	7, 67	8, 62	9, 58	11, 50	69000
900	5, 17	6, 04	6, 90	7, 76	8, 62	10, 35	62100
800	4, 60	5, 37	6, 13	6, 90	7, 67	9, 20	55200
700	4, 02	4, 70	5, 37	6, 04	6, 71	8, 05	48300
600	3, 45	4, 02	4, 60	5, 17	5, 75	6, 90	41400
500	2, 87	3, 35	3, 83	4, 31	4, 79	5, 75	34500
400	2, 30	2, 68	3, 07	3, 45	3, 83	4, 60	27600
300	1, 72	2, 01	2, 30	2, 59	2, 87	3, 45	20700
200	1, 15	1, 34	1, 53	1, 72	1, 92	2, 30	13800
100	0, 57	0, 67	0, 77	0, 86	0, 96	1, 15	6900
90	0, 52	0, 60	0, 69	0, 78	0, 86	1, 03	6210
80	0, 46	0, 54	0, 61	0, 69	0, 77	0, 92	5520
70	0, 40	0, 47	0, 54	0, 60	0, 67	0, 80	4830
60	0, 34	0, 40	0, 46	0, 52	0, 57	0, 69	4140
50	0, 29	0, 34	0, 36	0, 43	0, 48	0, 57	3450
40	0, 23	0, 27	0, 31	0, 34	0, 38	0, 46	2760
30	0, 17	0, 20	0, 23	0, 26	0, 29	0, 34	2070
20	0, 11	0, 13	0, 15	0, 17	0, 19	0, 23	1380
10	0, 06	0, 07	0, 08	0, 09	0, 10	0, 11	690
9	0, 05	0, 06	0, 07	0, 08	0, 09	0, 10	621
8	0, 05	0, 05	0, 06	0, 07	0, 08	0, 09	552
7	0, 04	0, 05	0, 05	0, 06	0, 07	0, 08	483
6	0, 03	0, 04	0, 05	0, 05	0, 06	0, 07	414
5	0, 03	0, 03	0, 04	0, 04	0, 05	0, 06	345
4	0, 02	0, 03	0, 03	0, 03	0, 04	0, 05	276
3	0, 02	0, 02	0, 02	0, 03	0, 03	0, 03	207
2	0, 01	0, 01	0, 02	0, 02	0, 02	0, 02	138
1	0, 01	0, 01	0, 01	0, 01	0, 01	0, 01	69

COLONNE DES CAPITAUX	INTÉRÊTS POUR 70 JOURS (ou pour 2 mois et 10 jours.)						NOMBRES PRODUITS des CAPITAUX multipliés par 70 Jours.
	à 3 %	à 3 ½	à 4 %	à 4 ½	à 5 %	à 6 %	
fr.	fr. c.	fr. c.	fr. c.	fr. c.	fr. c.	fr. c.	
50,000	291, 67	340, 28	388, 89	437, 50	486. 11	583, 33	3500000
40,000	233, 33	272, 22	311, 11	350, 00	388, 89	466, 67	2800000
30,000	175, 00	204, 17	233, 33	262, 50	291, 67	350, 00	2100000
20,000	116, 67	136, 11	155, 56	175, 00	194, 44	233, 33	1400000
10,000	58, 33	68, 06	77, 78	87, 50	97, 22	116, 67	700000
9,000	52, 50	61, 25	70, 00	78, 75	87, 50	105, 00	630000
8,000	46, 67	54, 44	62, 22	70, 00	77, 78	93, 33	560000
7,000	40, 83	47, 64	54, 44	61, 25	68, 06	81, 67	490000
6,000	35, 00	40, 83	46, 67	52, 50	58, 33	70, 00	420000
5,000	29, 17	34, 03	38, 89	43, 75	48, 61	58, 33	350000
4,000	23, 33	27, 22	31, 11	35, 00	38, 89	46, 67	280000
3,000	17, 50	20, 42	23, 33	26, 25	29, 17	35, 00	210000
2,000	11, 67	13, 61	15, 56	17, 50	19, 44	23, 33	140000
1,000	5, 83	6, 81	7, 78	8, 75	9, 72	11, 67	70000
900	5, 25	6, 12	7, 00	7, 87	8, 75	10, 50	63000
800	4, 67	5, 44	6, 22	7, 00	7, 78	9, 33	56000
700	4, 08	4, 76	5, 44	6, 12	6, 81	8, 17	49000
600	3, 50	4, 08	4, 67	5, 25	5, 83	7, 00	42000
500	2, 92	3, 40	3, 89	4, 37	4, 86	5, 83	35000
400	2, 33	2, 72	3, 11	3, 50	3, 89	4, 67	28000
300	1, 75	2, 04	2, 33	2, 62	2, 92	3, 50	21000
200	1, 17	1, 36	1, 56	1, 75	1, 94	2, 33	14000
100	0, 58	0, 68	0, 78	0, 87	0, 97	1, 17	7000
90	0, 52	0, 61	0, 70	0, 79	0, 87	1, 05	6300
80	0, 47	0, 54	0, 62	0, 70	0, 78	0, 93	5600
70	0, 41	0, 48	0, 54	0, 61	0, 68	0, 82	4900
60	0, 35	0, 41	0, 47	0, 52	0, 58	0, 70	4200
50	0, 29	0, 34	0, 39	0, 44	0, 49	0, 58	3500
40	0, 23	0, 27	0, 31	0, 35	0, 39	0, 47	2800
30	0, 17	0, 20	0, 23	0, 26	0, 29	0, 35	2100
20	0, 12	0, 14	0, 16	0, 17	0, 19	0, 23	1400
10	0, 06	0, 07	0, 08	0, 09	0, 10	0, 12	700
9	0, 05	0, 06	0, 07	0, 08	0, 09	0, 10	630
8	0, 05	0, 05	0, 06	0, 07	0, 08	0, 09	560
7	0, 04	0, 05	0, 05	0, 06	0, 07	0, 08	490
6	0, 03	0, 04	0, 05	0, 05	0, 06	0, 07	420
5	0, 03	0, 03	0, 04	0, 04	0, 05	0, 06	350
4	0, 02	0, 03	0, 03	0, 03	0, 04	0, 05	280
3	0, 02	0, 02	0, 02	0, 03	0, 03	0, 03	210
2	0, 01	0, 01	0, 02	0, 02	0, 02	0, 02	140
1	0, 01	0, 01	0, 01	0, 01	0, 01	0, 01	70

COLONNE DES CAPITAUX	INTÉRÊTS POUR 71 JOURS (ou pour 2 mois et 11 jours.)						NOMBRES PRODUITS des CAPITAUX multipliés par 71 Jours.
	à 3 %	à 3 ½	à 4 %	à 4 ½	à 5 %	à 6 %	
fr.	fr. c.	fr. c.	fr. c.	fr. c.	fr. c.	fr. c.	
50,000	295, 83	345, 14	394, 44	443, 75	493, 05	591, 67	3550000
40,000	236, 67	276, 11	315, 56	355, 00	394, 44	473, 33	2840000
30,000	177, 50	207, 08	236, 67	266, 25	295, 83	355, 00	2130000
20,000	118, 33	138, 05	157, 78	177, 50	197, 22	236, 67	1420000
10,000	59, 17	69, 03	78, 89	88, 75	98, 61	118, 33	710000
9,000	53, 25	62, 12	71, 00	79, 87	88, 75	106, 50	639000
8,000	47, 33	55, 22	63, 11	71, 00	78, 89	94, 67	568000
7,000	41, 42	48, 32	55, 22	62, 12	69, 03	82, 83	497000
6,000	35, 50	41, 42	47, 33	53, 25	59, 17	71, 00	426000
5,000	29, 58	34, 51	39, 44	44, 37	49, 31	59, 17	355000
4,000	23, 67	27, 61	31, 56	35, 50	39, 44	47, 33	284000
3,000	17, 75	20, 71	23, 67	26, 62	29, 58	35, 50	213000
2,000	11, 83	13, 81	15, 78	17, 75	19, 72	23, 67	142000
1,000	5, 92	6, 90	7, 89	8, 87	9, 86	11, 83	71000
900	5, 32	6, 21	7, 10	7, 99	8, 87	10, 65	63900
800	4, 73	5, 52	6, 31	7, 10	7, 89	9, 47	56800
700	4, 14	4, 83	5, 52	6, 21	6, 90	8, 28	49700
600	3, 55	4, 14	4, 73	5, 32	5, 92	7, 10	42600
500	2, 96	3, 45	3, 94	4, 44	4, 93	5, 92	35500
400	2, 37	2, 76	3, 16	3, 55	3, 94	4, 73	28400
300	1, 77	2, 07	2, 37	2, 66	2, 96	3, 55	21300
200	1, 18	1, 38	1, 58	1, 77	1, 97	2, 37	14200
100	0, 59	0, 69	0, 79	0, 89	0, 99	1, 18	7100
90	0, 53	0, 62	0, 71	0, 80	0, 89	1, 06	6390
80	0, 47	0, 55	0, 63	0, 71	0, 79	0, 95	5680
70	0, 41	0, 48	0, 55	0, 62	0, 69	0, 83	4970
60	0, 35	0, 41	0, 47	0, 53	0, 59	0, 71	4260
50	0, 30	0, 35	0, 39	0, 44	0, 49	0, 59	3550
40	0, 24	0, 28	0, 32	0, 35	0, 39	0, 47	2840
30	0, 18	0, 21	0, 24	0, 27	0, 30	0, 35	2130
20	0, 12	0, 14	0, 16	0, 18	0, 20	0, 24	1420
10	0, 06	0, 07	0, 08	0, 09	0, 10	0, 12	710
9	0, 05	0, 06	0, 07	0, 08	0, 09	0, 11	639
8	0, 05	0, 06	0, 06	0, 07	0, 08	0, 09	568
7	0, 04	0, 05	0, 06	0, 06	0, 07	0, 08	497
6	0, 04	0, 04	0, 05	0, 05	0, 06	0, 07	426
5	0, 03	0, 03	0, 04	0, 04	0, 05	0, 06	355
4	0, 02	0, 03	0, 03	0, 04	0, 04	0, 05	284
3	0, 02	0, 02	0, 02	0, 03	0, 03	0, 04	213
2	0, 01	0, 01	0, 02	0, 02	0, 02	0, 02	142
1	0, 01	0, 01	0, 01	0, 01	0, 01	0, 01	71

COLONNE DES CAPITAUX	INTERÊTS POUR 72 JOURS (ou pour 2 mois et 12 jours.)						NOMBRES PRODUITS des CAPITAUX multipliés par 72 Jours.
	à 3 %	à 3 ½	à 4 %	à 4 ½	à 5 %	à 6 %	
fr.	fr. c.	fr. c.	fr. c.	fr. c.	fr. c.	fr. c.	
50,000	300, 00	350, 00	400, 00	450, 00	500, 00	600, 00	3600000
40,000	240, 00	280, 00	320, 00	360, 00	400, 00	480, 00	2880000
30,000	180, 00	210, 00	240, 00	270, 00	300, 00	360, 00	2160000
20,000	120, 00	140, 00	160, 00	180, 00	200, 00	240, 00	1440000
10,000	60, 00	70, 00	80, 00	90, 00	100, 00	120, 00	720000
9,000	54, 00	63, 00	72, 00	81, 00	90, 00	108, 00	648000
8,000	48, 00	56, 00	64, 00	72, 00	80, 00	96, 00	576000
7,000	42, 00	49, 00	56, 00	63, 00	70, 00	84, 00	504000
6,000	36, 00	42, 00	48, 00	54, 00	60, 00	72, 00	432000
5,000	30, 00	35, 00	40, 00	45, 00	50, 00	60, 00	360000
4,000	24, 00	28, 00	32, 00	36, 00	40, 00	48, 00	288000
3,000	18, 00	21, 00	24, 00	27, 00	30, 00	36, 00	216000
2,000	12, 00	14, 00	16, 00	18, 00	20, 00	24, 00	144000
1,000	6, 00	7, 00	8, 00	9, 00	10, 00	12, 00	72000
900	5, 40	6, 30	7, 20	8, 10	9, 00	10, 80	64800
800	4, 80	5, 60	6, 40	7, 20	8, 00	9, 60	57600
700	4, 20	4, 90	5, 60	6, 30	7, 00	8, 40	50400
600	3, 60	4, 20	4, 80	5, 40	6, 00	7, 20	43200
500	3, 00	3, 50	4, 00	4, 50	5, 00	6, 00	36000
400	2, 40	2, 80	3, 20	3, 60	4, 00	4, 80	28800
300	1, 80	2, 10	2, 40	2, 70	3, 00	3, 60	21600
200	1, 20	1, 40	1, 60	1, 80	2, 00	2, 40	14400
100	0, 60	0, 70	0, 80	0, 90	1, 00	1, 20	7200
90	0, 54	0, 63	0, 72	0, 81	0, 90	1, 08	6480
80	0, 48	0, 56	0, 64	0, 72	0, 80	0, 96	5760
70	0, 42	0, 49	0, 56	0, 63	0, 70	0, 84	5040
60	0, 36	0, 42	0, 48	0, 54	0, 60	0, 72	4320
50	0, 30	0, 35	0, 40	0, 45	0, 50	0. 60	3600
40	0, 24	0, 28	0, 32	0, 36	0, 40	0, 48	2880
30	0, 18	0, 21	0, 24	0, 27	0, 30	0, 36	2160
20	0, 12	0, 14	0, 16	0, 18	0, 20	0, 24	1440
10	0, 06	0, 07	0, 08	0, 09	0, 10	0, 12	720
9	0, 05	0, 06	0, 07	0, 08	0, 09	0, 11	648
8	0, 05	0, 06	0, 06	0, 07	0, 08	0, 10	576
7	0, 04	0, 05	0, 06	0, 06	0, 07	0, 08	504
6	0, 04	0, 04	0, 05	0, 05	0, 06	0, 07	432
5	0, 03	0, 03	0, 04	0, 04	0, 05	0, 06	360
4	0, 02	0, 03	0. 03	0, 04	0, 04	0, 05	288
3	0, 02	0, 02	0, 02	0, 03	0, 03	0, 04	216
2	0, 01	0, 01	0, 02	0, 02	0, 02	0, 02	144
1	0. 01	0, 01	0, 01	0, 01	0, 01	0, 01	72

COLONNE DES CAPITAUX	INTÉRÊTS POUR 73 JOURS (ou pour 2 mois et 13 jours.)						NOMBRES PRODUITS des CAPITAUX multipliés par 73 Jours.
	à 3 %	à 3 ½	à 4 %	à 4 ½	à 5 %	à 6 %	
fr.	fr. c.	fr. c.	fr. c.	fr. c.	fr. c.	fr. c.	
50,000	304, 17	354, 86	405, 56	456, 25	506, 94	608, 33	3650000
40,000	243, 33	283, 89	324, 44	365, 00	405, 56	486, 67	2920000
30,000	182, 50	212, 92	243, 33	273, 75	304, 17	365, 00	2190000
20,000	121, 67	141, 94	162, 22	182, 50	202, 78	243, 33	1460000
10,000	60, 83	70, 97	81, 11	91, 25	101, 39	121, 67	730000
9,000	54, 75	63, 87	73, 00	82, 12	91, 25	109, 50	657000
8,000	48, 67	56, 78	64, 89	73, 00	81, 11	97, 33	584000
7,000	42, 58	49, 68	56, 78	63, 87	70, 97	85, 17	511000
6,000	36, 50	42, 58	48, 67	54, 75	60, 83	73, 00	438000
5,000	30, 42	35, 49	40, 56	45, 62	50, 69	60, 83	365000
4,000	24, 33	28, 39	32, 44	36, 50	40, 56	48, 67	292000
3,000	18, 25	21, 29	24, 33	27, 37	30, 42	36, 50	219000
2,000	12, 17	14, 19	16, 22	18, 25	20, 28	24, 33	146000
1,000	6, 08	7, 10	8, 11	9, 12	10, 14	12, 17	73000
900	5, 47	6, 39	7, 30	8, 21	9, 12	10, 95	65700
800	4, 87	5, 68	6, 49	7, 30	8, 11	9, 73	58400
700	4, 26	4, 97	5, 68	6, 39	7, 10	8, 52	51100
600	3, 65	4, 26	4, 87	5, 47	6, 08	7, 30	43800
500	3, 04	3, 55	4, 06	4, 56	5, 07	6, 08	36500
400	2, 43	2, 84	3, 24	3, 65	4, 06	4, 87	29200
300	1, 82	2, 13	2, 43	2, 74	3, 04	3, 65	21900
200	1, 22	1, 42	1, 62	1, 82	2, 03	2, 43	14600
100	0, 61	0, 71	0, 81	0, 91	1, 01	1, 22	7300
90	0, 55	0, 64	0, 73	0, 82	0, 91	1, 09	6570
80	0, 49	0, 57	0, 65	0, 73	0, 81	0, 97	5840
70	0, 43	0, 50	0, 57	0, 64	0, 71	0, 85	5110
60	0, 36	0, 43	0, 49	0, 55	c, 61	0, 73	4380
50	0, 30	0, 35	0, 41	0, 46	0, 51	0, 61	3650
40	0, 24	0, 28	0, 32	0, 36	0, 41	0, 49	2920
30	0, 18	0, 21	0, 24	0, 27	0, 30	0, 36	2190
20	0, 12	0, 14	0, 16	0, 18	0, 20	0, 24	1460
10	0, 06	0, 07	0, 08	0, 09	0, 10	0, 12	730
9	0, 05	0, 06	0, 07	0, 08	0, 09	0, 11	657
8	0, 05	0, 06	0, 06	0, 07	0, 08	0, 10	584
7	0, 04	0, 05	0, 06	0, 06	0, 07	0, 09	511
6	0, 04	0, 04	0, 05	0, 05	0, 06	0, 07	438
5	0, 03	0, 04	0, 04	0, 05	0, 05	0, 06	365
4	0, 02	0, 03	0, 03	0, 04	0, 04	0, 05	292
3	0, 02	0, 02	0, 02	0, 03	0, 03	0, 04	219
2	0, 01	0, 01	0, 02	0, 02	0, 02	0, 02	146
1	0, 01	0, 01	0, 01	0, 01	0, 01	0, 01	73

COLONNE DES CAPITAUX	INTÉRÊTS POUR 74 JOURS (ou pour 2 mois et 14 jours.)						NOMBRES PRODUITS des CAPITAUX multipliés par 74 Jours.
	à 3 %	à 3 ½	à 4 %	à 4 ½	à 5 %	à 6 %	
fr.	fr. c.	fr. c.	fr. c.	fr. c.	fr. c.	fr. c.	
50,000	308, 33	359, 72	411, 11	462, 50	513, 89	616, 67	3700000
40,000	246, 67	287, 78	328, 89	370, 00	411, 11	493, 33	2960000
30,000	185, 00	215, 83	246, 67	277, 50	308, 33	370, 00	2220000
20,000	123, 33	143, 89	164, 44	185, 00	205, 56	246, 67	1480000
10,000	61, 67	71, 94	82, 22	92, 50	102, 78	123, 33	740000
9,000	55, 50	64, 75	74, 00	83, 25	92, 50	111, 00	666000
8,000	49, 33	57, 56	65, 78	74, 00	82, 22	98, 67	592000
7,000	43, 17	50, 36	57, 56	64, 75	71, 94	86, 33	518000
6,000	37, 00	43, 17	49, 33	55, 50	61, 67	74, 00	444000
5,000	30, 83	35, 97	41, 11	46, 25	51, 39	61, 67	370000
4,000	24, 67	28, 78	32, 89	37, 00	41, 11	49, 33	296000
3,000	18, 50	21, 58	24, 67	27, 75	30, 83	37, 00	222000
2,000	12, 33	14, 39	16, 44	18, 50	20, 56	24, 67	148000
1,000	6, 17	7, 19	8, 22	9, 25	10, 28	12, 33	74000
900	5, 55	6, 47	7, 40	8, 32	9, 25	11, 10	66600
800	4, 93	5, 76	6, 58	7, 40	8, 22	9, 87	59200
700	4, 32	5, 04	5, 76	6, 47	7, 19	8, 63	51800
600	3, 70	4, 32	4, 93	5, 55	6, 17	7, 40	44400
500	3, 08	3, 60	4, 11	4, 62	5, 14	6, 17	37000
400	2, 47	2, 88	3, 29	3, 70	4, 11	4, 93	29600
300	1, 85	2, 16	2, 47	2, 77	3, 08	3, 70	22200
200	1, 23	1, 44	1, 64	1, 85	2, 06	2, 47	14800
100	0, 62	0, 72	0, 82	0, 92	1, 03	1, 23	7400
90	0, 55	0, 65	0, 74	0, 83	0, 92	1, 11	6660
80	0, 49	0, 58	0, 66	0, 74	0, 82	0, 99	5920
70	0, 43	0, 50	0, 58	0, 65	0, 72	0, 85	5180
60	0, 37	0, 43	0, 49	0, 55	0, 62	0, 74	4440
50	0, 31	0, 36	0, 41	0, 46	0, 51	0, 62	3700
40	0, 25	0, 29	0, 33	0, 37	0, 41	0, 49	2960
30	0, 18	0, 22	0, 25	0, 28	0, 31	0, 37	2220
20	0, 12	0, 14	0, 16	0, 18	0, 21	0, 25	1480
10	0, 06	0, 07	0, 08	0, 09	0, 10	0, 12	740
9	0, 06	0, 06	0, 07	0, 08	0, 09	0, 11	666
8	0, 05	0, 06	0, 07	0, 07	0, 08	0, 10	592
7	0, 04	0, 05	0, 06	0, 06	0, 07	0, 09	518
6	0, 04	0, 04	0, 05	0, 06	0, 06	0, 07	444
5	0, 03	0, 04	0, 04	0, 05	0, 05	0, 06	370
4	0, 02	0, 03	0, 03	0, 04	0, 04	0, 05	296
3	0, 02	0, 02	0, 02	0, 03	0, 03	0, 04	222
2	0, 01	0, 01	0, 02	0, 02	0, 02	0, 02	148
1	0, 01	0, 01	0, 01	0, 01	0, 01	0, 01	74

COLONNE DES CAPITAUX	INTÉRÊTS POUR 75 JOURS (ou pour 2 mois et 15 jours.)						NOMBRES PRODUITS des CAPITAUX multipliés par 75 Jours.
	à 3 %	à 3 ½	à 4 %	à 4 ½	à 5 %	à 6 %	
fr.	fr. c.	fr. c.	fr. c.	fr. c.	fr. c.	fr. c.	
50,000	312, 50	364, 58	416, 67	468, 75	520, 83	625, 00	3750000
40,000	250, 00	291, 67	333, 33	375, 00	416, 67	500, 00	3000000
30,000	187, 50	218, 75	250, 00	281, 25	312, 50	375, 00	2250000
20,000	125, 00	145, 83	166, 67	187, 50	208, 33	250, 00	1500000
10,000	62, 50	72, 92	83, 33	93, 75	104, 17	125, 00	750000
9,000	56, 25	65, 62	75, 00	84, 37	93, 75	112, 50	675000
8,000	50, 00	58, 33	66, 67	75, 00	83, 33	100, 00	600000
7,000	43, 75	51, 04	58, 33	65, 62	72, 92	87, 50	525000
6,000	37, 50	43, 75	50, 00	56, 25	62, 50	75, 00	450000
5,000	31, 25	36, 46	41, 67	46, 87	52, 08	62, 50	375000
4,000	25, 00	29, 17	33, 33	37, 50	41, 67	50, 00	300000
3,000	18, 75	21, 87	25, 00	28, 12	31, 25	37, 50	225000
2,000	12, 50	14, 58	16, 67	18, 75	20, 83	25, 00	150000
1,000	6, 25	7, 29	8, 33	9, 37	10, 42	12, 50	75000
900	5, 62	6, 56	7, 50	8, 44	9, 37	11, 25	67500
800	5, 00	5, 83	6, 67	7, 50	8, 33	10, 00	60000
700	4, 37	5, 10	5, 83	6, 56	7, 29	8, 75	52500
600	3, 75	4, 37	5, 00	5, 62	6, 25	7, 50	45000
500	3, 12	3, 65	4, 17	4, 69	5, 21	6, 25	37500
400	2, 50	2, 92	3, 33	3, 75	4, 17	5, 00	30000
300	1, 87	2, 19	2, 50	2, 81	3, 12	3, 75	22500
200	1, 25	1, 46	1, 67	1, 87	2, 08	2, 50	15000
100	0, 62	0, 73	0, 83	0, 94	1, 04	1, 25	7500
90	0, 56	0, 66	0, 75	0, 84	0, 94	1, 12	6750
80	0, 50	0, 58	0, 67	0, 75	0, 83	1, 00	6000
70	0, 44	0, 51	0, 58	0, 66	0, 73	0, 87	5250
60	0, 37	0, 44	0, 50	0, 56	0, 62	0, 75	4500
50	0, 31	0, 36	0, 42	0, 47	0, 52	0, 62	3750
40	0, 25	0, 29	0, 33	0, 37	0, 42	0, 50	3000
30	0, 19	0, 22	0, 25	0, 28	0, 31	0, 37	2250
20	0, 12	0, 15	0, 17	0, 19	0, 21	0, 25	1500
10	0, 06	0, 07	0, 08	0, 09	0, 10	0, 12	750
9	0, 06	0, 07	0, 07	0, 08	0, 09	0, 11	675
8	0, 05	0, 06	0, 07	0, 07	0, 08	0, 10	600
7	0, 04	0, 05	0, 06	0, 07	0, 07	0, 09	525
6	0, 04	0, 04	0, 05	0, 06	0, 06	0, 07	450
5	0, 03	0, 04	0, 04	0, 05	0, 05	0, 06	375
4	0, 02	0, 03	0, 03	0, 04	0, 04	0, 05	300
3	0, 02	0, 02	0, 02	0, 03	0, 03	0, 04	225
2	0, 01	0, 01	0, 02	0, 02	0, 02	0, 02	150
1	0, 01	0, 01	0, 01	0, 01	0, 01	0, 01	75

COLONNE DES CAPITAUX	INTÉRÊTS POUR 76 JOURS (ou pour 2 mois et 16 jours.)						NOMBRES PRODUITS des CAPITAUX multipliés par 76 Jours.
	à 3 %	à 3 ½	à 4 %	à 4 ½	à 5 %	à 6 %	
fr.	fr. c.	fr. c.	fr. c.	fr. c.	fr. c.	fr. c.	
50,000	316, 67	369, 44	422, 22	475, 00	527, 78	633, 33	3800000
40,000	253, 33	295, 56	337, 78	380, 00	422, 22	506, 67	3040000
30,000	190, 00	221, 67	253, 33	285, 00	316, 67	380, 00	2280000
20,000	126, 67	147, 78	168, 89	190, 00	211, 11	253, 33	1520000
10,000	63, 33	73, 89	84, 44	95, 00	105, 56	126, 67	760000
9,000	57, 00	66, 50	76, 00	85, 50	95, 00	114, 00	684000
8,000	50, 67	59, 11	67, 56	76, 00	84, 44	101, 33	608000
7,000	44, 33	51, 72	59, 11	66, 50	73, 89	88, 67	532000
6,000	38, 00	44, 33	50, 67	57, 00	63, 33	76, 00	456000
5,000	31, 67	36, 94	42, 22	47, 50	52, 78	63, 33	380000
4,000	25, 33	29, 56	33, 78	38, 00	42, 22	50, 67	304000
3,000	19, 00	22, 17	25, 33	28, 50	31, 67	38, 00	228000
2,000	12, 67	14, 78	16, 89	19, 00	21, 11	25, 33	152000
1,000	6, 33	7, 39	8, 44	9, 50	10, 56	12, 67	76000
900	5, 70	6, 65	7, 60	8, 55	9, 50	11, 40	68400
800	5, 07	5, 91	6, 76	7, 60	8, 44	10, 13	60800
700	4, 43	5, 17	5, 91	6, 65	7, 39	8, 87	53200
600	3, 80	4, 43	5, 07	5, 70	6, 33	7, 60	45600
500	3, 17	3, 69	4, 22	4, 75	5, 28	6, 33	38000
400	2, 53	2, 96	3, 38	3, 80	4, 22	5, 07	30400
300	1, 90	2, 22	2, 53	2, 85	3, 17	3, 80	22800
200	1, 27	1, 48	1, 69	1, 90	2, 11	2, 53	15200
100	0, 63	0, 74	0, 84	0, 95	1, 06	1, 27	7600
90	0, 57	0, 66	0, 76	0, 85	0, 95	1, 14	6840
80	0, 51	0, 59	0, 68	0, 76	0, 84	1, 01	6080
70	0, 44	0, 52	0, 59	0, 66	0, 74	0, 89	5320
60	0, 38	0, 44	0, 51	0, 57	0, 63	0, 76	4560
50	0, 32	0, 37	0, 42	0, 47	0, 53	0, 63	3800
40	0, 25	0, 30	0, 34	0, 38	0, 42	0, 51	3040
30	0, 19	0, 22	0, 25	0, 28	0, 32	0, 38	2280
20	0, 13	0, 15	0, 17	0, 19	0, 21	0, 25	1520
10	0, 06	0, 07	0, 08	0, 09	0, 11	0, 13	760
9	0, 06	0, 07	0, 08	0, 09	0, 09	0, 11	684
8	0, 05	0, 06	0, 07	0, 08	0, 08	0, 10	608
7	0, 04	0, 05	0, 06	0, 07	0, 07	0, 09	532
6	0, 04	0, 04	0, 05	0, 06	0, 06	0, 08	456
5	0, 03	0, 04	0, 04	0, 05	0, 05	0, 06	380
4	0, 03	0, 03	0, 03	0, 04	0, 04	0, 05	304
3	0, 02	0, 02	0, 03	0, 03	0, 03	0, 04	228
2	0, 01	0, 01	0, 02	0, 02	0, 02	0, 03	152
1	0, 01	0, 01	0, 01	0, 01	0, 01	0, 01	76

COLONNE DES CAPITAUX	INTÉRÊTS POUR 77 JOURS (ou pour 2 mois et 17 jours.)						NOMBRES PRODUITS des CAPITAUX multipliés par 77 Jours.
	à 3 %	à 3 ½	à 4 %	à 4 ½	à 5 %	à 6 %	
fr.	fr. c.	fr. c.	fr. c.	fr. c.	fr. c.	fr. c.	
50,000	320, 83	374, 30	427, 78	481, 25	534, 72	641, 67	3850000
40,000	256, 67	299, 44	342, 22	385, 00	427, 78	513, 33	3080000
30,000	192, 50	224, 58	256, 67	288, 75	320, 83	385, 00	2310000
20,000	128, 33	149, 72	171, 11	192, 50	213, 89	256, 67	1540000
10,000	64, 17	74, 85	85, 56	96, 25	106, 94	128, 33	770000
9,000	57, 75	67, 37	77, 00	86, 62	96, 25	115, 50	693000
8,000	51, 33	59, 89	68, 44	77, 00	85, 56	102, 67	616000
7,000	44, 92	52, 40	59, 89	67, 37	74, 86	89, 83	539000
6,000	38, 50	44, 92	51, 33	57, 75	64, 17	77, 00	462000
5,000	32, 08	37, 43	42, 78	48, 12	53, 47	64, 17	385000
4,000	25, 67	29, 94	34, 22	38, 50	42, 78	51, 33	308000
3,000	19, 25	22, 46	25, 67	28, 87	32, 08	38, 50	231000
2,000	12, 83	14, 97	17, 11	19, 25	21, 39	25, 67	154000
1,000	6, 41	7, 49	8, 56	9, 62	10, 69	12, 83	77000
900	5, 77	6, 74	7, 70	8, 66	9, 62	11, 55	69300
800	5, 13	5, 99	6, 84	7, 70	8, 56	10, 27	61600
700	4, 49	5, 24	5, 99	6, 74	7, 49	8, 98	53900
600	3, 85	4, 49	5, 13	5, 77	6, 42	7, 70	46200
500	3, 21	3, 74	4, 28	4, 81	5, 35	6, 42	38500
400	2, 57	2, 99	3, 42	3, 85	4, 28	5, 13	30800
300	1, 92	2, 25	2, 57	2, 89	3, 21	3, 85	23100
200	1, 28	1, 50	1, 71	1, 92	2, 14	2, 57	15400
100	0, 64	0, 75	0, 86	0, 96	1, 07	1, 28	7700
90	0, 58	0, 67	0, 77	0, 87	0, 96	1, 15	6930
80	0, 51	0, 60	0, 68	0, 77	0, 86	1, 03	6160
70	0, 45	0, 52	0, 60	0, 67	0, 75	0, 90	5390
60	0, 38	0, 45	0, 51	0, 58	0, 64	0, 77	4620
50	0, 32	0, 37	0, 43	0, 48	0, 53	0, 64	3850
40	0, 26	0, 30	0, 34	0, 38	0, 43	0, 51	3080
30	0, 19	0, 22	0, 26	0, 29	0, 32	0, 38	2310
20	0, 13	0, 15	0, 17	0, 19	0, 21	0, 26	1540
10	0, 06	0 07	0, 09	0, 10	0, 11	0, 13	770
9	0, 06	0, 07	0, 08	0, 09	0, 10	0, 12	693
8	0, 05	0, 06	0, 07	0, 08	0, 09	0, 10	616
7	0, 04	0, 05	0, 06	0, 07	0, 07	0, 09	539
6	0, 04	0, 04	0, 05	0, 06	0, 06	0, 08	462
5	0, 03	0, 04	0, 04	0, 05	0, 05	0, 06	385
4	0, 03	0, 03	0, 03	0, 04	0, 04	0, 05	308
3	0, 02	0, 02	0, 03	0, 03	0, 03	0, 04	231
2	0, 01	0, 01	0, 02	0, 02	0, 02	0, 03	154
1	0, 01	0, 01	0, 01	0, 01	0, 01	0, 01	77

7.

COLONNE DES CAPITAUX	INTERÊTS POUR 78 JOURS (ou pour 2 mois et 18 jours.)						NOMBRES PRODUITS des CAPITAUX multipliés par 78 Jours.
	à 3 %	à 3 ½	à 4 %	à 4 ½	à 5 %	à 6 %	
fr.	fr. c.	fr. c.	fr. c.	fr. c.	fr. c.	fr. c.	
50,000	325, 00	379, 17	433. 33	487, 50	541, 67	650, 00	3900000
40,000	260, 00	303, 33	346, 67	390, 00	433, 33	520, 00	3120000
30,000	195, 00	227, 50	260, 00	292, 50	325, 00	390, 00	2340000
20,000	130, 00	151, 67	173, 33	195, 00	216, 67	260, 00	1560000
10,000	65, 00	75, 83	86, 67	97, 50	108, 33	130, 00	780000
9,000	58, 50	68, 25	78, 00	87, 75	97, 50	117, 00	702000
8,000	52, 00	60, 67	69, 33	78, 00	86, 67	104, 00	624000
7,000	45, 50	53, 08	60, 67	68, 25	75, 83	91, 00	546000
6,000	39, 00	45, 50	52, 00	58, 50	65, 00	78, 00	468000
5,000	32, 50	37, 92	43, 33	48, 75	54, 17	65. 00	390000
4,000	26, 00	30, 33	34, 67	39, 00	43, 33	52, 00	312000
3,000	19, 50	22, 75	26, 00	29, 25	32, 50	39, 00	234000
2,000	13, 00	15, 17	17, 33	19, 50	21, 67	26, 00	156000
1,000	6, 50	7, 58	8, 67	9, 75	10, 83	13, 00	78000
900	5, 85	6, 82	7, 80	8, 77	9, 75	11, 70	70200
800	5, 20	6, 07	6, 93	7, 80	8, 67	10, 40	62400
700	4, 55	5, 31	6, 07	6, 82	7, 58	9, 10	54600
600	3, 90	4, 55	5, 20	5, 85	6, 50	7, 80	46800
500	3, 25	3, 79	4, 33	4, 87	5, 42	6, 50	39000
400	2, 60	3, 03	3, 47	3, 90	4, 33	5, 20	31200
300	1, 95	2, 27	2, 60	2, 92	3, 25	3, 90	23400
200	1, 30	1, 52	1, 73	1, 95	2, 17	2, 60	15600
100	0, 65	0, 76	0, 87	0, 97	1, 08	1, 30	7800
90	0, 58	0, 68	0, 78	0, 88	0, 97	1, 17	7020
80	0, 52	0, 61	0, 69	0, 78	0, 87	1, 04	6240
70	0, 45	0, 53	0, 61	0, 68	0, 76	0, 91	5460
60	0, 39	0, 45	0, 52	0, 58	0, 65	0, 78	4680
50	0, 32	0, 38	0, 43	0, 49	0, 54	0. 65	3900
40	0, 26	0, 30	0, 35	0, 39	0, 43	0, 52	3120
30	0, 19	0, 23	0, 26	0, 29	0, 32	0, 39	2340
20	0, 13	0, 15	0, 17	0, 19	0, 22	0, 26	1560
10	0, 06	0, 08	0, 09	0, 10	0, 11	0, 13	780
9	0, 06	0, 07	0, 08	0, 09	0, 10	0, 12	702
8	0, 05	0, 06	0, 07	0, 08	0, 09	0, 10	624
7	0, 05	0, 05	0, 06	0, 07	0, 08	0, 09	546
6	0, 04	0, 05	0, 05	0, 06	0, 06	0, 08	468
5	0, 03	0, 04	0, 04	0, 05	0, 05	0, 06	390
4	0, 03	0, 03	0, 03	0, 04	0, 04	0, 05	312
3	0, 02	0, 02	0, 03	0, 03	0, 03	0, 04	234
2	0, 01	0, 02	0, 02	0, 02	0, 02	0, 03	156
1	0, 01	0, 01	0, 01	0, 01	0, 01	0, 01	78

INTÉRÊTS POUR 79 JOURS
(ou pour 2 mois et 19 jours.)

COLONNE DES CAPITAUX	à 3 %	à 3 ½	à 4 %	à 4 ½	à 5 %	à 6 %	NOMBRES PRODUITS des CAPITAUX multipliés par 79 Jours
fr.	fr. c.	fr. c.	fr. c.	fr. c.	fr. c.	fr. c.	
50,000	329, 17	384, 03	438, 89	493. 75	548, 61	658, 33	3950000
40,000	263, 33	307, 22	351, 11	395, 00	438, 89	526, 67	3160000
30 000	197, 50	230, 42	263, 33	296, 25	329, 17	395, 00	2370000
20,000	131, 67	153, 61	175, 56	197, 50	219, 44	263, 33	1580000
10,000	65, 83	76, 81	87, 78	98, 75	109, 72	131, 67	790000
9,000	59, 25	69, 12	79, 00	88, 87	98, 75	118, 50	711000
8,000	52, 67	61, 44	70, 22	79, 00	87, 78	105, 33	632000
7,000	46, 08	53, 76	61, 44	69, 12	76, 81	92, 17	553000
6,000	39, 50	46, 08	52, 67	59, 25	65, 83	79, 00	474000
5,000	32, 92	38, 40	43, 89	49, 37	54, 86	65, 83	395000
4,000	26, 33	30, 72	35, 11	39, 50	43, 89	52, 67	316000
3,000	19, 75	23, 04	26, 33	29, 62	32, 92	39, 50	237000
2.000	13, 17	15, 36	17, 56	19. 75	21, 94	26, 33	158000
1,000	6, 58	7, 68	8, 78	9, 87	10, 97	13, 17	79000
900	5, 92	6, 91	7, 90	8, 89	9, 87	11, 85	71100
800	5, 27	6, 14	7, 02	7, 90	8, 78	10, 53	63200
700	4, 61	5, 38	6, 14	6, 91	7, 68	9, 22	55300
600	3, 95	4, 61	5, 27	5, 92	6, 58	7, 90	47400
500	3, 29	3, 84	4, 39	4, 94	5, 49	6, 58	39500
400	2, 63	3, 07	3, 51	3, 95	4, 39	5, 27	31600
300	1, 97	2, 30	2, 63	2, 96	3, 29	3, 95	23700
200	1, 32	1, 54	1, 76	1, 97	2, 19	2, 63	15800
100	0, 66	0, 77	0, 88	0, 99	1, 10	1, 32	7900
90	0, 59	0, 69	0, 79	0, 89	0, 99	1, 18	7110
80	0, 53	0, 61	0, 70	0, 79	0, 88	1, 05	6320
70	0, 46	0, 54	0, 61	0, 69	0, 77	0, 92	5530
60	0, 39	0, 46	0, 53	0, 59	0, 66	0, 79	4740
50	0, 33	0, 38	0, 44	0, 49	0, 55	0, 66	3950
40	0, 26	0, 31	0, 35	0, 39	0, 44	0, 53	3160
30	0, 20	0, 23	0, 26	0, 30	0, 33	0, 39	2370
20	0, 13	0, 15	0, 18	0, 20	0, 22	0, 26	1580
10	0, 07	0, 08	0, 09	0, 10	0, 11	0, 13	790
9	0, 06	0, 07	0, 08	0, 09	0, 10	0, 12	711
8	0, 05	0, 06	0, 07	0, 08	0, 09	0, 11	632
7	0, 05	0, 05	0, 06	0, 07	0, 08	0, 09	553
6	0, 04	0, 05	0, 05	0, 06	0, 07	0, 08	474
5	0, 03	0, 04	0, 04	0, 05	0, 05	0, 07	395
4	0, 03	0, 03	0, 04	0, 04	0, 04	0, 05	316
3	0, 02	0, 02	0, 03	0, 03	0, 03	0, 04	237
2	0, 01	0, 02	0, 02	0, 02	0, 02	0, 03	158
1	0. 01	0, 01	0, 01	0, 01	0, 01	0, 01	79

COLONNE DES CAPITAUX	INTÉRÊTS POUR 80 JOURS (ou pour 2 mois et 20 jours.)						NOMBRES PRODUITS des CAPITAUX multipliés par 80 Jours.
	à 3 %	à 3 ½	à 4 %	à 4 ½	à 5 %	à 6 %	
fr.	fr. c.	fr. c.	fr. c.	fr. c.	fr. c.	fr. c.	
50,000	333, 33	388, 89	444, 44	500, 00	555, 56	666, 67	4000000
40,000	266, 67	311, 11	355, 56	400, 00	444, 44	533, 33	3200000
30,000	200, 00	233, 33	266, 67	300, 00	333, 33	400, 00	2400000
20,000	133, 33	155, 56	177, 78	200, 00	222, 22	266, 67	1600000
10,000	66, 67	77, 78	88, 89	100, 00	111, 11	133, 33	800000
9,000	60, 00	70, 00	80, 00	90, 00	100, 00	120, 00	720000
8,000	53, 33	62, 22	71, 11	80, 00	88, 89	106, 67	640000
7,000	46, 67	54, 44	62, 22	70, 00	77, 78	93, 33	560000
6,000	40, 00	46, 67	53, 33	60, 00	66, 67	80, 00	480000
5,000	33, 33	38, 89	44, 44	50, 00	55, 56	66, 67	400000
4,000	26, 67	31, 11	35, 56	40, 00	44, 44	53, 33	320000
3,000	20, 00	23, 33	26, 67	30, 00	33, 33	40, 00	240000
2,000	13, 33	15, 56	17, 78	20, 00	22, 22	26, 67	160000
1,000	6, 67	7, 78	8, 89	10, 00	11, 11	13, 33	80000
900	6, 00	7, 00	8, 00	9, 00	10, 00	12, 00	72000
800	5, 33	6, 22	7, 11	8, 00	8, 89	10, 67	64000
700	4, 67	5, 44	6, 22	7, 00	7, 78	9, 33	56000
600	4, 00	4, 67	5, 33	6, 00	6, 67	8, 00	48000
500	3, 33	3, 89	4, 44	5, 00	5, 56	6, 67	40000
400	2, 67	3, 11	3, 56	4, 00	4, 44	5, 33	32000
300	2, 00	2, 33	2, 67	3, 00	3, 33	4, 00	24000
200	1, 33	1, 56	1, 78	2, 00	2, 22	2, 67	16000
100	0, 67	0, 78	0, 89	1, 00	1, 11	1, 33	8000
90	0, 60	0, 70	0, 80	0, 90	1, 00	1, 20	7200
80	0, 53	0, 62	0, 71	0, 80	0, 89	1, 07	6400
70	0, 47	0, 54	0, 62	0, 70	0, 78	0, 93	5600
60	0, 40	0, 47	0, 53	0, 60	0, 67	0, 80	4800
50	0, 33	0, 39	0, 44	0, 50	0, 56	0, 67	4000
40	0, 27	0, 31	0, 36	0, 40	0, 44	0, 53	3200
30	0, 20	0, 23	0, 27	0, 30	0, 33	0, 40	2400
20	0, 13	0, 16	0, 18	0, 20	0, 22	0, 27	1600
10	0, 07	0, 08	0, 09	0, 10	0, 11	0, 13	800
9	0, 06	0, 07	0, 08	0, 09	0, 10	0, 12	720
8	0, 05	0, 06	0, 07	0, 08	0, 09	0, 11	640
7	0, 05	0, 05	0, 06	0, 07	0, 08	0, 09	560
6	0, 04	0, 05	0, 05	0, 06	0, 07	0, 08	480
5	0, 03	0, 04	0, 04	0, 05	0, 06	0, 07	400
4	0, 03	0, 03	0, 04	0, 04	0, 04	0, 05	320
3	0, 02	0, 02	0, 03	0, 03	0, 03	0, 04	240
2	0, 01	0, 02	0, 02	0, 02	0, 02	0, 03	160
1	0, 01	0, 01	0, 01	0, 01	0, 01	0, 01	80

COLONNE DES CAPITAUX	INTÉRÊTS POUR 81 JOURS (ou pour 2 mois et 21 jours.)						NOMBRES PRODUITS des CAPITAUX multipliés par 81 Jours.
	à 3 %	à 3 ½	à 4 %	à 4 ½	à 5 %	à 6 %	
fr.	fr. c.	fr. c.	fr. c.	fr. c.	fr. c.	fr. c.	
50,000	337, 50	393, 75	450, 00	506, 25	562, 50	675, 00	4050000
40,000	270, 00	315, 00	360, 00	405, 00	450, 00	540, 00	3240000
30,000	202, 50	236, 25	270, 00	303, 75	337, 50	405, 00	2430000
20,000	135, 00	157, 50	180, 00	202, 50	225, 00	270, 00	1620000
10,000	67, 50	78, 75	90, 00	101, 25	112, 50	135, 00	810000
9,000	60, 75	70, 87	81, 00	91, 12	101, 25	121, 50	729000
8,000	54, 00	63, 00	72, 00	81, 00	90, 00	108, 00	648000
7,000	47, 25	55, 12	63, 00	70, 87	78, 75	94, 50	567000
6,000	40, 50	47, 25	54, 00	60, 75	67, 50	81, 00	486000
5,000	33, 75	39, 37	45, 00	50, 62	56, 25	67, 50	405000
4,000	27, 00	31, 50	36, 00	40, 50	45, 00	54, 00	324000
3,000	20, 25	23, 62	27, 00	30, 37	33, 75	40, 50	243000
2,000	13, 50	15, 75	18, 00	20, 25	22, 50	27, 00	162000
1,000	6, 75	7, 87	9, 00	10, 12	11, 25	13, 50	81000
900	6, 07	7, 09	8, 10	9, 11	10, 12	12, 15	72900
800	5, 40	6, 30	7, 20	8, 10	9, 00	10, 80	64800
700	4, 72	5, 51	6, 30	7, 09	7, 87	9, 45	56700
600	4, 05	4, 72	5, 40	6, 07	6, 75	8, 10	48600
500	3, 37	3, 94	4, 50	5, 06	5, 62	6, 75	40500
400	2, 70	3, 15	3, 60	4, 05	4, 50	5, 40	32400
300	2, 02	2, 36	2, 70	3, 04	3, 37	4, 05	24300
200	1, 35	1, 57	1, 80	2, 02	2, 25	2, 70	16200
100	0, 67	0, 79	0, 90	1, 01	1, 12	1, 35	8100
90	0, 61	0, 71	0, 81	0, 91	1, 01	1, 21	7290
80	0, 54	0, 63	0, 72	0, 81	0, 90	1, 08	6480
70	0, 47	0, 55	0, 63	0, 71	0, 79	0, 94	5670
60	0, 40	0, 47	0, 54	0, 61	0, 67	0, 81	4860
50	0, 34	0, 39	0, 45	0, 51	0, 56	0, 67	4050
40	0, 27	0, 31	0, 36	0, 40	0, 45	0, 54	3240
30	0, 20	0, 24	0, 27	0, 30	0, 34	0, 40	2430
20	0, 13	0, 16	0, 18	0, 20	0, 22	0, 27	1620
10	0, 07	0, 08	0, 09	0, 10	0, 11	0, 13	810
9	0, 06	0, 07	0, 08	0, 09	0, 10	0, 12	729
8	0, 05	0, 06	0, 07	0, 08	0, 09	0, 11	648
7	0, 05	0, 06	0, 06	0, 07	0, 08	0, 09	567
6	0, 04	0, 05	0, 05	0, 06	0, 07	0, 08	486
5	0, 03	0, 04	0, 04	0, 05	0, 06	0, 07	405
4	0, 03	0, 03	0, 04	0, 04	0, 04	0, 05	324
3	0, 02	0, 02	0, 03	0, 03	0, 03	0, 04	243
2	0, 01	0, 02	0, 02	0, 02	0, 02	0, 03	162
1	0, 01	0, 01	0, 01	0, 01	0, 01	0, 01	81

COLONNE DES CAPITAUX	INTÉRÊTS POUR 82 JOURS (ou pour 2 mois et 22 jours.)						NOMBRES PRODUITS des CAPITAUX multipliés par 82 Jours.
	à 3 %	à 3 ½	à 4 %	à 4 ½	à 5 %	à 6 %	
fr.	fr. c.	fr. c.	fr. c.	fr. c.	fr. c.	fr. c.	
50.000	341, 67	398, 61	455, 56	512, 50	569, 44	683, 33	4100000
40,000	273, 33	318, 89	364, 44	410, 00	455, 56	546, 67	3280000
30,000	205, 00	239, 17	273, 33	307, 50	341, 67	410, 00	2460000
20,000	136, 67	159, 44	182, 22	205, 00	227, 78	273, 33	1640000
10,000	68, 33	79, 72	91, 11	102, 50	113, 89	136, 67	820000
9,000	61, 50	71, 75	82, 00	92, 25	102, 50	123, 00	738000
8,000	54, 67	63, 78	72, 89	82, 00	91, 11	109, 33	656000
7,000	47, 83	55, 81	63, 78	71, 75	79, 72	95, 67	574000
6,000	41, 00	47, 83	54, 67	61, 50	68, 33	82, 00	492000
5,000	34, 17	39, 86	45, 56	51, 25	56, 94	68, 33	410000
4,000	27, 33	31, 89	36, 44	41, 00	45, 56	54, 67	328000
3,000	20, 50	23, 92	27, 33	30, 75	34, 17	41, 00	246000
2,000	13, 67	15, 94	18, 22	20, 50	22, 78	27, 33	164000
1,000	6, 83	7, 97	9, 11	10, 25	11, 39	13, 67	82000
900	6, 15	7, 17	8, 20	9, 22	10, 25	12, 30	73800
800	5, 47	6, 38	7, 29	8, 20	9, 11	10, 93	65600
700	4, 78	5, 58	6, 38	7, 17	7, 97	9, 57	57400
600	4, 10	4, 78	5, 47	6, 15	6, 83	8, 20	49200
500	3, 42	3, 99	4, 56	5, 12	5, 69	6, 83	41000
400	2, 73	3, 19	3, 64	4, 10	4, 56	5, 47	32800
300	2, 05	2, 39	2, 73	3, 07	3, 42	4, 10	24600
200	1, 37	1, 59	1, 82	2, 05	2, 28	2, 73	16400
100	0, 68	0, 80	0, 91	1, 02	1, 14	1, 37	8200
90	0, 61	0, 72	0, 82	0, 92	1, 02	1, 23	7380
80	0, 55	0, 64	0, 73	0, 82	0, 91	1, 09	6560
70	0, 48	0, 56	0, 64	0, 72	0, 80	0, 96	5740
60	0, 41	0, 48	0, 55	0, 61	0, 68	0, 82	4920
50	0, 34	0, 40	0, 46	0, 51	0, 57	0, 68	4100
40	0, 27	0, 32	0, 36	0, 41	0, 46	0, 55	3280
30	0, 20	0, 24	0, 27	0, 31	0, 34	0, 41	2460
20	0, 14	0, 16	0, 18	0, 20	0, 23	0, 27	1640
10	0, 07	0, 08	0, 09	0, 10	0, 11	0, 14	820
9	0, 06	0, 07	0, 08	0, 09	0, 10	0, 12	738
8	0, 05	0, 06	0, 07	0, 08	0, 09	0, 11	656
7	0, 05	0, 06	0, 06	0, 07	0, 08	0, 10	574
6	0, 04	0, 05	0, 05	0, 06	0, 07	0, 08	492
5	0, 03	0, 04	0, 05	0, 05	0, 06	0, 07	410
4	0, 02	0, 03	0, 04	0, 04	0, 05	0, 05	328
3	0, 02	0, 02	0, 03	0, 03	0, 03	0, 04	246
2	0, 01	0, 02	0, 02	0, 02	0, 02	0, 03	164
1	0, 01	0, 01	0, 01	0, 01	0, 01	0, 01	82

COLONNE DES CAPITAUX	INTÉRÊTS POUR 83 JOURS (ou pour 2 mois et 23 jours.)						NOMBRES PRODUITS des CAPITAUX multipliés par 83 Jours.
	à 3 %	à 3 ½	à 4 %	à 4 ½	à 5 %	à 6 %	
fr.	fr. c.	fr. c.	fr. c.	fr. c.	fr. c.	fr. c.	
50,000	345, 83	403, 47	461, 11	518, 75	576, 39	691, 67	4150000
40,000	276, 67	322, 78	368, 89	415, 00	461, 11	553, 33	3320000
30,000	207, 50	242, 08	276, 67	311, 25	345, 83	415, 00	2490000
20,000	138, 33	161, 39	184, 44	207, 50	230, 56	276, 67	1660000
10,000	69, 17	80, 69	92, 22	103, 75	115, 28	138, 33	830000
9,000	62, 25	72, 62	83, 00	93, 37	103, 75	124, 50	747000
8,000	55, 33	64, 56	73, 78	83, 00	92, 22	110, 67	664000
7,000	48, 42	56, 49	64, 56	72, 62	80, 69	96, 83	581000
6,000	41, 50	48, 42	55, 33	62, 25	69, 17	83, 00	498000
5,000	34, 58	40, 35	46, 11	51, 87	57, 64	69, 17	415000
4,000	27, 67	32, 28	36, 89	41, 50	46, 11	55, 33	332000
3,000	20, 75	24, 21	27, 67	31, 12	34, 58	41, 50	249000
2,000	13, 83	16, 14	18, 44	20, 75	23, 06	27, 67	166000
1,000	6, 92	8, 07	9, 22	10, 37	11, 53	13, 83	83000
900	6, 22	7, 26	8, 30	9, 34	10, 37	12, 45	74700
800	5, 53	6, 46	7, 38	8, 30	9, 22	11, 07	66400
700	4, 84	5, 65	6, 46	7, 26	8, 07	9, 68	58100
600	4, 15	4, 84	5, 53	6, 22	6, 92	8, 30	49800
500	3, 46	4, 03	4, 61	5, 19	5, 76	6, 92	41500
400	2, 77	3, 23	3, 69	4, 15	4, 61	5, 53	33200
300	2, 07	2, 42	2, 77	3, 11	3, 46	4, 15	24900
200	1, 38	1, 61	1, 84	2, 07	2, 31	2, 77	16600
100	0, 69	0, 81	0, 92	1, 04	1, 15	1, 38	8300
90	0, 62	0, 73	0, 83	0, 93	1, 04	1, 24	7470
80	0, 55	0, 65	0, 74	0, 83	0, 92	1, 11	6640
70	0, 48	0, 56	0, 65	0, 73	0, 81	0, 97	5810
60	0, 41	0, 48	0, 55	0, 62	0, 69	0, 83	4980
50	0, 35	0, 40	0, 46	0, 52	0, 58	0, 69	4150
40	0, 28	0, 32	0, 37	0, 41	0, 46	0, 55	3320
30	0, 21	0, 24	0, 28	0, 31	0, 35	0, 41	2490
20	0, 14	0, 16	0, 18	0, 21	0, 23	0, 28	1660
10	0, 07	0, 08	0, 09	0, 10	0, 12	0, 14	830
9	0, 06	0, 07	0, 08	0, 09	0, 10	0, 12	747
8	0, 06	0, 06	0, 07	0, 08	0, 09	0, 11	664
7	0, 05	0, 06	0, 06	0, 07	0, 08	0, 10	581
6	0, 04	0, 05	0, 06	0, 06	0, 07	0, 08	498
5	0, 03	0, 04	0, 05	0, 05	0, 06	0, 07	415
4	0, 03	0, 03	0, 04	0, 04	0, 05	0, 06	332
3	0, 02	0, 02	0, 03	0, 03	0, 03	0, 04	249
2	0, 01	0, 02	0, 02	0, 02	0, 02	0, 03	166
1	0, 01	0, 01	0, 01	0, 01	0, 01	0, 01	83

COLONNE DES CAPITAUX	INTERÊTS POUR 84 JOURS (ou pour 2 mois et 24 jours.)						NOMBRES PRODUITS des CAPITAUX multipliés par 84 Jours.
	à 3 %	à 3 ½	à 4 %	à 4 ½	à 5 %	à 6 %	
fr.	fr. c.	fr. c.	fr. c.	fr. c.	fr. c.	fr. c.	
50,000	350, 00	408, 33	466, 67	525, 00	583, 35	700, 00	4200000
40,000	280, 00	326, 67	373, 33	420, 00	466, 67	560, 00	3360000
30,000	210, 00	245, 00	280, 00	315, 00	350, 00	420, 00	2520000
20,000	140, 00	163, 33	186, 67	210, 00	233, 33	280, 00	1680000
10,000	70, 00	81, 67	93, 33	105, 00	116, 67	140, 00	840000
9,000	63, 00	73, 50	84, 00	94, 50	105, 00	126, 00	756000
8,000	56, 00	65, 33	74, 67	84, 00	93, 33	112, 00	672000
7,000	49, 00	57, 17	65, 33	73, 50	81, 67	98, 00	588000
6,000	42, 00	49, 00	56, 00	63, 00	70, 00	84, 00	504000
5,000	35, 00	40, 83	46, 67	52, 50	58, 33	70. 00	420000
4,000	28, 00	32, 67	37, 33	42, 00	46, 67	56, 00	336000
3,000	21, 00	24, 50	28, 00	31, 50	35, 00	42, 00	252000
2,000	14, 00	16, 33	18, 67	21, 00	23, 33	28, 00	168000
1,000	7, 00	8, 17	9, 33	10, 50	11, 67	14, 00	84000
900	6, 30	7, 35	8, 40	9, 45	10, 50	12, 60	75600
800	5, 60	6, 53	7, 47	8, 40	9, 33	11, 20	67200
700	4, 90	5, 72	6, 53	7, 35	8, 17	9, 80	58800
600	4, 20	4, 90	5, 60	6, 30	7, 00	8, 40	50400
500	3, 50	4, 08	4, 67	5, 25	5, 83	7, 00	42000
400	2, 80	3, 27	3, 73	4, 20	4, 67	5, 60	33600
300	2, 10	2, 45	2, 80	3, 15	3, 50	4, 20	25200
200	1, 40	1, 63	1, 87	2, 10	2, 33	2, 80	16800
100	0, 70	0, 82	0, 93	1, 05	1, 17	1, 40	8400
90	0, 63	0, 73	0, 84	0, 94	1, 05	1, 26	7560
80	0, 56	0, 65	0, 75	0, 84	0, 93	1, 12	6720
70	0, 49	0, 57	0, 65	0, 73	0, 82	0, 98	5880
60	0, 42	0, 49	0, 56	0, 63	0, 70	0, 84	5040
50	0, 35	0, 41	0, 47	0, 52	0, 58	0, 70	4200
40	0, 28	0, 33	0, 37	0, 42	0, 47	0, 56	3360
30	0, 21	0, 24	0, 28	0, 31	0, 35	0, 42	2520
20	0, 14	0, 16	0, 19	0, 21	0, 23	0, 28	1680
10	0, 07	0, 08	0, 09	0, 10	0, 12	0, 14	840
9	0, 06	0, 07	0, 08	0, 09	0, 10	0, 13	756
8	0, 06	0, 07	0, 07	0, 08	0, 09	0, 11	672
7	0, 05	0, 06	0, 07	0, 07	0, 08	0, 10	588
6	0, 04	0, 05	0, 06	0, 06	0, 07	0, 08	504
5	0, 03	0, 04	0, 05	0, 05	0, 06	0, 07	420
4	0, 03	0, 03	0, 04	0, 04	0, 05	0, 06	336
3	0, 02	0, 02	0, 03	0, 03	0, 03	0, 04	252
2	0, 01	0, 02	0, 02	0, 02	0, 02	0, 03	168
1	0, 01	0, 01	0, 01	0, 01	0, 01	0, 01	84

INTÉRÊTS POUR 85 JOURS
(ou pour 2 mois et 25 jours.)

COLONNE DES CAPITAUX	à 3 %	à 3 ½	à 4 %	à 4 ½	à 5 %	à 6 %	NOMBRES PRODUITS des CAPITAUX multipliés par 85 Jours.
fr.	fr. c.	fr. c.	fr. c.	fr. c.	fr. c.	fr. c.	
50,000	354, 17	413, 19	472, 22	531, 25	590, 28	708, 33	4250000
40,000	283, 33	330, 56	377, 78	425, 00	472, 22	566, 67	3400000
30.000	212, 50	247, 92	283, 33	318, 75	354, 17	425, 00	2550000
20,000	141, 67	165, 28	188, 89	212, 50	236, 11	283, 33	1700000
10,000	70, 83	82, 64	94, 44	106, 25	118, 06	141, 67	850000
9,000	63, 75	74, 37	85, 00	95, 62	106, 25	127, 50	765000
8,000	56, 67	66, 11	75, 56	85, 00	94, 44	113, 33	680000
7,000	49, 58	57, 85	66, 11	74, 37	82, 64	99, 17	595000
6.000	42, 50	49, 58	56, 67	63, 75	70, 83	85, 00	510000
5,000	35, 42	41, 32	47, 22	53, 12	59, 03	70, 83	425000
4,000	28, 33	33, 06	37, 78	42, 50	47, 22	56, 67	340000
3,000	21, 25	24, 79	28, 33	31, 87	35, 42	42, 50	255000
2,000	14, 17	16, 53	18, 89	21, 25	23, 61	28, 33	170000
1,000	7, 08	8, 26	9, 44	10, 62	11, 81	14, 17	85000
900	6, 37	7, 44	8, 50	9, 56	10, 62	12, 75	76500
800	5, 67	6, 61	7, 56	8, 50	9, 44	11, 33	68000
700	4, 96	5, 78	6, 61	7, 44	8, 26	9, 92	59500
600	4, 25	4, 96	5, 67	6, 37	7, 08	8, 50	51000
500	3, 54	4, 13	4, 72	5, 31	5, 90	7, 08	42500
400	2, 83	3, 31	3, 78	4, 25	4, 72	5, 67	34000
300	2, 12	2, 48	2, 83	3, 19	3, 54	4, 25	25500
200	1, 42	1, 65	1, 89	2, 12	2, 36	2, 83	17000
100	0, 71	0, 83	0, 94	1, 06	1, 18	1, 42	8500
90	0, 64	0, 74	0, 85	0, 96	1, 06	1, 27	7650
80	0, 57	0, 66	0, 76	0, 85	0, 94	1, 13	6800
70	0, 50	0, 58	0, 66	0, 74	0, 83	0, 99	5950
60	0, 42	0, 50	0, 57	0, 64	0, 71	0, 85	5100
50	0, 35	0, 41	0, 47	0, 53	0, 59	0, 71	4250
40	0, 28	0, 33	0, 38	0, 42	0, 47	0, 57	3400
30	0, 21	0, 25	0, 28	0, 32	0, 35	0, 42	2550
20	0, 14	0, 17	0, 19	0, 21	0, 24	0, 28	1700
10	0, 07	0, 08	0, 09	0, 11	0, 12	0, 14	850
9	0, 06	0, 07	0, 08	0, 10	0, 11	0, 13	765
8	0, 06	0, 07	0, 08	0, 08	0, 09	0, 11	680
7	0, 05	0, 06	0, 07	0, 07	0, 08	0, 10	595
6	0, 04	0, 05	0, 06	0, 06	0, 07	0, 08	510
5	0, 04	0, 04	0, 05	0, 05	0, 06	0, 07	425
4	0, 03	0, 03	0, 04	0, 04	0, 05	0, 06	340
3	0, 02	0, 02	0, 03	0, 03	0, 04	0, 04	255
2	0, 01	0, 02	0, 02	0, 02	0, 02	0, 03	170
1	0. 01	0. 01	0. 01	0, 01	0. 01	0, 01	85

8

COLONNE DES CAPITAUX	INTÉRÊTS POUR 86 JOURS (ou pour 2 mois et 26 jours.)						NOMBRES PRODUITS des CAPITAUX multipliés par 86 Jours.
	à 3 %	à 3 ½	à 4 %	à 4 ½	à 5 %	à 6 %	
fr.	fr. c.	fr. c.	fr. c.	fr. c.	fr. c.	fr. c.	
50,000	358, 33	418, 06	477, 78	537, 50	597, 22	716, 67	4300000
40,000	286, 67	334, 44	382, 22	430, 00	477, 78	573, 33	3440000
30,000	215, 00	250, 83	286, 67	322, 50	358, 33	430. 00	2580000
20,000	143, 33	167, 22	191, 11	215, 00	238, 89	286, 67	1720000
10,000	71, 67	83, 61	95, 56	107, 50	119 44	143, 33	860000
9,000	64, 50	75, 25	86, 00	96, 75	107, 50	129, 00	774000
8,000	57, 33	66, 89	76, 44	86, 00	95, 56	114, 67	688000
7.000	50, 17	58, 53	66, 89	75, 25	83, 61	100, 33	602000
6,000	43, 00	50, 17	57, 33	64, 50	71, 67	86, 00	516000
5,000	35, 83	41, 81	47, 78	53, 75	59, 72	71, 67	430000
4,000	28, 67	33, 44	38, 22	43, 00	47, 78	57, 33	344000
3,000	21, 50	25, 08	28, 67	32, 25	35, 83	43, 00	258000
2,000	14, 33	16, 72	19, 11	21, 50	23, 89	28, 67	172000
1,000	7, 17	8 36	9, 56	10, 75	11, 94	14, 33	86000
900	6, 45	7, 52	8, 60	9, 67	10, 75	12, 90	77400
800	5, 73	6, 69	7, 64	8, 60	9, 56	11, 47	68800
700	5, 02	5, 85	6, 69	7, 52	8, 36	10, 03	60200
600	4, 30	5, 02	5, 73	6, 45	7, 17	8, 60	51600
500	3, 58	4, 18	4, 78	5, 37	5, 97	7, 17	43000
400	2, 87	3, 34	3, 82	4, 30	4, 78	5, 73	34400
300	2, 15	2, 51	2, 87	3, 22	3, 58	4, 30	25800
200	1, 43	1, 67	1, 91	2, 15	2, 39	2, 87	17200
100	0, 72	0, 84	0, 96	1, 07	1, 19	1, 43	8600
90	0, 64	0, 75	0, 86	0, 97	1, 07	1, 29	7740
80	0, 57	0. 67	0, 76	0, 86	0, 96	1, 15	6880
70	0, 50	0, 59	0, 67	0, 75	0, 84	1, 00	6020
60	0, 43	0, 50	0, 57	0, 64	0, 72	0, 86	5160
50	0, 35	0, 42	0, 48	0, 54	0, 60	0, 72	4300
40	0, 29	0, 33	0, 38	0, 43	0, 48	0, 57	3440
30	0, 21	0, 25	0, 29	0, 32	0, 36	0, 43	2580
20	0, 14	0, 17	0, 19	0, 21	0, 24	0, 29	1720
10	0, 07	0, 08	0, 10	0, 11	0, 12	0, 14	860
9	0, 06	0, 08	0, 09	0, 10	0, 11	0, 13	774
8	0, 06	0, 07	0, 08	0, 09	0, 10	0, 11	688
7	0, 05	0, 06	0, 07	0, 08	0, 08	0, 10	602
6	0, 04	0, 05	0, 06	0, 06	0, 07	0, 09	516
5	0, 04	0, 04	0, 05	0, 05	0, 06	0, 07	430
4	0, 03	0, 03	0, 04	0, 04	0, 05	0, 06	344
3	0, 02	0, 03	0, 03	0, 03	0, 04	0, 04	258
2	0, 01	0, 02	0, 02	0, 02	0, 02	0, 03	172
1	0. 01	0, 01	0, 01	0, 01	0, 01	0, 01	86

COLONNE DES CAPITAUX	INTÉRÊTS POUR 87 JOURS (ou pour 2 mois et 27 jours.)						NOMBRES PRODUITS des CAPITAUX multipliés par 87 Jours.
	à 3 %	à 3 ½	à 4 %	à 4 ½	à 5 %	à 6 %	
fr.	fr. c.	fr. c.	fr. c.	fr. c.	fr. c.	fr. c.	
50,000	362, 50	422, 92	483, 33	543, 75	604, 17	725, 00	4350000
40,000	290, 00	338, 33	386, 67	435, 00	483, 33	580, 00	3480000
30,000	217, 50	253, 75	290, 00	326, 25	362, 50	435, 00	2610000
20,000	145, 00	169, 17	193, 33	217, 50	241, 67	290, 00	1740000
10,000	72, 50	84, 58	96, 67	108, 75	120, 83	145, 00	870000
9,000	65, 25	76, 12	87, 00	97, 87	108, 75	130, 50	783000
8,000	58, 00	67, 67	77, 33	87, 00	96, 67	116, 00	696000
7,000	50, 75	59, 21	67, 67	76, 12	84, 58	101, 50	609000
6,000	43, 50	50, 75	58, 00	65, 25	72, 50	87, 00	522000
5,000	36, 25	42, 29	48, 33	54, 37	60, 42	72, 50	435000
4,000	29, 00	33, 83	38, 67	43, 50	48, 33	58, 00	348000
3,000	21, 75	25, 37	29, 00	32, 62	36, 25	43, 50	261000
2,000	14, 50	16, 92	19, 33	21, 75	24, 17	29, 00	174000
1,000	7, 25	8, 46	9, 67	10, 87	12, 08	14, 50	87000
900	6, 52	7, 61	8, 70	9, 79	10, 87	13, 05	7830
800	5, 80	6, 77	7, 73	8, 70	9, 67	11, 60	6960
700	5, 07	5, 92	6, 77	7, 61	8, 46	10, 15	6090
600	4, 35	5, 07	5, 80	6, 52	7, 25	8, 70	5220
500	3, 62	4, 23	4, 83	5, 44	6, 04	7, 25	4350
400	2, 90	3, 38	3, 87	4, 35	4, 83	5, 80	3480
300	2, 17	2, 54	2, 90	3, 26	3, 62	4, 35	2610
200	1, 45	1, 69	1, 93	2, 17	2, 42	2, 90	1740
100	0, 72	0, 85	0, 97	1, 09	1, 21	1, 45	870
90	0, 65	0, 76	0, 87	0, 98	1, 09	1, 30	7830
80	0, 58	0, 68	0, 77	0, 87	0, 97	1, 16	6960
70	0, 51	0, 59	0, 68	0, 76	0, 85	1, 01	6090
60	0, 43	0, 51	0, 58	0, 65	0, 72	0, 87	5220
50	0, 36	0, 42	0, 48	0, 54	0, 60	0, 72	4350
40	0, 29	0, 34	0, 39	0, 43	0, 48	0, 58	3480
30	0, 22	0, 25	0, 29	0, 33	0, 36	0, 43	2610
20	0, 14	0, 17	0, 19	0, 22	0, 24	0, 29	1740
10	0, 07	0, 08	0, 10	0, 11	0, 12	0, 14	870
9	0, 07	0, 08	0, 09	0, 10	0, 11	0, 13	783
8	0, 06	0, 07	0, 08	0, 09	0, 10	0, 12	696
7	0, 05	0, 06	0, 07	0, 08	0, 08	0, 10	609
6	0, 04	0, 05	0, 06	0, 07	0, 07	0, 09	522
5	0, 04	0, 04	0, 05	0, 05	0, 06	0, 07	435
4	0, 03	0, 03	0, 04	0, 04	0, 05	0, 06	348
3	0, 02	0, 03	0, 03	0, 03	0, 04	0, 04	261
2	0, 01	0, 02	0, 02	0, 02	0, 02	0, 03	174
1	0, 01	0, 01	0, 01	0, 01	0, 01	0, 01	87

INTÉRÊTS POUR 88 JOURS
(ou pour 2 mois et 28 jours.)

COLONNE DES CAPITAUX	à 3 %	à 3 ½	à 4 %	à 4 ½	à 5 %	à 6 %	NOMBRES PRODUITS des CAPITAUX multipliés par 88 Jours.
fr.	fr. c.	fr. c.	fr. c.	fr. c.	fr. c.	fr. c.	
50,000	366, 67	427, 78	488, 89	550, 00	611, 11	733, 33	4400000
40,000	293, 33	342, 22	391, 11	440, 00	488, 89	586, 67	3520000
30,000	220, 00	256, 67	293, 33	330, 00	366, 67	440, 00	2640000
20,000	146, 67	171, 11	195, 56	220, 00	244, 44	293, 33	1760000
10,000	73, 33	85, 56	97, 78	110, 00	122, 22	146, 67	880000
9,000	66, 00	77, 00	88, 00	99, 00	110, 00	132, 00	792000
8,000	58, 67	68, 44	78, 22	88, 00	97, 78	117, 33	704000
7,000	51, 33	59, 89	68, 44	77, 00	85, 56	102, 67	616000
6,000	44, 00	51, 33	58, 67	66, 00	73, 33	88, 00	528000
5,000	36, 67	42, 78	48, 89	55, 00	61, 11	73, 33	440000
4,000	29, 33	34, 22	39, 11	44, 00	48, 89	58, 67	352000
3,000	22, 00	25, 67	29, 33	33, 00	36, 67	44, 00	264000
2,000	14, 67	17, 11	19, 56	22, 00	24, 44	29, 33	176000
1,000	7, 33	8, 56	9, 78	11, 00	12, 22	14, 67	88000
900	6, 60	7, 70	8, 80	9, 90	11, 00	13, 20	79200
800	5, 87	6, 84	7, 82	8, 80	9, 78	11, 73	70400
700	5, 13	5, 99	6, 84	7, 70	8, 56	10, 27	61600
600	4, 40	5, 13	5, 87	6, 60	7, 33	8, 80	52800
500	3, 67	4, 28	4, 89	5, 50	6, 11	7, 33	44000
400	2, 93	3, 42	3, 91	4, 40	4, 89	5, 87	35200
300	2, 20	2, 57	2, 93	3, 30	3, 67	4, 40	26400
200	1, 47	1, 71	1, 96	2, 20	2, 44	2, 93	17600
100	0, 73	0, 86	0, 98	1, 10	1, 22	1, 47	8800
90	0, 66	0, 77	0, 88	0, 99	1, 10	1, 32	7920
80	0, 59	0, 68	0, 78	0, 88	0, 98	1, 17	7040
70	0, 51	0, 60	0, 68	0, 77	0, 86	1, 03	6160
60	0, 44	0, 51	0, 59	0, 66	0, 73	0, 88	5280
50	0, 37	0, 43	0, 49	0, 55	0, 61	0, 73	4400
40	0, 29	0, 34	0, 39	0, 44	0, 49	0, 59	3520
30	0, 22	0, 26	0, 29	0, 33	0, 37	0, 44	2640
20	0, 15	0, 17	0, 20	0, 22	0, 24	0, 29	1760
10	0, 07	0, 09	0, 10	0, 11	0, 12	0, 15	880
9	0, 07	0, 08	0, 09	0, 10	0, 11	0, 13	792
8	0, 06	0, 07	0, 08	0, 09	0, 10	0, 12	704
7	0, 05	0, 06	0, 07	0, 08	0, 09	0, 10	616
6	0, 04	0, 05	0, 06	0, 07	0, 07	0, 09	528
5	0, 04	0, 04	0, 05	0, 05	0, 06	0, 07	440
4	0, 03	0, 03	0, 04	0, 04	0, 05	0, 06	352
3	0, 02	0, 03	0, 03	0, 03	0, 04	0, 04	264
2	0, 01	0, 02	0, 02	0, 02	0, 02	0, 03	176
1	0, 01	0, 01	0, 01	0, 01	0, 01	0, 01	88

COLONNE DES CAPITAUX	INTÉRÊTS POUR 89 JOURS (ou pour 2 mois et 29 jours.)						NOMBRES PRODUITS des CAPITAUX multipliés par 89 Jours.
	à 3 %	à 3 ½	à 4 %	à 4 ½	à 5 %	à 6 %	
fr.	fr. c.	fr. c.	fr. c.	fr. c.	fr. c.	fr. c.	
50,000	370, 83	432, 64	494, 44	556, 25	618, 06	741, 67	4450000
40,000	296, 67	346, 11	395, 56	445, 00	494, 44	593, 33	3560000
30,000	222, 50	259, 58	296, 67	333, 75	370, 83	445, 00	2670000
20,000	148, 33	173, 06	197, 78	222, 50	247, 22	296, 67	1780000
10,000	74, 17	86, 53	98, 89	111, 25	123, 61	148, 33	890000
9,000	66, 75	77, 87	89, 00	100, 12	111, 25	133, 50	801000
8,000	59, 33	69, 22	79, 11	89, 00	98, 89	118, 67	712000
7,000	51, 92	60, 57	69, 22	77, 87	86, 53	103, 83	623000
6,000	44, 50	51, 92	59, 33	66, 75	74, 17	89, 00	534000
5,000	37, 08	43, 26	49, 44	55, 62	61, 81	74, 17	445000
4,000	29, 67	34, 61	39, 56	44, 50	49, 44	59, 33	356000
3,000	22, 25	25, 96	29, 67	33, 37	37, 08	44, 50	267000
2,000	14, 83	17, 31	19, 78	22, 25	24, 72	29, 67	178000
1,000	7, 42	8, 65	9, 89	11, 12	12, 36	14, 83	89000
900	6, 67	7, 79	8, 90	10, 01	11, 12	13, 35	80100
800	5, 93	6, 92	7, 91	8, 90	9, 89	11, 87	71200
700	5, 19	6, 06	6, 92	7, 79	8, 65	10, 38	62300
600	4, 45	5, 19	5, 93	6, 67	7, 42	8, 90	53400
500	3, 71	4, 33	4, 94	5, 56	6, 18	7, 42	44500
400	2, 97	3, 46	3, 96	4, 45	4, 94	5, 93	35600
300	2, 22	2, 60	2, 97	3, 34	3, 71	4, 45	26700
200	1, 48	1, 73	1, 98	2, 22	2, 47	2, 97	17800
100	0, 74	0, 87	0, 99	1, 11	1, 24	1, 48	8900
90	0, 67	0, 78	0, 89	1, 00	1, 11	1, 33	8010
80	0, 59	0, 69	0, 79	0, 89	0, 99	1, 19	7120
70	0, 52	0, 61	0, 69	0, 78	0, 87	1, 04	6230
60	0, 44	0, 52	0, 59	0, 67	0, 74	0, 89	5340
50	0, 37	0, 43	0, 49	0, 56	0, 62	0, 74	4450
40	0, 30	0, 35	0, 40	0, 44	0, 49	0, 59	3560
30	0, 22	0, 26	0, 30	0, 33	0, 37	0, 44	2670
20	0, 15	0, 17	0, 20	0, 22	0, 25	0, 30	1780
10	0, 07	0, 09	0, 10	0, 11	0, 12	0, 15	890
9	0, 07	0, 08	0, 09	0, 10	0, 11	0, 13	801
8	0, 06	0, 07	0, 08	0, 09	0, 10	0, 12	712
7	0, 05	0, 06	0, 07	0, 08	0, 09	0, 10	623
6	0, 04	0, 05	0, 06	0, 07	0, 07	0, 09	534
5	0, 04	0, 04	0, 05	0, 06	0, 06	0, 07	445
4	0, 03	0, 03	0, 04	0, 04	0, 05	0, 06	356
3	0, 02	0, 03	0, 03	0, 03	0, 04	0, 04	267
2	0, 01	0, 02	0, 02	0, 02	0, 02	0, 03	178
1	0, 01	0, 01	0, 01	0, 01	0, 01	0, 01	89

INTERÊTS POUR 90 JOURS (ou pour 3 mois.)

COLONNE DES CAPITAUX	à 3 %	à 3 ½	à 4 %	à 4 ½	à 5 %	à 6 %	NOMBRES PRODUITS des CAPITAUX multipliés par 90 Jours.
fr.	fr. c.	fr. c.	fr. c.	fr. c.	fr. c.	fr. c.	
50,000	375, 00	437, 50	500, 00	562, 50	625, 00	750, 00	4500000
40,000	300, 00	350, 00	400, 00	450, 00	500, 00	600, 00	3600000
30,000	225, 00	262, 50	300, 00	337, 50	375, 00	450, 00	2700000
20,000	150, 00	175, 00	200, 00	225, 00	250, 00	300, 00	1800000
10,000	75, 00	87, 50	100, 00	112, 50	125, 00	150, 00	900000
9,000	67, 50	78, 75	90, 00	101, 25	112, 50	135, 00	810000
8,000	60, 00	70, 00	80, 00	90, 00	100, 00	120, 00	720000
7,000	52, 50	61, 25	70, 00	78, 75	87, 50	105, 00	630000
6,000	45, 00	52, 50	60, 00	67, 50	75, 00	90, 00	540000
5,000	37, 50	43, 75	50, 00	56, 25	62, 50	75. 00	450000
4,000	30, 00	35, 00	40, 00	45, 00	50, 00	60, 00	360000
3,000	22, 50	26, 25	30, 00	33, 75	37, 50	45, 00	270000
2,000	15, 00	17, 50	20, 00	22, 50	25, 00	30, 00	180000
1,000	7, 50	8, 75	10, 00	11, 25	12, 50	15, 00	90000
900	6, 75	7, 87	9, 00	10, 12	11, 25	13, 50	81000
800	6, 00	7, 00	8, 00	9, 00	10, 00	12, 00	72000
700	5, 25	6, 12	7, 00	7, 87	8, 75	10, 50	63000
600	4, 50	5, 25	6, 00	6, 75	7, 50	9, 00	54000
500	3, 75	4, 37	5, 00	5, 62	6, 25	7, 50	45000
400	3, 00	3, 50	4, 00	4, 50	5, 00	6, 00	36000
300	2, 25	2, 62	3, 00	3, 37	3, 75	4, 50	27000
200	1, 50	1, 75	2, 00	2, 25	2, 50	3, 00	18000
100	0, 75	0, 87	1, 00	1, 12	1, 25	1, 50	9000
90	0, 67	0, 79	0, 90	1, 01	1, 13	1, 35	8100
80	0, 60	0, 70	0, 80	0, 90	1, 00	1, 20	7200
70	0, 52	0, 61	0, 70	0, 79	0, 87	1, 05	6300
60	0, 45	0, 52	0, 60	0, 67	0, 75	0, 92	5400
50	0, 37	0, 44	0, 50	0, 56	0, 62	0 75	4500
40	0, 30	0, 35	0, 40	0, 45	0, 50	0, 60	3600
30	0, 22	0, 26	0, 30	0, 34	0, 37	0, 45	2700
20	0, 15	0, 17	0, 20	0, 22	0, 25	0, 30	1800
10	0, 07	0, 09	0, 10	0, 11	0, 12	0, 15	900
9	0, 07	0, 08	0, 09	0, 10	0, 11	0, 13	810
8	0, 06	0, 07	0, 08	0, 09	0, 10	0, 12	720
7	0, 05	0, 06	0, 07	0, 08	0, 09	0, 10	630
6	0. 04	0, 05	0, 06	0, 07	0, 07	0, 09	540
5	0, 04	0, 04	0, 05	0, 06	0, 06	0, 07	450
4	0, 03	0, 03	0. 04	0, 04	0, 05	0, 06	360
3	0, 02	0, 03	0, 03	0, 03	0, 04	0, 04	270
2	0, 01	0, 02	0, 02	0, 02	0, 02	0, 03	180
1	0. 01	0, 01	0, 01	0, 01	0. 01	0, 01	90

COLONNE DES CAPITAUX	INTÉRÊTS POUR 91 JOURS (ou pour 3 mois et 1 jour.)						NOMBRES PRODUITS des CAPITAUX multipliés par 91 Jours.
	à 3%	à 3½	à 4%	à 4½	à 5%	à 6%	
fr.	fr. c.	fr. c.	fr. c.	fr. c.	fr. c.	fr. c.	
50,000	379, 17	442, 36	505, 56	568, 75	631, 94	758, 33	4550000
40,000	303, 33	353, 89	404, 44	455, 00	505, 56	606, 67	3640000
30 000	227, 50	265, 42	303, 33	341, 25	379, 17	455, 00	2730000
20,000	151, 67	176, 94	202, 22	227, 50	252, 78	303, 33	1820000
10,000	75, 83	88, 47	101, 11	113, 75	126, 39	151, 67	910000
9,000	68, 25	79, 62	91, 00	102, 37	113, 75	136, 50	819000
8,000	60, 67	70, 78	80, 89	91, 00	101, 11	121, 33	728000
7,000	53, 08	61, 93	70, 78	79, 62	88, 47	106, 17	637000
6 000	45, 50	53, 08	60, 67	68, 25	75, 83	91, 00	546000
5,000	37, 92	44, 24	50, 56	56, 87	63, 19	75, 83	455000
4,000	30. 33	35, 39	40, 44	45, 50	50, 56	60, 67	364000
3,000	22, 75	26, 54	30, 33	34, 12	37, 92	45, 50	273000
2,000	15, 17	17, 69	20, 22	22, 75	25, 28	30, 33	182000
1,000	7, 58	8, 85	10, 11	11, 37	12, 64	15, 17	91000
900	6, 82	7, 96	9, 10	10, 24	11, 37	13, 65	81900
800	6, 07	7, 08	8, 09	9, 10	10, 11	12, 13	72800
700	5, 31	6, 19	7, 08	7, 96	8, 85	10, 62	63700
600	4, 55	5, 31	6, 07	6, 82	7, 58	9, 10	54600
500	3, 79	4, 42	5, 06	5, 69	6, 32	7, 58	45500
400	3, 03	3, 54	4, 04	4, 55	5, 06	6, 07	36400
300	2, 27	2, 65	3, 03	3, 41	3, 79	4, 55	27300
200	1, 52	1, 77	2, 02	2, 27	2, 53	3, 03	18200
100	0, 76	0, 88	1, 01	1, 14	1, 26	1, 52	9100
90	0, 68	0, 80	0, 91	1, 02	1, 14	1, 36	8190
80	0, 61	0, 71	0, 81	0, 91	1, 01	1, 21	7280
70	0, 53	0, 62	0, 71	0, 80	0, 88	1, 06	6370
60	0, 45	0, 53	0, 61	0, 68	0, 76	0, 91	5460
50	0, 38	0, 44	0, 51	0, 57	0, 63	0, 76	4550
40	0, 30	0, 35	0, 40	0, 45	0, 51	0, 61	3640
30	0, 23	0, 27	0, 30	0, 34	0, 38	0, 45	2730
20	0, 15	0, 18	0, 20	0, 23	0, 25	0, 30	1820
10	0, 08	0, 09	0, 10	0, 11	0, 13	0, 15	910
9	0, 07	0, 08	0, 09	0, 10	0, 11	0, 14	819
8	0, 06	0, 07	0, 08	0, 09	0, 10	0, 12	728
7	0, 05	0, 06	0, 07	0, 08	0, 09	0, 11	637
6	0, 05	0, 05	0, 06	0, 07	0, 08	0, 09	546
5	0, 04	0, 04	0, 05	0, 06	0, 06	0, 08	455
4	0, 03	0, 04	0, 04	0, 05	0, 05	0, 06	364
3	0, 02	0, 03	0, 03	0, 03	0, 04	0, 05	273
2	0, 02	0, 02	0, 02	0 02	0, 03	0, 03	182
1	0. 01	0. 01	0, 01	0, 01	0. 01	0, 02	91

COLONNE DES CAPITAUX	INTÉRÊTS POUR 92 JOURS (ou pour 3 mois et 2 jours.)						NOMBRES PRODUITS des CAPITAUX multipliés par 92 Jours.
	à 3 %	à 3 ½	à 4 %	à 4 ½	à 5 %	à 6 %	
fr.	fr. c.	fr. c.	fr. c.	fr. c.	fr. c.	fr. c.	
50,000	383, 33	447, 22	511, 11	575, 00	638, 89	766, 67	4600000
40,000	306, 67	357, 78	408, 89	460, 00	511, 11	613, 33	3680000
30,000	230, 00	268, 33	306, 67	345, 00	383, 33	460, 00	2760000
20,000	153, 33	178, 89	204, 44	230, 00	255, 56	306, 67	1840000
10,000	76, 67	89, 44	102, 22	115, 00	127, 78	153, 33	920000
9,000	69, 00	80, 50	92, 00	103, 50	115, 00	138, 00	828000
8,000	61, 33	71, 56	81, 78	92, 00	102, 22	122, 67	736000
7,000	53, 67	62, 61	71, 56	80, 50	89, 44	107, 33	644000
6,000	46, 00	53, 67	61, 33	69, 00	76, 67	92, 00	552000
5,000	38, 33	44, 72	51, 11	57, 50	63, 89	76, 67	460000
4,000	30, 67	35, 78	40, 89	46, 00	51, 11	61, 33	368000
3,000	23, 00	26, 83	30, 67	34, 50	38, 33	46, 00	276000
2,000	15, 33	17, 89	20, 44	23, 00	25, 56	30, 67	184000
1,000	7, 67	8, 94	10, 22	11, 50	12, 78	15, 33	92000
900	6, 90	8, 05	9, 20	10, 35	11, 50	13, 80	82800
800	6, 13	7, 16	8, 18	9, 20	10, 22	12, 27	73600
700	5, 37	6, 26	7, 16	8, 05	8, 94	10, 73	64400
600	4, 60	5, 37	6, 13	6, 90	7, 67	9, 20	55200
500	3, 83	4, 47	5, 11	5, 75	6, 39	7, 67	46000
400	3, 07	3, 58	4, 09	4, 60	5, 11	6, 13	36800
300	2, 30	2, 68	3, 07	3, 45	3, 83	4, 60	27600
200	1, 53	1, 79	2, 04	2, 30	2, 56	3, 07	18400
100	0, 77	0, 89	1, 02	1, 15	1, 28	1, 53	9200
90	0, 69	0, 80	0, 92	1, 03	1, 15	1, 38	8280
80	0, 61	0, 72	0, 82	0, 92	1, 02	1, 23	7360
70	0, 54	0, 63	0, 72	0, 80	0, 89	1, 07	6440
60	0, 46	0, 54	0, 61	0, 69	0, 77	0, 92	5520
50	0, 38	0, 45	0, 51	0, 57	0, 64	0, 77	4600
40	0, 31	0, 36	0, 41	0, 46	0, 51	0, 61	3680
30	0, 23	0, 27	0, 31	0, 34	0, 38	0, 46	2760
20	0, 15	0, 18	0, 20	0, 23	0, 26	0, 31	1840
10	0, 08	0, 09	0, 10	0, 11	0, 13	0, 15	920
9	0, 07	0, 08	0, 09	0, 10	0, 11	0, 14	828
8	0, 06	0, 07	0, 08	0. 09	0, 10	0, 12	736
7	0, 05	0, 06	0, 07	0, 08	0, 09	0, 11	644
6	0, 05	0, 05	0, 06	0, 07	0, 08	0, 09	552
5	0, 04	0, 04	0, 05	0, 06	0, 06	0, 08	460
4	0, 03	0, 04	0, 04	0, 05	0, 05	0, 06	368
3	0, 02	0, 03	0, 03	0, 03	0, 04	0, 05	276
2	0, 02	0, 02	0, 02	0, 02	0, 03	0, 03	184
1	0, 01	0, 01	0, 01	0, 01	0, 01	0, 02	92

COLONNE DES CAPITAUX	INTÉRÊTS POUR 93 JOURS (ou pour 3 mois et 3 jours.)						NOMBRES PRODUITS des CAPITAUX multipliés par 93 Jours.
	à 3 %	à 3 ½	à 4 %	à 4 ½	à 5 %	à 6 %	
fr.	fr. c.	fr. c.	fr. c.	fr. c.	fr. c.	fr. c.	
50,000	387, 50	452, 08	516, 67	581, 25	645, 83	775, 00	4650000
40,000	310, 00	361, 67	413, 33	465, 00	516, 67	620, 00	3720000
30,000	232, 50	271, 25	310, 00	348, 75	387, 50	465, 00	2790000
20,000	155, 00	180, 83	206, 67	232, 50	258, 33	310, 00	1860000
10,000	77, 50	90, 42	103, 33	116, 25	129, 17	155, 00	930000
9,000	69, 75	81, 37	93, 00	104, 62	116, 25	139, 50	837000
8,000	62, 00	72, 33	82, 67	93, 00	103, 33	124, 00	744000
7,000	54, 25	63, 29	72, 33	81, 37	90, 42	108, 50	651000
6,000	46, 50	54, 25	62, 00	69, 75	77, 50	93, 00	558000
5,000	38, 75	45, 21	51, 67	58, 12	64, 58	77, 50	465000
4,000	31, 00	36, 17	41, 33	46, 50	51, 67	62, 00	372000
3,000	23, 25	27, 12	31, 00	34, 87	38. 75	46, 50	279000
2,000	15, 50	18, 08	20, 67	23, 25	25, 83	31, 00	186000
1,000	7, 75	9, 04	10, 33	11, 62	12, 92	15, 50	93000
900	6, 97	8, 14	9, 30	10, 46	11, 62	13, 95	83700
800	6, 20	7, 23	8, 27	9, 30	10, 33	12, 40	74400
700	5, 42	6, 33	7, 23	8, 14	9, 04	10, 85	65100
600	4, 65	5, 42	6, 20	6, 97	7, 75	9. 30	55800
500	3, 87	4, 52	5, 17	5, 81	6, 46	7, 75	46500
400	3, 10	3, 62	4, 13	4, 65	5, 17	6, 20	37200
300	2, 32	2, 71	3, 10	3, 49	3, 87	4, 65	27900
200	1, 55	1, 81	2, 07	2, 32	2, 58	3, 10	18600
100	0, 77	0, 90	1, 03	1, 16	1, 29	1, 55	9300
90	0, 70	0, 81	0, 93	1, 05	1, 16	1, 39	8370
80	0, 62	0, 72	0, 83	0, 93	1, 03	1, 24	7440
70	0, 54	0, 63	0, 72	0, 81	0, 90	1, 08	6510
60	0, 46	0, 54	0, 62	0, 70	0, 77	0, 93	5580
50	0, 39	0, 45	0, 52	0, 58	0, 65	0, 77	4650
40	0, 31	0, 36	0, 41	0, 46	0, 52	0, 62	3720
30	0, 23	0, 27	0, 31	0, 35	0, 39	0, 46	2790
20	0, 15	0, 18	0, 21	0, 23	0, 26	0, 31	1860
10	0, 08	0, 09	0, 10	0, 12	0, 13	0, 15	930
9	0, 07	0, 08	0, 09	0, 10	0, 12	0, 14	837
8	0, 06	0, 07	0, 08	0, 09	0, 10	0, 12	744
7	0, 05	0, 06	0, 07	0, 08	0, 09	0, 11	651
6	0, 05	0, 05	0, 06	0, 07	0, 08	0, 09	558
5	0, 04	0, 05	0, 05	0, 06	0, 06	0, 08	465
4	0, 03	0, 04	0, 04	0, 05	0, 05	0, 06	372
3	0, 02	0, 03	0, 03	0, 03	0, 04	0, 05	279
2	0, 02	0, 02	0, 02	0, 02	0, 03	0, 03	186
1	0, 01	0, 01	0, 01	0, 01	0, 01	0, 02	93

COLONNE DES CAPITAUX	INTÉRÊTS POUR 94 JOURS (ou pour 3 mois et 4 jours.)						NOMBRES PRODUITS des CAPITAUX multipliés par 94 Jours.
	à 3 %	à 3 ½	à 4 %	à 4 ½	à 5 %	à 6 %	
fr.	fr. c.	fr. c.	fr. c.	fr. c.	fr. c.	fr. c.	
50,000	391, 67	456, 94	522, 22	587, 50	652, 78	783, 33	4700000
40,000	313, 33	365, 56	417, 78	470, 00	522, 22	626, 67	3760000
30,000	235, 00	274, 17	313, 33	352, 50	391, 67	470, 00	2820000
20,000	156, 67	182, 78	208, 89	235, 00	261, 11	313, 33	1880000
10,000	78, 33	91, 39	104, 44	117, 50	130, 56	156, 67	940000
9,000	70, 50	82, 25	94, 00	105, 75	117, 50	141, 00	846000
8,000	62, 67	73, 11	83, 56	94, 00	104, 44	125, 33	752000
7,000	54, 83	63, 97	73, 11	82, 25	91, 39	109, 67	658000
6,000	47, 00	54, 83	62, 67	70, 50	78, 33	94, 00	564000
5,000	39, 17	45, 69	52, 22	58, 75	65, 28	78, 33	470000
4,000	31, 33	36, 56	41, 78	47, 00	52, 22	62, 67	376000
3,000	23, 50	27, 42	31, 33	35, 25	39, 17	47, 00	282000
2,000	15, 67	18, 28	20, 89	23, 50	26, 11	31, 33	188000
1,000	7, 83	9, 14	10, 44	11, 75	13, 06	15, 67	94000
900	7, 05	8, 22	9, 40	10, 57	11, 75	14, 10	84600
800	6, 27	7, 31	8, 36	9, 40	10, 44	12, 53	75200
700	5, 48	6, 40	7, 31	8, 22	9, 14	10, 97	65800
600	4, 70	5, 48	6, 27	7, 05	7, 83	9, 40	56400
500	3, 92	4, 57	5, 22	5, 87	6, 53	7, 83	47000
400	3, 13	3, 66	4, 18	4, 70	5, 22	6, 27	37600
300	2, 35	2, 74	3, 13	3, 52	3, 92	4, 70	28200
200	1, 57	1, 83	2, 09	2, 35	2, 61	3, 13	18800
100	0, 78	0, 91	1, 04	1, 17	1, 31	1, 57	9400
90	0, 70	0, 82	0, 94	1, 05	1, 17	1, 41	8460
80	0, 63	0, 73	0, 84	0, 94	1, 04	1, 25	7520
70	0, 55	0, 64	0, 73	0, 82	0, 91	1, 10	6580
60	0, 47	0, 55	0, 63	0, 70	0, 78	0, 94	5640
50	0, 39	0, 46	0, 52	0, 59	0, 65	0, 78	4700
40	0, 31	0, 37	0, 42	0, 47	0, 52	0, 63	3760
30	0, 23	0, 27	0, 31	0, 35	0, 39	0, 47	2820
20	0, 16	0, 18	0, 21	0, 23	0, 26	0, 31	1880
10	0, 08	0, 09	0, 10	0, 12	0, 13	0, 16	940
9	0, 07	0, 08	0, 09	0, 11	0, 12	0, 14	846
8	0, 06	0, 07	0, 08	0, 09	0, 10	0, 13	752
7	0, 05	0, 06	0, 07	0, 08	0, 09	0, 11	658
6	0, 05	0, 05	0, 06	0, 07	0, 08	0, 09	564
5	0, 04	0, 05	0, 05	0, 06	0, 07	0, 08	470
4	0, 03	0, 04	0, 04	0, 05	0, 05	0, 06	376
3	0, 02	0, 03	0, 03	0, 04	0, 04	0, 05	282
2	0, 02	0, 02	0, 02	0, 02	0, 03	0, 03	188
1	0, 01	0, 01	0, 01	0, 01	0, 01	0, 02	94

COLONNE DES CAPITAUX	INTÉRÊTS POUR 95 JOURS (ou pour 3 mois et 5 jours.)						NOMBRES PRODUITS des CAPITAUX multipliés par 95 Jours.
	à 3 %	à 3 ½	à 4 %	à 4 ½	à 5 %	à 6 %	
fr.	fr. c.	fr. c.	fr. c.	fr. c.	fr. c.	fr. c.	
50,000	395, 83	461, 80	527, 78	593, 75	659, 72	791. 67	4750000
40,000	316, 67	369, 44	422, 22	475, 00	527, 78	633, 33	3800000
30,000	237, 50	277, 08	316, 67	356, 25	395, 83	475, 00	2850000
20,000	158, 33	184, 72	211, 11	237, 50	263, 89	316, 67	1900000
10,000	79, 17	92, 36	105, 56	118, 75	131, 94	158. 33	950000
9,000	71, 25	83, 12	95, 00	106, 87	118, 75	142, 50	855000
8,000	63, 33	73, 89	84, 44	95, 00	105, 56	126, 67	760000
7,000	55, 42	64, 65	73, 89	83, 12	92, 36	110, 83	665000
6,000	47, 50	55, 42	63, 33	71, 25	79, 17	95, 00	570000
5,000	39, 58	46. 18	52, 78	59, 37	65, 97	79, 17	475000
4,000	31, 67	36, 94	42, 22	47, 50	52, 78	63, 33	380000
3,000	23, 75	27, 71	31, 67	35, 62	39, 58	47, 50	285000
2,000	15, 83	18, 47	21, 11	23, 75	26, 39	31, 67	190000
1,000	7, 92	9, 24	10, 56	11, 87	13, 19	15, 83	95000
900	7, 12	8, 31	9, 50	10, 69	11, 87	14, 25	85500
800	6, 33	7, 39	8, 44	9, 50	10, 56	12, 67	76000
700	5, 54	6, 47	7, 39	8, 31	9, 24	11, 08	66500
600	4, 75	5, 54	6, 33	7, 12	7, 92	9, 50	57000
500	3, 96	4, 62	5, 28	5, 94	6, 60	7, 92	47500
400	3, 17	3, 69	4, 22	4, 75	5, 28	6, 33	38000
300	2, 37	2, 77	3, 17	3, 56	3, 96	4, 75	28500
200	1, 58	1, 85	2, 11	2, 37	2, 64	3, 17	19000
100	0, 79	0, 92	1, 06	1, 19	1, 32	1, 58	9500
90	0, 71	0, 83	0, 95	1, 07	1, 19	1, 42	8550
80	0, 63	0, 74	0, 84	0, 95	1, 06	1, 27	7600
70	0, 55	0, 65	0, 74	0, 83	0, 92	1, 11	6650
60	0, 47	0, 55	0, 63	0, 71	0, 79	0, 95	5700
50	0, 40	0, 46	0, 53	0, 59	0, 66	0, 79	4750
40	0, 32	0, 37	0, 42	0, 47	0, 53	0, 63	3800
30	0, 24	0, 28	0, 32	0, 36	0, 40	0, 47	2850
20	0, 16	0, 18	0, 21	0, 24	0, 26	0, 32	1900
10	0, 08	0 09	0, 11	0, 12	0, 13	0, 16	950
9	0, 07	0, 08	0, 09	0, 11	0, 12	0, 14	855
8	0, 06	0, 07	0, 08	0, 09	0, 11	0, 13	760
7	0, 06	0, 06	0, 07	0, 08	0, 09	0, 11	665
6	0, 05	0, 06	0, 06	0, 07	0, 08	0, 09	570
5	0, 04	0, 05	0, 05	0, 06	0, 07	0, 08	475
4	0, 03	0, 04	0, 04	0, 05	0, 05	0, 06	380
3	0, 02	0, 03	0, 03	0, 04	0, 04	0, 05	285
2	0, 02	0, 02	0, 02	0, 02	0, 03	0, 03	190
1	0. 01	0, 01	0, 01	0. 01	0. 01	0, 02	95

COLONNE DES CAPITAUX	INTERÊTS POUR 96 JOURS (ou pour 3 mois et 6 jours.)						NOMBRES PRODUITS des CAPITAUX multipliés par 96 Jours.
	à 3 %	à 3 ½	à 4 %	à 4 ½	à 5 %	à 6 %	
fr.	fr. c.	fr. c.	fr. c.	fr. c.	fr. c.	fr. c.	
50,000	400, 00	466, 67	533, 33	600, 00	666, 67	800, 00	4800000
40,000	320, 00	373, 33	426, 67	480, 00	533, 33	640, 00	3840000
30,000	240, 00	280, 00	320, 00	360, 00	400, 00	480, 00	2880000
20,000	160, 00	186, 67	213, 33	240, 00	266, 67	320, 00	1920000
10,000	80, 00	93, 33	106, 67	120, 00	133, 33	160, 00	960000
9,000	72, 00	84, 00	96, 00	108, 00	120, 00	144, 00	864000
8,000	64, 00	74, 67	85, 33	96, 00	106, 67	128, 00	768000
7,000	56, 00	65, 33	74, 67	84, 00	93, 33	112, 00	672000
6,000	48, 00	56, 00	64, 00	72, 00	80, 00	96, 00	576000
5,000	40, 00	46, 67	53, 33	60, 00	66, 67	80, 00	480000
4,000	32, 00	37, 33	42, 67	48, 00	53, 33	64, 00	384000
3,000	24, 00	28, 00	32, 00	36, 00	40, 00	48, 00	288000
2,000	16, 00	18, 67	21, 33	24, 00	26, 67	32, 00	192000
1,000	8, 00	9, 33	10, 67	12, 00	13, 33	16, 00	96000
900	7, 20	8, 40	9, 60	10, 80	12, 00	14, 40	86400
800	6, 40	7, 47	8, 53	9, 60	10, 67	12, 80	76800
700	5, 60	6, 53	7, 47	8, 40	9, 33	11, 20	67200
600	4, 80	5, 60	6, 40	7, 20	8, 00	9, 60	57600
500	4, 00	4, 67	5, 33	6, 00	6, 67	8, 00	48000
400	3, 20	3, 73	4, 27	4, 80	5, 33	6, 40	38400
300	2, 40	2, 80	3, 20	3, 60	4, 00	4, 80	28800
200	1, 60	1, 87	2, 13	2, 40	2, 67	3, 20	19200
100	0, 80	0, 93	1, 07	1, 20	1, 33	1, 60	9600
90	0, 72	0, 84	0, 96	1, 08	1, 20	1, 44	8640
80	0, 64	0, 75	0, 85	0, 96	1, 07	1, 28	7680
70	0, 56	0, 65	0, 75	0, 84	0, 93	1, 12	6720
60	0, 48	0, 56	0, 64	0, 72	0, 80	0, 96	5760
50	0, 40	0, 47	0, 53	0, 60	0, 67	0, 80	4800
40	0, 32	0, 37	0, 43	0, 48	0, 53	0, 64	3840
30	0, 24	0, 28	0, 32	0, 36	0, 40	0, 48	2880
20	0, 16	0, 19	0, 21	0, 24	0, 27	0, 32	1920
10	0, 08	0, 09	0, 11	0, 12	0, 13	0, 16	960
9	0, 07	0, 08	0, 10	0, 11	0, 12	0, 14	864
8	0, 06	0, 07	0, 09	0, 10	0, 11	0, 13	768
7	0, 06	0, 07	0, 07	0, 08	0, 09	0, 11	672
6	0, 05	0, 06	0, 06	0, 07	0, 08	0, 10	576
5	0, 04	0, 05	0, 05	0, 06	0, 07	0, 08	480
4	0, 03	0, 04	0, 04	0, 05	0, 05	0, 06	384
3	0, 02	0, 03	0, 03	0, 04	0, 04	0, 05	288
2	0, 02	0, 02	0, 02	0, 02	0, 03	0, 03	192
1	0, 01	0, 01	0, 01	0, 01	0, 01	0, 02	96

COLONNE DES CAPITAUX	INTÉRÊTS POUR 97 JOURS (ou pour 3 mois et 7 jours.)						NOMBRES PRODUITS des CAPITAUX multipliés par 97 Jours
	à 3%	à 3½	à 4%	à 4½	à 5%	à 6%	
fr.	fr. c.	fr. c.	fr. c.	fr. c.	fr. c.	fr. c.	
50,000	404, 17	471, 53	538, 89	606, 25	673, 61	808, 33	4850000
40,000	323, 33	377, 22	431, 11	485, 00	538, 89	646, 67	3880000
30,000	242, 50	282, 92	323, 33	363, 75	404, 17	485, 00	2910000
20,000	161, 67	188, 61	215, 56	242, 50	269, 44	323, 33	1940000
10,000	80, 83	94, 31	107, 78	121, 25	134, 72	161, 67	970000
9,000	72, 75	84, 87	97, 00	109, 12	121, 25	145, 50	873000
8,000	64, 67	75, 44	86, 22	97, 00	107, 78	129, 33	776000
7,000	56, 58	66, 01	75, 44	84, 87	94, 31	113, 17	679000
6.000	48, 50	56, 58	64, 67	72, 75	80, 83	97, 00	582000
5,000	40, 42	47, 15	53, 89	60, 62	67, 36	80, 83	485000
4,000	32, 33	37, 72	43, 11	48, 50	53, 89	64, 67	388000
3,000	24, 25	28, 29	32, 33	36, 37	40, 42	48, 50	291000
2,000	16, 17	18, 86	21, 56	24, 25	26, 94	32, 33	194000
1,000	8, 08	9, 43	10, 78	12, 12	13, 47	16, 17	97000
900	7, 27	8, 49	9, 70	10, 91	12, 12	14, 55	873000
800	6, 47	7, 54	8, 62	9, 70	10, 78	12, 93	77600
700	5, 66	6, 60	7, 54	8, 49	9, 43	11, 32	67900
600	4, 85	5, 66	6, 47	7, 27	8, 08	9, 70	58200
500	4, 04	4, 72	5, 39	6, 06	6, 74	8, 08	48500
400	3, 23	3, 77	4, 31	4, 85	5, 39	6, 47	38800
300	2, 42	2, 83	3, 23	3, 64	4, 04	4, 85	29100
200	1, 62	1, 89	2, 16	2, 42	2, 69	3, 23	19400
100	0, 81	0, 94	1, 08	1, 21	1, 35	1, 62	9700
90	0, 73	0, 85	0, 97	1, 09	1, 21	1, 45	8730
80	0, 65	0, 75	0, 86	0, 97	1, 08	1, 29	7760
70	0, 57	0, 66	0, 75	0, 85	0, 94	1, 13	6790
60	0, 48	0, 57	0, 65	0, 73	0, 81	0, 97	5820
50	0, 40	0, 47	0, 54	0, 61	0, 67	0, 81	4850
40	0, 32	0, 38	0, 43	0, 48	0, 54	0, 65	3880
30	0, 24	0, 28	0, 32	0, 36	0, 40	0, 48	2910
20	0, 16	0, 19	0, 22	0, 24	0, 27	0, 32	1940
10	0, 08	0, 09	0, 11	0, 12	0, 13	0, 16	970
9	0, 07	0, 08	0, 10	0, 11	0, 12	0, 15	873
8	0, 06	0, 08	0, 09	0, 10	0, 11	0, 13	776
7	0, 06	0, 07	0, 08	0, 08	0, 09	0, 11	679
6	0, 05	0, 06	0, 06	0, 07	0, 08	0, 10	582
5	0, 04	0, 05	0, 05	0, 06	0, 07	0, 08	485
4	0, 03	0, 04	0, 04	0, 05	0, 05	0, 06	388
3	0, 02	0, 03	0, 03	0, 04	0, 04	0, 05	291
2	0, 02	0, 02	0, 02	0, 02	0, 03	0, 03	194
1	0, 01	0, 01	0, 01	0, 01	0, 01	0, 02	97

COLONNE DES CAPITAUX	INTÉRÊTS POUR 98 JOURS (ou pour 3 mois et 8 jours.)						NOMBRES PRODUITS des CAPITAUX multipliés par 98 Jours.
	à 3 %	à 3 ½	à 4 %	à 4 ½	à 5 %	à 6 %	
fr.	fr. c.	fr. c.	fr. c.	fr. c.	fr. c.	fr. c.	
50,000	408, 33	476, 39	544, 44	612, 50	680, 56	816, 67	4900000
40,000	326, 67	381, 11	435, 56	490, 00	544, 44	653, 33	3920000
30,000	245, 00	285, 83	326, 67	367, 50	408, 33	490, 00	2940000
20,000	163, 33	190, 56	217, 78	245, 00	272, 22	326, 67	1960000
10,000	81, 67	95, 28	108, 89	122, 50	136, 11	163, 33	980000
9,000	73, 50	85, 75	98, 00	110, 25	122, 50	147, 00	882000
8,000	65, 33	76, 22	87, 11	98, 00	108, 89	130, 67	784000
7,000	57, 17	66, 69	76, 22	85, 75	95, 28	114, 33	686000
6,000	49, 00	57, 17	65, 33	73, 50	81, 67	98, 00	588000
5,000	40, 83	47, 64	54, 44	61, 25	68, 06	81, 67	490000
4,000	32, 67	38, 11	43, 56	49, 00	54, 44	65, 33	392000
3,000	24, 50	28, 58	32, 67	36, 75	40, 83	49, 00	294000
2,000	16, 33	19, 06	21, 78	24, 50	27, 22	32, 67	196000
1,000	8, 17	9, 53	10, 89	12, 25	13, 61	16, 33	98000
900	7, 35	8, 57	9, 80	11, 02	12, 25	14, 70	88200
800	6, 53	7, 62	8, 71	9, 80	10, 89	13, 07	78400
700	5, 72	6, 67	7, 62	8, 57	9, 53	11, 43	68600
600	4, 90	5, 72	6, 53	7, 35	8, 17	9, 80	58800
500	4, 08	4, 76	5, 44	6, 12	6, 81	8, 17	49000
400	3, 27	3, 81	4, 36	4, 90	5, 44	6, 53	39200
300	2, 45	2, 86	3, 27	3, 67	4, 08	4, 90	29400
200	1, 63	1, 91	2, 18	2, 45	2, 72	3, 27	19600
100	0, 82	0, 95	1, 09	1, 22	1, 36	1, 63	9800
90	0, 73	0, 86	0, 98	1, 10	1, 22	1, 47	8820
80	0, 65	0, 76	0, 87	0, 98	1, 09	1, 31	7840
70	0, 57	0, 67	0, 76	0, 86	0, 95	1, 14	6860
60	0, 49	0, 57	0, 65	0, 73	0, 82	0, 98	5880
50	0, 41	0, 48	0, 54	0, 61	0, 68	0, 82	4900
40	0, 33	0, 38	0, 44	0, 49	0, 54	0, 65	3920
30	0, 24	0, 29	0, 33	0, 37	0, 41	0, 49	2940
20	0, 16	0, 19	0, 22	0, 24	0, 37	0, 33	1960
10	0, 08	0, 10	0, 11	0, 12	0, 14	0, 16	980
9	0, 07	0, 09	0, 10	0, 11	0, 12	0, 15	882
8	0, 07	0, 08	0, 09	0, 10	0, 11	0, 13	784
7	0, 06	0, 07	0, 08	0, 09	0, 10	0, 11	686
6	0, 05	0, 06	0, 07	0, 07	0, 08	0, 10	588
5	0, 04	0, 05	0, 05	0, 06	0, 07	0, 08	490
4	0, 03	0, 04	0, 04	0, 05	0, 05	0, 07	392
3	0, 02	0, 03	0, 03	0, 04	0, 04	0, 05	294
2	0, 02	0, 02	0, 02	0, 02	0, 03	0, 03	196
1	0, 01	0, 01	0, 01	0, 01	0, 01	0, 02	98

COLONNE DES CAPITAUX	INTÉRÈTS POUR 99 JOURS (ou pour 3 mois et 9 jours.)						NOMBRES PRODUITS des CAPITAUX multipliés par 99 Jours.
	à 3 %	à 3 1/2	à 4 %	à 4 1/2	à 5 %	à 6 %	
fr.	fr. c.	fr. c.	fr. c.	fr. c.	fr. c.	fr. c.	
50,000	412, 50	481, 25	550, 00	618, 75	687, 50	825. 00	4950000
40,000	330, 00	385, 00	440, 00	495, 00	550, 00	660, 00	3960000
30,000	247, 50	288, 75	330, 00	371, 25	412. 50	495, 00	2970000
20,000	165, 00	192, 50	220, 00	247, 50	275, 00	330, 00	1980000
10,000	82, 50	96, 25	110, 00	123, 75	137, 50	165, 00	990000
9,000	74, 25	86, 62	99, 00	111, 37	123, 75	148, 50	891000
8,000	66, 00	77, 00	88, 00	99, 00	110, 00	132, 00	792000
7,000	57, 75	67, 37	77, 00	86, 62	96, 25	115, 50	693000
6,000	49, 50	57, 75	66, 00	74, 25	82, 50	99, 00	594000
5,000	41, 25	48, 12	55, 00	61, 87	68, 75	82. 50	495000
4,000	33, 00	38, 50	44, 00	49, 50	55, 00	66, 00	396000
3,000	24, 75	28, 87	33, 00	37, 12	41. 25	49, 50	297000
2,000	16, 50	19, 25	22, 00	24, 75	27, 50	33, 00	198000
1,000	8, 25	9, 62	11, 00	12, 37	13, 75	16, 50	99000
900	7, 42	8, 66	9, 90	11, 14	12, 37	14, 85	89100
800	6, 60	7, 70	8, 80	9, 90	11, 00	13, 20	79200
700	5, 77	6, 74	7, 70	8, 66	9, 62	11, 55	69300
600	4. 95	5, 77	6, 60	7, 42	8, 25	9, 90	59400
500	4, 12	4, 81	5, 50	6, 19	6, 87	8, 25	49500
400	3, 30	3, 85	4, 40	4, 95	5, 50	6, 60	39600
300	2, 47	2, 89	3, 30	3, 71	4, 12	4. 95	29700
200	1, 65	1, 92	2, 20	2, 47	2, 75	3, 30	19800
100	0, 82	0, 96	1, 10	1, 24	1, 37	1, 65	9900
90	0, 74	0, 87	0, 99	1, 11	1, 24	1, 48	8910
80	0, 66	0, 77	0, 88	0, 99	1, 10	1, 32	7920
70	0, 58	0, 67	0, 77	0, 87	0, 96	1, 15	6930
60	0, 49	0, 58	0, 66	0, 74	0, 82	0, 99	5940
50	0, 41	0, 48	0, 55	0, 62	0, 69	0, 82	4950
40	0, 33	0, 38	0, 44	0, 49	0, 55	0, 66	3960
30	0, 25	0, 29	0, 33	0, 37	0, 41	0, 49	2970
20	0, 16	0, 19	0, 22	0, 25	0, 27	0, 33	1980
10	0, 08	0, 10	0, 11	0, 12	0, 14	0, 16	990
9	0, 07	0, 09	0, 10	0, 11	0, 12	0, 15	891
8	0, 07	0, 08	0, 09	0, 10	0, 11	0, 13	792
7	0, 06	0, 07	0, 08	0, 09	0, 10	0, 12	693
6	0, 05	0, 06	0, 07	0, 07	0, 08	0, 10	594
5	0, 04	0, 05	0, 05	0, 06	0, 07	0, 08	495
4	0, 03	0, 04	0, 04	0, 05	0, 05	0, 07	396
3	0, 02	0, 03	0, 03	0, 04	0, 04	0, 05	297
2	0, 02	0, 02	0, 02	0, 02	0, 03	0, 03	198
1	0, 01	0, 01	0, 01	0, 01	0, 01	0, 02	99

COLONNE DES CAPITAUX	INTÉRÈTS POUR 100 JOURS (ou pour 3 mois et 10 jours.)						NOMBRES PRODUITS des CAPITAUX multipliés par 100 Jours.
	à 3 %	à 3 ½	à 4 %	à 4 ½	à 5 %	à 6 %	
fr.	fr. c.	fr. c.	fr. c.	fr. c.	fr. c.	fr. c.	
50,000	416, 67	486, 11	555, 56	625, 00	694, 44	833, 33	5000000
40,000	333, 33	388, 89	444, 44	500, 00	555, 56	666, 67	4000000
30,000	250, 00	291, 67	333, 33	375, 00	416, 67	500, 00	3000000
20,000	166, 67	194. 44	222, 22	250, 00	277, 78	333, 33	2000000
10,000	83, 33	97, 22	111, 11	125, 00	138, 89	166, 67	1000000
9,000	75, 00	87, 50	100, 00	112, 50	125, 00	150, 00	900000
8,000	66, 67	77, 78	88, 89	100, 00	111, 11	133, 33	800000
7,000	58, 33	68, 06	77, 78	87, 50	97, 22	116, 67	700000
6,000	50, 00	58, 33	66, 67	75, 00	83, 33	100, 00	600000
5,000	41, 67	48, 61	55, 56	62, 50	69, 44	83, 33	500000
4,000	33, 33	38, 89	44, 44	50, 00	55, 56	66, 67	400000
3,000	25, 00	29, 17	33, 33	37, 50	41, 67	50, 00	300000
2,000	16, 67	19, 44	22, 22	25, 00	27, 78	33, 33	200000
1,000	8, 33	9. 72	11, 11	12, 50	13, 89	16, 67	100000
900	7, 50	8, 75	10, 00	11, 25	12, 50	15, 00	90000
800	6, 67	7, 78	8, 89	10, 00	11, 11	13, 33	80000
700	5, 83	6, 81	7, 78	8, 75	9, 72	11, 67	70000
600	5, 00	5, 83	6, 67	7, 50	8, 33	10, 00	60000
500	4, 17	4, 86	5, 56	6, 25	6, 94	8, 33	50000
400	3, 33	3, 89	4, 44	5, 00	5, 56	6, 67	40000
300	2, 50	2, 92	3, 33	3, 75	4, 17	5, 00	30000
200	1, 67	1, 94	2, 22	2, 50	2, 78	3, 33	20000
100	0, 83	0, 97	1, 11	1, 25	1, 39	1, 67	10000
90	0, 75	0, 87	1, 00	1, 12	1, 25	1, 50	9000
80	0, 67	0, 78	0, 89	1, 00	1, 11	1, 33	8000
70	0, 58	0, 68	0, 78	0, 87	0, 97	1, 17	7000
60	0, 50	0, 58	0, 67	0, 75	0, 83	1, 00	6000
50	0, 42	0, 49	0, 56	0, 62	0, 69	0, 83	5000
40	0, 33	0, 39	0, 44	0, 50	0, 56	0, 67	4000
30	0, 25	0, 29	0, 33	0, 37	0, 42	0, 50	3000
20	0, 17	0, 19	0, 22	0, 25	0, 28	0, 33	2000
10	0, 08	0, 10	0, 11	0, 12	0, 14	0, 17	1000
9	0, 07	0, 09	0, 10	0, 11	0, 12	0, 15	900
8	0, 07	0, 08	0, 09	0, 10	0, 11	0, 13	800
7	0, 06	0, 07	0, 08	0, 09	0, 10	0, 12	700
6	0, 05	0, 06	0, 07	0, 07	0, 08	0, 10	600
5	0, 04	0, 05	0, 06	0, 06	0, 07	0, 08	500
4	0, 03	0, 04	0, 04	0, 05	0, 06	0, 07	400
3	0, 02	0, 03	0, 03	0, 04	0, 04	0, 05	300
2	0, 02	0, 02	0, 02	0, 02	0, 03	0, 03	200
1	0, 01	0, 01	0, 01	0, 01	0, 01	0, 02	100

COLONNE DES CAPITAUX	INTÉRÊTS POUR 101 JOURS (ou pour 3 mois et 11 jours.)						NOMBRES PRODUITS des CAPITAUX multipliés par 101 Jours.
	à 3 %	à 3 ½	à 4 %	à 4 ½	à 5 %	à 6 %	
fr.	fr. c.	fr. c.	fr. c.	fr. c.	fr. c.	fr. c.	
50,000	420, 83	490, 97	561, 11	631, 25	701, 39	841. 67	5050000
40,000	336, 67	392, 78	448, 89	505, 00	561, 11	673, 33	4040000
30,000	252, 50	294, 58	336, 67	378, 75	420, 83	505, 00	3030000
20,000	168, 33	196, 39	224, 44	252, 50	280, 56	336, 67	2020000
10,000	84, 17	98, 19	112, 22	126, 25	140, 28	168, 33	1010000
9,000	75, 75	88, 37	101, 00	113, 62	126, 25	151, 50	909000
8,000	67, 33	78, 56	89, 78	101, 00	112, 22	134, 67	808000
7,000	58, 92	68, 74	78, 56	88, 37	98, 19	117, 83	707000
6,000	50, 50	58, 92	67, 33	75, 75	84, 17	101, 00	606000
5,000	42, 08	49, 10	56, 11	63, 12	70, 14	84, 17	505000
4,000	33, 67	39, 28	44, 89	50, 50	56, 11	67, 33	404000
3,000	25, 25	29, 46	33, 67	37, 87	42, 08	50, 50	303000
2,000	16, 83	19, 64	22, 44	25, 25	28, 06	33, 67	202000
1,000	8, 42	9, 82	11, 22	12, 62	14, 03	16, 83	101000
900	7, 57	8, 84	10, 10	11, 36	12, 62	15, 15	90900
800	6, 73	7, 86	8, 98	10, 10	11, 22	13, 47	80800
700	5, 89	6, 87	7, 86	8, 84	9, 82	11, 78	70700
600	5, 05	5, 89	6, 73	7, 57	8, 42	10, 10	60600
500	4, 21	4, 91	5, 61	6, 31	7, 01	8, 42	50500
400	3, 37	3, 93	4, 49	5, 05	5, 61	6, 73	40400
300	2, 52	2, 95	3, 37	3, 79	4, 21	5, 05	30300
200	1, 68	1, 96	2, 24	2, 52	2, 81	3, 37	20200
100	0, 84	0, 98	1, 12	1, 26	1, 40	1, 68	10100
90	0, 76	0, 88	1, 01	1, 14	1, 26	1, 51	9090
80	0, 67	0, 79	0, 90	1, 01	1, 12	1, 35	8080
70	0, 59	0, 69	0, 79	0, 88	0, 98	1, 18	7070
60	0, 50	0, 59	0, 67	0, 76	0, 84	1, 01	6060
50	0, 42	0, 49	0, 56	0, 63	0, 70	0, 84	5050
40	0, 34	0, 39	0, 45	0, 50	0, 56	0, 67	4040
30	0, 25	0, 29	0, 34	0, 38	0, 42	0, 50	3030
20	0, 17	0, 20	0, 22	0, 25	0, 28	0, 34	2020
10	0, 08	0 10	0, 11	0, 13	0, 14	0, 17	1010
9	0, 08	0, 09	0, 10	0, 11	0, 13	0, 15	909
8	0, 07	0, 08	0, 09	0, 10	0, 11	0, 13	808
7	0, 06	0, 07	0, 08	0, 09	0, 10	0, 12	707
6	0, 05	0, 06	0, 07	0, 08	0, 08	0, 10	606
5	0, 04	0, 05	0, 06	0, 06	0, 07	0, 08	505
4	0, 03	0, 04	0, 04	0, 05	0, 06	0, 07	404
3	0, 03	0, 03	0, 03	0, 04	0, 04	0, 05	303
2	0, 02	0, 02	0, 02	0, 03	0, 03	0, 03	202
1	0, 01	0, 01	0, 01	0, 01	0, 01	0, 02	101

9·

COLONNE DES CAPITAUX	INTÉRÊTS POUR 102 JOURS (ou pour 3 mois et 12 jours.)						NOMBRES PRODUITS des CAPITAUX multipliés par 102 Jours.
	à 3 %	à 3 ½	à 4 %	à 4 ½	à 5 %	à 6 %	
fr.	fr. c.	fr. c.	fr. c.	fr. c.	fr. c.	fr. c.	
50,000	425, 00	495, 83	566 67	637, 50	708, 33	850, 00	5100000
40,000	340, 00	396, 67	453, 33	510, 00	566, 67	680, 00	4080000
30,000	255, 00	297, 50	340, 00	382, 50	425, 00	510, 00	3060000
20,000	170, 00	198, 33	226, 67	255, 00	283, 33	340, 00	2040000
10,000	85, 00	99, 17	113, 33	127, 50	141, 67	170, 00	1020000
9,000	76, 50	89, 25	102, 00	114, 75	127, 50	153, 00	918000
8,000	68, 00	79, 33	90, 67	102, 00	113, 33	136, 00	816000
7,000	59, 50	69, 42	79, 33	89, 25	99, 17	119, 00	714000
6,000	51, 00	59, 50	68, 00	76, 50	85, 00	102, 00	612000
5,000	42, 50	49, 58	56, 67	63, 75	70, 83	85, 00	510000
4,000	34, 00	39, 67	45, 33	51, 00	56, 67	68, 00	408000
3,000	25, 50	29, 75	34, 00	38, 25	42, 50	51, 00	306000
2,000	17, 00	19, 83	22, 67	25, 50	28, 33	34, 00	204000
1,000	8, 50	9, 92	11, 33	12, 75	14, 17	17, 00	102000
900	7, 65	8, 92	10, 20	11, 47	12, 75	15, 30	91800
800	6, 80	7, 93	9, 07	10, 20	11, 33	13, 60	81600
700	5, 95	6, 94	7, 93	8, 92	9, 92	11, 90	71400
600	5, 10	5, 95	6, 80	7, 65	8, 50	10, 20	61200
500	4, 25	4, 96	5, 67	6, 37	7, 08	8, 50	51000
400	3, 40	3, 97	4, 53	5, 10	5, 67	6, 80	40800
300	2, 55	2, 97	3, 40	3, 82	4, 25	5, 10	30600
200	1, 70	1, 98	2, 27	2, 55	2, 83	3, 40	20400
100	0, 85	0, 99	1, 13	1, 27	1, 42	1, 70	10200
90	0, 76	0, 89	1, 02	1, 15	1, 27	1, 53	9180
80	0, 68	0, 79	0, 91	1, 02	1, 13	1, 36	8160
70	0, 59	0, 69	0, 79	0, 89	0, 99	1, 19	7140
60	0, 51	0, 59	0, 68	0, 76	0, 85	1, 02	6120
50	0, 42	0, 50	0, 57	0, 64	0, 71	0, 85	5100
40	0, 34	0, 40	0, 45	0, 51	0, 57	0, 68	4080
30	0, 25	0, 30	0, 34	0, 38	0, 42	0, 51	3060
20	0, 17	0, 20	0, 23	0, 25	0, 28	0, 34	2040
10	0, 08	0, 10	0, 11	0, 13	0, 14	0, 17	1020
9	0, 08	0, 09	0, 10	0, 11	0, 13	0, 15	918
8	0, 07	0, 08	0, 09	0, 10	0, 11	0, 14	816
7	0, 06	0, 07	0, 08	0, 09	0, 10	0, 12	714
6	0, 05	0, 06	0, 07	0, 08	0, 08	0, 10	612
5	0, 04	0, 05	0, 06	0, 06	0, 07	0, 08	510
4	0, 03	0, 04	0, 05	0, 05	0, 06	0, 07	408
3	0, 03	0, 03	0, 03	0, 04	0, 04	0, 05	306
2	0, 02	0, 02	0, 02	0, 03	0, 03	0, 03	204
1	0, 01	0, 01	0, 01	0, 01	0, 01	0, 02	102

INTÉRÊTS POUR 103 JOURS
(ou pour 3 mois et 13 jours.)

COLONNE DES CAPITAUX	à 3 %	à 3 ½	à 4 %	à 4 ½	à 5 %	à 6 %	NOMBRES PRODUITS des CAPITAUX multipliés par 103 Jours.
fr.	fr. c.	fr. c.	fr. c.	fr. c.	fr. c.	fr. c.	
50,000	429, 17	500, 69	572, 22	643. 75	715, 28	858, 33	5150000
40,000	343, 33	400, 56	457, 78	515, 00	572, 22	686, 67	4120000
30 000	257, 50	300, 42	343, 33	386, 25	429. 17	515, 00	3090000
20,000	171, 67	200, 28	228, 89	257, 50	286, 11	343, 33	2060000
10,000	85, 83	100, 14	114, 44	128, 75	143, 06	171, 67	1030000
9,000	77, 25	90, 12	103, 00	115, 87	128, 75	154, 50	927000
8,000	68, 67	80, 11	91, 56	103, 00	114, 44	137, 33	824000
7,000	60, 08	70, 10	80, 11	90, 12	100, 14	120, 17	721000
6 000	51, 50	60, 08	68, 67	77, 25	85, 83	103, 00	618000
5,000	42, 92	50, 07	57, 22	64, 37	71, 53	85, 83	515000
4,000	34, 33	40, 06	45, 78	51, 50	57, 22	68, 67	412000
3,000	25, 75	30, 04	34, 33	38, 62	42, 92	51, 50	309000
2,000	17, 17	20, 03	22, 89	25, 75	28, 61	34, 33	206000
1,000	8, 58	10, 01	11, 44	12, 87	14, 31	17, 17	103000
900	7, 72	9, 01	10, 30	11, 59	12, 87	15, 45	92700
800	6, 87	8, 01	9, 16	10, 30	11, 44	13, 73	82400
700	6, 01	7, 01	8, 01	9, 01	10, 01	12, 02	72100
600	5, 15	6, 01	6, 87	7, 72	8, 58	10, 30	61800
500	4, 29	5, 01	5, 72	6, 44	7, 15	8, 58	51500
400	3, 43	4, 01	4, 58	5, 15	5, 72	6, 87	41200
300	2, 57	3, 00	3, 43	3, 86	4, 29	5, 15	30900
200	1, 72	2, 00	2, 29	2, 57	2, 86	3, 43	20600
100	0, 86	1, 00	1, 14	1, 29	1, 43	1, 72	10300
90	0, 77	0, 90	1, 03	1, 16	1, 29	1, 54	9270
80	0, 69	0, 80	0, 92	1, 03	1, 14	1, 37	8240
70	0, 60	0, 70	0, 80	0, 90	1, 00	1, 20	7210
60	0, 51	0, 60	0, 69	0, 77	0, 86	1, 03	6180
50	0, 43	0, 50	0, 57	0, 64	0, 72	0, 86	5150
40	0, 34	0, 40	0, 46	0, 51	0, 57	0, 69	4120
30	0, 26	0, 30	0, 34	0, 39	0, 43	0, 51	3090
20	0, 17	0, 20	0, 23	0, 26	0, 29	0, 34	2060
10	0, 09	0, 10	0, 11	0, 13	0, 14	0, 17	1030
9	0, 08	0, 09	0, 10	0, 12	0, 13	0, 15	927
8	0, 07	0, 08	0, 09	0, 10	0, 11	0, 14	824
7	0, 06	0, 07	0, 08	0, 09	0, 10	0, 12	721
6	0, 05	0, 06	0, 07	0, 08	0, 09	0, 10	618
5	0, 04	0, 05	0, 06	0, 06	0, 07	0, 09	515
4	0, 03	0, 04	0, 05	0, 05	0, 06	0, 07	412
3	0, 03	0, 03	0, 03	0, 04	0, 04	0, 05	309
2	0, 02	0, 02	0, 02	0 03	0, 03	0, 03	206
1	0, 01	0, 01	0, 01	0, 01	0, 01	0, 02	103

COLONNE DES CAPITAUX	INTÉRÊTS POUR 104 JOURS (ou pour 3 mois et 14 jours.)						NOMBRES PRODUITS des CAPITAUX multipliés par 104 Jours.
	à 3 %	à 3 ½	à 4 %	à 4 ½	à 5 %	à 6 %	
fr.	fr. c.	fr. c.	fr. c.	fr. c.	fr. c.	fr. c.	
50,000	433, 33	505, 56	577, 78	650, 00	722, 22	866, 67	5200000
40,000	346, 67	404, 44	462, 22	520, 00	577, 78	693, 33	4160000
30,000	260, 00	303, 33	346, 67	390, 00	433, 33	520, 00	3120000
20,000	173, 33	202, 22	231, 11	260, 00	288, 89	346, 67	2080000
10,000	86, 67	101, 11	115, 56	130, 00	144, 44	173, 33	1040000
9,000	78, 00	91, 00	104, 00	117, 00	130, 00	156, 00	936000
8,000	69, 33	80, 89	92, 44	104, 00	115, 56	138, 67	832000
7,000	60, 67	70, 78	80, 89	91, 00	101, 11	121, 33	728000
6,000	52, 00	60, 67	69, 33	78, 00	86, 67	104, 00	624000
5,000	43, 33	50, 56	57, 78	65, 00	72, 22	86, 67	520000
4,000	34, 67	40, 44	46, 22	52, 00	57, 78	69, 33	416000
3,000	26, 00	30, 33	34, 67	39, 00	43, 33	52, 00	312000
2,000	17, 33	20, 22	23, 11	26, 00	28, 89	34, 67	208000
1,000	8, 67	10, 11	11, 56	13, 00	14, 44	17, 33	104000
900	7, 80	9, 10	10, 40	11, 70	13, 00	15, 60	93600
800	6, 93	8, 09	9, 24	10, 40	11, 56	13, 87	83200
700	6, 07	7, 08	8, 09	9, 10	10, 11	12, 13	72800
600	5, 20	6, 07	6, 93	7, 80	8, 67	10, 40	62400
500	4, 33	5, 06	5, 78	6, 50	7, 22	8, 67	52000
400	3, 47	4, 04	4, 62	5, 20	5, 78	6, 93	41600
300	2, 60	3, 03	3, 47	3, 90	4, 33	5, 20	31200
200	1, 73	2, 02	2, 31	2, 60	2, 89	3, 47	20800
100	0, 87	1, 01	1, 16	1, 30	1, 44	1, 73	10400
90	0, 78	0, 91	1, 04	1, 17	1, 30	1, 56	9360
80	0, 69	0, 81	0, 92	1, 04	1, 16	1, 39	8320
70	0, 61	0, 71	0, 81	0, 91	1, 01	1, 21	7280
60	0, 52	0, 61	0, 69	0, 78	0, 87	1, 04	6240
50	0, 43	0, 51	0, 58	0, 65	0, 72	0, 87	5200
40	0, 35	0, 40	0, 46	0, 52	0, 58	0, 69	4160
30	0, 26	0, 30	0, 35	0, 39	0, 43	0, 52	3120
20	0, 17	0, 20	0, 23	0, 26	0, 29	0, 35	2080
10	0, 09	0, 10	0, 12	0, 13	0, 14	0, 17	1040
9	0, 08	0, 09	0, 10	0, 12	0, 13	0, 16	936
8	0, 07	0, 08	0, 09	0, 10	0, 12	0, 14	832
7	0, 06	0, 07	0, 08	0, 09	0, 10	0, 12	728
6	0, 05	0, 06	0, 07	0, 08	0, 09	0, 10	624
5	0, 04	0, 05	0, 06	0, 06	0, 07	0, 09	520
4	0, 03	0, 04	0, 05	0, 05	0, 06	0, 07	416
3	0, 03	0, 03	0, 03	0, 04	0, 04	0, 05	312
2	0, 02	0, 02	0, 02	0, 03	0, 03	0, 03	208
1	0, 01	0, 01	0, 01	0, 01	0, 01	0, 02	104

COLONNE DES CAPITAUX	INTÉRÊTS POUR 105 JOURS (ou pour 3 mois et 15 jours.)						NOMBRES PRODUITS des CAPITAUX multipliés par 105 Jours.
	à 3 %	à 3 ½	à 4 %	à 4 ½	à 5 %	à 6 %	
fr.	fr. c.	fr. c.	fr. c.	fr. c.	fr. c.	fr. c.	
50,000	437, 50	510, 42	583, 33	656, 25	729, 17	875, 00	5250000
40,000	350, 00	408, 33	466, 67	525, 00	583, 33	700, 00	4200000
30,000	262, 50	306, 25	350, 00	393, 75	437. 50	525, 00	3150000
20,000	175, 00	204, 17	233, 33	262, 50	291, 67	350, 00	2100000
10,000	87, 50	102, 08	116, 67	131, 25	145, 83	175, 00	1050000
9,000	78, 75	91, 87	105, 00	118, 12	131, 25	157, 50	945000
8,000	70, 00	81, 67	93, 33	105, 00	116, 67	140, 00	840000
7,000	61, 25	71, 46	81, 67	91, 87	102, 08	122, 50	735000
6,000	52, 50	61, 25	70, 00	78, 75	87, 50	105, 00	630000
5,000	43, 75	51, 04	58, 33	65, 62	72, 92	87. 50	525000
4,000	35. 00	40, 83	46, 67	52, 50	58, 33	70, 00	420000
3,000	26, 25	30, 62	35, 00	39, 37	43. 75	52, 50	315000
2,000	17, 50	20, 42	23, 33	26, 25	29, 17	35, 00	210000
1,000	8, 75	10, 21	11, 67	13, 12	14, 58	17, 50	105000
900	7, 87	9, 19	10, 50	11, 81	13, 12	15, 75	94500
800	7, 00	8, 17	9, 33	10, 50	11, 67	14, 00	84000
700	6, 12	7, 15	8, 17	9, 19	10, 21	12, 25	73500
600	5. 25	6, 12	7, 00	7, 87	8, 75	10, 50	63000
500	4. 37	5, 10	5, 83	6, 56	7, 29	8, 75	52500
400	3, 50	4, 08	4, 67	5, 25	5, 83	7, 00	42000
300	2, 62	3, 06	3, 50	3, 94	4, 37	5, 25	31500
200	1, 75	2, 04	2, 33	2, 62	2, 92	3, 50	21000
100	0, 87	1, 02	1, 17	1, 31	1, 46	1, 75	10500
90	0, 79	0, 92	1, 05	1, 18	1, 31	1, 57	9450
80	0, 70	0, 82	0, 93	1, 05	1, 17	1, 40	8400
70	0, 61	0, 71	0, 82	0, 92	1, 02	1, 22	7350
60	0, 52	0, 61	0, 70	0, 79	0, 87	1, 05	6300
50	0, 44	0, 51	0, 58	0, 66	0, 73	0, 87	5250
40	0, 35	0, 41	0, 47	0, 52	0, 58	0, 70	4200
30	0, 26	0, 31	0, 35	0, 39	0, 44	0, 52	3150
20	0, 17	0, 20	0, 23	0, 26	0, 29	0, 35	2100
10	0, 09	0, 10	0, 12	0, 13	0, 15	0, 17	1050
9	0, 08	0, 09	0, 10	0, 12	0, 13	0, 16	945
8	0, 07	0, 08	0, 09	0, 10	0, 12	0, 14	840
7	0, 06	0, 07	0, 08	0, 09	0, 10	0, 12	735
6	0, 05	0, 06	0, 07	0, 08	0, 09	0, 10	630
5	0, 04	0, 05	0, 06	0, 07	0, 07	0, 09	525
4	0, 03	0, 04	0, 05	0, 05	0, 06	0, 07	420
3	0, 03	0, 03	0, 03	0, 04	0, 04	0, 05	315
2	0, 02	0, 02	0, 02	0, 03	0, 03	0, 03	210
1	0, 01	0, 01	0, 01	0, 01	0, 01	0, 02	105

COLONNE DES CAPITAUX	INTÉRÊTS POUR 106 JOURS (ou pour 3 mois et 16 jours.)						NOMBRES PRODUITS des CAPITAUX multipliés par 106 Jours.
	à 3 %	à 3 ½	à 4 %	à 4 ½	à 5 %	à 6 %	
fr.	fr. c.	fr. c.	fr. c.	fr. c.	fr. c.	fr. c.	
50.000	441, 67	515, 28	588, 89	662, 50	736, 11	883, 33	5300000
40,000	353, 33	412, 22	471, 11	530, 00	588, 89	706, 67	4240000
30,000	265, 00	309. 17	353, 33	397, 50	441, 67	530, 00	3180000
20,000	176, 67	206, 11	235, 56	265, 00	294, 44	353, 33	2120000
10,000	88, 33	103, 06	117, 78	132, 50	147, 22	176, 67	1060000
9,000	79, 50	92. 75	106, 00	119, 25	132, 50	159, 00	954000
8,000	70, 67	82, 44	94, 22	106, 00	117, 78	141, 33	848000
7,000	61, 83	72, 14	82, 44	92, 75	103, 06	123, 67	742000
6,000	53. 00	61, 83	70, 67	79, 50	88, 33	106, 00	636000
5,000	44, 17	51, 53	58, 89	66, 25	73, 61	88, 33	530000
4,000	35, 33	41, 22	47, 11	53, 00	58, 89	70, 67	424000
3,000	26, 50	30, 92	35, 33	39, 75	44, 17	53, 00	318000
2,000	17, 67	20, 61	23, 56	26, 50	29, 44	35, 33	212000
1,000	8, 83	10, 31	11, 78	13, 25	14, 72	17, 67	106000
900	7, 95	9, 27	10, 60	11, 92	13, 25	15, 90	95400
800	7, 07	8, 24	9, 42	10, 60	11, 78	14, 13	84800
700	6, 18	7, 21	8, 24	9, 27	10, 31	12, 37	74200
600	5, 30	6, 18	7, 07	7, 95	8, 83	10, 60	63600
500	4, 42	5, 15	5, 89	6, 62	7, 36	8, 83	53000
400	3, 53	4, 12	4, 71	5, 30	5, 89	7, 07	42400
300	2, 65	3, 09	3, 53	3, 97	4, 42	5, 30	31800
200	1, 77	2, 06	2, 36	2, 65	2, 94	3, 53	21200
100	0, 88	1, 03	1, 18	1, 32	1, 47	1, 77	10600
90	0, 79	0, 93	1, 06	1, 19	1, 32	1, 59	9540
80	0, 71	0, 82	0, 94	1, 06	1, 18	1, 41	8480
70	0, 62	0, 72	0, 82	0, 93	1, 03	1, 24	7420
60	0, 53	0, 62	0, 71	0, 79	0, 88	1, 06	6360
50	0, 44	0, 52	0, 59	0, 66	0, 74	0, 88	5300
40	0, 35	0, 41	0, 47	0, 53	0, 59	0, 71	4240
30	0, 26	0, 31	0, 35	0, 40	0, 44	0, 53	3180
20	0, 18	0, 21	0, 24	0, 26	0, 29	0, 35	2120
10	0, 09	0, 10	0, 12	0, 13	0, 15	0, 18	1060
9	0, 08	0, 09	0, 11	0, 12	0, 13	0, 16	954
8	0, 07	0, 08	0, 09	0, 11	0, 12	0, 14	848
7	0, 06	0, 07	0, 08	0, 09	0, 10	0, 12	742
6	0, 05	0, 06	0, 07	0, 08	0, 09	0, 11	636
5	0, 04	0, 05	0, 06	0, 07	0, 07	0, 09	530
4	0, 04	0, 04	0, 05	0, 05	0, 06	0, 07	424
3	0, 03	0, 03	0, 04	0, 04	0, 04	0, 05	318
2	0, 02	0, 02	0, 02	0, 03	0, 03	0, 04	212
1	0, 01	0, 01	0, 01	0, 01	0, 01	0, 02	106

COLONNE DES CAPITAUX	INTÉRÊTS POUR 107 JOURS (ou pour 3 mois et 17 jours.)						NOMBRES PRODUITS des CAPITAUX multipliés par 107 Jours.
	à 3 %	à 3 ½	à 4 %	à 4 ½	à 5 %	à 6 %	
fr.	fr. c.	fr. c.	fr. c.	fr. c.	fr. c.	fr. c.	
50,000	445, 83	520, 14	594, 44	668, 75	743, 06	891, 67	5350000
40,000	356, 67	416, 11	475, 56	535, 00	594, 44	713, 33	4280000
30,000	267, 50	312, 08	356, 67	401, 25	445, 83	535, 00	3210000
20,000	178, 33	208, 06	237, 78	267, 50	297, 22	356, 67	2140000
10,000	89, 17	104, 03	118, 89	133, 75	148, 61	178, 33	1070000
9,000	80, 25	93, 62	107, 00	120, 37	133, 75	160, 50	963000
8,000	71, 33	83, 22	95, 11	107, 00	118, 89	142, 67	856000
7,000	62, 42	72, 82	83, 22	93, 62	104, 03	124, 83	749000
6,000	53, 50	62, 42	71, 33	80, 25	89, 17	107, 00	642000
5,000	44, 58	52, 01	59, 44	66, 87	74, 31	89, 17	535000
4,000	35, 67	41, 61	47, 56	53, 50	59, 44	71, 33	428000
3,000	26, 75	31, 21	35, 67	40, 12	44, 58	53, 50	321000
2,000	17, 83	20, 81	23, 78	26, 75	29, 72	35, 67	214000
1,000	8, 92	10, 40	11, 89	13, 37	14, 86	17, 83	107000
900	8, 02	9, 36	10, 70	12, 04	13, 37	16, 05	96300
800	7, 13	8, 32	9, 51	10, 70	11, 89	14, 27	85600
700	6, 24	7, 28	8, 32	9, 36	10, 40	12, 48	74900
600	5, 35	6, 24	7, 13	8, 02	8, 92	10, 70	64200
500	4, 46	5, 20	5, 94	6, 69	7, 43	8, 92	53500
400	3, 57	4, 16	4, 76	5, 35	5, 94	7, 13	42800
300	2, 67	3, 12	3, 57	4, 01	4, 46	5, 35	32100
200	1, 78	2, 08	2, 38	2, 67	2, 97	3, 57	21400
100	0, 89	1, 04	1, 19	1, 34	1, 49	1, 78	10700
90	0, 80	0, 94	1, 07	1, 20	1, 34	1, 60	9630
80	0, 71	0, 83	0, 95	1, 07	1, 19	1, 43	8560
70	0, 62	0, 73	0, 83	0, 94	1, 04	1, 25	7490
60	0, 53	0, 62	0, 71	0, 80	0, 89	1, 07	6420
50	0, 45	0, 52	0, 59	0, 67	0, 74	0, 89	5350
40	0, 36	0, 42	0, 48	0, 53	0, 59	0, 71	4280
30	0, 27	0, 31	0, 36	0, 40	0, 45	0, 53	3210
20	0, 18	0, 21	0, 24	0, 27	0, 30	0, 36	2140
10	0, 09	0, 10	0, 12	0, 13	0, 15	0, 18	1070
9	0, 08	0, 09	0, 11	0, 12	0, 13	0, 16	963
8	0, 07	0, 08	0, 10	0, 11	0, 12	0, 14	856
7	0, 06	0, 07	0, 08	0, 09	0, 10	0, 12	749
6	0, 05	0, 06	0, 07	0, 08	0, 09	0, 11	642
5	0, 04	0, 05	0, 06	0, 07	0, 07	0, 09	535
4	0, 04	0, 04	0, 05	0, 05	0, 06	0, 07	428
3	0, 03	0, 03	0, 04	0, 04	0, 04	0, 05	321
2	0, 02	0, 02	0, 02	0, 03	0, 03	0, 04	214
1	0, 01	0, 01	0, 01	0, 01	0, 01	0, 02	107

COLONNE DES CAPITAUX	INTERÉTS POUR 108 JOURS (ou pour 3 mois et 18 jours.)						NOMBRES PRODUITS des CAPITAUX multipliés par 108 Jours.
	à 3 %	à 3 ½	à 4 %	à 4 ½	à 5 %	à 6 %	
fr.	fr. c.	fr. c.	fr. c.	fr. c.	fr. c.	fr. c.	
50,000	450, 00	525, 00	600, 00	675, 00	750, 00	900, 00	5400000
40,000	360, 00	420, 00	480, 00	540, 00	600, 00	720, 00	4320000
30,000	270, 00	315, 00	360, 00	405, 00	450, 00	540, 00	3240000
20,000	180, 00	210, 00	240, 00	270, 00	300, 00	360, 00	2160000
10,000	90, 00	105, 00	120, 00	135, 00	150, 00	180, 00	1080000
9,000	81, 00	94, 50	108, 00	121, 50	135, 00	162, 00	972000
8,000	72, 00	84, 00	96, 00	108, 00	120, 00	144, 00	864000
7,000	63, 00	73, 50	84, 00	94, 50	105, 00	126, 00	756000
6,000	54, 00	63, 00	72, 00	81, 00	90, 00	108, 00	648000
5,000	45, 00	52, 50	60, 00	67, 50	75, 00	90. 00	540000
4,000	36, 00	42, 00	48, 00	54. 00	60, 00	72, 00	432000
3,000	27, 00	31, 50	36, 00	40, 50	45, 00	54, 00	324000
2,000	18, 00	21, 00	24, 00	27, 00	30, 00	36, 00	216000
1,000	9, 00	10, 50	12, 00	13, 50	15, 00	18, 00	108000
900	8, 10	9, 45	10, 80	12, 15	13, 50	16, 20	97200
800	7, 20	8, 40	9, 60	10, 80	12, 00	14, 40	86400
700	6, 30	7, 35	8, 40	9, 45	10, 50	12, 60	75600
600	5, 40	6, 30	7, 20	8, 10	9, 00	10, 80	64800
500	4, 50	5, 25	6, 00	6, 75	7, 50	9, 00	54000
400	3, 60	4, 20	4, 80	5, 40	6, 00	7, 20	43200
300	2, 70	3, 15	3, 60	4, 05	4, 50	5, 40	32400
200	1, 80	2, 10	2, 40	2, 70	3, 00	3, 60	21600
100	0, 90	1, 05	1, 20	1, 35	1, 50	1, 80	10800
90	0, 81	0, 94	1, 08	1, 21	1, 35	1, 62	9720
80	0, 72	0, 84	0, 96	1, 08	1, 20	1, 44	8640
70	0, 63	0, 73	0, 84	0, 94	1, 05	1, 26	7560
60	0, 54	0, 63	0, 72	0, 81	0, 90	1, 08	6480
50	0, 45	0, 52	0, 60	0, 67	0, 75	0, 90	5400
40	0, 36	0, 42	0, 48	0, 54	0, 60	0, 72	4320
30	0, 27	0, 31	0, 36	0, 40	0, 45	0, 54	3240
20	0, 18	0, 21	0, 24	0, 27	0, 30	0, 36	2160
10	0, 09	0, 10	0, 12	0, 13	0, 15	0, 18	1080
9	0, 08	0, 09	0, 11	0, 12	0, 13	0, 16	972
8	0, 07	0, 08	0, 10	0, 11	0, 12	0, 14	864
7	0, 06	0, 07	0, 08	0, 09	0, 10	0, 13	756
6	0, 05	0, 06	0, 07	0, 08	0, 09	0, 11	648
5	0, 04	0, 05	0, 06	0, 07	0, 07	0, 09	540
4	0, 04	0, 04	0, 05	0, 05	0, 06	0, 07	432
3	0, 03	0, 03	0, 04	0, 04	0, 04	0, 05	324
2	0, 02	0, 02	0, 02	0, 03	0, 03	0, 04	216
1	0, 01	0, 01	0, 01	0, 01	0, 01	0, 02	108

COLONNE DES CAPITAUX	INTÉRÊTS POUR 109 JOURS (ou pour 3 mois et 19 jours.)						NOMBRES PRODUITS des CAPITAUX multipliés par 109 Jours.
	à 3 %	à 3 ½	à 4 %	à 4 ½	à 5 %	à 6 %	
fr.	fr. c.	fr. c.	fr. c.	fr. c.	fr. c.	fr. c.	
50,000	454, 17	529, 86	605, 56	681, 25	756, 94	908, 33	5450000
40,000	363, 33	423, 89	484, 44	545, 00	605, 56	726, 67	4360000
30.000	272, 50	317, 92	363, 33	408, 75	454, 17	545, 00	3270000
20,000	181, 67	211, 94	242, 22	272, 50	302, 78	363, 33	2180000
10,000	90, 83	105, 97	121, 11	136, 25	151, 39	181, 67	1090000
9,000	81, 75	95, 37	109, 00	122, 62	136, 25	163, 50	981000
8,000	72, 67	84, 78	96, 89	109, 00	121, 11	145, 33	872000
7,000	63, 58	74, 18	84, 78	95, 37	105, 97	127, 17	763000
6,000	54, 50	63, 58	72, 67	81, 75	90, 83	109, 00	654000
5,000	45, 42	52, 99	60, 56	68, 12	75, 69	90, 83	545000
4,000	36, 33	42, 39	48, 44	54, 50	60, 56	72, 67	436000
3,000	27. 25	31, 79	36, 33	40, 87	45, 42	54, 50	327000
2,000	18, 17	21, 19	24, 22	27, 25	30, 28	36, 33	218000
1,000	9, 08	10, 60	12, 11	13, 62	15, 14	18, 17	109000
900	8, 17	9, 54	10, 90	12, 26	13, 62	16, 35	98100
800	7, 27	8, 48	9, 69	10, 90	12, 11	14, 53	87200
700	6, 36	7, 42	8. 48	9, 54	10, 60	12, 72	76300
600	5, 45	6, 36	7, 27	8, 17	9, 08	10, 90	65400
500	4, 54	5, 30	6, 06	6, 81	7, 57	9, 08	54500
400	3, 63	4, 24	4, 84	5, 45	6, 06	7, 27	43600
300	2, 72	3, 18	3, 63	4, 09	4, 54	5, 45	32700
200	1, 82	2, 12	2, 42	2, 72	3, 03	3, 63	21800
100	0, 91	1, 06	1, 21	1, 36	1, 51	1, 82	10900
90	0, 82	0, 95	1, 09	1, 23	1, 36	1, 63	9810
80	0, 73	0, 85	0, 97	1, 09	1, 21	1, 45	8720
70	0, 64	0, 74	0, 85	0, 95	1, 06	1, 27	7630
60	0, 54	0, 64	0, 73	0, 82	0, 91	1, 09	6540
50	0, 45	0, 53	0, 61	0, 68	0, 76	0, 91	5450
40	0, 36	0, 42	0, 48	0, 54	0, 61	0, 73	4360
30	0, 27	0, 32	0, 36	0, 41	0, 45	0, 54	3270
20	0, 18	0, 21	0, 24	0, 27	0, 30	0, 36	2180
10	0, 09	0, 11	0, 12	0, 14	0, 15	0, 18	1090
9	0, 08	0, 10	0, 11	0, 12	0, 14	0, 16	981
8	0, 07	0, 08	0, 10	0, 11	0, 12	0, 15	872
7	0, 06	0, 07	0, 08	0, 10	0, 11	0, 13	763
6	0, 05	0, 06	0, 07	0, 08	0, 09	0, 11	654
5	0, 05	0, 05	0, 06	0, 07	0, 08	0, 09	545
4	0, 04	0, 04	0, 05	0, 05	0, 06	0, 07	436
3	0, 03	0, 03	0, 04	0, 04	0, 05	0, 05	327
2	0, 02	0, 02	0, 02	0. 03	0, 03	0, 04	218
1	0. 01	0, 01	0, 01	0, 01	0, 02	0, 02	109

COLONNE DES CAPITAUX	INTÉRÊTS POUR 110 JOURS (ou pour 3 mois et 20 jours.)						NOMBRES PRODUITS des CAPITAUX multipliés par 110 Jours.
	à 3 %	à 3 ½	à 4 %	à 4 ½	à 5 %	à 6 %	
fr.	fr. c.	fr. c.	fr. c.	fr. c.	fr. c.	fr. c.	
50,000	458, 33	534, 72	611, 11	687, 50	763, 89	916, 67	5500000
40,000	366, 67	427, 78	488, 89	550, 00	611, 11	733, 33	4400000
30,000	275, 00	320, 83	366, 67	412, 50	458, 33	550. 00	3300000
20,000	183, 33	213, 89	244, 44	275, 00	305, 56	366, 67	2200000
10,000	91, 67	106, 94	122, 22	137. 50	152, 78	183, 33	1100000
9,000	82, 50	96, 25	110, 00	123, 75	137, 50	165, 00	990000
8,000	73, 33	85, 56	97, 78	110, 00	122, 22	146, 67	880000
7,000	64, 17	74, 86	85, 56	96, 25	106, 94	128, 33	770000
6,000	55, 00	64, 17	73, 33	82, 50	91, 67	110, 00	660000
5,000	45, 83	53, 47	61, 11	68, 75	76, 39	91, 67	550000
4,000	36, 67	42, 78	48, 89	55, 00	61, 11	73, 33	440000
3,000	27, 50	32, 08	36, 67	41, 25	45, 83	55, 00	330000
2,000	18, 33	21, 39	24, 44	27, 50	30, 56	36, 67	220000
1,000	9, 17	10, 69	12, 22	13, 75	15, 28	18, 33	110000
900	8, 25	9, 62	11, 00	12, 37	13, 75	16, 50	99000
800	7, 33	8, 56	9, 78	11, 00	12, 22	14, 67	88000
700	6, 42	7, 49	8, 56	9, 62	10, 69	12, 83	77000
600	5, 50	6, 42	7, 33	8, 25	9, 17	11, 00	66000
500	4. 58	5, 35	6, 11	6, 87	7, 64	9, 17	55000
400	3, 67	4, 28	4, 89	5, 50	6, 11	7, 33	44000
300	2, 75	3, 21	3, 67	4, 12	4. 58	5, 50	33000
200	1, 83	2, 14	2, 44	2, 75	3, 06	3, 67	22000
100	0, 92	1, 07	1, 22	1, 37	1, 53	1, 83	11000
90	0, 82	0, 96	1, 10	1, 24	1, 37	1, 65	9900
80	0, 73	0, 86	0, 98	1, 10	1, 22	1, 47	8800
70	0, 64	0, 75	0, 86	0, 96	1, 07	1, 28	7700
60	0, 55	0, 64	0, 73	0, 82	0, 92	1, 10	6600
50	0, 46	0, 53	0, 61	0, 69	0, 76	0, 92	5500
40	0, 37	0, 43	0, 49	0, 55	0, 61	0, 73	4400
30	0, 27	0, 32	0, 37	0, 41	0, 46	0, 55	3300
20	0, 18	0, 21	0, 24	0, 27	0, 31	0, 37	2200
10	0, 09	0, 11	0, 12	0, 14	0, 15	0, 18	1100
9	0, 08	0, 10	0, 11	0, 12	0, 14	0, 16	990
8	0, 07	0, 09	0, 10	0. 11	0, 12	0, 15	880
7	0, 06	0, 07	0, 09	0, 10	0, 11	0, 13	770
6	0. 05	0, 06	0, 07	0, 08	0, 09	0, 11	660
5	0. 05	0, 05	0, 06	0, 07	0, 08	0, 09	550
4	0, 04	0, 04	0. 05	0, 05	0, 06	0, 07	440
3	0, 03	0, 03	0, 04	0, 04	0, 05	0. 05	330
2	0, 02	0, 02	0, 02	0, 03	0, 03	0, 04	220
1	0. 01	0, 01	0, 01	0, 01	0, 02	0, 02	110

COLONNE DES CAPITAUX	INTÉRÊTS POUR 111 JOURS (ou pour 3 mois et 21 jours.)						NOMBRES PRODUITS des CAPITAUX multipliés par 111 Jours.
	à 3 %	à 3 1/2	à 4 %	à 4 1/2	à 5 %	à 6 %	
fr.	fr. c.	fr. c.	fr. c.	fr. c.	fr. c.	fr. c.	
50,000	462, 50	539, 58	616, 67	693, 75	770, 83	925, 00	5550000
40,000	370, 00	431, 67	493, 33	555, 00	616, 67	740, 00	4440000
30,000	277, 50	323, 75	370, 00	416, 25	462, 50	555, 00	3330000
20,000	185, 00	215, 83	246, 67	277, 50	308, 33	370, 00	2220000
10,000	92, 50	107, 92	123, 33	138, 75	154, 17	185, 00	1110000
9,000	83, 25	97, 12	111, 00	124, 87	138, 75	166, 50	999000
8,000	74, 00	86, 33	98, 67	111, 00	123, 33	148, 00	888000
7,000	64, 75	75, 54	86, 33	97, 12	107, 92	129, 50	777000
6,000	55, 50	64, 75	74, 00	83, 25	92, 50	111, 00	666000
5,000	46, 25	53, 96	61, 67	69, 37	77, 08	92, 50	555000
4,000	37, 00	43, 17	49, 33	55, 50	61, 67	74, 00	444000
3,000	27, 75	32, 37	37, 00	41, 62	46, 25	55, 50	333000
2,000	18, 50	21, 58	24, 67	27, 75	30, 83	37, 00	222000
1,000	9, 25	10, 79	12, 33	13, 87	15, 42	18, 50	111000
900	8, 32	9, 71	11, 10	12, 49	13, 87	16, 65	99900
800	7, 40	8, 63	9, 87	11, 10	12, 33	14, 80	88800
700	6, 47	7, 55	8, 63	9, 71	10, 79	12, 95	77700
600	5, 55	6, 47	7, 40	8, 32	9, 25	11, 10	66600
500	4, 62	5, 40	6, 17	6, 94	7, 71	9, 25	55500
400	3, 70	4, 32	4, 93	5, 55	6, 17	7, 40	44400
300	2, 77	3, 24	3, 70	4, 16	4, 62	5, 55	33300
200	1, 85	2, 16	2, 47	2, 77	3, 08	3, 70	22200
100	0, 92	1, 08	1, 23	1, 39	1, 54	1, 85	11100
90	0, 83	0, 97	1, 11	1, 25	1, 39	1, 66	9990
80	0, 74	0, 86	0, 99	1, 11	1, 23	1, 48	8880
70	0, 65	0, 76	0, 86	0, 97	1, 08	1, 29	7770
60	0, 55	0, 65	0, 74	0, 83	0, 92	1, 11	6660
50	0, 46	0, 54	0, 62	0, 69	0, 77	0, 92	5550
40	0, 37	0, 43	0, 49	0, 55	0, 62	0, 74	4440
30	0, 28	0, 32	0, 37	0, 42	0, 46	0, 55	3330
20	0, 18	0, 22	0, 25	0, 28	0, 31	0, 37	2220
10	0, 09	0, 11	0, 12	0, 14	0, 15	0, 18	1110
9	0, 08	0, 10	0, 11	0, 12	0, 14	0, 17	999
8	0, 07	0, 09	0, 10	0, 11	0, 12	0, 15	888
7	0, 06	0, 08	0, 09	0, 10	0, 11	0, 13	777
6	0, 06	0, 06	0, 07	0, 08	0, 09	0, 11	666
5	0, 05	0, 05	0, 06	0, 07	0, 08	0, 09	555
4	0, 04	0, 04	0, 05	0, 06	0, 06	0, 07	444
3	0, 03	0, 03	0, 04	0, 04	0, 05	0, 06	333
2	0, 02	0, 02	0, 02	0, 03	0, 03	0, 04	222
1	0, 01	0, 01	0, 01	0, 01	0, 02	0, 02	111

COLONNE DES CAPITAUX	INTÉRÊTS POUR 112 JOURS (ou pour 3 mois et 22 jours.)						NOMBRES PRODUITS des CAPITAUX multipliés par 112 Jours.
	à 3 %	à 3 ½	à 4 %	à 4 ½	à 5 %	à 6 %	
fr.	fr. c.	fr. c.	fr. c.	fr. c.	fr. c.	fr. c.	
50,000	466, 67	544, 44	622, 22	700, 00	777, 78	933, 33	5600000
40,000	373, 33	435, 56	497, 78	560, 00	622, 22	746, 67	4480000
30,000	280, 00	326, 67	373, 33	420, 00	466, 67	560, 00	3360000
20,000	186, 67	217, 78	248, 89	280, 00	311, 11	373, 33	2240000
10,000	93, 33	108, 89	124, 44	140, 00	155, 56	186, 67	1120000
9,000	84, 00	98, 00	112, 00	126, 00	140, 00	168, 00	1008000
8,000	74, 67	87, 11	99, 56	112, 00	124, 44	149, 33	896000
7,000	65, 33	76, 22	87, 11	98, 00	108, 89	130, 67	784000
6,000	56, 00	65, 33	74, 67	84, 00	93, 33	112, 00	672000
5,000	46, 67	54, 44	62, 22	70, 00	77, 78	93, 33	560000
4,000	37, 33	43, 56	49, 78	56, 00	62, 22	74, 67	448000
3,000	28, 00	32, 67	37, 33	42, 00	46, 67	56, 00	336000
2,000	18, 67	21, 78	24, 89	28, 00	31, 11	37, 33	224000
1,000	9, 33	10, 89	12, 44	14, 00	15, 56	18, 67	112000
900	8, 40	9, 80	11, 20	12, 60	14, 00	16, 80	100800
800	7, 47	8, 71	9, 96	11, 20	12, 44	14, 93	89600
700	6, 53	7, 62	8, 71	9, 80	10, 89	13, 07	78400
600	5, 60	6, 53	7, 47	8, 40	9, 33	11, 20	67200
500	4, 67	5, 44	6, 22	7, 00	7, 78	9, 33	56000
400	3, 73	4, 36	4, 98	5, 60	6, 22	7, 47	44800
300	2, 80	3, 27	3, 73	4, 20	4, 67	5, 60	33600
200	1, 87	2, 18	2, 49	2, 80	3, 11	3, 73	22400
100	0, 93	1, 09	1, 24	1, 40	1, 56	1, 87	11200
90	0, 84	0, 98	1, 12	1, 26	1, 40	1, 68	10080
80	0, 75	0, 87	1, 00	1, 12	1, 24	1, 49	8960
70	0, 65	0, 76	0, 87	0, 98	1, 09	1, 31	7840
60	0, 56	0, 65	0, 75	0, 84	0, 93	1, 12	6720
50	0, 47	0, 54	0, 62	0, 70	0, 78	0, 93	5600
40	0, 37	0, 44	0, 50	0, 56	0, 62	0, 75	4480
30	0, 28	0, 33	0, 37	0, 42	0, 47	0, 56	3360
20	0, 19	0, 22	0, 25	0, 28	0, 31	0, 37	2240
10	0, 09	0, 11	0, 12	0, 14	0, 16	0, 19	1120
9	0, 08	0, 10	0, 11	0, 13	0, 14	0, 17	1008
8	0, 07	0, 09	0, 10	0, 11	0, 12	0, 15	896
7	0, 07	0, 08	0, 09	0, 10	0, 11	0, 13	784
6	0, 06	0, 07	0, 07	0, 08	0, 09	0, 11	672
5	0, 05	0, 05	0, 06	0, 07	0, 08	0, 09	560
4	0, 04	0, 04	0, 05	0, 06	0, 06	0, 07	448
3	0, 03	0, 03	0, 04	0, 04	0, 05	0, 06	336
2	0, 02	0, 02	0, 02	0, 03	0, 03	0, 04	224
1	0, 01	0, 01	0, 01	0, 01	0, 02	0, 02	112

COLONNE DES CAPITAUX	INTÉRÊTS POUR 113 JOURS (ou pour 3 mois et 23 jours.)						NOMBRES PRODUITS des CAPITAUX multipliés par 113 Jours.
	à 3 %	à 3 ½	à 4 %	à 4 ½	à 5 %	à 6 %	
fr.	fr. c.	fr. c.	fr. c.	fr. c.	fr. c.	fr. c.	
50,000	470, 83	549, 30	627, 78	706, 25	784, 72	941, 67	5650000
40,000	376, 67	439, 44	502, 22	565, 00	627, 78	753, 33	4520000
30,000	282, 50	329, 58	376, 67	423, 75	470, 83	565, 00	3390000
20,000	188, 33	219, 72	251, 11	282, 50	313, 89	376, 67	2260000
10,000	94, 17	109, 86	125, 56	141, 25	156, 94	188, 33	1130000
9,000	84, 75	98, 87	113, 00	127, 12	141, 25	169, 50	1017000
8,000	75, 33	87, 89	100, 44	113, 00	125, 56	150, 67	904000
7,000	65, 92	76, 90	87, 89	98, 87	109, 86	131, 83	791000
6,000	56, 50	65, 92	75, 33	84, 75	94, 17	113, 00	678000
5,000	47, 08	54, 93	62, 78	70, 62	78, 47	94, 17	565000
4,000	37, 67	43, 94	50, 22	56, 50	62, 78	75, 33	452000
3,000	28, 25	32, 96	37, 67	42, 37	47, 08	56, 50	339000
2,000	18, 83	21, 97	25, 11	28, 25	31, 39	37, 67	226000
1,000	9, 42	10, 99	12, 56	14, 12	15, 69	18, 83	113000
900	8, 47	9, 89	11, 30	12, 71	14, 12	16, 95	101700
800	7, 53	8, 79	10, 04	11, 30	12, 56	15, 07	90400
700	6, 59	7, 69	8, 79	9, 89	10, 99	13, 18	79100
600	5, 65	6, 59	7, 53	8, 47	9, 42	11, 30	67800
500	4, 71	5, 49	6, 28	7, 06	7, 85	9, 42	56500
400	3, 77	4, 39	5, 02	5, 65	6, 28	7, 53	45200
300	2, 82	3, 30	3, 77	4, 24	4, 71	5, 65	33900
200	1, 88	2, 20	2, 51	2, 82	3, 14	3, 77	22600
100	0, 94	1, 10	1, 26	1, 41	1, 57	1, 88	11300
90	0, 85	0, 99	1, 13	1, 27	1, 41	1, 69	10170
80	0, 75	0, 88	1, 00	1, 13	1, 26	1, 51	9040
70	0, 66	0, 77	0, 88	0, 99	1, 10	1, 32	7910
60	0, 56	0, 66	0, 75	0, 85	0, 94	1, 13	6780
50	0, 47	0, 55	0, 63	0, 71	0, 78	0, 94	5650
40	0, 38	0, 44	0, 50	0, 56	0, 63	0, 75	4520
30	0, 28	0, 33	0, 38	0, 42	0, 47	0, 56	3390
20	0, 19	0, 22	0, 25	0, 28	0, 31	0, 38	2260
10	0, 09	0, 11	0, 13	0, 14	0, 16	0, 19	1130
9	0, 08	0, 10	0, 11	0, 13	0, 14	0, 17	1017
8	0, 08	0, 09	0, 10	0, 11	0, 13	0, 15	904
7	0, 07	0, 08	0, 09	0, 10	0, 11	0, 13	791
6	0, 06	0, 07	0, 08	0, 08	0, 09	0, 11	678
5	0, 05	0, 05	0, 06	0, 07	0, 08	0, 09	565
4	0, 04	0, 04	0, 05	0, 06	0, 06	0, 08	452
3	0, 03	0, 03	0, 04	0, 04	0, 05	0, 06	339
2	0, 02	0, 02	0, 03	0, 03	0, 03	0, 04	226
1	0, 01	0, 01	0, 01	0, 01	0, 02	0, 02	113

10.

COLONNE DES CAPITAUX	INTERÊTS POUR 114 JOURS (ou pour 3 mois et 24 jours.)						NOMBRES PRODUITS des CAPITAUX multipliés par 114 Jours.
	à 3 %	à 3 1/2	à 4 %	à 4 1/2	à 5 %	à 6 %	
	fr. c.	fr. c.	fr. c.	fr. c.	fr. c.	fr. c.	
50,000	475, 00	554, 17	633 33	712, 50	791, 67	950, 00	5700000
40,000	380, 00	443, 33	506, 67	570, 00	633, 33	760, 00	4560000
30,000	285, 00	332, 50	380, 00	427, 50	475, 00	570, 00	3420000
20,000	190, 00	221, 67	253, 33	285, 00	316, 67	380, 00	2280000
10,000	95, 00	110, 83	126, 67	142, 50	158, 33	190, 00	1140000
9,000	85, 50	99, 75	114, 00	128, 25	142, 50	171, 00	1026000
8,000	76, 00	88, 67	101, 33	114, 00	126, 67	152, 00	912000
7,000	66, 50	77, 58	88, 67	99, 75	110, 83	133, 00	798000
6,000	57, 00	66, 50	76, 00	85, 50	95, 00	114, 00	684000
5,000	47, 50	55, 42	63, 33	71, 25	79, 17	95, 00	570000
4,000	38, 00	44, 33	50, 67	57, 00	63, 33	76, 00	456000
3,000	28, 50	33, 25	38, 00	42, 75	47, 50	57, 00	342000
2,000	19, 00	22, 17	25, 33	28, 50	31, 67	38, 00	228000
1,000	9, 50	11, 08	12, 67	14, 25	15, 83	19, 00	114000
900	8, 55	9, 97	11, 40	12, 82	14, 25	17, 10	102600
800	7, 60	8, 87	10, 13	11, 40	12, 67	15, 20	91200
700	6, 65	7, 76	8, 87	9, 97	11, 08	13, 30	79800
600	5, 70	6, 65	7, 60	8, 55	9, 50	11, 40	68400
500	4, 75	5, 54	6, 33	7, 12	7, 92	9, 50	57000
400	3, 80	4, 43	5, 07	5, 70	6, 33	7, 60	45600
300	2, 85	3, 32	3, 80	4, 27	4, 75	5, 70	34200
200	1, 90	2, 22	2, 53	2, 85	3, 17	3, 80	22800
100	0, 95	1, 11	1, 27	1, 42	1, 58	1, 90	11400
90	0, 85	1, 00	1, 14	1, 28	1, 42	1, 71	10260
80	0, 76	0, 89	1, 01	1, 14	1, 27	1, 52	9120
70	0, 66	0, 78	0, 89	1, 00	1, 11	1, 33	7980
60	0, 57	0, 66	0, 76	0, 85	0, 95	1, 14	6840
50	0, 47	0, 55	0, 63	0, 71	0, 79	0, 95	5700
40	0, 38	0, 44	0, 51	0, 57	0, 63	0, 76	4560
30	0, 28	0, 33	0, 38	0, 43	0, 47	0, 57	3420
20	0, 19	0, 22	0, 25	0, 28	0, 32	0, 38	2280
10	0, 09	0, 11	0, 13	0, 14	0, 16	0, 19	1140
9	0, 09	0, 10	0, 11	0, 13	0, 14	0, 17	1026
8	0, 08	0, 09	0, 10	0, 11	0, 13	0, 15	912
7	0, 07	0, 08	0, 09	0, 10	0, 11	0, 13	798
6	0, 06	0, 07	0, 08	0, 09	0, 09	0, 11	684
5	0, 05	0, 06	0, 06	0, 07	0, 08	0, 09	570
4	0, 04	0, 04	0, 05	0, 06	0, 06	0, 08	456
3	0, 03	0, 03	0, 04	0, 04	0, 05	0, 06	342
2	0, 02	0, 02	0, 03	0, 01	0, 02	0, 04	228
1	0, 01	0, 01	0, 01	0, 01	0, 02	0, 02	114

INTÉRÊTS POUR 115 JOURS
(ou pour 3 mois et 25 jours.)

COLONNE DES CAPITAUX	à 3 %	à 3 ½	à 4 %	à 4 ½	à 5 %	à 6 %	NOMBRES PRODUITS des CAPITAUX multipliés par 115 Jours.
fr.	fr. c.	fr. c.	fr. c.	fr. c.	fr. c.	fr. c.	
50,000	479, 17	559, 03	638, 89	718. 75.	798, 61	958, 33	5750000
40,000	383, 33	447, 22	511, 11	575, 00	638, 89	766, 67	4600000
30 000	287, 50	335, 42	383, 33	431, 25	479, 17	575, 00	3450000
20,000	191, 67	223, 61	255, 56	287, 50	319, 44	383, 33	2300000
10,000	95, 83	111, 81	127, 78	143, 75	159, 72	191, 67	1150000
9,000	86, 25	100, 62	115, 00	129, 37	143, 75	172, 50	1035000
8,000	76, 67	89, 44	102, 22	115, 00	127, 78	153, 33	920000
7,000	67, 08	78, 26	89, 44	100, 62	111, 81	134, 17	805000
6 000	57, 50	67, 08	76, 67	86, 25	95, 83	115, 00	690000
5,000	47, 92	55, 90	63, 89	71, 87	79, 86	95, 83	575000
4,000	38, 33	44, 72	51, 11	57, 50	63, 89	76, 67	460000
3,000	28, 75	33, 54	38, 33	43, 12	47, 92	57, 50	345000
2,000	19, 17	22, 36	25, 56	28. 75	31, 94	38, 33	230000
1,000	9, 58	11, 18	12, 78	14, 37	15, 97	19, 17	115000
900	8, 62	10, 06	11, 50	12, 94	14, 37	17, 25	103500
800	7, 67	8, 94	10, 22	11, 50	12, 78	15, 33	92000
700	6, 71	7, 83	8, 94	10, 06	11, 18	13, 42	80500
600	5, 75	6, 71	7, 67	8, 62	9, 58	11, 50	69000
500	4, 79	5, 59	6, 39	7, 19	7, 99	9, 58	57500
400	3, 83	4, 47	5, 11	5, 75	6, 39	7, 67	46000
300	2, 87	3, 35	3, 83	4, 31	4, 79	5, 75	34500
200	1, 92	2, 24	2, 56	2, 87	3, 19	3, 83	23000
100	0, 96	1, 12	1, 28	1, 44	1, 60	1, 92	11500
90	0, 86	1, 01	1, 15	1, 29	1, 44	1, 72	10350
80	0, 77	0, 89	1, 02	1, 15	1, 28	1, 53	9200
70	0, 67	0, 78	0, 89	1, 01	1, 12	1, 34	8050
60	0, 57	0, 67	0, 77	0, 86	0, 96	1, 15	6900
50	0, 48	0, 56	0, 64	0, 72	0, 80	0, 96	5750
40	0, 38	0, 45	0, 51	0, 57	0, 64	0, 77	4600
30	0, 29	0, 34	0, 38	0, 43	0, 48	0. 57	3450
20	0, 19	0, 22	0, 26	0, 29	0, 32	0, 38	2300
10	0, 10	0, 11	0, 13	0, 14	0, 16	0, 19	1150
9	0, 09	0, 10	0, 11	0, 13	0, 14	0, 17	1035
8	0, 08	0, 09	0, 10	0, 11	0, 13	0, 15	920
7	0, 07	0, 08	0, 09	0, 10	0, 11	0, 13	805
6	0, 06	0, 07	0, 08	0, 09	0, 10	0, 11	690
5	0, 05	0, 06	0, 06	0, 07	0, 08	0, 10	575
4	0, 04	0, 04	0, 05	0, 06	0, 06	0, 08	460
3	0, 03	0, 03	0, 04	0, 04	0, 05	0, 06	345
2	0, 02	0, 02	0, 03	0 03	0, 03	0, 04	230
1	0. 01	0. 01	0, 01	0, 01	0. 02	0, 02	115

COLONNE DES CAPITAUX	INTÉRÊTS POUR 116 JOURS (ou pour 3 mois et 26 jours.)						NOMBRES PRODUITS des CAPITAUX multipliés par 116 Jours.
	à 3 %	à 3 ½	à 4 %	à 4 ½	à 5 %	à 6 %	
fr.	fr. c.	fr. c.	fr. c.	fr. c.	fr. c.	fr. c.	
50,000	483, 33	563, 89	644, 44	725, 00	805, 56	966, 67	5800000
40,000	386, 67	451, 11	515, 56	580, 00	644, 44	773, 33	4640000
30,000	290, 00	338, 33	386, 67	435, 00	483, 33	580, 00	3480000
20,000	193, 33	225, 56	257, 78	290, 00	322, 22	386, 67	2320000
10,000	96, 67	112, 78	128, 89	145, 00	161, 11	193, 33	1160000
9,000	87, 00	101, 50	116, 00	130, 50	145, 00	174, 00	1044000
8,000	77, 33	90, 22	103, 11	116, 00	128, 89	154, 67	928000
7,000	67, 67	78, 94	90, 22	101, 50	112, 78	135, 33	812000
6,000	58, 00	67, 67	77, 33	87, 00	96, 67	116, 00	696000
5,000	48, 33	56, 39	64, 44	72, 50	80, 56	96, 67	580000
4,000	38, 67	45, 11	51, 56	58, 00	64, 44	77, 33	464000
3,000	29, 00	33, 83	38, 67	43, 50	48, 33	58, 00	348000
2,000	19, 33	22, 56	25, 78	29, 00	32, 22	38, 67	232000
1,000	9, 67	11, 28	12, 89	14, 50	16, 11	19, 33	116000
900	8, 70	10, 15	11, 60	13, 05	14, 50	17, 40	104400
800	7, 73	9, 02	10, 31	11, 60	12, 89	15, 47	92800
700	6, 77	7, 89	9, 02	10, 15	11, 28	13, 53	81200
600	5, 80	6, 77	7, 73	8, 70	9, 67	11, 60	69600
500	4, 83	5, 64	6, 44	7, 25	8, 06	9, 67	58000
400	3, 87	4, 51	5, 16	5, 80	6, 44	7, 73	46400
300	2, 90	3, 38	3, 87	4, 35	4, 83	5, 80	34800
200	1, 93	2, 26	2, 58	2, 90	3, 22	3, 87	23200
100	0, 97	1, 13	1, 29	1, 45	1, 61	1, 93	11600
90	0, 87	1, 01	1, 16	1, 30	1, 45	1, 74	10440
80	0, 77	0, 90	1, 03	1, 16	1, 29	1, 55	9280
70	0, 68	0, 79	0, 90	1, 01	1, 13	1, 35	8120
60	0, 58	0, 68	0, 77	0, 87	0, 97	1, 16	6960
50	0, 48	0, 56	0, 64	0, 72	0, 81	0, 97	5800
40	0, 39	0, 45	0, 52	0, 58	0, 64	0, 77	4640
30	0, 29	0, 34	0, 39	0, 43	0, 48	0, 58	2320
20	0, 19	0, 23	0, 26	0, 29	0, 32	0, 39	1160
10	0, 10	0, 11	0, 13	0, 14	0, 16	0, 19	1160
9	0, 09	0, 10	0, 12	0, 13	0, 14	0, 17	1044
8	0, 08	0, 09	0, 10	0, 12	0, 13	0, 15	928
7	0, 07	0, 08	0, 09	0, 10	0, 11	0, 14	812
6	0, 06	0, 07	0, 08	0, 09	0, 10	0, 12	696
5	0, 05	0, 06	0, 06	0, 07	0, 08	0, 10	580
4	0, 04	0, 05	0, 05	0, 06	0, 06	0, 08	464
3	0, 03	0, 03	0, 04	0, 04	0, 05	0, 06	348
2	0, 02	0, 02	0, 03	0, 03	0, 03	0, 04	232
1	0, 01	0, 01	0, 01	0, 01	0, 02	0, 02	116

INTÉRÊTS POUR 117 JOURS
(ou pour 3 mois et 27 jours.)

COLONNE DES CAPITAUX	à 3 %	à 3 ½	à 4 %	à 4 ½	à 5 %	à 6 %	NOMBRES PRODUITS des CAPITAUX multipliés par 117 Jours.
fr.	fr. c.	fr. c.	fr. c.	fr. c.	fr. c.	fr. c.	
50,000	487, 50	568, 75	650, 00	731, 25	812, 50	975, 00	5850000
40,000	390, 00	455, 00	520, 00	585, 00	650, 00	780, 00	4680000
30,000	292, 50	341. 25	390, 00	438, 75	487, 50	585, 00	3510000
20,000	195, 00	227, 50	260, 00	292, 50	325, 00	390, 00	2340000
10,000	97, 50	113, 75	130, 00	146, 25	162, 50	195, 00	1170000
9,000	87, 75	102, 37	117, 00	131, 62	146, 25	175, 50	1053000
8,000	78, 00	91, 00	104, 00	117, 00	130, 00	156, 00	936000
7,000	68, 25	79, 62	91, 00	102, 37	113, 75	136, 50	819000
6,000	58, 50	68, 25	78, 00	87, 75	97, 50	117, 00	702000
5,000	48, 75	56, 87	65, 00	73, 12	81, 25	97, 50	585000
4,000	39, 00	45, 50	52, 00	58, 50	65, 00	78, 00	468000
3,000	29, 25	34, 12	39, 00	43, 87	48. 75	58, 50	351000
2,000	19, 50	22, 75	26, 00	29, 25	32, 50	39, 00	234000
1,000	9, 75	11, 37	13, 00	14, 62	16, 25	19, 50	117000
900	8, 77	10, 24	11, 70	13, 16	14, 62	17, 55	1053oo
800	7, 80	9, 10	10, 40	11, 70	13, 00	15, 60	93600
700	6, 82	7, 96	9, 10	10, 24	11, 37	13, 65	81900
600	5, 85	6, 82	7, 80	8, 77	9, 75	11, 70	70200
500	4, 87	5, 69	6, 50	7, 31	8, 12	9, 75	58500
400	3, 90	4, 55	5, 20	5, 85	6, 50	7, 80	46800
300	2, 92	3, 41	3, 90	4, 39	4, 87	5, 85	35100
200	1, 95	2, 27	2, 60	2, 92	3, 25	3, 90	23400
100	0, 97	1, 14	1, 30	1, 46	1, 62	1, 95	11700
90	0, 88	1, 02	1, 17	1, 32	1, 46	1, 75	10530
80	0, 78	0, 91	1, 04	1, 17	1, 30	1, 56	9360
70	0, 68	0, 80	0, 91	1, 02	1, 14	1, 36	8190
60	0, 58	0, 68	0, 78	0, 88	0, 97	1, 17	7020
50	0, 49	0, 57	0, 65	0, 73	0, 81	0, 97	5850
40	0, 39	0, 45	0, 52	0, 58	0, 65	0, 78	4680
30	0, 29	0, 34	0, 39	0, 44	0, 49	0, 58	3510
20	0, 19	0, 23	0, 26	0, 29	0, 32	0, 39	2340
10	0, 10	0, 11	0, 13	0, 15	0, 16	0, 19	1170
9	0, 09	0, 10	0, 12	0, 13	0, 15	0, 18	1053
8	0, 08	0, 09	0, 10	0, 12	0, 13	0, 16	936
7	0, 07	0, 08	0, 09	0, 10	0, 11	0, 14	819
6	0, 06	0, 07	0, 08	0, 09	0, 10	0, 12	702
5	0, 05	0, 06	0, 06	0, 07	0, 08	0, 10	585
4	0, 04	0, 05	0, 05	0, 06	0, 06	0, 08	468
3	0, 03	0, 03	0, 04	0, 04	0, 05	0, 06	351
2	0, 02	0, 02	0, 03	0, 03	0, 03	0, 04	234
1	0, 01	0, 01	0, 01	0, 01	0, 02	0, 02	117

COLONNE DES CAPITAUX	INTÉRÊTS POUR 118 JOURS (ou pour 3 mois et 28 jours.)						NOMBRES PRODUITS des CAPITAUX multipliés par 118 Jours.
	à 3 %	à 3 ½	à 4 %	à 4 ½	à 5 %	à 6 %	
fr.	fr. c.	fr. c.	fr. c.	fr. c.	fr. c.	fr. c.	
50,000	491, 67	573, 61	655, 56	737, 50	819, 44	983, 33	5900000
40,000	393, 33	458, 89	524, 44	590, 00	655, 56	786, 67	4720000
30,000	295, 00	344, 17	393, 33	442, 50	491, 67	590, 00	3540000
20,000	196, 67	229, 44	262, 22	295, 00	327, 78	393, 33	2360000
10,000	98, 33	114, 72	131, 11	147, 50	163, 89	196, 67	1180000
9,000	88, 50	103, 25	118, 00	132, 75	147, 50	177, 00	1062000
8,000	78, 67	91, 78	104, 89	118, 00	131, 11	157, 33	944000
7,000	68, 83	80, 31	91, 78	103, 25	114, 72	137, 67	826000
6,000	59, 00	68, 83	78, 67	88, 50	98, 33	118, 00	708000
5,000	49, 17	57, 36	65, 56	73, 75	81, 94	98, 33	590000
4,000	39, 33	45, 89	52, 44	59, 00	65, 56	78, 67	472000
3,000	29, 50	34, 42	39, 33	44, 25	49, 17	59, 00	354000
2,000	19, 67	22, 94	26, 22	29, 50	32, 78	39, 33	236000
1,000	9, 83	11, 47	13, 11	14, 75	16, 39	19, 67	118000
900	8, 85	10, 32	11, 80	13, 27	14, 75	17, 70	106200
800	7, 87	9, 18	10, 49	11, 80	13, 11	15, 73	94400
700	6, 88	8, 03	9, 18	10, 32	11, 47	13, 77	82600
600	5, 90	6, 88	7, 87	8, 85	9, 83	11, 80	70800
500	4, 92	5, 74	6, 56	7, 37	8, 19	9, 83	59000
400	3, 93	4, 59	5, 24	5, 90	6, 56	7, 87	47200
300	2, 95	3, 44	3, 93	4, 42	4, 92	5, 90	35400
200	1, 97	2, 29	2, 62	2, 95	3, 28	3, 93	23600
100	0, 98	1, 15	1, 31	1, 47	1, 64	1, 97	11800
90	0, 88	1, 03	1, 18	1, 33	1, 47	1, 77	10620
80	0, 79	0, 92	1, 05	1, 18	1, 31	1, 57	9440
70	0, 69	0, 80	0, 92	1, 03	1, 15	1, 38	8260
60	0, 59	0, 69	0, 79	0, 88	0, 98	1, 18	7080
50	0, 49	0, 57	0, 66	0, 74	0, 82	0, 98	5900
40	0, 39	0, 46	0, 52	0, 59	0, 66	0, 79	4720
30	0, 29	0, 34	0, 39	0, 44	0, 49	0, 59	3540
20	0, 20	0, 23	0, 26	0, 29	0, 33	0, 39	2360
10	0, 10	0, 11	0, 13	0, 15	0, 16	0, 20	1180
9	0, 09	0, 10	0. 12	0, 13	0, 15	0, 18	1062
8	0, 08	0, 09	0, 10	0, 12	0, 13	0, 16	944
7	0, 07	0, 08	0, 09	0, 10	0, 11	0, 14	826
6	0, 06	0, 07	0, 08	0, 09	0, 10	0, 12	708
5	0, 05	0, 06	0, 07	0, 07	0, 08	0, 10	590
4	0, 04	0, 05	0, 05	0, 06	0, 07	0, 08	472
3	0, 03	0, 03	0, 04	0, 04	0, 05	0, 06	354
2	0, 02	0, 02	0, 03	0, 03	0, 03	0, 04	236
1	0, 01	0, 01	0, 01	0, 01	0, 02	0, 02	118

COLONNE DES CAPITAUX	INTÉRÊTS POUR 119 JOURS (ou pour 3 mois et 29 jours.)						NOMBRES PRODUITS des CAPITAUX multipliés par 119 Jours.
	à 3 %	à 3 ½	à 4 %	à 4 ½	à 5 %	à 6 %	
fr.	fr. c.	fr. c.	fr. c.	fr. c.	fr. c.	fr. c.	
50,000	495, 83	578, 47	661, 11	743, 75	826, 39	991, 67	5950000
40,000	396, 67	462, 78	528, 89	595, 00	661, 11	793, 33	4760000
30,000	297, 50	347, 08	396, 67	446, 25	495, 83	595, 00	3570000
20,000	198, 33	231, 39	264, 44	297, 50	330, 56	396, 67	2380000
10,000	99, 17	115, 69	132, 22	148, 75	165, 28	198, 33	1190000
9,000	89, 25	104, 12	119, 00	133, 87	148, 75	178, 50	1071000
8,000	79, 33	92, 56	105, 78	119, 00	132, 22	158, 67	952000
7,000	69, 42	80, 99	92, 56	104, 12	115, 69	138, 83	833000
6,000	59, 50	69, 42	79, 33	89, 25	99, 17	119, 00	714000
5,000	49, 58	57, 85	66, 11	74, 37	82, 64	99, 17	595000
4,000	39, 67	46, 28	52, 89	59, 50	66, 11	79, 33	476000
3,000	29, 75	34, 71	39, 67	44, 62	49, 58	59, 50	357000
2,000	19, 83	23, 14	26, 44	29, 75	33, 06	39, 67	238000
1,000	9, 92	11, 57	13, 22	14, 87	16, 53	19, 83	119000
900	8, 92	10, 41	11, 90	13, 39	14, 87	17, 85	107100
800	7, 93	9, 26	10, 58	11, 90	13, 22	15, 87	95200
700	6, 94	8, 10	9, 26	10, 41	11, 57	13, 88	83300
600	5, 95	6, 94	7, 93	8, 92	9, 92	11, 90	71400
500	4, 96	5, 78	6, 61	7, 44	8, 26	9, 92	59500
400	3, 97	4, 63	5, 29	5, 95	6, 61	7, 93	47600
300	2, 97	3, 47	3, 97	4, 46	4, 96	5, 95	35700
200	1, 98	2, 31	2, 64	2, 97	3, 31	3, 97	23800
100	0, 99	1, 16	1, 32	1, 49	1, 65	1, 98	11900
90	0, 89	1, 04	1, 19	1, 34	1, 49	1, 78	10710
80	0, 79	0, 93	1, 06	1, 19	1, 32	1, 59	9520
70	0, 69	0, 81	0, 93	1, 04	1, 16	1, 39	8330
60	0, 59	0, 69	0, 79	0, 89	0, 99	1, 19	7140
50	0, 50	0, 58	0, 66	0, 74	0, 83	0, 99	5950
40	0, 40	0, 46	0, 53	0, 59	0, 66	0, 79	4760
30	0, 30	0, 35	0, 40	0, 45	0, 50	0, 59	3570
20	0, 20	0, 23	0, 26	0, 30	0, 33	0, 40	2380
10	0, 10	0 12	0, 13	0, 15	0, 17	0, 20	1190
9	0, 09	0, 10	0, 12	0, 13	0, 15	0, 18	1071
8	0, 08	0, 09	0, 11	0, 12	0, 13	0, 16	952
7	0, 07	0, 08	0, 09	0, 10	0, 12	0, 14	833
6	0, 06	0, 07	0, 08	0, 09	0, 10	0, 12	714
5	0, 05	0, 06	0, 07	0, 07	0, 08	0, 10	595
4	0, 04	0, 05	0, 05	0, 06	0, 07	0, 08	476
3	0, 03	0, 03	0, 04	0, 04	0, 05	0, 06	357
2	0, 02	0, 02	0, 03	0, 03	0, 03	0, 04	238
1	0, 01	0, 01	0 01	0, 01	0, 02	0, 02	119

COLONNE DES CAPITAUX	INTERÊTS POUR 120 JOURS (ou pour 4 mois.)						NOMBRES PRODUITS des CAPITAUX multipliés par 120 Jours.
	à 3 %	à 3 ½	à 4 %	à 4 ½	à 5 %	à 6 %	
fr.	fr. c.	fr. c.	fr. c.	fr. c.	fr. c.	fr. c.	
50,000	500, 00	583, 33	666, 67	750, 00	833, 33	1000, 00	6000000
40,000	400, 00	466, 67	533, 33	600, 00	666, 67	800, 00	4800000
30,000	300, 00	350, 00	400, 00	450, 00	500, 00	600, 00	3600000
20,000	200, 00	233, 33	266, 67	300, 00	333, 33	400, 00	2400000
10,000	100, 00	116, 67	133, 33	150, 00	166, 67	200, 00	1200000
9,000	90, 00	105, 00	120, 00	135, 00	150, 00	180, 00	1080000
8,000	80, 00	93, 33	106, 67	120, 00	133, 33	160, 00	960000
7,000	70, 00	81, 67	93, 33	105, 00	116, 67	140, 00	840000
6,000	60, 00	70, 00	80, 00	90, 00	100, 00	120, 00	720000
5,000	50, 00	58, 33	66, 67	75, 00	83, 33	100, 00	600000
4,000	40, 00	46, 67	53, 33	60, 00	66, 67	80, 00	480000
3,000	30, 00	35, 00	40, 00	45, 00	50, 00	60, 00	360000
2,000	20, 00	23, 33	26, 67	30, 00	33, 33	40, 00	240000
1,000	10, 00	11, 67	13, 33	15, 00	16, 67	20, 00	120000
900	9, 00	10, 50	12, 00	13, 50	15, 00	18, 00	108000
800	8, 00	9, 33	10, 67	12, 00	13, 33	16, 00	96000
700	7, 00	8, 17	9, 33	10, 50	11, 67	14, 00	84000
600	6, 00	7, 00	8, 00	9, 00	10, 00	12, 00	72000
500	5, 00	5, 83	6, 67	7, 50	8, 33	10, 00	60000
400	4, 00	4, 67	5, 33	6, 00	6, 67	8, 00	48000
300	3, 00	3, 50	4, 00	4, 50	5, 00	6, 00	36000
200	2, 00	2, 33	2, 67	3, 00	3, 33	4, 00	24000
100	1, 00	1, 17	1, 33	1, 50	1, 67	2, 00	12000
90	0, 90	1, 05	1, 20	1, 35	1, 50	1, 80	10800
80	0, 80	0, 93	1, 07	1, 20	1, 33	1, 60	9600
70	0, 70	0, 82	0, 93	1, 05	1, 17	1, 40	8400
60	0, 60	0, 70	0, 80	0, 90	1, 00	1, 20	7200
50	0, 50	0, 58	0, 67	0, 75	0, 83	1, 00	6000
40	0, 40	0, 47	0, 53	0, 60	0, 67	0, 80	4800
30	0, 30	0, 35	0, 40	0, 45	0, 50	0, 60	3600
20	0, 20	0, 23	0, 27	0, 30	0, 33	0, 40	2400
10	0, 10	0, 12	0, 13	0, 15	0, 17	0, 20	1200
9	0, 09	0, 10	0, 12	0, 13	0, 15	0, 18	1080
8	0, 08	0, 09	0, 11	0, 12	0, 13	0, 16	960
7	0, 07	0, 08	0, 09	0, 10	0, 12	0, 14	840
6	0, 06	0, 07	0, 08	0, 09	0, 10	0, 12	720
5	0, 05	0, 06	0, 07	0, 07	0, 08	0, 10	600
4	0, 04	0, 05	0, 05	0, 06	0, 07	0, 08	480
3	0, 03	0, 03	0, 04	0, 04	0, 05	0, 06	360
2	0, 02	0, 02	0, 03	0, 03	0, 03	0, 04	240
1	0, 01	0, 01	0, 01	0, 01	0, 02	0, 02	120

COLONNE DES CAPITAUX	INTÉRÊTS POUR 121 JOURS (ou pour 4 mois et 1 jour.)						NOMBRES PRODUITS des CAPITAUX multipliée par 121 Jours.
	à 3 %	à 3 ½	à 4 %	à 4 ½	à 5 %	à 6 %	
fr.	fr. c.	fr. c.	fr. c.	fr. c.	fr. c.	fr. c.	
50,000	504, 17	588, 19	672, 22	756. 25	840, 28	1008, 33	6050000
40,000	403, 33	470, 56	537, 78	605, 00	672, 22	806, 67	4840000
30.000	302, 50	352, 92	403, 33	453, 75	504, 17	605, 00	3630000
20,000	201, 67	235, 28	268, 89	302, 50	336, 11	403, 33	2420000
10,000	100, 83	117, 64	134, 44	151, 25	168, 06	201, 67	1210000
9,000	90, 75	105, 87	121, 00	136, 12	151, 25	181, 50	1089000
8,000	80, 67	94, 11	107, 56	121, 00	134, 44	161, 33	968000
7,000	70, 58	82, 35	94, 11	105, 87	117, 64	141, 17	847000
6,000	60, 50	70, 58	80, 67	90, 75	100, 83	121, 00	726000
5,000	50, 42	58, 82	67, 22	75, 62	84, 03	100, 83	605000
4,000	40, 33	47, 06	53, 78	60, 50	67, 22	80, 67	484000
3,000	30, 25	35, 29	40, 33	45, 37	50, 42	60, 50	363000
2,000	20, 17	23, 53	26, 89	30, 25	33, 61	40, 33	242000
1,000	10, 08	11, 76	13, 44	15, 12	16, 81	20, 17	121000
900	9, 07	10, 59	12, 10	13, 61	15, 12	18, 15	108900
800	8, 07	9, 41	10, 76	12, 10	13, 44	16, 13	96800
700	7, 06	8, 23	9, 41	10, 59	11, 76	14, 12	84700
600	6, 05	7, 06	8, 07	9, 07	10, 08	12, 10	72600
500	5, 04	5, 88	6, 72	7, 56	8. 40	10, 08	60500
400	4, 03	4, 71	5, 38	6, 05	6, 72	8, 07	48400
300	3, 02	3, 53	4, 03	4, 54	5, 04	6, 05	36300
200	2, 02	2, 35	2, 69	3, 02	3, 36	4, 03	24200
100	1, 01	1, 18	1, 34	1, 51	1, 68	2, 02	12100
90	0, 91	1, 06	1, 21	1, 36	1, 51	1, 81	10890
80	0, 81	0, 94	1, 08	1, 21	1, 34	1, 61	9680
70	0, 71	0, 82	0, 94	1, 06	1, 18	1, 41	8470
60	0, 60	0, 71	0, 81	0, 91	1, 01	1, 21	7260
50	0, 50	0, 59	0, 67	0, 76	0, 84	1, 01	6050
40	0, 40	0, 47	0, 54	0, 60	0, 67	0, 81	4840
30	0, 30	0, 35	0, 40	0, 45	0, 50	0, 60	3630
20	0, 20	0, 24	0, 27	0, 30	0, 34	0, 40	2420
10	0, 10	0, 12	0, 13	0, 15	0, 17	0, 20	1210
9	0, 09	0, 11	0, 12	0, 14	0, 15	0, 18	1089
8	0, 08	0, 09	0, 11	0, 12	0, 13	0, 16	968
7	0, 07	0, 08	0, 09	0, 11	0, 12	0, 14	847
6	0, 06	0, 07	0, 08	0, 09	0, 10	0, 12	726
5	0, 05	0, 06	0, 07	0, 08	0, 08	0, 10	605
4	0, 04	0, 05	0, 05	0, 06	0, 07	0, 08	484
3	0, 03	0, 04	0, 04	0, 05	0, 05	0, 06	363
2	0, 02	0, 03	0, 03	0 03	0, 03	0, 04	242
1	0. 01	0. 01	0. 01	0, 02	0, 02	0, 02	121

11

COLONNE DES CAPITAUX	INTÉRÊTS POUR 122 JOURS (ou pour 4 mois et 2 jours.)						NOMBRES PRODUITS des CAPITAUX multipliés par 122 Jours.
	à 3 %	à 3 ½	à 4 %	à 4 ½	à 5 %	à 6 %	
fr.	fr. c.	fr. c.	fr. c.	fr. c.	fr. c.	fr. c.	
50,000	508, 33	593, 06	677, 78	762, 50	847, 22	1016, 67	6100000
40,000	406, 67	474, 44	542, 22	610, 00	677, 78	813, 33	4880000
30,000	305, 00	355, 83	406, 67	457, 50	508, 33	610, 00	3660000
20,000	203, 33	237, 22	271, 11	305, 00	338, 89	406, 67	2440000
10,000	101, 67	118, 61	135, 56	152, 50	169, 44	203, 33	1220000
9,000	91, 50	106, 75	122, 00	137, 25	152, 50	183, 00	1098000
8,000	81, 33	94, 89	108, 44	122, 00	135, 56	162, 67	976000
7,000	71, 17	83, 03	94, 89	106, 75	118, 61	142, 33	854000
6,000	61, 00	71, 17	81, 33	91, 50	101, 67	122, 00	732000
5,000	50, 83	59, 31	67, 78	76, 25	84, 72	101, 67	610000
4,000	40, 67	47, 44	54, 22	61, 00	67, 78	81, 33	488000
3,000	30, 50	35, 58	40, 67	45, 75	50, 83	61, 00	366000
2,000	20, 33	23, 72	27, 11	30, 50	33, 89	40, 67	244000
1,000	10, 17	11, 86	13, 56	15, 25	16, 94	20, 33	122000
900	9, 15	10, 67	12, 20	13, 72	15, 25	18, 30	109800
800	8, 13	9, 49	10, 84	12, 20	13, 56	16, 27	97600
700	7, 12	8, 30	9, 49	10, 67	11, 86	14, 23	85400
600	6, 10	7, 12	8, 13	9, 15	10, 17	12, 20	73200
500	5, 08	5, 93	6, 78	7, 62	8, 47	10, 17	61000
400	4, 07	4, 74	5, 42	6, 10	6, 78	8, 13	48800
300	3, 05	3, 56	4, 07	4, 57	5, 08	6, 10	36600
200	2, 03	2, 37	2, 71	3, 05	3, 39	4, 07	24400
100	1, 02	1, 19	1, 36	1, 52	1, 69	2, 03	12200
90	0, 91	1, 07	1, 22	1, 37	1, 52	1, 83	10980
80	0, 81	0, 95	1, 08	1, 22	1, 36	1, 63	9760
70	0, 71	0, 83	0, 95	1, 07	1, 19	1, 42	8540
60	0, 61	0, 71	0, 81	0, 91	1, 02	1, 22	7320
50	0, 51	0, 59	0, 68	0, 76	0, 85	1, 02	6100
40	0, 41	0, 47	0, 54	0, 61	0, 68	0, 81	4880
30	0, 30	0, 36	0, 41	0, 46	0, 51	0, 61	3660
20	0, 20	0, 24	0, 27	0, 30	0, 34	0, 41	2440
10	0, 10	0, 12	0, 14	0, 15	0, 17	0, 20	1220
9	0, 09	0, 11	0, 12	0, 14	0, 15	0, 18	1098
8	0, 08	0, 09	0, 11	0, 12	0, 14	0, 16	976
7	0, 07	0, 08	0, 09	0, 11	0, 12	0, 14	854
6	0, 06	0, 07	0, 08	0, 09	0, 10	0, 13	732
5	0, 05	0, 06	0, 07	0, 08	0, 08	0, 10	610
4	0, 04	0, 05	0, 05	0, 06	0, 07	0, 08	488
3	0, 03	0, 04	0, 04	0, 05	0, 05	0, 06	366
2	0, 02	0, 02	0, 03	0, 03	0, 03	0, 04	244
1	0, 01	0, 01	0, 01	0, 02	0, 02	0 02	122

COLONNE DES CAPITAUX	INTÉRÊTS POUR 123 JOURS (ou pour 4 mois et 3 jours.)						NOMBRES PRODUITS des CAPITAUX multipliés par 123 Jours.
	à 3 %	à 3 ½	à 4 %	à 4 ½	à 5 %	à 6 %	
fr.	fr. c.	fr. c.	fr. c.	fr. c.	fr. c.	fr. c.	
50,000	512, 50	597, 92	683, 33	768, 75	854, 17	1025, 00	6150000
40,000	410, 00	478, 33	546, 67	615, 00	683, 33	820, 00	4920000
30,000	307, 50	358, 75	410, 00	461, 25	512, 50	615, 00	3690000
20,000	205, 00	239, 17	273, 33	307, 50	341, 67	410, 00	2460000
10,000	102, 50	119, 58	136, 67	153, 75	170, 83	205, 00	1230000
9,000	92, 25	107, 62	123, 00	138, 37	153, 75	184, 50	1107000
8,000	82, 00	95, 67	109, 33	123, 00	136, 67	164, 00	984000
7,000	71, 75	83, 71	95, 67	107, 62	119, 58	143, 50	861000
6,000	61, 50	71, 75	82, 00	92, 25	102, 50	123, 00	738000
5,000	51, 25	59, 79	68, 33	76, 87	85, 42	102, 50	615000
4,000	41, 00	47, 83	54, 67	61, 50	68, 33	82, 00	492000
3,000	30, 75	35, 87	41, 00	46, 12	51, 25	61, 50	369000
2,000	20, 50	23, 92	27, 33	30, 75	34, 17	41, 00	246000
1,000	10, 25	11, 96	13, 67	15, 37	17, 08	20, 50	123000
900	9, 22	10, 76	12, 30	13, 84	15, 37	18, 45	110700
800	8, 20	9, 57	10, 93	12, 30	13, 67	16, 40	98400
700	7, 17	8, 37	9, 57	10, 76	11, 96	14, 35	86100
600	6, 15	7, 17	8, 20	9, 22	10, 25	12, 30	73800
500	5, 12	5, 98	6, 83	7, 69	8, 54	10, 25	61500
400	4, 10	4, 78	5, 47	6, 15	6, 83	8, 20	49200
300	3, 07	3, 59	4, 10	4, 61	5, 12	6, 15	36900
200	2, 05	2, 39	2, 73	3, 07	3, 42	4, 10	24600
100	1, 02	1, 20	1, 37	1, 54	1, 71	2, 05	12300
90	0, 92	1, 08	1, 23	1, 38	1, 54	1, 84	11070
80	0, 82	0, 96	1, 09	1, 23	1, 37	1, 64	9840
70	0, 72	0, 84	0, 96	1, 08	1, 20	1, 43	8610
60	0, 61	0, 72	0, 82	0, 92	1, 02	1, 23	7380
50	0, 51	0, 60	0, 68	0, 77	0, 85	1, 02	6150
40	0, 41	0, 48	0, 55	0, 61	0, 68	0, 82	4920
30	0, 31	0, 36	0, 41	0, 46	0, 51	0, 61	3690
20	0, 20	0, 24	0, 27	0, 31	0, 34	0, 41	2460
10	0, 10	0, 12	0, 14	0, 15	0, 17	0, 20	1230
9	0, 09	0, 11	0, 12	0, 14	0, 15	0, 18	1107
8	0, 08	0, 10	0, 11	0, 12	0, 14	0, 16	984
7	0, 07	0, 08	0, 10	0, 11	0, 12	0, 14	861
6	0, 06	0, 07	0, 08	0, 09	0, 10	0, 12	738
5	0, 05	0, 06	0, 07	0, 08	0, 09	0, 10	615
4	0, 04	0, 05	0, 05	0, 06	0, 07	0, 08	492
3	0, 03	0, 04	0, 04	0, 05	0, 05	0, 06	369
2	0, 02	0, 02	0, 03	0, 03	0, 03	0, 04	246
1	0, 01	0, 01	0, 01	0, 02	0, 02	0, 02	123

COLONNE DES CAPITAUX	INTÉRÊTS POUR 124 JOURS (ou pour 4 mois et 4 jours.)						NOMBRES PRODUITS des CAPITAUX multipliés par 124 Jours.
	à 3 %	à 3 ½	à 4 %	à 4 ½	à 5 %	à 6 %	
fr.	fr. c.	fr. c.	fr. c.	fr. c.	fr. c.	fr. c.	
50,000	516, 67	602, 78	688, 89	775, 00	861, 11	1033, 33	6200000
40,000	413, 33	482, 22	551, 11	620, 00	688, 89	826, 67	4960000
30,000	310, 00	361, 67	413, 33	465, 00	516, 67	620, 00	3720000
20,000	206, 67	241, 11	275, 56	310, 00	344, 44	413, 33	2480000
10,000	103, 33	120, 56	137, 78	155, 00	172, 22	206, 67	1240000
9,000	93, 00	108, 50	124, 00	139, 50	155, 00	186, 00	1116000
8,000	82, 67	96, 44	110, 22	124, 00	137, 78	165, 33	992000
7,000	72, 33	84, 39	96, 44	108, 50	120, 56	144, 67	868000
6,000	62, 00	72, 33	82, 67	93, 00	103, 33	124, 00	744000
5,000	51, 67	60, 28	68, 89	77, 50	86, 11	103, 33	620000
4,000	41, 33	48, 22	55, 11	62, 00	68, 89	82, 67	496000
3,000	31, 00	36, 17	41, 33	46, 50	51, 67	62, 00	372000
2,000	20, 67	24, 11	27, 56	31, 00	34, 44	41, 33	248000
1,000	10, 33	12, 06	13, 78	15, 50	17, 22	20, 67	124000
900	9, 30	10, 85	12, 40	13, 95	15, 50	18, 60	111600
800	8, 27	9, 64	11, 02	12, 40	13, 78	16, 53	99200
700	7, 23	8, 44	9, 64	10, 85	12, 06	14, 47	86800
600	6, 20	7, 23	8, 27	9, 30	10, 33	12, 40	74400
500	5, 17	6, 03	6, 89	7, 75	8, 61	10, 33	62000
400	4, 13	4, 82	5, 51	6, 20	6, 89	8, 27	49600
300	3, 10	3, 62	4, 13	4, 65	5, 17	6, 20	37200
200	2, 07	2, 41	2, 76	3, 10	3, 44	4, 13	24800
100	1, 03	1, 21	1, 38	1, 55	1, 72	2, 07	12400
90	0, 93	1, 08	1, 24	1, 39	1, 55	1, 86	11160
80	0, 83	0, 96	1, 10	1, 24	1, 38	1, 65	9920
70	0, 72	0, 84	0, 96	1, 08	1, 21	1, 45	8680
60	0, 62	0, 72	0, 83	0, 93	1, 03	1, 24	7440
50	0, 52	0, 60	0, 69	0, 77	0, 86	1, 03	6200
40	0, 41	0, 48	0, 55	0, 62	0, 69	0, 83	4960
30	0, 31	0, 36	0, 41	0, 46	0, 52	0, 62	3720
20	0, 21	0, 24	0, 28	0, 31	0, 34	0, 41	2480
10	0, 10	0, 12	0, 14	0, 15	0, 17	0, 21	1240
9	0, 09	0, 11	0, 12	0, 14	0, 15	0, 19	1116
8	0, 08	0, 10	0, 11	0, 12	0, 14	0, 17	992
7	0, 07	0, 08	0, 10	0, 11	0, 12	0, 14	868
6	0, 06	0, 07	0, 08	0, 09	0, 10	0, 12	744
5	0, 05	0, 05	0, 07	0, 08	0, 09	0, 10	620
4	0, 04	0, 05	0, 06	0, 06	0, 07	0, 08	496
3	0, 03	0, 04	0, 04	0, 05	0, 05	0, 06	372
2	0, 02	0, 02	0, 03	0, 03	0, 03	0, 04	248
1	0, 01	0, 01	0, 01	0, 02	0, 02	0, 02	124

COLONNE DES CAPITAUX	INTÉRÊTS POUR 125 JOURS (ou pour 4 mois et 5 jours.)						NOMBRES PRODUITS des CAPITAUX multipliés par 125 Jours.
	à 3 %	à 3 ½	à 4 %	à 4 ½	à 5 %	à 6 %	
fr.	fr. c.	fr. c.	fr. c.	fr. c.	fr. c.	fr. c.	
50,000	520, 83	607, 64	694, 44	781, 25	868, 06	1041, 67	6250000
40,000	416, 67	486, 11	555, 56	625, 00	694, 44	833, 33	5000000
30,000	312, 50	364, 58	416, 67	468, 75	520, 83	625, 00	3750000
20,000	208, 33	243, 06	277, 78	312, 50	347, 22	416, 67	2500000
10,000	104, 17	121, 53	138, 89	156, 25	173, 61	208, 33	1250000
9,000	93, 75	109, 37	125, 00	140, 62	156, 25	187, 50	1125000
8,000	83, 33	97, 22	111, 11	125, 00	138, 89	166, 67	1000000
7,000	72, 92	85, 07	97, 22	109, 37	121, 53	145, 83	875000
6,000	62, 50	72, 92	83, 33	93, 75	104, 17	125, 00	750000
5,000	52, 08	60, 76	69, 44	78, 12	86, 81	104, 17	625000
4,000	41, 67	48, 61	55, 56	62, 50	69, 44	83, 33	500000
3,000	31, 25	36, 46	41, 67	46, 87	52, 08	62, 50	375000
2,000	20, 83	24, 31	27, 78	31, 25	34, 72	41, 67	250000
1,000	10, 42	12, 15	13, 89	15, 62	17, 36	20, 83	125000
900	9, 37	10, 94	12, 50	14, 06	15, 62	18, 75	112500
800	8, 33	9, 72	11, 11	12, 50	13, 89	16, 67	100000
700	7, 29	8, 51	9, 72	10, 94	12, 15	14, 58	87500
600	6, 25	7, 29	8, 33	9, 37	10, 42	12, 50	75000
500	5, 21	6, 08	6, 94	7, 81	8, 68	10, 42	62500
400	4, 17	4, 86	5, 56	6, 25	6, 94	8, 33	50000
300	3, 12	3, 65	4, 17	4, 69	5, 21	6, 25	37500
200	2, 08	2, 43	2, 78	3, 12	3, 47	4, 17	25000
100	1, 04	1, 22	1, 39	1, 56	1, 74	2, 08	12500
90	0, 94	1, 09	1, 25	1, 41	1, 56	1, 87	11250
80	0, 83	0, 97	1, 11	1, 25	1, 39	1, 67	10000
70	0, 73	0, 85	0, 97	1, 09	1, 22	1, 46	8750
60	0, 62	0, 73	0, 83	0, 94	1, 04	1, 25	7500
50	0, 52	0, 61	0, 69	0, 78	0, 87	1, 04	6250
40	0, 42	0, 49	0, 56	0, 62	0, 69	0, 83	5000
30	0, 31	0, 36	0, 42	0, 47	0, 52	0, 62	3750
20	0, 21	0, 24	0, 28	0, 31	0, 35	0, 42	2500
10	0, 10	0, 12	0, 14	0, 16	0, 17	0, 21	1250
9	0, 09	0, 11	0, 12	0, 14	0, 16	0, 19	1125
8	0, 08	0, 10	0, 11	0, 12	0, 14	0, 17	1000
7	0, 07	0, 09	0, 10	0, 11	0, 12	0, 15	875
6	0, 06	0, 07	0, 08	0, 09	0, 10	0, 12	750
5	0, 05	0, 06	0, 07	0, 08	0, 09	0, 10	625
4	0, 04	0, 05	0, 06	0, 06	0, 07	0, 08	500
3	0, 03	0, 04	0, 04	0, 05	0, 05	0, 06	375
2	0, 02	0, 02	0, 03	0, 03	0, 03	0, 04	250
1	0, 01	0, 01	0, 01	0, 02	0, 02	0, 02	125

COLONNE DES CAPITAUX	INTERÊTS POUR 126 JOURS (ou pour 4 mois et 6 jours.)						NOMBRES PRODUITS des CAPITAUX multipliés par 126 Jours.
	à 3 %	à 3 ½	à 4 %	à 4 ½	à 5 %	à 6 %	
fr.	fr. c.	fr. c.	fr. c.	fr. c.	fr. c.	fr. c.	
50,000	525, 00	612, 50	700 00	787, 50	875, 00	1050, 00	6300000
40,000	420, 00	490, 00	560, 00	630, 00	700, 00	840, 00	5040000
30,000	315, 00	367, 50	420, 00	472 50	525, 00	630, 00	3780000
20,000	210, 00	245, 00	280, 00	315, 00	350, 00	420, 00	2520000
10,000	105, 00	122, 50	140, 00	157, 50	175, 00	210, 00	1260000
9,000	94, 50	110, 25	126, 00	141, 75	157, 50	189, 00	1134000
8,000	84, 00	98, 00	112, 00	126, 00	140, 00	168, 00	1008000
7,000	73, 50	85, 75	98, 00	110, 25	122, 50	147, 00	882000
6,000	63, 00	73, 50	84, 00	94, 50	105, 00	126, 00	756000
5,000	52, 50	61, 25	70, 00	78 75	87, 50	105, 00	630000
4,000	42, 00	49, 00	56, 00	63, 00	70, 00	84, 00	504000
3,000	31, 50	36, 75	42, 00	47, 25	52, 50	63, 00	378000
2,000	21, 00	24, 50	28, 00	31, 50	35, 00	42, 00	252000
1,000	10, 50	12, 25	14, 00	15, 75	17, 50	21, 00	126000
900	9, 45	11, 02	12, 60	14, 17	15, 75	18, 90	113400
800	8, 40	9, 80	11, 20	12, 60	14, 00	16, 80	100800
700	7, 35	8, 57	9, 80	11, 02	12, 25	14, 70	88200
600	6, 30	7, 35	8, 40	9, 45	10, 50	12, 60	75600
500	5, 25	6, 12	7, 00	7, 87	8, 75	10, 50	63000
400	4, 20	4, 90	5, 60	6, 30	7, 00	8, 40	50400
300	3, 15	3, 67	4, 20	4, 72	5, 25	6, 30	37800
200	2, 10	2, 45	2, 80	3, 15	3, 50	4, 20	25200
100	1, 05	1, 22	1, 40	1, 57	1, 75	2, 10	12600
90	0, 94	1, 10	1, 26	1, 42	1, 57	1, 89	11340
80	0, 84	0, 98	1, 12	1, 26	1, 40	1, 68	10080
70	0, 73	0, 86	0, 98	1, 10	1, 22	1, 47	8820
60	0, 63	0, 73	0, 84	0, 94	1, 05	1, 26	7560
50	0, 52	0, 61	0, 70	0, 79	0, 87	1, 05	6300
40	0, 42	0, 49	0, 56	0, 63	0, 70	0, 84	5040
30	0, 31	0, 37	0, 42	0, 47	0, 52	0, 63	3780
20	0, 21	0, 24	0, 28	0, 31	0, 35	0, 42	2520
10	0, 10	0, 12	0, 14	0, 16	0, 17	0, 21	1260
9	0, 09	0, 11	0, 13	0, 14	0, 16	0, 19	1134
8	0, 08	0, 10	0, 11	0, 13	0, 14	0, 17	1008
7	0, 07	0, 09	0, 10	0, 11	0, 12	0, 15	882
6	0, 06	0, 07	0, 08	0, 09	0, 10	0, 13	756
5	0, 05	0, 06	0, 07	0, 08	0, 09	0, 10	630
4	0, 04	0, 05	0, 06	0, 06	0, 07	0, 08	504
3	0, 03	0, 04	0, 04	0, 05	0, 05	0, 06	378
2	0, 02	0, 02	0, 03	0, 03	0, 03	0, 04	252
1	0, 01	0, 01	0, 01	0, 02	0, 02	0, 02	126

COLONNE DES CAPITAUX	INTÉRÊTS POUR 127 JOURS (ou pour 4 mois et 7 jours.)						NOMBRES PRODUITS des CAPITAUX multipliés par 127 Jours.
	à 3 %	à 3 ½	à 4 %	à 4 ½	à 5 %	à 6 %	
fr.	fr. c.	fr. c.	fr. c.	fr. c.	fr. c.	fr. c.	
50,000	529, 17	617, 36	705, 56	793, 75	881, 94	1058, 33	6350000
40,000	423, 33	493, 89	564, 44	635, 00	705, 56	846, 67	5080000
30 000	317, 50	370, 42	423, 33	476, 25	529, 17	635, 00	3810000
20,000	211, 67	246, 94	282, 22	317, 50	352, 78	423, 33	2540000
10,000	105, 83	123, 47	141, 11	158, 75	176, 39	211, 67	1270000
9,000	95, 25	111, 12	127, 00	142, 87	158, 75	190, 50	1143000
8,000	84, 67	98, 78	112, 89	127, 00	141, 11	169, 33	1016000
7,000	74, 08	86, 43	98, 78	111, 12	123, 47	148, 17	889000
6 000	63, 50	74, 08	84, 67	95, 25	105, 83	127, 00	762000
5,000	52, 92	61, 74	70, 56	79, 37	88, 19	105, 83	635000
4,000	42, 33	49, 39	56, 44	63, 50	70, 56	84, 67	508000
3,000	31, 75	37, 04	42, 33	47, 62	52, 92	63, 50	381000
2,000	21, 17	24, 69	28, 22	31, 75	35, 28	42, 33	254000
1,000	10, 58	12, 35	14, 11	15, 87	17, 64	21, 17	127000
900	9, 52	11, 11	12, 70	14, 29	15, 87	19, 05	114300
800	8, 47	9, 88	11, 29	12, 70	14, 11	16, 93	101600
700	7, 41	8, 64	9, 88	11, 11	12, 35	14, 82	88900
600	6, 35	7, 41	8, 47	9, 52	10, 58	12, 70	76200
500	5, 29	6, 17	7, 06	7, 94	8, 82	10, 58	63500
400	4, 23	4, 94	5, 64	6, 35	7, 06	8, 47	50800
300	3, 17	3, 70	4, 23	4, 76	5, 29	6, 35	38100
200	2, 12	2, 47	2, 82	3, 17	3, 53	4, 23	25400
100	1, 06	1, 23	1, 41	1, 59	1, 76	2, 12	12700
90	0, 95	1, 11	1, 27	1, 43	1, 59	1, 90	11430
80	0, 85	0, 99	1, 13	1, 27	1, 41	1, 69	10160
70	0, 74	0, 86	0, 99	1, 11	1, 23	1, 48	8890
60	0, 63	0, 74	0, 85	0, 95	1, 06	1, 27	7620
50	0, 53	0, 62	0, 71	0, 79	0, 88	1, 06	6350
40	0, 42	0, 49	0, 56	0, 63	0, 71	0, 85	5080
30	0, 32	0, 37	0, 42	0, 48	0, 53	0, 63	3810
20	0, 21	0, 25	0, 28	0, 32	0, 35	0, 42	2540
10	0, 11	0, 12	0, 14	0, 16	0, 18	0, 21	1270
9	0, 10	0, 11	0, 13	0, 14	0, 16	0, 19	1143
8	0, 08	0, 10	0, 11	0, 13	0, 14	0, 17	1016
7	0, 07	0, 09	0, 10	0, 11	0, 12	0, 15	889
6	0, 06	0, 07	0, 08	0, 10	0, 11	0, 13	762
5	0, 05	0, 06	0, 07	0, 08	0, 09	0, 11	635
4	0, 04	0, 05	0, 06	0, 06	0, 07	0, 08	508
3	0, 03	0, 04	0, 04	0, 05	0, 05	0, 06	381
2	0, 02	0, 02	0, 03	0, 03	0, 04	0, 04	254
1	0, 01	0, 01	0, 01	0, 02	0, 02	0, 02	127

COLONNE DES CAPITAUX	INTÉRÊTS POUR 128 JOURS (ou pour 4 mois et 8 jours.)						NOMBRES PRODUITS des CAPITAUX multipliés par 128 Jours.
	à 3 %	à 3 ½	à 4 %	à 4 ½	à 5 %	à 6 %	
fr.	fr. c.	fr. c.	fr. c.	fr. c.	fr. c.	fr. c.	
50,000	533, 33	622, 22	711, 11	800, 00	888, 89	1066, 67	6400000
40,000	426, 67	497, 78	568, 89	640, 00	711, 11	853, 33	5120000
30,000	320, 00	373, 33	426, 67	480, 00	533, 33	640, 00	3840000
20,000	213, 33	248, 89	284, 44	320, 00	355, 56	426, 67	2560000
10,000	106, 67	124, 44	142, 22	160, 00	177, 78	213, 33	1280000
9,000	96, 00	112, 00	128, 00	144, 00	160, 00	192, 00	1152000
8,000	85, 33	99, 56	113, 78	128, 00	142, 22	170, 67	1024000
7,000	74, 67	87, 11	99, 56	112, 00	124, 44	149, 33	896000
6,000	64, 00	74, 67	85, 33	96, 00	106, 67	128, 00	768000
5,000	53, 33	62, 22	71, 11	80, 00	88, 89	106, 67	640000
4,000	42, 67	49, 78	56, 89	64, 00	71, 11	85, 33	512000
3,000	32, 00	37, 33	42, 67	48, 00	53, 33	64, 00	384000
2,000	21, 33	24, 89	28, 44	32, 00	35, 56	42, 67	256000
1,000	10, 67	12, 44	14, 22	16, 00	17, 78	21, 33	128000
900	9, 60	11, 20	12, 80	14, 40	16, 00	19, 20	115200
800	8, 53	9, 96	11, 38	12, 80	14, 22	17, 07	102400
700	7, 47	8, 71	9, 96	11, 20	12, 44	14, 93	89600
600	6, 40	7, 47	8, 53	9, 60	10, 67	12, 80	76800
500	5, 33	6, 22	7, 11	8, 00	8, 89	10, 67	64000
400	4, 27	4, 98	5, 69	6, 40	7, 11	8, 53	51200
300	3, 20	3, 73	4, 27	4, 80	5, 33	6, 40	38400
200	2, 13	2, 49	2, 84	3, 20	3, 56	4, 27	25600
100	1, 07	1, 24	1, 42	1, 60	1, 78	2, 13	12800
90	0, 96	1, 12	1, 28	1, 44	1, 60	1, 92	11520
80	0, 85	1, 00	1, 14	1, 28	1, 42	1, 71	10240
70	0, 75	0, 87	1, 00	1, 12	1, 24	1, 49	8960
60	0, 64	0, 75	0, 85	0, 96	1, 07	1, 28	7680
50	0, 53	0, 62	0, 71	0, 80	0, 89	1, 07	6400
40	0, 43	0, 50	0, 57	0, 64	0, 71	0, 85	5120
30	0, 32	0, 37	0, 43	0, 48	0, 53	0, 64	3840
20	0, 21	0, 25	0, 28	0, 32	0, 36	0, 43	2560
10	0, 11	0, 12	0, 14	0, 16	0, 18	0, 21	1280
9	0, 10	0, 11	0, 13	0, 14	0, 16	0, 19	1152
8	0, 09	0, 10	0, 11	0, 13	0, 14	0, 17	1024
7	0, 07	0, 09	0, 10	0, 11	0, 12	0, 15	896
6	0, 06	0, 07	0, 09	0, 10	0, 11	0, 13	768
5	0, 05	0, 06	0, 07	0, 08	0, 09	0, 11	640
4	0, 04	0, 05	0, 06	0, 06	0, 07	0, 09	512
3	0, 03	0, 04	0, 04	0, 05	0, 05	0, 06	384
2	0, 02	0, 02	0, 03	0, 03	0, 04	0, 04	256
1	0, 01	0, 01	0, 01	0, 02	0, 02	0, 02	128

COLONNE DES CAPITAUX	INTÉRÊTS POUR 129 JOURS (ou pour 4 mois et 9 jours.)						NOMBRES PRODUITS des CAPITAUX multipliés par 129 Jours.
	à 3 %	à 3 ½	à 4 %	à 4 ½	à 5 %	à 6 %	
fr.	fr. c.	fr. c.	fr. c.	fr. c.	tr. c.	fr. c.	
50,000	537, 50	627, 08	716, 67	806, 25	895, 83	1075, 00	6450000
40,000	430, 00	501, 67	573, 33	645, 00	716, 67	860, 00	5160000
30,000	322, 50	376, 25	430, 00	483, 75	537, 50	645, 00	3870000
20,000	215, 00	250, 83	286, 67	322, 50	358, 33	430, 00	2580000
10,000	107, 50	125, 42	143, 33	161, 25	179, 17	215, 00	1290000
9,000	96, 75	112, 87	129, 00	145, 12	161, 25	193, 50	1161000
8,000	86, 00	100, 33	114, 67	129, 00	143, 33	172, 00	1032000
7,000	75, 25	87, 79	100, 33	112, 87	125, 42	150, 50	903000
6,000	64, 50	75, 25	86, 00	96, 75	107, 50	129. 00	774000
5,000	53, 75	62, 71	71, 67	80, 62	89, 58	107, 50	645000
4,000	43, 00	50, 17	57, 33	64, 50	71, 67	86, 00	516000
3,000	32, 25	37, 62	43, 00	48, 37	53. 75	64, 50	387000
2,000	21, 50	25, 08	28, 67	32. 25	35, 83	43, 00	258000
1,000	10, 75	12, 54	14, 33	16, 12	17, 92	21, 50	129000
900	9, 67	11, 29	12, 90	14, 51	16, 12	19, 35	116100
800	8, 60	10, 03	11, 47	12, 90	14, 33	17, 20	103200
700	7, 52	8, 78	10, 03	11, 29	12, 54	15, 05	90300
600	6. 45	7, 52	8, 60	9, 67	10, 75	12, 90	77400
500	5. 37	6, 27	7, 17	8, 06	8, 96	10, 75	64500
400	4, 30	5, 02	5, 73	6, 45	7, 17	8, 60	51600
300	3, 22	3, 76	4. 30	4, 84	5, 37	6, 45	38700
200	2, 15	2, 51	2, 87	3, 22	3, 58	4, 30	25800
100	1, 07	1, 25	1, 43	1, 61	1, 79	2, 15	12900
90	0, 97	1, 13	1, 29	1, 45	1, 61	1, 93	11610
80	0, 86	1, 00	1, 15	1, 29	1, 43	1, 72	10320
70	0, 75	0, 88	1, 00	1, 13	1, 25	1, 50	9030
60	0, 64	0, 75	0, 86	0, 97	1, 07	1, 29	7740
50	0, 54	0, 63	0, 72	0, 81	0, 90	1, 07	6450
40	0, 43	0, 50	0, 57	0, 64	0, 72	0, 86	5160
30	0, 32	0, 38	0, 43	0, 48	0, 54	0, 64	3870
20	0, 21	0, 25	0, 29	0, 32	0, 36	0, 43	2580
10	0, 11	0, 13	0, 14	0, 16	0, 18	0, 21	1290
9	0, 10	0, 11	0, 13	0, 15	0, 16	0, 19	1161
8	0, 09	0, 10	0, 11	0, 13	0, 14	0, 17	1032
7	0, 08	0, 09	0, 10	0, 11	0, 13	0, 15	903
6	0, 06	0, 08	0, 09	0, 10	0, 11	0, 13	774
5	0, 05	0, 06	0, 07	0, 08	0, 09	0, 11	645
4	0, 04	0, 05	0, 06	0, 06	0, 07	0, 09	516
3	0, 03	0, 04	0, 04	0, 05	0, 05	0, 06	387
2	0, 02	0, 03	0, 03	0, 03	0, 04	0, 04	258
1	0, 01	0, 01	0, 01	0. 02	0, 02	0, 02	129

COLONNE DES CAPITAUX	INTÉRÊTS POUR 130 JOURS (ou pour 4 mois et 10 jours.)						NOMBRES PRODUITS des CAPITAUX multipliés par 130 Jours.
	à 3 %	à 3 ½	à 4 %	à 4 ½	à 5 %	à 6 %	
fr.	fr. c.	fr. c.	fr. c.	fr. c.	fr. c.	fr. c.	
50,000	541, 67	631, 94	722, 22	812, 50	902, 78	1083, 33	6500000
40,000	433, 33	505, 56	577, 78	650, 00	722, 22	866, 67	5200000
30,000	325, 00	379, 17	433, 33	487, 50	541, 67	650, 00	3900000
20,000	216, 67	252, 78	288, 89	325, 00	361, 11	433, 33	2600000
10,000	108, 33	126, 39	144, 44	162, 50	180, 56	216, 67	1300000
9,000	97, 50	113, 75	130, 00	146, 25	162, 50	195, 00	1170000
8,000	86, 67	101, 11	115, 56	130, 00	144, 44	173, 33	1040000
7,000	75, 83	88, 47	101, 11	113, 75	126, 39	151, 67	910000
6,000	65, 00	75, 83	86, 67	97, 50	108, 33	130, 00	780000
5,000	54, 17	63, 19	72, 22	81, 25	90, 28	108, 33	650000
4,000	43, 33	50, 56	57, 78	65, 00	72, 22	86, 67	520000
3,000	32, 50	37, 92	43, 33	48, 75	54, 17	65, 00	390000
2,000	21, 67	25, 28	28, 89	32, 50	36, 11	43, 33	260000
1,000	10, 83	12, 64	14, 44	16, 25	18, 06	21, 67	130000
900	9, 75	11, 37	13, 00	14, 62	16, 25	19, 50	117000
800	8, 67	10, 11	11, 56	13, 00	14, 44	17, 33	104000
700	7, 58	8, 85	10, 11	11, 37	12, 64	15, 17	91000
600	6, 50	7, 58	8, 67	9, 75	10, 83	13, 00	78000
500	5, 42	6, 32	7, 22	8, 12	9, 03	10, 83	65000
400	4, 33	5, 06	5, 78	6, 50	7, 22	8, 67	52000
300	3, 25	3, 79	4, 33	4, 87	5, 42	6, 50	39000
200	2, 17	2, 53	2, 89	3, 25	3, 61	4, 33	26000
100	1, 08	1, 26	1, 44	1, 62	1, 81	2, 17	13000
90	0, 97	1, 14	1, 30	1, 46	1, 62	1, 95	11700
80	0, 87	1, 01	1, 16	1, 30	1, 44	1, 73	10400
70	0, 76	0, 88	1, 01	1, 14	1, 26	1, 52	9100
60	0, 65	0, 76	0, 87	0, 97	1, 08	1, 30	7800
50	0, 54	0, 63	0, 72	0, 81	0, 90	1, 08	6500
40	0, 43	0, 51	0, 58	0, 65	0, 72	0, 87	5200
30	0, 32	0, 38	0, 43	0, 49	0, 54	0, 65	3900
20	0, 22	0, 25	0, 29	0, 32	0, 36	0, 43	2600
10	0, 11	0, 13	0, 14	0, 16	0, 18	0, 22	1300
9	0, 10	0, 11	0, 13	0, 15	0, 16	0, 19	1170
8	0, 09	0, 10	0, 12	0, 13	0, 14	0, 17	1040
7	0, 08	0, 09	0, 10	0, 11	0, 13	0, 15	910
6	0, 06	0, 08	0, 09	0, 10	0, 11	0, 13	780
5	0, 05	0, 06	0, 07	0, 08	0, 09	0, 11	650
4	0, 04	0, 05	0, 06	0, 06	0, 07	0, 09	520
3	0, 03	0, 04	0, 04	0, 05	0, 05	0, 06	390
2	0, 02	0, 03	0, 03	0, 03	0, 04	0, 04	260
1	0, 01	0, 01	0, 01	0, 02	0, 02	0, 02	130

INTÉRÊTS POUR 131 JOURS
(ou pour 4 mois et 11 jours.)

COLONNE DES CAPITAUX	à 3 %	à 3 ½	à 4 %	à 4 ½	à 5 %	à 6 %	NOMBRES PRODUITS des CAPITAUX multipliés par 131 Jours.
fr.	fr. c.	fr. c.	fr. c.	fr. c.	fr. c.	fr. c.	
50,000	545, 83	636, 80	727, 78	818, 75	909, 72	1091, 67	6550000
40,000	436, 67	509, 44	582, 22	655, 00	727, 78	873, 33	5240000
30,000	327, 50	382, 08	436, 67	491, 25	545, 83	655, 00	3930000
20,000	218, 33	254, 72	291, 11	327, 50	363, 89	436, 67	2620000
10,000	109, 17	127, 36	145, 56	163, 75	181, 94	218, 33	1310000
9,000	98, 25	114, 62	131, 00	147, 37	163, 75	196, 50	1179000
8,000	87, 33	101, 89	116, 44	131, 00	145, 56	174, 67	1048000
7,000	76, 42	89, 15	101, 89	114, 62	127, 36	152, 83	917000
6,000	65, 50	76, 42	87, 33	98, 25	109, 17	131, 00	786000
5,000	54, 58	63, 68	72, 78	81, 87	90, 97	109, 17	655000
4,000	43, 67	50, 94	58, 22	65, 50	72, 78	87, 33	524000
3,000	32, 75	38, 21	43, 67	49, 12	54, 58	65, 50	393000
2,000	21, 83	25, 47	29, 11	32, 75	36, 39	43, 67	262000
1,000	10, 92	12, 74	14, 56	16, 37	18, 19	21, 83	131000
900	9, 82	11, 46	13, 10	14, 74	16, 37	19, 65	117900
800	8, 73	10, 19	11, 64	13, 10	14, 56	17, 47	104800
700	7, 64	8, 92	10, 19	11, 46	12, 74	15, 28	91700
600	6, 55	7, 64	8, 73	9, 82	10, 92	13, 10	65500
500	5, 46	6, 37	7, 28	8, 19	9, 10	10, 92	52400
400	4, 37	5, 09	5, 82	6, 55	7, 28	8, 73	39300
300	3, 27	3, 82	4, 37	4, 91	5, 46	6, 55	26200
200	2, 18	2, 55	2, 91	3, 27	3, 64	4, 37	13100
100	1, 09	1, 27	1, 46	1, 64	1, 82	2, 18	13100
90	0, 98	1, 15	1, 31	1, 47	1, 64	1, 96	11790
80	0, 87	1, 02	1, 16	1, 31	1, 46	1, 75	10480
70	0, 76	0, 89	1, 02	1, 15	1, 27	1, 53	9170
60	0, 65	0, 76	0, 87	0, 98	1, 09	1, 31	7860
50	0, 55	0, 64	0, 73	0, 82	0, 91	1, 09	6550
40	0, 44	0, 51	0, 58	0, 65	0, 73	0, 87	5240
30	0, 33	0, 38	0, 44	0, 49	0, 55	0, 65	3930
20	0, 22	0, 25	0, 29	0, 33	0, 36	0, 44	2620
10	0, 11	0 13	0, 15	0, 16	0, 18	0, 22	1310
9	0, 10	0, 11	0, 13	0, 15	0, 16	0, 20	1179
8	0, 09	0, 10	0, 12	0, 13	0, 15	0, 17	1048
7	0, 08	0, 09	0 10	0, 11	0, 13	0, 15	917
6	0, 07	0, 08	0, 09	0, 10	0, 11	0, 13	786
5	0, 05	0, 06	0, 07	0, 08	0, 09	0, 11	655
4	0, 04	0, 05	0, 06	0, 07	0, 07	0, 09	524
3	0, 03	0, 04	0, 04	0, 05	0, 05	0, 07	393
2	0, 02	0, 03	0, 03	0, 03	0, 04	0, 04	262
1	0, 01	0, 01	0 01	0, 02	0, 02	0, 02	131

COLONNE DES CAPITAUX	INTERÊTS POUR 132 JOURS (ou pour 4 mois et 12 jours.)						NOMBRES PRODUITS des CAPITAUX multipliés par 132 Jours.
	à 3 %	à 3 ½	à 4 %	à 4 ½	à 5 %	à 6 %	
fr.	fr. c.	fr. c.	fr. c.	fr. c.	fr. c.	fr. c.	
50,000	550, 00	641, 67	733. 33	825, 00	916, 67	1100, 00	6600000
40,000	440, 00	513, 33	586, 67	660, 00	733, 33	880. 00	5280000
30,000	330, 00	385, 00	440, 00	495, 00	550, 00	660, 00	3960000
20,000	220, 00	256, 67	293, 33	330, 00	366, 67	440, 00	2640000
10,000	110, 00	128, 33	146, 67	165, 00	183, 33	220, 00	1320000
9,000	99, 00	115, 50	132, 00	148, 50	165, 00	198, 00	1188000
8,000	88, 00	102, 67	117, 33	132, 00	146, 67	176, 00	1056000
7,000	77, 00	89, 83	102, 67	115, 50	128, 33	154, 00	924000
6,000	66, 00	77, 00	88, 00	99, 00	110, 00	132, 00	792000
5,000	55, 00	64, 17	73, 33	82, 50	91, 67	110. 00	660000
4,000	44, 00	51, 33	58, 67	66, 00	73, 33	88, 00	528000
3,000	33, 00	38, 50	44, 00	49, 50	55, 00	66, 00	396000
2,000	22, 00	25, 67	29, 33	33, 00	36, 67	44, 00	264000
1,000	11, 00	12, 83	14, 67	16, 50	18, 33	22, 00	132000
900	9, 90	11, 55	13, 20	14, 85	16, 50	19, 80	118800
800	8, 80	10, 27	11, 73	13, 20	14, 67	17, 60	105600
700	7, 70	8, 98	10, 27	11, 55	12, 83	15, 40	92400
600	6, 60	7, 70	8, 80	9, 90	11, 00	13, 20	79200
500	5, 50	6, 42	7, 33	8, 25	9, 17	11, 00	66000
400	4, 40	5, 13	5, 87	6, 60	7, 33	8, 80	52800
300	3, 30	3, 85	4, 40	4, 95	5, 50	6, 60	39600
200	2, 20	2, 57	2, 93	3, 30	3, 67	4, 40	26400
100	1, 10	1, 28	1, 47	1, 65	1, 83	2, 20	13200
90	0, 99	1, 15	1, 32	1, 48	1, 65	1, 98	11880
80	0, 88	1, 03	1, 17	1, 32	1, 47	1, 76	10560
70	0, 77	0, 90	1, 03	1, 15	1, 28	1, 54	9240
60	0, 66	0, 77	0, 88	0, 99	1, 10	1, 32	7920
50	0, 55	0, 64	0, 73	0, 82	0, 92	1, 10	6600
40	0, 44	0, 51	0, 59	0, 66	0, 73	0, 88	5280
30	0, 33	0, 38	0, 44	0, 49	0, 55	0, 66	3960
20	0, 22	0, 26	0, 29	0, 33	0, 37	0, 44	2640
10	0, 11	0, 13	0, 15	0, 16	0, 18	0, 22	1320
9	0, 10	0, 12	0, 13	0, 15	0, 16	0, 20	1188
8	0, 09	0, 10	0, 12	0, 13	0, 15	0, 18	1056
7	0, 08	0, 09	0, 10	0, 12	0, 13	0, 15	924
6	0, 07	0, 08	0, 09	0, 10	0, 11	0, 13	792
5	0, 05	0, 06	0, 07	0, 08	0, 09	0, 11	660
4	0, 04	0, 05	0, 06	0, 07	0, 07	0, 09	528
3	0, 03	0, 04	0, 04	0, 05	0, 05	0, 07	396
2	0, 02	0, 03	0, 03	0, 03	0, 04	0, 04	264
1	0, 01	0, 01	0, 01	0, 02	0, 02	0, 02	132

COLONNE DES CAPITAUX	INTÉRÊTS POUR 133 JOURS (ou pour 4 mois et 13 jours.)						NOMBRES PRODUITS des CAPITAUX multiplié par 133 Jours.
	à 3 %	à 3 ½	à 4 %	à 4 ½	à 5 %	à 6 %	
fr.	fr. c.	fr. c.	fr. c.	fr. c.	fr. c.	fr. c.	
50,000	554, 17	646, 53	738, 89	831, 25	923, 61	1108, 33	6650000
40,000	443, 33	517, 22	591, 11	665, 00	738, 89	886, 67	5320000
30,000	332, 50	387, 92	443, 33	498, 75	554, 17	665, 00	3990000
20,000	221, 67	258, 61	295, 56	332, 50	369, 44	443, 33	2660000
10,000	110, 83	129, 31	147, 78	166, 25	184, 72	221, 67	1330000
9,000	99, 75	116, 37	133, 00	149, 62	166, 25	199, 50	1197000
8,000	88, 67	103, 44	118, 22	133, 00	147, 78	177, 33	1064000
7,000	77, 58	90, 51	103, 44	116, 37	129, 31	155, 17	931000
6,000	66, 50	77, 58	88, 67	99, 75	110, 83	133, 00	798000
5,000	55, 42	64, 65	73, 89	83, 12	92, 36	110, 83	665000
4,000	44, 33	51, 72	59, 11	66, 50	73, 89	88, 67	532000
3,000	33, 25	38, 79	44, 33	49, 87	55, 42	66, 50	399000
2,000	22, 17	25, 86	29, 56	33, 25	36, 94	44, 33	266000
1,000	11, 08	12, 93	14, 78	16, 62	18, 47	22, 17	133000
900	9, 97	11, 64	13, 30	14, 96	16, 62	19, 95	119700
800	8, 87	10, 34	11, 82	13, 30	14, 78	17, 73	106400
700	7, 76	9, 05	10, 34	11, 64	12, 93	15, 52	93100
600	6, 65	7, 76	8, 87	9, 97	11, 08	13, 30	79800
500	5, 54	6, 47	7, 39	8, 31	9, 24	11, 08	66500
400	4, 43	5, 17	5, 91	6, 65	7, 39	8, 87	53200
300	3, 32	3, 88	4, 43	4, 99	5, 54	6, 65	39900
200	2, 22	2, 59	2, 96	3, 32	3, 69	4, 43	26600
100	1, 11	1, 29	1, 48	1, 66	1, 85	2, 22	13300
90	1, 00	1, 16	1, 33	1, 50	1, 66	1, 99	11970
80	0, 89	1, 03	1, 18	1, 33	1, 48	1, 77	10640
70	0, 78	0, 91	1, 03	1, 16	1, 29	1, 55	9310
60	0, 66	0, 78	0, 89	1, 00	1, 11	1, 33	7980
50	0, 55	0, 65	0, 74	0, 83	0, 92	1, 11	6650
40	0, 44	0, 52	0, 59	0, 66	0, 74	0, 89	5320
30	0, 33	0, 39	0, 44	0, 50	0, 55	0, 66	3990
20	0, 22	0, 26	0, 30	0, 33	0, 37	0, 44	2660
10	0, 11	0, 13	0, 15	0, 17	0, 18	0, 22	1330
9	0, 10	0, 12	0, 13	0, 15	0, 17	0, 20	1197
8	0, 09	0, 10	0, 12	0, 13	0, 15	0, 18	1064
7	0, 08	0, 09	0, 10	0, 12	0, 13	0, 16	931
6	0, 07	0, 08	0, 09	0, 10	0, 11	0, 13	798
5	0, 06	0, 06	0, 07	0, 08	0, 09	0, 11	665
4	0, 04	0, 05	0, 06	0, 06	0, 07	0, 09	532
3	0, 03	0, 04	0, 04	0, 05	0, 06	0, 07	399
2	0, 02	0, 03	0, 03	0, 03	0, 04	0, 04	266
1	0, 01	0, 01	0, 01	0, 02	0, 02	0, 02	133

12

COLONNE DES CAPITAUX	INTÉRÊTS POUR 134 JOURS (ou pour 4 mois et 14 jours.)						NOMBRES PRODUITS des CAPITAUX multipliés par 134 Jours.
	à 3 %	à 3 ½	à 4 %	à 4 ½	à 5 %	à 6 %	
fr.	fr. c.	fr. c.	fr. c.	fr. c.	fr. c.	fr. c.	
50,000	558, 33	651, 39	744, 44	837, 50	930, 56	1116, 67	6700000
40,000	446, 67	521, 11	595, 56	670, 00	744, 44	893, 33	5360000
30,000	335, 00	390, 83	446, 67	502, 50	558, 33	670, 00	4020000
20,000	223, 33	260, 56	297, 78	335, 00	372, 22	446, 67	2680000
10,000	111, 67	130, 28	148, 89	167, 50	186, 11	223, 33	1340000
9,000	100, 50	117, 25	134, 00	150, 75	167, 50	201, 00	1206000
8,000	89, 33	104, 22	119, 11	134, 00	148, 89	178, 67	1072000
7,000	78, 17	91, 19	104, 22	117, 25	130, 28	156, 33	938000
6,000	67, 00	78, 17	89, 33	100, 50	111, 67	134, 00	804000
5,000	55, 83	65, 14	74, 44	83, 75	93, 06	111, 67	670000
4,000	44, 67	52, 11	59, 56	67, 00	74, 44	89, 33	536000
3,000	33, 50	39, 08	44, 67	50, 25	55, 83	67, 00	402000
2,000	22, 33	26, 06	29, 78	33, 50	37, 22	44, 67	268000
1,000	11, 17	13, 03	14, 89	16, 75	18, 61	22, 33	134000
900	10, 05	11, 72	13, 40	15, 07	16, 75	20, 10	120600
800	8, 93	10, 42	11, 91	13, 40	14, 89	17, 87	107200
700	7, 82	9, 12	10, 42	11, 72	13, 03	15, 63	93800
600	6, 70	7, 82	8, 93	10, 05	11, 17	13, 40	80400
500	5, 58	6, 51	7, 44	8, 37	9, 31	11, 17	67000
400	4, 47	5, 21	5, 96	6, 70	7, 44	8, 93	53600
300	3, 35	3, 91	4, 47	5, 02	5, 58	6, 70	40200
200	2, 23	2, 61	2, 98	3, 35	3, 72	4, 47	26800
100	1, 12	1, 30	1, 49	1, 67	1, 86	2, 23	13400
90	1, 00	1, 17	1, 34	1, 51	1, 67	2, 01	12060
80	0, 89	1, 04	1, 19	1, 34	1, 49	1, 79	10720
70	0, 78	0, 91	1, 04	1, 17	1, 30	1, 56	9380
60	0, 67	0, 78	0, 89	1, 00	1, 12	1, 34	8040
50	0, 56	0, 65	0, 74	0, 84	0, 93	1, 12	6700
40	0, 45	0, 52	0, 60	0, 67	0, 74	0, 89	5360
30	0, 33	0, 39	0, 45	0, 50	0, 56	0, 67	4020
20	0, 22	0, 26	0, 30	0, 33	0, 37	0, 45	2680
10	0, 11	0, 13	0, 15	0, 17	0, 19	0, 22	1340
9	0, 10	0, 12	0, 13	0, 15	0, 17	0, 20	1206
8	0, 09	0, 10	0, 12	0, 13	0, 15	0, 18	1072
7	0, 08	0, 09	0, 10	0, 12	0, 13	0, 16	938
6	0, 07	0, 08	0, 09	0, 10	0, 11	0, 13	804
5	0, 06	0, 07	0, 07	0, 08	0, 09	0, 11	670
4	0, 04	0, 05	0, 06	0, 07	0, 07	0, 09	536
3	0, 03	0, 04	0, 04	0, 05	0, 06	0, 07	402
2	0, 02	0, 03	0, 03	0, 03	0, 04	0, 04	268
1	0, 01	0, 01	0, 01	0, 02	0, 02	0 02	134

COLONNE DES CAPITAUX	INTÉRÊTS POUR 135 JOURS (ou pour 4 mois et 15 jours.)						NOMBRES PRODUITS des CAPITAUX multipliés par 135 Jours
	à 3 %	à 3 1/2	à 4 %	à 4 1/2	à 5 %	à 6 %	
fr.	fr. c.	fr. c.	fr. c.	fr. c.	fr. c.	fr. c.	
50,000	562, 50	656, 25	750, 00	843, 75	937, 50	1125, 00	6750000
40,000	450, 00	525, 00	600, 00	675, 00	750, 00	900, 00	5400000
30,000	337, 50	393, 75	450, 00	506, 25	562, 50	675, 00	4050000
20,000	225, 00	262, 50	300, 00	337, 50	375, 00	450, 00	2700000
10,000	112, 50	131, 25	150, 00	168, 75	187, 50	225, 00	1350000
9,000	101, 25	118, 12	135, 00	151, 87	168, 75	202, 50	1215000
8,000	90, 00	105, 00	120, 00	135, 00	150, 00	180, 00	1080000
7,000	78, 75	91, 87	105, 00	118, 12	131, 25	157, 50	945000
6,000	67, 50	78, 75	90, 00	101, 25	112, 50	135, 00	810000
5,000	56, 25	65, 62	75, 00	84, 37	93, 75	112, 50	675000
4,000	45, 00	52, 50	60, 00	67, 50	75, 00	90, 00	540000
3,000	33, 75	39, 37	45, 00	50, 62	56, 25	67, 50	405000
2,000	22, 50	26, 25	30, 00	33, 75	37, 50	45, 00	270000
1,000	11, 25	13, 12	15, 00	16, 87	18, 75	22, 50	135000
900	10, 12	11, 81	13, 50	15, 19	16, 87	20, 25	121500
800	9, 00	10, 50	12, 00	13, 50	15, 00	18, 00	108000
700	7, 87	9, 19	10, 50	11, 81	13, 12	15, 75	94500
600	6, 75	7, 87	9, 00	10, 12	11, 25	13, 50	81000
500	5, 62	6, 56	7, 50	8, 44	9, 37	11, 25	67500
400	4, 50	5, 25	6, 00	6, 75	7, 50	9, 00	54000
300	3, 37	3, 94	4, 50	5, 06	5, 62	6, 75	40500
200	2, 25	2, 62	3, 00	3, 37	3, 75	4, 50	27000
100	1, 12	1, 31	1, 50	1, 69	1, 87	2, 25	13500
90	1, 01	1, 18	1, 35	1, 52	1, 69	2, 02	12150
80	0, 90	1, 05	1, 20	1, 35	1, 50	1, 80	10800
70	0, 79	0, 92	1, 05	1, 18	1, 31	1, 57	9450
60	0, 67	0, 79	0, 90	1, 01	1, 12	1, 35	8100
50	0, 56	0, 66	0, 75	0, 84	0, 94	1, 12	6750
40	0, 45	0, 52	0, 60	0, 67	0, 75	0, 90	5400
30	0, 34	0, 39	0, 45	0, 51	0, 56	0, 67	4050
20	0, 22	0, 26	0, 30	0, 34	0, 37	0, 45	2700
10	0, 11	0, 13	0, 15	0, 17	0, 19	0, 22	1350
9	0, 10	0, 12	0, 13	0, 15	0, 17	0, 20	1215
8	0, 09	0, 10	0, 12	0, 13	0, 15	0, 18	1080
7	0, 08	0, 09	0, 10	0, 12	0, 13	0, 16	945
6	0, 07	0, 08	0, 09	0, 10	0, 11	0, 13	810
5	0, 06	0, 07	0, 07	0, 08	0, 09	0, 11	675
4	0, 04	0, 05	0, 06	0, 07	0, 07	0, 09	540
3	0, 03	0, 04	0, 04	0, 05	0, 06	0, 07	405
2	0, 02	0, 03	0, 03	0, 03	0, 04	0, 04	270
1	0, 01	0, 01	0, 01	0, 02	0, 02	0, 02	135

COLONNE DES CAPITAUX	INTÉRÊTS POUR 136 JOURS (ou pour 4 mois et 16 jours.)						NOMBRES PRODUITS des CAPITAUX multipliés par 136 Jours.
	à 3 %	à 3 ½	à 4 %	à 4 ½	à 5 %	à 6 %	
fr.	fr. c.	fr. c.	fr. c.	fr. c.	fr. c.	fr. c.	
50,000	566, 67	661, 11	755, 56	850, 00	944, 44	1133, 33	6800000
40,000	453, 33	528, 89	604, 44	680, 00	755, 56	906, 67	5440000
30,000	340, 00	396, 67	453, 33	510, 00	566, 67	680, 00	4080000
20,000	226, 67	264, 44	302, 22	340, 00	377, 78	453, 33	2720000
10,000	113, 33	132, 22	151, 11	170, 00	188, 89	226, 67	1360000
9,000	102, 00	119, 00	136, 00	153, 00	170, 00	204, 00	1224000
8,000	90, 67	105, 78	120, 89	136, 00	151, 11	181, 33	1088000
7,000	79, 33	92, 56	105, 78	119, 00	132, 22	158, 67	952000
6,000	68, 00	79, 33	90, 67	102, 00	113, 33	136, 00	816000
5,000	56, 67	66, 11	75, 56	85, 00	94, 44	113, 33	680000
4,000	45, 33	52, 89	60, 44	68, 00	75, 56	90, 67	544000
3,000	34, 00	39, 67	45, 33	51, 00	56, 67	68, 00	408000
2,000	22, 67	26, 44	30, 22	34, 00	37, 78	45, 33	272000
1,000	11, 33	13, 22	15, 11	17, 00	18, 89	22, 67	136000
900	10, 20	11, 90	13, 60	15, 30	17, 00	20, 40	122400
800	9, 07	10, 58	12, 09	13, 60	15, 11	18, 13	108800
700	7, 93	9, 26	10, 58	11, 90	13, 22	15, 87	95200
600	6, 80	7, 93	9, 07	10, 20	11, 33	13, 60	81600
500	5, 67	6, 61	7, 56	8, 50	9, 44	11, 33	68000
400	4, 53	5, 29	6, 04	6, 80	7, 56	9, 07	54400
300	3, 40	3, 97	4, 53	5, 10	5, 67	6, 80	40800
200	2, 27	2, 64	3, 02	3, 40	3, 78	4, 53	27200
100	1, 13	1, 32	1, 51	1, 70	1, 89	2, 27	13600
90	1, 02	1, 19	1, 36	1, 53	1, 70	2, 04	12240
80	0, 91	1, 06	1, 21	1, 36	1, 51	1, 81	10880
70	0, 79	0, 93	1, 06	1, 19	1, 32	1, 59	9520
60	0, 68	0, 79	0, 91	1, 02	1, 13	1, 36	8160
50	0, 57	0, 66	0, 76	0, 85	0, 94	1, 13	6800
40	0, 45	0, 53	0, 60	0, 68	0, 76	0, 91	5440
30	0, 34	0, 40	0, 45	0, 51	0, 57	0, 68	4080
20	0, 23	0, 26	0, 30	0, 34	0, 38	0, 45	2720
10	0, 11	0, 13	0, 15	0, 17	0, 19	0, 23	1360
9	0, 10	0, 12	0, 14	0, 15	0, 17	0, 20	1224
8	0, 09	0, 11	0, 12	0, 14	0, 15	0, 18	1088
7	0, 08	0, 09	0, 11	0, 12	0, 13	0, 16	952
6	0, 07	0, 08	0, 09	0, 10	0, 11	0, 14	816
5	0, 06	0, 07	0, 08	0, 08	0, 09	0, 11	680
4	0, 05	0, 05	0, 06	0, 07	0, 08	0, 09	544
3	0, 03	0, 04	0, 05	0, 05	0, 06	0, 07	408
2	0, 02	0, 03	0, 03	0, 03	0, 04	0, 05	272
1	0, 01	0, 01	0, 02	0, 02	0, 02	0, 02	136

COLONNE DES CAPITAUX	INTÉRÊTS POUR 137 JOURS (ou pour 4 mois et 17 jours.)						NOMBRES PRODUITS des CAPITAUX multipliés par 137 Jours.
	à 3 %	à 3 ½	à 4 %	à 4 ½	à 5 %	à 6 %	
fr.	fr. c.	fr. c.	fr. c.	fr. c.	fr. c.	fr. c.	
50,000	570, 83	665, 97	761, 11	856, 25	951, 39	1141, 67	6850000
40,000	456, 67	532, 78	608, 89	685, 00	761, 11	913, 33	5480000
30,000	342, 50	399, 58	456, 67	513, 75	570, 83	685, 00	4110000
20,000	228, 33	266, 39	304, 44	342, 50	380, 56	456, 67	2740000
10,000	114, 17	133, 19	152, 22	171, 25	190, 28	228, 33	1370000
9,000	102, 75	119, 87	137, 00	154, 12	171, 25	205, 50	1233000
8,000	91, 33	106, 56	121, 78	137, 00	152, 22	182, 67	1096000
7,000	79, 92	93, 24	106, 56	119, 87	133, 19	159, 83	959000
6,000	68, 50	79, 92	91, 33	102, 75	114, 17	137, 00	822000
5,000	57, 08	66, 60	76, 11	85, 62	95, 14	114, 17	685000
4,000	45, 67	53, 28	60, 89	68, 50	76, 11	91, 33	548000
3,000	34, 25	39, 96	45, 67	51, 37	57, 08	68, 50	411000
2,000	22, 83	26, 64	30, 44	34, 25	38, 06	45, 67	274000
1,000	11, 42	13, 32	15, 22	17, 12	19, 03	22, 83	137000
900	10, 27	11, 99	13, 70	15, 41	17, 12	20, 55	123300
800	9, 13	10, 66	12, 18	13, 70	15, 22	18, 27	109600
700	7, 99	9, 32	10, 66	11, 99	13, 32	15, 98	95900
600	6, 85	7, 99	9, 13	10, 27	11, 42	13, 70	82200
500	5, 71	6, 66	7, 61	8, 56	9, 51	11, 42	68500
400	4, 57	5, 33	6, 09	6, 85	7, 61	9, 13	54800
300	3, 42	4, 00	4, 57	5, 14	5, 71	6, 85	41100
200	2, 28	2, 66	3, 04	3, 42	3, 81	4, 57	27400
100	1, 14	1, 33	1, 52	1, 71	1, 90	2, 28	13700
90	1, 03	1, 20	1, 37	1, 54	1, 71	2, 05	12330
80	0, 91	1, 07	1, 22	1, 37	1, 52	1, 83	10960
70	0, 80	0, 93	1, 07	1, 20	1, 33	1, 60	9590
60	0, 68	0, 80	0, 91	1, 03	1, 14	1, 37	8220
50	0, 57	0, 67	0, 76	0, 86	0, 95	1, 14	6850
40	0, 46	0, 53	0, 61	0, 68	0, 76	0, 91	5480
30	0, 34	0, 40	0, 46	0, 51	0, 57	0, 68	4110
20	0, 23	0, 27	0, 30	0, 34	0, 38	0, 46	2740
10	0, 11	0 13	0, 15	0, 17	0, 19	0, 23	1370
9	0, 10	0, 12	0, 14	0, 15	0, 17	0, 21	1233
8	0, 09	0, 11	0, 12	0, 14	0, 15	0, 18	1096
7	0, 08	0, 09	0, 11	0, 12	0, 13	0, 16	959
6	0, 07	0, 08	0, 09	0, 10	0, 11	0, 14	822
5	0, 06	0, 07	0, 08	0, 09	0, 10	0, 11	685
4	0, 05	0, 05	0, 06	0, 07	0, 08	0, 09	548
3	0, 03	0, 04	0, 05	0, 05	0, 06	0, 07	411
2	0, 02	0, 03	0, 03	0, 03	0, 04	0, 05	274
1	0, 01	0, 01	0, 02	0, 02	0. 02	0, 02	137

12.

COLONNE DES CAPITAUX	INTERÊTS POUR 138 JOURS (ou pour 4 mois et 18 jours.)						NOMBRES PRODUITS des CAPITAUX multipliés par 138 Jours.
	à 3 %	à 3 ½	à 4 %	à 4 ½	à 5 %	à 6 %	
fr.	fr. c.	fr. c.	fr. c.	fr. c.	fr. c.	fr. c.	
50,000	575, 00	670, 83	766, 67	862, 50	958, 33	1150, 00	6900000
40,000	460, 00	536, 67	613, 33	690, 00	766, 67	920, 00	5520000
30,000	345, 00	402, 50	460, 00	517, 50	575, 00	690, 00	4140000
20,000	230, 00	268, 33	306, 67	345, 00	383, 33	460, 00	2760000
10,000	115, 00	134, 17	153, 33	172, 50	191, 67	230, 00	1380000
9,000	103, 50	120, 75	138, 00	155, 25	172, 50	207, 00	1242000
8,000	92, 00	107, 33	122, 67	138, 00	153, 33	184, 00	1104000
7,000	80, 50	93, 92	107, 33	120, 75	134, 17	161, 00	966000
6,000	69, 00	80, 50	92, 00	103, 50	115, 00	138, 00	828000
5,000	57, 50	67, 08	76, 67	86, 25	95, 83	115, 00	690000
4,000	46, 00	53, 67	61, 33	69, 00	76, 67	92, 00	552000
3,000	34, 50	40, 25	46, 00	51, 75	57, 50	69, 00	414000
2,000	23, 00	26, 83	30, 67	34, 50	38, 33	46, 00	276000
1,000	11, 50	13, 42	15, 33	17, 25	19, 17	23, 00	138000
900	10, 35	12, 07	13, 80	15, 52	17, 25	20, 70	124200
800	9, 20	10, 73	12, 27	13, 80	15, 33	18, 40	110400
700	8, 05	9, 39	10, 73	12, 07	13, 42	16, 10	96600
600	6, 90	8, 05	9, 20	10, 35	11, 50	13, 80	82800
500	5, 75	6, 71	7, 67	8, 62	9, 58	11, 50	69000
400	4, 60	5, 37	6, 13	6, 90	7, 67	9, 20	55200
300	3, 45	4, 02	4, 60	5, 17	5, 75	6, 90	41400
200	2, 30	2, 68	3, 07	3, 45	3, 83	4, 60	27600
100	1, 15	1, 34	1, 53	1, 72	1, 92	2, 30	13800
90	1, 03	1, 21	1, 38	1, 55	1, 72	2, 07	12420
80	0, 92	1, 07	1, 23	1, 38	1, 53	1, 84	11040
70	0, 80	0, 94	1, 07	1, 21	1, 34	1, 61	9660
60	0, 69	0, 80	0, 92	1, 03	1, 15	1, 38	8280
50	0, 57	0, 67	0, 77	0, 86	0, 96	1, 15	6900
40	0, 46	0, 54	0, 61	0, 69	0, 77	0, 92	5520
30	0, 34	0, 40	0, 46	0, 52	0, 57	0, 69	4140
20	0, 23	0, 27	0, 31	0, 34	0, 38	0, 46	2760
10	0, 11	0, 13	0, 15	0, 17	0, 19	0, 23	1380
9	0, 10	0, 12	0, 14	0, 16	0, 17	0, 21	1242
8	0, 09	0, 11	0, 12	0, 14	0, 15	0, 18	1104
7	0, 08	0, 09	0, 11	0, 12	0, 13	0, 16	966
6	0, 07	0, 08	0, 09	0, 10	0, 11	0, 14	828
5	0, 06	0, 07	0, 08	0, 09	0, 10	0, 11	690
4	0, 05	0, 05	0, 06	0, 07	0, 08	0, 09	552
3	0, 03	0, 04	0, 05	0, 05	0, 06	0, 07	414
2	0, 02	0, 03	0, 03	0, 03	0, 04	0, 05	276
1	0, 01	0, 01	0, 02	0, 02	0, 02	0, 02	138

COLONNE DES CAPITAUX	INTÉRÊTS POUR 139 JOURS (ou pour 4 mois et 19 jours.)						NOMBRES PRODUITS des CAPITAUX multipliés par 139 Jours.
	à 3 %	à 3 1/2	à 4 %	à 4 1/2	à 5 %	à 6 %	
fr.	fr. c.	fr. c.	fr. c.	fr. c.	fr. c.	fr. c.	
50,000	579, 17	675, 69	772, 22	868, 75	965, 28	1158, 33	6950000
40,000	463, 33	540, 56	617, 78	695, 00	772, 22	926, 67	5560000
30 000	347, 50	405, 42	463, 33	521, 25	579, 17	695, 00	4170000
20,000	231, 67	270, 28	308, 89	347, 50	386, 11	463, 33	2780000
10,000	115, 83	135, 14	154, 44	173, 75	193, 06	231, 67	1390000
9,000	104, 25	121, 62	139, 00	156, 37	173, 75	208, 50	1251000
8,000	92, 67	108, 11	123, 56	139, 00	154, 44	185, 33	1112000
7,000	81, 08	94, 60	108, 11	121, 62	135, 14	162, 17	973000
6,000	69, 50	81, 08	92, 67	104, 25	115, 83	139, 00	834000
5,000	57, 92	67, 57	77, 22	86, 87	96, 53	115, 83	695000
4,000	46, 33	54, 06	61, 78	69, 50	77, 22	92, 67	556000
3,000	34, 75	40, 54	46, 33	52, 12	57, 92	69, 50	417000
2,000	23, 17	27, 03	30, 89	34, 75	38, 61	46, 33	278000
1,000	11, 58	13, 51	15, 44	17, 37	19, 31	23, 17	139000
900	10, 42	12, 16	13, 90	15, 64	17, 37	20, 85	125100
800	9, 27	10, 81	12, 36	13, 90	15, 44	18, 53	111200
700	8, 11	9, 46	10, 81	12, 16	13, 51	16, 22	97300
600	6, 95	8, 11	9, 27	10, 42	11, 58	13, 90	83400
500	5, 79	6, 76	7, 72	8, 69	9, 65	11, 58	69500
400	4, 63	5, 41	6, 18	6, 95	7, 72	9, 27	55600
300	3, 47	4, 05	4, 63	5, 21	5, 79	6, 95	41700
200	2, 32	2, 70	3, 09	3, 47	3, 86	4, 63	27800
100	1, 16	1, 35	1, 54	1, 74	1, 93	2, 32	13900
90	1, 04	1, 22	1, 39	1, 56	1, 74	2, 08	12510
80	0, 93	1, 08	1, 24	1, 39	1, 54	1, 85	11120
70	0, 81	0, 95	1, 08	1, 22	1, 35	1, 62	9730
60	0, 69	0, 81	0, 93	1, 04	1, 16	1, 39	8340
50	0, 58	0, 68	0, 77	0, 87	0, 97	1, 16	6950
40	0, 46	0, 54	0, 62	0, 69	0, 77	0, 93	5560
30	0, 35	0, 41	0, 46	0, 52	0, 58	0, 69	4170
20	0, 23	0, 27	0, 31	0, 35	0, 39	0, 46	2780
10	0, 12	0, 14	0, 15	0, 17	0, 19	0, 23	1390
9	0, 10	0, 12	0, 14	0, 16	0, 17	0, 21	1251
8	0, 09	0, 11	0, 12	0, 14	0, 15	0, 19	1112
7	0, 08	0, 09	0, 11	0, 12	0, 14	0, 16	973
6	0, 07	0, 08	0, 09	0, 10	0, 12	0, 14	834
5	0, 06	0, 07	0, 08	0, 09	0, 10	0, 12	695
4	0, 05	0, 05	0, 06	0, 07	0, 08	0, 09	556
3	0, 03	0, 04	0, 05	0, 05	0, 06	0, 07	417
2	0, 02	0, 03	0, 03	0 03	0, 04	0, 05	278
1	0. 01	0. 01	0, 02	0, 02	0. 02	0, 02	139

COLONNE DES CAPITAUX	INTÉRÊTS POUR 140 JOURS (ou pour 4 mois et 20 jours.)						NOMBRES PRODUITS des CAPITAUX multipliés par 140 Jours.
	à 3 %	à 3 ½	à 4 %	à 4 ½	à 5 %	à 6 %	
fr.	fr. c.	fr. c.	fr. c.	fr. c.	fr. c.	fr. c.	
50,000	583, 33	680, 56	777, 78	875, 00	972, 22	1166, 67	7000000
40,000	466, 67	544, 44	622, 22	700, 00	777, 78	933, 33	5600000
30,000	350, 00	408, 33	466, 67	525, 00	583, 33	700, 00	4200000
20,000	233, 33	272, 22	311, 11	350, 00	388, 89	466, 67	2800000
10,000	116, 67	136, 11	155, 56	175, 00	194, 44	233, 33	1400000
9,000	105, 00	122, 50	140, 00	157, 50	175, 00	210, 00	1260000
8,000	93, 33	108, 89	124, 44	140, 00	155, 56	186, 67	1120000
7,000	81, 67	95, 28	108, 89	122, 50	136, 11	163, 33	980000
6,000	70, 00	81, 67	93, 33	105, 00	116, 67	140, 00	840000
5,000	58, 33	68, 06	77, 78	87, 50	97, 22	116, 67	700000
4,000	46, 67	54, 44	62, 22	70, 00	77, 78	93, 33	560000
3,000	35, 00	40, 83	46, 67	52, 50	58, 33	70, 00	420000
2,000	23, 33	27, 22	31, 11	35, 00	38, 89	46, 67	280000
1,000	11, 67	13, 61	15, 56	17, 50	19, 44	23, 33	140000
900	10, 50	12, 25	14, 00	15, 75	17, 50	21, 00	126000
800	9, 33	10, 89	12, 44	14, 00	15, 56	18, 67	112000
700	8, 17	9, 53	10, 89	12, 25	13, 61	16, 33	98000
600	7, 00	8, 17	9, 33	10, 50	11, 67	14, 00	84000
500	5, 83	6, 81	7, 78	8, 75	9, 72	11, 67	70000
400	4, 67	5, 44	6, 22	7, 00	7, 78	9, 33	56000
300	3, 50	4, 08	4, 67	5, 25	5, 83	7, 00	42000
200	2, 33	2, 72	3, 11	3, 50	3, 89	4, 67	28000
100	1, 17	1, 36	1, 56	1, 75	1, 94	2, 33	14000
90	1, 05	1, 22	1, 40	1, 57	1, 75	2, 10	12600
80	0, 93	1, 09	1, 24	1, 40	1, 56	1, 87	11200
70	0, 82	0, 95	1, 09	1, 22	1, 36	1, 63	9800
60	0, 70	0, 82	0, 93	1, 05	1, 17	1, 40	8400
50	0, 58	0, 68	0, 78	0, 87	0, 97	1, 17	7000
40	0, 47	0, 54	0, 62	0, 70	0, 78	0, 93	5600
30	0, 35	0, 41	0, 47	0, 52	0, 58	0, 70	4200
20	0, 23	0, 27	0, 31	0, 35	0, 39	0, 47	2800
10	0, 12	0, 14	0, 16	0, 17	0, 19	0, 23	1400
9	0, 10	0, 12	0, 14	0, 16	0, 17	0, 21	1260
8	0, 09	0, 11	0, 12	0, 14	0, 16	0, 19	1120
7	0, 08	0, 10	0, 11	0, 12	0, 14	0, 16	980
6	0, 07	0, 08	0, 09	0, 10	0, 12	0, 14	840
5	0, 06	0, 07	0, 08	0, 09	0, 10	0, 12	700
4	0, 05	0, 05	0, 06	0, 07	0, 08	0, 09	560
3	0, 03	0, 04	0, 05	0, 05	0, 06	0, 07	420
2	0, 02	0, 03	0, 03	0, 03	0, 04	0, 05	280
1	0, 01	0, 01	0, 03	0, 02	0, 02	0, 02	140

COLONNE DES CAPITAUX	INTÉRÊTS POUR 141 JOURS (ou pour 4 mois et 21 jours.)						NOMBRES PRODUITS des CAPITAUX multipliés par 141 Jours.
	à 3 %	à 3 ½	à 4 %	à 4 ½	à 5 %	à 6 %	
fr.	fr. c.	fr. c.	fr. c.	fr. c.	fr. c.	fr. c.	
50,000	587, 50	685, 42	783, 33	881, 25	979, 17	1175, 00	7050000
40,000	470, 00	548, 33	626, 67	705, 00	783, 33	940, 00	5640000
30,000	352, 50	411, 25	470, 00	528, 75	587, 50	705, 00	4230000
20,000	235, 00	274, 17	313, 33	352, 50	391, 67	470, 00	2820000
10,000	117, 50	137, 08	156, 67	176, 25	195, 83	235, 00	1410000
9,000	105, 75	123, 37	141, 00	158, 62	176, 25	211, 50	1269000
8,000	94, 00	109, 67	125, 33	141, 00	156, 67	188, 00	1128000
7,000	82, 25	95, 96	109, 67	123, 37	137, 08	164, 50	987000
6,000	70, 50	82, 25	94, 00	105, 75	117, 50	141, 00	846000
5,000	58, 75	68, 54	78, 33	88, 12	97, 92	117, 50	705000
4,000	47, 00	54, 83	62, 67	70, 50	78, 33	94, 00	564000
3,000	35, 25	41, 12	47, 00	52, 87	58, 75	70, 50	423000
2,000	23, 50	27, 42	31, 33	35, 25	39, 17	47, 00	282000
1,000	11, 75	13, 71	15, 67	17, 62	19, 58	23, 50	141000
900	10, 57	12, 34	14, 10	15, 86	17, 62	21, 15	126900
800	9, 40	10, 97	12, 53	14, 10	15, 67	18, 80	112800
700	8, 22	9, 60	10, 97	12, 34	13, 71	16, 45	98700
600	7, 05	8, 22	9, 40	10, 57	11, 75	14, 10	84600
500	5, 87	6, 85	7, 83	8, 81	9, 79	11, 75	70500
400	4, 70	5, 48	6, 27	7, 05	7, 83	9, 40	56400
300	3, 52	4, 11	4, 70	5, 29	5, 87	7, 05	42300
200	2, 35	2, 74	3, 13	3, 52	3, 92	4, 70	28200
100	1, 17	1, 37	1, 57	1, 76	1, 96	2, 35	14100
90	1, 06	1, 23	1, 41	1, 59	1, 76	2, 11	12690
80	0, 94	1, 10	1, 25	1, 41	1, 57	1, 88	11280
70	0, 82	0, 96	1, 10	1, 23	1, 37	1, 64	9870
60	0, 70	0, 82	0, 94	1, 06	1, 17	1, 41	8460
50	0, 59	0, 69	0, 78	0, 88	0, 98	1, 17	7050
40	0, 47	0, 55	0, 63	0, 70	0, 78	0, 94	5640
30	0, 35	0, 41	0, 47	0, 53	0, 59	0, 70	4230
20	0, 23	0, 27	0, 31	0, 35	0, 39	0, 47	2820
10	0, 12	0, 14	0, 16	0, 18	0, 20	0, 23	1410
9	0, 11	0, 12	0, 14	0, 16	0, 18	0, 21	1269
8	0, 09	0, 11	0, 13	0, 14	0, 16	0, 19	1128
7	0, 08	0, 10	0, 11	0, 12	0, 14	0, 16	987
6	0, 07	0, 08	0, 09	0, 11	0, 12	0, 14	846
5	0, 06	0, 07	0, 08	0, 09	0, 10	0, 12	705
4	0, 05	0, 05	0, 06	0, 07	0, 08	0, 09	564
3	0, 04	0, 04	0, 05	0, 05	0, 06	0, 07	423
2	0, 02	0, 03	0, 03	0, 04	0, 04	0, 05	282
1	0, 01	0, 01	0, 02	0, 02	0, 02	0, 02	141

COLONNE DES CAPITAUX	INTÉRÊTS POUR 142 JOURS (ou pour 4 mois et 22 jours.)						NOMBRES PRODUITS des CAPITAUX multipliés par 142 Jours.
	à 3 %	à 3 ½	à 4 %	à 4 ½	à 5 %	à 6 %	
fr.	fr. c.	fr. c.	fr. c.	fr. c.	fr. c.	fr. c.	
50,000	591, 67	690, 28	788, 89	887, 50	986, 11	1183, 33	7100000
40,000	473, 33	552, 22	631, 11	710, 00	788, 89	946, 67	5680000
30,000	355, 00	414, 17	473, 33	532, 50	591, 67	710, 00	4260000
20,000	236, 67	276, 11	315, 56	355, 00	394, 44	473, 33	2840000
10,000	118, 33	138, 06	157, 78	177, 50	197, 22	236, 67	1420000
9,000	106, 50	124, 25	142, 00	159, 75	177, 50	213, 00	1278000
8,000	94, 67	110, 44	126, 22	142, 00	157, 78	189, 33	1136000
7,000	82, 83	96, 64	110, 44	124, 25	138, 06	165, 67	994000
6,000	71, 00	82, 83	94, 67	106, 50	118, 33	142, 00	852000
5,000	59, 17	69, 03	78, 89	88, 75	98, 61	118, 33	710000
4,000	47, 33	55, 22	63, 11	71, 00	78, 89	94, 67	568000
3,000	35, 50	41, 42	47, 33	53, 25	59, 17	71, 00	426000
2,000	23, 67	27, 61	31, 56	35, 50	39, 44	47, 33	284000
1,000	11, 83	13, 81	15, 78	17, 75	19, 72	23, 67	142000
900	10, 65	12, 42	14, 20	15, 97	17, 75	21, 30	127800
800	9, 47	11, 04	12, 62	14, 20	15, 78	18, 93	113600
700	8, 28	9, 66	11, 04	12, 42	13, 81	16, 57	99400
600	7, 10	8, 28	9, 47	10, 65	11, 83	14, 20	85200
500	5, 92	6, 90	7, 89	8, 87	9, 86	11, 83	71000
400	4, 73	5, 52	6, 31	7, 10	7, 89	9, 47	56800
300	3, 55	4, 14	4, 73	5, 32	5, 92	7, 10	42600
200	2, 37	2, 76	3, 16	3, 55	3, 94	4, 73	28400
100	1, 18	1, 38	1, 58	1, 77	1, 97	2, 37	14200
90	1, 06	1, 24	1, 42	1, 60	1, 77	2, 13	12780
80	0, 95	1, 10	1, 26	1, 42	1, 58	1, 89	11360
70	0, 83	0, 97	1, 10	1, 24	1, 38	1, 66	9940
60	0, 71	0, 83	0, 95	1, 06	1, 18	1, 42	8520
50	0, 59	0, 69	0, 79	0, 89	0, 99	1, 18	7100
40	0, 47	0, 55	0, 63	0, 71	0, 79	0, 95	5680
30	0, 35	0, 41	0, 47	0, 53	0, 59	0, 71	4260
20	0, 24	0, 28	0, 32	0, 35	0, 39	0, 47	2840
10	0, 12	0, 14	0, 16	0, 18	0, 20	0, 24	1420
9	0, 11	0, 12	0, 14	0, 16	0, 18	0, 21	1278
8	0, 09	0, 11	0, 13	0, 14	0, 16	0, 19	1136
7	0, 08	0, 10	0, 11	0, 12	0, 14	0, 17	994
6	0, 07	0, 08	0, 09	0, 11	0, 12	0, 14	852
5	0, 06	0, 07	0, 08	0, 09	0, 10	0, 12	710
4	0, 05	0, 06	0, 06	0, 07	0, 08	0, 09	568
3	0, 04	0, 04	0, 05	0, 05	0, 06	0, 07	426
2	0, 02	0, 03	0, 03	0, 04	0, 04	0, 05	284
1	0, 01	0, 01	0, 02	0, 02	0, 02	0, 02	142

COLONNE DES CAPITAUX	INTÉRÊTS POUR 143 JOURS (ou pour 4 mois et 23 jours.)						NOMBRES PRODUITS des CAPITAUX multipliés par 143 Jours.
	à 3 %	à 3 ½	à 4 %	à 4 ½	à 5 %	à 6 %	
fr.	fr. c.	fr. c.	fr. c.	fr. c.	fr. c.	fr. c.	
50,000	595, 83	695, 14	794, 44	893, 75	993, 06	1191. 67	7150000
40,000	476, 67	556, 11	635, 56	715, 00	794. 44	953, 33	5720000
30,000	357. 50	417. 08	476, 67	536, 25	595, 83	715, 00	4290000
20,000	238, 33	278, 06	317, 78	357, 50	397, 22	476, 67	2860000
10,000	119. 17	139. 03	158, 89	178, 75	198, 61	238, 33	1430000
9,000	107, 25	125, 12	143, 00	160, 87	178, 75	214, 50	1287000
8,000	95, 33	111, 22	127, 11	143, 00	158, 89	190, 67	1144000
7,000	83, 42	97, 32	111, 22	125, 12	139, 03	166, 83	1001000
6,000	71, 50	83, 42	95, 33	107, 25	119, 17	143, 00	858000
5,000	59, 58	69, 51	79. 44	89, 37	99, 31	119, 17	715000
4,000	47, 67	55, 61	63, 56	71, 50	79. 44	95, 33	572000
3,000	35, 75	41. 71	47, 67	53, 62	59, 58	71, 50	429000
2,000	23, 83	27, 81	31, 78	35, 75	39, 72	47, 67	286000
1,000	11, 92	13, 90	15, 89	17, 87	19, 86	23, 83	143000
900	10, 72	12, 51	14, 30	16, 09	17, 87	21, 45	128700
800	9. 53	11, 12	12, 71	14, 30	15, 89	19, 07	114400
700	8, 34	9. 73	11, 12	12, 51	13, 90	16, 68	100100
600	7, 15	8, 34	9. 53	10, 72	11, 92	14. 30	85800
500	5, 96	6, 95	7, 94	8, 94	9 93	11, 92	71500
400	4, 77	5. 56	6, 36	7, 15	7, 94	9, 53	57200
300	3, 57	4, 17	4, 77	5, 36	5, 95	7, 15	42900
200	2, 38	2, 78	3, 18	3, 57	3, 97	4. 77	28600
100	1, 19	1, 39	1, 59	1, 79	1, 99	2. 38	14300
90	1, 07	1, 25	1, 43	1, 61	1, 79	2, 14	12870
80	0, 95	1, 11	1, 27	1, 43	1, 59	1, 91	11440
70	0, 83	0, 97	1, 11	1, 25	1, 39	1, 67	10010
60	0, 71	0, 83	0, 95	1, 07	1, 19	1, 43	8580
50	0, 60	0, 70	0, 79	0, 89	0, 99	1, 19	7150
40	0, 48	0, 56	0, 64	0, 71	0, 79	0, 95	5720
30	0, 36	0, 42	0, 48	0, 54	0, 60	0, 71	4290
20	0, 24	0, 28	0, 32	0, 36	0, 40	0, 48	2860
10	0, 12	0 14	0, 16	0, 18	0, 20	0, 24	1430
9	0, 11	0, 13	0, 14	0, 16	0. 18	0, 21	1287
8	0, 10	0, 11	0, 13	0, 14	0. 16	0, 19	1144
7	0, 08	0, 10	0, 11	0, 13	0, 14	0, 17	1001
6	0, 07	0, 08	0, 10	0, 11	0, 12	0, 14	858
5	0, 06	0, 07	0, 08	0, 09	0, 10	0, 12	715
4	0, 05	0, 06	0, 06	0, 07	0, 08	0, 10	572
3	0, 04	0, 04	0, 05	0, 05	0, 06	0, 07	429
2	0, 02	0, 03	0, 03	0, 04	0, 04	0, 05	286
1	0. 01	0. 01	0. 02	0. 02	0. 02	0. 03	143

COLONNE DES CAPITAUX	INTERÊTS POUR 144 JOURS (ou pour 4 mois et 24 jours.)						NOMBRES PRODUITS des CAPITAUX multipliés par 144 Jours.
	à 3 %	à 3 ½	à 4 %	à 4 ½	à 5 %	à 6 %	
fr.	fr. c.	fr. c.	fr. c.	fr. c.	fr. c.	fr. c.	
50,000	600, 00	700, 00	800, 00	900, 00	1000, 00	1200, 00	7200000
40,000	480, 00	560, 00	640, 00	720, 00	800, 00	960, 00	5760000
30,000	360, 00	420, 00	480, 00	540, 00	600, 00	720, 00	4320000
20,000	240, 00	280, 00	320, 00	360, 00	400, 00	480, 00	2880000
10,000	120, 00	140, 00	160, 00	180, 00	200, 00	240, 00	1440000
9,000	108, 00	126, 00	144, 00	162, 00	180, 00	216, 00	1296000
8,000	96, 00	112, 00	128, 00	144, 00	160, 00	192, 00	1152000
7,000	84, 00	98, 00	112, 00	126, 00	140, 00	168, 00	1008000
6,000	72, 00	84, 00	96, 00	108, 00	120, 00	144, 00	864000
5,000	60, 00	70, 00	80, 00	90, 00	100, 00	120, 00	720000
4,000	48, 00	56, 00	64, 00	72, 00	80, 00	96, 00	576000
3,000	36, 00	42, 00	48, 00	54, 00	60, 00	72, 00	432000
2,000	24, 00	28, 00	32, 00	36, 00	40, 00	48, 00	288000
1,000	12, 00	14, 00	16, 00	18, 00	20, 00	24, 00	144000
900	10, 80	12, 60	14, 40	16, 20	18, 00	21, 60	129600
800	9, 60	11, 20	12, 80	14, 40	16, 00	19, 20	115200
700	8, 40	9, 80	11, 20	12, 60	14, 00	16, 80	100800
600	7, 20	8, 40	9, 60	10, 80	12, 00	14, 40	86400
500	6, 00	7, 00	8, 00	9, 00	10, 00	12, 00	72000
400	4, 80	5, 60	6, 40	7, 20	8, 00	9, 60	57600
300	3, 60	4, 20	4, 80	5, 40	6, 00	7, 20	43200
200	2, 40	2, 80	3, 20	3, 60	4, 00	4, 80	28800
100	1, 20	1, 40	1, 60	1, 80	2, 00	2, 40	14400
90	1, 08	1, 26	1, 44	1, 62	1, 80	2, 16	12960
80	0, 96	1, 12	1, 28	1, 44	1, 60	1, 92	11520
70	0, 84	0, 98	1, 12	1, 26	1, 40	1, 68	10080
60	0, 72	0, 84	0, 96	1, 08	1, 20	1, 44	8640
50	0, 60	0, 70	0, 80	0, 90	1, 00	1, 20	7200
40	0, 48	0, 56	0, 64	0, 72	0, 80	0, 96	5760
30	0, 36	0, 42	0, 48	0, 54	0, 60	0, 72	4320
20	0, 24	0, 28	0, 32	0, 36	0, 40	0, 48	2880
10	0, 12	0, 14	0, 16	0, 18	0, 20	0, 24	1440
9	0, 11	0, 13	0, 14	0, 16	0, 18	0, 22	1296
8	0, 10	0, 11	0, 13	0, 14	0, 16	0, 19	1152
7	0, 08	0, 10	0, 11	0, 13	0, 14	0, 17	1008
6	0, 07	0, 08	0, 10	0, 11	0, 12	0, 14	864
5	0, 06	0, 07	0, 08	0, 09	0, 10	0, 12	720
4	0, 05	0, 06	0, 06	0, 07	0, 08	0, 10	576
3	0, 04	0, 04	0, 05	0, 05	0, 06	0, 07	432
2	0, 02	0, 03	0, 03	0, 04	0, 04	0, 05	288
1	0, 01	0, 01	0, 02	0, 02	0, 02	0, 02	144

COLONNE DES CAPITAUX	INTÉRÊTS POUR 145 JOURS (ou pour 4 mois et 25 jours.)						NOMBRES PRODUITS des CAPITAUX multipliés par 145 Jours.
	à 3 %	à 3 ½	à 4 %	à 4 ½	à 5 %	à 6 %	
fr.	fr. c.	fr. c.	fr. c.	fr. c.	fr. c.	fr. c.	
50,000	604, 17	704, 86	805, 56	906, 25	1006, 94	1208, 33	7250000
40,000	483, 33	563, 89	644, 44	725, 00	805, 56	966, 67	5800000
30.000	362, 50	422, 92	483, 33	543, 75	604, 17	725, 00	4350000
20,000	241, 67	281, 94	322, 22	362, 50	402, 78	483, 33	2900000
10,000	120, 83	140, 97	161, 11	181, 25	201, 39	241, 67	1450000
9,000	108, 75	126, 87	145, 00	163, 12	181, 25	217, 50	1305000
8,000	96, 67	112, 78	128, 89	145, 00	161, 11	193, 33	1160000
7,000	84, 58	98, 68	112, 78	126, 87	140, 97	169, 17	1015000
6,000	72, 50	84, 58	96, 67	108, 75	120, 83	145, 00	870000
5,000	60, 42	70, 49	80, 56	90, 62	100, 69	120, 83	725000
4,000	48, 33	56, 39	64, 44	72, 50	80, 56	96, 67	580000
3,000	36. 25	42, 29	48, 33	54, 37	60, 42	72, 50	435000
2,000	24, 17	28, 19	32, 22	36, 25	40, 28	48, 33	290000
1,000	12, 08	14, 10	16, 11	18, 12	20, 14	24, 17	145000
900	10, 87	12, 69	14, 50	16, 31	18, 12	21, 75	130500
800	9, 67	11, 28	12, 89	14, 50	16, 11	19, 33	116000
700	8, 46	9, 87	11, 28	12, 69	14, 10	16, 92	101500
600	7, 25	8, 46	9, 67	10, 87	12, 08	14, 50	87000
500	6, 04	7, 05	8, 06	9, 06	10. 07	12, 08	72500
400	4, 83	5, 64	6, 44	7, 25	8, 06	9, 67	58000
300	3, 62	4, 23	4, 83	5, 44	6, 04	7, 25	43500
200	2, 42	2, 82	3, 22	3, 62	4, 03	4, 83	29000
100	1, 21	1, 41	1, 61	1, 81	2, 01	2, 42	14500
90	1, 09	1, 27	1, 45	1, 63	1, 81	2, 17	13050
80	0, 97	1, 13	1, 29	1, 45	1, 61	1, 93	11600
70	0, 85	0, 99	1, 13	1, 27	1, 41	1, 69	10150
60	0, 72	0, 85	0, 97	1, 09	1, 21	1, 45	8700
50	0, 60	0, 70	0, 81	0, 91	1, 01	1, 21	7250
40	0, 48	0, 56	0, 64	0, 72	0, 81	0, 97	5800
30	0, 36	0, 42	0, 48	0, 54	0, 60	0, 72	4350
20	0, 24	0, 28	0, 32	0, 36	0, 40	0, 48	2900
10	0, 12	0, 14	0, 16	0, 18	0, 20	0, 24	1450
9	0, 11	0, 13	0, 14	0, 16	0, 18	0, 22	1305
8	0, 10	0, 11	0, 13	0, 14	0, 16	0, 19	1160
7	0, 08	0, 10	0, 11	0, 13	0, 14	0, 17	1015
6	0, 07	0, 08	0, 10	0, 11	0, 12	0, 14	870
5	0, 06	0, 07	0, 08	0, 09	0, 10	0, 12	725
4	0, 05	0, 06	0, 06	0, 07	0, 08	0, 10	580
3	0, 04	0, 04	0, 05	0, 05	0, 06	0, 07	435
2	0, 02	0, 03	0, 03	0 04	0, 04	0, 05	290
1	0. 01	0. 01	0, 02	0, 02	0, 02	0, 02	145

COLONNE DES CAPITAUX	INTÉRÊTS POUR 146 JOURS (ou pour 4 mois et 26 jours.)						NOMBRES PRODUITS des CAPITAUX multipliés par 146 Jours.
	à 3 %	à 3 ½	à 4 %	à 4 ½	à 5 %	à 6 %	
fr.	fr. c.	fr. c.	fr. c.	fr. c.	fr. c.	fr. c.	
50,000	608, 33	709, 72	811, 11	912, 50	1013, 89	1216, 67	7300000
40,000	486, 67	567, 78	648, 89	730, 00	811, 11	973, 33	5840000
30,000	365, 00	425, 83	486, 67	547, 50	608, 33	730, 00	4380000
20,000	243, 33	283, 89	324, 44	365, 00	405, 56	486, 67	2920000
10,000	121, 67	141, 94	162, 22	182, 50	202, 78	243, 33	1460000
9,000	109, 50	127, 75	146, 00	164, 25	182, 50	219, 00	1314000
8,000	97, 33	113, 56	129, 78	146, 00	162, 22	194, 67	1168000
7,000	85, 17	99, 36	113, 56	127, 75	141, 94	170, 33	1022000
6,000	73, 00	85, 17	97, 33	109, 50	121, 67	146, 00	876000
5,000	60, 83	70, 97	81, 11	91, 25	101, 39	121, 67	730000
4,000	48, 67	56, 78	64, 89	73, 00	81, 11	97, 33	584000
3,000	36, 50	42, 58	48, 67	54, 75	60, 83	73, 00	438000
2,000	24, 33	28, 39	32, 44	36, 50	40, 56	48, 67	292000
1,000	12, 17	14, 19	16, 22	18, 25	20, 28	24, 33	146000
900	10, 95	12, 77	14, 60	16, 42	18, 25	21, 90	131400
800	9, 73	11, 36	12, 98	14, 60	16, 22	19, 47	116800
700	8, 52	9, 94	11, 36	12, 77	14, 19	17, 03	102200
600	7, 30	8, 52	9, 73	10, 95	12, 17	14, 60	87600
500	6, 08	7, 10	8, 11	9, 12	10, 14	12, 17	73000
400	4, 87	5, 68	6, 49	7, 30	8, 11	9, 73	58400
300	3, 65	4, 26	4, 87	5, 47	6, 08	7, 30	43800
200	2, 43	2, 84	3, 24	3, 65	4, 06	4, 87	29200
100	1, 22	1, 42	1, 62	1, 82	2, 03	2, 43	14600
90	1, 09	1, 28	1, 46	1, 64	1, 82	2, 19	13140
80	0, 97	1, 14	1, 30	1, 46	1, 62	1, 95	11680
70	0, 85	0, 99	1, 14	1, 28	1, 42	1, 70	10220
60	0, 73	0, 85	0, 97	1, 09	1, 22	1, 46	8760
50	0, 61	0, 71	0, 81	0, 91	1, 01	1, 22	7300
40	0, 49	0, 57	0, 65	0, 73	0, 81	0, 97	5840
30	0, 36	0, 43	0, 49	0, 55	0, 61	0, 73	4380
20	0, 24	0, 28	0, 32	0, 36	0, 41	0, 49	2920
10	0, 12	0, 14	0, 16	0, 18	0, 20	0, 24	1460
9	0, 11	0, 13	0, 15	0, 16	0, 18	0, 22	1314
8	0, 10	0, 11	0, 13	0, 15	0, 16	0, 19	1168
7	0, 09	0, 10	0, 11	0, 13	0, 14	0, 17	1022
6	0, 07	0, 09	0, 10	0, 11	0, 12	0, 15	876
5	0, 06	0, 07	0, 08	0, 09	0, 10	0, 12	730
4	0, 05	0, 06	0, 06	0, 07	0, 08	0, 10	584
3	0, 04	0, 04	0, 05	0, 05	0, 06	0, 07	438
2	0, 02	0, 03	0, 03	0, 04	0, 04	0, 05	292
1	0. 01	0, 01	0, 02	0, 02	0, 02	0, 02	146

COLONNE DES CAPITAUX	INTÉRÊTS POUR 147 JOURS (ou pour 4 mois et 27 jours.)						NOMBRES PRODUITS des CAPITAUX multipliés par 147 Jours.
	à 3 %	à 3 ½	à 4 %	à 4 ½	à 5 %	à 6 %	
fr.	fr. c.	fr. c.	fr. c.	fr. c.	fr. c.	fr. c.	
50,000	612, 50	714, 58	816, 67	918, 75	1020, 83	1225, 00	7350000
40,000	490, 00	571, 67	653, 33	735, 00	816, 67	980, 00	5880000
30,000	367, 50	428, 75	490, 00	551, 25	612, 50	735, 00	4410000
20,000	245, 00	285, 83	326, 67	367, 50	408, 33	490, 00	2940000
10,000	122, 50	142, 92	163, 33	183, 75	204, 17	245, 00	1470000
9,000	110, 25	128, 62	147, 00	165, 37	183, 75	220, 50	1323000
8,000	98, 00	114, 33	130, 67	147, 00	163, 33	196, 00	1176000
7,000	85, 75	100, 04	114, 33	128, 62	142, 92	171, 50	1029000
6,000	73, 50	85, 75	98, 00	110, 25	122, 50	147. 00	882000
5,000	61, 25	71, 46	81, 67	91, 87	102, 08	122, 50	735000
4,000	49, 00	57, 17	65, 33	73, 50	81, 67	98, 00	588000
3,000	36, 75	42, 87	49, 00	55, 12	61, 25	73, 50	441000
2,000	24, 50	28, 58	32, 67	36, 75	40, 83	49, 00	294000
1,000	12, 25	14, 29	16, 33	18, 37	20, 42	24, 50	147000
900	11, 02	12, 86	14, 70	16, 54	18, 37	22, 05	132300
800	9, 80	11, 43	13, 07	14, 70	16, 33	19, 60	117600
700	8, 57	10, 00	11, 43	12, 86	14, 29	17, 15	102900
600	7, 35	8, 57	9, 80	11, 02	12, 25	14, 70	88200
500	6, 12	7, 15	8, 17	9, 19	10, 21	12, 25	73500
400	4, 90	5, 71	6, 53	7, 35	8, 17	9, 80	58800
300	3, 67	4, 29	4, 90	5, 51	6, 12	7, 35	44100
200	2, 45	2, 86	3, 27	3, 67	4, 08	4, 90	29400
100	1, 22	1, 43	1, 63	1, 84	2, 04	2, 45	14700
90	1, 10	1, 29	1, 47	1, 65	1, 84	2, 20	13230
80	0, 98	1, 14	1, 31	1, 47	1, 63	1, 96	11760
70	0, 86	1, 00	1, 14	1, 29	1, 43	1, 71	10290
60	0, 73	0, 86	0, 98	1, 10	1, 22	1, 47	8820
50	0, 61	0, 71	0, 82	0, 92	1, 02	1, 22	7350
40	0, 49	0, 57	0, 65	0, 73	0, 82	0, 98	5880
30	0, 37	0, 43	0, 49	0, 55	0, 61	0, 73	4410
20	0, 24	0, 29	0, 33	0, 37	0, 41	0, 49	2940
10	0, 12	0, 14	0, 16	0, 18	0. 20	0. 24	1470
9	0, 11	0, 13	0, 15	0, 17	0, 18	0, 22	1323
8	0, 10	0, 11	0, 13	0, 15	0, 16	0, 20	1176
7	0, 09	0, 10	0, 11	0, 13	0, 14	0, 17	1029
6	0, 07	0, 09	0, 10	0, 11	0, 12	0, 15	882
5	0, 06	0, 07	0, 08	0, 09	0, 10	0, 12	735
4	0, 05	0, 06	0, 07	0, 07	0, 08	0, 10	588
3	0, 04	0, 04	0, 05	0, 06	0, 06	0, 07	441
2	0, 02	0, 03	0, 03	0, 04	0, 04	0, 05	294
1	0, 01	0, 01	0, 02	0, 02	0, 02	0, 02	147

COLONNE DES CAPITAUX	INTÉRÊTS POUR 148 JOURS (ou pour 4 mois et 28 jours.)						NOMBRES PRODUITS des CAPITAUX multipliés par 148 Jours.
	à 3 %	à 3 ½	à 4 %	à 4 ½	à 5 %	à 6 %	
fr.	fr. c.	fr. c.	fr. c.	fr. c.	fr. c.	fr. c.	
50,000	616, 67	719, 44	822, 22	925, 00	1027, 78	1233, 33	7400000
40,000	493, 33	575, 56	657, 78	740, 00	822, 22	986, 67	5920000
30,000	370, 00	431, 67	493, 33	555, 00	616, 67	740, 00	4440000
20,000	246, 67	287, 78	328, 89	370, 00	411, 11	493, 33	2960000
10,000	123, 33	143, 89	164, 44	185, 00	205, 56	246, 67	1480000
9,000	111, 00	129, 50	148, 00	166, 50	185, 00	222, 00	1332000
8,000	98, 67	115, 11	131, 56	148, 00	164, 44	197, 33	1184000
7,000	86, 33	100, 72	115, 11	129, 50	143, 89	172, 67	1036000
6,000	74, 00	86, 33	98, 67	111, 00	123, 33	148, 00	888000
5,000	61, 67	71, 94	82, 22	92, 50	102, 78	123, 33	740000
4,000	49, 33	57, 56	65, 78	74, 00	82, 22	98, 67	592000
3,000	37, 00	43, 17	49, 33	55, 50	61, 67	74, 00	444000
2,000	24, 67	28, 78	32, 89	37, 00	41, 11	49, 33	296000
1,000	12, 33	14, 39	16, 44	18, 50	20, 56	24, 67	148000
900	11, 10	12, 95	14, 80	16, 65	18, 50	22, 20	133200
800	9, 87	11, 51	13, 16	14, 80	16, 44	19, 73	118400
700	8, 63	10, 07	11, 51	12, 95	14, 39	17, 27	103600
600	7, 40	8, 63	9, 87	11, 10	12, 33	14, 80	88800
500	6, 17	7, 19	8, 22	9, 25	10, 28	12, 33	74000
400	4, 93	5, 76	6, 58	7, 40	8, 22	9, 87	59200
300	3, 70	4, 32	4, 93	5, 55	6, 17	7, 40	44400
200	2, 47	2, 88	3, 29	3, 70	4, 11	4, 93	29600
100	1, 23	1, 44	1, 64	1, 85	2, 06	2, 47	14800
90	1, 11	1, 29	1, 48	1, 66	1, 85	2, 22	13320
80	0, 99	1, 15	1, 32	1, 48	1, 64	1, 97	11840
70	0, 86	1, 01	1, 15	1, 29	1, 44	1, 73	10360
60	0, 74	0, 86	0, 99	1, 11	1, 23	1, 48	8880
50	0, 62	0, 72	0, 82	0, 92	1, 03	1, 23	7400
40	0, 49	0, 58	0, 66	0, 74	0, 82	0, 99	5920
30	0, 37	0, 43	0, 49	0, 55	0, 62	0, 74	4440
20	0, 25	0, 29	0, 33	0, 37	0, 41	0, 49	2960
10	0, 12	0, 14	0, 16	0, 18	0, 21	0, 25	1480
9	0, 11	0, 13	0, 15	0, 17	0, 18	0, 22	1332
8	0, 10	0, 12	0, 13	0, 15	0, 16	0, 20	1184
7	0, 09	0, 10	0, 12	0, 13	0, 14	0, 17	1036
6	0, 07	0, 09	0, 10	0, 11	0, 12	0, 15	888
5	0, 06	0, 07	0, 08	0, 09	0, 10	0, 12	740
4	0, 05	0, 06	0, 07	0, 07	0, 08	0, 10	592
3	0, 04	0, 04	0, 05	0, 06	0, 06	0, 07	444
2	0, 02	0, 03	0, 03	0, 04	0, 04	0, 05	296
1	0, 01	0, 01	0, 02	0, 02	0, 02	0, 02	148

COLONNE DES CAPITAUX	INTÉRÊTS POUR 149 JOURS (ou pour 4 mois et 29 jours.)						NOMBRES PRODUITS des CAPITAUX multipliés par 149 Jours.
	à 3 %	à 3 ½	à 4 %	à 4 ½	à 5 %	à 6 %	
fr.	fr. c.	fr. c.	fr. c.	fr. c.	fr. c.	fr. c.	
50,000	620, 83	724, 30	827, 78	931, 25	1034, 72	1241, 67	7450000
40,000	496, 67	579, 44	662, 22	745, 00	827, 78	993, 33	5960000
30,000	372, 50	434, 58	496, 67	558, 75	620, 83	745, 00	4470000
20,000	248, 33	289, 72	331, 11	372, 50	413, 89	496, 67	2980000
10,000	124, 17	144, 86	165, 56	186, 25	206, 94	248, 33	1490000
9,000	111, 75	130, 37	149, 00	167, 62	186, 25	223, 50	1341000
8,000	99, 33	115, 89	132, 44	149, 00	165, 56	198, 67	1192000
7,000	86, 92	101, 40	115, 89	130, 37	144, 86	173, 83	1043000
6,000	74, 50	86, 92	99, 33	111, 75	124, 17	149, 00	894000
5,000	62, 08	72, 43	82, 78	93, 12	103, 47	124, 17	745000
4,000	49, 67	57, 94	66, 22	74, 50	82, 78	99, 33	596000
3,000	37, 25	43, 46	49, 67	55, 87	62, 08	74, 50	447000
2,000	24, 83	28, 97	33, 11	37, 25	41, 39	49, 67	298000
1,000	12, 42	14, 49	16, 56	18, 62	20, 69	24, 83	149000
900	11, 17	13, 04	14, 90	16, 76	18, 62	22, 35	134100
800	9, 93	11, 59	13, 24	14, 90	16, 56	19, 87	119200
700	8, 69	10, 14	11, 59	13, 04	14, 49	17, 38	104300
600	7, 45	8, 69	9, 93	11, 17	12, 42	14, 90	89400
500	6, 21	7, 24	8, 28	9, 31	10, 35	12, 42	74500
400	4, 97	5, 79	6, 62	7, 45	8, 28	9, 93	59600
300	3, 72	4, 35	4, 97	5, 59	6, 21	7, 45	44700
200	2, 48	2, 90	3, 31	3, 72	4, 14	4, 97	29800
100	1, 24	1, 45	1, 66	1, 86	2, 07	2, 48	14900
90	1, 12	1, 30	1, 49	1, 68	1, 86	2, 23	13410
80	0, 99	1, 16	1, 32	1, 49	1, 66	1, 99	11920
70	0, 87	1, 01	1, 16	1, 30	1, 45	1, 74	10430
60	0, 74	0, 87	0, 99	1, 12	1, 24	1, 49	8940
50	0, 62	0, 72	0, 83	0, 93	1, 03	1, 24	7450
40	0, 50	0, 58	0, 66	0, 74	0, 83	0, 99	5960
30	0, 37	0, 43	0, 50	0, 56	0, 62	0, 74	4470
20	0, 25	0, 29	0, 33	0, 37	0, 41	0, 50	2980
10	0, 12	0 14	0, 17	0, 19	0, 21	0, 25	1490
9	0, 11	0, 13	0, 15	0, 17	0, 19	0, 22	1341
8	0, 10	0, 12	0, 13	0, 15	0, 17	0, 20	1192
7	0, 09	0, 10	0, 12	0, 13	0, 14	0, 17	1043
6	0, 07	0, 09	0, 10	0, 11	0, 12	0, 15	894
5	0, 06	0, 07	0, 08	0, 09	0, 10	0, 12	745
4	0, 05	0, 06	0, 07	0, 07	0, 08	0, 10	596
3	0, 04	0, 04	0, 05	0, 06	0, 06	0, 07	447
2	0, 02	0, 03	0, 03	0, 04	0, 04	0, 05	298
1	0, 01	0. 01	0 02	0. 02	0, 02	0. 02	149

13,

COLONNE DES CAPITAUX	INTERÊTS POUR 150 JOURS (ou pour 5 mois.)						NOMBRES PORDUITS des CAPITAUX multipliés par 150 Jours.
	à 3 %	à 3 ½	à 4 %	à 4 ½	à 5 %	à 6 %	
fr.	fr. c.	fr. c.	fr. c.	fr. c.	fr. c.	fr. c.	
50,000	625, 00	729, 17	833, 33	937, 50	1041, 67	1250, 00	7500000
40,000	500, 00	583, 33	666, 67	750, 00	833, 33	1000, 00	6000000
30,000	375, 00	437, 50	500, 00	562, 50	625, 00	750, 00	4500000
20,000	250, 00	291, 67	333, 33	375, 00	416, 67	500, 00	3000000
10,000	125. 00	145, 83	166, 67	187, 50	208, 33	250, 00	1500000
9,000	112, 50	131, 25	150, 00	168, 75	187, 50	225, 00	1350000
8,000	100, 00	116, 67	133, 33	150, 00	166, 67	200, 00	1200000
7,000	87, 50	102, 08	116, 67	131, 25	145, 83	175, 00	1050000
6,000	75, 00	87, 50	100, 00	112, 50	125, 00	150, 00	900000
5,000	62, 50	72, 92	83, 33	93, 75	104, 17	125, 00	750000
4,000	50, 00	58, 33	66, 67	75, 00	83, 33	100, 00	600000
3,000	37, 50	43, 75	50, 00	56, 25	62, 50	75, 00	450000
2,000	25, 00	29, 17	33, 33	37, 50	41, 67	50, 00	300000
1,000	12, 50	14, 58	16, 67	18, 75	20, 83	25, 00	150000
900	11, 25	13, 12	15, 00	16, 87	18, 75	22, 50	135000
800	10, 00	11, 67	13, 33	15, 00	16, 67	20, 00	120000
700	8, 75	10, 21	11, 67	13, 12	14, 58	17, 50	105000
600	7, 50	8, 75	10, 00	11, 25	12, 50	15, 00	90000
500	6, 25	7, 29	8, 33	9, 37	10, 42	12, 50	75000
400	5, 00	5, 83	6, 67	7, 50	8, 33	10, 00	60000
300	3, 75	4, 37	5, 00	5, 62	6, 25	7, 50	45000
200	2, 50	2, 92	3, 33	3, 75	4, 17	5, 00	30000
100	1, 25	1, 46	1, 67	1, 87	2, 08	2, 50	15000
90	1, 12	1, 31	1, 50	1, 69	1, 87	2, 25	13500
80	1, 00	1, 17	1, 33	1, 50	1, 67	2, 00	12000
70	0, 87	1, 02	1, 17	1, 31	1, 46	1, 75	10500
60	0, 75	0, 87	1, 00	1, 12	1, 25	1, 50	9000
50	0, 62	0, 73	0, 83	0, 94	1, 04	1, 25	7500
40	0, 50	0, 58	0, 67	0, 75	0, 83	1, 00	6000
30	0, 37	0, 44	0, 50	0, 56	0, 62	0, 75	4500
20	0, 25	0, 29	0, 33	0, 37	0, 42	0, 50	3000
10	0, 12	0, 15	0, 17	0, 19	0, 21	0, 25	1500
9	0, 11	0, 13	0, 15	0, 17	0, 19	0, 22	1350
8	0, 10	0, 12	0, 13	0, 15	0, 17	0, 20	1200
7	0, 09	0, 10	0, 12	0, 13	0, 15	0, 17	1050
6	0, 07	0, 09	0, 10	0, 11	0, 12	0, 15	900
5	0, 06	0, 07	0, 08	0, 09	0, 10	0, 12	750
4	0, 05	0, 06	0, 07	0, 07	0, 08	0, 10	600
3	0, 04	0, 04	0, 05	0, 06	0, 06	0, 07	450
2	0, 02	0, 03	0, 03	0, 04	0, 04	0, 05	300
1	0. 01	0, 01	0, 02	0, 02	0, 02	0, 02	150

COLONNE DES CAPITAUX	INTÉRÊTS POUR 151 JOURS (ou pour 5 mois et 1 jour.)						NOMBRES PRODUITS des CAPITAUX multipliés par 151 Jours.
	à 3 %	à 3 ½	à 4 %	à 4 ½	à 5 %	à 6 %	
fr.	fr. c.	fr. c.	fr. c.	fr. c.	fr. c.	fr. c.	
50,000	629, 17	734, 03	838, 89	943, 75	1048, 61	1258, 33	7550000
40,000	503, 33	587, 22	671, 11	755, 00	838, 89	1006, 67	6040000
30.000	377, 50	440, 42	503, 33	566, 25	629, 17	755, 00	4530000
20,000	251, 67	293, 61	335, 56	377, 50	419, 44	503, 33	3020000
10,000	125, 83	146, 81	167, 78	188, 75	209, 72	251, 67	1510000
9,000	113, 25	132, 12	151, 00	169, 87	188, 75	226, 50	1359000
8,000	100, 67	117, 44	134, 22	151, 00	167, 78	201, 33	1208000
7,000	88, 08	102, 76	117, 44	132, 12	146, 81	176, 17	1057000
6.000	75, 50	88, 08	100, 67	113, 25	125, 83	151, 00	906000
5,000	62, 92	73, 40	83, 89	94, 37	104, 86	125, 83	755000
4,000	50, 33	58, 72	67, 11	75, 50	83, 89	100, 67	604000
3,000	37. 75	44, 04	50, 33	56, 62	62, 92	75, 50	453000
2.000	25, 17	29, 36	33, 56	37, 75	41, 94	50, 33	302000
1,000	12, 58	14, 68	16, 78	18, 87	20, 97	25, 17	151000
900	11, 32	13, 21	15, 10	16, 99	18, 87	22, 65	135900
800	10, 07	11, 74	13, 42	15, 10	16, 78	20, 13	120800
700	8, 81	10, 28	11. 74	13, 21	14, 68	17, 62	105700
600	7, 55	8, 81	10, 07	11, 32	12, 58	15, 10	90600
500	6, 29	7, 34	8, 39	9, 44	10. 49	12, 58	75500
400	5, 03	5. 87	6, 71	7, 55	8, 39	10, 07	60400
300	3, 77	4, 40	5, 03	5, 66	6, 29	7, 55	45300
200	2, 52	2, 94	3, 36	3, 77	4, 19	5, 03	30200
100	1, 26	1, 47	1, 68	1, 89	2, 10	2, 52	15100
90	1, 13	1, 32	1, 51	1, 70	1, 89	2, 26	13590
80	1, 01	1, 17	1, 34	1, 51	1, 68	2, 01	12080
70	0, 88	1, 03	1, 17	1, 32	1, 47	1, 76	10570
60	0, 75	0, 88	1, 01	1, 13	1, 26	1, 51	9060
50	0, 63	0, 73	0, 84	0, 94	1, 05	1, 26	7550
40	0, 50	0, 59	0, 67	0, 75	0, 84	1, 01	6040
30	0, 38	0, 44	0, 50	0, 57	0, 63	0, 75	4530
20	0, 25	0, 29	0, 34	0, 38	0, 42	0, 50	3020
10	0, 13	0, 15	0, 17	0, 19	0, 21	0, 25	1510
9	0, 11	0, 13	0, 15	0, 17	0, 19	0, 23	1359
8	0, 10	0, 12	0, 13	0, 15	0, 17	0, 20	1208
7	0, 09	0, 10	0, 12	0, 13	0, 15	0, 18	1057
6	0, 08	0, 09	0, 10	0, 11	0, 13	0, 15	906
5	0, 06	0, 07	0, 08	0, 09	0, 10	0, 13	755
4	0, 05	0, 06	0, 07	0, 08	0, 08	0, 10	604
3	0, 04	0, 04	0, 05	0, 06	0, 06	0, 08	453
2	0, 02	0, 03	0, 03	0 04	0, 04	0, 05	302
1	0. 01	0, 01	0, 02	0, 02	0, 02	0, 03	151

COLONNE DES CAPITAUX	INTERÊTS POUR 152 JOURS (ou pour 5 mois et 2 jours.)						NOMBRES PRODUITS des CAPITAUX multipliés par 152 Jours.
	à 3 %	à 3 ½	à 4 %	à 4 ½	à 5 %	à 6 %	
fr.	fr. c.	fr. c.	fr. c.	fr. c.	fr. c.	fr. c.	
50,000	633, 33	738, 89	844, 44	950, 00	1055, 56	1266, 67	7600000
40,000	506, 67	591, 11	675, 56	760, 00	844, 44	1013, 33	6080000
30,000	380, 00	443, 33	506, 67	570, 00	633, 33	760, 00	4560000
20,000	253, 33	295, 56	337, 78	380, 00	422, 22	506, 67	3040000
10,000	126, 67	147, 78	168, 89	190, 00	211, 11	253, 33	1520000
9,000	114, 00	133, 00	152, 00	171, 00	190, 00	228, 00	1368000
8,000	101, 33	118, 22	135, 11	152, 00	168, 89	202, 67	1216000
7,000	88, 67	103, 44	118, 22	133, 00	147, 78	177, 33	1064000
6,000	76, 00	88, 67	101, 33	114, 00	126, 67	152, 00	912000
5,000	63, 33	73, 89	84, 44	95, 00	105, 56	126, 67	760000
4,000	50, 67	59, 11	67, 56	76, 00	84, 44	101, 33	608000
3,000	38, 00	44, 33	50, 67	57, 00	63, 33	76, 00	456000
2,000	25, 33	29, 56	33, 78	38, 00	42, 22	50, 67	304000
1,000	12, 67	14, 78	16, 89	19, 00	21, 11	25, 33	152000
900	11, 40	13, 30	15, 20	17, 10	19, 00	22, 80	136800
800	10, 13	11, 82	13, 51	15, 20	16, 89	20, 27	121600
700	8, 87	10, 34	11, 82	13, 30	14, 78	17, 73	106400
600	7, 60	8, 87	10, 13	11, 40	12, 67	15, 20	91200
500	6, 33	7, 39	8, 44	9, 50	10, 56	12, 67	76000
400	5, 07	5, 91	6, 76	7, 60	8, 44	10, 13	60800
300	3, 80	4, 43	5, 07	5, 70	6, 33	7, 60	45600
200	2, 53	2, 96	3, 38	3, 80	4, 22	5, 07	30400
100	1, 27	1, 48	1, 69	1, 90	2, 11	2, 53	15200
90	1, 14	1, 33	1, 52	1, 71	1, 90	2, 28	1368
80	1, 01	1, 18	1, 35	1, 52	1, 69	2, 03	1216
70	0, 89	1, 03	1, 18	1, 33	1, 48	1, 77	1064
60	0, 76	0, 89	1, 01	1, 14	1, 27	1, 52	912
50	0, 63	0, 74	0, 84	0, 95	1, 06	1, 27	760
40	0, 51	0, 59	0, 68	0, 76	0, 84	1, 01	608
30	0, 38	0, 44	0, 51	0, 57	0, 63	0, 76	456
20	0, 25	0, 30	0, 34	0, 38	0, 42	0, 51	304
10	0, 13	0, 15	0, 17	0, 19	0, 21	0, 25	152
9	0, 11	0, 13	0, 15	0, 17	0, 19	0, 23	1368
8	0, 10	0, 12	0, 14	0, 15	0, 17	0, 20	1216
7	0, 09	0, 10	0, 12	0, 13	0, 15	0, 18	1064
6	0, 08	0, 09	0, 10	0, 11	0, 13	0, 15	912
5	0, 06	0, 07	0, 08	0, 09	0, 11	0, 13	760
4	0, 05	0, 06	0, 07	0, 08	0, 08	0, 10	608
3	0, 04	0, 04	0, 05	0, 06	0, 06	0, 08	456
2	0, 03	0, 03	0, 03	0, 04	0, 04	0, 05	304
1	0, 01	0, 01	0, 02	0, 02	0, 02	0, 03	152

COLONNE DES CAPITAUX	INTÉRÊTS POUR 153 JOURS (ou pour 5 mois et 3 jours.)						NOMBRES PRODUITS des CAPITAUX multipliés par 153 Jours.
	à 3 %	à 3 ½	à 4 %	à 4 ½	à 5 %	à 6 %	
fr.	fr. c.	fr. c.	fr. c.	fr. c.	fr. c.	fr. c.	
50,000	637, 50	743, 75	850, 00	956, 25	1062, 50	1275, 00	7650000
40,000	510, 00	595, 00	680, 00	765, 00	850, 00	1020, 00	6120000
30,000	382, 50	446, 25	510, 00	573, 75	637, 50	765, 00	4590000
20,000	255, 00	297, 50	340, 00	382, 50	425, 00	510, 00	3060000
10,000	127, 50	148, 75	170, 00	191, 25	212, 50	255, 00	1530000
9,000	114, 75	133, 87	153, 00	172, 12	191, 25	229, 50	1377000
8,000	102, 00	119, 00	136, 00	153, 00	170, 00	204, 00	1224000
7,000	89, 25	104, 12	119, 00	133, 87	148, 75	178, 50	1071000
6,000	76, 50	89, 25	102, 00	114, 75	127, 50	153, 00	918000
5,000	63, 75	74, 37	85, 00	95, 62	106, 25	127, 50	765000
4,000	51, 00	59, 50	68, 00	76, 50	85, 00	102, 00	612000
3,000	38, 25	44, 62	51, 00	57, 37	63, 75	76, 50	459000
2,000	25, 50	29, 75	34, 00	38, 25	42, 50	51, 00	306000
1,000	12, 75	14, 87	17, 00	19, 12	21, 25	25, 50	153000
900	11, 47	13, 39	15, 30	17, 21	19, 12	22, 95	137700
800	10, 20	11, 90	13, 60	15, 30	17, 00	20, 40	122400
700	8, 92	10, 41	11, 90	13, 39	14, 87	17, 85	107100
600	7, 65	8, 92	10, 20	11, 47	12, 75	15, 30	91800
500	6, 37	7, 44	8, 50	9, 56	10, 62	12, 75	76500
400	5, 10	5, 95	6, 80	7, 65	8, 50	10, 20	61200
300	3, 82	4, 46	5, 10	5, 74	6, 37	7, 65	45900
200	2, 55	2, 97	3, 40	3, 82	4, 25	5, 10	30600
100	1, 27	1, 49	1, 70	1, 91	2, 12	2, 55	15300
90	1, 15	1, 34	1, 53	1, 72	1, 91	2, 29	13770
80	1, 02	1, 19	1, 36	1, 53	1, 70	2, 04	12240
70	0, 89	1, 04	1, 19	1, 34	1, 49	1, 78	10710
60	0, 76	0, 89	1, 02	1, 15	1, 27	1, 53	9180
50	0, 64	0, 74	0, 85	0, 96	1, 06	1, 27	7650
40	0, 51	0, 59	0, 68	0, 76	0, 85	1, 02	6120
30	0, 38	0, 45	0, 51	0, 57	0, 64	0, 76	4590
20	0, 25	0, 30	0, 34	0, 38	0, 42	0, 51	3060
10	0, 13	0, 15	0, 17	0, 19	0, 21	0, 25	1530
9	0, 11	0, 13	0, 15	0, 17	0, 19	0, 23	1377
8	0, 10	0, 12	0, 14	0, 15	0, 17	0, 20	1224
7	0, 09	0, 10	0, 12	0, 13	0, 15	0, 18	1071
6	0, 08	0, 09	0, 10	0, 11	0, 13	0, 15	918
5	0, 06	0, 07	0, 08	0, 10	0, 11	0, 13	765
4	0, 05	0, 06	0, 07	0, 08	0, 08	0, 10	612
3	0, 04	0, 04	0, 05	0, 06	0, 06	0, 08	459
2	0, 03	0, 03	0, 03	0, 04	0, 04	0, 05	306
1	0, 01	0, 01	0, 02	0, 02	0, 02	0, 03	153

COLONNE DES CAPITAUX	INTÉRÊTS POUR 154 JOURS (ou pour 5 mois et 4 jours.)						NOMBRES PRODUITS des CAPITAUX multipliés par 154 Jours.
	à 3 %	à 3 ½	à 4 %	à 4 ½	à 5 %	à 6 %	
fr.	fr. c.	fr. c.	fr. c.	fr. c.	fr. c.	fr. c.	
50,000	641, 67	748, 61	855, 56	962, 50	1069, 44	1283, 33	7700000
40,000	513, 33	598, 89	684, 44	770, 00	855, 56	1026, 67	6160000
30,000	385, 00	449, 17	513, 33	577, 50	641, 67	770, 00	4620000
20,000	256, 67	299, 44	342, 22	385, 00	427, 78	513, 33	3080000
10,000	128, 33	149, 72	171, 11	192, 50	213, 89	256, 67	1540000
9,000	115, 50	134, 75	154, 00	173, 25	192, 50	231, 00	1386000
8,000	102, 67	119, 78	136, 89	154, 00	171, 11	205, 33	1232000
7,000	89, 83	104, 81	119, 78	134, 75	149, 72	179, 67	1078000
6,000	77, 00	89, 83	102, 67	115, 50	128, 33	154, 00	924000
5,000	64, 17	74, 86	85, 56	96, 25	106, 94	128, 33	770000
4,000	51, 33	59, 89	68, 44	77, 00	85, 56	102, 67	616000
3,000	38, 50	44, 92	51, 33	57, 75	64, 17	77, 00	462000
2,000	25, 67	29, 94	34, 22	38, 50	42, 78	51, 33	308000
1,000	12, 83	14, 97	17, 11	19, 25	21, 39	25, 67	154000
900	11, 55	13, 47	15, 40	17, 32	19, 25	23, 10	138600
800	10, 27	11, 98	13, 69	15, 40	17, 11	20, 53	123200
700	8, 98	10, 48	11, 98	13, 47	14, 97	17, 97	107800
600	7, 70	8, 98	10, 27	11, 55	12, 83	15, 40	92400
500	6, 42	7, 49	8, 56	9, 62	10, 69	12, 83	77000
400	5, 13	5, 99	6, 84	7, 70	8, 56	10, 27	61600
300	3, 85	4, 49	5, 13	5, 77	6, 42	7, 70	46200
200	2, 57	2, 99	3, 42	3, 85	4, 28	5, 13	30800
100	1, 28	1, 50	1, 71	1, 92	2, 14	2, 57	15400
90	1, 15	1, 35	1, 54	1, 73	1, 92	2, 31	13860
80	1, 03	1, 20	1, 37	1, 54	1, 71	2, 05	12320
70	0, 90	1, 05	1, 20	1, 35	1, 50	1, 80	10780
60	0, 77	0, 90	1, 03	1, 15	1, 28	1, 54	9240
50	0, 64	0, 75	0, 86	0, 96	1, 07	1, 28	7700
40	0, 51	0, 60	0, 68	0, 77	0, 86	1, 03	6160
30	0, 38	0, 45	0, 51	0, 58	0, 64	0, 77	4620
20	0, 26	0, 30	0, 34	0, 38	0, 43	0, 51	3080
10	0, 13	0, 15	0, 17	0, 19	0, 21	0, 26	1540
9	0, 12	0, 13	0, 15	0, 17	0, 19	0, 23	1386
8	0, 10	0, 12	0, 14	0, 15	0, 17	0, 21	1232
7	0, 09	0, 10	0, 12	0, 13	0, 15	0, 18	1078
6	0, 08	0, 09	0, 10	0, 12	0, 13	0, 15	924
5	0, 06	0, 07	0, 09	0, 10	0, 11	0, 13	770
4	0, 05	0, 06	0, 07	0, 08	0, 09	0, 10	616
3	0, 04	0, 04	0, 05	0, 06	0, 06	0, 08	462
2	0, 03	0, 03	0, 03	0, 04	0, 04	0, 05	308
1	0, 01	0, 01	0, 02	0, 02	0, 02	0, 03	154

COLONNE DES CAPITAUX	INTÉRÊTS POUR 155 JOURS (ou pour 5 mois et 5 jours.)						NOMBRES PRODUITS des CAPITAUX multipliés par 155 Jours.
	à 3 %	à 3 ½	à 4 %	à 4 ½	à 5 %	à 6 %	
fr.	fr. c.	fr. c.	fr. c.	fr. c.	fr. c.	fr. c.	
50,000	645, 83	753, 47	861, 11	968, 75	1076, 39	1291, 67	7750000
40,000	516, 67	602, 78	688, 89	775, 00	861, 11	1033, 33	6200000
30,000	387, 50	452, 08	516, 67	581, 25	645, 83	775, 00	4650000
20,000	258, 33	301, 39	344, 44	387, 50	430, 56	516, 67	3100000
10,000	129, 17	150, 69	172, 22	193, 75	215, 28	258, 33	1550000
9,000	116, 25	135, 62	155, 00	174, 37	193, 75	232, 50	1395000
8,000	103, 33	120, 56	137, 78	155, 00	172, 22	206, 67	1240000
7,000	90, 42	105, 49	120, 56	135, 62	150, 69	180, 83	1085000
6,000	77, 50	90, 42	103, 33	116, 25	129, 17	155, 00	930000
5,000	64, 58	75, 35	86, 11	96, 87	107, 64	129, 17	775000
4,000	51, 67	60, 28	68, 89	77, 50	86, 11	103, 33	620000
3,000	38, 75	45, 21	51, 67	58, 12	64, 58	77, 50	465000
2,000	25, 83	30, 14	34, 44	38, 75	43, 06	51, 67	310000
1,000	12, 92	15, 07	17, 22	19, 37	21, 53	25, 83	155000
900	11, 62	13, 56	15, 50	17, 44	19, 37	23, 25	139500
800	10, 33	12, 06	13, 78	15, 50	17, 22	20, 67	124000
700	9, 04	10, 55	12, 06	13, 56	15, 07	18, 08	108500
600	7, 75	9, 04	10, 33	11, 62	12, 92	15, 50	93000
500	6, 46	7, 53	8, 61	9, 69	10, 76	12, 92	77500
400	5, 17	6, 03	6, 89	7, 75	8, 61	10, 33	62000
300	3, 87	4, 52	5, 17	5, 81	6, 46	7, 75	46500
200	2, 58	3, 01	3, 44	3, 87	4, 31	5, 17	31000
100	1, 29	1, 51	1, 72	1, 94	2, 15	2, 58	15500
90	1, 16	1, 36	1, 55	1, 74	1, 94	2, 32	13950
80	1, 03	1, 21	1, 38	1, 55	1, 72	2, 07	12400
70	0, 90	1, 05	1, 21	1, 36	1, 51	1, 81	10850
60	0, 77	0, 90	1, 03	1, 16	1, 29	1, 55	9300
50	0, 65	0, 75	0, 86	0, 97	1, 08	1, 29	7750
40	0, 52	0, 60	0, 69	0, 77	0, 86	1, 03	6200
30	0, 39	0, 45	0, 52	0, 58	0, 65	0, 77	4650
20	0, 26	0, 30	0, 34	0, 39	0, 43	0, 52	3100
10	0, 13	0 15	0, 17	0, 19	0, 22	0, 26	1550
9	0, 12	0, 14	0, 15	0, 17	0, 19	0, 23	1395
8	0, 10	0, 12	0, 14	0, 15	0, 17	0, 21	1240
7	0, 09	0, 11	0, 12	0, 14	0, 15	0, 18	1085
6	0, 08	0, 09	0, 10	0, 12	0, 13	0, 15	930
5	0, 06	0, 08	0, 09	0, 10	0, 11	0, 13	775
4	0, 05	0, 06	0, 07	0, 08	0, 09	0, 10	620
3	0, 04	0, 05	0, 05	0, 06	0, 06	0, 08	465
2	0, 03	0, 03	0, 03	0, 04	0, 04	0, 05	310
1	0, 01	0, 02	0, 02	0, 02	0, 02	0, 03	155

COLONNE DES CAPITAUX	INTERETS POUR 156 JOURS (ou pour 5 mois et 6 jours.)						NOMBRES PRODUITS des CAPITAUX multipliés par 156 Jours.
	à 3 %	à 3 ½	à 4 %	à 4 ½	à 5 %	à 6 %	
fr.	fr. c.	fr. c.	fr. c.	fr. c.	fr. c.	fr. c.	
50,000	650, 00	758, 33	866, 67	975, 00	1083, 33	1300, 00	7800000
40,000	520, 00	606, 67	693, 33	780, 00	866, 67	1040, 00	6240000
30,000	390, 00	455, 00	520, 00	585, 00	650, 00	780, 00	4680000
20,000	260, 00	303, 33	346, 67	390, 00	433, 33	520, 00	3120000
10,000	130, 00	151, 67	173, 33	195, 00	216, 67	260, 00	1560000
9,000	117, 00	136, 50	156, 00	175, 50	195, 00	234, 00	1404000
8,000	104, 00	121, 33	138, 67	156, 00	173, 33	208, 00	1248000
7,000	91, 00	106, 17	121, 33	136, 50	151, 67	182, 00	1092000
6,000	78, 00	91, 00	104, 00	117, 00	130, 00	156, 00	936000
5,000	65, 00	75, 83	86, 67	97, 50	108, 33	130, 00	780000
4,000	52, 00	60, 67	69, 33	78, 00	86, 67	104, 00	624000
3,000	39, 00	45, 50	52, 00	58, 50	65, 00	78, 00	468000
2,000	26, 00	30, 33	34, 67	39, 00	43, 33	52, 00	312000
1,000	13, 00	15, 17	17, 33	19, 50	21, 67	26, 00	156000
900	11, 70	13, 65	15, 60	17, 55	19, 50	23, 40	140400
800	10, 40	12, 13	13, 87	15, 60	17, 33	20, 80	124800
700	9, 10	10, 62	12, 13	13, 65	15, 17	18, 20	109200
600	7, 80	9, 10	10, 40	11, 70	13, 00	15, 60	93600
500	6, 50	7, 58	8, 67	9, 75	10, 83	13, 00	78000
400	5, 20	6, 07	6, 93	7, 80	8, 67	10, 40	62400
300	3, 90	4, 55	5, 20	5, 85	6, 50	7, 80	46800
200	2, 60	3, 03	3, 47	3, 90	4, 33	5, 20	31200
100	1, 30	1, 52	1, 73	1, 95	2, 17	2, 60	15600
90	1, 17	1, 36	1, 56	1, 75	1, 95	2, 34	14040
80	1, 04	1, 21	1, 39	1, 56	1, 73	2, 08	12480
70	0, 91	1, 06	1, 21	1, 36	1, 52	1, 82	10920
60	0, 78	0, 91	1, 04	1, 17	1, 30	1, 56	9360
50	0, 65	0, 76	0, 87	0, 97	1, 08	1, 30	7800
40	0, 52	0, 61	0, 69	0, 78	0, 87	1, 04	6240
30	0, 39	0, 45	0, 52	0, 58	0, 65	0, 78	4680
20	0, 26	0, 30	0, 35	0, 39	0, 43	0, 52	3120
10	0, 13	0, 15	0, 17	0, 19	0, 22	0, 26	1560
9	0, 12	0, 14	0, 16	0, 18	0, 19	0, 23	1404
8	0, 10	0, 12	0, 14	0, 16	0, 17	0, 21	1248
7	0, 09	0, 11	0, 12	0, 14	0, 15	0, 18	1092
6	0, 08	0, 09	0, 10	0, 12	0, 13	0, 16	936
5	0, 06	0, 08	0, 09	0, 10	0, 11	0, 13	780
4	0, 05	0, 06	0, 07	0, 08	0, 09	0, 10	624
3	0, 04	0, 05	0, 05	0, 06	0, 06	0, 08	468
2	0, 03	0, 03	0, 03	0, 04	0, 04	0, 05	312
1	0, 01	0, 02	0, 03	0, 02	0, 02	0, 03	156

COLONNE DES CAPITAUX	INTÉRÊTS POUR 157 JOURS (ou pour 5 mois et 7 jours.)						NOMBRES PRODUITS des CAPITAUX multipliés par 157 Jours.
	à 3 %	à 3 ½	à 4 %	à 4 ½	à 5 %	à 6 %	
fr.	fr. c.	fr. c.	fr. c.	fr. c.	fr. c.	fr. c.	
50,000	654, 17	763, 19	872, 22	981, 25	1090, 28	1308, 33	7850000
40,000	523, 33	610, 56	697, 78	785, 00	872, 22	1046, 67	6280000
30,000	392, 50	457, 92	523, 33	588, 75	654, 17	785, 00	4710000
20,000	261, 67	305, 28	348, 89	392, 50	436, 11	523, 33	3140000
10,000	130, 83	152, 64	174, 44	196, 25	218, 06	261, 67	1570000
9,000	117, 75	137, 37	157, 00	176, 62	196, 25	235, 50	1413000
8,000	104, 67	122, 11	139, 56	157, 00	174, 44	209, 33	1256000
7,000	91, 58	106, 85	122, 11	137, 37	152, 64	183, 17	1099000
6,000	78, 50	91, 58	104, 67	117, 75	130, 83	157, 00	942000
5,000	65, 42	76, 32	87, 22	98, 12	109, 03	130, 83	785000
4,000	52, 33	61, 06	69, 78	78, 50	87, 22	104, 67	628000
3,000	39, 25	45, 79	52, 33	58, 87	65, 42	78, 50	471000
2,000	26, 17	30, 53	34, 89	39, 25	43, 61	52, 33	314000
1,000	13, 08	15, 26	17, 44	19, 62	21, 81	26, 17	157000
900	11, 77	13, 74	15, 70	17, 66	19, 62	23, 55	141300
800	10, 47	12, 21	13, 96	15, 70	17, 44	20, 93	125600
700	9, 16	10, 68	12, 21	13, 74	15, 26	18, 32	109900
600	7, 85	9, 16	10, 47	11, 77	13, 08	15, 70	94200
500	6, 54	7, 63	8, 72	9, 81	10. 90	13, 08	78500
400	5, 23	6, 11	6, 98	7, 85	8, 72	10, 47	62800
300	3, 92	4, 58	5, 23	5, 89	6, 54	7, 85	47100
200	2, 62	3, 05	3, 49	3, 92	4, 36	5, 23	31400
100	1, 31	1, 53	1, 74	1, 96	2, 18	2, 62	15700
90	1, 18	1, 37	1, 57	1, 77	1, 96	2, 35	14130
80	1, 05	1, 22	1, 40	1, 57	1, 74	2, 09	12560
70	0, 92	1, 07	1, 22	1, 37	1, 53	1, 83	10990
60	0, 78	0, 92	1, 05	1, 18	1, 31	1, 57	9420
50	0, 65	0, 76	0, 87	0, 98	1, 09	1, 31	7850
40	0, 52	0, 61	0, 70	0, 78	0, 87	1, 05	6280
30	0, 39	0, 46	0, 52	0, 59	0, 65	0, 78	4710
20	0, 26	0, 31	0, 35	0, 39	0, 44	0, 52	3140
10	0, 13	0, 15	0, 17	0, 20	0, 22	0, 26	1570
9	0, 12	0, 14	0, 16	0, 18	0, 20	0, 24	1413
8	0, 10	0, 12	0, 14	0, 16	0, 17	0, 21	1256
7	0, 09	0, 11	0, 12	0, 14	0, 15	0, 18	1099
6	0, 08	0, 09	0, 10	0, 12	0, 13	0, 16	942
5	0, 07	0, 08	0, 09	0, 10	0, 11	0, 13	785
4	0, 05	0, 06	0, 07	0, 08	0, 09	0, 10	628
3	0, 04	0, 05	0, 05	0, 06	0, 07	0, 08	471
2	0, 03	0, 03	0, 03	0 04	0, 04	0, 05	314
1	0. 01	0. 02	0, 02	0, 02	0, 02	0, 03	157

COLONNE DES CAPITAUX	INTERÊTS POUR 158 JOURS (ou pour 5 mois et 8 jours.)						NOMBRES PRODUITS des CAPITAUX multipliés par 158 Jours.
	à 3 %	à 3 ½	à 4 %	à 4 ½	à 5 %	à 6 %	
fr.	fr. c.	fr. c.	fr. c.	fr. c.	fr. c.	fr. c.	
50,000	658, 33	768, 06	877, 78	987, 50	1097, 22	1316, 67	7900000
40,000	526, 67	614, 44	702, 22	790, 00	877, 78	1053, 33	6320000
30,000	395, 00	460, 83	526, 67	592, 50	658, 33	790, 00	4740000
20,000	263, 33	307, 22	351, 11	395, 00	438, 89	526, 67	3160000
10,000	131, 67	153, 61	175, 56	197, 50	219, 44	263, 33	1580000
9,000	118, 50	138, 25	158, 00	177, 75	197, 50	237, 00	1422000
8,000	105, 33	122, 89	140, 44	158, 00	175, 56	210, 67	1264000
7,000	92, 17	107, 53	122, 89	138, 25	153, 61	184, 33	1106000
6,000	79, 00	92, 17	105, 33	118, 50	131, 67	158, 00	948000
5,000	65, 83	76, 81	87, 78	98, 75	109, 72	131, 67	790000
4,000	52, 67	61, 44	70, 22	79, 00	87, 78	105, 33	632000
3,000	39, 50	46, 08	52, 67	59, 25	65, 83	79, 00	474000
2,000	26, 33	30, 72	35, 11	39, 50	43, 89	52, 67	316000
1,000	13, 17	15, 36	17, 56	19, 75	21, 94	26, 33	158000
900	11, 85	13, 82	15, 80	17, 77	19, 75	23, 70	142200
800	10, 53	12, 29	14, 04	15, 80	17, 56	21, 07	126400
700	9, 22	10, 75	12, 29	13, 82	15, 36	18, 43	110600
600	7, 90	9, 22	10, 53	11, 85	13, 17	15, 80	94800
500	6, 58	7, 68	8, 78	9, 87	10, 97	13, 17	79000
400	5, 27	6, 14	7, 02	7, 90	8, 78	10, 53	63200
300	3, 95	4, 61	5, 27	5, 92	6, 58	7, 90	47400
200	2, 63	3, 07	3, 51	3, 95	4, 39	5, 27	31600
100	1, 32	1, 54	1, 76	1, 97	2, 19	2, 63	15800
90	1, 18	1, 38	1, 58	1, 78	1, 97	2, 37	14220
80	1, 05	1, 23	1, 40	1, 58	1, 76	2, 11	12640
70	0, 92	1, 08	1, 23	1, 38	1, 54	1, 84	11060
60	0, 79	0, 92	1, 05	1, 18	1, 32	1, 58	9480
50	0, 66	0, 77	0, 88	0, 99	1, 10	1, 32	7900
40	0, 53	0, 61	0, 70	0, 79	0, 88	1, 05	6320
30	0, 39	0, 46	0, 53	0, 59	0, 66	0, 79	4740
20	0, 26	0, 31	0, 35	0, 39	0, 44	0, 53	3160
10	0, 13	0, 15	0, 18	0, 20	0, 22	0, 26	1580
9	0, 12	0, 14	0, 16	0, 18	0, 20	0, 24	1422
8	0, 11	0, 12	0, 14	0, 16	0, 18	0, 21	1264
7	0, 09	0, 11	0, 12	0, 14	0, 15	0, 18	1106
6	0, 08	0, 09	0, 11	0, 12	0, 13	0, 16	948
5	0, 07	0, 08	0, 09	0, 10	0, 11	0, 13	790
4	0, 05	0, 06	0, 07	0, 08	0, 09	0, 11	632
3	0, 04	0, 05	0, 05	0, 06	0, 07	0, 08	474
2	0, 03	0, 03	0, 04	0, 04	0, 04	0, 05	316
1	0, 01	0, 02	0, 02	0, 02	0, 02	0, 03	158

COLONNE DES CAPITAUX	INTÉRÊTS POUR 159 JOURS (ou pour 5 mois et 9 jours.)						NOMBRES PRODUITS des CAPITAUX multipliés par 159 Jours.
	à 3 %	à 3 ½	à 4 %	à 4 ½	à 5 %	à 6 %	
fr.	fr. c.	fr. c.	fr. c.	fr. c.	fr. c.	fr. c.	
50,000	662, 50	772, 92	883, 33	993, 75	1104, 17	1325, 00	7950000
40,000	530, 00	618, 33	706, 67	795, 00	883, 33	1060, 00	6360000
30,000	397, 50	463, 75	530, 00	596, 25	662, 50	795, 00	4770000
20,000	265, 00	309, 17	353, 33	397, 50	441, 67	530, 00	3180000
10,000	132, 50	154, 58	176, 67	198, 75	220, 83	265, 00	1590000
9,000	119, 25	139, 12	159, 00	178, 87	198, 75	238, 50	1431000
8,000	106, 00	123, 67	141, 33	159, 00	176, 67	212. 00	1272000
7,000	92, 75	108, 21	123, 67	139, 12	154, 58	185, 50	1113000
6,000	79, 50	92, 75	106, 00	119, 25	132, 50	159. 00	954000
5,000	66, 25	77, 29	88, 33	99, 37	110, 42	132. 50	795000
4,000	53, 00	61, 83	70, 67	79, 50	88. 33	106, 00	636000
3,000	39, 75	46, 37	53, 00	59, 62	66. 25	79, 50	477000
2,000	26, 50	30, 92	35, 33	39. 75	44, 17	53, 00	318000
1,000	13, 25	15, 46	17, 67	19, 87	22, 08	26, 50	159000
900	11, 92	13, 91	15, 90	17, 89	19, 87	23, 85	143100
800	10, 60	12, 37	14, 13	15, 90	17, 67	21, 20	127200
700	9, 27	10, 82	12, 37	13, 91	15, 46	18, 55	111300
600	7. 95	9, 27	10, 60	11, 92	13, 25	15, 90	95400
500	6, 62	7, 73	8, 83	9, 94	11, 04	13, 25	79500
400	5, 30	6, 18	7, 07	7, 95	8, 83	10, 60	63600
300	3, 97	4, 64	5, 30	5, 96	6, 62	7, 95	47700
200	2, 65	3, 09	3, 53	3, 97	4, 42	5, 30	31800
100	1, 32	1, 55	1, 77	1, 99	2, 21	2, 65	15900
90	1, 19	1, 39	1, 59	1, 79	1, 99	2, 38	14310
80	1, 06	1, 24	1, 41	1, 59	1, 77	2, 12	12720
70	0, 93	1, 08	1, 24	1, 39	1, 55	1, 85	11130
60	0, 79	0, 93	1, 06	1, 19	1, 32	1, 59	9540
50	0, 66	0, 77	0, 88	0, 99	1, 10	1, 32	7950
40	0, 53	0, 62	0, 71	0, 79	0, 88	1, 06	6360
30	0, 40	0, 46	0, 53	0, 60	0, 66	0, 79	4770
20	0, 26	0, 31	0, 35	0, 40	0, 44	0, 53	3180
10	0, 13	0, 15	0, 18	0, 20	0, 22	0, 26	1590
9	0, 12	0, 14	0, 16	0, 18	0, 20	0, 24	1431
8	0, 11	0, 12	0, 14	0, 16	0, 18	0, 21	1272
7	0, 09	0, 11	0, 12	0, 14	0, 15	0, 19	1113
6	0, 08	0, 09	0, 11	0, 12	0, 13	0, 16	954
5	0, 07	0, 08	0, 09	0, 10	0, 11	0, 13	795
4	0, 05	0, 06	0, 07	0, 08	0, 09	0, 11	636
3	0, 04	0, 05	0, 05	0, 06	0, 07	0, 08	477
2	0, 03	0, 03	0, 04	0, 04	0, 04	0, 05	318
1	0, 01	0, 02	0, 02	0, 02	0, 02	0, 03	159

COLONNE DES CAPITAUX	INTÉRÊTS POUR 160 JOURS (ou pour 5 mois et 10 jours.)						NOMBRES PRODUITS des CAPITAUX multipliés par 160 Jours.
	à 3 %	à 3 ½	à 4 %	à 4 ½	à 5 %	à 6 %	
fr.	fr. c.	fr. c.	fr. c.	fr. c.	fr. c.	fr. c.	
50,000	666, 67	777, 78	888, 89	1000, 00	1111, 11	1333, 33	8000000
40,000	533, 33	622, 22	711, 11	800, 00	888, 89	1066, 67	6400000
30,000	400, 00	466, 67	533, 33	600, 00	666, 67	800, 00	4800000
20,000	266, 67	311, 11	355, 56	400, 00	444, 44	533, 33	3200000
10,000	133, 33	155, 56	177, 78	200, 00	222, 22	266, 67	1600000
9,000	120, 00	140, 00	160, 00	180, 00	200, 00	240, 00	1440000
8,000	106, 67	124, 44	142, 22	160, 00	177, 78	213, 33	1280000
7,000	93, 33	108, 89	124, 44	140, 00	155, 56	186, 67	1120000
6,000	80, 00	93, 33	106, 67	120, 00	133, 33	160, 00	960000
5,000	66, 67	77, 78	88, 89	100, 00	111, 11	133, 33	800000
4,000	53, 33	62, 22	71, 11	80, 00	88, 89	106, 67	640000
3,000	40, 00	46, 67	53, 33	60, 00	66, 67	80, 00	480000
2,000	26, 67	31, 11	35, 56	40, 00	44, 44	53, 33	320000
1,000	13, 33	15, 56	17, 78	20, 00	22, 22	26, 67	160000
900	12, 00	14, 00	16, 00	18, 00	20, 00	24, 00	144000
800	10, 67	12, 44	14, 22	16, 00	17, 78	21, 33	128000
700	9, 33	10, 89	12, 44	14, 00	15, 56	18, 67	112000
600	8, 00	9, 33	10, 67	12, 00	13, 33	16, 00	96000
500	6, 67	7, 78	8, 89	10, 00	11, 11	13, 33	80000
400	5, 33	6, 22	7, 11	8, 00	8, 89	10, 67	64000
300	4, 00	4, 67	5, 33	6, 00	6, 67	8, 00	48000
200	2, 67	3, 11	3, 56	4, 00	4, 44	5, 33	32000
100	1, 33	1, 56	1, 78	2, 00	2, 22	2, 67	16000
90	1, 20	1, 40	1, 60	1, 80	2, 00	2, 40	14400
80	1, 07	1, 24	1, 42	1, 60	1, 78	2, 13	12800
70	0, 93	1, 09	1, 24	1, 40	1, 56	1, 87	11200
60	0, 80	0, 93	1, 07	1, 20	1, 33	1, 60	9600
50	0, 67	0, 78	0, 89	1, 00	1, 11	1, 33	8000
40	0, 53	0, 62	0, 71	0, 80	0, 89	1, 07	6400
30	0, 40	0, 47	0, 53	0, 60	0, 67	0, 80	4800
20	0, 27	0, 31	0, 36	0, 40	0, 44	0, 53	3200
10	0, 13	0, 16	0, 18	0, 20	0, 22	0, 27	1600
9	0, 12	0, 14	0, 16	0, 18	0, 20	0, 24	1440
8	0, 11	0, 12	0, 14	0, 16	0, 18	0, 21	1280
7	0, 09	0, 11	0, 12	0, 14	0, 16	0, 19	1120
6	0, 08	0, 09	0, 11	0, 12	0, 13	0, 16	960
5	0, 07	0, 08	0, 09	0, 10	0, 11	0, 13	800
4	0, 05	0, 06	0, 07	0, 08	0, 09	0, 11	640
3	0, 04	0, 05	0, 05	0, 06	0, 07	0, 08	480
2	0, 03	0, 03	0, 04	0, 04	0, 04	0, 05	320
1	0. 01	0. 02	0, 02	0, 02	0, 02	0, 03	160

COLONNE DES CAPITAUX	INTÉRÊTS POUR 161 JOURS (ou pour 5 mois et 11 jours.)						NOMBRES PRODUITS des CAPITAUX multipliés par 161 Jours.
	à 3 %	à 3 ½	à 4 %	à 4 ½	à 5 %	à 6 %	
fr.	fr. c.	fr. c.	fr. c.	fr. c.	fr. c.	fr. c.	
50,000	670, 83	782, 64	894, 44	1006, 25	1118, 06	1341, 67	8050000
40,000	536, 67	626, 11	715, 56	805, 00	894, 44	1073, 33	6440000
30,000	402, 50	469, 58	536, 67	603, 75	670, 83	805, 00	4830000
20,000	268, 33	313, 06	357, 78	402, 50	447, 22	536, 67	3220000
10,000	134, 17	156, 53	178, 89	201, 25	223, 61	268, 33	1610000
9,000	120, 75	140, 87	161, 00	181, 12	201, 25	241, 50	1449000
8,000	107, 33	125, 22	143, 11	161, 00	178, 89	214, 67	1288000
7,000	93, 92	109, 57	125, 22	140, 87	156, 53	187, 83	1127000
6,000	80, 50	93, 92	107, 33	120, 75	134, 17	161, 00	966000
5,000	67, 08	78, 26	89, 44	100, 62	111, 81	134, 17	805000
4,000	53, 67	62, 61	71, 56	80, 50	89, 44	107, 33	644000
3,000	40, 25	46, 96	53, 67	60, 37	67, 08	80, 50	483000
2,000	26, 83	31, 31	35, 78	40, 25	44, 72	53, 67	322000
1,000	13, 42	15, 65	17, 89	20, 12	22, 36	26, 83	161000
900	12, 07	14, 09	16, 10	18, 11	20, 12	24, 15	144900
800	10, 73	12, 52	14, 31	16, 10	17, 89	21, 47	128800
700	9, 39	10, 96	12, 52	14, 09	15, 65	18, 78	112700
600	8, 05	9, 39	10, 73	12, 07	13, 42	16, 10	96600
500	6, 71	7, 83	8, 94	10, 06	11, 18	13, 42	80500
400	5, 37	6, 26	7, 16	8, 05	8, 94	10, 73	64400
300	4, 02	4, 70	5, 37	6, 04	6, 71	8, 05	48300
200	2, 68	3, 13	3, 58	4, 02	4, 47	5, 37	32200
100	1, 34	1, 57	1, 79	2, 01	2, 24	2, 68	16100
90	1, 21	1, 41	1, 61	1, 81	2, 01	2, 41	14490
80	1, 07	1, 25	1, 43	1, 61	1, 79	2, 15	12880
70	0, 94	1, 10	1, 25	1, 41	1, 57	1, 88	11270
60	0, 80	0, 94	1, 07	1, 21	1, 34	1, 61	9660
50	0, 67	0, 78	0, 89	1, 01	1, 12	1, 34	8050
40	0, 54	0, 63	0, 72	0, 80	0, 89	1, 07	6440
30	0, 40	0, 47	0, 54	0, 60	0, 67	0, 80	4830
20	0, 27	0, 31	0, 36	0, 40	0, 45	0, 54	3220
10	0, 13	0 16	0, 18	0, 20	0, 22	0, 27	1610
9	0, 12	0, 14	0, 16	0, 18	0, 20	0, 24	1449
8	0, 11	0, 13	0, 14	0, 16	0, 18	0, 21	1288
7	0, 09	0, 11	0, 13	0, 14	0, 16	0, 19	1127
6	0, 08	0, 09	0, 11	0, 12	0, 13	0, 16	966
5	0, 07	0, 08	0, 09	0, 10	0, 11	0, 13	805
4	0, 05	0, 06	0, 07	0, 08	0, 09	0, 11	644
3	0, 04	0, 05	0, 05	0, 06	0, 07	0, 08	483
2	0, 03	0, 03	0, 04	0, 04	0, 04	0, 05	322
1	0. 01	0. 02	0. 02	0. 02	0. 02	0, 03	161

14.

COLONNE DES CAPITAUX	INTERETS POUR 162 JOURS (ou pour 5 mois et 12 jours.)						NOMBRES PORDUITS des CAPITAUX multipliés par 162 Jours.
	à 3 %	à 3 ½	à 4 %	à 4 ½	à 5 %	à 6 %	
fr.	fr. c.	fr. c.	fr. c.	fr. c.	fr. c.	fr. c.	
50,000	675, 00	787, 50	900, 00	1012, 50	1125, 00	1350, 00	8100000
40,000	540, 00	630, 00	720, 00	810, 00	900, 00	1080, 00	6480000
30,000	405, 00	472, 50	540, 00	607, 50	675, 00	810, 00	4860000
20,000	270, 00	315, 00	360, 00	405, 00	450, 00	540, 00	3240000
10,000	135, 00	157, 50	180, 00	202, 50	225, 00	270, 00	1620000
9,000	121, 50	141, 75	162, 00	182, 25	202, 50	243, 00	1458000
8,000	108, 00	126, 00	144, 00	162, 00	180, 00	216, 00	1296000
7,000	94, 50	110, 25	126, 00	141, 75	157, 50	189, 00	1134000
6,000	81, 00	94, 50	108, 00	121, 50	135, 00	162, 00	972000
5,000	67, 50	78, 75	90, 00	101, 25	112, 50	135, 00	810000
4,000	54, 00	63, 00	72, 00	81, 00	90, 00	108, 00	648000
3,000	40, 50	47, 25	54, 00	60, 75	67, 50	81, 00	486000
2,000	27, 00	31, 50	36, 00	40, 50	45, 00	54, 00	324000
1,000	13, 50	15, 75	18, 00	20, 25	22, 50	27, 00	162000
900	12, 15	14, 17	16, 20	18, 22	20, 25	24, 30	145800
800	10, 80	12, 60	14, 40	16, 20	18, 00	21, 60	129600
700	9, 45	11, 02	12, 60	14, 17	15, 75	18, 90	113400
600	8, 10	9, 45	10, 80	12, 15	13, 50	16, 20	97200
500	6, 75	7, 87	9, 00	10, 12	11, 25	13, 50	81000
400	5, 40	6, 30	7, 20	8, 10	9, 00	10, 80	64800
300	4, 05	4, 72	5, 40	6, 07	6, 75	8, 10	48600
200	2, 70	3, 15	3, 60	4, 05	4, 50	5, 40	32400
100	1, 35	1, 57	1, 80	2, 02	2, 25	2, 70	16200
90	1, 21	1, 42	1, 62	1, 82	2, 02	2, 43	14580
80	1, 08	1, 26	1, 44	1, 62	1, 80	2, 16	12960
70	0, 94	1, 10	1, 26	1, 42	1, 57	1, 89	11340
60	0, 81	0, 94	1, 08	1, 21	1, 35	1, 62	9720
50	0, 67	0, 79	0, 90	1, 01	1, 12	1, 35	8100
40	0, 54	0, 63	0, 72	0, 81	0, 90	1, 08	6480
30	0, 40	0, 47	0, 54	0, 61	0, 67	0, 81	4860
20	0, 27	0, 31	0, 36	0, 40	0, 45	0, 54	3240
10	0, 13	0, 16	0, 18	0, 20	0, 22	0, 27	1620
9	0, 12	0, 14	0, 16	0, 18	0, 20	0, 24	1458
8	0, 11	0, 13	0, 14	0, 16	0, 18	0, 23	1296
7	0, 09	0, 11	0, 13	0, 14	0, 16	0, 19	1134
6	0, 08	0, 09	0, 11	0, 12	0, 13	0, 16	972
5	0, 07	0, 08	0, 09	0, 10	0, 11	0, 13	810
4	0, 05	0, 06	0. 07	0, 08	0, 09	0, 11	648
3	0, 04	0, 05	0, 05	0, 06	0, 07	0, 08	486
2	0, 03	0, 03	0, 04	0, 04	0, 04	0, 05	324
1	0. 01	0, 02	0, 02	0, 02	0. 02	0, 03	162

COLONNE DES CAPITAUX	INTÉRÊTS POUR 163 JOURS (ou pour 5 mois et 13 jours.)						NOMBRES PRODUITS des CAPITAUX multipliés par 163 Jours.
	à 3 %	à 3 ½	à 4 %	à 4 ½	à 5 %	à 6 %	
fr.	fr. c.	fr. c.	fr. c.	fr. c.	fr. c.	fr. c.	
50,000	679, 17	792, 36	905, 56	1018, 75	1131, 94	1358, 33	8150000
40,000	543, 33	633, 89	724, 44	815, 00	905, 56	1086, 67	6520000
30,000	407, 50	475, 42	543, 33	611, 25	679, 17	815, 00	4890000
20,000	271, 67	316, 94	362, 22	407, 50	452, 78	543, 33	3260000
10,000	135, 83	158, 47	181, 11	203, 75	226, 39	271, 67	1630000
9,000	122, 25	142, 62	163, 00	183, 37	203, 75	244, 50	1467000
8,000	108, 67	126, 78	144, 89	163, 00	181, 11	217, 33	1304000
7,000	95, 08	110, 93	126, 78	142, 62	158, 47	190, 17	1141000
6,000	81, 50	95, 08	108, 67	122, 25	135, 83	163, 00	978000
5,000	67, 92	79, 24	90, 56	101, 87	113, 19	135, 83	815000
4,000	54, 33	63, 39	72, 44	81, 50	90, 56	108, 67	652000
3,000	40, 75	47, 54	54, 33	61, 12	67, 92	81, 50	489000
2,000	27, 17	31, 69	36, 22	40, 75	45, 28	54, 33	326000
1,000	13, 58	15, 85	18, 11	20, 37	22, 64	27, 17	163000
900	12, 22	14, 26	16, 30	18, 34	20, 37	24, 45	146700
800	10, 87	12, 68	14, 49	16, 30	18, 11	21, 73	130400
700	9, 51	11, 09	12, 68	14, 26	15, 85	19, 02	114100
600	8, 15	9, 51	10, 87	12, 22	13, 58	16, 30	97800
500	6, 79	7, 92	9, 06	10, 19	11, 32	13, 58	81500
400	5, 43	6, 34	7, 24	8, 15	9, 06	10, 87	65200
300	4, 07	4, 75	5, 43	6, 11	6, 79	8, 15	48900
200	2, 72	3, 17	3, 62	4, 07	4, 53	5, 43	32600
100	1, 36	1, 58	1, 81	2, 04	2, 26	2, 72	16300
90	1, 22	1, 43	1, 63	1, 83	2, 04	2, 44	14670
80	1, 09	1, 27	1, 45	1, 63	1, 81	2, 17	13040
70	0, 95	1, 11	1, 27	1, 43	1, 58	1, 90	11410
60	0, 81	0, 95	1, 09	1, 22	1, 36	1, 63	9780
50	0, 68	0, 79	0, 91	1, 02	1, 13	1, 36	8150
40	0, 54	0, 63	0, 72	0, 81	0, 91	1, 09	6520
30	0, 41	0, 48	0, 54	0, 61	0, 68	0, 81	4890
20	0, 27	0, 32	0, 36	0, 41	0, 45	0, 54	3260
10	0, 14	0, 16	0, 18	0, 20	0, 23	0, 27	1630
9	0, 12	0, 14	0, 16	0, 18	0, 20	0, 24	1467
8	0, 11	0, 13	0, 14	0, 16	0, 18	0, 22	1304
7	0, 10	0, 11	0, 13	0, 14	0, 16	0, 19	1141
6	0, 08	0, 10	0, 11	0, 12	0, 14	0, 16	978
5	0, 07	0, 08	0, 09	0, 10	0, 11	0, 14	815
4	0, 05	0, 06	0, 07	0, 08	0, 09	0, 11	652
3	0, 04	0, 05	0, 05	0, 06	0, 07	0, 08	489
2	0, 03	0, 03	0, 04	0, 04	0, 05	0, 05	326
1	0, 01	0, 02	0, 02	0, 02	0, 02	0, 03	163

COLONNE DES CAPITAUX	INTERÊTS POUR 164 JOURS (ou pour 5 mois et 14 jours.)						NOMBRES PRODUITS des CAPITAUX multipliés par 164 Jours.
	à 3 %	à 3 ½	à 4 %	à 4 ½	à 5 %	à 6 %	
fr.	fr. c.	fr. c.	fr. c.	fr. c.	fr. c.	fr. c.	
50,000	683, 33	797, 22	911, 11	1025, 00	1138, 89	1366, 67	8200000
40,000	546, 67	637, 78	728, 89	820, 00	911, 11	1093, 33	6560000
30,000	410, 00	478, 33	546, 67	615, 00	683, 33	820, 00	4920000
20,000	273, 33	318, 89	364, 44	410, 00	455, 56	546, 67	3280000
10,000	136, 67	159, 44	182, 22	205, 00	227, 78	273, 33	1640000
9,000	123, 00	143, 50	164, 00	184, 50	205, 00	246, 00	1476000
8,000	109, 33	127, 56	145, 78	164, 00	182, 22	218, 67	1312000
7,000	95, 67	111, 61	127, 56	143, 50	159, 44	191, 33	1148000
6,000	82, 00	95, 67	109, 33	123, 00	136, 67	164, 00	984000
5,000	68, 33	79, 72	91, 11	102, 50	113, 89	136, 67	820000
4,000	54, 67	63, 78	72, 89	82, 00	91, 11	109, 33	656000
3,000	41, 00	47, 83	54, 67	61, 50	68, 33	82, 00	492000
2,000	27, 33	31, 89	36, 44	41, 00	45, 56	54, 67	328000
1,000	13, 67	15, 94	18, 22	20, 50	22, 78	27, 33	164000
900	12, 30	14, 35	16, 40	18, 45	20, 50	24, 60	147600
800	10, 93	12, 76	14, 58	16, 40	18, 22	21, 87	131200
700	9, 57	11, 16	12, 76	14, 35	15, 94	19, 13	114800
600	8, 20	9, 57	10, 93	12, 30	13, 67	16, 40	98400
500	6, 83	7, 97	9, 11	10, 25	11, 39	13, 67	82000
400	5, 47	6, 38	7, 29	8, 20	9, 11	10, 93	65600
300	4, 10	4, 78	5, 47	6, 15	6, 83	8, 20	49200
200	2, 73	3, 19	3, 64	4, 10	4, 56	5, 47	32800
100	1, 37	1, 59	1, 82	2, 05	2, 28	2, 73	16400
90	1, 23	1, 43	1, 64	1, 84	2, 05	2, 46	14760
80	1, 09	1, 28	1, 46	1, 64	1, 82	2, 19	13120
70	0, 96	1, 12	1, 28	1, 43	1, 59	1, 91	11480
60	0, 82	0, 96	1, 09	1, 23	1, 37	1, 64	9840
50	0, 68	0, 80	0, 91	1, 02	1, 14	1, 37	8200
40	0, 55	0, 64	0, 73	0, 82	0, 91	1, 09	6560
30	0, 41	0, 48	0, 55	0, 61	0, 68	0, 82	4920
20	0, 27	0, 32	0, 36	0, 41	0, 46	0, 55	3280
10	0, 14	0, 16	0, 18	0, 20	0, 23	0, 27	1640
9	0, 12	0, 14	0, 16	0, 18	0, 20	0, 25	1476
8	0, 11	0, 13	0, 15	0, 16	0, 18	0, 22	1312
7	0, 10	0, 11	0, 13	0, 14	0, 16	0, 19	1148
6	0, 08	0, 10	0, 11	0, 12	0, 14	0, 16	984
5	0, 07	0, 08	0, 09	0, 10	0, 11	0, 14	820
4	0, 05	0, 06	0, 07	0, 08	0, 09	0, 11	656
3	0, 04	0, 05	0, 05	0, 06	0, 07	0, 08	492
2	0, 03	0, 03	0, 04	0, 04	0, 05	0, 05	328
1	0, 01	0, 02	0, 02	0, 02	0, 02	0, 03	164

COLONNE DES CAPITAUX	INTÉRÊTS POUR 165 JOURS (ou pour 5 mois et 15 jours.)						NOMBRES PRODUITS des CAPITAUX multipliés par 165 Jours.
	à 3 %	à 3 ½	à 4 %	à 4 ½	à 5 %	à 6 %	
fr.	fr. c.	fr. c.	fr. c.	fr. c.	fr. c.	fr. c.	
50,000	687, 50	802, 08	916, 67	1031, 25	1145, 83	1375, 00	8250000
40,000	550, 00	641, 67	733, 33	825, 00	916, 67	1100, 00	6600000
30,000	412, 50	481, 25	550, 00	618, 75	687, 50	825, 00	4950000
20,000	275, 00	320, 83	366, 67	412, 50	458, 33	550, 00	3300000
10,000	137, 50	160, 42	183, 33	206, 25	229, 17	275, 00	1650000
9,000	123, 75	144, 37	165, 00	185, 62	206, 25	247, 50	1485000
8,000	110, 00	128, 33	146, 67	165, 00	183, 33	220, 00	1320000
7,000	96, 25	112, 29	128, 33	144, 37	160, 42	192, 50	1155000
6,000	82, 50	96, 25	110, 00	123, 75	137, 50	165, 00	990000
5,000	68, 75	80, 21	91, 67	103, 12	114, 58	137, 50	825000
4,000	55, 00	64, 17	73, 33	82, 50	91, 67	110, 00	660000
3,000	41, 25	48, 12	55, 00	61, 87	68. 75	82, 50	495000
2,000	27, 50	32, 08	36, 67	41, 25	45, 83	55, 00	330000
1,000	13, 75	16, 04	18, 33	20, 62	22, 92	27, 50	165000
900	12, 37	14, 44	16, 50	18, 56	20, 62	24, 75	148500
800	11, 00	12, 83	14, 67	16, 50	18, 33	22, 00	132000
700	9, 62	11, 23	12, 83	14, 44	16, 04	19, 25	115500
600	8, 25	9, 62	11, 00	12, 37	13, 75	16, 50	99000
500	6, 87	8, 02	9, 17	10, 31	11, 46	13, 75	82500
400	5, 50	6, 42	7, 33	8, 25	9, 17	11, 00	66000
300	4, 12	4, 81	5, 50	6, 19	6, 87	8, 25	49500
200	2, 75	3, 21	3, 67	4, 12	4, 58	5, 50	33000
100	1, 37	1, 60	1, 83	2, 06	2, 29	2, 75	16500
90	1, 24	1, 44	1, 65	1, 86	2, 06	2, 47	14850
80	1, 10	1, 28	1, 47	1, 65	1, 83	2, 20	13200
70	0, 96	1, 12	1, 28	1, 44	1, 60	1, 92	11550
60	0, 82	0, 96	1, 10	1, 24	1, 37	1, 65	9900
50	0, 69	0, 80	0, 92	1, 03	1, 15	1, 37	8250
40	0, 55	0, 64	0, 73	0, 82	0, 92	1, 10	6600
30	0, 41	0, 48	0, 55	0, 62	0, 69	0, 82	4950
20	0, 27	0, 32	0, 37	0, 41	0, 46	0, 55	3300
10	0, 14	0, 16	0, 18	0, 21	0, 23	0, 27	1650
9	0, 12	0, 14	0, 16	0, 19	0, 21	0, 25	1485
8	0, 11	0, 13	0, 15	0, 16	0, 18	0, 22	1320
7	0, 10	0, 11	0, 13	0, 14	0, 16	0, 19	1155
6	0, 08	0, 10	0, 11	0, 12	0, 14	0, 16	990
5	0, 07	0, 08	0, 09	0, 10	0, 11	0, 14	825
4	0, 05	0, 06	0, 07	0, 08	0, 09	0, 11	660
3	0, 04	0, 05	0, 05	0, 06	0, 07	0, 08	495
2	0, 03	0, 03	0, 04	0, 04	0, 05	0, 05	330
1	0, 01	0, 02	0, 02	0, 02	0, 02	0, 03	165

COLONNE DES CAPITAUX	INTÉRÊTS POUR 166 JOURS (ou pour 5 mois et 16 jours.)						NOMBRES PRODUITS des CAPITAUX multipliés par 166 Jours.
	à 3 %	à 3 ½	à 4 %	à 4 ½	à 5 %	à 6 %	
fr.	fr. c.	fr. c.	fr. c.	fr. c.	fr. c.	fr. c.	
50,000	691, 67	806, 94	922, 22	1037, 50	1152, 78	1383, 33	8300000
40,000	553, 33	645, 56	737, 78	830, 00	922, 22	1106, 67	6640000
30,000	415, 00	484, 17	553, 33	622, 50	691, 67	830, 00	4980000
20,000	276, 67	322, 78	368, 89	415, 00	461, 11	553, 33	3320000
10,000	138, 33	161, 39	184, 44	207, 50	230, 56	276, 67	1660000
9,000	124, 50	145, 25	166, 00	186, 75	207, 50	249, 00	1494000
8,000	110, 67	129, 11	147, 56	166, 00	184, 44	221, 33	1328000
7,000	96, 83	112, 97	129, 11	145, 25	161, 39	193, 67	1162000
6,000	83, 00	96, 83	110, 67	124, 50	138, 33	166, 00	996000
5,000	69, 17	80, 69	92, 22	103, 75	115, 28	138, 33	830000
4,000	55, 33	64, 56	73, 78	83, 00	92, 22	110, 67	664000
3,000	41, 50	48, 42	55, 33	62, 25	69, 17	83, 00	498000
2,000	27, 67	32, 28	36, 89	41, 50	46, 11	55, 33	332000
1,000	13, 83	16, 14	18, 44	20, 75	23, 06	27, 67	166000
900	12, 45	14, 52	16, 60	18, 67	20, 75	24, 90	149400
800	11, 07	12, 91	14, 76	16, 60	18, 44	22, 13	132800
700	9, 68	11, 30	12, 91	14, 52	16, 14	19, 37	116200
600	8, 30	9, 68	11, 07	12, 45	13, 83	16, 60	99600
500	6, 92	8, 07	9, 22	10, 37	11, 53	13, 83	83000
400	5, 53	6, 46	7, 38	8, 30	9, 22	11, 07	66400
300	4, 15	4, 84	5, 53	6, 22	6, 92	8, 30	49800
200	2, 77	3, 23	3, 69	4, 15	4, 61	5, 53	33200
100	1, 38	1, 61	1, 84	2, 07	2, 31	2, 77	16600
90	1, 24	1, 45	1, 66	1, 87	2, 07	2, 49	14940
80	1, 11	1, 29	1, 48	1, 66	1, 84	2, 21	13280
70	0, 97	1, 13	1, 29	1, 45	1, 61	1, 94	11620
60	0, 83	0, 97	1, 11	1, 24	1, 38	1, 66	9960
50	0, 69	0, 81	0, 92	1, 04	1, 15	1, 38	8300
40	0, 55	0, 65	0, 74	0, 83	0, 92	1, 11	6640
30	0, 41	0, 48	0, 55	0, 62	0, 69	0, 83	4980
20	0, 28	0, 32	0, 37	0, 41	0, 46	0, 55	3320
10	0, 14	0, 16	0, 18	0, 21	0, 23	0, 28	1660
9	0, 12	0, 15	0, 17	0, 19	0, 21	0, 25	1494
8	0, 11	0, 13	0, 15	0, 17	0, 18	0, 22	1328
7	0, 10	0, 11	0, 13	0, 15	0, 16	0, 19	1162
6	0, 08	0, 10	0, 11	0, 12	0, 14	0, 17	996
5	0, 07	0, 08	0, 09	0, 10	0, 12	0, 14	830
4	0, 06	0, 06	0, 07	0, 08	0, 09	0, 11	664
3	0, 04	0, 05	0, 06	0, 06	0, 07	0, 08	498
2	0, 03	0, 03	0, 04	0, 04	0, 05	0, 06	332
1	0, 01	0. 02	0, 02	0, 02	0, 02	0, 03	166

COLONNE DES CAPITAUX	INTÉRÊTS POUR 167 JOURS (ou pour 5 mois et 17 jours.)						NOMBRES PRODUITS des CAPITAUX multipliés par 167 Jours.
	à 3 %	à 3 ½	à 4 %	à 4 ½	à 5 %	à 6 %	
fr.	fr. c.	fr. c.	fr. c.	fr. c.	fr. c.	fr. c.	
50,000	695, 83	811, 80	927, 78	1043, 75	1159, 72	1391, 67	8350000
40,000	556, 67	649, 44	742, 22	835, 00	927, 78	1113, 33	6680000
30,000	417, 50	487, 08	556, 67	626, 25	695, 83	835, 00	5010000
20,000	278, 33	324, 72	371, 11	417, 50	463, 89	556, 67	3340000
10,000	139, 17	162, 36	185, 56	208, 75	231, 94	278, 33	1670000
9,000	125, 25	146, 12	167, 00	187, 87	208, 75	250, 50	1503000
8,000	111, 33	129, 89	148, 44	167, 00	185, 56	222, 67	1336000
7,000	97, 42	113, 65	129, 89	146, 12	162, 36	194, 83	1169000
6,000	83, 50	97, 42	111, 33	125, 25	139, 17	167, 00	1002000
5,000	69, 58	81, 18	92, 78	104, 37	115, 97	139, 17	835000
4,000	55, 67	64, 94	74, 22	83, 50	92, 78	111, 33	668000
3,000	41, 75	48, 71	55, 67	62, 62	69, 58	83, 50	501000
2,000	27, 83	32, 47	37, 11	41, 75	46, 39	55, 67	334000
1,000	13, 92	16, 24	18, 56	20, 87	23, 19	27, 83	167000
900	12, 52	14, 61	16, 70	18, 79	20, 87	25, 05	150300
800	11, 13	12, 99	14, 84	16, 70	18, 56	22, 27	133600
700	9, 74	11, 37	12, 99	14, 61	16, 24	19, 48	116900
600	8, 35	9, 74	11, 13	12, 52	13, 92	16, 70	100200
500	6, 95	8, 12	9, 28	10, 44	11, 60	13, 92	83500
400	5, 57	6, 49	7, 42	8, 35	9, 28	11, 13	66800
300	4, 17	4, 87	5, 57	6, 26	6, 96	8, 35	50100
200	2, 78	3, 25	3, 71	4, 17	4, 64	5, 57	33400
100	1, 39	1, 62	1, 86	2, 09	2, 32	2, 78	16700
90	1, 25	1, 46	1, 67	1, 88	2, 09	2, 50	15030
80	1, 11	1, 30	1, 48	1, 67	1, 86	2, 23	13360
70	0, 97	1, 14	1, 30	1, 46	1, 62	1, 95	11690
60	0, 83	0, 97	1, 11	1, 25	1, 39	1, 67	10020
50	0, 70	0, 81	0, 93	1, 04	1, 16	1, 39	8350
40	0, 56	0, 65	0, 74	0, 83	0, 93	1, 11	6680
30	0, 42	0, 49	0, 56	0, 63	0, 70	0, 83	5010
20	0, 28	0, 32	0, 37	0, 42	0, 46	0, 56	3340
10	0, 14	0, 16	0, 19	0, 21	0, 23	0, 28	1670
9	0, 13	0, 15	0, 17	0, 19	0, 21	0, 25	1503
8	0, 11	0, 13	0, 15	0, 17	0, 19	0, 22	1336
7	0, 10	0, 11	0, 13	0, 15	0, 16	0, 19	1169
6	0, 08	0, 10	0, 11	0, 13	0, 14	0, 17	1002
5	0, 07	0, 08	0, 09	0, 10	0, 12	0, 14	835
4	0, 06	0, 06	0, 07	0, 08	0, 09	0, 11	668
3	0, 04	0, 05	0, 06	0, 06	0, 07	0, 08	501
2	0, 03	0, 03	0, 04	0, 04	0, 05	0, 06	334
1	0, 01	0, 02	0, 02	0, 02	0, 02	0, 03	167

COLONNE DES CAPITAUX	INTERETS POUR 168 JOURS (ou pour 5 mois et 18 jours.)						NOMBRES PORDUITS des CAPITAUX multipliés par 168 Jours.
	à 3 %	à 3 ½	à 4 %	à 4 ½	à 5 %	à 6 %	
fr.	fr. c.	fr. c.	fr. c.	fr. c.	fr. c.	fr. c.	
50,000	700, 00	816, 67	933. 33	1050, 00	1166, 67	1400, 00	8400000
40,000	560, 00	653, 33	746, 67	840, 00	933, 33	1120, 00	6720000
30,000	420, 00	490, 00	560, 00	630, 00	700, 00	840, 00	5040000
20,000	280, 00	326, 67	373, 33	420, 00	466, 67	560. 00	3360000
10,000	140, 00	163, 33	186, 67	210, 00	233, 33	280, 00	1680000
9,000	126, 00	147, 00	168, 00	189, 00	210, 00	252, 00	1512000
8,000	112, 00	130, 67	149, 33	168, 00	186, 67	224, 00	1344000
7,000	98, 00	114, 33	130, 67	147, 00	163, 33	196, 00	1176000
6,000	84, 00	98, 00	112, 00	126, 00	140, 00	168, 00	1008000
5,000	70, 00	81, 67	93, 33	105, 00	116, 67	140. 00	840000
4,000	56, 00	65, 33	74, 67	84, 00	93, 33	112, 00	672000
3,000	42, 00	49, 00	56, 00	63, 00	70, 00	84, 00	504000
2,000	28, 00	32, 67	37, 33	42, 00	46, 67	56, 00	336000
1,000	14, 00	16, 33	18, 67	21, 00	23, 33	28, 00	168000
900	12, 60	14, 70	16, 80	18, 90	21, 00	25, 20	151200
800	11, 20	13, 07	14, 93	16, 80	18, 67	22, 40	134400
700	9, 80	11, 43	13, 07	14, 70	16, 33	19, 60	117600
600	8, 40	9, 80	11, 20	12, 60	14, 00	16, 80	100800
500	7, 00	8, 17	9, 33	10, 50	11, 67	14, 00	84000
400	5, 60	6, 53	7, 47	8, 40	9, 33	11, 20	67200
300	4, 20	4, 90	5, 60	6, 30	7, 00	8, 40	50400
200	2, 80	3, 27	3, 73	4, 20	4, 67	5, 60	33600
100	1, 40	1, 63	1, 87	2, 10	2, 33	2, 80	16800
90	1, 26	1, 47	1, 68	1, 89	2, 10	2, 52	15120
80	1, 12	1, 31	1, 49	1, 68	1, 87	2, 24	13440
70	0, 98	1, 14	1, 31	1, 47	1, 63	1, 96	11760
60	0, 84	0, 98	1, 12	1, 26	1, 40	1, 68	10080
50	0, 70	0, 82	0, 93	1, 05	1, 17	1, 40	8400
40	0, 56	0, 65	0, 75	0, 84	0, 93	1, 12	6720
30	0, 42	0, 49	0, 56	0, 63	0, 70	0, 84	5040
20	0, 28	0, 33	0, 37	0, 42	0, 47	0, 56	3360
10	0, 14	0, 16	0, 19	0, 21	0, 23	0, 28	1680
9	0, 13	0, 15	0, 17	0, 19	0, 21	0, 25	1512
8	0, 11	0, 13	0, 15	0, 17	0, 19	0, 22	1344
7	0, 10	0, 11	0, 13	0, 15	0, 16	0, 20	1176
6	0, 08	0, 10	0, 11	0, 13	0, 14	0, 17	1008
5	0, 07	0, 08	0, 09	0, 10	0, 12	0, 14	840
4	0, 06	0, 07	0, 07	0, 08	0, 09	0, 11	672
3	0, 04	0, 05	0, 06	0, 06	0, 07	0, 08	504
2	0, 03	0, 03	0, 04	0, 04	0, 05	0, 06	336
1	0. 01	0, 02	0, 02	0, 02	0. 02	0. 03	168

COLONNE DES CAPITAUX	INTÉRÊTS POUR 169 JOURS (ou pour 5 mois et 19 jours.)						NOMBRES PRODUITS des CAPITAUX multipliés par 169 Jours.
	à 3 %	à 3 ½	à 4 %	à 4 ½	à 5 %	à 6 %	
fr.	fr. c.	fr. c.	fr. c.	fr. c.	fr. c.	fr. c.	
50,000	704, 17	821, 53	938, 89	1056, 25	1173, 61	1408, 33	8450000
40,000	563, 33	657, 22	751, 11	845, 00	938, 89	1126, 67	6760000
30,000	422, 50	492, 92	563, 33	633, 75	704, 17	845, 00	5070000
20,000	281, 67	328, 61	375, 56	422, 50	469, 44	563, 33	3380000
10,000	140, 83	164, 31	187, 78	211, 25	234, 72	281, 67	1690000
9,000	126, 75	147, 87	169, 00	190, 12	211, 25	253, 50	1521000
8,000	112, 67	131, 44	150, 22	169, 00	187, 78	225, 33	1352000
7,000	98, 58	115, 01	131, 44	147, 87	164, 31	197, 17	1183000
6,000	84, 50	98, 58	112, 67	126, 75	140, 83	169, 00	1014000
5,000	70, 42	82, 15	93, 89	105, 62	117, 36	140, 83	845000
4,000	56, 33	65, 72	75, 11	84, 50	93, 89	112, 67	676000
3,000	42, 25	49, 29	56, 33	63, 37	70, 42	84, 50	507000
2,000	28, 17	32, 86	37, 56	42, 25	46, 94	56, 33	338000
1,000	14, 08	16, 43	18, 78	21, 12	23, 47	28, 17	169000
900	12, 67	14, 79	16, 90	19, 01	21, 12	25, 35	152100
800	11, 27	13, 14	15, 02	16, 90	18, 78	22, 53	135200
700	9, 86	11, 50	13, 14	14, 79	16, 43	19, 72	118300
600	8, 45	9, 86	11, 27	12, 67	14, 08	16, 90	101400
500	7, 04	8, 22	9, 39	10, 56	11, 74	14, 08	84500
400	5, 63	6, 57	7, 51	8, 45	9, 39	11, 27	67600
300	4, 23	4, 93	5, 63	6, 34	7, 04	8, 45	50700
200	2, 82	3, 29	3, 76	4, 22	4, 69	5, 63	33800
100	1, 41	1, 64	1, 88	2, 11	2, 35	2, 82	16900
90	1, 27	1, 48	1, 69	1, 90	2, 11	2, 53	15210
80	1, 13	1, 31	1, 50	1, 69	1, 88	2, 25	13520
70	0, 99	1, 15	1, 31	1, 48	1, 64	1, 97	11830
60	0, 84	0, 99	1, 13	1, 27	1, 41	1, 69	10140
50	0, 70	0, 82	0, 94	1, 06	1, 17	1, 41	8450
40	0, 56	0, 66	0, 75	0, 84	0, 94	1, 13	6760
30	0, 42	0, 49	0, 56	0, 63	0, 70	0, 84	5070
20	0, 28	0, 33	0, 38	0, 42	0, 47	0, 56	3380
10	0, 14	0, 16	0, 19	0, 21	0, 23	0, 28	1690
9	0, 13	0, 15	0, 17	0, 19	0, 21	0, 25	1521
8	0, 11	0, 13	0, 15	0, 17	0, 19	0, 23	1352
7	0, 10	0, 12	0, 13	0, 15	0, 16	0, 20	1183
6	0, 08	0, 10	0, 11	0, 13	0, 14	0, 17	1014
5	0, 07	0, 08	0, 09	0, 11	0, 12	0, 14	845
4	0, 06	0, 07	0, 08	0, 08	0, 09	0, 11	676
3	0, 04	0, 05	0, 06	0, 06	0, 07	0, 08	507
2	0, 03	0, 03	0, 04	0 04	0, 05	0, 06	338
1	0, 01	0, 02	0, 02	0, 02	0, 02	0, 03	169

15

COLONNE DES CAPITAUX	INTERÊTS POUR 170 JOURS (ou pour 5 mois et 20 jours.)						NOMBRES PRODUITS des CAPITAUX multipliés par 170 Jours.
	à 3 %	à 3 ½	à 4 %	à 4 ½	à 5 %	à 6 %	
fr.	fr. c.	fr. c.	fr. c.	fr. c.	fr. c.	fr. c.	
50,000	708, 33	826, 39	944, 44	1062, 50	1180, 56	1416, 67	8500000
40,000	566, 67	661, 11	755, 56	850, 00	944, 44	1133, 33	6800000
30,000	425, 00	495, 83	566, 67	637, 50	708, 33	850, 00	5100000
20,000	283, 33	330, 56	377, 78	425, 00	472, 22	566, 67	3400000
10,000	141, 67	165, 28	188, 89	212, 50	236, 11	283, 33	1700000
9,000	127, 50	148, 75	170, 00	191, 25	212, 50	255, 00	1530000
8,000	113, 33	132, 22	151, 11	170, 00	188, 89	226, 67	1360000
7,000	99, 17	115, 69	132, 22	148, 75	165, 28	198, 33	1190000
6,000	85, 00	99, 17	113, 33	127, 50	141, 67	170, 00	1020000
5,000	70, 83	82, 64	94, 44	106, 25	118, 06	141, 67	850000
4,000	56, 67	66, 11	75, 56	85, 00	94, 44	113, 33	680000
3,000	42, 50	49, 58	56, 67	63, 75	70, 83	85, 00	510000
2,000	28, 33	33, 06	37, 78	42, 50	47, 22	56, 67	340000
1,000	14, 17	16, 53	18, 89	21, 25	23, 61	28, 33	170000
900	12, 75	14, 87	17, 00	19, 12	21, 25	25, 50	153000
800	11, 33	13, 22	15, 11	17, 00	18, 89	22, 67	136000
700	9, 92	11, 57	13, 22	14, 87	16, 53	19, 83	119000
600	8, 50	9, 92	11, 33	12, 75	14, 17	17, 00	102000
500	7, 08	8, 26	9, 44	10, 62	11, 81	14, 17	85000
400	5, 67	6, 61	7, 56	8, 50	9, 44	11, 33	68000
300	4, 25	4, 96	5, 67	6, 37	7, 08	8, 50	51000
200	2, 83	3, 31	3, 78	4, 25	4, 72	5, 67	34000
100	1, 42	1, 65	1, 89	2, 12	2, 36	2, 83	17000
90	1, 27	1, 49	1, 70	1, 91	2, 12	2, 55	15300
80	1, 13	1, 32	1, 51	1, 70	1, 89	2, 27	13600
70	0, 99	1, 16	1, 32	1, 49	1, 65	1, 98	11900
60	0, 85	0, 99	1, 13	1, 27	1, 42	1, 70	10200
50	0, 71	0, 83	0, 94	1, 06	1, 18	1, 42	8500
40	0, 57	0, 66	0, 76	0, 85	0, 94	1, 13	6800
30	0, 42	0, 50	0, 57	0, 64	0, 71	0, 85	5100
20	0, 28	0, 33	0, 38	0, 42	0, 47	0, 57	3400
10	0, 14	0, 17	0, 19	0, 21	0, 24	0, 28	1700
9	0, 13	0, 15	0, 17	0, 19	0, 21	0, 25	1530
8	0, 11	0, 13	0, 15	0, 17	0, 19	0, 23	1360
7	0, 10	0, 12	0, 13	0, 15	0, 17	0, 20	1190
6	0, 08	0, 10	0, 11	0, 13	0, 14	0, 17	1020
5	0, 07	0, 08	0, 09	0, 11	0, 12	0, 14	850
4	0, 06	0, 07	0, 08	0, 08	0, 09	0, 11	680
3	0, 04	0, 05	0, 06	0, 06	0, 07	0, 08	510
2	0, 03	0, 03	0, 04	0, 04	0, 05	0, 06	340
1	0, 01	0, 02	0, 02	0, 02	0, 02	0, 03	170

COLONNE DES CAPITAUX	INTÉRÊTS POUR 171 JOURS (ou pour 5 mois et 21 jours.)						NOMBRES PRODUITS des CAPITAUX multipliés par 171 Jours.
	à 3 %	à 3 ½	à 4 %	à 4 ½	à 5 %	à 6 %	
fr.	fr. c.	fr. c.	fr. c.	fr. c.	fr. c.	fr. c.	
50,000	712, 50	831, 25	950, 00	1068, 75	1187, 50	1425, 00	8550000
40,000	570, 00	665, 00	760, 00	855, 00	950, 00	1140, 00	6840000
30,000	427, 50	498, 75	570, 00	641, 25	712, 50	855, 00	5130000
20,000	285, 00	332, 50	380, 00	427, 50	475, 00	570, 00	3420000
10,000	142, 50	166, 25	190, 00	213, 75	237, 50	285, 00	1710000
9,000	128, 25	149, 62	171, 00	192, 37	213, 75	256, 50	1539000
8,000	114, 00	133, 00	152, 00	171, 00	190, 00	228, 00	1368000
7,000	99, 75	116, 37	133, 00	149, 62	166, 25	199, 50	1197000
6,000	85, 50	99, 75	114, 00	128, 25	142, 50	171. 00	1026000
5,000	71, 25	83, 12	95, 00	106, 87	118, 75	142. 50	855000
4,000	57, 00	66, 50	76, 00	85, 50	95, 00	114, 00	684000
3,000	42, 75	49, 87	57, 00	64, 12	71. 25	85, 50	513000
2,000	28, 50	33, 25	38, 00	42, 75	47, 50	57, 00	342000
1,000	14, 25	16, 62	19, 00	21, 37	23, 75	28, 50	171000
900	12, 82	14, 96	17, 10	19, 24	21, 37	25, 65	153900
800	11, 40	13, 30	15, 20	17, 10	19, 00	22, 80	136800
700	9, 97	11, 64	13, 30	14, 96	16, 62	19, 95	119700
600	8. 55	9, 97	11, 40	12, 82	14, 25	17, 10	102600
500	7, 12	8, 31	9, 50	10, 69	11, 87	14, 25	85500
400	5, 70	6, 65	7, 60	8, 55	9, 50	11, 40	68400
300	4, 27	4, 99	5, 70	6, 41	7, 12	8, 55	51300
200	2, 85	3, 32	3, 80	4, 27	4, 75	5, 70	34200
100	1, 42	1, 66	1, 90	2, 14	2, 37	2, 85	17100
90	1, 28	1, 50	1, 71	1, 92	2, 14	2, 56	15390
80	1, 14	1, 33	1, 52	1, 71	1, 90	2, 28	13680
70	1, 00	1, 16	1, 33	1, 50	1, 66	1, 99	11970
60	0, 85	1, 00	1, 14	1, 28	1, 42	1, 71	10260
50	0, 71	0, 83	0, 95	1, 07	1, 19	1, 42	8550
40	0, 57	0, 66	0, 76	0, 85	0, 95	1, 14	6840
30	0, 43	0, 50	0, 57	0, 64	0, 71	0, 85	5130
20	0, 28	0, 33	0, 38	0, 43	0, 47	0, 57	3420
10	0, 14	0, 17	0, 19	0, 21	0, 24	0, 28	1710
9	0, 13	0, 15	0, 17	0, 19	0, 21	0, 26	1539
8	0, 11	0, 13	0, 15	0, 17	0, 19	0, 23	1368
7	0, 10	0, 12	0, 13	0, 15	0, 17	0, 20	1197
6	0, 09	0, 10	0, 11	0, 13	0, 14	0, 17	1026
5	0, 07	0, 08	0, 09	0, 11	0, 12	0, 14	855
4	0, 06	0, 07	0, 08	0, 09	0, 09	0, 11	684
3	0, 04	0, 05	0, 06	0, 06	0, 07	0, 09	513
2	0, 03	0, 03	0, 04	0, 04	0, 05	0, 06	342
1	0, 01	0, 02	0, 02	0, 02	0, 02	0, 03	171

COLONNE DES CAPITAUX	INTÉRÊTS POUR 172 JOURS (ou pour 5 mois et 22 jours.)						NOMBRES PRODUITS des CAPITAUX multipliés par 172 Jours.
	à 3 %	à 3 ½	à 4 %	à 4 ½	à 5 %	à 6 %	
fr.	fr. c.	fr. c.	fr. c.	fr. c.	fr. c.	fr. c.	
50,000	716, 67	836, 11	955, 56	1075, 00	1194, 44	1433, 33	8600000
40,000	573, 33	668, 89	764, 44	860, 00	955, 56	1146, 67	6880000
30,000	430, 00	501, 67	573, 33	645, 00	716, 67	860, 00	5160000
20,000	286, 67	334, 44	382, 22	430, 00	477, 78	573, 33	3440000
10,000	143, 33	167, 22	191, 11	215, 00	238, 89	286, 67	1720000
9,000	129, 00	150, 50	172, 00	193, 50	215, 00	258, 00	1548000
8,000	114, 67	133, 78	152, 89	172, 00	191, 11	229, 33	1376000
7,000	100, 33	117, 06	133, 78	150, 50	167, 22	200, 67	1204000
6,000	86, 00	100, 33	114, 67	129, 00	143, 33	172, 00	1032000
5,000	71, 67	83, 61	95, 56	107, 50	119, 44	143, 33	860000
4,000	57, 33	66, 89	76, 44	86, 00	95, 56	114, 67	688000
3,000	43, 00	50, 17	57, 33	64, 50	71, 67	86, 00	516000
2,000	28, 67	33, 44	38, 22	43, 00	47, 78	57, 33	344000
1,000	14, 33	16, 72	19, 11	21, 50	23, 89	28, 67	172000
900	12, 90	15, 05	17, 20	19, 35	21, 50	25, 80	154800
800	11, 47	13, 38	15, 29	17, 20	19, 11	22, 93	137600
700	10, 03	11, 71	13, 38	15, 05	16, 72	20, 07	120400
600	8, 60	10, 03	11, 47	12, 90	14, 33	17, 20	103200
500	7, 17	8, 36	9, 56	10, 75	11, 94	14, 33	86000
400	5, 73	6, 69	7, 64	8, 60	9, 56	11, 47	68800
300	4, 30	5, 02	5, 73	6, 45	7, 17	8, 60	51600
200	2, 87	3, 34	3, 82	4, 30	4, 78	5, 73	34400
100	1, 43	1, 67	1, 91	2, 15	2, 39	2, 87	17200
90	1, 29	1, 50	1, 72	1, 93	2, 15	2, 58	15480
80	1, 15	1, 34	1, 53	1, 72	1, 91	2, 29	13760
70	1, 00	1, 17	1, 34	1, 50	1, 67	2, 01	12040
60	0, 86	1, 00	1, 15	1, 29	1, 43	1, 72	10320
50	0, 72	0, 84	0, 96	1, 07	1, 19	1, 43	8600
40	0, 57	0, 67	0, 76	0, 86	0, 96	1, 15	6880
30	0, 43	0, 50	0, 57	0, 64	0, 72	0, 86	5160
20	0, 29	0, 33	0, 38	0, 43	0, 48	0, 57	3440
10	0, 14	0, 17	0, 19	0, 21	0, 24	0, 29	1720
9	0, 13	0, 15	0, 17	0, 19	0, 21	0, 26	1548
8	0, 11	0, 13	0, 15	0, 17	0, 19	0, 23	1376
7	0, 10	0, 12	0, 13	0, 15	0, 17	0, 20	1204
6	0, 09	0, 10	0, 11	0, 13	0, 14	0, 17	1032
5	0, 07	0, 08	0, 10	0, 11	0, 12	0, 14	860
4	0, 06	0, 07	0, 08	0, 09	0, 10	0, 11	688
3	0, 04	0, 05	0, 06	0, 06	0, 07	0, 09	516
2	0, 03	0, 03	0, 04	0, 04	0, 05	0, 06	344
1	0, 01	0, 02	0, 02	0, 02	0, 02	0, 03	172

COLONNE DES CAPITAUX	INTÉRÊTS POUR 173 JOURS (ou pour 5 mois et 23 jours.)						NOMBRES PRODUITS des CAPITAUX multipliés par 173 Jours.
	à 3 %	à 3 ½	à 4 %	à 4 ½	à 5 %	à 6 %	
fr.	fr. c.	fr. c.	fr. c.	fr. c.	fr. c.	fr. c.	
50,000	720, 83	840, 97	961, 11	1081, 25	1201, 39	1441, 67	8650000
40,000	576, 67	672, 78	768, 89	865, 00	961, 11	1153, 33	6920000
30,000	432, 50	504, 58	576, 67	648, 75	720, 83	865, 00	5190000
20,000	288, 33	336, 39	384, 44	432, 50	480, 56	576, 67	3460000
10,000	144, 17	168, 19	192, 22	216, 25	240, 28	288, 33	1730000
9,000	129, 75	151, 37	173, 00	194, 62	216, 25	259, 50	1557000
8,000	115, 33	134, 56	153, 78	173, 00	192, 22	230, 67	1384000
7,000	100, 92	117, 74	134, 56	151, 37	168, 19	201, 83	1211000
6,000	86, 50	100, 92	115, 33	129, 75	144, 17	173, 00	1038000
5,000	72, 08	84, 10	96, 11	108, 12	120, 14	144, 17	865000
4,000	57, 67	67, 28	76, 89	86, 50	96, 11	115, 33	692000
3,000	43, 25	50, 46	57, 67	64, 87	72, 08	86, 50	519000
2,000	28, 83	33, 64	38, 44	43, 25	48, 06	57, 67	346000
1,000	14, 42	16, 82	19, 22	21, 62	24, 03	28, 83	173000
900	12, 97	15, 14	17, 30	19, 46	21, 62	25, 95	155700
800	11, 53	13, 46	15, 38	17, 30	19, 22	23, 07	138400
700	10, 09	11, 77	13, 46	15, 14	16, 82	20, 18	121100
600	8, 65	10, 09	11, 53	12, 97	14, 42	17, 30	103800
500	7, 21	8, 41	9, 61	10, 81	12, 01	14, 42	86500
400	5, 77	6, 73	7, 69	8, 65	9, 61	11, 53	69200
300	4, 32	5, 05	5, 77	6, 49	7, 21	8, 65	51900
200	2, 88	3, 36	3, 84	4, 32	4, 81	5, 77	34600
100	1, 44	1, 68	1, 92	2, 16	2, 40	2, 88	17300
90	1, 30	1, 51	1, 73	1, 95	2, 16	2, 59	15570
80	1, 15	1, 35	1, 54	1, 73	1, 92	2, 31	13840
70	1, 01	1, 18	1, 35	1, 51	1, 68	2, 02	12110
60	0, 86	1, 01	1, 15	1, 30	1, 44	1, 73	10380
50	0, 72	0, 84	0, 96	1, 08	1, 20	1, 44	8650
40	0, 58	0, 67	0, 77	0, 86	0, 96	1, 15	6920
30	0, 43	0, 50	0, 58	0, 65	0, 72	0, 86	5190
20	0, 29	0, 34	0, 38	0, 43	0, 48	0, 58	3460
10	0, 14	0 17	0, 19	0, 22	0, 24	0, 29	1730
9	0, 13	0, 15	0, 17	0, 19	0, 22	0, 26	1557
8	0, 12	0, 13	0, 15	0, 17	0, 19	0, 23	1384
7	0, 10	0, 12	0, 13	0, 15	0, 17	0, 20	1211
6	0, 09	0, 10	0, 12	0, 13	0, 14	0, 17	1038
5	0, 07	0, 08	0, 10	0, 11	0, 12	0, 14	865
4	0, 06	0, 07	0, 08	0, 09	0, 10	0, 12	692
3	0, 04	0, 05	0, 06	0, 06	0, 07	0. 09	519
2	0, 03	0, 03	0, 04	0, 04	0, 05	0, 06	346
1	0, 01	0, 02	0, 02	0, 02	0, 02	0, 03	173

COLONNE DES CAPITAUX	INTERETS POUR 174 JOURS (ou pour 5 mois et 24 jours.)						NOMBRES PORDUITS des CAPITAUX multipliés par 174 Jours.
	à 3 %	à 3 ½	à 4 %	à 4 ½	à 5 %	à 6 %	
fr.	fr. c.	fr. c.	fr. c.	fr. c.	fr. c.	fr. c.	
50,000	725, 00	845, 83	966, 67	1087, 50	1208, 33	1450, 00	8700000
40,000	580, 00	676, 67	773, 33	870, 00	966, 67	1160, 00	6960000
30,000	435, 00	507, 50	580, 00	652, 50	725, 00	870, 00	5220000
20,000	290, 00	338, 33	386, 67	435, 00	483, 33	580, 00	3480000
10,000	145, 00	169, 17	193, 33	217, 50	241, 67	290, 00	1740000
9,000	130, 50	152, 25	174, 00	195, 75	217, 50	261, 00	1566000
8,000	116, 00	135, 33	154, 67	174, 00	193, 33	232, 00	1392000
7,000	101, 50	118, 42	135, 33	152, 25	169, 17	203, 00	1218000
6,000	87, 00	101, 50	116, 00	130, 50	145, 00	174, 00	1044000
5,000	72, 50	84, 58	96, 67	108, 75	120, 83	145, 00	870000
4,000	58, 00	67, 67	77, 33	87, 00	96, 67	116, 00	696000
3,000	43, 50	50, 75	58, 00	65, 25	72, 50	87, 00	522000
2,000	29, 00	33, 83	38, 67	43, 50	48, 33	58, 00	348000
1,000	14, 50	16, 92	19, 33	21, 75	24, 17	29, 00	174000
900	13, 05	15, 22	17, 40	19, 57	21, 75	26, 10	156600
800	11, 60	13, 53	15, 47	17, 40	19, 33	23, 20	139200
700	10, 15	11, 84	13, 53	15, 22	16, 92	20, 30	121800
600	8, 70	10, 15	11, 60	13, 05	14, 50	17, 40	104400
500	7, 25	8, 46	9, 67	10, 87	12, 08	14, 50	87000
400	5, 80	6, 77	7, 73	8, 70	9, 67	11, 60	69600
300	4, 35	5, 07	5, 80	6, 52	7, 25	8, 70	52200
200	2, 90	3, 38	3, 87	4, 35	4, 83	5, 80	34800
100	1, 45	1, 69	1, 93	2, 17	2, 42	2, 90	17400
90	1, 30	1, 52	1, 74	1, 96	2, 17	2, 61	15660
80	1, 16	1, 35	1, 55	1, 74	1, 93	2, 32	13920
70	1, 01	1, 18	1, 35	1, 52	1, 69	2, 03	12180
60	0, 87	1, 01	1, 16	1, 30	1, 45	1, 74	10440
50	0, 72	0, 85	0, 97	1, 09	1, 21	1, 45	8700
40	0, 58	0, 68	0, 77	0, 87	0, 97	1, 16	6960
30	0, 43	0, 51	0, 58	0, 65	0, 72	0, 87	5220
20	0, 29	0, 34	0, 39	0, 43	0, 48	0, 58	3480
10	0, 14	0, 17	0, 19	0, 22	0, 24	0, 29	1740
9	0, 13	0, 15	0, 17	0, 20	0, 22	0, 26	1566
8	0, 12	0, 14	0, 15	0, 17	0, 19	0, 23	1392
7	0, 10	0, 12	0, 14	0, 15	0, 17	0, 20	1218
6	0, 09	0, 10	0, 12	0, 13	0, 14	0, 17	1044
5	0, 07	0, 08	0, 10	0, 11	0, 12	0, 14	870
4	0, 06	0, 07	0, 08	0, 09	0, 10	0, 12	696
3	0, 04	0, 05	0, 06	0, 07	0, 07	0, 09	522
2	0, 03	0, 03	0, 04	0, 04	0, 05	0, 06	348
1	0. 01	0, 02	0, 02	0, 02	0. 03	0, 03	174

COLONNE DES CAPITAUX	à 3 %	à 3 ½	à 4 %	à 4 ½	à 5 %	à 6 %	NOMBRES PRODUITS des CAPITAUX multipliés par 175 Jours.
INTÉRÊTS POUR 175 JOURS (ou pour 5 mois et 25 jours.)							
fr.	fr. c.	fr. c.	fr. c.	fr. c.	fr. c.	fr. c.	
50,000	729, 17	850, 69	972, 22	1093, 75	1215, 28	1458, 33	8750000
40,000	583, 33	680, 56	777, 78	875, 00	972, 22	1166, 67	7000000
30 000	437, 50	510, 42	583, 33	656, 25	729, 17	875, 00	5250000
20,000	291, 67	340, 28	388, 89	437, 50	486, 11	583, 33	3500000
10,000	145, 83	170, 14	194, 44	218, 75	243, 06	291, 67	1750000
9,000	131, 25	153, 12	175, 00	196, 87	218, 75	262, 50	1575000
8,000	116, 67	136, 11	155, 56	175, 00	194, 44	233, 33	1400000
7,000	102, 08	119, 10	136, 11	153, 12	170, 14	204, 17	1225000
6.000	87, 50	102, 08	116, 67	131, 25	145, 83	175, 00	1050000
5,000	72, 92	85, 07	97, 22	109, 37	121, 53	145, 83	875000
4,000	58, 33	68, 06	77, 78	87, 50	97, 22	116, 67	700000
3,000	43, 75	51, 04	58, 33	65, 62	72, 92	87, 50	525000
2,000	29, 17	34, 03	38, 89	43, 75	48, 61	58, 33	350000
1,000	14, 58	17, 01	19, 44	21, 87	24, 31	29, 17	175000
900	13, 12	15, 31	17, 50	19, 69	21, 87	26, 25	157500
800	11, 67	13, 61	15, 56	17, 50	19, 44	23, 33	140000
700	10, 21	11, 91	13, 61	15, 31	17, 01	20, 42	122500
600	8, 75	10, 21	11, 67	13, 12	14, 58	17, 50	105000
500	7, 29	8, 51	9, 72	10, 94	12. 15	14, 58	87500
400	5, 83	6, 81	7, 78	8, 75	9, 72	11, 67	70000
300	4, 37	5, 10	5, 83	6, 56	7, 29	8, 75	52500
200	2, 92	3, 40	3, 89	4, 37	4, 86	5, 83	35000
100	1, 46	1, 70	1, 94	2, 19	2, 43	2, 92	17500
90	1, 31	1, 53	1, 75	1, 97	2, 19	2, 62	15750
80	1, 17	1, 36	1, 56	1, 75	1, 94	2, 33	14000
70	1, 02	1, 19	1, 36	1, 53	1, 70	2, 04	12250
60	0, 87	1, 02	1, 17	1, 31	1, 46	1, 75	10500
50	0, 73	0, 85	0, 97	1, 09	1, 22	1, 46	8750
40	0, 58	0, 68	0, 78	0, 87	0, 97	1, 17	7000
30	0, 44	0, 51	0, 58	0, 66	0, 73	0, 87	5250
20	0, 29	0, 34	0, 39	0, 44	0, 49	0, 58	3500
10	0, 15	0, 17	0, 19	0, 22	0, 24	0, 29	1750
9	0, 13	0, 15	0, 17	0, 20	0, 22	0, 26	1575
8	0, 12	0, 14	0, 16	0, 17	0, 19	0, 23	1400
7	0, 10	0, 12	0, 14	0, 15	0, 17	0, 20	1225
6	0, 09	0, 10	0, 12	0, 13	0, 15	0, 17	1050
5	0, 07	0, 09	0, 10	0, 11	0, 12	0, 15	875
4	0, 06	0, 07	0, 08	0, 09	0, 10	0, 12	700
3	0, 04	0, 05	0, 06	0, 07	0, 07	0, 09	525
2	0, 03	0, 03	0, 04	0 04	0, 05	0, 06	350
1	0. 01	0, 02	0, 02	0, 02	0. 02	0, 03	175

COLONNE DES CAPITAUX	INTÉRÊTS POUR 176 JOURS (ou pour 5 mois et 26 jours.)						NOMBRES PRODUITS des CAPITAUX multipliés par 176 Jours.
	à 3 %	à 3 ½	à 4 %	à 4 ½	à 5 %	à 6 %	
fr.	fr. c.	fr. c.	fr. c.	fr. c.	fr. c.	fr. c.	
50,000	733, 33	855, 56	977, 78	1100, 00	1222, 22	1466, 67	8800000
40,000	586, 67	684, 44	782, 22	880, 00	977, 78	1173, 33	7040000
30,000	440, 00	513, 33	586, 67	660, 00	733, 33	880, 00	5280000
20,000	293, 33	342, 22	391, 11	440, 00	488, 89	586, 67	3520000
10,000	146, 67	171, 11	195, 56	220, 00	244, 44	293, 33	1760000
9,000	132, 00	154, 00	176, 00	198, 00	220, 00	264, 00	1584000
8,000	117, 33	136, 89	156, 44	176, 00	195, 56	234. 67	1408000
7,000	102, 67	119, 78	136, 89	154, 00	171, 11	205, 33	1232000
6,000	88, 00	102, 67	117, 33	132, 00	146, 67	176. 00	1056000
5,000	73, 33	85, 56	97, 78	110, 00	122, 22	146, 67	880000
4,000	58, 67	68, 44	78, 22	88, 00	97, 78	117, 33	704000
3,000	44, 00	51, 33	58, 67	66, 00	73. 33	88, 00	528000
2,000	29, 33	34, 22	39, 11	44, 00	48, 89	58, 67	352000
1,000	14, 67	17, 11	19, 56	22, 00	24, 44	29, 33	176000
900	13, 20	15, 40	17, 60	19, 80	22, 00	26, 40	158400
800	11, 73	13, 69	15, 64	17, 60	19, 56	23, 47	140800
700	10, 27	11, 98	13, 69	15, 40	17, 11	20, 53	123200
600	8, 80	10, 27	11, 73	13, 20	14, 67	17, 60	105600
500	7, 33	8, 56	9, 78	11, 00	12, 22	14, 67	88000
400	5, 87	6, 84	7, 82	8, 80	9, 78	11, 73	70400
300	4, 40	5, 13	5, 87	6, 60	7, 33	8, 80	52800
200	2, 93	3, 42	3, 91	4, 40	4, 89	5, 87	35200
100	1, 47	1, 71	1, 96	2, 20	2, 44	2, 93	17600
90	1, 32	1, 54	1, 76	1, 98	2, 20	2, 64	15840
80	1, 17	1, 37	1, 56	1, 76	1, 96	2, 35	14080
70	1, 03	1, 20	1, 37	1, 54	1, 71	2, 05	12320
60	0, 88	1, 03	1, 17	1, 32	1, 47	1, 76	10560
50	0, 73	0, 86	0, 98	1, 10	1, 22	1, 47	8800
40	0, 59	0, 68	0, 78	0, 88	0, 98	1, 17	7040
30	0, 44	0, 51	0, 59	0, 66	0, 73	0, 88	5280
20	0, 29	0, 34	0, 39	0, 44	0, 49	0, 59	3520
10	0, 15	0, 17	0, 20	0, 22	0, 24	0, 29	1760
9	0, 13	0, 15	0, 18	0, 20	0, 22	0, 26	1584
8	0, 12	0, 14	0, 16	0, 18	0, 20	0, 23	1408
7	0, 10	0, 12	0, 14	0, 15	0, 17	0, 21	1232
6	0, 09	0, 10	0, 12	0, 13	0, 15	0, 18	1056
5	0, 07	0, 09	0, 10	0, 11	0, 12	0, 15	880
4	0, 06	0, 07	0, 08	0, 09	0, 10	0, 12	704
3	0, 04	0, 05	0, 06	0, 07	0, 07	0, 09	528
2	0, 03	0, 03	0, 04	0, 04	0, 05	0, 06	352
1	0, 01	0, 02	0, 02	0, 02	0, 02	0, 03	176

COLONNE DES CAPITAUX	INTERÊTS POUR 177 JOURS (ou pour 5 mois et 27 jours.)						NOMBRES PRODUITS des CAPITAUX multipliés par 177 Jours.
	à 3 %	à 3 ½	à 4 %	à 4 ½	à 5 %	à 6 %	
fr.	fr. c.	fr. c.	fr. c.	fr. c.	fr. c.	fr. c.	
50,000	737, 50	860, 42	983, 33	1106, 25	1229, 17	1475, 00	8850000
40,000	590, 00	688, 33	786, 67	885, 00	983, 33	1180, 00	7080000
30,000	442, 50	516, 25	590, 00	663, 75	737, 50	885, 00	5310000
20,000	295, 00	344, 17	393, 33	442, 50	491, 67	590, 00	3540000
10,000	147, 50	172, 08	196, 67	221, 25	245, 83	295, 00	1770000
9,000	132, 75	154, 87	177, 00	199, 12	221, 25	265, 50	1593000
8,000	118, 00	137, 67	157, 33	177, 00	196, 67	236, 00	1416000
7,000	103, 25	120, 46	137, 67	154, 87	172, 08	206, 50	1239000
6,000	88, 50	103, 25	118, 00	132, 75	147, 50	177, 00	1062000
5,000	73, 75	86, 04	98, 33	110, 62	122, 92	147, 50	885000
4,000	59, 00	68, 83	78, 67	88, 50	98, 33	118, 00	708000
3,000	44, 25	51, 62	59, 00	66, 37	73, 75	88, 50	531000
2,000	29, 50	34, 42	39, 33	44, 25	49, 17	59, 00	354000
1,000	14, 75	17, 21	19, 67	22, 12	24, 58	29, 50	177000
900	13, 27	15, 49	17, 70	19, 91	22, 12	26, 55	159300
800	11, 80	13, 77	15, 73	17, 70	19, 67	23, 60	141600
700	10, 32	12, 05	13, 77	15, 49	17, 21	20, 65	123900
600	8, 85	10, 32	11, 80	13, 27	14, 75	17, 70	106200
500	7, 37	8, 60	9, 83	11, 06	12, 29	14, 75	88500
400	5, 90	6, 89	7, 87	8, 85	9, 83	11, 80	70800
300	4, 42	5, 16	5, 90	6, 64	7, 37	8, 85	53100
200	2, 95	3, 44	3, 93	4, 42	4, 92	5, 90	35400
100	1, 47	1, 72	1, 97	2, 21	2, 46	2, 95	17700
90	1, 33	1, 55	1, 77	1, 99	2, 21	2, 65	15930
80	1, 18	1, 38	1, 57	1, 77	1, 97	2, 36	14160
70	1, 03	1, 20	1, 38	1, 55	1, 72	2, 06	12390
60	0, 88	1, 03	1, 18	1, 33	1, 47	1, 77	10620
50	0, 74	0, 86	0, 98	1, 11	1, 23	1, 47	8850
40	0, 59	0, 69	0, 79	0, 88	0, 98	1, 18	7080
30	0, 44	0, 52	0, 59	0, 66	0, 74	0, 88	5310
20	0, 29	0, 34	0, 39	0, 44	0, 49	0, 59	3540
10	0, 15	0, 17	0, 20	0, 22	0, 25	0, 29	1770
9	0, 13	0, 15	0, 18	0, 20	0, 22	0, 27	1593
8	0, 12	0, 14	0, 16	0, 18	0, 20	0, 24	1416
7	0, 10	0, 12	0, 14	0, 15	0, 17	0, 21	1239
6	0, 09	0, 10	0, 12	0, 13	0, 15	0, 18	1062
5	0, 07	0, 09	0, 10	0, 11	0, 12	0, 15	885
4	0, 06	0, 07	0, 08	0, 09	0, 10	0, 12	708
3	0, 04	0, 05	0, 06	0, 07	0, 07	0, 09	531
2	0, 03	0, 03	0, 04	0, 04	0, 05	0, 06	354
1	0, 01	0, 02	0, 02	0, 02	0, 02	0, 03	177

COLONNE DES CAPITAUX	INTÉRÊTS POUR 178 JOURS (ou pour 5 mois et 28 jours.)						NOMBRES PRODUITS des CAPITAUX multipliés par 178 Jours.
	à 3 %	à 3 ½	à 4 %	à 4 ½	à 5 %	à 6 %	
fr.	fr. c.	fr. c.	fr. c.	fr. c.	fr. c.	fr. c.	
50,000	741, 67	865, 28	988, 89	1112, 50	1236, 11	1483, 33	8900000
40,000	593, 33	692, 22	791, 11	890, 00	988, 89	1186, 67	7120000
30,000	445, 00	519, 17	593, 33	667, 50	741, 67	890, 00	5340000
20,000	296, 67	346, 11	395, 56	445, 00	494, 44	593, 33	3560000
10,000	148, 33	173, 06	197, 78	222, 50	247, 22	296, 67	1780000
9,000	133, 50	155, 75	178, 00	200, 25	222, 50	267, 00	1602000
8,000	118, 67	138, 44	158, 22	178, 00	197, 78	237, 33	1424000
7,000	103, 83	121, 14	138, 44	155, 75	173, 06	207, 67	1246000
6,000	89, 00	103, 83	118, 67	133, 50	148, 33	178, 00	1068000
5,000	74, 17	86, 53	98, 89	111, 25	123, 61	148, 33	890000
4,000	59, 33	69, 22	79, 11	89, 00	98, 89	118, 67	712000
3,000	44, 50	51, 92	59, 33	66, 75	74, 17	89, 00	534000
2,000	29, 67	34, 61	39, 56	44, 50	49, 44	59, 33	356000
1,000	14, 83	17, 31	19, 78	22, 25	24, 72	29, 67	178000
900	13, 35	15, 57	17, 80	20, 02	22, 25	26, 70	160200
800	11, 87	13, 84	15, 82	17, 80	19, 78	23, 73	142400
700	10, 38	12, 11	13, 84	15, 57	17, 31	20, 77	124600
600	8, 90	10, 38	11, 87	13, 35	14, 83	17, 80	106800
500	7, 42	8, 65	9, 89	11, 12	12, 36	14, 83	89000
400	5, 93	6, 92	7, 91	8, 90	9, 89	11, 87	71200
300	4, 45	5, 19	5, 93	6, 67	7, 42	8, 90	53400
200	2, 97	3, 46	3, 96	4, 45	4, 94	5, 93	35600
100	1, 48	1, 73	1, 98	2, 22	2, 47	2, 97	17800
90	1, 33	1, 56	1, 78	2, 00	2, 22	2, 67	16020
80	1, 19	1, 38	1, 58	1, 78	1, 98	2, 37	14240
70	1, 04	1, 21	1, 38	1, 56	1, 73	2, 08	12460
60	0, 89	1, 04	1, 19	1, 33	1, 48	1, 78	10680
50	0, 74	0, 87	0, 99	1, 11	1, 24	1, 48	8900
40	0, 59	0, 69	0, 79	0, 89	0, 99	1, 19	7120
30	0, 44	0, 52	0, 59	0, 67	0, 74	0, 89	5340
20	0, 30	0, 35	0, 40	0, 44	0, 49	0, 59	3560
10	0, 15	0, 17	0, 20	0, 22	0, 25	0, 30	1780
9	0, 13	0, 16	0, 18	0, 20	0, 22	0, 27	1602
8	0, 12	0, 14	0, 16	0, 18	0, 20	0, 24	1424
7	0, 10	0, 12	0, 14	0, 16	0, 17	0, 21	1246
6	0, 09	0, 10	0, 12	0, 13	0, 15	0, 18	1068
5	0, 07	0, 09	0, 10	0, 11	0, 12	0, 15	890
4	0, 06	0, 07	0, 08	0, 09	0, 10	0, 12	712
3	0, 04	0, 05	0, 06	0, 07	0, 07	0, 09	534
2	0, 03	0, 03	0, 04	0, 04	0, 05	0, 06	356
1	0. 01	0. 02	0. 02	0, 02	0, 02	0, 03	178

COLONNE DES CAPITAUX	INTÉRÊTS POUR 179 JOURS (ou pour 5 mois et 29 jours.)						NOMBRES PRODUITS des CAPITAUX multipliés par 179 Jours.
	à 3 %	à 3 ½	à 4 %	à 4 ½	à 5 %	à 6 %	
fr.	fr. c.	fr. c.	fr. c.	fr. c.	fr. c.	fr. c.	
50,000	745, 83	870, 14	994, 44	1118, 75	1243, 06	1491, 67	8950000
40,000	596, 67	696, 11	795, 56	895, 00	994, 44	1193, 33	7160000
30,000	447, 50	522, 08	596, 67	671, 25	745, 83	895, 00	5370000
20,000	298, 33	348, 06	397, 78	447, 50	497, 22	596, 67	3580000
10,000	149, 17	174, 03	198, 89	223, 75	248, 61	298, 33	1790000
9,000	134, 25	156, 62	179, 00	201, 37	223, 75	268, 50	1611000
8,000	119, 33	139, 22	159, 11	179, 00	198, 89	238, 67	1432000
7,000	104, 42	121, 82	139, 22	156, 62	174, 03	208, 83	1253000
6,000	89, 50	104, 42	119, 33	134, 25	149, 17	179, 00	1074000
5,000	74, 58	87, 01	99, 44	111, 87	124, 31	149, 17	895000
4,000	59, 67	69, 61	79, 56	89, 50	99, 44	119, 33	716000
3,000	44, 75	52, 21	59, 67	67, 12	74, 58	89, 50	537000
2,000	29, 83	34, 81	39, 78	44, 75	49, 72	59, 67	358000
1,000	14, 92	17, 40	19, 89	22, 37	24, 86	29, 83	179000
900	13, 42	15, 66	17, 90	20, 14	22, 37	26, 85	161100
800	11, 93	13, 92	15, 91	17, 90	19, 89	23, 87	143200
700	10, 44	12, 18	13, 92	15, 66	17, 40	20, 88	125300
600	8, 95	10, 44	11, 93	13, 42	14, 92	17, 90	107400
500	7, 46	8, 70	9, 94	11, 19	12, 43	14, 92	89500
400	5, 97	6, 96	7, 96	8, 95	9, 94	11, 93	71600
300	4, 47	5, 22	5, 97	6, 71	7, 46	8, 95	53700
200	2, 98	3, 48	3, 98	4, 47	4, 97	5, 97	35800
100	1, 49	1, 74	1, 99	2, 24	2, 49	2, 98	17900
90	1, 34	1, 57	1, 79	2, 01	2, 24	2, 68	16110
80	1, 19	1, 39	1, 59	1, 79	1, 99	2, 39	14320
70	1, 04	1, 22	1, 39	1, 57	1, 74	2, 09	12530
60	0, 89	1, 04	1, 19	1, 34	1, 49	1, 79	10740
50	0, 75	0, 87	0, 99	1, 12	1, 24	1, 49	8950
40	0, 60	0, 70	0, 80	0, 89	0, 99	1, 19	7160
30	0, 45	0, 52	0, 60	0, 67	0, 75	0, 89	5370
20	0, 30	0, 35	0, 40	0, 45	0, 50	0, 60	3580
10	0, 15	0 17	0, 20	0, 22	0, 25	0, 30	1790
9	0, 13	0, 16	0, 18	0, 20	0, 22	0, 27	1611
8	0, 12	0, 14	0, 16	0, 18	0, 20	0, 24	1432
7	0, 10	0, 12	0, 14	0, 16	0, 17	0, 21	1253
6	0, 09	0, 10	0, 12	0, 13	0, 15	0, 18	1074
5	0, 07	0, 09	0, 10	0, 11	0, 12	0, 15	895
4	0, 06	0, 07	0, 08	0, 09	0, 10	0, 12	716
3	0, 04	0, 05	0, 06	0, 07	0, 07	0, 09	537
2	0, 03	0, 03	0, 04	0, 04	0, 05	0, 06	358
1	0, 01	0, 02	0, 02	0, 02	0, 02	0, 03	179

COLONNE DES CAPITAUX	à 3 %	à 3 ½	à 4 %	à 4 ½	à 5 %	à 6 %	NOMBRES PRODUITS des CAPITAUX multipliés par 180 Jours.
fr.	fr. c.	fr. c.	fr. c.	fr. c.	fr. c.	fr. c.	
50,000	750, 00	875, 00	1000, 00	1125, 00	1250, 00	1500, 00	9000000
40,000	600, 00	700, 00	800, 00	900, 00	1000, 00	1200, 00	7200000
30,000	450, 00	525, 00	600, 00	675, 00	750, 00	900, 00	5400000
20,000	300, 00	350, 00	400, 00	450, 00	500, 00	600, 00	3600000
10,000	150, 00	175, 00	200, 00	225, 00	250, 00	300, 00	1800000
9,000	135, 00	157, 50	180, 00	202, 50	225, 00	270, 00	1620000
8,000	120, 00	140, 00	160, 00	180, 00	200, 00	240, 00	1440000
7,000	105, 00	122, 50	140, 00	157, 50	175, 00	210, 00	1260000
6,000	90, 00	105, 00	120, 00	135, 00	150, 00	180, 00	1080000
5,000	75, 00	87, 50	100, 00	112, 50	125, 00	150. 00	900000
4,000	60, 00	70, 00	80, 00	90, 00	100, 00	120, 00	720000
3,000	45, 00	52, 50	60, 00	67, 50	75, 00	90, 00	540000
2,000	30, 00	35, 00	40, 00	45, 00	50, 00	60, 00	360000
1,000	15, 00	17, 50	20, 00	22, 50	25, 00	30, 00	180000
900	13, 50	15, 75	18, 00	20, 25	22, 50	27, 00	162000
800	12, 00	14, 00	16, 00	18, 00	20, 00	24, 00	144000
700	10, 50	12, 25	14, 00	15, 75	17, 50	21, 00	126000
600	9, 00	10, 50	12, 00	13, 50	15, 00	18, 00	108000
500	7, 50	8, 75	10, 00	11, 25	12, 50	15, 00	90000
400	6, 00	7, 00	8, 00	9, 00	10, 00	12, 00	72000
300	4, 50	5, 25	6, 00	6, 75	7, 50	9, 00	54000
200	3, 00	3, 50	4, 00	4, 50	5, 00	6, 00	36000
100	1, 50	1, 75	2, 00	2, 25	2, 50	3, 00	18000
90	1, 35	1, 57	1, 80	2, 02	2, 25	2, 70	16200
80	1, 20	1, 40	1, 60	1, 80	2, 00	2, 40	14400
70	1, 05	1, 22	1, 40	1, 57	1, 75	2, 10	12600
60	0, 90	1, 05	1, 20	1, 35	1, 50	1, 80	10800
50	0, 75	0, 87	1, 00	1, 12	1, 25	1, 50	9000
40	0, 60	0, 70	0, 80	0, 90	1, 00	1, 20	7200
30	0, 45	0, 52	0, 60	0, 67	0, 75	0, 90	5400
20	0, 30	0, 35	0, 40	0, 45	0, 50	0, 60	3600
10	0, 15	0, 17	0, 20	0, 22	0, 25	0, 30	1800
9	0, 13	0, 16	0, 18	0, 20	0, 22	0, 27	1620
8	0, 12	0, 14	0, 16	0, 18	0, 20	0, 24	1440
7	0, 10	0, 12	0, 14	0, 16	0, 17	0, 21	1260
6	0, 09	0, 10	0, 12	0, 13	0, 15	0, 18	1080
5	0, 07	0, 09	0, 10	0, 11	0, 12	0, 15	900
4	0, 06	0, 07	0, 08	0, 09	0, 10	0, 12	720
3	0, 04	0, 05	0, 06	0, 07	0, 07	0, 09	540
2	0, 03	0, 03	0, 04	0, 04	0, 05	0, 06	360
1	0. 01	0, 02	0, 02	0, 02	0, 02	0, 03	180

COLONNE DES CAPITAUX	INTÉRÊTS POUR 181 JOURS (ou pour 6 mois et 1 jour.)						NOMBRES PRODUITS des CAPITAUX multipliés par 181 Jours.
	à 3 %	à 3 ½	à 4 %	à 4 ½	à 5 %	à 6 %	
fr.	fr. c.	fr. c.	fr. c.	fr. c.	fr. c.	fr. c.	
50,000	754, 17	879, 86	1005, 56	1131, 25	1256, 94	1508, 33	9050000
40,000	603, 33	703, 89	804, 44	905, 00	1005, 56	1206, 67	7240000
30,000	452, 50	527, 92	603, 33	678, 75	754, 17	905, 00	5430000
20,000	301, 67	351, 94	402, 22	452, 50	502, 78	603, 33	3620000
10,000	150, 83	175, 97	201, 11	226, 25	251, 39	301, 67	1810000
9,000	135, 75	158, 37	181, 00	203, 62	226, 25	271, 50	1629000
8,000	120, 67	140, 78	160, 89	181, 00	201, 11	241, 33	1448000
7,000	105, 58	123, 18	140, 78	158, 37	175, 97	211, 17	1267000
6,000	90, 50	105, 58	120, 67	135, 75	150, 83	181, 00	1086000
5,000	75, 42	87, 99	100, 56	113, 12	125, 69	150, 83	905000
4,000	60, 33	70, 39	80, 44	90, 50	100, 56	120, 67	724000
3,000	45, 25	52, 79	60, 33	67, 87	75, 42	90, 50	543000
2,000	30, 17	35, 19	40, 22	45, 25	50, 28	60, 33	362000
1,000	15, 08	17, 60	20, 11	22, 62	25, 14	30, 17	181000
900	13, 57	15, 84	18, 10	20, 36	22, 62	27, 15	162900
800	12, 07	14, 08	16, 09	18, 10	20, 11	24, 13	144800
700	10, 56	12, 32	14, 08	15, 84	17, 60	21, 12	126700
600	9, 05	10, 56	12, 07	13, 57	15, 08	18, 10	108600
500	7, 54	8, 80	10, 06	11, 31	12, 57	15, 08	90500
400	6, 03	7, 04	8, 04	9, 05	10, 06	12, 07	72400
300	4, 52	5, 28	6, 03	6, 79	7, 54	9, 05	54300
200	3, 02	3, 52	4, 02	4, 52	5, 03	6, 03	36200
100	1, 51	1, 76	2, 01	2, 26	2, 51	3, 02	18100
90	1, 36	1, 58	1, 81	2, 04	2, 26	2, 71	16290
80	1, 21	1, 41	1, 61	1, 81	2, 01	2, 41	14480
70	1, 06	1, 23	1, 41	1, 58	1, 76	2, 11	12670
60	0, 90	1, 06	1, 21	1, 36	1, 51	1, 81	10860
50	0, 75	0, 88	1, 01	1, 13	1, 26	1, 51	9050
40	0, 60	0, 70	0, 80	0, 90	1, 01	1, 21	7240
30	0, 45	0, 53	0, 60	0, 68	0, 75	0, 90	5430
20	0, 30	0, 35	0, 40	0, 45	0, 50	0, 60	3620
10	0, 15	0, 18	0, 20	0, 23	0, 25	0, 30	1810
9	0, 14	0, 16	0, 18	0, 20	0, 23	0, 27	1629
8	0, 12	0, 14	0, 16	0, 18	0, 20	0, 24	1448
7	0, 11	0, 12	0, 14	0, 16	0, 18	0, 21	1267
6	0, 09	0, 11	0, 12	0, 14	0, 15	0, 18	1086
5	0, 08	0, 09	0, 10	0, 11	0, 13	0, 15	905
4	0, 06	0, 07	0, 08	0, 09	0, 10	0, 12	724
3	0, 05	0, 05	0, 06	0, 07	0, 08	0, 09	543
2	0, 03	0, 04	0, 04	0 05	0, 05	0, 06	362
1	0, 02	0, 02	0, 02	0, 02	0, 03	0, 03	181

COLONNE DES CAPITAUX	INTÉRÊTS POUR 182 JOURS (ou pour 6 mois et 2 jours.)						NOMBRES PRODUITS des CAPITAUX multipliés par 182 Jours.
	à 3 %	à 3 ½	à 4 %	à 4 ½	à 5 %	à 6 %	
fr.	fr. c.	fr. c.	fr. c.	fr. c.	fr. c.	fr. c.	
50,000	758, 33	884, 72	1011, 11	1137, 50	1263, 89	1516, 67	9100000
40,000	606, 67	707, 78	808, 89	910, 00	1011, 11	1213, 33	7280000
30,000	455, 00	530, 83	606, 67	682, 50	758, 33	910, 00	5460000
20,000	303, 33	353, 89	404, 44	455, 00	505, 56	606, 67	3640000
10,000	151, 67	176, 94	202, 22	227, 50	252, 78	303, 33	1820000
9,000	136, 50	159, 25	182, 00	204, 75	227, 50	273, 00	1638000
8,000	121, 33	141, 56	161, 78	182, 00	202, 22	242, 67	1456000
7,000	106, 17	123, 86	141, 56	159, 25	176, 94	212, 33	1274000
6,000	91, 00	106, 17	121, 33	136, 50	151, 67	182, 00	1092000
5,000	75, 83	88, 47	101, 11	113, 75	126, 39	151, 67	910000
4,000	60, 67	70, 78	80, 89	91, 00	101, 11	121, 33	728000
3,000	45, 50	53, 08	60, 67	68, 25	75, 83	91, 00	546000
2,000	30, 33	35, 39	40, 44	45, 50	50, 56	60, 67	364000
1,000	15, 17	17, 69	20, 22	22, 75	25, 28	30, 33	182000
900	13, 65	15, 92	18, 20	20, 47	22, 75	27, 30	163800
800	12, 13	14, 16	16, 18	18, 20	20, 22	24, 27	145600
700	10, 62	12, 39	14, 16	15, 92	17, 69	21, 23	127400
600	9, 10	10, 62	12, 13	13, 65	15, 17	18, 20	109200
500	7, 58	8, 85	10, 11	11, 37	12, 64	15, 17	91000
400	6, 07	7, 08	8, 09	9, 10	10, 11	12, 13	72800
300	4, 55	5, 31	6, 07	6, 82	7, 58	9, 10	54600
200	3, 03	3, 54	4, 04	4, 55	5, 06	6, 07	36400
100	1, 52	1, 77	2, 02	2, 27	2, 53	3, 03	18200
90	1, 36	1, 59	1, 82	2, 05	2, 27	2, 73	16380
80	1, 21	1, 42	1, 62	1, 82	2, 02	2, 43	14560
70	1, 06	1, 24	1, 42	1, 59	1, 77	2, 12	12740
60	0, 91	1, 06	1, 21	1, 36	1, 52	1, 82	10920
50	0, 76	0, 88	1, 01	1, 14	1, 26	1, 52	9100
40	0, 61	0, 71	0, 81	0, 91	1, 01	1, 21	7280
30	0, 45	0, 53	0, 61	0, 68	0, 76	0, 91	5460
20	0, 30	0, 35	0, 40	0, 45	0, 51	0, 61	3640
10	0, 15	0, 18	0, 20	0, 23	0, 25	0, 30	1820
9	0, 14	0, 16	0, 18	0, 20	0, 23	0, 27	1638
8	0, 12	0, 14	0, 16	0, 18	0, 20	0, 24	1456
7	0, 11	0, 12	0, 14	0, 16	0, 18	0, 21	1274
6	0, 09	0, 11	0, 12	0, 14	0, 15	0, 18	1092
5	0, 08	0, 09	0, 10	0, 11	0, 13	0, 15	910
4	0, 06	0, 07	0, 08	0, 09	0, 10	0, 12	728
3	0, 05	0, 05	0, 06	0, 07	0, 08	0, 09	546
2	0, 03	0, 04	0, 04	0, 05	0, 05	0, 06	364
1	0, 02	0, 02	0, 02	0, 02	0, 03	0, 03	182

COLONNE DES CAPITAUX	INTERÊTS POUR 183 JOURS (ou pour 6 mois et 3 jours.)						NOMBRES PRODUITS des CAPITAUX multipliés par 183 Jours.
	à 3 %	à 3 ½	à 4 %	à 4 ½	à 5 %	à 6 %	
fr.	fr. c.	fr. c.	fr. c.	fr. c.	fr. c.	fr. c.	
50,000	762, 50	889, 58	1016, 67	1143, 75	1270, 83	1525, 00	9150000
40,000	610, 00	711, 67	813, 33	915, 00	1016, 67	1220, 00	7320000
30,000	457, 50	533, 75	610, 00	686, 25	762, 50	915, 00	5490000
20,000	305, 00	355, 83	406, 67	457, 50	508, 33	610, 00	3660000
10,000	152, 50	177, 92	203, 33	228, 75	254, 17	305, 00	1830000
9,000	137, 25	160, 12	183, 00	205, 87	228, 75	274, 50	1647000
8,000	122, 00	142, 33	162, 67	183, 00	203, 33	244, 00	1464000
7,000	106, 75	124, 54	142, 33	160, 12	177, 92	213, 50	1281000
6,000	91, 50	106, 75	122, 00	137, 25	152, 50	183, 00	1098000
5,000	76, 25	88, 96	101, 67	114, 37	127, 08	152, 50	915000
4,000	61, 00	71, 17	81, 33	91, 50	101, 67	122, 00	732000
3,000	45, 75	53, 37	61, 00	68, 62	76, 25	91, 50	549000
2,000	30, 50	35, 58	40, 67	45, 75	50, 83	61, 00	366000
1,000	15, 25	17, 79	20, 33	22, 87	25, 42	30, 50	183000
900	13, 72	16, 01	18, 30	20, 59	22, 87	27, 45	164700
800	12, 20	14, 23	16, 27	18, 30	20, 33	24, 40	146400
700	10, 67	12, 45	14, 23	16, 01	17, 79	21, 35	128100
600	9, 15	10, 67	12, 20	13, 72	15, 25	18, 30	109800
500	7, 62	8, 90	10, 17	11, 44	12, 71	15, 25	91500
400	6, 10	7, 12	8, 13	9, 15	10, 17	12, 20	73200
300	4, 57	5, 34	6, 10	6, 86	7, 62	9, 15	54900
200	3, 05	3, 56	4, 07	4, 57	5, 08	6, 10	36600
100	1, 52	1, 78	2, 03	2, 29	2, 54	3, 05	18300
90	1, 37	1, 60	1, 83	2, 06	2, 29	2, 74	16470
80	1, 22	1, 42	1, 63	1, 83	2, 03	2, 44	14640
70	1, 07	1, 25	1, 42	1, 60	1, 78	2, 13	12810
60	0, 91	1, 07	1, 22	1, 37	1, 52	1, 83	10980
50	0, 76	0, 89	1, 02	1, 14	1, 27	1, 52	9150
40	0, 61	0, 71	0, 81	0, 91	1, 02	1, 22	7320
30	0, 46	0, 53	0, 61	0, 69	0, 76	0, 91	5490
20	0, 30	0, 36	0, 41	0, 46	0, 51	0, 61	3660
10	0, 15	0, 18	0, 20	0, 23	0, 25	0, 30	1830
9	0, 14	0, 16	0, 18	0, 21	0, 23	0, 27	1647
8	0, 12	0, 14	0, 16	0, 18	0, 20	0, 24	1464
7	0, 11	0, 12	0, 14	0, 16	0, 18	0, 21	1281
6	0, 09	0, 11	0, 12	0, 14	0, 15	0, 18	1098
5	0, 08	0, 09	0, 10	0, 11	0, 13	0, 15	915
4	0, 06	0, 07	0, 08	0, 09	0, 10	0, 12	732
3	0, 05	0, 05	0, 06	0, 07	0, 08	0, 09	549
2	0, 03	0, 04	0, 04	0, 05	0, 05	0, 06	366
1	0. 02	0, 02	0, 02	0, 02	0, 03	0, 03	183

COLONNE DES CAPITAUX	INTÉRÊTS POUR 184 JOURS (ou pour 6 mois et 4 jours.)						NOMBRES PRODUITS des CAPITAUX multipliés par 184 Jours.
	à 3 %	à 3 ½	à 4 %	à 4 ½	à 5 %	à 6 %	
fr.	fr. c.	fr. c.	fr. c.	fr. c.	fr. c.	fr. c.	
50,000	766, 67	894, 44	1022, 22	1150, 00	1277, 78	1533, 33	9200000
40,000	613, 33	715, 56	817, 78	920, 00	1022, 22	1226, 67	7360000
30,000	460, 00	536, 67	613, 33	690, 00	766, 67	920, 00	5520000
20,000	306, 67	357, 78	408, 89	460, 00	511, 11	613, 33	3680000
10,000	153, 33	178, 89	204, 44	230, 00	255, 56	306, 67	1840000
9,000	138, 00	161, 00	184, 00	207, 00	230, 00	276, 00	1656000
8,000	122, 67	143, 11	163, 56	184, 00	204, 44	245, 33	1472000
7,000	107, 33	125, 22	143, 11	161, 00	178, 89	214, 67	1288000
6,000	92, 00	107, 33	122, 67	138, 00	153, 33	184, 00	1104000
5,000	76, 67	89, 44	102, 22	115, 00	127, 78	153, 33	920000
4,000	61, 33	71, 56	81. 78	92, 00	102, 22	122, 67	736000
3,000	46, 00	53, 67	61. 33	69, 00	76, 67	92, 00	552000
2,000	30, 67	35, 78	40, 89	46, 00	51, 11	61, 33	368000
1,000	15, 33	17. 89	20. 44	23, 00	25, 56	30, 67	184000
900	13, 80	16, 10	18, 40	20, 70	23, 00	27, 60	165600
800	12, 27	14, 31	16, 36	18, 40	20, 44	24, 53	147200
700	10, 73	12, 52	14, 31	16, 10	17, 89	21, 47	128800
600	9, 20	10, 73	12, 27	13, 80	15, 33	18, 40	110400
500	7, 67	8, 94	10, 22	11, 50	12, 78	15, 33	92000
400	6, 13	7, 16	8, 18	9, 20	10, 22	12, 27	73600
300	4, 60	5, 37	6, 13	6, 90	7, 67	9, 20	55200
200	3, 07	3, 58	4, 09	4, 60	5, 11	6, 13	36800
100	1, 53	1, 79	2, 04	2, 30	2, 56	3, 07	18400
90	1, 38	1, 61	1, 84	2, 07	2, 30	2, 76	16560
80	1, 23	1, 43	1, 64	1, 84	2, 04	2, 45	14720
70	1, 07	1, 25	1, 43	1, 61	1, 79	2, 15	12880
60	0, 92	1, 07	1, 23	1, 38	1, 53	1, 84	11040
50	0, 77	0, 89	1, 02	1, 15	1, 28	1, 53	9200
40	0, 61	0, 72	0, 82	0, 92	1, 02	1, 23	7360
30	0, 46	0, 54	0, 61	0, 69	0, 77	0, 92	5520
20	0, 31	0, 36	0, 41	0, 46	0, 51	0, 61	3680
10	0, 15	0, 18	0, 20	0, 23	0, 26	0, 31	1840
9	0, 14	0, 16	0, 18	0, 21	0, 23	0, 28	1656
8	0, 12	0, 14	0, 16	0, 18	0, 20	0, 25	1472
7	0, 11	0, 13	0, 14	0, 16	0, 18	0, 21	1288
6	0, 09	0, 11	0, 12	0, 14	0, 15	0, 18	1104
5	0, 08	0, 09	0, 10	0, 11	0, 13	0, 15	920
4	0, 06	0, 07	0, 08	0, 09	0, 10	0, 12	736
3	0, 05	0, 05	0, 06	0, 07	0, 08	0, 09	552
2	0, 03	0, 04	0, 04	0, 05	0, 05	0, 06	368
1	0. 02	0. 02	0, 02	0, 02	0. 03	0, 03	184

COLONNE DES CAPITAUX	INTÉRÊTS POUR 185 JOURS (ou pour 6 mois et 5 jours.)						NOMBRES PRODUITS des CAPITAUX multipliés par 185 Jours.
	à 3 %	à 3 ½	à 4 %	à 4 ½	à 5 %	à 6 %	
fr.	fr. c.	fr. c.	fr. c.	fr. c.	fr. c.	fr. c.	
50,000	770, 83	899, 30	1027, 78	1156, 25	1284, 72	1541, 67	9250000
40,000	616, 67	719, 44	822, 22	925, 00	1027, 78	1233, 33	7400000
30,000	462, 50	539, 58	616, 67	693, 75	770, 83	925, 00	5550000
20,000	308, 33	359, 72	411, 11	462, 50	513, 89	616, 67	3700000
10,000	154, 17	179, 86	205, 56	231, 25	256, 94	308, 33	1850000
9,000	138, 75	161, 87	185, 00	208, 12	231, 25	277, 50	1665000
8,000	123, 33	143, 89	164, 44	185, 00	205, 56	246, 67	1480000
7,000	107, 92	125, 90	143, 89	161, 87	179, 86	215, 83	1295000
6,000	92, 50	107, 92	123, 33	138, 75	154, 17	185, 00	1110000
5,000	77, 08	89, 93	102, 78	115, 62	128, 47	154, 17	925000
4,000	61, 67	71, 94	82, 22	92, 50	102, 78	123, 33	740000
3,000	46, 25	53, 96	61, 67	69, 37	77, 08	92, 50	555000
2,000	30, 83	35, 97	41, 11	46, 25	51, 39	61, 67	370000
1,000	15, 42	17, 99	20, 56	23, 12	25, 69	30, 83	185000
900	13, 87	16, 19	18, 50	20, 81	23, 12	27, 75	166500
800	12, 33	14, 39	16, 44	18, 50	20, 56	24, 67	148000
700	10, 79	12, 59	14, 39	16, 19	17, 99	21, 58	129500
600	9, 25	10, 79	12, 33	13, 87	15, 42	18, 50	111000
500	7, 71	8, 99	10, 28	11, 56	12, 85	15, 42	92500
400	6, 17	7, 19	8, 22	9, 25	10, 28	12, 33	74000
300	4, 62	5, 40	6, 17	6, 94	7, 71	9, 25	55500
200	3, 08	3, 60	4, 11	4, 62	5, 14	6, 17	37000
100	1, 54	1, 80	2, 06	2, 31	2, 57	3, 08	18500
90	1, 39	1, 62	1, 85	2, 08	2, 31	2, 77	16650
80	1, 23	1, 44	1, 64	1, 85	2, 06	2, 47	14800
70	1, 08	1, 26	1, 44	1, 62	1, 80	2, 16	12950
60	0, 92	1, 08	1, 23	1, 39	1, 54	1, 85	11100
50	0, 77	0, 90	1, 03	1, 16	1, 28	1, 54	9250
40	0, 62	0, 72	0, 82	0, 92	1, 03	1, 23	7400
30	0, 46	0, 54	0, 62	0, 69	0, 77	0, 92	5550
20	0, 31	0, 36	0, 41	0, 46	0, 51	0, 62	3700
10	0, 15	0 18	0, 21	0, 23	0, 26	0, 31	1850
9	0, 14	0, 16	0, 18	0, 21	0, 23	0, 28	1665
8	0, 12	0, 14	0, 16	0, 18	0, 21	0, 25	1480
7	0, 11	0, 13	0, 14	0, 16	0, 18	0, 22	1295
6	0, 09	0, 11	0, 12	0, 14	0, 15	0, 18	1110
5	0, 08	0, 09	0, 10	0, 12	0, 13	0, 15	925
4	0, 06	0, 07	0, 08	0, 09	0, 10	0, 12	740
3	0, 05	0, 05	0, 06	0, 07	0, 08	0, 09	555
2	0, 03	0, 04	0, 04	0, 05	0, 05	0, 06	370
1	0, 02	0, 02	0, 02	0, 02	0, 03	0, 03	185

16.

INTERETS POUR 186 JOURS
(ou pour 6 mois et 6 jours.)

COLONNE DES CAPITAUX	à 3 %	à 3 ½	à 4 %	à 4 ½	à 5 %	à 6 %	NOMBRES PORDUITS des CAPITAUX multipliés par 186 Jours.
fr.	fr. c.	fr. c.	fr. c.	fr. c.	fr. c.	fr. c.	
50,000	775, 00	904, 17	1033. 33	1162, 50	1291, 67	1550, 00	9300000
40,000	620, 00	723, 33	826, 67	930, 00	1033, 33	1240, 00	7440000
30,000	465, 00	542, 50	620, 00	697, 50	775, 00	930, 00	5580000
20,000	310, 00	361, 67	413, 33	465, 00	516, 67	620. 00	3720000
10,000	155, 00	180, 83	206, 67	232, 50	258, 33	310, 00	1860000
9,000	139, 50	162, 75	186, 00	209, 25	232, 50	279, 00	1674000
8,000	124, 00	144, 67	165, 33	186, 00	206, 67	248, 00	1488000
7,000	108, 50	126, 58	144, 67	162, 75	180, 83	217, 00	1302000
6,000	93, 00	108, 50	124, 00	139, 50	155, 00	186, 00	1116000
5,000	77, 50	90, 42	103, 33	116, 25	129, 17	155, 00	930000
4,000	62, 00	72, 33	82, 67	93, 00	103, 33	124, 00	744000
3,000	46, 50	54, 25	62, 00	69, 75	77, 50	93, 00	558000
2,000	31, 00	36, 17	41, 33	46, 50	51, 67	62, 00	372000
1,000	15, 50	18, 08	20. 67	23, 25	25, 83	31, 00	186000
900	13, 95	16, 27	18, 60	20, 92	23, 25	27, 90	167400
800	12, 40	14, 47	16, 53	18, 60	20, 67	24, 80	148800
700	10, 85	12. 66	14, 47	16, 27	18, 08	21, 70	130200
600	9, 30	10, 85	12, 40	13, 95	15, 50	18, 60	111600
500	7, 75	9, 04	10, 33	11, 62	12, 92	15, 50	93000
400	6, 20	7, 23	8, 27	9, 30	10, 33	12, 40	74400
300	4, 65	5, 42	6, 20	6, 97	7, 75	9, 30	55800
200	3, 10	3, 62	4, 13	4, 65	5, 17	6, 20	37200
100	1, 55	1, 81	2, 07	2, 32	2, 58	3, 10	18600
90	1, 39	1, 63	1, 86	2, 09	2, 32	2, 79	16740
80	1, 24	1, 45	1, 65	1, 86	2, 07	2, 48	14880
70	1, 08	1, 27	1, 45	1, 63	1, 81	2, 17	13020
60	0, 93	1, 08	1, 24	1, 39	1, 55	1, 86	11160
50	0, 77	0, 90	1, 03	1, 16	1, 29	1. 55	9300
40	0, 62	0, 72	0, 83	0, 93	1, 03	1, 24	7440
30	0. 46	0, 54	0, 62	0, 70	0, 77	0, 93	5580
20	0, 31	0, 36	0, 41	0, 46	0, 52	0, 62	3720
10	0, 15	0, 18	0, 21	0, 23	0, 26	0, 31	1860
9	0, 14	0, 16	0, 19	0, 21	0, 23	0, 28	1674
8	0, 12	0, 14	0, 17	0, 19	0, 21	0, 25	1488
7	0, 11	0, 13	0, 14	0, 16	0, 18	0, 22	1302
6	0. 09	0, 11	0, 12	0, 14	0, 15	0, 19	1116
5	0, 08	0, 09	0, 10	0, 12	0, 13	0, 15	930
4	0, 06	0, 07	0. 08	0, 09	0, 10	0, 12	744
3	0, 05	0, 05	0, 06	0, 07	0, 08	0, 09	558
2	0, 03	0, 04	0, 04	0, 05	0, 05	0, 06	372
1	0. 02	0. 02	0. 02	0. 02	0, 03	0. 03	186

COLONNE DES CAPITAUX	INTÉRÊTS POUR 187 JOURS (ou pour 6 mois et 7 jours.)						NOMBRES PRODUITS des CAPITAUX multipliés par 187 Jours.
	à 3 %	à 3 ½	à 4 %	à 4 ½	à 5 %	à 6 %	
fr.	fr. c.	fr. c.	fr. c.	fr. c.	fr. c.	fr. c.	
50,000	779, 17	909, 03	1038, 89	1168, 75	1298, 61	1558, 33	9350000
40,000	623, 33	727, 22	831, 11	935, 00	1038, 89	1246, 67	7480000
30.000	467, 50	545, 42	623, 33	701, 25	779, 17	935, 00	5610000
20,000	311, 67	363, 61	415, 56	467, 50	519, 44	623, 33	3740000
10,000	155, 83	181, 81	207, 78	233, 75	259, 72	311, 67	1870000
9,000	140, 25	163, 62	187, 00	210, 37	233, 75	280, 50	1683000
8,000	124, 67	145, 44	166, 22	187, 00	207, 78	249, 33	1496000
7,000	109, 08	127, 26	145, 44	163, 62	181, 81	218, 17	1309000
6,000	93, 50	109, 08	124, 67	140, 25	155, 83	187, 00	1122000
5,000	77, 92	90, 90	103, 89	116, 87	129, 86	155, 83	935000
4,000	62, 33	72, 72	83, 11	93, 50	103, 89	124, 67	748000
3,000	46. 75	54, 54	62, 33	70, 12	77, 92	93, 50	561000
2,000	31, 17	36, 36	41, 56	46, 75	51, 94	62, 33	374000
1,000	15, 58	18, 18	20, 78	23, 37	25, 97	31, 17	187000
900	14, 02	16, 36	18, 70	21, 04	23, 37	28, 05	168300
800	12, 47	14, 54	16, 62	18, 70	20, 78	24, 93	149600
700	10, 91	12, 73	14, 54	16, 36	18, 18	21, 82	130900
600	9, 35	10, 91	12, 47	14, 02	15, 58	18, 70	112200
500	7, 79	9, 09	10, 39	11, 69	12. 99	15, 58	93500
400	6, 23	7, 27	8, 31	9, 35	10, 39	12, 47	74800
300	4, 67	5, 45	6, 23	7, 01	7, 79	9, 35	56100
200	3, 12	3, 64	4, 16	4, 67	5, 19	6, 23	37400
100	1, 56	1, 82	2, 08	2, 34	2, 60	3, 12	18700
90	1, 40	1, 64	1, 87	2, 10	2, 34	2, 80	16830
80	1, 25	1, 45	1, 66	1, 87	2, 08	2, 49	14960
70	1, 09	1, 27	1, 45	1, 64	1, 82	2, 18	13090
60	0, 93	1, 09	1, 25	1, 40	1, 56	1, 87	11220
50	0, 78	0, 91	1, 04	1, 17	1, 30	1, 56	9350
40	0, 62	0, 73	0, 83	0, 93	1, 04	1, 25	7480
30	0, 47	0, 55	0, 62	0, 70	0, 78	0. 93	5610
20	0, 31	0, 36	0, 42	0, 47	0, 52	0, 62	3740
10	0, 16	0, 18	0, 21	0, 23	0, 26	0, 31	1870
9	0, 14	0, 16	0, 19	0, 21	0, 23	0, 28	1683
8	0, 12	0, 15	0, 17	0, 19	0, 21	0, 25	1496
7	0, 11	0, 13	0, 15	0, 16	0, 18	0, 22	1309
6	0, 09	0, 11	0, 12	0, 14	0, 16	0, 19	1122
5	0, 08	0, 09	0, 10	0, 12	0, 13	0, 16	935
4	0, 06	0, 07	0, 08	0, 09	0, 10	0, 12	748
3	0, 05	0, 05	0, 06	0, 07	0, 08	0, 09	561
2	0, 03	0, 04	0, 04	0 05	0, 05	0, 06	374
1	0. 02	0. 02	0. 02	0. 02	0. 03	0, 03	187

COLONNE DES CAPITAUX	INTÉRÊTS POUR 188 JOURS (ou pour 6 mois et 8 jours.)						NOMBRES PRODUITS des CAPITAUX multipliés par 188 Jours.
	à 3 %	à 3 1/2	à 4 %	à 4 1/2	à 5 %	à 6 %	
fr.	fr. c.	fr. c.	fr. c.	fr. c.	fr. c.	fr. c.	
50,000	783, 33	913, 89	1044, 44	1175, 00	1305, 56	1566, 67	9400000
40,000	626, 67	731, 11	835, 56	940, 00	1044, 44	1253, 33	7520000
30,000	470, 00	548, 33	626, 67	705, 00	783, 33	940, 00	5640000
20,000	313, 33	365, 56	417, 78	470, 00	522, 22	626, 67	3760000
10,000	156, 67	182, 78	208, 89	235, 00	261, 11	313, 33	1880000
9,000	141, 00	164, 50	188, 00	211, 50	235, 00	282, 00	1692000
8,000	125, 33	146, 22	167, 11	188, 00	208, 89	250, 67	1504000
7,000	109, 67	127, 94	146, 22	164, 50	182, 78	219, 33	1316000
6,000	94, 00	109, 67	125, 33	141, 00	156, 67	188, 00	1128000
5,000	78, 33	91, 39	104, 44	117, 50	130, 56	156, 67	940000
4,000	62, 67	73, 11	83, 56	94, 00	104, 44	125, 33	752000
3,000	47, 00	54, 83	62, 67	70, 50	78, 33	94, 00	564000
2,000	31, 33	36, 56	41, 78	47, 00	52, 22	62, 67	376000
1,000	15, 67	18, 28	20, 89	23, 50	26, 11	31, 33	188000
900	14, 10	16, 45	18, 80	21, 15	23, 50	28, 20	169200
800	12, 53	14, 62	16, 71	18, 80	20, 89	25, 07	150400
700	10, 97	12, 79	14, 62	16, 45	18, 28	21, 93	131600
600	9, 40	10, 97	12, 53	14, 10	15, 67	18, 80	112800
500	7, 83	9, 14	10, 44	11, 75	13, 06	15, 67	94000
400	6, 27	7, 31	8, 36	9, 40	10, 44	12, 53	75200
300	4, 70	5, 48	6, 27	7, 05	7, 83	9, 40	56400
200	3, 13	3, 66	4, 18	4, 70	5, 22	6, 27	37600
100	1, 57	1, 83	2, 09	2, 35	2, 61	3, 13	18800
90	1, 41	1, 64	1, 88	2, 11	2, 35	2, 82	16920
80	1, 25	1, 46	1, 67	1, 88	2, 09	2, 51	15040
70	1, 10	1, 28	1, 46	1, 64	1, 83	2, 19	13160
60	0, 94	1, 10	1, 25	1, 41	1, 57	1, 88	11280
50	0, 78	0, 91	1, 04	1, 17	1, 31	1, 57	9400
40	0, 63	0, 73	0, 84	0, 94	1, 04	1, 25	7520
30	0, 47	0, 55	0, 63	0, 70	0, 78	0, 94	5640
20	0, 31	0, 37	0, 42	0, 47	0, 52	0, 63	3760
10	0, 16	0, 18	0, 21	0, 23	0, 26	0, 31	1880
9	0, 14	0, 16	0, 19	0, 21	0, 23	0, 28	1692
8	0, 13	0, 15	0, 17	0, 19	0, 21	0, 25	1504
7	0, 11	0, 13	0, 15	0, 16	0, 18	0, 22	1316
6	0, 09	0, 11	0, 13	0, 14	0, 16	0, 19	1128
5	0, 08	0, 09	0, 10	0, 12	0, 13	0, 16	940
4	0, 06	0, 07	0, 08	0, 09	0, 10	0, 13	752
3	0, 05	0, 05	0, 06	0, 07	0, 08	0, 09	564
2	0, 03	0, 04	0, 04	0, 05	0, 05	0, 06	376
1	0, 02	0, 02	0, 02	0, 02	0, 03	0, 03	188

COLONNE DES CAPITAUX	INTERÊTS POUR 189 JOURS (ou pour 6 mois et 9 jours.)						NOMBRES PRODUITS des CAPITAUX multipliés par 189 Jours.
	à 3 %	à 3 ½	à 4 %	à 4 ½	à 5 %	à 6 %	
fr.	fr. c.	fr. c.	fr. c.	fr. c.	fr. c.	fr. c.	
50,000	787, 50	918, 75	1050, 00	1181, 25	1312, 50	1575, 00	9450000
40,000	630, 00	735, 00	840, 00	945, 00	1050, 00	1260, 00	7560000
30,000	472, 50	551, 25	630, 00	708, 75	787, 50	945, 00	5670000
20,000	315, 00	367, 50	420, 00	472, 50	525, 00	630, 00	3780000
10,000	157, 50	183, 75	210, 00	236, 25	262, 50	315, 00	1890000
9,000	141, 75	165, 37	189, 00	212, 62	236, 25	283, 50	1701000
8,000	126, 00	147, 00	168, 00	189, 00	210, 00	252, 00	1512000
7,000	110, 25	128, 62	147, 00	165, 37	183, 75	220, 50	1323000
6,000	94, 50	110, 25	126, 00	141, 75	157, 50	189, 00	1134000
5,000	78, 75	91, 87	105, 00	118, 12	131, 25	157, 50	945000
4,000	63, 00	73, 50	84, 00	94, 50	105, 00	126, 00	756000
3,000	47, 25	55, 12	63, 00	70, 87	78, 75	94, 50	567000
2,000	31, 50	36, 75	42, 00	47, 25	52, 50	63, 00	378000
1,000	15, 75	18, 37	21, 00	23, 62	26, 25	31, 50	189000
900	14, 17	16, 54	18, 90	21, 26	23, 62	28, 35	170100
800	12, 60	14, 70	16, 80	18, 90	21, 00	25, 20	151200
700	11, 02	12, 86	14, 70	16, 54	18, 37	22, 05	132300
600	9, 45	11, 02	12, 60	14, 17	15, 75	18, 90	113400
500	7, 87	9, 19	10, 50	11, 81	13, 12	15, 75	94500
400	6, 30	7, 35	8, 40	9, 45	10, 50	12, 60	75600
300	4, 72	5, 51	6, 30	7, 09	7, 87	9, 45	56700
200	3, 15	3, 67	4, 20	4, 72	5, 25	6, 30	37800
100	1, 57	1, 84	2, 10	2, 36	2, 62	3, 15	18900
90	1, 42	1, 65	1, 89	2, 13	2, 36	2, 83	17010
80	1, 26	1, 47	1, 68	1, 89	2, 10	2, 52	15120
70	1, 10	1, 29	1, 47	1, 65	1, 84	2, 20	13230
60	0, 94	1, 10	1, 26	1, 42	1, 57	1, 89	11340
50	0, 79	0, 92	1, 05	1, 18	1, 31	1, 57	9450
40	0, 63	0, 73	0, 84	0, 94	1, 05	1, 26	7560
30	0, 47	0, 55	0, 63	0, 71	0, 79	0, 94	5670
20	0, 31	0, 37	0, 42	0, 47	0, 52	0, 63	3780
10	0, 16	0, 18	0, 21	0, 24	0, 26	0, 31	1890
9	0, 14	0, 17	0, 19	0, 21	0, 24	0, 28	1701
8	0, 13	0, 15	0, 17	0, 19	0, 21	0, 25	1512
7	0, 11	0, 13	0, 15	0, 17	0, 18	0, 22	1323
6	0, 09	0, 11	0, 13	0, 14	0, 16	0, 19	1134
5	0, 08	0, 09	0, 10	0, 12	0, 13	0, 16	945
4	0, 06	0, 07	0, 08	0, 09	0, 10	0, 13	756
3	0, 05	0, 06	0, 06	0, 07	0, 07	0, 09	567
2	0, 03	0, 04	0, 04	0, 05	0, 05	0, 06	378
1	0, 02	0, 02	0, 02	0, 02	0, 03	0, 03	189

COLONNE DES CAPITAUX	INTÉRÊTS POUR 190 JOURS (ou pour 6 mois et 10 jours.)						NOMBRES PRODUITS des CAPITAUX multipliés par 190 Jours.
	à 3 %	à 3 ½	à 4 %	à 4 ½	à 5 %	à 6 %	
fr.	fr. c.	fr. c.	fr. c.	fr. c.	fr. c.	fr. c.	
50,000	791, 67	923, 61	1055, 56	1187, 50	1319, 44	1583, 33	9500000
40,000	633, 33	738, 89	844, 44	950, 00	1055, 56	1266, 67	7600000
30,000	475, 00	554, 17	633, 33	712, 50	791, 67	950, 00	5700000
20,000	316, 67	369, 44	422, 22	475, 00	527, 78	633, 33	3800000
10,000	158, 33	184, 72	211, 11	237, 50	263, 89	316, 67	1900000
9,000	142, 50	166, 25	190, 00	213, 75	237, 50	285, 00	1710000
8,000	126, 67	147, 78	168, 89	190, 00	211, 11	253, 33	1520000
7,000	110, 83	129, 31	147, 78	166, 25	184, 72	221, 67	1330000
6,000	95, 00	110, 83	126, 67	142, 50	158, 33	190, 00	1140000
5,000	79, 17	92, 36	105, 56	118, 75	131, 94	158, 33	950000
4,000	63, 33	73, 89	84, 44	95, 00	105, 56	126, 67	760000
3,000	47, 50	55, 42	63, 33	71, 25	79, 17	95, 00	570000
2,000	31, 67	36, 94	42, 22	47, 50	52, 78	63, 33	380000
1,000	15, 83	18, 47	21, 11	23, 75	26, 39	31, 67	190000
900	14, 25	16, 62	19, 00	21, 37	23, 75	28, 50	171000
800	12, 67	14, 78	16, 89	19, 00	21, 11	25, 33	152000
700	11, 08	12, 93	14, 78	16, 62	18, 47	22, 17	133000
600	9, 50	11, 08	12, 67	14, 25	15, 83	19, 00	114000
500	7, 92	9, 24	10, 56	11, 87	13, 19	15, 83	95000
400	6, 33	7, 39	8, 44	9, 50	10, 56	12, 67	76000
300	4, 75	5, 54	6, 33	7, 12	7, 92	9, 50	57000
200	3, 17	3, 69	4, 22	4, 75	5, 28	6, 33	38000
100	1, 58	1, 85	2, 11	2, 37	2, 64	3, 17	19000
90	1, 42	1, 66	1, 90	2, 14	2, 37	2, 85	17100
80	1, 27	1, 48	1, 69	1, 90	2, 11	2, 53	15200
70	1, 11	1, 29	1, 48	1, 66	1, 85	2, 22	13300
60	0, 95	1, 11	1, 27	1, 42	1, 58	1, 90	11400
50	0, 79	0, 92	1, 06	1, 19	1, 32	1, 58	9500
40	0, 63	0, 74	0, 84	0, 95	1, 06	1, 27	7600
30	0, 47	0, 55	0, 63	0, 71	0, 79	0, 95	5700
20	0, 32	0, 37	0, 42	0, 47	0, 53	0, 63	3800
10	0, 16	0, 18	0, 21	0, 24	0, 26	0, 32	1900
9	0, 14	0, 17	0, 19	0, 21	0, 24	0, 28	1710
8	0, 13	0, 15	0, 17	0, 19	0, 21	0, 25	1520
7	0, 11	0, 13	0, 15	0, 17	0, 18	0, 22	1330
6	0, 09	0, 11	0, 13	0, 14	0, 16	0, 19	1140
5	0, 08	0, 09	0, 11	0, 12	0, 13	0, 16	950
4	0, 06	0, 07	0, 08	0, 09	0, 11	0, 13	760
3	0, 05	0, 06	0, 06	0, 07	0, 08	0, 09	570
2	0, 03	0, 04	0, 04	0, 05	0, 05	0, 06	380
1	0, 02	0, 02	0, 02	0, 02	0, 03	0, 03	190

INTÉRÊTS POUR 191 JOURS
(ou pour 6 mois et 11 jours.)

COLONNE DES CAPITAUX	à 3 %	à 3 ½	à 4 %	à 4 ½	à 5 %	à 6 %	NOMBRES PRODUITS des CAPITAUX multipliés par 191 Jours.
fr.	fr. c.	fr. c.	fr. c.	fr. c.	fr. c.	fr. c.	
50,000	795, 83	928, 47	1061, 11	1193, 75	1326, 39	1591, 67	9550000
40,000	636, 67	742, 78	848, 89	955, 00	1061, 11	1273, 33	7640000
30,000	477, 50	557, 08	636, 67	716, 25	795, 83	955, 00	5730000
20,000	318, 33	371, 39	424, 44	477, 50	530, 56	636, 67	3820000
10,000	159, 17	185, 69	212, 22	238, 75	265, 28	318, 33	1910000
9,000	143, 25	167, 12	191, 00	214, 87	238, 75	286, 50	1719000
8,000	127, 33	148, 56	169, 78	191, 00	212, 22	254, 67	1528000
7,000	111, 42	129, 99	148, 56	167, 12	185, 69	222, 83	1337000
6,000	95, 50	111, 42	127, 33	143, 25	159, 17	191, 00	1146000
5,000	79, 58	92, 85	106, 11	119, 37	132, 64	159, 17	955000
4,000	63, 67	74, 28	84, 89	95, 50	106, 11	127, 33	764000
3,000	47, 75	55, 71	63, 67	71, 62	79, 58	95, 50	573000
2,000	31, 83	37, 14	42, 44	47, 75	53, 06	63, 67	382000
1,000	15, 92	18, 57	21, 22	23, 87	26, 53	31, 83	191000
900	14, 32	16, 71	19, 10	21, 49	23, 87	28, 65	171900
800	12, 73	14, 86	16, 98	19, 10	21, 22	25, 47	152800
700	11, 14	13, 00	14, 86	16, 71	18, 57	22, 28	133700
600	9, 55	11, 14	12, 73	14, 32	15, 92	19, 10	114600
500	7, 96	9, 28	10, 61	11, 94	13, 26	15, 92	95500
400	6, 37	7, 43	8, 49	9, 55	10, 61	12, 73	76400
300	4, 77	5, 57	6, 37	7, 16	7, 96	9, 55	57300
200	3, 18	3, 71	4, 24	4, 77	5, 31	6, 37	38200
100	1, 59	1, 86	2, 12	2, 39	2, 65	3, 18	19100
90	1, 43	1, 67	1, 91	2, 15	2, 39	2, 86	17190
80	1, 27	1, 49	1, 70	1, 91	2, 12	2, 55	15280
70	1, 11	1, 30	1, 49	1, 67	1, 86	2, 23	13370
60	0, 95	1, 11	1, 27	1, 43	1, 59	1, 91	11460
50	0, 80	0, 93	1, 06	1, 19	1, 33	1, 59	9550
40	0, 64	0, 74	0, 85	0, 95	1, 06	1, 27	7640
30	0, 48	0, 56	0, 64	0, 72	0, 80	0, 95	5730
20	0, 32	0, 37	0, 42	0, 48	0, 53	0, 64	3820
10	0, 16	0, 19	0, 21	0, 24	0, 27	0, 32	1910
9	0, 14	0, 17	0, 19	0, 21	0, 24	0, 29	1719
8	0, 13	0, 15	0, 17	0, 19	0, 21	0, 25	1528
7	0, 11	0, 13	0, 15	0, 17	0, 19	0, 22	1337
6	0, 10	0, 11	0, 13	0, 14	0, 16	0, 19	1146
5	0, 08	0, 09	0, 11	0, 12	0, 13	0, 16	955
4	0, 06	0, 07	0, 08	0, 10	0, 11	0, 13	764
3	0, 05	0, 06	0, 06	0, 07	0, 08	0, 10	573
2	0, 03	0, 04	0, 04	0, 05	0, 05	0, 06	382
1	0, 02	0, 02	0, 02	0, 02	0, 03	0, 03	191

COLONNE DES CAPITAUX	à 3 %	à 3 ½	à 4 %	à 4 ½	à 5 %	à 6 %	NOMBRES PRODUITS des CAPITAUX multipliés par 192 Jours.
INTERETS POUR 192 JOURS (ou pour 6 mois et 12 jours.)							
fr.	fr. c.	fr. c.	fr. c.	fr. c.	fr. c.	fr. c.	
50,000	800, 00	933, 33	1066, 67	1200, 00	1333, 33	1600, 00	9600000
40,000	640, 00	746, 67	853, 33	960, 00	1066, 67	1280, 00	7680000
30,000	480, 00	560, 00	640, 00	720, 00	800, 00	960, 00	5760000
20,000	320, 00	373, 33	426, 67	480, 00	533, 33	640, 00	3840000
10,000	160, 00	186, 67	213, 33	240, 00	266, 67	320, 00	1920000
9,000	144, 00	168, 00	192, 00	216, 00	240, 00	288, 00	1728000
8,000	128, 00	149, 33	170, 67	192, 00	213, 33	256, 00	1536000
7,000	112, 00	130, 67	149, 33	168, 00	186, 67	224, 00	1344000
6,000	96, 00	112, 00	128, 00	144, 00	160, 00	192, 00	1152000
5,000	80, 00	93, 33	106, 67	120, 00	133, 33	160, 00	960000
4,000	64, 00	74, 67	85, 33	96, 00	106, 67	128, 00	768000
3,000	48, 00	56, 00	64, 00	72, 00	80, 00	96, 00	576000
2,000	32, 00	37, 33	42, 67	48, 00	53, 33	64, 00	384000
1,000	16, 00	18, 67	21, 33	24, 00	26, 67	32, 00	192000
900	14, 40	16, 80	19, 20	21, 60	24, 00	28, 80	172800
800	12, 80	14, 93	17, 07	19, 20	21, 33	25, 60	153600
700	11, 20	13, 07	14, 93	16, 80	18, 67	22, 40	134400
600	9, 60	11, 20	12, 80	14, 40	16, 00	19, 20	115200
500	8, 00	9, 33	10, 67	12, 00	13, 33	16, 00	96000
400	6, 40	7, 47	8, 53	9, 60	10, 67	12, 80	76800
300	4, 80	5, 60	6, 40	7, 20	8, 00	9, 60	57600
200	3, 20	3, 73	4, 27	4, 80	5, 33	6, 40	38400
100	1, 60	1, 87	2, 13	2, 40	2, 67	3, 20	19200
90	1, 44	1, 68	1, 92	2, 16	2, 40	2, 88	17280
80	1, 28	1, 49	1, 71	1, 92	2, 13	2, 56	15360
70	1, 12	1, 31	1, 49	1, 68	1, 87	2, 24	13440
60	0, 96	1, 12	1, 28	1, 44	1, 60	1, 92	11520
50	0, 80	0, 93	1, 07	1, 20	1, 33	1, 60	9600
40	0, 64	0, 75	0, 85	0, 96	1, 07	1, 28	7680
30	0, 48	0, 56	0, 64	0, 72	0, 80	0, 96	5760
20	0, 32	0, 37	0, 43	0, 48	0, 53	0, 64	3840
10	0, 16	0, 19	0, 21	0, 24	0, 27	0, 32	1920
9	0, 14	0, 17	0, 19	0, 22	0, 24	0, 29	1728
8	0, 13	0, 15	0, 17	0, 19	0, 21	0, 26	1536
7	0, 11	0, 13	0, 15	0, 17	0, 19	0, 22	1344
6	0, 10	0, 11	0, 13	0, 14	0, 16	0, 19	1152
5	0, 08	0, 09	0, 11	0, 12	0, 13	0, 16	960
4	0, 06	0, 07	0, 09	0, 10	0, 11	0, 13	768
3	0, 05	0, 06	0, 06	0, 07	0, 08	0, 10	576
2	0, 03	0, 04	0, 04	0, 05	0, 05	0, 06	384
1	0, 02	0, 02	0, 02	0, 02	0, 03	0, 03	192

COLONNE DES CAPITAUX	INTÉRÈTS POUR 193 JOURS (ou pour 6 mois et 13 jours.)						NOMBRES PRODUITS des CAPITAUX multipliés par 193 Jours.
	à 3 %	à 3 ½	à 4 %	à 4 ½	à 5 %	à 6 %	
fr.	fr. c.	fr. c.	fr. c.	fr. c.	fr. c.	fr. c.	
5o,000	8o4, 17	938, 19	1072, 22	1206, 25	1340, 28	16o8, 33	965oooo
4o,000	643, 33	75o, 56	857, 78	965, oo	1072, 22	1286, 67	772oooo
3o,000	482, 5o	562, 92	643, 33	723, 75	8o4, 17	965, oo	579oooo
20,000	321, 67	375, 28	428, 89	482, 5o	536, 11	643, 33	386oooo
10,000	16o, 83	187, 64	214, 44	241, 25	268, o6	321, 67	193oooo
9,000	144, 75	168, 87	193, oo	217, 12	241, 25	289, 5o	1737000
8,000	128, 67	15o, 11	171, 56	193, oo	214, 44	257, 33	1544000
7,000	112, 58	131, 35	15o, 11	168, 87	187, 64	225, 17	1351000
6,000	96, 5o	112, 58	128, 67	144, 75	16o, 83	193, oo	1158000
5,000	8o, 42	93, 82	107, 22	120, 62	134, o3	16o, 83	965000
4,000	64, 33	75, o6	85, 78	96, 5o	107, 22	128, 67	772000
3,000	48, 25	56, 29	64, 33	72, 37	8o, 42	96, 5o	579000
2,000	32, 17	37, 53	42, 89	48, 25	53, 61	64, 33	386000
1,000	16, o8	18, 76	21, 44	24, 12	26, 81	32, 17	193000
9oo	14, 47	16, 89	19, 3o	21, 71	24, 12	28, 95	173700
8oo	12, 87	15, o1	17, 16	19, 3o	21, 44	25, 73	154400
7oo	11, 26	13, 13	15, o1	16, 89	18, 76	22, 52	135100
6oo	9, 65	11, 26	12, 87	14, 47	16, o8	19, 3o	115800
5oo	8, o4	9, 38	10, 72	12, o6	13, 4o	16, o8	96500
4oo	6, 43	7, 51	8, 58	9, 65	10, 72	12, 87	77200
3oo	4, 82	5, 63	6, 43	7, 24	8, o4	9, 65	57900
2oo	3, 22	3, 75	4, 29	4, 82	5, 36	6, 43	38600
1oo	1, 61	1, 88	2, 14	2, 41	2, 68	3, 22	19300
9o	1, 45	1, 69	1, 93	2, 17	2, 41	2, 89	17370
8o	1, 29	1, 5o	1, 72	1, 93	2, 14	2, 57	15440
7o	1, 13	1, 31	1, 5o	1, 69	1, 88	2, 25	13510
6o	o, 96	1, 13	1, 29	1, 45	1, 61	1, 93	11580
5o	o, 8o	o, 94	1, o7	1, 21	1, 34	1, 61	9650
4o	o, 64	o, 75	o, 86	o, 96	1, o7	1, 29	7720
3o	o, 48	o, 56	o, 64	o, 72	o, 8o	o, 96	5790
20	o, 32	o, 38	o, 43	o, 48	o, 54	o, 64	3860
1o	o, 16	o, 19	o, 21	o, 24	o, 27	o, 32	1930
9	o, 14	o, 17	o, 19	o, 22	o, 24	o, 29	1737
8	o, 13	o, 15	o, 17	o, 19	o, 21	o, 26	1544
7	o, 11	o, 13	o, 15	o, 17	o, 19	o, 23	1351
6	o, 1o	o, 11	o, 13	o, 14	o, 16	o, 19	1158
5	o, o8	o, o9	o, 11	o, 12	o, 13	o, 16	965
4	o, o6	o, o8	o, o9	o, 1o	o, 11	o, 13	772
3	o, o5	o, o6	o, o6	o, o7	o, o8	o, 1o	579
2	o, o3	o, o4	o, o4	o o5	o, o5	o, o6	386
1	o, o2	o, o2	o, o2	o, o2	o, o3	o, o3	193

17

COLONNE DES CAPITAUX	INTÉRÊTS POUR 194 JOURS (ou pour 6 mois et 14 jours.)						NOMBRES PRODUITS des CAPITAUX multipliés par 194 Jours.
	à 3 %	à 3 ½	à 4 %	à 4 ½	à 5 %	à 6 %	
fr.	fr. c.	fr. c.	fr. c.	fr. c.	fr. c.	fr. c.	
50,000	808, 33	943, 06	1077, 78	1212, 50	1347, 22	1616, 67	9700000
40,000	646, 67	754, 44	862, 22	970, 00	1077, 78	1293, 33	7760000
30,000	485, 00	565, 83	646, 67	727, 50	808, 33	970, 00	5820000
20,000	323, 33	377, 22	431, 11	485, 00	538, 89	646, 67	3880000
10,000	161, 67	188, 61	215, 56	242, 50	269, 44	323, 33	1940000
9,000	145, 50	169, 75	194, 00	218, 25	242, 50	291, 00	1746000
8,000	129, 33	150, 89	172, 44	194, 00	215, 56	258, 67	1552000
7,000	113, 17	132, 03	150, 89	169, 75	188, 61	226, 33	1358000
6,000	97, 00	113, 17	129, 33	145, 50	161, 67	194, 00	1164000
5,000	80, 83	94, 31	107, 78	121, 25	134, 72	161, 67	970000
4,000	64, 67	75, 44	86, 22	97, 00	107, 78	129, 33	776000
3,000	48, 50	56, 58	64, 67	72, 75	80, 83	97, 00	582000
2,000	32, 33	37, 72	43, 11	48, 50	53, 89	64, 67	388000
1,000	16, 17	18, 86	21, 56	24, 25	26, 94	32, 33	194000
900	14, 55	16, 97	19, 40	21, 82	24, 25	29, 10	174600
800	12, 93	15, 09	17, 24	19, 40	21, 56	25, 87	155200
700	11, 32	13, 20	15, 09	16, 97	18, 86	22, 63	135800
600	9, 70	11, 32	12, 93	14, 55	16, 17	19, 40	116400
500	8, 08	9, 43	10, 78	12, 12	13, 47	16, 17	97000
400	6, 47	7, 54	8, 62	9, 70	10, 78	12, 93	77600
300	4, 85	5, 66	6, 47	7, 27	8, 08	9, 70	58200
200	3, 23	3, 77	4, 31	4, 85	5, 39	6, 47	38800
100	1, 62	1, 89	2, 16	2, 42	2, 69	3, 23	19400
90	1, 45	1, 70	1, 94	2, 18	2, 42	2, 91	17460
80	1, 29	1, 51	1, 72	1, 94	2, 16	2, 59	15520
70	1, 13	1, 32	1, 51	1, 70	1, 89	2, 26	13580
60	0, 97	1, 13	1, 29	1, 45	1, 62	1, 94	11640
50	0, 81	0, 94	1, 08	1, 21	1, 35	1, 62	9700
40	0, 65	0, 75	0, 86	0, 97	1, 08	1, 29	7760
30	0, 48	0, 57	0, 65	0, 73	0, 81	0, 97	5820
20	0, 32	0, 38	0, 43	0, 48	0, 54	0, 65	3880
10	0, 16	0, 19	0, 22	0, 24	0, 27	0, 32	1940
9	0, 15	0, 17	0, 19	0, 22	0, 24	0, 29	1746
8	0, 13	0, 15	0, 17	0, 19	0, 22	0, 26	1552
7	0, 11	0, 13	0, 15	0, 17	0, 19	0, 23	1358
6	0, 10	0, 11	0, 13	0, 15	0, 16	0, 19	1164
5	0, 08	0, 09	0, 11	0, 12	0, 13	0, 16	970
4	0, 06	0, 08	0, 09	0, 10	0, 11	0, 13	776
3	0, 05	0, 06	0, 06	0, 07	0, 08	0, 10	582
2	0, 03	0, 04	0, 04	0, 05	0, 05	0, 06	388
1	0, 02	0, 02	0, 02	0, 02	0, 03	0, 03	194

COLONNE DES CAPITAUX	INTERÊTS POUR 195 JOURS (ou pour 6 mois et 15 jours.)						NOMBRES PRODUITS des CAPITAUX multipliés par 195 Jours.
	à 3 %	à 3 ½	à 4 %	à 4 ½	à 5 %	à 6 %	
fr.	fr. c.	fr. c.	fr. c.	fr. c.	fr. c.	fr. c.	
50,000	812, 50	947, 92	1083, 33	1218, 75	1354, 17	1625, 00	9750000
40,000	650, 00	758, 33	866, 67	975, 00	1083, 33	1300, 00	7800000
30,000	487, 50	568, 75	650, 00	731, 25	812, 50	975, 00	5850000
20,000	325, 00	379, 17	433, 33	487, 50	541, 67	650, 00	3900000
10,000	162, 50	189, 58	216, 67	243, 75	270, 83	325, 00	1950000
9,000	146, 25	170, 62	195, 00	219, 37	243, 75	292, 50	1755000
8,000	130, 00	151, 67	173, 33	195, 00	216, 67	260, 00	1560000
7,000	113, 75	132, 71	151, 67	170, 62	189, 58	227, 50	1365000
6,000	97, 50	113, 75	130, 00	146, 25	162, 50	195, 00	1170000
5,000	81, 25	94, 79	108, 33	121, 87	135, 42	162, 50	975000
4,000	65, 00	75, 83	86, 67	97, 50	108, 33	130, 00	780000
3,000	48, 75	56, 87	65, 00	73, 12	81, 25	97, 50	585000
2,000	32, 50	37, 92	43, 33	48, 75	54, 17	65, 00	390000
1,000	16, 25	18. 96	21. 67	24, 37	27, 08	32, 50	195000
900	14, 62	17, 06	19, 50	21, 94	24, 37	29, 25	175500
800	13, 00	15, 17	17, 33	19, 50	21, 67	26, 00	156000
700	11, 37	13, 27	15, 17	17, 06	18, 96	22, 75	136500
600	9, 75	11, 37	13, 00	14, 62	16, 25	19, 50	117000
500	8, 12	9, 48	10, 83	12, 19	13, 54	16, 25	97500
400	6, 50	7, 58	8, 67	9, 75	10, 83	13, 00	78000
300	4, 87	5, 69	6, 50	7, 31	8, 12	9, 75	58500
200	3, 25	3, 79	4, 33	4, 87	5, 42	6, 50	39000
100	1, 62	1, 90	2, 17	2, 44	2, 71	3, 25	19500
90	1, 46	1, 71	1, 95	2, 19	2, 44	2, 92	17550
80	1, 30	1, 52	1, 73	1, 95	2, 17	2, 60	15600
70	1, 14	1, 33	1, 52	1, 71	1, 90	2, 27	13650
60	0, 97	1, 14	1, 30	1, 46	1, 62	1, 95	11700
50	0, 81	0, 95	1, 08	1, 22	1, 35	1, 62	9750
40	0, 65	0, 76	0, 87	0, 97	1, 08	1, 30	7800
30	0, 49	0, 57	0, 65	0, 73	0, 81	0, 97	5850
20	0, 32	0, 38	0, 43	0, 49	0, 54	0, 65	3900
10	0, 16	0, 19	0, 22	0, 24	0, 27	0, 32	1950
9	0, 15	0, 17	0, 19	0, 22	0, 24	0, 29	1755
8	0, 13	0, 15	0, 17	0, 19	0, 22	0, 26	1560
7	0, 11	0, 13	0, 15	0, 17	0, 19	0, 23	1365
6	0, 10	0, 11	0, 13	0, 15	0, 16	0, 19	1170
5	0, 08	0, 09	0, 11	0, 12	0, 14	0, 16	975
4	0, 06	0, 08	0, 09	0, 10	0, 11	0, 13	780
3	0, 05	0, 06	0, 06	0, 07	0, 08	0, 10	585
2	0, 03	0, 04	0, 04	0, 05	0, 05	0, 06	390
1	0. 02	0, 02	0, 02	0, 02	0, 03	0, 03	195

COLONNE DES CAPITAUX	INTÉRÊTS POUR 196 JOURS (ou pour 6 mois et 16 jours.)						NOMBRES PRODUITS des CAPITAUX multipliés par 196 Jours.
	à 3 %	à 3 ½	à 4 %	à 4 ½	à 5 %	à 6 %	
fr.	fr. c.	fr. c.	fr. c.	fr. c.	fr. c.	fr. c.	
50,000	816, 67	952, 78	1088, 89	1225, 00	1361, 11	1633, 33	9800000
40,000	653, 33	762, 22	871, 11	980, 00	1088, 89	1306, 67	7840000
30,000	490, 00	571, 67	653, 33	735, 00	816, 67	980, 00	5880000
20,000	326, 67	381, 11	435, 56	490, 00	544, 41	653, 33	3920000
10,000	163, 33	190, 56	217, 78	245, 00	272, 22	326, 67	1960000
9,000	147, 00	171, 50	196, 00	220, 50	245, 00	294, 00	1764000
8,000	130, 67	152, 44	174, 22	196, 00	217, 78	261, 33	1568000
7,000	114, 33	133, 39	152, 44	171, 50	190, 56	228, 67	1372000
6,000	98, 00	114, 33	130, 67	147, 00	163, 33	196, 00	1176000
5,000	81, 67	95, 28	108, 89	122, 50	136, 11	163, 33	980000
4,000	65, 33	76, 22	87, 11	98, 00	108, 89	130, 67	784000
3,000	49, 00	57, 17	65, 33	73, 50	81, 67	98, 00	588000
2,000	32, 67	38, 11	43, 56	49, 00	54, 44	65, 33	392000
1,000	16, 33	19, 06	21, 78	24, 50	27, 22	32, 67	196000
900	14, 70	17, 15	19, 60	22, 05	24, 50	29, 40	176400
800	13, 07	15, 24	17, 42	19, 60	21, 78	26, 13	156800
700	11, 43	13, 34	15, 24	17, 15	19, 06	22, 87	137200
600	9, 80	11, 43	13, 07	14, 70	16, 33	19, 60	117600
500	8, 17	9, 53	10, 89	12, 25	13, 61	16, 33	98000
400	6, 53	7, 62	8, 71	9, 80	10, 89	13, 07	78400
300	4, 90	5, 72	6, 53	7, 35	8, 17	9, 80	58800
200	3, 27	3, 81	4, 36	4, 90	5, 44	6, 53	39200
100	1, 63	1, 91	2, 18	2, 45	2, 72	3, 27	19600
90	1, 47	1, 71	1, 96	2, 20	2, 45	2, 94	17640
80	1, 31	1, 52	1, 74	1, 96	2, 18	2, 61	15680
70	1, 14	1, 33	1, 52	1, 71	1, 91	2, 29	13720
60	0, 98	1, 14	1, 31	1, 47	1, 63	1, 96	11760
50	0, 82	0, 95	1, 09	1, 22	1, 36	1, 63	9840
40	0, 65	0, 76	0, 87	0, 98	1, 09	1, 31	7840
30	0, 49	0, 57	0, 65	0, 73	0, 82	0, 98	5880
20	0, 33	0, 38	0, 44	0, 49	0, 54	0, 65	3920
10	0, 16	0, 19	0, 22	0, 24	0, 27	0, 33	1960
9	0, 15	0, 17	0, 20	0, 22	0, 24	0, 29	1764
8	0, 13	0, 15	0, 17	0, 20	0, 22	0, 26	1568
7	0, 11	0, 13	0, 15	0, 17	0, 19	0, 23	1372
6	0, 10	0, 11	0, 13	0, 15	0, 16	0, 20	1176
5	0, 08	0, 10	0, 11	0, 12	0, 14	0, 16	980
4	0, 07	0, 08	0, 09	0, 10	0, 11	0, 13	784
3	0, 05	0, 06	0, 07	0, 07	0, 08	0, 10	588
2	0, 03	0, 04	0, 04	0, 05	0, 05	0, 07	392
1	0, 02	0, 02	0, 02	0, 02	0, 03	0, 03	196

COLONNE DES CAPITAUX	INTÉRÊTS POUR 197 JOURS (ou pour 6 mois et 17 jours.)						NOMBRES PRODUITS des CAPITAUX multipliés par 197 Jours.
	à 3 %	à 3 ½	à 4 %	à 4 ½	à 5 %	à 6 %	
fr.	fr. c.	fr. c.	fr. c.	fr. c.	fr. c.	fr. c.	
50,000	820, 83	957, 64	1094, 44	1231, 25	1368, 06	1641, 67	9850000
40,000	656, 67	766, 11	875, 56	985, 00	1094, 44	1313, 33	7880000
30,000	492, 50	574, 58	656, 67	738, 75	820, 83	985, 00	5910000
20,000	328, 33	383, 06	437, 78	492, 50	547, 22	656, 67	3940000
10,000	164, 17	191, 53	218, 89	246, 25	273, 61	328, 33	1970000
9,000	147, 75	172, 37	197, 00	221, 62	246, 25	295, 50	1773000
8,000	131, 33	153, 22	175, 11	197, 00	218, 89	262, 67	1576000
7,000	114, 92	134, 07	153, 22	172, 37	191, 53	229, 83	1379000
6,000	98, 50	114, 92	131, 33	147, 75	164, 17	197, 00	1182000
5,000	82, 08	95, 76	109, 44	123, 12	136, 81	164, 17	985000
4,000	65, 67	76, 61	87, 56	98, 50	109, 44	131, 33	788000
3,000	49, 25	57, 46	65, 67	73, 87	82, 08	98, 50	591000
2,000	32, 83	38, 31	43, 78	49, 25	54, 72	65, 67	394000
1,000	16, 42	19, 15	21, 89	24, 62	27, 36	32, 83	197000
900	14, 77	17, 24	19, 70	22, 16	24, 62	29, 55	177300
800	13, 13	15, 32	17, 51	19, 70	21, 89	26, 27	157600
700	11, 49	13, 41	15, 32	17, 24	19, 15	22, 98	137900
600	9, 85	11, 49	13. 13	14, 77	16, 42	19, 70	118200
500	8, 21	9, 58	10, 94	12, 31	13, 68	16, 42	98500
400	6, 57	7. 66	8, 76	9, 85	10. 94	13, 13	78800
300	4, 92	5, 75	6, 57	7, 39	8, 21	9, 85	59100
200	3, 28	3, 83	4, 38	4, 92	5, 47	6, 57	39400
100	1, 64	1, 92	2, 19	2, 46	2, 74	3, 28	19700
90	1, 48	1, 72	1, 97	2, 22	2, 46	2, 95	17730
80	1, 31	1, 53	1, 75	1, 97	2, 19	2, 63	15760
70	1, 15	1, 34	1, 53	1, 72	1, 92	2, 30	13790
60	0, 98	1, 15	1, 31	1, 48	1, 64	1, 97	11820
50	0, 82	0, 96	1, 09	1, 23	1, 37	1, 64	9850
40	0, 66	0, 77	0, 88	0, 98	1, 09	1, 31	7880
30	0, 49	0, 57	0, 66	0, 74	0, 82	0, 98	5910
20	0, 33	0, 38	0, 44	0, 49	0, 55	0, 66	3940
10	0, 16	0 19	0, 22	0, 25	0, 27	0, 33	1970
9	0, 15	0, 17	0, 20	0, 22	0, 25	0, 30	1773
8	0, 13	0, 15	0, 18	0, 20	0, 22	0, 26	1576
7	0, 11	0, 13	0, 15	0, 17	0, 19	0, 23	1379
6	0, 10	0, 11	0, 13	0, 15	0, 16	0, 20	1182
5	0, 08	0, 10	0, 11	0, 12	0, 14	0, 16	985
4	0, 07	0, 08	0, 09	0, 10	0, 11	0, 13	786
3	0, 05	0, 06	0, 07	0, 07	0, 08	0, 10	591
2	0, 03	0, 04	0, 04	0, 05	0, 05	0, 07	394
1	0. 02	0, 02	0, 02	0. 02	0, 03	0, 03	197

17.

COLONNE DES CAPITAUX	INTERETS POUR 198 JOURS (ou pour 6 mois et 18 jours.)						NOMBRES PRODUITS des CAPITAUX multipliés par 198 Jours.
	à 3 %	à 3 ½	à 4 %	à 4 ½	à 5 %	à 6 %	
fr.	fr. c.	fr. c.	fr. c.	fr. c.	fr. c.	fr. c.	
50,000	825, 00	962, 50	1100, 00	1237, 50	1375, 00	1650, 00	9900000
40,000	660, 00	770, 00	880, 00	990, 00	1100, 00	1320, 00	7920000
30,000	495, 00	577, 50	660, 00	742, 50	825, 00	990, 00	5940000
20,000	330, 00	385, 00	440, 00	495, 00	550, 00	660, 00	3960000
10,000	165, 00	192, 50	220, 00	247, 50	275, 00	330, 00	1980000
9,000	148, 50	173, 25	198, 00	222, 75	247, 50	297, 00	1782000
8,000	132, 00	154, 00	176, 00	198, 00	220, 00	264, 00	1584000
7,000	115, 50	134, 75	154, 00	173, 25	192, 50	231, 00	1386000
6,000	99, 00	115, 50	132, 00	148, 50	165, 00	198, 00	1188000
5,000	82, 50	96, 25	110, 00	123, 75	137, 50	165, 00	990000
4,000	66, 00	77, 00	88, 00	99, 00	110, 00	132, 00	792000
3,000	49, 50	57, 75	66, 00	74, 25	82, 50	99, 00	594000
2,000	33, 00	38, 50	44, 00	49, 50	55, 00	66, 00	396000
1,000	16, 50	19, 25	22, 00	24, 75	27, 50	33, 00	198000
900	14, 85	17, 32	19, 80	22, 27	24, 75	29, 70	178200
800	13, 20	15, 40	17, 60	19, 80	22, 00	26, 40	158400
700	11, 55	13, 47	15, 40	17, 32	19, 25	23, 10	138600
600	9, 90	11, 55	13, 20	14, 85	16, 50	19, 80	118800
500	8, 25	9, 62	11, 00	12, 37	13, 75	16, 50	99000
400	6, 60	7, 70	8, 80	9, 90	11, 00	13, 20	79200
300	4, 95	5, 77	6, 60	7, 42	8, 25	9, 90	59400
200	3, 30	3, 85	4, 40	4, 95	5, 50	6, 60	39600
100	1, 65	1, 92	2, 20	2, 47	2, 75	3, 30	19800
90	1, 48	1, 73	1, 98	2, 23	2, 47	2, 97	17820
80	1, 32	1, 54	1, 76	1, 98	2, 20	2, 64	15840
70	1, 15	1, 35	1, 54	1, 73	1, 92	2, 31	13860
60	0, 99	1, 15	1, 32	1, 48	1, 65	1, 98	11880
50	0, 82	0, 96	1, 10	1, 24	1, 37	1, 65	9900
40	0, 66	0, 77	0, 88	0, 99	1, 10	1, 32	7920
30	0, 49	0, 58	0, 66	0, 74	0, 82	0, 99	5940
20	0, 33	0, 38	0, 44	0, 49	0, 55	0, 66	3960
10	0, 16	0, 19	0, 22	0, 25	0, 27	0, 33	1980
9	0, 15	0, 17	0, 20	0, 22	0, 25	0, 30	1782
8	0, 13	0, 15	0, 18	0, 20	0, 22	0, 26	1584
7	0, 12	0, 13	0, 15	0, 17	0, 19	0, 23	1386
6	0, 10	0, 12	0, 13	0, 15	0, 16	0, 20	1188
5	0, 08	0, 10	0, 11	0, 12	0, 14	0, 16	990
4	0, 07	0, 08	0, 09	0, 10	0, 11	0, 13	792
3	0, 05	0, 06	0, 07	0, 07	0, 08	0, 10	594
2	0, 03	0, 04	0, 04	0, 05	0, 05	0, 07	396
1	0, 02	0, 02	0, 02	0, 02	0, 03	0, 03	198

COLONNE DES CAPITAUX	INTÉRÊTS POUR 199 JOURS (ou pour 6 mois et 19 jours.)						NOMBRES PRODUITS des CAPITAUX multipliés par 199 Jours.
	à 3 %	à 3 ½	à 4 %	à 4 ½	à 5 %	à 6 %	
fr.	fr. c.	fr. c.	fr. c.	fr. c.	fr. c.	fr. c.	
50,000	829, 17	967, 36	1105, 56	1243, 75	1381, 94	1658, 33	9950000
40,000	663, 33	773, 89	884, 44	995, 00	1105, 56	1326, 67	7960000
30,000	497, 50	580, 42	663, 33	746, 25	829, 17	995, 00	5970000
20,000	331, 67	386, 94	442, 22	497, 50	552, 78	663, 33	3980000
10,000	165, 83	193, 47	221, 11	248, 75	276, 39	331, 67	1990000
9,000	149, 25	174, 12	199, 00	223, 87	248, 75	298, 50	1791000
8,000	132, 67	154, 78	176, 89	199, 00	221, 11	265, 33	1592000
7,000	116, 08	135, 43	154, 78	174, 12	193, 47	232, 17	1393000
6,000	99, 50	116, 08	132, 67	149, 25	165, 83	199, 00	1194000
5,000	82, 92	96, 74	110, 56	124, 37	138, 19	165, 83	995000
4,000	66, 33	77, 39	88, 44	99, 50	110, 56	132, 67	796000
3,000	49, 75	58, 04	66, 33	74, 62	82, 92	99, 50	597000
2,000	33, 17	38, 69	44, 22	49, 75	55, 28	66, 33	398000
1,000	16, 58	19, 35	22, 11	24, 87	27, 64	33, 17	199000
900	14, 92	17, 41	19, 90	22, 39	24, 87	29, 85	179100
800	13, 27	15, 48	17, 69	19, 90	22, 11	26, 53	159200
700	11, 61	13, 54	15, 48	17, 41	19, 35	23, 22	139300
600	9, 95	11, 61	13, 27	14, 92	16, 58	19, 90	119400
500	8, 29	9, 67	11, 06	12, 44	13, 82	16, 58	99500
400	6, 63	7, 74	8, 84	9, 95	11, 06	13, 27	79600
300	4, 97	5, 80	6, 63	7, 46	8, 29	9, 95	59700
200	3, 32	3, 87	4, 42	4, 97	5, 53	6, 63	39800
100	1, 66	1, 93	2, 21	2, 49	2, 76	3, 32	19900
90	1, 49	1, 74	1, 99	2, 24	2, 49	2, 98	17910
80	1, 33	1, 55	1, 77	1, 99	2, 21	2, 65	15920
70	1, 16	1, 35	1, 55	1, 74	1, 93	2, 32	13930
60	0, 99	1, 16	1, 33	1, 49	1, 66	1, 99	11940
50	0, 83	0, 97	1, 11	1, 24	1, 38	1, 66	9950
40	0, 66	0, 77	0, 88	0, 99	1, 11	1, 33	7960
30	0, 50	0, 58	0, 66	0, 75	0, 83	0, 99	5970
20	0, 33	0, 39	0, 44	0, 50	0, 55	0, 66	3980
10	0, 17	0, 19	0, 22	0, 25	0, 28	0, 33	1990
9	0, 15	0, 17	0, 20	0, 22	0, 25	0, 30	1791
8	0, 13	0, 15	0, 18	0, 20	0, 22	0, 27	1592
7	0, 12	0, 14	0, 15	0, 17	0, 19	0, 23	1393
6	0, 10	0, 12	0, 13	0, 15	0, 17	0, 20	1194
5	0, 08	0, 10	0, 11	0, 12	0, 14	0, 17	995
4	0, 07	0, 08	0, 09	0, 10	0, 11	0, 13	796
3	0, 05	0, 06	0, 07	0, 07	0, 08	0, 10	597
2	0, 03	0, 04	0, 04	0 05	0, 06	0, 07	398
1	0, 02	0, 02	0, 02	0, 02	0, 03	0, 03	199

COLONNE DES CAPITAUX	INTÉRÊTS POUR 200 JOURS (ou pour 6 mois et 20 jours.)						NOMBRES PRODUITS des CAPITAUX multipliés par 200 Jours.
	à 3 %	à 3 ½	à 4 %	à 4 ½	à 5 %	à 6 %	
fr.	fr. c.	fr. c.	fr. c.	fr. c.	fr. c.	fr. c.	
50,000	833, 33	972, 22	1111, 11	1250, 00	1388, 89	1666, 67	10000000
40,000	666, 67	777, 78	888, 89	1000, 00	1111, 11	1333, 33	8000000
30,000	500, 00	583, 33	666, 67	750, 00	833, 33	1000, 00	6000000
20,000	333, 33	388, 89	444, 44	500, 00	555, 56	666, 67	4000000
10,000	166, 67	194, 44	222, 22	250, 00	277, 78	333, 33	2000000
9,000	150, 00	175, 00	200, 00	225, 00	250, 00	300, 00	1800000
8,000	133, 33	155, 56	177, 78	200, 00	222, 22	266. 67	1600000
7,000	116, 67	136, 11	155, 56	175, 00	194, 44	233, 33	1400000
6,000	100, 00	116, 67	133, 33	150, 00	166, 67	200. 00	1200000
5,000	83, 33	97, 22	111, 11	125, 00	138, 89	166. 67	1000000
4,000	66, 67	77, 78	88, 89	100, 00	111, 11	133, 33	800000
3,000	50, 00	58, 33	66, 67	75, 00	83. 33	100, 00	600000
2,000	33, 33	38, 89	44, 44	50, 00	55, 56	66, 67	400000
1,000	16, 67	19, 44	22, 22	25, 00	27, 78	33, 33	200000
900	15, 00	17, 50	20, 00	22, 50	25, 00	30, 00	180000
800	13, 33	15, 56	17, 78	20, 00	22, 22	26, 67	160000
700	11, 67	13, 61	15, 56	17, 50	19, 44	23, 33	140000
600	10, 00	11, 67	13, 33	15, 00	16, 67	20, 00	120000
500	8, 33	9, 72	11, 11	12, 50	13, 89	16, 67	100000
400	6, 67	7, 78	8, 89	10, 00	11, 11	13, 33	80000
300	5, 00	5, 83	6, 67	7, 50	8, 33	10, 00	60000
200	3, 33	3, 89	4, 44	5, 00	5, 56	6, 67	40000
100	1, 67	1, 94	2, 22	2, 50	2, 78	3, 33	20000
90	1, 50	1, 75	2, 00	2, 25	2, 50	3, 00	18000
80	1, 33	1, 56	1, 78	2, 00	2, 22	2, 67	16000
70	1, 17	1, 36	1, 56	1, 75	1, 94	2, 33	14000
60	1, 00	1, 17	1, 33	1, 50	1, 67	2, 00	12000
50	0, 83	0, 97	1, 11	1, 25	1, 39	1, 67	10000
40	0, 67	0, 78	0, 89	1, 00	1, 11	1, 33	8000
30	0, 50	0, 58	0, 67	0, 75	0, 83	1, 00	6000
20	0, 33	0, 39	0, 44	0, 50	0, 56	0, 67	4000
10	0, 17	0, 19	0, 22	0, 25	0, 28	0, 33	2000
9	0, 15	0, 17	0, 20	0, 22	0, 25	0, 30	1800
8	0, 13	0, 16	0, 18	0, 20	0, 22	0, 27	1600
7	0, 12	0, 14	0, 16	0, 17	0, 19	0, 23	1400
6	0, 10	0, 12	0, 13	0, 15	0, 17	0, 20	1200
5	0, 08	0, 10	0, 11	0, 12	0, 14	0, 17	1000
4	0, 07	0, 08	0, 09	0, 10	0, 11	0, 13	800
3	0, 05	0, 06	0, 07	0, 07	0, 08	0, 10	600
2	0, 03	0, 04	0, 04	0, 05	0, 06	0, 07	400
1	0, 02	0, 02	0, 02	0. 02	0, 03	0, 03	200

COLONNE DES CAPITAUX	INTERÊTS POUR 201 JOURS (ou pour 6 mois et 21 jours.)						NOMBRES PRODUITS des CAPITAUX multipliés par 201 Jours.
	à 3 %	à 3 ½	à 4 %	à 4 ½	à 5 %	à 6 %	
fr.	fr. c.	fr. c.	fr. c.	fr. c.	fr. c.	fr. c.	
50,000	837, 50	977, 08	1116, 67	1256, 25	1395, 83	1675, 00	10050000
40,000	670, 00	781, 67	893, 33	1005, 00	1116, 67	1340, 00	8040000
30,000	502, 50	586, 25	670, 00	753, 75	837, 50	1005, 00	6030000
20,000	335, 00	390, 83	446, 67	502, 50	558, 33	670, 00	4020000
10,000	167, 50	195, 42	223, 33	251, 25	279, 17	335, 00	2010000
9,000	150, 75	175, 87	201, 00	226, 12	251, 25	301, 50	1809000
8,000	134, 00	156, 33	178, 67	201, 00	223, 33	268, 00	1608000
7,000	117, 25	136, 79	156, 33	175, 87	195, 42	234, 50	1407000
6,000	100, 50	117, 25	134, 00	150, 75	167, 50	201, 00	1206000
5,000	83, 75	97, 71	111, 67	125, 62	139, 58	167, 50	1005000
4,000	67, 00	78, 17	89, 33	100, 50	111, 67	134, 00	804000
3,000	50, 25	58, 62	67, 00	75, 37	83, 75	100, 50	603000
2,000	33, 50	39, 08	44, 67	50, 25	55, 83	67, 00	402000
1,000	16, 75	19, 54	22, 33	25, 12	27, 92	33, 50	201000
900	15, 07	17, 59	20, 10	22, 61	25, 12	30, 15	180900
800	13, 40	15, 63	17, 87	20, 10	22, 33	26, 80	160800
700	11, 72	13, 68	15, 63	17, 59	19, 54	23, 45	140700
600	10, 05	11, 72	13, 40	15, 07	16, 75	20, 10	120600
500	8, 37	9, 77	11, 17	12, 56	13, 96	16, 75	100500
400	6, 70	7, 82	8, 93	10, 05	11, 17	13, 40	80400
300	5, 02	5, 86	6, 70	7, 54	8, 37	10, 05	60300
200	3, 35	3, 91	4, 47	5, 02	5, 58	6, 70	40200
100	1, 67	1, 95	2, 23	2, 51	2, 79	3, 35	20100
90	1, 51	1, 76	2, 01	2, 26	2, 51	3, 01	18090
80	1, 34	1, 56	1, 79	2, 01	2, 23	2, 68	16080
70	1, 17	1, 37	1, 56	1, 76	1, 95	2, 34	14070
60	1, 00	1, 17	1, 34	1, 51	1, 67	2, 01	12060
50	0, 84	0, 98	1, 12	1, 26	1, 40	1, 67	10050
40	0, 67	0, 78	0, 89	1, 00	1, 12	1, 34	8040
30	0, 50	0, 59	0, 67	0, 75	0, 84	1, 00	6030
20	0, 33	0, 39	0, 45	0, 50	0, 56	0, 67	4020
10	0, 17	0, 20	0, 22	0, 25	0, 28	0, 33	2010
9	0, 15	0, 18	0, 20	0, 23	0, 25	0, 30	1809
8	0, 13	0, 16	0, 18	0, 20	0, 22	0, 27	1608
7	0, 12	0, 14	0, 16	0, 18	0, 20	0, 23	1407
6	0, 10	0, 12	0, 13	0, 15	0, 17	0, 20	1206
5	0, 08	0, 10	0, 11	0, 13	0, 14	0, 17	1005
4	0, 07	0, 08	0, 09	0, 10	0, 11	0, 13	804
3	0, 05	0, 06	0, 07	0, 08	0, 08	0, 10	603
2	0, 03	0, 04	0, 04	0, 05	0, 06	0, 07	402
1	0, 02	0, 02	0, 02	0, 03	0, 03	0, 03	201

COLONNE DES CAPITAUX	INTÉRÊTS POUR 202 JOURS (ou pour 6 mois et 22 jours.)						NOMBRES PRODUITS des CAPITAUX multipliés par 202 Jours.
	à 3 %	à 3 ½	à 4 %	à 4 ½	à 5 %	à 6 %	
fr.	fr. c.	fr. c.	fr. c.	fr. c.	fr. c.	fr. c.	
50,000	841, 67	981, 94	1122, 22	1262, 50	1402, 78	1683, 33	10100000
40,000	673, 33	785, 56	897, 78	1010, 00	1122, 22	1346, 67	8080000
30,000	505, 00	589, 17	673, 33	757, 50	841, 67	1010, 00	6060000
20,000	336, 67	392, 78	448, 89	505, 00	561, 11	673, 33	4040000
10,000	168, 33	196, 39	224, 44	252, 50	280, 56	336, 67	2020000
9,000	151, 50	176, 75	202, 00	227, 25	252, 50	303, 00	1818000
8,000	134, 67	157, 11	179, 56	202, 00	224, 44	269, 33	1616000
7,000	117, 83	137, 47	157, 11	176, 75	196, 39	235, 67	1414000
6,000	101, 00	117, 83	134, 67	151, 50	168, 33	202, 00	1212000
5,000	84, 17	98, 19	112, 22	126, 25	140, 28	168, 33	1010000
4,000	67, 33	78, 56	89, 78	101, 00	112, 22	134, 67	808000
3,000	50, 50	58, 92	67, 33	75, 75	84, 17	101, 00	606000
2,000	33, 67	39, 28	44, 89	50, 50	56, 11	67, 33	404000
1,000	16, 83	19, 64	22, 44	25, 25	28, 06	33, 67	202000
900	15, 15	17, 67	20, 20	22, 72	25, 25	30, 30	181800
800	13, 47	15, 71	17, 96	20, 20	22, 44	26, 93	161600
700	11, 78	13, 75	15, 71	17, 67	19, 64	23, 57	141400
600	10, 10	11, 78	13, 47	15, 15	16, 83	20, 20	121200
500	8, 42	9, 82	11, 22	12, 62	14, 03	16, 83	101000
400	6, 73	7, 86	8, 98	10, 10	11, 22	13, 47	80800
300	5, 05	5, 89	6, 73	7, 57	8, 42	10, 10	60600
200	3, 37	3, 93	4, 49	5, 05	5, 61	6, 73	40400
100	1, 68	1, 96	2, 24	2, 52	2, 81	3, 37	20200
90	1, 51	1, 77	2, 02	2, 27	2, 52	3, 03	18180
80	1, 35	1, 57	1, 80	2, 02	2, 24	2, 69	16160
70	1, 18	1, 37	1, 57	1, 77	1, 96	2, 36	14140
60	1, 01	1, 18	1, 35	1, 51	1, 68	2, 02	12120
50	0, 84	0, 98	1, 12	1, 26	1, 40	1, 68	10100
40	0, 67	0, 79	0, 90	1, 01	1, 12	1, 35	8080
30	0, 50	0, 59	0, 67	0, 76	0, 84	1, 01	6060
20	0, 34	0, 39	0, 45	0, 50	0, 56	0, 67	4040
10	0, 17	0, 20	0, 22	0, 25	0, 28	0, 34	2020
9	0, 15	0, 18	0, 20	0, 23	0, 25	0, 30	1818
8	0, 13	0, 16	0, 18	0, 20	0, 22	0, 27	1616
7	0, 12	0, 14	0, 16	0, 18	0, 20	0, 24	1414
6	0, 10	0, 12	0, 13	0, 15	0, 17	0, 20	1212
5	0, 08	0, 10	0, 11	0, 13	0, 14	0, 17	1010
4	0, 07	0, 08	0, 09	0, 10	0, 11	0, 13	808
3	0, 05	0, 06	0, 07	0, 08	0, 08	0, 10	606
2	0, 03	0, 04	0, 04	0, 05	0, 06	0, 07	404
1	0, 02	0, 02	0, 02	0, 03	0, 03	0, 03	202

COLONNE DES CAPITAUX	INTÉRÊTS POUR 203 JOURS (ou pour 6 mois et 23 jours.)						NOMBRES PRODUITS des CAPITAUX multipliés par 203 Jours.
	à 3 %	à 3 ½	à 4 %	à 4 ½	à 5 %	à 6 %	
fr.	fr. c.	fr. c.	fr. c.	fr. c.	fr. c.	fr. c.	
50,000	845, 83	986, 80	1127, 78	1268, 75	1409, 72	1691, 67	10150000
40,000	676, 67	789, 44	902, 22	1015, 00	1127, 78	1353, 33	8120000
30,000	507, 50	592, 08	676, 67	761, 25	845, 83	1015, 00	6090000
20,000	338, 33	394, 72	451, 11	507, 50	563, 89	676, 67	4060000
10,000	169, 17	197, 36	225, 56	253, 75	281, 94	338, 33	2030000
9,000	152, 25	177, 62	203, 00	228, 37	253, 75	304, 50	1827000
8,000	135, 33	157, 89	180, 44	203, 00	225, 56	270, 67	1624000
7,000	118, 42	138, 15	157, 89	177, 62	197, 36	236, 83	1421000
6,000	101, 50	118, 42	135, 33	152, 25	169, 17	203, 00	1218000
5,000	84, 58	98, 68	112, 78	126, 87	140, 97	169, 17	1015000
4,000	67, 67	78, 94	90, 22	101, 50	112, 78	135, 33	812000
3,000	50, 75	59, 21	67, 67	76, 12	84, 58	101. 50	609000
2,000	33, 83	39, 47	45, 11	50, 75	56, 39	67, 67	406000
1,000	16, 92	19, 74	22, 56	25, 37	28. 19	33, 83	203000
900	15, 22	17, 76	20, 30	22, 84	25, 37	30, 45	182700
800	13, 53	15, 79	18, 04	20, 30	22, 56	27, 07	162400
700	11, 84	13, 82	15, 79	17, 76	19, 74	23, 68	142100
600	10, 15	11, 84	13, 53	15, 22	16, 92	20, 30	121800
500	8, 46	9, 87	11, 28	12, 69	14, 10	16, 92	101500
400	6, 77	7, 89	9, 02	10, 15	11, 28	13, 53	81200
300	5, 07	5. 92	6, 77	7, 61	8, 46	10, 15	60900
200	3, 38	3, 95	4, 51	5, 07	5, 64	6, 77	40600
100	1, 69	1, 97	2, 26	2, 54	2, 82	3, 38	20300
90	1, 52	1, 78	2, 03	2, 28	2, 54	3, 04	18270
80	1, 35	1, 58	1, 80	2, 03	2, 26	2, 71	16240
70	1, 18	1, 38	1, 58	1, 78	1, 97	2, 37	14210
60	1, 01	1, 18	1, 35	1, 52	1, 69	2, 03	12180
50	0, 85	0, 99	1, 13	1, 27	1, 41	1, 69	10150
40	0, 68	0, 79	0, 90	1, 01	1, 13	1, 35	8120
30	0, 51	0, 59	0, 68	0, 76	0, 85	1, 01	6090
20	0, 34	0, 39	0, 45	0, 51	0, 56	0, 68	4060
10	0, 17	0 20	0, 23	0, 25	0, 28	0, 34	2030
9	0, 15	0, 18	0, 20	0, 23	0, 25	0, 30	1827
8	0, 14	0, 16	0, 18	0, 20	0, 23	0, 27	1624
7	0, 12	0, 14	0, 16	0, 18	0, 20	0, 24	1421
6	0, 10	0, 12	0, 14	0, 15	0, 17	0, 20	1218
5	0, 08	0, 10	0, 11	0, 13	0, 14	0, 17	1015
4	0, 07	0, 08	0, 09	0, 10	0, 11	0, 14	812
3	0, 05	0, 06	0, 07	0, 08	0, 08	0, 10	609
2	0, 03	0, 04	0, 05	0, 05	0, 06	0, 07	406
1	0, 02	0, 02	0, 02	0, 03	0, 03	0, 03	203

COLONNE DES CAPITAUX	INTERETS POUR 204 JOURS (ou pour 6 mois et 24 jours.)						NOMBRES PRODUITS des CAPITAUX multipliés par 204 Jours.
	à 3 %	à 3 ½	à 4 %	à 4 ½	à 5 %	à 6 %	
fr.	fr. c.	fr. c.	fr. c.	fr. c.	fr. c.	fr. c.	
50,000	850, 00	991, 67	1133, 33	1275, 00	1416, 67	1700, 00	10200000
40,000	680, 00	793, 33	906, 67	1020, 00	1133, 33	1360, 00	8160000
30,000	510, 00	595, 00	680, 00	765, 00	850, 00	1020, 00	6120000
20,000	340, 00	396, 67	453, 33	510, 00	566, 67	680, 00	4080000
10,000	170, 00	198, 33	226, 67	255, 00	283, 33	340, 00	2040000
9,000	153, 00	178, 50	204, 00	229, 50	255, 00	306, 00	1836000
8,000	136, 00	158, 67	181, 33	204, 00	226, 67	272, 00	1632000
7,000	119, 00	138, 83	158, 67	178, 50	198, 33	238, 00	1428000
6,000	102, 00	119, 00	136, 00	153, 00	170, 00	204, 00	1224000
5,000	85, 00	99, 17	113, 33	127, 50	141, 67	170, 00	1020000
4,000	68, 00	79, 33	90, 67	102, 00	113, 33	136, 00	816000
3,000	51, 00	59, 50	68, 00	76, 50	85, 00	102, 00	612000
2,000	34, 00	39, 67	45, 33	51, 00	56, 67	68, 00	408000
1,000	17, 00	19, 83	22, 67	25, 50	28, 33	34, 00	204000
900	15, 30	17, 85	20, 40	22, 95	25, 50	30, 60	183600
800	13, 60	15, 87	18, 13	20, 40	22, 67	27, 20	163200
700	11, 90	13, 88	15, 87	17, 85	19, 83	23, 80	142800
600	10, 20	11, 90	13, 60	15, 30	17, 00	20, 40	122400
500	8, 50	9, 92	11, 33	12, 75	14, 17	17, 00	102000
400	6, 80	7, 93	9, 07	10, 20	11, 33	13, 60	81600
300	5, 10	5, 95	6, 80	7, 65	8, 50	10, 20	61200
200	3, 40	3, 97	4, 53	5, 10	5, 67	6, 80	40800
100	1, 70	1, 98	2, 27	2, 55	2, 83	3, 40	20400
90	1, 53	1, 78	2, 04	2, 29	2, 55	3, 06	18360
80	1, 36	1, 59	1, 81	2, 04	2, 27	2, 72	16320
70	1, 19	1, 39	1, 59	1, 78	1, 98	2, 38	14280
60	1, 02	1, 19	1, 36	1, 53	1, 70	2, 04	12240
50	0, 85	0, 99	1, 13	1, 27	1, 42	1, 70	10200
40	0, 68	0, 79	0, 91	1, 02	1, 13	1, 36	8160
30	0, 51	0, 59	0, 68	0, 76	0, 85	1, 02	6120
20	0, 34	0, 40	0, 45	0, 51	0, 57	0, 68	4080
10	0, 17	0, 20	0, 23	0, 25	0, 28	0, 34	2040
9	0, 15	0, 18	0, 20	0, 23	0, 25	0, 31	1836
8	0, 14	0, 16	0, 18	0, 20	0, 23	0, 27	1632
7	0, 12	0, 14	0, 16	0, 18	0, 20	0, 24	1428
6	0, 10	0, 12	0, 14	0, 15	0, 17	0, 20	1224
5	0, 08	0, 10	0, 11	0, 13	0, 14	0, 17	1020
4	0, 07	0, 08	0, 09	0, 10	0, 11	0, 14	816
3	0, 05	0, 06	0, 07	0, 08	0, 08	0, 10	612
2	0, 03	0, 04	0, 05	0, 05	0, 06	0, 07	408
1	0, 02	0, 02	0, 02	0, 03	0, 03	0, 03	204

COLONNE DES CAPITAUX	INTÉRÊTS POUR 205 JOURS (on pour 6 mois et 25 jours.)						NOMBRES PRODUITS des CAPITAUX multipliés par 205 Jours.
	à 3 %	à 3 ½	à 4 %	à 4 ½	à 5 %	à 6 %	
fr.	fr. c.	fr. c.	fr. c.	fr. c.	fr. c.	fr. c.	
5o,ooo	854, 17	996, 53	1138, 89	1281, 25	1423, 61	1708, 33	10250000
40,000	683, 33	797, 22	911, 11	1025, 00	1138, 89	1366, 67	8200000
3o,ooo	512, 5o	597, 92	683, 33	768, 75	854, 17	1025, 00	6150000
20,000	341, 67	398, 61	455, 56	512, 5o	569, 44	683, 33	4100000
10,000	170, 83	199, 31	227, 78	256, 25	284, 72	341, 67	2050000
9,000	153, 75	179, 37	205, 00	23o, 62	256, 25	3o7, 5o	1845000
8,000	136, 67	159, 44	182, 22	205, 00	227, 78	273, 33	1640000
7,000	119, 58	139, 51	159, 44	179, 37	199, 31	239, 17	1435000
6,000	102, 5o	119, 58	136, 67	153, 75	170, 83	205, 00	1230000
5,000	85, 42	99, 65	113, 89	128, 12	142, 36	170, 83	1025000
4,000	68, 33	79, 72	91, 11	102, 5o	113, 89	136, 67	820000
3,000	51, 25	59, 79	68, 33	76, 87	85, 42	102, 5o	615000
2,000	34, 17	39, 86	45, 56	51, 25	56, 94	68, 33	410000
1,000	17, 08	19, 93	22, 78	25, 62	28, 47	34, 17	205000
9oo	15, 37	17, 94	20, 5o	23, 06	25, 62	3o, 75	184500
8oo	13, 67	15, 94	18, 22	20, 5o	22, 78	27, 33	164000
7oo	11, 96	13, 95	15, 94	17, 94	19, 93	23, 92	143500
6oo	10, 25	11, 96	13, 67	15, 37	17, 08	20, 5o	123000
5oo	8, 54	9, 97	11, 39	12, 81	14, 24	17, 08	102500
4oo	6, 83	7, 97	9, 11	10, 25	11, 39	13, 67	82000
3oo	5, 12	5, 98	6, 83	7, 69	8, 54	10, 25	61500
200	3, 42	3, 99	4, 56	5, 12	5, 69	6, 83	41000
100	1, 71	1, 99	2, 28	2, 56	2, 85	3, 42	20500
9o	1, 54	1, 79	2, 05	2, 31	2, 56	3, 07	18450
8o	1, 37	1, 59	1, 82	2, 05	2, 28	2, 73	16400
7o	1, 20	1, 40	1, 59	1, 79	1, 99	2, 39	14350
6o	1, 02	1, 20	1, 37	1, 54	1, 71	2, 05	12300
5o	o, 85	1, 00	1, 14	1, 28	1, 42	1, 71	10250
4o	o, 68	o, 80	o, 91	1, 02	1, 14	1, 37	8200
3o	o, 51	o, 60	o, 68	o, 77	o, 85	1, 02	6150
20	o, 34	o, 40	o, 46	o, 51	o, 57	o, 68	4100
10	o, 17	o, 20	o, 23	o, 26	o, 28	o, 34	2050
9	o, 15	o, 18	o, 20	o, 23	o, 26	o, 31	1845
8	o, 14	o, 16	o, 18	o, 20	o, 23	o, 27	1640
7	o, 12	o, 14	o, 16	o, 18	o, 20	o, 24	1435
6	o, 10	o, 12	o, 14	o, 15	o, 17	o, 20	1230
5	o, 09	o, 10	o, 11	o, 13	o, 14	o, 17	1025
4	o, 07	o, 08	o, 09	o, 10	o, 11	o, 14	820
3	o, 05	o, 06	o, 07	o, 08	o, 09	o, 10	615
2	o, 03	o, 04	o, 05	o 05	o, 06	c, 07	410
1	o. 02	o. 02	o, 02	o, 03	o, 03	o. 03	205

18

COLONNE DES CAPITAUX	INTÉRÊTS POUR 206 JOURS (ou pour 6 mois et 26 jours.)						NOMBRES PRODUITS des CAPITAUX multipliés par 206 Jours.
	à 3 %	à 3 ½	à 4 %	à 4 ½	à 5 %	à 6 %	
fr.	fr. c.	fr. c.	fr. c.	fr. c.	fr. c.	fr. c.	
50,000	858, 33	1001, 39	1144, 44	1287, 50	1430, 56	1716, 67	10300000
40,000	686, 67	801, 11	915, 56	1030, 00	1144, 44	1373, 33	8240000
30,000	515, 00	600, 83	686, 67	772, 50	858, 33	1030, 00	6180000
20,000	343, 33	400, 56	457, 78	515, 00	572, 22	686, 67	4120000
10,000	171, 67	200, 28	228, 89	257, 50	286, 11	343, 33	2060000
9,000	154, 50	180, 25	206, 00	231, 75	257, 50	309, 00	1854000
8,000	137, 33	160, 22	183, 11	206, 00	228, 89	274, 67	1648000
7,000	120, 17	140, 19	160, 22	180, 25	200, 28	240, 33	1442000
6,000	103, 00	120, 17	137, 33	154, 50	171, 67	206, 00	1236000
5,000	85, 83	100, 14	114, 44	128, 75	143, 06	171, 67	1030000
4,000	68, 67	80, 11	91, 56	103, 00	114, 44	137, 33	824000
3,000	51, 50	60, 08	68, 67	77, 25	85, 83	103, 00	618000
2,000	34, 33	40, 06	45, 78	51, 50	57, 22	68, 67	412000
1,000	17, 17	20, 03	22, 89	25, 75	28, 61	34, 33	206000
900	15, 45	18, 02	20, 60	23, 17	25, 75	30, 90	185400
800	13, 73	16, 02	18, 31	20, 60	22, 89	27, 47	164800
700	12, 02	14, 02	16, 02	18, 02	20, 03	24, 03	144200
600	10, 30	12, 02	13, 73	15, 45	17, 17	20, 60	123600
500	8, 58	10, 01	11, 44	12, 87	14, 31	17, 17	103000
400	6, 87	8, 01	9, 16	10, 30	11, 44	13, 73	82400
300	5, 15	6, 01	6, 87	7, 72	8, 58	10, 30	61800
200	3, 43	4, 01	4, 58	5, 15	5, 72	6, 87	41200
100	1, 72	2, 00	2, 29	2, 57	2, 86	3, 43	20600
90	1, 54	1, 80	2, 06	2, 32	2, 57	3, 09	18540
80	1, 37	1, 60	1, 83	2, 06	2, 29	2, 75	16480
70	1, 20	1, 40	1, 60	1, 80	2, 00	2, 40	14420
60	1, 03	1, 20	1, 37	1, 54	1, 72	2, 06	12360
50	0, 86	1, 00	1, 14	1, 29	1, 43	1, 72	10300
40	0, 69	0, 80	0, 92	1, 03	1, 14	1, 37	8240
30	0, 51	0, 60	0, 69	0, 77	0, 86	1, 03	6180
20	0, 34	0, 40	0, 46	0, 51	0, 57	0, 69	4120
10	0, 17	0, 20	0, 23	0, 26	0, 29	0, 34	2060
9	0, 15	0, 18	0, 21	0, 23	0, 26	0, 31	1854
8	0, 14	0, 16	0, 18	0, 21	0, 23	0, 27	1648
7	0, 12	0, 14	0, 16	0, 18	0, 20	0, 24	1442
6	0, 10	0, 12	0, 14	0, 15	0, 17	0, 21	1236
5	0, 09	0, 10	0, 11	0, 13	0, 14	0, 17	1030
4	0, 07	0, 08	0, 09	0, 10	0, 11	0, 14	824
3	0, 05	0, 06	0, 07	0, 08	0, 09	0, 10	618
2	0, 03	0, 04	0, 05	0, 05	0, 06	0, 07	412
1	0, 02	0, 02	0, 02	0, 03	0, 03	0, 03	206

COLONNE DES CAPITAUX	INTERÊTS POUR 207 JOURS (ou pour 6 mois et 27 jours.)						NOMBRES PRODUITS des CAPITAUX multipliés par 207 Jours.
	à 3 %	à 3 ½	à 4 %	à 4 ½	à 5 %	à 6 %	
fr.	fr. c.	fr. c.	fr. c.	fr. c.	fr. c.	fr. c.	
50,000	862, 50	1006, 25	1150, 00	1293, 75	1437, 50	1725, 00	10350000
40,000	690, 00	805, 00	920, 00	1035, 00	1150, 00	1380, 00	8280000
30,000	517, 50	603, 75	690, 00	776, 25	862, 50	1035, 00	6210000
20,000	345, 00	402, 50	460, 00	517, 50	575, 00	690, 00	4140000
10,000	172, 50	201, 25	230, 00	258, 75	287, 50	345, 00	2070000
9,000	155, 25	181, 12	207, 00	232, 87	258, 75	310, 50	1863000
8,000	138, 00	161, 00	184, 00	207, 00	230, 00	276, 00	1656000
7,000	120, 75	140, 87	161, 00	181, 12	201, 25	241, 50	1449000
6,000	103, 50	120, 75	138, 00	155, 25	172, 50	207, 00	1242000
5,000	86, 25	100, 62	115, 00	129, 37	143, 75	172, 50	1035000
4,000	69, 00	80, 50	92, 00	103, 50	115, 00	138, 00	828000
3,000	51, 75	60, 37	69, 00	77, 62	86, 25	103, 50	621000
2,000	34, 50	40, 25	46, 00	51, 75	57, 50	69, 00	414000
1,000	17, 25	20, 12	23, 00	25, 87	28, 75	34, 50	207000
900	15, 52	18, 11	20, 70	23, 29	25, 87	31, 05	186300
800	13, 80	16, 10	18, 40	20, 70	23, 00	27, 60	165600
700	12, 07	14, 09	16, 10	18, 11	20, 12	24, 15	144900
600	10, 35	12, 07	13, 80	15, 52	17, 25	20, 70	124200
500	8, 62	10, 06	11, 50	12, 94	14, 37	17, 25	103500
400	6, 90	8, 05	9, 20	10, 35	11, 50	13, 80	82800
300	5, 17	6, 04	6, 90	7, 76	8, 62	10, 35	62100
200	3, 45	4, 02	4, 60	5, 17	5, 75	6, 90	41400
100	1, 72	2, 01	2, 30	2, 59	2, 87	3, 45	20700
90	1, 55	1, 81	2, 07	2, 33	2, 59	3, 10	18630
80	1, 38	1, 61	1, 84	2, 07	2, 30	2, 76	16560
70	1, 21	1, 41	1, 61	1, 81	2, 01	2, 41	14490
60	1, 03	1, 21	1, 38	1, 55	1, 72	2, 07	12420
50	0, 86	1, 01	1, 15	1, 29	1, 44	1, 72	10350
40	0, 69	0, 80	0, 92	1, 03	1, 15	1, 38	8280
30	0, 52	0, 60	0, 69	0, 78	0, 86	1, 03	6210
20	0, 34	0, 40	0, 46	0, 52	0, 57	0, 69	4140
10	0, 17	0, 20	0, 23	0, 26	0, 29	0, 34	2070
9	0, 16	0, 18	0, 21	0, 23	0, 26	0, 31	1863
8	0, 14	0, 16	0, 18	0, 21	0, 23	0, 28	1656
7	0, 12	0, 14	0, 16	0, 18	0, 20	0, 24	1449
6	0, 10	0, 12	0, 14	0, 16	0, 17	0, 21	1242
5	0, 09	0, 10	0, 11	0, 13	0, 14	0, 17	1035
4	0, 07	0, 08	0, 09	0, 10	0, 11	0, 14	828
3	0, 05	0, 06	0, 07	0, 08	0, 09	0, 10	621
2	0, 03	0, 04	0, 05	0, 05	0, 06	0, 07	414
1	0, 02	0, 02	0, 02	0, 03	0, 03	0, 03	207

COLONNE DES CAPITAUX	INTÉRÊTS POUR 208 JOURS (ou pour 6 mois et 28 jours.)						NOMBRES PRODUITS des CAPITAUX multipliés par 208 Jours.
	à 3 %	à 3 ½	à 4 %	à 4 ½	à 5 %	à 6 %	
fr.	fr. c.	fr. c.	fr. c.	fr. c.	fr. c.	fr. c.	
50,000	866, 67	1011, 11	1155, 56	1300, 00	1444, 44	1733, 33	10400000
40,000	693, 33	808, 89	924, 44	1040, 00	1155, 56	1386, 67	8320000
30,000	520, 00	606, 67	693, 33	780, 00	866, 67	1040, 00	6240000
20,000	346, 67	404, 44	462, 22	520, 00	577, 78	693, 33	4160000
10,000	173, 33	202, 22	231, 11	260, 00	288, 89	346, 67	2080000
9,000	156, 00	182, 00	208, 00	234, 00	260, 00	312, 00	1872000
8,000	138, 67	161, 78	184, 89	208, 00	231, 11	277, 33	1664000
7,000	121, 33	141, 56	161, 78	182, 00	202, 22	242, 67	1456000
6,000	104. 00	121, 33	138, 67	156, 00	173, 33	208, 00	1248000
5,000	86, 67	101, 11	115, 56	130, 00	144, 44	173, 33	1040000
4,000	69, 33	80, 89	92, 44	104, 00	115, 56	138, 67	832000
3,000	52, 00	60, 67	69, 33	78, 00	86, 67	104, 00	624000
2,000	34, 67	40, 44	46, 22	52, 00	57, 78	69, 33	416000
1,000	17, 33	20, 22	23, 11	26, 00	28, 89	34, 67	208000
900	15, 60	18, 20	20 80	23, 40	26, 00	31, 20	187200
800	13, 87	16, 18	18, 49	20, 80	23, 11	27, 73	166400
700	12, 13	14, 16	16, 18	18, 20	20, 22	24, 27	145600
600	10, 40	12, 13	13, 87	15, 60	17, 33	20, 80	124800
500	8, 67	10, 11	11, 56	13, 00	14, 44	17, 33	104000
400	6, 93	8, 09	9, 24	10, 40	11, 56	13, 87	83200
300	5, 20	6, 07	6, 93	7, 80	8, 67	10, 40	62400
200	3, 47	4, 04	4, 62	5, 20	5, 78	6, 93	41600
100	1, 73	2, 02	2, 31	2, 60	2, 89	3, 47	20800
90	1, 56	1, 82	2, 08	2, 34	2, 60	3, 12	18720
80	1, 39	1, 62	1, 85	2, 08	2, 31	2, 77	16640
70	1, 21	1, 42	1, 62	1, 82	2, 02	2, 43	14560
60	1, 04	1, 21	1, 39	1, 56	1, 73	2, 08	12480
50	0, 87	1, 01	1, 16	1, 30	1, 44	1, 73	10400
40	0, 69	0, 81	0, 92	1, 04	1, 16	1, 39	8320
30	0, 52	0, 61	0, 69	0, 78	0, 87	1, 04	6240
20	0, 35	0, 40	0, 46	0, 52	0, 58	0, 69	4160
10	0, 17	0, 20	0, 23	0, 26	0, 29	0, 35	2080
9	0, 16	0, 18	0, 21	0, 23	0, 26	0, 31	1872
8	0, 14	0, 16	0, 18	0, 21	0, 23	0, 28	1664
7	0, 12	0, 14	0, 16	0, 18	0, 20	0, 24	1456
6	0, 10	0, 12	0, 14	0, 16	0, 17	0, 21	1248
5	0, 09	0, 10	0, 12	0, 13	0, 14	0, 17	1040
4	0, 07	0, 08	0, 09	0, 10	0, 12	0, 14	832
3	0, 05	0, 06	0, 07	0, 08	0, 09	0, 10	624
2	0, 03	0, 04	0, 05	0, 05	0, 06	0, 07	416
1	0. 02	0. 02	0, 02	0, 03	0. 03	0, 03	208

COLONNE DES CAPITAUX	INTÉRÊTS POUR 209 JOURS (ou pour 6 mois et 29 jours.)						NOMBRES PRODUITS des CAPITAUX multipliés par 209 Jours.
	à 3 %	à 3 ½	à 4 %	à 4 ½	à 5 %	à 6 %	
fr.	fr. c.	fr. c.	fr. c.	fr. c.	fr. c.	fr. c.	
50,000	870, 83	1015, 97	1161, 11	1306, 25	1451, 39	1741, 67	10450000
40,000	696, 67	812, 78	928, 89	1045, 00	1161, 11	1393, 33	8360000
30,000	522, 50	609, 58	696, 67	783, 75	870, 83	1045, 00	6270000
20,000	348, 33	406, 39	464, 44	522, 50	580, 56	696, 67	4180000
10,000	174, 17	203, 19	232, 22	261, 25	290, 28	348, 33	2090000
9,000	156, 75	182, 87	209, 00	235, 12	261, 25	313, 50	1881000
8,000	139, 33	162, 56	185, 78	209, 00	232, 22	278, 67	1672000
7,000	121, 92	142, 24	162, 56	182, 87	203, 19	243, 83	1463000
6,000	104, 50	121, 92	139, 33	156, 75	174, 17	209, 00	1254000
5,000	87, 08	101, 60	116, 11	130, 62	145, 14	174, 17	1045000
4,000	69, 67	81, 28	92, 89	104, 50	116, 11	139, 33	836000
3,000	52, 25	60, 96	69, 67	78, 37	87, 08	104, 50	627000
2,000	34, 83	40, 64	46, 44	52, 25	58, 06	69, 67	418000
1,000	17, 42	20, 32	23, 22	26, 12	29, 03	34, 83	209000
900	15, 67	18, 29	20, 90	23, 51	26, 12	31, 35	188100
800	13, 93	16, 26	18, 58	20, 90	23, 22	27, 87	167200
700	12, 19	14, 22	16, 26	18, 29	20, 32	24, 38	146300
600	10, 45	12, 19	13, 93	15, 67	17, 42	20, 90	125400
500	8, 71	10, 16	11, 61	13, 06	14, 51	17, 42	104500
400	6, 97	8, 13	9, 29	10, 45	11, 61	13, 93	83600
300	5, 22	6, 10	6, 97	7, 84	8, 71	10, 45	62700
200	3, 48	4, 06	4, 64	5, 22	5, 81	6, 97	41800
100	1, 74	2, 03	2, 32	2, 61	2, 90	3, 48	20900
90	1, 57	1, 83	2, 09	2, 35	2, 61	3, 13	18810
80	1, 39	1, 63	1, 86	2, 09	2, 32	2, 79	16720
70	1, 22	1, 42	1, 63	1, 83	2, 03	2, 44	14630
60	1, 04	1, 22	1, 39	1, 57	1, 74	2, 09	12540
50	0, 87	1, 02	1, 16	1, 31	1, 45	1, 74	10450
40	0, 70	0, 81	0, 93	1, 04	1, 16	1, 39	8360
30	0, 52	0, 61	0, 70	0, 78	0, 87	1, 04	6270
20	0, 35	0, 41	0, 46	0, 52	0, 58	0, 70	4180
10	0, 17	0, 20	0, 23	0, 26	0, 29	0, 35	2090
9	0, 16	0, 18	0, 21	0, 24	0, 26	0, 31	1881
8	0, 14	0, 16	0, 19	0, 21	0, 23	0, 28	1672
7	0, 12	0, 14	0, 16	0, 18	0, 20	0, 24	1463
6	0, 10	0, 12	0, 14	0, 16	0, 17	0, 21	1254
5	0, 09	0, 10	0, 12	0, 13	0, 15	0, 17	1045
4	0, 07	0, 08	0, 09	0, 10	0, 12	0, 14	836
3	0, 05	0, 06	0, 07	0, 08	0, 09	0, 10	627
2	0, 03	0, 04	0, 05	0, 05	0, 06	0, 07	418
1	0, 02	0, 02	0, 02	0, 03	0, 03	0, 03	209

18.

COLONNE DES CAPITAUX	INTERETS POUR 210 JOURS (ou pour 7 mois.)						NOMBRES PORDUITS des CAPITAUX multipliés par 210 Jours.
	à 3 %	à 3 ½	à 4 %	à 4 ½	à 5 %	à 6 %	
fr.	fr. c.	fr. c.	fr. c.	fr. c.	fr. c.	fr. c.	
50,000	875, 00	1020, 83	1166. 67	1312, 50	1458, 33	1750, 00	10500000
40,000	700, 00	816, 67	933, 33	1050, 00	1166, 67	1400, 00	8400000
30,000	525, 00	612, 50	700, 00	787, 50	875, 00	1050, 00	6300000
20,000	350, 00	408, 33	466, 67	525, 00	583, 33	700. 00	4200000
10,000	175, 00	204, 17	233, 33	262, 50	291, 67	350, 00	2100000
9,000	157, 50	183, 75	210, 00	236, 25	262, 50	315, 00	1890000
8,000	140, 00	163, 33	186, 67	210, 00	233, 33	280, 00	1680000
7,000	122, 50	142, 92	163, 33	183. 75	204, 17	245, 00	1470000
6,000	105, 00	122, 50	140, 00	157, 50	175, 00	210, 00	1260000
5,000	87, 50	102, 08	116, 67	131, 25	145, 83	175. 00	1050000
4,000	70, 00	81, 67	93, 33	105. 00	116, 67	140, 00	840000
3,000	52, 50	61, 25	70, 00	78, 75	87, 50	105, 00	630000
2,000	35, 00	40, 83	46, 67	52, 50	58, 33	70, 00	420000
1,000	17, 50	20, 42	23. 33	26, 25	29, 17	35, 00	210000
900	15, 75	18, 37	21, 00	23, 62	26, 25	31, 50	189000
800	14, 00	16, 33	18, 67	21, 00	23, 33	28, 00	168000
700	12, 25	14, 29	16, 33	18, 37	20, 42	24, 50	147000
600	10, 50	12, 25	14, 00	15, 75	17, 50	21, 00	126000
500	8, 75	10, 21	11, 67	13, 12	14, 58	17, 50	105000
400	7. 00	8, 17	9, 33	10, 50	11, 67	14, 00	84000
300	5, 25	6, 12	7, 00	7, 87	8, 75	10, 50	63000
200	3, 50	4, 08	4, 67	5, 25	5, 83	7, 00	42000
100	1, 75	2, 04	2, 33	2, 62	2, 92	3, 50	21000
90	1, 57	1, 84	2, 10	2, 36	2, 62	3, 15	18900
80	1, 40	1, 63	1, 87	2, 10	2, 33	2, 80	16800
70	1, 22	1, 43	1, 63	1, 84	2, 04	2, 45	14700
60	1, 05	1, 22	1, 40	1, 57	1, 75	2, 10	12600
50	0, 87	1, 02	1, 17	1, 31	1, 46	1. 75	10500
40	0, 70	0, 82	0, 93	1, 05	1, 17	1, 40	8400
30	0, 52	0, 61	0, 70	0, 79	0, 87	1, 05	6300
20	0, 35	0, 41	0, 47	0, 52	0, 58	0, 70	4200
10	0, 17	0, 20	0, 23	0, 26	0, 29	0, 35	2100
9	0, 16	0, 18	0, 21	0, 24	0, 26	0, 31	1890
8	0, 14	0, 16	0, 19	0, 21	0, 23	0, 28	1680
7	0, 12	0, 14	0, 16	0, 18	0, 20	0, 24	1470
6	0, 10	0, 12	0, 14	0, 16	0, 17	0, 21	1260
5	0, 09	0, 10	0, 12	0, 13	0, 15	0, 17	1050
4	0, 07	0, 08	0. 09	0, 10	0, 12	0, 14	840
3	0, 05	0, 06	0, 07	0, 08	0, 09	0, 10	630
2	0, 03	0, 04	0, 05	0, 05	0, 06	0, 07	420
1	0. 02	0, 02	0, 02	0, 03	0. 03	0. 03	210

COLONNE DES CAPITAUX	INTÉRÊTS POUR 211 JOURS (ou pour 7 mois et 1 jour.)						NOMBRES PRODUITS des CAPITAUX multipliés par 211 Jours.
	à 3 %	à 3 ½	à 4 %	à 4 ½	à 5 %	à 6 %	
fr.	fr. c.	fr. c.	fr. c.	fr. c.	fr. c.	fr. c.	
50,000	879, 17	1025, 69	1172, 22	1318, 75	1465, 28	1758, 33	10550000
40,000	703, 33	820, 56	937, 78	1055, 00	1172, 22	1406, 67	8440000
30,000	527, 50	615, 42	703, 33	791, 25	879, 17	1055, 00	6330000
20,000	351, 67	410, 28	468, 89	527, 50	586, 11	703, 33	4220000
10,000	175, 83	205, 14	234, 44	263, 75	293, 06	351, 67	2110000
9,000	158, 25	184, 62	211, 00	237, 37	263, 75	316, 50	1899000
8,000	140, 67	164, 11	187, 56	211, 00	234, 44	281, 33	1688000
7,000	123, 08	143, 60	164, 11	184, 62	205, 14	246, 17	1477000
6,000	105, 50	123, 08	140, 67	158, 25	175, 83	211, 00	1266000
5,000	87, 92	102, 57	117, 22	131, 87	146, 53	175, 83	1055000
4,000	70, 33	82, 06	93, 78	105, 50	117, 22	140, 67	844000
3,000	52, 75	61, 54	70, 33	79, 12	87, 92	105, 50	633000
2,000	35, 17	41, 03	46, 89	52, 75	58, 61	70, 33	422000
1,000	17, 58	20, 51	23, 44	26, 37	29, 31	35, 17	211000
900	15, 82	18, 46	21, 10	23, 74	26, 37	31, 65	189900
800	14, 07	16, 41	18, 76	21, 10	23, 44	28, 13	168800
700	12, 31	14, 36	16, 41	18, 46	20, 51	24, 62	147700
600	10, 55	12, 31	14, 07	15, 82	17, 58	21, 10	126600
500	8, 79	10, 26	11, 72	13, 19	14, 65	17, 58	105500
400	7, 03	8, 21	9, 38	10, 55	11, 72	14, 07	84400
300	5, 27	6, 15	7, 03	7, 91	8, 79	10, 55	63300
200	3, 52	4, 10	4, 69	5, 27	5, 86	7, 03	42200
100	1, 76	2, 05	2, 34	2, 64	2, 93	3, 52	21100
90	1, 58	1, 85	2, 11	2, 37	2, 64	3, 16	18990
80	1, 41	1, 64	1, 88	2, 11	2, 34	2, 81	16880
70	1, 23	1, 44	1, 64	1, 85	2, 05	2, 46	14770
60	1, 05	1, 23	1, 41	1, 58	1, 76	2, 11	12660
50	0, 88	1, 03	1, 17	1, 32	1, 47	1, 76	10550
40	0, 70	0, 82	0, 94	1, 05	1, 17	1, 41	8440
30	0, 53	0, 62	0, 70	0, 79	0, 88	1, 05	6330
20	0, 35	0, 41	0, 47	0, 53	0, 59	0, 70	4220
10	0, 18	0, 21	0, 23	0, 26	0, 29	0, 35	2110
9	0, 16	0, 18	0, 21	0, 24	0, 26	0, 32	1899
8	0, 14	0, 16	0, 19	0, 21	0, 23	0, 28	1688
7	0, 12	0, 14	0, 16	0, 18	0, 21	0, 25	1477
6	0, 11	0, 12	0, 14	0, 16	0, 18	0, 21	1266
5	0, 09	0, 10	0, 12	0, 13	0, 15	0, 18	1055
4	0, 07	0, 08	0, 09	0, 11	0, 12	0, 14	844
3	0, 05	0, 06	0, 07	0, 08	0, 09	0, 11	633
2	0, 04	0, 04	0, 05	0 05	0, 06	0, 07	422
1	0. 02	0. 02	0. 02	0, 03	0, 03	0, 04	211

COLONNE DES CAPITAUX	INTÉRÊTS POUR 212 JOURS (ou pour 7 mois et 2 jours.)						NOMBRES PRODUITS des CAPITAUX multipliés par 212 Jours.
	à 3 %	à 3 ½	à 4 %	à 4 ½	à 5 %	à 6 %	
fr.	fr. c.	fr. c.	fr. c.	fr. c.	fr. c.	fr. c.	
50,000	883, 33	1030, 56	1177, 78	1325, 00	1472, 22	1766, 67	10600000
40,000	706, 67	824, 44	942, 22	1060, 00	1177, 78	1413, 33	8480000
30,000	530, 00	618, 33	706, 67	795, 00	883, 33	1060, 00	6360000
20,000	353, 33	412, 22	471, 11	530, 00	588, 89	706, 67	4240000
10,000	176, 67	206, 11	235, 56	265, 00	294, 44	353, 33	2120000
9,000	159, 00	185, 50	212, 00	238, 50	265, 00	318, 00	1908000
8,000	141, 33	164, 89	188, 44	212, 00	235, 56	282, 67	1696000
7,000	123, 67	144, 28	164, 89	185, 50	206, 11	247, 33	1484000
6,000	106, 00	123, 67	141, 33	159, 00	176, 67	212, 00	1272000
5,000	88, 33	103, 06	117, 78	132, 50	147, 22	176, 67	1060000
4,000	70, 67	82, 44	94, 22	106, 00	117, 78	141, 33	848000
3,000	53, 00	61, 83	70, 67	79, 50	88, 33	106, 00	636000
2,000	35, 33	41, 22	47, 11	53, 00	58, 89	70, 67	424000
1,000	17, 67	20, 61	23, 56	26, 50	29, 44	35, 33	212000
900	15, 90	18, 55	21, 20	23, 85	26, 50	31, 80	190800
800	14, 13	16, 49	18, 84	21, 20	23, 56	28, 27	169600
700	12, 37	14, 43	16, 49	18, 55	20, 61	24, 73	148400
600	10, 60	12, 37	14, 13	15, 90	17, 67	21, 20	127200
500	8, 83	10, 31	11, 78	13, 25	14, 72	17, 67	106000
400	7, 07	8, 24	9, 42	10, 60	11, 78	14, 13	84800
300	5, 30	6, 18	7, 07	7, 95	8, 83	10, 60	63600
200	3, 53	4, 12	4, 71	5, 30	5, 89	7, 07	42400
100	1, 77	2, 06	2, 36	2, 65	2, 94	3, 53	21200
90	1, 59	1, 85	2, 12	2, 38	2, 65	3, 18	19080
80	1, 41	1, 65	1, 88	2, 12	2, 36	2, 83	16960
70	1, 24	1, 44	1, 65	1, 85	2, 06	2, 47	14840
60	1, 06	1, 24	1, 41	1, 59	1, 77	2, 12	12720
50	0, 88	1, 03	1, 18	1, 32	1, 47	1, 77	10600
40	0, 71	0, 82	0, 94	1, 06	1, 18	1, 41	8480
30	0, 53	0, 62	0, 71	0, 79	0, 88	1, 06	6360
20	0, 35	0, 41	0, 47	0, 53	0, 59	0, 71	4240
10	0, 18	0, 21	0, 24	0, 26	0, 29	0, 35	2120
9	0, 16	0, 19	0, 21	0, 24	0, 26	0, 32	1908
8	0, 14	0, 16	0, 19	0, 21	0, 24	0, 28	1696
7	0, 12	0, 14	0, 16	0, 19	0, 21	0, 25	1484
6	0, 11	0, 12	0, 14	0, 16	0, 18	0, 21	1272
5	0, 09	0, 10	0, 12	0, 13	0, 15	0, 18	1060
4	0, 07	0, 08	0, 09	0, 11	0, 12	0, 14	848
3	0, 05	0, 06	0, 07	0, 08	0, 09	0, 11	636
2	0, 04	0, 04	0, 05	0, 05	0, 06	0, 07	424
1	0, 02	0, 02	0, 02	0, 03	0, 03	0, 04	212

COLONNE DES CAPITAUX	INTERÊTS POUR 213 JOURS (ou pour 7 mois et 3 jours.)						NOMBRES PRODUITS des CAPITAUX multipliés par 213 Jours.
	à 3 %	à 3 ½	à 4 %	à 4 ½	à 5 %	à 6 %	
fr.	fr. c.	fr. c.	fr. c.	fr. c.	fr. c.	fr. c.	
50,000	887, 50	1035, 42	1183, 33	1331, 25	1479, 17	1775, 00	10650000
40,000	710, 00	828, 33	946, 67	1065, 00	1183, 33	1420, 00	8520000
30,000	532, 50	621, 25	710, 00	798, 75	887, 50	1065, 00	6390000
20,000	355, 00	414, 17	473, 33	532, 50	591, 67	710, 00	4260000
10,000	177, 50	207, 08	236, 67	266, 25	295, 83	355, 00	2130000
9,000	159, 75	186, 37	213, 00	239, 62	266, 25	319, 50	1917000
8,000	142, 00	165, 67	189, 33	213, 00	236, 67	284, 00	1704000
7,000	124, 25	144, 96	165, 67	186, 37	207, 08	248, 50	1491000
6,000	106, 50	124, 25	142, 00	159, 75	177, 50	213, 00	1278000
5,000	88, 75	103, 54	118, 33	133, 12	147, 92	177, 50	1065000
4,000	71, 00	82, 83	94, 67	106, 50	118, 33	142, 00	852000
3,000	53, 25	62, 12	71, 00	79, 87	88, 75	106, 50	639000
2,000	35, 50	41, 42	47, 33	53, 25	59, 17	71, 00	426000
1,000	17, 75	20, 71	23, 67	26, 62	29, 58	35, 50	213000
900	15, 97	18, 64	21, 30	23, 96	26, 62	31, 95	191700
800	14, 20	16, 57	18, 93	21, 30	23, 67	28, 40	170400
700	12, 42	14, 50	16, 57	18, 64	20, 71	24, 85	149100
600	10, 65	12, 42	14, 20	15, 97	17, 75	21, 30	127800
500	8, 87	10, 35	11, 83	13, 31	14, 79	17, 75	106500
400	7, 10	8, 28	9, 47	10, 65	11, 83	14, 20	85200
300	5, 32	6, 21	7, 10	7, 99	8, 87	10, 65	63900
200	3, 55	4, 14	4, 73	5, 32	5, 92	7, 10	42600
100	1, 77	2, 07	2, 37	2, 66	2, 96	3, 55	21300
90	1, 60	1, 86	2, 13	2, 40	2, 66	3, 19	19170
80	1, 42	1, 66	1, 89	2, 13	2, 37	2, 84	17040
70	1, 24	1, 45	1, 66	1, 86	2, 07	2, 48	14910
60	1, 06	1, 24	1, 42	1, 60	1, 77	2, 13	12780
50	0, 89	1, 04	1, 18	1, 33	1, 48	1, 77	10650
40	0, 71	0, 83	0, 95	1, 06	1, 18	1, 42	8520
30	0, 53	0, 62	0, 71	0, 80	0, 89	1, 06	6390
20	0, 35	0, 41	0, 47	0, 53	0, 59	0, 71	4260
10	0, 18	0, 21	0, 24	0, 27	0, 30	0, 35	2130
9	0, 16	0, 19	0, 21	0, 24	0, 27	0, 32	1917
8	0, 14	0, 17	0, 19	0, 21	0, 24	0, 28	1704
7	0, 12	0, 14	0, 17	0, 19	0, 21	0, 25	1491
6	0, 11	0, 12	0, 14	0, 16	0, 18	0, 21	1278
5	0, 09	0, 10	0, 12	0, 13	0, 15	0, 18	1065
4	0, 07	0, 08	0, 09	0, 11	0, 12	0, 14	852
3	0, 05	0, 06	0, 07	0, 08	0, 09	0, 11	639
2	0, 04	0, 04	0, 05	0, 05	0, 06	0, 07	426
1	0, 02	0, 02	0, 03	0, 03	0, 03	0, 04	213

COLONNE DES CAPITAUX	INTÉRÊTS POUR 214 JOURS (ou pour 7 mois et 4 jours.)						NOMBRES PRODUITS des CAPITAUX multipliés par 214 Jours.
	à 3 %	à 3 ½	à 4 %	à 4 ½	à 5 %	à 6 %	
fr.	fr. c.	fr. c.	fr. c.	fr. c.	fr. c.	fr. c.	
50,000	891, 67	1040, 28	1188, 89	1337, 50	1486, 11	1783, 33	10700000
40,000	713, 33	832, 22	951, 11	1070, 00	1188, 89	1426, 67	8560000
30,000	535, 00	624, 17	713, 33	802, 50	891, 67	1070, 00	6420000
20,000	356, 67	416, 11	475, 56	535, 00	594, 44	713, 33	4280000
10,000	178, 33	208, 06	237, 78	267, 50	297, 22	356, 67	2140000
9,000	160, 50	187, 25	214, 00	240, 75	267, 50	321, 00	1926000
8,000	142, 67	166, 44	190, 22	214, 00	237, 78	285, 33	1712000
7,000	124, 83	145, 64	166, 44	187, 25	208, 06	249, 67	1498000
6,000	107, 00	124, 83	142, 67	160, 50	178, 33	214, 00	1284000
5,000	89, 17	104, 03	118, 89	133, 75	148, 61	178, 33	1070000
4,000	71, 33	83, 22	95, 11	107, 00	118, 89	142, 67	856000
3,000	53, 50	62, 42	71, 33	80, 25	89, 17	107, 00	642000
2,000	35, 67	41, 61	47, 56	53, 50	59, 44	71, 33	428000
1,000	17, 83	20, 81	23, 78	26, 75	29, 72	35, 67	214000
900	16, 05	18, 72	21, 40	24, 07	26, 75	32, 10	192600
800	14, 27	16, 64	19, 02	21, 40	23, 78	28, 53	171200
700	12, 48	14, 56	16, 64	18, 72	20, 81	24, 97	149800
600	10, 70	12, 48	14, 27	16, 05	17, 83	21, 40	128400
500	8, 92	10, 40	11, 89	13, 37	14, 86	17, 83	107000
400	7, 13	8, 32	9, 51	10, 70	11, 89	14, 27	85600
300	5, 35	6, 24	7, 13	8, 02	8, 92	10, 70	64200
200	3, 57	4, 16	4, 76	5, 35	5, 94	7, 13	42800
100	1, 78	2, 08	2, 38	2, 67	2, 97	3, 57	21400
90	1, 60	1, 87	2, 14	2, 41	2, 67	3, 21	19260
80	1, 43	1, 66	1, 90	2, 14	2, 38	2, 85	17120
70	1, 25	1, 46	1, 66	1, 87	2, 08	2, 50	14980
60	1, 07	1, 25	1, 43	1, 60	1, 78	2, 14	12840
50	0, 89	1, 04	1, 19	1, 34	1, 49	1, 78	10700
40	0, 71	0, 83	0, 95	1, 07	1, 19	1, 43	8560
30	0, 53	0, 62	0, 71	0, 80	0, 89	1, 07	6420
20	0, 36	0, 42	0, 48	0, 53	0, 59	0, 71	4280
10	0, 18	0, 21	0, 24	0, 27	0, 30	0, 36	2140
9	0, 16	0, 19	0, 21	0, 24	0, 27	0, 32	1926
8	0, 14	0, 17	0, 19	0, 21	0, 24	0, 29	1712
7	0, 12	0, 15	0, 17	0, 19	0, 21	0, 25	1498
6	0, 11	0, 12	0, 14	0, 16	0, 18	0, 21	1284
5	0, 09	0, 10	0, 12	0, 13	0, 15	0, 18	1070
4	0, 07	0, 08	0, 10	0, 11	0, 12	0, 14	856
3	0, 05	0, 06	0, 07	0, 08	0, 09	0, 11	642
2	0, 04	0, 04	0, 05	0, 05	0, 06	0, 07	428
1	0, 02	0, 02	0, 02	0, 03	0, 03	0, 04	214

COLONNE DES CAPITAUX	INTÉRÊTS POUR 215 JOURS (ou pour 7 mois et 5 jours.)						NOMBRES PRODUITS des CAPITAUX multipliés par 215 Jours.
	à 3 %	à 3 ½	à 4 %	à 4 ½	à 5 %	à 6 %	
fr.	fr. c.	fr. c.	fr. c.	fr. c.	fr. c.	fr. c.	
50,000	895, 83	1045, 14	1194, 44	1343, 75	1493, 06	1791, 67	10750000
40,000	716, 67	836, 11	955, 56	1075, 00	1194, 44	1433, 33	8600000
30,000	537, 50	627, 08	716, 67	806, 25	895, 83	1075, 00	6450000
20,000	358, 33	418, 06	477, 78	537, 50	597, 22	716, 67	4300000
10,000	179, 17	209, 03	238, 89	268, 75	298, 61	358, 33	2150000
9,000	161, 25	188, 12	215, 00	241, 87	268, 75	322, 50	1935000
8,000	143, 33	167, 22	191, 11	215, 00	238, 89	286, 67	1720000
7,000	125, 42	146, 32	167, 22	188, 12	209, 03	250, 83	1505000
6,000	107, 50	125, 42	143, 33	161, 25	179, 17	215, 00	1290000
5,000	89, 58	104, 51	119, 44	134, 37	149, 31	179, 17	1075000
4,000	71, 67	83, 61	95, 56	107, 50	119, 44	143, 33	860000
3,000	53, 75	62, 71	71, 67	80, 62	89, 58	107, 50	645000
2,000	35, 83	41, 81	47, 78	53, 75	59, 72	71, 67	430000
1,000	17, 92	20, 90	23, 89	26, 87	29, 86	35, 83	215000
900	16, 12	18, 81	21, 50	24, 19	26, 87	32, 25	193500
800	14, 33	16, 72	19, 11	21, 50	23, 89	28, 67	172000
700	12, 54	14, 63	16, 72	18, 81	20, 90	25, 08	150500
600	10, 75	12, 54	14, 33	16, 12	17, 92	21, 50	129000
500	8, 96	10, 45	11, 94	13, 44	14, 93	17, 92	107500
400	7, 17	8, 36	9, 56	10, 75	11, 94	14, 33	86000
300	5, 37	6, 27	7, 17	8, 06	8, 96	10, 75	64500
200	3, 58	4, 18	4, 78	5, 37	5, 97	7, 17	43000
100	1, 79	2, 09	2, 39	2, 69	2, 99	3, 58	21500
90	1, 61	1, 88	2, 15	2, 42	2, 69	3, 22	19350
80	1, 43	1, 67	1, 91	2, 15	2, 39	2, 87	17200
70	1, 25	1, 46	1, 67	1, 88	2, 09	2, 51	15050
60	1, 07	1, 25	1, 43	1, 61	1, 79	2, 15	12900
50	0, 90	1, 05	1, 19	1, 34	1, 49	1, 79	10750
40	0, 72	0, 84	0, 96	1, 07	1, 19	1, 43	8600
30	0, 54	0, 63	0, 72	0, 81	0, 90	1, 07	6450
20	0, 36	0, 42	0, 48	0, 54	0, 60	0, 72	4300
10	0, 18	0, 21	0, 24	0, 27	0, 30	0, 36	2150
9	0, 16	0, 19	0, 21	0, 24	0, 27	0, 32	1935
8	0, 14	0, 17	0, 19	0, 21	0, 24	0, 29	1720
7	0, 13	0, 15	0, 17	0, 19	0, 21	0, 25	1505
6	0, 11	0, 13	0, 14	0, 16	0, 18	0, 21	1290
5	0, 09	0, 10	0, 12	0, 13	0, 15	0, 18	1075
4	0, 07	0, 08	0, 10	0, 11	0, 12	0, 14	860
3	0, 05	0, 06	0, 07	0, 08	0, 09	0, 11	645
2	0, 04	0, 04	0, 05	0, 05	0, 06	0, 07	430
1	0, 02	0, 02	0, 02	0, 03	0, 03	0, 04	215

COLONNE DES CAPITAUX	INTERETS POUR 216 JOURS (ou pour 7 mois et 6 jours.)						NOMBRES PORDUITS des CAPITAUX multipliés par 216 Jours.
	à 3 %	à 3 ½	à 4 %	à 4 ½	à 5 %	à 6 %	
fr.	fr. c.	fr. c.	fr. c.	fr. c.	fr. c.	fr. c.	
50,000	900, 00	1050, 00	1200, 00	1350, 00	1500, 00	1800, 00	10800000
40,000	720, 00	840, 00	960, 00	1080, 00	1200, 00	1440, 00	8640000
30,000	540, 00	630, 00	720, 00	810, 00	900, 00	1080, 00	6480000
20,000	360, 00	420, 00	480, 00	540, 00	600, 00	720, 00	4320000
10,000	180, 00	210, 00	240, 00	270, 00	300, 00	360, 00	2160000
9,000	162, 00	189, 00	216, 00	243, 00	270, 00	324, 00	1944000
8,000	144, 00	168, 00	192, 00	216, 00	240, 00	288, 00	1728000
7,000	126, 00	147, 00	168, 00	189, 00	210, 00	252, 00	1512000
6,000	108, 00	126, 00	144, 00	162, 00	180, 00	216, 00	1296000
5,000	90, 00	105, 00	120, 00	135, 00	150, 00	180, 00	1080000
4,000	72, 00	84, 00	96, 00	108, 00	120, 00	144, 00	864000
3,000	54, 00	63, 00	72, 00	81, 00	90, 00	108, 00	648000
2,000	36, 00	42, 00	48, 00	54, 00	60, 00	72, 00	432000
1,000	18, 00	21, 00	24, 00	27, 00	30, 00	36, 00	216000
900	16, 20	18, 90	21, 60	24, 30	27, 00	32, 40	194400
800	14, 40	16, 80	19, 20	21, 60	24, 00	28, 80	172800
700	12, 60	14, 70	16, 80	18, 90	21, 00	25, 20	151200
600	10, 80	12, 60	14, 40	16, 20	18, 00	21, 60	129600
500	9, 00	10, 50	12, 00	13, 50	15, 00	18, 00	108000
400	7. 20	8, 40	9, 60	10, 80	12, 00	14, 40	86400
300	5, 40	6, 30	7, 20	8, 10	9, 00	10, 80	64800
200	3, 60	4, 20	4, 80	5, 40	6, 00	7, 20	43200
100	1, 80	2, 10	2, 40	2, 70	3, 00	3, 60	21600
90	1, 62	1, 89	2, 16	2, 43	2, 70	3, 24	19440
80	1, 44	1, 68	1, 92	2, 16	2, 40	2, 88	17280
70	1, 26	1, 47	1, 68	1, 89	2, 10	2, 52	15120
60	1, 08	1, 26	1, 44	1, 62	1, 80	2, 16	12960
50	0, 90	1, 05	1, 20	1, 35	1, 50	1, 80	10800
40	0, 72	0, 84	0, 96	1, 08	1, 20	1, 44	8640
30	0, 54	0. 63	0, 72	0, 81	0, 90	1, 08	6480
20	0, 36	0, 42	0, 48	0, 54	0, 60	0, 72	4320
10	0, 18	0, 21	0, 24	0, 27	0, 30	0, 36	2160
9	0, 16	0, 19	0, 22	0, 24	0, 27	0, 32	1944
8	0, 14	0, 17	0, 19	0, 22	0, 24	0, 29	1728
7	0, 13	0, 15	0, 17	0, 19	0, 21	0, 25	1512
6	0, 11	0, 13	0, 14	0, 16	0, 18	0, 22	1296
5	0, 09	0, 10	0, 12	0, 13	0, 15	0, 18	1080
4	0, 07	0, 08	0, 10	0, 11	0, 12	0, 14	864
3	0, 05	0, 06	0, 07	0, 08	0, 09	0, 11	648
2	0, 04	0, 04	0, 05	0, 05	0, 06	0, 07	432
1	0, 02	0, 02	0, 03	0. 03	0. 03	0. 04	216

COLONNE DES CAPITAUX	INTÉRÊTS POUR 217 JOURS (ou pour 7 mois et 7 jours.)						NOMBRES PRODUITS des CAPITAUX multipliés par 217 Jours.
	à 3 %	à 3 ½	à 4 %	à 4 ½	à 5 %	à 6 %	
fr.	fr. c.	fr. c.	fr. c.	fr. c.	fr. c.	fr. c.	
50,000	904, 17	1054, 86	1205, 56	1356, 25	1506, 94	1808, 33	10850000
40,000	723, 33	843, 89	964, 44	1085, 00	1205, 56	1446, 67	8680000
30.000	542, 50	632, 92	723, 33	813, 75	904, 17	1085, 00	6510000
20,000	361, 67	421, 94	482, 22	542, 50	602, 78	723, 33	4340000
10,000	180, 83	210, 97	241, 11	271, 25	301, 39	361, 67	2170000
9,000	162, 75	189, 87	217, 00	244, 12	271, 25	325, 50	1953000
8,000	144, 67	168, 78	192, 89	217, 00	241, 11	289, 33	1736000
7,000	126, 58	147, 68	168, 78	189, 87	210, 97	253, 17	1519000
6,000	108, 50	126, 58	144, 67	162, 75	180, 83	217, 00	1302000
5,000	90, 42	105, 49	120, 56	135, 62	150, 69	180, 83	1085000
4,000	72, 33	84, 39	96, 44	108, 50	120, 56	144, 67	868000
3,000	54, 25	63, 29	72, 33	81, 37	90, 42	108, 50	651000
2,000	36, 17	42, 19	48, 22	54, 25	60, 28	72, 33	434000
1,000	18, 08	21, 10	24, 11	27, 12	30, 14	36, 17	217000
900	16, 27	18, 99	21, 70	24, 41	27, 12	32, 55	195300
800	14, 47	16, 88	19, 29	21, 70	24, 11	28, 93	173600
700	12, 66	14, 77	16, 88	18, 99	21, 10	25, 32	151900
600	10, 85	12, 66	14, 47	16, 27	18, 08	21, 70	130200
500	9, 04	10, 55	12, 06	13, 56	15, 07	18, 08	108500
400	7, 23	8, 44	9, 64	10, 85	12, 06	14, 47	86800
300	5, 42	6, 33	7, 23	8, 14	9, 04	10, 85	65100
200	3, 62	4, 22	4, 82	5, 42	6, 03	7, 23	43400
100	1, 81	2, 11	2, 41	2, 71	3, 01	3, 62	21700
90	1, 63	1, 90	2, 17	2, 44	2, 71	3, 25	19530
80	1, 45	1, 69	1, 93	2, 17	2, 41	2, 89	17360
70	1, 27	1, 48	1, 69	1, 90	2, 11	2, 53	15190
60	1, 08	1, 27	1, 45	1, 63	1, 81	2, 17	13020
50	0, 90	1, 05	1, 21	1, 36	1, 51	1, 81	10850
40	0, 72	0, 84	0, 96	1, 08	1, 21	1, 45	8680
30	0, 54	0, 63	0, 72	0, 81	0, 90	1, 08	651c
20	0, 36	0, 42	0, 48	0, 54	0, 60	0, 72	4340
10	0, 18	0, 21	0, 24	0, 27	0, 30	0, 36	2170
9	0, 16	0, 19	0, 22	0, 24	0, 27	0, 33	1953
8	0, 14	0, 17	0, 19	0, 22	0, 24	0, 29	1736
7	0, 13	0, 15	0, 17	0, 19	0, 21	0, 25	1519
6	0, 11	0, 13	0, 14	0, 16	0, 18	0, 22	1302
5	0, 09	0, 11	0, 12	0, 14	0, 15	0, 18	1085
4	0, 07	0, 08	0, 10	0, 11	0, 12	0, 14	868
3	0, 05	0, 06	0, 07	0, 08	0, 09	0, 11	651
2	0, 04	0, 04	0, 05	0 05	0, 06	0, 07	434
1	0, 02	0, 02	0, 02	0, 03	0, 03	0, 04	217

COLONNE DES CAPITAUX	INTÉRÊTS POUR 218 JOURS (ou pour 7 mois et 8 jours.)						NOMBRES PRODUITS des CAPITAUX multipliés par 218 Jours.
	à 3 %	à 3 ½	à 4 %	à 4 ½	à 5 %	à 6 %	
fr.	fr. c.	fr. c.	fr. c.	fr. c.	fr. c.	fr. c.	
50,000	908, 33	1059, 72	1211, 11	1362, 50	1513, 89	1816, 67	10900000
40,000	726, 67	847, 78	968, 89	1090, 00	1211, 11	1453, 33	8720000
30,000	545, 00	635, 83	726, 67	817, 50	908, 33	1090, 00	6540000
20,000	363, 33	423, 89	484, 44	545, 00	605, 56	726, 67	4360000
10,000	181, 67	211, 94	242, 22	272, 50	302, 78	363, 33	2180000
9,000	163, 50	190, 75	218, 00	245, 25	272, 50	327, 00	1962000
8,000	145, 33	169, 56	193, 78	218, 00	242, 22	290, 67	1744000
7,000	127, 17	148, 36	169, 56	190, 75	211, 94	254, 33	1526000
6,000	109, 00	127, 17	145, 33	163, 50	181, 67	218, 00	1308000
5,000	90, 83	105, 97	121, 11	136, 25	151, 39	181, 67	1090000
4,000	72, 67	84, 78	96, 89	109, 00	121, 11	145, 33	872000
3,000	54, 50	63, 58	72, 67	81, 75	90, 83	109, 00	654000
2,000	36, 33	42, 39	48, 44	54, 50	60, 56	72, 67	436000
1,000	18, 17	21, 19	24, 22	27, 25	30, 28	36, 33	218000
900	16, 35	19, 07	21, 80	24, 52	27, 25	32, 70	196200
800	14, 53	16, 96	19, 38	21, 80	24, 22	29, 07	174400
700	12, 72	14, 84	16, 96	19, 07	21, 19	25, 43	152600
600	10, 90	12, 72	14, 53	16, 35	18, 17	21, 80	130800
500	9, 08	10, 60	12, 11	13, 62	15, 14	18, 17	109000
400	7, 27	8, 48	9, 69	10, 90	12, 11	14, 53	87200
300	5, 45	6, 36	7, 27	8, 17	9, 08	10, 90	65400
200	3, 63	4, 24	4, 84	5, 45	6, 06	7, 27	43600
100	1, 82	2, 12	2, 42	2, 72	3, 03	3, 63	21800
90	1, 63	1, 91	2, 18	2, 45	2, 72	3, 27	19620
80	1, 45	1, 70	1, 94	2, 18	2, 42	2, 91	17440
70	1, 27	1, 48	1, 70	1, 91	2, 12	2, 54	15260
60	1, 09	1, 27	1, 45	1, 63	1, 82	2, 18	13080
50	0, 91	1, 06	1, 21	1, 36	1, 51	1, 82	10900
40	0, 73	0, 85	0, 97	1, 09	1, 21	1, 45	8720
30	0, 54	0, 64	0, 73	0, 82	0, 91	1, 09	6540
20	0, 36	0, 42	0, 48	0, 54	0, 61	0, 73	4360
10	0, 18	0, 21	0, 24	0, 27	0, 30	0, 36	2180
9	0, 16	0, 19	0, 22	0, 25	0, 27	0, 33	1962
8	0, 15	0, 17	0, 19	0, 22	0, 24	0, 29	1744
7	0, 13	0, 15	0, 17	0, 19	0, 21	0, 25	1526
6	0, 11	0, 13	0, 15	0, 16	0, 18	0, 22	1308
5	0, 09	0, 11	0, 12	0, 14	0, 15	0, 18	1090
4	0, 07	0, 08	0, 10	0, 11	0, 12	0, 15	872
3	0, 05	0, 06	0, 07	0, 08	0, 09	0, 11	654
2	0, 04	0, 04	0, 05	0, 05	0, 06	0, 07	436
1	0, 02	0, 02	0, 02	0, 03	0, 03	0, 04	218

COLONNE DES CAPITAUX	INTERÊTS POUR 219 JOURS (ou pour 7 mois et 9 jours.)						NOMBRES PRODUITS des CAPITAUX multipliés par 219 Jours.
	à 3 %	à 3 ½	à 4 %	à 4 ½	à 5 %	à 6 %	
fr.	fr. c.	fr. c.	fr. c.	fr. c.	fr. c.	fr. c.	
50,000	912, 50	1064, 58	1216, 67	1368, 75	1520, 83	1825, 00	10950000
40,000	730, 00	851, 67	973, 33	1095, 00	1216, 67	1460, 00	8760000
30,000	547, 50	638, 75	730, 00	821, 25	912, 50	1095, 00	6570000
20,000	365, 00	425, 83	486, 67	547, 50	608, 33	730, 00	4380000
10,000	182, 50	212, 92	243, 33	273, 75	304, 17	365, 00	2190000
9,000	164, 25	191, 62	219, 00	246, 37	273, 75	328, 50	1971000
8,000	146, 00	170, 33	194, 67	219, 00	243, 33	292, 00	1752000
7,000	127, 75	149, 04	170, 33	191, 62	212, 92	255, 50	1533000
6,000	109, 50	127, 75	146, 00	164, 25	182, 50	219, 00	1314000
5,000	91, 25	106, 46	121, 67	136, 87	152, 08	182, 50	1095000
4,000	73, 00	85, 17	97, 33	109, 50	121, 67	146, 00	876000
3,000	54, 75	63, 87	73, 00	82, 12	91, 25	109, 50	657000
2,000	36, 50	42, 58	48, 67	54, 75	60, 83	73, 00	438000
1,000	18, 25	21, 29	24, 33	27, 37	30, 42	36, 50	219000
900	16, 42	19, 16	21, 90	24, 64	27, 37	32, 85	197100
800	14, 60	17, 03	19, 47	21, 90	24, 33	29, 20	175200
700	12, 77	14, 90	17, 03	19, 16	21, 29	25, 55	153300
600	10, 95	12, 77	14, 60	16, 42	18, 25	21, 90	131400
500	9, 12	10, 65	12, 17	13, 69	15, 21	18, 25	109500
400	7, 30	8, 52	9, 73	10, 95	12, 17	14, 60	87600
300	5, 47	6, 39	7, 30	8, 21	9, 12	10, 95	65700
200	3, 65	4, 26	4, 87	5, 47	6, 08	7, 30	43800
100	1, 82	2, 13	2, 43	2, 74	3, 04	3, 65	21900
90	1, 64	1, 92	2, 19	2, 46	2, 74	3, 28	19710
80	1, 46	1, 70	1, 95	2, 19	2, 43	2, 92	17520
70	1, 28	1, 49	1, 70	1, 92	2, 13	2, 55	15330
60	1, 09	1, 28	1, 46	1, 64	1, 82	2, 19	13140
50	0, 91	1, 06	1, 22	1, 37	1, 52	1, 82	10950
40	0, 73	0, 85	0, 97	1, 09	1, 22	1, 46	8760
30	0, 55	0, 64	0, 73	0, 82	0, 91	1, 09	6570
20	0, 36	0, 43	0, 49	0, 55	0, 61	0, 73	4380
10	0, 18	0, 21	0, 24	0, 27	0, 30	0, 36	2190
9	0, 16	0, 19	0, 22	0, 25	0, 27	0, 33	1971
8	0, 15	0, 17	0, 19	0, 22	0, 24	0, 29	1752
7	0, 13	0, 15	0, 17	0, 19	0, 21	0, 26	1533
6	0, 11	0, 13	0, 15	0, 16	0, 18	0, 22	1314
5	0, 09	0, 11	0, 12	0, 14	0, 15	0, 18	1095
4	0, 07	0, 09	0, 10	0, 11	0, 12	0, 15	876
3	0, 05	0, 06	0, 07	0, 08	0, 09	0, 11	657
2	0, 04	0, 04	0, 05	0, 05	0, 06	0, 07	438
1	0, 02	0, 02	0, 02	0, 03	0, 03	0, 04	219

COLONNE DES CAPITAUX	INTÉRÊTS POUR 220 JOURS (ou pour 7 mois et 10 jours.)						NOMBRES PRODUITS des CAPITAUX multipliés par 220 Jours.
	à 3 %	à 3 ½	à 4 %	à 4 ½	à 5 %	à 6 %	
fr.	fr. c.	fr. c.	fr. c.	fr. c.	fr. c.	fr. c.	
50,000	916, 67	1069, 44	1222, 22	1375, 00	1527, 78	1833, 33	11000000
40,000	733, 33	855, 56	977, 78	1100, 00	1222, 22	1466, 67	8800000
30.000	550, 00	641, 67	733, 33	825, 00	916, 67	1100, 00	6600000
20,000	366, 67	427, 78	488, 89	550, 00	611, 11	733, 33	4400000
10,000	183, 33	213, 89	244, 44	275, 00	305, 56	366, 67	2200000
9,000	165, 00	192, 50	220, 00	247, 50	275, 00	330, 00	1980000
8,000	146, 67	171, 11	195, 56	220, 00	244, 44	293, 33	1760000
7,000	128, 33	149, 72	171, 11	192, 50	213, 89	256, 67	1540000
6,000	110, 00	128, 33	146, 67	165, 00	183, 33	220, 00	1320000
5,000	91, 67	106, 94	122, 22	137, 50	152, 78	183, 33	1100000
4,000	73, 33	85, 56	97, 78	110, 00	122, 22	146, 67	880000
3,000	55, 00	64, 17	73, 33	82, 50	91, 67	110, 00	660000
2,000	36, 67	42, 78	48, 89	55, 00	61, 11	73, 33	440000
1,000	18, 33	21, 39	24, 44	27, 50	30, 56	36, 67	220000
900	16, 50	19, 25	22, 00	24, 75	27, 50	33, 00	198000
800	14, 67	17, 11	19, 56	22, 00	24, 44	29, 33	176000
700	12, 83	14, 97	17, 11	19, 25	21, 39	25, 67	154000
600	11, 00	12, 83	14, 67	16, 50	18, 33	22, 00	132000
500	9, 17	10, 69	12, 22	13, 75	15, 28	18, 33	110000
400	7, 33	8, 56	9, 78	11, 00	12, 22	14, 67	88000
300	5, 50	6, 42	7, 33	8, 25	9, 17	11, 00	66000
200	3, 67	4, 28	4, 89	5, 50	6, 11	7, 33	44000
100	1, 83	2, 14	2, 44	2, 75	3, 06	3, 67	22000
90	1, 65	1, 92	2, 20	2, 47	2, 75	3, 30	19800
80	1, 47	1, 71	1, 96	2, 20	2, 44	2, 93	17600
70	1, 28	1, 50	1, 71	1, 92	2, 14	2, 57	15400
60	1, 10	1, 28	1, 47	1, 65	1, 83	2, 20	13200
50	0, 92	1, 07	1, 22	1, 37	1, 53	1, 83	11000
40	0, 73	0, 86	0, 98	1, 10	1, 22	1, 47	8800
30	0, 55	0, 64	0, 73	0, 82	0, 92	1, 10	6600
20	0, 37	0, 43	0, 49	0, 55	0, 61	0, 73	4400
10	0, 18	0, 21	0, 24	0, 27	0, 31	0, 37	2200
9	0, 16	0, 19	0, 22	0, 25	0, 27	0, 33	1980
8	0, 15	0, 17	0, 20	0, 22	0, 24	0, 29	1760
7	0, 13	0, 15	0, 17	0, 19	0, 21	0, 26	1540
6	0, 11	0, 13	0, 15	0, 16	0, 18	0, 22	1320
5	0, 09	0, 11	0, 12	0, 14	0, 15	0, 18	1100
4	0, 07	0, 09	0, 10	0, 11	0, 12	0, 15	880
3	0, 05	0, 06	0, 07	0, 08	0, 09	0, 11	660
2	0, 04	0, 04	0, 05	0, 05	0, 06	0, 07	440
1	0, 02	0, 02	0, 02	0, 03	0, 03	0, 04	220

COLONNE DES CAPITAUX	INTERÊTS POUR 221 JOURS (ou pour 7 mois et 11 jours.)						NOMBRES PRODUITS des CAPITAUX multipliés par 221 Jours.
	à 3 %	à 3 ½	à 4 %	à 4 ½	à 5 %	à 6 %	
fr.	fr. c.	fr. c.	fr. c.	fr. c.	fr. c.	fr. c.	
50,000	920, 83	1074, 30	1227, 78	1381, 25	1534, 72	1841, 67	11050000
40,000	736, 67	859, 44	982, 22	1105, 00	1227, 78	1473, 33	8840000
30,000	552, 50	644, 58	736, 67	828, 75	920, 83	1105, 00	6630000
20,000	368, 33	429, 72	491, 11	552, 50	613, 89	736, 67	4420000
10,000	184, 17	214, 86	245, 56	276, 25	306, 94	368, 33	2210000
9,000	165, 75	793, 37	221, 00	248, 62	276, 25	331, 50	1989000
8,000	147, 33	171, 89	196, 44	221, 00	245, 56	294, 67	1768000
7,000	128, 92	150, 40	171, 89	193, 37	214, 86	257, 83	1547000
6,000	110, 50	128, 92	147, 33	165, 75	184, 17	221, 00	1326000
5,000	92, 08	107, 43	122, 78	138, 12	153, 47	184, 17	1105000
4,000	73, 67	85, 94	98, 22	110, 50	122, 78	147, 33	884000
3,000	55, 25	64, 46	73, 67	82, 87	92, 08	110, 50	663000
2,000	36, 83	42, 97	49, 11	55, 25	61, 39	73, 67	442000
1,000	18, 42	21, 49	24, 56	27, 62	30, 69	36, 83	221000
900	16, 57	19, 34	22, 10	24, 86	27, 62	33, 15	198900
800	14, 73	17. 19	19, 64	22, 10	24, 56	29, 47	176800
700	12, 89	15, 04	17, 19	19, 34	21, 49	25, 78	154700
600	11. 05	12, 89	14, 73	16, 57	18, 42	22, 10	132600
500	9, 21	10, 74	12, 28	13, 81	15, 35	18, 42	110500
400	7, 37	8, 59	9, 82	11, 05	12, 28	14, 73	88400
300	5, 52	6, 45	7, 37	8, 29	9, 21	11, 05	66300
200	3, 68	4, 30	4, 91	5, 52	6, 14	7, 37	44200
100	1, 84	2, 15	2, 46	2, 76	3, 07	3, 68	22100
90	1, 66	1, 93	2, 21	2, 49	2, 76	3, 31	19890
80	1, 47	1, 72	1, 96	2, 21	2, 46	2, 95	17680
70	1, 29	1, 50	1, 72	1, 93	2, 15	2, 58	15470
60	1, 10	1, 29	1, 47	1, 66	1, 84	2, 21	13260
50	0, 92	1, 07	1, 23	1, 38	1, 53	1, 84	11050
40	0, 74	0, 86	0, 98	1, 10	1, 23	1, 47	8840
30	0, 55	0, 64	0, 74	0, 83	0, 92	1, 10	6630
20	0, 37	0, 43	0, 49	0, 55	0, 61	0, 74	4420
10	0, 18	0, 21	0, 25	0, 28	0, 31	0, 37	2210
9	0, 17	0, 19	0, 22	0, 25	0, 28	0, 33	1989
8	0, 15	0, 17	0, 20	0, 22	0, 25	0, 29	1768
7	0, 13	0, 15	0, 17	0, 19	0, 21	0, 26	1547
6	0, 11	0, 13	0, 15	0, 17	0, 18	0, 22	1326
5	0, 09	0, 11	0, 12	0, 14	0, 15	0, 18	1105
4	0, 07	0, 09	0, 10	0, 11	0, 12	0, 15	884
3	0, 06	0, 06	0, 07	0, 08	0, 09	0, 11	663
2	0, 04	0, 04	0, 05	0, 06	0, 06	0, 07	442
1	0, 02	0, 02	0, 02	0. 03	0, 03	0. 04	221

19.

COLONNE DES CAPITAUX	INTERÊTS POUR 222 JOURS (ou pour 7 mois et 12 jours.)						NOMBRES PRODUITS des CAPITAUX multipliés par 222 Jours.
	à 3 %	à 3 ½	à 4 %	à 4 ½	à 5 %	à 6 %	
fr.	fr. c.	fr. c.	fr. c.	fr. c.	fr. c.	fr. c.	
50,000	925, 00	1079, 17	1233, 33	1387, 50	1541, 67	1850, 00	11100000
40,000	740, 00	863, 33	986, 67	1110, 00	1233, 33	1480, 00	8880000
30,000	555, 00	647, 50	740, 00	832, 50	925, 00	1110, 00	6660000
20,000	370, 00	431, 67	493, 33	555, 00	616, 67	740, 00	4440000
10,000	185, 00	215, 83	246, 67	277, 50	308, 33	370, 00	2220000
9,000	166, 50	194, 25	222, 00	249, 75	277, 50	333, 00	1998000
8,000	148, 00	172, 67	197, 33	222, 00	246, 67	296, 00	1776000
7,000	129, 50	151, 08	172, 67	194, 25	215, 83	259, 00	1554000
6,000	111, 00	129, 50	148, 00	166, 50	185, 00	222, 00	1332000
5,000	92, 50	107, 92	123, 33	138, 75	154, 17	185, 00	1110000
4,000	74, 00	86, 33	98, 67	111, 00	123, 33	148, 00	888000
3,000	55, 50	64, 75	74, 00	83, 25	92, 50	111, 00	666000
2,000	37, 00	43, 17	49, 33	55, 50	61, 67	74, 00	444000
1,000	18, 50	21, 58	24, 67	27, 75	30, 83	37, 00	222000
900	16, 65	19, 42	22, 20	24, 97	27, 75	33, 30	199800
800	14, 80	17, 27	19, 73	22, 20	24, 67	29, 60	177600
700	12, 95	15, 11	17, 27	19, 42	21, 58	25, 90	155400
600	11, 10	12, 95	14, 80	16, 65	18, 50	22, 20	133200
500	9, 25	10, 79	12, 33	13, 87	15, 42	18, 50	111000
400	7, 40	8, 63	9, 87	11, 10	12, 33	14, 80	88800
300	5, 55	6, 47	7, 40	8, 32	9, 25	11, 10	66600
200	3, 70	4, 32	4, 93	5, 55	6, 17	7, 40	44400
100	1, 85	2, 16	2, 47	2, 77	3, 08	3, 70	22200
90	1, 66	1, 94	2, 22	2, 50	2, 77	3, 33	19980
80	1, 48	1, 73	1, 97	2, 22	2, 47	2, 96	17760
70	1, 29	1, 51	1, 73	1, 94	2, 16	2, 59	15540
60	1, 11	1, 29	1, 48	1, 66	1, 85	2, 22	13320
50	0, 92	1, 08	1, 23	1, 39	1, 54	1, 85	11100
40	0, 74	0, 86	0, 99	1, 11	1, 23	1, 48	8880
30	0, 55	0, 65	0, 74	0, 83	0, 92	1, 11	6660
20	0, 37	0, 43	0, 49	0, 55	0, 62	0, 74	4440
10	0, 18	0, 22	0, 25	0, 28	0, 31	0, 37	2220
9	0, 17	0, 19	0, 22	0, 25	0, 28	0, 33	1998
8	0, 15	0, 17	0, 20	0, 22	0, 25	0, 30	1776
7	0, 13	0, 15	0, 17	0, 19	0, 22	0, 26	1554
6	0, 11	0, 13	0, 15	0, 17	0, 18	0, 22	1332
5	0, 09	0, 11	0, 12	0, 14	0, 15	0, 18	1110
4	0, 07	0, 09	0, 10	0, 11	0, 12	0, 15	888
3	0, 06	0, 06	0, 07	0, 08	0, 09	0, 11	666
2	0, 04	0, 04	0, 05	0, 06	0, 06	0, 07	444
1	0, 02	0, 02	0, 02	0, 03	0, 03	0, 04	222

COLONNE DES CAPITAUX	INTÉRÊTS POUR 223 JOURS (ou pour 7 mois et 13 jours.)						NOMBRES PRODUITS des CAPITAUX multipliés par 223 Jours.
	à 3 %	à 3 ½	à 4 %	à 4 ½	à 5 %	à 6 %	
fr.	fr. c.	fr. c.	fr. c.	fr. c.	fr. c.	fr. c.	
50,000	929, 17	1084, 03	1238, 89	1393, 75	1548, 61	1858, 33	11150000
40,000	743, 33	867, 22	991, 11	1115, 00	1238, 89	1486, 67	8920000
30,000	557, 50	650, 42	743, 33	836, 25	929, 17	1115, 00	6690000
20,000	371, 67	433, 61	495, 56	557, 50	619, 44	743, 33	4460000
10,000	185, 83	216, 81	247, 78	278, 75	309, 72	371, 67	2230000
9,000	167, 25	195, 12	223, 00	250, 87	278, 75	334, 50	2007000
8,000	148, 67	173, 44	198, 22	223, 00	247, 78	297, 33	1784000
7,000	130, 08	151, 76	173, 44	195, 12	216, 81	260, 17	1561000
6,000	111, 50	130, 08	148, 67	167, 25	185, 83	223, 00	1338000
5,000	92, 92	108, 40	123, 89	139, 37	154, 86	185, 83	1115000
4,000	74, 33	86, 72	99, 11	111, 50	123, 89	148, 67	892000
3,000	55, 75	65, 04	74, 33	83, 62	92, 92	111, 50	669000
2,000	37, 17	43, 36	49, 56	55, 75	61, 94	74, 33	446000
1,000	18, 58	21, 68	24, 78	27, 87	30, 97	37, 17	223000
900	16, 72	19, 51	22, 30	25, 09	27, 87	33, 45	200700
800	14, 87	17, 34	19, 82	22, 30	24, 78	29, 73	178400
700	13, 01	15, 18	17, 34	19, 51	21, 68	26, 02	156100
600	11, 15	13, 01	14, 87	16, 72	18, 58	22, 30	133800
500	9, 29	10, 84	12, 39	13, 94	15, 49	18, 58	111500
400	7, 43	8, 67	9, 91	11, 15	12, 39	14, 87	89200
300	5, 57	6, 50	7, 43	8, 36	9, 29	11, 15	66900
200	3, 72	4, 34	4, 96	5, 57	6, 19	7, 43	44600
100	1, 86	2, 17	2, 48	2, 79	3, 10	3, 72	22300
90	1, 67	1, 95	2, 23	2, 51	2, 79	3, 34	20070
80	1, 49	1, 73	1, 98	2, 23	2, 48	2, 97	17840
70	1, 30	1, 52	1, 73	1, 95	2, 17	2, 60	15610
60	1, 11	1, 30	1, 49	1, 67	1, 86	2, 23	13380
50	0, 93	1, 08	1, 24	1, 39	1, 55	1, 86	11150
40	0, 74	0, 87	0, 99	1, 11	1, 24	1, 49	8920
30	0, 56	0, 65	0, 74	0, 84	0, 93	1, 11	6690
20	0, 37	0, 43	0, 50	0, 56	0, 62	0, 74	4460
10	0, 19	0, 22	0, 25	0. 28	0, 31	0, 37	2230
9	0, 17	0, 20	0, 22	0, 25	0, 28	0, 33	2007
8	0, 15	0, 17	0, 20	0, 22	0, 25	0, 30	1784
7	0, 13	0, 15	0, 17	0, 20	0, 22	0, 26	1561
6	0, 11	0, 13	0, 15	0, 17	0, 19	0, 22	1338
5	0, 09	0, 11	0, 12	0, 14	0, 15	0, 19	1115
4	0, 07	0, 09	0, 10	0, 11	0, 12	0, 15	892
3	0, 06	0, 06	0, 07	0, 08	0, 09	0, 11	669
2	0, 04	0, 04	0, 05	0, 06	0, 06	0, 07	446
1	0. 02	0. 02	0. 02	0. 03	0, 03	0, 04	223

COLONNE DES CAPITAUX	INTÉRÊTS POUR 224 JOURS (ou pour 7 mois et 14 jours.)						NOMBRES PRODUITS des CAPITAUX multipliés par 224 Jours.
	à 3 %	à 3 ½ %	à 4 %	à 4 ½	à 5 %	à 6 %	
fr.	fr. c.	fr. c.	fr. c.	fr. c.	fr. c.	fr. c.	
50,000	933, 33	1088, 89	1244, 44	1400, 00	1555, 56	1866, 67	11200000
40,000	746, 67	871, 11	995, 56	1120, 00	1244. 44	1493, 33	8960000
30,000	560, 00	653, 33	746. 67	840, 00	933, 33	1120, 00	6720000
20,000	373, 33	435, 56	497, 78	560, 00	622, 22	746, 67	4480000
10,000	186, 67	217, 78	248, 89	280, 00	311, 11	373. 33	2240000
9,000	168, 00	196, 00	224, 00	252, 00	280, 00	336, 00	2016000
8,000	149, 33	174, 22	199, 11	224, 00	248, 89	298, 67	1792000
7,000	130, 67	152, 44	174, 22	196, 00	217, 78	261, 33	1568000
6,000	112, 00	130, 67	149, 33	168, 00	186, 67	224, 00	1344000
5,000	93, 33	108, 89	124, 44	140, 00	155, 56	186, 67	1120000
4,000	74, 67	87, 11	99. 56	112, 00	124, 44	149, 33	896000
3,000	56, 00	65, 33	74, 67	84, 00	93, 33	112, 00	672000
2,000	37, 33	43, 56	49, 78	56, 00	62, 22	74, 67	448000
1,000	18, 67	21, 78	24, 89	28, 00	31, 11	37, 33	224000
900	16, 80	19, 60	22, 40	25, 20	28. 00	33, 60	201600
800	14, 93	17, 42	19, 91	22, 40	24, 89	29, 87	179200
700	13, 07	15, 24	17, 42	19, 60	21, 78	26, 13	156800
600	11, 20	13, 07	14. 93	16, 80	18. 67	22, 40	134400
500	9, 33	10, 89	12, 44	14, 00	15, 56	18, 67	112000
400	7, 47	8, 71	9, 96	11, 20	12, 44	14, 93	89600
300	5, 60	6, 53	7, 47	8, 40	9, 33	11, 20	67200
200	3, 73	4, 36	4, 98	5, 60	6, 22	7, 47	44800
100	1, 87	2, 18	2, 49	2, 80	3, 11	3, 73	22400
90	1, 68	1, 96	2, 24	2, 52	2, 80	3, 36	20160
80	1, 49	1, 74	1, 99	2, 24	2, 49	2, 99	17920
70	1, 31	1, 52	1, 74	1, 96	2, 18	2, 61	15680
60	1, 12	1, 31	1, 49	1, 68	1, 87	2, 24	13440
50	0, 93	1, 09	1, 24	1, 40	1, 56	1, 87	11200
40	0, 75	0, 87	1, 00	1, 12	1, 24	1, 49	8960
30	0, 56	0, 65	0, 75	0, 84	0, 93	1, 12	6720
20	0, 37	0, 44	0, 50	0, 56	0, 62	0, 75	4480
10	0, 19	0 22	0, 25	0, 28	0, 31	0, 37	2240
9	0, 17	0, 20	0, 22	0, 25	0, 28	0, 34	2016
8	0, 15	0, 17	0, 20	0, 22	0, 25	0, 30	1792
7	0, 13	0, 15	0, 17	0, 20	0, 22	0, 26	1568
6	0, 11	0, 13	0, 15	0, 17	0, 19	0, 22	1344
5	0, 09	0, 11	0, 12	0, 14	0, 16	0, 19	1120
4	0, 07	0, 09	0, 10	0, 11	0, 12	0, 15	896
3	0, 06	0, 07	0, 07	0, 08	0, 09	0, 11	672
2	0, 04	0, 04	0, 05	0, 06	0, 06	0, 07	448
1	0. 02	0, 02	0. 02	0. 03	0. 03	0, 04	224

COLONNE DES CAPITAUX	INTERETS POUR 225 JOURS (ou pour 7 mois et 15 jours.)						NOMBRES PRODUITS des CAPITAUX multipliés par 225 Jours.
	à 3 %	à 3 ½	à 4 %	à 4 ½	à 5 %	à 6 %	
fr.	fr. c.	fr. c.	fr. c.	fr. c.	fr. c.	fr. c.	
50,000	937, 50	1093, 75	1250, 00	1406, 25	1562, 50	1875, 00	11250000
40,000	750, 00	875, 00	1000, 00	1125, 00	1250, 00	1500, 00	9000000
30,000	562, 50	656, 25	750, 00	843, 75	937, 50	1125, 00	6750000
20,000	375, 00	437, 50	500, 00	562, 50	625, 00	750. 00	4500000
10,000	187, 50	218, 75	250, 00	281, 25	312, 50	375, 00	2250000
9,000	168, 75	196, 87	225, 00	253, 12	281, 25	337, 50	2025000
8,000	150, 00	175, 00	200, 00	225, 00	250, 00	300, 00	1800000
7,000	131, 25	153, 12	175, 00	196. 87	218, 75	262, 50	1575000
6,000	112, 50	131, 25	150, 00	168, 75	187, 50	225, 00	1350000
5,000	93, 75	109, 37	125, 00	140. 62	156, 25	187. 50	1125000
4,000	75, 00	87, 50	100, 00	112. 50	125, 00	150, 00	900000
3,000	56, 25	65, 62	75, 00	84, 37	93, 75	112, 50	675000
2,000	37, 50	43, 75	50, 00	56, 25	62, 50	75, 00	450000
1,000	18, 75	21, 87	25, 00	28, 12	31, 25	37, 50	225000
900	16, 87	19, 69	22, 50	25, 31	28, 12	33, 75	202500
800	15, 00	17, 50	20, 00	22, 50	25, 00	30, 00	180000
700	13, 12	15, 31	17, 50	19, 69	21, 87	26, 25	157500
600	11, 25	13, 12	15, 00	16, 87	18, 75	22, 50	135000
500	9, 37	10, 94	12, 50	14, 06	15, 62	18, 75	112500
400	7. 50	8, 75	10, 00	11, 25	12, 50	15, 00	90000
300	5, 62	6, 56	7, 50	8, 44	9, 37	11, 25	67500
200	3, 75	4, 37	5, 00	5, 62	6, 25	7, 50	45000
100	1, 87	2, 19	2, 50	2, 81	3, 12	3, 75	22500
90	1, 69	1, 97	2, 25	2, 53	2, 81	3, 37	20250
80	1, 50	1, 75	2, 00	2, 25	2, 50	3, 00	18000
70	1, 31	1, 53	1, 75	1, 97	2, 19	2, 62	15750
60	1, 12	1, 31	1, 50	1, 69	1, 87	2, 25	13500
50	0, 94	1, 09	1, 25	1, 41	1, 56	1, 87	11250
40	0, 75	0, 87	1, 00	1, 12	1, 25	1, 50	9000
30	0, 56	0, 66	0, 75	0, 84	0, 94	1, 12	6750
20	0, 37	0, 44	0, 50	0, 56	0, 62	0, 75	4500
10	0, 19	0, 22	0, 25	0, 28	0, 31	0, 37	2250
9	0, 17	0, 20	0, 22	0, 25	0, 28	0, 34	2025
8	0, 15	0, 17	0, 20	0, 22	0, 25	0, 30	1800
7	0, 13	0, 15	0, 17	0, 20	0, 22	0, 26	1575
6	0, 11	0, 13	0, 15	0, 17	0, 19	0, 22	1350
5	0, 09	0, 11	0, 12	0, 14	0, 16	0, 19	1125
4	0, 07	0, 09	0, 10	0, 11	0, 12	0, 15	900
3	0, 06	0, 07	0, 07	0, 08	0, 09	0, 11	675
2	0, 04	0, 04	0, 05	0, 06	0, 06	0, 07	450
1	0, 02	0, 02	0, 02	0, 03	0, 03	0, 04	225

COLONNE DES CAPITAUX	INTÉRÊTS POUR 226 JOURS (ou pour 7 mois et 16 jours.)						NOMBRES PRODUITS des CAPITAUX multipliés par 226 Jours.
	à 3 %	à 3½	à 4 %	à 4½	à 5 %	à 6 %	
fr.	fr. c.	fr. c.	fr. c.	fr. c.	fr. c.	fr. c.	
50,000	941, 67	1098, 61	1255, 56	1412, 50	1569, 44	1883, 33	11300000
40,000	753, 33	878, 89	1004, 44	1130, 00	1255, 56	1506, 67	9040000
30.000	565, 00	659, 17	753, 33	847, 50	941, 67	1130, 00	6780000
20,000	376, 67	439, 44	502, 22	565, 00	627, 78	753, 33	4520000
10,000	188, 33	219, 72	251, 11	282, 50	313, 89	376, 67	2260000
9,000	169, 50	197, 75	226, 00	254, 25	282, 50	339, 00	2034000
8,000	150, 67	175, 78	200, 89	226, 00	251, 11	301, 33	1808000
7,000	131, 83	153, 81	175, 78	197, 75	219, 72	263, 67	1582000
6,000	113, 00	131, 83	150, 67	169, 50	188, 33	226, 00	1356000
5,000	94, 17	109, 86	125, 56	141, 25	156, 94	188, 33	1130000
4,000	75, 33	87, 89	100, 44	113, 00	125, 56	150, 67	904000
3,000	56, 50	65, 92	75, 33	84, 75	94, 17	113, 00	678000
2,000	37, 67	43, 94	50, 22	56, 50	62, 78	75, 33	452000
1,000	18, 83	21, 97	25, 11	28, 25	31, 39	37, 67	226000
900	16, 95	19, 77	22, 60	25, 42	28, 25	33, 90	203400
800	14, 07	17, 58	20, 09	22, 60	25, 11	30, 13	180800
700	13, 18	15, 38	17, 58	19, 77	21, 97	26, 37	158200
600	11, 30	13, 18	14, 07	16, 95	18, 83	22, 60	135600
500	9, 42	10, 99	12, 56	14, 12	15, 69	18, 83	113000
400	7, 53	8, 79	10, 04	11, 30	12, 56	15, 07	90400
300	5, 65	6, 59	7, 53	8, 47	9, 42	11, 30	67800
200	3, 77	4, 39	5, 02	5, 65	6, 28	7, 53	45200
100	1, 88	2, 20	2, 51	2, 82	3, 14	3, 77	22600
90	1, 69	1, 98	2, 26	2, 54	2, 82	3, 39	20340
80	1, 51	1, 76	2, 01	2, 26	2, 51	3, 01	18080
70	1, 32	1, 54	1, 76	1, 98	2, 20	2, 64	15820
60	1, 13	1, 32	1, 51	1, 69	1, 88	2, 26	13560
50	0, 94	1, 10	1, 26	1, 41	1, 57	1, 88	11300
40	0, 75	0, 88	1, 00	1, 13	1, 26	1, 51	9040
30	0, 56	0, 66	0, 75	0, 85	0, 94	1, 13	6780
20	0, 38	0, 44	0, 50	0, 56	0, 63	0, 75	4520
10	0, 19	0, 22	0, 25	0, 28	0, 31	0, 38	2260
9	0, 17	0, 20	0, 23	0, 25	0, 28	0, 34	2034
8	0, 15	0, 18	0, 20	0, 23	0, 25	0, 30	1808
7	0, 13	0, 15	0, 18	0, 20	0, 22	0, 26	1582
6	0, 11	0, 13	0, 15	0, 17	0, 19	0, 23	1356
5	0, 09	0, 11	0, 13	0, 14	0, 16	0, 19	1130
4	0, 08	0, 09	0, 10	0, 11	0, 13	0, 15	904
3	0, 06	0, 07	0, 08	0, 08	0, 09	0, 11	678
2	0, 04	0, 04	0, 05	0 06	0, 06	0, 08	452
1	0, 02	0, 02	0, 03	0, 03	0, 03	0, 04	226

COLONNE DES CAPITAUX	INTERÊTS POUR 227 JOURS (ou pour 7 mois et 17 jours.)						NOMBRES PRODUITS des CAPITAUX multipliés par 227 Jours.
	à 3 %	à 3 ½	à 4 %	à 4 ½	à 5 %	à 6 %	
fr.	fr. c.	fr. c.	fr. c.	fr. c.	fr. c.	fr. c.	
50,000	945, 83	1103, 47	1261, 11	1418, 75	1576, 39	1891, 67	11350000
40,000	756, 67	882, 78	1008, 89	1135, 00	1261, 11	1513, 33	9080000
30,000	567, 50	662, 08	756, 67	851, 25	945, 83	1135, 00	6810000
20,000	378, 33	441, 39	504, 44	567, 50	630, 56	756, 67	4540000
10,000	189, 17	220, 69	252, 22	283, 75	315, 28	378, 33	2270000
9,000	170, 25	198, 62	227, 00	255, 37	283, 75	340, 50	2043000
8,000	151, 33	176, 56	201, 78	227, 00	252, 22	302, 67	1816000
7,000	132, 42	154, 49	176, 56	198, 62	220, 69	264, 83	1589000
6,000	113, 50	132, 42	151, 33	170, 25	189, 17	227, 00	1362000
5,000	94, 58	110, 35	126, 11	141, 87	157, 64	189, 17	1135000
4,000	75, 67	88, 28	100, 89	113, 50	126, 11	151, 33	908000
3,000	56, 75	66, 21	75, 67	85, 12	94, 58	113, 50	681000
2,000	37, 83	44, 14	50, 44	56, 75	63, 06	75, 67	454000
1,000	18, 92	22, 07	25, 22	28, 37	31, 53	37, 83	227000
900	17, 02	19, 86	22, 70	25, 54	28, 37	34, 05	204300
800	15, 13	17, 66	20, 18	22, 70	25, 22	30, 27	181600
700	13, 24	15, 45	17, 66	19, 86	22, 07	26, 48	158900
600	11, 35	13, 24	15, 13	17, 02	18, 92	22, 70	136200
500	9, 46	11, 03	12, 61	14, 19	15, 76	18, 92	113500
400	7, 57	8, 83	10, 09	11, 35	12, 61	15, 13	90800
300	5, 67	6, 62	7, 57	8, 51	9, 46	11, 35	68100
200	3, 78	4, 41	5, 04	5, 67	6, 31	7, 57	45400
100	1, 89	2, 21	2, 52	2, 84	3, 15	3, 78	22700
90	1, 70	1, 99	2, 27	2, 55	2, 84	3, 40	20430
80	1, 51	1, 77	2, 02	2, 27	2, 52	3, 03	18160
70	1, 32	1, 54	1, 77	1, 99	2, 21	2, 65	15890
60	1, 13	1, 32	1, 51	1, 70	1, 89	2, 27	13620
50	0, 95	1, 10	1, 26	1, 42	1, 58	1, 89	11350
40	0, 76	0, 88	1, 01	1, 13	1, 26	1, 51	9080
30	0, 57	0, 66	0, 76	0, 85	0, 95	1, 13	6810
20	0, 38	0, 44	0, 50	0, 57	0, 63	0, 76	4540
10	0, 19	0, 22	0, 25	0, 28	0, 32	0, 38	2270
9	0, 17	0, 20	0, 23	0, 26	0, 28	0, 34	2043
8	0, 15	0, 18	0, 20	0, 23	0, 25	0, 30	1816
7	0, 13	0, 15	0, 18	0, 20	0, 22	0, 26	1589
6	0, 11	0, 13	0, 15	0, 17	0, 19	0, 23	1362
5	0, 09	0, 11	0, 13	0, 14	0, 16	0, 19	1135
4	0, 08	0, 09	0, 10	0, 11	0, 13	0, 15	908
3	0, 06	0, 07	0, 08	0, 09	0, 09	0, 11	681
2	0, 04	0, 04	0, 05	0, 06	0, 06	0, 08	454
1	0, 02	0, 02	0, 03	0, 03	0, 03	0, 04	227

COLONNE DES CAPITAUX	INTERÊTS POUR 228 JOURS (ou pour 7 mois et 18 jours.)						NOMBRES PRODUITS des CAPITAUX multipliés par 228 Jours.
	à 3 %	à 3 ½	à 4 %	à 4 ½	à 5 %	à 6 %	
fr.	fr. c.	fr. c.	fr. c.	fr. c.	fr. c.	fr. c.	
50,000	950, 00	1108, 33	1266, 67	1425, 00	1583, 33	1900, 00	11400000
40,000	760, 00	886, 67	1013, 33	1140, 00	1266, 67	1520, 00	9120000
30,000	570, 00	665, 00	760, 00	855, 00	950, 00	1140, 00	6840000
20,000	380, 00	443, 33	506, 67	570, 00	633, 33	760, 00	4560000
10,000	190, 00	221, 67	253, 33	285, 00	316, 67	380, 00	2280000
9,000	171, 00	199, 50	228, 00	256, 50	285, 00	342, 00	2052000
8,000	152, 00	177, 33	202, 67	228, 00	253, 33	304, 00	1824000
7,000	133, 00	155, 17	177, 33	199, 50	221, 67	266, 00	1596000
6,000	114, 00	133, 00	152, 00	171, 00	190, 00	228, 00	1368000
5,000	95, 00	110, 83	126, 67	142, 50	158, 33	190, 00	1140000
4,000	76, 00	88, 67	101, 33	114, 00	126, 67	152, 00	912000
3,000	57, 00	66, 50	76, 00	85, 50	95, 00	114, 00	684000
2,000	38, 00	44, 33	50, 67	57, 00	63, 33	76, 00	456000
1,000	19, 00	22, 17	25, 33	28, 50	31, 67	38, 00	228000
900	17, 10	19, 95	22, 80	25, 65	28, 50	34, 20	205200
800	15, 20	17, 73	20, 27	22, 80	25, 33	30, 40	182400
700	13, 30	15, 52	17, 73	19, 95	22, 17	26, 60	159600
600	11, 40	13, 30	15, 20	17, 10	19, 00	22, 80	136800
500	9, 50	11, 08	12, 67	14, 25	15, 83	19, 00	114000
400	7, 60	8, 87	10, 13	11, 40	12, 67	15, 20	91200
300	5, 70	6, 65	7, 60	8, 55	9, 50	11, 40	68400
200	3, 80	4, 43	5, 07	5, 70	6, 33	7, 60	45600
100	1, 90	2, 22	2, 53	2, 85	3, 17	3, 80	22800
90	1, 71	1, 99	2, 28	2, 56	2, 85	3, 42	20520
80	1, 52	1, 77	2, 03	2, 28	2, 53	3, 04	18240
70	1, 33	1, 55	1, 77	1, 99	2, 22	2, 66	15960
60	1, 14	1, 33	1, 52	1, 71	1, 90	2, 28	13680
50	0, 95	1, 11	1, 27	1, 42	1, 58	1, 90	11400
40	0, 76	0, 89	1, 01	1, 14	1, 27	1, 52	9120
30	0, 57	0, 66	0, 76	0, 85	0, 95	1, 14	6840
20	0, 38	0, 44	0, 51	0, 57	0, 63	0, 76	4560
10	0, 19	0, 22	0, 25	0, 28	0, 32	0, 38	2280
9	0, 17	0, 20	0, 23	0, 26	0, 28	0, 34	2052
8	0, 15	0, 18	0, 20	0, 23	0, 25	0, 30	1824
7	0, 13	0, 16	0, 18	0, 20	0, 22	0, 27	1596
6	0, 11	0, 13	0, 15	0, 17	0, 19	0, 23	1368
5	0, 09	0, 11	0, 13	0, 14	0, 16	0, 19	1140
4	0, 08	0, 09	0, 10	0, 11	0, 13	0, 15	912
3	0, 06	0, 07	0, 08	0, 09	0, 09	0, 11	684
2	0, 04	0, 04	0, 05	0, 06	0, 06	0, 08	456
1	0, 02	0, 02	0, 03	0, 03	0, 03	0, 04	228

COLONNE DES CAPITAUX	INTÉRÉTS POUR 229 JOURS (ou pour 7 mois et 19 jours.)						NOMBRES PRODUITS des CAPITAUX multipliés par 229 Jours.
	à 3 %	à 3 ½	à 4 %	à 4 ½	à 5 %	à 6 %	
fr.	fr. c.	fr. c.	fr. c.	fr. c.	fr. c.	fr. c.	
50,000	954, 17	1113, 19	1272, 22	1431, 25	1590, 28	1908, 33	11450000
40,000	763, 33	890, 56	1017, 78	1145, 00	1272, 22	1526, 67	9160000
30,000	572, 50	667, 92	763, 33	858, 75	954, 17	1145, 00	6870000
20,000	381, 67	445, 28	508, 89	572, 50	636, 11	763, 33	4580000
10,000	190, 83	222, 64	254, 44	286, 25	318, 06	381, 67	2290000
9,000	171, 75	200, 37	229, 00	257, 62	286, 25	343, 50	2061000
8,000	152, 67	178, 11	203, 56	229, 00	254, 44	305, 33	1832000
7,000	133, 58	155, 85	178, 11	200, 37	222, 64	267, 17	1603000
6,000	114, 50	133, 58	152, 67	171, 75	190, 83	229, 00	1374000
5,000	95, 42	111, 32	127, 22	143, 12	159, 03	190, 83	1145000
4,000	76, 33	89, 06	101, 78	114, 50	127, 22	152, 67	916000
3,000	57, 25	66, 79	76, 33	85, 87	95, 42	114, 50	687000
2,000	38, 17	44, 53	50, 89	57, 25	63, 61	76, 33	458000
1,000	19, 08	22, 26	25, 44	28, 62	31, 81	38, 17	229000
900	17, 17	20, 04	22, 90	25, 76	28, 62	34, 35	206100
800	15, 27	17, 81	20, 36	22, 90	25, 44	30, 53	183200
700	13, 36	15, 58	17, 81	20, 04	22, 26	26, 72	160300
600	11, 45	13, 36	15, 27	17, 17	19, 08	22, 90	137400
500	9, 54	11, 13	12, 72	14, 31	15, 90	19, 08	114500
400	7, 63	8, 91	10, 18	11, 45	12, 72	15, 27	91600
300	5, 72	6, 68	7, 63	8, 59	9, 54	11, 45	68700
200	3, 82	4, 45	5, 09	5, 72	6, 36	7, 63	45800
100	1, 91	2, 23	2, 54	2, 86	3, 18	3, 82	22900
90	1, 72	2, 00	2, 29	2, 58	2, 86	3, 43	20610
80	1, 53	1, 78	2, 04	2, 29	2, 54	3, 05	18320
70	1, 34	1, 56	1, 78	2, 00	2, 23	2, 67	16030
60	1, 14	1, 34	1, 53	1, 72	1, 91	2, 29	13740
50	0, 95	1, 11	1, 27	1, 43	1, 59	1, 91	11450
40	0, 76	0, 89	1, 02	1, 14	1, 27	1, 53	9160
30	0, 57	0, 67	0, 76	0, 86	0, 95	1, 14	6870
20	0, 38	0, 45	0, 51	0, 57	0, 64	0, 76	4580
10	0, 19	0, 22	0, 25	0, 29	0, 32	0, 38	2290
9	0, 17	0, 20	0, 23	0, 26	0, 29	0, 34	2061
8	0, 15	0, 18	0, 20	0, 23	0, 25	0, 31	1832
7	0, 13	0, 16	0, 18	0, 20	0, 22	0, 27	1603
6	0, 11	0, 13	0, 15	0, 17	0, 19	0, 23	1374
5	0, 10	0, 11	0, 13	0, 14	0, 16	0, 19	1145
4	0, 08	0, 09	0, 10	0, 11	0, 13	0, 15	916
3	0, 06	0, 07	0, 08	0, 09	0, 10	0, 11	687
2	0, 04	0, 04	0, 05	0, 06	0, 06	0, 08	458
1	0, 02	0, 02	0, 03	0, 03	0, 03	0, 04	229

20

COLONNE DES CAPITAUX	INTÉRÊTS POUR 230 JOURS (ou pour 7 mois et 20 jours.)						NOMBRES PRODUITS des CAPITAUX multipliés par 230 Jours.
	à 3 %	à 3 ½	à 4 %	à 4 ½	à 5 %	à 6 %	
fr.	fr. c.	fr. c.	fr. c.	fr. c.	fr. c.	fr. c.	
50,000	958, 33	1118, 06	1277, 78	1437, 50	1597, 22	1916, 67	11500000
40,000	766, 67	894, 44	1022, 22	1150, 00	1277, 78	1533, 33	9200000
30,000	575, 00	670, 83	766, 67	862, 50	958, 33	1150, 00	6900000
20,000	383, 33	447, 22	511, 11	575, 00	638, 89	766, 67	4600000
10,000	191, 67	223, 61	255, 56	287, 50	319, 44	383, 33	2300000
9,000	172, 50	201, 25	230, 00	258, 75	287, 50	345, 00	2070000
8,000	153, 33	178, 89	204, 44	230, 00	255, 56	306, 67	1840000
7,000	134, 17	156, 53	178, 89	201, 25	223, 61	268, 33	1610000
6,000	115, 00	134, 17	153, 33	172, 50	191, 67	230, 00	1380000
5,000	95, 83	111, 81	127, 78	143, 75	159, 72	191, 67	1150000
4,000	76, 67	89, 44	102, 22	115, 00	127, 78	153, 33	920000
3,000	57, 50	67, 08	76, 67	86, 25	95, 83	115, 00	690000
2,000	38, 33	44, 72	51, 11	57, 50	63, 89	76, 67	460000
1,000	19, 17	22, 36	25, 56	28, 75	31, 94	38, 33	230000
900	17, 25	20, 12	23, 00	25, 87	28, 75	34, 50	207000
800	15, 33	17, 89	20, 44	23, 00	25, 56	30, 67	184000
700	13, 42	15, 65	17, 89	20, 12	22, 36	26, 83	161000
600	11, 50	13, 42	15, 33	17, 25	19, 17	23, 00	138000
500	9, 58	11, 18	12, 78	14, 37	15, 97	19, 17	115000
400	7, 67	8, 94	10, 22	11, 50	12, 78	15, 33	92000
300	5, 75	6, 71	7, 67	8, 62	9, 58	11, 50	69000
200	3, 83	4, 47	5, 11	5, 75	6, 39	7, 67	46000
100	1, 92	2, 24	2, 56	2, 87	3, 19	3, 83	23000
90	1, 72	2, 01	2, 30	2, 59	2, 87	3, 45	20700
80	1, 53	1, 79	2, 04	2, 30	2, 56	3, 07	18400
70	1, 34	1, 57	1, 79	2, 01	2, 24	2, 68	16100
60	1, 15	1, 34	1, 53	1, 72	1, 92	2, 30	13800
50	0, 96	1, 12	1, 28	1, 44	1, 60	1, 92	11500
40	0, 77	0, 89	1, 02	1, 15	1, 28	1, 53	9200
30	0, 57	0, 67	0, 77	0, 86	0, 96	1, 15	6900
20	0, 38	0, 45	0, 51	0, 57	0, 64	0, 77	4600
10	0, 19	0, 22	0, 26	0, 29	0, 32	0, 38	2300
9	0, 17	0, 20	0, 23	0, 26	0, 29	0, 34	2070
8	0, 15	0, 18	0, 20	0, 23	0, 26	0, 31	1840
7	0, 13	0, 16	0, 18	0, 20	0, 22	0, 27	1610
6	0, 11	0, 13	0, 15	0, 17	0, 19	0, 23	1380
5	0, 10	0, 11	0, 13	0, 14	0, 16	0, 19	1150
4	0, 08	0, 09	0, 10	0, 11	0, 13	0, 15	920
3	0, 06	0, 07	0, 08	0, 09	0, 10	0, 11	690
2	0, 04	0, 04	0, 05	0, 06	0, 06	0, 08	460
1	0, 03	0, 02	0, 03	0, 03	0, 03	0, 04	230

COLONNE DES CAPITAUX	INTERETS POUR 231 JOURS (ou pour 7 mois et 21 jours.)						NOMBRES PRODUITS des CAPITAUX multipliés par 231 Jours.
	à 3 %	à 3 ½	à 4 %	à 4 ½	à 5 %	à 6 %	
fr.	fr. c.	fr. c.	fr. c.	fr. c.	fr. c.	fr. c.	
50,000	962, 50	1122, 92	1283, 33	1443, 75	1604, 17	1925, 00	11550000
40,000	770, 00	898, 33	1026, 67	1155, 00	1283, 33	1540, 00	9240000
30,000	577, 50	673, 75	770, 00	866, 25	962, 50	1155, 00	6930000
20,000	385, 00	449, 17	513, 33	577, 50	641, 67	770, 00	4620000
10,000	192, 50	224, 58	256, 67	288, 75	320, 83	385, 00	2310000
9,000	173, 25	202, 12	231, 00	259, 87	288, 75	346, 50	2079000
8,000	154, 00	179, 67	205, 33	231, 00	256, 67	308, 00	1848000
7,000	134, 75	157, 21	179, 67	202, 12	224, 58	269, 50	1617000
6,000	115, 50	134, 75	154, 00	173, 25	192, 50	231, 00	1386000
5,000	96, 25	112, 29	128, 33	144, 37	160, 42	192, 50	1155000
4,000	77, 00	89, 83	102, 67	115, 50	128, 33	154, 00	924000
3,000	57, 75	67, 37	77, 00	86, 62	96, 25	115, 50	693000
2,000	38, 50	44, 92	51, 33	57, 75	64, 17	77, 00	462000
1,000	19, 25	22, 46	25, 67	28, 87	32, 08	38, 50	231000
900	17, 32	20, 21	23, 10	25, 99	28, 87	34, 65	207900
800	15, 40	17, 97	20, 53	23, 10	25, 67	30, 80	184800
700	13, 47	15, 72	17, 97	20, 21	22, 46	26, 95	161700
600	11, 55	13, 47	15, 40	17, 32	19, 25	23, 10	138600
500	9, 62	11, 23	12, 83	14, 44	16, 04	19, 25	115500
400	7, 70	8, 98	10, 27	11, 55	12, 83	15, 40	92400
300	5, 77	6, 74	7, 70	8, 66	9, 62	11, 55	69300
200	3, 85	4, 49	5, 13	5, 77	6, 42	7, 70	46200
100	1, 92	2, 25	2, 57	2, 89	3, 21	3, 85	23100
90	1, 73	2, 02	2, 31	2, 60	2, 89	3, 46	20790
80	1, 54	1, 80	2, 05	2, 31	2, 57	3, 08	18480
70	1, 35	1, 57	1, 80	2, 02	2, 25	2, 69	16170
60	1, 15	1, 35	1, 54	1, 73	1, 92	2, 31	13860
50	0, 96	1, 12	1, 28	1, 44	1, 60	1. 92	11550
40	0, 77	0, 90	1, 03	1, 15	1, 28	1, 54	9240
30	0, 58	0, 67	0, 77	0, 87	0, 96	1, 15	6930
20	0, 38	0, 45	0, 51	0, 58	0, 64	0, 77	4620
10	0, 19	0, 22	0, 26	0, 29	0, 32	0, 38	2310
9	0, 17	0, 20	0, 23	0, 26	0, 29	0, 35	2079
8	0, 15	0, 18	0, 21	0, 23	0, 26	0, 31	1848
7	0, 13	0, 16	0, 18	0, 20	0, 22	0, 27	1617
6	0, 12	0, 13	0, 15	0, 17	0, 19	0, 23	1386
5	0, 10	0, 11	0, 13	0, 14	0, 16	0, 19	1155
4	0, 08	0, 09	0, 10	0, 12	0, 13	0, 15	924
3	0, 06	0, 07	0, 08	0, 09	0, 10	0, 12	693
2	0, 04	0, 04	0, 05	0, 06	0, 06	0, 08	462
1	0, 02	0, 02	0, 03	0, 03	0, 03	0. 04	231

COLONNE DES CAPITAUX	INTÉRÊTS POUR 232 JOURS (ou pour 7 mois et 22 jours.)						NOMBRES PRODUITS des CAPITAUX multipliés par 232 Jours.
	à 3 %	à 3 ½	à 4 %	à 4 ½	à 5 %	à 6 %	
fr.	fr. c.	fr. c.	fr. c.	fr. c.	fr. c.	fr. c.	
50,000	966, 67	1127, 78	1288, 89	1450, 00	1611, 11	1933, 33	11600000
40,000	773, 33	902, 22	1031, 11	1160, 00	1288, 89	1546, 67	9280000
30.000	580, 00	676, 67	773, 33	870, 00	966, 67	1160, 00	6960000
20,000	386, 67	451, 11	515, 56	580, 00	644, 44	773, 33	4640000
10,000	193, 33	225, 56	257, 78	290, 00	322, 22	386, 67	2320000
9,000	174, 00	203, 00	232, 00	261, 00	290, 00	348, 00	2088000
8,000	154, 67	180, 44	206, 22	232, 00	257, 78	309, 33	1856000
7,000	135, 33	157, 89	180, 44	203, 00	225, 56	270, 67	1624000
6.000	116, 00	135, 33	154, 67	174, 00	193, 33	232, 00	1392000
5,000	96, 67	112, 78	128, 89	145, 00	161, 11	193, 33	1160000
4,000	77, 33	90, 22	103, 11	116, 00	128, 89	154, 67	928000
3,000	58, 00	67, 67	77, 33	87, 00	96, 67	116, 00	696000
2,000	38, 67	45, 11	51, 56	58, 00	64, 44	77, 33	464000
1,000	19, 33	22, 56	25, 78	29, 00	32, 22	38, 67	232000
900	17, 40	20, 30	23, 20	26, 10	29, 00	34, 80	208800
800	15, 47	18, 04	20, 62	23, 20	25, 78	30, 93	185600
700	13, 53	15, 79	18, 04	20, 30	22, 56	27, 07	162400
600	11, 60	13, 53	15, 47	17, 40	19, 33	23, 20	139200
500	9. 67	11, 28	12, 89	14, 50	16. 11	19, 33	116000
400	7, 73	9, 02	10, 31	11, 60	12, 89	15, 47	92800
300	5, 80	6, 77	7, 73	8, 70	9, 67	11, 60	69600
200	3, 87	4, 51	5, 16	5, 80	6, 44	7, 73	46400
100	1, 93	2, 26	2, 58	2, 90	3, 22	3, 87	23200
90	1, 74	2, 03	2, 32	2, 61	2, 90	3, 48	20880
80	1, 55	1, 80	2, 06	2, 32	2, 58	3, 09	18560
70	1, 35	1, 58	1, 80	2, 03	2, 26	2, 71	16240
60	1, 16	1, 35	1, 55	1, 74	1, 93	2, 32	13920
50	0, 97	1, 13	1, 29	1, 45	1, 61	1, 93	11600
40	0, 77	0, 90	1, 03	1, 16	1, 29	1, 55	9280
30	0, 58	0, 68	0, 77	0, 87	0, 97	1. 16	6960
20	0, 39	0, 45	0, 52	0, 58	0, 64	0, 77	4640
10	0, 19	0, 23	0, 26	0, 29	0, 32	0, 39	2320
9	0, 17	0, 20	0, 23	0, 26	0, 29	0, 35	2088
8	0, 15	0, 18	0, 21	0, 23	0, 26	0, 31	1856
7	0, 14	0, 16	0, 18	0, 20	0, 23	0, 27	1624
6	0, 12	0, 14	0, 15	0, 17	0, 19	0, 23	1392
5	0, 10	0, 11	0, 13	0, 14	0, 16	0, 19	1160
4	0, 08	0, 09	0, 10	0, 12	0, 13	0, 15	928
3	0, 06	0, 07	0, 08	0, 09	0, 10	0, 12	696
2	0, 04	0, 05	0, 05	0, 06	0, 06	0, 08	464
1	0. 02	0. 02	0. 03	0. 03	0. 03	0, 04	232

COLONNE DES CAPITAUX	INTERÊTS POUR 233 JOURS (ou pour 7 mois et 23 jours.)						NOMBRES PRODUITS des CAPITAUX multipliés par 233 Jours.
	à 3 %	à 3 ½	à 4 %	à 4 ½	à 5 %	à 6 %	
fr.	fr. c.	fr. c.	fr. c.	fr. c.	fr. c.	fr. c.	
50,000	970, 83	1132, 64	1294, 44	1456, 25	1618, 06	1941, 67	11650000
40,000	776, 67	906, 11	1035, 56	1165, 00	1294, 44	1553, 33	9320000
30,000	582, 50	679, 58	776, 67	873, 75	970, 83	1165, 00	6990000
20,000	388, 33	453, 06	517, 78	582, 50	647, 22	776, 67	4660000
10,000	194, 17	226, 53	258, 89	291, 25	323, 61	388, 33	2330000
9,000	174, 75	203, 87	233, 00	262, 12	291, 25	349, 50	2097000
8,000	155, 33	181, 22	207, 11	233, 00	258, 89	310, 67	1864000
7,000	135, 92	158, 57	181, 22	203, 87	226, 53	271, 83	1631000
6,000	116, 50	135, 92	155, 33	174, 75	194, 17	233, 00	1398000
5,000	97, 08	113, 26	129, 44	145, 62	161, 81	194, 17	1165000
4,000	77, 67	90, 61	103, 56	116, 50	129, 44	155, 33	932000
3,000	58, 25	67, 96	77, 67	87, 37	97, 08	116, 50	699000
2,000	38, 83	45, 31	51, 78	58, 25	64, 72	77, 67	466000
1,000	19, 42	22, 65	25, 89	29, 12	32, 36	38, 83	233000
900	17, 47	20, 39	23, 30	26, 21	29, 12	34, 95	209700
800	15, 53	18, 12	20, 71	23, 30	25, 89	31, 07	186400
700	13, 59	15, 86	18, 12	20, 39	22, 65	27, 18	163100
600	11, 65	13, 59	15, 53	17, 47	19, 42	23, 30	139800
500	9, 71	11, 33	12, 94	14, 56	16, 18	19, 42	116500
400	7, 77	9, 06	10, 36	11, 65	12, 94	15, 53	93200
300	5, 82	6, 80	7, 77	8, 74	9, 71	11, 65	69900
200	3, 88	4, 53	5, 18	5, 82	6, 47	7, 77	46600
100	1, 94	2, 27	2, 59	2, 91	3, 24	3, 88	23300
90	1, 75	2, 04	2, 33	2, 62	2, 91	3, 49	20970
80	1, 55	1, 81	2, 07	2, 33	2, 59	3, 11	18640
70	1, 36	1, 59	1, 81	2, 04	2, 27	2, 72	16310
60	1, 16	1, 36	1, 55	1, 75	1, 94	2, 33	13980
50	0, 97	1, 13	1, 29	1, 46	1, 62	1, 94	11650
40	0, 78	0, 91	1, 04	1, 16	1, 29	1, 55	9320
30	0, 58	0, 68	0, 78	0, 87	0, 97	1, 16	6990
20	0, 39	0, 45	0, 52	0, 58	0, 65	0, 78	4660
10	0, 19	0, 23	0, 26	0, 29	0, 32	0, 39	2330
9	0, 17	0, 20	0, 23	0, 26	0, 29	0, 35	2097
8	0, 16	0, 18	0, 21	0, 23	0, 26	0, 31	1864
7	0, 14	0, 16	0, 18	0, 20	0, 23	0, 27	1631
6	0, 12	0, 14	0, 16	0, 17	0, 19	0, 23	1398
5	0, 10	0, 11	0, 13	0, 15	0, 16	0, 19	1165
4	0, 08	0, 09	0, 10	0, 12	0, 13	0, 16	932
3	0, 06	0, 07	0, 08	0, 09	0, 10	0, 12	699
2	0, 04	0, 05	0, 05	0, 06	0, 06	0, 08	466
1	0, 02	0, 02	0, 03	0, 03	0, 03	0, 04	233

20.

COLONNE DES CAPITAUX	INTERÊTS POUR 234 JOURS (ou pour 7 mois et 24 jours.)						NOMBRES PRODUITS des CAPITAUX multipliés par 234 Jours.
	à 3 %	à 3 ½	à 4 %	à 4 ½	à 5 %	à 6 %	
fr.	fr. c.	fr. c.	fr. c.	fr. c.	fr. c.	fr. c.	
50,000	975, 00	1137, 50	1300, 00	1462, 50	1625, 00	1950, 00	11700000
40,000	780, 00	910, 00	1040, 00	1170, 00	1300, 00	1560, 00	9360000
30,000	585, 00	682, 50	780, 00	877, 50	975, 00	1170, 00	7020000
20,000	390, 00	455, 00	520, 00	585, 00	650, 00	780, 00	4680000
10,000	195, 00	227, 50	260, 00	292, 50	325, 00	390, 00	2340000
9,000	175, 50	204, 75	234, 00	263, 25	292, 50	351, 00	2106000
8,000	156, 00	182, 00	208, 00	234, 00	260, 00	312, 00	1872000
7,000	136, 50	159, 25	182, 00	204, 75	227, 50	273, 00	1638000
6,000	117, 00	136, 50	156, 00	175, 50	195, 00	234, 00	1404000
5,000	97, 50	113, 75	130, 00	146, 25	162, 50	195, 00	1170000
4,000	78, 00	91, 00	104, 00	117, 00	130, 00	156, 00	936000
3,000	58, 50	68, 25	78, 00	87, 75	97, 50	117, 00	702000
2,000	39, 00	45, 50	52, 00	58, 50	65, 00	78, 00	468000
1,000	19, 50	22, 75	26, 00	29, 25	32, 50	39, 00	234000
900	17, 55	20, 47	23, 40	26, 32	29, 25	35, 10	210600
800	15, 60	18, 20	20, 80	23, 40	26, 00	31, 20	187200
700	13, 65	15, 92	18, 20	20, 47	22, 75	27, 30	163800
600	11, 70	13, 65	15, 60	17, 55	19, 50	23, 40	140400
500	9, 75	11, 37	13, 00	14, 62	16, 25	19, 50	117000
400	7, 80	9, 10	10, 40	11, 70	13, 00	15, 60	93600
300	5, 85	6, 82	7, 80	8, 77	9, 75	11, 70	70200
200	3, 90	4, 55	5, 20	5, 85	6, 50	7, 80	46800
100	1, 95	2, 27	2, 60	2, 92	3, 25	3, 90	23400
90	1, 75	2, 05	2, 34	2, 63	2, 92	3, 51	21060
80	1, 56	1, 82	2, 08	2, 34	2, 60	3, 12	18720
70	1, 36	1, 59	1, 82	2, 05	2, 27	2, 73	16380
60	1, 17	1, 36	1, 56	1, 75	1, 95	2, 34	14040
50	0, 97	1, 14	1, 30	1, 46	1, 62	1, 95	11700
40	0, 78	0, 91	1, 04	1, 17	1, 30	1, 56	9360
30	0, 58	0, 68	0, 78	0, 88	0, 97	1, 17	7020
20	0, 39	0, 45	0, 52	0, 58	0, 65	0, 78	4680
10	0, 19	0, 23	0, 26	0, 29	0, 32	0, 39	2340
9	0, 18	0, 20	0, 23	0, 26	0, 29	0, 35	2106
8	0, 16	0, 18	0, 21	0, 23	0, 26	0, 31	1872
7	0, 14	0, 16	0, 18	0, 20	0, 23	0, 27	1638
6	0, 12	0, 14	0, 16	0, 18	0, 19	0, 23	1404
5	0, 10	0, 11	0, 13	0, 15	0, 16	0, 19	1170
4	0, 08	0, 09	0, 10	0, 12	0, 13	0, 16	936
3	0, 06	0, 07	0, 08	0, 09	0, 10	0, 12	702
2	0, 04	0, 05	0, 05	0, 06	0, 06	0, 08	468
1	0, 02	0, 02	0, 03	0, 03	0, 03	0, 04	234

COLONNE DES CAPITAUX	INTÉRÊTS POUR 235 JOURS (ou pour 7 mois et 25 jours.)						NOMBRES PRODUITS des CAPITAUX multipliés par 235 Jours.
	à 3 %	à 3 ½	à 4 %	à 4 ½	à 5 %	à 6 %	
fr.	fr. c.	fr. c.	fr. c.	fr. c.	fr. c.	fr. c.	
50,000	979, 17	1142, 36	1305, 56	1468, 75	1631, 94	1958, 33	11750000
40,000	783, 33	913, 89	1044, 44	1175, 00	1305, 56	1566, 67	9400000
30,000	587, 50	685, 42	783, 33	881, 25	979, 17	1175, 00	7050000
20,000	391, 67	456, 94	522, 22	587, 50	652, 78	783, 33	4700000
10,000	195, 83	228, 47	261, 11	293, 75	326, 39	391, 67	2350000
9,000	176, 25	205, 62	235, 00	264, 37	293, 75	352, 50	2115000
8,000	156, 67	182, 78	208, 89	235, 00	261, 11	313, 33	1880000
7,000	137, 08	159, 93	182, 78	205, 62	228, 47	274, 17	1645000
6,000	117, 50	137, 08	156, 67	176, 25	195, 83	235, 00	1410000
5,000	97, 92	114, 24	130, 56	146, 87	163, 19	195, 83	1175000
4,000	78, 33	91, 39	104, 44	117, 50	130, 56	156, 67	940000
3,000	58, 75	68, 54	78, 33	88, 12	97, 92	117, 50	705000
2,000	39, 17	45, 69	52, 22	58, 75	65, 28	78, 33	470000
1,000	19, 58	22, 85	26, 11	29, 37	32, 64	39, 17	235000
900	17, 62	20, 56	23, 50	26, 44	29, 37	35, 25	211500
800	15, 67	18, 28	20, 89	23, 50	26, 11	31, 33	188000
700	13, 71	15, 99	18, 28	20, 56	22, 85	27, 42	164500
600	11, 75	13, 71	15, 67	17, 62	19, 58	23, 50	141000
500	9, 79	11, 42	13, 06	14, 69	16, 32	19, 58	117500
400	7, 83	9, 14	10, 44	11, 75	13, 06	15, 67	94000
300	5, 87	6, 85	7, 83	8, 81	9, 79	11, 75	70500
200	3, 92	4, 57	5, 22	5, 87	6, 53	7, 83	47000
100	1, 96	2, 28	2, 61	2, 94	3, 26	3, 92	23500
90	1, 76	2, 06	2, 35	2, 64	2, 94	3, 52	21150
80	1, 57	1, 83	2, 09	2, 35	2, 61	3, 13	18800
70	1, 37	1, 60	1, 83	2, 06	2, 28	2, 74	16450
60	1, 17	1, 37	1, 57	1, 76	1, 96	2, 35	14100
50	0, 98	1, 14	1, 31	1, 47	1, 63	1, 96	11750
40	0, 78	0, 91	1, 04	1, 17	1, 31	1, 57	9400
30	0, 59	0, 69	0, 78	0, 88	0, 98	1, 17	7050
20	0, 39	0, 46	0, 52	0, 59	0, 65	0, 78	4700
10	0, 20	0, 23	0, 26	0, 29	0, 33	0, 39	2350
9	0, 18	0, 21	0, 23	0, 26	0, 29	0, 35	2115
8	0, 16	0, 18	0, 21	0, 23	0, 26	0, 31	1880
7	0, 14	0, 16	0, 18	0, 21	0, 23	0, 27	1645
6	0, 12	0, 14	0, 16	0, 18	0, 20	0, 23	1410
5	0, 10	0, 11	0, 13	0, 15	0, 16	0, 20	1175
4	0, 08	0, 09	0, 10	0, 12	0, 13	0, 16	940
3	0, 06	0, 07	0, 08	0, 09	0, 10	0, 12	705
2	0, 04	0, 05	0, 05	0, 06	0, 07	0, 08	470
1	0, 02	0, 02	0, 03	0, 03	0, 03	0, 04	235

COLONNE DES CAPITAUX	INTÉRÊTS POUR 236 JOURS (ou pour 7 mois et 26 jours.)						NOMBRES PRODUITS des CAPITAUX multipliés par 236 Jours.
	à 3 %	à 3 ½ %	à 4 %	à 4 ½ %	à 5 %	à 6 %	
fr.	fr. c.	fr. c.	fr. c.	fr. c.	fr. c.	fr. c.	
50,000	983, 33	1147, 22	1311, 11	1475, 00	1638, 89	1966, 67	11800000
40,000	786, 67	917, 78	1048, 89	1180, 00	1311, 11	1573, 33	9440000
30,000	590, 00	688, 33	786, 67	885, 00	983, 33	1180, 00	7080000
20,000	393, 33	458, 89	524, 44	590, 00	655, 56	786, 67	4720000
10,000	196, 67	229, 44	262, 22	295, 00	327, 78	393, 33	2360000
9,000	177, 00	206, 50	236, 00	265, 50	295, 00	354, 00	2124000
8,000	157, 33	183, 56	209, 78	236, 00	262, 22	314, 67	1888000
7,000	137, 67	160, 61	183, 56	206, 50	229, 44	275, 33	1652000
6,000	118, 00	137, 67	157, 33	177, 00	196, 67	236, 00	1416000
5,000	98, 33	114, 72	131, 11	147, 50	163, 89	196, 67	1180000
4,000	78, 67	91, 78	104, 89	118, 00	131, 11	157, 33	944000
3,000	59, 00	68, 83	78, 67	88, 50	98, 33	118, 00	708000
2,000	39, 33	45, 89	52, 44	59, 00	65, 56	78, 67	472000
1,000	19, 67	22, 94	26, 22	29, 50	32, 78	39, 33	236000
900	17, 70	20, 65	23, 60	26, 55	29, 50	35, 40	212400
800	15, 73	18, 36	20, 98	23, 60	26, 22	31, 47	188800
700	13, 77	16, 06	18, 36	20, 65	22, 94	27, 53	165200
600	11, 80	13, 77	15, 73	17, 70	19, 67	23, 60	141600
500	9, 83	11, 47	13, 11	14, 75	16, 39	19, 67	118000
400	7, 87	9, 18	10, 49	11, 80	13, 11	15, 73	94400
300	5, 90	6, 88	7, 87	8, 85	9, 83	11, 80	70800
200	3, 93	4, 59	5, 24	5, 90	6, 56	7, 87	47200
100	1, 97	2, 29	2, 62	2, 95	3, 28	3, 93	23600
90	1, 77	2, 06	2, 36	2, 65	2, 95	3, 54	21240
80	1, 57	1, 84	2, 10	2, 36	2, 62	3, 15	18880
70	1, 38	1, 61	1, 84	2, 06	2, 29	2, 75	16520
60	1, 18	1, 38	1, 57	1, 77	1, 97	2, 36	14160
50	0, 98	1, 15	1, 31	1, 47	1, 64	1, 97	11800
40	0, 79	0, 92	1, 05	1, 18	1, 31	1, 57	9440
30	0, 59	0, 69	0, 79	0, 88	0, 98	1, 18	7080
20	0, 39	0, 46	0, 52	0, 59	0, 66	0, 79	4720
10	0, 20	0, 23	0, 26	0, 29	0, 33	0, 39	2360
9	0, 18	0, 21	0, 24	0, 27	0, 29	0, 35	2124
8	0, 16	0, 18	0, 21	0, 24	0, 26	0, 31	1888
7	0, 14	0, 16	0, 18	0, 21	0, 23	0, 28	1652
6	0, 12	0, 14	0, 16	0, 18	0, 20	0, 24	1416
5	0, 10	0, 11	0, 13	0, 15	0, 16	0, 20	1180
4	0, 08	0, 09	0, 10	0, 12	0, 13	0, 16	944
3	0, 06	0, 07	0, 08	0, 09	0, 10	0, 12	708
2	0, 04	0, 05	0, 05	0, 06	0, 07	0, 08	472
1	0, 02	0, 02	0, 03	0, 03	0, 03	0, 04	236

COLONNE DES CAPITAUX	INTERETS POUR 237 JOURS (ou pour 7 mois et 27 jours.)						NOMBRES FORDUITS des CAPITAUX multipliés par 237 Jours.
	à 3 %	à 3 ½	à 4 %	à 4 ½ %	à 5 %	à 6 %	
fr.	fr. c.	fr. c.	fr. c.	fr. c.	fr. c.	fr. c.	
50,000	987, 50	1152, 08	1316, 67	1481, 25	1645, 83	1975, 00	11850000
40,000	790, 00	921, 67	1053, 33	1185, 00	1316, 67	1580, 00	9480000
30,000	592, 50	691, 25	790, 00	888, 75	987, 50	1185, 00	7110000
20,000	395, 00	460, 83	526, 67	592, 50	658, 33	790, 00	4740000
10,000	197, 50	230, 42	263, 33	296, 25	329, 17	395, 00	2370000
9,000	177, 75	207, 37	237, 00	266, 62	296, 25	355, 50	2133000
8,000	158, 00	184, 33	210, 67	237, 00	263, 33	316, 00	1896000
7,000	138, 25	161, 29	184, 33	207, 37	230, 42	276, 50	1659000
6,000	118, 50	138, 25	158, 00	177, 75	197, 50	237, 00	1422000
5,000	98, 75	115, 21	131, 67	148, 12	164, 58	197, 50	1185000
4,000	79, 00	92, 17	105, 33	118, 50	131, 67	158, 00	948000
3,000	59, 25	69, 12	79, 00	88, 87	98, 75	118, 50	711000
2,000	39, 50	46, 08	52, 67	59, 25	65, 83	79, 00	474000
1,000	19, 75	23, 04	26, 33	29, 62	32, 92	39, 50	237000
900	17, 77	20, 74	23, 70	26, 66	29, 62	35, 55	213300
800	15, 80	18, 43	21, 07	23, 70	26, 33	31, 60	189600
700	13, 82	16, 13	18, 43	20, 74	23, 04	27, 65	165900
600	11, 85	13, 82	15, 80	17, 77	19, 75	23, 70	142200
500	9, 87	11, 52	13, 17	14, 81	16, 46	19, 75	118500
400	7. 90	9, 22	10, 53	11, 85	13, 17	15, 80	94800
300	5, 92	6, 91	7, 90	8, 89	9, 87	11, 85	71100
200	3, 95	4, 61	5, 27	5, 92	6, 58	7, 90	47400
100	1, 97	2, 30	2, 63	2, 96	3, 29	3, 95	23700
90	1, 78	2, 07	2, 37	2, 67	2, 96	3, 55	21330
80	1, 58	1, 84	2, 11	2, 37	2, 63	3, 16	18960
70	1, 38	1, 61	1, 84	2, 07	2, 30	2, 76	16590
60	1, 18	1, 38	1, 58	1, 78	1, 97	2, 37	14220
50	0, 99	1, 15	1, 32	1, 48	1, 65	1, 97	11850
40	0, 79	0, 92	1, 05	1, 18	1, 32	1, 58	9480
30	0, 59	0, 69	0, 79	0, 89	0, 99	1, 18	7110
20	0, 39	0, 46	0, 53	0, 59	0, 66	0, 79	4740
10	0, 20	0, 23	0, 26	0, 30	0, 33	0, 39	2370
9	0, 18	0, 21	0, 24	0, 27	0, 30	0, 36	2133
8	0, 16	0, 18	0, 21	0, 24	0, 26	0, 32	1896
7	0, 14	0, 16	0, 18	0, 21	0, 23	0, 28	1659
6	0, 12	0, 14	0, 16	0, 18	0, 20	0, 24	1422
5	0, 10	0, 12	0, 13	0, 15	0, 16	0, 20	1185
4	0, 08	0, 09	0, 11	0, 12	0, 13	0, 16	948
3	0, 06	0, 07	0, 08	0, 09	0, 10	0, 12	711
2	0, 04	0, 05	0, 05	0, 06	0, 07	0, 08	474
1	0, 02	0, 02	0, 03	0, 03	0, 03	0, 04	237

COLONNE DES CAPITAUX	INTÉRÊTS POUR 238 JOURS (ou pour 7 mois et 28 jours.)						NOMBRES PRODUITS des CAPITAUX multipliés par 238 Jours.
	à 3 %	à 3 ½	à 4 %	à 4 ½	à 5 %	à 6 %	
fr.	fr. c.	fr. c.	fr. c.	fr. c.	fr. c.	fr. c.	
50,000	991, 67	1156, 94	1322, 62	1487, 50	1652, 78	1983, 33	11900000
40,000	793, 33	925, 56	1057, 78	1190, 00	1322, 22	1586, 67	9520000
30,000	595, 00	694, 17	793, 33	892, 50	991, 67	1190, 00	7140000
20,000	396, 67	462, 78	528, 89	595, 00	661, 11	793, 33	4760000
10,000	198, 33	231, 39	264, 44	297, 50	330, 56	396, 67	2380000
9,000	178, 50	208, 25	238, 00	267, 75	297, 50	357, 00	2142000
8,000	158, 67	185, 11	211, 56	238, 00	264, 44	317, 33	1904000
7,000	138, 83	161, 97	185, 11	208, 25	231, 39	277, 67	1666000
6,000	119, 00	138, 83	158, 67	178, 50	198, 33	238, 00	1428000
5,000	99, 17	115, 69	132, 22	148, 75	165, 28	198, 33	1190000
4,000	79, 33	92, 56	105, 78	119, 00	132, 22	158, 67	952000
3,000	59, 50	69, 42	79, 33	89, 25	99, 17	119, 00	714000
2,000	39, 67	46, 28	52, 89	59, 50	66, 11	79, 33	476000
1,000	19, 83	23, 14	26, 44	29, 75	33, 06	39, 67	238000
900	17, 85	20, 82	23, 80	26, 77	29, 75	35, 70	214200
800	15, 87	18, 51	21, 16	23, 80	26, 44	31, 73	190400
700	13, 88	16, 20	18, 51	20, 82	23, 14	27, 77	166600
600	11, 90	13, 88	15, 87	17, 85	19, 83	23, 80	142800
500	9, 92	11, 57	13, 22	14, 87	16, 53	19, 83	119000
400	7, 93	9, 26	10, 58	11, 90	13, 22	15, 87	95200
300	5, 95	6, 94	7, 93	8, 92	9, 92	11, 90	71400
200	3, 97	4, 63	5, 29	5, 95	6, 61	7, 93	47600
100	1, 98	2, 31	2, 64	2, 97	3, 31	3, 97	23800
90	1, 78	2, 08	2, 38	2, 68	2, 97	3, 57	21420
80	1, 59	1, 85	2, 12	2, 38	2, 64	3, 17	19040
70	1, 39	1, 62	1, 85	2, 08	2, 31	2, 78	16660
60	1, 19	1, 39	1, 59	1, 78	1, 98	2, 38	14280
50	0, 99	1, 16	1, 32	1, 49	1, 65	1, 98	11900
40	0, 79	0, 93	1, 06	1, 19	1, 32	1, 59	9520
30	0, 59	0, 69	0, 79	0, 89	0, 99	1, 19	7140
20	0, 40	0, 46	0, 53	0, 59	0, 66	0, 79	4760
10	0, 20	0, 23	0, 26	0, 30	0, 33	0, 40	2380
9	0, 18	0, 21	0, 24	0, 27	0, 30	0, 36	2142
8	0, 16	0, 19	0, 21	0, 24	0, 26	0, 32	1904
7	0, 14	0, 16	0, 19	0, 21	0, 23	0, 28	1666
6	0, 12	0, 14	0, 16	0, 18	0, 20	0, 24	1428
5	0, 10	0, 12	0, 13	0, 15	0, 17	0, 20	1190
4	0, 08	0, 09	0, 11	0, 12	0, 13	0, 16	952
3	0, 06	0, 07	0, 08	0, 09	0, 10	0, 12	714
2	0, 04	0, 05	0, 05	0, 06	0, 07	0, 08	476
1	0, 02	0, 02	0, 03	0, 03	0, 03	0, 04	238

COLONNE DES CAPITAUX	INTERÊTS POUR 239 JOURS (ou pour 7 mois et 29 jours.)						NOMBRES PRODUITS des CAPITAUX multipliés par 239 Jours.
	à 3 %	à 3 ½	à 4 %	à 4 ½	à 5 %	à 6 %	
fr.	fr. c.	fr. c.	fr. c.	fr. c.	fr. c.	fr. c.	
50,000	995, 83	1161, 80	1327, 78	1493, 75	1659, 72	1991, 67	11950000
40,000	796, 67	929, 44	1062, 22	1195, 00	1327, 78	1593, 33	9560000
30,000	597, 50	697, 08	796, 67	896, 25	995, 83	1195, 00	7170000
20,000	398, 33	464, 72	531, 11	597, 50	663, 89	796, 67	4780000
10,000	199, 17	232, 36	265, 56	298, 75	331, 94	398, 33	2390000
9,000	179, 25	209, 12	239, 00	268, 87	298, 75	358, 50	2151000
8,000	159, 33	185, 89	212, 44	239, 00	265, 56	318, 67	1912000
7,000	139, 42	162, 65	185, 89	209, 12	232, 36	278, 83	1673000
6,000	119, 50	139, 42	159, 33	179, 25	199, 17	239, 00	1434000
5,000	99, 58	116, 18	132, 78	149, 37	165, 97	199, 17	1195000
4,000	79, 67	92, 94	106, 22	119, 50	132, 78	159, 33	956000
3,000	59, 75	69, 71	79, 67	89, 62	99, 58	119, 50	717000
2,000	39, 83	46, 47	53, 11	59, 75	66, 39	79, 67	478000
1,000	19, 92	23, 24	26, 56	29, 87	33, 19	39, 83	239000
900	17, 92	20, 91	23, 90	26, 89	29, 87	35, 85	215100
800	15, 93	18, 59	21, 24	23, 90	26, 56	31, 87	191200
700	13, 94	16, 27	18, 59	20, 91	23, 24	27, 88	167300
600	11, 95	13, 94	15, 93	17, 92	19, 92	23, 90	143400
500	9, 96	11, 62	13, 28	14, 94	16, 60	19, 92	119500
400	7, 97	9, 29	10, 62	11, 95	13, 28	15, 93	95600
300	5, 97	6, 97	7, 97	8, 96	9, 96	11, 95	71700
200	3, 98	4, 65	5, 31	5, 97	6, 64	7, 97	47800
100	1, 99	2, 32	2, 66	2, 99	3, 32	3, 98	23900
90	1, 79	2, 09	2, 39	2, 69	2, 99	3, 58	21510
80	1, 59	1, 86	2, 12	2, 39	2, 66	3, 19	19120
70	1, 39	1, 63	1, 86	2, 09	2, 32	2, 79	16730
60	1, 19	1, 39	1, 59	1, 79	1, 99	2, 39	14340
50	1, 00	1, 16	1, 33	1, 49	1, 66	1, 99	11950
40	0, 80	0, 93	1, 06	1, 19	1, 33	1, 59	9560
30	0, 60	0, 70	0, 80	0, 90	1, 00	1, 19	7170
20	0, 40	0, 46	0, 53	0, 60	0, 66	0, 80	4780
10	0, 20	0, 23	0, 27	0, 30	0, 33	0, 40	2390
9	0, 18	0, 21	0, 24	0, 27	0, 30	0, 36	2151
8	0, 16	0, 19	0, 21	0, 24	0, 27	0, 32	1912
7	0, 14	0, 16	0, 19	0, 21	0, 23	0, 28	1673
6	0, 12	0, 14	0, 16	0, 18	0, 20	0, 24	1434
5	0, 10	0, 12	0, 13	0, 15	0, 17	0, 20	1195
4	0, 08	0, 09	0, 11	0, 12	0, 13	0, 16	956
3	0, 06	0, 07	0, 08	0, 09	0, 10	0, 12	717
2	0, 04	0, 05	0, 05	0, 06	0, 07	0, 08	478
1	0, 02	0, 02	0, 03	0, 03	0, 03	0, 04	239

COLONNE DES CAPITAUX	INTERÊTS POUR 240 JOURS (ou pour 8 mois.)						NOMBRES PRODUITS des CAPITAUX multipliés par 240 Jours.
	à 3 %	à 3 ½	à 4 %	à 4 ½	à 5 %	à 6 %	
fr.	fr. c.	fr. c.	fr. c.	fr. c.	fr. c.	fr. c.	
50,000	1000, 00	1166, 67	1333, 33	1500, 00	1666, 67	2000, 00	12000000
40,000	800, 00	933, 33	1066, 67	1200, 00	1333, 33	1600, 00	9600000
30,000	600, 00	700, 00	800, 00	900, 00	1000, 00	1200, 00	7200000
20,000	400, 00	466, 67	533, 33	600, 00	666, 67	800, 00	4800000
10,000	200, 00	233, 33	266, 67	300, 00	333, 33	400, 00	2400000
9,000	180, 00	210, 00	240, 00	270, 00	300, 00	360, 00	2160000
8,000	160, 00	186, 67	213, 33	240, 00	266, 67	320, 00	1920000
7,000	140, 00	163, 33	186, 67	210, 00	233, 33	280, 00	1680000
6,000	120, 00	140, 00	160, 00	180, 00	200, 00	240, 00	1440000
5,000	100, 00	116, 67	133, 33	150, 00	166, 67	200, 00	1200000
4,000	80, 00	93, 33	106, 67	120, 00	133, 33	160, 00	960000
3,000	60, 00	70, 00	80, 00	90, 00	100, 00	120, 00	720000
2,000	40, 00	46, 67	53, 33	60, 00	66, 67	80, 00	480000
1,000	20, 00	23, 33	26, 67	30, 00	33, 33	40, 00	240000
900	18, 00	21, 00	24, 00	27, 00	30, 00	36, 00	216000
800	16, 00	18, 67	21, 33	24, 00	26, 67	32, 00	192000
700	14, 00	16, 33	18, 67	21, 00	23, 33	28, 00	168000
600	12, 00	14, 00	16, 00	18, 00	20, 00	24, 00	144000
500	10, 00	11, 67	13, 33	15, 00	16, 67	20, 00	120000
400	8, 00	9, 33	10, 67	12, 00	13, 33	16, 00	96000
300	6, 00	7, 00	8, 00	9, 00	10, 00	12, 00	72000
200	4, 00	4, 67	5, 33	6, 00	6, 67	8, 00	48000
100	2, 00	2, 33	2, 67	3, 00	3, 33	4, 00	24000
90	1, 80	2, 10	2, 40	2, 70	3, 00	3, 60	21600
80	1, 60	1, 87	2, 13	2, 40	2, 67	3, 20	19200
70	1, 40	1, 63	1, 87	2, 10	2, 33	2, 80	16800
60	1, 20	1, 40	1, 60	1, 80	2, 00	2, 40	14400
50	1, 00	1, 17	1, 33	1, 50	1, 67	2, 00	12000
40	0, 80	0, 93	1, 07	1, 20	1, 33	1, 60	9600
30	0, 60	0, 70	0, 80	0, 90	1, 00	1, 20	7200
20	0, 40	0, 47	0, 53	0, 60	0, 67	0, 80	4800
10	0, 20	0, 23	0, 27	0, 30	0, 33	0, 40	2400
9	0, 18	0, 21	0, 24	0, 27	0, 30	0, 36	2160
8	0, 16	0, 19	0, 21	0, 24	0, 27	0, 32	1920
7	0, 14	0, 16	0, 19	0, 21	0, 23	0, 28	1680
6	0, 12	0, 14	0, 16	0, 18	0, 20	0, 24	1440
5	0, 10	0, 12	0, 13	0, 15	0, 17	0, 20	1200
4	0, 08	0, 09	0, 11	0, 12	0, 13	0, 16	960
3	0, 06	0, 07	0, 08	0, 09	0, 10	0, 12	720
2	0, 04	0, 05	0, 05	0, 06	0, 07	0, 08	480
1	0, 02	0, 02	0, 03	0, 03	0, 03	0, 04	240

COLONNE DES CAPITAUX	INTÉRÊTS POUR 241 JOURS (ou pour 8 mois et 1 jour.)						NOMBRES PRODUITS des CAPITAUX multipliés par 241 Jours.
	à 3 %	à 3 ½	à 4 %	à 4 ½	à 5 %	à 6 %	
fr.	fr. c.	fr. c.	fr. c.	fr. c.	fr. c.	fr. c.	
50,000	1004, 17	1171, 53	1338, 89	1506, 25	1673, 61	2008, 33	12050000
40,000	803, 33	937, 22	1071, 11	1205, 00	1338, 89	1606, 67	9640000
30,000	602, 50	702, 92	803, 33	903, 75	1004, 17	1205, 00	7230000
20,000	401, 67	468, 61	535, 56	602, 50	669, 44	803, 33	4820000
10,000	200, 83	234, 31	267, 78	301, 25	334, 72	401, 67	2410000
9,000	180, 75	210, 87	241, 00	271, 12	301, 25	361, 50	2169000
8,000	160, 67	187, 44	214, 22	241, 00	267, 78	321, 33	1928000
7,000	140, 58	164, 01	187, 44	210, 87	234, 31	281, 17	1687000
6,000	120, 50	140, 58	160, 67	180, 75	200, 83	241, 00	1446000
5,000	100, 42	117, 15	133, 89	150, 62	167, 36	200, 83	1205000
4,000	80, 33	93, 72	107. 11	120, 50	133, 89	160, 67	964000
3,000	60, 25	70, 29	80, 33	90, 37	100, 42	120, 50	723000
2,000	40, 17	46, 86	53, 56	60, 25	66, 94	80, 33	482000
1,000	20, 08	23, 43	26, 78	30, 12	33, 47	40, 17	241000
900	18, 07	21, 09	24, 10	27, 11	30, 12	36, 15	216900
800	16, 07	18, 74	21, 42	24, 10	26, 78	32, 13	192800
700	14, 06	16, 40	18, 74	21, 09	23, 43	28, 12	168700
600	12, 05	14, 06	16, 07	18, 07	20, 08	24, 10	144600
500	10, 04	11, 72	13, 39	15, 06	16, 74	20, 08	120500
400	8, 03	9, 37	10, 71	12, 05	13, 39	16, 07	96400
300	6, 02	7, 03	8, 03	9, 04	10, 04	12, 05	72300
200	4, 02	4, 69	5, 36	6, 02	6, 69	8, 03	48200
100	2, 01	2, 34	2, 68	3, 01	3, 35	4, 02	24100
90	1, 81	2, 11	2, 41	2, 71	3, 01	3, 61	21690
80	1, 61	1, 87	2, 14	2, 41	2, 68	3, 21	19280
70	1, 41	1, 64	1, 87	2, 11	2, 34	2, 81	16870
60	1, 20	1, 41	1, 61	1, 81	2, 01	2, 41	14460
50	1, 00	1, 17	1, 34	1, 51	1, 67	2, 01	12050
40	0, 80	0, 94	1, 07	1, 20	1, 34	1, 61	9640
30	0, 60	0, 70	0, 80	0, 90	1, 00	1, 20	7230
20	0, 40	0, 47	0, 54	0, 60	0, 67	0, 80	4820
10	0, 20	0, 23	0, 27	0, 30	0, 33	0, 40	2410
9	0, 18	0, 21	0, 24	0, 27	0, 30	0, 36	2169
8	0, 16	0, 19	0, 21	0, 24	0, 27	0, 32	1928
7	0, 14	0, 16	0, 19	0, 21	0, 23	0, 28	1687
6	0, 12	0, 14	0, 16	0, 18	0, 20	0, 24	1446
5	0, 10	0, 12	0, 13	0, 15	0, 17	0, 20	1205
4	0, 08	0, 09	0, 11	0, 12	0, 13	0, 16	964
3	0, 06	0, 07	0, 08	0, 09	0, 10	0, 12	723
2	0, 04	0, 05	0, 05	0, 06	0, 07	0, 08	482
1	0, 02	0, 02	0, 03	0, 03	0, 03	0, 04	241

COLONNE DES CAPITAUX	INTÉRÊTS POUR 242 JOURS (ou pour 8 mois et 2 jours.)						NOMBRES PRODUITS des CAPITAUX multipliés par 242 Jours.
	à 3 %	à 3 ½	à 4 %	à 4 ½	à 5 %	à 6 %	
fr.	fr. c.	fr. c.	fr. c.	fr. c.	fr. c.	fr. c.	
50,000	1008, 33	1176, 39	1344, 44	1512, 50	1680, 55	2016, 67	12100000
40,000	806, 67	941, 11	1075, 56	1210, 00	1344, 44	1613, 33	9680000
30,000	605, 00	705, 83	806, 67	907, 50	1008, 33	1210, 00	7260000
20,000	403, 33	470, 56	537, 78	605, 00	672, 22	806, 67	4840000
10,000	201, 67	235, 28	268, 89	302, 50	336, 11	403, 33	2420000
9,000	181, 50	211, 75	242, 00	272, 25	302, 50	363, 00	2178000
8,000	161, 33	188, 22	215, 11	242, 00	268, 89	322, 67	1936000
7,000	141, 17	164, 69	188, 22	211, 75	235, 28	282, 33	1694000
6,000	121, 00	141, 17	161, 33	181, 50	201, 67	242, 00	1452000
5,000	100, 83	117, 64	134, 44	151, 25	168, 06	201, 67	1210000
4,000	80, 67	94, 11	107, 56	121, 00	134, 44	161, 33	968000
3,000	60, 50	70, 58	80, 67	90, 75	100, 83	121, 00	726000
2,000	40, 33	47, 06	53, 78	60, 50	67, 22	80, 67	484000
1,000	20, 17	23, 53	26, 89	30, 25	33, 61	40, 33	242000
900	18, 15	21, 17	24, 20	27, 22	30, 25	36, 30	217800
800	16, 13	18, 82	21, 51	24, 20	26, 89	32, 27	193600
700	14, 12	16, 47	18, 82	21, 17	23, 53	28, 23	169400
600	12, 10	14, 12	16, 13	18, 15	20, 17	24, 20	145200
500	10, 08	11, 76	13, 44	15, 12	16, 81	20, 17	121000
400	8, 07	9, 41	10, 76	12, 10	13, 44	16, 13	96800
300	6, 05	7, 06	8, 07	9, 07	10, 08	12, 10	72600
200	4, 03	4, 71	5, 38	6, 05	6, 72	8, 07	48400
100	2, 02	2, 35	2, 69	3, 02	3, 36	4, 03	24200
90	1, 81	2, 12	2, 42	2, 72	3, 02	3, 63	21780
80	1, 61	1, 88	2, 15	2, 42	2, 69	3, 23	19360
70	1, 41	1, 65	1, 88	2, 12	2, 35	2, 82	16940
60	1, 21	1, 41	1, 61	1, 81	2, 02	2, 42	14520
50	1, 01	1, 18	1, 34	1, 51	1, 68	2, 02	12100
40	0, 81	0, 94	1, 08	1, 21	1, 34	1, 61	9680
30	0, 60	0, 71	0, 81	0, 91	1, 01	1, 21	7260
20	0, 40	0, 47	0, 54	0, 60	0, 67	0, 81	4840
10	0, 20	0, 24	0, 27	0, 30	0, 34	0, 40	2420
9	0, 18	0, 21	0, 24	0, 27	0, 30	0, 36	2178
8	0, 16	0, 19	0, 22	0, 24	0, 27	0, 32	1936
7	0, 14	0, 16	0, 19	0, 21	0, 24	0, 28	1694
6	0, 12	0, 14	0, 16	0, 18	0, 20	0, 24	1452
5	0, 10	0, 12	0, 13	0, 15	0, 17	0, 20	1210
4	0, 08	0, 09	0, 11	0, 12	0, 13	0, 16	968
3	0, 06	0, 07	0, 08	0, 09	0, 10	0, 12	726
2	0, 04	0, 05	0, 05	0, 06	0, 07	0, 08	484
1	0, 02	0, 02	0, 03	0, 03	0, 03	0, 04	242

COLONNE DES CAPITAUX	INTERETS POUR 243 JOURS (ou pour 8 mois et 3 jours.)						NOMBRES PRODUITS des CAPITAUX multipliés par 243 Jours.
	à 3 %	à 3 ½	à 4 %	à 4 ½	à 5 %	à 6 %	
fr.	fr. c.	fr. c.	fr. c.	fr. c.	fr. c.	fr. c.	
50,000	1012, 50	1181, 25	1350, 00	1518, 75	1687, 50	2025, 00	12150000
40,000	810, 00	945, 00	1080, 00	1215, 00	1350, 00	1620, 00	9720000
30,000	607, 50	708, 75	810, 00	911, 25	1012, 50	1215, 00	7290000
20,000	405, 00	472, 50	540, 00	607, 50	675, 00	810, 00	4860000
10,000	202, 50	236, 25	270, 00	303, 75	337, 50	405, 00	2430000
9,000	182, 25	212, 62	243, 00	273, 37	303, 75	364, 50	2187000
8,000	162, 00	189, 00	216, 00	243, 00	270, 00	324, 00	1944000
7,000	141, 75	165, 37	189, 00	212, 62	236, 25	283, 50	1701000
6,000	121, 50	141, 75	162, 00	182, 25	202, 50	243, 00	1458000
5,000	101, 25	118, 12	135, 00	151, 87	168, 75	202, 50	1215000
4,000	81, 00	94, 50	108, 00	121, 50	135, 00	162, 00	972000
3,000	60, 75	70, 87	81, 00	91, 12	101, 25	121, 50	729000
2,000	40, 50	47, 25	54, 00	60, 75	67, 50	81, 00	486000
1,000	20, 25	23, 62	27, 00	30, 37	33, 75	40, 50	243000
900	18, 22	21, 26	24, 30	27, 34	30, 37	36, 45	218700
800	16, 20	18, 90	21, 60	24, 30	27, 00	32, 40	194400
700	14, 17	16, 54	18, 90	21, 26	23, 62	28, 35	170100
600	12, 15	14, 17	16, 20	18, 22	20, 25	24, 30	145800
500	10, 12	11, 81	13, 50	15, 19	16, 87	20, 25	121500
400	8, 10	9, 45	10, 80	12, 15	13, 50	16, 20	97200
300	6, 07	7, 09	8, 10	9, 11	10, 12	12, 15	72900
200	4, 05	4, 72	5, 40	6, 07	6, 75	8, 10	48600
100	2, 02	2, 36	2, 70	3, 04	3, 37	4, 05	24300
90	1, 82	2, 13	2, 43	2, 73	3, 04	3, 64	21870
80	1, 62	1, 89	2, 16	2, 43	2, 70	3, 24	19440
70	1, 42	1, 65	1, 89	2, 13	2, 36	2, 83	17010
60	1, 21	1, 42	1, 62	1, 82	2, 02	2, 43	14580
50	1, 01	1, 18	1, 35	1, 52	1, 69	2, 02	12150
40	0, 81	0, 94	1, 08	1, 21	1, 35	1, 62	9720
30	0, 61	0, 71	0, 81	0, 91	1, 01	1, 21	7290
20	0, 40	0, 47	0, 54	0, 61	0, 67	0, 81	4860
10	0, 20	0, 24	0, 27	0, 30	0, 34	0, 40	2430
9	0, 18	0, 21	0, 24	0, 27	0, 30	0, 36	2187
8	0, 16	0, 19	0, 22	0, 24	0, 27	0, 32	1944
7	0, 14	0, 17	0, 19	0, 21	0, 24	0, 28	1701
6	0, 12	0, 14	0, 16	0, 18	0, 20	0, 24	1458
5	0, 10	0, 12	0, 13	0, 15	0, 17	0, 20	1215
4	0, 08	0, 09	0, 11	0, 12	0, 13	0, 16	972
3	0, 06	0, 07	0, 08	0, 09	0, 10	0, 12	729
2	0, 04	0, 05	0, 05	0, 06	0, 07	0, 08	486
1	0, 02	0, 02	0, 03	0, 03	0, 03	0, 04	243

COLONNE DES CAPITAUX	INTÉRÊTS POUR 244 JOURS (ou pour 8 mois et 4 jours.)						NOMBRES PRODUITS des CAPITAUX multipliés par 244 Jours.
	à 3 %	à 3 ½	à 4 %	à 4 ½	à 5 %	à 6 %	
fr.	fr. c.	fr. c.	fr. c.	fr. c.	fr. c.	fr. c.	
50,000	1016, 67	1186, 11	1355, 56	1525, 00	1694, 44	2033, 33	12200000
40,000	813, 33	948, 89	1084, 44	1220, 00	1355, 56	1626, 67	9760000
30.000	610, 00	711, 67	813, 33	915, 00	1016, 67	1220, 00	7320000
20,000	406, 67	474, 44	542, 22	610, 00	677, 78	813, 33	4880000
10,000	203, 33	237, 22	271, 11	305, 00	338, 89	406, 67	2440000
9,000	183, 00	213, 50	244, 00	274, 50	305, 00	366, 00	2196000
8,000	162, 67	189, 78	216, 89	244, 00	271, 11	325, 33	1952000
7,000	142, 33	166, 06	189, 78	213, 50	237, 22	284, 67	1708000
6,000	122, 00	142, 33	162, 67	183, 00	203, 33	244, 00	1464000
5,000	101, 67	118, 61	135, 56	152, 50	169, 44	203, 33	1220000
4,000	81, 33	94, 89	108, 44	122, 00	135, 56	162, 67	976000
3,000	61, 00	71, 17	81, 33	91, 50	101, 67	122, 00	732000
2,000	40, 67	47, 44	54, 22	61, 00	67, 78	81, 33	488000
1,000	20, 33	23, 72	27, 11	30, 50	33, 89	40, 67	244000
900	18, 30	21, 35	24, 40	27, 45	30, 50	36, 60	219600
800	16, 27	18, 98	21, 69	24, 40	27, 11	32, 53	195200
700	14, 23	16, 61	18, 98	21, 35	23, 72	28, 47	170800
600	12, 20	14, 23	16, 27	18, 30	20, 33	24, 40	146400
500	10, 17	11, 86	13, 56	15, 25	16, 94	20, 33	122000
400	8, 13	9, 49	10, 84	12, 20	13, 56	16, 27	97600
300	6, 10	7, 12	8, 13	9, 15	10, 17	12, 20	73200
200	4, 07	4, 74	5, 42	6, 10	6, 78	8, 13	48800
100	2, 03	2, 37	2, 71	3, 05	3, 39	4, 07	24400
90	1, 83	2, 13	2, 44	2, 74	3, 05	3, 66	21960
80	1, 63	1, 90	2, 17	2, 44	2, 71	3, 25	19520
70	1, 42	1, 66	1, 90	2, 13	2, 37	2, 85	17080
60	1, 22	1, 42	1, 63	1, 83	2, 03	2, 44	14640
50	1, 02	1, 19	1, 36	1, 52	1, 69	2, 03	12200
40	0, 81	0, 95	1, 08	1, 22	1, 36	1, 63	9760
30	0, 61	0, 71	0, 81	0, 91	1, 02	1, 22	7320
20	0, 41	0, 47	0, 54	0, 61	0, 68	0, 81	4880
10	0, 20	0, 24	0, 27	0, 30	0, 34	0, 41	2440
9	0, 18	0, 21	0, 24	0, 27	0, 30	0, 37	2196
8	0, 16	0, 19	0, 22	0, 24	0, 27	0, 33	1952
7	0, 14	0, 17	0, 19	0, 21	0, 24	0, 28	1708
6	0, 12	0, 14	0, 16	0, 18	0, 20	0, 24	1464
5	0, 10	0, 12	0, 14	0, 15	0, 17	0, 20	1220
4	0, 08	0, 09	0, 11	0, 12	0, 14	0, 16	976
3	0, 06	0, 07	0, 08	0, 09	0, 10	0, 12	732
2	0, 04	0, 05	0, 05	0, 06	0, 07	0, 08	488
1	0. 02	0. 02	0. 03	0, 03	0. 03	0, 04	244

COLONNE DES CAPITAUX	INTERÈTS POUR 245 JOURS (ou pour 8 mois et 5 jours.)						NOMBRES PRODUITS des CAPITAUX multipliés par 245 Jours.
	à 3 %	à 3 ½	à 4 %	à 4 ½	à 5 %	à 6 %	
fr.	fr. c.	fr. c.	fr. c.	fr. c.	fr. c.	fr. c.	
50,000	1020, 83	1190, 97	1361, 11	1531, 25	1701, 39	2041, 67	12250000
40,000	816, 67	952, 78	1088, 89	1225, 00	1361, 11	1633, 33	9800000
30,000	612, 50	714, 58	816, 67	918, 75	1020, 83	1225, 00	7350000
20,000	408, 33	476, 39	544, 44	612, 50	680, 56	816, 67	4900000
10,000	204, 17	238, 19	272, 22	306, 25	340, 28	408, 33	2450000
9,000	183, 75	214, 37	245, 00	275, 62	306, 25	367, 50	2205000
8,000	163, 33	190, 56	217, 78	245, 00	272, 22	326, 67	1960000
7,000	142, 92	166, 74	190, 56	214, 37	238, 19	285, 83	1715000
6,000	122, 50	142, 92	163, 33	183, 75	204, 17	245, 00	1470000
5,000	102, 08	119, 10	136, 11	153, 12	170, 14	204, 17	1225000
4,000	81, 67	95, 28	108, 89	122, 50	136, 11	163, 33	980000
3,000	61, 25	71, 46	81, 67	91, 87	102, 08	122, 50	735000
2,000	40, 83	47, 64	54, 44	61, 25	68, 06	81, 67	490000
1,000	20, 42	23, 82	27, 22	30, 62	34, 03	40, 83	245000
900	18, 37	21, 44	24, 50	27, 56	30, 62	36, 75	220500
800	16, 33	19, 06	21, 78	24, 50	27, 22	32, 67	196000
700	14, 29	16, 67	19, 06	21, 44	23, 82	28, 58	171500
600	12, 25	14, 29	16, 33	18, 37	20, 42	24, 50	147000
500	10, 21	11, 91	13, 61	15, 31	17, 01	20, 42	122500
400	8, 17	9, 53	10, 89	12, 25	13, 61	16, 33	98000
300	6, 12	7, 15	8, 17	9, 19	10, 21	12, 25	73500
200	4, 08	4, 76	5, 44	6, 12	6, 81	8, 17	49000
100	2, 04	2, 38	2, 72	3, 06	3, 40	4, 08	24500
90	1, 84	2, 14	2, 45	2, 76	3, 06	3, 67	22050
80	1, 63	1, 91	2, 18	2, 45	2, 72	3, 27	19600
70	1, 43	1, 67	1, 91	2, 14	2, 38	2, 86	17150
60	1, 22	1, 43	1, 63	1, 84	2, 04	2, 45	14700
50	1, 02	1, 19	1, 36	1, 53	1, 70	2, 04	12250
40	0, 82	0, 95	1, 09	1, 22	1, 36	1, 63	9800
30	0, 61	0, 71	0, 82	0, 92	1, 02	1, 22	7350
20	0, 41	0, 48	0, 54	0, 61	0, 68	0, 82	4900
10	0, 20	0, 24	0, 27	0, 31	0, 34	0, 41	2450
9	0, 18	0, 21	0, 24	0, 28	0, 31	0, 37	2205
8	0, 16	0, 19	0, 22	0, 24	0, 27	0, 33	1960
7	0, 14	0, 17	0, 19	0, 21	0, 24	0, 29	1715
6	0, 12	0, 14	0, 16	0, 18	0, 20	0, 24	1470
5	0, 10	0, 12	0, 14	0, 15	0, 17	0, 20	1225
4	0, 08	0, 10	0, 11	0, 12	0, 14	0, 16	980
3	0, 06	0, 07	0, 08	0, 09	0, 10	0, 12	735
2	0, 04	0, 05	0, 05	0, 06	0, 06	0, 08	490
1	0, 02	0, 02	0, 03	0, 03	0, 03	0, 04	245

21.

COLONNE DES CAPITAUX	INTERÊTS POUR 246 JOURS (ou pour 8 mois et 6 jours.)						NOMBRES PRODUITS des CAPITAUX multipliés par 246 Jours.
	à 3 %	à 3 ½	à 4 %	à 4 ½	à 5 %	à 6 %	
fr.	fr. c.	fr. c.	fr. c.	fr. c.	fr. c.	fr. c.	
50,000	1025, 00	1195, 83	1366, 67	1537, 50	1708, 33	2050, 00	12300000
40,000	820, 00	956, 67	1093, 33	1230, 00	1366, 67	1640, 00	9840000
30,000	615, 00	717, 50	820, 00	922, 50	1025, 00	1230, 00	7380000
20,000	410, 00	478, 33	546, 67	615, 00	683, 33	820, 00	4920000
10,000	205, 00	239, 17	273, 33	307, 50	341, 67	410, 00	2460000
9,000	184, 50	215, 25	246, 00	276, 75	307, 50	369, 00	2214000
8,000	164, 00	191, 33	218, 67	246, 00	273, 33	328, 00	1968000
7,000	143, 50	167, 42	191, 33	215, 25	239, 17	287, 00	1722000
6,000	123, 00	143, 50	164, 00	184, 50	205, 00	246, 00	1476000
5,000	102, 50	119, 58	136, 67	153, 75	170, 83	205, 00	1230000
4,000	82, 00	95, 67	109, 33	123, 00	136, 67	164, 00	984000
3,000	61, 50	71, 75	82, 00	92, 25	102, 50	123, 00	738000
2,000	41, 00	47, 83	54, 67	61, 50	68, 33	82, 00	492000
1,000	20, 50	23, 92	27, 33	30, 75	34, 17	41, 00	246000
900	18, 45	21, 52	24, 60	27, 67	30, 75	36, 90	221400
800	16, 40	19, 13	21, 87	24, 60	27, 33	32, 80	196800
700	14, 35	16, 74	19, 13	21, 52	23, 92	28, 70	172200
600	12, 30	14, 35	16, 40	18, 45	20, 50	24, 60	147600
500	10, 25	11, 96	13, 67	15, 37	17, 08	20, 50	123000
400	8, 20	9, 57	10, 93	12, 30	13, 67	16, 40	98400
300	6, 15	7, 17	8, 20	9, 22	10, 25	12, 30	73800
200	4, 10	4, 78	5, 47	6, 15	6, 83	8, 20	49200
100	2, 05	2, 39	2, 73	3, 07	3, 42	4, 10	24600
90	1, 84	2, 15	2, 46	2, 77	3, 07	3, 69	22140
80	1, 64	1, 91	2, 19	2, 46	2, 73	3, 28	19680
70	1, 43	1, 67	1, 91	2, 15	2, 39	2, 87	17220
60	1, 23	1, 43	1, 64	1, 84	2, 05	2, 46	14760
50	1, 02	1, 20	1, 37	1, 54	1, 71	2, 05	12300
40	0, 82	0, 96	1, 09	1, 23	1, 37	1, 64	9840
30	0, 61	0, 72	0, 82	0, 92	1, 02	1, 23	7380
20	0, 41	0, 48	0, 55	0, 61	0, 68	0, 82	4920
10	0, 20	0, 24	0, 27	0, 31	0, 34	0, 41	2460
9	0, 18	0, 22	0, 25	0, 28	0, 31	0, 37	2214
8	0, 16	0, 19	0, 22	0, 25	0, 27	0, 33	1968
7	0, 14	0, 17	0, 19	0, 22	0, 24	0, 29	1722
6	0, 12	0, 14	0, 16	0, 18	0, 20	0, 25	1476
5	0, 10	0, 12	0, 14	0, 15	0, 17	0, 20	1230
4	0, 08	0, 10	0, 11	0, 12	0, 14	0, 16	984
3	0, 06	0, 07	0, 08	0, 09	0, 10	0, 12	738
2	0, 04	0, 05	0, 05	0, 06	0, 07	0, 08	492
1	0, 02	0, 02	0, 03	0, 03	0, 03	0, 04	246

COLONNE DES CAPITAUX	INTÉRÊTS POUR 247 JOURS (ou pour 8 mois et 7 jours.)						NOMBRES PRODUITS des CAPITAUX multipliés par 247 Jours.
	à 3 %	à 3 ½	à 4 %	à 4 ½	à 5 %	à 6 %	
fr.	fr. c.	fr. c.	fr. c.	fr. c.	fr. c.	fr. c.	
50,000	1029, 17	1200, 69	1372, 22	1543, 75	1715, 28	2058, 33	12350000
40,000	823, 33	960, 56	1097, 78	1235, 00	1372, 22	1646, 67	9880000
30,000.	617, 50	720, 42	823, 33	926, 25	1029, 17	1235, 00	7410000
20,000	411, 67	480, 28	548, 89	617, 50	686, 11	823, 33	4940000
10,000	205, 83	240, 14	274, 44	308, 75	343, 06	411, 67	2470000
9,000	185, 25	216, 12	247, 00	277, 87	308, 75	370, 50	2223000
8,000	164, 67	192, 11	219, 56	247, 00	274, 44	329, 33	1976000
7,000	144, 08	168, 10	192, 11	216, 12	240, 14	288, 17	1729000
6,000	123, 50	144, 08	164, 67	185, 25	205, 83	247, 00	1482000
5,000	102, 92	120, 07	137, 22	154, 37	171, 53	205, 83	1235000
4,000	82, 33	96, 06	109, 78	123, 50	137, 22	164, 67	988000
3,000	61, 75	72, 04	82, 33	92, 62	102, 92	123, 50	741000
2,000	41, 17	48, 03	54, 89	61, 75	68, 61	82, 33	494000
1,000	20, 58	24, 01	27, 44	30, 87	34, 31	41, 17	247000
900	18, 52	21, 61	24, 70	27, 79	30, 87	37, 05	222300
800	16, 47	19, 21	21, 96	24, 70	27, 44	32, 93	197600
700	14, 41	16, 81	19, 21	21, 61	24, 01	28, 82	172900
600	12, 35	14, 41	16, 47	18, 52	20, 58	24, 70	148200
500	10, 29	12, 01	13, 72	15, 44	17, 15	20, 58	123500
400	8, 23	9, 61	10, 98	12, 35	13, 72	16, 47	98800
300	6, 17	7, 20	8, 23	9, 26	10, 29	12, 35	74100
200	4, 12	4, 80	5, 49	6, 17	6, 86	8, 23	49400
100	2, 06	2, 40	2, 74	3, 09	3, 43	4, 12	24700
90	1, 85	2, 16	2, 47	2, 78	3, 09	3, 70	22230
80	1, 65	1, 92	2, 20	2, 47	2, 74	3, 29	19760
70	1, 44	1, 68	1, 92	2, 16	2, 40	2, 88	17290
60	1, 23	1, 44	1, 65	1, 85	2, 06	2, 47	14820
50	1, 03	1, 20	1, 37	1, 54	1, 72	2, 06	12350
40	0, 82	0, 96	1, 10	1, 23	1, 37	1, 65	9880
30	0, 62	0, 72	0, 82	0, 93	1, 03	1, 23	7410
20	0, 41	0, 48	0, 55	0, 62	0, 69	0, 82	4940
10	0, 21	0, 24	0, 27	0, 31	0, 34	0, 41	2470
9	0, 19	0, 22	0, 25	0, 28	0, 31	0, 37	2223
8	0, 16	0, 19	0, 22	0, 25	0, 27	0, 33	1976
7	0, 14	0, 17	0, 19	0, 22	0, 24	0, 29	1729
6	0, 12	0, 14	0, 16	0, 19	0, 21	0, 25	1482
5	0, 10	0, 12	0, 14	0, 15	0, 17	0, 21	1235
4	0, 08	0, 10	0, 11	0, 12	0, 14	0, 16	988
3	0, 06	0, 07	0, 08	0, 09	0, 10	0, 12	741
2	0, 04	0, 05	0, 05	0, 06	0, 07	0, 08	494
1	0, 02	0, 02	0, 03	0, 03	0, 03	0, 04	247

COLONNE DES CAPITAUX	INTÉRÊTS POUR 248 JOURS (ou pour 8 mois et 8 jours.)						NOMBRES PRODUITS des CAPITAUX multipliés par 248 Jours.
	à 3 %	à 3 ½	à 4 %	à 4 ½	à 5 %	à 6 %	
fr.	fr. c.	fr. c.	fr. c.	fr. c.	fr. c.	fr. c.	
50,000	1033, 33	1205, 56	1377, 78	1550, 00	1722, 22	2066, 67	12400000
40,000	826, 67	964, 44	1102, 22	1240, 00	1377, 78	1653, 33	9920000
30,000	620, 00	723, 33	826, 67	930, 00	1033, 33	1240, 00	7440000
20,000	413, 33	482, 22	551, 11	620, 00	688, 89	826, 67	4960000
10,000	206, 67	241, 11	275, 56	310, 00	344, 44	413, 33	2480000
9,000	186, 00	217, 00	248, 00	279, 00	310, 00	372, 00	2232000
8,000	165, 33	192, 89	220, 44	248, 00	275, 56	330, 67	1984000
7,000	144, 67	168, 78	192, 89	217, 00	241, 11	289, 33	1736000
6,000	124, 00	144, 67	165, 33	186, 00	206, 67	248, 00	1488000
5,000	103, 33	120, 56	137, 78	155, 00	172, 22	206, 67	1240000
4,000	82, 67	96, 44	110, 22	124, 00	137, 78	165, 33	992000
3,000	62, 00	72, 33	82, 67	93, 00	103, 33	124, 00	744000
2,000	41, 33	48, 22	55, 11	62, 00	68, 89	82, 67	496000
1,000	20, 67	24, 11	27, 56	31, 00	34, 44	41, 33	248000
900	18, 60	21, 70	24, 80	27, 90	31, 00	37, 20	223200
800	16, 53	19, 29	22, 04	24, 80	27, 56	33, 07	198400
700	14, 47	16, 88	19, 29	21, 70	24, 11	28, 93	173600
600	12, 40	14, 47	16, 53	18, 60	20, 67	24, 80	148800
500	10, 33	12, 06	13, 78	15, 50	17, 22	20, 67	124000
400	8, 27	9, 64	11, 02	12, 40	13, 78	16, 53	99200
300	6, 20	7, 23	8, 27	9, 30	10, 33	12, 40	74400
200	4, 13	4, 82	5, 51	6, 20	6, 89	8, 27	49600
100	2, 07	2, 41	2 76	3, 10	3, 44	4, 13	24800
90	1, 86	2, 17	2, 48	2, 79	3, 10	3, 72	22320
80	1, 65	1, 93	2, 20	2, 48	2, 76	3, 31	19840
70	1, 45	1, 69	1, 93	2, 17	2, 41	2, 89	17360
60	1, 24	1, 45	1, 65	1, 86	2, 07	2, 48	14880
50	1, 03	1, 21	1, 38	1, 55	1, 72	2, 07	12400
40	0, 83	0, 96	1, 10	1, 24	1, 38	1, 65	9920
30	0, 62	0, 72	0, 83	0, 93	1, 03	1, 24	7440
20	0, 41	0, 48	0, 55	0, 62	0, 69	0, 83	4960
10	0, 21	0 24	0, 28	0, 31	0, 34	0, 41	2480
9	0, 19	0, 22	0, 25	0, 28	0, 31	0, 37	2232
8	0, 17	0, 19	0, 22	0, 25	0, 28	0, 33	1984
7	0, 14	0, 17	0, 19	0, 22	0, 24	0, 29	1736
6	0, 12	0, 14	0, 17	0, 19	0, 21	0, 25	1488
5	0, 10	0, 12	0, 14	0, 15	0, 17	0, 21	1240
4	0, 08	0, 10	0, 11	0, 12	0, 14	0, 17	992
3	0, 06	0, 07	0, 08	0, 09	0, 10	0, 12	744
2	0, 04	0, 05	0, 06	0, 06	0, 07	0, 08	496
1	0, 02	0, 02	0, 03	0, 03	0, 03	0, 04	248

COLONNE DES CAPITAUX	INTERETS POUR 249 JOURS (ou pour 8 mois et 9 jours.)						NOMBRES PORDUITS des CAPITAUX multipliés par 249 Jours.
	à 3 %	à 3 ½	à 4 %	à 4 ½	à 5 %	à 6 %	
fr.	fr. c.	fr. c.	fr. c.	fr. c.	fr. c.	fr. c.	
50,000	1037, 50	1210, 42	1383, 33	1556, 25	1729, 17	2075, 00	12450000
40,000	830, 00	968, 33	1106, 67	1245, 00	1383, 33	1660, 00	9960000
30,000	622, 50	726, 25	830, 00	933, 75	1037, 50	1245, 00	7470000
20,000	415, 00	484, 17	553, 33	622, 50	691, 67	830, 00	4980000
10,000	207, 50	242, 08	276, 67	311, 25	345, 83	415, 00	2490000
9,000	186, 75	217, 87	249, 00	280, 12	311, 25	373, 50	2241000
8,000	166, 00	193, 67	221, 33	249, 00	276, 67	332, 00	1992000
7,000	145, 25	169, 46	193, 67	217, 87	242, 08	290, 50	1743000
6,000	124, 50	145, 25	166, 00	186, 75	207, 50	249, 00	1494000
5,000	103, 75	121, 04	138, 33	155, 62	172, 92	207, 50	1245000
4,000	83, 00	96, 83	110, 67	124, 50	138, 33	166, 00	996000
3,000	62, 25	72, 62	83, 00	93, 37	103, 75	124, 50	747000
2,000	41, 50	48, 42	55, 33	62, 25	69, 17	83, 00	498000
1,000	20, 75	24, 21	27, 67	31, 12	34, 58	41, 50	249000
900	18, 67	21, 79	24, 90	28, 01	31, 12	37, 35	224100
800	16, 60	19, 37	22, 13	24, 90	27, 67	33, 20	199200
700	14, 52	16, 95	19, 37	21, 79	24, 21	29, 05	174300
600	12, 45	14, 52	16, 60	18, 67	20, 75	24, 90	149400
500	10, 37	12, 10	13, 83	15, 56	17, 29	20, 75	124500
400	8, 30	9, 68	11, 07	12, 45	13, 83	16, 60	99600
300	6, 22	7, 26	8, 30	9, 34	10, 37	12, 45	74700
200	4, 15	4, 84	5, 53	6, 22	6, 92	8, 30	49800
100	2, 07	2, 42	2, 77	3, 11	3, 46	4, 15	24900
90	1, 87	2, 18	2, 49	2, 80	3, 11	3, 73	22410
80	1, 66	1, 94	2, 21	2, 49	2, 77	3, 32	19920
70	1, 45	1, 69	1, 94	2, 18	2, 42	2, 90	17430
60	1, 24	1, 45	1, 66	1, 87	2, 07	2, 49	14940
50	1, 04	1, 21	1, 38	1, 56	1, 73	2, 07	12450
40	0, 83	0, 97	1, 11	1, 24	1, 38	1, 66	9960
30	0, 62	0, 73	0, 83	0, 93	1, 04	1, 24	7470
20	0, 41	0, 48	0, 55	0, 62	0, 69	0, 83	4980
10	0, 21	0, 24	0, 28	0, 31	0, 35	0, 41	2490
9	0, 19	0, 22	0, 25	0, 28	0, 31	0, 37	2241
8	0, 17	0, 19	0, 22	0, 25	0, 28	0, 33	1992
7	0, 15	0, 17	0, 19	0, 22	0, 24	0, 29	1743
6	0, 12	0, 15	0, 17	0, 19	0, 21	0, 25	1494
5	0, 10	0, 12	0, 14	0, 16	0, 17	0, 21	1245
4	0, 08	0, 10	0, 11	0, 12	0, 14	0, 17	996
3	0, 06	0, 07	0, 08	0, 09	0, 10	0, 12	747
2	0, 04	0, 05	0, 06	0, 06	0, 07	0, 08	498
1	0, 02	0, 02	0, 03	0, 03	0, 03	0, 04	249

COLONNE DES CAPITAUX	INTÉRÊTS POUR 250 JOURS (ou pour 8 mois et 10 jours.)						NOMBRES PRODUITS des CAPITAUX multipliés par 250 Jours.
	à 3 %	à 3 ½	à 4 %	à 4 ½	à 5 %	à 6 %	
fr.	fr. c.	fr. c.	fr. c.	fr. c.	fr. c.	fr. c.	
50,000	1041, 67	1215, 28	1388, 89	1562, 50	1736, 11	2083, 33	12500000
40,000	833, 33	972, 22	1111, 11	1250, 00	1388, 89	1666, 67	10000000
30.000	625, 00	729, 17	833, 33	937, 50	1041, 67	1250, 00	7500000
20,000	416, 67	486, 11	555, 56	625, 00	694, 44	833, 33	5000000
10,000	208, 33	243, 06	277, 78	312, 50	347, 22	416, 67	2500000
9,000	187, 50	218, 75	250, 00	281, 25	312, 50	375, 00	2250000
8,000	166, 67	194, 44	222, 22	250, 00	277, 78	333, 33	2000000
7,000	145, 83	170, 14	194, 44	218, 75	243, 06	291, 67	1750000
6.000	125, 00	145, 83	166, 67	187, 50	208, 33	250, 00	1500000
5,000	104, 17	121, 53	138, 89	156, 25	173, 61	208, 33	1250000
4,000	83, 33	97, 22	111, 11	125, 00	138, 89	166, 67	1000000
3,000	62. 50	72, 92	83, 33	93, 75	104, 17	125, 00	750000
2,000	41, 67	48, 61	55, 56	62, 50	69, 44	83, 33	500000
1,000	20, 83	24, 31	27, 78	31, 25	34, 72	41, 67	250000
900	18, 75	21, 87	25, 00	28, 12	31, 25	37, 50	225000
800	16, 67	19, 44	22, 22	25, 00	27, 78	33, 33	200000
700	14, 58	17, 01	19. 44	21, 87	24, 31	29, 17	175000
600	12, 50	14, 58	16, 67	18, 75	20, 83	25, 00	150000
500	10, 42	12, 15	13, 89	15, 62	17. 36	20, 83	125000
400	8, 33	9, 72	11, 11	12, 50	13, 89	16, 67	100000
300	6, 25	7, 29	8, 33	9, 37	10, 42	12, 50	75000
200	4, 17	4, 86	5, 56	6, 25	6, 94	8, 33	50000
100	2, 08	2, 43	2, 78	3, 12	3, 47	4, 17	25000
90	1, 87	2, 19	2, 50	2, 81	3, 12	3, 75	22500
80	1, 67	1, 94	2, 22	2, 50	2, 78	3, 33	20000
70	1, 46	1, 70	1, 94	2, 19	2, 43	2, 92	17500
60	1, 25	1, 46	1, 67	1, 87	2, 08	2, 50	15000
50	1, 04	1, 22	1, 39	1, 56	1, 74	2, 08	12500
40	0, 83	0, 97	1, 11	1, 25	1, 39	1, 67	10000
30	0, 62	0, 73	0, 83	0, 94	1, 04	1, 25	7500
20	0, 42	0, 49	0, 56	0, 62	0, 69	0, 83	5000
10	0, 21	0, 24	0, 28	0, 31	0, 35	0, 42	2500
9	0, 19	0, 22	0, 25	0, 28	0, 31	0, 37	2250
8	0, 17	0, 19	0, 22	0, 25	0, 28	0, 33	2000
7	0, 15	0, 17	0, 19	0, 22	0, 24	0, 29	1750
6	0, 12	0, 15	0, 17	0, 19	0, 21	0, 25	1500
5	0, 10	0, 12	0, 14	0, 16	0, 17	0, 21	1250
4	0, 08	0, 10	0, 11	0, 12	0, 14	0, 17	1000
3	0, 06	0, 07	0, 08	0, 09	0, 10	0, 12	750
2	0, 04	0, 05	0, 06	0, 06	0, 07	0, 08	500
1	0. 02	0, 02	0. 03	0, 03	0. 03	0, 04	250

COLONNE DES CAPITAUX	INTERÊTS POUR 251 JOURS (ou pour 8 mois et 11 jours.)						NOMBRES PRODUITS des CAPITAUX multipliés par 251 Jours.
	à 3 %	à 3 ½	à 4 %	à 4 ½	à 5 %	à 6 %	
fr.	fr. c.	fr. c.	fr. c.	fr. c.	fr. c.	fr. c.	
50,000	1045, 83	1220, 14	1394, 44	1568, 75	1743, 05	2091, 67	12550000
40,000	836, 67	976, 11	1115, 56	1255, 00	1394, 44	1673, 33	10040000
30,000	627, 50	732, 08	836, 67	941, 25	1045, 83	1255, 00	7530000
20,000	418, 33	488, 06	557, 78	627, 50	697, 22	836, 67	5020000
10,000	209, 17	244, 03	278, 89	313, 75	348, 61	418, 33	2510000
9,000	188, 25	219, 62	251, 00	282, 37	313, 75	376, 50	2259000
8,000	167, 33	195, 22	223, 11	251, 00	278, 89	334, 67	2008000
7,000	146, 42	170, 82	195, 22	219, 62	244, 03	292, 83	1757000
6,000	125, 50	146, 42	167, 33	188, 25	209, 17	251, 00	1506000
5,000	104, 58	122, 01	139, 44	156, 87	174, 31	209, 17	1255000
4,000	83, 67	97, 61	111, 56	125, 50	139, 44	167, 33	1004000
3,000	62, 75	73, 21	83, 67	94, 12	104, 58	125, 50	753000
2,000	41, 83	48, 81	55, 78	62, 75	69, 72	83, 67	502000
1,000	20, 92	24, 40	27, 89	31, 37	34, 86	41, 83	251000
900	18, 82	21, 96	25, 10	28, 24	31, 37	37, 65	225900
800	16, 73	19, 52	22, 31	25, 10	27, 89	33, 47	200800
700	14, 64	17, 08	19, 52	21, 95	24, 40	29, 28	175700
600	12, 55	14, 64	16, 73	18, 82	20, 92	25, 10	150600
500	10, 46	12, 20	13, 94	15, 69	17, 43	20, 92	125500
400	8, 37	9, 76	11, 16	12, 55	13, 94	16, 73	100400
300	6, 27	7, 32	8, 37	9, 41	10, 46	12, 55	75300
200	4, 18	4, 88	5, 58	6, 27	6, 97	8, 37	50200
100	2, 09	2, 44	2, 79	3, 14	3, 49	4, 18	25100
90	1, 88	2, 20	2, 51	2, 82	3, 14	3, 76	22590
80	1, 67	1, 95	2, 23	2, 51	2, 79	3, 35	20080
70	1, 46	1, 71	1, 95	2, 20	2, 44	2, 93	17570
60	1, 25	1, 46	1, 67	1, 88	2, 09	2, 51	15060
50	1, 05	1, 22	1, 39	1, 57	1, 74	2, 09	12550
40	0, 84	0, 98	1, 12	1, 25	1, 39	1, 67	10040
30	0, 63	0, 73	0, 84	0, 94	1, 05	1, 25	7530
20	0, 42	0, 49	0, 56	0, 63	0, 70	0, 84	5020
10	0, 21	0, 24	0, 28	0, 31	0, 35	0, 42	2510
9	0, 19	0, 22	0, 25	0, 28	0, 31	0, 38	2259
8	0, 17	0, 20	0, 22	0, 25	0, 28	0, 33	2008
7	0, 15	0, 17	0, 20	0, 22	0, 24	0, 29	1757
6	0, 13	0, 15	0, 17	0, 19	0, 21	0, 25	1506
5	0, 10	0, 12	0, 14	0, 16	0, 17	0, 21	1255
4	0, 08	0, 10	0, 11	0, 13	0, 14	0, 17	1004
3	0, 06	0, 07	0, 08	0, 09	0, 10	0, 13	753
2	0, 04	0, 05	0, 06	0, 06	0, 07	0, 08	502
1	0, 02	0, 02	0, 03	0, 03	0, 03	0, 04	251

COLONNE DES CAPITAUX	INTERÊTS POUR 252 JOURS (ou pour 8 mois et 12 jours.)						NOMBRES PRODUITS des CAPITAUX multipliés par 252 Jours.
	à 3 %	à 3 ½	à 4 %	à 4 ½	à 5 %	à 6 %	
fr.	fr. c.	fr. c.	fr. c.	fr. c.	fr. c.	fr. c.	
50,000	1050, 00	1225, 00	1400, 00	1575, 00	1750, 00	2100, 00	12600000
40,000	840, 00	980, 00	1120, 00	1260, 00	1400, 00	1680, 00	10080000
30,000	630, 00	735, 00	840, 00	945, 00	1050. 00	1260, 00	7560000
20,000	420, 00	490, 00	560, 00	630, 00	700. 00	840, 00	5040000
10,000	210, 00	245, 00	280, 00	315, 00	350 00	420, 00	2520000
9,000	189, 00	220, 50	252, 00	283, 50	315, 00	378, 00	2268000
8,000	168, 00	196, 00	224, 00	252, 00	280, 00	336, 00	2016000
7.000	147, 00	171, 50	196, 00	220, 50	245, 00	294, 00	1764000
6,000	126, 00	147, 00	168, 00	189, 00	210, 00	252, 00	1512000
5,000	105, 00	122, 50	140, 00	157, 50	175, 00	210, 00	1260000
4,000	84, 00	98, 00	112, 00	126, 00	140, 00	168, 00	1008000
3,000	63, 00	73, 50	84, 00	94, 50	105, 00	126, 00	756000
2,000	42, 00	49, 00	56, 00	63, 00	70, 00	84, 00	504000
1,000	21, 00	24. 50	28, 00	31, 50	35, 00	42, 00	252000
900	18, 90	22, 05	25, 20	28, 35	31, 50	37, 80	226800
800	16, 80	19, 60	22, 40	25, 20	28, 00	33, 60	201600
700	14, 70	17, 15	19, 60	22, 05	24, 50	29, 40	176400
600	12, 60	14, 70	16, 80	18, 90	21, 00	25, 20	151200
500	10, 50	12, 25	14, 00	15, 75	17, 50	21, 00	126000
400	8, 40	9, 80	11, 20	12, 60	14, 00	16, 80	100800
300	6, 30	7, 35	8, 40	9, 45	10, 50	12, 60	75600
200	4, 20	4, 90	5, 60	6, 30	7, 00	8, 40	50400
100	2, 10	2, 45	2, 80	3, 15	3, 50	4, 20	25200
90	1, 89	2, 20	2, 52	2, 83	3, 15	3, 78	22680
80	1, 68	1, 96	2, 24	2, 52	2, 80	3, 36	20160
70	1, 47	1, 71	1, 96	2, 20	2, 45	2, 94	17640
60	1, 26	1, 47	1, 68	1, 89	2, 10	2, 52	15120
50	1, 05	1, 22	1, 40	1, 57	1, 75	2, 10	12600
40	0, 84	0, 98	1, 12	1, 26	1, 40	1, 68	10080
30	0, 63	0, 73	0, 84	0, 94	1, 05	1, 26	7560
20	0, 42	0, 49	0, 56	0, 63	0, 70	0, 84	5040
10	0, 21	0, 24	0, 28	0, 31	0, 35	0, 42	2520
9	0, 19	0, 22	0, 25	0, 28	0, 31	0, 38	2268
8	0, 17	0, 20	0, 22	0, 25	0, 28	0, 34	2016
7	0, 15	0, 17	0, 20	0, 22	0, 24	0, 29	1764
6	0, 13	0, 15	0, 17	0, 19	0, 21	0, 25	1512
5	0, 10	0, 12	0, 14	0, 16	0, 17	0, 21	1260
4	0, 08	0, 10	0, 11	0, 13	0, 14	0, 17	1008
3	0, 06	0, 07	0, 08	0, 09	0, 10	0, 13	756
2	0, 04	0, 05	0, 06	0, 06	0, 07	0, 08	504
1	0, 02	0, 02	0, 03	0, 03	0, 03	0, 04	252

COLONNE DES CAPITAUX	INTÉRÊTS POUR 253 JOURS (ou pour 8 mois et 13 jours.)						NOMBRES PRODUITS des CAPITAUX multipliés par 253 Jours.
	à 3 %	à 3 ½	à 4 %	à 4 ½	à 5 %	à 6 %	
fr.	fr. c.	fr. c.	fr. c.	fr. c.	fr. c.	fr. c.	
50,000	1054, 17	1229, 86	1405, 56	1581, 25	1756, 94	2108, 33	12650000
40,000	843, 33	983, 89	1124, 44	1265, 00	1405, 56	1686, 67	10120000
30,000	632, 50	737, 92	843, 33	948, 75	1054, 17	1265, 00	7590000
20,000	421, 67	491, 94	562, 22	632, 50	702, 78	843, 33	5060000
10,000	210, 83	245, 97	281, 11	316, 25	351, 39	421, 67	2530000
9,000	189, 75	221, 37	253, 00	284, 62	316, 25	379, 50	2277000
8,000	168, 67	196, 78	224, 89	253, 00	281, 11	337, 33	2024000
7,000	147, 58	172, 18	196, 78	221, 37	245, 97	295, 17	1771000
6,000	126, 50	147, 58	168, 67	189, 75	210, 83	253, 00	1518000
5,000	105, 42	122, 99	140, 56	158, 12	175, 69	210, 83	1265000
4,000	84, 33	98, 39	112, 44	126, 50	140, 56	168, 67	1012000
3,000	63, 25	73, 79	84, 33	94, 87	105, 42	126, 50	759000
2,000	42, 17	49, 19	56, 22	63, 25	70, 28	84, 33	506000
1,000	21, 08	24, 60	28, 11	31, 62	35, 14	42, 17	253000
900	18, 97	22, 14	25, 30	28, 46	31, 62	37, 95	227700
800	16, 87	19, 68	22, 49	25, 30	28, 11	33, 73	202400
700	14, 76	17, 22	19, 68	22, 14	24, 60	29, 52	177100
600	12, 65	14, 76	16, 87	18, 97	21, 08	25, 30	151800
500	10, 54	12, 30	14, 06	15, 81	17, 57	21, 08	126500
400	8, 43	9, 84	11, 24	12, 65	14, 06	16, 87	101200
300	6, 32	7, 38	8, 43	9, 49	10, 54	12, 65	75900
200	4, 22	4, 92	5, 62	6, 32	7, 03	8, 43	50600
100	2, 11	2, 46	2, 81	3, 16	3, 51	4, 22	25300
90	1, 90	2, 21	2, 53	2, 85	3, 16	3, 79	22770
80	1, 69	1, 97	2, 25	2, 53	2, 81	3, 37	20240
70	1, 48	1, 72	1, 97	2, 21	2, 46	2, 95	17710
60	1, 26	1, 48	1, 69	1, 90	2, 11	2, 53	15180
50	1, 05	1, 23	1, 41	1, 58	1, 76	2, 11	12650
40	0, 84	0, 98	1, 12	1, 26	1, 41	1, 69	10120
30	0, 63	0, 74	0, 84	0, 95	1, 05	1, 26	7590
20	0, 42	0, 49	0, 56	0, 63	0, 70	0, 84	5060
10	0, 21	0, 25	0, 28	0, 32	0, 35	0, 42	2530
9	0, 19	0, 22	0, 25	0, 28	0, 32	0, 38	2277
8	0, 17	0, 20	0, 22	0, 25	0, 28	0, 34	2024
7	0, 15	0, 17	0, 20	0, 22	0, 25	0, 30	1771
6	0, 13	0, 15	0, 17	0, 19	0, 21	0, 25	1518
5	0, 11	0, 12	0, 14	0, 16	0, 18	0, 21	1265
4	0, 08	0, 10	0, 11	0, 13	0, 14	0, 17	1012
3	0, 06	0, 07	0, 08	0, 09	0, 11	0, 13	759
2	0, 04	0, 05	0, 06	0, 06	0, 07	0, 08	506
1	0, 02	0, 02	0, 03	0, 03	0, 04	0, 04	253

COLONNE DES CAPITAUX	INTÉRÊTS POUR 254 JOURS (ou pour 8 mois et 14 jours.)						NOMBRES PRODUITS des CAPITAUX multipliés par 254 Jours.
	à 3 %	à 3 ½	à 4 %	à 4 ½	à 5 %	à 6 %	
fr.	fr. c.	fr. c.	fr. c.	fr. c.	fr. c.	fr. c.	
50,000	1058, 33	1234, 72	1411, 11	1587, 50	1763, 89	2116, 67	12700000
40,000	846, 67	987, 78	1128, 89	1270, 00	1411, 11	1693, 33	10160000
30,000	635, 00	740, 83	846, 67	952, 50	1058, 33	1270, 00	7620000
20,000	423, 33	493, 89	564, 44	635, 00	705, 56	846, 67	5080000
10,000	211, 67	246, 94	282, 22	317, 50	352, 78	423, 33	2540000
9,000	190, 50	222, 25	254, 00	285, 75	317, 50	381, 00	2286000
8,000	169, 33	197, 56	225, 78	254, 00	282, 22	338, 67	2032000
7,000	148, 17	172, 86	197, 56	222, 25	246, 94	296, 33	1778000
6,000	127, 00	148, 17	169, 33	190, 50	211, 67	254, 00	1524000
5,000	105, 83	123, 47	141, 11	158, 75	176, 39	211, 67	1270000
4,000	84, 67	98, 78	112, 89	127, 00	141, 11	169, 33	1016000
3,000	63, 50	74, 08	84, 67	95, 25	105, 83	127, 00	762000
2,000	42, 33	49, 39	56, 44	63, 50	70, 56	84, 67	508000
1,000	21, 17	24, 69	28, 22	31, 75	35, 28	42, 33	254000
900	19, 05	22, 22	25, 40	28, 57	31, 75	38, 10	228600
800	16, 93	19, 76	22, 58	25, 40	28, 22	33, 87	203200
700	14, 82	17, 29	19, 76	22, 22	24, 69	29, 63	177800
600	12, 70	14, 82	16, 93	19, 05	21, 17	25, 40	152400
500	10, 58	12, 35	14, 11	15, 87	17, 64	21, 17	127000
400	8, 47	9, 88	11, 29	12, 70	14, 11	16, 93	101600
300	6, 35	7, 41	8, 47	9, 52	10, 58	12, 70	76200
200	4, 23	4, 94	5, 64	6, 35	7, 06	8, 47	50800
100	2, 12	2, 47	2, 82	3, 17	3, 53	4, 23	25400
90	1, 90	2, 22	2, 54	2, 86	3, 17	3, 81	22860
80	1, 69	1, 98	2, 26	2, 54	2, 82	3, 39	20320
70	1, 48	1, 73	1, 98	2, 22	2, 47	2, 96	17780
60	1, 27	1, 48	1, 69	1, 90	2, 12	2, 54	15240
50	1, 06	1, 23	1, 41	1, 59	1, 76	2, 12	12700
40	0, 85	0, 99	1, 13	1, 27	1, 41	1, 69	10160
30	0, 63	0, 74	0, 85	0, 95	1, 06	1, 27	7620
20	0, 42	0, 49	0, 56	0, 63	0, 71	0, 85	5080
10	0, 21	0, 25	0, 28	0, 32	0, 35	0, 42	2540
9	0, 19	0, 22	0, 25	0, 29	0, 32	0, 38	2286
8	0, 17	0, 20	0, 23	0, 25	0, 28	0, 34	2032
7	0, 15	0, 17	0, 20	0, 22	0, 25	0, 30	1778
6	0, 13	0, 15	0, 17	0, 19	0, 21	0, 25	1524
5	0, 11	0, 12	0, 14	0, 16	0, 18	0, 21	1270
4	0, 08	0, 10	0, 11	0, 13	0, 14	0, 17	1016
3	0, 06	0, 07	0, 08	0, 10	0, 11	0, 13	762
2	0, 04	0, 05	0, 06	0, 06	0, 07	0, 08	508
1	0, 02	0, 02	0, 03	0, 03	0, 04	0, 04	254

COLONNE DES CAPITAUX	INTERETS POUR 255 JOURS (ou pour 8 mois et 15 jours.)						NOMBRES PRODUITS des CAPITAUX multipliés par 255 Jours.
	à 3 %	à 3 ½	à 4 %	à 4 ½	à 5 %	à 6 %	
fr.	fr. c.	fr. c.	fr. c.	fr. c.	fr. c.	fr. c.	
50,000	1062, 50	1239, 58	1416, 67	1593, 75	1770, 83	2125, 00	12750000
40,000	850, 00	991, 67	1133, 33	1275, 00	1416, 67	1700, 00	10200000
30,000	637, 50	743, 75	850, 00	956, 25	1062, 50	1275, 00	7650000
20,000	425, 00	495, 83	566, 67	637, 50	708, 33	850, 00	5100000
10,000	212, 50	247, 92	283, 33	318, 75	354, 17	425, 00	2550000
9,000	191, 25	223, 12	255, 00	286, 87	318, 75	382, 50	2295000
8,000	170, 00	198, 33	226, 67	255, 00	283, 33	340, 00	2040000
7,000	148, 75	173, 54	198, 33	223, 12	247, 92	297, 50	1785000
6,000	127, 50	148, 75	170, 00	191, 25	212, 50	255, 00	1530000
5,000	106, 25	123, 96	141, 67	159, 37	177, 08	212, 50	1275000
4,000	85, 00	99, 17	113, 33	127, 50	141, 67	170, 00	1020000
3,000	63, 75	74, 37	85, 00	95, 62	106, 25	127, 50	765000
2,000	42, 50	49, 58	56, 67	63, 75	70, 83	85, 00	510000
1,000	21, 25	24, 79	28, 33	31, 87	35, 42	42, 50	255000
900	19, 12	22, 31	25, 50	28, 69	31, 87	38, 25	229500
800	17, 00	19, 83	22, 67	25, 50	28, 33	34, 00	204000
700	14, 87	17, 35	19, 83	22, 31	24, 79	29, 75	178500
600	12, 75	14, 87	17, 00	19, 12	21, 25	25, 50	153000
500	10, 62	12, 40	14, 17	15, 94	17, 71	21, 25	127500
400	8, 50	9, 92	11, 33	12, 75	14, 17	17, 00	102000
300	6, 37	7, 44	8, 50	9, 56	10, 62	12, 75	76500
200	4, 25	4, 96	5, 67	6, 37	7, 08	8, 50	51000
100	2, 12	2, 48	2, 83	3, 19	3, 54	4, 25	25500
90	1, 91	2, 23	2, 55	2, 87	3, 19	3, 82	22950
80	1, 70	1, 98	2, 27	2, 55	2, 83	3, 40	20400
70	1, 49	1, 74	1, 98	2, 23	2, 48	2, 97	17850
60	1, 27	1, 49	1, 70	1, 91	2, 12	2, 55	15300
50	1, 06	1, 24	1, 42	1, 59	1, 77	2, 12	12750
40	0, 85	0, 99	1, 13	1, 27	1, 42	1, 70	10200
30	0, 64	0, 74	0, 85	0, 96	1, 06	1, 27	7650
20	0, 42	0, 50	0, 57	0, 64	0, 71	0, 85	5100
10	0, 21	0, 25	0, 28	0, 32	0, 35	0, 42	2550
9	0, 19	0, 22	0, 25	0, 29	0, 32	0, 38	2295
8	0, 17	0, 20	0, 23	0, 25	0, 28	0, 34	2040
7	0, 15	0, 17	0, 20	0, 22	0, 25	0, 30	1785
6	0, 13	0, 15	0, 17	0, 19	0, 21	0, 25	1530
5	0, 11	0, 12	0, 14	0, 16	0, 18	0, 21	1275
4	0, 08	0, 10	0, 11	0, 13	0, 14	0, 17	1020
3	0, 06	0, 07	0, 08	0, 10	0, 11	0, 13	765
2	0, 04	0, 05	0, 06	0, 06	0, 07	0, 08	510
1	0, 02	0, 02	0, 03	0, 03	0, 04	0, 04	255

COLONNE DES CAPITAUX	INTÉRÊTS POUR 256 JOURS (ou pour 8 mois et 16 jours.)						NOMBRES PRODUITS des CAPITAUX multipliés par 256 Jours.
	à 3 %	à 3 ½	à 4 %	à 4 ½	à 5 %	à 6 %	
fr.	fr. c.	fr. c.	fr. c.	fr. c.	fr. c.	fr. c.	
50,000	1066, 67	1244, 44	1422, 22	1600, 00	1777, 78	2133, 33	12800000
40,000	853, 33	995, 56	1137, 78	1280, 00	1422, 22	1706, 67	10240000
30.000	640, 00	746, 67	853, 33	960, 00	1066, 67	1280, 00	7680000
20,000	426, 67	497, 78	568, 89	640, 00	711, 11	853, 33	5120000
10,000	213, 33	248, 89	284, 44	320, 00	355, 56	426, 67	2560000
9,000	192, 00	224, 00	256, 00	288, 00	320, 00	384, 00	2304000
8,000	170, 67	199, 11	227, 56	256, 00	284, 44	341, 33	2048000
7,000	149, 33	174, 22	199, 11	224, 00	248, 89	298, 67	1792000
6.000	128, 00	149, 33	170, 67	192, 00	213, 33	256, 00	1536000
5,000	106, 67	124, 44	142, 22	160, 00	177, 78	213, 33	1280000
4,000	85, 33	99, 56	113, 78	128, 00	142, 22	170, 67	1024000
3,000	64, 00	74, 67	85, 33	96, 00	106, 67	128, 00	768000
2,000	42, 67	49, 78	56, 89	64, 00	71, 11	85, 33	512000
1,000	21, 33	24, 89	28, 44	32, 00	35, 56	42, 67	256000
900	19, 20	22, 40	25, 60	28, 80	32, 00	38, 40	230400
800	17, 07	19, 91	22, 76	25, 60	28, 44	34, 13	204800
700	14, 93	17, 42	19, 91	22, 40	24, 89	29, 87	179200
600	12, 80	14, 93	17, 07	19, 20	21, 33	25, 60	153600
500	10, 67	12, 44	14, 22	16, 00	17, 78	21, 33	128000
400	8, 53	9, 96	11, 38	12, 80	14, 22	17, 07	102400
300	6, 40	7, 47	8, 53	9, 60	10, 67	12, 80	76800
200	4, 27	4, 98	5, 69	6, 40	7, 11	8, 53	51200
100	2, 13	2, 49	2, 84	3, 20	3, 56	4, 27	25600
90	1, 92	2, 24	2, 56	2, 88	3, 20	3, 84	23040
80	1, 71	1, 99	2, 28	2, 56	2, 84	3, 41	20480
70	1, 49	1, 74	1, 99	2, 24	2, 49	2, 99	17920
60	1, 28	1, 49	1, 71	1, 92	2, 13	2, 56	15360
50	1, 07	1, 24	1, 42	1, 60	1, 78	2, 13	12800
40	0, 85	1, 00	1, 14	1, 28	1, 42	1, 71	10240
30	0, 64	0, 75	0, 85	0, 96	1, 07	1, 28	7680
20	0, 43	0, 50	0, 57	0, 64	0, 71	0, 85	5120
10	0, 21	0, 25	0, 28	0, 32	0, 36	0, 43	2560
9	0, 19	0, 22	0, 26	0, 29	0, 32	0, 38	2304
8	0, 17	0, 20	0, 23	0, 26	0, 28	0, 34	2048
7	0, 15	0, 17	0, 20	0, 22	0, 25	0, 30	1792
6	0, 13	0, 15	0, 17	0, 19	0, 21	0, 26	1536
5	0, 11	0, 12	0, 14	0, 16	0, 18	0, 21	1280
4	0, 09	0, 10	0, 11	0, 13	0, 14	0, 17	1024
3	0, 06	0, 07	0, 09	0, 10	0, 11	0, 13	768
2	0, 04	0, 05	0, 06	0, 06	0, 07	0, 09	512
1	0, 02	0, 02	0, 03	0, 03	0, 04	0, 04	256

COLONNE DES CAPITAUX	INTERÊTS POUR 257 JOURS (ou pour 8 mois et 17 jours.)						NOMBRES PRODUITS des CAPITAUX multipliés par 257 Jours.
	à 3 %	à 3 ½	à 4 %	à 4 ½	à 5 %	à 6 %	
fr.	fr. c.	fr. c.	fr. c.	fr. c.	fr. c.	fr. c.	
50,000	1070, 83	1249, 30	1427, 78	1606, 25	1784, 72	2141, 67	12850000
40,000	856, 67	999, 44	1142, 22	1285, 00	1427, 78	1713, 33	10280000
30,000	642, 50	749, 58	856, 67	963, 75	1070, 83	1285, 00	7710000
20,000	428, 33	499, 72	571, 11	642, 50	713, 89	856, 67	5140000
10,000	214, 17	249, 86	285, 56	321, 25	356, 94	428, 33	2570000
9,000	192, 75	224, 87	257, 00	289, 12	321, 25	385, 50	2313000
8,000	171, 33	199, 89	228, 44	257, 00	285, 56	342, 67	2056000
7,000	149, 92	174, 90	199, 89	224, 87	249, 86	299, 83	1799000
6,000	128, 50	149, 92	171, 33	192, 75	214, 17	257, 00	1542000
5,000	107, 08	124, 93	142, 78	160, 62	178, 47	214, 17	1285000
4,000	85, 67	99, 94	114, 22	128, 50	142, 78	171, 33	1028000
3,000	64, 25	74, 96	85, 67	96, 37	107, 08	128, 50	771000
2,000	42, 83	49, 97	57, 11	64, 25	71, 39	85, 67	514000
1,000	21, 42	24, 99	28, 56	32, 12	35, 69	42, 83	257000
900	19, 27	22, 49	25, 70	28, 91	32, 12	38, 55	231300
800	17, 13	19, 99	22, 84	25, 70	28, 56	34, 27	205600
700	14, 99	17, 49	19, 99	22, 49	24, 99	29, 98	179900
600	12, 85	14, 99	17, 13	19, 27	21, 42	25, 70	154200
500	10, 71	12, 49	14, 28	16, 06	17, 85	21, 42	128500
400	8, 57	9, 99	11, 42	12, 85	14, 28	17, 13	102800
300	6, 42	7, 50	8, 57	9, 64	10, 71	12, 85	77100
200	4, 28	5, 00	5, 71	6, 42	7, 14	8, 57	51400
100	2, 14	2, 50	2, 86	3, 21	3, 57	4, 28	25700
90	1, 93	2, 25	2, 57	2, 89	3, 21	3, 85	23130
80	1, 71	2, 00	2, 28	2, 57	2, 86	3, 43	20560
70	1, 50	1, 75	2, 00	2, 25	2, 50	3, 00	17990
60	1, 28	1, 50	1, 71	1, 93	2, 14	2, 57	15420
50	1, 07	1, 25	1, 43	1, 61	1, 78	2, 14	12850
40	0, 86	1, 00	1, 14	1, 28	1, 43	1, 71	10280
30	0, 64	0, 75	0, 86	0, 96	1, 07	1, 28	7710
20	0, 43	0, 50	0, 57	0, 64	0, 71	0, 86	5140
10	0, 21	0, 25	0, 29	0, 32	0, 36	0, 43	2570
9	0, 19	0, 22	0, 26	0, 29	0, 32	0, 39	2313
8	0, 17	0, 20	0, 23	0, 26	0, 29	0, 34	2056
7	0, 15	0, 17	0, 20	0, 22	0, 25	0, 30	1799
6	0, 13	0, 15	0, 17	0, 19	0, 21	0, 26	1542
5	0, 11	0, 12	0, 14	0, 16	0, 18	0, 21	1285
4	0, 09	0, 10	0, 11	0, 13	0, 14	0, 17	1028
3	0, 06	0, 07	0, 09	0, 10	0, 11	0, 13	771
2	0, 04	0, 05	0, 06	0, 06	0, 07	0, 09	514
1	0, 02	0, 02	0, 03	0, 03	0, 04	0, 04	257

COLONNE DES CAPITAUX	INTERÊTS POUR 258 JOURS (ou pour 8 mois et 18 jours.)						NOMBRES PRODUITS des CAPITAUX multipliés par 258 Jours.
	à 3 %	à 3 ½	à 4 %	à 4 ½	à 5 %	à 6 %	
fr.	fr. c.	fr. c.	fr. c.	fr. c.	fr. c.	fr. c.	
50,000	1075, 00	1254, 17	1433, 33	1612, 50	1791, 67	2150, 00	12900000
40,000	860, 00	1003, 33	1146, 67	1290, 00	1433, 33	1720, 00	10320000
30,000	645, 00	752, 50	860, 00	967, 50	1075, 00	1290, 00	7740000
20,000	430, 00	501, 67	573, 33	645, 00	716, 67	860, 00	5160000
10,000	215, 00	250, 83	286, 67	322, 50	358, 33	430, 00	2580000
9,000	193, 50	225, 75	258, 00	290, 25	322, 50	387, 00	2322000
8,000	172, 00	200, 67	229, 33	258, 00	286, 67	344, 00	2064000
7,000	150, 50	175, 58	200, 67	225, 75	250, 83	301, 00	1806000
6,000	129, 00	150, 50	172, 00	193, 50	215, 00	258, 00	1548000
5,000	107, 50	125, 42	143, 33	161, 25	179, 17	215, 00	1290000
4,000	86, 00	100, 33	114, 67	129, 00	143, 33	172, 00	1032000
3,000	64, 50	75, 25	86, 00	96, 75	107, 50	129, 00	774000
2,000	43, 00	50, 17	57, 33	64, 50	71, 67	86, 00	516000
1,000	21, 50	25, 08	28, 67	32, 25	35, 83	43, 00	258000
900	19, 35	22, 57	25, 80	29, 02	32, 25	38, 70	232200
800	17, 20	20, 07	22, 93	25, 80	28, 67	34, 40	206400
700	15, 05	17, 56	20, 07	22, 57	25, 08	30, 10	180600
600	12, 90	15, 05	17, 20	19, 35	21, 50	25, 80	154800
500	10, 75	12, 54	14, 33	16, 12	17, 92	21, 50	129000
400	8, 60	10, 03	11, 47	12, 90	14, 33	17, 20	103200
300	6, 45	7, 52	8, 60	9, 67	10, 75	12, 90	77400
200	4, 30	5, 02	5, 73	6, 45	7, 17	8, 60	51600
100	2, 15	2, 51	2, 87	3, 22	3, 58	4, 30	25800
90	1, 93	2, 26	2, 58	2, 90	3, 22	3, 87	23220
80	1, 72	2, 01	2, 29	2, 58	2, 87	3, 44	20640
70	1, 50	1, 76	2, 01	2, 26	2, 51	3, 01	18060
60	1, 29	1, 50	1, 72	1, 93	2, 15	2, 58	15480
50	1, 07	1, 25	1, 43	1, 61	1, 79	2, 15	12900
40	0, 86	1, 00	1, 15	1, 29	1, 43	1, 72	10320
30	0, 64	0, 75	0, 86	0, 97	1, 07	1, 29	7740
20	0, 43	0, 50	0, 57	0, 64	0, 72	0, 86	5160
10	0, 21	0, 25	0, 29	0, 32	0, 36	0, 43	2580
9	0, 19	0, 23	0, 26	0, 29	0, 32	0, 39	2322
8	0, 17	0, 20	0, 23	0, 26	0, 29	0, 34	2064
7	0, 15	0, 18	0, 20	0, 23	0, 25	0, 30	1806
6	0, 13	0, 15	0, 17	0, 19	0, 21	0, 26	1548
5	0, 11	0, 13	0, 14	0, 16	0, 18	0, 21	1290
4	0, 09	0, 10	0, 11	0, 13	0, 14	0, 17	1032
3	0, 06	0, 08	0, 09	0, 10	0, 11	0, 13	774
2	0, 04	0, 05	0, 06	0, 06	0, 07	0, 09	516
1	0, 02	0, 03	0, 03	0, 03	0, 04	0, 04	258

COLONNE DES CAPITAUX	INTÉRÊTS POUR 259 JOURS (ou pour 8 mois et 19 jours.)						NOMBRES PRODUITS des CAPITAUX multipliés par 259 Jours.
	à 3 %	à 3 ½	à 4 %	à 4 ½	à 5 %	à 6 %	
fr.	fr. c.	fr. c.	fr. c.	fr. c.	fr. c.	fr. c.	
50,000	1079. 17	1259, 03	1438, 89	1618, 75	1798, 61	2158, 33	12950000
40,000	863, 33	1007, 22	1151, 11	1295, 00	1438, 89	1726. 67	10360000
30,000	647, 50	755, 42	863, 33	971, 25	1079, 17	1295, 00	7770000
20,000	431, 67	503, 61	575, 56	647, 50	719, 44	863, 33	5180000
10,000	215, 83	251, 81	287, 78	323, 75	359, 72	431, 67	2590000
9,000	194, 25	226, 62	259, 00	291, 37	323, 75	388, 50	2331000
8,000	172, 67	201, 44	230, 22	259, 00	287, 78	345, 33	2072000
7,000	151, 08	176, 26	201, 44	226, 62	251, 81	302, 17	1813000
6,000	129. 50	151, 08	172, 67	194 25	215, 83	259, 00	1554000
5,000	107, 92	125, 90	143, 89	161, 87	179. 86	215, 83	1295000
4,000	86, 33	100, 72	115, 11	129, 50	143, 89	172, 67	1036000
3,000	64, 75	75, 54	86, 33	97, 12	107, 92	129, 50	777000
2,000	43, 17	50, 36	57, 56	64, 75	71, 94	86, 33	518000
1,000	21, 58	25, 18	28, 78	32, 37	35, 97	43, 17	259000
900	19, 42	22, 66	25. 90	29, 14	32, 37	38, 85	233100
800	17, 27	20, 14	23, 02	25, 90	28, 78	34, 53	207200
700	15. 11	17, 63	20, 14	22, 66	25, 18	30, 22	181300
600	12, 95	15, 11	17, 27	19. 42	21, 58	25, 90	155400
500	10. 79	12, 59	14, 39	16, 19	17, 99	21, 58	129500
400	8, 63	10, 07	11, 51	12, 95	14, 39	17, 27	103600
300	6, 47	7, 55	8, 63	9, 71	10, 79	12, 95	77700
200	4, 32	5, 04	5, 76	6, 47	7, 19	8, 63	51800
100	2, 16	2, 52	2, 88	3, 24	3, 60	4, 32	25900
90	1, 94	2, 27	2, 59	2, 91	3, 24	3, 88	23310
80	1, 73	2, 01	2, 30	2, 59	2, 88	3, 45	20720
70	1, 51	1, 76	2, 01	2, 27	2, 52	3, 02	18130
60	1, 29	1, 51	1, 73	1, 94	2, 16	2, 59	15540
50	1, 08	1, 26	1, 44	1, 62	1, 80	2, 16	12950
40	0, 86	1, 01	1, 15	1, 29	1, 44	1, 73	10360
30	0, 65	0, 76	0, 86	0, 97	1, 08	1, 29	7770
20	0, 43	0, 50	0, 58	0, 65	0, 72	0, 86	5180
10	0, 22	0, 25	0, 29	0, 32	0, 36	0, 43	2590
9	0, 19	0, 23	0, 26	0, 29	0, 32	0, 39	2331
8	0, 17	0, 20	0, 23	0, 26	0, 29	0, 35	2072
7	0, 15	0, 18	0, 20	0, 23	0, 25	0, 30	1813
6	0, 13	0, 15	0, 17	0, 19	0, 22	0, 26	1554
5	0, 11	0, 13	0, 14	0, 16	0, 18	0, 22	1295
4	0, 09	0, 10	0, 12	0, 13	0, 14	0, 17	1036
3	0, 06	0, 08	0, 09	0, 10	0, 11	0, 13	777
2	0, 04	0, 05	0, 06	0, 06	0, 07	0, 09	518
1	0. 02	0. 03	0, 03	0. 03	0. 04	0, 04	259

COLONNE DES CAPITAUX	INTÉRÊTS POUR 260 JOURS (ou pour 8 mois et 20 jours.)						NOMBRES PRODUITS des CAPITAUX multipliés par 260 Jours.
	à 3 %	à 3 ½	à 4 %	à 4 ½	à 5 %	à 6 %	
fr.	fr. c.	fr. c.	fr. c.	fr. c.	fr. c.	fr. c.	
50,000	1083, 33	1263, 89	1444, 44	1625, 00	1805, 55	2166, 67	13000000
40,000	866, 67	1011, 11	1155, 56	1300, 00	1444, 44	1733, 33	10400000
30,000	650, 00	758, 33	866, 67	975, 00	1083, 33	1300, 00	7800000
20,000	433, 33	505, 56	577, 78	650, 00	722, 22	866, 67	5200000
10,000	216, 67	252, 78	288, 89	325, 00	361, 11	433, 33	2600000
9,000	195, 00	227, 50	260, 00	292, 50	325, 00	390, 00	2340000
8,000	173, 33	202, 22	231, 11	260, 00	288, 89	346, 67	2080000
7,000	151, 67	176, 94	202, 22	227, 50	252, 78	303, 33	1820000
6,000	130, 00	151, 67	173, 33	195, 00	216, 67	260, 00	1560000
5,000	108, 33	126, 39	144, 44	162, 50	180, 56	216, 67	1300000
4,000	86, 67	101, 11	115, 56	130, 00	144, 44	173, 33	1040000
3,000	65, 00	75, 83	86, 67	97, 50	108, 33	130, 00	780000
2,000	43, 33	50, 56	57, 78	65, 00	72, 22	86, 67	520000
1,000	21, 67	25, 28	28, 89	32, 50	36, 11	43, 33	260000
900	19, 50	22, 75	26, 00	29, 25	32, 50	39, 00	234000
800	17, 33	20, 22	23, 11	26, 00	28, 89	34, 67	208000
700	15, 17	17, 69	20, 22	22, 75	25, 28	30, 33	182000
600	13, 00	15, 17	17, 33	19, 50	21, 67	26, 00	156000
500	10, 83	12, 64	14, 44	16, 25	18, 06	21, 67	130000
400	8, 67	10, 11	11, 56	13, 00	14, 44	17, 33	104000
300	6, 50	7, 58	8, 67	9, 75	10, 83	13, 00	78000
200	4, 33	5, 06	5, 78	6, 50	7, 22	8, 67	52000
100	2, 17	2, 53	2, 89	3, 25	3, 61	4, 33	26000
90	1, 95	2, 27	2, 60	2, 92	3, 25	3, 90	23400
80	1, 73	2, 02	2, 31	2, 60	2, 89	3, 47	20800
70	1, 52	1, 77	2, 02	2, 27	2, 53	3, 03	18200
60	1, 30	1, 52	1, 73	1, 95	2, 17	2, 60	15600
50	1, 08	1, 26	1, 44	1, 62	1, 81	2, 17	13000
40	0, 87	1, 01	1, 16	1, 30	1, 44	1, 73	10400
30	0, 65	0, 76	0, 87	0, 97	1, 08	1, 30	7800
20	0, 43	0, 51	0, 58	0, 65	0, 72	0, 87	5200
10	0, 22	0 25	0, 29	0, 32	0, 36	0, 43	2600
9	0, 19	0, 23	0, 26	0, 29	0, 32	0, 39	2340
8	0, 17	0, 20	0, 23	0, 26	0, 29	0, 35	2080
7	0, 15	0, 18	0, 20	0, 23	0, 25	0, 30	1820
6	0, 13	0, 15	0, 17	0, 19	0, 22	0, 26	1560
5	0, 11	0, 13	0, 14	0, 16	0, 18	0, 22	1300
4	0, 09	0, 10	0, 12	0, 13	0, 14	0, 17	1040
3	0, 06	0, 08	0, 09	0, 10	0, 11	0, 13	780
2	0, 04	0, 05	0, 06	0, 06	0, 07	0, 09	520
1	0, 02	0, 03	0, 03	0, 03	0, 04	0, 04	260

COLONNE DES CAPITAUX	INTERETS POUR 261 JOURS (ou pour 8 mois et 21 jours.)						NOMBRES PRODUITS des CAPITAUX multipliés par 261 Jours.
	à 3 %	à 3 ½	à 4 %	à 4 ½	à 5 %	à 6 %	
fr.	fr. c.	fr. c.	fr. c.	fr. c.	fr. c.	fr. c.	
50,000	1087, 50	1268, 75	1450, 00	1631, 25	1812, 50	2175, 00	13050000
40,000	870, 00	1015, 00	1160, 00	1305, 00	1450, 00	1740, 00	10440000
30,000	652, 50	761, 25	870, 00	978, 75	1087, 50	1305, 00	7830000
20,000	435, 00	507, 50	580, 00	652, 50	725, 00	870, 00	5220000
10,000	217, 50	253, 75	290, 00	326, 25	362, 50	435, 00	2610000
9,000	195, 75	228, 37	261, 00	293, 62	326, 25	391, 50	2349000
8,000	174, 00	203, 00	232, 00	261, 00	290, 00	348, 00	2088000
7,000	152, 25	177, 62	203, 00	228, 37	253, 75	304, 50	1827000
6,000	130, 50	152, 25	174, 00	195, 75	217, 50	261, 00	1566000
5,000	108, 75	126, 87	145, 00	163, 12	181, 25	217, 50	1305000
4,000	87, 00	101, 50	116, 00	130, 50	145, 00	174, 00	1044000
3,000	65, 25	76, 12	87, 00	97, 87	108, 75	130, 50	783000
2,000	43, 50	50, 75	58, 00	65, 25	72, 50	87, 00	522000
1,000	21, 75	25, 37	29, 00	32, 62	36, 25	43, 50	261000
900	19, 57	22, 84	26, 10	29, 36	32, 62	39, 15	234900
800	17, 40	20, 30	23, 20	26, 10	29, 00	34, 80	208800
700	15, 22	17, 76	20, 30	22, 84	25, 37	30, 45	182700
600	13, 05	15, 22	17, 40	19, 57	21, 75	26, 10	156600
500	10, 87	12, 69	14, 50	16, 31	18, 12	21, 75	130500
400	8, 70	10, 15	11, 60	13, 05	14, 50	17, 40	104400
300	6, 52	7, 61	8, 70	9, 79	10, 87	13, 05	78300
200	4, 35	5, 07	5, 80	6, 52	7, 25	8, 70	52200
100	2, 17	2, 54	2, 90	3, 26	3, 62	4, 35	26100
90	1, 96	2, 28	2, 61	2, 94	3, 26	3, 91	23490
80	1, 74	2, 03	2, 32	2, 61	2, 90	3, 48	20880
70	1, 52	1, 78	2, 03	2, 28	2, 54	3, 04	18270
60	1, 30	1, 52	1, 74	1, 96	2, 17	2, 61	15660
50	1, 09	1, 27	1, 45	1, 63	1, 81	2, 17	13050
40	0, 87	1, 01	1, 16	1, 30	1, 45	1, 74	10440
30	0, 65	0, 76	0, 87	0, 98	1, 09	1, 30	7830
20	0, 43	0, 51	0, 58	0, 65	0, 72	0, 87	5220
10	0, 22	0, 25	0, 29	0, 33	0, 36	0, 43	2610
9	0, 20	0, 23	0, 26	0, 29	0, 33	0, 39	2349
8	0, 17	0, 20	0, 23	0, 26	0, 29	0, 35	2088
7	0, 15	0, 18	0, 20	0, 23	0, 25	0, 30	1827
6	0, 13	0, 15	0, 17	0, 20	0, 22	0, 26	1566
5	0, 11	0, 13	0, 14	0, 16	0, 18	0, 22	1305
4	0, 09	0, 10	0, 12	0, 13	0, 14	0, 17	1044
3	0, 07	0, 08	0, 09	0, 10	0, 11	0, 13	783
2	0, 04	0, 05	0, 06	0, 07	0, 07	0, 09	522
1	0, 02	0, 03	0, 03	0, 03	0, 04	0, 04	261

COLONNE DES CAPITAUX	INTÉRETS POUR 262 JOURS (ou pour 8 mois et 22 jours.)						NOMBRES PRODUITS des CAPITAUX multipliés par 262 Jours.
	à 3 %	à 3 ½	à 4 %	à 4 ½	à 5 %	à 6 %	
fr.	fr. c.	fr. c.	fr. c.	fr. c.	fr. c.	fr. c.	
50,000	1091, 67	1273. 61	1455, 56	1637, 50	1819, 44	2183, 33	13100000
40,000	873, 33	1018. 89	1164, 44	1310, 00	1455, 56	1746, 67	10480000
30,000	655, 00	764. 17	873, 33	982, 50	1091, 67	1310, 00	7860000
20,000	436, 67	509, 44	582, 22	655, 00	727, 78	873. 33	5240000
10,000	218, 33	254, 72	291, 11	327, 50	363, 89	436, 67	2620000
9,000	196, 50	229, 25	262, 00	294, 75	327, 50	393, 00	2358000
8,000	174, 67	203, 78	232, 89	262, 00	291. 11	349, 33	2096000
7,000	152, 83	178, 31	203, 78	229, 25	254, 72	305, 67	1834000
6,000	131, 00	152, 83	174, 67	196, 50	218, 33	262, 00	1572000
5,000	109, 17	127, 36	145, 56	163, 75	181, 94	218, 33	1310000
4,000	87, 33	101, 89	116, 44	131, 00	145, 56	174, 67	1048000
3,000	65. 50	76, 42	87, 33	98. 25	109, 17	131, 00	786000
2,000	43, 67	50, 94	58, 22	65, 50	72, 78	87, 33	524000
1,000	21. 83	25, 47	29, 11	32, 75	36, 39	43, 67	262000
900	19, 65	22, 92	26, 20	29 47	32, 75	39, 30	235800
800	17, 47	20, 38	23, 29	26, 20	29. 11	34, 93	209600
700	15, 28	17, 83	20. 38	22, 92	25, 47	30, 57	183400
600	13, 10	15, 28	17, 47	19, 65	21, 83	26, 20	157200
500	10. 92	12, 74	14, 56	16, 37	18. 19	21, 83	131000
400	8, 73	10, 19	11, 64	13, 10	14, 56	17, 47	104800
300	6, 55	7, 64	8, 73	9, 82	10, 92	13, 10	78600
200	4, 37	5, 09	5, 82	6, 55	7, 28	8, 73	52400
100	2, 18	2, 55	2, 91	3, 27	3, 64	4, 37	26200
90	1, 96	2, 29	2, 62	2, 95	3, 27	3, 93	2358
80	1, 75	2, 04	2, 33	2, 62	2, 91	3, 49	2096
70	1, 53	1, 78	2, 04	2, 29	2, 55	3, 06	1834
60	1, 31	1, 53	1, 75	1, 96	2, 18	2, 62	1572
50	1, 09	1, 27	1, 46	1, 64	1, 82	2, 18	1310
40	0, 87	1, 02	1, 16	1, 31	1, 46	1, 75	1048
30	0, 65	0, 76	0, 87	0, 98	1, 09	1, 31	786
20	0, 44	0, 51	0, 58	0, 65	0, 73	0, 87	524
10	0, 22	0, 25	0, 29	0, 33	0, 36	0, 44	262
9	0, 20	0, 23	0, 26	0, 29	0, 33	0, 39	2358
8	0, 17	0, 20	0, 23	0. 26	0, 29	0, 35	2096
7	0, 15	0, 18	0, 20	0, 23	0, 25	0, 31	1834
6	0, 13	0, 15	0, 17	0, 20	0, 22	0, 26	1572
5	0, 11	0, 13	0, 15	0, 16	0, 18	0, 22	1310
4	0, 09	0, 10	0, 12	0, 13	0, 15	0, 17	1048
3	0, 07	0, 08	0, 09	0, 10	0, 11	0, 13	786
2	0, 04	0, 05	0, 06	0, 07	0, 07	0, 09	524
1	0. 02	0. 03	0, 03	0. 03	0, 04	0, 04	262

COLONNE DES CAPITAUX	INTERÊTS POUR 263 JOURS (ou pour 8 mois et 23 jours.)						NOMBRES PRODUITS des CAPITAUX multipliés par 263 Jours.
	à 3 %	à 3 ½	à 4 %	à 4 ½	à 5 %	à 6 %	
fr.	fr. c.	fr. c.	fr. c.	fr. c.	fr. c.	fr. c.	
50,000	1095, 83	1278, 47	1461, 11	1643, 75	1826, 39	2191, 67	13150000
40,000	876, 67	1022, 78	1168, 89	1315, 00	1461, 11	1753, 33	10520000
30,000	657, 50	767, 08	876, 67	986, 25	1095, 83	1315, 00	7890000
20,000	438, 33	511, 39	584, 44	657, 50	730, 56	876, 67	5260000
10,000	219, 17	255, 69	292, 22	328, 75	365, 28	438, 33	2630000
9,000	197, 25	230, 12	263, 00	295, 87	328, 75	394, 50	2367000
8,000	175, 33	204, 56	233, 78	263, 00	292, 22	350, 67	2104000
7,000	153, 42	178, 99	204, 56	230, 12	255, 69	306, 83	1841000
6,000	131, 50	153, 42	175, 33	197, 25	219, 17	263, 00	1578000
5,000	109, 58	127, 85	146, 11	164, 37	182, 64	219, 17	1315000
4,000	87, 67	102, 28	116, 89	131, 50	146, 11	175, 33	1052000
3,000	65, 75	76, 71	87, 67	98, 62	109, 58	131, 50	789000
2,000	43, 83	51, 14	58, 44	65, 75	73, 06	87, 67	526000
1,000	21, 92	25, 57	29, 22	32, 87	36, 53	43, 83	263000
900	19, 72	23, 01	26, 30	29, 59	32, 87	39, 45	236700
800	17, 53	20, 46	23, 38	26, 30	29, 22	35, 07	210400
700	15, 34	17, 90	20, 46	23, 01	25, 57	30, 68	184100
600	13, 15	15, 34	17, 53	19, 72	21, 92	26, 30	157800
500	10, 96	12, 78	14, 61	16, 44	18, 26	21, 92	131500
400	8, 77	10, 23	11, 69	13, 15	14, 61	17, 53	105200
300	6, 57	7, 67	8, 77	9, 86	10, 96	13, 15	78900
200	4, 38	5, 11	5, 84	6, 57	7, 31	8, 77	52600
100	2, 19	2, 56	2, 92	3, 29	3, 65	4, 38	26300
90	1, 97	2, 30	2, 63	2, 96	3, 29	3, 94	23670
80	1, 75	2, 05	2, 34	2, 63	2, 92	3, 51	21040
70	1, 53	1, 79	2, 05	2, 30	2, 19	3, 07	18410
60	1, 31	1, 53	1, 75	1, 97	2, 19	2, 63	15780
50	1, 10	1, 28	1, 46	1, 64	1, 83	2, 19	13150
40	0, 88	1, 02	1, 17	1, 31	1, 46	1, 75	10520
30	0, 66	0, 77	0, 88	0, 99	1, 10	1, 31	7890
20	0, 44	0, 51	0, 58	0, 66	0, 73	0, 88	5260
10	0, 22	0, 26	0, 29	0, 33	0, 37	0, 44	2630
9	0, 20	0, 23	0, 26	0, 30	0, 33	0, 39	2367
8	0, 18	0, 20	0, 23	0, 26	0, 29	0, 35	2104
7	0, 15	0, 18	0, 20	0, 23	0, 26	0, 31	1841
6	0, 13	0, 15	0, 18	0, 20	0, 22	0, 26	1578
5	0, 11	0, 13	0, 15	0, 16	0, 18	0, 22	1315
4	0, 09	0, 10	0, 12	0, 13	0, 15	0, 18	1052
3	0, 07	0, 08	0, 09	0, 10	0, 11	0, 13	789
2	0, 04	0, 05	0, 06	0, 07	0, 07	0, 09	526
1	0, 02	0, 03	0, 03	0, 03	0, 04	0, 04	263

COLONNE DES CAPITAUX	INTERÊTS POUR 264 JOURS (ou pour 8 mois et 24 jours.)						NOMBRES PRODUITS des CAPITAUX multipliés par 264 Jours.
	à 3 %	à 3 ½	à 4 %	à 4 ½	à 5 %	à 6 %	
fr.	fr. c.	fr. c.	fr. c.	fr. c.	fr. c.	fr. c.	
50,000	1100, 00	1283, 33	1466, 67	1650, 00	1833, 33	2200, 00	13200000
40,000	880, 00	1026, 67	1173, 33	1320, 00	1466, 67	1760, 60	10560000
30,000	660, 00	770, 00	880, 00	990, 00	1100, 00	1320, 00	7920000
20,000	440, 00	513, 33	586, 67	660, 00	733, 33	880, 00	5280000
10,000	220, 00	256, 67	293, 33	330, 00	366, 67	440, 00	2640000
9,000	198, 00	231, 00	264, 00	297, 00	330, 00	396, 00	2376000
8,000	176, 00	205, 33	234, 67	264, 00	293, 33	352, 00	2112000
7,000	154, 00	179, 67	205, 33	231, 00	256, 67	308, 00	1848000
6,000	132, 00	154, 00	176, 00	198, 00	220, 00	264, 00	1584000
5,000	110, 00	128, 33	146, 67	165, 00	183, 33	220, 00	1320000
4,000	88, 00	102, 67	117, 33	132, 00	146, 67	176, 00	1056000
3,000	66, 00	77, 00	88, 00	99, 00	110, 00	132, 00	792000
2,000	44, 00	51, 33	58, 67	66, 00	73, 33	88, 00	528000
1,000	22, 00	25, 67	29, 33	33, 00	36, 67	44, 00	264000
900	19, 80	23, 10	26, 40	29, 70	33, 00	39, 60	237600
800	17, 60	20, 53	23, 47	26, 40	29, 33	35, 20	211200
700	15, 40	17, 97	20, 53	23, 10	25, 67	30, 80	184800
600	13, 20	15, 40	17, 60	19, 80	22, 00	26, 40	158400
500	11, 00	12, 83	14, 67	16, 50	18, 33	22, 00	132000
400	8, 80	10, 27	11, 73	13, 20	14, 67	17, 60	105600
300	6, 60	7, 70	8, 80	9, 90	11, 00	13, 20	79200
200	4, 40	5, 13	5, 87	6, 60	7, 33	8, 80	52800
100	2, 20	2, 57	2, 93	3, 30	3, 67	4, 40	26400
90	1, 98	2, 31	2, 64	2, 97	3, 30	3, 96	23760
80	1, 76	2, 05	2, 35	2, 64	2, 93	3, 52	21120
70	1, 54	1, 80	2, 05	2, 31	2, 57	3, 08	18480
60	1, 32	1, 54	1, 76	1, 98	2, 20	2, 64	15840
50	1, 10	1, 28	1, 47	1, 65	1, 83	2, 20	13200
40	0, 88	1, 03	1, 17	1, 32	1, 47	1, 76	10560
30	0, 66	0, 77	0, 88	0, 99	1, 10	1, 32	7920
20	0, 44	0, 51	0, 59	0, 66	0, 73	0, 88	5280
10	0, 22	0, 26	0, 29	0, 33	0, 37	0, 44	2640
9	0, 20	0, 23	0, 26	0, 30	0, 33	0, 40	2376
8	0, 18	0, 21	0, 23	0, 26	0, 29	0, 35	2112
7	0, 15	0, 18	0, 21	0, 23	0, 26	0, 31	1848
6	0, 13	0, 15	0, 18	0, 20	0, 22	0, 26	1584
5	0, 11	0, 13	0, 15	0, 16	0, 18	0, 22	1320
4	0, 09	0, 10	0, 12	0, 13	0, 15	0, 18	1056
3	0, 07	0, 08	0, 09	0, 10	0, 11	0, 13	792
2	0, 04	0, 05	0, 06	0, 07	0, 07	0, 09	528
1	0, 02	0, 03	0, 03	0, 03	0, 04	0, 04	264

COLONNE DES CAPITAUX	INTÉRÊTS POUR 265 JOURS (ou pour 8 mois et 25 jours.)						NOMBRES PRODUITS des CAPITAUX multipliés par 265 Jours
	à 3 %	à 3 ½	à 4 %	à 4 ½	à 5 %	à 6 %	
fr.	fr. c.	fr. c.	fr. c.	fr. c.	fr. c.	fr. c.	
50,000	1104, 17	1288, 19	1472, 22	1656, 25	1840, 28	2208, 33	13250000
40,000	883, 33	1030, 56	1177, 78	1325, 00	1472, 22	1766, 67	10600000
30,000	662, 50	772, 92	883, 33	993, 75	1104, 17	1325, 00	7950000
20,000	441, 67	515, 28	588, 89	662, 50	736, 11	883, 33	5300000
10,000	220, 83	257, 64	294, 44	331, 25	368, 06	441, 67	2650000
9,000	198, 75	231, 87	265, 00	298, 12	331, 25	397, 50	2385000
8,000	176, 67	206, 11	235, 56	265, 00	294, 44	353, 33	2120000
7,000	154, 58	180, 35	206, 11	231, 87	257, 64	309, 17	1855000
6,000	132, 50	154, 58	176, 67	198, 75	220, 83	265, 00	1590000
5,000	110, 42	128, 82	147, 22	165, 62	184, 03	220, 83	1325000
4,000	88, 33	103, 06	117, 78	132, 50	147, 22	176, 67	1060000
3,000	66, 25	77, 29	88, 33	99, 37	110, 42	132, 50	795000
2,000	44, 17	51, 53	58, 89	66, 25	73, 61	88, 33	530000
1,000	22, 08	25, 76	29, 44	33, 12	36, 81	44, 17	265000
900	19, 87	23, 19	26, 50	29, 81	33, 12	39, 75	238500
800	17, 67	20, 61	23, 56	26, 50	29, 44	35, 33	212000
700	15, 46	18, 03	20, 61	23, 19	25, 76	30, 92	185500
600	13, 25	15, 46	17, 67	19, 87	22, 08	26, 50	159000
500	11, 04	12, 88	14, 72	16, 56	18, 40	22, 08	132500
400	8, 83	10, 31	11, 78	13, 25	14, 72	17, 67	106000
300	6, 63	7, 73	8, 83	9, 94	11, 04	13, 25	79500
200	4, 42	5, 15	5, 89	6, 62	7, 36	8, 83	53000
100	2, 21	2, 58	2, 94	3, 31	3, 68	4, 42	26500
90	1, 99	2, 32	2, 65	2, 98	3, 31	3, 97	23850
80	1, 77	2, 06	2, 36	2, 65	2, 94	3, 53	21200
70	1, 55	1, 80	2, 06	2, 32	2, 58	3, 09	18550
60	1, 32	1, 55	1, 77	1, 99	2, 21	2, 65	15900
50	1, 10	1, 29	1, 47	1, 66	1, 84	2, 21	13250
40	0, 88	1, 03	1, 18	1, 32	1, 47	1, 77	10600
30	0, 66	0, 77	0, 88	0, 99	1, 10	1, 32	7950
20	0, 44	0, 52	0, 59	0, 66	0, 74	0, 88	5300
10	0, 22	0, 26	0, 29	0, 33	0, 37	0, 44	2650
9	0, 20	0, 23	0, 26	0, 30	0, 33	0, 40	2385
8	0, 18	0, 21	0, 24	0, 26	0, 29	0, 35	2120
7	0, 15	0, 18	0, 21	0, 23	0, 26	0, 31	1855
6	0, 13	0, 15	0, 18	0, 20	0, 22	0, 26	1590
5	0, 11	0, 13	0, 15	0, 17	0, 18	0, 22	1325
4	0, 09	0, 10	0, 12	0, 13	0, 15	0, 18	1060
3	0, 07	0, 08	0, 09	0, 10	0, 11	0, 13	795
2	0, 04	0, 05	0, 06	0, 07	0, 07	0, 09	530
1	0, 02	0, 03	0, 03	0, 03	0, 04	0, 04	265

23

COLONNE DES CAPITAUX	INTÉRÊTS POUR 266 JOURS (ou pour 8 mois et 26 jours.)						NOMBRES PRODUITS des CAPITAUX multipliés par 266 Jours.
	à 3 %	à 3 ½	à 4 %	à 4 ½	à 5 %	à 6 %	
fr.	fr. c.	fr. c.	fr. c.	fr. c.	fr. c.	fr. c.	
50,000	1108, 33	1293, 06	1477, 78	1662, 50	1847, 22	2216, 67	13300000
40,000	886, 67	1034, 44	1182, 22	1330, 00	1477, 78	1773, 33	10640000
30,000	665, 00	775, 83	886, 67	997, 50	1108, 33	1330, 00	7980000
20,000	443, 33	517, 22	591, 11	665, 00	738, 89	886, 67	5320000
10,000	221, 67	258, 61	295, 56	332, 50	369, 44	443, 33	2660000
9,000	199, 50	232, 75	266, 00	299, 25	332, 50	399, 00	2394000
8,000	177, 33	206, 89	236, 44	266, 00	295, 56	354, 67	2128000
7,000	155, 17	181, 03	206, 89	232, 75	258, 61	310, 33	1862000
6,000	133, 00	155, 17	177, 33	199, 50	221, 67	266, 00	1596000
5,000	110, 83	129, 31	147, 78	166, 25	184, 72	221, 67	1330000
4,000	88, 67	103, 44	118, 22	133, 00	147, 78	177, 33	1064000
3,000	66, 50	77, 58	88, 67	99, 75	110, 83	133, 00	798000
2,000	44, 33	51, 72	59, 11	66, 50	73, 89	88, 67	532000
1,000	22, 17	25, 86	29, 56	33, 25	36, 94	44, 33	266000
900	19, 95	23, 27	26, 60	29, 92	33, 25	39, 90	239400
800	17, 73	20, 69	23, 64	26, 60	29, 56	35, 47	212800
700	15, 52	18, 10	20, 69	23, 27	25, 86	31, 03	186200
600	13, 30	15, 52	17, 73	19, 95	22, 17	26, 60	159600
500	11, 08	12, 93	14, 78	16, 62	18, 47	22, 17	133000
400	8, 87	10, 34	11, 82	13, 30	14, 78	17, 73	106400
300	6, 65	7, 76	8, 87	9, 97	11, 08	13, 30	79800
200	4, 43	5, 17	5, 91	6, 65	7, 39	8, 87	53200
100	2, 22	2, 59	2, 96	3, 32	3, 69	4, 43	26600
90	1, 99	2, 33	2, 66	2, 99	3, 32	3, 99	23940
80	1, 77	2, 07	2, 36	2, 66	2, 96	3, 55	21280
70	1, 55	1, 81	2, 07	2, 33	2, 59	3, 10	18620
60	1, 33	1, 55	1, 77	1, 99	2, 22	2, 66	15960
50	1, 11	1, 29	1, 48	1, 66	1, 85	2, 22	13300
40	0, 89	1, 03	1, 18	1, 33	1, 48	1, 77	10640
30	0, 66	0, 78	0, 89	1, 00	1, 11	1, 33	7980
20	0, 44	0, 52	0, 59	0, 66	0, 74	0, 89	5320
10	0, 22	0, 26	0, 30	0, 33	0, 37	0, 44	2660
9	0, 20	0, 23	0, 27	0, 30	0, 33	0, 40	2394
8	0, 18	0, 21	0, 24	0, 27	0, 30	0, 35	2128
7	0, 16	0, 18	0, 21	0, 23	0, 26	0, 31	1862
6	0, 13	0, 16	0, 18	0, 20	0, 22	0, 27	1596
5	0, 11	0, 13	0, 15	0, 17	0, 18	0, 22	1330
4	0, 09	0, 10	0, 12	0, 13	0, 15	0, 18	1064
3	0, 07	0, 08	0, 09	0, 10	0, 11	0, 13	798
2	0, 04	0, 05	0, 06	0, 07	0, 07	0, 09	532
1	0, 02	0, 03	0, 03	0, 03	0, 04	0, 04	266

COLONNE DES CAPITAUX	INTERETS POUR 267 JOURS (ou pour 8 mois et 27 jours.)						NOMBRES PORDUITS des CAPITAUX multipliés par 267 Jours.
	à 3 %	à 3 ½	à 4 %	à 4 ½	à 5 %	à 6 %	
fr.	fr. c.	fr. c.	fr. c.	fr. c.	fr. c.	fr. c.	
50,000	1112, 50	1297, 92	1483, 33	1668, 75	1854, 17	2225, 00	13350000
40,000	890, 00	1038, 33	1186, 67	1335, 00	1483, 33	1780, 00	10680000
30,000	667, 50	778, 75	890, 00	1001, 25	1112, 50	1335, 00	8010000
20,000	445, 00	519, 17	593, 33	667, 50	741, 67	890, 00	5340000
10,000	222, 50	259, 58	296, 67	333, 75	370, 83	445, 00	2670000
9,000	200, 25	233, 62	267, 00	300, 37	333, 75	400, 50	2403000
8,000	178, 00	207, 67	237, 33	267, 00	296, 67	356, 00	2136000
7,000	155, 75	181, 71	207, 67	233, 62	259, 58	311, 50	1869000
6,000	133, 50	155, 75	178, 00	200, 25	222, 50	267, 00	1602000
5,000	111, 25	129, 79	148, 33	166, 87	185, 42	222, 50	1335000
4,000	89, 00	103, 83	118, 67	133, 50	148, 33	178, 00	1068000
3,000	66, 75	77, 87	89, 00	100, 12	111, 25	133, 50	801000
2,000	44, 50	51, 92	59, 33	66, 75	74, 17	89, 00	534000
1,000	22, 25	25, 96	29, 67	33, 37	37, 08	44, 50	267000
900	20, 02	23, 36	26, 70	30, 04	33, 37	40, 05	240300
800	17, 80	20, 77	23, 73	26, 70	29, 67	35, 60	213600
700	15, 57	18, 17	20, 77	23, 36	25, 96	31, 15	186900
600	13, 35	15, 57	17, 80	20, 02	22, 25	26, 70	160200
500	11, 12	12, 98	14, 83	16, 69	18, 54	22, 25	133500
400	8, 90	10, 38	11, 87	13, 35	14, 83	17, 80	106800
300	6, 67	7, 79	8, 90	10, 01	11, 12	13, 35	80100
200	4, 45	5, 19	5, 93	6, 67	7, 42	8, 90	53400
100	2, 22	2, 60	2, 97	3, 34	3, 71	4, 45	26700
90	2, 00	2, 34	2, 67	3, 00	3, 34	4, 00	24030
80	1, 78	2, 08	2, 37	2, 67	2, 97	3, 56	21360
70	1, 56	1, 82	2, 08	2, 34	2, 60	3, 11	18690
60	1, 33	1, 56	1, 78	2, 00	2, 22	2, 67	16020
50	1, 11	1, 30	1, 48	1, 67	1, 85	2, 22	13350
40	0, 89	1, 04	1, 19	1, 33	1, 48	1, 78	10680
30	0, 67	0, 78	0, 89	1, 00	1, 11	1, 33	8010
20	0, 44	0, 52	0, 59	0, 67	0, 74	0, 89	5340
10	0, 22	0, 26	0, 30	0, 33	0, 37	0, 44	2670
9	0, 20	0, 23	0, 27	0, 30	0, 33	0, 40	2403
8	0, 18	0, 21	0, 24	0, 27	0, 30	0, 36	2136
7	0, 16	0, 18	0, 21	0, 23	0, 26	0, 31	1869
6	0, 13	0, 16	0, 18	0, 20	0, 22	0, 27	1602
5	0, 11	0, 13	0, 15	0, 17	0, 19	0, 22	1335
4	0, 09	0, 10	0, 12	0, 13	0, 15	0, 18	1068
3	0, 07	0, 08	0, 09	0, 10	0, 11	0, 13	801
2	0, 04	0, 05	0, 06	0, 07	0, 07	0, 09	534
1	0, 02	0, 03	0, 03	0, 03	0, 04	0, 04	267

COLONNE DES CAPITAUX	INTÉRETS POUR 268 JOURS (ou pour 8 mois et 28 jours.)						NOMBRES PRODUITS des CAPITAUX multipliés par 268 Jours.
	à 3 %	à 3 ½	à 4 %	à 4 ½	à 5 %	à 6 %	
fr.	fr. c.	fr. c.	fr. c.	fr. c.	fr. c.	fr. c.	
50,000	1116, 67	1302, 78	1488, 89	1675, 00	1861, 11	2233, 33	13400000
40,000	893, 33	1042, 22	1191, 11	1340, 00	1488, 89	1786, 67	10720000
30.000	670, 00	781, 67	893, 33	1005, 00	1116, 67	1340, 00	8040000
20,000	446, 67	521, 11	595, 56	670, 00	744, 44	893, 33	5360000
10,000	223, 33	260, 56	297, 78	335, 00	372, 22	446, 67	2680000
9,000	201, 00	234, 50	268, 00	301, 50	335, 00	402, 00	2412000
8,000	178, 67	208, 44	238, 22	268, 00	297, 78	357, 33	2144000
7,000	156, 33	182, 39	208, 44	234, 50	260, 56	312, 67	1876000
6,000	134, 00	156, 33	178, 67	201, 00	223, 33	268, 00	1608000
5,000	111, 67	130, 28	148, 89	167, 50	186, 11	223, 33	1340000
4,000	89, 33	104, 22	119, 11	134, 00	148, 89	178, 67	1072000
3,000	67, 00	78, 17	89, 33	100, 50	111, 67	134, 00	804000
2,000	44, 67	52, 11	59, 56	67, 00	74, 44	89, 33	536000
1,000	22, 33	26, 06	29, 78	33, 50	37, 22	44, 67	268000
900	20, 10	23, 45	26, 80	30, 15	33, 50	40, 20	241200
800	17, 87	20, 84	23, 82	26, 80	29, 78	35, 73	214400
700	15, 63	18, 24	20, 84	23, 45	26, 06	31, 27	187600
600	13, 40	15, 63	17, 87	20, 10	22, 33	26, 80	160800
500	11, 17	13, 03	14, 89	16, 75	18, 61	22, 33	134000
400	8, 93	10, 42	11, 91	13, 40	14, 89	17, 87	107200
300	6, 70	7, 82	8, 93	10, 05	11, 17	13, 40	80400
200	4, 47	5, 21	5, 96	6, 70	7, 44	8, 93	53600
100	2, 23	2, 61	2, 98	3, 35	3, 72	4, 47	26800
90	2, 01	2, 34	2, 68	3, 01	3, 35	4, 02	24120
80	1, 79	2, 08	2, 38	2, 68	2, 98	3, 57	21440
70	1, 56	1, 82	2, 08	2, 34	2, 61	3, 13	18760
60	1, 34	1, 56	1, 79	2, 01	2, 23	2, 68	16080
50	1, 12	1, 30	1, 49	1, 67	1, 86	2, 23	13400
40	0, 89	1, 04	1, 19	1, 34	1, 49	1, 79	10720
30	0, 67	0, 78	0, 89	1, 00	1, 12	1, 34	8040
20	0, 45	0, 52	0, 60	0, 67	0, 74	0, 89	5360
10	0, 22	0, 26	0, 30	0, 33	0, 37	0, 45	2680
9	0, 20	0, 23	0, 27	0, 30	0, 33	0, 40	2412
8	0, 18	0, 21	0, 24	0, 27	0, 30	0, 36	2144
7	0, 16	0, 18	0, 21	0, 23	0, 26	0, 31	1876
6	0, 13	0, 16	0, 18	0, 20	0, 22	0, 27	1608
5	0, 11	0, 13	0, 15	0, 17	0, 19	0, 22	1340
4	0, 09	0, 10	0, 12	0, 13	0, 15	0, 18	1072
3	0, 07	0, 08	0, 09	0, 10	0, 11	0, 13	804
2	0, 04	0, 05	0, 06	0, 07	0, 07	0, 09	536
1	0, 02	0, 03	0, 03	0, 03	0, 04	0, 04	268

COLONNE DES CAPITAUX	INTERÊTS POUR 269 JOURS (ou pour 8 mois et 29 jours.)						NOMBRES PRODUITS des CAPITAUX multipliés par 269 Jours.
	à 3 %	à 3 ½	à 4 %	à 4 ½	à 5 %	à 6 %	
fr.	fr. c.	fr. c.	fr. c.	fr. c.	fr. c.	fr. c.	
50,000	1120, 83	1307, 64	1494, 44	1681, 25	1868, 06	2241, 67	13450000
40,000	896, 67	1046, 11	1195, 56	1345, 00	1494, 41	1793, 33	10760000
30,000	672, 50	784, 58	896, 67	1008, 75	1120, 83	1345, 00	8070000
20,000	448, 33	523, 06	597, 78	672, 50	747, 22	896, 67	5380000
10,000	224, 17	261, 53	298, 89	336, 25	373, 61	448, 33	2690000
9,000	201, 75	235, 37	269, 00	302, 62	336, 25	403, 50	2421000
8,000	179, 33	209, 22	239, 11	269, 00	298, 89	358, 67	2152000
7,000	156, 92	183, 07	209, 22	235, 37	261, 53	313, 83	1883000
6,000	134, 50	156, 92	179, 33	201, 75	224, 17	269, 00	1614000
5,000	112, 08	130, 76	149, 44	168, 12	186, 81	224, 17	1345000
4,000	89, 67	104, 61	119, 56	134, 50	149, 44	179, 33	1076000
3,000	67, 25	78, 46	89, 67	100, 87	112, 08	134, 50	807000
2,000	44, 83	52, 31	59, 78	67, 25	74, 72	89, 67	538000
1,000	22, 42	26, 15	29, 89	33, 62	37, 36	44, 83	269000
900	20, 17	23, 54	26, 90	30, 26	33, 62	40, 35	242100
800	17, 93	20, 92	23, 91	26, 90	29, 89	35, 87	215200
700	15, 69	18, 31	20, 92	23, 54	26, 15	31, 38	188300
600	13, 45	15, 69	17, 93	20, 17	22, 42	26, 90	161400
500	11, 21	13, 08	14, 94	16, 81	18, 68	22, 42	134500
400	8, 97	10, 46	11, 96	13, 45	14, 94	17, 93	107600
300	6, 72	7, 85	8, 97	10, 09	11, 21	13, 45	80700
200	4, 48	5, 23	5, 98	6, 72	7, 47	8, 97	53800
100	2, 24	2, 62	2, 99	3, 36	3, 74	4, 48	26900
90	2, 02	2, 35	2, 69	3, 03	3, 36	4, 03	24210
80	1, 79	2, 09	2, 39	2, 69	2, 99	3, 59	21520
70	1, 57	1, 83	2, 09	2, 35	2, 62	3, 14	18830
60	1, 34	1, 57	1, 79	2, 02	2, 24	2, 69	16140
50	1, 12	1, 31	1, 49	1, 68	1, 87	2, 24	13450
40	0, 90	1, 05	1, 20	1, 34	1, 49	1, 79	10760
30	0, 67	0, 78	0, 90	1, 01	1, 12	1, 34	8070
20	0, 45	0, 52	0, 60	0, 67	0, 75	0, 90	5380
10	0, 22	0, 26	0, 30	0, 34	0, 37	0, 45	2690
9	0, 20	0, 24	0, 27	0, 30	0, 34	0, 40	2421
8	0, 18	0, 21	0, 24	0, 27	0, 30	0, 36	2152
7	0, 16	0, 18	0, 21	0, 24	0, 26	0, 31	1883
6	0, 13	0, 16	0, 18	0, 20	0, 22	0, 27	1614
5	0, 11	0, 13	0, 15	0, 17	0, 19	0, 22	1345
4	0, 09	0, 10	0, 12	0, 13	0, 15	0, 18	1076
3	0, 07	0, 08	0, 09	0, 10	0, 11	0, 13	807
2	0, 04	0, 05	0, 06	0, 07	0, 07	0, 09	538
1	0, 02	0, 03	0, 03	0, 03	0, 04	0, 04	269

23.

COLONNE DES CAPITAUX	INTERÊTS POUR 270 JOURS (ou pour 9 mois.)						NOMBRES PRODUITS des CAPITAUX multipliés par 270 Jours.
	à 3 %	à 3 ½	à 4 %	à 4 ½	à 5 %	à 6 %	
fr.	fr. c.	fr. c.	fr. c.	fr. c.	fr. c.	fr. c.	
50,000	1125, 00	1312, 50	1500, 00	1687, 50	1875, 00	2250, 00	13500000
40,000	900, 00	1050, 00	1200, 00	1350, 00	1500, 00	1800, 00	10800000
30,000	675, 00	787, 50	900, 00	1012, 50	1125, 00	1350, 00	8100000
20,000	450, 00	525, 00	600, 00	675, 00	750, 00	900, 00	5400000
10,000	225, 00	262, 50	300, 00	337, 50	375, 00	450, 00	2700000
9,000	202, 50	236, 25	270, 00	303, 75	337, 50	405, 00	2430000
8,000	180, 00	210, 00	240, 00	270, 00	300, 00	360, 00	2160000
7,000	157, 50	183, 75	210, 00	236, 25	262, 50	315, 00	1890000
6,000	135, 00	157, 50	180, 00	202, 50	225, 00	270, 00	1620000
5,000	112, 50	131, 25	150, 00	168, 75	187, 50	225, 00	1350000
4,000	90, 00	105, 00	120, 00	135, 00	150, 00	180, 00	1080000
3,000	67, 50	78, 75	90, 00	101, 25	112, 50	135, 00	810000
2,000	45, 00	52, 50	60, 00	67, 50	75, 00	90, 00	540000
1,000	22, 50	26, 25	30, 00	33, 75	37, 50	45, 00	270000
900	20, 25	23, 62	27, 00	30, 37	33, 75	40, 50	243000
800	18, 00	21, 00	24, 00	27, 00	30, 00	36, 00	216000
700	15, 75	18, 37	21, 00	23, 62	26, 25	31, 50	189000
600	13, 50	15, 75	18, 00	20, 25	22, 50	27, 00	162000
500	11, 25	13, 12	15, 00	16, 87	18, 75	22, 50	135000
400	9, 00	10, 50	12, 00	13, 50	15, 00	18, 00	108000
300	6, 75	7, 87	9, 00	10, 12	11, 25	13, 50	81000
200	4, 50	5, 25	6, 00	6, 75	7, 50	9, 00	54000
100	2, 25	2, 62	3, 00	3, 37	3, 75	4, 50	27000
90	2, 02	2, 36	2, 70	3, 04	3, 37	4, 05	24300
80	1, 80	2, 10	2, 40	2, 70	3, 00	3, 60	21600
70	1, 57	1, 84	2, 10	2, 36	2, 62	3, 15	18900
60	1, 35	1, 57	1, 80	2, 02	2, 25	2, 70	16200
50	1, 12	1, 31	1, 50	1, 69	1, 87	2, 25	13500
40	0, 90	1, 05	1, 20	1, 35	1, 50	1, 80	10800
30	0, 67	0, 79	0, 90	1, 01	1, 12	1, 35	8100
20	0, 45	0, 52	0, 60	0, 67	0, 75	0, 90	5400
10	0, 22	0, 26	0, 30	0, 34	0, 37	0, 45	2700
9	0, 20	0, 24	0, 27	0, 30	0, 34	0, 40	2430
8	0, 18	0, 21	0, 24	0, 27	0, 30	0, 36	2160
7	0, 16	0, 18	0, 21	0, 24	0, 26	0, 31	1890
6	0, 13	0, 16	0, 18	0, 20	0, 22	0, 27	1620
5	0, 11	0, 13	0, 15	0, 17	0, 19	0, 22	1350
4	0, 09	0, 10	0, 12	0, 13	0, 15	0, 18	1080
3	0, 07	0, 08	0, 09	0, 10	0, 11	0, 13	810
2	0, 04	0, 05	0, 06	0, 07	0, 07	0, 09	540
1	0, 02	0, 03	0, 03	0, 03	0, 04	0, 04	270

COLONNE DES CAPITAUX	INTÉRÊTS POUR 271 JOURS (ou pour 9 mois et 1 jour.)						NOMBRES PRODUITS des CAPITAUX multipliés par 271 Jours.
	à 3 %	à 3 ½	à 4 %	à 4 ½	à 5 %	à 6 %	
fr.	fr. c.	fr. c.	fr. c.	fr. c.	fr. c.	fr. c.	
50,000	1129, 17	1317, 36	1505, 56	1693, 75	1881, 94	2258, 33	13550000
40,000	903, 33	1053, 89	1204, 44	1355, 00	1505, 56	1806, 67	10840000
30,000	677, 50	790, 42	903, 33	1016, 25	1129, 17	1355, 00	8130000
20,000	451, 67	526, 94	602, 22	677, 50	752, 78	903, 33	5420000
10,000	225, 83	263, 47	301, 11	338, 75	376, 39	451, 67	2710000
9,000	203, 25	237, 12	271, 00	304, 87	338, 75	406, 50	2439000
8,000	180, 67	210, 77	240, 89	271, 00	301, 11	361, 33	2168000
7,000	158, 08	184, 43	210, 78	237, 12	263, 47	316, 17	1897000
6,000	135, 50	158, 08	180, 67	203, 25	225, 83	271, 00	1626000
5,000	112, 92	131, 74	150, 56	169, 37	188, 19	225, 83	1355000
4,000	90, 33	105, 39	120, 44	135, 50	150, 56	180, 67	1084000
3,000	67, 75	79, 04	90, 33	101, 62	112, 92	135, 50	813000
2,000	45, 17	52, 69	60, 22	67, 75	75, 28	90, 33	542000
1,000	22, 58	26, 35	30, 11	33, 87	37, 64	45, 17	271000
900	20, 32	23, 71	27, 10	30, 49	33, 87	40, 65	243900
800	18, 07	21, 08	24, 09	27, 10	30, 11	36, 13	216800
700	15, 81	18, 44	21, 08	23, 71	26, 35	31, 62	189700
600	13, 55	15, 81	18, 07	20, 32	22, 58	27, 10	162600
500	11, 29	13, 17	15, 06	16, 94	18, 82	22, 58	135500
400	9, 03	10, 54	12, 04	13, 55	15, 06	18, 07	108400
300	6, 77	7, 90	9, 03	10, 16	11, 29	13, 55	81300
200	4, 52	5, 27	6, 02	6, 77	7, 53	9, 03	54200
100	2, 26	2, 63	3, 01	3, 39	3, 76	4, 52	27100
90	2, 03	2, 37	2, 71	3, 05	3, 39	4, 06	24390
80	1, 81	2, 11	2, 41	2, 71	3, 01	3, 61	21680
70	1, 58	1, 84	2, 11	2, 37	2, 63	3, 16	18970
60	1, 35	1, 58	1, 81	2, 03	2, 26	2, 71	16260
50	1, 13	1, 32	1, 51	1, 69	1, 88	2, 26	13550
40	0, 90	1, 05	1, 20	1, 35	1, 51	1, 81	10840
30	0, 68	0, 79	0, 90	1, 02	1, 13	1, 35	8130
20	0, 45	0, 53	0, 60	0, 68	0, 75	0, 90	5420
10	0, 23	0, 26	0, 30	0, 34	0, 38	0, 45	2710
9	0, 20	0, 24	0, 27	0, 30	0, 34	0, 41	2439
8	0, 18	0, 21	0, 24	0, 27	0, 30	0, 36	2168
7	0, 16	0, 18	0, 21	0, 24	0, 26	0, 32	1897
6	0, 14	0, 16	0, 18	0, 20	0, 23	0, 27	1626
5	0, 11	0, 13	0, 15	0, 17	0, 19	0, 23	1355
4	0, 09	0, 11	0, 12	0, 14	0, 15	0, 18	1084
3	0, 07	0, 08	0, 09	0, 10	0, 11	0, 14	813
2	0, 05	0, 05	0, 06	0, 07	0, 08	0, 09	542
1	0, 02	0, 03	0, 03	0, 03	0, 04	0, 05	271

COLONNE DES CAPITAUX	INTÉRÊTS POUR 272 JOURS (ou pour 9 mois et 2 jours.)						NOMBRES PRODUITS des CAPITAUX multipliés par 272 Jours.
	à 3 %	à 3 ½	à 4 %	à 4 ½	à 5 %	à 6 %	
fr.	fr. c.	fr. c.	fr. c.	fr. c.	fr. c	fr. c.	
50,000	1133, 33	1322, 22	1511, 11	1700, 00	1888, 89	2266, 67	13600000
40,000	906, 67	1057, 78	1208, 89	1360, 00	1511, 11	1813, 33	10880000
30,000	680, 00	793, 33	906, 67	1020, 00	1133, 33	1360, 00	8160000
20,000	453, 33	528, 89	604, 44	680, 00	755, 56	906, 67	5440000
10,000	226, 67	264, 44	302, 22	340, 00	377, 78	453, 33	2720000
9,000	204, 00	238, 00	272, 00	306, 00	340, 00	408, 00	2448000
8,000	181, 33	211, 56	241, 78	272, 00	302, 22	362, 67	2176000
7,000	158, 67	185, 11	211, 56	238, 00	264, 44	317, 33	1904000
6,000	136, 00	158, 67	181, 33	204, 00	226, 67	272, 00	1632000
5,000	113, 33	132, 22	151, 11	170, 00	188, 89	226, 67	1360000
4,000	90, 67	105, 78	120, 89	136, 00	151, 11	181, 33	1088000
3,000	68, 00	79, 33	90, 67	102, 00	113, 33	136, 00	816000
2,000	45, 33	52, 89	60, 44	68, 00	75, 56	90, 67	544000
1,000	22, 67	26, 44	30, 22	34, 00	37, 78	45, 33	272000
900	20, 40	23, 80	27, 20	30, 60	34, 00	40, 80	244800
800	18, 13	21, 16	24, 18	27, 20	30, 22	36, 27	217600
700	15, 87	18, 51	21, 16	23, 80	26, 44	31, 73	190400
600	13, 60	15, 87	18, 13	20, 40	22, 67	27, 20	163200
500	11, 33	13, 22	15, 11	17, 00	18, 89	22, 67	136000
400	9, 07	10, 58	12, 09	13, 60	15, 11	18, 13	108800
300	6, 80	7, 93	9, 07	10, 20	11, 33	13, 60	81600
200	4, 53	5, 29	6, 04	6, 80	7, 56	9, 07	54400
100	2, 27	2, 64	3, 02	3, 40	3, 78	4, 53	27200
90	2, 04	2, 38	2, 72	3, 06	3, 40	4, 08	24480
80	1, 81	2, 12	2, 42	2, 72	3, 02	3, 63	21760
70	1, 59	1, 85	2, 12	2, 38	2, 64	3, 17	19040
60	1, 36	1, 59	1, 81	2, 04	2, 27	2, 72	16320
50	1, 13	1, 32	1, 51	1, 70	1, 89	2, 27	13600
40	0, 91	1, 06	1, 21	1, 36	1, 51	1, 81	10880
30	0, 68	0, 79	0, 91	1, 02	1, 13	1, 36	8160
20	0, 45	0, 53	0, 60	0, 68	0, 76	0, 91	5440
10	0, 23	0 26	0, 30	0, 34	0, 38	0, 45	2720
9	0, 20	0, 24	0, 27	0, 31	0, 34	0, 41	2448
8	0, 18	0, 21	0, 24	0, 27	0, 30	0, 36	2176
7	0, 16	0, 19	0, 21	0, 24	0, 26	0, 32	1904
6	0, 14	0, 16	0, 18	0, 20	0, 23	0, 27	1632
5	0, 11	0, 13	0, 15	0, 17	0, 19	0, 23	1360
4	0, 09	0, 11	0 12	0, 14	0, 15	0, 18	1088
3	0, 07	0, 08	0, 09	0, 10	0, 11	0, 14	816
2	0, 05	0, 05	0, 06	0, 07	0, 08	0, 09	544
1	0, 02	0, 03	0, 03	0, 03	0, 04	0, 05	272

COLONNE DES CAPITAUX	INTERETS POUR 273 JOURS (ou pour 9 mois et 3 jours.)						NOMBRES PRODUITS des CAPITAUX multipliés par 273 Jours.
	à 3 %	à 3 ½	à 4 %	à 4 ½	à 5 %	à 6 %	
fr.	fr. c.	fr. c.	fr. c.	fr. c.	fr. c.	fr. c.	
50,000	1137, 50	1327, 08	1516, 67	1706, 25	1895, 83	2275, 00	13650000
40,000	910, 00	1061, 67	1213, 33	1365, 00	1516, 67	1820, 00	10920000
30,000	682, 50	796, 25	910, 00	1023, 75	1137, 50	1365, 00	8190000
20,000	455, 00	530, 83	606, 67	682, 50	758, 33	910, 00	5460000
10,000	227, 50	265, 42	303, 33	341, 25	379, 17	455, 00	2730000
9,000	204, 75	238, 87	273, 00	307, 12	341, 25	409, 50	2457000
8,000	182, 00	212, 33	242, 67	273, 00	303, 33	364, 00	2184000
7,000	159, 25	185, 79	212, 33	238, 87	265, 42	318, 50	1911000
6,000	136, 50	159, 25	182, 00	204, 75	227, 50	273, 00	1638000
5,000	113, 75	132, 71	151, 67	170, 62	189, 58	227, 50	1365000
4,000	91, 00	106, 17	121, 33	136, 50	151, 67	182, 00	1092000
3,000	68, 25	79, 62	91, 00	102, 37	113, 75	136, 50	819000
2,000	45, 50	53, 08	60, 67	68, 25	75, 83	91, 00	546000
1,000	22, 75	26, 54	30, 33	34, 12	37, 92	45, 50	273000
900	20, 47	23, 89	27, 30	30, 71	34, 12	40, 95	245700
800	18, 20	21, 23	24, 27	27, 30	30, 33	36, 40	218400
700	15, 92	18, 58	21, 23	23, 89	26, 54	31, 85	191100
600	13, 65	15, 92	18, 20	20, 47	22, 75	27, 30	163800
500	11, 37	13, 27	15, 17	17, 06	18, 96	22, 75	136500
400	9, 10	10, 62	12, 13	13, 65	15, 17	18, 20	109200
300	6, 82	7, 96	9, 10	10, 24	11, 37	13, 65	81900
200	4, 55	5, 31	6, 07	6, 82	7, 58	9, 10	54600
100	2, 27	2, 65	3, 03	3, 41	3, 79	4, 55	27300
90	2, 05	2, 39	2, 73	3, 07	3, 41	4, 09	24570
80	1, 82	2, 12	2, 43	2, 73	3, 03	3, 64	21840
70	1, 59	1, 86	2, 12	2, 39	2, 65	3, 18	19110
60	1, 36	1, 59	1, 82	2, 05	2, 27	2, 73	16380
50	1, 14	1, 33	1, 52	1, 71	1, 90	2, 27	13650
40	0, 91	1, 06	1, 21	1, 36	1, 52	1, 82	10920
30	0, 68	0, 80	0, 91	1, 02	1, 14	1, 36	8190
20	0, 45	0, 53	0, 61	0, 68	0, 76	0, 91	5460
10	0, 23	0, 27	0, 30	0, 34	0, 38	0, 45	2730
9	0, 20	0, 24	0, 27	0, 31	0, 34	0, 41	2457
8	0, 18	0, 21	0, 24	0, 27	0, 30	0, 36	2184
7	0, 16	0, 19	0, 21	0, 24	0, 27	0, 32	1911
6	0, 14	0, 16	0, 18	0, 20	0, 23	0, 27	1638
5	0, 11	0, 13	0, 15	0, 17	0, 19	0, 23	1365
4	0, 09	0, 11	0, 12	0, 14	0, 15	0, 18	1092
3	0, 07	0, 08	0, 09	0, 10	0, 11	0, 14	819
2	0, 05	0, 05	0, 06	0, 07	0, 08	0, 09	546
1	0. 02	0, 03	0, 03	0. 03	0. 04	0, 05	273

COLONNE DES CAPITAUX	à 3 %	à 3 ½	à 4 %	à 4 ½	à 5 %	à 6 %	NOMBRES PRODUITS des CAPITAUX multipliés par 274 Jours.
INTÉRÊTS POUR 274 JOURS (ou pour 9 mois et 4 jours.)							
fr.	fr. c.	fr. c.	fr. c.	fr. c.	fr. c.	fr. c.	
50,000	1141, 67	1331, 94	1522, 22	1712, 50	1902, 78	2283, 33	13700000
40,000	913, 33	1065, 56	1217, 78	1370, 00	1522, 22	1826, 67	10960000
30,000	685, 00	799, 17	913, 33	1027, 50	1141, 67	1370, 00	8220000
20,000	456, 67	532, 78	608, 89	685, 00	761, 11	913, 33	5480000
10,000	228, 33	266, 39	304, 44	342, 50	380, 56	456, 67	2740000
9,000	205, 50	239, 75	274, 00	308, 25	342, 50	411, 00	2466000
8,000	182, 67	213, 11	243, 56	274, 00	304, 44	365, 33	2192000
7,000	159, 83	186, 47	213, 11	239, 75	266, 39	319, 67	1918000
6,000	137, 00	159, 83	182, 67	205, 50	228, 33	274, 00	1644000
5,000	114, 17	133, 19	152, 22	171, 25	190, 28	228, 33	1370000
4,000	91, 33	106, 56	121, 78	137, 00	152, 22	182, 67	1096000
3,000	68, 50	79, 92	91, 33	102, 75	114, 17	137, 00	822000
2,000	45, 67	53, 28	60, 89	68, 50	76, 11	91, 33	548000
1,000	22, 83	26, 64	30, 44	34, 25	38, 06	45, 67	274000
900	20, 55	23, 97	27, 40	30, 82	34, 25	41, 10	246600
800	18, 27	21, 31	24, 36	27, 40	30, 44	36, 53	219200
700	15, 98	18, 65	21, 31	23, 97	26, 64	31, 97	191800
600	13, 70	15, 98	18, 27	20, 55	22, 83	27, 40	164400
500	11, 42	13, 32	15, 22	17, 12	19, 03	22, 83	137000
400	9, 13	10, 66	12, 18	13, 70	15, 22	18, 27	109600
300	6, 85	7, 99	9, 13	10, 27	11, 42	13, 70	82200
200	4, 57	5, 33	6, 09	6, 85	7, 61	9, 13	54800
100	2, 28	2, 66	3, 04	3, 42	3, 81	4, 57	27400
90	2, 05	2, 40	2, 74	3, 08	3, 42	4, 11	24660
80	1, 83	2, 13	2, 44	2, 74	3, 04	3, 65	21920
70	1, 60	1, 86	2, 13	2, 40	2, 66	3, 20	19180
60	1, 37	1, 60	1, 83	2, 05	2, 28	2, 74	16440
50	1, 14	1, 33	1, 52	1, 71	1, 90	2, 28	10960
40	0, 91	1, 07	1, 22	1, 37	1, 52	1, 83	8220
30	0, 68	0, 80	0, 91	1, 03	1, 14	1, 37	5480
20	0, 46	0, 53	0, 61	0, 68	0, 76	0, 91	2740
10	0, 23	0, 27	0, 30	0, 34	0, 38	0, 46	
9	0, 21	0, 24	0, 27	0, 31	0, 34	0, 41	2466
8	0, 18	0, 21	0, 24	0, 27	0, 30	0, 37	2192
7	0, 16	0, 19	0, 21	0, 24	0, 27	0, 32	1918
6	0, 14	0, 16	0, 18	0, 21	0, 23	0, 27	1644
5	0, 11	0, 13	0, 15	0, 17	0, 19	0, 23	1370
4	0, 09	0, 11	0, 12	0, 14	0, 15	0, 18	1096
3	0, 07	0, 08	0, 09	0, 10	0, 11	0, 14	822
2	0, 05	0, 05	0, 06	0, 07	0, 08	0, 09	548
1	0, 02	0, 03	0, 03	0, 03	0, 04	0, 05	274

COLONNE DES CAPITAUX	INTÉRÊTS POUR 275 JOURS (ou pour 9 mois et 5 jours.)						NOMBRES PRODUITS des CAPITAUX multipliés par 275 Jours
	à 3 %	à 3 ½	à 4 %	à 4 ½	à 5 %	à 6 %	
fr.	fr. c.	fr. c.	fr. c.	fr. c.	fr. c.	fr. c.	
50,000	1145, 83	1336, 80	1527, 78	1718, 75	1909, 72	2291, 67	13750000
40,000	916, 67	1069, 44	1222, 22	1375, 00	1527, 78	1833, 33	11000000
30,000	687, 50	802, 08	916, 67	1031, 25	1145, 83	1375, 00	8250000
20,000	458, 33	534, 72	611, 11	687, 50	763, 89	916, 67	5500000
10,000	229, 17	267, 36	305, 56	343, 75	381, 94	458, 33	2750000
9,000	206, 25	240, 62	275, 00	309, 37	343, 75	412, 50	2475000
8,000	183, 33	213, 89	244, 44	275, 00	305, 56	366, 67	2200000
7,000	160, 42	187, 15	213, 89	240, 62	267, 36	320, 83	1925000
6,000	137, 50	160, 42	183, 33	206, 25	229, 17	275, 00	1650000
5,000	114, 58	133, 68	152, 78	171, 87	190, 97	229, 17	1375000
4,000	91, 67	106, 94	122, 22	137, 50	152, 78	183, 33	1100000
3,000	68, 75	80, 21	91, 67	103, 12	114, 58	137, 50	825000
2,000	45, 83	53, 47	61, 11	68, 75	76, 39	91, 67	550000
1,000	22, 92	26, 74	30, 56	34, 37	38, 19	45, 83	275000
900	20, 62	24, 06	27, 50	30, 94	34, 37	41, 25	247500
800	18, 33	21, 39	24, 44	27, 50	30, 56	36, 67	220000
700	16, 04	18, 72	21, 39	24, 06	26, 74	32, 08	192500
600	13, 75	16, 04	18, 33	20, 62	22, 92	27, 50	165000
500	11, 46	13, 37	15, 28	17, 19	19, 10	22, 92	137500
400	9, 17	10, 69	12, 22	13, 75	15, 28	18, 33	110000
300	6, 87	8, 02	9, 17	10, 31	11, 46	13, 75	82500
200	4, 58	5, 35	6, 11	6, 87	7, 64	9, 17	55000
100	2, 29	2, 67	3, 06	3, 44	3, 82	4, 58	27500
90	2, 06	2, 41	2, 75	3, 09	3, 44	4, 12	24750
80	1, 83	2, 14	2, 44	2, 75	3, 06	3, 67	22000
70	1, 60	1, 87	2, 14	2, 41	2, 67	3, 21	19250
60	1, 37	1, 60	1, 83	2, 06	2, 29	2, 75	16500
50	1, 15	1, 34	1, 53	1, 72	1, 91	2, 29	13750
40	0, 92	1, 07	1, 22	1, 37	1, 53	1, 83	11000
30	0, 69	0, 80	0, 92	1, 03	1, 15	1, 37	8250
20	0, 46	0, 53	0, 61	0, 69	0, 76	0, 92	5500
10	0, 23	0, 27	0, 31	0, 34	0, 38	0, 46	2750
9	0, 21	0, 24	0, 27	0, 31	0, 34	0, 41	2475
8	0, 18	0, 21	0, 24	0, 27	0, 31	0, 37	2200
7	0, 16	0, 19	0, 21	0, 24	0, 27	0, 32	1925
6	0, 14	0, 16	0, 18	0, 21	0, 23	0, 27	1650
5	0, 11	0, 13	0, 15	0, 17	0, 19	0, 23	1375
4	0, 09	0, 11	0, 12	0, 14	0, 15	0, 18	1100
3	0, 07	0, 08	0, 09	0, 10	0, 11	0, 14	825
2	0, 05	0, 05	0, 06	0, 07	0, 08	0, 09	550
1	0, 02	0, 03	0, 03	0, 03	0, 04	0, 05	275

COLONNE DES CAPITAUX	INTERETS POUR 276 JOURS (ou pour 9 mois et 6 jours.)						NOMBRES PRODUITS des CAPITAUX multipliés par 276 Jours.
	à 3 %	à 3 ½	à 4 %	à 4 ½	à 5 %	à 6 %	
fr.	fr. c.	fr. c.	fr. c.	fr. c.	fr. c.	fr. c.	
50,000	1150, 00	1341, 67	1533, 33	1725, 00	1916, 67	2300, 00	13800000
40,000	920, 00	1073, 33	1226, 67	1380, 00	1533, 33	1840, 00	11040000
30,000	690, 00	805, 00	920, 00	1035, 00	1150, 00	1380, 00	8280000
20,000	460, 00	536, 67	613, 33	690, 00	766, 67	920, 00	5520000
10,000	230, 00	268, 33	306, 67	345, 00	383, 33	460, 00	2760000
9,000	207, 00	241, 50	276, 00	310, 50	345, 00	414, 00	2484000
8,000	184, 00	214, 67	245, 33	276, 00	306, 67	368, 00	2208000
7,000	161, 00	187, 83	214, 67	241, 50	268, 33	322, 00	1932000
6,000	138, 00	161, 00	184, 00	207, 00	230, 00	276, 00	1656000
5,000	115, 00	134, 17	153, 33	172, 50	191, 67	230, 00	1380000
4,000	92, 00	107, 33	122, 67	138, 00	153, 33	184, 00	1104000
3,000	69, 00	80, 50	92, 00	103, 50	115, 00	138, 00	828000
2,000	46, 00	53, 67	61, 33	69, 00	76, 67	92, 00	552000
1,000	23, 00	26, 83	30, 67	34, 50	38, 33	46, 00	276000
900	20, 70	24, 15	27, 60	31, 05	34, 50	41, 40	248400
800	18, 40	21, 47	24, 53	27, 60	30, 67	36, 80	220800
700	16, 10	18, 78	21, 47	24, 15	26, 83	32, 20	193200
600	13, 80	16, 10	18, 40	20, 70	23, 00	27, 60	165600
500	11, 50	13, 42	15, 33	17, 25	19, 17	23, 00	138000
400	9, 20	10, 73	12, 27	13, 80	15, 33	18, 40	110400
300	6, 90	8, 05	9, 20	10, 35	11, 50	13, 80	82800
200	4, 60	5, 37	6, 13	6, 90	7, 67	9, 20	55200
100	2, 30	2, 68	3, 07	3, 45	3, 83	4, 60	27600
90	2, 07	2, 41	2, 76	3, 10	3, 45	4, 14	24840
80	1, 84	2, 15	2, 45	2, 76	3, 07	3, 68	22080
70	1, 61	1, 88	2, 15	2, 41	2, 68	3, 22	19320
60	1, 38	1, 61	1, 84	2, 07	2, 30	2, 76	16560
50	1, 15	1, 34	1, 53	1, 72	1, 92	2, 30	13800
40	0, 92	1, 07	1, 23	1, 38	1, 53	1, 84	11040
30	0, 69	0, 80	0, 92	1, 03	1, 15	1, 38	8280
20	0, 46	0, 54	0, 61	0, 69	0, 77	0, 92	5520
10	0, 23	0, 27	0, 31	0, 34	0, 38	0, 46	2760
9	0, 21	0, 24	0, 28	0, 31	0, 34	0, 41	2484
8	0, 18	0, 21	0, 25	0, 28	0, 31	0, 37	2208
7	0, 16	0, 19	0, 21	0, 24	0, 27	0, 32	1932
6	0, 14	0, 16	0, 18	0, 21	0, 23	0, 28	1656
5	0, 11	0, 13	0, 15	0, 17	0, 19	0, 23	1380
4	0, 09	0, 11	0, 12	0, 14	0, 15	0, 18	1104
3	0, 07	0, 08	0, 09	0, 10	0, 11	0, 14	828
2	0, 05	0, 05	0, 06	0, 07	0, 08	0, 09	552
1	0, 02	0, 03	0, 03	0, 03	0, 04	0, 05	276

COLONNE DES CAPITAUX	INTERETS POUR 277 JOURS (ou pour 9 mois et 7 jours.)						NOMBRES PRODUITS des CAPITAUX multipliés par 277 Jours.
	à 3 %	à 3 ½	à 4 %	à 4 ½	à 5 %	à 6 %	
fr.	fr. c.	fr. c.	fr. c.	fr. c.	fr. c.	fr. c.	
50,000	1154, 17	1346, 53	1538, 89	1731, 25	1923, 61	2308, 33	13850000
40,000	923, 33	1077, 22	1231, 11	1385, 00	1538, 89	1846, 67	11080000
30,000	692, 50	807, 92	923, 33	1038, 75	1154, 17	1385, 00	8310000
20,000	461, 67	538, 61	615, 56	692, 50	769, 44	923, 33	5540000
10,000	230, 83	269, 31	307, 78	346, 25	384, 72	461, 67	2770000
9,000	207, 75	242, 37	277, 00	311, 62	346, 25	415, 50	2493000
8,000	184, 67	215, 44	246, 22	277, 00	307, 78	369, 33	2216000
7,000	161, 58	188, 51	215, 44	242, 37	269, 31	323, 17	1939000
6,000	138, 50	161, 58	184, 67	207, 75	230, 83	277, 00	1662000
5,000	115, 42	134, 65	153, 89	173, 12	192, 36	230, 83	1385000
4,000	92, 33	107, 72	123, 11	138, 50	153, 89	184, 67	1108000
3,000	69, 25	80, 79	92, 33	103, 87	115, 42	138, 50	831000
2,000	46, 17	53, 86	61, 56	69, 25	76, 94	92, 33	554000
1,000	23, 08	26, 93	30, 78	34, 62	38, 47	46, 17	277000
900	20, 77	24, 24	27, 70	31, 16	34, 62	41, 55	249300
800	18, 47	21, 54	24, 62	27, 70	30, 78	36, 93	221600
700	16, 16	18, 85	21, 54	24, 24	26, 93	32, 32	193900
600	13, 85	16, 16	18, 47	20, 77	23, 08	27, 70	166200
500	11, 54	13, 47	15, 39	17, 31	19, 24	23, 08	138500
400	9, 23	10, 77	12, 31	13, 85	15, 39	18, 47	110800
300	6, 92	8, 08	9, 23	10, 39	11, 54	13, 85	83100
200	4, 62	5, 39	6, 16	6, 92	7, 69	9, 23	55400
100	2, 31	2, 69	3, 08	3, 46	3, 85	4, 62	27700
90	2, 08	2, 42	2, 77	3, 12	3, 46	4, 15	24930
80	1, 85	2, 15	2, 46	2, 77	3, 08	3, 69	22160
70	1, 62	1, 89	2, 15	2, 42	2, 69	3, 23	19390
60	1, 38	1, 62	1, 85	2, 08	2, 31	2, 77	16620
50	1, 15	1, 35	1, 54	1, 73	1, 92	2, 31	13850
40	0, 92	1, 08	1, 23	1, 38	1, 54	1, 85	11080
30	0, 69	0, 81	0, 92	1, 04	1, 15	1, 38	8310
20	0, 46	0, 54	0, 62	0, 69	0, 77	0, 92	5540
10	0, 23	0, 27	0, 31	0, 35	0, 38	0, 46	2770
9	0, 21	0, 24	0, 28	0, 31	0, 35	0, 42	2493
8	0, 18	0, 22	0, 25	0, 28	0, 31	0, 37	2216
7	0, 16	0, 19	0, 22	0, 24	0, 27	0, 32	1939
6	0, 14	0, 16	0, 18	0, 21	0, 23	0, 28	1662
5	0, 12	0, 13	0, 15	0, 17	0, 19	0, 23	1385
4	0, 09	0, 11	0, 12	0, 14	0, 15	0, 18	1108
3	0, 07	0, 08	0, 09	0, 10	0, 12	0, 14	831
2	0, 05	0, 05	0, 06	0, 07	0, 08	0, 09	554
1	0, 03	0, 03	0, 03	0, 03	0, 04	0, 05	277

COLONNE DES CAPITAUX	INTERETS POUR 278 JOURS (ou pour 9 mois et 8 jours.)						NOMBRES PRODUITS des CAPITAUX multipliés par 278 Jours.
	à 3 %	à 3 ½	à 4 %	à 4 ½	à 5 %	à 6 %	
fr.	fr. c.	fr. c.	fr. c.	fr. c.	fr. c.	fr. c.	
50,000	1158, 33	1351, 39	1544, 44	1737, 50	1930, 55	2316, 67	13900000
40,000	926, 67	1081, 11	1235, 56	1390, 00	1544, 44	1853, 33	11120000
30,000	695, 00	810, 83	926, 67	1042, 50	1158, 33	1390, 00	8340000
20,000	463, 33	540, 56	617, 78	695, 00	772, 22	926, 67	5560000
10,000	231, 67	270, 28	308, 89	347, 50	386, 11	463, 33	2780000
9,000	208, 50	243, 25	278, 00	312, 75	347, 50	417, 00	2502000
8,000	185, 33	216, 22	247, 11	278, 00	308, 89	370, 67	2224000
7,000	162, 17	189, 19	216, 22	243, 25	270, 28	324, 33	1946000
6,000	139, 00	162, 17	185, 33	208, 50	231, 67	278, 00	1668000
5,000	115, 83	135, 14	154, 44	173, 75	193, 06	231, 67	1390000
4,000	92, 67	108, 11	123, 56	139, 00	154, 44	185, 33	1112000
3,000	69, 50	81, 08	92, 67	104, 25	115, 83	139, 00	834000
2,000	46, 33	54, 06	61, 78	69, 50	77, 22	92, 67	556000
1,000	23, 17	27, 03	30, 89	34, 75	38, 61	46, 33	278000
900	20, 85	24, 32	27, 80	31, 27	34, 75	41, 70	250200
800	18, 53	21, 62	24, 71	27, 80	30, 89	37, 07	222400
700	16, 22	18, 92	21, 62	24, 32	27, 03	32, 43	194600
600	13, 90	16, 22	18, 53	20, 85	23, 17	27, 80	166800
500	11, 58	13, 51	15, 44	17, 37	19, 31	23, 17	139000
400	9, 27	10, 81	12, 36	13, 90	15, 44	18, 53	111200
300	6, 95	8, 11	9, 27	10, 42	11, 58	13, 90	83400
200	4, 63	5, 41	6, 18	6, 95	7, 72	9, 27	55600
100	2, 32	2, 70	3, 09	3, 47	3, 86	4, 63	27800
90	2, 08	2, 43	2, 78	3, 13	3, 47	4, 17	25020
80	1, 85	2, 16	2, 47	2, 78	3, 09	3, 71	22240
70	1, 62	1, 89	2, 16	2, 43	2, 70	3, 24	19460
60	1, 39	1, 62	1, 85	2, 08	2, 32	2, 78	16680
50	1, 16	1, 35	1, 54	1, 74	1, 93	2, 32	13900
40	0, 93	1, 08	1, 24	1, 39	1, 54	1, 85	11120
30	0, 69	0, 81	0, 93	1, 04	1, 16	1, 39	8340
20	0, 46	0, 54	0, 62	0, 69	0, 77	0, 93	5560
10	0, 23	0, 27	0, 31	0, 35	0, 39	0, 46	2780
9	0, 21	0, 24	0, 28	0, 31	0, 35	0, 42	2502
8	0, 19	0, 22	0, 25	0, 28	0, 31	0, 37	2224
7	0, 16	0, 19	0, 22	0, 24	0, 27	0, 32	1946
6	0, 14	0, 16	0, 19	0, 21	0, 23	0, 28	1668
5	0, 12	0, 14	0, 15	0, 17	0, 19	0, 23	1390
4	0, 09	0, 11	0, 12	0, 14	0, 15	0, 19	1112
3	0, 07	0, 08	0, 09	0, 10	0, 12	0, 14	834
2	0, 05	0, 05	0, 06	0, 07	0, 08	0, 09	556
1	0, 02	0, 03	0, 03	0, 03	0, 04	0, 05	278

COLONNE DES CAPITAUX	INTERÊTS POUR 279 JOURS (ou pour 9 mois et 9 jours.)						NOMBRES PRODUITS des CAPITAUX multipliés par 279 Jours.
	à 3 %	à 3 ½	à 4 %	à 4 ½	à 5 %	à 6 %	
fr.	fr. c.	fr. c.	fr. c.	fr. c.	fr. c.	fr. c.	
50,000	1162, 50	1356, 25	1550, 00	1743, 75	1937, 50	2325, 00	13950000
40,000	930, 00	1085, 00	1240, 00	1395, 00	1550, 00	1860, 00	11160000
30,000	697, 50	813, 75	930, 00	1046, 25	1162, 50	1395, 00	8370000
20,000	465, 00	542, 50	620, 00	697, 50	775, 00	930, 00	5580000
10,000	232, 50	271, 25	310, 00	348, 75	387, 50	465, 00	2790000
9,000	209 25	244, 12	279 00	313, 87	348, 75	418, 50	2511000
8,000	186, 00	217, 00	248, 00	279, 00	310, 00	372, 00	2232000
7,000	162, 75	189, 87	217, 00	244, 12	271, 25	325, 50	1953000
6,000	139, 50	162, 75	186, 00	209, 25	232, 50	279, 00	1674000
5,000	116, 25	135, 62	155, 00	174, 37	193, 75	232, 50	1395000
4,000	93, 00	108, 50	124, 00	139, 50	155, 00	186, 00	1116000
3,000	69, 75	81, 37	93, 00	104, 62	116, 25	139, 50	837000
2,000	46, 50	54 25	62, 00	69, 75	77, 50	93, 00	558000
1,000	23, 25	27, 12	31, 00	34, 87	38, 75	46, 50	279000
900	20, 92	24 41	27, 90	31, 39	34, 87	41, 85	251100
800	18, 60	21, 70	24, 80	27, 90	31, 00	37, 20	223200
700	16, 27	18, 99	21, 70	24, 41	27, 12	32, 55	195310
600	13, 95	16, 27	18, 60	20, 92	23, 25	27, 90	167400
500	11, 62	13, 56	15, 50	17, 44	19, 37	23, 25	139500
400	9, 30	10, 85	12, 40	13, 95	15, 50	18, 60	111600
300	6, 97	8, 14	9, 30	10, 46	11, 62	13, 95	83700
200	4, 65	5, 42	6, 20	6, 97	7, 75	9, 30	55800
100	2, 32	2, 71	3, 10	3, 49	3, 87	4, 65	27900
90	2, 09	2, 44	2, 79	3, 14	3, 49	4, 18	25110
80	1, 86	2, 17	2, 48	2, 79	3, 10	3, 72	22320
70	1, 63	1, 90	2, 17	2, 44	2, 71	3, 25	19530
60	1, 39	1, 63	1, 86	2, 09	2, 32	2, 79	16740
50	1, 16	1, 36	1, 55	1, 74	1, 94	2, 32	13950
40	0, 93	1, 08	1, 24	1, 39	1, 55	1, 86	11160
30	0, 70	0, 81	0, 93	1, 05	1, 16	1, 39	8370
20	0, 46	0, 54	0, 62	0, 70	0, 77	0, 93	5580
10	0, 23	0, 27	0, 31	0, 35	0, 39	0, 46	2790
9	0, 21	0, 24	0, 28	0, 31	0, 35	0, 42	2511
8	0, 19	0, 22	0, 25	0, 28	0, 31	0, 37	2232
7	0, 16	0, 19	0, 22	0, 24	0, 27	0, 33	1953
6	0, 14	0, 16	0, 19	0, 21	0, 23	0, 28	1674
5	0, 12	0, 14	0, 15	0, 17	0, 19	0, 23	1395
4	0, 09	0, 11	0, 12	0, 14	0, 15	0, 19	1116
3	0, 07	0, 08	0, 09	0, 10	0, 12	0, 14	837
2	0, 05	0, 05	0, 06	0, 07	0, 08	0, 09	558
1	0, 02	0, 03	0, 03	0, 03	0, 04	0, 05	279

COLONNE DES CAPITAUX	INTÉRÊTS POUR 280 JOURS (ou pour 9 mois et 10 jours.)						NOMBRES PRODUITS des CAPITAUX multipliés par 280 Jours.
	à 3 %	à 3 ½ %	à 4 %	à 4 ½ %	à 5 %	à 6 %	
fr.	fr. c.	fr. c.	fr. c.	fr. c.	fr. c.	fr. c.	
50,000	1166, 67	1361, 11	1555, 56	1750, 00	1944, 44	2333, 33	14000000
40,000	933, 33	1088, 89	1244, 44	1400, 00	1555, 56	1866, 67	11200000
30,000	700, 00	816, 67	933, 33	1050, 00	1166, 67	1400, 00	8400000
20,000	466, 67	544, 44	622, 22	700, 00	777, 78	933, 33	5600000
10,000	233, 33	272, 22	311, 11	350, 00	388, 89	466, 67	2800000
9,000	210, 00	245, 00	280, 00	315, 00	350, 00	420, 00	2520000
8,000	186, 67	217, 78	248, 89	280, 00	311, 11	373, 33	2240000
7,000	163, 33	190, 56	217, 78	245, 00	272, 22	326, 67	1960000
6,000	140, 00	163, 33	186, 67	210, 00	233, 33	280, 00	1680000
5,000	116, 67	136, 11	155, 56	175, 00	194, 44	233, 33	1400000
4,000	93, 33	108, 89	124, 44	140, 00	155, 56	186, 67	1120000
3,000	70, 00	81, 67	93, 33	105, 00	116, 67	140, 00	840000
2,000	46, 67	54, 44	62, 22	70, 00	77, 78	93, 33	560000
1,000	23, 33	27, 22	31, 11	35, 00	38, 89	46, 67	280000
900	21, 00	24, 50	28, 00	31, 50	35, 00	42, 00	252000
800	18, 67	21, 78	24, 89	28, 00	31, 11	37, 33	224000
700	16, 33	19, 06	21, 78	24, 50	27, 22	32, 67	196000
600	14, 00	16, 33	18, 67	21, 00	23, 33	28, 00	168000
500	11, 67	13, 61	15, 56	17, 50	19, 44	23, 33	140000
400	9, 33	10, 89	12, 44	14, 00	15, 56	18, 67	112000
300	7, 00	8, 17	9, 33	10, 50	11, 67	14, 00	84000
200	4, 67	5, 44	6, 22	7, 00	7, 78	9, 33	56000
100	2, 33	2, 72	3, 11	3, 50	3, 89	4, 67	28000
90	2, 10	2, 45	2, 80	3, 15	3, 50	4, 20	25200
80	1, 87	2, 18	2, 49	2, 80	3, 11	3, 73	22400
70	1, 63	1, 91	2, 18	2, 45	2, 72	3, 27	19600
60	1, 40	1, 63	1, 87	2, 10	2, 33	2, 80	16800
50	1, 17	1, 36	1, 56	1, 75	1, 94	2, 33	14000
40	0, 93	1, 09	1, 24	1, 40	1, 56	1, 87	11200
30	0, 70	0, 82	0, 93	1, 05	1, 17	1, 40	8400
20	0, 47	0, 54	0, 62	0, 70	0, 78	0, 93	5600
10	0, 23	0, 27	0, 31	0, 35	0, 39	0, 47	2800
9	0, 21	0, 24	0, 28	0, 31	0, 35	0, 42	2520
8	0, 19	0, 22	0, 25	0, 28	0, 31	0, 37	2240
7	0, 16	0, 19	0, 22	0, 24	0, 27	0, 33	1960
6	0, 14	0, 16	0, 19	0, 21	0, 23	0, 28	1680
5	0, 12	0, 14	0, 16	0, 17	0, 19	0, 23	1400
4	0, 09	0, 11	0, 12	0, 14	0, 16	0, 19	1120
3	0, 07	0, 08	0, 09	0, 10	0, 12	0, 14	840
2	0, 05	0, 05	0, 06	0, 07	0, 08	0, 09	560
1	0, 02	0, 03	0, 03	0, 03	0, 04	0, 05	280

COLONNE DES CAPITAUX	INTÉRÊTS POUR 281 JOURS (ou pour 9 mois et 11 jours.)						NOMBRES PRODUITS des CAPITAUX multipliés par 281 Jours.
	à 3 %	à 3 ½	à 4 %	à 4 ½	à 5 %	à 6 %	
fr.	fr. c.	fr. c.	fr. c.	fr. c.	fr. c.	fr. c.	
50,000	1170, 83	1365, 97	1561, 11	1756, 25	1951, 39	2341, 67	14050000
40,000	936, 67	1092, 78	1248, 89	1405, 00	1561, 11	1873, 33	11240000
30,000	702, 50	819, 58	936, 67	1053, 75	1170, 83	1405, 00	8430000
20,000	468, 33	546, 39	624, 44	702, 50	780, 56	936, 67	5620000
10,000	234, 17	273, 19	312, 22	351, 25	390, 28	468, 33	2810000
9,000	210, 75	245, 87	281, 00	316, 12	351, 25	421, 50	2529000
8,000	187, 33	218, 56	249, 78	281, 00	312, 22	374, 67	2248000
7,000	163, 92	191, 24	218, 56	245, 87	273, 19	327, 83	1967000
6,000	140, 50	163, 92	187, 33	210, 75	234, 17	281, 00	1686000
5,000	117, 08	136, 60	156, 11	175, 62	195, 14	234, 17	1405000
4,000	93, 67	109, 28	124, 89	140, 50	156, 11	187, 33	1124000
3,000	70, 25	81, 96	93, 67	105, 37	117, 08	140, 50	843000
2,000	46, 83	54, 64	62, 44	70, 25	78, 06	93, 67	562000
1,000	23, 42	27, 32	31, 22	35, 12	39, 03	46, 83	281000
900	21, 07	24, 59	28, 10	31, 61	35, 12	42, 15	252900
800	18, 73	21, 86	24, 98	28, 10	31, 22	37, 47	224800
700	16, 39	19, 12	21, 86	24, 59	27, 32	32, 78	196700
600	14, 05	16, 39	18, 73	21, 07	23, 42	28, 10	168600
500	11, 71	13, 66	15, 61	17, 56	19, 51	23, 42	140500
400	9, 37	10, 93	12, 49	14, 05	15, 61	18, 73	112400
300	7, 02	8, 20	9, 37	10, 54	11, 71	14, 05	84300
200	4, 68	5, 46	6, 24	7, 02	7, 81	9, 37	56200
100	2, 34	2, 73	3, 12	3, 51	3, 90	4, 68	28100
90	2, 11	2, 46	2, 81	3, 16	3, 51	4, 21	25290
80	1, 87	2, 19	2, 50	2, 81	3, 12	3, 75	22480
70	1, 64	1, 91	2, 19	2, 46	2, 73	3, 28	19670
60	1, 40	1, 64	1, 87	2, 11	2, 34	2, 81	16860
50	1, 17	1, 37	1, 56	1, 76	1, 95	2, 34	14050
40	0, 94	1, 09	1, 25	1, 40	1, 56	1, 87	11240
30	0, 70	0, 82	0, 94	1, 05	1, 17	1, 40	8430
20	0, 47	0, 55	0, 62	0, 70	0, 78	0, 94	5620
10	0, 23	0, 27	0, 31	0, 35	0, 39	0, 47	2810
9	0, 21	0, 25	0, 28	0, 32	0, 35	0, 42	2529
8	0, 19	0, 22	0, 25	0, 28	0, 31	0, 37	2248
7	0, 16	0, 19	0, 22	0, 25	0, 27	0, 33	1967
6	0, 14	0, 16	0, 19	0, 21	0, 23	0, 28	1686
5	0, 12	0, 14	0, 16	0, 18	0, 20	0, 23	1405
4	0, 09	0, 11	0, 12	0, 14	0, 16	0, 19	1124
3	0, 07	0, 08	0, 09	0, 11	0, 12	0, 14	843
2	0, 05	0, 05	0, 06	0, 07	0, 08	0, 09	562
1	0, 02	0, 03	0, 03	0, 03	0, 04	0, 05	281

24.

COLONNE DES CAPITAUX	INTERETS POUR 282 JOURS (ou pour 9 mois et 12 jours.)						NOMBRES PRODUITS des CAPITAUX multipliés par 282 Jours.
	à 3 %	à 3 ½	à 4 %	à 4 ½	à 5 %	à 6 %	
fr.	fr. c.	fr. c.	fr. c.	fr. c.	fr. c.	fr. c.	
50,000	1175, 00	1370, 83	1566, 67	1762, 50	1958, 33	2350, 00	14100000
40,000	940, 00	1096, 67	1253, 33	1410, 00	1566, 67	1880, 00	11280000
30,000	705, 00	822, 50	940, 00	1057, 50	1175, 00	1410, 00	8460000
20,000	470, 00	548, 33	626, 67	705, 00	783, 33	940, 00	5640000
10,000	235, 00	274, 17	313, 33	352, 50	391, 67	470, 00	2820000
9,000	211, 50	246, 75	282, 00	317, 25	352, 50	423, 00	2538000
8,000	188, 00	219, 33	250, 67	282, 00	313, 33	376, 00	2256000
7,000	164, 50	191, 92	219, 33	246, 75	274, 17	329, 00	1974000
6,000	141, 00	164, 50	188, 00	211, 50	235, 00	282, 00	1692000
5,000	117, 50	137, 08	156, 67	176, 25	195, 83	235, 00	1410000
4,000	94, 00	109, 67	125, 33	141, 00	156, 67	188, 00	1128000
3,000	70, 50	82, 25	94, 00	105, 75	117, 50	141, 00	846000
2,000	47, 00	54, 83	62, 67	70, 50	78, 33	94, 00	564000
1,000	23, 50	27, 42	31, 33	35, 25	39, 17	47, 00	282000
900	21, 15	24, 67	28, 20	31, 72	35, 25	42, 30	253800
800	18, 80	21, 93	25, 07	28, 20	31, 33	37, 60	225600
700	16, 45	19, 19	21, 93	24, 67	27, 42	32, 90	197400
600	14, 10	16, 45	18, 80	21, 15	23, 50	28, 20	169200
500	11, 75	13, 71	15, 67	17, 62	19, 58	23, 50	141000
400	9, 40	10, 97	12, 53	14, 10	15, 67	18, 80	112800
300	7, 05	8, 22	9, 40	10, 57	11, 75	14, 10	84600
200	4, 70	5, 48	6, 27	7, 05	7, 83	9, 40	56400
100	2, 35	2, 74	3, 13	3, 52	3, 92	4, 70	28200
90	2, 11	2, 47	2, 82	3, 17	3, 52	4, 23	25380
80	1, 88	2, 19	2, 51	2, 82	3, 13	3, 76	22560
70	1, 64	1, 92	2, 19	2, 47	2, 74	3, 29	19740
60	1, 41	1, 64	1, 88	2, 11	2, 35	2, 82	16920
50	1, 17	1, 37	1, 57	1, 76	1, 96	2 35	14100
40	0, 94	1, 10	1, 25	1, 41	1, 57	1, 88	11280
30	0, 70	0, 82	0, 94	1, 06	1, 17	1, 41	8460
20	0, 47	0, 55	0, 63	0, 70	0, 78	0, 94	5640
10	0, 23	0, 27	0, 31	0, 35	0, 39	0, 47	2820
9	0, 21	0, 25	0, 28	0, 32	0, 35	0, 42	2538
8	0, 19	0, 22	0, 25	0, 28	0, 31	0, 38	2256
7	0, 16	0, 19	0, 22	0, 25	0, 27	0, 33	1974
6	0, 14	0, 16	0, 19	0, 21	0, 23	0, 28	1692
5	0, 12	0, 14	0, 16	0, 18	0, 20	0, 23	1410
4	0, 09	0, 11	0, 13	0, 14	0, 16	0, 19	1128
3	0, 07	0, 08	0, 09	0, 11	0, 12	0, 14	846
2	0, 05	0, 05	0, 06	0, 07	0, 08	0, 09	564
1	0, 02	0, 03	0, 03	0, 04	0, 04	0, 05	282

COLONNE DES CAPITAUX	INTERETS POUR 283 JOURS (ou pour 9 mois et 13 jours.)						NOMBRES PRODUITS des CAPITAUX multipliés par 283 Jours.
	à 3 %	à 3 ½	à 4 %	à 4 ½	à 5 %	à 6 %	
fr.	fr. c.	fr. c.	fr. c.	fr. c.	fr. c	fr. c.	
50,000	1179, 17	1375, 69	1572, 22	1768, 75	1965, 28	2358, 33	14150000
40,000	943, 33	1100, 56	1257, 78	1415, 00	1572, 22	1886, 67	11320000
30.000	707, 50	825, 42	943, 33	1061, 25	1179, 17	1415, 00	8490000
20,000	471, 67	550, 28	628, 89	707, 50	786, 11	943, 33	5660000
10,000	235, 83	275, 14	314, 44	353, 75	393, 06	471, 67	2830000
9,000	212, 25	247, 62	283, 00	318, 37	353, 75	424, 50	2547000
8,000	188, 67	220, 11	251, 56	283, 00	314, 44	377, 33	2264000
7,000	165, 08	192, 60	220, 11	247, 62	275, 14	330, 17	1981000
6.000	141, 50	165, 08	188, 67	212, 25	235, 83	283, 00	1698000
5,000	117, 92	137, 57	157, 22	176, 87	196, 53	235, 83	1415000
4,000	94, 33	110, 06	125, 78	141, 50	157, 22	188, 67	1132000
3,000	70, 75	82, 54	94, 33	106, 12	117, 92	141, 50	849000
2,000	47, 17	55, 03	62, 89	70, 75	78, 61	94, 33	566000
1,000	23, 58	27, 51	31, 44	35, 37	39, 31	47, 17	283000
900	21, 22	24, 76	28, 30	31, 84	35, 37	42, 45	254700
800	18, 87	22, 01	25, 16	28, 30	31, 44	37, 73	226400
700	16, 51	19, 26	22, 01	24, 76	27, 51	33, 02	198100
600	14, 15	16, 51	18, 87	21, 22	23, 58	28, 30	169800
500	11, 79	13, 76	15, 72	17, 69	19, 65	23, 58	141500
400	9, 43	11, 01	12, 58	14, 15	15, 72	18, 87	113200
300	7, 07	8, 25	9, 43	10, 61	11, 79	14, 15	84900
200	4, 72	5, 50	6, 29	7, 07	7, 86	9, 43	56600
100	2, 36	2, 75	3, 14	3, 54	3, 93	4, 72	28300
90	2, 12	2, 48	2, 83	3, 18	3, 54	4, 24	25470
80	1, 89	2, 20	2, 52	2, 83	3, 14	3, 77	22640
70	1, 65	1, 93	2, 20	2, 48	2, 75	3, 30	19810
60	1, 41	1, 65	1, 89	2, 12	2, 36	2, 83	16980
50	1, 18	1, 38	1, 57	1, 77	1, 97	2, 36	14150
40	0, 94	1, 10	1, 26	1, 41	1, 57	1, 89	11320
30	0, 71	0, 83	0, 94	1, 06	1, 18	1, 41	8490
20	0, 47	0, 55	0, 63	0, 71	0, 79	0, 94	5660
10	0, 24	0, 28	0, 31	0, 35	0, 39	0, 47	2830
9	0, 21	0, 25	0, 28	0, 32	0, 35	0, 42	2547
8	0, 19	0, 22	0, 25	0, 28	0, 31	0, 38	2264
7	0, 17	0, 19	0, 22	0, 25	0, 28	0, 33	1981
6	0, 14	0, 17	0, 19	0, 21	0, 24	0, 28	1698
5	0, 12	0, 14	0, 16	0, 18	0, 20	0, 24	1415
4	0, 09	0, 11	0, 13	0, 14	0, 16	0, 19	1132
3	0, 07	0, 08	0, 09	0, 11	0, 12	0, 14	849
2	0, 05	0, 06	0, 06	0, 07	0, 08	0, 09	566
1	0, 02	0, 03	0, 03	0, 04	0, 04	0, 05	283

COLONNE DES CAPITAUX	INTERETS POUR 284 JOURS (ou pour 9 mois et 14 jours.)						NOMBRES PRODUITS des CAPITAUX multipliés par 284 Jours.
	à 3 %	à 3 ½	à 4 %	à 4 ½	à 5 %	à 6 %	
fr.	fr. c.	fr. c.	fr. c.	fr. c.	fr. c.	fr. c.	
50,000	1183, 33	1380, 56	1577, 78	1775, 00	1972, 22	2366, 67	14200000
40,000	946, 67	1104, 44	1262, 22	1420, 00	1577, 78	1893, 33	11360000
30,000	710, 00	828, 33	946, 67	1065, 00	1183, 33	1420, 00	8520000
20,000	473, 33	552, 22	631, 11	710, 00	788, 89	946, 67	5680000
10,000	236, 67	276, 11	315, 56	355, 00	394, 44	473, 33	2840000
9,000	213, 00	248, 50	284, 00	319, 50	355, 00	426, 00	2556000
8,000	189, 33	220, 89	252, 44	284, 00	315, 56	378, 67	2272000
7,000	165, 67	193, 28	220, 89	248, 50	276, 11	331, 33	1988000
6,000	142, 00	165, 67	189, 33	213, 00	236, 67	284, 00	1704000
5,000	118, 33	138, 06	157, 78	177, 50	197, 22	236, 67	1420000
4,000	94, 67	110, 44	126, 22	142, 00	157, 78	189, 33	1136000
3,000	71, 00	82, 83	94, 67	106, 50	118, 33	142, 00	852000
2,000	47, 33	55, 22	63, 11	71, 00	78, 89	94, 67	568000
1,000	23, 67	27, 61	31, 56	35, 50	39, 44	47, 33	284000
900	21, 30	24, 85	28, 40	31, 95	35, 50	42, 60	255600
800	18, 93	22, 09	25, 24	28, 40	31, 56	37, 87	227200
700	16, 57	19, 33	22, 09	24, 85	27, 61	33, 13	198800
600	14, 20	16, 57	18, 93	21, 30	23, 67	28, 40	170400
500	11, 83	13, 81	15, 78	17, 75	19, 72	23, 67	142000
400	9, 47	11, 04	12, 62	14, 20	15, 78	18, 93	113600
300	7, 10	8, 28	9, 47	10, 65	11, 83	14, 20	85200
200	4, 73	5, 52	6, 31	7, 10	7, 89	9, 47	56800
100	2, 37	2, 76	3, 16	3, 55	3, 94	4, 73	28400
90	2, 13	2, 48	2, 84	3, 19	3, 55	4, 26	25560
80	1, 89	2, 21	2, 52	2, 84	3, 16	3, 79	22720
70	1, 66	1, 93	2, 21	2, 48	2, 76	3, 31	19880
60	1, 42	1, 66	1, 89	2, 13	2, 37	2, 84	17040
50	1, 18	1, 38	1, 58	1, 77	1, 97	2, 37	14200
40	0, 95	1, 10	1, 26	1, 42	1, 58	1, 89	11360
30	0, 71	0, 83	0, 95	1, 06	1, 18	1, 42	8520
20	0, 47	0, 55	0, 63	0, 71	0, 79	0, 95	5680
10	0, 24	0, 28	0, 32	0, 35	0, 39	0, 47	2840
9	0, 21	0, 25	0, 28	0, 32	0, 35	0, 43	2556
8	0, 19	0, 22	0, 25	0, 28	0, 32	0, 38	2272
7	0, 17	0, 19	0, 22	0, 25	0, 28	0, 33	1988
6	0, 14	0, 17	0, 19	0, 21	0, 24	0, 28	1704
5	0, 12	0, 14	0, 16	0, 18	0, 20	0, 24	1420
4	0, 09	0, 11	0, 13	0, 14	0, 16	0, 19	1136
3	0, 07	0, 08	0, 09	0, 11	0, 12	0, 14	852
2	0, 05	0, 06	0, 06	0, 07	0, 08	0, 10	568
1	0, 02	0, 03	0, 03	0, 04	0, 04	0, 05	284

COLONNE DES CAPITAUX	INTERÊTS POUR 285 JOURS (ou pour 9 mois et 15 jours.)						NOMBRES PRODUITS des CAPITAUX multipliés par 285 Jours
	à 3 %	à 3 ½	à 4 %	à 4 ½	à 5 %	à 6 %	
fr.	fr. c.	fr. c.	fr. c.	fr. c.	fr. c.	fr. c.	
50,000	1187, 50	1385, 42	1583, 33	1781, 25	1979, 17	2375, 00	14250000
40,000	950, 00	1108, 33	1266, 67	1425, 00	1583, 33	1900, 00	11400000
30,000	712, 50	831, 25	950, 00	1068, 75	1187, 50	1425, 00	8550000
20,000	475, 00	554, 17	633, 33	712, 50	791, 67	950, 00	5700000
10,000	237, 50	277, 08	316, 67	356, 25	395, 83	475, 00	2850000
9,000	213, 75	249, 37	285, 00	320, 62	356, 25	427, 50	2565000
8,000	190, 00	221, 67	253, 33	285, 00	316, 67	380, 00	2280000
7,000	166, 25	193, 96	221, 67	249, 37	277, 08	332, 50	1995000
6,000	142, 50	166, 25	190, 00	213, 75	237, 50	285, 00	1710000
5,000	118, 75	138, 54	158, 33	178, 12	197, 92	237, 50	1425000
4,000	95, 00	110, 83	126, 67	142, 50	158, 33	190, 00	1140000
3,000	71, 25	83, 12	95, 00	106, 87	118, 75	142, 50	855000
2,000	47, 50	55, 42	63, 33	71, 25	79, 17	95, 00	570000
1,000	23, 75	27, 71	31, 67	35, 62	39, 58	47, 50	285000
900	21, 37	24, 94	28, 50	32, 06	35, 62	42, 75	256500
800	19, 00	22, 17	25, 33	28, 50	31, 67	38, 00	228000
700	16, 62	19, 40	22, 17	24, 94	27, 71	33, 25	199500
600	14, 25	16, 62	19, 00	21, 37	23, 75	28, 50	171000
500	11, 87	13, 85	15, 83	17, 81	19, 79	23, 75	142500
400	9, 50	11, 08	12, 67	14, 25	15, 83	19, 00	114000
300	7, 12	8, 31	9, 50	10, 69	11, 87	14, 25	85500
200	4, 75	5, 54	6, 33	7, 12	7, 92	9, 50	57000
100	2, 37	2, 77	3, 17	3, 56	3, 96	4, 75	28500
90	2, 14	2, 49	2, 85	3, 21	3, 56	4, 27	25650
80	1, 90	2, 22	2, 53	2, 85	3, 17	3, 80	22800
70	1, 66	1, 94	2, 22	2, 49	2, 77	3, 32	19950
60	1, 42	1, 66	1, 90	2, 14	2, 37	2, 85	17100
50	1, 19	1, 39	1, 58	1, 78	1, 98	2, 37	14250
40	0, 95	1, 11	1, 27	1, 42	1, 58	1, 90	11400
30	0, 71	0, 83	0, 95	1, 07	1, 19	1, 42	8550
20	0, 47	0, 55	0, 63	0, 71	0, 79	0, 95	5700
10	0, 24	0, 28	0, 32	0, 36	0, 40	0, 47	2850
9	0, 21	0, 25	0, 28	0, 32	0, 36	0, 43	2565
8	0, 19	0, 22	0, 25	0, 28	0, 32	0, 38	2280
7	0, 17	0, 19	0, 22	0, 25	0, 28	0, 33	1995
6	0, 14	0, 17	0, 19	0, 21	0, 24	0, 28	1710
5	0, 12	0, 14	0, 16	0, 18	0, 20	0, 24	1425
4	0, 09	0, 11	0, 13	0, 14	0, 16	0, 19	1140
3	0, 07	0, 08	0, 09	0, 11	0, 12	0, 14	855
2	0, 05	0, 06	0, 06	0, 07	0, 08	0, 09	570
1	0, 02	0, 03	0, 03	0, 04	0, 04	0, 05	285

COLONNE DES CAPITAUX	INTERETS POUR 286 JOURS (ou pour 9 mois et 16 jours.)						NOMBRES PRODUITS des CAPITAUX multipliés par 286 Jours.
	à 3 %	à 3 ½	à 4 %	à 4 ½	à 5 %	à 6 %	
fr.	fr. c.	fr. c.	fr. c.	fr. c.	fr. c.	fr. c.	
50,000	1191, 67	1390, 28	1588, 89	1787, 50	1986, 11	2383, 33	14300000
40,000	953, 33	1112, 22	1271, 11	1430, 00	1588, 89	1906, 67	11440000
30,000	715, 00	834, 17	953, 33	1072, 50	1191, 67	1430, 00	8580000
20,000	476, 67	556, 11	635, 56	715, 00	794, 44	953, 33	5720000
10,000	238, 33	278, 06	317, 78	357, 50	397, 22	476, 67	2860000
9,000	214, 50	250, 25	286, 00	321, 75	357, 50	429, 00	2574000
8,000	190, 67	222, 44	254, 22	286, 00	317, 78	381, 33	2288000
7,000	166, 83	194, 61	222, 44	250, 25	278, 06	333, 67	2002000
6,000	143, 00	166, 83	190, 67	214, 50	238, 33	286, 00	1716000
5,000	119, 17	139, 03	158, 89	178, 75	198, 61	238, 33	1430000
4,000	95, 33	111, 22	127, 11	143, 00	158, 89	190, 67	1144000
3,000	71, 50	83, 42	95, 33	107, 25	119, 17	143, 00	858000
2,000	47, 67	55, 61	63, 56	71, 50	79, 44	95, 33	572000
1,000	23, 83	27, 81	31, 78	35, 75	39, 72	47, 67	286000
900	21, 45	25, 02	28, 60	32, 17	35, 75	42, 90	257400
800	19, 07	22, 24	25, 42	28, 60	31, 78	38, 13	228800
700	16, 68	19, 46	22, 24	25, 02	27, 81	33, 37	200200
600	14, 30	16, 68	19, 07	21, 45	23, 83	28, 60	171600
500	11, 92	13, 90	15, 89	17, 87	19, 86	23, 83	143000
400	9, 53	11, 12	12, 71	14, 30	15, 89	19, 07	114400
300	7, 15	8, 34	9, 53	10, 72	11, 92	14, 30	85800
200	4, 77	5, 56	6, 36	7, 15	7, 94	9, 53	57200
100	2, 38	2, 78	3, 18	3, 57	3, 97	4, 77	28600
90	2, 14	2, 50	2, 86	3, 22	3, 57	4, 29	25740
80	1, 91	2, 22	2, 54	2, 86	3, 18	3, 81	22880
70	1, 67	1, 95	2, 22	2, 50	2, 78	3, 34	20020
60	1, 43	1, 67	1, 91	2, 14	2, 38	2, 86	17160
50	1, 19	1, 39	1, 59	1, 79	1, 99	2, 38	14300
40	0, 95	1, 11	1, 27	1, 43	1, 59	1, 91	11440
30	0, 71	0, 83	0, 95	1, 07	1, 19	1, 43	8580
20	0, 48	0, 56	0, 64	0, 71	0, 79	0, 95	5720
10	0, 24	0, 28	0, 32	0, 36	0, 40	0, 48	2860
9	0, 21	0, 25	0, 29	0, 32	0, 36	0, 43	2574
8	0, 19	0, 22	0, 25	0, 29	0, 32	0, 38	2288
7	0, 17	0, 19	0, 22	0, 25	0, 28	0, 33	2002
6	0, 14	0, 17	0, 19	0, 21	0, 24	0, 29	1716
5	0, 12	0, 14	0, 16	0, 18	0, 20	0, 24	1430
4	0, 10	0, 11	0, 13	0, 14	0, 16	0, 19	1144
3	0, 07	0, 08	0, 10	0, 11	0, 12	0, 14	858
2	0, 05	0, 06	0, 06	0, 07	0, 08	0, 10	572
1	0, 02	0, 03	0, 03	0, 04	0, 04	0, 05	286

COLONNE DES CAPITAUX	INTERETS POUR 287 JOURS (ou pour 9 mois et 17 jours.)						NOMBRES PRODUITS des CAPITAUX multipliés par 287 Jours.
	à 3 %	à 3 ½	à 4 %	à 4 ½	à 5 %	à 6 %	
fr.	fr. c.	fr. c.	fr. c.	fr. c.	fr. c.	fr. c.	
50,000	1195, 83	1395, 14	1594, 44	1793, 75	1993, 05	2391, 67	14350000
40,000	956, 67	1116, 11	1275, 56	1435, 00	1594, 44	1913, 33	11480000
30,000	717, 50	837, 08	956, 67	1076, 25	1195, 83	1435, 00	8610000
20,000	478, 33	558, 06	637, 78	717, 50	797, 22	956, 67	5740000
10,000	239, 17	279, 03	318, 89	358, 75	398, 61	478, 33	2870000
9,000	215, 25	251, 12	287, 00	322, 87	358, 75	430, 50	2583000
8,000	191, 33	223, 22	255, 11	287, 00	318, 89	382, 67	2296000
7,000	167, 42	195, 32	223, 22	251, 12	279, 03	334, 83	2009000
6,000	143, 50	167, 42	191, 33	215, 25	239, 17	287, 00	1722000
5,000	119, 58	139, 51	159, 44	179, 37	199, 31	239, 17	1435000
4,000	95, 67	111, 61	127, 56	143, 50	159, 44	191, 33	1148000
3,000	71, 75	83, 71	95, 67	107, 62	119, 58	143, 50	861000
2,000	47, 83	55, 81	63, 78	71, 75	79, 72	95, 67	574000
1,000	23, 92	27, 90	31, 89	35, 87	39, 86	47, 83	287000
900	21, 52	25, 11	28, 70	32, 29	35, 87	43, 05	258300
800	19, 13	22, 32	25, 51	28, 70	31, 89	38, 27	229600
700	16, 74	19, 53	22, 32	25, 11	27, 90	33, 48	200900
600	14, 35	16, 74	19, 13	21, 52	23, 92	28, 70	172200
500	11, 96	13, 95	15, 94	17, 94	19, 93	23, 92	143500
400	9, 57	11, 16	12, 76	14, 35	15, 94	19, 13	114800
300	7, 17	8, 37	9, 57	10, 76	11, 96	14, 35	86100
200	4, 78	5, 58	6, 38	7, 17	7, 97	9, 57	57400
100	2, 39	2, 79	3, 19	3, 59	3, 99	4, 78	28700
90	2, 15	2, 51	2, 87	3, 23	3, 59	4, 30	25830
80	1, 91	2, 23	2, 55	2, 87	3, 19	3, 83	22960
70	1, 67	1, 95	2, 23	2, 51	2, 79	3, 35	20090
60	1, 43	1, 67	1, 91	2, 15	2, 39	2, 87	17220
50	1, 20	1, 40	1, 59	1, 79	1, 99	2, 39	14350
40	0, 96	1, 12	1, 28	1, 43	1, 59	1, 91	11480
30	0, 72	0, 84	0, 96	1, 08	1, 20	1, 43	8610
20	0, 48	0, 56	0, 64	0, 72	0, 80	0, 96	5740
10	0, 24	0, 28	0, 32	0, 36	0, 40	0, 48	2870
9	0, 22	0, 25	0, 29	0, 32	0, 36	0, 43	2583
8	0, 19	0, 22	0, 26	0, 29	0, 32	0, 38	2296
7	0, 17	0, 20	0, 22	0, 25	0, 28	0, 33	2009
6	0, 14	0, 17	0, 19	0, 22	0, 24	0, 29	1722
5	0, 12	0, 14	0, 16	0, 18	0, 20	0, 24	1435
4	0, 10	0, 11	0, 13	0, 14	0, 16	0, 19	1148
3	0, 07	0, 08	0, 10	0, 11	0, 12	0, 14	861
2	0, 05	0, 06	0, 06	0, 07	0, 08	0, 10	574
1	0, 02	0, 03	0, 03	0, 04	0, 04	0, 05	287

COLONNE DES CAPITAUX	INTERÊTS POUR 288 JOURS (ou pour 9 mois et 18 jours.)						NOMBRES PRODUITS des CAPITAUX multipliés par 288 Jours.
	à 3 %	à 3 ½	à 4 %	à 4 ½	à 5 %	à 6 %	
fr.	fr. c.	fr. c.	fr. c.	fr. c.	fr. c.	fr. c.	
50,000	1200, 00	1400, 00	1600, 00	1800, 00	2000, 00	2400, 00	14400000
40,000	960, 00	1120, 00	1280, 00	1440, 00	1600, 00	1920, 00	11520000
30,000	720, 00	840, 00	960, 00	1080, 00	1200, 00	1440, 00	8640000
20,000	480, 00	560, 00	640, 00	720, 00	800, 00	960, 00	5760000
10,000	240, 00	280, 00	320, 00	360, 00	400 00	480, 00	2880000
9,000	216, 00	252, 00	288, 00	324, 00	360, 00	432, 00	2592000
8,000	192, 00	224, 00	256, 00	288, 00	320, 00	384, 00	2304000
7,000	168, 00	196, 00	224, 00	252, 00	280, 00	336, 00	2016000
6,000	144, 00	168, 00	192, 00	216, 00	240, 00	288, 00	1728000
5,000	120, 00	140, 00	160, 00	180, 00	200, 00	240, 00	1440000
4,000	96, 00	112, 00	128, 00	144, 00	160, 00	192, 00	1152000
3,000	72, 00	84, 00	96, 00	108, 00	120, 00	144, 00	864000
2,000	48, 00	56, 00	64, 00	72, 00	80, 00	96, 00	576000
1,000	24, 00	28, 00	32, 00	36, 00	40, 00	48, 00	288000
900	21, 60	25, 20	28, 80	32, 40	36, 00	43, 20	259200
800	19, 20	22, 40	25, 60	28, 80	32, 00	38, 40	230400
700	16, 80	19, 60	22, 40	25, 20	28, 00	33, 60	201600
600	14, 40	16, 80	19, 20	21, 60	24, 00	28, 80	172800
500	12, 00	14, 00	16, 00	18, 00	20, 00	24, 00	144000
400	9, 60	11, 20	12, 80	14, 40	16, 00	19, 20	115200
300	7, 20	8, 40	9, 60	10, 80	12, 00	14, 40	86400
200	4, 80	5, 60	6, 40	7, 20	8, 00	9, 60	57600
100	2, 40	2, 80	3, 20	3, 60	4, 00	4, 80	28800
90	2, 16	2, 52	2, 88	3, 24	3, 60	4, 32	25920
80	1, 92	2, 24	2, 56	2, 88	3, 20	3, 84	23040
70	1, 68	1, 96	2, 24	2, 52	2, 80	3, 36	20160
60	1, 44	1, 68	1, 92	2, 16	2, 40	2, 88	17280
50	1, 20	1, 40	1, 60	1, 80	2, 00	2, 40	14400
40	0, 96	1, 12	1, 28	1, 44	1, 60	1, 92	11520
30	0, 72	0, 84	0, 96	1, 08	1, 20	1, 44	8640
20	0, 48	0, 56	0, 64	0, 72	0, 80	0, 96	5760
10	0, 24	0, 28	0, 32	0, 36	0, 40	0, 48	2880
9	0, 22	0, 25	0, 29	0, 32	0, 36	0, 43	2592
8	0, 19	0, 22	0, 26	0, 29	0, 32	0, 38	2304
7	0, 17	0, 20	0, 22	0, 25	0, 28	0, 34	2016
6	0, 14	0, 17	0, 19	0, 22	0, 24	0, 29	1728
5	0, 12	0, 14	0, 16	0, 18	0, 20	0, 24	1440
4	0, 10	0, 11	0, 13	0, 14	0, 16	0, 19	1152
3	0, 07	0, 08	0, 10	0, 11	0, 12	0, 14	864
2	0, 05	0, 06	0, 06	0, 07	0, 08	0, 10	576
1	0, 02	0, 03	0, 03	0, 04	0, 04	0, 05	288

COLONNE DES CAPITAUX	INTÉRÊTS POUR 289 JOURS (ou pour 9 mois et 19 jours.)						NOMBRES PRODUITS des CAPITAUX multipliés par 289 Jours.
	à 3 %	à 3 ½	à 4 %	à 4 ½	à 5 %	à 6 %	
fr.	fr. c.	fr. c.	fr. c.	fr. c.	fr. c.	fr. c.	
50,000	1204, 17	1404, 86	1605, 56	1806, 25	2006, 94	2408, 33	14450000
40,000	963, 33	1123, 89	1284, 44	1445, 00	1605, 56	1926, 67	11560000
30,000	722, 50	842, 92	963, 33	1083, 75	1204, 17	1445, 00	8670000
20,000	481, 67	561, 94	642, 22	722, 50	802, 78	963, 33	5780000
10,000	240, 83	280, 97	321, 11	361, 25	401, 39	481, 67	2890000
9,000	216, 75	252, 87	289, 00	325, 12	361, 25	433, 50	2601000
8,000	192, 67	224, 78	256, 89	289, 00	321, 11	385, 33	2312000
7,000	168, 58	196, 68	224, 78	252, 87	280, 97	337, 17	2023000
6,000	144, 50	168, 58	192, 67	216, 75	240, 83	289, 00	1734000
5,000	120, 42	140, 49	160, 56	180, 62	200, 69	240, 83	1445000
4,000	96, 33	112, 39	128, 44	144, 50	160, 56	192, 67	1156000
3,000	72, 25	84, 29	96, 33	108, 37	120, 42	144, 50	867000
2,000	48, 17	56, 19	64, 22	72, 25	80, 28	96, 33	578000
1,000	24, 08	28, 10	32, 11	36, 12	40, 14	48, 17	289000
900	21, 67	25, 29	28, 90	32, 51	36, 12	43, 35	260100
800	19, 27	22, 48	25, 69	28, 90	32, 11	38, 53	231200
700	16, 86	19, 67	22, 48	25, 29	28, 10	33, 72	202300
600	14, 45	16, 86	19, 27	21, 67	24, 08	28, 90	173400
500	12, 04	14, 05	16, 06	18, 06	20, 07	24, 08	144500
400	9, 63	11, 24	12, 84	14, 45	16, 06	19, 27	115600
300	7, 22	8, 43	9, 63	10, 84	12, 04	14, 45	86700
200	4, 82	5, 62	6, 42	7, 22	8, 03	9, 63	57800
100	2, 41	2, 81	3, 21	3, 61	4, 01	4, 82	28900
90	2, 17	2, 53	2, 89	3, 25	3, 61	4, 33	26010
80	1, 93	2, 25	2, 57	2, 89	3, 21	3, 85	23120
70	1, 69	1, 97	2, 25	2, 53	2, 81	3, 37	20230
60	1, 44	1, 69	1, 93	2, 17	2, 41	2, 89	17340
50	1, 20	1, 40	1, 61	1, 81	2, 01	2, 41	14450
40	0, 96	1, 12	1, 28	1, 44	1, 61	1, 93	11560
30	0, 72	0, 84	0, 96	1, 08	1, 20	1, 44	8670
20	0, 48	0, 56	0, 64	0, 72	0, 80	0, 96	5780
10	0, 24	0, 28	0, 32	0, 36	0, 40	0, 48	2890
9	0, 22	0, 25	0, 29	0, 33	0, 36	0, 43	2601
8	0, 19	0, 22	0, 26	0, 29	0, 32	0, 39	2312
7	0, 17	0, 20	0, 22	0, 25	0, 28	0, 34	2023
6	0, 14	0, 17	0, 19	0, 22	0, 24	0, 29	1734
5	0, 12	0, 14	0, 16	0, 18	0, 20	0, 24	1445
4	0, 10	0, 11	0, 13	0, 14	0, 16	0, 19	1156
3	0, 07	0, 08	0, 10	0, 11	0, 12	0, 14	867
2	0, 05	0, 06	0, 06	0, 07	0, 08	0, 10	578
1	0, 02	0, 03	0, 03	0, 04	0, 04	0, 05	289

COLONNE DES CAPITAUX	INTÉRÊTS POUR 290 JOURS (ou pour 9 mois et 20 jours.)						NOMBRES PRODUITS des CAPITAUX multipliés par 290 Jours.
	à 3 %	à 3 ½	à 4 %	à 4 ½	à 5 %	à 6 %	
fr.	fr. c.	fr. c.	fr. c.	fr. c.	fr. c.	fr. c.	
50,000	1208, 33	1409, 72	1611, 11	1812, 50	2013, 89	2416, 67	14500000
40,000	966, 67	1127, 78	1288, 89	1450, 00	1611, 11	1933, 33	11600000
30,000	725, 00	845, 83	966, 67	1087, 50	1208, 33	1450, 00	8700000
20,000	483, 33	563, 89	644, 44	725, 00	805, 56	966, 67	5800000
10,000	241, 67	281, 94	322, 22	362, 50	402, 78	483, 33	2900000
9,000	217, 50	253, 75	290, 00	326, 25	362, 50	435, 00	2610000
8,000	193, 33	225, 56	257, 78	290, 00	322, 22	386, 67	2320000
7,000	169, 17	197, 36	225, 56	253, 75	281, 94	338, 33	2030000
6,000	145, 00	169, 17	193, 33	217, 50	241, 67	290, 00	1740000
5,000	120, 83	140, 97	161, 11	181, 25	201, 39	241, 67	1450000
4,000	96, 67	112, 78	128, 89	145, 00	161, 11	193, 33	1160000
3,000	72, 50	84, 58	96, 67	108, 75	120, 83	145, 00	870000
2,000	48, 33	56, 39	64, 44	72, 50	80, 56	96, 67	580000
1,000	24, 17	28, 19	32, 22	36, 25	40, 28	48, 33	290000
900	21, 75	25, 37	29, 00	32, 62	36, 25	43, 50	261000
800	19, 33	22, 56	25, 78	29, 00	32, 22	38, 67	232000
700	16, 92	19, 74	22, 56	25, 37	28, 19	33, 83	203000
600	14, 50	16, 92	19, 33	21, 75	24, 17	29, 00	174000
500	12, 08	14, 10	16, 11	18, 12	20, 14	24, 17	145000
400	9, 67	11, 28	12, 89	14, 50	16, 11	19, 33	116000
300	7, 25	8, 46	9, 67	10, 87	12, 08	14, 50	87000
200	4, 83	5, 64	6, 44	7, 25	8, 06	9, 67	58000
100	2, 42	2, 82	3, 22	3, 62	4, 03	4, 83	29000
90	2, 17	2, 54	2, 90	3, 26	3, 62	4, 35	26100
80	1, 93	2, 26	2, 58	2, 90	3, 22	3, 87	23200
70	1, 69	1, 97	2, 26	2, 54	2, 82	3, 38	20300
60	1, 45	1, 69	1, 93	2, 17	2, 42	2, 90	17400
50	1, 21	1, 41	1, 61	1, 81	2, 01	2, 42	14500
40	0, 97	1, 13	1, 29	1, 45	1, 61	1, 93	11600
30	0, 72	0, 85	0, 97	1, 09	1, 21	1, 45	8700
20	0, 48	0, 56	0, 64	0, 72	0, 81	0, 97	5800
10	0, 24	0, 28	0, 32	0, 36	0, 40	0, 48	2900
9	0, 22	0, 25	0, 29	0, 33	0, 36	0, 43	2610
8	0, 19	0, 23	0, 26	0, 29	0, 32	0, 39	2320
7	0, 17	0, 20	0, 23	0, 25	0, 28	0, 34	2030
6	0, 14	0, 17	0, 19	0, 22	0, 24	0, 29	1740
5	0, 12	0, 14	0, 16	0, 18	0, 20	0, 24	1450
4	0, 10	0, 11	0, 13	0, 14	0, 16	0, 19	1160
3	0, 07	0, 08	0, 10	0, 11	0, 12	0, 14	870
2	0, 05	0, 06	0, 06	0, 07	0, 08	0, 10	580
1	0, 02	0, 03	0, 03	0, 04	0, 04	0, 05	290

COLONNE DES CAPITAUX	INTERETS POUR 291 JOURS (ou pour 9 mois et 21 jours.)						NOMBRES PRODUITS des CAPITAUX multipliés par 291 Jours.
	à 3 %	à 3 ½	à 4 %	à 4 ½	à 5 %	à 6 %	
fr.	fr. c.	fr. c.	fr. c.	fr. c.	fr. c.	fr. c.	
50,000	1212, 50	1414, 58	1616, 67	1818, 75	2020, 83	2425, 00	14550000
40,000	970, 00	1131, 67	1293, 33	1455, 00	1616, 67	1940, 00	11640000
30,000	727, 50	848, 75	970, 00	1091, 25	1212, 50	1455, 00	8730000
20,000	485, 00	565, 83	646, 67	727, 50	808, 33	970, 00	5820000
10,000	242, 50	282, 92	323, 33	363, 75	404, 17	485, 00	2910000
9,000	218, 25	254, 62	291, 00	327, 37	363, 75	436, 50	2619000
8,000	194, 00	226, 33	258, 67	291, 00	323, 33	388, 00	2328000
7,000	169, 75	198, 04	226, 33	254, 62	282, 92	339, 50	2037000
6,000	145, 50	169, 75	194, 00	218, 25	242, 50	291, 00	1746000
5,000	121, 25	141, 46	161, 67	181, 87	202, 08	242, 50	1455000
4,000	97, 00	113, 17	129, 33	145, 50	161, 67	194, 00	1164000
3,000	72, 75	84, 87	97, 00	109, 12	121, 25	145, 50	873000
2,000	48, 50	56, 58	64, 67	72, 75	80, 83	97, 00	582000
1,000	24, 25	28, 29	32, 33	36, 37	40, 42	48, 50	291000
900	21, 82	25, 46	29, 10	32, 74	36, 37	43, 65	261900
800	19, 40	22, 63	25, 87	29, 10	32, 33	38, 80	232800
700	16, 97	19, 80	22, 63	25, 46	28, 29	33, 95	203700
600	14, 55	16, 97	19, 40	21, 82	24, 25	29, 10	174600
500	12, 12	14, 15	16, 17	18, 19	20, 21	24, 25	145500
400	9, 70	11, 32	12, 93	14, 55	16, 17	19, 40	116400
300	7, 27	8, 49	9, 7	10, 91	12, 12	14, 55	87300
200	4, 85	5, 66	6, 47	7, 27	8, 08	9, 70	58200
100	2, 42	2, 83	3, 23	3, 64	4, 04	4, 85	29100
90	2, 18	2, 55	2, 91	3, 27	3, 64	4, 36	26190
80	1, 94	2, 26	2, 59	2, 91	3, 23	3, 88	23280
70	1, 70	1, 98	2, 26	2, 55	2, 83	3, 39	20370
60	1, 45	1, 70	1, 94	2, 18	2, 42	2, 91	17460
50	1, 21	1, 41	1, 62	1, 82	2, 02	2, 42	14550
40	0, 97	1, 13	1, 29	1, 45	1, 62	1, 94	11640
30	0, 73	0, 85	0, 97	1, 09	1, 21	1, 45	8730
20	0, 48	0, 57	0, 65	0, 73	0, 81	0, 97	5820
10	0, 24	0, 28	0, 32	0, 36	0, 40	0, 48	2910
9	0, 22	0, 25	0, 29	0, 33	0, 36	0, 44	2619
8	0, 19	0, 23	0, 26	0, 29	0, 32	0, 39	2328
7	0, 17	0, 20	0, 23	0, 25	0, 28	0, 34	2037
6	0, 15	0, 17	0, 19	0, 22	0, 24	0, 29	1746
5	0, 12	0, 14	0, 16	0, 18	0, 20	0, 24	1455
4	0, 10	0, 11	0, 13	0, 15	0, 16	0, 19	1164
3	0, 07	0, 08	0, 10	0, 11	0, 12	0, 15	873
2	0, 05	0, 06	0, 06	0, 07	0, 08	0, 10	582
1	0, 02	0, 03	0, 03	0, 04	0, 04	0, 05	291

COLONNE DES CAPITAUX	INTÉRÊTS POUR 292 JOURS (ou pour 9 mois et 22 jours.)						NOMBRES PRODUITS des CAPITAUX multipliés par 292 Jours.
	à 3 %	à 3 ½	à 4 %	à 4 ½	à 5 %	à 6 %	
fr.	fr. c.	fr. c.	fr. c.	fr. c	fr. c.	fr. c.	
50,000	1216, 67	1419, 44	1622, 22	1825, 00	2027, 78	2433, 33	14600000
40,000	973, 33	1135, 56	1297, 78	1460, 00	1622, 22	1946, 67	11680000
30,000	730. 00	851, 67	973, 33	1095, 00	1216, 67	1460, 00	8760000
20,000	486, 67	567, 78	648, 89	730, 00	811, 11	973, 33	5840000
10,000	243, 33	283, 89	324, 44	365, 00	405, 56	486, 67	2920000
9,000	219, 00	255, 50	292, 00	328, 50	365, 00	438, 00	2628000
8,000	194, 67	227, 11	259, 56	292, 00	324, 44	389, 33	2336000
7,000	170, 33	198, 72	227, 11	255, 50	283, 89	340, 67	2044000
6,000	146, 00	170, 33	194, 67	219, 00	243, 33	292, 00	1752000
5,000	121, 67	141, 94	162, 22	182, 50	202, 78	243, 33	1460000
4,000	97, 33	113, 56	129, 78	146, 00	162, 22	194, 67	1168000
3,000	73, 00	85, 17	97, 33	109, 50	121, 67	146, 00	876000
2,000	48, 67	56, 78	64, 89	73, 00	81, 11	97, 33	584000
1,000	24, 33	28, 39	32, 44	36, 50	40, 56	48, 67	292000
900	21, 90	25, 55	29, 20	32, 85	36, 50	43, 80	262800
800	19, 47	22, 71	25, 96	29, 20	32, 44	38, 93	233600
700	17, 03	19, 87	22, 71	25, 55	28, 39	34, 07	204400
600	14, 60	17, 03	19, 47	21, 90	24, 33	29, 20	175200
500	12, 17	14, 19	16, 22	18, 25	20, 28	24, 33	146000
400	9, 73	11, 36	12, 98	14, 60	16, 22	19, 47	116800
300	7, 30	8, 52	9, 73	10, 95	12, 17	14, 60	87600
200	4, 87	5, 68	6, 49	7, 30	8, 11	9, 73	58400
100	2, 43	2, 84	3, 24	3, 65	4, 06	4, 87	29200
90	2, 19	2, 55	2, 92	3, 28	3, 65	4, 38	26280
80	1, 95	2, 27	2, 60	2, 92	3, 24	3, 89	23360
70	1, 70	1, 99	2, 27	2, 55	2, 84	3, 41	20440
60	1, 46	1, 70	1, 95	2, 19	2, 43	2, 92	17520
50	1, 22	1, 42	1, 62	1, 82	2, 03	2, 43	14600
40	0, 97	1, 14	1, 30	1, 46	1, 62	1, 95	11680
30	0, 73	0, 85	0, 97	1, 09	1, 22	1, 46	8760
20	0, 49	0, 57	0, 65	0, 73	0, 81	0, 97	5840
10	0, 24	0, 28	0, 32	0, 36	0, 41	0, 49	2920
9	0, 22	0, 26	0, 29	0, 33	0, 36	0, 44	2628
8	0, 19	0, 23	0, 26	0, 29	0, 32	0, 39	2336
7	0, 17	0, 20	0, 23	0, 26	0, 28	0, 34	2044
6	0, 15	0, 17	0, 19	0, 22	0, 24	0, 29	1752
5	0, 12	0, 14	0, 16	0, 18	0, 20	0, 24	1460
4	0, 10	0, 11	0, 13	0, 15	0, 16	0, 19	1168
3	0, 07	0, 09	0, 10	0, 11	0, 12	0, 15	876
2	0, 05	0, 06	0, 06	0, 07	0, 08	0, 10	584
1	0. 02	0. 03	0. 03	0. 04	0. 04	0. 05	292

COLONNE DES CAPITAUX	INTÉRÊTS POUR 293 JOURS (ou pour 9 mois et 23 jours.)						NOMBRES PRODUITS des CAPITAUX multipliés par 293 jours.
	à 3 %	à 3 ½	à 4 %	à 4 ½	à 5 %	à 6 %	
fr.	fr. c.	fr. c.	fr. c.	fr. c.	fr. c.	fr. c.	
50,000	1220, 83	1424, 30	1627, 78	1831, 25	2034, 72	2441, 67	14650000
40,000	976, 67	1139, 44	1302, 22	1465, 00	1627, 78	1953, 33	11720000
30,000	732, 50	854, 58	976, 67	1098, 75	1220, 83	1465, 00	8790000
20,000	488, 33	569, 72	651, 11	732, 50	813, 89	976, 67	5860000
10,000	244, 17	284, 86	325, 56	366, 25	406, 94	488, 33	2930000
9,000	219, 75	256, 37	293, 00	329, 62	366, 25	439, 50	2637000
8,000	195, 33	227, 89	260, 44	293, 00	325, 56	390, 67	2344000
7,000	170, 92	199, 40	227, 89	256, 37	284, 86	341, 83	2051000
6,000	146, 50	170, 92	195, 33	219, 75	244, 17	293, 00	1758000
5,000	122, 08	142, 43	162, 78	183, 12	203, 47	244, 17	1465000
4,000	97, 67	113, 94	130, 22	146, 50	162, 78	195, 33	1172000
3,000	73, 25	85, 46	97, 67	109, 87	122, 08	146, 50	879000
2,000	48, 83	56, 97	65, 11	73, 25	81, 39	97, 67	586000
1,000	24, 42	28, 49	32, 56	36, 62	40, 69	48, 83	293000
900	21, 97	25, 64	29, 30	32, 96	36, 62	43, 95	263700
800	19, 53	22, 79	26, 04	29, 30	32, 56	39, 07	234400
700	17, 09	19, 94	22, 79	25, 64	28, 49	34, 18	205100
600	14, 65	17, 09	19, 53	21, 97	24, 42	29, 30	175800
500	12, 21	14, 24	16, 28	18, 31	20, 35	24, 42	146500
400	9, 77	11, 39	13, 02	14, 65	16, 28	19, 53	117200
300	7, 32	8, 55	9, 77	10, 99	12, 21	14, 65	87900
200	4, 88	5, 70	6, 51	7, 32	8, 14	9, 77	58600
100	2, 44	2, 85	3, 26	3, 66	4, 07	4, 88	29300
90	2, 20	2, 56	2, 93	3, 30	3, 66	4, 39	26370
80	1, 95	2, 28	2, 60	2, 93	3, 26	3, 91	23440
70	1, 71	1, 99	2, 28	2, 56	2, 85	3, 42	20510
60	1, 46	1, 71	1, 95	2, 20	2, 44	2, 93	17580
50	1, 22	1, 42	1, 63	1, 83	2, 03	2, 44	14650
40	0, 98	1, 14	1, 30	1, 46	1, 63	1, 95	11720
30	0, 73	0, 85	0, 98	1, 10	1, 22	1, 46	8790
20	0, 49	0, 57	0, 65	0, 73	0, 81	0, 98	5860
10	0, 24	0, 28	0, 33	0, 37	0, 41	0, 49	2930
9	0, 22	0, 26	0, 29	0, 33	0, 37	0, 44	2637
8	0, 20	0, 23	0, 26	0, 29	0, 33	0, 39	2344
7	0, 17	0, 20	0, 23	0, 26	0, 28	0, 34	2051
6	0, 15	0, 17	0, 20	0, 22	0, 24	0, 29	1758
5	0, 12	0, 14	0, 16	0, 18	0, 20	0, 24	1465
4	0, 10	0, 11	0, 13	0, 15	0, 16	0, 20	1172
3	0, 07	0, 09	0, 10	0, 11	0, 12	0, 15	879
2	0, 05	0, 06	0, 07	0, 07	0, 08	0, 10	586
1	0, 02	0, 03	0, 03	0, 04	0, 04	0, 05	293

COLONNE DES CAPITAUX	INTERETS POUR 294 JOURS (ou pour 9 mois et 24 jours.)						NOMBRES PRODUITS des CAPITAUX multipliés par 294 Jours.
	à 3 %	à 3 ½	à 4 %	à 4 ½	à 5 %	à 6 %	
fr.	fr. c.	fr. c.	fr. c.	fr. c.	fr. c.	fr. c.	
50,000	1225, 00	1429, 17	1633, 33	1837, 50	2041, 67	2450, 00	14700000
40,000	980, 00	1143, 33	1306, 67	1470, 00	1633, 33	1960, 00	11760000
30,000	735, 00	857, 50	980, 00	1102, 50	1225, 00	1470, 00	8820000
20,000	490, 00	571, 67	653, 33	735, 00	816, 67	980, 00	5880000
10,000	245, 00	285, 83	326, 67	367, 50	408, 33	490, 00	2940000
9,000	220, 50	257, 25	294, 00	330, 75	367, 50	441, 00	2646000
8,000	196, 00	228, 67	261, 33	294, 00	326, 67	392, 00	2352000
7,000	171, 50	200, 08	228, 67	257, 25	285, 83	343, 00	2058000
6,000	147, 00	171, 50	196, 00	220, 50	245, 00	294, 00	1764000
5,000	122, 50	142, 92	163, 33	183, 75	204, 17	245, 00	1470000
4,000	98, 00	114, 33	130, 67	147, 00	163, 33	196, 00	1176000
3,000	73, 50	85, 75	98, 00	110, 25	122, 50	147, 00	882000
2,000	49, 00	57, 17	65, 33	73, 50	81, 67	98, 00	588000
1,000	24, 50	28, 58	32, 67	36, 75	40, 83	49, 00	294000
900	22, 05	25, 72	29, 40	33, 07	36, 75	44, 10	264600
800	19, 60	22, 87	26, 13	29, 40	32, 67	39, 20	235200
700	17, 15	20, 01	22, 87	25, 72	28, 58	34, 30	205800
600	14, 70	17, 15	19, 60	22, 05	24, 50	29, 40	176400
500	12, 25	14, 29	16, 33	18, 37	20, 42	24, 50	147000
400	9, 80	11, 43	13, 07	14, 70	16, 33	19, 60	117600
300	7, 35	8, 57	9, 80	11, 02	12, 25	14, 70	88200
200	4, 90	5, 72	6, 53	7, 35	8, 17	9, 80	58800
100	2, 45	2, 86	3, 27	3, 67	4, 08	4, 90	29400
90	2, 20	2, 57	2, 94	3, 31	3, 67	4, 41	26460
80	1, 96	2, 29	2, 61	2, 94	3, 27	3, 92	23520
70	1, 71	2, 00	2, 29	2, 57	2, 86	3, 43	20580
60	1, 47	1, 71	1, 96	2, 20	2, 45	2, 94	17640
50	1, 22	1, 43	1, 63	1, 84	2, 04	2, 45	14700
40	0, 98	1, 14	1, 31	1, 47	1, 63	1, 96	11760
30	0, 73	0, 86	0, 98	1, 10	1, 22	1, 47	8820
20	0, 49	0, 57	0, 65	0, 73	0, 82	0, 98	5880
10	0, 24	0, 29	0, 33	0, 37	0, 41	0, 49	2940
9	0, 22	0, 26	0, 29	0, 33	0, 37	0, 44	2646
8	0, 20	0, 23	0, 26	0, 29	0, 33	0, 39	2352
7	0, 17	0, 20	0, 23	0, 26	0, 29	0, 34	2058
6	0, 15	0, 17	0, 20	0, 22	0, 24	0, 29	1764
5	0, 12	0, 14	0, 16	0, 18	0, 20	0, 24	1470
4	0, 10	0, 11	0, 13	0, 15	0, 16	0, 20	1176
3	0, 07	0, 09	0, 10	0, 11	0, 12	0, 15	882
2	0, 05	0, 06	0, 07	0, 07	0, 08	0, 10	588
1	0, 02	0, 03	0, 03	0, 04	0, 04	0, 05	294

COLONNE DES CAPITAUX	INTÉRÊTS POUR 295 JOURS (ou pour 9 mois et 25 jours.)						NOMBRES PRODUITS des CAPITAUX multipliés par 295 Jours.
	à 3 %	à 3 ½	à 4 %	à 4 ½	à 5 %	à 6 %	
fr.	fr. c.	fr. c.	fr. c.	fr. c.	fr. c.	fr. c.	
50,000	1229, 17	1434, 03	1638, 89	1843, 75	2048, 61	2458, 33	14750000
40,000	983, 33	1147, 22	1311, 11	1475, 00	1638, 89	1966, 67	11800000
30,000	737, 50	860, 42	983, 33	1106, 25	1229, 17	1475, 00	8850000
20,000	491, 67	573, 61	655, 56	737, 50	819, 44	983, 33	5900000
10,000	245, 83	286, 81	327, 78	368, 75	409, 72	491, 67	2950000
9,000	221, 25	258, 12	295, 00	331, 87	368, 75	442, 50	2655000
8,000	196, 67	229, 44	262, 22	295, 00	327, 78	393, 33	2360000
7,000	172, 08	200, 76	229, 44	258, 12	286, 81	344, 17	2065000
6,000	147, 50	172, 08	196, 67	221, 25	245, 83	295, 00	1770000
5,000	122, 92	143, 40	163, 89	184, 37	204, 86	245, 83	1475000
4,000	98, 33	114, 72	131, 11	147, 50	163, 89	196, 67	1180000
3,000	73, 75	86, 04	98, 33	110, 62	122, 92	147, 50	885000
2,000	49, 17	57, 36	65, 56	73, 75	81, 94	98, 33	590000
1,000	24, 58	28, 68	32, 78	36, 87	40, 97	49, 17	295000
900	22, 12	25, 81	29, 50	33, 19	36, 87	44, 25	265500
800	19, 67	22, 94	26, 22	29, 50	32, 78	39, 33	236000
700	17, 21	20, 05	22, 94	25, 81	28, 68	34, 42	206500
600	14, 75	17, 21	19, 67	22, 12	24, 58	29, 50	177000
500	12, 29	14, 34	16, 39	18, 44	20, 49	24, 58	118000
400	9, 83	11, 47	13, 11	14, 75	16, 39	19, 67	88500
300	7, 37	8, 60	9, 83	11, 06	12, 29	14, 75	59000
200	4, 92	5, 74	6, 56	7, 37	8, 19	9, 83	29500
100	2, 46	2, 87	3, 28	3, 69	4, 10	4, 92	
90	2, 21	2, 58	2, 95	3, 32	3, 69	4, 42	26550
80	1, 97	2, 29	2, 62	2, 95	3, 28	3, 93	23600
70	1, 72	2, 01	2, 29	2, 58	2, 87	3, 44	20650
60	1, 47	1, 72	1, 97	2, 21	2, 46	2, 95	17700
50	1, 23	1, 43	1, 64	1, 84	2, 05	2, 46	14750
40	0, 98	1, 15	1, 31	1, 47	1, 64	1, 97	11800
30	0, 74	0, 86	0, 98	1, 11	1, 23	1, 47	8850
20	0, 49	0, 57	0, 66	0, 74	0, 82	0, 98	5900
10	0, 25	0, 29	0, 33	0, 37	0, 41	0, 49	2950
9	0, 22	0, 26	0, 29	0, 33	0, 37	0, 44	2655
8	0, 20	0, 23	0, 26	0, 29	0, 33	0, 39	2360
7	0, 17	0, 20	0, 23	0, 26	0, 29	0, 34	2065
6	0, 15	0, 17	0, 20	0, 22	0, 25	0, 29	1770
5	0, 12	0, 14	0, 16	0, 18	0, 20	0, 25	1475
4	0, 10	0, 11	0, 13	0, 15	0, 16	0, 20	1180
3	0, 07	0, 09	0, 10	0, 11	0, 12	0, 15	885
2	0, 05	0, 06	0, 07	0, 07	0, 08	0, 10	590
1	0, 02	0, 03	0, 03	0, 04	0, 04	0, 05	295

COLONNE DES CAPITAUX	INTÉRÊTS POUR 296 JOURS (ou pour 9 mois et 26 jours.)						NOMBRES PRODUITS des CAPITAUX multipliés par 296 Jours
	à 3 %	à 3 ½	à 4 %	à 4 ½	à 5 %	à 6 %	
fr.	fr. c.	fr. c.	fr. c.	fr. c.	fr. c.	fr. c.	
50,000	1233, 33	1438, 89	1644, 44	1850, 00	2055, 56	2466, 67	14800000
40,000	986, 67	1151, 11	1315, 56	1480, 00	1644, 44	1973, 33	11840000
30,000	740, 00	863, 33	986, 67	1110, 00	1233, 33	1480, 00	8880000
20,000	493, 33	575, 56	657, 78	740, 00	822, 22	986, 67	5920000
10,000	246, 67	287, 78	328, 89	370, 00	411, 11	493, 33	2960000
9,000	222, 00	259, 00	296, 00	333, 00	370, 00	444, 00	2664000
8,000	197, 33	230, 22	263, 11	296, 00	328, 89	394, 67	2368000
7,000	172, 67	201, 44	230, 22	259, 00	287, 78	345, 33	2072000
6,000	148, 00	172, 67	197, 33	222, 00	246, 67	296, 00	1776000
5,000	123, 33	143, 89	164, 44	185, 00	205, 56	246, 67	1480000
4,000	98, 67	115, 11	131, 56	148, 00	164, 44	197, 33	1184000
3,000	74, 00	86, 33	98, 67	111, 00	123, 33	148, 00	888000
2,000	49, 33	57, 56	65, 78	74, 00	82, 22	98, 67	592000
1,000	24, 67	28, 78	32, 89	37, 00	41, 11	49, 33	296000
900	22, 20	25, 90	29, 60	33, 30	37, 00	44, 40	266400
800	19, 73	23, 02	26, 31	29, 60	32, 89	39, 47	236800
700	17, 27	20, 14	23, 02	25, 90	28, 78	34, 53	207200
600	14, 80	17, 27	19, 73	22, 20	24, 67	29, 60	177600
500	12, 33	14, 39	16, 44	18, 50	20, 56	24, 67	148000
400	9, 87	11, 51	13, 16	14, 80	16, 44	19, 73	118400
300	7, 40	8, 63	9, 87	11, 10	12, 33	14, 80	88800
200	4, 93	5, 76	6, 58	7, 40	8, 22	9, 87	59200
100	2, 47	2, 88	3, 29	3, 70	4, 11	4, 93	29600
90	2, 22	2, 59	2, 96	3, 33	3, 70	4, 44	26640
80	1, 97	2, 30	2, 63	2, 96	3, 29	3, 95	23680
70	1, 73	2, 01	2, 30	2, 59	2, 88	3, 45	20720
60	1, 48	1, 73	1, 97	2, 22	2, 47	2, 96	17760
50	1, 23	1, 44	1, 64	1, 85	2, 06	2, 47	14800
40	0, 99	1, 15	1, 32	1, 48	1, 64	1, 97	11840
30	0, 74	0, 86	0, 99	1, 11	1, 23	1, 48	8880
20	0, 49	0, 58	0, 66	0, 74	0, 82	0, 99	5920
10	0, 25	0, 29	0, 33	0, 37	0, 41	0, 49	2960
9	0, 22	0, 26	0, 30	0, 33	0, 37	0, 44	2664
8	0, 20	0, 23	0, 26	0, 30	0, 33	0, 39	2368
7	0, 17	0, 20	0, 23	0, 26	0, 29	0, 35	2072
6	0, 15	0, 17	0, 20	0, 22	0, 25	0, 30	1776
5	0, 12	0, 14	0, 16	0, 18	0, 21	0, 25	1480
4	0, 10	0, 12	0, 13	0, 15	0, 16	0, 20	1184
3	0, 07	0, 09	0, 10	0, 11	0, 12	0, 15	888
2	0, 05	0, 06	0, 07	0, 07	0, 08	0, 10	592
1	0, 02	0, 03	0, 03	0, 04	0, 04	0, 05	296

COLONNE DES CAPITAUX	INTERETS POUR 297 JOURS (ou pour 9 mois et 27 jours.)						NOMBRES PRODUITS des CAPITAUX multipliés par 297 Jours.
	à 3 %	à 3 ½	à 4 %	à 4 ½	à 5 %	à 6 %	
fr.	fr. c.	fr. c.	fr. c.	fr. c.	fr. c.	fr. c.	
50,000	1237, 50	1443, 75	1650, 00	1856, 25	2062, 50	2475, 00	14850000
40,000	990, 00	1155, 00	1320, 00	1485, 00	1650, 00	1980, 00	11880000
30,000	742, 50	866, 25	990, 00	1113, 75	1237, 50	1485, 00	8910000
20,000	495, 00	577, 50	660, 00	742, 50	825, 00	990, 00	5940000
10,000	247, 50	288, 75	330, 00	371, 25	412, 50	495, 00	2970000
9,000	222, 75	259, 87	297, 00	334, 12	371, 25	445, 50	2673000
8,000	198, 00	231, 00	264, 00	297, 00	330, 00	396, 00	2376000
7,000	173, 25	202, 12	231, 00	259, 87	288, 75	346, 50	2079000
6,000	148, 50	173, 25	198, 00	232, 75	247, 50	297, 00	1782000
5,000	123, 75	144, 37	165, 00	185, 62	206, 25	247, 50	1485000
4,000	99, 00	115, 50	132, 00	148, 50	165, 00	198, 00	1188000
3,000	74, 25	86, 62	99, 00	111, 37	123, 75	148, 50	891000
2,000	49, 50	57, 75	66, 00	74, 25	82, 50	99, 00	594000
1,000	24, 75	28, 87	33, 00	37, 12	41, 25	49, 50	297000
900	22, 27	25, 99	29, 70	33, 41	37, 12	44, 55	267300
800	19, 80	23, 10	26, 40	29, 70	33, 00	39, 60	237600
700	17, 32	20, 21	23, 10	25, 99	28, 87	34, 65	207900
600	14, 85	17, 32	19, 80	22, 27	24, 75	29, 70	178200
500	12, 37	14, 44	16, 50	18, 56	20, 62	24, 75	148500
400	9, 90	11, 55	13, 20	14, 85	16, 50	19, 80	118800
300	7, 42	8, 66	9, 90	11, 14	12, 37	14, 85	89100
200	4, 95	5, 77	6, 60	7, 42	8, 25	9, 90	59400
100	2, 47	2, 89	3, 30	3, 71	4, 12	4, 95	29700
90	2, 23	2, 60	2, 97	3, 34	3, 71	4, 45	26730
80	1, 98	2, 31	2, 64	2, 97	3, 30	3, 96	23760
70	1, 73	2, 02	2, 31	2, 60	2, 89	3, 46	20790
60	1, 48	1, 73	1, 98	2, 23	2, 47	2, 97	17820
50	1, 24	1, 44	1, 65	1, 86	2, 06	2, 47	14850
40	0, 99	1, 15	1, 32	1, 48	1, 65	1, 98	11880
30	0, 74	0, 87	0, 99	1, 11	1, 24	1, 48	8910
20	0, 49	0, 58	0, 66	0, 74	0, 82	0, 99	5940
10	0, 25	0, 29	0, 33	0, 37	0, 41	0, 49	2970
9	0, 22	0, 26	0, 30	0, 33	0, 37	0, 45	2673
8	0, 20	0, 23	0, 26	0, 30	0, 33	0, 40	2376
7	0, 17	0, 20	0, 23	0, 26	0, 29	0, 35	2079
6	0, 15	0, 17	0, 20	0, 22	0, 25	0, 30	1782
5	0, 12	0, 14	0, 16	0, 19	0, 21	0, 25	1485
4	0, 10	0, 12	0, 13	0, 15	0, 16	0, 20	1188
3	0, 07	0, 09	0, 10	0, 11	0, 12	0, 15	891
2	0, 05	0, 06	0, 07	0, 07	0, 08	0, 10	594
1	0, 02	0, 03	0, 03	0, 04	0, 04	0, 05	297

COLONNE DES CAPITAUX	INTERETS POUR 298 JOURS (ou pour 9 mois et 28 jours.)						NOMBRES PRODUITS des CAPITAUX multipliés par 298 Jours.
	à 3 %	à 3 ½	à 4 %	à 4 ½	à 5 %	à 6 %	
fr.	fr. c.	fr. c.	fr. c.	fr. c.	fr. c	fr. c.	
50,000	1241, 67	1448, 61	1655, 56	1862, 50	2069, 44	2483, 33	14900000
40,000	993, 33	1158, 89	1324, 44	1490, 00	1655, 56	1986, 67	11920000
30.000	745, 00	869, 17	993, 33	1117, 50	1241, 67	1490, 00	8940000
20,000	496, 67	579, 44	662, 22	745, 00	827, 78	993, 33	5960000
10,000	248, 33	289, 72	331, 11	372, 50	413, 89	496, 67	2980000
9,000	223, 50	260, 75	298, 00	335, 25	372, 50	447, 00	2682000
8,000	198, 67	231, 78	264, 89	298, 00	331, 11	397, 33	2384000
7,000	173, 83	202, 81	231, 78	260, 75	289, 72	347, 67	2086000
6.000	149, 00	173, 83	198, 67	223, 50	248, 33	298, 00	1788000
5,000	124, 17	144, 86	165, 56	186, 25	206, 94	248, 33	1490000
4,000	99, 33	115, 89	132, 44	149, 00	165, 56	198, 67	1192000
3,000	74, 50	86, 92	99, 33	111, 75	124, 17	149, 00	894000
2,000	49, 67	57, 94	66, 22	74, 50	82, 78	99, 33	596000
1,000	24, 83	28, 97	33, 11	37, 25	41, 39	49, 67	298000
900	22, 35	26, 07	29, 80	33, 52	37, 25	44, 70	268200
800	19, 87	23, 18	26, 49	29, 80	33, 11	39, 73	238400
700	17, 38	20, 28	23, 18	26, 07	28, 97	34, 77	208600
600	14, 90	17, 38	19, 87	22, 35	24, 83	29, 80	178800
500	12, 42	14, 49	16, 56	18, 62	20, 69	24, 83	149000
400	9, 93	11, 59	13, 24	14, 90	16, 56	19, 87	119200
300	7, 45	8, 69	9, 93	11, 17	12, 42	14, 90	89400
200	4, 97	5, 79	6, 62	7, 45	8, 28	9, 93	59600
100	2, 48	2, 90	3, 31	3, 72	4, 14	4, 97	29800
90	2, 23	2, 61	2, 98	3, 35	3, 72	4, 47	26820
80	1, 99	2, 32	2, 65	2, 98	3, 31	3, 97	23840
70	1, 74	2, 03	2, 32	2, 61	2, 90	3, 48	20860
60	1, 49	1, 74	1, 99	2, 23	2, 48	2, 98	17880
50	1, 24	1, 45	1, 66	1, 86	2, 07	2, 48	14920
40	0, 99	1, 16	1, 32	1, 49	1, 66	1, 99	11920
30	0, 74	0, 87	0, 99	1, 12	1, 24	1, 49	8940
20	0, 50	0, 58	0, 66	0, 74	0, 83	0, 99	5960
10	0, 25	0, 29	0, 33	0, 37	0, 41	0, 50	2980
9	0, 22	0, 26	0, 30	0, 34	0, 37	0, 45	2682
8	0, 20	0, 23	0, 26	0, 30	0, 33	0, 40	2384
7	0, 17	0, 20	0, 23	0, 26	0, 29	0, 35	2086
6	0, 15	0, 17	0, 20	0, 22	0, 25	0, 30	1788
5	0, 12	0, 14	0, 17	0, 19	0, 21	0, 25	1490
4	0, 10	0, 12	0, 13	0, 15	0, 17	0, 20	1192
3	0, 07	0, 09	0, 10	0, 11	0, 12	0, 15	894
2	0, 05	0, 06	0, 07	0, 07	0, 08	0, 10	596
1	0, 02	0, 03	0, 03	0, 04	0, 04	0, 05	298

INTERETS POUR 299 JOURS
(ou pour 9 mois et 29 jours.)

COLONNE DES CAPITAUX	à 3 %	à 3 1/2	à 4 %	à 4 1/2	à 5 %	à 6 %	NOMBRES PRODUITS des CAPITAUX multipliés par 299 Jours.
fr.	fr. c.	fr. c.	fr. c.	fr. c.	fr. c.	fr. c.	
50,000	1245, 83	1453, 47	1661, 11	1868, 75	2076, 39	2491, 67	14950000
40,000	996, 67	1162, 78	1328, 89	1495, 00	1661, 11	1993, 33	11960000
30,000	747, 50	872, 08	996, 67	1121, 25	1245, 83	1495, 00	8970000
20,000	498, 33	581, 39	664, 44	747, 50	830, 56	996, 67	5980000
10,000	249, 17	290, 69	332, 22	373, 75	415, 28	498, 33	2990000
9,000	224, 25	261, 62	299, 00	336, 37	373, 75	448, 50	2691000
8,000	199, 33	232, 56	265, 78	299, 00	332, 22	398, 67	2392000
7,000	174, 42	203, 49	232, 56	261, 62	290, 69	348, 83	2093000
6,000	149, 50	174, 42	199, 33	224, 25	249, 17	299, 00	1794000
5,000	124, 58	145, 35	166, 11	186, 87	207, 64	249, 17	1495000
4,000	99, 67	116, 28	132, 89	149, 50	166, 11	199, 33	1196000
3,000	74, 75	87, 21	99, 67	112, 12	124, 58	149, 50	897000
2,000	49, 83	58, 14	66, 44	74, 75	83, 06	99, 67	598000
1,000	24, 92	29, 07	33, 22	37, 37	41, 53	49, 83	299000
900	22, 42	26, 16	29, 90	33, 64	37, 37	44, 85	269100
800	19, 93	23, 26	26, 58	29, 90	33, 22	39, 87	239200
700	17, 44	20, 35	23, 26	26, 16	29, 07	34, 88	209300
600	14, 95	17, 44	19, 93	22, 42	24, 92	29, 90	179400
500	12, 46	14, 53	16, 61	18, 69	20, 76	24, 92	149500
400	9, 97	11, 63	13, 29	14, 95	16, 61	19, 93	119600
300	7, 47	8, 72	9, 97	11, 21	12, 46	14, 95	89700
200	4, 98	5, 81	6, 64	7, 47	8, 31	9, 97	59800
100	2, 49	2, 91	3, 32	3, 74	4, 15	4, 98	29900
90	2, 24	2, 62	2, 99	3, 36	3, 74	4, 48	26910
80	1, 99	2, 33	2, 66	2, 99	3, 32	3, 99	23920
70	1, 74	2, 03	2, 33	2, 62	2, 91	3, 49	20930
60	1, 49	1, 74	1, 99	2, 24	2, 49	2, 99	17940
50	1, 25	1, 45	1, 66	1, 87	2, 08	2, 49	14950
40	1, 00	1, 16	1, 33	1, 49	1, 66	1, 99	11960
30	0, 75	0, 87	1, 00	1, 12	1, 25	1, 49	8970
20	0, 50	0, 58	0, 66	0, 75	0, 83	1, 00	5980
10	0, 25	0, 29	0, 33	0, 37	0, 42	0, 50	2990
9	0, 22	0, 26	0, 30	0, 34	0, 37	0, 45	2691
8	0, 20	0, 23	0, 27	0, 30	0, 33	0, 40	2392
7	0, 17	0, 20	0, 23	0, 26	0, 29	0, 35	2093
6	0, 15	0, 17	0, 20	0, 22	0, 25	0, 30	1794
5	0, 12	0, 15	0, 17	0, 19	0, 21	0, 25	1495
4	0, 10	0, 12	0, 13	0, 15	0, 17	0, 20	1196
3	0, 07	0, 09	0, 10	0, 11	0, 12	0, 15	897
2	0, 05	0, 06	0, 07	0, 07	0, 08	0, 10	598
1	0, 02	0, 03	0, 03	0, 04	0, 04	0, 05	299

COLONNE DES CAPITAUX	INTERÊTS POUR 300 JOURS (ou pour 10 mois.)						NOMBRES PRODUITS des CAPITAUX multipliés par 300 Jours.
	à 3 %	à 3 ½	à 4 %	à 4 ½	à 5 %	à 6 %	
fr.	fr. c.	fr. c.	fr. c.	fr. c.	fr. c.	fr. c.	
50,000	1250, 00	1458, 33	1666, 67	1875, 00	2083, 33	2500, 00	15000000
40,000	1000, 00	1166, 67	1333, 33	1500, 00	1666, 67	2000, 00	12000000
30,000	750, 00	875, 00	1000, 00	1125, 00	1250, 00	1500, 00	9000000
20,000	500, 00	583, 33	666, 67	750, 00	833, 33	1000, 00	6000000
10,000	250, 00	291, 67	333, 33	375, 00	416, 67	500, 00	3000000
9,000	225, 00	262, 50	300, 00	337, 50	375, 00	450, 00	2700000
8,000	200, 00	233, 33	266, 67	300, 00	333, 33	400, 00	2400000
7,000	175, 00	204, 17	233, 33	262, 50	291, 67	350, 00	2100000
6,000	150, 00	175, 00	200, 00	225, 00	250, 00	300, 00	1800000
5,000	125, 00	145, 83	166, 67	187, 50	208, 33	250, 00	1500000
4,000	100, 00	116, 67	133, 33	150, 00	166, 67	200, 00	1200000
3,000	75, 00	87, 50	100, 00	112, 50	125, 00	150, 00	900000
2,000	50, 00	58, 33	66, 67	75, 00	83, 33	100, 00	600000
1,000	25, 00	29, 17	33, 33	37, 50	41, 67	50, 00	300000
900	22, 50	26, 25	30, 00	33, 75	37, 50	45, 00	270000
800	20, 00	23, 33	26, 67	30, 00	33, 33	40, 00	240000
700	17, 50	20, 42	23, 33	26, 25	29, 17	35, 00	210000
600	15, 00	17, 50	20, 00	22, 50	25, 00	30, 00	180000
500	12, 50	14, 58	16, 67	18, 75	20, 83	25, 00	150000
400	10, 00	11, 67	13, 33	15, 00	16, 67	20, 00	120000
300	7, 50	8, 75	10, 00	11, 25	12, 50	15, 00	90000
200	5, 00	5, 83	6, 67	7, 50	8, 33	10, 00	60000
100	2, 50	2, 92	3, 33	3, 75	4, 17	5, 00	30000
90	2, 25	2, 62	3, 00	3, 37	3, 75	4, 50	27000
80	2, 00	2, 33	2, 67	3, 00	3, 33	4, 00	24000
70	1, 75	2, 04	2, 33	2, 62	2, 92	3, 50	21000
60	1, 50	1, 75	2, 00	2, 25	2, 50	3, 00	18000
50	1, 25	1, 46	1, 67	1, 87	2, 08	2, 50	15000
40	1, 00	1, 17	1, 33	1, 50	1, 67	2, 00	12000
30	0, 75	0, 87	1, 00	1, 12	1, 25	1, 50	9000
20	0, 50	0, 58	0, 67	0, 75	0, 83	1, 00	6000
10	0, 25	0, 29	0, 33	0, 37	0, 42	0, 50	3000
9	0, 22	0, 26	0, 30	0, 34	0, 37	0, 45	2700
8	0, 20	0, 23	0, 27	0, 30	0, 33	0, 40	2400
7	0, 17	0, 20	0, 23	0, 26	0, 29	0, 35	2100
6	0, 15	0, 17	0, 20	0, 22	0, 25	0, 30	1800
5	0, 12	0, 15	0, 17	0, 19	0, 21	0, 25	1500
4	0, 10	0, 12	0, 13	0, 15	0, 17	0, 20	1200
3	0, 07	0, 09	0, 10	0, 11	0, 12	0, 15	900
2	0, 05	0, 06	0, 07	0, 07	0, 08	0, 10	600
1	0, 02	0, 03	0, 03	0, 04	0, 04	0, 05	300

COLONNE DES CAPITAUX	INTÉRÊTS POUR 301 JOURS (ou pour 10 mois et 1 jour.)						NOMBRES PRODUITS des CAPITAUX multipliés par 301 Jours.
	à 3 %	à 3 ½	à 4 %	à 4 ½	à 5 %	à 6 %	
fr.	fr. c.	fr. c.	fr. c.	fr. c	fr. c.	fr. c.	
50,000	1254, 17	1463, 19	1672, 22	1881, 25	2090, 28	2508, 33	15050000
40,000	1003, 33	1170, 56	1337, 78	1505, 00	1672, 22	2006. 67	12040000
30,000	752. 50	877, 92	1003, 33	1128, 75	1254, 17	1505, 00	9030000
20,000	501, 67	585, 28	668, 89	752, 50	836, 11	1003, 33	6020000
10,000	250, 83	292, 64	334, 44	376, 25	418, 06	501, 67	3010000
9,000	225, 75	263, 37	301, 00	338, 62	376, 25	451, 50	2709000
8,000	200, 67	234, 11	267, 56	301, 00	334. 44	401, 33	2408000
7,000	175, 58	204, 85	234, 11	263, 37	292, 64	351, 17	2107000
6,000	150, 50	175. 58	200, 67	225, 75	250, 83	301, 00	1806000
5,000	125, 42	146, 32	167, 22	188, 12	209. 03	250, 83	1505000
4,000	100, 33	117, 06	133, 78	150, 50	167, 22	200, 67	1204000
3,000	75, 25	87, 79	100 33	112, 87	125, 42	150, 50	903000
2,000	50, 17	58, 53	66, 89	75, 25	83, 61	100, 33	602000
1,000	25, 08	29, 26	33. 44	37, 62	41, 81	50, 17	301000
900	22, 57	26, 34	30. 10	33, 86	37, 62	45, 15	270900
800	20, 07	23, 41	26, 76	30, 10	33, 44	40, 13	240800
700	17. 56	20, 48	23, 41	26, 34	29, 26	35, 12	210700
600	15, 05	17, 56	20, 07	22. 57	25, 08	30, 10	180600
500	12, 54	14, 63	16, 72	18. 81	20, 90	25, 08	150500
400	10, 03	11, 71	13, 38	15, 05	16, 72	20, 07	120400
300	7, 52	8, 78	10, 03	11, 29	12, 54	15, 05	90300
200	5, 02	5, 85	6, 69	7, 52	8, 36	10, 03	60200
100	2, 51	2, 93	3, 34	3, 76	4, 18	5, 02	30100
90	2, 26	2, 63	3, 01	3. 39	3, 76	4, 51	27090
80	2, 01	2, 34	2, 68	3, 01	3, 34	4, 01	24080
70	1, 76	2, 05	2, 34	2, 63	2, 93	3, 51	21070
60	1, 50	1, 76	2, 01	2, 26	2, 51	3, 01	18060
50	1, 25	1, 46	1, 67	1, 88	2, 09	2, 51	15050
40	1, 00	1, 17	1, 34	1, 50	1, 67	2, 01	12040
30	0, 75	0, 88	1, 00	1, 13	1, 25	1, 50	9030
20	0, 50	0, 59	0, 67	0, 75	0, 84	1, 00	6020
10	0, 25	0, 29	0, 33	0. 38	0, 42	0, 50	3010
9	0, 23	0, 26	0, 30	0, 34	0, 38	0, 45	2709
8	0, 20	0, 23	0, 27	0, 30	0, 33	0, 40	2408
7	0, 18	0, 20	0, 23	0, 26	0, 29	0, 35	2107
6	0, 15	0, 18	0, 20	0, 23	0, 25	0, 30	1806
5	0, 13	0, 15	0, 17	0, 19	0, 21	0, 25	1505
4	0, 10	0, 12	0, 13	0, 15	0, 17	0, 20	1204
3	0, 08	0, 09	0, 10	0, 11	0, 13	0, 15	903
2	0, 05	0, 06	0, 07	0, 08	0, 08	0, 10	602
1	0, 03	0, 03	0, 03	0, 04	0, 04	0, 05	301

26

COLONNE DES CAPITAUX	INTÉRÊTS POUR 302 JOURS (ou pour 10 mois et 2 jours.)						NOMBRES PRODUITS des CAPITAUX multipliés par 302 Jours
	à 3 %	à 3 ½	à 4 %	à 4 ½	à 5 %	à 6 %	
fr.	fr. c.	fr. c.	fr. c.	fr. c.	fr. c.	fr. c.	
50,000	1258, 33	1468, 06	1677, 78	1837, 50	2097, 22	2516, 67	15100000
40,000	1006, 67	1174, 44	1342, 22	1510, 00	1677, 78	2013, 33	12080000
30,000	755, 00	880, 83	1006, 67	1132, 50	1258, 33	1510, 00	9060000
20,000	503, 33	587, 22	671, 11	755, 00	838, 89	1006, 67	6040000
10,000	251, 67	293, 61	335, 56	377, 50	419, 44	503, 33	3020000
9,000	226, 50	264, 25	302, 00	339, 75	377, 50	453, 00	2718000
8,000	201, 33	234, 89	268, 44	302, 00	335, 56	402, 57	2416000
7,000	176, 17	205, 53	234, 89	264, 25	293, 61	352, 33	2114000
6,000	151, 00	176, 17	201, 33	226, 50	251, 67	302, 00	1812000
5,000	125, 83	146, 81	167, 78	188, 75	209, 72	251, 67	1510000
4,000	100, 67	117, 44	134, 22	151, 00	167, 78	201, 33	1208000
3,000	75, 50	88, 08	100, 67	113, 25	125, 83	151, 00	906000
2,000	50, 33	58, 72	67, 11	75, 50	83, 89	100, 67	604000
1,000	25, 17	29, 36	33, 56	37, 75	41, 94	50, 33	302000
900	22, 65	26, 42	30, 20	33, 97	37, 75	45, 30	271800
800	20, 13	23, 49	26, 84	30, 20	33, 56	40, 27	241600
700	17, 62	20, 55	23, 49	26, 42	29, 36	35, 23	211400
600	15, 10	17, 62	20, 13	22, 65	25, 17	30, 20	181200
500	12, 58	14, 68	16, 78	18, 87	20, 97	25, 17	151000
400	10, 07	11, 74	13, 42	15, 10	16, 78	20, 13	120800
300	7, 55	8, 81	10, 07	11, 32	12, 58	15, 10	90600
200	5, 03	5, 87	6, 71	7, 55	8, 39	10, 07	60400
100	2, 52	2, 94	3, 36	3, 77	4, 19	5, 03	30200
90	2, 26	2, 64	3, 02	3, 40	3, 77	4, 53	27180
80	2, 01	2, 35	2, 68	3, 02	3, 36	4, 03	24160
70	1, 76	2, 06	2, 35	2, 64	2, 94	3, 52	21140
60	1, 51	1, 76	2, 01	2, 26	2, 52	3, 02	18120
50	1, 26	1, 47	1, 68	1, 89	2, 10	2, 52	15100
40	1, 01	1, 17	1, 34	1, 51	1, 68	2, 01	12080
30	0, 75	0, 88	1, 01	1, 13	1, 26	1, 51	9060
20	0, 50	0, 59	0, 67	0, 75	0, 84	1, 01	6040
10	0, 25	0 29	0, 34	0, 38	0, 42	0, 50	3020
9	0, 23	0, 26	0, 30	0, 34	0, 38	0, 45	2718
8	0, 20	0, 23	0, 27	0, 30	0, 34	0, 40	2416
7	0, 18	0, 21	0, 23	0, 26	0, 29	0, 35	2114
6	0, 15	0, 18	0, 20	0, 23	0, 25	0, 30	1812
5	0, 13	0, 15	0, 17	0, 19	0, 21	0, 25	1510
4	0, 10	0, 12	0, 13	0, 15	0, 17	0, 20	1208
3	0, 08	0, 09	0, 10	0, 11	0, 13	0, 15	906
2	0, 05	0, 06	0, 07	0, 08	0, 08	0, 10	604
1	0, 03	0, 03	0, 03	0, 04	0, 04	0, 05	302

COLONNE DES CAPITAUX	INTERETS POUR 303 JOURS (ou pour 10 mois et 3 jours.)						NOMBRES PRODUITS des CAPITAUX multipliés par 303 Jours.
	à 3 %	à 3 ½	à 4 %	à 4 ½	à 5 %	à 6 %	
fr.	fr. c.	fr. c.	fr. c.	fr. c.	fr. c.	fr. c.	
50,000	1262, 50	1472, 92	1683, 33	1893, 75	2104, 17	2525, 00	15150000
40,000	1010, 00	1178, 33	1346, 67	1515, 00	1683, 33	2020, 00	12120000
30,000	757, 50	883, 75	1010, 00	1136, 25	1262, 50	1515, 00	9090000
20,000	505, 00	589, 17	673, 33	757, 50	841, 67	1010, 00	6060000
10,000	252, 50	294, 58	336, 67	378, 75	420, 83	505, 00	3030000
9,000	227, 25	265, 12	303, 00	340, 87	378, 75	454, 50	2727000
8,000	202, 00	235, 67	269, 33	303, 00	336, 67	404, 00	2424000
7,000	176, 75	206, 21	235, 67	265, 12	294, 58	353, 50	2121000
6,000	151, 50	176, 75	202, 00	227, 25	252, 50	303, 00	1818000
5,000	126, 25	147, 29	168, 33	189, 37	210, 41	252, 50	1515000
4,000	101, 00	117, 83	134, 67	151, 50	168, 33	202, 00	1212000
3,000	75, 75	88, 37	101, 00	113, 62	126, 25	151, 50	909000
2,000	50, 50	58, 92	67, 33	75, 75	84, 17	101, 00	606000
1,000	25, 25	29, 46	33, 67	37, 87	42, 08	50, 50	303000
900	22, 72	26, 51	30, 30	34, 09	37, 87	45, 45	272700
800	20, 20	23, 57	26, 93	30, 30	33, 67	40, 40	242400
700	17, 67	20, 62	23, 57	26, 51	29, 46	35, 35	212100
600	15, 15	17, 67	20, 20	22, 72	25, 25	30, 30	181800
500	12, 62	14, 73	16, 83	18, 94	21, 04	25, 25	151500
400	10, 10	11, 78	13, 47	15, 15	16, 83	20, 20	121200
300	7, 57	8, 84	10, 10	11, 36	12, 62	15, 15	90900
200	5, 05	5, 89	6, 73	7, 57	8, 42	10, 10	60600
100	2, 52	2, 95	3, 37	3, 79	4, 21	5, 05	30300
90	2, 27	2, 65	3, 03	3, 41	3, 79	4, 54	27270
80	2, 02	2, 36	2, 69	3, 03	3, 37	4, 04	24240
70	1, 77	2, 06	2, 36	2, 65	2, 95	3, 53	21210
60	1, 51	1, 77	2, 02	2, 27	2, 52	3, 03	18180
50	1, 26	1, 47	1, 68	1, 89	2, 10	2 52	15150
40	1, 01	1, 18	1, 35	1, 51	1, 68	2, 02	12120
30	0, 76	0, 88	1, 01	1, 14	1, 26	1, 51	9090
20	0, 50	0, 59	0, 67	0, 76	0, 84	1, 01	6060
10	0, 25	0, 29	0, 34	0, 38	0, 42	0, 50	3030
9	0, 23	0, 27	0, 30	0, 34	0, 38	0, 45	2727
8	0, 20	0, 24	0, 27	0, 30	0, 34	0, 40	2424
7	0, 18	0, 21	0, 24	0, 27	0, 29	0, 35	2121
6	0, 15	0, 18	0, 20	0, 23	0, 25	0, 30	1818
5	0, 13	0, 15	0, 17	0, 19	0, 21	0, 25	1515
4	0, 10	0, 12	0, 13	0, 15	0, 17	0, 20	1212
3	0, 08	0, 09	0, 10	0, 11	0, 13	0, 15	909
2	0, 05	0, 06	0. 07	0, 08	0, 08	0, 10	606
1	0, 03	0, 03	0. 03	0. 04	0. 04	0, 05	303

COLONNE DES CAPITAUX	INTERETS POUR 304 JOURS (ou pour 10 mois et 4 jours.)						NOMBRES PRODUITS des CAPITAUX multipliés par 304 Jours.
	à 3 %	à 3 ½	à 4 %	à 4 ½	à 5 %	à 6 %	
fr.	fr. c.	fr. c.	fr. c.	fr. c.	fr. c.	fr. c.	
50,000	1266, 67	1427. 78	1688, 89	1900, 00	2111, 11	2533, 33	15200000
40,000	1013, 33	1182. 22	1351, 11	1520, 00	1688, 89	2026, 67	12160000
30,000	760, 00	886, 67	1013, 33	1140, 00	1266, 67	1520, 00	9120000
20,000	506, 67	591, 11	675, 56	760, 00	844, 44	1013, 33	6080000
10,000	253, 33	295, 56	337, 78	380, 00	422, 22	506, 67	3040000
9,000	228, 00	266, 00	304, 00	342, 00	380, 00	456, 00	2736000
8,000	202, 67	236, 44	270, 22	304, 00	337. 78	405, 33	2432000
7,000	177, 33	206, 89	236, 44	266, 00	295, 56	354, 67	2128000
6,000	152, 00	177, 33	202, 67	228, 00	253, 33	304, 00	1824000
5,000	126, 67	147, 78	168, 89	190, 00	211, 11	253, 33	1520000
4,000	101, 33	118, 22	135, 11	152, 00	168, 89	202, 67	1216000
3,000	76. 00	88, 67	101, 33	114. 00	126, 67	152, 00	912000
2,000	50, 67	59, 11	67, 56	76, 00	84, 44	101, 33	608000
1,000	25, 33	29, 56	33, 78	38. 00	42, 22	50, 67	304000
900	22, 80	26, 60	30, 40	34, 20	38, 00	45, 60	273600
800	20, 27	23, 64	27, 02	30, 40	33, 78	40, 53	243200
700	17, 73	20, 69	23, 64	26, 60	29, 56	35, 47	212800
600	15, 20	17, 73	20, 27	22, 80	25, 33	30, 40	182400
500	12, 67	14, 78	16, 89	19, 00	21. 11	25, 33	152000
400	10, 13	11, 82	13, 51	15, 20	16, 89	20, 27	121600
300	7, 60	8, 87	10, 13	11, 40	12, 67	15, 20	91200
200	5, 07	5, 91	6, 76	7, 60	8, 44	10, 13	60800
100	2, 53	2, 96	3, 38	3, 80	4, 22	5, 07	30400
90	2, 28	2, 66	3, 04	3, 42	3, 80	4, 56	27360
80	2, 03	2, 36	2, 70	3, 04	3, 38	4, 05	24320
70	1, 77	2, 07	2, 36	2, 66	2, 96	3, 55	21280
60	1, 52	1, 77	2, 03	2, 28	2, 53	3, 04	18240
50	1, 27	1, 48	1, 69	1, 90	2, 11	2, 53	15200
40	1, 01	1, 18	1, 35	1, 52	1, 69	2, 03	12160
30	0, 76	0, 89	1, 01	1, 14	1, 27	1, 52	9120
20	0, 51	0, 59	0, 68	0, 76	0, 84	1, 01	6080
10	0, 25	0, 30	0, 34	0, 38	0, 42	0, 51	3040
9	0, 23	0, 27	0, 30	0, 34	0, 38	0, 46	2736
8	0, 20	0, 24	0, 27	0, 30	0, 34	0, 41	2432
7	0, 18	0, 21	0, 24	0, 27	0, 30	0, 35	2128
6	0, 15	0, 18	0, 20	0, 23	0, 25	0, 30	1824
5	0, 13	0, 15	0, 17	0, 19	0, 21	0, 25	1520
4	0, 10	0, 12	0, 14	0, 15	0, 17	0, 20	1216
3	0, 08	0, 09	0, 10	0, 11	0, 13	0, 15	912
2	0, 05	0, 06	0, 07	0, 08	0, 08	0, 10	608
1	0. 03	0. 03	0. 03	0. 04	0. 04	0. 05	304

COLONNE DES CAPITAUX	INTERETS POUR 305 JOURS (ou pour 10 mois et 5 jours.)						NOMBRES PRODUITS des CAPITAUX multipliés par 305 Jours.
	à 3 %	à 3 ½	à 4 %	à 4 ½	à 5 %	à 6 %	
fr.	fr. c.	fr. c.	fr. c.	fr. c.	fr. c.	fr. c.	
50,000	1270, 83	1482, 64	1694, 44	1906, 25	2118, 05	2541, 67	15250000
40,000	1016, 67	1186, 11	1355, 56	1525, 00	1694, 44	2033, 33	12200000
30,000	762, 50	889, 58	1016, 67	1143, 75	1270, 83	1525, 00	9150000
20,000	508, 33	593, 06	677, 78	762, 50	847, 22	1016, 67	6100000
10,000	254, 17	296, 53	338, 89	381, 25	423, 61	508, 33	3050000
9,000	228, 75	266, 87	305, 00	343, 12	381, 25	457, 50	2745000
8,000	203, 33	237, 22	271, 11	305, 00	338, 89	406, 67	2440000
7,000	177, 92	207, 57	237, 22	266, 87	296, 53	355, 83	2135000
6,000	152, 50	177, 92	203, 33	228, 75	254, 17	305, 00	1830000
5,000	127, 08	148, 26	169, 44	190, 62	211, 81	254, 17	1525000
4,000	101, 67	118, 61	135, 56	152, 50	169, 44	203, 33	1220000
3,000	76, 25	88, 96	101, 67	114, 37	127, 08	152, 50	915000
2,000	50, 83	59, 31	67, 78	76, 25	84, 72	101, 67	610000
1,000	25, 42	29, 65	33, 89	38, 12	42, 36	50, 83	305000
900	22, 87	26, 69	30, 50	34, 31	38, 12	45, 75	274500
800	20, 33	23, 72	27, 11	30, 50	33, 89	40, 67	244000
700	17, 79	20, 76	23, 72	26, 69	29, 65	35, 58	213500
600	15, 25	17, 79	20, 33	22, 87	25, 42	30, 50	183000
500	12, 71	14, 83	16, 94	19, 06	21, 18	25, 42	152500
400	10, 17	11, 86	13, 56	15, 25	16, 94	20, 33	122000
300	7, 62	8, 90	10, 17	11, 44	12, 71	15, 25	91500
200	5, 08	5, 93	6, 78	7, 62	8, 47	10, 17	61000
100	2, 54	2, 97	3, 39	3, 81	4, 24	5, 08	30500
90	2, 29	2, 67	3, 05	3, 43	3, 81	4, 57	27450
80	2, 03	2, 37	2, 71	3, 05	3, 39	4, 07	24400
70	1, 78	2, 08	2, 37	2, 67	2, 97	3, 56	21350
60	1, 52	1, 78	2, 03	2, 29	2, 54	3, 05	18300
50	1, 27	1, 48	1, 69	1, 91	2, 12	2, 54	15250
40	1, 02	1, 19	1, 36	1, 52	1, 69	2, 03	12200
30	0, 76	0, 89	1, 02	1, 14	1, 27	1, 52	9150
20	0, 51	0, 59	0, 68	0, 76	0, 85	1, 02	6100
10	0, 25	0, 30	0, 34	0, 38	0, 42	0, 51	3050
9	0, 23	0, 27	0, 30	0, 34	0, 38	0, 46	2745
8	0, 20	0, 24	0, 27	0, 30	0, 34	0, 41	2440
7	0, 18	0, 21	0, 24	0, 27	0, 30	0, 36	2135
6	0, 15	0, 18	0, 20	0, 23	0, 25	0, 30	1830
5	0, 13	0, 15	0, 17	0, 19	0, 21	0, 25	1525
4	0, 10	0, 12	0, 14	0, 15	0, 17	0, 20	1220
3	0, 08	0, 09	0, 10	0, 11	0, 13	0, 15	915
2	0, 05	0, 06	0, 07	0, 08	0, 08	0, 10	610
1	0, 03	0, 03	0, 03	0, 04	0, 04	0, 05	305

26.

COLONNE DES CAPITAUX	INTERÊTS POUR 306 JOURS (ou pour 10 mois et 6 jours.)						NOMBRES PRODUITS des CAPITAUX multipliés par 306 Jours.
	à 3 %	à 3 ½	à 4 %	à 4 ½	à 5 %	à 6 %	
fr.	fr. c.	fr. c.	fr. c.	fr. c.	fr. c.	fr. c.	
50,000	1275, 00	1487, 50	1700, 00	1912, 50	2125, 00	2550, 00	15300000
40,000	1020, 00	1190, 00	1360, 00	1530, 00	1700. 00	2040, 00	12240000
30,000	765, 00	892, 50	1020, 00	1147, 50	1275, 00	1530, 00	9180000
20,000	510, 00	595, 00	680, 00	765, 00	850, 00	1020. 00	6120000
10,000	255, 00	297, 50	340, 00	382, 50	425, 00	510, 00	3060000
9,000	229, 50	267, 75	306, 00	344, 25	382, 50	459, 00	2754000
8,000	204, 00	238 00	272, 00	306, 00	340, 00	408, 00	2448000
7,000	178, 50	208, 25	238, 00	267, 75	297, 50	357, 00	2142000
6,000	153, 00	178, 50	204, 00	229, 50	255, 00	306, 00	1836000
5,000	127, 50	148, 75	170, 00	191, 25	212, 50	255, 00	1530000
4,000	102, 00	119, 00	136, 00	153, 00	170, 00	204, 00	1224000
3,000	76, 50	89, 25	102, 00	114, 75	127, 50	153, 00	918000
2,000	51, 00	59, 50	68, 00	76, 50	85, 00	102, 00	612000
1,000	25, 50	29, 75	34, 00	38, 25	42, 50	51, 00	306000
900	22, 95	26 77	30, 60	34, 42	38, 25	45, 90	275400
800	20, 40	23, 80	27, 20	30, 60	34, 00	40, 80	244800
700	17, 85	20, 82	23, 80	26, 77	29, 75	35, 70	214200
600	15, 30	17, 85	20, 40	22, 95	25, 50	30, 60	153000
500	12, 75	14, 87	17, 00	19, 12	21, 25	25, 50	122400
400	10, 20	11, 90	13, 60	15, 30	17, 00	20, 40	91800
300	7, 65	8, 92	10, 20	11, 47	12, 75	15, 30	91800
200	5, 10	5, 95	6, 80	7, 65	8, 50	10, 20	61200
100	2, 55	2, 97	3, 40	3, 82	4, 25	5, 10	30600
90	2, 29	2, 68	3, 06	3, 44	3, 82	4, 59	27540
80	2, 04	2, 38	2, 72	3, 06	3, 40	4, 08	24480
70	1, 78	2, 08	2, 38	2, 68	2, 97	3, 57	21420
60	1, 53	1, 78	2, 04	2, 29	2, 55	3, 06	18360
50	1, 27	1, 49	1, 70	1, 91	2, 12	2, 55	15300
40	1, 02	1, 19	1, 36	1, 53	1, 70	2, 04	12240
30	0, 76	0, 89	1, 02	1, 15	1, 27	1, 53	9180
20	0, 51	0, 59	0, 68	0, 76	0, 85	1, 02	6120
10	0, 25	0, 30	0, 34	0, 38	0, 42	0, 51	3060
9	0, 23	0, 27	0, 31	0, 34	0, 38	0, 46	2754
8	0, 20	0, 24	0, 27	0, 31	0, 34	0, 41	2448
7	0, 18	0, 21	0, 24	0, 27	0, 30	0, 36	2142
6	0, 15	0, 18	0, 20	0, 23	0, 25	0, 31	1836
5	0, 13	0, 15	0, 17	0, 19	0, 21	0, 25	1530
4	0, 10	0, 12	0, 14	0, 15	0, 17	0, 20	1224
3	0, 08	0, 09	0, 10	0, 11	0, 13	0, 15	918
2	0, 05	0, 06	0, 07	0, 08	0, 08	0, 10	612
1	0, 03	0, 03	0, 03	0, 04	0, 04	0, 05	306

COLONNE DES CAPITAUX	INTÉRÊTS POUR 307 JOURS (ou pour 10 mois et 7 jours.)						NOMBRES PRODUITS des CAPITAUX multipliés par 307 Jours.
	à 3 %	à 3½	à 4 %	à 4½	à 5 %	à 6 %	
fr.	fr. c.	fr. c.	fr. c	fr. c	fr. c.	fr. c.	
50,000	1279, 17	1492, 36	1705, 56	1918, 75	2131, 94	2558, 33	15350000
40,000	1023, 33	1193, 89	1364, 44	1535, 00	1705, 55	2046, 67	12280000
30,000	767, 50	895, 42	1023, 33	1151, 25	1279, 17	1535, 00	9210000
20,000	511, 67	596, 94	682, 22	767, 50	852, 78	1023, 33	6140000
10,000	255, 83	298, 47	341, 11	383, 75	426, 39	511, 67	3070000
9,000	230, 25	268, 62	307, 00	345, 37	383, 75	460, 50	2763000
8,000	204, 67	238, 78	272, 89	307, 00	341, 11	409, 33	2456000
7,000	179, 08	208, 93	238, 78	268, 62	298, 47	358, 17	2149000
6,000	153, 50	179, 08	204, 67	230, 25	255, 83	307, 00	1842000
5,000	127, 92	149, 24	170, 56	191, 87	213, 19	255, 83	1535000
4,000	102, 33	119, 39	136, 44	153, 50	170, 56	204, 67	1228000
3,000	76, 75	89, 54	102, 33	115, 12	127, 92	153, 50	921000
2,000	51, 17	59, 69	68, 22	76, 75	85, 28	102, 33	614000
1,000	25, 58	29, 85	34, 11	38, 37	42, 64	51, 17	307000
900	23, 02	26, 86	30, 70	34, 54	38, 37	46, 05	276300
800	20, 47	23, 88	27, 29	30, 70	34, 11	40, 93	245600
700	17, 91	20, 89	23, 88	26, 86	29, 85	35, 82	214900
600	15, 35	17, 91	20, 47	23, 02	25, 58	30, 70	184200
500	12, 79	14, 92	17, 06	19, 19	21, 32	25, 58	153500
400	10, 23	11, 94	13, 64	15, 35	17, 06	20, 47	122800
300	7, 67	8, 95	10, 23	11, 51	12, 79	15, 35	92100
200	5, 12	5, 97	6, 82	7, 67	8, 53	10, 23	61400
100	2, 56	2, 98	3, 41	3, 84	4, 26	5, 12	30700
90	2, 30	2, 69	3, 07	3, 45	3, 84	4, 60	27630
80	2, 05	2, 39	2, 73	3, 07	3, 41	4, 09	24560
70	1, 79	2, 09	2, 39	2, 69	2, 98	3, 58	21490
60	1, 53	1, 79	2, 05	2, 30	2, 56	3, 07	18420
50	1, 28	1, 49	1, 71	1, 92	2, 13	2, 56	15350
40	1, 02	1, 19	1, 36	1, 53	1, 71	2, 05	12280
30	0, 77	0, 90	1, 02	1, 15	1, 28	1, 53	9210
20	0, 51	0, 60	0, 68	0, 77	0, 85	1, 02	6140
10	0, 26	0, 30	0, 34	0, 38	0, 43	0, 51	3070
9	0, 23	0, 27	0, 31	0, 35	0, 38	0, 46	2763
8	0, 20	0, 24	0, 27	0, 31	0, 34	0, 41	2456
7	0, 18	0, 21	0, 24	0, 27	0, 30	0, 31	2149
6	0, 15	0, 18	0, 20	0, 23	0, 26	0, 31	1842
5	0, 13	0, 15	0, 17	0, 19	0, 21	0, 26	1535
4	0, 10	0, 12	0, 14	0, 15	0, 17	0, 20	1228
3	0, 08	0, 09	0, 10	0, 12	0, 13	0, 15	921
2	0, 05	0, 06	0, 07	0, 08	0, 09	0, 10	614
1	0, 03	0, 03	0, 03	0, 04	0, 04	0, 05	307

COLONNE DES CAPITAUX	INTÉRÊTS POUR 308 JOURS (ou pour 10 mois et 8 jours.)						NOMBRES PRODUITS des CAPITAUX multipliés par 308 Jours.
	à 3 %	à 3 ½	à 4 %	à 4 ½	à 5 %	à 6 %	
fr.	fr. c.	fr. c.	fr. c.	fr. c.	fr. c.	fr. c.	
50,000	1283, 33	1497, 22	1711, 11	1925, 00	2138, 89	2566, 67	15400000
40,000	1026, 67	1197, 78	1368, 89	1540, 00	1711, 11	2053, 33	12320000
30,000	770, 00	898, 33	1026, 67	1155, 00	1283, 33	1540, 00	9240000
20,000	513, 33	598, 89	684, 44	770, 00	855, 56	1026, 67	6160000
10,000	256, 67	299, 44	342, 22	385, 00	427, 78	513, 33	3080000
9,000	231, 00	269, 50	308, 00	346, 50	385, 00	462, 00	2772000
8,000	205, 33	239, 56	273, 78	308, 00	342, 22	410, 67	2464000
7,000	179, 67	209, 61	239, 56	269, 50	299, 44	359, 33	2156000
6,000	154, 00	179, 67	205, 33	231, 00	256, 67	308, 00	1848000
5,000	128, 33	149, 72	171, 11	192, 50	213, 89	256, 67	1540000
4,000	102, 67	119, 78	136, 89	154, 00	171, 11	205, 33	1232000
3,000	77, 00	89, 83	102, 67	115, 50	128, 33	154, 00	924000
2,000	51, 33	59, 89	68, 44	77, 00	85, 56	102, 67	616000
1,000	25, 67	29, 94	34, 22	38, 50	42, 78	51, 33	308000
900	23, 10	26, 95	30, 80	34, 65	38, 50	46, 20	277200
800	20, 53	23, 96	27, 38	30, 80	34, 22	41, 07	246400
700	17, 97	20, 96	23, 96	26, 95	29, 94	35, 93	215600
600	15, 40	17, 97	20, 53	23, 10	25, 67	30, 80	184800
500	12, 83	14, 97	17, 11	19, 25	21, 39	25, 67	154000
400	10, 27	11, 98	13, 69	15, 40	17, 11	20, 53	123200
300	7, 70	8, 98	10, 27	11, 55	12, 83	15, 40	92400
200	5, 13	5, 99	6, 84	7, 70	8, 56	10, 27	61600
100	2, 57	2, 99	3, 42	3, 85	4, 28	5, 13	30800
90	2, 31	2, 69	3, 08	3, 46	3, 85	4, 62	27720
80	2, 05	2, 40	2, 74	3, 08	3, 42	4, 11	24640
70	1, 80	2, 10	2, 40	2, 69	2, 99	3, 59	21560
60	1, 54	1, 80	2, 05	2, 31	2, 57	3, 08	18480
50	1, 28	1, 50	1, 71	1, 92	2, 14	2, 57	15400
40	1, 03	1, 20	1, 37	1, 54	1, 71	2, 05	12320
30	0, 77	0, 90	1, 03	1, 15	1, 28	1, 54	9240
20	0, 51	0, 60	0, 68	0, 77	0, 86	1, 03	6160
10	0, 26	0 30	0, 34	0, 38	0, 43	0, 51	3080
9	0, 23	0, 27	0, 31	0, 35	0, 38	0, 46	2772
8	0, 21	0, 20	0, 27	0, 31	0, 34	0, 41	2464
7	0, 18	0, 21	0, 24	0, 27	0, 30	0, 36	2156
6	0, 15	0, 18	0, 21	0, 23	0, 26	0, 31	1848
5	0, 13	0, 15	0, 17	0, 19	0, 21	0, 26	1540
4	0, 10	0, 12	0, 14	0, 15	0, 17	0, 21	1232
3	0, 08	0, 09	0, 10	0, 12	0, 13	0, 15	924
2	0, 05	0, 06	0, 07	0, 08	0, 09	0, 10	616
1	0, 03	0, 03	0, 03	0, 04	0, 04	0, 05	308

COLONNE DES CAPITAUX	INTERETS POUR 309 JOURS (ou pour 10 mois et 9 jours.)						NOMBRES PORDUITS des CAPITAUX multipliés par 309 Jours.
	à 3 %	à 3 ½	à 4 %	à 4 ½	à 5 %	à 6 %	
fr.	fr. c.	fr. c.	fr. c.	fr. c.	fr. c.	fr. c.	
50,000	1287, 50	1502, 08	1716, 67	1931, 25	2145, 83	2575, 00	15450000
40,000	1030, 00	1201, 67	1373, 33	1545, 00	1716, 67	2060, 00	12360000
30,000	772, 50	901, 25	1030, 00	1158, 75	1287, 50	1545, 00	9270000
20,000	515, 00	600, 83	686, 67	772, 50	858, 33	1030, 00	6180000
10,000	257, 50	300, 42	343, 33	386, 25	429, 17	515, 00	3090000
9,000	231, 75	270, 37	309, 00	347, 62	386, 25	463, 50	2781000
8,000	206, 00	240, 33	274, 67	309, 00	343, 33	412, 00	2472000
7,000	180, 25	210, 29	240, 33	270, 37	300, 42	360, 50	2163000
6,000	154, 50	180, 25	206, 00	231, 75	257, 50	309, 00	1854000
5,000	128, 75	150, 21	171, 67	193, 12	214, 58	257, 50	1545000
4,000	103, 00	120, 17	137, 33	154, 50	171, 67	206, 00	1236000
3,000	77, 25	90, 12	103, 00	115, 87	128, 75	154, 50	927000
2,000	51, 50	60, 08	68, 67	77, 25	85, 83	103, 00	618000
1,000	25, 75	30, 04	34, 33	38, 62	42, 92	51, 50	309000
900	23, 17	27, 04	30, 90	34, 76	38, 62	46, 35	278100
800	20, 60	24, 03	27, 47	30, 90	34, 33	41, 20	247200
700	18, 02	21, 03	24, 03	27, 04	30, 04	36, 05	216300
600	15, 45	18, 02	20, 60	23, 17	25, 75	30, 90	185400
500	12, 87	15, 02	17, 17	19, 31	21, 46	25, 75	154500
400	10, 30	12, 02	13, 73	15, 45	17, 17	20, 60	123600
300	7, 72	9, 01	10, 30	11, 59	12, 87	15, 45	92700
200	5, 15	6, 01	6, 87	7, 72	8, 58	10, 30	61800
100	2, 57	3, 00	3, 43	3, 86	4, 29	5, 15	30900
90	2, 32	2, 70	3, 09	3, 48	3, 86	4, 63	27810
80	2, 06	2, 40	2, 75	3, 09	3, 43	4, 12	24720
70	1, 80	2, 10	2, 40	2, 70	3, 00	3, 60	21630
60	1, 54	1, 80	2, 06	2, 32	2, 57	3, 09	18540
50	1, 29	1, 50	1, 72	1, 93	2, 15	2, 57	15450
40	1, 03	1, 20	1, 37	1, 54	1, 72	2, 06	12360
30	0, 77	0, 90	1, 03	1, 16	1, 29	1, 54	9270
20	0, 51	0, 60	0, 69	0, 77	0, 86	1, 03	6180
10	0, 26	0, 30	0, 34	0, 39	0, 43	0, 51	3090
9	0, 23	0, 27	0, 31	0, 35	0, 39	0, 46	2781
8	0, 21	0, 24	0, 27	0, 31	0, 34	0, 41	2472
7	0, 18	0, 21	0, 24	0, 27	0, 30	0, 36	2163
6	0, 15	0, 18	0, 21	0, 23	0, 26	0, 31	1854
5	0, 13	0, 15	0, 17	0, 19	0, 21	0, 26	1545
4	0, 10	0, 12	0, 14	0, 15	0, 17	0, 21	1236
3	0, 08	0, 09	0, 10	0, 12	0, 13	0, 15	927
2	0, 05	0, 06	0, 07	0, 08	0, 09	0, 10	618
1	0, 03	0, 03	0, 03	0, 04	0, 04	0, 05	309

COLONNE DES CAPITAUX	INTERETS POUR 310 JOURS (ou pour 10 mois et 10 jours.)						NOMBRES PRODUITS des CAPITAUX multipliés par 310 Jours.
	à 3 %	à 3 ½	à 4 %	à 4 ½	à 5 %	à 6 %	
fr.	fr. c.	fr. c.	fr. c.	fr. c.	fr. c.	fr. c.	
50,000	1291, 67	1506. 94	1722, 22	1937, 50	2152, 78	2583, 33	15500000
40,000	1033, 33	1205. 56	1377, 78	1550, 00	1722, 22	2066, 67	12400000
30,000	775, 00	904, 17	1033, 33	1162, 50	1291, 67	1550, 00	9300000
20,000	516, 67	602, 78	688, 89	775, 00	861, 11	1033, 33	6200000
10,000	258, 33	301, 39	344, 44	387, 50	430, 56	516, 67	3100000
9,000	232, 50	271, 25	310, 00	348, 75	387, 50	465, 00	2790000
8,000	206, 67	241, 11	275, 56	310, 00	344. 44	413, 33	2480000
7,000	180. 83	210, 97	241, 11	271, 25	301, 39	361, 67	2170000
6,000	155, 00	180, 83	206, 67	232, 50	258, 33	310, 00	1860000
5,000	129, 17	150, 69	172, 22	193, 75	215, 28	258, 33	1550000
4,000	103, 33	120, 56	137, 78	155, 00	172, 22	206, 67	1240000
3,000	77, 50	90, 42	103, 33	116, 25	129, 17	155, 00	930000
2,000	51, 67	60, 28	68, 89	77, 50	86, 11	103, 33	620000
1,000	25, 83	30, 14	34, 44	38, 75	43, 06	51, 67	310000
900	23, 25	27, 12	31, 00	34, 87	38, 75	46, 50	279000
800	20, 67	24, 11	27, 56	31, 00	34, 44	41, 33	248000
700	18, 08	21, 10	24, 11	27, 12	30, 14	36, 17	217000
600	15, 50	18, 08	20, 67	23, 25	25, 83	31, 00	186000
500	12, 92	15, 07	17, 22	19, 37	21, 53	25, 83	155000
400	10, 33	12, 06	13, 78	15, 50	17, 22	20, 67	124000
300	7, 75	9, 04	10, 33	11, 62	12, 92	15, 50	93000
200	5, 17	6, 03	6, 89	7, 75	8, 61	10, 33	62000
100	2, 58	3, 01	3, 44	3. 87	4, 31	5, 17	31000
90	2, 32	2, 71	3, 10	3, 49	3, 87	4, 65	27900
80	2, 07	2, 41	2, 76	3, 10	3, 44	4, 13	24800
70	1, 81	2, 11	2, 41	2, 71	3, 01	3, 62	21700
60	1, 55	1, 81	2, 07	2, 32	2, 58	3, 10	18600
50	1, 29	1, 51	1, 72	1, 94	2, 15	2, 58	15500
40	1, 03	1, 21	1, 38	1, 55	1, 72	2, 07	12400
30	0, 77	0, 90	1, 03	1, 16	1, 29	1, 55	9300
20	0, 52	0, 60	0, 69	0, 77	0, 86	1, 03	6200
10	0, 26	0. 30	0, 34	0. 39	0, 43	0, 52	3100
9	0, 23	0, 27	0, 31	0, 35	0, 39	0, 46	2790
8	0, 21	0, 24	0, 28	0, 31	0, 34	0, 41	2480
7	0, 18	0, 21	0, 24	0, 27	0, 30	0, 36	2170
6	0, 15	0, 18	0, 21	0, 23	0, 26	0, 31	1860
5	0, 13	0, 15	0, 17	0, 19	0, 22	0, 26	1550
4	0, 10	0, 12	0, 14	0, 15	0, 17	0, 21	1240
3	0, 08	0, 09	0, 10	0, 12	0, 13	0, 15	930
2	0, 05	0, 06	0, 07	0, 08	0, 09	0, 10	620
1	0. 03	0. 03	0. 03	0. 04	0. 04	0, 05	310

COLONNE DES CAPITAUX	INTERETS POUR 311 JOURS (ou pour 10 mois et 11 jours.)						NOMBRES PRODUITS des CAPITAUX multipliés par 311 Jours.
	à 3 %	à 3 ½	à 4 %	à 4 ½	à 5 %	à 6 %	
fr.	fr. c.	fr. c.	fr. c.	fr. c.	fr. c.	fr. c.	
50,000	1295, 83	1511, 80	1727, 78	1943, 75	2159, 72	2591, 67	15550000
40,000	1036, 67	1209, 44	1382, 22	1555, 00	1727, 78	2073, 33	12440000
30,000	777, 50	907, 08	1036, 67	1166, 25	1295, 83	1555, 00	9330000
20,000	518, 33	604, 72	691, 11	777, 50	863, 89	1036, 67	6220000
10,000	259, 17	302, 36	345, 56	388, 75	431, 94	518, 33	3110000
9,000	233, 25	272, 12	311, 00	349, 87	388, 75	466, 50	2799000
8,000	207, 33	241, 89	276, 44	311, 00	345, 56	414, 67	2488000
7,000	181, 42	211, 65	241, 89	272, 12	302, 36	362, 83	2177000
6,000	155, 50	181, 42	207, 33	233, 25	259, 17	311, 00	1866000
5,000	129, 58	151, 18	172, 78	194, 37	215, 97	259, 17	1555000
4,000	103, 67	120, 94	138, 22	155, 50	172, 78	207, 33	1244000
3,000	77, 75	90, 71	103, 67	116, 62	129, 58	155, 50	933000
2,000	51, 83	60, 47	69, 11	77, 75	86, 39	103, 67	622000
1,000	25, 92	30, 24	34, 56	38, 87	43, 19	51, 83	311000
900	23, 32	27, 21	31, 10	34, 99	38, 87	46, 65	279900
800	20, 73	24, 19	27, 64	31, 10	34, 56	41, 47	248800
700	18, 14	21, 17	24, 19	27, 21	30, 24	36, 28	217700
600	15, 55	18, 14	20, 73	23, 32	25, 92	31, 10	186600
500	12, 96	15, 12	17, 28	19, 44	21, 60	25, 92	155500
400	10, 37	12, 09	13, 82	15, 55	17, 28	20, 73	124400
300	7, 77	9, 07	10, 37	11, 66	12, 96	15, 55	93300
200	5, 18	6, 05	6, 91	7, 77	8, 64	10, 37	62200
100	2, 59	3, 02	3, 46	3, 89	4, 32	5, 18	31100
90	2, 33	2, 72	3, 11	3, 50	3, 89	4, 66	27990
80	2, 07	2, 42	2, 76	3, 11	3, 46	4, 15	24880
70	1, 81	2, 12	2, 42	2, 72	3, 02	3, 63	21770
60	1, 55	1, 81	2, 07	2, 33	2, 59	3, 11	18660
50	1, 30	1, 51	1, 73	1, 94	2, 16	2, 59	15550
40	1, 04	1, 21	1, 38	1, 55	1, 73	2, 07	12440
30	0, 78	0, 91	1, 04	1, 17	1, 30	1, 55	9330
20	0, 52	0, 60	0, 69	0, 78	0, 86	1, 04	6220
10	0, 26	0, 30	0, 35	0, 39	0, 43	0, 52	3110
9	0, 23	0, 27	0, 31	0, 35	0, 39	0, 47	2799
8	0, 21	0, 24	0, 28	0, 31	0, 35	0, 41	2488
7	0, 18	0, 21	0, 24	0, 27	0, 30	0, 36	2177
6	0, 16	0, 18	0, 21	0, 23	0, 26	0, 31	1866
5	0, 13	0, 15	0, 17	0, 19	0, 22	0, 26	1555
4	0, 10	0, 12	0, 14	0, 16	0, 17	0, 21	1244
3	0, 08	0, 09	0, 10	0, 12	0, 13	0, 16	933
2	0, 05	0, 06	0, 07	0, 08	0, 09	0, 10	622
1	0, 03	0, 03	0, 03	0, 04	0, 04	0, 05	311

COLONNE DES CAPITAUX	INTERÊTS POUR 312 JOURS (ou pour 10 mois et 12 jours.)						NOMBRES PRODUITS des CAPITAUX multipliés par 312 Jours.
	à 3 %	à 3 ½	à 4 %	à 4 ½	à 5 %	à 6 %	
fr.	fr. c.	fr. c.	fr. c.	fr. c.	fr. c.	fr. c.	
50,000	1300, 00	1516, 67	1733, 33	1950, 00	2166, 67	2600, 00	15600000
40,000	1040, 00	1213, 33	1386, 67	1560, 00	1733, 33	2080, 00	12480000
30,000	780, 00	910, 00	1040, 00	1170, 00	1300, 00	1560, 00	9360000
20,000	520, 00	606, 67	693, 33	780, 00	866, 67	1040, 00	6240000
10,000	260, 00	303, 33	346, 67	390, 00	433, 33	520, 00	3120000
9,000	234, 00	273, 00	312, 00	351, 00	390, 00	468, 00	2808000
8,000	208, 00	242, 67	277, 33	312, 00	346, 67	416, 00	2496000
7,000	182, 00	212, 33	242, 67	273, 00	303, 33	364, 00	2184000
6,000	156, 00	182, 00	208, 00	234, 00	260, 00	312, 00	1872000
5,000	130, 00	151, 67	173, 33	195, 00	216, 67	260, 00	1560000
4,000	104, 00	121, 33	138, 67	156, 00	173, 33	208, 00	1248000
3,000	78, 00	91, 00	104, 00	117, 00	130, 00	156, 00	936000
2,000	52, 00	60, 67	69, 33	78, 00	86, 67	104, 00	624000
1,000	26, 00	30, 33	34, 67	39, 00	43, 33	52, 00	312000
900	23, 40	27, 30	31, 20	35, 10	39, 00	46, 80	280800
800	20, 80	24, 27	27, 73	31, 20	34, 67	41, 60	249600
700	18, 20	21, 23	24, 27	27, 30	30, 33	36, 40	218400
600	15, 60	18, 20	20, 80	23, 40	26, 00	31, 20	187200
500	13, 00	15, 17	17, 33	19, 50	21, 67	26, 00	156000
400	10, 40	12, 13	13, 87	15, 60	17, 33	20, 80	124800
300	7, 80	9, 10	10, 40	11, 70	13, 00	15, 60	93600
200	5, 20	6, 07	6, 93	7, 80	8, 67	10, 40	62400
100	2, 60	3, 03	3, 47	3, 90	4, 33	5, 20	31200
90	2, 34	2, 73	3, 12	3, 51	3, 90	4, 68	28080
80	2, 08	2, 43	2, 77	3, 12	3, 47	4, 16	24960
70	1, 82	2, 12	2, 43	2, 73	3, 03	3, 64	21840
60	1, 56	1, 82	2, 08	2, 34	2, 60	3, 12	18720
50	1, 30	1, 52	1, 73	1, 95	2, 17	2, 60	15600
40	1, 04	1, 21	1, 39	1, 56	1, 73	2, 08	12480
30	0, 78	0, 91	1, 04	1, 17	1, 30	1, 56	9360
20	0, 52	0, 61	0, 69	0, 78	0, 87	1, 04	6240
10	0, 26	0, 30	0, 35	0, 39	0, 43	0, 52	3120
9	0, 23	0, 27	0, 31	0, 35	0, 39	0, 47	2808
8	0, 21	0, 24	0, 28	0, 31	0, 35	0, 42	2496
7	0, 18	0, 21	0, 24	0, 27	0, 30	0, 36	2184
6	0, 16	0, 18	0, 21	0, 23	0, 26	0, 31	1872
5	0, 13	0, 15	0, 17	0, 19	0, 22	0, 26	1560
4	0, 10	0, 12	0, 14	0, 16	0, 17	0, 21	1248
3	0, 08	0, 09	0, 10	0, 12	0, 13	0, 16	936
2	0, 05	0, 06	0, 07	0, 08	0, 09	0, 10	624
1	0, 03	0, 03	0, 03	0, 04	0, 04	0, 05	312

INTÉRÊTS POUR 313 JOURS
(ou pour 10 mois et 13 jours.)

COLONNE DES CAPITAUX	à 3 %	à 3 ½	à 4 %	à 4 ½	à 5 %	à 6 %	NOMBRES PRODUITS des CAPITAUX multipliés par 313 Jours.
fr.	fr. c.	fr. c.	fr. c.	fr. c	fr. c.	fr. c.	
50,000	1304, 17	1521, 53	1738, 89	1956, 25	2173, 61	2608, 33	15650000
40,000	1043, 33	1217, 22	1391, 11	1565, 00	1738, 89	2086, 67	12520000
30,000	782, 50	912, 92	1043, 33	1173, 75	1304, 17	1565, 00	9390000
20,000	521, 67	608, 61	695, 56	782, 50	869, 44	1043, 33	6260000
10,000	260, 83	304, 31	347, 78	391, 25	434, 72	521, 67	3130000
9,000	234, 75	273, 87	313, 00	352, 12	391, 25	469, 50	2817000
8,000	208, 67	243, 44	278, 22	313, 00	347, 78	417, 33	2504000
7,000	182, 58	213, 01	243, 44	273, 87	304, 31	365, 17	2191000
6,000	156, 50	182, 58	208, 67	234, 75	260, 83	313, 00	1878000
5,000	130, 42	152, 15	173, 89	195, 62	217, 36	260, 83	1565000
4,000	104, 33	121, 72	139, 11	156, 50	173, 89	208, 67	1252000
3,000	78, 25	91, 29	104, 33	117, 37	130, 42	156, 50	939000
2,000	52, 17	60, 86	69, 56	78, 25	86, 94	104, 33	626000
1,000	26, 08	30, 43	34, 78	39, 12	43, 47	52, 17	313000
900	23, 47	27, 39	31, 30	35, 21	39, 12	46, 95	281700
800	20, 87	24, 34	27, 82	31, 30	34, 78	41, 73	250400
700	18, 26	21, 30	24, 34	27, 39	30, 43	36, 52	219100
600	15, 65	18, 26	20, 87	23, 47	26, 08	31, 30	187800
500	13, 04	15, 22	17, 39	19, 56	21, 74	26, 08	156500
400	10, 43	12, 17	13, 91	15, 65	17, 39	20, 87	125200
300	7, 82	9, 13	10, 43	11, 74	13, 04	15, 65	93900
200	5, 22	6, 09	6, 96	7, 82	8, 69	10, 43	62600
100	2, 61	3, 04	3, 48	3, 91	4, 35	5, 22	31300
90	2, 35	2, 74	3, 13	3, 52	3, 91	4, 69	28170
80	2, 09	2, 43	2, 78	3, 13	3, 48	4, 17	25040
70	1, 83	2, 13	2, 43	2, 74	3, 04	3, 65	21910
60	1, 56	1, 83	2, 09	2, 35	2, 61	3, 13	18780
50	1, 30	1, 52	1, 74	1, 96	2, 17	2, 61	15650
40	1, 04	1, 22	1, 39	1, 56	1, 74	2, 09	12520
30	0, 78	0, 91	1, 04	1, 17	1, 30	1, 56	9390
20	0, 52	0, 61	0, 70	0, 78	0, 87	1, 04	6260
10	0, 26	0, 30	0, 35	0, 39	0, 43	0, 52	3130
9	0, 23	0, 27	0, 31	0, 35	0, 39	0, 47	2817
8	0, 21	0, 24	0, 28	0, 31	0, 35	0, 42	2504
7	0, 18	0, 21	0, 24	0, 27	0, 30	0, 37	2191
6	0, 16	0, 18	0, 21	0, 23	0, 26	0, 31	1878
5	0, 13	0, 15	0, 17	0, 20	0, 22	0, 26	1565
4	0, 10	0, 12	0, 14	0, 16	0, 17	0, 21	1252
3	0, 08	0, 09	0, 10	0, 12	0, 13	0, 16	939
2	0, 05	0, 06	0, 07	0, 08	0, 09	0, 10	626
1	0, 03	0, 03	0, 03	0, 04	0, 04	0, 05	313

COLONNE DES CAPITAUX	INTÉRÊTS POUR 314 JOURS (ou pour 10 mois et 14 jours.)						NOMBRES PRODUITS des CAPITAUX multipliés par 314 jours
	à 3 %	à 3 ½	à 4 %	à 4 ½	à 5 %	à 6 %	
fr.	fr. c.	fr. c.	fr. c.	fr. c.	fr. c.	fr. c.	
50,000	1308, 33	1526, 39	1744, 44	1962, 50	2180, 56	2616, 67	15700000
40,000	1046, 67	1221, 11	1395, 56	1570, 00	1744, 44	2093, 33	12560000
30,000	785, 00	915, 83	1046, 67	1177, 50	1308, 33	1570, 00	9420000
20,000	523, 33	610, 56	697, 78	785, 00	872, 22	1046, 67	6280000
10,000	261, 67	305, 28	348, 89	392, 50	436, 11	523, 33	3140000
9,000	235, 50	274, 75	314, 00	353, 25	392, 50	471, 00	2826000
8,000	209, 33	244, 22	279, 11	314, 00	348, 89	418, 67	2512000
7,000	183, 17	213, 69	244, 22	274, 75	305, 28	366, 33	2198000
6,000	157, 00	183, 17	209, 33	235, 50	261, 67	314, 00	1884000
5,000	130, 83	152, 64	174, 44	196, 25	218, 06	261, 67	1570000
4,000	104, 67	122, 11	139, 56	157, 00	174, 44	209, 33	1256000
3,000	78, 50	91, 58	104, 67	117, 75	130, 83	157, 00	942000
2,000	52, 33	61, 06	69, 78	78, 50	87, 22	104, 67	628000
1,000	26, 17	30, 53	34, 89	39, 25	43, 61	52, 33	314000
900	23, 55	27, 47	31, 40	35, 32	39, 25	47, 10	282600
800	20, 93	24, 42	27, 91	31, 40	34, 89	41, 87	251200
700	18, 32	21, 37	24, 42	27, 47	30, 53	36, 63	219800
600	15, 70	18, 32	20, 93	23, 55	26, 17	31, 40	188400
500	13, 08	15, 26	17, 44	19, 62	21, 81	26, 17	157000
400	10, 47	12, 21	13, 96	15, 70	17, 44	20, 93	125600
300	7, 85	9, 16	10, 47	11, 77	13, 08	15, 70	94200
200	5, 23	6, 11	6, 98	7, 85	8, 72	10, 47	62800
100	2, 62	3, 05	3, 49	3, 92	4, 36	5, 23	31400
90	2, 35	2, 75	3, 14	3, 53	3, 92	4, 71	28260
80	2, 09	2, 44	2, 79	3, 14	3, 49	4, 19	25120
70	1, 83	2, 14	2, 44	2, 75	3, 05	3, 66	21980
60	1, 57	1, 83	2, 09	2, 35	2, 62	3, 14	18840
50	1, 31	1, 53	1, 74	1, 96	2, 18	2, 62	15700
40	1, 05	1, 22	1, 40	1, 57	1, 74	2, 09	12560
30	0, 78	0, 92	1, 05	1, 18	1, 31	1, 57	9420
20	0, 52	0, 61	0, 70	0, 78	0, 87	1, 05	6280
10	0, 26	0, 31	0, 35	0, 39	0, 44	0, 52	3140
9	0, 24	0, 27	0, 31	0, 35	0, 39	0, 47	2826
8	0, 21	0, 24	0, 28	0, 31	0, 35	0, 42	2512
7	0, 18	0, 21	0, 24	0, 27	0, 31	0, 37	2198
6	0, 16	0, 18	0, 21	0, 24	0, 26	0, 31	1884
5	0, 13	0, 15	0, 17	0, 20	0, 22	0, 26	1570
4	0, 10	0, 12	0, 14	0, 16	0, 17	0, 21	1256
3	0, 08	0, 09	0, 10	0, 12	0, 13	0, 16	942
2	0, 05	0, 06	0, 07	0, 08	0, 09	0, 10	628
1	0, 03	0, 03	0, 03	0, 04	0, 04	0, 05	314

COLONNE DES CAPITAUX	INTERETS POUR 315 JOURS (ou pour 10 mois et 15 jours.)						NOMBRES PORDUITS des CAPITAUX multipliés par 315 Jours.
	à 3 %	à 3 ½	à 4 %	à 4 ½	à 5 %	à 6 %	
fr.	fr. c.	fr. c.	fr. c	fr. c.	fr. c.	fr. c.	
50,000	1312, 50	1531, 25	1750, 00	1968, 75	2187, 50	2625, 00	15750000
40,000	1050, 00	1225, 00	1400, 00	1575, 00	1750, 00	2100, 00	12600000
30,000	787, 50	918, 75	1050, 00	1181, 25	1312, 50	1575, 00	9450000
20,000	525, 00	612, 50	700, 00	787, 50	875, 00	1050, 00	6300000
10,000	262, 50	306, 25	350, 00	393, 75	437, 50	525, 00	3150000
9,000	236, 25	275, 62	315, 00	354, 37	393, 75	472, 50	2835000
8,000	210, 00	245, 00	280, 00	315, 00	350, 00	420, 00	2520000
7,000	183, 75	214, 37	245, 00	275, 62	306, 25	367, 50	2205000
6,000	157, 50	183, 75	210, 00	236, 25	262, 50	315, 00	1890000
5,000	131, 25	153, 12	175, 00	196, 87	218, 75	262, 50	1575000
4,000	105, 00	122, 50	140, 00	157, 50	175, 00	210, 00	1260000
3,000	78, 75	91, 87	105, 00	118, 12	131, 25	157, 50	945000
2,000	52, 50	61, 25	70, 00	78, 75	87, 50	105, 00	630000
1,000	26, 25	30, 62	35, 00	39, 37	43, 75	52, 50	315000
900	23, 62	27, 56	31, 50	35, 44	39, 37	47, 25	283500
800	21, 00	24, 50	28, 00	31, 50	35, 00	42, 00	252000
700	18, 37	21, 44	24, 50	27, 56	30, 62	36, 75	220500
600	15, 75	18, 37	21, 00	23, 62	26, 25	31, 50	189000
500	13, 12	15, 31	17, 50	19, 69	21, 87	26, 25	157500
400	10, 50	12, 25	14, 00	15, 75	17, 50	21, 00	126000
300	7, 87	9, 19	10, 50	11, 81	13, 12	15, 75	94500
200	5, 25	6, 12	7, 00	7, 87	8, 75	10, 50	63000
100	2, 62	3, 06	3, 50	3, 94	4, 37	5, 25	31500
90	2, 36	2, 76	3, 15	3, 54	3, 94	4, 72	28350
80	2, 10	2, 45	2, 80	3, 15	3, 50	4, 20	25200
70	1, 84	2, 14	2, 45	2, 76	3, 06	3, 67	22050
60	1, 57	1, 84	2, 10	2, 36	2, 62	3, 15	18900
50	1, 31	1, 53	1, 75	1, 97	2, 19	2, 62	15750
40	1, 05	1, 22	1, 40	1, 57	1, 75	2, 10	12600
30	0, 79	0, 92	1, 05	1, 18	1, 31	1, 57	9450
20	0, 52	0, 61	0, 70	0, 79	0, 87	1, 05	6300
10	0, 26	0, 31	0, 35	0, 39	0, 44	0, 52	3150
9	0, 24	0, 28	0, 31	0, 35	0, 39	0, 47	2835
8	0, 21	0, 24	0, 28	0, 31	0, 35	0, 42	2520
7	0, 18	0, 21	0, 24	0, 28	0, 31	0, 37	2205
6	0, 16	0, 18	0, 21	0, 24	0, 26	0, 31	1890
5	0, 13	0, 15	0, 17	0, 20	0, 22	0, 26	1575
4	0, 10	0, 12	0, 14	0, 16	0, 17	0, 21	1260
3	0, 08	0, 09	0, 10	0, 12	0, 13	0, 16	945
2	0, 05	0, 06	0, 07	0, 08	0, 09	0, 10	630
1	0, 03	0, 03	0, 03	0, 04	0, 04	0, 05	315

COLONNE DES CAPITAUX	INTÉRÊTS POUR 316 JOURS (ou pour 10 mois et 16 jours.)						NOMBRES PRODUITS des CAPITAUX multipliés par 316 Jours.
	à 3 %	à 3 ½	à 4 %	à 4 ½	à 5 %	à 6 %	
fr.	fr. c.	fr. c.	fr. c.	fr. c.	fr. c.	fr. c.	
50,000	1316, 67	1536, 11	1755, 56	1975, 00	2194, 44	2633, 33	15800000
40,000	1053, 33	1228, 89	1404, 44	1580, 00	1755, 56	2106, 67	12640000
30,000	790, 00	921, 67	1053, 33	1185, 00	1316, 67	1580, 00	9480000
20,000	526, 67	614, 44	702, 22	790, 00	877, 78	1053, 33	6320000
10,000	263, 33	307, 22	351, 11	395, 00	438, 89	526, 67	3160000
9,000	237, 00	276, 50	316, 00	355, 50	395, 00	474, 00	2844000
8,000	210, 67	245, 78	280, 89	316, 00	351, 11	421, 33	2528000
7,000	184, 33	215, 66	245, 78	276, 50	307, 22	368, 67	2212000
6,000	158, 00	184, 33	210, 67	237, 00	263, 33	316, 00	1896000
5,000	131, 67	153, 61	175, 56	197, 50	219, 44	263, 33	1580000
4,000	105, 33	122, 89	140, 44	158, 00	175, 56	210, 67	1264000
3,000	79, 00	92, 17	105, 33	118, 50	131, 67	158, 00	948000
2,000	52, 67	61, 44	70, 22	79, 00	87, 78	105, 33	632000
1,000	26, 33	30, 72	35, 11	39, 50	43, 89	52, 67	316000
900	23, 70	27, 65	31, 60	35, 55	39, 50	47, 40	284400
800	21, 07	24, 58	28, 09	31, 60	35, 11	42, 13	252800
700	18, 43	21, 51	24, 58	27, 65	30, 72	36, 87	221200
600	15, 80	18, 43	21, 07	23, 70	26, 33	31, 60	189600
500	13, 17	15, 36	17, 56	19, 75	21, 94	26, 33	158000
400	10, 53	12, 29	14, 04	15, 80	17, 56	21, 07	126400
300	7, 90	9, 22	10, 53	11, 85	13, 17	15, 80	94800
200	5, 27	6, 14	7, 02	7, 90	8, 78	10, 53	63200
100	2, 63	3, 07	3, 51	3, 95	4, 39	5, 27	31600
90	2, 37	2, 76	3, 16	3, 55	3, 95	4, 74	28440
80	2, 11	2, 46	2, 81	3, 16	3, 51	4, 21	25280
70	1, 84	2, 15	2, 46	2, 76	3, 07	3, 69	22120
60	1, 58	1, 84	2, 11	2, 37	2, 63	3, 16	18960
50	1, 32	1, 54	1, 76	1, 97	2, 19	2, 63	15800
40	1, 05	1, 23	1, 40	1, 58	1, 76	2, 11	12640
30	0, 79	0, 92	1, 05	1, 18	1, 32	1, 58	9480
20	0, 53	0, 61	0, 70	0, 79	0, 88	1, 05	6320
10	0, 26	0, 31	0, 35	0, 39	0, 44	0, 53	3160
9	0, 24	0, 28	0, 32	0, 36	0, 39	0, 47	2844
8	0, 21	0, 25	0, 28	0, 32	0, 35	0, 42	2528
7	0, 18	0, 22	0, 25	0, 28	0, 31	0, 37	2212
6	0, 16	0, 18	0, 21	0, 24	0, 26	0, 32	1896
5	0, 13	0, 15	0, 18	0, 20	0, 22	0, 26	1580
4	0, 11	0, 12	0, 14	0, 16	0, 18	0, 21	1264
3	0, 08	0, 09	0, 11	0, 12	0, 13	0, 16	948
2	0, 05	0, 06	0, 07	0, 08	0, 09	0, 11	632
1	0, 03	0, 03	0, 04	0, 04	0, 04	0, 05	316

COLONNE DES CAPITAUX	INTÉRÊTS POUR 317 JOURS (ou pour 10 mois et 17 jours.)						NOMBRES PRODUITS des CAPITAUX multipliés par 317 Jours
	à 3 %	à 3 ½	à 4 %	à 4 ½	à 5 %	à 6 %	
fr.	fr. c.	fr. c.	fr. c.	fr. c.	fr. c.	fr. c.	
50,000	1320, 83	1540, 97	1761, 11	1981, 25	2201, 39	2641, 67	15850000
40,000	1056, 67	1232, 78	1408, 89	1585, 00	1761, 11	2113. 33	12680000
30,000	792, 50	924. 58	1056, 67	1188. 75	1320, 83	1585, 00	9510000
20,000	528, 33	616, 39	704, 44	792, 50	880, 56	1056, 67	6340000
10,000	264, 17	308, 19	352, 22	396, 25	440, 28	528. 33	3170000
9,000	237, 75	277, 37	317, 00	356, 62	396, 25	475, 50	2853000
8,000	211, 33	246, 56	281, 78	317, 00	352, 22	422, 67	2536000
7,000	184, 92	215, 74	246, 56	277, 37	308, 19	369, 83	2219000
6,000	158, 50	184, 92	211, 33	237, 75	264. 17	317, 00	1902000
5,000	132, 08	154. 10	176, 11	198, 12	220, 14	264, 17	1585000
4,000	105, 67	123, 28	140, 89	158, 50	176, 11	211, 33	1268000
3,000	79, 25	92, 46	105, 67	118, 87	132, 08	158. 50	951000
2,000	52, 83	61, 64	70, 44	79, 25	88, 06	105, 67	634000
1,000	26, 42	30, 82	35, 22	39, 62	44, 03	52, 83	317000
900	23, 77	27, 74	31, 70	35, 66	39, 62	47, 55	285300
800	21, 13	24, 66	28, 18	31, 70	35, 22	42, 27	253600
700	18, 49	21, 57	24, 66	27, 74	30, 82	36, 98	221900
600	15, 85	18, 49	21, 13	23, 77	26. 42	31, 70	190200
500	13, 21	15, 41	17, 61	19, 81	22, 01	26, 42	158500
400	10, 57	12, 33	14, 09	15, 85	17, 61	21, 13	126800
300	7, 92	9, 25	10, 57	11, 89	13, 21	15, 85	95100
200	5, 28	6, 16	7, 04	7, 92	8, 81	10, 57	63400
100	2, 64	3, 08	3, 52	3, 96	4, 40	5, 28	31700
90	2, 38	2, 77	3, 17	3, 57	3, 96	4, 75	28530
80	2, 11	2, 47	2, 82	3, 17	3, 52	4, 23	25360
70	1, 85	2, 16	2, 47	2, 77	3, 08	3. 70	22190
60	1, 58	1, 85	2, 11	2, 38	2, 64	3, 17	19020
50	1, 32	1, 54	1, 76	1, 98	2, 20	2, 64	15850
40	1, 06	1, 23	1, 41	1, 58	1, 76	2, 11	12680
30	0, 79	0, 92	1, 06	1, 19	1, 32	1, 58	9510
20	0, 53	0, 62	0, 70	0, 79	0, 88	1, 06	6340
10	0, 26	0 31	0, 35	0, 40	0, 44	0, 53	3170
9	0, 24	0, 28	0, 32	0, 36	0, 40	0, 48	2853
8	0, 21	0, 25	0, 28	0, 32	0, 35	0, 42	2536
7	0, 18	0, 22	0, 25	0, 28	0, 31	0, 37	2219
6	0, 16	0, 18	0, 21	0, 24	0, 26	0, 32	1902
5	0, 13	0, 15	0, 18	0, 20	0, 22	0, 26	1585
4	0, 11	0, 12	0, 14	0, 16	0, 18	0, 21	1268
3	0, 08	0, 09	0, 11	0, 12	0, 13	0, 16	951
2	0. 05	0, 06	0, 07	0, 08	0, 09	0, 11	634
1	0. 03	0. 03	0. 04	0. 04	0. 02	0, 05	317

COLONNE DES CAPITAUX	INTÉRÊTS POUR 318 JOURS (ou pour 10 mois et 18 jours.)						NOMBRES PRODUITS des CAPITAUX multipliés par 318 Jours.
	à 3 %,	à 3 ½	à 4 %,	à 4 ½	à 5 %,	à 6 %	
fr.	fr. c.	fr. c.	fr. c.	fr. c.	fr. c.	fr. c.	
50,000	1325, 00	1545, 83	1766, 67	1987, 50	2208, 33	2650, 00	15900000
40,000	1060, 00	1236, 67	1413, 33	1590, 00	1766, 67	2120, 00	12720000
30,000	795, 00	927, 50	1060, 00	1192, 50	1325, 00	1590, 00	9540000
20,000	530, 00	618, 33	706, 67	795, 00	883, 33	1060, 00	6360000
10,000	265, 00	309, 17	353, 33	397, 50	441, 67	530, 00	3180000
9,000	238, 50	278, 25	318, 00	357, 75	397, 50	477, 00	2862000
8,000	212, 00	247, 33	282, 67	318, 00	353, 33	424, 00	2544000
7,000	185, 50	216, 42	247, 33	278, 25	309, 17	371, 00	2226000
6,000	159, 00	185, 50	212, 00	238, 50	265, 00	318, 00	1908000
5,000	132, 50	154, 58	176, 67	198, 75	220, 83	265, 00	1590000
4,000	106, 00	123, 67	141, 33	159, 00	176, 67	212, 00	1272000
3,000	79, 50	92, 75	106, 00	119, 25	132, 50	159, 00	954000
2,000	53, 00	61, 83	70, 67	79, 50	88, 33	106, 00	636000
1,000	26, 50	30, 92	35, 33	39, 75	44, 17	53, 00	318000
900	23, 85	27, 82	31, 80	35, 77	39, 75	47, 70	286200
800	21, 20	24, 73	28, 27	31, 80	35, 33	42, 40	254400
700	18, 55	21, 64	24, 73	27, 82	30, 92	37, 10	222600
600	15, 90	18, 55	21, 20	23, 85	26, 50	31, 80	190800
500	13, 25	15, 46	17, 67	19, 87	22, 08	26, 50	159000
400	10, 60	12, 37	14, 13	15, 90	17, 67	21, 20	127200
300	7, 95	9, 27	10, 60	11, 92	13, 25	15, 90	95400
200	5, 30	6, 18	7, 07	7, 95	8, 83	10, 60	63600
100	2, 65	3, 09	3, 53	3, 97	4, 42	5, 30	31800
90	2, 38	2, 78	3, 18	3, 58	3, 97	4, 77	28620
80	2, 12	2, 47	2, 83	3, 18	3, 53	4, 24	25440
70	1, 85	2, 16	2, 47	2, 78	3, 09	3, 71	22260
60	1, 59	1, 85	2, 12	2, 38	2, 65	3, 18	19080
50	1, 32	1, 55	1, 77	1, 99	2, 21	2 65	15900
40	1, 06	1, 24	1, 41	1, 59	1, 77	2, 12	12720
30	0, 79	0, 93	1, 06	1, 19	1, 32	1, 59	9540
20	0, 53	0, 62	0, 71	0, 79	0, 88	1, 06	6360
10	0, 26	0, 31	0, 35	0, 40	0, 44	0, 53	3180
9	0, 24	0, 28	0, 32	0, 36	0, 40	0, 48	2862
8	0, 21	0, 25	0, 28	0, 32	0, 35	0, 42	2544
7	0, 19	0, 22	0, 25	0, 28	0, 31	0, 37	2226
6	0, 16	0, 19	0, 21	0, 24	0, 26	0, 32	1908
5	0, 13	0, 15	0, 18	0, 20	0, 22	0, 26	1590
4	0, 11	0, 12	0, 14	0, 16	0, 18	0, 21	1272
3	0, 08	0, 09	0, 11	0, 12	0, 13	0, 16	954
2	0, 05	0, 06	0, 07	0, 08	0, 09	0, 11	636
1	0, 03	0, 03	0, 04	0, 04	0, 04	0, 05	318

COLONNE DES CAPITAUX	INTÉRÊTS POUR 319 JOURS (ou pour 10 mois et 19 jours.)						NOMBRES PRODUITS des CAPITAUX multipliés par 319 Jours.
	à 3 %	à 3 ½	à 4 %	à 4 ½	à 5 %	à 6 %	
fr.	fr. c.	fr. c.	fr. c.	fr. c	fr. c.	fr. c.	
50,000	1329, 17	1550, 69	1772, 22	1993, 75	2215, 28	2658, 33	15950000
40,000	1063, 33	1240, 56	1417, 78	1595, 00	1772, 22	2126, 67	12760000
30,000	797, 50	930, 42	1063, 33	1196, 25	1329, 17	1595, 00	9570000
20,000	531, 67	620, 28	708, 89	797, 50	886, 11	1063, 33	6380000
10,000	265, 83	310, 14	354, 44	398, 75	443, 06	531, 67	3190000
9,000	239, 25	279, 12	319, 00	358, 87	398, 75	478, 50	2871000
8,000	212, 67	248, 11	283, 56	319, 00	354, 44	425, 33	2552000
7,000	186, 08	217, 10	248, 11	279, 12	310, 11	372, 17	2233000
6,000	159, 50	186, 08	212, 67	239, 25	265, 83	319, 00	1914000
5,000	132, 92	155, 07	177, 22	199, 37	221, 53	265, 83	1595000
4,000	106, 33	124, 06	141, 78	159, 50	177, 22	212, 67	1276000
3,000	79, 75	93, 04	106, 33	119, 62	132, 92	159, 50	957000
2,000	53, 17	62, 03	70, 89	79, 75	88, 61	106, 33	638000
1,000	26, 58	31, 01	35, 44	39, 87	44, 31	53, 17	319000
900	23, 92	27, 91	31, 90	35, 89	39, 87	47, 85	287100
800	21, 27	24, 81	28, 36	31, 90	35, 44	42, 53	255200
700	18, 61	21, 71	24, 81	27, 91	31, 01	37, 22	223300
600	15, 95	18, 61	21, 27	23, 92	26, 58	31, 90	191400
500	13, 29	15, 51	17, 72	19, 94	22, 15	26, 58	159500
400	10, 63	12, 41	14, 18	15, 95	17, 72	21, 27	127600
300	7, 97	9, 30	10, 63	11, 96	13, 29	15, 95	95700
200	5, 32	6, 20	7, 09	7, 97	8, 86	10, 63	63800
100	2, 66	3, 10	3, 54	3, 99	4, 43	5, 32	31900
90	2, 39	2, 79	3, 19	3, 59	3, 99	4, 78	28710
80	2, 13	2, 48	2, 84	3, 19	3, 54	4, 25	25520
70	1, 86	2, 17	2, 48	2, 79	3, 10	3, 72	22330
60	1, 59	1, 86	2, 13	2, 39	2, 66	3, 19	19140
50	1, 33	1, 55	1, 77	1, 99	2, 22	2, 66	15950
40	1, 06	1, 24	1, 42	1, 59	1, 77	2, 13	12760
30	0, 80	0, 93	1, 06	1, 20	1, 33	1, 59	9570
20	0, 53	0, 62	0, 71	0, 80	0, 89	1, 06	6380
10	0, 27	0, 31	0, 35	0, 40	0, 44	0, 53	3190
9	0, 24	0, 28	0, 32	0, 36	0, 40	0, 48	2871
8	0, 21	0, 25	0, 28	0, 32	0, 35	0, 43	2552
7	0, 19	0, 22	0, 25	0, 28	0, 31	0, 37	2233
6	0, 16	0, 19	0, 21	0, 24	0, 27	0, 32	1914
5	0, 13	0, 16	0, 18	0, 20	0, 22	0, 27	1595
4	0, 11	0, 12	0, 14	0, 16	0, 18	0, 21	1276
3	0, 08	0, 09	0, 11	0, 12	0, 13	0, 16	957
2	0, 05	0, 06	0, 07	0, 08	0, 09	0, 11	638
1	0, 03	0, 03	0, 04	0, 04	0, 04	0, 05	319

COLONNE DES CAPITAUX	INTÉRÊTS POUR 320 JOURS (ou pour 10 mois et 20 jours.)						NOMBRES PRODUITS des CAPITAUX multipliés par 320 Jours
	à 3 %	à 3 ½	à 4 %	à 4 ½	à 5 %	à 6 %	
fr.	fr. c.	fr. c.	fr. c.	fr. c.	fr. c.	fr. c.	
50,000	1333, 33	1555, 56	1777, 78	2000, 00	2222, 22	2666, 67	16000000
40,000	1066, 67	1244, 44	1422, 22	1600, 00	1777, 78	2133, 33	12800000
30,000	800, 00	933, 33	1066, 67	1200, 00	1333, 33	1600, 00	9600000
20,000	533, 33	622, 22	711, 11	800, 00	888, 89	1066, 67	6400000
10,000	266, 67	311, 11	355, 56	400, 00	444, 44	533, 33	3200000
9,000	240, 00	280, 00	320, 00	360, 00	400, 00	480, 00	2880000
8,000	213, 33	248, 89	284, 44	320, 00	355, 56	426, 67	2560000
7,000	186, 67	217, 78	248, 89	280, 00	311, 11	373, 33	2240000
6,000	160, 00	186, 67	213, 33	240, 00	266, 67	320, 00	1920000
5,000	133, 33	155, 56	177, 78	200, 00	222, 22	266, 67	1600000
4,000	106, 67	124, 44	142, 22	160, 00	177, 78	213, 33	1280000
3,000	80, 00	93, 33	106, 67	120, 00	133, 33	160, 00	960000
2,000	53, 33	62, 22	71, 11	80, 00	88, 89	106, 67	640000
1,000	26, 67	31, 11	35, 56	40, 00	44, 44	53, 33	320000
900	24, 00	28, 00	32, 00	36, 00	40, 00	48, 00	288000
800	21, 33	24, 89	28, 44	32, 00	35, 56	42, 67	256000
700	18, 67	21, 78	24, 89	28, 00	31, 11	37, 33	224000
600	16, 00	18, 67	21, 33	24, 00	26, 67	32, 00	192000
500	13, 33	15, 56	17, 78	20, 00	22, 22	26, 67	160000
400	10, 67	12, 44	14, 22	16, 00	17, 78	21, 33	128000
300	8, 00	9, 33	10, 67	12, 00	13, 33	16, 00	96000
200	5, 33	6, 22	7, 11	8, 00	8, 89	10, 67	64000
100	2, 67	3, 11	3, 56	4, 00	4, 44	5, 33	32000
90	2, 40	2, 80	3, 20	3, 60	4, 00	4, 80	28800
80	2, 13	2, 49	2, 84	3, 20	3, 56	4, 27	25600
70	1, 87	2, 18	2, 49	2, 80	3, 11	3, 73	22400
60	1, 60	1, 87	2, 13	2, 40	2, 67	3, 20	19200
50	1, 33	1, 56	1, 78	2, 00	2, 22	2, 67	16000
40	1, 07	1, 24	1, 42	1, 60	1, 78	2, 13	12800
30	0, 80	0, 93	1, 07	1, 20	1, 33	1, 60	9600
20	0, 53	0, 62	0, 71	0, 80	0, 89	1, 07	6400
10	0, 27	0, 31	0, 36	0, 40	0, 44	0, 53	3200
9	0, 24	0, 28	0, 32	0, 36	0, 40	0, 48	2880
8	0, 21	0, 25	0, 28	0, 32	0, 36	0, 43	2560
7	0, 19	0, 22	0, 25	0, 28	0, 31	0, 37	2240
6	0, 16	0, 19	0, 21	0, 24	0, 27	0, 32	1920
5	0, 13	0, 16	0, 18	0, 20	0, 22	0, 27	1600
4	0, 11	0, 12	0, 14	0, 16	0, 18	0, 21	1280
3	0, 08	0, 09	0, 11	0, 12	0, 13	0, 16	960
2	0, 05	0, 06	0, 07	0, 08	0, 09	0, 11	640
1	0, 03	0, 03	0, 04	0, 04	0, 04	0, 05	320

COLONNE DES CAPITAUX	INTÉRÊTS POUR 321 JOURS (ou pour 10 mois et 21 jours.)						NOMBRES PRODUITS des CAPITAUX multipliés par 321 Jours.
	à 3 %	à 3 ½	à 4 %	à 4 ½	à 5 %	à 6 %	
fr.	fr. c.	fr. c.	fr. c.	fr. c.	fr. c.	fr. c.	
50,000	1337, 50	1560, 42	1783, 33	2006, 25	2229, 17	2675, 00	16050000
40,000	1070, 00	1248, 33	1426, 67	1605, 00	1783, 33	2140, 00	12840000
30,000	802, 50	936, 25	1070, 00	1203, 75	1337, 50	1605, 00	9630000
20,000	535, 00	624, 17	713, 33	802, 50	891, 67	1070, 00	6420000
10,000	267, 50	312, 08	356, 67	401, 25	445, 83	535, 00	3210000
9,000	240, 75	280, 87	321, 00	361, 12	401, 25	481, 50	2889000
8,000	214, 00	249, 67	285, 33	321, 00	356, 67	428, 00	2568000
7,000	187, 25	218, 46	249, 67	280, 87	312, 08	374, 50	2247000
6,000	160, 50	187, 25	214, 00	240, 75	267, 50	321, 00	1926000
5,000	133, 75	156, 04	178, 33	200, 62	222, 92	267, 50	1605000
4,000	107, 00	124, 83	142, 67	160, 50	178, 33	214, 00	1284000
3,000	80, 25	93, 62	107, 00	120, 37	133, 75	160, 50	963000
2,000	53, 50	62, 42	71, 33	80, 25	89, 17	107, 00	642000
1,000	26, 75	31, 21	35, 67	40, 12	44, 58	53, 50	321000
900	24, 07	28, 09	32, 10	36, 11	40, 12	48, 15	288900
800	21, 40	24, 97	28, 53	32, 10	35, 67	42, 80	256800
700	18, 72	21, 85	24, 97	28, 09	31, 21	37, 45	224700
600	16, 05	18, 72	21, 40	24, 07	26, 75	32, 10	192600
500	13, 37	15, 60	17, 83	20, 06	22, 29	26, 75	160500
400	10, 70	12, 48	14, 27	16, 05	17, 83	21, 40	128400
300	8, 02	9, 36	10, 70	12, 04	13, 37	16, 05	96300
200	5, 35	6, 24	7, 13	8, 02	8, 92	10, 70	64200
100	2, 67	3, 12	3, 57	4, 01	4, 46	5, 35	32100
90	2, 41	2, 81	3, 21	3, 61	4, 01	4, 81	28890
80	2, 14	2, 50	2, 85	3, 21	3, 57	4, 28	25680
70	1, 87	2, 18	2, 50	2, 81	3, 12	3, 74	22470
60	1, 60	1, 87	2, 14	2, 41	2, 67	3, 21	19260
50	1, 34	1, 56	1, 78	2, 01	2, 23	2, 67	16050
40	1, 07	1, 25	1, 43	1, 60	1, 78	2, 14	12840
30	0, 80	0, 94	1, 07	1, 20	1, 34	1, 60	9630
20	0, 53	0, 62	0, 71	0, 80	0, 89	1, 07	6420
10	0, 27	0, 31	0, 36	0, 40	0, 45	0, 53	3210
9	0, 24	0, 28	0, 32	0, 36	0, 40	0, 48	2889
8	0, 21	0, 25	0, 29	0, 32	0, 36	0, 43	2568
7	0, 19	0, 22	0, 25	0, 28	0, 31	0, 37	2247
6	0, 16	0, 19	0, 21	0, 24	0, 27	0, 32	1926
5	0, 13	0, 16	0, 18	0, 20	0, 22	0, 27	1605
4	0. 11	0, 12	0. 14	0, 16	0, 18	0, 21	1284
3	0, 08	0. 09	0, 11	0, 12	0, 13	0, 16	963
2	0, 05	0, 06	0, 07	0, 08	0, 09	0, 11	642
1	0. 03	0. 03	0, 04	0. 04	0. 04	0. 05	321

COLONNE DES CAPITAUX	INTÉRÊTS POUR 322 JOURS (ou pour 10 mois et 22 jours.)						NOMBRES PRODUITS des CAPITAUX multipliés par 322 Jours.
	à 3 %	à 3 ½	à 4 %	à 4 ½	à 5 %	à 6 %	
fr.	fr. c.	fr. c.	fr. c.	fr. c	fr. c.	fr. c	
50,000	1341, 67	1565, 28	1788, 89	2012, 50	2236, 11	2683, 33	16100000
40,000	1073, 33	1252, 22	1431, 11	1610, 00	1788, 89	2146, 67	12880000
30,000	805, 00	939, 17	1073, 33	1207, 50	1341, 67	1610, 00	9660000
20,000	536, 67	626, 11	715, 56	805, 00	894, 44	1073, 33	6440000
10,000	268, 33	313, 06	357, 78	402, 50	447, 22	536, 67	3220000
9,000	241, 50	281, 75	322, 00	362, 25	402, 50	483, 00	2898000
8,000	214, 67	250, 44	286, 22	322, 00	357, 78	429, 33	2576000
7,000	187, 83	219, 14	250, 44	281, 75	313, 06	375, 67	2254000
6,000	161, 00	187, 83	214, 67	241, 50	268, 33	322, 00	1932000
5,000	134, 17	156, 53	178, 89	201, 25	223, 61	268, 33	1610000
4,000	107, 33	125, 22	143, 11	161, 00	178, 89	214, 67	1288000
3,000	80, 50	93, 92	107, 33	120, 75	134, 17	161, 00	966000
2,000	53, 67	62, 61	71, 56	80, 50	89, 44	107, 33	644000
1,000	26, 83	31, 31	35, 78	40, 25	44, 72	53, 67	322000
900	24, 15	28, 17	32, 20	36, 22	40, 25	48, 30	289800
800	21, 47	25, 04	28, 62	32, 20	35, 78	42, 93	257600
700	18, 78	21, 91	25, 04	28, 17	31, 31	37, 57	225400
600	16, 10	18, 78	21, 47	24, 15	26, 83	32, 20	193200
500	13, 42	15, 65	17, 89	20, 12	22, 36	26, 83	161000
400	10, 73	12, 52	14, 31	16, 10	17, 89	21, 47	128800
300	8, 05	9, 39	10, 73	12, 07	13, 42	16, 10	96600
200	5, 37	6, 26	7, 16	8, 05	8, 94	10, 73	64400
100	2, 68	3, 13	3, 58	4, 02	4, 47	5, 37	32200
90	2, 41	2, 82	3, 22	3, 62	4, 02	4, 83	.28980
80	2, 15	2, 50	2, 86	3, 22	3, 58	4, 29	25760
70	1, 88	2, 19	2, 50	2, 82	3, 13	3, 76	22540
60	1, 61	1, 88	2, 15	2, 41	2, 68	3, 22	19320
50	1, 34	1, 57	1, 79	2, 01	2, 24	2, 68	16100
40	1, 07	1, 25	1, 43	1, 61	1, 79	2, 15	12880
30	0, 80	0, 94	1, 07	1, 21	1, 34	1, 61	9660
20	0, 54	0, 63	0, 72	0, 80	0, 89	1, 07	6440
10	0, 27	0, 31	0, 36	0, 40	0, 45	0, 54	3220
9	0, 24	0, 28	0, 32	0, 36	0, 40	0, 48	2898
8	0, 21	0, 25	0, 29	0, 32	0, 36	0, 43	2576
7	0, 19	0, 22	0, 25	0, 28	0, 31	0, 38	2254
6	0, 16	0, 19	0, 21	0, 24	0, 27	0, 32	1932
5	0, 13	0, 16	0, 18	0, 20	0, 22	0, 27	1610
4	0, 11	0, 13	0, 14	0, 16	0, 18	0, 21	1288
3	0, 08	0, 09	0, 11	0, 12	0, 13	0, 16	966
2	0, 05	0, 06	0, 07	0, 08	0, 09	0, 11	644
1	0, 03	0, 03	0, 04	0, 04	0, 04	0, 05	322

COLONNE DES CAPITAUX	INTÉRÊTS POUR 323 JOURS (ou pour 10 mois et 23 jours.)						NOMBRES PRODUITS des CAPITAUX multipliés par 323 Jours.
	à 3 %	à 3 ½	à 4 %	à 4 ½	à 5 %	à 6 %	
fr.	fr. c.	fr. c.	fr. c.	v. c.	fr. c	fr. c	
50,000	1345, 83	1570, 14	1794, 44	2018, 75	2243, 05	2691, 67	16150000
40,000	1076, 67	1256, 11	1435, 56	1615, 00	1794, 44	2153, 33	12920000
30,000	807, 50	942, 08	1076, 67	1211, 25	1345, 83	1615, 00	9690000
20,000	538, 33	628, 06	717, 78	807, 50	897, 22	1076, 67	6460000
10,000	269, 17	314, 03	358, 89	403, 75	448, 61	538, 33	3230000
9,000	242, 25	282, 62	323, 00	363, 37	403, 75	484, 50	2907000
8,000	215, 33	251, 22	287, 11	323, 00	358, 89	430, 67	2584000
7,000	188, 42	219, 82	251, 22	282, 62	314, 03	376, 83	2261000
6,000	161, 50	188, 42	215, 33	242, 25	269, 17	323, 00	1938000
5,000	134, 58	157, 01	179, 44	201, 87	224, 31	269, 17	1615000
4,000	107, 67	125, 61	143, 56	161, 50	179, 44	215, 33	1292000
3,000	80, 75	94, 21	107, 67	121, 12	134, 58	161, 50	969000
2,000	53, 83	62, 81	71, 78	80, 75	89, 72	107, 67	646000
1,000	26, 92	31, 40	35, 89	40, 37	44, 86	53, 83	323000
900	24, 22	28, 26	32, 30	36, 34	40, 37	48, 45	290700
800	21, 53	25, 12	28, 71	32, 30	35, 89	43, 07	258400
700	18, 84	21, 98	25, 12	28, 26	31, 40	37, 68	226100
600	16, 15	18, 84	21, 53	24, 22	26, 92	32, 30	193800
500	13, 46	15, 70	17, 94	20, 19	22, 43	26, 92	161500
400	10, 77	12, 56	14, 36	16, 15	17, 94	21, 53	129200
300	8, 07	9, 42	10, 77	12, 11	13, 46	16, 15	96900
200	5, 38	6, 28	7, 18	8, 07	8, 97	10, 77	64600
100	2, 69	3, 14	3, 59	4, 04	4, 49	5, 38	32300
90	2, 42	2, 83	3, 23	3, 63	4, 04	4, 84	29070
80	2, 15	2, 51	2, 87	3, 23	3, 59	4, 31	25840
70	1, 88	2, 20	2, 51	2, 83	3, 14	3, 77	22610
60	1, 61	1, 88	2, 15	2, 42	2, 69	3, 23	19380
50	1, 35	1, 57	1, 79	2, 02	2, 24	2, 69	16150
40	1, 08	1, 26	1, 44	1, 61	1, 79	2, 15	12920
30	0, 81	0, 94	1, 08	1, 21	1, 35	1, 61	9690
20	0, 54	0, 63	0, 72	0, 81	0, 90	1, 08	6460
10	0, 27	0 31	0, 36	0, 40	0, 45	0, 54	3230
9	0, 24	0, 28	0, 32	0, 36	0, 40	0, 48	2907
8	0, 22	0, 25	0, 29	0, 32	0, 36	0, 43	2584
7	0, 19	0, 22	0, 25	0, 28	0, 31	0, 38	2261
6	0, 16	0, 19	0, 22	0, 24	0, 27	0, 32	1938
5	0, 13	0, 16	0, 18	0, 20	0, 22	0, 27	1615
4	0, 11	0, 13	0, 14	0, 16	0, 18	0, 22	1292
3	0, 08	0, 09	0, 11	0, 12	0, 13	0, 16	969
2	0, 05	0, 06	0, 07	0, 08	0, 09	0, 11	646
1	0, 03	0, 03	0, 04	0, 04	0, 04	0, 05	323

COLONNE DES CAPITAUX	INTÉRÊTS POUR 324 JOURS (ou pour 10 mois et 24 jours.)						NOMBRES PRODUITS des CAPITAUX multipliés par 324 Jours.
	à 3 %	à 3 ½	à 4 %	à 4 ½	à 5 %	à 6 %	
fr.	fr. c.	fr. c.	fr. c.	fr. c.	fr. c.	fr. c.	
50,000	1350, 00	1575, 00	1800, 00	2025, 00	2250, 00	2700, 00	16200000
40,000	1080, 00	1260, 00	1440, 00	1620, 00	1800, 00	2160, 00	12960000
30,000	810, 00	945, 00	1080, 00	1215, 00	1350, 00	1620, 00	9720000
20,000	540, 00	630, 00	720, 00	810, 00	900, 00	1080, 00	6480000
10,000	270, 00	315, 00	360, 00	405, 00	450, 00	540, 00	3240000
9,000	243, 00	283, 50	324, 00	364, 50	405, 00	486, 00	2916000
8,000	216, 00	252, 00	288, 00	324, 00	360, 00	432, 00	2592000
7,000	189, 00	220, 50	252, 00	283, 50	315, 00	378, 00	2268000
6,000	162, 00	189, 00	216, 00	243, 00	270, 00	324, 00	1944000
5,000	135, 00	157, 50	180, 00	202, 50	225, 00	270, 00	1620000
4,000	108, 00	126, 00	144, 00	162, 00	180, 00	216, 00	1296000
3,000	81, 00	94, 50	108, 00	121, 50	135, 00	162, 00	972000
2,000	54, 00	63, 00	72, 00	81, 00	90, 00	108, 00	648000
1,000	27, 00	31, 50	36, 00	40, 50	45, 00	54, 00	324000
900	24, 30	28, 35	32, 40	36, 45	40, 50	48, 60	291600
800	21, 60	25, 20	28, 80	32, 40	36, 00	43, 20	259200
700	18, 90	22, 05	25, 20	28, 35	31, 50	37, 80	226800
600	16, 20	18, 90	21, 60	24, 30	27, 00	32, 40	194400
500	13, 50	15, 75	18, 00	20, 25	22, 50	27, 00	162000
400	10, 80	12, 60	14, 40	16, 20	18, 00	21, 60	129600
300	8, 10	9, 45	10, 80	12, 15	13, 50	16, 20	97200
200	5, 40	6, 30	7, 20	8, 10	9, 00	10, 80	64800
100	2, 70	3, 15	3, 60	4, 05	4, 50	5, 40	32400
90	2, 43	2, 83	3, 24	3, 64	4, 05	4, 86	29160
80	2, 16	2, 52	2, 88	3, 24	3, 60	4, 32	25920
70	1, 89	2, 20	2, 52	2, 83	3, 15	3, 78	22680
60	1, 62	1, 89	2, 16	2, 43	2, 70	3, 24	19440
50	1, 35	1, 57	1, 80	2, 02	2, 25	2, 70	16200
40	1, 08	1, 26	1, 44	1, 62	1, 80	2, 16	12960
30	0, 81	0, 94	1, 08	1, 21	1, 35	1, 62	9720
20	0, 54	0, 63	0, 72	0, 81	0, 90	1, 08	6480
10	0, 27	0, 31	0, 36	0, 40	0, 45	0, 54	3240
9	0, 24	0, 28	0, 32	0, 36	0, 40	0, 49	2916
8	0, 22	0, 25	0, 29	0, 32	0, 36	0, 43	2592
7	0, 19	0, 22	0, 25	0, 28	0, 31	0, 38	2268
6	0, 16	0, 19	0, 22	0, 24	0, 27	0, 32	1944
5	0, 13	0, 16	0, 18	0, 20	0, 22	0, 27	1620
4	0, 11	0, 13	0, 14	0, 16	0, 18	0, 22	1296
3	0, 08	0, 09	0, 11	0, 12	0, 13	0, 16	972
2	0, 05	0, 06	0, 07	0, 08	0, 09	0, 11	648
1	0, 03	0, 03	0, 04	0, 04	0, 04	0, 05	324

COLONNE DES CAPITAUX	INTÉRÊTS POUR 325 JOURS (ou pour 10 mois et 25 jours.)						NOMBRES PRODUITS des CAPITAUX multipliés par 325 Jours.
	à 3 %	à 3 ½	à 4 %	à 4 ½	à 5 %	à 6 %	
fr.	fr. c.	fr. c.	fr. c.	fr. c.	fr. c.	fr. c.	
50,000	1354, 17	1579, 86	1805, 56	2031, 25	2256, 94	2708, 33	16250000
40,000	1083, 33	1263, 89	1444, 44	1625, 00	1805, 56	2166, 67	13000000
30,000	812, 50	947, 92	1083, 33	1218, 75	1354, 17	1625, 00	9750000
20,000	541, 67	631, 94	722, 22	812, 50	902, 78	1083, 33	6500000
10,000	270, 83	315, 97	361, 11	406, 25	451, 39	541, 67	3250000
9,000	243, 75	284, 37	325, 00	365, 62	406, 25	487, 50	2925000
8,000	216, 67	252, 78	288, 89	325, 00	361, 11	433, 33	2600000
7,000	189, 58	221, 18	252, 78	284, 37	315, 97	379, 17	2275000
6,000	162, 50	189, 58	216, 67	243, 75	270, 83	325, 00	1950000
5,000	135, 42	157, 99	180, 56	203, 12	225, 69	270, 83	1625000
4,000	108, 33	126, 39	144, 44	162, 50	180, 56	216, 67	1300000
3,000	81, 25	94, 79	108, 33	121, 87	135, 42	162, 50	975000
2,000	54, 17	63, 19	72, 22	81, 25	90, 28	108, 33	650000
1,000	27, 08	31, 60	36, 11	40, 62	45, 14	54, 17	325000
900	24, 37	28, 44	32, 50	36, 56	40, 62	48, 75	292500
800	21, 67	25, 28	28, 89	32, 50	36, 11	43, 33	260000
700	18, 96	22, 12	25, 28	28, 44	31, 60	37, 92	227500
600	16, 25	18, 96	21, 67	24, 37	27, 08	32, 50	195000
500	13, 54	15, 80	18, 06	20, 31	22, 57	27, 08	162500
400	10, 83	12, 64	14, 44	16, 25	18, 06	21, 67	130000
300	8, 12	9, 48	10, 83	12, 19	13, 54	16, 25	97500
200	5, 42	6, 32	7, 22	8, 12	9, 03	10, 83	65000
100	2, 71	3, 16	3, 61	4, 06	4, 51	5, 42	32500
90	2, 44	2, 84	3, 25	3, 66	4, 06	4, 87	29250
80	2, 17	2, 53	2, 89	3, 25	3, 61	4, 33	26000
70	1, 90	2, 21	2, 53	2, 84	3, 16	3, 79	22750
60	1, 62	1, 90	2, 17	2, 44	2, 71	3, 25	19500
50	1, 35	1, 58	1, 81	2, 03	2, 26	2, 71	16250
40	1, 08	1, 26	1, 44	1, 62	1, 81	2, 17	13000
30	0, 81	0, 95	1, 08	1, 22	1, 35	1, 62	9750
20	0, 54	0, 63	0, 72	0, 81	0, 90	1, 08	6500
10	0, 27	0, 32	0, 36	0, 41	0, 45	0, 54	3250
9	0, 24	0, 28	0, 32	0, 37	0, 41	0, 49	2925
8	0, 22	0, 25	0, 29	0, 32	0, 36	0, 43	2600
7	0, 19	0, 22	0, 25	0, 28	0, 32	0, 38	2275
6	0, 16	0, 19	0, 22	0, 24	0, 27	0, 32	1950
5	0, 14	0, 16	0, 18	0, 20	0, 23	0, 27	1625
4	0, 11	0, 13	0, 14	0, 16	0, 18	0, 22	1300
3	0, 08	0, 09	0, 11	0, 12	0, 14	0, 16	975
2	0, 05	0, 06	0, 07	0, 08	0, 09	0, 11	650
1	0, 03	0, 03	0, 04	0, 04	0, 05	0, 05	325

COLONNE DES CAPITAUX	INTÉRÊTS POUR 326 JOURS (ou pour 10 mois et 26 jours.)						NOMBRES PRODUITS des CAPITAUX multipliés par 326 Jours
	à 3 %	à 3 ½	à 4 %	à 4 ½	à 5 %	à 6 %	
fr.	fr. c.	fr. c.	fr. c.	fr. c.	fr. c.	fr. c.	
50,000	1358, 33	1584, 72	1811, 11	2037, 50	2263, 89	2716, 67	16300000
40,000	1086, 67	1267, 78	1448, 89	1630, 00	1811, 11	2173, 33	13040000
30,000	815, 00	950, 83	1086, 67	1222, 50	1358, 33	1630, 00	9780000
20,000	543, 33	633, 89	724, 44	815, 00	905, 56	1086, 67	6520000
10,000	271, 67	316, 94	362, 22	407, 50	452, 78	543, 33	3260000
9,000	244, 50	285, 25	326, 00	366, 75	407, 50	489, 00	2934000
8,000	217, 33	253, 56	289, 78	326, 00	362, 22	434, 67	2608000
7,000	190, 17	221, 86	253, 56	285, 25	316, 94	380, 33	2282000
6,000	163, 00	190, 17	217, 33	244, 50	271, 67	326, 00	1956000
5,000	135, 83	158, 47	181, 11	203, 75	226, 39	271, 67	1630000
4,000	108, 67	126, 78	144, 89	163, 00	181, 11	217, 33	1304000
3,000	81, 50	95, 08	108, 67	122, 25	135, 83	163, 00	978000
2,000	54, 33	63, 39	72, 44	81, 50	90, 56	108, 67	652000
1,000	27, 17	31, 69	36, 22	40, 75	45, 28	54, 33	326000
900	24, 45	28, 52	32, 60	36, 67	40, 75	48, 90	293400
800	21, 73	25, 36	28, 98	32, 60	36, 22	43, 47	260800
700	19, 02	22, 19	25, 36	28, 52	31, 69	38, 03	228200
600	16, 30	19, 02	21, 73	24, 45	27, 17	32, 60	195600
500	13, 58	15, 85	18, 11	20, 37	22, 64	27, 17	163000
400	10, 87	12, 68	14, 49	16, 30	18, 11	21, 73	130400
300	8, 15	9, 51	10, 87	12, 22	13, 58	16, 30	97800
200	5, 43	6, 34	7, 24	8, 15	9, 06	10, 87	65200
100	2, 72	3, 17	3, 62	4, 07	4, 53	5, 43	32600
90	2, 44	2, 85	3, 26	3, 67	4, 07	4, 89	29340
80	2, 17	2, 54	2, 90	3, 26	3, 62	4, 35	26080
70	1, 90	2, 22	2, 54	2, 85	3, 17	3, 80	22820
60	1, 63	1, 90	2, 17	2, 44	2, 72	3, 26	19560
50	1, 36	1, 58	1, 81	2, 04	2, 26	2, 72	16300
40	1, 09	1, 27	1, 45	1, 63	1, 81	2, 17	13040
30	0, 81	0, 95	1, 09	1, 22	1, 36	1, 63	9780
20	0, 54	0, 63	0, 72	0, 81	0, 91	1, 09	6520
10	0, 27	0 32	0, 36	0, 41	0, 45	0, 54	3260
9	0, 24	0, 29	0, 33	0, 37	0, 41	0, 49	2934
8	0, 22	0, 25	0, 29	0, 33	0, 36	0, 43	2608
7	0, 19	0, 22	0, 25	0, 29	0, 32	0, 38	2282
6	0, 16	0, 19	0, 22	0, 24	0, 27	0, 33	1956
5	0, 14	0, 16	0, 18	0, 20	0, 23	0, 27	1630
4	0, 11	0, 13	0, 14	0, 16	0, 18	0, 22	1304
3	0, 08	0, 10	0, 11	0, 12	0, 14	0, 16	978
2	0, 05	0, 06	0, 07	0, 08	0, 09	0, 11	652
1	0, 03	0, 03	0, 04	0, 04	0, 05	0, 05	326

COLONNE DES CAPITAUX	INTÉRÊTS POUR 327 JOURS (ou pour 10 mois et 27 jours.)						NOMBRES PRODUITS des CAPITAUX multipliés par 327 Jours.
	à 3 %	à 3 ½	à 4 %	à 4 ½	à 5 %	à 6 %	
fr.	fr. c.	fr. c.	fr. c	fr. c.	fr. c.	fr. c.	
50,000	1362, 50	1589, 58	1816, 67	2043, 75	2270, 83	2725, 00	16350000
40,000	1090, 00	1271, 67	1453, 33	1635, 00	1816, 67	2180, 00	13080000
30,000	817, 50	953, 75	1090, 00	1226, 25	1362, 50	1635, 00	9810000
20,000	545, 00	635, 83	726, 67	817, 50	908, 33	1090, 00	6540000
10,000	272, 50	317, 92	363, 33	408, 75	454, 17	545, 00	3270000
9,000	245, 25	286, 12	327, 00	367, 87	408, 75	490, 50	2943000
8,000	218, 00	254, 33	290, 67	327, 00	363, 33	436, 00	2616000
7,000	190, 75	222, 54	254, 33	286, 12	317, 92	381, 50	2289000
6,000	163, 50	190, 75	218, 00	245, 25	272, 50	327, 00	1962000
5,000	136, 25	158, 96	181, 67	204, 37	227, 08	272, 50	1635000
4,000	109, 00	127, 17	145, 33	163, 50	181, 67	218, 00	1308000
3,000	81, 75	95, 37	109, 00	122, 62	136, 25	163, 50	981000
2,000	54, 50	63, 58	72, 67	81, 75	90, 83	109, 00	654000
1,000	27, 25	31, 79	36, 33	40, 87	45, 42	54, 50	327000
900	24, 52	28, 61	32, 70	36, 79	40, 87	49, 05	294300
800	21, 80	25, 43	29, 07	32, 70	36, 33	43, 60	261600
700	19, 07	22, 25	25, 43	28, 61	31, 79	38, 15	228900
600	16, 35	19, 07	21, 80	24, 52	27, 25	32, 70	196200
500	13, 62	15, 90	18, 17	20, 44	22, 71	27, 25	163500
400	10, 90	12, 72	14, 53	16, 35	18, 17	21, 80	130800
300	8, 17	9, 54	10, 90	12, 26	13, 62	16, 35	98100
200	5, 45	6, 36	7, 27	8, 17	9, 08	10, 90	65400
100	2, 72	3, 18	3, 63	4, 09	4, 54	5, 45	32700
90	2, 45	2, 86	3, 27	3, 68	4, 09	4, 90	29430
80	2, 18	2, 54	2, 91	3, 27	3, 63	4, 36	26160
70	1, 91	2, 23	2, 54	2, 86	3, 18	3, 81	22890
60	1, 63	1, 91	2, 18	2, 45	2, 72	3, 27	19620
50	1, 36	1, 59	1, 82	2, 04	2, 27	2, 72	16350
40	1, 09	1, 27	1, 45	1, 63	1, 82	2, 18	13080
30	0, 82	0, 95	1, 09	1, 23	1, 36	1, 63	9810
20	0, 54	0, 64	0, 73	0, 82	0, 91	1, 09	6540
10	0, 27	0, 32	0, 36	0, 41	0, 45	0, 54	3270
9	0, 25	0, 29	0, 33	0, 37	0, 41	0, 49	2943
8	0, 22	0, 25	0, 29	0, 33	0, 36	0, 44	2616
7	0, 19	0, 22	0, 25	0, 29	0, 32	0, 38	2289
6	0, 16	0, 19	0, 22	0, 25	0, 27	0, 33	1962
5	0, 14	0, 16	0, 18	0, 20	0, 23	0, 27	1635
4	0, 11	0, 13	0, 15	0, 16	0, 18	0, 22	1308
3	0, 08	0, 10	0, 11	0, 12	0, 14	0, 16	981
2	0, 05	0, 06	0, 07	0, 08	0, 09	0, 11	654
1	0, 03	0, 03	0, 04	0, 04	0, 05	0, 05	327

COLONNE DES CAPITAUX	INTÉRÊTS POUR 328 JOURS (ou pour 10 mois et 28 jours.)						NOMBRES PRODUITS des CAPITAUX multipliés par 328 Jours.
	à 3 %	à 3 ½	à 4 %	à 4 ½	à 5 %	à 6 %	
fr.	fr. c.	fr. c.	fr. c	fr. c	fr. c.	fr. c.	
50,000	1366, 67	1594, 44	1822, 22	2050, 00	2277, 78	2733, 33	16400000
40,000	1093, 33	1275, 56	1457, 78	1640, 00	1822, 22	2186, 67	13120000
30,000	820. 00	956, 67	1093, 33	1230, 00	1366, 67	1640, 00	9840000
20,000	546, 67	637, 78	728, 89	820, 00	911, 11	1093, 33	6560000
10,000	273, 33	318, 89	364, 44	410, 00	455, 56	546, 67	3280000
9,000	246, 00	287, 00	328, 00	369, 00	410, 00	492, 00	2952000
8,000	218, 67	255, 11	291, 56	328, 00	364. 44	437. 33	2624000
7,000	191, 33	223, 22	255, 11	287, 00	318, 89	382, 67	2296000
6,000	164. 00	191, 33	218, 67	246, 00	273, 33	328, 00	1968000
5,000	136, 67	159, 44	182, 22	205, 00	227, 78	273, 33	1640000
4,000	109. 33	127, 56	145, 78	164, 00	182, 22	218, 67	1312000
3,000	82, 00	95, 67	109 33	123, 00	136, 67	164, 00	984000
2,000	54, 67	63, 78	72, 89	82, 00	91, 11	109, 33	656000
1,000	27, 33	31, 89	36. 44	41, 00	45, 56	54, 67	328000
900	24, 60	28, 70	32 80	36, 90	41, 00	49, 20	295200
800	21, 87	25, 51	29, 16	32, 80	36, 44	43, 73	262400
700	19, 13	22, 32	25, 51	28, 70	31, 89	38, 27	229600
600	16, 40	19, 13	21, 87	24, 60	27, 33	32, 80	196800
500	13, 67	15, 94	18, 22	20, 50	22, 78	27, 33	164000
400	10, 93	12, 76	14, 58	16, 40	18, 22	21, 87	131200
300	8, 20	9, 57	10, 93	12, 30	13, 67	16, 40	98400
200	5, 47	6, 38	7, 29	8, 20	9, 11	10, 93	65600
100	2, 73	3, 19	3, 64	4, 10	4, 56	5, 47	32800
90	2, 46	2, 87	3, 28	3, 69	4, 10	4, 92	29520
80	2, 19	2, 55	2, 92	3, 28	3, 64	4, 37	26240
70	1, 91	2, 23	2, 55	2, 87	3, 19	3, 83	22960
60	1, 64	1, 91	2, 19	2, 46	2, 73	3, 28	19680
50	1, 37	1, 59	1, 82	2, 05	2, 28	2, 73	16400
40	1, 09	1, 28	1, 46	1, 64	1, 82	2, 19	13120
30	0, 82	0, 96	1, 09	1, 23	1, 37	1, 64	9840
20	0, 55	0, 64	0, 73	0, 82	0, 91	1, 09	6560
10	0, 27	0, 32	0, 36	0, 41	0, 46	0, 55	3280
9	0, 25	0, 29	0, 33	0, 37	0, 41	0, 49	2952
8	0, 22	0, 26	0, 29	0, 33	0, 36	0, 44	2624
7	0, 19	0, 22	0, 26	0, 29	0, 32	0, 38	2296
6	0, 16	0, 19	0, 22	0, 25	0, 27	0, 33	1968
5	0, 14	0, 16	0, 18	0, 20	0, 23	0, 27	1640
4	0, 11	0, 13	0, 15	0, 16	0, 18	0, 22	1312
3	0, 08	0, 10	0, 11	0, 12	0, 14	0, 16	984
2	0, 05	0, 06	0, 07	0, 08	0, 09	0, 11	656
1	0. 03	0. 03	0. 04	0. 04	0. 05	0. 05	328

COLONNE DES CAPITAUX	INTÉRÊTS POUR 329 JOURS (ou pour 10 mois et 29 jours.)						NOMBRES PRODUITS des CAPITAUX multipliés par 329 Jours.
	à 3 %	à 3 ½	à 4 %	à 4 ½	à 5 %	à 6 %	
fr.	fr. c.	fr. c.	fr. c.	fr. c.	fr. c.	fr. c.	
50,000	1370, 83	1599, 30	1827, 78	2056, 25	2284, 72	2741, 67	16450000
40,000	1096, 67	1279, 44	1462, 22	1645, 00	1827, 78	2193, 33	13160000
30,000	822, 50	959, 58	1096, 67	1233, 75	1370, 83	1645, 00	9870000
20,000	548, 33	639, 72	731, 11	822, 50	913, 89	1096, 67	6580000
10,000	274, 17	319, 86	365, 56	411, 25	456, 94	548, 33	3290000
9,000	246, 75	287, 87	329, 00	370, 12	411, 25	493, 50	2961000
8,000	219, 33	255, 89	292, 44	329, 00	365, 56	438, 67	2632000
7,000	191, 92	223, 90	255, 89	287, 87	319, 86	383, 83	2303000
6,000	164, 50	191, 92	219, 33	246, 75	274, 17	329, 00	1974000
5,000	137, 08	159, 93	182, 78	205, 62	228, 47	274, 17	1645000
4,000	109, 67	127, 94	146, 22	164, 50	182, 78	219, 33	1316000
3,000	82, 25	95, 96	109, 67	123, 37	137, 08	164, 50	987000
2,000	54, 83	63, 97	73, 11	82, 25	91, 39	109, 67	658000
1,000	27, 42	31, 99	36, 56	41, 12	45, 69	54, 83	329000
900	24, 67	28, 79	32, 90	37, 01	41, 12	49, 35	296100
800	21, 93	25, 59	29, 24	32, 90	36, 56	43, 87	263200
700	19, 19	22, 39	25, 59	28, 79	31, 99	38, 38	230300
600	16, 45	19, 19	21, 93	24, 67	27, 42	32, 90	197400
500	13, 71	15, 99	18, 28	20, 56	22, 85	27, 42	164500
400	10, 97	12, 79	14, 62	16, 45	18, 28	21, 93	131600
300	8, 22	9, 60	10, 97	12, 34	13, 71	16, 45	98700
200	5, 48	6, 40	7, 31	8, 22	9, 14	10, 97	65800
100	2, 74	3, 20	3, 66	4, 11	4, 57	5, 48	32900
90	2, 47	2, 88	3, 29	3, 70	4, 11	4, 93	29610
80	2, 19	2, 56	2, 92	3, 29	3, 66	4, 39	26320
70	1, 92	2, 24	2, 56	2, 88	3, 20	3, 84	23030
60	1, 64	1, 92	2, 19	2, 47	2, 74	3, 29	19740
50	1, 37	1, 60	1, 83	2, 06	2, 28	2, 74	16450
40	1, 10	1, 28	1, 46	1, 64	1, 83	2, 19	13160
30	0, 82	0, 96	1, 10	1, 23	1, 37	1, 64	9870
20	0, 55	0, 64	0, 73	0, 82	0, 91	1, 10	6580
10	0, 27	0, 32	0, 37	0, 41	0, 46	0, 55	3290
9	0, 25	0, 29	0, 33	0, 37	0, 41	0, 49	2961
8	0, 22	0, 26	0, 29	0, 33	0, 37	0, 44	2632
7	0, 19	0, 22	0, 26	0, 29	0, 32	0, 38	2303
6	0, 16	0, 19	0, 22	0, 25	0, 27	0, 33	1974
5	0, 14	0, 16	0, 18	0, 21	0, 23	0, 27	1645
4	0, 11	0, 13	0, 15	0, 16	0, 18	0, 22	1316
3	0, 08	0, 10	0, 11	0, 12	0, 14	0, 16	987
2	0, 05	0, 06	0, 07	0, 08	0, 09	0, 11	658
1	0. 03	0. 03	0. 04	0. 04	0. 05	0. 05	329

28.

COLONNE DES CAPITAUX	INTÉRÊTS POUR 330 JOURS (ou pour 11 mois.)						NOMBRES PRODUITS des CAPITAUX multipliés par 330 Jours.
	à 3 %	à 3 ½	à 4 %	à 4 ½	à 5 %	à 6 %	
fr.	fr. c.	fr. c.	fr. c	fr. c.	fr. c.	fr. c.	
50,000	1375. 00	1604, 17	1833, 33	2062, 50	2291, 67	2750, 00	16500000
40,000	1100, 00	1283, 33	1466, 67	1650, 00	1833, 33	2200, 00	13200000
30,000	825, 00	962, 50	1100, 00	1237, 50	1375, 00	1650, 00	9900000
20,000	550, 00	641, 67	733, 33	825, 00	916, 67	1100, 00	6600000
10,000	275, 00	320, 83	366, 67	412, 50	458, 33	550, 00	3300000
9,000	247, 50	288, 75	330, 00	371, 25	412, 50	495, 00	2970000
8,000	220, 00	256, 67	293, 33	330, 00	366, 67	440, 00	2640000
7,000	192, 50	224, 58	256, 67	288. 75	320, 83	385, 00	2310000
6,000	165. 00	192, 50	220, 00	247, 50	275, 00	330, 00	1980000
5,000	137, 50	160, 42	183, 33	206 25	229, 17	275. 00	1650000
4,000	110, 00	128, 33	146. 67	165. 00	183, 33	220, 00	1320000
3,000	82, 50	96, 25	110. 00	123, 75	137, 50	165, 00	990000
2,000	55, 00	64, 17	73, 33	82, 50	91, 67	110, 00	660000
1,000	27, 50	32, 08	36, 67	41. 25	45, 83	55, 00	330000
900	24, 75	28, 87	33, 00	37, 12	41, 25	49, 50	297000
800	22, 00	25, 67	29, 33	33, 00	36, 67	44, 00	264000
700	19, 25	22, 46	25, 67	28, 87	32, 08	38, 50	231000
600	16, 50	19, 25	22, 00	24, 75	27, 50	33, 00	198000
500	13, 75	16, 04	18, 33	20, 62	22, 92	27. 50	165000
400	11, 00	12, 83	14, 67	16, 50	18, 33	22, 00	132000
300	8, 25	9, 62	11, 00	12, 37	13, 75	16, 50	99000
200	5, 50	6, 42	7, 33	8, 25	9, 17	11, 00	66000
100	2, 75	3, 21	3, 67	4. 12	4, 58	5, 50	33000
90	2, 47	2, 89	3, 30	3, 71	4, 12	4, 95	29700
80	2, 20	2, 57	2, 93	3, 30	3, 67	4, 40	26400
70	1, 92	2, 25	2, 57	2, 89	3, 21	3, 85	23100
60	1, 65	1, 92	2, 20	2, 47	2, 75	3, 30	19800
50	1, 37	1, 60	1, 83	2, 06	2, 29	2, 75	16500
40	1, 10	1, 28	1, 47	1, 65	1, 83	2, 20	13200
30	0, 82	0, 96	1, 10	1, 24	1, 37	1, 65	9900
20	0, 55	0, 64	0, 73	0, 82	0, 92	1, 10	6600
10	0, 27	0, 32	0, 37	0, 41	0, 46	0, 55	3300
9	0, 25	0, 29	0, 33	0, 37	0, 41	0, 49	2970
8	0, 22	0, 26	0, 29	0, 33	0, 37	0, 44	2640
7	0, 19	0, 22	0, 26	0, 29	0, 32	0, 38	2310
6	0, 16	0, 19	0, 22	0, 25	0, 27	0, 33	1980
5	0, 14	0, 16	0, 18	0, 21	0, 23	0, 27	1650
4	0, 11	0, 13	0, 15	0, 16	0, 18	0, 22	1320
3	0, 08	0, 10	0, 11	0, 12	0, 14	0, 16	990
2	0, 05	0, 06	0, 07	0, 08	0, 09	0, 11	660
1	0, 03	0, 03	0, 04	0, 04	0. 05	0, 05	330

COLONNE DES CAPITAUX	INTÉRÊTS POUR 331 JOURS (ou pour 11 mois et 1 jour.)						NOMBRES PRODUITS des CAPITAUX multipliés par 331 Jours.
CAPITAUX	à 3 %	à 3 ½	à 4 %	à 4 ½	à 5 %	à 6 %	
fr.	fr. c.	fr. c	fr. c.	fr. c.	fr. c.	fr. c.	
50,000	1379, 17	1609, 03	1838, 89	2068, 75	2298, 61	2758, 33	16550000
40,000	1103, 33	1287, 22	1471, 11	1655, 00	1838, 89	2206, 67	13240000
30,000	827, 50	965, 42	1103, 33	1241, 25	1379, 17	1655, 00	9930000
20,000	551, 67	643, 61	735, 56	827, 50	919, 44	1103, 33	6620000
10,000	275, 83	321, 81	367, 78	413, 75	459, 72	551, 67	3310000
9,000	248, 25	289, 62	331, 00	372, 37	413, 75	496, 50	2979000
8,000	220, 67	257, 44	294, 22	331, 00	367, 78	441, 33	2648000
7,000	193, 08	225, 26	257, 44	289, 62	321, 81	386, 17	2317000
6,000	165, 50	193, 08	220, 67	248, 25	275, 83	331, 00	1986000
5,000	137, 92	160, 90	183, 89	206, 87	229, 86	275, 83	1655000
4,000	110, 33	128, 72	147, 11	165, 50	183, 89	220, 67	1324000
3,000	82, 75	96, 54	110, 33	124, 12	137, 92	165, 50	993000
2,000	55, 17	64, 36	73, 56	82, 75	91, 94	110, 33	662000
1,000	27, 58	32, 18	36, 78	41, 37	45, 97	55, 17	331000
900	24, 82	28, 96	33, 10	37, 24	41, 37	49, 65	297900
800	22, 07	25, 74	29, 42	33, 10	36, 78	44, 13	264800
700	19, 31	22, 53	25, 74	28, 96	32, 18	38, 62	231700
600	16, 55	19, 31	22, 07	24, 82	27, 58	33, 10	198600
500	13, 79	16, 09	18, 39	20, 69	22, 99	27, 58	165500
400	11, 03	12, 87	14, 71	16, 55	18, 39	22, 07	132400
300	8, 27	9, 65	11, 03	12, 41	13, 79	16, 55	99300
200	5, 52	6, 44	7, 36	8, 27	9, 19	11, 03	66200
100	2, 76	3, 22	3, 68	4, 14	4, 60	5, 52	33100
90	2, 48	2, 90	3, 31	3, 72	4, 14	4, 96	29790
80	2, 21	2, 57	2, 94	3, 31	3, 68	4, 41	26480
70	1, 93	2, 25	2, 57	2, 90	3, 22	3, 86	23170
60	1, 65	1, 93	2, 21	2, 48	2, 76	3, 31	19860
50	1, 38	1, 61	1, 84	2, 07	2, 30	2, 76	16550
40	1, 10	1, 29	1, 47	1, 65	1, 84	2, 21	13240
30	0, 83	0, 97	1, 10	1, 24	1, 38	1, 65	9930
20	0, 55	0, 64	0, 74	0, 83	0, 92	1, 10	6620
10	0, 28	0, 32	0, 37	0, 41	0, 46	0, 55	3310
9	0, 25	0, 29	0, 33	0, 37	0, 41	0, 50	2979
8	0, 22	0, 26	0, 29	0, 33	0, 37	0, 44	2648
7	0, 19	0, 23	0, 26	0, 29	0, 32	0, 39	2317
6	0, 17	0, 19	0, 22	0, 25	0, 28	0, 33	1986
5	0, 14	0, 16	0, 18	0, 21	0, 23	0, 28	1655
4	0, 11	0, 13	0, 15	0, 17	0, 18	0, 22	1324
3	0, 08	0, 10	0, 11	0, 12	0, 14	0, 17	993
2	0, 06	0, 06	0, 07	0, 08	0, 09	0, 11	662
1	0, 03	0, 03	0, 04	0, 04	0, 05	0, 06	331

COLONNE DES CAPITAUX	INTÉRÊTS POUR 332 JOURS (ou pour 11 mois et 2 jours.)						NOMBRES PRODUITS des CAPITAUX multipliés par 332 Jours.
	à 3 %	à 3 ½	à 4 %	à 4 ½	à 5 %	à 6 %	
fr.	fr. c.	fr. c.	fr. c.	fr. c.	fr. c.	fr. c.	
50,000	1383, 33	1613, 89	1844, 44	2075, 00	2305, 55	2766, 67	16600000
40,000	1106, 67	1291, 11	1475, 56	1660, 00	1844, 44	2213, 33	13280000
30,000	830, 00	968, 33	1106, 67	1245, 00	1383, 33	1660, 00	9960000
20,000	553, 33	645, 56	737, 78	830, 00	922, 22	1106, 67	6640000
10,000	276, 67	322, 78	368, 89	415, 00	461, 11	553, 33	3320000
9,000	249, 00	290, 50	332, 00	373, 50	415, 00	498, 00	2988000
8,000	221, 33	258, 22	295, 11	332, 00	368, 89	442, 67	2656000
7,000	193, 67	225, 94	258, 22	290, 50	322, 78	387, 33	2324000
6,000	166, 00	193, 67	221, 33	249, 00	276, 67	332, 00	1992000
5,000	138, 33	161, 39	184, 44	207, 50	230, 56	276, 67	1660000
4,000	110, 67	129, 11	147, 56	166, 00	184, 44	221, 33	1328000
3,000	83, 00	96, 83	110, 67	124, 50	138, 33	166, 00	996000
2,000	55, 33	64, 56	73, 78	83, 00	92, 22	110, 67	664000
1,000	27, 67	32, 28	36, 89	41, 50	46, 11	55, 33	332000
900	24, 90	29, 05	33, 20	37, 35	41, 50	49, 80	298830
800	22, 13	25, 82	29, 51	33, 20	36, 89	44, 27	265600
700	19, 37	22, 59	25, 82	29, 05	32, 28	38, 73	232400
600	16, 60	19, 37	22, 13	24, 90	27, 67	33, 20	199200
500	13, 83	16, 14	18, 44	20, 75	23, 06	27, 67	166000
400	11, 07	12, 91	14, 76	16, 60	18, 44	22, 13	132800
300	8, 30	9, 68	11, 07	12, 45	13, 83	16, 60	99600
200	5, 53	6, 46	7, 38	8, 30	9, 22	11, 07	66400
100	2, 77	3, 23	3, 69	4, 15	4, 61	5, 53	33200
90	2, 49	2, 90	3, 32	3, 73	4, 15	4, 98	29880
80	2, 21	2, 58	2, 95	3, 32	3, 69	4, 43	26560
70	1, 94	2, 26	2, 58	2, 90	3, 23	3, 87	23240
60	1, 66	1, 94	2, 21	2, 49	2, 77	3, 32	19920
50	1, 38	1, 61	1, 84	2, 07	2, 31	2, 77	16600
40	1, 11	1, 29	1, 48	1, 66	1, 84	2, 21	13280
30	0, 83	0, 97	1, 11	1, 24	1, 38	1, 66	9960
20	0, 55	0, 65	0, 74	0, 83	0, 92	1, 11	6640
10	0, 28	0, 32	0, 37	0, 41	0, 46	0, 55	3320
9	0, 25	0, 29	0, 33	0, 37	0, 41	0, 50	2988
8	0, 22	0, 26	0, 30	0, 33	0, 37	0, 44	2656
7	0, 19	0, 23	0, 26	0, 29	0, 32	0, 39	2324
6	0, 17	0, 19	0, 22	0, 25	0, 28	0, 33	1992
5	0, 14	0, 16	0, 18	0, 21	0, 23	0, 28	1660
4	0, 11	0, 13	0, 15	0, 17	0, 18	0, 22	1328
3	0, 08	0, 10	0, 11	0, 12	0, 14	0, 17	996
2	0, 06	0, 06	0, 07	0, 08	0, 09	0, 11	664
1	0, 03	0, 03	0, 04	0, 04	0, 05	0, 06	332

COLONNE DES CAPITAUX	INTÉRÊTS POUR 333 JOURS (ou pour 11 mois et 3 jours.)						NOMBRES FONDUITS des CAPITAUX multipliés par 333 Jours.
	à 3 %	à 3 ½	à 4 %	à 4 ½	à 5 %	à 6 %	
fr	fr. c.	fr. c.	fr. c	fr. c.	fr. c.	fr. c.	
50,000	1387. 50	1618, 75	1850, 00	2081, 25	2312, 50	2775, 00	16650000
40,000	1110, 00	1295, 00	1480, 00	1665, 00	1850, 00	2220, 00	13320000
30,000	832, 50	971, 25	1110, 00	1248, 75	1387. 50	1665, 00	9990000
20,000	555, 00	647, 50	740 00	832, 50	925, 00	1110. 00	6660000
10,000	277, 50	323, 75	370, 00	416, 25	462, 50	555, 00	3330000
9,000	249, 75	291, 37	333, 00	374, 62	416, 25	499. 50	2997000
8,000	222, 00	259, 00	296, 00	333, 00	370, 00	444, 00	2664000
7,000	194, 25	226, 62	259, 00	291. 37	323, 75	388, 50	2331000
6,000	166, 50	194, 25	222, 00	249, 75	277, 50	333, 00	1998000
5,000	138, 75	161, 87	185, 00	208 12	231, 25	277. 50	1665000
4,000	111, 00	129, 50	148. 00	166, 50	185, 00	222, 00	1332000
3,000	83, 25	97, 12	111. 00	124, 87	138, 75	166, 50	999000
2,000	55, 50	64, 75	74, 00	83, 25	92, 50	111, 00	666000
1,000	27, 75	32, 37	37, 00	41. 62	46, 25	55, 50	333000
900	24, 97	29, 14	33, 30	37, 46	41, 62	49, 95	299700
800	22, 20	25, 90	29, 60	33, 30	37, 00	44, 40	266400
700	19, 42	22, 66	25, 90	29, 14	32, 37	38, 85	233100
600	16, 65	19, 42	22, 20	24, 97	27, 75	33, 30	199800
500	13, 87	16, 19	18, 50	20, 81	23, 12	27. 75	166500
400	11. 10	12, 95	14, 80	16, 65	18, 50	22, 20	133200
300	8, 32	9, 71	11, 10	12, 49	13, 87	16, 65	99900
200	5, 55	6, 47	7, 40	8, 32	9, 25	11, 10	66600
100	2, 77	3, 24	3, 70	4. 16	4, 62	5, 55	33300
90	2, 50	2, 91	3, 33	3, 75	4, 16	4, 99	29970
80	2, 22	2, 59	2, 96	3, 33	3, 70	4, 44	26640
70	1, 94	2, 27	2, 59	2, 91	3, 24	3, 88	23310
60	1, 66	1, 94	2, 22	2, 50	2, 77	3, 33	19980
50	1, 39	1, 62	1, 85	2, 08	2, 31	2, 77	16650
40	1, 11	1, 29	1, 48	1, 66	1, 85	2, 22	13320
30	0, 83	0, 97	1, 11	1, 25	1, 39	1, 66	9990
20	0, 55	0, 65	0, 74	0, 83	0, 92	1, 11	6660
10	0, 28	0, 32	0, 37	0, 42	0, 46	0, 55	3330
9	0, 25	0, 29	0, 33	0, 37	0, 42	0, 50	2997
8	0, 22	0, 26	0, 30	0, 33	0, 37	0, 44	2664
7	0, 19	0, 23	0, 26	0, 29	0, 32	0, 39	2331
6	0, 17	0, 19	0, 22	0, 25	0, 28	0, 33	1998
5	0, 14	0, 16	0, 18	0, 21	0, 23	0, 28	1665
4	0, 11	0, 13	0, 15	0, 17	0, 18	0, 22	1332
3	0, 08	0, 10	0, 11	0, 12	0, 14	0, 17	999
2	0, 06	0, 06	0, 07	0, 08	0, 09	0, 11	666
1	0. 03	0, 03	0. 04	0. 04	0. 05	0. 06	333

COLONNE DES CAPITAUX	INTÉRÊTS POUR 334 JOURS (ou pour 11 mois et 4 jours.)						NOMBRES PRODUITS des CAPITAUX multipliés par 334 Jours.
	à 3 %	à 3 ½	à 4 %	à 4 ½	à 5 %	à 6 %	
fr.	fr. c.	fr. c.	fr. c.	fr. c.	fr. c.	fr. c.	
50,000	1391, 67	1623, 61	1855, 56	2087, 50	2319, 44	2783, 33	16700000
40,000	1113, 33	1298, 89	1484, 44	1670, 00	1855, 56	2226, 67	13360000
30,000	835, 00	974, 17	1113, 33	1252, 50	1391, 67	1670, 00	10020000
20,000	556, 67	649, 44	742, 22	835, 00	927, 78	1113, 33	6680000
10,000	278, 33	324, 72	371, 11	417, 50	463, 89	556, 67	3340000
9,000	250, 50	292, 25	334, 00	375, 75	417, 50	501, 00	3006000
8,000	222, 67	259, 78	296, 89	334, 00	371, 11	445, 33	2672000
7,000	194, 83	227, 31	259, 78	292, 25	324, 72	389, 67	2338000
6,000	167, 00	194, 83	222, 67	250, 50	278, 33	334, 00	2004000
5,000	139, 17	162, 36	185, 56	208, 75	231, 94	278, 33	1670000
4,000	111, 33	129, 89	148, 44	167, 00	185, 56	222, 67	1336000
3,000	83, 50	97, 42	111, 33	125, 25	139, 17	167, 00	1002000
2,000	55, 67	64, 94	74, 22	83, 50	92, 78	111, 33	668000
1,000	27, 83	32, 47	37, 11	41, 75	46, 39	55, 67	334000
900	25, 05	29, 22	33, 40	37, 57	41, 75	50, 10	300600
800	22, 27	25, 98	29, 69	33, 40	37, 11	44, 53	267200
700	19, 48	22, 73	25, 98	29, 22	32, 47	38, 97	233800
600	16, 70	19, 48	22, 27	25, 05	27, 83	33, 40	200400
500	13, 92	16, 24	18, 56	20, 87	23, 19	27, 83	167000
400	11, 13	12, 99	14, 84	16, 70	18, 56	22, 27	133600
300	8, 35	9, 74	11, 13	12, 52	13, 92	16, 70	100200
200	5, 57	6, 49	7, 42	8, 35	9, 28	11, 13	66800
100	2, 78	3, 25	3, 71	4, 17	4, 64	5, 57	33400
90	2, 50	2, 92	3, 34	3, 76	4, 17	5, 01	30060
80	2, 23	2, 60	2, 97	3, 34	3, 71	4, 45	26720
70	1, 95	2, 27	2, 60	2, 92	3, 25	3, 90	23380
60	1, 67	1, 95	2, 23	2, 50	2, 78	3, 34	20040
50	1, 39	1, 62	1, 86	2, 09	2, 32	2, 78	16700
40	1, 11	1, 30	1, 48	1, 67	1, 86	2, 23	13360
30	0, 83	0, 97	1, 11	1, 25	1, 39	1, 67	10020
20	0, 56	0, 65	0, 74	0, 83	0, 93	1, 11	6680
10	0, 28	0, 32	0, 37	0, 42	0, 46	0, 56	3340
9	0, 25	0, 29	0, 33	0, 38	0, 42	0, 50	3006
8	0, 22	0, 26	0, 30	0, 33	0, 37	0, 45	2672
7	0, 19	0, 23	0, 26	0, 29	0, 32	0, 39	2338
6	0, 17	0, 19	0, 22	0, 25	0, 28	0, 33	2004
5	0, 14	0, 16	0, 19	0, 21	0, 23	0, 28	1670
4	0, 11	0, 13	0, 15	0, 17	0, 19	0, 22	1336
3	0, 08	0, 10	0, 11	0, 13	0, 14	0, 17	1002
2	0, 06	0, 06	0, 07	0, 08	0, 09	0, 11	668
1	0, 03	0, 03	0, 04	0, 04	0, 05	0, 06	334

COLONNE DES CAPITAUX	INTÉRÊTS POUR 335 JOURS (ou pour 11 mois et 5 jours.)						NOMBRES PRODUITS des CAPITAUX multipliés par 335 Jours
	à 3 %	à 3 1/2	à 4 %	à 4 1/2	à 5 %	à 6 %	
fr.	fr. c.	fr. c.	fr. c.	fr. c.	fr. c	fr. c.	
50,000	1395, 83	1628, 47	1861, 11	2093, 75	2326, 39	2791, 67	16750000
40,000	1116, 67	1302, 78	1488, 89	1675, 00	1861, 11	2233, 33	13400000
30,000	837, 50	977, 08	1116, 67	1256, 25	1395, 83	1675, 00	10050000
20,000	558, 33	651, 39	744, 44	837, 50	930, 56	1116, 67	6700000
10,000	279, 17	325, 69	372, 22	418, 75	465, 28	558, 33	3350000
9,000	251, 25	293, 12	335, 00	376, 87	418, 75	502, 50	3015000
8,000	223, 33	260, 56	297, 78	335, 00	372, 22	446, 67	2680000
7,000	195, 42	227, 99	260, 56	293, 12	325, 69	390, 83	2345000
6,000	167, 50	195, 42	223, 33	251, 25	279, 17	335, 00	2010000
5,000	139, 58	162, 85	186, 11	209, 37	232, 64	279, 17	1675000
4,000	111, 67	130, 28	148, 89	167, 50	186, 11	223, 33	1340000
3,000	83, 75	97, 71	111, 67	125, 62	139, 58	167, 50	1005000
2,000	55, 83	65, 14	74, 44	83, 75	93, 06	111, 67	670000
1,000	27, 92	32, 57	37, 22	41, 87	46, 53	55, 83	335000
900	25, 12	29, 31	33, 50	37, 69	41, 87	50, 25	301500
800	22, 33	26, 06	29, 78	33, 50	37, 22	44, 67	268000
700	19, 54	22, 80	26, 06	29, 31	32, 57	39, 08	234500
600	16, 75	19, 54	22, 33	25, 12	27, 92	33, 50	201000
500	13, 95	16, 28	18, 61	20, 94	23, 26	27, 92	167500
400	11, 17	13, 03	14, 89	16, 75	18, 61	22, 33	134000
300	8, 37	9, 77	11, 17	12, 56	13, 95	16, 75	100500
200	5, 58	6, 51	7, 44	8, 37	9, 31	11, 17	67000
100	2, 79	3, 26	3, 72	4, 19	4, 65	5, 58	33500
90	2, 51	2, 93	3, 35	3, 77	4, 19	5, 02	30150
80	2, 23	2, 61	2, 98	3, 35	3, 72	4, 47	26800
70	1, 95	2, 28	2, 61	2, 93	3, 26	3, 91	23450
60	1, 67	1, 95	2, 23	2, 51	2, 79	3, 35	20100
50	1, 40	1, 63	1, 86	2, 09	2, 33	2, 79	16750
40	1, 12	1, 30	1, 49	1, 67	1, 86	2, 23	13400
30	0, 84	0, 98	1, 12	1, 26	1, 40	1, 67	10050
20	0, 56	0, 65	0, 74	0, 84	0, 93	1, 12	6700
10	0, 28	0 33	0, 37	0, 42	0, 47	0, 56	3350
9	0, 25	0, 29	0, 33	0, 38	0, 42	0, 50	3015
8	0, 22	0, 26	0, 30	0, 33	0, 37	0, 45	2680
7	0, 20	0, 23	0, 26	0, 29	0, 33	0, 39	2345
6	0, 17	0, 20	0, 22	0, 25	0, 28	0, 33	2010
5	0, 14	0, 16	0, 19	0, 21	0, 23	0, 28	1675
4	0, 11	0, 13	0, 15	0, 17	0, 19	0, 22	1340
3	0, 08	0, 10	0, 11	0, 13	0, 14	0, 17	1005
2	0, 06	0, 07	0, 07	0, 08	0, 09	0, 11	670
1	0. 03	0, 03	0. 04	0, 04	0, 05	0, 06	335

COLONNE DES CAPITAUX	INTÉRÊTS POUR 336 JOURS (ou pour 11 mois et 6 jours.)						NOMBRES PRODUITS des CAPITAUX multipliés par 336 Jours.
	à 3 %	à 3 ½	à 4 %	à 4 ½	à 5 %	à 6 %	
fr.	fr. c.	fr. c.	fr. c	fr. c.	fr. c.	fr. c.	
50,000	1400. 00	1633, 33	1866, 67	2100, 00	2333, 33	2800, 00	16800000
40,000	1120, 00	1306, 67	1493, 33	1680, 00	1866, 67	2240, 00	13440000
30,000	840, 00	980, 00	1120, 00	1260, 00	1400, 00	1680, 00	10080000
20,000	560, 00	653, 33	746 67	840, 00	933, 33	1120, 00	6720000
10,000	280, 00	326, 67	373, 33	420, 00	466, 67	560, 00	3360000
9,000	252, 00	294, 00	336, 00	378, 00	420, 00	504, 00	3024000
8,000	224, 00	261, 33	298, 67	336, 00	373, 33	448, 00	2688000
7,000	196, 00	228, 67	261, 33	294, 00	326, 67	392, 00	2352000
6,000	168, 00	196, 00	224, 00	252, 00	280, 00	336, 00	2016000
5,000	140, 00	163, 33	186, 67	210, 00	233, 33	280, 00	1680000
4,000	112, 00	130, 67	149, 33	168, 00	186, 67	224, 00	1344000
3,000	84, 00	98, 00	112, 00	126, 00	140, 00	168, 00	1008000
2,000	56, 00	65, 33	74, 67	84, 00	93, 33	112, 00	672000
1,000	28, 00	32, 67	37, 33	42, 00	46, 67	56, 00	336000
900	25, 20	29, 40	33, 60	37, 80	42, 00	50, 40	302400
800	22, 40	26, 13	29, 87	33, 60	37, 33	44, 80	268800
700	19, 60	22, 87	26, 13	29, 40	32, 67	39, 20	235200
600	16, 80	19, 60	22, 40	25, 20	28, 00	33, 60	201600
500	14, 00	16, 33	18, 67	21, 00	23, 33	28, 00	168000
400	11, 20	13, 07	14, 93	16, 80	18, 67	22, 40	134400
300	8, 40	9, 80	11, 20	12, 60	14, 00	16, 80	100800
200	5, 60	6, 53	7, 47	8, 40	9, 33	11, 20	67200
100	2, 80	3, 27	3, 73	4, 20	4, 67	5, 60	33600
90	2, 52	2, 94	3, 36	3, 78	4, 20	5, 04	30240
80	2, 24	2, 61	2, 99	3, 36	3, 73	4, 48	26880
70	1, 96	2, 29	2, 61	2, 94	3, 27	3, 92	23520
60	1, 68	1, 96	2, 24	2, 52	2, 80	3, 36	20160
50	1, 40	1, 63	1, 87	2, 10	2, 33	2, 80	16800
40	1, 12	1, 31	1, 49	1, 68	1, 87	2, 24	13440
30	0, 84	0, 98	1, 12	1, 26	1, 40	1, 68	10080
20	0, 56	0, 65	0, 75	0, 84	0, 93	1, 12	6720
10	0, 28	0, 33	0, 37	0, 42	0, 47	0, 56	3360
9	0, 25	0, 29	0, 34	0, 38	0, 42	0, 50	3024
8	0, 22	0, 26	0, 30	0, 34	0, 37	0, 45	2688
7	0, 20	0, 23	0, 26	0, 29	0, 33	0, 39	2352
6	0, 17	0, 20	0, 22	0, 25	0, 28	0, 34	2016
5	0, 14	0, 16	0, 19	0, 21	0, 23	0, 28	1680
4	0, 11	0, 13	0, 15	0, 17	0, 19	0, 22	1344
3	0, 08	0, 10	0, 11	0, 13	0, 14	0, 17	1008
2	0, 06	0, 07	0, 07	0, 08	0, 09	0, 11	672
1	0, 03	0, 03	0, 04	0, 04	0, 05	0, 06	336

COLONNE DES CAPITAUX	INTÉRÊTS POUR 337 JOURS (ou pour 11 mois et 7 jours.)						NOMBRES PRODUITS des CAPITAUX multipliés par 337 Jours.
	à 3 %	à 3 ½	à 4 %	à 4 ½	à 5 %	à 6 %	
fr.	fr. c.	fr. c.	fr. c.	fr. c.	fr. c.	fr. c.	
50,000	1404, 17	1638, 19	1872, 22	2106, 25	2340, 28	2808, 33	16850000
40,000	1123, 33	1310, 56	1497, 78	1685, 00	1872, 22	2246, 67	13480000
30,000	842, 50	982, 92	1123, 33	1263, 75	1404, 17	1685, 00	10110000
20,000	561, 67	655, 28	748, 89	842, 50	936, 11	1123, 33	6740000
10,000	280, 83	327, 64	374, 44	421, 25	468, 06	561, 67	3370000
9,000	252, 75	294, 87	337, 00	379, 12	421, 25	505, 50	3033000
8,000	224, 67	262, 11	299, 56	337, 00	374, 44	449, 33	2696000
7,000	196, 58	229, 35	262, 11	294, 87	327, 64	393, 17	2359000
6,000	168, 50	196, 58	224, 67	252, 75	280, 83	337, 00	2022000
5,000	140, 42	163, 82	187, 22	210, 62	234, 03	280, 83	1685000
4,000	112, 33	131, 06	149, 78	168, 50	187, 22	224, 67	1348000
3,000	84, 25	98, 29	112, 33	126, 37	140, 42	168, 50	1011000
2,000	56, 17	65, 53	74, 89	84, 25	93, 61	112, 33	674000
1,000	28, 08	32, 76	37, 44	42, 12	46, 81	56, 17	337000
900	25, 27	29, 49	33, 70	37, 91	42, 12	50, 55	303300
800	22, 47	26, 21	29, 96	33, 70	37, 44	44, 93	269600
700	19, 66	22, 93	26, 21	29, 49	32, 76	39, 32	235900
600	16, 85	19, 66	22, 47	25, 27	28, 08	33, 70	202200
500	14, 04	16, 38	18, 72	21, 06	23, 40	28, 08	168500
400	11, 23	13, 11	14, 98	16, 85	18, 72	22, 47	134800
300	8, 42	9, 83	11, 23	12, 64	14, 04	16, 85	101100
200	5, 62	6, 55	7, 49	8, 42	9, 36	11, 23	67400
100	2, 81	3, 28	3, 74	4, 21	4, 68	5, 62	33700
90	2, 53	2, 95	3, 37	3, 79	4, 21	5, 05	30330
80	2, 25	2, 62	3, 00	3, 37	3, 74	4, 49	26960
70	1, 97	2, 29	2, 62	2, 95	3, 28	3, 93	23590
60	1, 68	1, 97	2, 25	2, 53	2, 81	3, 37	20220
50	1, 40	1, 64	1, 87	2, 11	2, 34	2, 81	16850
40	1, 12	1, 31	1, 50	1, 68	1, 87	2, 25	13480
30	0, 84	0, 98	1, 12	1, 26	1, 40	1, 68	10110
20	0, 56	0, 66	0, 75	0, 84	0, 94	1, 12	6740
10	0, 28	0, 33	0, 37	0, 42	0, 47	0, 56	3370
9	0, 25	0, 29	0, 34	0, 38	0, 42	0, 51	3033
8	0, 22	0, 26	0, 30	0, 34	0, 37	0, 45	2696
7	0, 20	0, 23	0, 26	0, 29	0, 33	0, 39	2359
6	0, 17	0, 20	0, 22	0, 25	0, 28	0, 34	2022
5	0, 14	0, 16	0, 19	0, 21	0, 23	0, 28	1685
4	0, 11	0, 13	0, 15	0, 17	0, 19	0, 22	1348
3	0, 08	0, 10	0, 11	0, 13	0, 14	0, 17	1011
2	0, 06	0, 07	0, 07	0, 08	0, 09	0, 11	674
1	0, 03	0, 03	0, 04	0, 04	0, 05	0, 06	337

29

INTÉRETS POUR 338 JOURS
(ou pour 11 mois et 8 jours.)

COLONNE DES CAPITAUX	à 3 %	à 3 ½	à 4 %	à 4 ½	à 5 %	à 6 %	NOMBRES PRODUITS des CAPITAUX multipliés par 338 Jours
fr.	fr. c.	fr. c.	fr. c.	fr. c.	fr. c.	fr. c.	
50,000	1408, 33	1643, 06	1877, 78	2112, 50	2347, 22	2816, 67	16900000
40,000	1126, 67	1314, 44	1502, 22	1690, 00	1877, 78	2253, 33	13520000
30,000	845, 00	985, 83	1126, 67	1267, 50	1408, 33	1690, 00	10140000
20,000	563, 33	657, 22	751, 11	845, 00	938, 89	1126, 67	6760000
10,000	281, 67	328, 61	375, 56	422, 50	469, 44	563, 33	3380000
9,000	253, 50	295, 75	338, 00	380, 25	422, 50	507, 00	3042000
8,000	225, 33	262, 89	300, 44	338, 00	375, 56	450, 67	2704000
7,000	197, 17	230, 03	262, 89	295, 75	328, 61	394, 33	2366000
6,000	169, 00	197, 17	225, 33	253, 50	281, 67	338, 00	2028000
5,000	140, 83	164, 31	187, 78	211, 25	234, 72	281, 67	1690000
4,000	112, 67	131, 44	150, 22	169, 00	187, 78	225, 33	1352000
3,000	84, 50	98, 58	112, 67	126, 75	140, 83	169, 00	1014000
2,000	56, 33	65, 72	75, 11	84, 50	93, 89	112, 67	676000
1,000	28, 17	32, 86	37, 56	42, 25	46, 94	56, 33	338000
900	25, 35	29, 57	33, 80	38, 02	42, 25	50, 70	304200
800	22, 53	26, 29	30, 04	33, 80	37, 56	45, 07	270400
700	19, 72	23, 00	26, 29	29, 57	32, 86	39, 43	236600
600	16, 90	19, 72	22, 53	25, 35	28, 17	33, 80	202800
500	14, 08	16, 43	18, 78	21, 12	23, 47	28, 17	169000
400	11, 27	13, 14	15, 02	16, 90	18, 78	22, 53	135200
300	8, 45	9, 86	11, 27	12, 67	14, 08	16, 90	101400
200	5, 63	6, 57	7, 51	8, 45	9, 39	11, 27	67600
100	2, 82	3, 29	3, 76	4, 22	4, 69	5, 63	33800
90	2, 53	2, 96	3, 38	3, 80	4, 22	5, 07	30420
80	2, 25	2, 63	3, 00	3, 38	3, 76	4, 51	27040
70	1, 97	2, 30	2, 63	2, 96	3, 29	3, 94	23660
60	1, 69	1, 97	2, 25	2, 53	2, 82	3, 38	20280
50	1, 41	1, 64	1, 88	2, 11	2, 35	2, 82	16900
40	1, 13	1, 31	1, 50	1, 69	1, 88	2, 25	13520
30	0, 84	0, 99	1, 13	1, 27	1, 41	1, 69	10140
20	0, 56	0, 66	0, 75	0, 84	0, 94	1, 13	6760
10	0, 28	0 33	0, 38	0, 42	0, 47	0, 56	3380
9	0, 25	0, 30	0, 34	0, 38	0, 42	0, 51	3042
8	0, 23	0, 26	0, 30	0, 34	0, 38	0, 45	2704
7	0, 20	0, 23	0, 26	0, 30	0, 33	0, 39	2306
6	0, 17	0, 20	0, 23	0, 25	0, 28	0, 34	2028
5	0, 14	0, 16	0, 19	0, 21	0, 23	0, 28	1690
4	0, 11	0, 13	0, 15	0, 17	0, 19	0, 23	1352
3	0, 08	0, 10	0, 11	0, 13	0, 14	0, 17	1014
2	0, 06	0, 07	0, 08	0, 08	0, 09	0, 11	676
1	0. 03	0. 03	0. 04	0, 04	0, 05	0, 06	338

COLONNE DES CAPITAUX	INTÉRÊTS POUR 339 JOURS (ou pour 11 mois et 9 jours.)						NOMBRES PRODUITS des CAPITAUX multipliés par 339 Jours.
	à 3 %	à 3 ½	à 4 %	à 4 ½	à 5 %	à 6 %	
fr.	fr. c.	fr. c.	fr. c.	fr. c.	fr. c.	fr. c.	
50,000	1412. 50	1647, 92	1883, 33	2118, 75	2354, 17	2825, 00	16950000
40,000	1130, 00	1318, 33	1506, 67	1695, 00	1883, 33	2260, 00	13560000
30,000	847, 50	988, 75	1130, 00	1271, 25	1412, 50	1695, 00	10170000
20,000	565, 00	659, 17	753, 33	847, 50	941, 67	1130, 00	6780000
10,000	282, 50	329, 58	376, 67	423, 75	470, 83	565, 00	3390000
9,000	254, 25	296, 62	339, 00	381, 37	423, 75	508, 50	3051000
8,000	226, 00	263, 67	301, 33	339, 00	376, 67	452, 00	2712000
7,000	197, 75	230, 71	263, 67	296, 62	329, 58	395, 50	2373000
6,000	169, 50	197, 75	226, 00	254, 25	282, 50	339, 00	2034000
5,000	141, 25	164, 79	188, 33	211, 87	235, 42	282, 50	1695000
4,000	113, 00	131, 83	150, 67	169, 50	188, 33	226, 00	1356000
3,000	84, 75	98, 87	113, 00	127, 12	141, 25	169, 50	1017000
2,000	56, 50	65, 92	75, 33	84, 75	94, 17	113, 00	678000
1,000	28, 25	32, 96	37, 67	42, 37	47, 08	56, 50	339000
900	25, 42	29, 66	33, 90	38, 14	42, 37	50, 85	305100
800	22, 60	26, 37	30, 13	33, 90	37, 67	45, 20	271200
700	19, 77	23, 07	26, 37	29, 66	32, 95	39, 55	237300
600	16, 95	19, 77	22, 60	25, 42	28, 25	33, 90	203400
500	14, 12	16, 48	16, 83	21, 19	23, 54	28, 25	169500
400	11, 30	13, 18	15, 07	16, 95	18, 83	22, 60	135600
300	8, 47	9, 89	11, 30	12, 71	14, 12	16, 95	101700
200	5, 65	6, 59	7, 53	8, 47	9, 42	11, 30	67800
100	2, 82	3, 30	3, 77	4, 24	4, 71	5, 65	33900
90	2, 54	2, 97	3, 39	3, 81	4, 24	5, 08	30510
80	2, 26	2, 64	3, 01	3, 39	3, 77	4, 52	27120
70	1, 98	2, 31	2, 64	2, 97	3, 30	3, 95	23730
60	1, 69	1, 98	2, 26	2, 54	2, 82	3, 39	20340
50	1, 41	1, 65	1, 88	2, 12	2, 35	2, 82	16950
40	1, 13	1, 32	1, 51	1, 69	1, 88	2, 26	13560
30	0, 85	0, 99	1, 13	1, 27	1, 41	1, 69	10170
20	0, 56	0, 66	0, 75	0, 85	0, 94	1, 13	6780
10	0, 28	0, 33	0, 38	0, 42	0, 47	0, 56	3390
9	0, 25	0, 30	0, 34	0, 38	0, 42	0, 51	3051
8	0, 23	0, 26	0, 30	0, 34	0, 38	0, 45	2712
7	0, 20	0, 23	0, 26	0, 30	0, 33	0, 40	2373
6	0, 17	0, 20	0, 23	0, 25	0, 28	0, 34	2034
5	0, 14	0, 16	0, 19	0, 21	0, 24	0, 28	1695
4	0, 11	0, 13	0, 15	0, 17	0, 19	0, 23	1356
3	0, 08	0, 10	0, 11	0, 13	0, 14	0, 17	1017
2	0, 06	0, 07	0, 08	0, 08	0, 09	0, 11	678
1	0. 03	0, 03	0, 04	0, 04	0, 05	0, 06	339

COLONNE DES CAPITAUX	INTÉRÊTS POUR 340 JOURS (ou pour 11 mois et 10 jours.)						NOMBRES PRODUITS des CAPITAUX multipliés par 340 Jours.
	à 3 %	à 3 ½	à 4 %	à 4 ½	à 5 %	à 6 %	
fr.	fr. c.	fr. c.	fr c.	fr. c.	fr. c.	fr. c.	
50,000	1416, 67	1652, 78	1888, 89	2125, 00	2361, 11	2833, 33	17000000
40,000	1133, 33	1322, 22	1511, 11	1700, 00	1888, 89	2266, 67	13600000
30,000	850, 00	991, 67	1133, 33	1275, 00	1416, 67	1700, 00	10200000
20,000	566, 67	661, 11	755, 56	850, 00	944, 44	1133, 33	6800000
10,000	283, 33	330, 56	377, 78	425, 00	472, 22	566, 67	3400000
9,000	255, 00	297, 50	340, 00	382, 50	425, 00	510, 00	3060000
8,000	226, 67	264, 44	302, 22	340, 00	377, 78	453, 33	2720000
7,000	198, 33	231, 39	264, 44	297, 50	330, 56	396, 67	2380000
6,000	170, 00	198, 33	226, 67	255, 00	283, 33	340, 00	2040000
5,000	141, 67	165, 28	188, 89	212, 50	236, 11	283, 33	1700000
4,000	113, 33	132, 22	151, 11	170, 00	188, 89	226, 67	1360000
3,000	85, 00	99, 17	113, 33	127, 50	141, 67	170, 00	1020000
2,000	56, 67	66, 11	75, 56	85, 00	94, 44	113, 33	680000
1,000	28, 33	33, 06	37, 78	42, 50	47, 22	56, 67	340000
900	25, 50	29, 75	34, 00	38, 25	42, 50	51, 00	306000
800	22, 67	26, 44	30, 22	34, 00	37, 78	45, 33	272000
700	19, 83	23, 14	26, 44	29, 75	33, 06	39, 67	238000
600	17, 00	19, 83	22, 67	25, 50	28, 33	34, 00	204000
500	14, 17	16, 53	18, 89	21, 25	23, 61	28, 33	170000
400	11, 33	13, 22	15, 11	17, 00	18, 89	22, 67	136000
300	8, 50	9, 92	11, 33	12, 75	14, 17	17, 00	102000
200	5, 67	6, 61	7, 56	8, 50	9, 44	11, 33	68000
100	2, 83	3, 31	3, 78	4, 25	4, 72	5, 67	34000
90	2, 55	2, 97	3, 40	3, 82	4, 25	5, 10	30600
80	2, 27	2, 64	3, 02	3, 40	3, 78	4, 53	27200
70	1, 98	2, 31	2, 64	2, 97	3, 31	3, 97	23800
60	1, 70	1, 98	2, 27	2, 55	2, 83	3, 40	20400
50	1, 42	1, 65	1, 89	2, 12	2, 36	2, 83	17000
40	1, 13	1, 32	1, 51	1, 70	1, 89	2, 27	13600
30	0, 85	0, 99	1, 13	1, 27	1, 42	1, 70	10200
20	0, 57	0, 66	0, 76	0, 85	0, 94	1, 13	6800
10	0, 28	0, 33	0, 38	0, 42	0, 47	0, 57	3400
9	0, 25	0, 30	0, 34	0, 38	0, 42	0, 51	3060
8	0, 23	0, 26	0, 30	0, 34	0, 38	0, 45	2720
7	0, 20	0, 23	0, 26	0, 30	0, 33	0, 40	2380
6	0, 17	0, 20	0, 23	0, 25	0, 28	0, 34	2040
5	0, 14	0, 17	0, 19	0, 21	0, 24	0, 28	1700
4	0, 11	0, 13	0, 15	0, 17	0, 19	0, 23	1360
3	0, 08	0, 10	0, 11	0, 13	0, 14	0, 17	1020
2	0, 06	0, 07	0, 08	0, 08	0, 09	0, 11	680
1	0, 03	0, 03	0, 04	0, 04	0, 05	0, 06	340

COLONNE DES CAPITAUX	INTÉRETS POUR 341 JOURS (ou pour 11 mois et 11 jours.)						NOMBRES PRODUITS des CAPITAUX multipliés par 341 Jours.
	à 3 %	à 3 ½	à 4 %	à 4 ½	à 5 %	à 6 %	
fr.	fr. c.	fr. c.	fr. c.	fr. c.	fr. c.	fr. c.	
50,000	1420, 83	1657, 64	1894, 41	2131, 25	2368, 05	2841, 67	17050000
40,000	1136, 67	1326, 11	1515, 56	1705, 00	1894, 44	2273, 33	13640000
30,000	852, 50	994, 58	1136, 67	1278, 75	1420, 83	1705, 00	10230000
20,000	568, 33	663, 06	757, 78	852, 50	947, 22	1136, 67	6820000
10,000	284, 17	331, 53	378, 89	426, 25	473, 61	568, 33	3410000
9,000	255, 75	298, 37	341, 00	383, 62	426, 25	511, 50	3069000
8,000	227, 33	265, 22	303, 11	341, 00	378, 89	454, 67	2728000
7,000	198, 92	232, 07	265, 22	298, 37	331, 53	397, 83	2387000
6,000	170, 50	198, 92	227, 33	255, 75	284, 17	341, 00	2046000
5,000	142, 08	165, 76	189, 44	213, 12	236, 81	284, 17	1705000
4,000	113, 67	132, 61	151, 56	170, 50	189, 44	227, 33	1364000
3,000	85, 25	99, 46	113, 67	127, 87	142, 08	170, 50	1023000
2,000	56, 83	66, 31	75, 78	85, 25	94, 72	113, 67	682000
1,000	28, 42	33, 15	37, 89	42, 62	47, 36	56, 83	341000
900	25, 57	29, 84	34, 10	38, 36	42, 62	51, 15	306900
800	22, 73	26, 52	30, 31	34, 10	37, 89	45, 47	272800
700	19, 89	23, 21	26, 52	29, 84	33, 15	39, 78	238700
600	17, 05	19, 89	22, 73	25, 57	28, 42	34, 10	204600
500	14, 21	16, 58	18, 94	21, 31	23, 68	28, 42	170500
400	11, 37	13, 26	15, 16	17, 05	18, 94	22, 73	136400
300	8, 52	9, 95	11, 37	12, 79	14, 21	17, 05	102300
200	5, 68	6, 63	7, 58	8, 52	9, 47	11, 37	68200
100	2, 84	3, 32	3, 79	4, 26	4, 74	5, 68	34100
90	2, 56	2, 98	3, 41	3, 84	4, 26	5, 11	30690
80	2, 27	2, 65	3, 03	3, 41	3, 79	4, 55	27280
70	1, 99	2, 32	2, 65	2, 98	3, 32	3, 98	23870
60	1, 70	1, 99	2, 27	2, 56	2, 84	3, 41	20460
50	1, 42	1, 66	1, 89	2, 13	2, 37	2, 84	17050
40	1, 14	1, 33	1, 52	1, 70	1, 89	2, 27	13640
30	0, 85	0, 99	1, 14	1, 28	1, 42	1, 70	10230
20	0, 57	0, 66	0, 76	0, 85	0, 95	1, 14	6820
10	0, 28	0 33	0, 38	0, 43	0, 47	0, 57	3410
9	0, 26	0, 30	0, 34	0, 38	0, 43	0, 51	3069
8	0, 23	0, 27	0, 30	0, 34	0, 38	0, 45	2728
7	0, 20	0, 23	0, 27	0, 30	0, 33	0, 40	2387
6	0, 17	0, 20	0, 23	0, 26	0, 28	0, 34	2046
5	0, 14	0, 17	0, 19	0, 21	0, 24	0, 28	1705
4	0, 11	0, 13	0, 15	0, 17	0, 19	0, 23	1364
3	0, 09	0, 10	0, 11	0, 13	0, 14	0, 17	1023
2	0, 06	0, 07	0, 08	0, 09	0, 09	0, 11	682
1	0, 03	0, 03	0, 04	0, 04	0, 05	0, 06	341

COLONNE DES CAPITAUX	INTÉRÊTS POUR 342 JOURS (ou pour 11 mois et 12 jours.)						NOMBRES PRODUITS des CAPITAUX multipliés par 342 Jours.
	à 3 %	à 3 ½	à 4 %	à 4 ½	à 5 %	à 6 %	
fr.	fr. c.	fr. c.	fr. c.	fr. c.	fr. c.	fr. c.	
50,000	1425, 00	1662, 50	1900, 00	2137, 50	2375, 00	2850, 00	17100000
40,000	1140, 00	1330, 00	1520, 00	1710, 00	1900, 00	2280, 00	13680000
30,000	855, 00	997, 50	1140, 00	1282, 50	1425, 00	1710, 00	10260000
20,000	570, 00	665, 00	760, 00	855, 00	950, 00	1140, 00	6840000
10,000	285, 00	332, 50	380, 00	427, 50	475, 00	570, 00	3420000
9,000	256, 50	299, 25	342, 00	384, 75	427, 50	513, 00	3078000
8,000	228, 00	266, 00	304, 00	342, 00	380, 00	456, 00	2736000
7,000	199, 50	232, 75	266, 00	299, 25	332, 50	399, 00	2394000
6,000	171, 00	199, 50	228, 00	256, 50	285, 00	342, 00	2052000
5,000	142, 50	166, 25	190, 00	213, 75	237, 50	285, 00	1710000
4,000	114, 00	133, 00	152, 00	171, 00	190, 00	228, 00	1368000
3,000	85, 50	99, 75	114, 00	128, 25	142, 50	171, 00	1026000
2,000	57, 00	66, 50	76, 00	85, 50	95, 00	114, 00	684000
1,000	28, 50	33, 25	38, 00	42, 75	47, 50	57, 00	342000
900	25, 65	29, 92	34, 20	38, 47	42, 75	51, 30	307800
800	22, 80	26, 60	30, 40	34, 20	38, 00	45, 60	273600
700	19, 95	23, 27	26, 60	29, 92	33, 25	39, 90	239400
600	17, 10	19, 95	22, 80	25, 65	28, 50	34, 20	205200
500	14, 25	16, 62	19, 00	21, 37	23, 75	28, 50	171000
400	11, 40	13, 30	15, 20	17, 10	19, 00	22, 80	136800
300	8, 55	9, 97	11, 40	12, 82	14, 25	17, 10	102600
200	5, 70	6, 65	7, 60	8, 55	9, 50	11, 40	68400
100	2, 85	3, 32	3, 80	4, 27	4, 75	5, 70	34200
90	2, 56	2, 99	3, 42	3, 85	4, 27	5, 13	30780
80	2, 28	2, 66	3, 04	3, 42	3, 80	4, 56	27360
70	1, 99	2, 33	2, 66	2, 99	3, 32	3, 99	23940
60	1, 71	1, 99	2, 28	2, 56	2, 85	3, 42	20520
50	1, 42	1, 66	1, 90	2, 14	2, 37	2, 85	17100
40	1, 14	1, 33	1, 52	1, 71	1, 90	2, 28	13680
30	0, 85	1, 00	1, 14	1, 28	1, 42	1, 71	10260
20	0, 57	0, 66	0, 76	0, 85	0, 95	1, 14	6840
10	0, 28	0, 33	0, 38	0, 43	0, 47	0, 57	3420
9	0, 26	0, 30	0, 34	0, 38	0, 43	0, 51	3078
8	0, 23	0, 27	0, 30	0, 34	0, 38	0, 46	2736
7	0, 20	0, 23	0, 27	0, 30	0, 33	0, 40	2394
6	0, 17	0, 20	0, 23	0, 26	0, 28	0, 34	2052
5	0, 14	0, 17	0, 19	0, 21	0, 24	0, 28	1710
4	0, 11	0, 13	0, 15	0, 17	0, 19	0, 23	1368
3	0, 09	0, 10	0, 11	0, 13	0, 14	0, 17	1026
2	0, 06	0, 07	0, 08	0, 09	0, 09	0, 11	684
1	0, 03	0, 03	0, 04	0, 04	0, 05	0, 06	342

COLONNE DES CAPITAUX	INTÉRÊTS POUR 343 JOURS (ou pour 11 mois et 13 jours.)						NOMBRES PRODUITS des CAPITAUX multipliés par 343 jours.
	à 3 %	à 3 ½	à 4 %	à 4 ½	à 5 %	à 6 %	
fr.	fr. c.	fr. c.	fr. c.	fr. c.	fr. c.	fr. c.	
50,000	1429, 17	1667, 36	1905, 56	2143, 75	2381, 94	2858, 33	17150000
40,000	1143, 33	1333, 89	1524, 44	1715, 00	1905, 55	2286, 67	13720000
30,000	857, 50	1000, 42	1143, 33	1286, 25	1429, 17	1715, 00	10290000
20,000	571, 67	666, 94	762, 22	857, 50	952, 78	1143, 33	6860000
10,000	285, 83	333, 47	381, 11	428, 75	476, 39	571, 67	3430000
9,000	257, 25	300, 12	343, 00	385, 87	428, 75	514, 50	3087000
8,000	228, 67	266, 78	304, 89	343, 00	381, 11	457, 33	2744000
7,000	200, 08	233, 43	266, 78	300, 12	333, 47	400, 17	2401000
6,000	171, 50	200, 08	228, 67	257, 25	285, 83	343, 00	2058000
5,000	142, 92	166, 74	190, 56	214, 37	238, 19	285, 83	1715000
4,000	114, 33	133, 39	152, 44	171, 50	190, 55	228, 67	1372000
3,000	85, 75	100, 04	114, 33	128, 62	142, 92	171, 50	1029000
2,000	57, 17	66, 69	76, 22	85, 75	95, 28	114, 33	686000
1,000	28, 58	33, 35	38, 11	42, 87	47, 64	57, 17	343000
900	25, 72	30, 01	34, 30	38, 59	42, 87	51, 45	308700
800	22, 87	26, 68	30, 49	34, 30	38, 11	45, 73	274400
700	20, 01	23, 34	26, 68	30, 01	33, 35	40, 02	240100
600	17, 15	20, 01	22, 87	25, 72	28, 58	34, 30	205800
500	14, 29	16, 67	19, 06	21, 44	23, 82	28, 58	171500
400	11, 43	13, 34	15, 24	17, 15	19, 06	22, 87	137200
300	8, 57	10, 00	11, 43	12, 86	14, 29	17, 15	102900
200	5, 72	6, 67	7, 62	8, 57	9, 53	11, 43	68600
100	2, 86	3, 33	3, 81	4, 29	4, 76	5, 72	34300
90	2, 57	3, 00	3, 43	3, 86	4, 29	5, 14	30870
80	2, 29	2, 67	3, 05	3, 43	3, 81	4, 57	27440
70	2, 00	2, 33	2, 67	3, 00	3, 33	4, 00	24010
60	1, 71	2, 00	2, 29	2, 57	2, 86	3, 43	20580
50	1, 43	1, 67	1, 91	2, 14	2, 38	2, 86	17150
40	1, 14	1, 33	1, 52	1, 71	1, 91	2, 29	13720
30	0, 86	1, 00	1, 14	1, 29	1, 43	1, 71	10290
20	0, 57	0, 67	0, 76	0, 86	0, 95	1, 14	6860
10	0, 29	0, 33	0, 38	0, 43	0, 48	0, 57	3430
9	0, 26	0, 30	0, 34	0, 39	0, 43	0, 51	3087
8	0, 23	0, 27	0, 30	0, 34	0, 38	0, 46	2744
7	0, 20	0, 23	0, 27	0, 30	0, 33	0, 40	2401
6	0, 17	0, 20	0, 23	0, 26	0, 29	0, 34	2058
5	0, 14	0, 17	0, 19	0, 21	0, 24	0, 29	1715
4	0, 11	0, 13	0, 15	0, 17	0, 19	0, 23	1372
3	0, 09	0, 10	0, 11	0, 13	0, 14	0, 17	1029
2	0, 06	0, 07	0, 08	0, 09	0, 10	0, 11	686
1	0, 03	0, 03	0, 04	0, 04	0, 05	0, 06	343

COLONNE DES CAPITAUX	INTÉRETS POUR 344 JOURS (ou pour 11 mois et 14 jours.)						NOMBRES PRODUITS des CAPITAUX multipliés par 344 Jours.
	à 3 %	à 3 ½	à 4 %	à 4 ½	à 5 %	à 6 %	
fr.	fr. c.	fr. c.	fr. c.	fr. c.	fr. c.	fr. c.	
50,000	1433, 33	1672, 22	1911, 11	2150, 00	2388, 89	2866, 67	17200000
40,000	1146, 67	1337, 78	1528, 89	1720, 00	1911, 11	2293, 33	13760000
30,000	860, 00	1003, 33	1146, 67	1290, 00	1433, 33	1720, 00	10320000
20,000	573, 33	668, 89	764, 44	860, 00	955, 56	1146, 67	6880000
10,000	286, 67	334, 44	382, 22	430, 00	477, 78	573, 33	3440000
9,000	258, 00	301, 00	344, 00	387, 00	430, 00	516, 00	3096000
8,000	229, 33	267, 56	305, 78	344, 00	382, 22	458, 67	2752000
7,000	200, 67	234, 11	267, 56	301, 00	334, 44	401, 33	2408000
6,000	172, 00	200, 67	229, 33	258, 00	286, 67	344, 00	2064000
5,000	143, 33	167, 22	191, 11	215, 00	238, 89	286, 67	1720000
4,000	114, 67	133, 78	152, 89	172, 00	191, 11	229, 33	1376000
3,000	86, 00	100, 33	114, 67	129, 00	143, 33	172, 00	1032000
2,000	57, 33	66, 89	76, 44	86, 00	95, 56	114, 67	688000
1,000	28, 67	33, 44	38, 22	43, 00	47, 78	57, 33	344000
900	25, 80	30, 10	34, 40	38, 70	43, 00	51, 60	309600
800	22, 93	26, 76	30, 58	34, 40	38, 22	45, 87	275200
700	20, 07	23, 41	26, 76	30, 10	33, 44	40, 13	240800
600	17, 20	20, 07	22, 93	25, 80	28, 67	34, 40	206400
500	14, 33	16, 72	19, 11	21, 50	23, 89	28, 67	172000
400	11, 47	13, 38	15, 29	17, 20	19, 11	22, 93	137600
300	8, 60	10, 03	11, 47	12, 90	14, 33	17, 20	103200
200	5, 73	6, 69	7, 64	8, 60	9, 56	11, 47	68800
100	2, 87	3, 34	3, 82	4, 30	4, 78	5, 73	34400
90	2, 58	3, 01	3, 44	3, 87	4, 30	5, 16	30960
80	2, 29	2, 68	3, 06	3, 44	3, 82	4, 59	27520
70	2, 01	2, 34	2, 68	3, 01	3, 34	4, 01	24080
60	1, 72	2, 01	2, 29	2, 58	2, 87	3, 44	20640
50	1, 43	1, 67	1, 91	2, 15	2, 39	2, 87	17200
40	1, 15	1, 34	1, 53	1, 72	1, 91	2, 29	13760
30	0, 86	1, 00	1, 15	1, 29	1, 43	1, 72	10320
20	0, 57	0, 67	0, 76	0, 86	0, 96	1, 15	6880
10	0, 29	0, 33	0, 38	0, 43	0, 48	0, 57	3440
9	0, 26	0, 30	0, 34	0, 39	0, 43	0, 52	3096
8	0, 23	0, 27	0, 31	0, 34	0, 38	0, 46	2752
7	0, 20	0, 23	0, 27	0, 30	0, 33	0, 40	2408
6	0, 17	0, 20	0, 23	0, 26	0, 29	0, 34	2064
5	0, 14	0, 17	0, 19	0, 21	0, 24	0, 29	1720
4	0, 11	0, 13	0, 15	0, 17	0, 19	0, 23	1376
3	0, 09	0, 10	0, 11	0, 13	0, 14	0, 17	1032
2	0, 06	0, 07	0, 08	0, 09	0, 10	0, 11	688
1	0, 03	0, 03	0, 04	0, 04	0, 05	0, 06	344

COLONNE DES CAPITAUX	INTÉRÊTS POUR 345 JOURS (ou pour 11 mois et 15 jours.)						NOMBRES PRODUITS des CAPITAUX multipliés par 345 Jours.
	à 3 %	à 3 ½	à 4 %	à 4 ½	à 5 %	à 6 %	
fr.	fr. c.	fr. c.	fr. c.	fr. c.	fr. c.	fr. c.	
50,000	1437, 50	1677, 08	1916, 67	2156, 25	2395, 83	2875, 00	17250000
40,000	1150, 00	1341, 67	1533, 33	1725, 00	1916, 67	2300, 00	13800000
30,000	862, 50	1006, 25	1150, 00	1293, 75	1437, 50	1725, 00	10350000
20,000	575, 00	670, 83	766, 67	862, 50	958, 33	1150, 00	6900000
10,000	287, 50	335, 42	383, 33	431, 25	479, 17	575, 00	3450000
9,000	258, 75	301, 87	345, 00	388, 12	431, 25	517, 50	3105000
8,000	230, 00	268, 33	306, 67	345, 00	383, 33	460, 00	2760000
7,000	201, 25	234, 79	268, 33	301, 87	335, 42	402, 50	2415000
6,000	172, 50	201, 25	230, 00	258, 75	287, 50	345, 00	2070000
5,000	143, 75	167, 71	191, 67	215, 62	239, 58	287, 50	1725000
4,000	115, 00	134, 17	153, 33	172, 50	191, 67	230, 00	1380000
3,000	86, 25	100, 62	115, 00	129, 37	143, 75	172, 50	1035000
2,000	57, 50	67, 08	76, 67	86, 25	95, 83	115, 00	690000
1,000	28, 75	33, 54	38, 33	43, 12	47, 92	57, 50	345000
900	25, 87	30, 19	34, 50	38, 81	43, 12	51, 75	310500
800	23, 00	26, 83	30, 67	34, 50	38, 33	46, 00	276000
700	20, 12	23, 48	26, 83	30, 19	33, 54	40, 25	241500
600	17, 25	20, 12	23, 00	25, 87	28, 75	34, 50	207000
500	14, 37	16, 77	19, 17	21, 56	23, 96	28, 75	172500
400	11, 50	13, 42	15, 33	17, 25	19, 17	23, 00	138000
300	8, 62	10, 06	11, 50	12, 94	14, 37	17, 25	103500
200	5, 75	6, 71	7, 67	8, 62	9, 58	11, 50	69000
100	2, 87	3, 35	3, 83	4, 31	4, 79	5, 75	34500
90	2, 59	3, 02	3, 45	3, 88	4, 31	5, 17	31050
80	2, 30	2, 68	3, 07	3, 45	3, 83	4, 60	27600
70	2, 01	2, 35	2, 68	3, 02	3, 35	4, 02	24150
60	1, 72	2, 01	2, 30	2, 59	2, 87	3, 45	20700
50	1, 44	1, 68	1, 92	2, 16	2, 40	2, 87	17250
40	1, 15	1, 34	1, 53	1, 72	1, 92	2, 30	13800
30	0, 86	1, 01	1, 15	1, 29	1, 44	1, 72	10350
20	0, 57	0, 67	0, 77	0, 86	0, 96	1, 15	6900
10	0, 29	0, 34	0, 38	0, 43	0, 48	0, 57	3450
9	0, 26	0, 30	0, 34	0, 39	0, 43	0, 52	3105
8	0, 23	0, 27	0, 31	0, 34	0, 38	0, 46	2760
7	0, 20	0, 23	0, 27	0, 30	0, 34	0, 40	2415
6	0, 17	0, 20	0, 23	0, 26	0, 29	0, 34	2070
5	0, 14	0, 17	0, 19	0, 22	0, 24	0, 29	1725
4	0, 11	0, 13	0, 15	0, 17	0, 19	0, 23	1380
3	0, 09	0, 10	0, 11	0, 13	0, 14	0, 17	1035
2	0, 06	0, 07	0, 08	0, 09	0, 10	0, 11	690
1	0, 03	0, 03	0, 04	0, 04	0, 05	0, 06	345

COLONNE DES CAPITAUX	INTÉRÊTS POUR 346 JOURS (ou pour 11 mois et 16 jours.)						NOMBRES PRODUITS des CAPITAUX multipliés par 346 Jours.
	à 3 %	à 3 $\frac{1}{2}$ %	à 4 %	à 4 $\frac{1}{2}$ %	à 5 %	à 6 %	
fr.	fr. c.	fr. c.	fr. c.	fr. c.	fr. c.	fr. c.	
50,000	1441, 67	1681, 94	1922, 22	2162, 50	2402, 78	2883, 33	17300000
40,000	1153, 33	1345, 56	1537, 78	1730, 00	1922, 22	2306, 67	13840000
30,000	865, 00	1009, 17	1153, 33	1297, 50	1441, 67	1730, 00	10380000
20,000	576, 67	672, 78	768, 89	865, 00	961, 11	1153, 33	6920000
10,000	288, 33	336, 39	384, 44	432, 50	480, 56	576, 67	3460000
9,000	259, 50	302, 75	346, 00	389, 25	432, 50	519, 00	3114000
8,000	230, 67	269, 11	307, 56	346, 00	384, 44	461, 33	2768000
7,000	201, 83	235, 47	269, 11	302, 75	336, 39	403, 67	2422000
6,000	173, 00	201, 83	230, 67	259, 50	288, 33	346, 00	2076000
5,000	144, 17	168, 19	192, 22	216, 25	240, 28	288, 33	1730000
4,000	115, 33	134, 56	153, 78	173, 00	192, 22	230, 67	1384000
3,000	86, 50	100, 92	115, 33	129, 75	144, 17	173, 00	1038000
2,000	57, 67	67, 28	76, 89	86, 50	96, 11	115, 33	692000
1,000	28, 83	33, 64	38, 44	43, 25	48, 06	57, 67	346000
900	25, 95	30, 27	34, 60	38, 92	43, 25	51, 90	311400
800	23, 07	26, 91	30, 76	34, 60	38, 44	46, 13	276800
700	20, 18	23, 55	26, 91	30, 27	33, 64	40, 37	242200
600	17, 30	20, 18	23, 07	25, 95	28, 83	34, 60	207600
500	14, 42	16, 82	19, 22	21, 62	24, 03	28, 83	173000
400	11, 53	13, 46	15, 38	17, 30	19, 22	23, 07	138400
300	8, 65	10, 09	11, 53	12, 97	14, 42	17, 30	103800
200	5, 77	6, 73	7, 69	8, 65	9, 61	11, 53	69200
100	2, 88	3, 36	3, 84	4, 32	4, 81	5, 77	34600
90	2, 59	3, 03	3, 46	3, 89	4, 32	5, 19	31140
80	2, 31	2, 69	3, 08	3, 46	3, 84	4, 61	27680
70	2, 02	2, 35	2, 69	3, 03	3, 36	4, 04	24220
60	1, 73	2, 02	2, 31	2, 59	2, 88	3, 46	20760
50	1, 44	1, 68	1, 92	2, 16	2, 40	2, 88	17300
40	1, 15	1, 35	1, 54	1, 73	1, 92	2, 31	13840
30	0, 86	1, 01	1, 15	1, 30	1, 44	1, 73	10380
20	0, 58	0, 67	0, 77	0, 86	0, 96	1, 15	6920
10	0, 29	0, 34	0, 38	0, 43	0, 48	0, 58	3460
9	0, 26	0, 30	0, 35	0, 39	0, 43	0, 52	3114
8	0, 23	0, 27	0, 31	0, 35	0, 38	0, 46	2768
7	0, 20	0, 24	0, 27	0, 30	0, 34	0, 40	2422
6	0, 17	0, 20	0, 23	0, 26	0, 29	0, 35	2076
5	0, 14	0, 17	0, 19	0, 22	0, 24	0, 29	1730
4	0, 12	0, 13	0, 15	0, 17	0, 19	0, 23	1384
3	0, 09	0, 10	0, 12	0, 13	0, 14	0, 17	1038
2	0, 06	0, 07	0, 08	0, 09	0, 10	0, 12	692
1	0, 03	0, 03	0, 04	0, 04	0, 05	0, 06	346

COLONNE DES CAPITAUX	INTÉRETS POUR 347 JOURS (ou pour 11 mois et 17 jours.)						NOMBRES PRODUITS des CAPITAUX multipliés par 347 Jours
	à 3 %	à 3 ½	à 4 %	à 4 ½	à 5 %	à 6 %	
fr.	fr. c	fr. c.	fr. c.	fr. c.	fr. c	fr. c.	
50,000	1445, 83	1686, 80	1927, 78	2168, 75	2409, 72	2891, 67	17350000
40,000	1156, 67	1349, 44	1542. 22	1735, 00	1927, 78	2313, 33	13880000
30,000	867, 50	1012, 08	1156, 67	1301, 25	1445, 83	1735, 00	10410000
20,000	578, 33	674, 72	771, 11	867, 50	963, 89	1156, 67	6940000
10,000	289, 17	337, 36	385, 56	433, 75	481, 94	578, 33	3470000
9,000	260, 25	303, 65	347, 00	390, 37	433, 75	520, 50	3123000
8,000	231, 33	269, 89	308, 44	347, 00	385, 56	462, 67	2776000
7,000	202, 42	236, 15	269, 89	303, 62	337, 36	404, 83	2429000
6,000	173, 50	202, 42	231, 33	260, 25	289, 17	347, 00	2082000
5,000	144, 58	168. 68	192. 78	216, 87	240, 97	289, 17	1735000
4,000	115, 67	134, 94	154, 22	173, 50	192. 78	231, 33	1388000
3,000	86, 75	101, 21	115, 67	130, 12	144, 58	173. 50	1041000
2,000	57, 83	67, 47	77, 11	86, 75	96, 39	115, 67	694000
1,000	28, 92	33, 74	38, 56	43, 37	48, 19	57, 83	347000
900	26, 02	30, 36	34, 70	39, 04	43, 37	52, 05	312300
800	23, 13	26, 99	30, 84	34, 70	38, 56	46, 27	277600
700	20, 24	23, 62	26, 99	30, 36	33, 74	40, 48	242900
600	17, 35	20, 24	23, 13	26, 02	28, 92	34, 70	208200
500	14, 46	16, 87	19, 28	21, 69	24, 10	28, 92	173500
400	11, 57	13, 49	15, 42	17, 35	19, 28	23, 13	138800
300	8, 67	10, 12	11, 57	13, 01	14, 46	17, 35	104100
200	5, 78	6, 75	7, 71	8, 67	9, 64	11, 57	69400
100	2, 89	3, 37	3. 86	4, 34	4, 82	5, 78	34700
90	2, 60	3, 04	3, 47	3, 90	4, 34	5, 20	31230
80	2, 31	2, 70	3, 08	3, 47	3, 86	4, 63	27760
70	2, 02	2, 36	2, 70	3, 04	3, 37	4, 05	24290
60	1, 73	2, 02	2, 31	2, 60	2, 89	3, 47	20820
50	1, 45	1, 69	1, 93	2, 17	2, 41	2, 89	17350
40	1, 16	1, 35	1, 54	1, 73	1, 93	2, 31	13880
30	0, 87	1, 01	1, 16	1, 30	1, 45	1, 73	10410
20	0, 58	0, 67	0, 77	0, 87	0, 96	1, 16	6940
10	0, 29	0 34	0, 39	0, 43	0, 48	0, 58	3470
9	0, 26	0, 30	0, 35	0, 39	0, 43	0, 52	3123
8	0, 23	0, 27	0, 31	0, 35	0, 39	0, 46	2776
7	0, 20	0, 24	0, 27	0, 30	0, 34	0, 40	2429
6	0, 17	0, 20	0, 23	0, 26	0, 29	0, 35	2082
5	0, 14	0, 17	0, 19	0, 22	0, 24	0, 29	1735
4	0, 12	0, 13	0, 15	0, 17	0, 19	0, 23	1388
3	0, 09	0, 10	0, 12	0, 13	0, 14	0, 17	1041
2	0, 06	0, 07	0, 08	0, 09	0, 10	0, 12	694
1	0. 03	0. 03	0. 04	0. 04	0, 05	0, 06	347

COLONNE DES CAPITAUX	INTÉRÊTS POUR 348 JOURS (ou pour 11 mois et 18 jours.)						NOMBRES PRODUITS des CAPITAUX multipliés par 348 Jours.
	à 3 %	à 3 ½ %	à 4 %	à 4 ½ %	à 5 %	à 6 %	
fr.	fr. c.	fr. c.	fr. c	fr. c.	fr. c.	fr. c.	
50,000	1450, 00	1691, 67	1933, 33	2175, 00	2416, 67	2900. 00	17400000
40,000	1160, 00	1353, 33	1546. 67	1740, 00	1933, 33	2320, 00	13920000
30,000	870, 00	1015, 00	1160, 00	1305, 00	1450. 00	1740, 00	10440000
20,000	580, 00	676, 67	773. 33	870, 00	966, 67	1160, 00	6960000
10,000	290, 00	338, 33	386, 67	435, 00	483, 33	580, 00	3480000
9,000	261, 00	304, 50	348, 00	391, 50	435, 00	522, 00	3132000
8,000	232, 00	270, 67	309, 33	348, 00	386, 67	464, 00	2784000
7,000	203, 00	236, 83	270, 67	304. 50	338, 33	406, 00	2436000
6,000	174, 00	203, 00	232, 00	261. 00	290, 00	348, 00	2088000
5,000	145, 00	169, 17	193, 33	217. 50	241, 67	290. 00	1740000
4,000	116, 00	135, 33	154. 67	174, 00	193, 33	232, 00	1392000
3,000	87, 00	101, 50	116. 00	130, 50	145, 00	174, 00	1044000
2,000	58, 00	67, 67	77, 33	87, 00	96, 67	116, 00	696000
1,000	29, 00	33, 83	38, 67	43. 50	48, 33	58, 00	348000
900	26, 10	30, 45	34, 80	39, 15	43, 50	52, 20	313200
800	23, 20	27, 07	30, 93	34, 80	38, 67	46, 40	278400
700	20, 30	23, 68	27, 07	30, 45	33, 83	40, 60	243600
600	17, 40	20, 30	23, 20	26, 10	29, 00	34, 80	208800
500	14, 50	16, 92	19, 33	21, 75	24, 17	29. 00	174000
400	11. 60	13, 53	15, 47	17, 40	19, 33	23, 20	139200
300	8, 70	10, 15	11, 60	13, 05	14, 50	17, 40	104400
200	5, 80	6, 77	7, 73	8, 70	9, 67	11, 60	69600
100	2, 90	3, 38	3, 87	4, 35	4, 83	5, 80	34800
90	2, 61	3, 04	3, 48	3, 91	4, 35	5, 22	31320
80	2, 32	2, 71	3, 09	3, 48	3, 87	4, 64	27840
70	2, 03	2, 37	2, 71	3, 04	3, 38	4, 06	24360
60	1, 74	2, 03	2, 32	2, 61	2, 90	3, 48	20880
50	1, 45	1, 69	1, 93	2, 17	2, 42	2, 90	17400
40	1, 16	1, 35	1, 55	1, 74	1, 93	2, 32	13920
30	0, 87	1, 01	1, 16	1, 30	1, 45	1, 74	10440
20	0, 58	0, 68	0, 77	0, 87	0, 97	1, 16	6960
10	0, 29	0, 34	0, 39	0, 43	0, 48	0, 58	3480
9	0, 26	0, 30	0, 35	0, 39	0, 43	0, 52	3132
8	0, 23	0, 27	0, 31	0, 35	0, 39	0, 46	2784
7	0, 20	0, 24	0, 27	0, 30	0, 34	0, 41	2436
6	0, 17	0, 20	0, 23	0, 26	0, 29	0, 35	2088
5	0, 14	0, 17	0, 19	0, 22	0, 24	0, 29	1740
4	0, 12	0, 14	0, 15	0, 17	0, 19	0, 23	1392
3	0, 09	0, 10	0, 12	0, 13	0, 14	0, 17	1044
2	0, 06	0, 07	0, 08	0, 09	0, 10	0, 12	696
1	0. 03	0. 03	0, 04	0, 04	0. 05	0, 06	348

COLONNE DES CAPITAUX	INTÉRÊTS POUR 349 JOURS (ou pour 11 mois et 19 jours.)						NOMBRES PRODUITS des CAPITAUX multipliés par 349 Jours.
	à 3 %	à 3 ½	à 4 %	à 4 ½	à 5 %	à 6 %	
fr.	fr. c.	fr. c.	fr. c.	fr. c.	fr. c.	fr. c.	
50,000	1454, 17	1696, 53	1938, 89	2181, 25	2423, 61	2908, 33	17450000
40,000	1163, 33	1357, 22	1551, 11	1745, 00	1938, 89	2326, 67	13960000
30,000	872, 50	1017, 92	1163, 33	1308, 75	1454, 17	1745, 00	10470000
20,000	581, 67	678, 61	775, 56	872, 50	969, 44	1163, 33	6980000
10,000	290, 83	339, 31	387, 78	436, 25	484, 72	581, 67	3490000
9,000	261, 75	305, 37	349, 00	392, 62	436, 25	523, 50	3141000
8,000	232, 67	271, 44	310, 22	349, 00	387, 78	465, 33	2792000
7,000	203, 58	237, 51	271, 44	305, 37	339, 31	407, 17	2443000
6,000	174, 50	203, 58	232, 67	261, 75	290, 83	349, 00	2094000
5,000	145, 42	169, 65	193, 89	218, 12	242, 36	290, 83	1745000
4,000	116, 33	135, 72	155, 11	174, 50	193, 89	232, 67	1396000
3,000	87, 25	101, 79	116, 33	130, 87	145, 42	174, 50	1047000
2,000	58, 17	67, 86	77, 56	87, 25	96, 94	116, 33	698000
1,000	29, 08	33, 93	38, 78	43, 62	48, 47	58, 17	349000
900	26, 17	30, 54	34, 90	39, 26	43, 62	52, 35	314100
800	23, 27	27, 14	31, 02	34, 90	38, 78	46, 53	279200
700	20, 36	23, 75	27, 14	30, 54	33, 93	40, 72	244300
600	17, 45	20, 36	23, 27	26, 17	29, 08	34, 90	209400
500	14, 54	16, 97	19, 39	21, 81	24, 24	29, 08	174500
400	11, 63	13, 57	15, 51	17, 45	19, 39	23, 27	139600
300	8, 72	10, 18	11, 63	13, 09	14, 54	17, 45	104700
200	5, 82	6, 79	7, 76	8, 72	9, 69	11, 63	69800
100	2, 91	3, 39	3, 88	4, 36	4, 85	5, 82	34900
90	2, 62	3, 05	3, 49	3, 93	4, 36	5, 23	31410
80	2, 33	2, 71	3, 10	3, 49	3, 88	4, 65	27920
70	2, 04	2, 38	2, 71	3, 05	3, 39	4, 07	24430
60	1, 74	2, 04	2, 33	2, 62	2, 91	3, 49	20940
50	1, 45	1, 70	1, 94	2, 18	2, 42	2, 91	17450
40	1, 16	1, 36	1, 55	1, 74	1, 94	2, 33	13960
30	0, 87	1, 02	1, 16	1, 31	1, 45	1, 74	10470
20	0, 58	0, 68	0, 78	0, 87	0, 97	1, 16	6980
10	0, 29	0, 34	0, 39	0, 44	0, 48	0, 58	3490
9	0, 26	0, 31	0, 35	0, 39	0, 44	0, 52	3141
8	0, 23	0, 27	0, 31	0, 35	0, 39	0, 47	2792
7	0, 20	0, 24	0, 27	0, 31	0, 34	0, 41	2443
6	0, 17	0, 20	0, 23	0, 26	0, 29	0, 35	2094
5	0, 15	0, 17	0, 19	0, 22	0, 24	0, 29	1745
4	0, 12	0, 14	0, 16	0, 17	0, 19	0, 23	1396
3	0, 09	0, 10	0, 12	0, 13	0, 15	0, 17	1047
2	0, 06	0, 07	0, 08	0, 09	0, 10	0, 12	698
1	0, 03	0, 03	0, 04	0, 04	0, 05	0, 06	349

30

COLONNE DES CAPITAUX	INTÉRETS POUR 350 JOURS (ou pour 11 mois et 20 jours.)						NOMBRES PRODUITS des CAPITAUX multipliés par 350 Jours
	à 3 %	à 3 ½	à 4 %	à 4 ½	à 5 %	à 6 %	
fr.	fr. c.	fr. c.	fr. c.	fr. c.	fr. c.	fr. c.	
50,000	1458, 33	1701, 39	1944, 44	2187, 50	2430, 56	2916, 67	17500000
40,000	1166, 67	1361, 11	1555, 56	1750, 00	1944, 44	2333, 33	14000000
30,000	875, 00	1020, 83	1166, 67	1312, 50	1458, 33	1750, 00	10500000
20,000	583, 33	680, 56	777, 78	875, 00	972, 22	1166, 67	7000000
10,000	291, 67	340, 28	388, 89	437, 50	486, 11	583, 33	3500000
9,000	262, 50	306, 25	350, 00	393, 75	437, 50	525, 00	3150000
8,000	233, 33	272, 22	311, 11	350, 00	388, 89	465, 67	2800000
7,000	204, 17	238, 19	272, 22	306, 25	340, 28	408, 33	2450000
6,000	175, 00	204, 17	233, 33	262, 50	291, 67	350, 00	2100000
5,000	145, 83	170, 14	194, 44	218, 75	243, 06	291, 67	1750000
4,000	116, 67	136, 11	155, 56	175, 00	194, 44	233, 33	1400000
3,000	87, 50	102, 08	116, 67	131, 25	145, 83	175, 00	1050000
2,000	58, 33	68, 06	77, 78	87, 50	97, 22	116, 67	700000
1,000	29, 17	34, 03	38, 89	43, 75	48, 61	58, 33	350000
900	26, 25	30, 62	35, 00	39, 37	43, 75	52, 50	315000
800	23, 33	27, 22	31, 11	35, 00	38, 89	46, 67	280000
700	20, 42	23, 82	27, 22	30, 62	34, 03	40, 83	245000
600	17, 50	20, 42	23, 33	26, 25	29, 17	35, 00	210000
500	14, 58	17, 01	19, 44	21, 87	24, 31	29, 17	175000
400	11, 67	13, 61	15, 56	17, 50	19, 44	23, 33	140000
300	8, 75	10, 21	11, 67	13, 12	14, 58	17, 50	105000
200	5, 83	6, 81	7, 78	8, 75	9, 72	11, 67	70000
100	2, 92	3, 40	3, 89	4, 37	4, 86	5, 83	35000
90	2, 62	3, 06	3, 50	3, 94	4, 37	5, 25	31500
80	2, 33	2, 72	3, 11	3, 50	3, 89	4, 67	28000
70	2, 04	2, 38	2, 72	3, 06	3, 40	4, 08	24500
60	1, 75	2, 04	2, 33	2, 62	2, 92	3, 50	21000
50	1, 46	1, 70	1, 94	2, 19	2, 43	2, 92	17500
40	1, 17	1, 36	1, 56	1, 75	1, 94	2, 33	14000
30	0, 87	1, 02	1, 17	1, 31	1, 46	1, 75	10500
20	0, 58	0, 68	0, 78	0, 87	0, 97	1, 17	7000
10	0, 29	0 34	0, 39	0, 44	0, 49	0, 58	3500
9	0, 26	0, 31	0, 35	0, 39	0, 44	0, 52	3150
8	0, 23	0, 27	0, 31	0, 35	0, 39	0, 47	2800
7	0, 20	0, 24	0, 27	0, 31	0, 34	0, 41	2450
6	0, 17	0, 20	0, 23	0, 26	0, 29	0, 35	2100
5	0, 15	0, 17	0, 19	0, 22	0, 24	0, 29	1750
4	0, 12	0, 14	0, 16	0, 17	0, 19	0, 23	1400
3	0, 09	0, 10	0, 12	0, 13	0, 15	0, 17	1050
2	0, 06	0, 07	0, 08	0, 09	0, 10	0, 12	700
1	0, 03	0, 03	0, 04	0, 04	0, 05	0, 06	350

COLONNE DES CAPITAUX	INTÉRÊTS POUR 351 JOURS (ou pour 11 mois et 21 jours.)						NOMBRES PRODUITS des CAPITAUX multipliés par 351 Jours.
	à 3 %	à 3 ½	à 4 %	à 4 ½	à 5 %	à 6 %	
fr.	fr. c.	fr. c.	fr. c	fr. c.	fr. c.	fr. c.	
50,000	1462. 50	1706, 25	1950, 00	2193, 75	2437, 50	2925. 00	17550000
40,000	1170, 00	1365, 00	1560. 00	1755, 00	1950, 00	2340, 00	14040000
30,000	877, 50	1023, 75	1170, 00	1316, 25	1462. 50	1755, 00	10530000
20,000	585, 00	682, 50	780 00	877, 50	975, 00	1170. 00	7020000
10,000	292, 50	341, 25	390, 00	438, 75	487, 50	585, 00	3510000
9,000	263, 25	307, 12	351, 00	394, 87	438, 75	526, 50	3159000
8,000	234, 00	273, 00	312, 00	351, 00	390, 00	468, 00	2808000
7,000	204, 75	238, 87	273, 00	307. 12	341, 25	409, 50	2457000
6,000	175, 50	204, 75	234, 00	263, 25	292, 50	351, 00	2106000
5,000	146, 25	170, 62	195, 00	219 37	243, 75	292. 50	1755000
4,000	117, 00	136, 50	156. 00	175, 50	195, 00	234, 00	1404000
3,000	87, 75	102, 37	117. 00	131, 62	146, 25	175, 50	1053000
2,000	58, 50	68, 25	78, 00	87, 75	97, 50	117, 00	702000
1,000	29, 25	34, 12	39, 00	43, 87	48, 75	58, 50	351000
900	26, 32	30, 71	35, 10	39, 49	43, 87	52, 65	315900
800	23, 40	27, 30	31, 20	35, 10	39, 00	46, 80	280800
700	20, 47	23, 89	27, 30	30, 71	34, 12	40, 95	245700
600	17, 55	20, 47	23, 40	26, 32	29, 25	35, 10	210600
500	14, 62	17, 06	19, 50	21, 94	24, 37	29. 25	175500
400	11. 70	13, 65	15, 60	17, 55	19, 50	23, 40	140400
300	8, 77	10, 24	11, 70	13, 16	14, 62	17, 55	105300
200	5, 85	6, 82	7, 80	8, 77	9, 75	11, 70	70200
100	2, 92	3, 41	3, 90	4. 39	4, 87	5, 85	35100
90	2, 63	3, 07	3, 51	3, 95	4, 39	5, 26	31590
80	2, 34	2, 73	3, 12	3, 51	3, 90	4, 68	28080
70	2, 05	2, 39	2, 73	3, 07	3, 41	4, 09	24570
60	1, 75	2, 05	2, 34	2, 63	2, 92	3, 51	21060
50	1, 46	1, 71	1, 95	2, 19	2, 44	2, 92	17550
40	1, 17	1, 36	1, 56	1, 75	1, 95	2, 34	14040
30	0, 88	1. 02	1, 17	1, 32	1, 46	1, 75	10530
20	0, 58	0, 68	0, 78	0, 88	0, 97	1, 17	7020
10	0, 29	0, 34	0, 39	0, 44	0, 49	0, 58	3510
9	0, 26	0, 31	0, 35	0, 39	0, 44	0, 53	3159
8	0, 23	0, 27	0, 31	0, 35	0, 39	0, 47	2808
7	0, 20	0, 24	0, 27	0, 31	0, 34	0, 41	2457
6	0, 18	0, 20	0, 23	0, 26	0, 29	0, 35	2106
5	0, 15	0, 17	0, 19	0, 22	0, 24	0, 29	1755
4	0, 12	0, 14	0, 16	0, 18	0, 19	0, 23	1404
3	0, 09	0, 10	0, 12	0, 13	0, 15	0, 18	1053
2	0, 06	0, 07	0, 08	0, 09	0, 10	0, 12	702
1	0. 03	0, 03	0, 04	0, 04	0. 05	0. 06	351

COLONNE DES CAPITAUX	INTÉRÊTS POUR 352 JOURS (ou pour 11 mois et 22 jours.)						NOMBRES PRODUITS des CAPITAUX multipliés par 352 Jours.
	à 3 %	à 3 ½	à 4 %	à 4 ½	à 5 %	à 6 %	
fr.	fr. c.	fr. c.	fr. c.	fr. c.	fr. c.	fr. c.	
50,000	1466, 67	1711, 11	1955, 56	2200, 00	2444, 44	2933, 33	17600000
40,000	1173, 33	1368, 89	1564, 44	1760, 00	1955, 55	2346, 67	14080000
30,000	880, 00	1026, 67	1173, 33	1320, 00	1466, 67	1760, 00	10560000
20,000	586, 67	684, 44	782, 22	880, 00	977, 78	1173, 33	7040000
10,000	293, 33	342, 22	391, 11	440, 00	488, 89	586, 67	3520000
9,000	264, 00	308, 00	352, 00	396, 00	440, 00	528, 00	3168000
8,000	234, 67	273, 78	312, 89	352, 00	391, 11	469, 33	2816000
7,000	205, 33	239, 56	273, 78	308, 00	342, 22	410, 67	2464000
6,000	176, 00	205, 33	234, 67	264, 00	293, 33	352, 00	2112000
5,000	146, 67	171, 11	195, 56	220, 00	244, 44	293, 33	1760000
4,000	117, 33	136, 89	156, 44	176, 00	195, 56	234, 67	1408000
3,000	88, 00	102, 67	117, 33	132, 00	146, 67	176, 00	1056000
2,000	58, 67	68, 44	78, 22	88, 00	97, 78	117, 33	704000
1,000	29, 33	34, 22	39, 11	44, 00	48, 89	58, 67	352000
900	26, 40	30, 80	35, 20	39, 60	44, 00	52, 80	316800
800	23, 47	27, 38	31, 29	35, 20	39, 11	46, 93	281600
700	20, 53	23, 96	27, 38	30, 80	34, 22	41, 07	246400
600	17, 60	20, 53	23, 47	26, 40	29, 33	35, 20	211200
500	14, 67	17, 11	19, 56	22, 00	24, 44	29, 33	176000
400	11, 73	13, 69	15, 64	17, 60	19, 56	23, 47	140800
300	8, 80	10, 27	11, 73	13, 20	14, 67	17, 60	105600
200	5, 87	6, 84	7, 82	8, 80	9, 78	11, 73	70400
100	2, 93	3, 42	3, 91	4, 40	4, 89	5, 87	35200
90	2, 64	3, 08	3, 52	3, 96	4, 40	5, 28	31680
80	2, 35	2, 74	3, 13	3, 52	3, 91	4, 69	28160
70	2, 05	2, 40	2, 74	3, 08	3, 42	4, 11	24640
60	1, 76	2, 05	2, 35	2, 64	2, 93	3, 52	21120
50	1, 47	1, 71	1, 96	2, 20	2, 44	2, 93	17600
40	1, 17	1, 37	1, 56	1, 76	1, 96	2, 35	14080
30	0, 88	1, 03	1, 17	1, 32	1, 47	1, 76	10560
20	0, 59	0, 68	0, 78	0, 88	0, 98	1, 17	7040
10	0, 29	0, 34	0, 39	0, 44	0, 49	0, 59	3520
9	0, 26	0, 31	0, 35	0, 40	0, 44	0, 53	3168
8	0, 23	0, 27	0, 31	0, 35	0, 39	0, 47	2816
7	0, 21	0, 24	0, 27	0, 31	0, 34	0, 41	2464
6	0, 18	0, 21	0, 23	0, 26	0, 29	0, 35	2112
5	0, 15	0, 17	0, 20	0, 22	0, 24	0, 29	1760
4	0, 12	0, 14	0, 16	0, 18	0, 20	0, 23	1408
3	0, 09	0, 10	0, 12	0, 13	0, 15	0, 18	1056
2	0, 06	0, 07	0, 08	0, 09	0, 10	0, 12	704
1	0, 03	0, 03	0, 04	0, 04	0, 05	0, 06	352

COLONNE DES CAPITAUX	INTÉRETS POUR 353 JOURS (ou pour 11 mois et 23 jours.)						NOMBRES PRODUITS des CAPITAUX multipliés par 353 Jours
	à 3 %	à 3 ½	à 4 %	à 4 ½	à 5 %	à 6 %	
fr.	fr. c.	fr. c.	fr. c.	fr. c.	fr. c.	fr. c.	
50,000	1470, 83	1715, 97	1961, 11	2206, 25	2451, 39	2941, 67	17650000
40,000	1176, 67	1372, 78	1568, 89	1765, 00	1961, 11	2353, 33	14120000
30,000	882, 50	1029, 58	1176, 67	1323, 75	1470, 83	1765, 00	10590000
20,000	588, 33	686, 39	784, 44	882, 50	980, 56	1176, 67	7060000
10,000	294, 17	343, 19	392, 22	441, 25	490, 28	588, 33	3530000
9,000	264, 75	308, 87	353, 00	397, 12	441, 25	529, 50	3177000
8,000	235, 33	274, 56	313, 78	353, 00	392, 22	470, 67	2824000
7,000	205, 92	240, 24	274, 56	308, 87	343, 19	411, 83	2471000
6,000	176, 50	205, 92	235, 33	264, 75	294, 17	353, 00	2118000
5,000	147, 08	171, 60	196, 11	220, 62	245, 14	294, 17	1765000
4,000	117, 67	137, 28	156, 89	176, 50	196, 11	235, 33	1412000
3,000	88, 25	102, 96	117, 67	132, 37	147, 08	176, 50	1059000
2,000	58, 83	68, 64	78, 44	88, 25	98, 06	117, 67	706000
1,000	29, 42	34, 32	39, 22	44, 12	49, 03	58, 83	353000
900	26, 47	30, 89	35, 30	39, 71	44, 12	52, 95	317700
800	23, 53	27, 46	31, 38	35, 30	39, 22	47, 07	282400
700	20, 59	24, 02	27, 46	30, 89	34, 32	41, 18	247100
600	17, 65	20, 59	23, 53	26, 47	29, 42	35, 30	211800
500	14, 71	17, 16	19, 61	22, 06	24, 51	29, 42	176500
400	11, 77	13, 73	15, 69	17, 65	19, 61	23, 53	141200
300	8, 82	10, 30	11, 77	13, 24	14, 71	17, 65	105900
200	5, 88	6, 86	7, 84	8, 82	9, 81	11, 77	70600
100	2, 94	3, 43	3, 92	4, 41	4, 90	5, 88	35300
90	2, 65	3, 09	3, 53	3, 97	4, 41	5, 29	31770
80	2, 35	2, 75	3, 14	3, 53	3, 92	4, 71	28240
70	2, 06	2, 40	2, 75	3, 09	3, 43	4, 12	24710
60	1, 76	2, 06	2, 35	2, 65	2, 94	3, 53	21180
50	1, 47	1, 72	1, 96	2, 21	2, 45	2, 94	17650
40	1, 18	1, 37	1, 57	1, 76	1, 96	2, 35	14120
30	0, 88	1, 03	1, 18	1, 32	1, 47	1, 76	10590
20	0, 59	0, 69	0, 78	0, 88	0, 98	1, 18	7060
10	0, 29	0 34	0, 39	0, 44	0, 49	0, 59	3530
9	0, 26	0, 31	0, 35	0, 40	0, 44	0, 53	3177
8	0, 24	0, 27	0, 31	0, 35	0, 39	0, 47	2824
7	0, 21	0, 24	0, 27	0, 31	0, 34	0, 41	2471
6	0, 18	0, 21	0, 24	0, 26	0, 29	0, 35	2118
5	0, 15	0, 17	0, 20	0, 22	0, 25	0, 29	1765
4	0, 12	0, 14	0, 16	0, 18	0, 20	0, 24	1412
3	0, 09	0, 10	0, 12	0, 13	0, 15	0, 18	1059
2	0, 06	0, 07	0, 08	0, 09	0, 10	0, 12	706
1	0. 03	0. 03	0. 04	0. 04	0. 05	0. 06	353

COLONNE DES CAPITAUX	INTÉRÊTS POUR 354 JOURS (ou pour 11 mois et 24 Jours.)						NOMBRES PRODUITS des CAPITAUX multipliés par 354 Jours.
	à 3 %	à 3 ½	à 4 %	à 4 ½	à 5 %	à 6 %	
fr.	fr. c.	fr. c.	fr. c	fr. c.	fr. c.	fr. c.	
50,000	1475, 00	1720, 83	1966, 67	2212, 50	2458, 33	2950, 00	17700000
40,000	1180, 00	1376, 67	1573, 33	1770, 00	1966, 67	2360, 00	14160000
30,000	885, 00	1032, 50	1180, 00	1327, 50	1475, 00	1770, 00	10620000
20,000	590, 00	688, 33	786, 67	885, 00	983, 33	1180, 00	7080000
10,000	295, 00	344, 17	393, 33	442, 50	491, 67	590, 00	3540000
9,000	265, 50	309, 75	354, 00	398, 25	442, 50	531, 00	3186000
8,000	236, 00	275, 33	314, 67	354, 00	393, 33	472, 00	2832000
7,000	206, 50	240, 92	275, 33	309, 75	344, 17	413, 00	2478000
6,000	177, 00	206, 50	236, 00	265, 50	295, 00	354, 00	2124000
5,000	147, 50	172, 08	196, 67	221, 25	245, 83	295, 00	1770000
4,000	118, 00	137, 67	157, 33	177, 00	196, 67	236, 00	1416000
3,000	88, 50	103, 25	118, 00	132, 75	147, 50	177, 00	1062000
2,000	59, 00	68, 83	78, 67	88, 50	98, 33	118, 00	708000
1,000	29, 50	34, 42	39, 33	44, 25	49, 17	59, 00	354000
900	26, 55	30, 97	35, 40	39, 82	44, 25	53, 10	318600
800	23, 60	27, 53	31, 47	35, 40	39, 33	47, 20	283200
700	20, 65	24, 09	27, 53	30, 97	34, 42	41, 30	247800
600	17, 70	20, 65	23, 60	26, 55	29, 50	35, 40	212400
500	14, 75	17, 21	19, 67	22, 12	24, 58	29, 50	177000
400	11, 80	13, 77	15, 73	17, 70	19, 67	23, 60	141600
300	8, 85	10, 32	11, 80	13, 27	14, 75	17, 70	106200
200	5, 90	6, 88	7, 87	8, 85	9, 83	11, 80	70800
100	2, 95	3, 44	3, 93	4, 42	4, 92	5, 90	35400
90	2, 65	3, 10	3, 54	3, 98	4, 42	5, 31	31860
80	2, 36	2, 75	3, 15	3, 54	3, 93	4, 72	28320
70	2, 06	2, 41	2, 75	3, 10	3, 44	4, 13	24780
60	1, 77	2, 06	2, 36	2, 65	2, 95	3, 54	21240
50	1, 47	1, 72	1, 97	2, 21	2, 46	2, 95	17700
40	1, 18	1, 38	1, 57	1, 77	1, 97	2, 36	14160
30	0, 88	1, 03	1, 18	1, 33	1, 47	1, 77	10620
20	0, 59	0, 69	0, 79	0, 88	0, 98	1, 18	7080
10	0, 29	0, 34	0, 39	0, 44	0, 49	0, 59	3540
9	0, 27	0, 31	0, 35	0, 40	0, 44	0, 53	3186
8	0, 24	0, 28	0, 31	0, 35	0, 39	0, 47	2832
7	0, 21	0, 24	0, 28	0, 31	0, 34	0, 41	2478
6	0, 18	0, 21	0, 24	0, 27	0, 29	0, 35	2124
5	0, 15	0, 17	0, 20	0, 22	0, 25	0, 29	1770
4	0, 12	0, 14	0, 16	0, 18	0, 20	0, 24	1416
3	0, 09	0, 10	0, 12	0, 13	0, 15	0, 18	1062
2	0, 06	0, 07	0, 08	0, 09	0, 10	0, 12	708
1	0, 03	0, 03	0, 04	0, 04	0, 05	0, 06	354

COLONNE DES CAPITAUX	INTÉRÊTS POUR 355 JOURS (ou pour 11 mois et 25 jours.)						NOMBRES PRODUITS des CAPITAUX multipliés par 355 Jours.
	à 3 %	à 3 ½	à 4 %	à 4 ½	à 5 %	à 6 %	
fr.	fr. c.	fr. c.	fr. c.	fr. c.	fr. c.	fr. c.	
50,000	1479, 17	1725, 69	1972, 22	2218, 75	2465, 28	2958, 33	17750000
40,000	1183, 33	1380, 56	1577, 78	1775, 00	1972, 22	2366, 67	14200000
30,000	887, 50	1035, 42	1183, 33	1331, 25	1479, 17	1775, 00	10650000
20,000	591, 67	690, 28	788, 89	887, 50	986, 11	1183, 33	7100000
10,000	295, 83	345, 14	394, 44	443, 75	493, 06	591, 67	3550000
9,000	266, 25	310, 62	355, 00	399, 37	443, 75	532, 50	3195000
8,000	236, 67	276, 11	315, 56	355, 00	394, 44	473, 33	2840000
7,000	207, 08	241, 60	276, 11	310, 62	345, 14	414, 17	2485000
6,000	177, 50	207, 08	236, 67	266, 25	295, 83	355, 00	2130000
5,000	147, 92	172, 57	197, 22	221, 87	246, 53	295, 83	1775000
4,000	118, 33	138, 06	157, 78	177, 50	197, 22	236, 67	1420000
3,000	88, 75	103, 54	118, 33	133, 12	147, 92	177, 50	1065000
2,000	59, 17	69, 03	78, 89	88, 75	98, 61	118, 33	710000
1,000	29, 58	34, 51	39, 44	44, 37	49, 31	59, 17	355000
900	26, 62	31, 06	35, 50	39, 94	44, 37	53, 25	319500
800	23, 67	27, 61	31, 56	35, 50	39, 44	47, 33	284000
700	20, 71	24, 16	27, 61	31, 06	34, 51	41, 42	248500
600	17, 75	20, 71	23, 67	26, 62	29, 58	35, 50	213000
500	14, 79	17, 26	19, 72	22, 19	24, 65	29, 58	177500
400	11, 83	13, 81	15, 78	17, 75	19, 72	23, 67	142000
300	8, 87	10, 35	11, 83	13, 31	14, 79	17, 75	106500
200	5, 92	6, 90	7, 89	8, 87	9, 86	11, 83	71000
100	2, 96	3, 45	3, 94	4, 44	4, 93	5, 92	35500
90	2, 66	3, 11	3, 55	3, 99	4, 44	5, 32	31950
80	2, 37	2, 76	3, 16	3, 55	3, 91	4, 73	28400
70	2, 07	2, 42	2, 76	3, 11	3, 45	4, 14	24850
60	1, 77	2, 07	2, 37	2, 66	2, 96	3, 55	21300
50	1, 48	1, 73	1, 97	2, 22	2, 47	2, 96	17750
40	1, 18	1, 38	1, 58	1, 77	1, 97	2, 37	14200
30	0, 89	1, 04	1, 18	1, 33	1, 48	1, 77	10650
20	0, 59	0, 69	0, 79	0, 89	0, 99	1, 18	7100
10	0, 30	0, 35	0, 39	0, 44	0, 49	0, 59	3550
9	0, 27	0, 31	0, 35	0, 40	0, 44	0, 53	3195
8	0, 24	0, 27	0, 32	0, 35	0, 39	0, 47	2840
7	0, 21	0, 24	0, 28	0, 31	0, 35	0, 41	2485
6	0, 18	0, 21	0, 24	0, 27	0, 30	0, 35	2130
5	0, 15	0, 17	0, 20	0, 22	0, 25	0, 30	1775
4	0, 12	0, 14	0, 16	0, 18	0, 20	0, 24	1420
3	0, 09	0, 10	0, 12	0, 13	0, 15	0, 18	1065
2	0, 06	0, 07	0, 08	0, 09	0, 10	0, 12	710
1	0, 03	0, 03	0, 04	0, 04	0, 05	0, 06	355

COLONNE DES CAPITAUX	INTÉRETS POUR 356 JOURS (ou pour 11 mois et 26 jours.)						NOMBRES PRODUITS des CAPITAUX multipliés par 356 Jours.
	à 3 %	à 3 ½	à 4 %	à 4 ½	à 5 %	à 6 %	
fr.	fr. c.	fr. c.	fr. c.	fr. c.	fr. c.	fr. c.	
50,000	1483, 33	1730, 55	1977, 78	2225, 00	2472, 22	2966, 67	17800000
40,000	1186, 67	1384, 44	1582, 22	1780, 00	1977, 78	2373, 33	14240000
30,000	890, 00	1038, 33	1186, 67	1335, 00	1483, 33	1780, 00	10680000
20,000	593, 33	692, 22	791, 11	890, 00	988, 89	1186, 67	7120000
10,000	296, 67	346, 11	395, 56	445, 00	494, 44	593, 33	3560000
9,000	267, 00	311, 50	356, 00	400, 50	445, 00	534, 00	3204000
8,000	237, 33	276, 89	316, 44	356, 00	395, 56	474, 67	2848000
7,000	207, 67	242, 28	276, 89	311, 50	346, 11	415, 33	2492000
6,000	178, 00	207, 67	237, 33	267, 00	296, 67	356, 00	2136000
5,000	148, 33	173, 06	197, 78	222, 50	247, 22	296, 67	1780000
4,000	118, 67	138, 44	158, 22	178, 00	197, 78	237, 33	1424000
3,000	89, 00	103, 83	118, 67	133, 50	148, 33	178, 00	1068000
2,000	59, 33	69, 22	79, 11	89, 00	98, 89	118, 67	712000
1,000	29, 67	34, 61	39, 56	44, 50	49, 44	59, 33	356000
900	26, 70	31, 15	35, 60	40, 05	44, 50	53, 40	320400
800	23, 73	27, 69	31, 64	35, 60	39, 56	47, 47	284800
700	20, 77	24, 23	27, 69	31, 15	34, 61	41, 53	249200
600	17, 80	20, 77	23, 73	26, 70	29, 67	35, 60	213600
500	14, 83	17, 31	19, 78	22, 25	24, 72	29, 67	178000
400	11, 87	13, 84	15, 82	17, 80	19, 78	23, 73	142400
300	8, 90	10, 38	11, 87	13, 35	14, 83	17, 80	106800
200	5, 93	6, 92	7, 91	8, 90	9, 89	11, 87	71200
100	2, 97	3, 46	3, 96	4, 45	4, 94	5, 93	35600
90	2, 67	3, 11	3, 56	4, 00	4, 45	5, 34	32040
80	2, 37	2, 77	3, 16	3, 56	3, 96	4, 75	28480
70	2, 08	2, 42	2, 77	3, 11	3, 46	4, 15	24920
60	1, 78	2, 08	2, 37	2, 67	2, 97	3, 56	21360
50	1, 48	1, 73	1, 98	2, 22	2, 47	2, 97	17800
40	1, 19	1, 38	1, 58	1, 78	1, 98	2, 37	14240
30	0, 89	1, 04	1, 19	1, 33	1, 48	1, 78	10680
20	0, 59	0, 69	0, 79	0, 89	0, 99	1, 19	7120
10	0, 30	0 35	0, 40	0, 44	0, 49	0, 59	3560
9	0, 27	0, 31	0, 36	0, 40	0, 44	0, 53	3204
8	0, 24	0, 28	0, 32	0, 36	0, 40	0, 47	2848
7	0, 21	0, 24	0, 28	0, 31	0, 35	0, 42	2492
6	0, 18	0, 21	0, 24	0, 27	0, 30	0, 36	2136
5	0, 15	0, 17	0, 20	0, 22	0, 25	0, 30	1780
4	0, 12	0, 14	0, 16	0, 18	0, 20	0, 24	1424
3	0, 09	0, 10	0, 12	0, 13	0, 15	0, 18	1068
2	0, 06	0, 07	0, 08	0, 09	0, 10	0, 12	712
1	0, 03	0, 03	0, 04	0, 04	0, 05	0, 06	356

COLONNE DES CAPITAUX	INTÉRÊTS POUR 357 JOURS (ou pour 11 mois et 27 jours.)						NOMBRES PRODUITS des CAPITAUX multipliés par 357 Jours.
	à 3 %	à 3 ½	à 4 %	à 4 ½	à 5 %	à 6 %	
fr.	fr. c.	fr. c.	fr. c.	fr. c.	fr. c.	fr. c.	
50,000	1487. 50	1735, 42	1983, 33	2231, 25	2479, 17	2975, 00	17850000
40,000	1190, 00	1388, 33	1586, 67	1785, 00	1983, 33	2380, 00	14280000
30,000	892, 50	1041, 25	1190, 00	1338, 75	1487, 50	1785, 00	10710000
20,000	595, 00	694, 17	793, 33	892, 50	991, 67	1190, 00	7140000
10,000	297, 50	347, 08	396, 67	446, 25	495, 83	595, 00	3570000
9,000	267, 75	312, 37	357, 00	401, 62	446, 25	535, 50	3213000
8,000	238, 00	277, 67	317, 33	357, 00	396, 67	476, 00	2856000
7,000	208, 25	242, 96	277, 67	312, 37	347, 08	416, 50	2499000
6,000	178, 50	208, 25	238, 00	267, 75	297, 50	357, 00	2142000
5,000	148, 75	173, 54	198, 33	223. 12	247, 92	297. 50	1785000
4,000	119, 00	138, 83	158, 67	178, 50	198, 33	238, 00	1428000
3,000	89, 25	104, 12	119. 00	133, 87	148, 75	178, 50	1071000
2,000	59, 50	69, 42	79, 33	89, 25	99, 17	119, 00	714000
1,000	29, 75	34, 71	39, 67	44. 62	49, 58	59, 50	357000
900	26, 77	31, 24	35, 70	40, 16	44, 62	53, 55	321300
800	23, 80	27, 77	31, 73	35, 70	39, 67	47, 60	285600
700	20, 82	24. 30	27, 77	31, 24	34, 71	41, 65	249900
600	17, 85	20, 82	23, 80	26, 77	29, 75	35, 70	214200
500	14, 87	17, 35	19, 83	22, 31	24, 79	29. 75	178500
400	11, 90	13, 88	15, 87	17, 85	19, 83	23, 80	142800
300	8, 92	10, 41	11, 90	13, 39	14, 87	17, 85	107100
200	5, 95	6, 94	7, 93	8, 92	9, 92	11, 90	71400
100	2, 97	3, 47	3, 97	4, 46	4, 96	5, 95	35700
90	2, 68	3, 12	3, 57	4, 02	4, 46	5, 35	32130
80	2, 38	2, 78	3, 17	3, 57	3, 97	4, 76	28560
70	2, 08	2, 43	2, 78	3, 12	3, 47	4, 16	24990
60	1, 78	2, 08	2, 38	2, 68	2, 97	3, 57	21420
50	1, 49	1, 74	1, 98	2, 23	2, 48	2, 97	17850
40	1, 19	1, 39	1, 59	1, 78	1, 98	2, 38	14280
30	0, 89	1, 04	1, 19	1, 34	1, 49	1, 78	10710
20	0, 59	0, 69	0, 79	0, 89	0, 99	1, 19	7140
10	0, 30	0, 35	0, 40	0, 45	0, 50	0, 59	3570
9	0, 27	0, 31	0, 36	0, 40	0, 45	0, 54	3213
8	0, 24	0, 28	0, 32	0, 36	0, 40	0, 48	2856
7	0, 21	0, 24	0, 28	0, 31	0, 35	0, 42	2499
6	0, 18	0, 21	0, 24	0, 27	0, 30	0, 36	2142
5	0, 15	0, 17	0, 20	0, 22	0, 25	0, 30	1785
4	0, 12	0, 14	0, 16	0, 18	0, 20	0, 24	1428
3	0, 09	0, 10	0, 12	0, 13	0, 15	0, 18	1071
2	0, 06	0, 07	0, 08	0, 09	0, 10	0, 12	714
1	0. 03	0. 03	0. 04	0. 04	0. 05	0. 06	357

COLONNE DES CAPITAUX	INTÉRÊTS POUR 358 JOURS (ou pour 11 mois et 28 jours.)						NOMBRES PRODUITS des CAPITAUX multipliés par 358 Jours.
	à 3 %	à 3 ½	à 4 %	à 4 ½	à 5 %	à 6 %	
fr.	fr. c.	fr. c.	fr. c.	fr. c.	fr. c.	fr. c.	
50,000	1491, 67	1740, 28	1988, 89	2237, 50	2486, 11	2983, 33	17900000
40,000	1193, 33	1392, 22	1591, 11	1790, 00	1988, 89	2386, 67	14320000
30,000	895, 00	1044, 17	1193, 33	1342, 50	1491, 67	1790, 00	10740000
20,000	596, 67	696, 11	795, 56	895, 00	994, 44	1193, 33	7160000
10,000	298, 33	348, 06	397, 78	447, 50	497, 22	596, 67	3580000
9,000	268, 50	313, 25	358, 00	402, 75	447, 50	537, 00	3222000
8,000	238, 67	278, 44	318, 22	358, 00	397, 78	477, 33	2864000
7,000	208, 83	243, 64	278, 44	313, 25	348, 06	417, 67	2506000
6,000	179, 00	208, 83	238, 67	268, 50	298, 33	358, 00	2148000
5,000	149, 17	174, 03	198, 89	223, 75	248, 61	298, 33	1790000
4,000	119, 33	139, 22	159, 11	179, 00	198, 89	238, 67	1432000
3,000	89, 50	104, 42	119, 33	134, 25	149, 17	179, 00	1074000
2,000	59, 67	69, 61	79, 56	89, 50	99, 44	119, 33	716000
1,000	29, 83	34, 81	39, 78	44, 75	49, 72	59, 67	358000
900	26, 85	31, 32	35, 80	40, 27	44, 75	53, 70	322200
800	23, 87	27, 84	31, 82	35, 80	39, 78	47, 73	286400
700	20, 88	24, 36	27, 84	31, 32	34, 81	41, 77	250600
600	17, 90	20, 88	23, 87	26, 85	29, 83	35, 80	214800
500	14, 92	17, 40	19, 89	22, 37	24, 86	29, 83	179000
400	11, 93	13, 92	15, 91	17, 90	19, 89	23, 87	143200
300	8, 95	10, 44	11, 93	13, 42	14, 92	17, 90	107400
200	5, 97	6, 96	7, 96	8, 95	9, 94	11, 93	71600
100	2, 98	3, 48	3, 98	4, 47	4, 97	5, 97	35800
90	2, 68	3, 13	3, 58	4, 03	4, 47	5, 37	32220
80	2, 39	2, 78	3, 18	3, 58	3, 98	4, 77	28640
70	2, 09	2, 44	2, 78	3, 13	3, 48	4, 18	25060
60	1, 79	2, 09	2, 39	2, 68	2, 98	3, 58	21480
50	1, 49	1, 74	1, 99	2, 24	2, 49	2, 98	17900
40	1, 19	1, 39	1, 59	1, 79	1, 99	2, 39	14320
30	0, 89	1, 04	1, 19	1, 34	1, 49	1, 79	10740
20	0, 60	0, 70	0, 80	0, 89	0, 99	1, 19	7160
10	0, 30	0, 35	0, 40	0, 45	0, 50	0, 60	3580
9	0, 27	0, 31	0, 36	0, 40	0, 45	0, 54	3222
8	0, 24	0, 28	0, 32	0, 36	0, 40	0, 48	2864
7	0, 21	0, 24	0, 28	0, 31	0, 35	0, 42	2506
6	0, 18	0, 21	0, 24	0, 27	0, 30	0, 36	2148
5	0, 15	0, 17	0, 20	0, 22	0, 25	0, 30	1790
4	0, 12	0, 14	0, 16	0, 18	0, 20	0, 24	1432
3	0, 09	0, 10	0, 12	0, 13	0, 15	0, 18	1074
2	0, 06	0, 07	0, 08	0, 09	0, 10	0, 12	716
1	0, 03	0, 03	0, 04	0, 04	0, 05	0, 06	358

COLONNE DES CAPITAUX	INTÉRETS POUR 359 JOURS (ou pour 11 mois et 29 jours.)						NOMBRES PRODUITS des CAPITAUX multipliés par 359 Jours.
	à 3 %	à 3 ½	à 4 %	à 4 ½	à 5 %	à 6 %	
fr.	fr. c.	fr. c.	fr. c.	fr. c.	fr. c	fr. c.	
50,000	1495, 83	1745, 14	1994, 44	2243, 75	2493, 05	2991, 67	17950000
40,000	1196, 67	1396, 11	1595, 56	1795, 00	1994, 44	2393, 33	14360000
30,000	897, 50	1047, 08	1196, 67	1346, 25	1495, 83	1795, 00	10770000
20,000	598, 33	698, 06	797, 78	897, 50	997, 22	1196, 67	7180000
10,000	299, 17	349, 03	398, 89	448, 75	498, 61	598, 33	3590000
9,000	269, 25	314, 12	359, 00	403, 87	448, 75	538, 50	3231000
8,000	239, 33	279, 22	319, 11	359, 00	398, 89	478, 67	2872000
7,000	209, 42	244, 32	279, 22	314, 12	349, 03	418, 83	2513000
6,000	179, 50	209, 42	239, 33	269, 25	299, 17	359, 00	2154000
5,000	149, 58	174, 51	199, 44	224, 37	249, 31	299, 17	1795000
4,000	119, 67	139, 61	159, 56	179, 50	199, 44	239, 33	1436000
3,000	89, 75	104, 71	119, 67	134, 62	149, 58	179, 50	1077000
2,000	59, 83	69, 81	79, 78	89, 75	99, 72	119, 67	718000
1,000	29, 92	34, 90	39, 89	44, 87	49, 86	59, 83	359000
900	26, 92	31, 41	35, 90	40, 39	44, 87	53, 85	323100
800	23, 93	27, 92	31, 91	35, 90	39, 89	47, 87	287200
700	20, 94	24, 43	27, 92	31, 41	34, 90	41, 88	251300
600	17, 95	20, 94	23, 93	26, 92	29, 92	35, 90	215400
500	14, 96	17, 45	19, 94	22, 44	24, 93	29, 92	179500
400	11, 97	13, 95	15, 96	17, 95	19, 94	23, 93	143600
300	8, 97	10, 47	11, 97	13, 46	14, 96	17, 95	107700
200	5, 98	6, 98	7, 98	8, 97	9, 97	11, 97	71800
100	2, 99	3, 49	3, 99	4, 49	4, 99	5, 98	35900
90	2, 69	3, 14	3, 59	4, 04	4, 49	5, 38	32310
80	2, 39	2, 79	3, 19	3, 59	3, 99	4, 79	28720
70	2, 09	2, 44	2, 79	3, 14	3, 49	4, 19	25130
60	1, 79	2, 09	2, 39	2, 69	2, 99	3, 59	21540
50	1, 50	1, 75	1, 99	2, 24	2, 49	2, 99	17950
40	1, 20	1, 40	1, 60	1, 79	1, 99	2, 39	14360
30	0, 90	1, 05	1, 20	1, 35	1, 50	1, 79	10770
20	0, 60	0, 70	0, 80	0, 90	1, 00	1, 20	7180
10	0, 30	0 35	0, 40	0, 45	0, 50	0, 60	3590
9	0, 27	0, 31	0, 36	0, 40	0, 45	0, 54	3231
8	0, 24	0, 28	0, 32	0, 36	0, 40	0, 48	2872
7	0, 21	0, 24	0, 28	0, 31	0, 35	0, 42	2513
6	0, 18	0, 21	0, 24	0, 27	0, 30	0, 36	2154
5	0, 15	0, 17	0, 20	0, 22	0, 25	0, 30	1795
4	0, 12	0, 14	0, 16	0, 18	0, 20	0, 24	1436
3	0, 09	0, 10	0, 12	0, 13	0, 15	0, 18	1077
2	0, 06	0, 07	0, 08	0, 09	0, 10	0, 12	718
1	0, 03	0, 03	0, 04	0, 04	0, 05	0, 06	359

COLONNE DES CAPITAUX	INTÉRÊTS POUR 360 JOURS (ou pour 12 mois; année *dite commerciale*.)						NOMBRES PRODUITS des CAPITAUX multipliés par 360 Jours.
	à 3 %	à 3 ½	à 4 %	à 4 ½	à 5 %	à 6 %	
fr.	fr. c.	fr. c.	fr. c.	fr. c.	fr. c.	fr. c.	
50,000	1500. 00	1750, 00	2000, 00	2250, 00	2500, 00	3000, 00	18000000
40,000	1200, 00	1400, 00	1600, 00	1800, 00	2000, 00	2400, 00	14400000
30,000	900, 00	1050, 00	1200, 00	1350, 00	1500, 00	1800, 00	10800000
20,000	600, 00	700, 00	800, 00	900, 00	1000, 00	1200, 00	7200000
10,000	300, 00	350, 00	400, 00	450, 00	500, 00	600, 00	3600000
9,000	270, 00	315, 00	360, 00	405, 00	450, 00	540, 00	3240000
8,000	240, 00	280, 00	320, 00	360, 00	400, 00	480, 00	2880000
7,000	210, 00	245, 00	280, 00	315. 00	350, 00	420, 00	2520000
6,000	180, 00	210, 00	240, 00	270, 00	300, 00	360, 00	2160000
5,000	150, 00	175, 00	200, 00	225. 00	250, 00	300. 00	1800000
4,000	120, 00	140, 00	160. 00	180. 00	200, 00	240, 00	1440000
3,000	90, 00	105, 00	120. 00	135, 00	150, 00	180, 00	1080000
2,000	60, 00	70, 00	80, 00	90, 00	100, 00	120, 00	720000
1,000	30, 00	35, 00	40, 00	45. 00	50, 00	60, 00	360000
900	27, 00	31, 50	36, 00	40, 50	45, 00	54, 00	324000
800	24, 00	28, 00	32, 00	36, 00	40, 00	48, 00	288000
700	21, 00	24, 50	28, 00	31, 50	35, 00	42, 00	252000
600	18, 00	21, 00	24, 00	27, 00	30, 00	36, 00	216000
500	15, 00	17, 50	20, 00	22, 50	25, 00	30, 00	180000
400	12, 00	14, 00	16, 00	18, 00	20, 00	24, 00	144000
300	9, 00	10, 50	12, 00	13, 50	15, 00	18, 00	108000
200	6, 00	7, 00	8, 00	9, 00	10, 00	12, 00	72000
100	3, 00	3, 50	4, 00	4, 50	5, 00	6, 00	36000
90	2, 70	3, 15	3, 60	4, 05	4, 50	5, 40	32400
80	2, 40	2, 80	3, 20	3, 60	4, 00	4, 80	28800
70	2, 10	2, 45	2, 80	3, 15	3, 50	4, 20	25200
60	1, 80	2, 10	2, 40	2, 70	3, 00	3, 60	21600
50	1, 50	1, 75	2, 00	2, 25	2, 50	3, 00	18000
40	1, 20	1, 40	1, 60	1, 80	2, 00	2, 40	14400
30	0, 90	1, 05	1, 20	1, 35	1, 50	1, 80	10800
20	0, 60	0, 70	0, 80	0, 90	1, 00	1, 20	7200
10	0, 30	0, 35	0, 40	0, 45	0, 50	0, 60	3600
9	0, 27	0, 31	0, 36	0, 40	0, 45	0, 54	3240
8	0, 24	0, 28	0, 32	0, 36	0, 40	0, 48	2880
7	0, 21	0, 24	0, 28	0, 31	0, 35	0, 42	2520
6	0, 18	0, 21	0, 24	0, 27	0, 30	0, 36	2160
5	0, 15	0, 17	0, 20	0, 22	0, 25	0, 30	1800
4	0, 12	0, 14	0, 16	0, 18	0, 20	0, 24	1440
3	0, 09	0, 10	0, 12	0, 13	0, 15	0, 18	1080
2	0, 06	0, 07	0, 08	0, 09	0, 10	0, 12	720
1	0. 03	0, 03	0, 04	0, 04	0. 05	0. 06	360

COLONNE DES CAPITAUX	INTÉRÊTS POUR 361 JOURS (ou pour 12 mois et 1 jour.)						NOMBRES PRODUITS des CAPITAUX multipliés par 361 Jours.
	à 3 %	à 3½	à 4 %	à 4½	à 5 %	à 6 %	
fr.	fr. c.	fr. c.	fr. c.	fr. c.	fr. c.	fr. c.	
50,000	1504, 17	1754, 86	2005, 56	2256, 25	2506, 94	3008, 33	18050000
40,000	1203, 33	1403, 89	1604, 44	1805, 00	2005, 56	2406, 67	14440000
30,000	902, 50	1052, 91	1203, 33	1353, 75	1504, 17	1805, 00	10830000
20,000	601, 67	701, 95	802, 22	902, 50	1002, 78	1203, 33	7220000
10,000	300, 83	350, 97	401, 11	451, 25	501, 39	601, 67	3610000
9,000	270, 75	315, 87	361, 00	406, 12	451, 25	541, 50	3249000
8,000	240, 67	280, 78	320, 89	361, 00	401, 11	481, 33	2888000
7,000	210, 58	245, 68	280, 78	315, 87	350, 97	421, 17	2527000
6,000	180, 50	210, 58	240, 67	270, 75	300, 83	361, 00	2166000
5,000	150, 42	175, 49	200, 56	225, 62	250, 69	300, 83	1805000
4,000	120, 33	140, 39	160, 44	180, 50	200, 56	240, 67	1444000
3,000	90, 25	105, 29	120, 33	135, 37	150, 42	180, 50	1083000
2,000	60, 17	70, 19	80, 22	90, 25	100, 28	120, 33	722000
1,000	30, 08	35, 10	40, 11	45, 12	50, 14	60, 17	361000
900	27, 07	31, 59	36, 10	40, 61	45, 12	54, 15	324900
800	24, 07	28, 08	32, 09	36, 10	40, 11	48, 13	288800
700	21, 06	24, 57	28, 06	31, 59	35, 10	42, 12	252700
600	18, 05	21, 06	24, 07	27, 07	30, 08	36, 10	216600
500	15, 04	17, 55	20, 06	22, 56	25, 07	30, 08	180500
400	12, 03	14, 04	16, 04	18, 05	20, 06	24, 07	144400
300	9, 02	10, 53	12, 03	13, 54	15, 04	18, 05	108300
200	6, 02	7, 02	8, 02	9, 02	10, 03	12, 03	72200
100	3, 01	3, 51	4, 01	4, 51	5, 01	6, 02	36100
90	2, 71	3, 16	3, 61	4, 06	4, 51	5, 41	32490
80	2, 41	2, 81	3, 21	3, 61	4, 01	4, 81	28880
70	2, 11	2, 46	2, 81	3, 16	3, 51	4, 21	25270
60	1, 80	2, 11	2, 41	2, 71	3, 01	3, 61	21660
50	1, 50	1, 75	2, 01	2, 26	2, 51	3, 01	18050
40	1, 20	1, 40	1, 60	1, 80	2, 01	2, 41	14440
30	0, 90	1, 05	1, 20	1, 35	1, 50	1, 80	10830
20	0, 60	0, 70	0, 80	0, 90	1, 00	1, 20	7220
10	0, 30	0, 35	0, 40	0, 45	0, 50	0, 60	3610
9	0, 27	0, 32	0, 36	0, 41	0, 45	0, 54	3249
8	0, 24	0, 28	0, 32	0, 36	0, 40	0, 48	2888
7	0, 21	0, 25	0, 28	0, 32	0, 35	0, 42	2527
6	0, 18	0, 21	0, 24	0, 27	0, 30	0, 36	2166
5	0, 15	0, 18	0, 20	0, 23	0, 25	0, 30	1805
4	0, 12	0, 14	0, 16	0, 18	0, 20	0, 24	1444
3	0, 09	0, 11	0, 12	0, 14	0, 15	0, 18	1083
2	0, 06	0, 07	0, 08	0, 09	0, 10	0, 12	722
1	0, 03	0, 04	0, 04	0, 05	0, 05	0, 06	361

COLONNE DES CAPITAUX	INTÉRÊTS POUR 362 JOURS (ou pour 12 mois et 2 jours.)						NOMBRES PRODUITS des CAPITAUX multipliés par 362 Jours.
	à 3 %	à 3 ½	à 4 %	à 4 ½	à 5 %	à 6 %	
fr.	fr. c.	fr. c.	fr. c.	fr. c.	fr. c.	fr. c.	
50,000	1508, 33	1759, 72	2011, 11	2262, 50	2513, 89	3016, 67	18100000
40,000	1206, 67	1407, 78	1608, 89	1810, 00	2011, 11	2413, 33	14480000
30,000	905, 00	1055, 83	1206, 67	1357, 50	1508, 33	1810, 00	10860000
20,000	603, 33	703, 89	804, 44	905, 00	1005, 56	1206, 67	7240000
10,000	301, 67	351, 94	402, 22	452, 50	502, 78	603, 33	3620000
9,000	271, 50	316, 75	362, 00	407, 25	452, 50	543, 00	3258000
8,000	241, 33	281, 56	321, 78	362, 00	402, 22	482, 67	2896000
7,000	211, 17	246, 36	281, 56	316, 75	351, 94	422, 33	2534000
6,000	181, 00	211, 17	241, 33	271, 50	301, 67	362, 00	2172000
5,000	150, 83	175, 97	201, 11	226, 25	251, 39	301, 67	1810000
4,000	120, 67	140, 78	160, 89	181, 00	201, 11	241, 33	1448000
3,000	90, 50	105, 58	120, 67	135, 75	150, 83	181, 00	1086000
2,000	60, 33	70, 39	80, 44	90, 50	100, 56	120, 67	724000
1,000	30, 17	35, 19	40, 22	45, 25	50, 28	60, 33	362000
900	27, 15	31, 67	36, 20	40, 72	45, 25	54, 30	325800
800	24, 13	28, 16	32, 18	36, 20	40, 22	48, 27	289600
700	21, 12	24, 64	28, 16	31, 67	35, 19	42, 23	253400
600	18, 10	21, 12	24, 13	27, 15	30, 17	36, 20	217200
500	15, 08	17, 60	20, 11	22, 62	25, 14	30, 17	181000
400	12, 07	14, 08	16, 09	18, 10	20, 11	24, 13	144800
300	9, 05	10, 56	12, 07	13, 57	15, 08	18, 10	108600
200	6, 03	7, 04	8, 04	9, 05	10, 06	12, 07	72400
100	3, 02	3, 52	4, 02	4, 52	5, 03	6, 03	36200
90	2, 71	3, 17	3, 62	4, 07	4, 52	5, 43	32580
80	2, 41	2, 82	3, 22	3, 62	4, 02	4, 83	28960
70	2, 11	2, 46	2, 82	3, 17	3, 52	4, 22	25340
60	1, 81	2, 11	2, 41	2, 71	3, 02	3, 62	21720
50	1, 51	1, 76	2, 01	2, 26	2, 51	3, 02	18100
40	1, 21	1, 41	1, 61	1, 81	2, 01	2, 41	14480
30	0, 90	1, 06	1, 21	1, 36	1, 51	1, 81	10860
20	0, 60	0, 70	0, 80	0, 90	1, 01	1, 21	7240
10	0, 30	0, 35	0, 40	0, 45	0, 50	0, 60	3620
9	0, 27	0, 32	0, 36	0, 41	0, 45	0, 54	3258
8	0, 24	0, 28	0, 32	0, 36	0, 40	0, 48	2896
7	0, 21	0, 25	0, 28	0, 32	0, 35	0, 42	2534
6	0, 18	0, 21	0, 24	0, 27	0, 30	0, 36	2172
5	0, 15	0, 18	0, 20	0, 23	0, 25	0, 30	1810
4	0, 12	0, 14	0, 16	0, 18	0, 20	0, 24	1448
3	0, 09	0, 11	0, 12	0, 14	0, 15	0, 18	1086
2	0, 06	0, 07	0, 08	0, 09	0, 10	0, 12	724
1	0, 03	0, 04	0, 04	0, 05	0, 05	0, 06	362

COLONNE DES CAPITAUX	INTÉRÊTS POUR 363 JOURS (ou pour 12 mois et 3 jours.)						NOMBRES PRODUITS des CAPITAUX multipliés par 363 Jours.
	à 3 %	à 3 ½	à 4 %	à 4 ½	à 5 %	à 6 %	
fr.	fr. c.	fr. c.	fr. c.	fr. c.	fr. c.	fr. c.	
50,000	1512. 50	1764, 58	2016, 67	2268, 75	2520, 83	3025, 00	18150000
40,000	1210, 00	1411, 67	1613, 33	1815, 00	2016, 67	2420, 00	14520000
30,000	907. 50	1058, 75	1210, 00	1361, 25	1512, 50	1815, 00	10890000
20,000	605, 00	705, 83	806, 67	907, 50	1008, 33	1210, 00	7260000
10,000	302, 50	352, 92	403, 33	453, 75	504, 17	605, 00	3630000
9,000	272, 25	317, 62	363, 00	408, 37	453, 75	544, 50	3267000
8,000	242, 00	282, 33	322, 67	363, 00	403, 33	484, 00	2904000
7,000	211, 75	247, 04	282, 33	317, 62	352, 92	423, 50	2541000
6,000	181, 50	211, 75	242, 00	272, 25	302, 50	363, 00	2178000
5,000	151, 25	176, 46	201, 67	226. 87	252, 08	302. 50	1815000
4,000	121, 00	141, 17	161, 33	181. 50	201, 67	242, 00	1452000
3,000	90, 75	105, 87	121, 00	136, 12	151, 25	181, 50	1089000
2,000	60, 50	70, 58	80, 67	90, 75	100, 83	121, 00	726000
1,000	30, 25	35, 29	40, 33	45, 37	50, 42	60, 50	363000
900	27, 22	31, 76	36, 30	40, 84	45, 37	54, 45	326700
800	24, 20	28, 23	32, 27	36, 30	40, 33	48. 40	290400
700	21, 17	24, 70	28, 23	31, 76	35, 29	42, 35	254100
600	18, 15	21, 17	24, 20	27, 22	30, 25	36, 30	217800
500	15, 12	17, 65	20, 17	22, 69	25, 21	30. 25	181500
400	12, 10	14, 12	16, 13	18, 15	20, 17	24, 20	145200
300	9, 07	10, 59	12, 10	13, 61	15, 12	18, 15	108900
200	6, 05	7, 06	8, 07	9, 07	10, 08	12, 10	72600
100	3, 02	3, 53	4, 03	4. 54	5, 04	6, 05	36300
90	2, 72	3, 18	3, 63	4, 08	4, 54	5, 44	32670
80	2, 42	2, 82	3, 23	3, 63	4, 03	4, 84	29040
70	2, 12	2, 47	2, 82	3, 18	3, 53	4, 23	25410
60	1, 81	2, 12	2, 42	2, 72	3, 02	3, 63	21780
50	1, 51	1, 76	2, 02	2, 27	2, 52	3, 02	18150
40	1, 21	1, 41	1, 61	1, 81	2, 02	2, 42	14520
30	0, 91	1, 06	1, 21	1, 36	1, 51	1, 81	10890
20	0, 60	0, 71	0, 81	0, 91	1, 01	1, 21	7260
10	0, 30	0, 35	0, 40	0, 45	0, 50	0, 60	3630
9	0, 27	0, 32	0, 36	0, 41	0, 45	0, 54	3267
8	0, 24	0, 28	0, 32	0, 36	0, 40	0, 48	2904
7	0, 21	0, 25	0, 28	0, 32	0, 35	0, 42	2541
6	0, 18	0, 21	0, 24	0, 27	0, 30	0, 36	2178
5	0, 15	0, 18	0, 20	0, 23	0, 25	0, 30	1815
4	0, 12	0, 14	0, 16	0, 18	0, 20	0, 24	1452
3	0, 09	0, 11	0, 12	0, 14	0, 15	0, 18	1089
2	0, 06	0, 07	0, 08	0, 09	0, 10	0, 12	726
1	0. 03	0. 04	0. 04	0, 05	0. 05	0. 06	363

COLONNE DES CAPITAUX	INTÉRÊTS POUR 364 JOURS (ou pour 12 mois et 4 jours.)						NOMBRES PRODUITS des CAPITAUX multipliés par 364 Jours.
	à 3 %	à 3 ½	à 4 %	à 4 ½	à 5 %	à 6 %	
fr.	fr. c.	fr. c.	fr. c.	fr. c.	fr. c.	fr. c.	
50,000	1516, 67	1769, 44	2022, 22	2275, 00	2527, 78	3033, 33	18200000
40,000	1213, 33	1415, 55	1617, 78	1820, 00	2022, 22	2426, 67	14560000
30,000	910, 00	1061, 67	1213, 33	1365, 00	1516, 67	1820, 00	10920000
20,000	606, 67	707, 78	808, 89	910, 00	1011, 11	1213, 33	7280000
10,000	303, 33	353, 89	404, 44	455, 00	505, 56	606, 67	3640000
9,000	273, 00	318, 50	364, 00	409, 50	455, 00	546, 00	3276000
8,000	242, 67	283, 11	323, 56	364, 00	404, 44	485, 33	2912000
7,000	212, 33	247, 72	283, 11	318, 50	353, 89	424, 67	2548000
6,000	182, 00	212, 33	242, 67	273, 00	303, 33	364, 00	2184000
5,000	151, 67	176, 94	202, 22	227, 50	252, 78	303, 33	1820000
4,000	121, 33	141, 56	161, 78	182, 00	202, 22	242, 67	1456000
3,000	91, 00	106, 17	121, 33	136, 50	151, 67	182, 00	1092000
2,000	60, 67	70, 78	80, 89	91, 00	101, 11	121, 33	728000
1,000	30, 33	35, 39	40, 44	45, 50	50, 56	60, 67	364000
900	27, 30	31, 85	36, 40	40, 95	45, 50	54, 60	327600
800	24, 27	28, 31	32, 36	36, 40	40, 44	48, 53	291200
700	21, 23	24, 77	28, 31	31, 85	35, 39	42, 47	254800
600	18, 20	21, 23	24, 27	27, 30	30, 33	36, 40	218400
500	15, 17	17, 69	20, 22	22, 75	25, 28	30, 33	182000
400	12, 13	14, 16	16, 18	18, 20	20, 22	24, 27	145600
300	9, 10	10, 62	12, 13	13, 65	15, 17	18, 20	109200
200	6, 07	7, 08	8, 09	9, 10	10, 11	12, 13	72800
100	3, 03	3, 54	4, 04	4, 55	5, 06	6, 07	36400
90	2, 73	3, 18	3, 64	4, 09	4, 55	5, 46	32760
80	2, 43	2, 83	3, 24	3, 64	4, 04	4, 85	29120
70	2, 12	2, 48	2, 83	3, 18	3, 54	4, 25	25480
60	1, 82	2, 12	2, 43	2, 73	3, 03	3, 64	21840
50	1, 52	1, 77	2, 02	2, 27	2, 53	3, 03	18200
40	1, 21	1, 42	1, 62	1, 82	2, 02	2, 43	14560
30	0, 91	1, 06	1, 21	1, 36	1, 52	1, 82	10920
20	0, 61	0, 71	0, 81	0, 91	1, 01	1, 21	7280
10	0, 30	0, 35	0, 40	0, 45	0, 51	0, 61	3640
9	0, 27	0, 32	0, 36	0, 41	0, 45	0, 55	3276
8	0, 24	0, 28	0, 32	0, 36	0, 40	0, 49	2912
7	0, 21	0, 25	0, 28	0, 32	0, 35	0, 42	2548
6	0, 18	0, 21	0, 24	0, 27	0, 30	0, 36	2184
5	0, 15	0, 18	0, 20	0, 23	0, 25	0, 30	1820
4	0, 12	0, 14	0, 16	0, 18	0, 20	0, 24	1456
3	0, 09	0, 11	0, 12	0, 14	0, 15	0, 18	1092
2	0, 06	0, 07	0, 08	0, 09	0, 10	0, 12	728
1	0, 03	0, 04	0, 04	0, 05	0, 05	0, 06	364

COLONNE DES CAPITAUX	INTÉRETS POUR 365 JOURS (année ordinaire, ou pour 12 mois et 5 jours.)						NOMBRES PRODUITS des CAPITAUX multipliés par 365 Jours.
	à 3 %	à 3 ½	à 4 %	à 4 ½	à 5 %	à 6 %	
fr.	fr. c.	fr. c.	fr. c.	fr. c.	fr. c.	fr. c.	
50,000	1520, 83	1774, 30	2027, 78	2281, 25	2534, 72	3041, 67	18250000
40,000	1216, 67	1419, 45	1622, 22	1825, 00	2027, 78	2433, 33	14600000
30,000	912, 50	1064, 58	1216, 67	1368, 75	1520, 83	1825, 00	10950000
20,000	608, 33	709, 72	811, 11	912, 50	1013, 89	1216, 67	7300000
10,000	304, 17	354, 86	405, 56	456, 25	506, 94	608, 33	3650000
9,000	273, 75	319, 37	365, 00	410, 62	456, 25	547, 50	3285000
8,000	243, 33	283, 89	324, 44	365, 00	405, 56	486, 67	2920000
7,000	212, 92	248, 40	283, 89	319, 37	354, 86	425, 83	2555000
6,000	182, 50	212, 92	243, 33	273, 75	304, 17	365, 00	2190000
5,000	152, 08	177, 43	202, 78	228, 12	253, 47	304, 17	1825000
4,000	121, 67	141, 94	162, 22	182, 50	202, 78	243, 33	1460000
3,000	91, 25	106, 46	121, 67	136, 87	152, 08	182, 50	1095000
2,000	60, 83	70, 97	81, 11	91, 25	101, 39	121, 67	730000
1,000	30, 42	35, 49	40, 56	45, 62	50, 69	60, 83	365000
900	27, 37	31, 94	36, 50	41, 06	45, 62	54, 75	328500
800	24, 33	28, 39	32, 44	36, 50	40, 56	48, 67	292000
700	21, 29	24, 84	28, 39	31, 94	35, 49	42, 58	255500
600	18, 25	21, 29	24, 33	27, 37	30, 42	36, 50	219000
500	15, 21	17, 74	20, 28	22, 81	25, 35	30, 42	182500
400	12, 17	14, 19	16, 22	18, 25	20, 28	24, 33	146000
300	9, 12	10, 65	12, 17	13, 69	15, 21	18, 25	109500
200	6, 08	7, 10	8, 11	9, 12	10, 14	12, 17	73000
100	3, 04	3, 55	4, 06	4, 56	5, 07	6, 08	36500
90	2, 74	3, 19	3, 65	4, 11	4, 56	5, 47	32850
80	2, 43	2, 84	3, 24	3, 65	4, 06	4, 87	29200
70	2, 13	2, 48	2, 84	3, 19	3, 55	4, 26	25550
60	1, 82	2, 13	2, 43	2, 74	3, 04	3, 65	21900
50	1, 52	1, 77	2, 03	2, 28	2, 53	3, 04	18250
40	1, 22	1, 42	1, 62	1, 82	2, 03	2, 43	14600
30	0, 91	1, 06	1, 22	1, 37	1, 52	1, 82	10950
20	0, 61	0, 71	0, 81	0, 91	1, 01	1, 22	7300
10	0, 30	0 35	0, 41	0, 46	0, 51	0, 61	3650
9	0, 27	0, 32	0, 36	0, 41	0, 46	0, 55	3285
8	0, 24	0, 28	0, 32	0, 36	0, 41	0, 49	2920
7	0, 21	0, 25	0, 28	0, 32	0, 35	0, 43	2555
6	0, 18	0, 21	0, 24	0, 27	0, 30	0, 36	2190
5	0, 15	0, 18	0, 20	0, 23	0, 25	0, 30	1825
4	0, 12	0, 14	0, 16	0, 18	0, 20	0, 24	1460
3	0, 09	0, 11	0, 12	0, 14	0, 15	0, 18	1095
2	0, 06	0, 07	0, 08	0, 09	0, 10	0, 12	730
1	0. 03	0. 04	0. 04	0, 05	0, 05	0, 06	365

COLONNE DES CAPITAUX	INTÉRÊTS POUR 366 JOURS (année *bissextile*, ou pour 12 mois et 6 jours.)						NOMBRES PRODUITS des CAPITAUX multipliés par 366 Jours.
	à 3 %	à 3 ½	à 4 %	à 4 ½	à 5 %	à 6 %	
fr.	fr. c.	fr. c.	fr. c.	fr. c.	fr. c.	fr. c.	
50,000	1525, 00	1779, 17	2033, 33	2287, 50	2541, 67	3050, 00	18300000
40,000	1220, 00	1423, 33	1626, 67	1830, 00	2033, 33	2440, 00	14640000
30,000	915, 00	1067, 50	1220, 00	1372, 50	1525, 00	1830, 00	10980000
20,000	610, 00	711, 67	813, 33	915, 00	1016, 67	1220, 00	7320000
10,000	305, 00	355, 83	406, 67	457, 50	508, 33	610, 00	3660000
9,000	274, 50	320, 25	366, 00	411, 75	457, 50	549, 00	3294000
8,000	244, 00	284, 67	325, 33	366, 00	406, 67	488, 00	2928000
7,000	213, 50	249, 08	284, 67	320, 25	355, 83	427, 00	2562000
6,000	183, 00	213, 50	244, 00	274, 50	305, 00	366, 00	2196000
5,000	152, 50	177, 92	203, 33	228, 75	254, 17	305, 00	1830000
4,000	122, 00	142, 33	162, 67	183, 00	203, 33	244, 00	1464000
3,000	91, 50	106, 75	122, 00	137, 25	152, 50	183, 00	1098000
2,000	61, 00	71, 17	81, 33	91, 50	101, 67	122, 00	732000
1,000	30, 50	35, 58	40, 67	45, 75	50, 83	61, 00	366000
900	27, 45	32, 02	36, 60	41, 17	45, 75	54, 90	329400
800	24, 40	28, 47	32, 53	36, 60	40, 67	48, 80	292800
700	21, 35	24, 91	28, 47	32, 02	35, 58	42, 70	256200
600	18, 30	21, 35	24, 40	27, 45	30, 50	36, 60	219600
500	15, 25	17, 79	20, 33	22, 87	25, 42	30, 50	183000
400	12, 20	14, 23	16, 27	18, 30	20, 33	24, 40	146400
300	9, 15	10, 67	12, 20	13, 72	15, 25	18, 30	109800
200	6, 10	7, 12	8, 13	9, 15	10, 17	12, 20	73200
100	3, 05	3, 56	4, 07	4, 57	5, 08	6, 10	36600
90	2, 74	3, 20	3, 66	4, 12	4, 57	5, 49	32940
80	2, 44	2, 85	3, 25	3, 66	4, 07	4, 88	29280
70	2, 13	2, 49	2, 85	3, 20	3, 56	4, 27	25620
60	1, 83	2, 13	2, 44	2, 74	3, 05	3, 66	21960
50	1, 52	1, 78	2, 03	2, 29	2, 54	3, 05	18300
40	1, 22	1, 42	1, 63	1, 83	2, 03	2, 44	14640
30	0, 91	1, 07	1, 22	1, 37	1, 52	1, 83	10980
20	0, 61	0, 71	0, 81	0, 91	1, 02	1, 22	7320
10	0, 30	0, 36	0, 41	0, 46	0, 51	0, 61	3660
9	0, 27	0, 32	0, 37	0, 41	0, 46	0, 55	3294
8	0, 24	0, 28	0, 33	0, 37	0, 41	0, 49	2928
7	0, 21	0, 25	0, 28	0, 32	0, 36	0, 43	2562
6	0, 18	0, 21	0, 24	0, 27	0, 30	0, 37	2196
5	0, 15	0, 18	0, 20	0, 23	0, 25	0, 30	1830
4	0, 12	0, 14	0, 16	0, 18	0, 20	0, 24	1464
3	0, 09	0, 11	0, 12	0, 14	0, 15	0, 18	1098
2	0, 06	0, 07	0, 08	0, 09	0, 10	0, 12	732
1	0, 03	0, 04	0, 04	0, 05	0, 05	0, 06	366

CALENDRIER

DE

L'ESCOMPTEUR,

POUR CONNAITRE SANS CALCUL

LE NOMBRE DE JOURS ENTRE DEUX ÉPOQUES.

AVERTISSEMENT.

La disposition et la simplicité des tableaux qui composent ce calendrier devraient nous dispenser de donner une explication pour en faire usage ; cependant deux exemples suffiront pour les personnes qui auraient la moindre difficulté à trouver le nombre de jours qu'il y a depuis une époque quelconque de l'année jusqu'aux autres époques dans la période de 365 jours.

EXPLICATION.

Ce calendrier est composé de 365 tableaux qui commencent au 1er janvier, et se suivent jusqu'au 31 décembre ; ils sont formés de 14 colonnes verticales. Les chiffres de la première à gauche, et de la dernière colonne à droite, désignent les dates ou quantièmes du mois 1 à 31 : en haut de ces tableaux est une ligne horizontale où sont les noms de tous les mois de janvier, février, mars, avril, etc. , à décembre, ayant chacun leur colonne, dans lesquelles se trouvent indiqués les nombres de jours, depuis la date du mois qui est en tête du tableau, à toutes les autres époques, dans le cours d'une année.

EXEMPLE.

Soit demandé : combien y a-t-il de jours du 25 mai au 27 août suivant? Vous cherchez le tableau du 25 mai ; regardez la dernière colonne, à droite, où sont les dates du mois ; descendez au quantième 27, et en suivant sur cette ligne horizontalement à votre gauche, jusqu'à la colonne du mois d'août, vous y voyez 94 ; c'est le nombre de jours qu'il y a du 25 mai au 27 août suivant.

Ainsi, par le tableau du 25 mai vous trouverez à l'instant le nombre de jours qu'il y a, de cette date aux autres époques, dans le courant d'une année.

Soit du 25 mai au	3 septembre,	réponse.	101	jours.
—	— au 7 octobre,	—	135	jours.
—	— au 16 novembre,	—	175	jours.
—	— au 11 février,	—	262	jours.
—	— au 14 mars,	—	293	jours.
—	— au 16 avril,	—	326	jours.

On voit que, pour trouver promptement les trois der-
nières époques, il convient mieux de regarder dans la pre-
mière colonne des dates, à gauche, les quantièmes 11, 14, 16,
et en suivant sur ces lignes, horizontalement à votre droite,
vous trouverez, dans les colonnes des mois de février, mars
et avril, 262, 293 et 326 qui sont les nombres de jours de-
mandés.

La méthode à suivre est la même pour chaque tableau.

Il faut partir de leur date, qui est en tête, aller au quan-
tième de l'époque demandée, et sur cette ligne, dans la co-
lonne du mois correspondant, se trouve le nombre de jours
en réponse à la question.

Nous avons suivi l'ordre du calendrier pour *aller* d'une
date aux autres époques. Néanmoins on peut connaître le
nombre de jours écoulés, depuis plusieurs dates en rétro-
gradant à une époque déterminée

soit depuis le 3 septembre au 25 mai, réponse 264 jours.
— le 7 octobre au id. — 230 —
— le 16 novembre au id. — 190 —

On aura le même résultat, mais alors il faudra changer de ta-
bleau à chacune de ces questions pour les résoudre, tandis
qu'avec le même tableau, en *allant* de sa date aux autres
époques, vous répondrez de suite à 365 questions.

Ces tableaux servent encore à faire connaître les époques
après un nombre de jours donné.

Soit proposé de savoir à quelles époques sera-t-on du 27
mars à 60 jours, à 100 jours, à 210? Cherchez dans le ta-
bleau du 27 mars les nombres 60, 100, 210, vous les verrez
dans les colonnes des 26 mai, 5 juillet et 23 octobre suivants.
C'est la réponse à ces questions.

Nota. Dans une année bissextile, *et en cas seulement où
le vingt-neuvième jour du mois de février ferait partie de
l'époque demandée*, on ajoutera un jour au nombre indiqué
dans le tableau.

Dates	Janv.	Févr.	Mars	Avril	Mai	Juin	Juill.	Août	Sept.	Oct.	Nov.	Déc.	Dates
1	364	30	58	89	119	150	180	211	242	272	303	333	1
2	365	31	59	90	120	151	181	212	243	273	304	334	2
3	1	32	60	91	121	152	182	213	244	274	305	335	3
4	2	33	61	92	122	153	183	214	245	275	306	336	4
5	3	34	62	93	123	154	184	215	246	276	307	337	5
6	4	35	63	94	124	155	185	216	247	277	308	338	6
7	5	36	64	95	125	156	186	217	248	278	309	339	7
8	6	37	65	96	126	157	187	218	249	279	310	340	8
9	7	38	66	97	127	158	188	219	250	280	311	341	9
10	8	39	67	98	128	159	189	220	251	281	312	342	10
11	9	40	68	99	129	160	190	221	252	282	313	343	11
12	10	41	69	100	130	161	191	222	253	283	314	344	12
13	11	42	70	101	131	162	192	223	254	284	315	345	13
14	12	43	71	102	132	163	193	224	255	285	316	346	14
15	13	44	72	103	133	164	194	225	256	286	317	347	15
16	14	45	73	104	134	165	195	226	257	287	318	348	16
17	15	46	74	105	135	166	196	227	258	288	319	349	17
18	16	47	75	106	136	167	197	228	259	289	320	350	18
19	17	48	76	107	137	168	198	229	260	290	321	351	19
20	18	49	77	108	138	169	199	230	261	291	322	352	20
21	19	50	78	109	139	170	200	231	262	292	323	353	21
22	20	51	79	110	140	171	201	232	263	293	324	354	22
23	21	52	80	111	141	172	202	233	264	294	325	355	23
24	22	53	81	112	142	173	203	234	265	295	326	356	24
25	23	54	82	113	143	174	204	235	266	296	327	357	25
26	24	55	83	114	144	175	205	236	267	297	328	358	26
27	25	56	84	115	145	176	206	237	268	298	329	359	27
28	26	57	85	116	146	177	207	238	269	299	330	360	28
29	27		86	117	147	178	208	239	270	300	331	361	29
30	28		87	118	148	179	209	240	271	301	332	362	30
31	29		88		149		210	241		302		363	31

Dates	Janv.	Févr.	Mars	Avril	Mai	Juin	Juill.	Août	Sept.	Oct.	Nov.	Déc.	Dates
1	365	31	59	90	120	151	181	212	243	273	304	334	1
2	1	32	60	91	121	152	182	213	244	274	305	335	2
3	2	33	61	92	122	153	183	214	245	275	306	336	3
4	3	34	62	93	123	154	184	215	246	276	307	337	4
5	4	35	63	94	124	155	185	216	247	277	308	338	5
6	5	36	64	95	125	156	186	217	248	278	309	339	6
7	6	37	65	96	126	157	187	218	249	279	310	340	7
8	7	38	66	97	127	158	188	219	250	280	311	341	8
9	8	39	67	98	128	159	189	220	251	281	312	342	9
10	9	40	68	99	129	160	190	221	252	282	313	343	10
11	10	41	69	100	130	161	191	222	253	283	314	344	11
12	11	42	70	101	131	162	192	223	254	284	315	345	12
13	12	43	71	102	132	163	193	224	255	285	316	346	13
14	13	44	72	103	133	164	194	225	256	286	317	347	14
15	14	45	73	104	134	165	195	226	257	287	318	348	15
16	15	46	74	105	135	166	196	227	258	288	319	349	16
17	16	47	75	106	136	167	197	228	259	289	320	350	17
18	17	48	76	107	137	168	198	229	260	290	321	351	18
19	18	49	77	108	138	169	199	230	261	291	322	352	19
20	19	50	78	109	139	170	200	231	262	292	323	353	20
21	20	51	79	110	140	171	201	232	263	293	324	354	21
22	21	52	80	111	141	172	202	233	264	294	325	355	22
23	22	53	81	112	142	173	203	234	265	295	326	356	23
24	23	54	82	113	143	174	204	235	266	296	327	357	24
25	24	55	83	114	144	175	205	236	267	297	328	358	25
26	25	56	84	115	145	176	206	237	268	298	329	359	26
27	26	57	85	116	146	177	207	238	269	299	330	360	27
28	27	58	86	117	147	178	208	239	270	300	331	361	28
29	28		87	118	148	179	209	240	271	301	332	362	29
30	29		88	119	149	180	210	241	272	302	333	363	30
31	30		89		150		211	242		303		364	31

Jours qu'il y a du 4 JANVIER à une date de chaque mois.

Dates	Janv.	Févr.	Mars	Avril	Mai	Juin	Juill.	Août	Sept.	Oct.	Nov.	Déc.	Dates
1	362	28	56	87	117	148	178	209	240	270	301	331	1
2	363	29	57	88	118	149	179	210	241	271	302	332	2
3	364	30	58	89	119	150	180	211	242	272	303	333	3
4	365	31	59	90	120	151	181	212	243	273	304	334	4
5	1	32	60	91	121	152	182	213	244	274	305	335	5
6	2	33	61	92	122	153	183	214	245	275	306	336	6
7	3	34	62	93	123	154	184	215	246	276	307	337	7
8	4	35	63	94	124	155	185	216	247	277	308	338	8
9	5	36	64	95	125	156	186	217	248	278	309	339	9
10	6	37	65	96	126	157	187	218	249	279	310	340	10
11	7	38	66	97	127	158	188	219	250	280	311	341	11
12	8	39	67	98	128	159	189	220	251	281	312	342	12
13	9	40	68	99	129	160	190	221	252	282	313	343	13
14	10	41	69	100	130	161	191	222	253	283	314	344	14
15	11	42	70	101	131	162	192	223	254	284	315	345	15
16	12	43	71	102	132	163	193	224	255	285	316	346	16
17	13	44	72	103	133	164	194	225	256	286	317	347	17
18	14	45	73	104	134	165	195	226	257	287	318	348	18
19	15	46	74	105	135	166	196	227	258	288	319	349	19
20	16	47	75	106	136	167	197	228	259	289	320	350	20
21	17	48	76	107	137	168	198	229	260	290	321	351	21
22	18	49	77	108	138	169	199	230	261	291	322	352	22
23	19	50	78	109	139	170	200	231	262	292	323	353	23
24	20	51	79	110	140	171	201	232	263	293	324	354	24
25	21	52	80	111	141	172	202	233	264	294	325	355	25
26	22	53	81	112	142	173	203	234	265	295	326	356	26
27	23	54	82	113	143	174	204	235	266	296	327	357	27
28	24	55	83	114	144	175	205	236	267	297	328	358	28
29	25		84	115	145	176	206	237	268	298	329	359	29
30	26		85	116	146	177	207	238	269	299	330	360	30
31	27		86		147		208	239		300		361	31

Jours qu'il y a du 3 JANVIER à une date de chaque mois.

Dates	Janv.	Févr.	Mars	Avril	Mai	Juin	Juill.	Août	Sept.	Oct.	Nov.	Déc.	Dates
1	363	29	57	88	118	149	179	210	241	271	302	332	1
2	364	30	58	89	119	150	180	211	242	272	303	333	2
3	365	31	59	90	120	151	181	212	243	273	304	334	3
4	1	32	60	91	121	152	182	213	244	274	305	335	4
5	2	33	61	92	122	153	183	214	245	275	306	336	5
6	3	34	62	93	123	154	184	215	246	276	307	337	6
7	4	35	63	94	124	155	185	216	247	277	308	338	7
8	5	36	64	95	125	156	186	217	248	278	309	339	8
9	6	37	65	96	126	157	187	218	249	279	310	340	9
10	7	38	66	97	127	158	188	219	250	280	311	341	10
11	8	39	67	98	128	159	189	220	251	281	312	342	11
12	9	40	68	99	129	160	190	221	252	282	313	343	12
13	10	41	69	100	130	161	191	222	253	283	314	344	13
14	11	42	70	101	131	162	192	223	254	284	315	345	14
15	12	43	71	102	132	163	193	224	255	285	316	346	15
16	13	44	72	103	133	164	194	225	256	286	317	347	16
17	14	45	73	104	134	165	195	226	257	287	318	348	17
18	15	46	74	105	135	166	196	227	258	288	319	349	18
19	16	47	75	106	136	167	197	228	259	289	320	350	19
20	17	48	76	107	137	168	198	229	260	290	321	351	20
21	18	49	77	108	138	169	199	230	261	291	322	352	21
22	19	50	78	109	139	170	200	231	262	292	323	353	22
23	20	51	79	110	140	171	201	232	263	293	324	354	23
24	21	52	80	111	141	172	202	233	264	294	325	355	24
25	22	53	81	112	142	173	203	234	265	295	326	356	25
26	23	54	82	113	143	174	204	235	266	296	327	357	26
27	24	55	83	114	144	175	205	236	267	297	328	358	27
28	25	56	84	115	145	176	206	237	268	298	329	359	28
29	26		85	116	146	177	207	238	269	299	330	360	29
30	27		86	117	147	178	208	239	270	300	331	361	30
31	28		87		148		209	240		301		362	31

Dates	Janv.	Févr.	Mars	Avril	Mai	Juin	Juill.	Août	Sept.	Oct.	Nov.	Déc.	Dates
1	360	26	54	85	115	146	176	207	238	268	299	329	1
2	361	27	55	86	116	147	177	208	239	269	300	330	2
3	362	28	56	87	117	148	178	209	240	270	301	331	3
4	363	29	57	88	118	149	179	210	241	271	302	332	4
5	364	30	58	89	119	150	180	211	242	272	303	333	5
6	365	31	59	90	120	151	181	212	243	273	304	334	6
7	1	32	60	91	121	152	182	213	244	274	305	335	7
8	2	33	61	92	122	153	183	214	245	275	306	336	8
9	3	34	62	93	123	154	184	215	246	276	307	337	9
10	4	35	63	94	124	155	185	216	247	277	308	338	10
11	5	36	64	95	125	156	186	217	248	278	309	339	11
12	6	37	65	96	126	157	187	218	249	279	310	340	12
13	7	38	66	97	127	158	188	219	250	280	311	341	13
14	8	39	67	98	128	159	189	220	251	281	312	342	14
15	9	40	68	99	129	160	190	221	252	282	313	343	15
16	10	41	69	100	130	161	191	222	253	283	314	344	16
17	11	42	70	101	131	162	192	223	254	284	315	345	17
18	12	43	71	102	132	163	193	224	255	285	316	346	18
19	13	44	72	103	133	164	194	225	256	286	317	347	19
20	14	45	73	104	134	165	195	226	257	287	318	348	20
21	15	46	74	105	135	166	196	227	258	288	319	349	21
22	16	47	75	106	136	167	197	228	259	289	320	350	22
23	17	48	76	107	137	168	198	229	260	290	321	351	23
24	18	49	77	108	138	169	199	230	261	291	322	352	24
25	19	50	78	109	139	170	200	231	262	292	323	353	25
26	20	51	79	110	140	171	201	232	263	293	324	354	26
27	21	52	80	111	141	172	202	233	264	294	325	355	27
28	22	53	81	112	142	173	203	234	265	295	326	356	28
29	23		82	113	143	174	204	235	266	296	327	357	29
30	24		83	114	144	175	205	236	267	297	328	358	30
31	25		84		145		206	237		298		359	31

Dates	Janv.	Févr.	Mars	Avril	Mai	Juin	Juill.	Août	Sept.	Oct.	Nov.	Déc.	Dates
1	361	27	55	86	116	147	177	208	239	269	300	330	1
2	362	28	56	87	117	148	178	209	240	270	301	331	2
3	363	29	57	88	118	149	179	210	241	271	302	332	3
4	364	30	58	89	119	150	180	211	242	272	303	333	4
5	365	31	59	90	120	151	181	212	243	273	304	334	5
6	1	32	60	91	121	152	182	213	244	274	305	335	6
7	2	33	61	92	122	153	183	214	245	275	306	336	7
8	3	34	62	93	123	154	184	215	246	276	307	337	8
9	4	35	63	94	124	155	185	216	247	277	308	338	9
10	5	36	64	95	125	156	186	217	248	278	309	339	10
11	6	37	65	96	126	157	187	218	249	279	310	340	11
12	7	38	66	97	127	158	188	219	250	280	311	341	12
13	8	39	67	98	128	159	189	220	251	281	312	342	13
14	9	40	68	99	129	160	190	221	252	282	313	343	14
15	10	41	69	100	130	161	191	222	253	283	314	344	15
16	11	42	70	101	131	162	192	223	254	284	315	345	16
17	12	43	71	102	132	163	193	224	255	285	316	346	17
18	13	44	72	103	133	164	194	225	256	286	317	347	18
19	14	45	73	104	134	165	195	226	257	287	318	348	19
20	15	46	74	105	135	166	196	227	258	288	319	349	20
21	16	47	75	106	136	167	197	228	259	289	320	350	21
22	17	48	76	107	137	168	198	229	260	290	321	351	22
23	18	49	77	108	138	169	199	230	261	291	322	352	23
24	19	50	78	109	139	170	200	231	262	292	323	353	24
25	20	51	79	110	140	171	201	232	263	293	324	354	25
26	21	52	80	111	141	172	202	233	264	294	325	355	26
27	22	53	81	112	142	173	203	234	265	295	326	356	27
28	23	54	82	113	143	174	204	235	266	296	327	357	28
29	24		83	114	144	175	205	236	267	297	328	358	29
30	25		84	115	145	176	206	237	268	298	329	359	30
31	26		85		146		207	238		299		360	31

Jours qu'il y a du 8 JANVIER à une date de chaque mois.

Dates	Janv.	Févr.	Mars	Avril	Mai	Juin	Juill.	Août	Sept.	Oct.	Nov.	Déc.	Dates
1	358	24	52	83	113	144	174	205	236	266	297	327	1
2	359	25	53	84	114	145	175	206	237	267	298	328	2
3	360	26	54	85	115	146	176	207	238	268	299	329	3
4	361	27	55	86	116	147	177	208	239	269	300	330	4
5	362	28	56	87	117	148	178	209	240	270	301	331	5
6	363	29	57	88	118	149	179	210	241	271	302	332	6
7	364	30	58	89	119	150	180	211	242	272	303	333	7
8	365	31	59	90	120	151	181	212	243	273	304	334	8
9	1	32	60	91	121	152	182	213	244	274	305	335	9
10	2	33	61	92	122	153	183	214	245	275	306	336	10
11	3	34	62	93	123	154	184	215	246	276	307	337	11
12	4	35	63	94	124	155	185	216	247	277	308	338	12
13	5	36	64	95	125	156	186	217	248	278	309	339	13
14	6	37	65	96	126	157	187	218	249	279	310	340	14
15	7	38	66	97	127	158	188	219	250	280	311	341	15
16	8	39	67	98	128	159	189	220	251	281	312	342	16
17	9	40	68	99	129	160	190	221	252	282	313	343	17
18	10	41	69	100	130	161	191	222	253	283	314	344	18
19	11	42	70	101	131	162	192	223	254	284	315	345	19
20	12	43	71	102	132	163	193	224	255	285	316	346	20
21	13	44	72	103	133	164	194	225	256	286	317	347	21
22	14	45	73	104	134	165	195	226	257	287	318	348	22
23	15	46	74	105	135	166	196	227	258	288	319	349	23
24	16	47	75	106	136	167	197	228	259	289	320	350	24
25	17	48	76	107	137	168	198	229	260	290	321	351	25
26	18	49	77	108	138	169	199	230	261	291	322	352	26
27	19	50	78	109	139	170	200	231	262	292	323	353	27
28	20	51	79	110	140	171	201	232	263	293	324	354	28
29	21		80	111	141	172	202	233	264	294	325	355	29
30	22		81	112	142	173	203	234	265	295	326	356	30
31	23		82		143		204	235		296		357	31

Jours qu'il y a du 7 JANVIER à une date de chaque mois.

Dates	Janv.	Févr.	Mars	Avril	Mai	Juin	Juill.	Août	Sept.	Oct.	Nov.	Déc.	Dates
1	359	25	53	84	114	145	175	206	237	267	298	328	1
2	360	26	54	85	115	146	176	207	238	268	299	329	2
3	361	27	55	86	116	147	177	208	239	269	300	330	3
4	362	28	56	87	117	148	178	209	240	270	301	331	4
5	363	29	57	88	118	149	179	210	241	271	302	332	5
6	364	30	58	89	119	150	180	211	242	272	303	333	6
7	365	31	59	90	120	151	181	212	243	273	304	334	7
8	1	32	60	91	121	152	182	213	244	274	305	335	8
9	2	33	61	92	122	153	183	214	245	275	306	336	9
10	3	34	62	93	123	154	184	215	246	276	307	337	10
11	4	35	63	94	124	155	185	216	247	277	308	338	11
12	5	36	64	95	125	156	186	217	248	278	309	339	12
13	6	37	65	96	126	157	187	218	249	279	310	340	13
14	7	38	66	97	127	158	188	219	250	280	311	341	14
15	8	39	67	98	128	159	189	220	251	281	312	342	15
16	9	40	68	99	129	160	190	221	252	282	313	343	16
17	10	41	69	100	130	161	191	222	253	283	314	344	17
18	11	42	70	101	131	162	192	223	254	284	315	345	18
19	12	43	71	102	132	163	193	224	255	285	316	346	19
20	13	44	72	103	133	164	194	225	256	286	317	347	20
21	14	45	73	104	134	165	195	226	257	287	318	348	21
22	15	46	74	105	135	166	196	227	258	288	319	349	22
23	16	47	75	106	136	167	197	228	259	289	320	350	23
24	17	48	76	107	137	168	198	229	260	290	321	351	24
25	18	49	77	108	138	169	199	230	261	291	322	352	25
26	19	50	78	109	139	170	200	231	262	292	323	353	26
27	20	51	79	110	140	171	201	232	263	293	324	354	27
28	21	52	80	111	141	172	202	233	264	294	325	355	28
29	22		81	112	142	173	203	234	265	295	326	356	29
30	23		82	113	143	174	204	235	266	296	327	357	30
31	24		83		144		205	236		297		358	31

Jours qu'il y a du 9 JANVIER à une date de chaque mois.

Dates	Janv.	Févr.	Mars	Avril	Mai	Juin	Juill.	Août	Sept.	Oct.	Nov.	Déc.	Dates
1	357	23	51	82	112	143	173	204	235	265	296	326	1
2	358	24	52	83	113	144	174	205	236	266	297	327	2
3	359	25	53	84	114	145	175	206	237	267	298	328	3
4	360	26	54	85	115	146	176	207	238	268	299	329	4
5	361	27	55	86	116	147	177	208	239	269	300	330	5
6	362	28	56	87	117	148	178	209	240	270	301	331	6
7	363	29	57	88	118	149	179	210	241	271	302	332	7
8	364	30	58	89	119	150	180	211	242	272	303	333	8
9	365	31	59	90	120	151	181	212	243	273	304	334	9
10	1	32	60	91	121	152	182	213	244	274	305	335	10
11	2	33	61	92	122	153	183	214	245	275	306	336	11
12	3	34	62	93	123	154	184	215	246	276	307	337	12
13	4	35	63	94	124	155	185	216	247	277	308	338	13
14	5	36	64	95	125	156	186	217	248	278	309	339	14
15	6	37	65	96	126	157	187	218	249	279	310	340	15
16	7	38	66	97	127	158	188	219	250	280	311	341	16
17	8	39	67	98	128	159	189	220	251	281	312	342	17
18	9	40	68	99	129	160	190	221	252	282	313	343	18
19	10	41	69	100	130	161	191	222	253	283	314	344	19
20	11	42	70	101	131	162	192	223	254	284	315	345	20
21	12	43	71	102	132	163	193	224	255	285	316	346	21
22	13	44	72	103	133	164	194	225	256	286	317	347	22
23	14	45	73	104	134	165	195	226	257	287	318	348	23
24	15	46	74	105	135	166	196	227	258	288	319	349	24
25	16	47	75	106	136	167	197	228	259	289	320	350	25
26	17	48	76	107	137	168	198	229	260	290	321	351	26
27	18	49	77	108	138	169	199	230	261	291	322	352	27
28	19	50	78	109	139	170	200	231	262	292	323	353	28
29	20		79	110	140	171	201	232	263	293	324	354	29
30	21		80	111	141	172	202	233	264	294	325	355	30
31	22		81		142		203	234		295		356	31

Jours qu'il y a du 10 JANVIER à une date de chaque mois.

Dates	Janv.	Févr.	Mars	Avril	Mai	Juin	Juill.	Août	Sept.	Oct.	Nov.	Déc.	Dates
1	356	22	50	81	111	142	172	203	234	264	295	325	1
2	357	23	51	82	112	143	173	204	235	265	296	326	2
3	358	24	52	83	113	144	174	205	236	266	297	327	3
4	359	25	53	84	114	145	175	206	237	267	298	328	4
5	360	26	54	85	115	146	176	207	238	268	299	329	5
6	361	27	55	86	116	147	177	208	239	269	300	330	6
7	362	28	56	87	117	148	178	209	240	270	301	331	7
8	363	29	57	88	118	149	179	210	241	271	302	332	8
9	364	30	58	89	119	150	180	211	242	272	303	333	9
10	365	31	59	90	120	151	181	212	243	273	304	334	10
11	1	32	60	91	121	152	182	213	244	274	305	335	11
12	2	33	61	92	122	153	183	214	245	275	306	336	12
13	3	34	62	93	123	154	184	215	246	276	307	337	13
14	4	35	63	94	124	155	185	216	247	277	308	338	14
15	5	36	64	95	125	156	186	217	248	278	309	339	15
16	6	37	65	96	126	157	187	218	249	279	310	340	16
17	7	38	66	97	127	158	188	219	250	280	311	341	17
18	8	39	67	98	128	159	189	220	251	281	312	342	18
19	9	40	68	99	129	160	190	221	252	282	313	343	19
20	10	41	69	100	130	161	191	222	253	283	314	344	20
21	11	42	70	101	131	162	192	223	254	284	315	345	21
22	12	43	71	102	132	163	193	224	255	285	316	346	22
23	13	44	72	103	133	164	194	225	256	286	317	347	23
24	14	45	73	104	134	165	195	226	257	287	318	348	24
25	15	46	74	105	135	166	196	227	258	288	319	349	25
26	16	47	75	106	136	167	197	228	259	289	320	350	26
27	17	48	76	107	137	168	198	229	260	290	321	351	27
28	18	49	77	108	138	169	199	230	261	291	322	352	28
29	19		78	109	139	170	200	231	262	292	323	353	29
30	20		79	110	140	171	201	232	263	293	324	354	30
31	21		80		141		202	233		294		355	31

Jours qu'il y a du 12 JANVIER à une date de chaque mois.

Dates	Janv.	Févr.	Mars	Avril	Mai	Juin	Juill.	Août	Sept.	Oct.	Nov.	Déc.	Dates
1	354	20	48	79	109	140	170	201	232	262	293	323	1
2	355	21	49	80	110	141	171	202	233	263	294	324	2
3	356	22	50	81	111	142	172	203	234	264	295	325	3
4	357	23	51	82	112	143	173	204	235	265	296	326	4
5	358	24	52	83	113	144	174	205	236	266	297	327	5
6	359	25	53	84	114	145	175	206	237	267	298	328	6
7	360	26	54	85	115	146	176	207	238	268	299	329	7
8	361	27	55	86	116	147	177	208	239	269	300	330	8
9	362	28	56	87	117	148	178	209	240	270	301	331	9
10	363	29	57	88	118	149	179	210	241	271	302	332	10
11	364	30	58	89	119	150	180	211	242	272	303	333	11
12	365	31	59	90	120	151	181	212	243	273	304	334	12
13	1	32	60	91	121	152	182	213	244	274	305	335	13
14	2	33	61	92	122	153	183	214	245	275	306	336	14
15	3	34	62	93	123	154	184	215	246	276	307	337	15
16	4	35	63	94	124	155	185	216	247	277	308	338	16
17	5	36	64	95	125	156	186	217	248	278	309	339	17
18	6	37	65	96	126	157	187	218	249	279	310	340	18
19	7	38	66	97	127	158	188	219	250	280	311	341	19
20	8	39	67	98	128	159	189	220	251	281	312	342	20
21	9	40	68	99	129	160	190	221	252	282	313	343	21
22	10	41	69	100	130	161	191	222	253	283	314	344	22
23	11	42	70	101	131	162	192	223	254	284	315	345	23
24	12	43	71	102	132	163	193	224	255	285	316	346	24
25	13	44	72	103	133	164	194	225	256	286	317	347	25
26	14	45	73	104	134	165	195	226	257	287	318	348	26
27	15	46	74	105	135	166	196	227	258	288	319	349	27
28	16	47	75	106	136	167	197	228	259	289	320	350	28
29	17		76	107	137	168	198	229	260	290	321	351	29
30	18		77	108	138	169	199	230	261	291	322	352	30
31	19		78		139		200	231		292		353	31

Jours qu'il y a du 11 JANVIER à une date de chaque mois.

Dates	Janv.	Févr.	Mars	Avril	Mai	Juin	Juill.	Août	Sept.	Oct.	Nov.	Déc.	Dates
1	355	21	49	80	110	141	171	202	233	263	294	324	1
2	356	22	50	81	111	142	172	203	234	264	295	325	2
3	357	23	51	82	112	143	173	204	235	265	296	326	3
4	358	24	52	83	113	144	174	205	236	266	297	327	4
5	359	25	53	84	114	145	175	206	237	267	298	328	5
6	360	26	54	85	115	146	176	207	238	268	299	329	6
7	361	27	55	86	116	147	177	208	239	269	300	330	7
8	362	28	56	87	117	148	178	209	240	270	301	331	8
9	363	29	57	88	118	149	179	210	241	271	302	332	9
10	364	30	58	89	119	150	180	211	242	272	303	333	10
11	365	31	59	90	120	151	181	212	243	273	304	334	11
12	1	32	60	91	121	152	182	213	244	274	305	335	12
13	2	33	61	92	122	153	183	214	245	275	306	336	13
14	3	34	62	93	123	154	184	215	246	276	307	337	14
15	4	35	63	94	124	155	185	216	247	277	308	338	15
16	5	36	64	95	125	156	186	217	248	278	309	339	16
17	6	37	65	96	126	157	187	218	249	279	310	340	17
18	7	38	66	97	127	158	188	219	250	280	311	341	18
19	8	39	67	98	128	159	189	220	251	281	312	342	19
20	9	40	68	99	129	160	190	221	252	282	313	343	20
21	10	41	69	100	130	161	191	222	253	283	314	344	21
22	11	42	70	101	131	162	192	223	254	284	315	345	22
23	12	43	71	102	132	163	193	224	255	285	316	346	23
24	13	44	72	103	133	164	194	225	256	286	317	347	24
25	14	45	73	104	134	165	195	226	257	287	318	348	25
26	15	46	74	105	135	166	196	227	258	288	319	349	26
27	16	47	75	106	136	167	197	228	259	289	320	350	27
28	17	48	76	107	137	168	198	229	260	290	321	351	28
29	18		77	108	138	169	199	230	261	291	322	352	29
30	19		78	109	139	170	200	231	262	292	323	353	30
31	20		79		140		201	232		293		354	31

Jours qu'il y a du 14 JANVIER à une date de chaque mois.

Dates	Janv.	Févr.	Mars	Avril	Mai	Juin	Juill.	Août	Sept.	Oct.	Nov.	Déc.	Dates
1	352	18	46	77	107	138	168	199	230	260	291	321	1
2	353	19	47	78	108	139	169	200	231	261	292	322	2
3	354	20	48	79	109	140	170	201	232	262	293	323	3
4	355	21	49	80	110	141	171	202	233	263	294	324	4
5	356	22	50	81	111	142	172	203	234	264	295	325	5
6	357	23	51	82	112	143	173	204	235	265	296	326	6
7	358	24	52	83	113	144	174	205	236	266	297	327	7
8	359	25	53	84	114	145	175	206	237	267	298	328	8
9	360	26	54	85	115	146	176	207	238	268	299	329	9
10	361	27	55	86	116	147	177	208	239	269	300	330	10
11	362	28	56	87	117	148	178	209	240	270	301	331	11
12	363	29	57	88	118	149	179	210	241	271	302	332	12
13	364	30	58	89	119	150	180	211	242	272	303	333	13
14	365	31	59	90	120	151	181	212	243	273	304	334	14
15	1	32	60	91	121	152	182	213	244	274	305	335	15
16	2	33	61	92	122	153	183	214	245	275	306	336	16
17	3	34	62	93	123	154	184	215	246	276	307	337	17
18	4	35	63	94	124	155	185	216	247	277	308	338	18
19	5	36	64	95	125	156	186	217	248	278	309	339	19
20	6	37	65	96	126	157	187	218	249	279	310	340	20
21	7	38	66	97	127	158	188	219	250	280	311	341	21
22	8	39	67	98	128	159	189	220	251	281	312	342	22
23	9	40	68	99	129	160	190	221	252	282	313	343	23
24	10	41	69	100	130	161	191	222	253	283	314	344	24
25	11	42	70	101	131	162	192	223	254	284	315	345	25
26	12	43	71	102	132	163	193	224	255	285	316	346	26
27	13	44	72	103	133	164	194	225	256	286	317	347	27
28	14	45	73	104	134	165	195	226	257	287	318	348	28
29	15		74	105	135	166	196	227	258	288	319	349	29
30	16		75	106	136	167	197	228	259	289	320	350	30
31	17		76		137		198	229		290		351	31

Jours qu'il y a du 13 JANVIER à une date de chaque mois.

Dates	Janv.	Févr.	Mars	Avril	Mai	Juin	Juill.	Août	Sept.	Oct.	Nov.	Déc.	Dates
1	353	19	47	78	108	139	169	200	231	261	292	322	1
2	354	20	48	79	109	140	170	201	232	262	293	323	2
3	355	21	49	80	110	141	171	202	233	263	294	324	3
4	356	22	50	81	111	142	172	203	234	264	295	325	4
5	357	23	51	82	112	143	173	204	235	265	296	326	5
6	358	24	52	83	113	144	174	205	236	266	297	327	6
7	359	25	53	84	114	145	175	206	237	267	298	328	7
8	360	26	54	85	115	146	176	207	238	268	299	329	8
9	361	27	55	86	116	147	177	208	239	269	300	330	9
10	362	28	56	87	117	148	178	209	240	270	301	331	10
11	363	29	57	88	118	149	179	210	241	271	302	332	11
12	364	30	58	89	119	150	180	211	242	272	303	333	12
13	365	31	59	90	120	151	181	212	243	273	304	334	13
14	1	32	60	91	121	152	182	213	244	274	305	335	14
15	2	33	61	92	122	153	183	214	245	275	306	336	15
16	3	34	62	93	123	154	184	215	246	276	307	337	16
17	4	35	63	94	124	155	185	216	247	277	308	338	17
18	5	36	64	95	125	156	186	217	248	278	309	339	18
19	6	37	65	96	126	157	187	218	249	279	310	340	19
20	7	38	66	97	127	158	188	219	250	280	311	341	20
21	8	39	67	98	128	159	189	220	251	281	312	342	21
22	9	40	68	99	129	160	190	221	252	282	313	343	22
23	10	41	69	100	130	161	191	222	253	283	314	344	23
24	11	42	70	101	131	162	192	223	254	284	315	345	24
25	12	43	71	102	132	163	193	224	255	285	316	346	25
26	13	44	72	103	133	164	194	225	256	286	317	347	26
27	14	45	73	104	134	165	195	226	257	287	318	348	27
28	15	46	74	105	135	166	196	227	258	288	319	349	28
29	16		75	106	136	167	197	228	259	289	320	350	29
30	17		76	107	137	168	198	229	260	290	321	351	30
31	18		77		138		199	230		291		352	31

Jours qu'il y a du 16 JANVIER à une date de chaque mois.

Dates	Déc.	Nov.	Oct.	Sept.	Août	Juill.	Juin	Mai	Avril	Mars	Févr.	Janv.	Dates
1	319	289	258	228	197	166	136	105	75	44	16	350	1
2	320	290	259	229	198	167	137	106	76	45	17	351	2
3	321	291	260	230	199	168	138	107	77	46	18	352	3
4	322	292	261	231	200	169	139	108	78	47	19	353	4
5	323	293	262	232	201	170	140	109	79	48	20	354	5
6	324	294	263	233	202	171	141	110	80	49	21	355	6
7	325	295	264	234	203	172	142	111	81	50	22	356	7
8	326	296	265	235	204	173	143	112	82	51	23	357	8
9	327	297	266	236	205	174	144	113	83	52	24	358	9
10	328	298	267	237	206	175	145	114	84	53	25	359	10
11	329	299	268	238	207	176	146	115	85	54	26	360	11
12	330	300	269	239	208	177	147	116	86	55	27	361	12
13	331	301	270	240	209	178	148	117	87	56	28	362	13
14	332	302	271	241	210	179	149	118	88	57	29	363	14
15	333	303	272	242	211	180	150	119	89	58	30	364	15
16	334	304	273	243	212	181	151	120	90	59	31	365	16
17	335	305	274	244	213	182	152	121	91	60	32	1	17
18	336	306	275	245	214	183	153	122	92	61	33	2	18
19	337	307	276	246	215	184	154	123	93	62	34	3	19
20	338	308	277	247	216	185	155	124	94	63	35	4	20
21	339	309	278	248	217	186	156	125	95	64	36	5	21
22	340	310	279	249	218	187	157	126	96	65	37	6	22
23	341	311	280	250	219	188	158	127	97	66	38	7	23
24	342	312	281	251	220	189	159	128	98	67	39	8	24
25	343	313	282	252	221	190	160	129	99	68	40	9	25
26	344	314	283	253	222	191	161	130	100	69	41	10	26
27	345	315	284	254	223	192	162	131	101	70	42	11	27
28	346	316	285	255	224	193	163	132	102	71	43	12	28
29	347	317	286	256	225	194	164	133	103	72		13	29
30	348	318	287	257	226	195	165	134	104	73		14	30
31	349		288		227	196		135		74		15	31

Jours qu'il y a du 15 JANVIER à une date de chaque mois.

Dates	Janv.	Févr.	Mars	Avril	Mai	Juin	Juill.	Août	Sept.	Oct.	Nov.	Déc.	Dates
1	351	17	45	76	106	137	167	198	229	259	290	320	1
2	352	18	46	77	107	138	168	199	230	260	291	321	2
3	353	19	47	78	108	139	169	200	231	261	292	322	3
4	354	20	48	79	109	140	170	201	232	262	293	323	4
5	355	21	49	80	110	141	171	202	233	263	294	324	5
6	356	22	50	81	111	142	172	203	234	264	295	325	6
7	357	23	51	82	112	143	173	204	235	265	296	326	7
8	358	24	52	83	113	144	174	205	236	266	297	327	8
9	359	25	53	84	114	145	175	206	237	267	298	328	9
10	360	26	54	85	115	146	176	207	238	268	299	329	10
11	361	27	55	86	116	147	177	208	239	269	300	330	11
12	362	28	56	87	117	148	178	209	240	270	301	331	12
13	363	29	57	88	118	149	179	210	241	271	302	332	13
14	364	30	58	89	119	150	180	211	242	272	303	333	14
15	365	31	59	90	120	151	181	212	243	273	304	334	15
16	1	32	60	91	121	152	182	213	244	274	305	335	16
17	2	33	61	92	122	153	183	214	245	275	306	336	17
18	3	34	62	93	123	154	184	215	246	276	307	337	18
19	4	35	63	94	124	155	185	216	247	277	308	338	19
20	5	36	64	95	125	156	186	217	248	278	309	339	20
21	6	37	65	96	126	157	187	218	249	279	310	340	21
22	7	38	66	97	127	158	188	219	250	280	311	341	22
23	8	39	67	98	128	159	189	220	251	281	312	342	23
24	9	40	68	99	129	160	190	221	252	282	313	343	24
25	10	41	69	100	130	161	191	222	253	283	314	344	25
26	11	42	70	101	131	162	192	223	254	284	315	345	26
27	12	43	71	102	132	163	193	224	255	285	316	346	27
28	13	44	72	103	133	164	194	225	256	286	317	347	28
29	14		73	104	134	165	195	226	257	287	318	348	29
30	15		74	105	135	166	196	227	258	288	319	349	30
31	16		75		136		197	228		289		350	31

Dates	Janv.	Févr.	Mars	Avril	Mai	Juin	Juill.	Août	Sept.	Oct.	Nov.	Déc.	Dates
1	348	14	42	73	103	134	164	195	226	256	287	317	1
2	349	15	43	74	104	135	165	196	227	257	288	318	2
3	350	16	44	75	105	136	166	197	228	258	289	319	3
4	351	17	45	76	106	137	167	198	229	259	290	320	4
5	352	18	46	77	107	138	168	199	230	260	291	321	5
6	353	19	47	78	108	139	169	200	231	261	292	322	6
7	354	20	48	79	109	140	170	201	232	262	293	323	7
8	355	21	49	80	110	141	171	202	233	263	294	324	8
9	356	22	50	81	111	142	172	203	234	264	295	325	9
10	357	23	51	82	112	143	173	204	235	265	296	326	10
11	358	24	52	83	113	144	174	205	236	266	297	327	11
12	359	25	53	84	114	145	175	206	237	267	298	328	12
13	360	26	54	85	115	146	176	207	238	268	299	329	13
14	361	27	55	86	116	147	177	208	239	269	300	330	14
15	362	28	56	87	117	148	178	209	240	270	301	331	15
16	363	29	57	88	118	149	179	210	241	271	302	332	16
17	364	30	58	89	119	150	180	211	242	272	303	333	17
18	365	31	59	90	120	151	181	212	243	273	304	334	18
19	1	32	60	91	121	152	182	213	244	274	305	335	19
20	2	33	61	92	122	153	183	214	245	275	306	336	20
21	3	34	62	93	123	154	184	215	246	276	307	337	21
22	4	35	63	94	124	155	185	216	247	277	308	338	22
23	5	36	64	95	125	156	186	217	248	278	309	339	23
24	6	37	65	96	126	157	187	218	249	279	310	340	24
25	7	38	66	97	127	158	188	219	250	280	311	341	25
26	8	39	67	98	128	159	189	220	251	281	312	342	26
27	9	40	68	99	129	160	190	221	252	282	313	343	27
28	10	41	69	100	130	161	191	222	253	283	314	344	28
29	11		70	101	131	162	192	223	254	284	315	345	29
30	12		71	102	132	163	193	224	255	285	316	346	30
31	13		72		133		194	225		286		347	31

Jours qu'il y a du **17 JANVIER** à une date de chaque mois.

Dates	Janv.	Févr.	Mars	Avril	Mai	Juin	Juill.	Août	Sept.	Oct.	Nov.	Déc.	Dates
1	349	15	43	74	104	135	165	196	227	257	288	318	1
2	350	16	44	75	105	136	166	197	228	258	289	319	2
3	351	17	45	76	106	137	167	198	229	259	290	320	3
4	352	18	46	77	107	138	168	199	230	260	291	321	4
5	353	19	47	78	108	139	169	200	231	261	292	322	5
6	354	20	48	79	109	140	170	201	232	262	293	323	6
7	355	21	49	80	110	141	171	202	233	263	294	324	7
8	356	22	50	81	111	142	172	203	234	264	295	325	8
9	357	23	51	82	112	143	173	204	235	265	296	326	9
10	358	24	52	83	113	144	174	205	236	266	297	327	10
11	359	25	53	84	114	145	175	206	237	267	298	328	11
12	360	26	54	85	115	146	176	207	238	268	299	329	12
13	361	27	55	86	116	147	177	208	239	269	300	330	13
14	362	28	56	87	117	148	178	209	240	270	301	331	14
15	363	29	57	88	118	149	179	210	241	271	302	332	15
16	364	30	58	89	119	150	180	211	242	272	303	333	16
17	365	31	59	90	120	151	181	212	243	273	304	334	17
18	1	32	60	91	121	152	182	213	244	274	305	335	18
19	2	33	61	92	122	153	183	214	245	275	306	336	19
20	3	34	62	93	123	154	184	215	246	276	307	337	20
21	4	35	63	94	124	155	185	216	247	277	308	338	21
22	5	36	64	95	125	156	186	217	248	278	309	339	22
23	6	37	65	96	126	157	187	218	249	279	310	340	23
24	7	38	66	97	127	158	188	219	250	280	311	341	24
25	8	39	67	98	128	159	189	220	251	281	312	342	25
26	9	40	68	99	129	160	190	221	252	282	313	343	26
27	10	41	69	100	130	161	191	222	253	283	314	344	27
28	11	42	70	101	131	162	192	223	254	284	315	345	28
29	12		71	102	132	163	193	224	255	285	316	346	29
30	13		72	103	133	164	194	225	256	286	317	347	30
31	14		73		134		195	226		287		3/8	31

Jours qu'il y a du 20 JANVIER à une date de chaque mois.

Dates	Janv.	Févr.	Mars	Avril	Mai	Juin	Juill.	Août	Sept.	Oct.	Nov.	Déc.	Dates
1	346	12	40	71	101	132	162	193	224	254	285	315	1
2	347	13	41	72	102	133	163	194	225	255	286	316	2
3	348	14	42	73	103	134	164	195	226	256	287	317	3
4	349	15	43	74	104	135	165	196	227	257	288	318	4
5	350	16	44	75	105	136	166	197	228	258	289	319	5
6	351	17	45	76	106	137	167	198	229	259	290	320	6
7	352	18	46	77	107	138	168	199	230	260	291	321	7
8	353	19	47	78	108	139	169	200	231	261	292	322	8
9	354	20	48	79	109	140	170	201	232	262	293	323	9
10	355	21	49	80	110	141	171	202	233	263	294	324	10
11	356	22	50	81	111	142	172	203	234	264	295	325	11
12	357	23	51	82	112	143	173	204	235	265	296	326	12
13	358	24	52	83	113	144	174	205	236	266	297	327	13
14	359	25	53	84	114	145	175	206	237	267	298	328	14
15	360	26	54	85	115	146	176	207	238	268	299	329	15
16	361	27	55	86	116	147	177	208	239	269	300	330	16
17	362	28	56	87	117	148	178	209	240	270	301	331	17
18	363	29	57	88	118	149	179	210	241	271	302	332	18
19	364	30	58	89	119	150	180	211	242	272	303	333	19
20	365	31	59	90	120	151	181	212	243	273	304	334	20
21	1	32	60	91	121	152	182	213	244	274	305	335	21
22	2	33	61	92	122	153	183	214	245	275	306	336	22
23	3	34	62	93	123	154	184	215	246	276	307	337	23
24	4	35	63	94	124	155	185	216	247	277	308	338	24
25	5	36	64	95	125	156	186	217	248	278	309	339	25
26	6	37	65	96	126	157	187	218	249	279	310	340	26
27	7	38	66	97	127	158	188	219	250	280	311	341	27
28	8	39	67	98	128	159	189	220	251	281	312	342	28
29	9		68	99	129	160	190	221	252	282	313	343	29
30	10		69	100	130	161	191	222	253	283	314	344	30
31	11		70		131		192	223		284		345	31

Jours qu'il y a du 19 JANVIER à une date de chaque mois.

Dates	Janv.	Févr.	Mars	Avril	Mai	Juin	Juill.	Août	Sept.	Oct.	Nov.	Déc.	Dates
1	347	13	41	72	102	133	163	194	225	255	286	316	1
2	348	14	42	73	103	134	164	195	226	256	287	317	2
3	349	15	43	74	104	135	165	196	227	257	288	318	3
4	350	16	44	75	105	136	166	197	228	258	289	319	4
5	351	17	45	76	106	137	167	198	229	259	290	320	5
6	352	18	46	77	107	138	168	199	230	260	291	321	6
7	353	19	47	78	108	139	169	200	231	261	292	322	7
8	354	20	48	79	109	140	170	201	232	262	293	323	8
9	355	21	49	80	110	141	171	202	233	263	294	324	9
10	356	22	50	81	111	142	172	203	234	264	295	325	10
11	357	23	51	82	112	143	173	204	235	265	296	326	11
12	358	24	52	83	113	144	174	205	236	266	297	327	12
13	359	25	53	84	114	145	175	206	237	267	298	328	13
14	360	26	54	85	115	146	176	207	238	268	299	329	14
15	361	27	55	86	116	147	177	208	239	269	300	330	15
16	362	28	56	87	117	148	178	209	240	270	301	331	16
17	363	29	57	88	118	149	179	210	241	271	302	332	17
18	364	30	58	89	119	150	180	211	242	272	303	333	18
19	365	31	59	90	120	151	181	212	243	273	304	334	19
20	1	32	60	91	121	152	182	213	244	274	305	335	20
21	2	33	61	92	122	153	183	214	245	275	306	336	21
22	3	34	62	93	123	154	184	215	246	276	307	337	22
23	4	35	63	94	124	155	185	216	247	277	308	338	23
24	5	36	64	95	125	156	186	217	248	278	309	339	24
25	6	37	65	96	126	157	187	218	249	279	310	340	25
26	7	38	66	97	127	158	188	219	250	280	311	341	26
27	8	39	67	98	128	159	189	220	251	281	312	342	27
28	9	40	68	99	129	160	190	221	252	282	313	343	28
29	10		69	100	130	161	191	222	253	283	314	344	29
30	11		70	101	131	162	192	223	254	284	315	345	30
31	12		71		132		193	224		285		346	31

Jours qu'il y a du 22 JANVIER à une date de chaque mois.

Dates	Janv.	Févr.	Mars	Avril	Mai	Juin	Juill.	Août	Sept.	Oct.	Nov.	Déc.	Dates
1	344	10	38	69	99	130	160	191	222	252	283	313	1
2	345	11	39	70	100	131	161	192	223	253	284	314	2
3	346	12	40	71	101	132	162	193	224	254	285	315	3
4	347	13	41	72	102	133	163	194	225	255	286	316	4
5	348	14	42	73	103	134	164	195	226	256	287	317	5
6	349	15	43	74	104	135	165	196	227	257	288	318	6
7	350	16	44	75	105	136	166	197	228	258	289	319	7
8	351	17	45	76	106	137	167	198	229	259	290	320	8
9	352	18	46	77	107	138	168	199	230	260	291	321	9
10	353	19	47	78	108	139	169	200	231	261	292	322	10
11	354	20	48	79	109	140	170	201	232	262	293	323	11
12	355	21	49	80	110	141	171	202	233	263	294	324	12
13	356	22	50	81	111	142	172	203	234	264	295	325	13
14	357	23	51	82	112	143	173	204	235	265	296	326	14
15	358	24	52	83	113	144	174	205	236	266	297	327	15
16	359	25	53	84	114	145	175	206	237	267	298	328	16
17	360	26	54	85	115	146	176	207	238	268	299	329	17
18	361	27	55	86	116	147	177	208	239	269	300	330	18
19	362	28	56	87	117	148	178	209	240	270	301	331	19
20	363	29	57	88	118	149	179	210	241	271	302	332	20
21	364	30	58	89	119	150	180	211	242	272	303	333	21
22	365	31	59	90	120	151	181	212	243	273	304	334	22
23	1	32	60	91	121	152	182	213	244	274	305	335	23
24	2	33	61	92	122	153	183	214	245	275	306	336	24
25	3	34	62	93	123	154	184	215	246	276	307	337	25
26	4	35	63	94	124	155	185	216	247	277	308	338	26
27	5	36	64	95	125	156	186	217	248	278	309	339	27
28	6	37	65	96	126	157	187	218	249	279	310	340	28
29	7		66	97	127	158	188	219	250	280	311	341	29
30	8		67	98	128	159	189	220	251	281	312	342	30
31	9		68		129		190	221		282		343	31

Jours qu'il y a du 21 JANVIER à une date de chaque mois.

Dates	Janv.	Févr.	Mars	Avril	Mai	Juin	Juill.	Août	Sept.	Oct.	Nov.	Déc.	Dates
1	345	11	39	70	100	131	161	192	223	253	284	314	1
2	346	12	40	71	101	132	162	193	224	254	285	315	2
3	347	13	41	72	102	133	163	194	225	255	286	316	3
4	348	14	42	73	103	134	164	195	226	256	287	317	4
5	349	15	43	74	104	135	165	196	227	257	288	318	5
6	350	16	44	75	105	136	166	197	228	258	289	319	6
7	351	17	45	76	106	137	167	198	229	259	290	320	7
8	352	18	46	77	107	138	168	199	230	260	291	321	8
9	353	19	47	78	108	139	169	200	231	261	292	322	9
10	354	20	48	79	109	140	170	201	232	262	293	323	10
11	355	21	49	80	110	141	171	202	233	263	294	324	11
12	356	22	50	81	111	142	172	203	234	264	295	325	12
13	357	23	51	82	112	143	173	204	235	265	296	326	13
14	358	24	52	83	113	144	174	205	236	266	297	327	14
15	359	25	53	84	114	145	175	206	237	267	298	328	15
16	360	26	54	85	115	146	176	207	238	268	299	329	16
17	361	27	55	86	116	147	177	208	239	269	300	330	17
18	362	28	56	87	117	148	178	209	240	270	301	331	18
19	363	29	57	88	118	149	179	210	241	271	302	332	19
20	364	30	58	89	119	150	180	211	242	272	303	333	20
21	365	31	59	90	120	151	181	212	243	273	304	334	21
22	1	32	60	91	121	152	182	213	244	274	305	335	22
23	2	33	61	92	122	153	183	214	245	275	306	336	23
24	3	34	62	93	123	154	184	215	246	276	307	337	24
25	4	35	63	94	124	155	185	216	247	277	308	338	25
26	5	36	64	95	125	156	186	217	248	278	309	339	26
27	6	37	65	96	126	157	187	218	249	279	310	340	27
28	7	38	66	97	127	158	188	219	250	280	311	341	28
29	8		67	98	128	159	189	220	251	281	312	342	29
30	9		68	99	129	160	190	221	252	282	313	343	30
31	10		69		130		191	222		283		344	31

Jours qu'il y a du 23 JANVIER à une date de chaque mois.

Dates	Janv.	Févr.	Mars	Avril	Mai	Juin	Juill.	Août	Sept.	Oct.	Nov.	Déc.	Dates
1	343	9	37	68	98	129	159	190	221	251	282	312	1
2	344	10	38	69	99	130	160	191	222	252	283	313	2
3	345	11	39	70	100	131	161	192	223	253	284	314	3
4	346	12	40	71	101	132	162	193	224	254	285	315	4
5	347	13	41	72	102	133	163	194	225	255	286	316	5
6	348	14	42	73	103	134	164	195	226	256	287	317	6
7	349	15	43	74	104	135	165	196	227	257	288	318	7
8	350	16	44	75	105	136	166	197	228	258	289	319	8
9	351	17	45	76	106	137	167	198	229	259	290	320	9
10	352	18	46	77	107	138	168	199	230	260	291	321	10
11	353	19	47	78	108	139	169	200	231	261	292	322	11
12	354	20	48	79	109	140	170	201	232	262	293	323	12
13	355	21	49	80	110	141	171	202	233	263	294	324	13
14	356	22	50	81	111	142	172	203	234	264	295	325	14
15	357	23	51	82	112	143	173	204	235	265	296	326	15
16	358	24	52	83	113	144	174	205	236	266	297	327	16
17	359	25	53	84	114	145	175	206	237	267	298	328	17
18	360	26	54	85	115	146	176	207	238	268	299	329	18
19	361	27	55	86	116	147	177	208	239	269	300	330	19
20	362	28	56	87	117	148	178	209	240	270	301	331	20
21	363	29	57	88	118	149	179	210	241	271	302	332	21
22	364	30	58	89	119	150	180	211	242	272	303	333	22
23	365	31	59	90	120	151	181	212	243	273	304	334	23
24	1	32	60	91	121	152	182	213	244	274	305	335	24
25	2	33	61	92	122	153	183	214	245	275	306	336	25
26	3	34	62	93	123	154	184	215	246	276	307	337	26
27	4	35	63	94	124	155	185	216	247	277	308	338	27
28	5	36	64	95	125	156	186	217	248	278	309	339	28
29	6		65	96	126	157	187	218	249	279	310	340	29
30	7		66	97	127	158	188	219	250	280	311	341	30
31	8		67		128		189	220		281		342	31

Jours qu'il y a du 24 JANVIER à une date de chaque mois.

Dates	Janv.	Févr.	Mars	Avril	Mai	Juin	Juill.	Août	Sept.	Oct.	Nov.	Déc.	Dates
1	342	8	36	67	97	128	158	189	220	250	281	311	1
2	343	9	37	68	98	129	159	190	221	251	282	312	2
3	344	10	38	69	99	130	160	191	222	252	283	313	3
4	345	11	39	70	100	131	161	192	223	253	284	314	4
5	346	12	40	71	101	132	162	193	224	254	285	315	5
6	347	13	41	72	102	133	163	194	225	255	286	316	6
7	348	14	42	73	103	134	164	195	226	256	287	317	7
8	349	15	43	74	104	135	165	196	227	257	288	318	8
9	350	16	44	75	105	136	166	197	228	258	289	319	9
10	351	17	45	76	106	137	167	198	229	259	290	320	10
11	352	18	46	77	107	138	168	199	230	260	291	321	11
12	353	19	47	78	108	139	169	200	231	261	292	322	12
13	354	20	48	79	109	140	170	201	232	262	293	323	13
14	355	21	49	80	110	141	171	202	233	263	294	324	14
15	356	22	50	81	111	142	172	203	234	264	295	325	15
16	357	23	51	82	112	143	173	204	235	265	296	326	16
17	358	24	52	83	113	144	174	205	236	266	297	327	17
18	359	25	53	84	114	145	175	206	237	267	298	328	18
19	360	26	54	85	115	146	176	207	238	268	299	329	19
20	361	27	55	86	116	147	177	208	239	269	300	330	20
21	362	28	56	87	117	148	178	209	240	270	301	331	21
22	363	29	57	88	118	149	179	210	241	271	302	332	22
23	364	30	58	89	119	150	180	211	242	272	303	333	23
24	365	31	59	90	120	151	181	212	243	273	304	334	24
25	1	32	60	91	121	152	182	213	244	274	305	335	25
26	2	33	61	92	122	153	183	214	245	275	306	336	26
27	3	34	62	93	123	154	184	215	246	276	307	337	27
28	4	35	63	94	124	155	185	216	247	277	308	338	28
29	5		64	95	125	156	186	217	248	278	309	339	29
30	6		65	96	126	157	187	218	249	279	310	340	30
31	7		66		127		188	219		280		341	31

Jours qu'il y a du 26 JANVIER à une date de chaque mois.

Dates	Janv.	Févr.	Mars	Avril	Mai	Juin	Juill.	Aoūt	Sept.	Oct.	Nov.	Déc.	Dates
1	340	6	34	65	95	126	156	187	218	248	279	309	1
2	341	7	35	66	96	127	157	188	219	249	280	310	2
3	342	8	36	67	97	128	158	189	220	250	281	311	3
4	343	9	37	68	98	129	159	190	221	251	282	312	4
5	344	10	38	69	99	130	160	191	222	252	283	313	5
6	345	11	39	70	100	131	161	192	223	253	284	314	6
7	346	12	40	71	101	132	162	193	224	254	285	315	7
8	347	13	41	72	102	133	163	194	225	255	286	316	8
9	348	14	42	73	103	134	164	195	226	256	287	317	9
10	349	15	43	74	104	135	165	196	227	257	288	318	10
11	350	16	44	75	105	136	166	197	228	258	289	319	11
12	351	17	45	76	106	137	167	198	229	259	290	320	12
13	352	18	46	77	107	138	168	199	230	260	291	321	13
14	353	19	47	78	108	139	169	200	231	261	292	322	14
15	354	20	48	79	109	140	170	201	232	262	293	323	15
16	355	21	49	80	110	141	171	202	233	263	294	324	16
17	356	22	50	81	111	142	172	203	234	264	295	325	17
18	357	23	51	82	112	143	173	204	235	265	296	326	18
19	358	24	52	83	113	144	174	205	236	266	297	327	19
20	359	25	53	84	114	145	175	206	237	267	298	328	20
21	360	26	54	85	115	146	176	207	238	268	299	329	21
22	361	27	55	86	116	147	177	208	239	269	300	330	22
23	362	28	56	87	117	148	178	209	240	270	301	331	23
24	363	29	57	88	118	149	179	210	241	271	302	332	24
25	364	30	58	89	119	150	180	211	242	272	303	333	25
26	365	31	59	90	120	151	181	212	243	273	304	334	26
27	1	32	60	91	121	152	182	213	244	274	305	335	27
28	2	33	61	92	122	153	183	214	245	275	306	336	28
29	3		62	93	123	154	184	215	246	276	307	337	29
30	4		63	94	124	155	185	216	247	277	308	338	30
31	5		64		125		186	217		278		339	31

Jours qu'il y a du 25 JANVIER à une date de chaque mois.

Dates	Janv.	Févr.	Mars	Avril	Mai	Juin	Juill.	Aoūt	Sept.	Oct.	Nov.	Déc.	Dates
1	341	7	35	66	96	127	157	188	219	249	280	310	1
2	342	8	36	67	97	128	158	189	220	250	281	311	2
3	343	9	37	68	98	129	159	190	221	251	282	312	3
4	344	10	38	69	99	130	160	191	222	252	283	313	4
5	345	11	39	70	100	131	161	192	223	253	284	314	5
6	346	12	40	71	101	132	162	193	224	254	285	315	6
7	347	13	41	72	102	133	163	194	225	255	286	316	7
8	348	14	42	73	103	134	164	195	226	256	287	317	8
9	349	15	43	74	104	135	165	196	227	257	288	318	9
10	350	16	44	75	105	136	166	197	228	258	289	319	10
11	351	17	45	76	106	137	167	198	229	259	290	320	11
12	352	18	46	77	107	138	168	199	230	260	291	321	12
13	353	19	47	78	108	139	169	200	231	261	292	322	13
14	354	20	48	79	109	140	170	201	232	262	293	323	14
15	355	21	49	80	110	141	171	202	233	263	294	324	15
16	356	22	50	81	111	142	172	203	234	264	295	325	16
17	357	23	51	82	112	143	173	204	235	265	296	326	17
18	358	24	52	83	113	144	174	205	236	266	297	327	18
19	359	25	53	84	114	145	175	206	237	267	298	328	19
20	360	26	54	85	115	146	176	207	238	268	299	329	20
21	361	27	55	86	116	147	177	208	239	269	300	330	21
22	362	28	56	87	117	148	178	209	240	270	301	331	22
23	363	29	57	88	118	149	179	210	241	271	302	332	23
24	364	30	58	89	119	150	180	211	242	272	303	333	24
25	365	31	59	90	120	151	181	212	243	273	304	334	25
26	1	32	60	91	121	152	182	213	244	274	305	335	26
27	2	33	61	92	122	153	183	214	245	275	306	336	27
28	3	34	62	93	123	154	184	215	246	276	307	337	28
29	4		63	94	124	155	185	216	247	277	308	338	29
30	5		64	95	125	156	186	217	248	278	309	339	30
31	6		65		126		187	218		279		340	31

Jours qu'il y a du 28 JANVIER à une date de chaque mois.

Dates	Janv.	Févr.	Mars	Avril	Mai	Juin	Juill.	Août	Sept.	Oct.	Nov.	Déc.	Dates
1	338	4	32	63	93	124	154	185	216	246	277	307	1
2	339	5	33	64	94	125	155	186	217	247	278	308	2
3	340	6	34	65	95	126	156	187	218	248	279	309	3
4	341	7	35	66	96	127	157	188	219	249	280	310	4
5	342	8	36	67	97	128	158	189	220	250	281	311	5
6	343	9	37	68	98	129	159	190	221	251	282	312	6
7	344	10	38	69	99	130	160	191	222	252	283	313	7
8	345	11	39	70	100	131	161	192	223	253	284	314	8
9	346	12	40	71	101	132	162	193	224	254	285	315	9
10	347	13	41	72	102	133	163	194	225	255	286	316	10
11	348	14	42	73	103	134	164	195	226	256	287	317	11
12	349	15	43	74	104	135	165	196	227	257	288	318	12
13	350	16	44	75	105	136	166	197	228	258	289	319	13
14	351	17	45	76	106	137	167	198	229	259	290	320	14
15	352	18	46	77	107	138	168	199	230	260	291	321	15
16	353	19	47	78	108	139	169	200	231	261	292	322	16
17	354	20	48	79	109	140	170	201	232	262	293	323	17
18	355	21	49	80	110	141	171	202	233	263	294	324	18
19	356	22	50	81	111	142	172	203	234	264	295	325	19
20	357	23	51	82	112	143	173	204	235	265	296	326	20
21	358	24	52	83	113	144	174	205	236	266	297	327	21
22	359	25	53	84	114	145	175	206	237	267	298	328	22
23	360	26	54	85	115	146	176	207	238	268	299	329	23
24	361	27	55	86	116	147	177	208	239	269	300	330	24
25	362	28	56	87	117	148	178	209	240	270	301	331	25
26	363	29	57	88	118	149	179	210	241	271	302	332	26
27	364	30	58	89	119	150	180	211	242	272	303	333	27
28	365	31	59	90	120	151	181	212	243	273	304	334	28
29	1		60	91	121	152	182	213	244	274	305	335	29
30	2		61	92	122	153	183	214	245	275	306	336	30
31	3		62		123		184	215		276		337	31

Jours qu'il y a du 27 JANVIER à une date de chaque mois.

Dates	Janv.	Févr.	Mars	Avril	Mai	Juin	Juill.	Août	Sept.	Oct.	Nov.	Déc.	Dates
1	339	5	33	64	94	125	155	186	217	247	278	308	1
2	340	6	34	65	95	126	156	187	218	248	279	309	2
3	341	7	35	66	96	127	157	188	219	249	280	310	3
4	342	8	36	67	97	128	158	189	220	250	281	311	4
5	343	9	37	68	98	129	159	190	221	251	282	312	5
6	344	10	38	69	99	130	160	191	222	252	283	313	6
7	345	11	39	70	100	131	161	192	223	253	284	314	7
8	346	12	40	71	101	132	162	193	224	254	285	315	8
9	347	13	41	72	102	133	163	194	225	255	286	316	9
10	348	14	42	73	103	134	164	195	226	256	287	317	10
11	349	15	43	74	104	135	165	196	227	257	288	318	11
12	350	16	44	75	105	136	166	197	228	258	289	319	12
13	351	17	45	76	106	137	167	198	229	259	290	320	13
14	352	18	46	77	107	138	168	199	230	260	291	321	14
15	353	19	47	78	108	139	169	200	231	261	292	322	15
16	354	20	48	79	109	140	170	201	232	262	293	323	16
17	355	21	49	80	110	141	171	202	233	263	294	324	17
18	356	22	50	81	111	142	172	203	234	264	295	325	18
19	357	23	51	82	112	143	173	204	235	265	296	326	19
20	358	24	52	83	113	144	174	205	236	266	297	327	20
21	359	25	53	84	114	145	175	206	237	267	298	328	21
22	360	26	54	85	115	146	176	207	238	268	299	329	22
23	361	27	55	86	116	147	177	208	239	269	300	330	23
24	362	28	56	87	117	148	178	209	240	270	301	331	24
25	363	29	57	88	118	149	179	210	241	271	302	332	25
26	364	30	58	89	119	150	180	211	242	272	303	333	26
27	365	31	59	90	120	151	181	212	243	273	304	334	27
28	1	32	60	91	121	152	182	213	244	274	305	335	28
29	2		61	92	122	153	183	214	245	275	306	336	29
30	3		62	93	123	154	184	215	246	276	307	337	30
31	4		63		124		185	216		277		338	31

Jours qu'il y a du 30 JANVIER à une date de chaque mois.

Dates	Déc.	Nov.	Oct.	Sept.	Août	Juill.	Juin	Mai	Avril	Mars	Févr.	Janv.	Dates
1	305	275	244	214	183	152	122	91	61	30	2	336	1
2	306	276	245	215	184	153	123	92	62	31	3	337	2
3	307	277	246	216	185	154	124	93	63	32	4	338	3
4	308	278	247	217	186	155	125	94	64	33	5	339	4
5	309	279	248	218	187	156	126	95	65	34	6	340	5
6	310	280	249	219	188	157	127	96	66	35	7	341	6
7	311	281	250	220	189	158	128	97	67	36	8	342	7
8	312	282	251	221	190	159	129	98	68	37	9	343	8
9	313	283	252	222	191	160	130	99	69	38	10	344	9
10	314	284	253	223	192	161	131	100	70	39	11	345	10
11	315	285	254	224	193	162	132	101	71	40	12	346	11
12	316	286	255	225	194	163	133	102	72	41	13	347	12
13	317	287	256	226	195	164	134	103	73	42	14	348	13
14	318	288	257	227	196	165	135	104	74	43	15	349	14
15	319	289	258	228	197	166	136	105	75	44	16	350	15
16	320	290	259	229	198	167	137	106	76	45	17	351	16
17	321	291	260	230	199	168	138	107	77	46	18	352	17
18	322	292	261	231	200	169	139	108	78	47	19	353	18
19	323	293	262	232	201	170	140	109	79	48	20	354	19
20	324	294	263	233	202	171	141	110	80	49	21	355	20
21	325	295	264	234	203	172	142	111	81	50	22	356	21
22	326	296	265	235	204	173	143	112	82	51	23	357	22
23	327	297	266	236	205	174	144	113	83	52	24	358	23
24	328	298	267	237	206	175	145	114	84	53	25	359	24
25	329	299	268	238	207	176	146	115	85	54	26	360	25
26	330	300	269	239	208	177	147	116	86	55	27	361	26
27	331	301	270	240	209	178	148	117	87	56	28	362	27
28	332	302	271	241	210	179	149	118	88	57	29	363	28
29	333	303	272	242	211	180	150	119	89	58		364	29
30	334	304	273	243	212	181	151	120	90	59		365	30
31	335		274		213	182		121		60		1	31

Jours qu'il y a du 29 JANVIER à une date de chaque mois.

Dates	Déc.	Nov.	Oct.	Sept.	Août	Juill.	Juin	Mai	Avril	Mars	Févr.	Janv.	Dates
1	306	276	245	215	184	153	123	92	62	31	3	337	1
2	307	277	246	216	185	154	124	93	63	32	4	338	2
3	308	278	247	217	186	155	125	94	64	33	5	339	3
4	309	279	248	218	187	156	126	95	65	34	6	340	4
5	310	280	249	219	188	157	127	96	66	35	7	341	5
6	311	281	250	220	189	158	128	97	67	36	8	342	6
7	312	282	251	221	190	159	129	98	68	37	9	343	7
8	313	283	252	222	191	160	130	99	69	38	10	344	8
9	314	284	253	223	192	161	131	100	70	39	11	345	9
10	315	285	254	224	193	162	132	101	71	40	12	346	10
11	316	286	255	225	194	163	133	102	72	41	13	347	11
12	317	287	256	226	195	164	134	103	73	42	14	348	12
13	318	288	257	227	196	165	135	104	74	43	15	349	13
14	319	289	258	228	197	166	136	105	75	44	16	350	14
15	320	290	259	229	198	167	137	106	76	45	17	351	15
16	321	291	260	230	199	168	138	107	77	46	18	352	16
17	322	292	261	231	200	169	139	108	78	47	19	353	17
18	323	293	262	232	201	170	140	109	79	48	20	354	18
19	324	294	263	233	202	171	141	110	80	49	21	355	19
20	325	295	264	234	203	172	142	111	81	50	22	356	20
21	326	296	265	235	204	173	143	112	82	51	23	357	21
22	327	297	266	236	205	174	144	113	83	52	24	358	22
23	328	298	267	237	206	175	145	114	84	53	25	359	23
24	329	299	268	238	207	176	146	115	85	54	26	360	24
25	330	300	269	239	208	177	147	116	86	55	27	361	25
26	331	301	270	240	209	178	148	117	87	56	28	362	26
27	332	302	271	241	210	179	149	118	88	57	29	363	27
28	333	303	272	242	211	180	150	119	89	58	30	364	28
29	334	304	273	243	212	181	151	120	90	59		365	29
30	335	305	274	244	213	182	152	121	91	60		1	30
31	336		275		214	183		122		61		2	31

Dates	Janv.	Févr.	Mars	Avril	Mai	Juin	Juill.	Août	Sept.	Oct.	Nov.	Déc.	Dates
1	335	1	29	60	90	121	151	182	213	243	274	304	1
2	336	2	30	61	91	122	152	183	184	244	275	305	2
3	337	3	31	62	92	123	153	184	215	245	276	306	3
4	338	4	32	63	93	124	154	185	216	246	277	307	4
5	339	5	33	64	94	125	155	186	217	247	278	308	5
6	340	6	34	65	95	126	156	187	218	248	279	309	6
7	341	7	35	66	96	127	157	188	219	249	280	310	7
8	342	8	36	67	97	128	158	189	220	250	281	311	8
9	343	9	37	68	98	129	159	190	221	251	282	312	9
10	344	10	38	69	99	130	160	191	222	252	283	313	10
11	345	11	39	70	100	131	161	192	223	253	284	314	11
12	346	12	40	71	101	132	162	193	224	254	285	315	12
13	347	13	41	72	102	133	163	194	225	255	286	316	13
14	348	14	42	73	103	134	164	195	226	256	287	317	14
15	349	15	43	74	104	135	165	196	227	257	288	318	15
16	350	16	44	75	105	136	166	197	228	258	289	319	16
17	351	17	45	76	106	137	167	198	229	259	290	320	17
18	352	18	46	77	107	138	168	199	230	260	291	321	18
19	353	19	47	78	108	139	169	200	231	261	292	322	19
20	354	20	48	79	109	140	170	201	232	262	293	323	20
21	355	21	49	80	110	141	171	202	233	263	294	324	21
22	356	22	50	81	111	142	172	203	234	264	295	325	22
23	357	23	51	82	112	143	173	204	235	265	296	326	23
24	358	24	52	83	113	144	174	205	236	266	297	327	24
25	359	25	53	84	114	145	175	206	237	267	298	328	25
26	360	26	54	85	115	146	176	207	238	268	299	329	26
27	361	27	55	86	116	147	177	208	239	269	300	330	27
28	362	28	56	87	117	148	178	209	240	270	301	331	28
29	363		57	88	118	149	179	210	241	271	302	332	29
30	364		58	89	119	150	180	211	242	272	303	333	30
31	365		59		120		181	212		273		334	31

Dates	Janv.	Févr.	Mars	Avril	Mai	Juin	Juill.	Août	Sept.	Oct.	Nov.	Déc.	Dates
1	334	365	28	59	89	120	150	181	212	242	273	303	1
2	335	1	29	60	90	121	151	182	213	243	274	304	2
3	336	2	30	61	91	122	152	183	214	244	275	305	3
4	337	3	31	62	92	123	153	184	215	245	276	306	4
5	338	4	32	63	93	124	154	185	216	246	277	307	5
6	339	5	33	64	94	125	155	186	217	247	278	308	6
7	340	6	34	65	95	126	156	187	218	248	279	309	7
8	341	7	35	66	96	127	157	188	219	249	280	310	8
9	342	8	36	67	97	128	158	189	220	250	281	311	9
10	343	9	37	68	98	129	159	190	221	251	282	312	10
11	344	10	38	69	99	130	160	191	222	252	283	313	11
12	345	11	39	70	100	131	161	192	223	253	284	314	12
13	346	12	40	71	101	132	162	193	224	254	285	315	13
14	347	13	41	72	102	133	163	194	225	255	286	316	14
15	348	14	42	73	103	134	164	195	226	256	287	317	15
16	349	15	43	74	104	135	165	196	227	257	288	318	16
17	350	16	44	75	105	136	166	197	228	258	289	319	17
18	351	17	45	76	106	137	167	198	229	259	290	320	18
19	352	18	46	77	107	138	168	199	230	260	291	321	19
20	353	19	47	78	108	139	169	200	231	261	292	322	20
21	354	20	48	79	109	140	170	201	232	262	293	323	21
22	355	21	49	80	110	141	171	202	233	263	294	324	22
23	356	22	50	81	111	142	172	203	234	264	295	325	23
24	357	23	51	82	112	143	173	204	235	265	296	326	24
25	358	24	52	83	113	144	174	205	236	266	297	327	25
26	359	25	53	84	114	145	175	206	237	267	298	328	26
27	360	26	54	85	115	146	176	207	238	268	299	329	27
28	361	27	55	86	116	147	177	208	239	269	300	330	28
29	362		56	87	117	148	178	209	240	270	301	331	29
30	363		57	88	118	149	179	210	241	271	302	332	30
31	364		58		119		180	211		272		333	31

Jours qu'il y a du 3 FÉVRIER à une date de chaque mois.

Dates	Janv.	Févr.	Mars	Avril	Mai	Juin	Juill.	Août	Sept.	Oct.	Nov.	Déc.	Dates
1	332	363	26	57	87	118	148	179	210	240	271	301	1
2	333	364	27	58	88	119	149	180	211	241	272	302	2
3	334	365	28	59	89	120	150	181	212	242	273	303	3
4	335	1	29	60	90	121	151	182	213	243	274	304	4
5	336	2	30	61	91	122	152	183	214	244	275	305	5
6	337	3	31	62	92	123	153	184	215	245	276	306	6
7	338	4	32	63	93	124	154	185	216	246	277	307	7
8	339	5	33	64	94	125	155	186	217	247	278	308	8
9	340	6	34	65	95	126	156	187	218	248	279	309	9
10	341	7	35	66	96	127	157	188	219	249	280	310	10
11	342	8	36	67	97	128	158	189	220	250	281	311	11
12	343	9	37	68	98	129	159	190	221	251	282	312	12
13	344	10	38	69	99	130	160	191	222	252	283	313	13
14	345	11	39	70	100	131	161	192	223	253	284	314	14
15	346	12	40	71	101	132	162	193	224	254	285	315	15
16	347	13	41	72	102	133	163	194	225	255	286	316	16
17	348	14	42	73	103	134	164	195	226	256	287	317	17
18	349	15	43	74	104	135	165	196	227	257	288	318	18
19	350	16	44	75	105	136	166	197	228	258	289	319	19
20	351	17	45	76	106	137	167	198	229	259	290	320	20
21	352	18	46	77	107	138	168	199	230	260	291	321	21
22	353	19	47	78	108	139	169	200	231	261	292	322	22
23	354	20	48	79	109	140	170	201	232	262	293	323	23
24	355	21	49	80	110	141	171	202	233	263	294	324	24
25	356	22	50	81	111	142	172	203	234	264	295	325	25
26	357	23	51	82	112	143	173	204	235	265	296	326	26
27	358	24	52	83	113	144	174	205	236	266	297	327	27
28	359	25	53	84	114	145	175	206	237	267	298	328	28
29	360		54	85	115	146	176	207	238	268	299	329	29
30	361		55	86	116	147	177	208	239	269	300	330	30
31	362		56		117		178	209		270		331	31

Jours qu'il y a du 2 FÉVRIER à une date de chaque mois.

Dates	Janv.	Févr.	Mars	Avril	Mai	Juin	Juill.	Août	Sept.	Oct.	Nov.	Déc.	Dates
1	333	364	27	58	88	119	149	180	211	241	272	302	1
2	334	365	28	59	89	120	150	181	212	242	273	303	2
3	335	1	29	60	90	121	151	182	213	243	274	304	3
4	336	2	30	61	91	122	152	183	214	244	275	305	4
5	337	3	31	62	92	123	153	184	215	245	276	306	5
6	338	4	32	63	93	124	154	185	216	246	277	307	6
7	339	5	33	64	94	125	155	186	217	247	278	308	7
8	340	6	34	65	95	126	156	187	218	248	279	309	8
9	341	7	35	66	96	127	157	188	219	249	280	310	9
10	342	8	36	67	97	128	158	189	220	250	281	311	10
11	343	9	37	68	98	129	159	190	221	251	282	312	11
12	344	10	38	69	99	130	160	191	222	252	283	313	12
13	345	11	39	70	100	131	161	192	223	253	284	314	13
14	346	12	40	71	101	132	162	193	224	254	285	315	14
15	347	13	41	72	102	133	163	194	225	255	286	316	15
16	348	14	42	73	103	134	164	195	226	256	287	317	16
17	349	15	43	74	104	135	165	196	227	257	288	318	17
18	350	16	44	75	105	136	166	197	228	258	289	319	18
19	351	17	45	76	106	137	167	198	229	259	290	320	19
20	352	18	46	77	107	138	168	199	230	260	291	321	20
21	353	19	47	78	108	139	169	200	231	261	292	322	21
22	354	20	48	79	109	140	170	201	232	262	293	323	22
23	355	21	49	80	110	141	171	202	233	263	294	324	23
24	356	22	50	81	111	142	172	203	234	264	295	325	24
25	357	23	51	82	112	143	173	204	235	265	296	326	25
26	358	24	52	83	113	144	174	205	236	266	297	327	26
27	359	25	53	84	114	145	175	206	237	267	298	328	27
28	360	26	54	85	115	146	176	207	238	268	299	329	28
29	361		55	86	116	147	177	208	239	269	300	330	29
30	362		56	87	117	148	178	209	240	270	301	331	30
31	363		57		118		179	210		271		332	31

Jours qu'il y a du 5 FÉVRIER à une date de chaque mois.

Dates	Janv.	Févr.	Mars	Avril	Mai	Juin	Juill.	Août	Sept.	Oct.	Nov.	Déc.	Dates
1	330	361	24	55	85	116	146	177	208	238	269	299	1
2	331	362	25	56	86	117	147	178	209	239	270	300	2
3	332	363	26	57	87	118	148	179	210	240	271	301	3
4	333	364	27	58	88	119	149	180	211	241	272	302	4
5	334	365	28	59	89	120	150	181	212	242	273	303	5
6	335	1	29	60	90	121	151	182	213	243	274	304	6
7	336	2	30	61	91	122	152	183	214	244	275	305	7
8	337	3	31	62	92	123	153	184	215	245	276	306	8
9	338	4	32	63	93	124	154	185	216	246	277	306	9
10	339	5	33	64	94	125	155	186	217	247	278	307	10
11	340	6	34	65	95	126	156	187	218	248	279	308	11
12	341	7	35	66	96	127	157	188	219	249	280	309	12
13	342	8	36	67	97	128	158	189	220	250	281	310	13
14	343	9	37	68	98	129	159	190	221	251	282	311	14
15	344	10	38	69	99	130	160	191	222	252	283	312	15
16	345	11	39	70	100	131	161	192	223	253	284	313	16
17	346	12	40	71	101	132	162	193	224	254	285	314	17
18	347	13	41	72	102	133	163	194	225	255	286	315	18
19	348	14	42	73	103	134	164	195	226	256	287	316	19
20	349	15	43	74	104	135	165	196	227	257	288	317	20
21	350	16	44	75	105	136	166	197	228	258	289	318	21
22	351	17	45	76	106	137	167	198	229	259	290	319	22
23	352	18	46	77	107	138	168	199	230	260	291	320	23
24	353	19	47	78	108	139	169	200	231	261	292	321	24
25	354	20	48	79	109	140	170	201	232	262	293	322	25
26	355	21	49	80	110	141	171	202	233	263	294	323	26
27	356	22	50	81	111	142	172	203	234	264	295	324	27
28	357	23	51	82	112	143	173	204	235	265	296	325	28
29	358		52	83	113	144	174	205	236	266	297	326	29
30	359		53	84	114	145	175	206	237	267	298	327	30
31	360		54		115		176	207		268		328	31

Jours qu'il y a du 4 FÉVRIER à une date de chaque mois.

Dates	Janv.	Févr.	Mars	Avril	Mai	Juin	Juill.	Août	Sept.	Oct.	Nov.	Déc.	Dates
1	331	362	25	56	86	117	147	178	209	239	270	300	1
2	332	363	26	57	87	118	148	179	210	240	271	301	2
3	333	364	27	58	88	119	149	180	211	241	272	302	3
4	334	365	28	59	89	120	150	181	212	242	273	303	4
5	335	1	29	60	90	121	151	182	213	243	274	304	5
6	336	2	30	61	91	122	152	183	214	244	275	305	6
7	337	3	31	62	92	123	153	184	215	245	276	306	7
8	338	4	32	63	93	124	154	185	216	246	277	307	8
9	339	5	33	64	94	125	155	186	217	247	278	308	9
10	340	6	34	65	95	126	156	187	218	248	279	309	10
11	341	7	35	66	96	127	157	188	219	249	280	310	11
12	342	8	36	67	97	128	158	189	220	250	281	311	12
13	343	9	37	68	98	129	159	190	221	251	282	312	13
14	344	10	38	69	99	130	160	191	222	252	283	313	14
15	345	11	39	70	100	131	161	192	223	253	284	314	15
16	346	12	40	71	101	132	162	193	224	254	285	315	16
17	347	13	41	72	102	133	163	194	225	255	286	316	17
18	348	14	42	73	103	134	164	195	226	256	287	317	18
19	349	15	43	74	104	135	165	196	227	257	288	318	19
20	350	16	44	75	105	136	166	197	228	258	289	319	20
21	351	17	45	76	106	137	167	198	229	259	290	320	21
22	352	18	46	77	107	138	168	199	230	260	291	321	22
23	353	19	47	78	108	139	169	200	231	261	292	322	23
24	354	20	48	79	109	140	170	201	232	262	293	323	24
25	355	21	49	80	110	141	171	202	233	263	294	324	25
26	356	22	50	81	111	142	172	203	234	264	295	325	26
27	357	23	51	82	112	143	173	204	235	265	296	326	27
28	358	24	52	83	113	144	174	205	236	266	297	327	28
29	359		53	84	114	145	175	206	237	267	298	328	29
30	360		54	85	115	146	176	207	238	268	299	329	30
31	361		55		116		177	208		269		330	31

18

Jours qu'il y a du 7 FÉVRIER à une date de chaque mois.

Dates	Déc.	Nov.	Oct.	Sept.	Août	Juill.	Juin	Mai	Avril	Mars	Févr.	Janv.	Dates
1	297	267	236	206	175	144	114	83	53	22	359	328	1
2	298	268	237	207	176	145	115	84	54	23	360	329	2
3	299	269	238	208	177	146	116	85	55	24	361	330	3
4	300	270	239	209	178	147	117	86	56	25	362	331	4
5	301	271	240	210	179	148	118	87	57	26	363	332	5
6	302	272	241	211	180	149	119	88	58	27	364	333	6
7	303	273	242	212	181	150	120	89	59	28	365	334	7
8	304	274	243	213	182	151	121	90	60	29	1	335	8
9	305	275	244	214	183	152	122	91	61	30	2	336	9
10	306	276	245	215	184	153	123	92	62	31	3	337	10
11	307	277	246	216	185	154	124	93	63	32	4	338	11
12	308	278	247	217	186	155	125	94	64	33	5	339	12
13	309	279	248	218	187	156	126	95	65	34	6	340	13
14	310	280	249	219	188	157	127	96	66	35	7	341	14
15	311	281	250	220	189	158	128	97	67	36	8	342	15
16	312	282	251	221	190	159	129	98	68	37	9	343	16
17	313	283	252	222	191	160	130	99	69	38	10	344	17
18	314	284	253	223	192	161	131	100	70	39	11	345	18
19	315	285	254	224	193	162	132	101	71	40	12	346	19
20	316	286	255	225	194	163	133	102	72	41	13	347	20
21	317	287	256	226	195	164	134	103	73	42	14	348	21
22	318	288	257	227	196	165	135	104	74	43	15	349	22
23	319	289	258	228	197	166	136	105	75	44	16	350	23
24	320	290	259	229	198	167	137	106	76	45	17	351	24
25	321	291	260	230	199	168	138	107	77	46	18	352	25
26	322	292	261	231	200	169	139	108	78	47	19	353	26
27	323	293	262	232	201	170	140	109	79	48	20	354	27
28	324	294	263	233	202	171	141	110	80	49	21	355	28
29	325	295	264	234	203	172	142	111	81	50		356	29
30	326	296	265	235	204	173	143	112	82	51		357	30
31	327		266		205	174		113		52		358	31

Jours qu'il y a du 6 FÉVRIER à une date de chaque mois.

Dates	Déc.	Nov.	Oct.	Sept.	Août	Juill.	Juin	Mai	Avril	Mars	Févr.	Janv.	Dates
1	298	268	237	207	176	145	115	84	54	23	360	329	1
2	299	269	238	208	177	146	116	85	55	24	361	330	2
3	300	270	239	209	178	147	117	86	56	25	362	331	3
4	301	271	240	210	179	148	118	87	57	26	363	332	4
5	302	272	241	211	180	149	119	88	58	27	364	333	5
6	303	273	242	212	181	150	120	89	59	28	365	334	6
7	304	274	243	213	182	151	121	90	60	29	1	335	7
8	305	275	244	214	183	152	122	91	61	30	2	336	8
9	306	276	245	215	184	153	123	92	62	31	3	337	9
10	307	277	246	216	185	154	124	93	63	32	4	338	10
11	308	278	247	217	186	155	125	94	64	33	5	339	11
12	309	279	248	218	187	156	126	95	65	34	6	340	12
13	310	280	249	219	188	157	127	96	66	35	7	341	13
14	311	281	250	220	189	158	128	97	67	36	8	342	14
15	312	282	251	221	190	159	129	98	68	37	9	343	15
16	313	283	252	222	191	160	130	99	69	38	10	344	16
17	314	284	253	223	192	161	131	100	70	39	11	345	17
18	315	285	254	224	193	162	132	101	71	40	12	346	18
19	316	286	255	225	194	163	133	102	72	41	13	347	19
20	317	287	256	226	195	164	134	103	73	42	14	348	20
21	318	288	257	227	196	165	135	104	74	43	15	349	21
22	319	289	258	228	197	166	136	105	75	44	16	350	22
23	320	290	259	229	198	167	137	106	76	45	17	351	23
24	321	291	260	230	199	168	138	107	77	46	18	352	24
25	322	292	261	231	200	169	139	108	78	47	19	353	25
26	323	293	262	232	201	170	140	109	79	48	20	354	26
27	324	294	263	233	202	171	141	110	80	49	21	355	27
28	325	295	264	234	203	172	142	111	81	50	22	356	28
29	326	296	265	235	204	173	143	112	82	51		357	29
30	327	297	266	236	205	174	144	113	83	52		358	30
31	328		267		206	175		114		53		359	31

Jours qu'il y a du 9 FÉVRIER à une date de chaque mois.

Dates	Janv.	Févr.	Mars	Avril	Mai	Juin	Juill.	Août	Sept.	Oct.	Nov.	Déc.	Dates
1	326	357	20	51	81	112	142	173	204	234	265	295	1
2	327	358	21	52	82	113	143	174	205	235	266	296	2
3	328	359	22	53	83	114	144	175	206	236	267	297	3
4	329	360	23	54	84	115	145	176	207	237	268	298	4
5	330	361	24	55	85	116	146	177	208	238	269	299	5
6	331	362	25	56	86	117	147	178	209	239	270	300	6
7	332	363	26	57	87	118	148	179	210	240	271	301	7
8	333	364	27	58	88	119	149	180	211	241	272	302	8
9	334	365	28	59	89	120	150	181	212	242	273	303	9
10	335	1	29	60	90	121	151	182	213	243	274	304	10
11	336	2	30	61	91	122	152	183	214	244	275	305	11
12	337	3	31	62	92	123	153	184	215	245	276	306	12
13	338	4	32	63	93	124	154	185	216	246	277	307	13
14	339	5	33	64	94	125	155	186	217	247	278	308	14
15	340	6	34	65	95	126	156	187	218	248	279	309	15
16	341	7	35	66	96	127	157	188	219	249	280	310	16
17	342	8	36	67	97	128	158	189	220	250	281	311	17
18	343	9	37	68	98	129	159	190	221	251	282	312	18
19	344	10	38	69	99	130	160	191	222	252	283	313	19
20	345	11	39	70	100	131	161	192	223	253	284	314	20
21	346	12	40	71	101	132	162	193	224	254	285	315	21
22	347	13	41	72	102	133	163	194	225	255	286	316	22
23	348	14	42	73	103	134	164	195	226	256	287	317	23
24	349	15	43	74	104	135	165	196	227	257	288	318	24
25	350	16	44	75	105	136	166	197	228	258	289	319	25
26	351	17	45	76	106	137	167	198	229	259	290	320	26
27	352	18	46	77	107	138	168	199	230	260	291	321	27
28	353	19	47	78	108	139	169	200	231	261	292	322	28
29	354		48	79	109	140	170	201	232	262	293	323	29
30	355		49	80	110	141	171	202	233	263	294	324	30
31	356		50		111		172	203		264		325	31

Jours qu'il y a du 8 FÉVRIER à une date de chaque mois.

Dates	Janv.	Févr.	Mars	Avril	Mai	Juin	Juill.	Août	Sept.	Oct.	Nov.	Déc.	Dates
1	327	358	21	52	82	113	143	174	205	235	266	296	1
2	328	359	22	53	83	114	144	175	206	236	267	297	2
3	329	360	23	54	84	115	145	176	207	237	268	298	3
4	330	361	24	55	85	116	146	177	208	238	269	299	4
5	331	362	25	56	86	117	147	178	209	239	270	300	5
6	332	363	26	57	87	118	148	179	210	240	271	301	6
7	333	364	27	58	88	119	149	180	211	241	272	302	7
8	334	365	28	59	89	120	150	181	212	242	273	303	8
9	335	1	29	60	90	121	151	182	213	243	274	304	9
10	336	2	30	61	91	122	152	183	214	244	275	305	10
11	337	3	31	62	92	123	153	184	215	245	276	306	11
12	338	4	32	63	93	124	154	185	216	246	277	307	12
13	339	5	33	64	94	125	155	186	217	247	278	308	13
14	340	6	34	65	95	126	156	187	218	248	279	309	14
15	341	7	35	66	96	127	157	188	219	249	280	310	15
16	342	8	36	67	97	128	158	189	220	250	281	311	16
17	343	9	37	68	98	129	159	190	221	251	282	312	17
18	344	10	38	69	99	130	160	191	222	252	283	313	18
19	345	11	39	70	100	131	161	192	223	253	284	314	19
20	346	12	40	71	101	132	162	193	224	254	285	315	20
21	347	13	41	72	102	133	163	194	225	255	286	316	21
22	348	14	42	73	103	134	164	195	226	256	287	317	22
23	349	15	43	74	104	135	165	196	227	257	288	318	23
24	350	16	44	75	105	136	166	197	228	258	289	319	24
25	351	17	45	76	106	137	167	198	229	259	290	320	25
26	352	18	46	77	107	138	168	199	230	260	291	321	26
27	353	19	47	78	108	139	169	200	231	261	292	322	27
28	354	20	48	79	109	140	170	201	232	262	293	323	28
29	355		49	80	110	141	171	202	233	263	294	324	29
30	356		50	81	111	142	172	203	234	264	295	325	30
31	357		51		112		173	204		265		326	31

20

Jours qu'il y a du 11 FÉVRIER à une date de chaque mois.

Dates	Janv.	Févr.	Mars	Avril	Mai	Juin	Juill.	Août	Sept.	Oct.	Nov.	Déc.	Dates
1	324	355	18	49	79	110	140	171	202	232	263	293	1
2	325	356	19	50	80	111	141	172	203	233	264	294	2
3	326	357	20	51	81	112	142	173	204	234	265	295	3
4	327	358	21	52	82	113	143	174	205	235	266	296	4
5	328	359	22	53	83	114	144	175	206	236	267	297	5
6	329	360	23	54	84	115	145	176	207	237	268	298	6
7	330	361	24	55	85	116	146	177	208	238	269	299	7
8	331	362	25	56	86	117	147	178	209	239	270	300	8
9	332	363	26	57	87	118	148	179	210	240	271	301	9
10	333	364	27	58	88	119	149	180	211	241	272	302	10
11	334	365	28	59	89	120	150	181	212	242	273	303	11
12	335	1	29	60	90	121	151	182	213	243	274	304	12
13	336	2	30	61	91	122	152	183	214	244	275	305	13
14	337	3	31	62	92	123	153	184	215	245	276	306	14
15	338	4	32	63	93	124	154	185	216	246	277	307	15
16	339	5	33	64	94	125	155	186	217	247	278	308	16
17	340	6	34	65	95	126	156	187	218	248	279	309	17
18	341	7	35	66	96	127	157	188	219	249	280	310	18
19	342	8	36	67	97	128	158	189	220	250	281	311	19
20	343	9	37	68	98	129	159	190	221	251	282	312	20
21	344	10	38	69	99	130	160	191	222	252	283	313	21
22	345	11	39	70	100	131	161	192	223	253	284	314	22
23	346	12	40	71	101	132	162	193	224	254	285	315	23
24	347	13	41	72	102	133	163	194	225	255	286	316	24
25	348	14	42	73	103	134	164	195	226	256	287	317	25
26	349	15	43	74	104	135	165	196	227	257	288	318	26
27	350	16	44	75	105	136	166	197	228	258	289	319	27
28	351	17	45	76	106	137	167	198	229	259	290	320	28
29	352		46	77	107	138	168	199	230	260	291	321	29
30	353		47	78	108	139	169	200	231	261	292	322	30
31	354		48		109		170	201		262		323	31

Jours qu'il y a du 10 FÉVRIER à une date de chaque mois.

Dates	Janv.	Févr.	Mars	Avril	Mai	Juin	Juill.	Août	Sept.	Oct.	Nov.	Déc.	Dates
1	325	356	19	50	80	111	141	172	203	233	264	294	1
2	326	357	20	51	81	112	142	173	204	234	265	295	2
3	327	358	21	52	82	113	143	174	205	235	266	296	3
4	328	359	22	53	83	114	144	175	206	236	267	297	4
5	329	360	23	54	84	115	145	176	207	237	268	298	5
6	330	361	24	55	85	116	146	177	208	238	269	299	6
7	331	362	25	56	86	117	147	178	209	239	270	300	7
8	332	363	26	57	87	118	148	179	210	240	271	301	8
9	333	364	27	58	88	119	149	180	211	241	272	302	9
10	334	365	28	59	89	120	150	181	212	242	273	303	10
11	335	1	29	60	90	121	151	182	213	243	274	304	11
12	336	2	30	61	91	122	152	183	214	244	275	305	12
13	337	3	31	62	92	123	153	184	215	245	276	306	13
14	338	4	32	63	93	124	154	185	216	246	277	307	14
15	339	5	33	64	94	125	155	186	217	247	278	308	15
16	340	6	34	65	95	126	156	187	218	248	279	309	16
17	341	7	35	66	96	127	157	188	219	249	280	310	17
18	342	8	36	67	97	128	158	189	220	250	281	311	18
19	343	9	37	68	98	129	159	190	221	251	282	312	19
20	344	10	38	69	99	130	160	191	222	252	283	313	20
21	345	11	39	70	100	131	161	192	223	253	284	314	21
22	346	12	40	71	101	132	162	193	224	254	285	315	22
23	347	13	41	72	102	133	163	194	225	255	286	316	23
24	348	14	42	73	103	134	164	195	226	256	287	317	24
25	349	15	43	74	104	135	165	196	227	257	288	318	25
26	350	16	44	75	105	136	166	197	228	258	289	319	26
27	351	17	45	76	106	137	167	198	229	259	290	320	27
28	352	18	46	77	107	138	168	199	230	260	291	321	28
29	353		47	78	108	139	169	200	231	261	292	322	29
30	354		48	79	109	140	170	201	232	262	293	323	30
31	355		49		110		171	202		263		324	31

Jours qu'il y a du 13 FÉVRIER à une date de chaque mois.

Dates	Janv.	Févr.	Mars	Avril	Mai	Juin	Juill.	Août	Sept.	Oct.	Nov.	Déc.	Dates
1	322	353	16	47	77	108	138	169	200	230	261	291	1
2	323	354	17	48	78	109	139	170	201	231	262	292	2
3	324	355	18	49	79	110	140	171	202	232	263	293	3
4	325	356	19	50	80	111	141	172	203	233	264	294	4
5	326	357	20	51	81	112	142	173	204	234	265	295	5
6	327	358	21	52	82	113	143	174	205	235	266	296	6
7	328	359	22	53	83	114	144	175	206	236	267	297	7
8	329	360	23	54	84	115	145	176	207	237	268	298	8
9	330	361	24	55	85	116	146	177	208	238	269	299	9
10	331	362	25	56	86	117	147	178	209	239	270	300	10
11	332	363	26	57	87	118	148	179	210	240	271	301	11
12	333	364	27	58	88	119	149	180	211	241	272	302	12
13	334	365	28	59	89	120	150	181	212	242	273	303	13
14	335	1	29	60	90	121	151	182	213	243	274	304	14
15	336	2	30	61	91	122	152	183	214	244	275	305	15
16	337	3	31	62	92	123	153	184	215	245	276	306	16
17	338	4	32	63	93	124	154	185	216	246	277	307	17
18	339	5	33	64	94	125	155	186	217	247	278	308	18
19	340	6	34	65	95	126	156	187	218	248	279	309	19
20	341	7	35	66	96	127	157	188	219	249	280	310	20
21	342	8	36	67	97	128	158	189	220	250	281	311	21
22	343	9	37	68	98	129	159	190	221	251	282	312	22
23	344	10	38	69	99	130	160	191	222	252	283	313	23
24	345	11	39	70	100	131	161	192	223	253	284	314	24
25	346	12	40	71	101	132	162	193	224	254	285	315	25
26	347	13	41	72	102	133	163	194	225	255	286	316	26
27	348	14	42	73	103	134	164	195	226	256	287	317	27
28	349	15	43	74	104	135	165	196	227	257	288	318	28
29	350		44	75	105	136	166	197	228	258	289	319	29
30	351		45	76	106	137	167	198	229	259	290	320	30
31	352		46		107		168	199		260		321	31

Jours qu'il y a du 12 FÉVRIER à une date de chaque mois.

Dates	Janv.	Févr.	Mars	Avril	Mai	Juin	Juill.	Août	Sept.	Oct.	Nov.	Déc.	Dates
1	323	354	17	48	78	109	139	170	201	231	262	292	1
2	324	355	18	49	79	110	140	171	202	232	263	293	2
3	325	356	19	50	80	111	141	172	203	233	264	294	3
4	326	357	20	51	81	112	142	173	204	234	265	295	4
5	327	358	21	52	82	113	143	174	205	235	266	296	5
6	328	359	22	53	83	114	144	175	206	236	267	297	6
7	329	360	23	54	84	115	145	176	207	237	268	298	7
8	330	361	24	55	85	116	146	177	208	238	269	299	8
9	331	362	25	56	86	117	147	178	209	239	270	300	9
10	332	363	26	57	87	118	148	179	210	240	271	301	10
11	333	364	27	58	88	119	149	180	211	241	272	302	11
12	334	365	28	59	89	120	150	181	212	242	273	303	12
13	335	1	29	60	90	121	151	182	213	243	274	304	13
14	336	2	30	61	91	122	152	183	214	244	275	305	14
15	337	3	31	62	92	123	153	184	215	245	276	306	15
16	338	4	32	63	93	124	154	185	216	246	277	307	16
17	339	5	33	64	94	125	155	186	217	247	278	308	17
18	340	6	34	65	95	126	156	187	218	248	279	309	18
19	341	7	35	66	96	127	157	188	219	249	280	310	19
20	342	8	36	67	97	128	158	189	220	250	281	311	20
21	343	9	37	68	98	129	159	190	221	251	282	312	21
22	344	10	38	69	99	130	160	191	222	252	283	313	22
23	345	11	39	70	100	131	161	192	223	253	284	314	23
24	346	12	40	71	101	132	162	193	224	254	285	315	24
25	347	13	41	72	102	133	163	194	225	255	286	316	25
26	348	14	42	73	103	134	164	195	226	256	287	317	26
27	349	15	43	74	104	135	165	196	227	257	288	318	27
28	350	16	44	75	105	136	166	197	228	258	289	319	28
29	351		45	76	106	137	167	198	229	259	290	320	29
30	352		46	77	107	138	168	199	230	260	291	321	30
31	353		47		108		169	200		261		322	31

Jours qu'il y a du 15 FÉVRIER à une date de chaque mois.

Dates	Janv.	Févr.	Mars	Avril	Mai	Juin	Juill.	Août	Sept.	Oct.	Nov.	Déc.	Dates
1	320	351	14	45	75	106	136	167	198	228	259	289	1
2	321	352	15	46	76	107	137	168	199	229	260	290	2
3	322	353	16	47	77	108	138	169	200	230	261	291	3
4	323	354	17	48	78	109	139	170	201	231	262	292	4
5	324	355	18	49	79	110	140	171	202	232	263	293	5
6	325	356	19	50	80	111	141	172	203	233	264	294	6
7	326	357	20	51	81	112	142	173	204	234	265	295	7
8	327	358	21	52	82	113	143	174	205	235	266	296	8
9	328	359	22	53	83	114	144	175	206	236	267	297	9
10	329	360	23	54	84	115	145	176	207	237	268	298	10
11	330	361	24	55	85	116	146	177	208	238	269	299	11
12	331	362	25	56	86	117	147	178	209	239	270	300	12
13	332	363	26	57	87	118	148	179	210	240	271	301	13
14	333	364	27	58	88	119	149	180	211	241	272	302	14
15	334	365	28	59	89	120	150	181	212	242	273	303	15
16	335	1	29	60	90	121	151	182	213	243	274	304	16
17	336	2	30	61	91	122	152	183	214	244	275	305	17
18	337	3	31	62	92	123	153	184	215	245	276	306	18
19	338	4	32	63	93	124	154	185	216	246	277	307	19
20	339	5	33	64	94	125	155	186	217	247	278	308	20
21	340	6	34	65	95	126	156	187	218	248	279	309	21
22	341	7	35	66	96	127	157	188	219	249	280	310	22
23	342	8	36	67	97	128	158	189	220	250	281	311	23
24	343	9	37	68	98	129	159	190	221	251	282	312	24
25	344	10	38	69	99	130	160	191	222	252	283	313	25
26	345	11	39	70	100	131	161	192	223	253	284	314	26
27	346	12	40	71	101	132	162	193	224	254	285	315	27
28	347	13	41	72	102	133	163	194	225	255	286	316	28
29	348		42	73	103	134	164	195	226	256	287	317	29
30	349		43	74	104	135	165	196	227	257	288	318	30
31	350		44		105		166	197		258		319	31

Jours qu'il y a du 14 FÉVRIER à une date de chaque mois.

Dates	Janv.	Févr.	Mars	Avril	Mai	Juin	Juill.	Août	Sept.	Oct.	Nov.	Déc.	Dates
1	321	352	15	46	76	107	137	168	199	229	260	290	1
2	322	353	16	47	77	108	138	169	200	230	261	291	2
3	323	354	17	48	78	109	139	170	201	231	262	292	3
4	324	355	18	49	79	110	140	171	202	232	263	293	4
5	325	356	19	50	80	111	141	172	203	233	264	294	5
6	326	357	20	51	81	112	142	173	204	234	265	295	6
7	327	358	21	52	82	113	143	174	205	235	266	296	7
8	328	359	22	53	83	114	144	175	206	236	267	297	8
9	329	360	23	54	84	115	145	176	207	237	268	298	9
10	330	361	24	55	85	116	146	177	208	238	269	299	10
11	331	362	25	56	86	117	147	178	209	239	270	300	11
12	332	363	26	57	87	118	148	179	210	240	271	301	12
13	333	364	27	58	88	119	149	180	211	241	272	302	13
14	334	365	28	59	89	120	150	181	212	242	273	303	14
15	335	1	29	60	90	121	151	182	213	243	274	304	15
16	336	2	30	61	91	122	152	183	214	244	275	305	16
17	337	3	31	62	92	123	153	184	215	245	276	306	17
18	338	4	32	63	93	124	154	185	216	246	277	307	18
19	339	5	33	64	94	125	155	186	217	247	278	308	19
20	340	6	34	65	95	126	156	187	218	248	279	309	20
21	341	7	35	66	96	127	157	188	219	249	280	310	21
22	342	8	36	67	97	128	158	189	220	250	281	311	22
23	343	9	37	68	98	129	159	190	221	251	282	312	23
24	344	10	38	69	99	130	160	191	222	252	283	313	24
25	345	11	39	70	100	131	161	192	223	253	284	314	25
26	346	12	40	71	101	132	162	193	224	254	285	315	26
27	347	13	41	72	102	133	163	194	225	255	286	316	27
28	348	14	42	73	103	134	164	195	226	256	287	317	28
29	349		43	74	104	135	165	196	227	257	288	318	29
30	350		44	75	105	136	166	197	228	258	289	319	30
31	351		45		106		167	198		259		320	31

Jours qu'il y a du 17 FÉVRIER à une date de chaque mois.

Dates	Déc.	Nov.	Oct.	Sept.	Août	Juill.	Juin	Mai	Avril	Mars	Févr.	Janv.	Dates
1	287	257	226	196	165	134	104	73	43	12	349	318	1
2	288	258	227	197	166	135	105	74	44	13	350	319	2
3	289	259	228	198	167	136	106	75	45	14	351	320	3
4	290	260	229	199	168	137	107	76	46	15	352	321	4
5	291	261	230	200	169	138	108	77	47	16	353	322	5
6	292	262	231	201	170	139	109	78	48	17	354	323	6
7	293	263	232	202	171	140	110	79	49	18	355	324	7
8	294	264	233	203	172	141	111	80	50	19	356	325	8
9	295	265	234	204	173	142	112	81	51	20	357	326	9
10	296	266	235	205	174	143	113	82	52	21	358	327	10
11	297	267	236	206	175	144	114	83	53	22	359	328	11
12	298	268	237	207	176	145	115	84	54	23	360	329	12
13	299	269	238	208	177	146	116	85	55	24	361	330	13
14	300	270	239	209	178	147	117	86	56	25	362	331	14
15	301	271	240	210	179	148	118	87	57	26	363	332	15
16	302	272	241	211	180	149	119	88	58	27	364	333	16
17	303	273	242	212	181	150	120	89	59	28	365	334	17
18	304	274	243	213	182	151	121	90	60	29	1	335	18
19	305	275	244	214	183	152	122	91	61	30	2	336	19
20	306	276	245	215	184	153	123	92	62	31	3	337	20
21	307	277	246	216	185	154	124	93	63	32	4	338	21
22	308	278	247	217	186	155	125	94	64	33	5	339	22
23	309	279	248	218	187	156	126	95	65	34	6	340	23
24	310	280	249	219	188	157	127	96	66	35	7	341	24
25	311	281	250	220	189	158	128	97	67	36	8	342	25
26	312	282	251	221	190	159	129	98	68	37	9	343	26
27	313	283	252	222	191	160	130	99	69	38	10	344	27
28	314	284	253	223	192	161	131	100	70	39	11	345	28
29	315	285	254	224	193	162	132	101	71	40		346	29
30	316	286	255	225	194	163	133	102	72	41		347	30
31	317		256		195	164		103		42		348	31

Jours qu'il y a du 16 FÉVRIER à une date de chaque mois.

Dates	Déc.	Nov.	Oct.	Sept.	Août	Juill.	Juin	Mai	Avril	Mars	Févr.	Janv.	Dates
1	288	258	227	197	166	135	105	74	44	13	350	319	1
2	289	259	228	198	167	136	106	75	45	14	351	320	2
3	290	260	229	199	168	137	107	76	46	15	352	321	3
4	291	261	230	200	169	138	108	77	47	16	353	322	4
5	292	262	231	201	170	139	109	78	48	17	354	323	5
6	293	263	232	202	171	140	110	79	49	18	355	324	6
7	294	264	233	203	172	141	111	80	50	19	356	325	7
8	295	265	234	204	173	142	112	81	51	20	357	326	8
9	296	266	235	205	174	143	113	82	52	21	358	327	9
10	297	267	236	206	175	144	114	83	53	22	359	328	10
11	298	268	237	207	176	145	115	84	54	23	360	329	11
12	299	269	238	208	177	146	116	85	55	24	361	330	12
13	300	270	239	209	178	147	117	86	56	25	362	331	13
14	301	271	240	210	179	148	118	87	57	26	363	332	14
15	302	272	241	211	180	149	119	88	58	27	364	333	15
16	303	273	242	212	181	150	120	89	59	28	365	334	16
17	304	274	243	213	182	151	121	90	60	29	1	335	17
18	305	275	244	214	183	152	122	91	61	30	2	336	18
19	306	276	245	215	184	153	123	92	62	31	3	337	19
20	307	277	246	216	185	154	124	93	63	32	4	338	20
21	308	278	247	217	186	155	125	94	64	33	5	339	21
22	309	279	248	218	187	156	126	95	65	34	6	340	22
23	310	280	249	219	188	157	127	96	66	35	7	341	23
24	311	281	250	220	189	158	128	97	67	36	8	342	24
25	312	282	251	221	190	159	129	98	68	37	9	343	25
26	313	283	252	222	191	160	130	99	69	38	10	344	26
27	314	284	253	223	192	161	131	100	70	39	11	345	27
28	315	285	254	224	193	162	132	101	71	40	12	346	28
29	316	286	255	225	194	163	133	102	72	41		347	29
30	317	287	256	226	195	164	134	103	73	42		348	30
31	318		257		196	165		104		43		349	31

Dates	Janv.	Févr.	Mars	Avril	Mai	Juin	Juill.	Août	Sept.	Oct.	Nov.	Déc.
1	316	347	10	41	71	102	132	163	194	224	255	285
2	317	348	11	42	72	103	133	164	195	225	256	286
3	318	349	12	43	73	104	134	165	196	226	257	287
4	319	350	13	44	74	105	135	166	197	227	258	288
5	320	351	14	45	75	106	136	167	198	228	259	289
6	321	352	15	46	76	107	137	168	199	229	260	290
7	322	353	16	47	77	108	138	169	200	230	261	291
8	323	354	17	48	78	109	139	170	201	231	262	292
9	324	355	18	49	79	110	140	171	202	232	263	293
10	325	356	19	50	80	111	141	172	203	233	264	294
11	326	357	20	51	81	112	142	173	204	234	265	295
12	327	358	21	52	82	113	143	174	205	235	266	296
13	328	359	22	53	83	114	144	175	206	236	267	297
14	329	360	23	54	84	115	145	176	207	237	268	298
15	330	361	24	55	85	116	146	177	208	238	269	299
16	331	362	25	56	86	117	147	178	209	239	270	300
17	332	363	26	57	87	118	148	179	210	240	271	301
18	333	364	27	58	88	119	149	180	211	241	272	302
19	334	365	28	59	89	120	150	181	212	242	273	303
20	335	1	29	60	90	121	151	182	213	243	274	304
21	336	2	30	61	91	122	152	183	214	244	275	305
22	337	3	31	62	92	123	153	184	215	245	276	306
23	338	4	32	63	93	124	154	185	216	246	277	307
24	339	5	33	64	94	125	155	186	217	247	278	308
25	340	6	34	65	95	126	156	187	218	248	279	309
26	341	7	35	66	96	127	157	188	219	249	280	310
27	342	8	36	67	97	128	158	189	220	250	281	311
28	343	9	37	68	98	129	159	190	221	251	282	312
29	344		38	69	99	130	160	191	222	252	283	313
30	345		39	70	100	131	161	192	223	253	284	314
31	346		40		101		162	193		254		315

Dates	Janv.	Févr.	Mars	Avril	Mai	Juin	Juill.	Août	Sept.	Oct.	Nov.	Déc.
1	317	348	11	42	72	103	133	164	195	225	256	286
2	318	349	12	43	73	104	134	165	196	226	257	287
3	319	350	13	44	74	105	135	166	197	227	258	288
4	320	351	14	45	75	106	136	167	198	228	259	289
5	321	352	15	46	76	107	137	168	199	229	260	290
6	322	353	16	47	77	108	138	169	200	230	261	291
7	323	354	17	48	78	109	139	170	201	231	262	292
8	324	355	18	49	79	110	140	171	202	232	263	293
9	325	356	19	50	80	111	141	172	203	233	264	294
10	326	357	20	51	81	112	142	173	204	234	265	295
11	327	358	21	52	82	113	143	174	205	235	266	296
12	328	359	22	53	83	114	144	175	206	236	267	297
13	329	360	23	54	84	115	145	176	207	237	268	298
14	330	361	24	55	85	116	146	177	208	238	269	299
15	331	362	25	56	86	117	147	178	209	239	270	300
16	332	363	26	57	87	118	148	179	210	240	271	301
17	333	364	27	58	88	119	149	180	211	241	272	302
18	334	365	28	59	89	120	150	181	212	242	273	303
19	335	1	29	60	90	121	151	182	213	243	274	304
20	336	2	30	61	91	122	152	183	214	244	275	305
21	337	3	31	62	92	123	153	184	215	245	276	306
22	338	4	32	63	93	124	154	185	216	246	277	307
23	339	5	33	64	94	125	155	186	217	247	278	308
24	340	6	34	65	95	126	156	187	218	248	279	309
25	341	7	35	66	96	127	157	188	219	249	280	310
26	342	8	36	67	97	128	158	189	220	250	281	311
27	343	9	37	68	98	129	159	190	221	251	282	312
28	344	10	38	69	99	130	160	191	222	252	283	313
29	345		39	70	100	131	161	192	223	253	284	314
30	346		40	71	101	132	162	193	224	254	285	315
31	347		41		102		163	194		255		316

Jours qu'il y a du 21 FÉVRIER à une date de chaque mois.

Dates	Déc.	Nov.	Oct.	Sept.	Août	Juill.	Juin	Mai	Avril	Mars	Févr.	Janv.	Dates
1	283	253	222	192	161	130	100	69	39	8	345	314	1
2	284	254	223	193	162	131	101	70	40	9	346	315	2
3	285	255	224	194	163	132	102	71	41	10	347	316	3
4	286	256	225	195	164	133	103	72	42	11	348	317	4
5	287	257	226	196	165	134	104	73	43	12	349	318	5
6	288	258	227	197	166	135	105	74	44	13	350	319	6
7	289	259	228	198	167	136	106	75	45	14	351	320	7
8	290	260	229	199	168	137	107	76	46	15	352	321	8
9	291	261	230	200	169	138	108	77	47	16	353	322	9
10	292	262	231	201	170	139	109	78	48	17	354	323	10
11	293	263	232	202	171	140	110	79	49	18	355	324	11
12	294	264	233	203	172	141	111	80	50	19	356	325	12
13	295	265	234	204	173	142	112	81	51	20	357	326	13
14	296	266	235	205	174	143	113	82	52	21	358	327	14
15	297	267	236	206	175	144	114	83	53	22	359	328	15
16	298	268	237	207	176	145	115	84	54	23	360	329	16
17	299	269	238	208	177	146	116	85	55	24	361	330	17
18	300	270	239	209	178	147	117	86	56	25	362	331	18
19	301	271	240	210	179	148	118	87	57	26	363	332	19
20	302	272	241	211	180	149	119	88	58	27	364	333	20
21	303	273	242	212	181	150	120	89	59	28	365	334	21
22	304	274	243	213	182	151	121	90	60	29	1	335	22
23	305	275	244	214	183	152	122	91	61	30	2	336	23
24	306	276	245	215	184	153	123	92	62	31	3	337	24
25	307	277	246	216	185	154	124	93	63	32	4	338	25
26	308	278	247	217	186	155	125	94	64	33	5	339	26
27	309	279	248	218	187	156	126	95	65	34	6	340	27
28	310	280	249	219	188	157	127	96	66	35	7	341	28
29	311	281	250	220	189	158	128	97	67	36		342	29
30	312	282	251	221	190	159	129	98	68	37		343	30
31	313		252		191	160		99		38		344	31

Jours qu'il y a du 20 FÉVRIER à une date de chaque mois.

Dates	Déc.	Nov.	Oct.	Sept.	Août	Juill.	Juin	Mai	Avril	Mars	Févr.	Janv.	Dates
1	284	254	223	193	162	131	101	70	40	9	346	315	1
2	285	255	224	194	163	132	102	71	41	10	347	316	2
3	286	256	225	195	164	133	103	72	42	11	348	317	3
4	287	257	226	196	165	134	104	73	43	12	349	318	4
5	288	258	227	197	166	135	105	74	44	13	350	319	5
6	289	259	228	198	167	136	106	75	45	14	351	320	6
7	290	260	229	199	168	137	107	76	46	15	352	321	7
8	291	261	230	200	169	138	108	77	47	16	353	322	8
9	292	262	231	201	170	139	109	78	48	17	354	323	9
10	293	263	232	202	171	140	110	79	49	18	355	324	10
11	294	264	233	203	172	141	111	80	50	19	356	325	11
12	295	265	234	204	173	142	112	81	51	20	357	326	12
13	296	266	235	205	174	143	113	82	52	21	358	327	13
14	297	267	236	206	175	144	114	83	53	22	359	328	14
15	298	268	237	207	176	145	115	84	54	23	360	329	15
16	299	269	238	208	177	146	116	85	55	24	361	330	16
17	300	270	239	209	178	147	117	86	56	25	362	331	17
18	301	271	240	210	179	148	118	87	57	26	363	332	18
19	302	272	241	211	180	149	119	88	58	27	364	333	19
20	303	273	242	212	181	150	120	89	59	28	365	334	20
21	304	274	243	213	182	151	121	90	60	29	1	335	21
22	305	275	244	214	183	152	122	91	61	30	2	336	22
23	306	276	245	215	184	153	123	92	62	31	3	337	23
24	307	277	246	216	185	154	124	93	63	32	4	338	24
25	308	278	247	217	186	155	125	94	64	33	5	339	25
26	309	279	248	218	187	156	126	95	65	34	6	340	26
27	310	280	249	219	188	157	127	96	66	35	7	341	27
28	311	281	250	220	189	158	128	97	67	36	8	342	28
29	312	282	251	221	190	159	129	98	68	37		343	29
30	313	283	252	222	191	160	130	99	69	38		344	30
31	314		253		192	161		100		39		345	31

Dates	Janv	Févr	Mars	Avril	Mai	Juin	Juill	Août	Sept	Oct	Nov	Déc	Dates
1	312	343	6	37	67	98	128	159	190	220	251	281	1
2	313	344	7	38	68	99	129	160	191	221	252	282	2
3	314	345	8	39	69	100	130	161	192	222	253	283	3
4	315	346	9	40	70	101	131	162	193	223	254	284	4
5	316	347	10	41	71	102	132	163	194	224	255	285	5
6	317	348	11	42	72	103	133	164	195	225	256	286	6
7	318	349	12	43	73	104	134	165	196	226	257	287	7
8	319	350	13	44	74	105	135	166	197	227	258	288	8
9	320	351	14	45	75	106	136	167	198	228	259	289	9
10	321	352	15	46	76	107	137	168	199	229	260	290	10
11	322	353	16	47	77	108	138	169	200	230	261	291	11
12	323	354	17	48	78	109	139	170	201	231	262	292	12
13	324	355	18	49	79	110	140	171	202	232	263	293	13
14	325	356	19	50	80	111	141	172	203	233	264	294	14
15	326	357	20	51	81	112	142	173	204	234	265	295	15
16	327	358	21	52	82	113	143	174	205	235	266	296	16
17	328	359	22	53	83	114	144	175	206	236	267	297	17
18	329	360	23	54	84	115	145	176	207	237	268	298	18
19	330	361	24	55	85	116	146	177	208	238	269	299	19
20	331	362	25	56	86	117	147	178	209	239	270	300	20
21	332	363	26	57	87	118	148	179	210	240	271	301	21
22	333	364	27	58	88	119	149	180	211	241	272	302	22
23	334	365	28	59	89	120	150	181	212	242	273	303	23
24	335	1	29	60	90	121	151	182	213	243	274	304	24
25	336	2	30	61	91	122	152	183	214	244	275	305	25
26	337	3	31	62	92	123	153	184	215	245	276	306	26
27	338	4	32	63	93	124	154	185	216	246	277	307	27
28	339	5	33	64	94	125	155	186	217	247	278	308	28
29	340		34	65	95	126	156	187	218	248	279	309	29
30	341		35	66	96	127	157	188	219	249	280	310	30
31	342		36		97		158	189		250		311	31

Dates	Janv	Févr	Mars	Avril	Mai	Juin	Juill	Août	Sept	Oct	Nov	Déc	Dates
1	313	344	7	38	68	99	129	160	191	221	252	282	1
2	314	345	8	39	69	100	130	161	192	222	253	283	2
3	315	346	9	40	70	101	131	162	193	223	254	284	3
4	316	347	10	41	71	102	132	163	194	224	255	285	4
5	317	348	11	42	72	103	133	164	195	225	256	286	5
6	318	349	12	43	73	104	134	165	196	226	257	287	6
7	319	350	13	44	74	105	135	166	197	227	258	288	7
8	320	351	14	45	75	106	136	167	198	228	259	289	8
9	321	352	15	46	76	107	137	168	199	229	260	290	9
10	322	353	16	47	77	108	138	169	200	230	261	291	10
11	323	354	17	48	78	109	139	170	201	231	262	292	11
12	324	355	18	49	79	110	140	171	202	232	263	293	12
13	325	356	19	50	80	111	141	172	203	233	264	294	13
14	326	357	20	51	81	112	142	173	204	234	265	295	14
15	327	358	21	52	82	113	143	174	205	235	266	296	15
16	328	359	22	53	83	114	144	175	206	236	267	297	16
17	329	360	23	54	84	115	145	176	207	237	268	298	17
18	330	361	24	55	85	116	146	177	208	238	269	299	18
19	331	362	25	56	86	117	147	178	209	239	270	300	19
20	332	363	26	57	87	118	148	179	210	240	271	301	20
21	333	364	27	58	88	119	149	180	211	241	272	302	21
22	334	365	28	59	89	120	150	181	212	242	273	303	22
23	335	1	29	60	90	121	151	182	213	243	274	304	23
24	336	2	30	61	91	122	152	183	214	244	275	305	24
25	337	3	31	62	92	123	153	184	215	245	276	306	25
26	338	4	32	63	93	124	154	185	216	246	277	307	26
27	339	5	33	64	94	125	155	186	217	247	278	308	27
28	340	6	34	65	95	126	156	187	218	248	279	309	28
29	341		35	66	96	127	157	188	219	249	280	310	29
30	342		36	67	97	128	158	189	220	250	281	311	30
31	343		37		98		159	190		251		312	31

Jours qu'il y a du 25 FÉVRIER à une date de chaque mois.

Dates	Janv.	Févr.	Mars	Avril	Mai	Juin	Juill.	Août	Sept.	Oct.	Nov.	Déc.
1	310	341	4	35	65	96	126	157	188	218	249	279
2	311	342	5	36	66	97	127	158	189	219	250	280
3	312	343	6	37	67	98	128	159	190	220	251	281
4	313	344	7	38	68	99	129	160	191	221	252	282
5	314	345	8	39	69	100	130	161	192	222	253	283
6	315	346	9	40	70	101	131	162	193	223	254	284
7	316	347	10	41	71	102	132	163	194	224	255	285
8	317	348	11	42	72	103	133	164	195	225	256	286
9	318	349	12	43	73	104	134	165	196	226	257	287
10	319	350	13	44	74	105	135	166	197	227	258	288
11	320	351	14	45	75	106	136	167	198	228	259	289
12	321	352	15	46	76	107	137	168	199	229	260	290
13	322	353	16	47	77	108	138	169	200	230	261	291
14	323	354	17	48	78	109	139	170	201	231	262	292
15	324	355	18	49	79	110	140	171	202	232	263	293
16	325	356	19	50	80	111	141	172	203	233	264	294
17	326	357	20	51	81	112	142	173	204	234	265	295
18	327	358	21	52	82	113	143	174	205	235	266	296
19	328	359	22	53	83	114	144	175	206	236	267	297
20	329	360	23	54	84	115	145	176	207	237	268	298
21	330	361	24	55	85	116	146	177	208	238	269	299
22	331	362	25	56	86	117	147	178	209	239	270	300
23	332	363	26	57	87	118	148	179	210	240	271	301
24	333	364	27	58	88	119	149	180	211	241	272	302
25	334	365	28	59	89	120	150	181	212	242	273	303
26	335	1	29	60	90	121	151	182	213	243	274	304
27	336	2	30	61	91	122	152	183	214	244	275	305
28	337	3	31	62	92	123	153	184	215	245	276	306
29	338		32	63	93	124	154	185	216	246	277	307
30	339		33	64	94	125	155	186	217	247	278	308
31	340		34		95		156	187		248		309

Jours qu'il y a du 24 FÉVRIER à une date de chaque mois.

Dates	Janv.	Févr.	Mars	Avril	Mai	Juin	Juill.	Août	Sept.	Oct.	Nov.	Déc.
1	311	342	5	36	66	97	127	158	189	219	250	280
2	312	343	6	37	67	98	128	159	190	220	251	281
3	313	344	7	38	68	99	129	160	191	221	252	282
4	314	345	8	39	69	100	130	161	192	222	253	283
5	315	346	9	40	70	101	131	162	193	223	254	284
6	316	347	10	41	71	102	132	163	194	224	255	285
7	317	348	11	42	72	103	133	164	195	225	256	286
8	318	349	12	43	73	104	134	165	196	226	257	287
9	319	350	13	44	74	105	135	166	197	227	258	288
10	320	351	14	45	75	106	136	167	198	228	259	289
11	321	352	15	46	76	107	137	168	199	229	260	290
12	322	353	16	47	77	108	138	169	200	230	261	291
13	323	354	17	48	78	109	139	170	201	231	262	292
14	324	355	18	49	79	110	140	171	202	232	263	293
15	325	356	19	50	80	111	141	172	203	233	264	294
16	326	357	20	51	81	112	142	173	204	234	265	295
17	327	358	21	52	82	113	143	174	205	235	266	296
18	328	359	22	53	83	114	144	175	206	236	267	297
19	329	360	23	54	84	115	145	176	207	237	268	298
20	330	361	24	55	85	116	146	177	208	238	269	299
21	331	362	25	56	86	117	147	178	209	239	270	300
22	332	363	26	57	87	118	148	179	210	240	271	301
23	333	364	27	58	88	119	149	180	211	241	272	302
24	334	365	28	59	89	120	150	181	212	242	273	303
25	335	1	29	60	90	121	151	182	213	243	274	304
26	336	2	30	61	91	122	152	183	214	244	275	305
27	337	3	31	62	92	123	153	184	215	245	276	306
28	338	4	32	63	93	124	154	185	216	246	277	307
29	339		33	64	94	125	155	186	217	247	278	308
30	340		34	65	95	126	156	187	218	248	279	309
31	341		35		96		157	188		249		310

Dates	Janv.	Févr.	Mars	Avril	Mai	Juin	Juill.	Août	Sept.	Oct.	Nov.	Déc.	Dates
1	308	339	2	33	63	94	124	155	186	216	247	277	1
2	309	340	3	34	64	95	125	156	187	217	248	278	2
3	310	341	4	35	65	96	126	157	188	218	249	279	3
4	311	342	5	36	66	97	127	158	189	219	250	280	4
5	312	343	6	37	67	98	128	159	190	220	251	281	5
6	313	344	7	38	68	99	129	160	191	221	252	282	6
7	314	345	8	39	69	100	130	161	192	222	253	283	7
8	315	346	9	40	70	101	131	162	193	223	254	284	8
9	316	347	10	41	71	102	132	163	194	224	255	285	9
10	317	348	11	42	72	103	133	164	195	225	256	286	10
11	318	349	12	43	73	104	134	165	196	226	257	287	11
12	319	350	13	44	74	105	135	166	197	227	258	288	12
13	320	351	14	45	75	106	136	167	198	228	259	289	13
14	321	352	15	46	76	107	137	168	199	229	260	290	14
15	322	353	16	47	77	108	138	169	200	230	261	291	15
16	323	354	17	48	78	109	139	170	201	231	262	292	16
17	324	355	18	49	79	110	140	171	202	232	263	293	17
18	325	356	19	50	80	111	141	172	203	233	264	294	18
19	326	357	20	51	81	112	142	173	204	234	265	295	19
20	327	358	21	52	82	113	143	174	205	235	266	296	20
21	328	359	22	53	83	114	144	175	206	236	267	297	21
22	329	360	23	54	84	115	145	176	207	237	268	298	22
23	330	361	24	55	85	116	146	177	208	238	269	299	23
24	331	362	25	56	86	117	147	178	209	239	270	300	24
25	332	363	26	57	87	118	148	179	210	240	271	301	25
26	333	364	27	58	88	119	149	180	211	241	272	302	26
27	334	365	28	59	89	120	150	181	212	242	273	303	27
28	335	1	29	60	90	121	151	182	213	243	274	304	28
29	336		30	61	91	122	152	183	214	244	275	305	29
30	337		31	62	92	123	153	184	215	245	276	306	30
31	338		32		93		154	185		246		307	31

Dates	Janv.	Févr.	Mars	Avril	Mai	Juin	Juill.	Août	Sept.	Oct.	Nov.	Déc.	Dates
1	309	340	3	34	64	95	125	156	187	217	248	278	1
2	310	341	4	35	65	96	126	157	188	218	249	279	2
3	311	342	5	36	66	97	127	158	189	219	250	280	3
4	312	343	6	37	67	98	128	159	190	220	251	281	4
5	313	344	7	38	68	99	129	160	191	221	252	282	5
6	314	345	8	39	69	100	130	161	192	222	253	283	6
7	315	346	9	40	70	101	131	162	193	223	254	284	7
8	316	347	10	41	71	102	132	163	194	224	255	285	8
9	317	348	11	42	72	103	133	164	195	225	256	286	9
10	318	349	12	43	73	104	134	165	196	226	257	287	10
11	319	350	13	44	74	105	135	166	197	227	258	288	11
12	320	351	14	45	75	106	136	167	198	228	259	289	12
13	321	352	15	46	76	107	137	168	199	229	260	290	13
14	322	353	16	47	77	108	138	169	200	230	261	291	14
15	323	354	17	48	78	109	139	170	201	231	262	292	15
16	324	355	18	49	79	110	140	171	202	232	263	293	16
17	325	356	19	50	80	111	141	172	203	233	264	294	17
18	326	357	20	51	81	112	142	173	204	234	265	295	18
19	327	358	21	52	82	113	143	174	205	235	266	296	19
20	328	359	22	53	83	114	144	175	206	236	267	297	20
21	329	360	23	54	84	115	145	176	207	237	268	298	21
22	330	361	24	55	85	116	146	177	208	238	269	299	22
23	331	362	25	56	86	117	147	178	209	239	270	300	23
24	332	363	26	57	87	118	148	179	210	240	271	301	24
25	333	364	27	58	88	119	149	180	211	241	272	302	25
26	334	365	28	59	89	120	150	181	212	242	273	303	26
27	335	1	29	60	90	121	151	182	213	243	274	304	27
28	336	2	30	61	91	122	152	183	214	244	275	305	28
29	337		31	62	92	123	153	184	215	245	276	306	29
30	338		32	63	93	124	154	185	216	246	277	307	30
31	339		33		94		155	186		247		308	31

Jours qu'il y a du 1er MARS à une date de chaque mois.

Dates	Déc.	Nov.	Oct.	Sept.	Août	Juill.	Juin	Mai	Avril	Mars	Févr.	Janv.	Dates
1	275	245	214	184	153	122	92	61	31	365	337	306	1
2	276	246	215	185	154	123	93	62	32	1	338	307	2
3	277	247	216	186	155	124	94	63	33	2	339	308	3
4	278	248	217	187	156	125	95	64	34	3	340	309	4
5	279	249	218	188	157	126	96	65	35	4	341	310	5
6	280	250	219	189	158	127	97	66	36	5	342	311	6
7	281	251	220	190	159	128	98	67	37	6	343	312	7
8	282	252	221	191	160	129	99	68	38	7	344	313	8
9	283	253	222	192	161	130	100	69	39	8	345	314	9
10	284	254	223	193	162	131	101	70	40	9	346	315	10
11	285	255	224	194	163	132	102	71	41	10	347	316	11
12	286	256	225	195	164	133	103	72	42	11	348	317	12
13	287	257	226	196	165	134	104	73	43	12	349	318	13
14	288	258	227	197	166	135	105	74	44	13	350	319	14
15	289	259	228	198	167	136	106	75	45	14	351	320	15
16	290	260	229	199	168	137	107	76	46	15	352	321	16
17	291	261	230	200	169	138	108	77	47	16	353	322	17
18	292	262	231	201	170	139	109	78	48	17	354	323	18
19	293	263	232	202	171	140	110	79	49	18	355	324	19
20	294	264	233	203	172	141	111	80	50	19	356	325	20
21	295	265	234	204	173	142	112	81	51	20	357	326	21
22	296	266	235	205	174	143	113	82	52	21	358	327	22
23	297	267	236	206	175	144	114	83	53	22	359	328	23
24	298	268	237	207	176	145	115	84	54	23	360	329	24
25	299	269	238	208	177	146	116	85	55	24	361	330	25
26	300	270	239	209	178	147	117	86	56	25	362	331	26
27	301	271	240	210	179	148	118	87	57	26	363	332	27
28	302	272	241	211	180	149	119	88	58	27	364	333	28
29	303	273	242	212	181	150	120	89	59	28		334	29
30	304	274	243	213	182	151	121	90	60	29		335	30
31	305		244		183	152		91		30		336	31

Jours qu'il y a du 28 FÉVRIER à une date de chaque mois.

Dates	Déc.	Nov.	Oct.	Sept.	Août	Juill.	Juin	Mai	Avril	Mars	Févr.	Janv.	Dates
1	276	246	215	185	154	123	93	62	32	1	338	307	1
2	277	247	216	186	155	124	94	63	33	2	339	308	2
3	278	248	217	187	156	125	95	64	34	3	340	309	3
4	279	249	218	188	157	126	96	65	35	4	341	310	4
5	280	250	219	189	158	127	97	66	36	5	342	311	5
6	281	251	220	190	159	128	98	67	37	6	343	312	6
7	282	252	221	191	160	129	99	68	38	7	344	313	7
8	283	253	222	192	161	130	100	69	39	8	345	314	8
9	284	254	223	193	162	131	101	70	40	9	346	315	9
10	285	255	224	194	163	132	102	71	41	10	347	316	10
11	286	256	225	195	164	133	103	72	42	11	348	317	11
12	287	257	226	196	165	134	104	73	43	12	349	318	12
13	288	258	227	197	166	135	105	74	44	13	350	319	13
14	289	259	228	198	167	136	106	75	45	14	351	320	14
15	290	260	229	199	168	137	107	76	46	15	352	321	15
16	291	261	230	200	169	138	108	77	47	16	353	322	16
17	292	262	231	201	170	139	109	78	48	17	354	323	17
18	293	263	232	202	171	140	110	79	49	18	355	324	18
19	294	264	233	203	172	141	111	80	50	19	356	325	19
20	295	265	234	204	173	142	112	81	51	20	357	326	20
21	296	266	235	205	174	143	113	82	52	21	358	327	21
22	297	267	236	206	175	144	114	83	53	22	359	328	22
23	298	268	237	207	176	145	115	84	54	23	360	329	23
24	299	269	238	208	177	146	116	85	55	24	361	330	24
25	300	270	239	209	178	147	117	86	56	25	362	331	25
26	301	271	240	210	179	148	118	87	57	26	363	332	26
27	302	272	241	211	180	149	119	88	58	27	364	333	27
28	303	273	242	212	181	150	120	89	59	28	365	334	28
29	304	274	243	213	182	151	121	90	60	29		335	29
30	305	275	244	214	183	152	122	91	61	30		336	30
31	306		245		184	153		92		31		337	31

Jours qu'il y a du **3 MARS** à une date de chaque mois.

Dates	Déc.	Nov.	Oct.	Sept.	Août	Juill.	Juin	Mai	Avril	Mars	Févr.	Janv.	Dates
1	273	243	212	182	151	120	90	59	29	363	335	304	1
2	274	244	213	183	152	121	91	60	30	364	336	305	2
3	275	245	214	184	153	122	92	61	31	365	337	306	3
4	276	246	215	185	154	123	93	62	32	1	338	307	4
5	277	247	216	186	155	124	94	63	33	2	339	308	5
6	278	248	217	187	156	125	95	64	34	3	340	309	6
7	279	249	218	188	157	126	96	65	35	4	341	310	7
8	280	250	219	189	158	127	97	66	36	5	342	311	8
9	281	251	220	190	159	128	98	67	37	6	343	312	9
10	282	252	221	191	160	129	99	68	38	7	344	313	10
11	283	253	222	192	161	130	100	69	39	8	345	314	11
12	284	254	223	193	162	131	101	70	40	9	346	315	12
13	285	255	224	194	163	132	102	71	41	10	347	316	13
14	286	256	225	195	164	133	103	72	42	11	348	317	14
15	287	257	226	196	165	134	104	73	43	12	349	318	15
16	288	258	227	197	166	135	105	74	44	13	350	319	16
17	289	259	228	198	167	136	106	75	45	14	351	320	17
18	290	260	229	199	168	137	107	76	46	15	352	321	18
19	291	261	230	200	169	138	108	77	47	16	353	322	19
20	292	262	231	201	170	139	109	78	48	17	354	323	20
21	293	263	232	202	171	140	110	79	49	18	355	324	21
22	294	264	233	203	172	141	111	80	50	19	356	325	22
23	295	265	234	204	173	142	112	81	51	20	357	326	23
24	296	266	235	205	174	143	113	82	52	21	358	327	24
25	297	267	236	206	175	144	114	83	53	22	359	328	25
26	298	268	237	207	176	145	115	84	54	23	360	329	26
27	299	269	238	208	177	146	116	85	55	24	361	330	27
28	300	270	239	209	178	147	117	86	56	25	362	331	28
29	301	271	240	210	179	148	118	87	57	26		332	29
30	302	272	241	211	180	149	119	88	58	27		333	30
31	303		242		181	150		89		28		334	31

Jours qu'il y a du **2 MARS** à une date de chaque mois.

Dates	Déc.	Nov.	Oct.	Sept.	Août	Juill.	Juin	Mai	Avril	Mars	Févr.	Janv.	Dates
1	274	244	213	183	152	121	91	60	30	364	336	305	1
2	275	245	214	184	153	122	92	61	31	365	337	306	2
3	276	246	215	185	154	123	93	62	32	1	338	307	3
4	277	247	216	186	155	124	94	63	33	2	339	308	4
5	278	248	217	187	156	125	95	64	34	3	340	309	5
6	279	249	218	188	157	126	96	65	35	4	341	310	6
7	280	250	219	189	158	127	97	66	36	5	342	311	7
8	281	251	220	190	159	128	98	67	37	6	343	312	8
9	282	252	221	191	160	129	99	68	38	7	344	313	9
10	283	253	222	192	161	130	100	69	39	8	345	314	10
11	284	254	223	193	162	131	101	70	40	9	346	315	11
12	285	255	224	194	163	132	102	71	41	10	347	316	12
13	286	256	225	195	164	133	103	72	42	11	348	317	13
14	287	257	226	196	165	134	104	73	43	12	349	318	14
15	288	258	227	197	166	135	105	74	44	13	350	319	15
16	289	259	228	198	167	136	106	75	45	14	351	320	16
17	290	260	229	199	168	137	107	76	46	15	352	321	17
18	291	261	230	200	169	138	108	77	47	16	353	322	18
19	292	262	231	201	170	139	109	78	48	17	354	323	19
20	293	263	232	202	171	140	110	79	49	18	355	324	20
21	294	264	233	203	172	141	111	80	50	19	356	325	21
22	295	265	234	204	173	142	112	81	51	20	357	326	22
23	296	266	235	205	174	143	113	82	52	21	358	327	23
24	297	267	236	206	175	144	114	83	53	22	359	328	24
25	298	268	237	207	176	145	115	84	54	23	360	329	25
26	299	269	238	208	177	146	116	85	55	24	361	330	26
27	300	270	239	209	178	147	117	86	56	25	362	331	27
28	301	271	240	210	179	148	118	87	57	26	363	332	28
29	302	272	241	211	180	149	119	88	58	27		333	29
30	303	273	242	212	181	150	120	89	59	28		334	30
31	304		243		182	151		90		29		335	31

Jours qu'il y a du 5 MARS à une date de chaque mois.

Dates	Janv.	Fevr.	Mars	Avril	Mai	Juin	Juill.	Août	Sept.	Oct.	Nov.	Déc.	Dates
1	302	333	361	27	57	88	118	149	180	210	241	271	1
2	303	334	362	28	58	89	119	150	181	211	242	272	2
3	304	335	363	29	59	90	120	151	182	212	243	273	3
4	305	336	364	30	60	91	121	152	183	213	244	274	4
5	306	337	365	31	61	92	122	153	184	214	245	275	5
6	307	338	1	32	62	93	123	154	185	215	246	276	6
7	308	339	2	33	63	94	124	155	186	216	247	277	7
8	309	340	3	34	64	95	125	156	187	217	248	278	8
9	310	341	4	35	65	96	126	157	188	218	249	279	9
10	311	342	5	36	66	97	127	158	189	219	250	280	10
11	312	343	6	37	67	98	128	159	190	220	251	281	11
12	313	344	7	38	68	99	129	160	191	221	252	282	12
13	314	345	8	39	69	100	130	161	192	222	253	283	13
14	315	346	9	40	70	101	131	162	193	223	254	284	14
15	316	347	10	41	71	102	132	163	194	224	255	285	15
16	317	348	11	42	72	103	133	164	195	225	256	286	16
17	318	349	12	43	73	104	134	165	196	226	257	287	17
18	319	350	13	44	74	105	135	166	197	227	258	288	18
19	320	351	14	45	75	106	136	167	198	228	259	289	19
20	321	352	15	46	76	107	137	168	199	229	260	290	20
21	322	353	16	47	77	108	138	169	200	230	261	291	21
22	323	354	17	48	78	109	139	170	201	231	262	292	22
23	324	355	18	49	79	110	140	171	202	232	263	293	23
24	325	356	19	50	80	111	141	172	203	233	264	294	24
25	326	357	20	51	81	112	142	173	204	234	265	295	25
26	327	358	21	52	82	113	143	174	205	235	266	296	26
27	328	359	22	53	83	114	144	175	206	236	267	297	27
28	329	360	23	54	84	115	145	176	207	237	268	298	28
29	330		24	55	85	116	146	177	208	238	269	299	29
30	331		25	56	86	117	147	178	209	239	270	300	30
31	332		26		87		148	179		240		301	31

Jours qu'il y a du 4 MARS à une date de chaque mois.

Dates	Janv.	Fevr.	Mars	Avril	Mai	Juin	Juill.	Août	Sept.	Oct.	Nov.	Déc.	Dates
1	303	334	362	28	58	89	119	150	181	211	242	272	1
2	304	335	363	29	59	90	120	151	182	212	243	273	2
3	305	336	364	30	60	91	121	152	183	213	244	274	3
4	306	337	365	31	61	92	122	153	184	214	245	275	4
5	307	338	1	32	62	93	123	154	185	215	246	276	5
6	308	339	2	33	63	94	124	155	186	216	247	277	6
7	309	340	3	34	64	95	125	156	187	217	248	278	7
8	310	341	4	35	65	96	126	157	188	218	249	279	8
9	311	342	5	36	66	97	127	158	189	219	250	280	9
10	312	343	6	37	67	98	128	159	190	220	251	281	10
11	313	344	7	38	68	99	129	160	191	221	252	282	11
12	314	345	8	39	69	100	130	161	192	222	253	283	12
13	315	346	9	40	70	101	131	162	193	223	254	284	13
14	316	347	10	41	71	102	132	163	194	224	255	285	14
15	317	348	11	42	72	103	133	164	195	225	256	286	15
16	318	349	12	43	73	104	134	165	196	226	257	287	16
17	319	350	13	44	74	105	135	166	197	227	258	288	17
18	320	351	14	45	75	106	136	167	198	228	259	289	18
19	321	352	15	46	76	107	137	168	199	229	260	290	19
20	322	353	16	47	77	108	138	169	200	230	261	291	20
21	323	354	17	48	78	109	139	170	201	231	262	292	21
22	324	355	18	49	79	110	140	171	202	232	263	293	22
23	325	356	19	50	80	111	141	172	203	233	264	294	23
24	326	357	20	51	81	112	142	173	204	234	265	295	24
25	327	358	21	52	82	113	143	174	205	235	266	296	25
26	328	359	22	53	83	114	144	175	206	236	267	297	26
27	329	360	23	54	84	115	145	176	207	237	268	298	27
28	330	361	24	55	85	116	146	177	208	238	269	299	28
29	331		25	56	86	117	147	178	209	239	270	300	29
30	332		26	57	87	118	148	179	210	240	271	301	30
31	333		27		88		149	180		241		302	31

Jours qu'il y a du 7 MARS à une date de chaque mois.

Dates	Déc.	Nov.	Oct.	Sept.	Août	Juill.	Juin	Mai	Avril	Mars	Févr.	Janv.	Dates
1	269	239	208	178	147	116	86	55	25	359	331	300	1
2	270	240	209	179	148	117	87	56	26	360	332	301	2
3	271	241	210	180	149	118	88	57	27	361	333	302	3
4	272	242	211	181	150	119	89	58	28	362	334	303	4
5	273	243	212	182	151	120	90	59	29	363	335	304	5
6	274	244	213	183	152	121	91	60	30	364	336	305	6
7	275	245	214	184	153	122	92	61	31	365	337	306	7
8	276	246	215	185	154	123	93	62	32	1	338	307	8
9	277	247	216	186	155	124	94	63	33	2	339	308	9
10	278	248	217	187	156	125	95	64	34	3	340	309	10
11	279	249	218	188	157	126	96	65	35	4	341	310	11
12	280	250	219	189	158	127	97	66	36	5	342	311	12
13	281	251	220	190	159	128	98	67	37	6	343	312	13
14	282	252	221	191	160	129	99	68	38	7	344	313	14
15	283	253	222	192	161	130	100	69	39	8	345	314	15
16	284	254	223	193	162	131	101	70	40	9	346	315	16
17	285	255	224	194	163	132	102	71	41	10	347	316	17
18	286	256	225	195	164	133	103	72	42	11	348	317	18
19	287	257	226	196	165	134	104	73	43	12	349	318	19
20	288	258	227	197	166	135	105	74	44	13	350	319	20
21	289	259	228	198	167	136	106	75	45	14	351	320	21
22	290	260	229	199	168	137	107	76	46	15	352	321	22
23	291	261	230	200	169	138	108	77	47	16	353	322	23
24	292	262	231	201	170	139	109	78	48	17	354	323	24
25	293	263	232	202	171	140	110	79	49	18	355	324	25
26	294	264	233	203	172	141	111	80	50	19	356	325	26
27	295	265	234	204	173	142	112	81	51	20	357	326	27
28	296	266	235	205	174	143	113	82	52	21	358	327	28
29	297	267	236	206	175	144	114	83	53	22		328	29
30	298	268	237	207	176	145	115	84	54	23		329	30
31	299		238		177	146		85		24		330	31

Jours qu'il y a du 6 MARS à une date de chaque mois.

Dates	Déc.	Nov.	Oct.	Sept.	Août	Juill.	Juin	Mai	Avril	Mars	Févr.	Janv.	Dates
1	270	240	209	179	148	117	87	56	26	360	332	301	1
2	271	241	210	180	149	118	88	57	27	361	333	302	2
3	272	242	211	181	150	119	89	58	28	362	334	303	3
4	273	243	212	182	151	120	90	59	29	363	335	304	4
5	274	244	213	183	152	121	91	60	30	364	336	305	5
6	275	245	214	184	153	122	92	61	31	365	337	306	6
7	276	246	215	185	154	123	93	62	32	1	338	307	7
8	277	247	216	186	155	124	94	63	33	2	339	308	8
9	278	248	217	187	156	125	95	64	34	3	340	309	9
10	279	249	218	188	157	126	96	65	35	4	341	310	10
11	280	250	219	189	158	127	97	66	36	5	342	311	11
12	281	251	220	190	159	128	98	67	37	6	343	312	12
13	282	252	221	191	160	129	99	68	38	7	344	313	13
14	283	253	222	192	161	130	100	69	39	8	345	314	14
15	284	254	223	193	162	131	101	70	40	9	346	315	15
16	285	255	224	194	163	132	102	71	41	10	347	316	16
17	286	256	225	195	164	133	103	72	42	11	348	317	17
18	287	257	226	196	165	134	104	73	43	12	349	318	18
19	288	258	227	197	166	135	105	74	44	13	350	319	19
20	289	259	228	198	167	136	106	75	45	14	351	320	20
21	290	260	229	199	168	137	107	76	46	15	352	321	21
22	291	261	230	200	169	138	108	77	47	16	353	322	22
23	292	262	231	201	170	139	109	78	48	17	354	323	23
24	293	263	232	202	171	140	110	79	49	18	355	324	24
25	294	264	233	203	172	141	111	80	50	19	356	325	25
26	295	265	234	204	173	142	112	81	51	20	357	326	26
27	296	266	235	205	174	143	113	82	52	21	358	327	27
28	297	267	236	206	175	144	114	83	53	22	359	328	28
29	298	268	237	207	176	145	115	84	54	23		329	29
30	299	269	238	208	177	146	116	85	55	24		330	30
31	300		239		178	147		86		25		331	31

Jours qu'il y a du 9 MARS à une date de chaque mois.

Dates	Janv.	Févr.	Mars	Avril	Mai	Juin	Juill.	Août	Sept.	Oct.	Nov.	Déc.	Dates
1	298	329	357	23	53	84	114	145	176	206	237	267	1
2	299	330	358	24	54	85	115	146	177	207	238	268	2
3	300	331	359	25	55	86	116	147	178	208	239	269	3
4	301	332	360	26	56	87	117	148	179	209	240	270	4
5	302	333	361	27	57	88	118	149	180	210	241	271	5
6	303	334	362	28	58	89	119	150	181	211	242	272	6
7	304	335	363	29	59	90	120	151	182	212	243	273	7
8	305	336	364	30	60	91	121	152	183	213	244	274	8
9	306	337	365	31	61	92	122	153	184	214	245	275	9
10	307	338	1	32	62	93	123	154	185	215	246	276	10
11	308	339	2	33	63	94	124	155	186	216	247	277	11
12	309	340	3	34	64	95	125	156	187	217	248	278	12
13	310	341	4	35	65	96	126	157	188	218	249	279	13
14	311	342	5	36	66	97	127	158	189	219	250	280	14
15	312	343	6	37	67	98	128	159	190	220	251	281	15
16	313	344	7	38	68	99	129	160	191	221	252	282	16
17	314	345	8	39	69	100	130	161	192	222	253	283	17
18	315	346	9	40	70	101	131	162	193	223	254	284	18
19	316	347	10	41	71	102	132	163	194	224	255	285	19
20	317	348	11	42	72	103	133	164	195	225	256	286	20
21	318	349	12	43	73	104	134	165	196	226	257	287	21
22	319	350	13	44	74	105	135	166	197	227	258	288	22
23	320	351	14	45	75	106	136	167	198	228	259	289	23
24	321	352	15	46	76	107	137	168	199	229	260	290	24
25	322	353	16	47	77	108	138	169	200	230	261	291	25
26	323	354	17	48	78	109	139	170	201	231	262	292	26
27	324	355	18	49	79	110	140	171	202	232	263	293	27
28	325	356	19	50	80	111	141	172	203	233	264	294	28
29	326		20	51	81	112	142	173	204	234	265	295	29
30	327		21	52	82	113	143	174	205	235	266	296	30
31	328		22		83		144	175		236		297	31

Jours qu'il y a du 8 MARS à une date de chaque mois.

Dates	Janv.	Févr.	Mars	Avril	Mai	Juin	Juill.	Août	Sept.	Oct.	Nov.	Déc.	Dates
1	299	330	358	24	54	85	115	146	177	207	238	268	1
2	300	331	359	25	55	86	116	147	178	208	239	269	2
3	301	332	360	26	56	87	117	148	179	209	240	270	3
4	302	333	361	27	57	88	118	149	180	210	241	271	4
5	303	334	362	28	58	89	119	150	181	211	242	272	5
6	304	335	363	29	59	90	120	151	182	212	243	273	6
7	305	336	364	30	60	91	121	152	183	213	244	274	7
8	306	337	365	31	61	92	122	153	184	214	245	275	8
9	307	338	1	32	62	93	123	154	185	215	246	276	9
10	308	339	2	33	63	94	124	155	186	216	247	277	10
11	309	340	3	34	64	95	125	156	187	217	248	278	11
12	310	341	4	35	65	96	126	157	188	218	249	279	12
13	311	342	5	36	66	97	127	158	189	219	250	280	13
14	312	343	6	37	67	98	128	159	190	220	251	281	14
15	313	344	7	38	68	99	129	160	191	221	252	282	15
16	314	345	8	39	69	100	130	161	192	222	253	283	16
17	315	346	9	40	70	101	131	162	193	223	254	284	17
18	316	347	10	41	71	102	132	163	194	224	255	285	18
19	317	348	11	42	72	103	133	164	195	225	256	286	19
20	318	349	12	43	73	104	134	165	196	226	257	287	20
21	319	350	13	44	74	105	135	166	197	227	258	288	21
22	320	351	14	45	75	106	136	167	198	228	259	289	22
23	321	352	15	46	76	107	137	168	199	229	260	290	23
24	322	353	16	47	77	108	138	169	200	230	261	291	24
25	323	354	17	48	78	109	139	170	201	231	262	292	25
26	324	355	18	49	79	110	140	171	202	232	263	293	26
27	325	356	19	50	80	111	141	172	203	233	264	294	27
28	326	357	20	51	81	112	142	173	204	234	265	295	28
29	327		21	52	82	113	143	174	205	235	266	296	29
30	328		22	53	83	114	144	175	206	236	267	297	30
31	329		23		84		145	176		237		298	31

Jours qu'il y a du 11 MARS à une date de chaque mois.

Dates	Déc.	Nov.	Oct.	Sept.	Août	Juill.	Juin	Mai	Avril	Mars	Févr.	Janv.	Dates
1	265	235	204	174	143	112	82	51	21	355	327	296	1
2	266	236	205	175	144	113	83	52	22	356	328	297	2
3	267	237	206	176	145	114	84	53	23	357	329	298	3
4	268	238	207	177	146	115	85	54	24	358	330	299	4
5	269	239	208	178	147	116	86	55	25	359	331	300	5
6	270	240	209	179	148	117	87	56	26	360	332	301	6
7	271	241	210	180	149	118	88	57	27	361	333	302	7
8	272	242	211	181	150	119	89	58	28	362	334	303	8
9	273	243	212	182	151	120	90	59	29	363	335	304	9
10	274	244	213	183	152	121	91	60	30	364	336	305	10
11	275	245	214	184	153	122	92	61	31	365	337	306	11
12	276	246	215	185	154	123	93	62	32	1	338	307	12
13	277	247	216	186	155	124	94	63	33	2	339	308	13
14	278	248	217	187	156	125	95	64	34	3	340	309	14
15	279	249	218	188	157	126	96	65	35	4	341	310	15
16	280	250	219	189	158	127	97	66	36	5	342	311	16
17	281	251	220	190	159	128	98	67	37	6	343	312	17
18	282	252	221	191	160	129	99	68	38	7	344	313	18
19	283	253	222	192	161	130	100	69	39	8	345	314	19
20	284	254	223	193	162	131	101	70	40	9	346	315	20
21	285	255	224	194	163	132	102	71	41	10	347	316	21
22	286	256	225	195	164	133	103	72	42	11	348	317	22
23	287	257	226	196	165	134	104	73	43	12	349	318	23
24	288	258	227	197	166	135	105	74	44	13	350	319	24
25	289	259	228	198	167	136	106	75	45	14	351	320	25
26	290	260	229	199	168	137	107	76	46	15	352	321	26
27	291	261	230	200	169	138	108	77	47	16	353	322	27
28	292	262	231	201	170	139	109	78	48	17	354	323	28
29	293	263	232	202	171	140	110	79	49	18		324	29
30	294	264	233	203	172	141	111	80	50	19		325	30
31	295		234		173	142		81		20		326	31

Jours qu'il y a du 10 MARS à une date de chaque mois.

Dates	Déc.	Nov.	Oct.	Sept.	Août	Juill.	Juin	Mai	Avril	Mars	Févr.	Janv.	Dates
1	266	236	205	175	144	113	83	52	22	356	328	297	1
2	267	237	206	176	145	114	84	53	23	357	329	298	2
3	268	238	207	177	146	115	85	54	24	358	330	299	3
4	269	239	208	178	147	116	86	55	25	359	331	300	4
5	270	240	209	179	148	117	87	56	26	360	332	301	5
6	271	241	210	180	149	118	88	57	27	361	333	302	6
7	272	242	211	181	150	119	89	58	28	362	334	303	7
8	273	243	212	182	151	120	90	59	29	363	335	304	8
9	274	244	213	183	152	121	91	60	30	364	336	305	9
10	275	245	214	184	153	122	92	61	31	365	337	306	10
11	276	246	215	185	154	123	93	62	32	1	338	307	11
12	277	247	216	186	155	124	94	63	33	2	339	308	12
13	278	248	217	187	156	125	95	64	34	3	340	309	13
14	279	249	218	188	157	126	96	65	35	4	341	310	14
15	280	250	219	189	158	127	97	66	36	5	342	311	15
16	281	251	220	190	159	128	98	67	37	6	343	312	16
17	282	252	221	191	160	129	99	68	38	7	344	313	17
18	283	253	222	192	161	130	100	69	39	8	345	314	18
19	284	254	223	193	162	131	101	70	40	9	346	315	19
20	285	255	224	194	163	132	102	71	41	10	347	316	20
21	286	256	225	195	164	133	103	72	42	11	348	317	21
22	287	257	226	196	165	134	104	73	43	12	349	318	22
23	288	258	227	197	166	135	105	74	44	13	350	319	23
24	289	259	228	198	167	136	106	75	45	14	351	320	24
25	290	260	229	199	168	137	107	76	46	15	352	321	25
26	291	261	230	200	169	138	108	77	47	16	353	322	26
27	292	262	231	201	170	139	109	78	48	17	354	323	27
28	293	263	232	202	171	140	110	79	49	18	355	324	28
29	294	264	233	203	172	141	111	80	50	19		325	29
30	295	265	234	204	173	142	112	81	51	20		326	30
31	296		235		174	143		82		21		327	31

Jours qu'il y a du 13 MARS à une date de chaque mois.

Dates	Janv.	Févr.	Mars	Avril	Mai	Juin	Juill.	Août	Sept.	Oct.	Nov.	Déc.	Dates
1	294	325	353	19	49	80	110	141	172	202	233	263	1
2	295	326	354	20	50	81	111	142	173	203	234	264	2
3	296	327	355	21	51	82	112	143	174	204	235	265	3
4	297	328	356	22	52	83	113	144	175	205	236	266	4
5	298	329	357	23	53	84	114	145	176	206	237	267	5
6	299	330	358	24	54	85	115	146	177	207	238	268	6
7	300	331	359	25	55	86	116	147	178	208	239	269	7
8	301	332	360	26	56	87	117	148	179	209	240	270	8
9	302	333	361	27	57	88	118	149	180	210	241	271	9
10	303	334	362	28	58	89	119	150	181	211	242	272	10
11	304	335	363	29	59	90	120	151	182	212	243	273	11
12	305	336	364	30	60	91	121	152	183	213	244	274	12
13	306	337	365	31	61	92	122	153	184	214	245	275	13
14	307	338	1	32	62	93	123	154	185	215	246	276	14
15	308	339	2	33	63	94	124	155	186	216	247	277	15
16	309	340	3	34	64	95	125	156	187	217	248	278	16
17	310	341	4	35	65	96	126	157	188	218	249	279	17
18	311	342	5	36	66	97	127	158	189	219	250	280	18
19	312	343	6	37	67	98	128	159	190	220	251	281	19
20	313	344	7	38	68	99	129	160	191	221	252	282	20
21	314	345	8	39	69	100	130	161	192	222	253	283	21
22	315	346	9	40	70	101	131	162	193	223	254	284	22
23	316	347	10	41	71	102	132	163	194	224	255	285	23
24	317	348	11	42	72	103	133	164	195	225	256	286	24
25	318	349	12	43	73	104	134	165	196	226	257	287	25
26	319	350	13	44	74	105	135	166	197	227	258	288	26
27	320	351	14	45	75	106	136	167	198	228	259	289	27
28	321	352	15	46	76	107	137	168	199	229	260	290	28
29	322		16	47	77	108	138	169	200	230	261	291	29
30	323		17	48	78	109	139	170	201	231	262	292	30
31	324		18		79		140	171		232		293	31

Jours qu'il y a du 12 MARS à une date de chaque mois.

Dates	Janv.	Févr.	Mars	Avril	Mai	Juin	Juill.	Août	Sept.	Oct.	Nov.	Déc.	Dates
1	295	326	354	20	50	81	111	142	173	203	234	264	1
2	296	327	355	21	51	82	112	143	174	204	235	265	2
3	297	328	356	22	52	83	113	144	175	205	236	266	3
4	298	329	357	23	53	84	114	145	176	206	237	267	4
5	299	330	358	24	54	85	115	146	177	207	238	268	5
6	300	331	359	25	55	86	116	147	178	208	239	269	6
7	301	332	360	26	56	87	117	148	179	209	240	270	7
8	302	333	361	27	57	88	118	149	180	210	241	271	8
9	303	334	362	28	58	89	119	150	181	211	242	272	9
10	304	335	363	29	59	90	120	151	182	212	243	273	10
11	305	336	364	30	60	91	121	152	183	213	244	274	11
12	306	337	365	31	61	92	122	153	184	214	245	275	12
13	307	338	1	32	62	93	123	154	185	215	246	276	13
14	308	339	2	33	63	94	124	155	186	216	247	277	14
15	309	340	3	34	64	95	125	156	187	217	248	278	15
16	310	341	4	35	65	96	126	157	188	218	249	279	16
17	311	342	5	36	66	97	127	158	189	219	250	280	17
18	312	343	6	37	67	98	128	159	190	220	251	281	18
19	313	344	7	38	68	99	129	160	191	221	252	282	19
20	314	345	8	39	69	100	130	161	192	222	253	283	20
21	315	346	9	40	70	101	131	162	193	223	254	284	21
22	316	347	10	41	71	102	132	163	194	224	255	285	22
23	317	348	11	42	72	103	133	164	195	225	256	286	23
24	318	349	12	43	73	104	134	165	196	226	257	287	24
25	319	350	13	44	74	105	135	166	197	227	258	288	25
26	320	351	14	45	75	106	136	167	198	228	259	289	26
27	321	352	15	46	76	107	137	168	199	229	260	290	27
28	322	353	16	47	77	108	138	169	200	230	261	291	28
29	323		17	48	78	109	139	170	201	231	262	292	29
30	324		18	49	79	110	140	171	202	232	263	293	30
31	325		19		80		141	172		233		294	31

Jours qu'il y a du 15 MARS à une date de chaque mois.

Dates	Déc.	Nov.	Oct.	Sept.	Août	Juill.	Juin	Mai	Avril	Mars	Févr.	Janv.	Dates
1	261	231	200	170	139	108	78	47	17	351	323	292	1
2	262	232	201	171	140	109	79	48	18	352	324	293	2
3	263	233	202	172	141	110	80	49	19	353	325	294	3
4	264	234	203	173	142	111	81	50	20	354	326	295	4
5	265	235	204	174	143	112	82	51	21	355	327	296	5
6	266	236	205	175	144	113	83	52	22	356	328	297	6
7	267	237	206	176	145	114	84	53	23	357	329	298	7
8	268	238	207	177	146	115	85	54	24	358	330	299	8
9	269	239	208	178	147	116	86	55	25	359	331	300	9
10	270	240	209	179	148	117	87	56	26	360	332	301	10
11	271	241	210	180	149	118	88	57	27	361	333	302	11
12	272	242	211	181	150	119	89	58	28	362	334	303	12
13	273	243	212	182	151	120	90	59	29	363	335	304	13
14	274	244	213	183	152	121	91	60	30	364	336	305	14
15	275	245	214	184	153	122	92	61	31	365	337	306	15
16	276	246	215	185	154	123	93	62	32	1	338	307	16
17	277	247	216	186	155	124	94	63	33	2	339	308	17
18	278	248	217	187	156	125	95	64	34	3	340	309	18
19	279	249	218	188	157	126	96	65	35	4	341	310	19
20	280	250	219	189	158	127	97	66	36	5	342	311	20
21	281	251	220	190	159	128	98	67	37	6	343	312	21
22	282	252	221	191	160	129	99	68	38	7	344	313	22
23	283	253	222	192	161	130	100	69	39	8	345	314	23
24	284	254	223	193	162	131	101	70	40	9	346	315	24
25	285	255	224	194	163	132	102	71	41	10	347	316	25
26	286	256	225	195	164	133	103	72	42	11	348	317	26
27	287	257	226	196	165	134	104	73	43	12	349	318	27
28	288	258	227	197	166	135	105	74	44	13	350	319	28
29	289	259	228	198	167	136	106	75	45	14		320	29
30	290	260	229	199	168	137	107	76	46	15		321	30
31	291		230		169	138		77		16		322	31

Jours qu'il y a du 14 MARS à une date de chaque mois.

Dates	Déc.	Nov.	Oct.	Sept.	Août	Juill.	Juin	Mai	Avril	Mars	Févr.	Janv.	Dates
1	262	232	201	171	140	109	79	48	18	352	324	293	1
2	263	233	202	172	141	110	80	49	19	353	325	294	2
3	264	234	203	173	142	111	81	50	20	354	326	295	3
4	265	235	204	174	143	112	82	51	21	355	327	296	4
5	266	236	205	175	144	113	83	52	22	356	328	297	5
6	267	237	206	176	145	114	84	53	23	357	329	298	6
7	268	238	207	177	146	115	85	54	24	358	330	299	7
8	269	239	208	178	147	116	86	55	25	359	331	300	8
9	270	240	209	179	148	117	87	56	26	360	332	301	9
10	271	241	210	180	149	118	88	57	27	361	333	302	10
11	272	242	211	181	150	119	89	58	28	362	334	303	11
12	273	243	212	182	151	120	90	59	29	363	335	304	12
13	274	244	213	183	152	121	91	60	30	364	336	305	13
14	275	245	214	184	153	122	92	61	31	365	337	306	14
15	276	246	215	185	154	123	93	62	32	1	338	307	15
16	277	247	216	186	155	124	94	63	33	2	339	308	16
17	278	248	217	187	156	125	95	64	34	3	340	309	17
18	279	249	218	188	157	126	96	65	35	4	341	310	18
19	280	250	219	189	158	127	97	66	36	5	342	311	19
20	281	251	220	190	159	128	98	67	37	6	343	312	20
21	282	252	221	191	160	129	99	68	38	7	344	313	21
22	283	253	222	192	161	130	100	69	39	8	345	314	22
23	284	254	223	193	162	131	101	70	40	9	346	315	23
24	285	255	224	194	163	132	102	71	41	10	347	316	24
25	286	256	225	195	164	133	103	72	42	11	348	317	25
26	287	257	226	196	165	134	104	73	43	12	349	318	26
27	288	258	227	197	166	135	105	74	44	13	350	319	27
28	289	259	228	198	167	136	106	75	45	14	351	320	28
29	290	260	229	199	168	137	107	76	46	15		321	29
30	291	261	230	200	169	138	108	77	47	16		322	30
31	292		231		170	139		78		17		323	31

Jours qu'il y a du 17 MARS à une date de chaque mois.

Dates	Déc.	Nov.	Oct.	Sept.	Août	Juill.	Juin	Mai	Avril	Mars	Févr.	Janv.	Dates
1	259	229	198	168	137	106	76	45	15	349	321	290	1
2	260	230	199	169	138	107	77	46	16	350	322	291	2
3	261	231	200	170	139	108	78	47	17	351	323	292	3
4	262	232	201	171	140	109	79	48	18	352	324	293	4
5	263	233	202	172	141	110	80	49	19	353	325	294	5
6	264	234	203	173	142	111	81	50	20	354	326	295	6
7	265	235	204	174	143	112	82	51	21	355	327	296	7
8	266	236	205	175	144	113	83	52	22	356	328	297	8
9	267	237	206	176	145	114	84	53	23	357	329	298	9
10	268	238	207	177	146	115	85	54	24	358	330	299	10
11	269	239	208	178	147	116	86	55	25	359	331	300	11
12	270	240	209	179	148	117	87	56	26	360	332	301	12
13	271	241	210	180	149	118	88	57	27	361	333	302	13
14	272	242	211	181	150	119	89	58	28	362	334	303	14
15	273	243	212	182	151	120	90	59	29	363	335	304	15
16	274	244	213	183	152	121	91	60	30	364	336	305	16
17	275	245	214	184	153	122	92	61	31	365	337	306	17
18	276	246	215	185	154	123	93	62	32	1	338	307	18
19	277	247	216	186	155	124	94	63	33	2	339	308	19
20	278	248	217	187	156	125	95	64	34	3	340	309	20
21	279	249	218	188	157	126	96	65	35	4	341	310	21
22	280	250	219	189	158	127	97	66	36	5	342	311	22
23	281	251	220	190	159	128	98	67	37	6	343	312	23
24	282	252	221	191	160	129	99	68	38	7	344	313	24
25	283	253	222	192	161	130	100	69	39	8	345	314	25
26	284	254	223	193	162	131	101	70	40	9	346	315	26
27	285	255	224	194	163	132	102	71	41	10	347	316	27
28	286	256	225	195	164	133	103	72	42	11	348	317	28
29	287	257	226	196	165	134	104	73	43	12		318	29
30	288	258	227	197	166	135	105	74	44	13		319	30
31	289		228		167	136		75		14		320	31

Jours qu'il y a du 16 MARS à une date de chaque mois.

Dates	Déc.	Nov.	Oct.	Sept.	Août	Juill.	Juin	Mai	Avril	Mars	Févr.	Janv.	Dates
1	260	230	199	169	138	107	77	46	16	350	322	291	1
2	261	231	200	170	139	108	78	47	17	351	323	292	2
3	262	232	201	171	140	109	79	48	18	352	324	293	3
4	263	233	202	172	141	110	80	49	19	353	325	294	4
5	264	234	203	173	142	111	81	50	20	354	326	295	5
6	265	235	204	174	143	112	82	51	21	355	327	296	6
7	266	236	205	175	144	113	83	52	22	356	328	297	7
8	267	237	206	176	145	114	84	53	23	357	329	298	8
9	268	238	207	177	146	115	85	54	24	358	330	299	9
10	269	239	208	178	147	116	86	55	25	359	331	300	10
11	270	240	209	179	148	117	87	56	26	360	332	301	11
12	271	241	210	180	149	118	88	57	27	361	333	302	12
13	272	242	211	181	150	119	89	58	28	362	334	303	13
14	273	243	212	182	151	120	90	59	29	363	335	304	14
15	274	244	213	183	152	121	91	60	30	364	336	305	15
16	275	245	214	184	153	122	92	61	31	365	337	306	16
17	276	246	215	185	154	123	93	62	32	1	338	307	17
18	277	247	216	186	155	124	94	63	33	2	339	308	18
19	278	248	217	187	156	125	95	64	34	3	340	309	19
20	279	249	218	188	157	126	96	65	35	4	341	310	20
21	280	250	219	189	158	127	97	66	36	5	342	311	21
22	281	251	220	190	159	128	98	67	37	6	343	312	22
23	282	252	221	191	160	129	99	68	38	7	344	313	23
24	283	253	222	192	161	130	100	69	39	8	345	314	24
25	284	254	223	193	162	131	101	70	40	9	346	315	25
26	285	255	224	194	163	132	102	71	41	10	347	316	26
27	286	256	225	195	164	133	103	72	42	11	348	317	27
28	287	257	226	196	165	134	104	73	43	12	349	318	28
29	288	258	227	197	166	135	105	74	44	13		319	29
30	289	259	228	198	167	136	106	75	45	14		320	30
31	290		229		168	137		76		15		321	31

Jours qu'il y a du 19 MARS à une date de chaque mois

Dates	Déc.	Nov.	Oct.	Sept.	Août	Juill.	Juin	Mai	Avril	Mars	Févr.	Janv.	Dates
1	257	227	196	166	135	104	74	43	13	347	319	288	1
2	258	228	197	167	136	105	75	44	14	348	320	289	2
3	259	229	198	168	137	106	76	45	15	349	321	290	3
4	260	230	199	169	138	107	77	46	16	350	322	291	4
5	261	231	200	170	139	108	78	47	17	351	323	292	5
6	262	232	201	171	140	109	79	48	18	352	324	293	6
7	263	233	202	172	141	110	80	49	19	353	325	294	7
8	264	234	203	173	142	111	81	50	20	354	326	295	8
9	265	235	204	174	143	112	82	51	21	355	327	296	9
10	266	236	205	175	144	113	83	52	22	356	328	297	10
11	267	237	206	176	145	114	84	53	23	357	329	298	11
12	268	238	207	177	146	115	85	54	24	358	330	299	12
13	269	239	208	178	147	116	86	55	25	359	331	300	13
14	270	240	209	179	148	117	87	56	26	360	332	301	14
15	271	241	210	180	149	118	88	57	27	361	333	302	15
16	272	242	211	181	150	119	89	58	28	362	334	303	16
17	273	243	212	182	151	120	90	59	29	363	335	304	17
18	274	244	213	183	152	121	91	60	30	364	336	305	18
19	275	245	214	184	153	122	92	61	31	365	337	306	19
20	276	246	215	185	154	123	93	62	32	1	338	307	20
21	277	247	216	186	155	124	94	63	33	2	339	308	21
22	278	248	217	187	156	125	95	64	34	3	340	309	22
23	279	249	218	188	157	126	96	65	35	4	341	310	23
24	280	250	219	189	158	127	97	66	36	5	342	311	24
25	281	251	220	190	159	128	98	67	37	6	343	312	25
26	282	252	221	191	160	129	99	68	38	7	344	313	26
27	283	253	222	192	161	130	100	69	39	8	345	314	27
28	284	254	223	193	162	131	101	70	40	9	346	315	28
29	285	255	224	194	163	132	102	71	41	10		316	29
30	286	256	225	195	164	133	103	72	42	11		317	30
31	287		226		165	134		73		12		318	31

Jours qu'il y a du 18 MARS à une date de chaque mois.

Dates	Déc.	Nov.	Oct.	Sept.	Août	Juill.	Juin	Mai	Avril	Mars	Févr.	Janv.	Dates
1	258	228	197	167	136	105	75	44	14	348	320	289	1
2	259	229	198	168	137	106	76	45	15	349	321	290	2
3	260	230	199	169	138	107	77	46	16	350	322	291	3
4	261	231	200	170	139	108	78	47	17	351	323	292	4
5	262	232	201	171	140	109	79	48	18	352	324	293	5
6	263	233	202	172	141	110	80	49	19	353	325	294	6
7	264	234	203	173	142	111	81	50	20	354	326	295	7
8	265	235	204	174	143	112	82	51	21	355	327	296	8
9	266	236	205	175	144	113	83	52	22	356	328	297	9
10	267	237	206	176	145	114	84	53	23	357	329	298	10
11	268	238	207	177	146	115	85	54	24	358	330	299	11
12	269	239	208	178	147	116	86	55	25	359	331	300	12
13	270	240	209	179	148	117	87	56	26	360	332	301	13
14	271	241	210	180	149	118	88	57	27	361	333	302	14
15	272	242	211	181	150	119	89	58	28	362	334	303	15
16	273	243	212	182	151	120	90	59	29	363	335	304	16
17	274	244	213	183	152	121	91	60	30	364	336	305	17
18	275	245	214	184	153	122	92	61	31	365	337	306	18
19	276	246	215	185	154	123	93	62	32	1	338	307	19
20	277	247	216	186	155	124	94	63	33	2	339	308	20
21	278	248	217	187	156	125	95	64	34	3	340	309	21
22	279	249	218	188	157	126	96	65	35	4	341	310	22
23	280	250	219	189	158	127	97	66	36	5	342	311	23
24	281	251	220	190	159	128	98	67	37	6	343	312	24
25	282	252	221	191	160	129	99	68	38	7	344	313	25
26	283	253	222	192	161	130	100	69	39	8	345	314	26
27	284	254	223	193	162	131	101	70	40	9	346	315	27
28	285	255	224	194	163	132	102	71	41	10	347	316	28
29	286	256	225	195	164	133	103	72	42	11		317	29
30	287	257	226	196	165	134	104	73	43	12		318	30
31	288		227		166	135		74		13		319	31

Jours qu'il y a du 21 MARS à une date de chaque mois.

Dates	Déc.	Nov.	Oct.	Sept.	Août	Juill.	Juin	Mai	Avril	Mars	Févr.	Janv.	Dates
1	255	225	194	164	133	102	72	41	11	345	317	286	1
2	256	226	195	165	134	103	73	42	12	346	318	287	2
3	257	227	196	166	135	104	74	43	13	347	319	288	3
4	258	228	197	167	136	105	75	44	14	348	320	289	4
5	259	229	198	168	137	106	76	45	15	349	321	290	5
6	260	230	199	169	138	107	77	46	16	350	322	291	6
7	261	231	200	170	139	108	78	47	17	351	323	292	7
8	262	232	201	171	140	109	79	48	18	352	324	293	8
9	263	233	202	172	141	110	80	49	19	353	325	294	9
10	264	234	203	173	142	111	81	50	20	354	326	295	10
11	265	235	204	174	143	112	82	51	21	355	327	296	11
12	266	236	205	175	144	113	83	52	22	356	328	297	12
13	267	237	206	176	145	114	84	53	23	357	329	298	13
14	268	238	207	177	146	115	85	54	24	358	330	299	14
15	269	239	208	178	147	116	86	55	25	359	331	300	15
16	270	240	209	179	148	117	87	56	26	360	332	301	16
17	271	241	210	180	149	118	88	57	27	361	333	302	17
18	272	242	211	181	150	119	89	58	28	362	334	303	18
19	273	243	212	182	151	120	90	59	29	363	335	304	19
20	274	244	213	183	152	121	91	60	30	364	336	305	20
21	275	245	214	184	153	122	92	61	31	365	337	306	21
22	276	246	215	185	154	123	93	62	32	1	338	307	22
23	277	247	216	186	155	124	94	63	33	2	339	308	23
24	278	248	217	187	156	125	95	64	34	3	340	309	24
25	279	249	218	188	157	126	96	65	35	4	341	310	25
26	280	250	219	189	158	127	97	66	36	5	342	311	26
27	281	251	220	190	159	128	98	67	37	6	343	312	27
28	282	252	221	191	160	129	99	68	38	7	344	313	28
29	283	253	222	192	161	130	100	69	39	8		314	29
30	284	254	223	193	162	131	101	70	40	9		315	30
31	285		224		163	132		71		10		316	31

Jours qu'il y a du 20 MARS à une date de chaque mois.

Dates	Déc.	Nov.	Oct.	Sept.	Août	Juill.	Juin	Mai	Avril	Mars	Févr.	Janv.	Dates
1	256	226	195	165	134	103	73	42	12	346	318	287	1
2	257	227	196	166	135	104	74	43	13	347	319	288	2
3	258	228	197	167	136	105	75	44	14	348	320	289	3
4	259	229	198	168	137	106	76	45	15	349	321	290	4
5	260	230	199	169	138	107	77	46	16	350	322	291	5
6	261	231	200	170	139	108	78	47	17	351	323	292	6
7	262	232	201	171	140	109	79	48	18	352	324	293	7
8	263	233	202	172	141	110	80	49	19	353	325	294	8
9	264	234	203	173	142	111	81	50	20	354	326	295	9
10	265	235	204	174	143	112	82	51	21	355	327	296	10
11	266	236	205	175	144	113	83	52	22	356	328	297	11
12	267	237	206	176	145	114	84	53	23	357	329	298	12
13	268	238	207	177	146	115	85	54	24	358	330	299	13
14	269	239	208	178	147	116	86	55	25	359	331	300	14
15	270	240	209	179	148	117	87	56	26	360	332	301	15
16	271	241	210	180	149	118	88	57	27	361	333	302	16
17	272	242	211	181	150	119	89	58	28	362	334	303	17
18	273	243	212	182	151	120	90	59	29	363	335	304	18
19	274	244	213	183	152	121	91	60	30	364	336	305	19
20	275	245	214	184	153	122	92	61	31	365	337	306	20
21	276	246	215	185	154	123	93	62	32	1	338	307	21
22	277	247	216	186	155	124	94	63	33	2	339	308	22
23	278	248	217	187	156	125	95	64	34	3	340	309	23
24	279	249	218	188	157	126	96	65	35	4	341	310	24
25	280	250	219	189	158	127	97	66	36	5	342	311	25
26	281	251	220	190	159	128	98	67	37	6	343	312	26
27	282	252	221	191	160	129	99	68	38	7	344	313	27
28	283	253	222	192	161	130	100	69	39	8	345	314	28
29	284	254	223	193	162	131	101	70	40	9		315	29
30	285	255	224	194	163	132	102	71	41	10		316	30
31	286		225		164	133		72		11		317	31

Jours qu'il y a du 23 MARS à une date de chaque mois.

Dates	Déc.	Nov.	Oct.	Sept.	Août.	Juill.	Juin.	Mai.	Avril	Mars	Févr.	Janv.	Dates
1	253	223	192	162	131	100	70	39	9	343	315	284	1
2	254	224	193	163	132	101	71	40	10	344	316	285	2
3	255	225	194	164	133	102	72	41	11	345	317	286	3
4	256	226	195	165	134	103	73	42	12	346	318	287	4
5	257	227	196	166	135	104	74	43	13	347	319	288	5
6	258	228	197	167	136	105	75	44	14	348	320	289	6
7	259	229	198	168	137	106	76	45	15	349	321	290	7
8	260	230	199	169	138	107	77	46	16	350	322	291	8
9	261	231	200	170	139	108	78	47	17	351	323	292	9
10	262	232	201	171	140	109	79	48	18	352	324	293	10
11	263	233	202	172	141	110	80	49	19	353	325	294	11
12	264	234	203	173	142	111	81	50	20	354	326	295	12
13	265	235	204	174	143	112	82	51	21	355	327	296	13
14	266	236	205	175	144	113	83	52	22	356	328	297	14
15	267	237	206	176	145	114	84	53	23	357	329	298	15
16	268	238	207	177	146	115	85	54	24	358	330	299	16
17	269	239	208	178	147	116	86	55	25	359	331	300	17
18	270	240	209	179	148	117	87	56	26	360	332	301	18
19	271	241	210	180	149	118	88	57	27	361	333	302	19
20	272	242	211	181	150	119	89	58	28	362	334	303	20
21	273	243	212	182	151	120	90	59	29	363	335	304	21
22	274	244	213	183	152	121	91	60	30	364	336	305	22
23	275	245	214	184	153	122	92	61	31	365	337	306	23
24	276	246	215	185	154	123	93	62	32	1	338	307	24
25	277	247	216	186	155	124	94	63	33	2	339	308	25
26	278	248	217	187	156	125	95	64	34	3	340	309	26
27	279	249	218	188	157	126	96	65	35	4	341	310	27
28	280	250	219	189	158	127	97	66	36	5	342	311	28
29	281	251	220	190	159	128	98	67	37	6		312	29
30	282	252	221	191	160	129	99	68	38	7		313	30
31	283		222		161	130		69		8		314	31

Jours qu'il y a du 22 MARS à une date de chaque mois.

Dates	Déc.	Nov.	Oct.	Sept.	Août	Juill.	Juin.	Mai.	Avril	Mars	Févr.	Janv.	Dates
1	254	224	193	163	132	101	71	40	10	344	316	285	1
2	255	225	194	164	133	102	72	41	11	345	317	286	2
3	256	226	195	165	134	103	73	42	12	346	318	287	3
4	257	227	196	166	135	104	74	43	13	347	319	288	4
5	258	228	197	167	136	105	75	44	14	348	320	289	5
6	259	229	198	168	137	106	76	45	15	349	321	290	6
7	260	230	199	169	138	107	77	46	16	350	322	291	7
8	261	231	200	170	139	108	78	47	17	351	323	292	8
9	262	232	201	171	140	109	79	48	18	352	324	293	9
10	263	233	202	172	141	110	80	49	19	353	325	294	10
11	264	234	203	173	142	111	81	50	20	354	326	295	11
12	265	235	204	174	143	112	82	51	21	355	327	296	12
13	266	236	205	175	144	113	83	52	22	356	328	297	13
14	267	237	206	176	145	114	84	53	23	357	329	298	14
15	268	238	207	177	146	115	85	54	24	358	330	299	15
16	269	239	208	178	147	116	86	55	25	359	331	300	16
17	270	240	209	179	148	117	87	56	26	360	332	301	17
18	271	241	210	180	149	118	88	57	27	361	333	302	18
19	272	242	211	181	150	119	89	58	28	362	334	303	19
20	273	243	212	182	151	120	90	59	29	363	335	304	20
21	274	244	213	183	152	121	91	60	30	364	336	305	21
22	275	245	214	184	153	122	92	61	31	365	337	306	22
23	276	246	215	185	154	123	93	62	32	1	338	307	23
24	277	247	216	186	155	124	94	63	33	2	339	308	24
25	278	248	217	187	156	125	95	64	34	3	340	309	25
26	279	249	218	188	157	126	96	65	35	4	341	310	26
27	280	250	219	189	158	127	97	66	36	5	342	311	27
28	281	251	220	190	159	128	98	67	37	6	343	312	28
29	282	252	221	191	160	129	99	68	38	7		313	29
30	283	253	222	192	161	130	100	69	39	8		314	30
31	284		223		162	131		70		9		315	31

Jours qu'il y a du 25 MARS à une date de chaque mois.

Dates	Janv.	Févr.	Mars	Avril	Mai	Juin	Juill.	Août	Sept.	Oct.	Nov.	Déc.	Dates
1	282	313	341	7	37	68	98	129	160	190	221	251	1
2	283	314	342	8	38	69	99	130	161	191	222	252	2
3	284	315	343	9	39	70	100	131	162	192	223	253	3
4	285	316	344	10	40	71	101	132	163	193	224	254	4
5	286	317	345	11	41	72	102	133	164	194	225	255	5
6	287	318	346	12	42	73	103	134	165	195	226	256	6
7	288	319	347	13	43	74	104	135	166	196	227	257	7
8	289	320	348	14	44	75	105	136	167	197	228	258	8
9	290	321	349	15	45	76	106	137	168	198	229	259	9
10	291	322	350	16	46	77	107	138	169	199	230	260	10
11	292	323	351	17	47	78	108	139	170	200	231	261	11
12	293	324	352	18	48	79	109	140	171	201	232	262	12
13	294	325	353	19	49	80	110	141	172	202	233	263	13
14	295	326	354	20	50	81	111	142	173	203	234	264	14
15	296	327	355	21	51	82	112	143	174	204	235	265	15
16	297	328	356	22	52	83	113	144	175	205	236	266	16
17	298	329	357	23	53	84	114	145	176	206	237	267	17
18	299	330	358	24	54	85	115	146	177	207	238	268	18
19	300	331	359	25	55	86	116	147	178	208	239	269	19
20	301	332	360	26	56	87	117	148	179	209	240	270	20
21	302	333	361	27	57	88	118	149	180	210	241	271	21
22	303	334	362	28	58	89	119	150	181	211	242	272	22
23	304	335	363	29	59	90	120	151	182	212	243	273	23
24	305	336	364	30	60	91	121	152	183	213	244	274	24
25	306	337	365	31	61	92	122	153	184	214	245	275	25
26	307	338	1	32	62	93	123	154	185	215	246	276	26
27	308	339	2	33	63	94	124	155	186	216	247	277	27
28	309	340	3	34	64	95	125	156	187	217	248	278	28
29	310		4	35	65	96	126	157	188	218	249	279	29
30	311		5	36	66	97	127	158	189	219	250	280	30
31	312		6		67		128	159		220		281	31

Jours qu'il y a du 24 MARS à une date de chaque mois.

Dates	Janv.	Févr.	Mars	Avril	Mai	Juin	Juill.	Août	Sept.	Oct.	Nov.	Déc.	Dates
1	283	314	342	8	38	69	99	130	161	191	222	252	1
2	284	315	343	9	39	70	100	131	162	192	223	253	2
3	285	316	344	10	40	71	101	132	163	193	224	254	3
4	286	317	345	11	41	72	102	133	164	194	225	255	4
5	287	318	346	12	42	73	103	134	165	195	226	256	5
6	288	319	347	13	43	74	104	135	166	196	227	257	6
7	289	320	348	14	44	75	105	136	167	197	228	258	7
8	290	321	349	15	45	76	106	137	168	198	229	259	8
9	291	322	350	16	46	77	107	138	169	199	230	260	9
10	292	323	351	17	47	78	108	139	170	200	231	261	10
11	293	324	352	18	48	79	109	140	171	201	232	262	11
12	294	325	353	19	49	80	110	141	172	202	233	263	12
13	295	326	354	20	50	81	111	142	173	203	234	264	13
14	296	327	355	21	51	82	112	143	174	204	235	265	14
15	297	328	356	22	52	83	113	144	175	205	236	266	15
16	298	329	357	23	53	84	114	145	176	206	237	267	16
17	299	330	358	24	54	85	115	146	177	207	238	268	17
18	300	331	359	25	55	86	116	147	178	208	239	269	18
19	301	332	360	26	56	87	117	148	179	209	240	270	19
20	302	333	361	27	57	88	118	149	180	210	241	271	20
21	303	334	362	28	58	89	119	150	181	211	242	272	21
22	304	335	363	29	59	90	120	151	182	212	243	273	22
23	305	336	364	30	60	91	121	152	183	213	244	274	23
24	306	337	365	31	61	92	122	153	184	214	245	275	24
25	307	338	1	32	62	93	123	154	185	215	246	276	25
26	308	339	2	33	63	94	124	155	186	216	247	277	26
27	309	340	3	34	64	95	125	156	187	217	248	278	27
28	310	341	4	35	65	96	126	157	188	218	249	279	28
29	311		5	36	66	97	127	158	189	219	250	280	29
30	312		6	37	67	98	128	159	190	220	251	281	30
31	313		7		68		129	160		221		282	31

Jours qu'il y a du 27 MARS à une date de chaque mois.

Dates	Déc.	Nov.	Oct.	Sept.	Aout	Juill.	Juin	Mai	Avril	Mars	Févr.	Janv.	Dates
1	249	219	188	158	127	96	66	35	5	339	311	280	1
2	250	220	189	159	128	97	67	36	6	340	312	281	2
3	251	221	190	160	129	98	68	37	7	341	313	282	3
4	252	222	191	161	130	99	69	38	8	342	314	283	4
5	253	223	192	162	131	100	70	39	9	343	315	284	5
6	254	224	193	163	132	101	71	40	10	344	316	285	6
7	255	225	194	164	133	102	72	41	11	345	317	286	7
8	256	226	195	165	134	103	73	42	12	346	318	287	8
9	257	227	196	166	135	104	74	43	13	347	319	288	9
10	258	228	197	167	136	105	75	44	14	348	320	289	10
11	259	229	198	168	137	106	76	45	15	349	321	290	11
12	260	230	199	169	138	107	77	46	16	350	322	291	12
13	261	231	200	170	139	108	78	47	17	351	323	292	13
14	262	232	201	171	140	109	79	48	18	352	324	293	14
15	263	233	202	172	141	110	80	49	19	353	325	294	15
16	264	234	203	173	142	111	81	50	20	354	326	295	16
17	265	235	204	174	143	112	82	51	21	355	327	296	17
18	266	236	205	175	144	113	83	52	22	356	328	297	18
19	267	237	206	176	145	114	84	53	23	357	329	298	19
20	268	238	207	177	146	115	85	54	24	358	330	299	20
21	269	239	208	178	147	116	86	55	25	359	331	300	21
22	270	240	209	179	148	117	87	56	26	360	332	301	22
23	271	241	210	180	149	118	88	57	27	361	333	302	23
24	272	242	211	181	150	119	89	58	28	362	334	303	24
25	273	243	212	182	151	120	90	59	29	363	335	304	25
26	274	244	213	183	152	121	91	60	30	364	336	305	26
27	275	245	214	184	153	122	92	61	31	365	337	306	27
28	276	246	215	185	154	123	93	62	32	1	338	307	28
29	277	247	216	186	155	124	94	63	33	2		308	29
30	278	248	217	187	156	125	95	64	34	3		309	30
31	279		218		157	126		65		4		310	31

Jours qu'il y a du 26 MARS à une date de chaque mois.

Dates	Déc.	Nov.	Oct.	Sept.	Aout	Juill.	Juin	Mai	Avril	Mars	Févr.	Janv.	Dates
1	250	220	189	159	128	97	67	36	6	340	312	281	1
2	251	221	190	160	129	98	68	37	7	341	313	282	2
3	252	222	191	161	130	99	69	38	8	342	314	283	3
4	253	223	192	162	131	100	70	39	9	343	315	284	4
5	254	224	193	163	132	101	71	40	10	344	316	285	5
6	255	225	194	164	133	102	72	41	11	345	317	286	6
7	256	226	195	165	134	103	73	42	12	346	318	287	7
8	257	227	196	166	135	104	74	43	13	347	319	288	8
9	258	228	197	167	136	105	75	44	14	348	320	289	9
10	259	229	198	168	137	106	76	45	15	349	321	290	10
11	260	230	199	169	138	107	77	46	16	350	322	291	11
12	261	231	200	170	139	108	78	47	17	351	323	292	12
13	262	232	201	171	140	109	79	48	18	352	324	293	13
14	263	233	202	172	141	110	80	49	19	353	325	294	14
15	264	234	203	173	142	111	81	50	20	354	326	295	15
16	265	235	204	174	143	112	82	51	21	355	327	296	16
17	266	236	205	175	144	113	83	52	22	356	328	297	17
18	267	237	206	176	145	114	84	53	23	357	329	298	18
19	268	238	207	177	146	115	85	54	24	358	330	299	19
20	269	239	208	178	147	116	86	55	25	359	331	300	20
21	270	240	209	179	148	117	87	56	26	360	332	301	21
22	271	241	210	180	149	118	88	57	27	361	333	302	22
23	272	242	211	181	150	119	89	58	28	362	334	303	23
24	273	243	212	182	151	120	90	59	29	363	335	304	24
25	274	244	213	183	152	121	91	60	30	364	336	305	25
26	275	245	214	184	153	122	92	61	31	365	337	306	26
27	276	246	215	185	154	123	93	62	32	1	338	307	27
28	277	247	216	186	155	124	94	63	33	2	339	308	28
29	278	248	217	187	156	125	95	64	34	3		309	29
30	279	249	218	188	157	126	96	65	35	4		310	30
31	280		219		158	127		66		5		311	31

Jours qu'il y a du 29 MARS à une date de chaque mois.

Dates	Janv.	Févr.	Mars	Avril	Mai	Juin	Juill.	Août	Sept.	Oct.	Nov.	Déc.	Dates
1	278	309	337	3	33	64	94	125	156	186	217	247	1
2	279	310	338	4	34	65	95	126	157	187	218	248	2
3	280	311	339	5	35	66	96	127	158	188	219	249	3
4	281	312	340	6	36	67	97	128	159	189	220	250	4
5	282	313	341	7	37	68	98	129	160	190	221	251	5
6	283	314	342	8	38	69	99	130	161	191	222	252	6
7	284	315	343	9	39	70	100	131	162	192	223	253	7
8	285	316	344	10	40	71	101	132	163	193	224	254	8
9	286	317	345	11	41	72	102	133	164	194	225	255	9
10	287	318	346	12	42	73	103	134	165	195	226	256	10
11	288	319	347	13	43	74	104	135	166	196	227	257	11
12	289	320	348	14	44	75	105	136	167	197	228	258	12
13	290	321	349	15	45	76	106	137	168	198	229	259	13
14	291	322	350	16	46	77	107	138	169	199	230	260	14
15	292	323	351	17	47	78	108	139	170	200	231	261	15
16	293	324	352	18	48	79	109	140	171	201	232	262	16
17	294	325	353	19	49	80	110	141	172	202	233	263	17
18	295	326	354	20	50	81	111	142	173	203	234	264	18
19	296	327	355	21	51	82	112	143	174	204	235	265	19
20	297	328	356	22	52	83	113	144	175	205	236	266	20
21	298	329	357	23	53	84	114	145	176	206	237	267	21
22	299	330	358	24	54	85	115	146	177	207	238	268	22
23	300	331	359	25	55	86	116	147	178	208	239	269	23
24	301	332	360	26	56	87	117	148	179	209	240	270	24
25	302	333	361	27	57	88	118	149	180	210	241	271	25
26	303	334	362	28	58	89	119	150	181	211	242	272	26
27	304	335	363	29	59	90	120	151	182	212	243	273	27
28	305	336	364	30	60	91	121	152	183	213	244	274	28
29	306		365	31	61	92	122	153	184	214	245	275	29
30	307		1	32	62	93	123	154	185	215	246	276	30
31	308		2		63		124	155		216		277	31

Jours qu'il y a du 28 MARS à une date de chaque mois.

Dates	Janv.	Févr.	Mars	Avril	Mai	Juin	Juill.	Août	Sept.	Oct.	Nov.	Déc.	Dates
1	279	310	338	4	34	65	95	126	157	187	218	248	1
2	280	311	339	5	35	66	96	127	158	188	219	249	2
3	281	312	340	6	36	67	97	128	159	189	220	250	3
4	282	313	341	7	37	68	98	129	160	190	221	251	4
5	283	314	342	8	38	69	99	130	161	191	222	252	5
6	284	315	343	9	39	70	100	131	162	192	223	253	6
7	285	316	344	10	40	71	101	132	163	193	224	254	7
8	286	317	345	11	41	72	102	133	164	194	225	255	8
9	287	318	346	12	42	73	103	134	165	195	226	256	9
10	288	319	347	13	43	74	104	135	166	196	227	257	10
11	289	320	348	14	44	75	105	136	167	197	228	258	11
12	290	321	349	15	45	76	106	137	168	198	229	259	12
13	291	322	350	16	46	77	107	138	169	199	230	260	13
14	292	323	351	17	47	78	108	139	170	200	231	261	14
15	293	324	352	18	48	79	109	140	171	201	232	262	15
16	294	325	353	19	49	80	110	141	172	202	233	263	16
17	295	326	354	20	50	81	111	142	173	203	234	264	17
18	296	327	355	21	51	82	112	143	174	204	235	265	18
19	297	328	356	22	52	83	113	144	175	205	236	266	19
20	298	329	357	23	53	84	114	145	176	206	237	267	20
21	299	330	358	24	54	85	115	146	177	207	238	268	21
22	300	331	359	25	55	86	116	147	178	208	239	269	22
23	301	332	360	26	56	87	117	148	179	209	240	270	23
24	302	333	361	27	57	88	118	149	180	210	241	271	24
25	303	334	362	28	58	89	119	150	181	211	242	272	25
26	304	335	363	29	59	90	120	151	182	212	243	273	26
27	305	336	364	30	60	91	121	152	183	213	244	274	27
28	306	337	365	31	61	92	122	153	184	214	245	275	28
29	307		1	32	62	93	123	154	185	215	246	276	29
30	308		2	33	63	94	124	155	186	216	247	277	30
31	309		3		64		125	156		217		278	31

Jours qu'il y a du 30 MARS à une date de chaque mois.

Dates	Janv.	Févr.	Mars	Avril	Mai	Juin	Juill.	Août	Sept.	Oct.	Nov.	Déc.	Dates
1	277	308	336	1	32	63	93	124	155	185	216	246	1
2	278	309	337	2	33	64	94	125	156	186	217	247	2
3	279	310	338	3	34	65	95	126	157	187	218	248	3
4	280	311	339	4	35	66	96	127	158	188	219	249	4
5	281	312	340	5	36	67	97	128	159	189	220	250	5
6	282	313	341	6	37	68	98	129	160	190	221	251	6
7	283	314	342	7	38	69	99	130	161	191	222	252	7
8	284	315	343	8	39	70	100	131	162	192	223	253	8
9	285	316	344	9	40	71	101	132	163	193	224	254	9
10	286	317	345	10	41	72	102	133	164	194	225	255	10
11	287	318	346	11	42	73	103	134	165	195	226	256	11
12	288	319	347	12	43	74	104	135	166	196	227	257	12
13	289	320	348	13	44	75	105	136	167	197	228	258	13
14	290	321	349	14	45	76	106	137	168	198	229	259	14
15	291	322	350	15	46	77	107	138	169	199	230	260	15
16	292	323	351	16	47	78	108	139	170	200	231	261	16
17	293	324	352	17	48	79	109	140	171	201	232	262	17
18	294	325	353	18	49	80	110	141	172	202	233	263	18
19	295	326	354	19	50	81	111	142	173	203	234	264	19
20	296	327	355	20	51	82	112	143	174	204	235	265	20
21	297	328	356	21	52	83	113	144	175	205	236	266	21
22	298	329	357	22	53	84	114	145	176	206	237	267	22
23	299	330	358	23	54	85	115	146	177	207	238	268	23
24	300	331	359	24	55	86	116	147	178	208	239	269	24
25	301	332	360	25	56	87	117	148	179	209	240	270	25
26	302	333	361	26	57	88	118	149	180	210	241	271	26
27	303	334	362	27	58	89	119	150	181	211	242	272	27
28	304	335	363	28	59	90	120	151	182	212	243	273	28
29	305		364	29	60	91	121	152	183	213	244	274	29
30	306		365	30	61	92	122	153	184	214	245	275	30
31	307		1		62		123	154		215		276	31

Jours qu'il y a du 31 MARS à une date de chaque mois.

Dates	Janv.	Févr.	Mars	Avril	Mai	Juin	Juill.	Août	Sept.	Oct.	Nov.	Déc.	Dates
1	276	307	335	1	31	62	92	123	154	184	215	245	1
2	277	308	336	2	32	63	93	124	155	185	216	246	2
3	278	309	337	3	33	64	94	125	156	186	217	247	3
4	279	310	338	4	34	65	95	126	157	187	218	248	4
5	280	311	339	5	35	66	96	127	158	188	219	249	5
6	281	312	340	6	36	67	97	128	159	189	220	250	6
7	282	313	341	7	37	68	98	129	160	190	221	251	7
8	283	314	342	8	38	69	99	130	161	191	222	252	8
9	284	315	343	9	39	70	100	131	162	192	223	253	9
10	285	316	344	10	40	71	101	132	163	193	224	254	10
11	286	317	345	11	41	72	102	133	164	194	225	255	11
12	287	318	346	12	42	73	103	134	165	195	226	256	12
13	288	319	347	13	43	74	104	135	166	196	227	257	13
14	289	320	348	14	44	75	105	136	167	197	228	258	14
15	290	321	349	15	45	76	106	137	168	198	229	259	15
16	291	322	350	16	46	77	107	138	169	199	230	260	16
17	292	323	351	17	47	78	108	139	170	200	231	261	17
18	293	324	352	18	48	79	109	140	171	201	232	262	18
19	294	325	353	19	49	80	110	141	172	202	233	263	19
20	295	326	354	20	50	81	111	142	173	203	234	264	20
21	296	327	355	21	51	82	112	143	174	204	235	265	21
22	297	328	356	22	52	83	113	144	175	205	236	266	22
23	298	329	357	23	53	84	114	145	176	206	237	267	23
24	299	330	358	24	54	85	115	146	177	207	238	268	24
25	300	331	359	25	55	86	116	147	178	208	239	269	25
26	301	332	360	26	56	87	117	148	179	209	240	270	26
27	302	333	361	27	57	88	118	149	180	210	241	271	27
28	303	334	362	28	58	89	119	150	181	211	242	272	28
29	304		363	29	59	90	120	151	182	212	243	273	29
30	305		364	30	60	91	121	152	183	213	244	274	30
31	306		365		61		122	153		214		275	31

Jours qu'il y a du 2 AVRIL à une date de chaque mois.

Dates	Janv.	Févr.	Mars	Avril	Mai	Juin	Juill.	Août	Sept.	Oct.	Nov.	Déc.	Dates
1	274	305	333	364	29	60	90	121	152	182	213	243	1
2	275	306	334	365	30	61	91	122	153	183	214	244	2
3	276	307	335	1	31	62	92	123	154	184	215	245	3
4	277	308	336	2	32	63	93	124	155	185	216	246	4
5	278	309	337	3	33	64	94	125	156	186	217	247	5
6	279	310	338	4	34	65	95	126	157	187	218	248	6
7	280	311	339	5	35	66	96	127	158	188	219	249	7
8	281	312	340	6	36	67	97	128	159	189	220	250	8
9	282	313	341	7	37	68	98	129	160	190	221	251	9
10	283	314	342	8	38	69	99	130	161	191	222	252	10
11	284	315	343	9	39	70	100	131	162	192	223	253	11
12	285	316	344	10	40	71	101	132	163	193	224	254	12
13	286	317	345	11	41	72	102	133	164	194	225	255	13
14	287	318	346	12	42	73	103	134	165	195	226	256	14
15	288	319	347	13	43	74	104	135	166	196	227	257	15
16	289	320	348	14	44	75	105	136	167	197	228	258	16
17	290	321	349	15	45	76	106	137	168	198	229	259	17
18	291	322	350	16	46	77	107	138	169	199	230	260	18
19	292	323	351	17	47	78	108	139	170	200	231	261	19
20	293	324	352	18	48	79	109	140	171	201	232	262	20
21	294	325	353	19	49	80	110	141	172	202	233	263	21
22	295	326	354	20	50	81	111	142	173	203	234	264	22
23	296	327	355	21	51	82	112	143	174	204	235	265	23
24	297	328	356	22	52	83	113	144	175	205	236	266	24
25	298	329	357	23	53	84	114	145	176	206	237	267	25
26	299	330	358	24	54	85	115	146	177	207	238	268	26
27	300	331	359	25	55	86	116	147	178	208	239	269	27
28	301	332	360	26	56	87	117	148	179	209	240	270	28
29	302		361	27	57	88	118	149	180	210	241	271	29
30	303		362	28	58	89	119	150	181	211	242	272	30
31	304		363		59		120	151		212		273	31

Jours qu'il y a du 1er AVRIL à une date de chaque mois.

Dates	Janv.	Févr.	Mars	Avril	Mai	Juin	Juill.	Août	Sept.	Oct.	Nov.	Déc.	Dates
1	275	306	334	365	30	61	91	122	153	183	214	244	1
2	276	307	335	1	31	62	92	123	154	184	215	245	2
3	277	308	336	2	32	63	93	124	155	185	216	246	3
4	278	309	337	3	33	64	94	125	156	186	217	247	4
5	279	310	338	4	34	65	95	126	157	187	218	248	5
6	280	311	339	5	35	66	96	127	158	188	219	249	6
7	281	312	340	6	36	67	97	128	159	189	220	250	7
8	282	313	341	7	37	68	98	129	160	190	221	251	8
9	283	314	342	8	38	69	99	130	161	191	222	252	9
10	284	315	343	9	39	70	100	131	162	192	223	253	10
11	285	316	344	10	40	71	101	132	163	193	224	254	11
12	286	317	345	11	41	72	102	133	164	194	225	255	12
13	287	318	346	12	42	73	103	134	165	195	226	256	13
14	288	319	347	13	43	74	104	135	166	196	227	257	14
15	289	320	348	14	44	75	105	136	167	197	228	258	15
16	290	321	349	15	45	76	106	137	168	198	229	259	16
17	291	322	350	16	46	77	107	138	169	199	230	260	17
18	292	323	351	17	47	78	108	139	170	200	231	261	18
19	293	324	352	18	48	79	109	140	171	201	232	262	19
20	294	325	353	19	49	80	110	141	172	202	233	263	20
21	295	326	354	20	50	81	111	142	173	203	234	264	21
22	296	327	355	21	51	82	112	143	174	204	235	265	22
23	297	328	356	22	52	83	113	144	175	205	236	266	23
24	298	329	357	23	53	84	114	145	176	206	237	267	24
25	299	330	358	24	54	85	115	146	177	207	238	268	25
26	300	331	359	25	55	86	116	147	178	208	239	269	26
27	301	332	360	26	56	87	117	148	179	209	240	270	27
28	302	333	361	27	57	88	118	149	180	210	241	271	28
29	303		362	28	58	89	119	150	181	211	242	272	29
30	304		363	29	59	90	120	151	182	212	243	273	30
31	305		364		60		121	152		213		274	31

Dates	Janv.	Févr.	Mars	Avril	Mai	Juin	Juill.	Août	Sept.	Oct.	Nov.	Déc.	Dates
1	272	303	331	362	27	58	88	119	150	180	211	241	1
2	273	304	332	363	28	59	89	120	151	181	212	242	2
3	274	305	333	364	29	60	90	121	152	182	213	243	3
4	275	306	334	365	30	61	91	122	153	183	214	244	4
5	276	307	335	1	31	62	92	123	154	184	215	245	5
6	277	308	336	2	32	63	93	124	155	185	216	246	6
7	278	309	337	3	33	64	94	125	156	186	217	247	7
8	279	310	338	4	34	65	95	126	157	187	218	248	8
9	280	311	339	5	35	66	96	127	158	188	219	249	9
10	281	312	340	6	36	67	97	128	159	189	220	250	10
11	282	313	341	7	37	68	98	129	160	190	221	251	11
12	283	314	342	8	38	69	99	130	161	191	222	252	12
13	284	315	343	9	39	70	100	131	162	192	223	253	13
14	285	316	344	10	40	71	101	132	163	193	224	254	14
15	286	317	345	11	41	72	102	133	164	194	225	255	15
16	287	318	346	12	42	73	103	134	165	195	226	256	16
17	288	319	347	13	43	74	104	135	166	196	227	257	17
18	289	320	348	14	44	75	105	136	167	197	228	258	18
19	290	321	349	15	45	76	106	137	168	198	229	259	19
20	291	322	350	16	46	77	107	138	169	199	230	260	20
21	292	323	351	17	47	78	108	139	170	200	231	261	21
22	293	324	352	18	48	79	109	140	171	201	232	262	22
23	294	325	353	19	49	80	110	141	172	202	233	263	23
24	295	326	354	20	50	81	111	142	173	203	234	264	24
25	296	327	355	21	51	82	112	143	174	204	235	265	25
26	297	328	356	22	52	83	113	144	175	205	236	266	26
27	298	329	357	23	53	84	114	145	176	206	237	267	27
28	299	330	358	24	54	85	115	146	177	207	238	268	28
29	300		359	25	55	86	116	147	178	208	239	269	29
30	301		360	26	56	87	117	148	179	209	240	270	30
31	302		361		57		118	149		210		271	31

Dates	Janv.	Févr.	Mars	Avril	Mai	Juin	Juill.	Août	Sept.	Oct.	Nov.	Déc.	Dates
1	273	304	332	363	28	59	89	120	151	181	212	242	1
2	274	305	333	364	29	60	90	121	152	182	213	243	2
3	275	306	334	365	30	61	91	122	153	183	214	244	3
4	276	307	335	1	31	62	92	123	154	184	215	245	4
5	277	308	336	2	32	63	93	124	155	185	216	246	5
6	278	309	337	3	33	64	94	125	156	186	217	247	6
7	279	310	338	4	34	65	95	126	157	187	218	248	7
8	280	311	339	5	35	66	96	127	158	188	219	249	8
9	281	312	340	6	36	67	97	128	159	189	220	250	9
10	282	313	341	7	37	68	98	129	160	190	221	251	10
11	283	314	342	8	38	69	99	130	161	191	222	252	11
12	284	315	343	9	39	70	100	131	162	192	223	253	12
13	285	316	344	10	40	71	101	132	163	193	224	254	13
14	286	317	345	11	41	72	102	133	164	194	225	255	14
15	287	318	346	12	42	73	103	134	165	195	226	256	15
16	288	319	347	13	43	74	104	135	166	196	227	257	16
17	289	320	348	14	44	75	105	136	167	197	228	258	17
18	290	321	349	15	45	76	106	137	168	198	229	259	18
19	291	322	350	16	46	77	107	138	169	199	230	260	19
20	292	323	351	17	47	78	108	139	170	200	231	261	20
21	293	324	352	18	48	79	109	140	171	201	232	262	21
22	294	325	353	19	49	80	110	141	172	202	233	263	22
23	295	326	354	20	50	81	111	142	173	203	234	264	23
24	296	327	355	21	51	82	112	143	174	204	235	265	24
25	297	328	356	22	52	83	113	144	175	205	236	266	25
26	298	329	357	23	53	84	114	145	176	206	237	267	26
27	299	330	358	24	54	85	115	146	177	207	238	268	27
28	300	331	359	25	55	86	116	147	178	208	239	269	28
29	301		360	26	56	87	117	148	179	209	240	270	29
30	302		361	27	57	88	118	149	180	210	241	271	30
31	303		362		58		119	150		211		272	31

Jours qu'il y a du 5 AVRIL à une date de chaque mois.

Dates	Janv.	Févr.	Mars	Avril	Mai	Juin	Juill.	Août	Sept.	Oct.	Nov.	Déc.	Dates
1	271	302	330	361	26	57	87	118	149	179	210	240	1
2	272	303	331	362	27	58	88	119	150	180	211	241	2
3	273	304	332	363	28	59	89	120	151	181	212	242	3
4	274	305	333	364	29	60	90	121	152	182	213	243	4
5	275	306	334	365	30	61	91	122	153	183	214	244	5
6	276	307	335	1	31	62	92	123	154	184	215	245	6
7	277	308	336	2	32	63	93	124	155	185	216	246	7
8	278	309	337	3	33	64	94	125	156	186	217	247	8
9	279	310	338	4	34	65	95	126	157	187	218	248	9
10	280	311	339	5	35	66	96	127	158	188	219	249	10
11	281	312	340	6	36	67	97	128	159	189	220	250	11
12	282	313	341	7	37	68	98	129	160	190	221	251	12
13	283	314	342	8	38	69	99	130	161	191	222	252	13
14	284	315	343	9	39	70	100	131	162	192	223	253	14
15	285	316	344	10	40	71	101	132	163	193	224	254	15
16	286	317	345	11	41	72	102	133	164	194	225	255	16
17	287	318	346	12	42	73	103	134	165	195	226	256	17
18	288	319	347	13	43	74	104	135	166	196	227	257	18
19	289	320	348	14	44	75	105	136	167	197	228	258	19
20	290	321	349	15	45	76	106	137	168	198	229	259	20
21	291	322	350	16	46	77	107	138	169	199	230	260	21
22	292	323	351	17	47	78	108	139	170	200	231	261	22
23	293	324	352	18	48	79	109	140	171	201	232	262	23
24	294	325	353	19	49	80	110	141	172	202	233	263	24
25	295	326	354	20	50	81	111	142	173	203	234	264	25
26	296	327	355	21	51	82	112	143	174	204	235	265	26
27	297	328	356	22	52	83	113	144	175	205	236	266	27
28	298	329	357	23	53	84	114	145	176	206	237	267	28
29	299		358	24	54	85	115	146	177	207	238	268	29
30	300		359	25	55	86	116	147	178	208	239	269	30
31	301		360		56		117	148		209		270	31

Jours qu'il y a du 6 AVRIL à une date de chaque mois.

Dates	Janv.	Févr.	Mars	Avril	Mai	Juin	Juill.	Août	Sept.	Oct.	Nov.	Déc.	Dates
1	270	301	329	360	25	56	86	117	148	178	209	239	1
2	271	302	330	361	26	57	87	118	149	179	210	240	2
3	272	303	331	362	27	58	88	119	150	180	211	241	3
4	273	304	332	363	28	59	89	120	151	181	212	242	4
5	274	305	333	364	29	60	90	121	152	182	213	243	5
6	275	306	334	365	30	61	91	122	153	183	214	244	6
7	276	307	335	1	31	62	92	123	154	184	215	245	7
8	277	308	336	2	32	63	93	124	155	185	216	246	8
9	278	309	337	3	33	64	94	125	156	186	217	247	9
10	279	310	338	4	34	65	95	126	157	187	218	248	10
11	280	311	339	5	35	66	96	127	158	188	219	249	11
12	281	312	340	6	36	67	97	128	159	189	220	250	12
13	282	313	341	7	37	68	98	129	160	190	221	251	13
14	283	314	342	8	38	69	99	130	161	191	222	252	14
15	284	315	343	9	39	70	100	131	162	192	223	253	15
16	285	316	344	10	40	71	101	132	163	193	224	254	16
17	286	317	345	11	41	72	102	133	164	194	225	255	17
18	287	318	346	12	42	73	103	134	165	195	226	256	18
19	288	319	347	13	43	74	104	135	166	196	227	257	19
20	289	320	348	14	44	75	105	136	167	197	228	258	20
21	290	321	349	15	45	76	106	137	168	198	229	259	21
22	291	322	350	16	46	77	107	138	169	199	230	260	22
23	292	323	351	17	47	78	108	139	170	200	231	261	23
24	293	324	352	18	48	79	109	140	171	201	232	262	24
25	294	325	353	19	49	80	110	141	172	202	233	263	25
26	295	326	354	20	50	81	111	142	173	203	234	264	26
27	296	327	355	21	51	82	112	143	174	204	235	265	27
28	297	328	356	22	52	83	113	144	175	205	236	266	28
29	298		357	23	53	84	114	145	176	206	237	267	29
30	299		358	24	54	85	115	146	177	207	238	268	30
31	300		359		55		116	147		208		269	31

Jours qu'il y a du 7 AVRIL à une date de chaque mois.

Dates	Janv.	Févr.	Mars	Avril	Mai	Juin	Juill.	Août	Sept.	Oct.	Nov.	Déc.	Dates
1	269	300	328	359	24	55	85	116	147	177	208	238	1
2	270	301	329	360	25	56	86	117	148	178	209	239	2
3	271	302	330	361	26	57	87	118	149	179	210	240	3
4	272	303	331	362	27	58	88	119	150	180	211	241	4
5	273	304	332	363	28	59	89	120	151	181	212	242	5
6	274	305	333	364	29	60	90	121	152	182	213	243	6
7	275	306	334	365	30	61	91	122	153	183	214	244	7
8	276	307	335	1	31	62	92	123	154	184	215	245	8
9	277	308	336	2	32	63	93	124	155	185	216	246	9
10	278	309	337	3	33	64	94	125	156	186	217	247	10
11	279	310	338	4	34	65	95	126	157	187	218	248	11
12	280	311	339	5	35	66	96	127	158	188	219	249	12
13	281	312	340	6	36	67	97	128	159	189	220	250	13
14	282	313	341	7	37	68	98	129	160	190	221	251	14
15	283	314	342	8	38	69	99	130	161	191	222	252	15
16	284	315	343	9	39	70	100	131	162	192	223	253	16
17	285	316	344	10	40	71	101	132	163	193	224	254	17
18	286	317	345	11	41	72	102	133	164	194	225	255	18
19	287	318	346	12	42	73	103	134	165	195	226	256	19
20	288	319	347	13	43	74	104	135	166	196	227	257	20
21	289	320	348	14	44	75	105	136	167	197	228	258	21
22	290	321	349	15	45	76	106	137	168	198	229	259	22
23	291	322	350	16	46	77	107	138	169	199	230	260	23
24	292	323	351	17	47	78	108	139	170	200	231	261	24
25	293	324	352	18	48	79	109	140	171	201	232	262	25
26	294	325	353	19	49	80	110	141	172	202	233	263	26
27	295	326	354	20	50	81	111	142	173	203	234	264	27
28	296	327	355	21	51	82	112	143	174	204	235	265	28
29	297		356	22	52	83	113	144	175	205	236	266	29
30	298		357	23	53	84	114	145	176	206	237	267	30
31	299		358		54		115	146		207		268	31

Jours qu'il y a du 8 AVRIL à une date de chaque mois.

Dates	Janv.	Févr.	Mars	Avril	Mai	Juin	Juill.	Août	Sept.	Oct.	Nov.	Déc.	Dates
1	268	299	327	358	23	54	84	115	146	176	207	237	1
2	269	300	328	359	24	55	85	116	147	177	208	238	2
3	270	301	329	360	25	56	86	117	148	178	209	239	3
4	271	302	330	361	26	57	87	118	149	179	210	240	4
5	272	303	331	362	27	58	88	119	150	180	211	241	5
6	273	304	332	363	28	59	89	120	151	181	212	242	6
7	274	305	333	364	29	60	90	121	152	182	213	243	7
8	275	306	334	365	30	61	91	122	153	183	214	244	8
9	276	307	335	1	31	62	92	123	154	184	215	245	9
10	277	308	336	2	32	63	93	124	155	185	216	246	10
11	278	309	337	3	33	64	94	125	156	186	217	247	11
12	279	310	338	4	34	65	95	126	157	187	218	248	12
13	280	311	339	5	35	66	96	127	158	188	219	249	13
14	281	312	340	6	36	67	97	128	159	189	220	250	14
15	282	313	341	7	37	68	98	129	160	190	221	251	15
16	283	314	342	8	38	69	99	130	161	191	222	252	16
17	284	315	343	9	39	70	100	131	162	192	223	253	17
18	285	316	344	10	40	71	101	132	163	193	224	254	18
19	286	317	345	11	41	72	102	133	164	194	225	255	19
20	287	318	346	12	42	73	103	134	165	195	226	256	20
21	288	319	347	13	43	74	104	135	166	196	227	257	21
22	289	320	348	14	44	75	105	136	167	197	228	258	22
23	290	321	349	15	45	76	106	137	168	198	229	259	23
24	291	322	350	16	46	77	107	138	169	199	230	260	24
25	292	323	351	17	47	78	108	139	170	200	231	261	25
26	293	324	352	18	48	79	109	140	171	201	232	262	26
27	294	325	353	19	49	80	110	141	172	202	233	263	27
28	295	326	354	20	50	81	111	142	173	203	234	264	28
29	296		355	21	51	82	112	143	174	204	235	265	29
30	297		356	22	52	83	113	144	175	205	236	266	30
31	298		357		53		114	145		206		267	31

Jours qu'il y a du 10 AVRIL à une date de chaque mois.

Dates	Janv.	Févr.	Mars	Avril	Mai	Juin	Juill.	Août	Sept.	Oct.	Nov.	Déc.	Dates
1	266	297	325	356	21	52	82	113	144	174	205	235	1
2	267	298	326	357	22	53	83	114	145	175	206	236	2
3	268	299	327	358	23	54	84	115	146	176	207	237	3
4	269	300	328	359	24	55	85	116	147	177	208	238	4
5	270	301	329	360	25	56	86	117	148	178	209	239	5
6	271	302	330	361	26	57	87	118	149	179	210	240	6
7	272	303	331	362	27	58	88	119	150	180	211	241	7
8	273	304	332	363	28	59	89	120	151	181	212	242	8
9	274	305	333	364	29	60	90	121	152	182	213	243	9
10	275	306	334	365	30	61	91	122	153	183	214	244	10
11	276	307	335	1	31	62	92	123	154	184	215	245	11
12	277	308	336	2	32	63	93	124	155	185	216	246	12
13	278	309	337	3	33	64	94	125	156	186	217	247	13
14	279	310	338	4	34	65	95	126	157	187	218	248	14
15	280	311	339	5	35	66	96	127	158	188	219	249	15
16	281	312	340	6	36	67	97	128	159	189	220	250	16
17	282	313	341	7	37	68	98	129	160	190	221	251	17
18	283	314	342	8	38	69	99	130	161	191	222	252	18
19	284	315	343	9	39	70	100	131	162	192	223	253	19
20	285	316	344	10	40	71	101	132	163	193	224	254	20
21	286	317	345	11	41	72	102	133	164	194	225	255	21
22	287	318	346	12	42	73	103	134	165	195	226	256	22
23	288	319	347	13	43	74	104	135	166	196	227	257	23
24	289	320	348	14	44	75	105	136	167	197	228	258	24
25	290	321	349	15	45	76	106	137	168	198	229	259	25
26	291	322	350	16	46	77	107	138	169	199	230	260	26
27	292	323	351	17	47	78	108	139	170	200	231	261	27
28	293	324	352	18	48	79	109	140	171	201	232	262	28
29	294		353	19	49	80	110	141	172	202	233	263	29
30	295		354	20	50	81	111	142	173	203	234	264	30
31	296		355		51		112	143		204		265	31

Jours qu'il y a du 9 AVRIL à une date de chaque mois.

Dates	Janv.	Févr.	Mars	Avril	Mai	Juin	Juill.	Août	Sept.	Oct.	Nov.	Déc.	Dates
1	267	298	326	357	22	53	83	114	145	175	206	236	1
2	268	299	327	358	23	54	84	115	146	176	207	237	2
3	269	300	328	359	24	55	85	116	147	177	208	238	3
4	270	301	329	360	25	56	86	117	148	178	209	239	4
5	271	302	330	361	26	57	87	118	149	179	210	240	5
6	272	303	331	362	27	58	88	119	150	180	211	241	6
7	273	304	332	363	28	59	89	120	151	181	212	242	7
8	274	305	333	364	29	60	90	121	152	182	213	243	8
9	275	306	334	365	30	61	91	122	153	183	214	244	9
10	276	307	335	1	31	62	92	123	154	184	215	245	10
11	277	308	336	2	32	63	93	124	155	185	216	246	11
12	278	309	337	3	33	64	94	125	156	186	217	247	12
13	279	310	338	4	34	65	95	126	157	187	218	248	13
14	280	311	339	5	35	66	96	127	158	188	219	249	14
15	281	312	340	6	36	67	97	128	159	189	220	250	15
16	282	313	341	7	37	68	98	129	160	190	221	251	16
17	283	314	342	8	38	69	99	130	161	191	222	252	17
18	284	315	343	9	39	70	100	131	162	192	223	253	18
19	285	316	344	10	40	71	101	132	163	193	224	254	19
20	286	317	345	11	41	72	102	133	164	194	225	255	20
21	287	318	346	12	42	73	103	134	165	195	226	256	21
22	288	319	347	13	43	74	104	135	166	196	227	257	22
23	289	320	348	14	44	75	105	136	167	197	228	258	23
24	290	321	349	15	45	76	106	137	168	198	229	259	24
25	291	322	350	16	46	77	107	138	169	199	230	260	25
26	292	323	351	17	47	78	108	139	170	200	231	261	26
27	293	324	352	18	48	79	109	140	171	201	232	262	27
28	294	325	353	19	49	80	110	141	172	202	233	263	28
29	295		354	20	50	81	111	142	173	203	234	264	29
30	296		355	21	51	82	112	143	174	204	235	265	30
31	297		356		52		113	144		205		266	31

Jours qu'il y a du 12 AVRIL à une date de chaque mois.

Dates	Déc.	Nov.	Oct.	Sept.	Août	Juill.	Juin	Mai	Avril	Mars	Févr.	Janv.	Dates
1	233	203	172	142	111	80	50	19	354	325	295	264	1
2	234	204	173	143	112	81	51	20	355	326	296	265	2
3	235	205	174	144	113	82	52	21	356	327	297	266	3
4	236	206	175	145	114	83	53	22	357	328	298	267	4
5	237	207	176	146	115	84	54	23	358	327	299	268	5
6	238	208	177	147	116	85	55	24	359	327	300	269	6
7	239	209	178	148	117	86	56	25	360	328	301	270	7
8	240	210	179	149	118	87	57	26	361	329	302	271	8
9	241	211	180	150	119	88	58	27	362	330	303	272	9
10	242	212	181	151	120	89	59	28	363	331	304	273	10
11	243	213	182	152	121	90	60	29	364	332	305	274	11
12	244	214	183	153	122	91	61	30	365	333	306	275	12
13	245	215	184	154	123	92	62	31	1	334	307	276	13
14	246	216	185	155	124	93	63	32	2	335	308	277	14
15	247	217	186	156	125	94	64	33	3	336	309	278	15
16	248	218	187	157	126	95	65	34	4	337	310	279	16
17	249	219	188	158	127	96	66	35	5	338	311	280	17
18	250	220	189	159	128	97	67	36	6	339	312	281	18
19	251	221	190	160	129	98	68	37	7	340	313	282	19
20	252	222	191	161	130	99	69	38	8	341	314	283	20
21	253	223	192	162	131	100	70	39	9	342	315	284	21
22	254	224	193	163	132	101	71	40	10	343	316	285	22
23	255	225	194	164	133	102	72	41	11	344	317	286	23
24	256	226	195	165	134	103	73	42	12	345	318	287	24
25	257	227	196	166	135	104	74	43	13	346	319	288	25
26	258	228	197	167	136	105	75	44	14	347	320	289	26
27	259	229	198	168	137	106	76	45	15	348	321	290	27
28	260	230	199	169	138	107	77	46	16	349	322	291	28
29	261	231	200	170	139	108	78	47	17	350		292	29
30	262	232	201	171	140	109	79	48	18	351		293	30
31	263		202		141	110		49		352		294	31

Jours qu'il y a du 14 AVRIL à une date de chaque mois.

Dates	Déc.	Nov.	Oct.	Sept.	Août	Juill.	Juin	Mai	Avril	Mars	Févr.	Janv.	Dates
1	234	204	173	143	112	81	51	20	355	324	296	265	1
2	235	205	174	144	113	82	52	21	356	325	297	266	2
3	236	206	175	145	114	83	53	22	357	326	298	267	3
4	237	207	176	146	115	84	54	23	358	327	299	268	4
5	238	208	177	147	116	85	55	24	359	328	300	269	5
6	239	209	178	148	117	86	56	25	360	329	301	270	6
7	240	210	179	149	118	87	57	26	361	330	302	271	7
8	241	211	180	150	119	88	58	27	362	331	303	272	8
9	242	212	181	151	120	89	59	28	363	332	304	273	9
10	243	213	182	152	121	90	60	29	364	333	305	274	10
11	244	214	183	153	122	91	61	30	365	334	306	275	11
12	245	215	184	154	123	92	62	31	1	335	307	276	12
13	246	216	185	155	124	93	63	32	2	336	308	277	13
14	247	217	186	156	125	94	64	33	3	337	309	278	14
15	248	218	187	157	126	95	65	34	4	338	310	279	15
16	249	219	188	158	127	96	66	35	5	339	311	280	16
17	250	220	189	159	128	97	67	36	6	340	312	281	17
18	251	221	190	160	129	98	68	37	7	341	313	282	18
19	252	222	191	161	130	99	69	38	8	342	314	283	19
20	253	223	192	162	131	100	70	39	9	343	315	284	20
21	254	224	193	163	132	101	71	40	10	344	316	285	21
22	255	225	194	164	133	102	72	41	11	345	317	286	22
23	256	226	195	165	134	103	73	42	12	346	318	287	23
24	257	227	196	166	135	104	74	43	13	347	319	288	24
25	258	228	197	167	136	105	75	44	14	348	320	289	25
26	259	229	198	168	137	106	76	45	15	349	321	290	26
27	260	230	199	169	138	107	77	46	16	350	322	291	27
28	261	231	200	170	139	108	78	47	17	351	323	292	28
29	262	232	201	171	140	109	79	48	18	352		293	29
30	263	233	202	172	141	110	80	49	19	353		294	30
31	264		203		142	111		50		354		295	31

Jours qu'il y a du 14 AVRIL à une date de chaque mois.

Dates	Janv.	Févr.	Mars	Avril	Mai	Juin	Juill.	Août	Sept.	Oct.	Nov.	Déc.
1	262	293	321	352	17	48	78	109	140	170	201	231
2	263	294	322	353	18	49	79	110	141	171	202	232
3	264	295	323	354	19	50	80	111	142	172	203	233
4	265	296	324	355	20	51	81	112	143	173	204	234
5	266	297	325	356	21	52	82	113	144	174	205	235
6	267	298	326	357	22	53	83	114	145	175	206	236
7	268	299	327	358	23	54	84	115	146	176	207	237
8	269	300	328	359	24	55	85	116	147	177	208	238
9	270	301	329	360	25	56	86	117	148	178	209	239
10	271	302	330	361	26	57	87	118	149	179	210	240
11	272	303	331	362	27	58	88	119	150	180	211	241
12	273	304	332	363	28	59	89	120	151	181	212	242
13	274	305	333	364	29	60	90	121	152	182	213	243
14	275	306	334	365	30	61	91	122	153	183	214	244
15	276	307	335	—	31	62	92	123	154	184	215	245
16	277	308	336	1	32	63	93	124	155	185	216	246
17	278	309	337	2	33	64	94	125	156	186	217	247
18	279	310	338	3	34	65	95	126	157	187	218	248
19	280	311	339	4	35	66	96	127	158	188	219	249
20	281	312	340	5	36	67	97	128	159	189	220	250
21	282	313	341	6	37	68	98	129	160	190	221	251
22	283	314	342	7	38	69	99	130	161	191	222	252
23	284	315	343	8	39	70	100	131	162	192	223	253
24	285	316	344	9	40	71	101	132	163	193	224	254
25	286	317	345	10	41	72	102	133	164	194	225	255
26	287	318	346	11	42	73	103	134	165	195	226	256
27	288	319	347	12	43	74	104	135	166	196	227	257
28	289	320	348	13	44	75	105	136	167	197	228	258
29	290		349	14	45	76	106	137	168	198	229	259
30	291		350	15	46	77	107	138	169	199	230	260
31	292		351	16	47		108	139		200		261

Jours qu'il y a du 13 AVRIL à une date de chaque mois.

Dates	Janv.	Févr.	Mars	Avril	Mai	Juin	Juill.	Août	Sept.	Oct.	Nov.	Déc.
1	263	294	322	353	18	49	79	110	141	171	202	232
2	264	295	323	354	19	50	80	111	142	172	203	233
3	265	296	324	355	20	51	81	112	143	173	204	234
4	266	297	325	356	21	52	82	113	144	174	205	235
5	267	298	326	357	22	53	83	114	145	175	206	236
6	268	299	327	358	23	54	84	115	146	176	207	237
7	269	300	328	359	24	55	85	116	147	177	208	238
8	270	301	329	360	25	56	86	117	148	178	209	239
9	271	302	330	361	26	57	87	118	149	179	210	240
10	272	303	331	362	27	58	88	119	150	180	211	241
11	273	304	332	363	28	59	89	120	151	181	212	242
12	274	305	333	364	29	60	90	121	152	182	213	243
13	275	306	334	365	30	61	91	122	153	183	214	244
14	276	307	335	—	31	62	92	123	154	184	215	245
15	277	308	336	1	32	63	93	124	155	185	216	246
16	278	309	337	2	33	64	94	125	156	186	217	247
17	279	310	338	3	34	65	95	126	157	187	218	248
18	280	311	339	4	35	66	96	127	158	188	219	249
19	281	312	340	5	36	67	97	128	159	189	220	250
20	282	313	341	6	37	68	98	129	160	190	221	251
21	283	314	342	7	38	69	99	130	161	191	222	252
22	284	315	343	8	39	70	100	131	162	192	223	253
23	285	316	344	9	40	71	101	132	163	193	224	254
24	286	317	345	10	41	72	102	133	164	194	225	255
25	287	318	346	11	42	73	103	134	165	195	226	256
26	288	319	347	12	43	74	104	135	166	196	227	257
27	289	320	348	13	44	75	105	136	167	197	228	258
28	290	321	349	14	45	76	106	137	168	198	229	259
29	291		350	15	46	77	107	138	169	199	230	260
30	292		351	16	47	78	108	139	170	200	231	261
31	293		352	17	48		109	140		201		262

Dates	Janv.	Févr.	Mars	Avril	Mai	Juin	Juill.	Août	Sept.	Oct.	Nov.	Déc.	Dates
1	260	291	319	350	15	46	76	107	138	168	199	229	1
2	261	292	320	351	16	47	77	108	139	169	200	230	2
3	262	293	321	352	17	48	78	109	140	170	201	231	3
4	263	294	322	353	18	49	79	110	141	171	202	232	4
5	264	295	323	354	19	50	80	111	142	172	203	233	5
6	265	296	324	355	20	51	81	112	143	173	204	234	6
7	266	297	325	356	21	52	82	113	144	174	205	235	7
8	267	298	326	357	22	53	83	114	145	175	206	236	8
9	268	299	327	358	23	54	84	115	146	176	207	237	9
10	269	300	328	359	24	55	85	116	147	177	208	238	10
11	270	301	329	360	25	56	86	117	148	178	209	239	11
12	271	302	330	361	26	57	87	118	149	179	210	240	12
13	272	303	331	362	27	58	88	119	150	180	211	241	13
14	273	304	332	363	28	59	89	120	151	181	212	242	14
15	274	305	333	364	29	60	90	121	152	182	213	243	15
16	275	306	334	365	30	61	91	122	153	183	214	244	16
17	276	307	335	1	31	62	92	123	154	184	215	245	17
18	277	308	336	2	32	63	93	124	155	185	216	246	18
19	278	309	337	3	33	64	94	125	156	186	217	247	19
20	279	310	338	4	34	65	95	126	157	187	218	248	20
21	280	311	339	5	35	66	96	127	158	188	219	249	21
22	281	312	340	6	36	67	97	128	159	189	220	250	22
23	282	313	341	7	37	68	98	129	160	190	221	251	23
24	283	314	342	8	38	69	99	130	161	191	222	252	24
25	284	315	343	9	39	70	100	131	162	192	223	253	25
26	285	316	344	10	40	71	101	132	163	193	224	254	26
27	286	317	345	11	41	72	102	133	164	194	225	255	27
28	287	318	346	12	42	73	103	134	165	195	226	256	28
29	288		347	13	43	74	104	135	166	196	227	257	29
30	289		348	14	44	75	105	136	167	197	228	258	30
31	290		349		45		106	137		198		259	31

Dates	Janv.	Févr.	Mars	Avril	Mai	Juin	Juill.	Août	Sept.	Oct.	Nov.	Déc.	Dates
1	261	292	320	351	16	47	77	108	139	169	200	230	1
2	262	293	321	352	17	48	78	109	140	170	201	231	2
3	263	294	322	353	18	49	79	110	141	171	202	232	3
4	264	295	323	354	19	50	80	111	142	172	203	233	4
5	265	296	324	355	20	51	81	112	143	173	204	234	5
6	266	297	325	356	21	52	82	113	144	174	205	235	6
7	267	298	326	357	22	53	83	114	145	175	206	236	7
8	268	299	327	358	23	54	84	115	146	176	207	237	8
9	269	300	328	359	24	55	85	116	147	177	208	238	9
10	270	301	329	360	25	56	86	117	148	178	209	239	10
11	271	302	330	361	26	57	87	118	149	179	210	240	11
12	272	303	331	362	27	58	88	119	150	180	211	241	12
13	273	304	332	363	28	59	89	120	151	181	212	242	13
14	274	305	333	364	29	60	90	121	152	182	213	243	14
15	275	306	334	365	30	61	91	122	153	183	214	244	15
16	276	307	335	1	31	62	92	123	154	184	215	245	16
17	277	308	336	2	32	63	93	124	155	185	216	246	17
18	278	309	337	3	33	64	94	125	156	186	217	247	18
19	279	310	338	4	34	65	95	126	157	187	218	248	19
20	280	311	339	5	35	66	96	127	158	188	219	249	20
21	281	312	340	6	36	67	97	128	159	189	220	250	21
22	282	313	341	7	37	68	98	129	160	190	221	251	22
23	283	314	342	8	38	69	99	130	161	191	222	252	23
24	284	315	343	9	39	70	100	131	162	192	223	253	24
25	285	316	344	10	40	71	101	132	163	193	224	254	25
26	286	317	345	11	41	72	102	133	164	194	225	255	26
27	287	318	346	12	42	73	103	134	165	195	226	256	27
28	288	319	347	13	43	74	104	135	166	196	227	257	28
29	289		348	14	44	75	105	136	167	197	228	258	29
30	290		349	15	45	76	106	137	168	198	229	259	30
31	291		350		46		107	138		199		260	31

Jours qu'il y a du 18 AVRIL à une date de chaque mois.

Dates	Déc.	Nov.	Oct.	Sept.	Août	Juill.	Juin	Mai	Avril	Mars	Févr.	Janv.	Dates
1	227	197	166	136	105	74	44	14	348	317	289	258	1
2	228	198	167	137	106	75	45	15	349	318	290	259	2
3	229	199	168	138	107	76	46	16	350	319	291	260	3
4	230	200	169	139	108	77	47	17	351	320	292	261	4
5	231	201	170	140	109	78	48	18	352	321	293	262	5
6	232	202	171	141	110	79	49	19	353	322	294	263	6
7	233	203	172	142	111	80	50	20	354	323	295	264	7
8	234	204	173	143	112	81	51	21	355	324	296	265	8
9	235	205	174	144	113	82	52	22	356	325	297	266	9
10	236	206	175	145	114	83	53	23	357	326	298	267	10
11	237	207	176	146	115	84	54	24	358	327	299	268	11
12	238	208	177	147	116	85	55	25	359	328	300	269	12
13	239	209	178	148	117	86	56	26	360	329	301	270	13
14	240	210	179	149	118	87	57	27	361	330	302	271	14
15	241	211	180	150	119	88	58	28	362	331	303	272	15
16	242	212	181	151	120	89	59	29	363	332	304	273	16
17	243	213	182	152	121	90	60	30	364	333	305	274	17
18	244	214	183	153	122	91	61	31	365	334	306	275	18
19	245	215	184	154	123	92	62	32	1	335	307	276	19
20	246	216	185	155	124	93	63	33	2	336	308	277	20
21	247	217	186	156	125	94	64	34	3	337	309	278	21
22	248	218	187	157	126	95	65	35	4	338	310	279	22
23	249	219	188	158	127	96	66	36	5	339	311	280	23
24	250	220	189	159	128	97	67	37	6	340	312	281	24
25	251	221	190	160	129	98	68	38	7	341	313	282	25
26	252	222	191	161	130	99	69	39	8	342	314	283	26
27	253	223	192	162	131	100	70	40	9	343	315	284	27
28	254	224	193	163	132	101	71	41	10	344	316	285	28
29	255	225	194	164	133	102	72	42	11	345		286	29
30	256	226	195	165	134	103	73	43	12	346		287	30
31	257		196		135	104		44		347		288	31

Jours qu'il y a du 17 AVRIL à une date de chaque mois.

Dates	Déc.	Nov.	Oct.	Sept.	Août	Juill.	Juin	Mai	Avril	Mars	Févr.	Janv.	Dates
1	228	198	167	137	106	75	45	14	349	318	290	259	1
2	229	199	168	138	107	76	46	15	350	319	291	260	2
3	230	200	169	139	108	77	47	16	351	320	292	261	3
4	231	201	170	140	109	78	48	17	352	321	293	262	4
5	232	202	171	141	110	79	49	18	353	322	294	263	5
6	233	203	172	142	111	80	50	19	354	323	295	264	6
7	234	204	173	143	112	81	51	20	355	324	296	265	7
8	235	205	174	144	113	82	52	21	356	325	297	266	8
9	236	206	175	145	114	83	53	22	357	326	298	267	9
10	237	207	176	146	115	84	54	23	358	327	299	268	10
11	238	208	177	147	116	85	55	24	359	328	300	269	11
12	239	209	178	148	117	86	56	25	360	329	301	270	12
13	240	210	179	149	118	87	57	26	361	330	302	271	13
14	241	211	180	150	119	88	58	27	362	331	303	272	14
15	242	212	181	151	120	89	59	28	363	332	304	273	15
16	243	213	182	152	121	90	60	29	364	333	305	274	16
17	244	214	183	153	122	91	61	30	365	334	306	275	17
18	245	215	184	154	123	92	62	31	1	335	307	276	18
19	246	216	185	155	124	93	63	32	2	336	308	277	19
20	247	217	186	156	125	94	64	33	3	337	309	278	20
21	248	218	187	157	126	95	65	34	4	338	310	279	21
22	249	219	188	158	127	96	66	35	5	339	311	280	22
23	250	220	189	159	128	97	67	36	6	340	312	281	23
24	251	221	190	160	129	98	68	37	7	341	313	282	24
25	252	222	191	161	130	99	69	38	8	342	314	283	25
26	253	223	192	162	131	100	70	39	9	343	315	284	26
27	254	224	193	163	132	101	71	40	10	344	316	285	27
28	255	225	194	164	133	102	72	41	11	345	317	286	28
29	256	226	195	165	134	103	73	42	12	346		287	29
30	257	227	196	166	135	104	74	43	13	347		288	30
31	258		197		136	105		44		348		289	31

Jours qu'il y a du **19 AVRIL** à une date de chaque mois.

Dates	Janv.	Févr.	Mars	Avril	Mai	Juin	Juill.	Août	Sept.	Oct.	Nov.	Déc.	Date
1	257	288	316	347	12	43	73	104	135	165	196	226	1
2	258	289	317	348	13	44	74	105	136	166	197	227	2
3	259	290	318	349	14	45	75	106	137	167	198	228	3
4	260	291	319	350	15	46	76	107	138	168	199	229	4
5	261	292	320	351	16	47	77	108	139	169	200	230	5
6	262	293	321	352	17	48	78	109	140	170	201	231	6
7	263	294	322	353	18	49	79	110	141	171	202	232	7
8	264	295	323	354	19	50	80	111	142	172	203	233	8
9	265	296	324	355	20	51	81	112	143	173	204	234	9
10	266	297	325	356	21	52	82	113	144	174	205	235	10
11	267	298	326	357	22	53	83	114	145	175	206	237	11
12	268	299	327	358	23	54	84	115	146	176	207	237	12
13	269	300	328	359	24	55	85	116	147	177	208	238	13
14	270	301	329	360	25	56	86	117	148	178	209	239	14
15	271	302	330	361	26	57	87	118	149	179	210	240	15
16	272	303	331	362	27	58	88	119	150	180	211	241	16
17	273	304	332	363	28	59	89	120	151	181	212	242	17
18	274	305	333	364	29	60	90	121	152	182	213	243	18
19	275	306	334	365	30	61	91	122	153	183	214	244	19
20	276	307	335		31	62	92	123	154	184	215	245	20
21	277	308	336		32	63	93	124	155	185	216	246	21
22	278	309	337		33	64	94	125	156	186	217	247	22
23	279	310	338		34	65	95	126	157	187	218	248	23
24	280	311	339		35	66	96	127	158	188	219	249	24
25	281	312	340		36	67	97	128	159	189	220	250	25
26	282	313	341		37	68	98	129	160	190	221	251	26
27	283	314	342		38	69	99	130	161	191	222	252	27
28	284	315	343		39	70	100	131	162	192	223	253	28
29	285		344		40	71	101	132	163	193	224	254	29
30	286		345		41	72	102	133	164	194	225	255	30
31	287		346		42		103	134		195		256	31

Jours qu'il y a du **20 AVRIL** à une date de chaque mois.

Dates	Janv.	Févr.	Mars	Avril	Mai	Juin	Juill.	Août	Sept.	Oct.	Nov.	Déc.	Date
1	256	287	315	346	11	42	72	103	134	164	195	225	1
2	257	288	316	347	12	43	73	104	135	165	196	226	2
3	258	289	317	348	13	44	74	105	136	166	197	227	3
4	259	290	318	349	14	45	75	106	137	167	198	228	4
5	260	291	319	350	15	46	76	107	138	168	199	229	5
6	261	292	320	351	16	47	77	108	139	169	200	230	6
7	262	293	321	352	17	48	78	109	140	170	201	231	7
8	263	294	322	353	18	49	79	110	141	171	202	232	8
9	264	295	323	354	19	50	80	111	142	172	203	233	9
10	265	296	324	355	20	51	81	112	143	173	204	234	10
11	266	297	325	356	21	52	82	113	144	174	205	235	11
12	267	298	326	357	22	53	83	114	145	175	206	236	12
13	268	299	327	358	23	54	84	115	146	176	207	237	13
14	269	300	328	359	24	55	85	116	147	177	208	238	14
15	270	301	329	360	25	56	86	117	148	178	209	239	15
16	271	302	330	361	26	57	87	118	149	179	210	240	16
17	272	303	331	362	27	58	88	119	150	180	211	241	17
18	273	304	332	363	28	59	89	120	151	181	212	242	18
19	274	305	333	364	29	60	90	121	152	182	213	243	19
20	275	306	334	365	30	61	91	122	153	183	214	244	20
21	276	307	335	1	31	62	92	123	154	184	215	245	21
22	277	308	336	2	32	63	93	124	155	185	216	246	22
23	278	309	337	3	33	64	94	125	156	186	217	247	23
24	279	310	338	4	34	65	95	126	157	187	218	248	24
25	280	311	339	5	35	66	96	127	158	188	219	249	25
26	281	312	340	6	36	67	97	128	159	189	220	250	26
27	282	313	341	7	37	68	98	129	160	190	221	251	27
28	283	314	342	8	38	69	99	130	161	191	222	252	28
29	284		343	9	39	70	100	131	162	192	223	253	29
30	285		344	10	40	71	101	132	163	193	224	254	30
31	286		345		41		102	133		194		255	31

Jours qu'il y a du 21 AVRIL à une date de chaque mois.

Dates	Janv.	Févr.	Mars	Avril	Mai	Juin	Juill.	Août	Sept.	Oct.	Nov.	Déc.	Dates
1	255	286	314	345	10	41	71	102	133	163	194	224	1
2	256	287	315	346	11	42	72	103	134	164	195	225	2
3	257	288	316	347	12	43	73	104	135	165	196	226	3
4	258	289	317	348	13	44	74	105	136	166	197	227	4
5	259	290	318	349	14	45	75	106	137	167	198	228	5
6	260	291	319	350	15	46	76	107	138	168	199	229	6
7	261	292	320	351	16	47	77	108	139	169	200	230	7
8	262	293	321	352	17	48	78	109	140	170	201	231	8
9	263	294	322	353	18	49	79	110	141	171	202	232	9
10	264	295	323	354	19	50	80	111	142	172	203	233	10
11	265	296	324	355	20	51	81	112	143	173	204	234	11
12	266	297	325	356	21	52	82	113	144	174	205	235	12
13	267	298	326	357	22	53	83	114	145	175	206	236	13
14	268	299	327	358	23	54	84	115	146	176	207	237	14
15	269	300	328	359	24	55	85	116	147	177	208	238	15
16	270	301	329	360	25	56	86	117	148	178	209	239	16
17	271	302	330	361	26	57	87	118	149	179	210	240	17
18	272	303	331	362	27	58	88	119	150	180	211	241	18
19	273	304	332	363	28	59	89	120	151	181	212	242	19
20	274	305	333	364	29	60	90	121	152	182	213	243	20
21	275	306	334	365	30	61	91	122	153	183	214	244	21
22	276	307	335	1	31	62	92	123	154	184	215	245	22
23	277	308	336	2	32	63	93	124	155	185	216	246	23
24	278	309	337	3	33	64	94	125	156	186	217	247	24
25	279	310	338	4	34	65	95	126	157	187	218	248	25
26	280	311	339	5	35	66	96	127	158	188	219	249	26
27	281	312	340	6	36	67	97	128	159	189	220	250	27
28	282	313	341	7	37	68	98	129	160	190	221	251	28
29	283		342	8	38	69	99	130	161	191	222	252	29
30	284		343	9	39	70	100	131	162	192	223	253	30
31	285		344		40		101	132		193		254	31

Jours qu'il y a du 22 AVRIL à une date de chaque mois.

Dates	Janv.	Févr.	Mars	Avril	Mai	Juin	Juill.	Août	Sept.	Oct.	Nov.	Déc.	Dates
1	254	285	313	344	9	40	70	101	132	162	193	223	1
2	255	286	314	345	10	41	71	102	133	163	194	224	2
3	256	287	315	346	11	42	72	103	134	164	195	225	3
4	257	288	316	347	12	43	73	104	135	165	196	226	4
5	258	289	317	348	13	44	74	105	136	166	197	227	5
6	259	290	318	349	14	45	75	106	137	167	198	228	6
7	260	291	319	350	15	46	76	107	138	168	199	229	7
8	261	292	320	351	16	47	77	108	139	169	200	230	8
9	262	293	321	352	17	48	78	109	140	170	201	231	9
10	263	294	322	353	18	49	79	110	141	171	202	232	10
11	264	295	323	354	19	50	80	111	142	172	203	233	11
12	265	296	324	355	20	51	81	112	143	173	204	234	12
13	266	297	325	356	21	52	82	113	144	174	205	235	13
14	267	298	326	357	22	53	83	114	145	175	206	236	14
15	268	299	327	358	23	54	84	115	146	176	207	237	15
16	269	300	328	359	24	55	85	116	147	177	208	238	16
17	270	301	329	360	25	56	86	117	148	178	209	239	17
18	271	302	330	361	26	57	87	118	149	179	210	240	18
19	272	303	331	362	27	58	88	119	150	180	211	241	19
20	273	304	332	363	28	59	89	120	151	181	212	242	20
21	274	305	333	364	29	60	90	121	152	182	213	243	21
22	275	306	334	365	30	61	91	122	153	183	214	244	22
23	276	307	335	1	31	62	92	123	154	184	215	245	23
24	277	308	336	2	32	63	93	124	155	185	216	246	24
25	278	309	337	3	33	64	94	125	156	186	217	247	25
26	279	310	338	4	34	65	95	126	157	187	218	248	26
27	280	311	339	5	35	66	96	127	158	188	219	249	27
28	281	312	340	6	36	67	97	128	159	189	220	250	28
29	282		341	7	37	68	98	129	160	190	221	251	29
30	283		342	8	38	69	99	130	161	191	222	252	30
31	284		343		39		100	131		192		253	31

Dates	Janv.	Févr.	Mars	Avril	Mai	Juin	Juill.	Août	Sept.	Oct.	Nov.	Déc.	Dates
1	252	283	311	342	7	38	68	99	130	160	191	221	1
2	253	284	312	343	8	39	69	100	131	161	192	222	2
3	254	285	313	344	9	40	70	101	132	162	193	223	3
4	255	286	314	345	10	41	71	102	133	163	194	224	4
5	256	287	315	346	11	42	72	103	134	164	195	225	5
6	257	288	316	347	12	43	73	104	135	165	196	226	6
7	258	289	317	348	13	44	74	105	136	166	197	227	7
8	259	290	318	349	14	45	75	106	137	167	198	228	8
9	260	291	319	350	15	46	76	107	138	168	199	229	9
10	261	292	320	351	16	47	77	108	139	169	200	230	10
11	262	293	321	352	17	48	78	109	140	170	201	231	11
12	263	294	322	353	18	49	79	110	141	171	202	232	12
13	264	295	323	354	19	50	80	111	142	172	203	233	13
14	265	296	324	355	20	51	81	112	143	173	204	234	14
15	266	297	325	356	21	52	82	113	144	174	205	235	15
16	267	298	326	357	22	53	83	114	145	175	206	236	16
17	268	299	327	358	23	54	84	115	146	176	207	237	17
18	269	300	328	359	24	55	85	116	147	177	208	238	18
19	270	301	329	360	25	56	86	117	148	178	209	239	19
20	271	302	330	361	26	57	87	118	149	179	210	240	20
21	272	303	331	362	27	58	88	119	150	180	211	241	21
22	273	304	332	363	28	59	89	120	151	181	212	242	22
23	274	305	333	364	29	60	90	121	152	182	213	243	23
24	275	306	334	365	30	61	91	122	153	183	214	244	24
25	276	307	335	1	31	62	92	123	154	184	215	245	25
26	277	308	336	2	32	63	93	124	155	185	216	246	26
27	278	309	337	3	33	64	94	125	156	186	217	247	27
28	279	310	338	4	34	65	95	126	157	187	218	248	28
29	280		339	5	35	66	96	127	158	188	219	249	29
30	281		340	6	36	67	97	128	159	189	220	250	30
31	282		341	7	37		98	129		190		251	31

Dates	Janv.	Févr.	Mars	Avril	Mai	Juin	Juill.	Août	Sept.	Oct.	Nov.	Déc.	Dates
1	253	284	312	343	8	39	69	100	131	161	192	222	1
2	254	285	313	344	9	40	70	101	132	162	193	223	2
3	255	286	314	345	10	41	71	102	133	163	194	224	3
4	256	287	315	346	11	42	72	103	134	164	195	225	4
5	257	288	316	347	12	43	73	104	135	165	196	226	5
6	258	289	317	348	13	44	74	105	136	166	197	227	6
7	259	290	318	349	14	45	75	106	137	167	198	228	7
8	260	291	319	350	15	46	76	107	138	168	199	229	8
9	261	292	320	351	16	47	77	108	139	169	200	230	9
10	262	293	321	352	17	48	78	109	140	170	201	231	10
11	263	294	322	353	18	49	79	110	141	171	202	232	11
12	264	295	323	354	19	50	80	111	142	172	203	233	12
13	265	296	324	355	20	51	81	112	143	173	204	234	13
14	266	297	325	356	21	52	82	113	144	174	205	235	14
15	267	298	326	357	22	53	83	114	145	175	206	236	15
16	268	299	327	358	23	54	84	115	146	176	207	237	16
17	269	300	328	359	24	55	85	116	147	177	208	238	17
18	270	301	329	360	25	56	86	117	148	178	209	239	18
19	271	302	330	361	26	57	87	118	149	179	210	240	19
20	272	303	331	362	27	58	88	119	150	180	211	241	20
21	273	304	332	363	28	59	89	120	151	181	212	242	21
22	274	305	333	364	29	60	90	121	152	182	213	243	22
23	275	306	334	365	30	61	91	122	153	183	214	244	23
24	276	307	335	1	31	62	92	123	154	184	215	245	24
25	277	308	336	2	32	63	93	124	155	185	216	246	25
26	278	309	337	3	33	64	94	125	156	186	217	247	26
27	279	310	338	4	34	65	95	126	157	187	218	248	27
28	280	311	339	5	35	66	96	127	158	188	219	249	28
29	281		340	6	36	67	97	128	159	189	220	250	29
30	282		341	7	37	68	98	129	160	190	221	251	30
31	283		342	8	38		99	130		191		252	31

Jours qu'il y a du 26 AVRIL à une date de chaque mois.

Dates	Janv.	Févr.	Mars	Avril	Mai	Juin	Juill.	Août	Sept.	Oct.	Nov.	Déc.	Dates
1	250	281	309	340	5	36	66	97	128	158	189	219	1
2	251	282	310	341	6	37	67	98	129	159	190	220	2
3	252	283	311	342	7	38	68	99	130	160	191	221	3
4	253	284	312	343	8	39	69	100	131	161	192	222	4
5	254	285	313	344	9	40	70	101	132	162	193	223	5
6	255	286	314	345	10	41	71	102	133	163	194	224	6
7	256	287	315	346	11	42	72	103	134	164	195	225	7
8	257	288	316	347	12	43	73	104	135	165	196	226	8
9	258	289	317	348	13	44	74	105	136	166	197	227	9
10	259	290	318	349	14	45	75	106	137	167	198	228	10
11	260	291	319	350	15	46	76	107	138	168	199	229	11
12	261	292	320	351	16	47	77	108	139	169	200	230	12
13	262	293	321	352	17	48	78	109	140	170	201	231	13
14	263	294	322	353	18	49	79	110	141	171	202	232	14
15	264	295	323	354	19	50	80	111	142	172	203	233	15
16	265	296	324	355	20	51	81	112	143	173	204	234	16
17	266	297	325	356	21	52	82	113	144	174	205	235	17
18	267	298	326	357	22	53	83	114	145	175	206	236	18
19	268	299	327	358	23	54	84	115	146	176	207	237	19
20	269	300	328	359	24	55	85	116	147	177	208	238	20
21	270	301	329	360	25	56	86	117	148	178	209	239	21
22	271	302	330	361	26	57	87	118	149	179	210	240	22
23	272	303	331	362	27	58	88	119	150	180	211	241	23
24	273	304	332	363	28	59	89	120	151	181	212	242	24
25	274	305	333	364	29	60	90	121	152	182	213	243	25
26	275	306	334	365	30	61	91	122	153	183	214	244	26
27	276	307	335	1	31	62	92	123	154	184	215	245	27
28	277	308	336	2	32	63	93	124	155	185	216	246	28
29	278		337	3	33	64	94	125	156	186	217	247	29
30	279		338	4	34	65	95	126	157	187	218	248	30
31	280		339		35		96	127		188		249	31

Jours qu'il y a du 25 AVRIL à une date de chaque mois.

Dates	Janv.	Févr.	Mars	Avril	Mai	Juin	Juill.	Août	Sept.	Oct.	Nov.	Déc.	Dates
1	251	282	310	341	6	37	67	98	129	159	190	220	1
2	252	283	311	342	7	38	68	99	130	160	191	221	2
3	253	284	312	343	8	39	69	100	131	161	192	222	3
4	254	285	313	344	9	40	70	101	132	162	193	223	4
5	255	286	314	345	10	41	71	102	133	163	194	224	5
6	256	287	315	346	11	42	72	103	134	164	195	225	6
7	257	288	316	347	12	43	73	104	135	165	196	226	7
8	258	289	317	348	13	44	74	105	136	166	197	227	8
9	259	290	318	349	14	45	75	106	137	167	198	228	9
10	260	291	319	350	15	46	76	107	138	168	199	229	10
11	261	292	320	351	16	47	77	108	139	169	200	230	11
12	262	293	321	352	17	48	78	109	140	170	201	231	12
13	263	294	322	353	18	49	79	110	141	171	202	232	13
14	264	295	323	354	19	50	80	111	142	172	203	233	14
15	265	296	324	355	20	51	81	112	143	173	204	234	15
16	266	297	325	356	21	52	82	113	144	174	205	235	16
17	267	298	326	357	22	53	83	114	145	175	206	236	17
18	268	299	327	358	23	54	84	115	146	176	207	237	18
19	269	300	328	359	24	55	85	116	147	177	208	238	19
20	270	301	329	360	25	56	86	117	148	178	209	239	20
21	271	302	330	361	26	57	87	118	149	179	210	240	21
22	272	303	331	362	27	58	88	119	150	180	211	241	22
23	273	304	332	363	28	59	89	120	151	181	212	242	23
24	274	305	333	364	29	60	90	121	152	182	213	243	24
25	275	306	334	365	30	61	91	122	153	183	214	244	25
26	276	307	335	1	31	62	92	123	154	184	215	245	26
27	277	308	336	2	32	63	93	124	155	185	216	246	27
28	278	309	337	3	33	64	94	125	156	186	217	247	28
29	279		338	4	34	65	95	126	157	187	218	248	29
30	280		339	5	35	66	96	127	158	188	219	249	30
31	281		340		36		97	128		189		250	31

Jours qu'il y a du 28 AVRIL à une date de chaque mois.

Dates	Déc.	Nov.	Oct.	Sept.	Août	Juill.	Juin	Mai	Avril	Mars	Févr.	Janv.	Dates
1	217	187	156	126	95	64	34	3	338	307	279	248	1
2	218	188	157	127	96	65	35	4	339	308	280	249	2
3	219	189	158	128	97	66	36	5	340	309	281	250	3
4	220	190	159	129	98	67	37	6	341	310	282	251	4
5	221	191	160	130	99	68	38	7	342	311	283	252	5
6	222	192	161	131	100	69	39	8	343	312	284	253	6
7	223	193	162	132	101	70	40	9	344	313	285	254	7
8	224	194	163	133	102	71	41	10	345	314	286	255	8
9	225	195	164	134	103	72	42	11	346	315	287	256	9
10	226	196	165	135	104	73	43	12	347	316	288	257	10
11	227	197	166	136	105	74	44	13	348	317	289	258	11
12	228	198	167	137	106	75	45	14	349	318	290	259	12
13	229	199	168	138	107	76	46	15	350	319	291	260	13
14	230	200	169	139	108	77	47	16	351	320	292	261	14
15	231	201	170	140	109	78	48	17	352	321	293	262	15
16	232	202	171	141	110	79	49	18	353	322	294	263	16
17	233	203	172	142	111	80	50	19	354	323	295	264	17
18	234	204	173	143	112	81	51	20	355	324	296	265	18
19	235	205	174	144	113	82	52	21	356	325	297	266	19
20	236	206	175	145	114	83	53	22	357	326	298	267	20
21	237	207	176	146	115	84	54	23	358	327	299	268	21
22	238	208	177	147	116	85	55	24	359	328	300	269	22
23	239	209	178	148	117	86	56	25	360	329	301	270	23
24	240	210	179	149	118	87	57	26	361	330	302	271	24
25	241	211	180	150	119	88	58	27	362	331	303	272	25
26	242	212	181	151	120	89	59	28	363	332	304	273	26
27	243	213	182	152	121	90	60	29	364	333	305	274	27
28	244	214	183	153	122	91	61	30	365	334	306	275	28
29	245	215	184	154	123	92	62	31	1	335	307	276	29
30	246	216	185	155	124	93	63	32	2	336		277	30
31	247		186		125	94		33		337		278	31

Jours qu'il y a du 27 AVRIL à une date de chaque mois.

Dates	Janv.	Févr.	Mars	Avril	Mai	Juin	Juill.	Août	Sept.	Oct.	Nov.	Déc.	Dates
1	249	280	308	339	4	35	65	96	127	157	188	218	1
2	250	281	309	340	5	36	66	97	128	158	189	219	2
3	251	282	310	341	6	37	67	98	129	159	190	220	3
4	252	283	311	342	7	38	68	99	130	160	191	221	4
5	253	284	312	343	8	39	69	100	131	161	192	222	5
6	254	285	313	344	9	40	70	101	132	162	193	223	6
7	255	286	314	345	10	41	71	102	133	163	194	224	7
8	256	287	315	346	11	42	72	103	134	164	195	225	8
9	257	288	316	347	12	43	73	104	135	165	196	226	9
10	258	289	317	348	13	44	74	105	136	166	197	227	10
11	259	290	318	349	14	45	75	106	137	167	198	228	11
12	260	291	319	350	15	46	76	107	138	168	199	229	12
13	261	292	320	351	16	47	77	108	139	169	200	230	13
14	262	293	321	352	17	48	78	109	140	170	201	231	14
15	263	294	322	353	18	49	79	110	141	171	202	232	15
16	264	295	323	354	19	50	80	111	142	172	203	233	16
17	265	296	324	355	20	51	81	112	143	173	204	234	17
18	266	297	325	356	21	52	82	113	144	174	205	235	18
19	267	298	326	357	22	53	83	114	145	175	206	236	19
20	268	299	327	358	23	54	84	115	146	176	207	237	20
21	269	300	328	359	24	55	85	116	147	177	208	238	21
22	270	301	329	360	25	56	86	117	148	178	209	239	22
23	271	302	330	361	26	57	87	118	149	179	210	240	23
24	272	303	331	362	27	58	88	119	150	180	211	241	24
25	273	304	332	363	28	59	89	120	151	181	212	242	25
26	274	305	333	364	29	60	90	121	152	182	213	243	26
27	275	306	334	365	30	61	91	122	153	183	214	244	27
28	276	307	335	1	31	62	92	123	154	184	215	245	28
29	277	308	336	2	32	63	93	124	155	185	216	246	29
30	278		337	3	33	64	94	125	156	186	217	247	30
31	279		338		34		95	126		187		248	31

Jours qu'il y a du 30 AVRIL à une date de chaque mois.

Dates	Déc.	Nov.	Oct.	Sept.	Août	Juill.	Juin	Mai	Avril	Mars	Févr.	Janv.	Dates
1	215	185	154	124	93	62	32	1	336	305	277	246	1
2	216	186	155	125	94	63	33	2	337	306	278	247	2
3	217	187	156	126	95	64	34	3	338	307	279	248	3
4	218	188	157	127	96	65	35	4	339	308	280	249	4
5	219	189	158	128	97	66	36	5	340	309	281	250	5
6	220	190	159	129	98	67	37	6	341	310	282	251	6
7	221	191	160	130	99	68	38	7	342	311	283	252	7
8	222	192	161	131	100	69	39	8	343	312	284	253	8
9	223	193	162	132	101	70	40	9	344	313	285	254	9
10	224	194	163	133	102	71	41	10	345	314	286	255	10
11	225	195	164	134	103	72	42	11	346	315	287	256	11
12	226	196	165	135	104	73	43	12	347	316	288	257	12
13	227	197	166	136	105	74	44	13	348	317	289	258	13
14	228	198	167	137	106	75	45	14	349	318	290	259	14
15	229	199	168	138	107	76	46	15	350	319	291	260	15
16	230	200	169	139	108	77	47	16	351	320	292	261	16
17	231	201	170	140	109	78	48	17	352	321	293	262	17
18	232	202	171	141	110	79	49	18	353	322	294	263	18
19	233	203	172	142	111	80	50	19	354	323	295	264	19
20	234	204	173	143	112	81	51	20	355	324	296	265	20
21	235	205	174	144	113	82	52	21	356	325	297	266	21
22	236	206	175	145	114	83	53	22	357	326	298	267	22
23	237	207	176	146	115	84	54	23	358	327	299	268	23
24	238	208	177	147	116	85	55	24	359	328	300	269	24
25	239	209	178	148	117	86	56	25	360	329	301	270	25
26	240	210	179	149	118	87	57	26	361	330	302	271	26
27	241	211	180	150	119	88	58	27	362	331	303	272	27
28	242	212	181	151	120	89	59	28	363	332	304	273	28
29	243	213	182	152	121	90	60	29	364	333		274	29
30	244	214	183	153	122	91	61	30	365	334		275	30
31	245		184		123	92		31		335		276	31

Jours qu'il y a du 29 AVRIL à une date de chaque mois.

Dates	Déc.	Nov.	Oct.	Sept.	Août	Juill.	Juin	Mai	Avril	Mars	Févr.	Janv.	Dates
1	216	186	155	125	94	63	33	2	337	306	278	247	1
2	217	187	156	126	95	64	34	3	338	307	279	248	2
3	218	188	157	127	96	65	35	4	339	308	280	249	3
4	219	189	158	128	97	66	36	5	340	309	281	250	4
5	220	190	159	129	98	67	37	6	341	310	282	251	5
6	221	191	160	130	99	68	38	7	342	311	283	252	6
7	222	192	161	131	100	69	39	8	343	312	284	253	7
8	223	193	162	132	101	70	40	9	344	313	285	254	8
9	224	194	163	133	102	71	41	10	345	314	286	255	9
10	225	195	164	134	103	72	42	11	346	315	287	256	10
11	226	196	165	135	104	73	43	12	347	316	288	257	11
12	227	197	166	136	105	74	44	13	348	317	289	258	12
13	228	198	167	137	106	75	45	14	349	318	290	259	13
14	229	199	168	138	107	76	46	15	350	319	291	260	14
15	230	200	169	139	108	77	47	16	351	320	292	261	15
16	231	201	170	140	109	78	48	17	352	321	293	262	16
17	232	202	171	141	110	79	49	18	353	322	294	263	17
18	233	203	172	142	111	80	50	19	354	323	295	264	18
19	234	204	173	143	112	81	51	20	355	324	296	265	19
20	235	205	174	144	113	82	52	21	356	325	297	266	20
21	236	206	175	145	114	83	53	22	357	326	298	267	21
22	237	207	176	146	115	84	54	23	358	327	299	268	22
23	238	208	177	147	116	85	55	24	359	328	300	269	23
24	239	209	178	148	117	86	56	25	360	329	301	270	24
25	240	210	179	149	118	87	57	26	361	330	302	271	25
26	241	211	180	150	119	88	58	27	362	331	303	272	26
27	242	212	181	151	120	89	59	28	363	332	304	273	27
28	243	213	182	152	121	90	60	29	364	333	305	274	28
29	244	214	183	153	122	91	61	30	365	334		275	29
30	245	215	184	154	123	92	62	31	1	335		276	30
31	246		185		124	93		32		336		277	31

Dates	Déc.	Nov.	Oct.	Sept.	Août	Juill.	Juin	Mai	Avril	Mars	Févr.	Janv.	Dates
1	213	183	152	122	91	60	30	364	334	303	275	244	1
2	214	184	153	123	92	61	31	365	335	304	276	245	2
3	215	185	154	124	93	62	32	1	336	305	277	246	3
4	216	186	155	125	94	63	33	2	337	306	278	247	4
5	217	187	156	126	95	64	34	3	338	307	279	248	5
6	218	188	157	127	96	65	35	4	339	308	280	249	6
7	219	189	158	128	97	66	36	5	340	309	281	250	7
8	220	190	159	129	98	67	37	6	341	310	282	251	8
9	221	191	160	130	99	68	38	7	342	311	283	252	9
10	222	192	161	131	100	69	39	8	343	312	284	253	10
11	223	193	162	132	101	70	40	9	344	313	285	254	11
12	224	194	163	133	102	71	41	10	345	314	286	255	12
13	225	195	164	134	103	72	42	11	346	315	287	256	13
14	226	196	165	135	104	73	43	12	347	316	288	257	14
15	227	197	166	136	105	74	44	13	348	317	289	258	15
16	228	198	167	137	106	75	45	14	349	318	290	259	16
17	229	199	168	138	107	76	46	15	350	319	291	260	17
18	230	200	169	139	108	77	47	16	351	320	292	261	18
19	231	201	170	140	109	78	48	17	352	321	293	262	19
20	232	202	171	141	110	79	49	18	353	322	294	263	20
21	233	203	172	142	111	80	50	19	354	323	295	264	21
22	234	204	173	143	112	81	51	20	355	324	296	265	22
23	235	205	174	144	113	82	52	21	356	325	297	266	23
24	236	206	175	145	114	83	53	22	357	326	298	267	24
25	237	207	176	146	115	84	54	23	358	327	299	268	25
26	238	208	177	147	116	85	55	24	359	328	300	269	26
27	239	209	178	148	117	86	56	25	360	329	301	270	27
28	240	210	179	149	118	87	57	26	361	330	302	271	28
29	241	211	180	150	119	88	58	27	362	331		272	29
30	242	212	181	151	120	89	59	28	363	332		273	30
31	243		182		121	90		29		333		274	31

Dates	Janv.	Févr.	Mars	Avril	Mai	Juin	Juill.	Août	Sept.	Oct.	Nov.	Déc.	Dates
1	245	276	304	335	365	31	61	92	123	153	184	214	1
2	246	277	305	336	1	32	62	93	124	154	185	215	2
3	247	278	306	337	2	33	63	94	125	155	186	216	3
4	248	279	307	338	3	34	64	95	126	156	187	217	4
5	249	280	308	339	4	35	65	96	127	157	188	218	5
6	250	281	309	340	5	36	66	97	128	158	189	219	6
7	251	282	310	341	6	37	67	98	129	159	190	220	7
8	252	283	311	342	7	38	68	99	130	160	191	221	8
9	253	284	312	343	8	39	69	100	131	161	192	222	9
10	254	285	313	344	9	40	70	101	132	162	193	223	10
11	255	286	314	345	10	41	71	102	133	163	194	224	11
12	256	287	315	346	11	42	72	103	134	164	195	225	12
13	257	288	316	347	12	43	73	104	135	165	196	226	13
14	258	289	317	348	13	44	74	105	136	166	197	227	14
15	259	290	318	349	14	45	75	106	137	167	198	228	15
16	260	291	319	350	15	46	76	107	138	168	199	229	16
17	261	292	320	351	16	47	77	108	139	169	200	230	17
18	262	293	321	352	17	48	78	109	140	170	201	231	18
19	263	294	322	353	18	49	79	110	141	171	202	232	19
20	264	295	323	354	19	50	80	111	142	172	203	233	20
21	265	296	324	355	20	51	81	112	143	173	204	234	21
22	266	297	325	356	21	52	82	113	144	174	205	235	22
23	267	298	326	357	22	53	83	114	145	175	206	236	23
24	268	299	327	358	23	54	84	115	146	176	207	237	24
25	269	300	328	359	24	55	85	116	147	177	208	238	25
26	270	301	329	360	25	56	86	117	148	178	209	239	26
27	271	302	330	361	26	57	87	118	149	179	210	240	27
28	272	303	331	362	27	58	88	119	150	180	211	241	28
29	273		332	363	28	59	89	120	151	181	212	242	29
30	274		333	364	29	60	90	121	152	182	213	243	30
31	275		334		30		91	122		183		244	31

Jours qu'il y a du 4 MAI à une date de chaque mois.

Dates	Déc.	Nov.	Oct.	Sept.	Août	Juill.	Juin	Mai	Avril	Mars	Fevr.	Janv.	Dates
1	211	181	150	120	89	58	28	362	332	301	273	242	1
2	212	182	151	121	90	59	29	363	333	302	274	243	2
3	213	183	152	122	91	60	30	364	334	303	275	244	3
4	214	184	153	123	92	61	31	365	335	304	276	245	4
5	215	185	154	124	93	62	32	1	336	305	277	246	5
6	216	186	155	125	94	63	33	2	337	306	278	247	6
7	217	187	156	126	95	64	34	3	338	307	279	248	7
8	218	188	157	127	96	65	35	4	339	308	280	249	8
9	219	189	158	128	97	66	36	5	340	309	281	250	9
10	220	190	159	129	98	67	37	6	341	310	282	251	10
11	221	191	160	130	99	68	38	7	342	311	283	252	11
12	222	192	161	131	100	69	39	8	343	312	284	253	12
13	223	193	162	132	101	70	40	9	344	313	285	254	13
14	224	194	163	133	102	71	41	10	345	314	286	255	14
15	225	195	164	134	103	72	42	11	346	315	287	256	15
16	226	196	165	135	104	73	43	12	347	316	288	257	16
17	227	197	166	136	105	74	44	13	348	317	289	258	17
18	228	198	167	137	106	75	45	14	349	318	290	259	18
19	229	199	168	138	107	76	46	15	350	319	291	260	19
20	230	200	169	139	108	77	47	16	351	320	292	261	20
21	231	201	170	140	109	78	48	17	352	321	293	262	21
22	232	202	171	141	110	79	49	18	353	322	294	263	22
23	233	203	172	142	111	80	50	19	354	323	295	264	23
24	234	204	173	143	112	81	51	20	355	324	296	265	24
25	235	205	174	144	113	82	52	21	356	325	297	266	25
26	236	206	175	145	114	83	53	22	357	326	298	267	26
27	237	207	176	146	115	84	54	23	358	327	299	268	27
28	238	208	177	147	116	85	55	24	359	328	300	269	28
29	239	209	178	148	117	86	56	25	360	329		270	29
30	240	210	179	149	118	87	57	26	361	330		271	30
31	241		180		119	88		27		331		272	31

Jours qu'il y a du 3 MAI à une date de chaque mois.

Dates	Déc.	Nov.	Oct.	Sept.	Août	Juill.	Juin	Mai	Avril	Mars	Fevr.	Janv.	Dates
1	212	182	151	121	90	59	29	363	333	302	274	243	1
2	213	183	152	122	91	60	30	364	334	303	275	244	2
3	214	184	153	123	92	61	31	365	335	304	276	245	3
4	215	185	154	124	93	62	32	1	336	305	277	246	4
5	216	186	155	125	94	63	33	2	337	306	278	247	5
6	217	187	156	126	95	64	34	3	338	307	279	248	6
7	218	188	157	127	96	65	35	4	339	308	280	249	7
8	219	189	158	128	97	66	36	5	340	309	281	250	8
9	220	190	159	129	98	67	37	6	341	310	282	251	9
10	221	191	160	130	99	68	38	7	342	311	283	252	10
11	222	192	161	131	100	69	39	8	343	312	284	253	11
12	223	193	162	132	101	70	40	9	344	313	285	254	12
13	224	194	163	133	102	71	41	10	345	314	286	255	13
14	225	195	164	134	103	72	42	11	346	315	287	256	14
15	226	196	165	135	104	73	43	12	347	316	288	257	15
16	227	197	166	136	105	74	44	13	348	317	289	258	16
17	228	198	167	137	106	75	45	14	349	318	290	259	17
18	229	199	168	138	107	76	46	15	350	319	291	260	18
19	230	200	169	139	108	77	47	16	351	320	292	261	19
20	231	201	170	140	109	78	48	17	352	321	293	262	20
21	232	202	171	141	110	79	49	18	353	322	294	263	21
22	233	203	172	142	111	80	50	19	354	323	295	264	22
23	234	204	173	143	112	81	51	20	355	324	296	265	23
24	235	205	174	144	113	82	52	21	356	325	297	266	24
25	236	206	175	145	114	83	53	22	357	326	298	267	25
26	237	207	176	146	115	84	54	23	358	327	299	268	26
27	238	208	177	147	116	85	55	24	359	328	300	269	27
28	239	209	178	148	117	86	56	25	360	329	301	270	28
29	240	210	179	149	118	87	57	26	361	330		271	29
30	241	211	180	150	119	88	58	27	362	331		272	30
31	242		181		120	89		28		332		273	31

Dates	Déc.	Nov.	Oct.	Sept.	Août	Juill.	Juin	Mai	Avril	Mars	Févr.	Janv.	Dates
1	209	179	148	118	87	56	26	360	330	299	271	240	1
2	210	180	149	119	88	57	27	361	331	300	272	241	2
3	211	181	150	120	89	58	28	362	332	301	273	242	3
4	212	182	151	121	90	59	29	363	333	302	274	243	4
5	213	183	152	122	91	60	30	364	334	303	275	244	5
6	214	184	153	123	92	61	31	365	335	304	276	245	6
7	215	185	154	124	93	62	32	1	336	305	277	246	7
8	216	186	155	125	94	63	33	2	337	306	278	247	8
9	217	187	156	126	95	64	34	3	338	307	279	248	9
10	218	188	157	127	96	65	35	4	339	308	280	249	10
11	219	189	158	128	97	66	36	5	340	309	281	250	11
12	220	190	159	129	98	67	37	6	341	310	282	251	12
13	221	191	160	130	99	68	38	7	342	311	283	252	13
14	222	192	161	131	100	69	39	8	343	312	284	253	14
15	223	193	162	132	101	70	40	9	344	313	285	254	15
16	224	194	163	133	102	71	41	10	345	314	286	255	16
17	225	195	164	134	103	72	42	11	346	315	287	256	17
18	226	196	165	135	104	73	43	12	347	316	288	257	18
19	227	197	166	136	105	74	44	13	348	317	289	258	19
20	228	198	167	137	106	75	45	14	349	318	290	259	20
21	229	199	168	138	107	76	46	15	350	319	291	260	21
22	230	200	169	139	108	77	47	16	351	320	292	261	22
23	231	201	170	140	109	78	48	17	352	321	293	262	23
24	232	202	171	141	110	79	49	18	353	322	294	263	24
25	233	203	172	142	111	80	50	19	354	323	295	264	25
26	234	204	173	143	112	81	51	20	355	324	296	265	26
27	235	205	174	144	113	82	52	21	356	325	297	266	27
28	236	206	175	145	114	83	53	22	357	326	298	267	28
29	237	207	176	146	115	84	54	23	358	327		268	29
30	238	208	177	147	116	85	55	24	359	328		269	30
31	239		178		117	86		25		329		270	31

Dates	Déc.	Nov.	Oct.	Sept.	Août	Juill.	Juin	Mai	Avril	Mars	Févr.	Janv.	Dates
1	210	180	149	119	88	57	27	361	331	300	272	241	1
2	211	181	150	120	89	58	28	362	332	301	273	242	2
3	212	182	151	121	90	59	29	363	333	302	274	243	3
4	213	183	152	122	91	60	30	364	334	303	275	244	4
5	214	184	153	123	92	61	31	365	335	304	276	245	5
6	215	185	154	124	93	62	32	1	336	305	277	246	6
7	216	186	155	125	94	63	33	2	337	306	278	247	7
8	217	187	156	126	95	64	34	3	338	307	279	248	8
9	218	188	157	127	96	65	35	4	339	308	280	249	9
10	219	189	158	128	97	66	36	5	340	309	281	250	10
11	220	190	159	129	98	67	37	6	341	310	282	251	11
12	221	191	160	130	99	68	38	7	342	311	283	252	12
13	222	192	161	131	100	69	39	8	343	312	284	253	13
14	223	193	162	132	101	70	40	9	344	313	285	254	14
15	224	194	163	133	102	71	41	10	345	314	286	255	15
16	225	195	164	134	103	72	42	11	346	315	287	256	16
17	226	196	165	135	104	73	43	12	347	316	288	257	17
18	227	197	166	136	105	74	44	13	348	317	289	258	18
19	228	198	167	137	106	75	45	14	349	318	290	259	19
20	229	199	168	138	107	76	46	15	350	319	291	260	20
21	230	200	169	139	108	77	47	16	351	320	292	261	21
22	231	201	170	140	109	78	48	17	352	321	293	262	22
23	232	202	171	141	110	79	49	18	353	322	294	263	23
24	233	203	172	142	111	80	50	19	354	323	295	264	24
25	234	204	173	143	112	81	51	20	355	324	296	265	25
26	235	205	174	144	113	82	52	21	356	325	297	266	26
27	236	206	175	145	114	83	53	22	357	326	298	267	27
28	237	207	176	146	115	84	54	23	358	327	299	268	28
29	238	208	177	147	116	85	55	24	359	328		269	29
30	239	209	178	148	117	86	56	25	360	329		270	30
31	240		179		118	87		26		330		271	31

Dates	Janv.	Févr.	Mars	Avril	Mai	Juin	Juill.	Août	Sept.	Oct.	Nov.	Déc.	Dates
1	238	269	297	328	358	24	54	85	116	146	177	207	1
2	239	270	298	329	359	25	55	86	117	147	178	208	2
3	240	271	299	330	360	26	56	87	118	148	179	209	3
4	241	272	300	331	361	27	57	88	119	149	180	210	4
5	242	273	301	332	362	28	58	89	120	150	181	211	5
6	243	274	302	333	363	29	59	90	121	151	182	212	6
7	244	275	303	334	364	30	60	91	122	152	183	213	7
8	245	276	304	335	365	31	61	92	123	153	184	214	8
9	246	277	305	336	1	32	62	93	124	154	185	215	9
10	247	278	306	337	2	33	63	94	125	155	186	216	10
11	248	279	307	338	3	34	64	95	126	156	187	217	11
12	249	280	308	339	4	35	65	96	127	157	188	218	12
13	250	281	309	340	5	36	66	97	128	158	189	219	13
14	251	282	310	341	6	37	67	98	129	159	190	220	14
15	252	283	311	342	7	38	68	99	130	160	191	221	15
16	253	284	312	343	8	39	69	100	131	161	192	222	16
17	254	285	313	344	9	40	70	101	132	162	193	223	17
18	255	286	314	345	10	41	71	102	133	163	194	224	18
19	256	287	315	346	11	42	72	103	134	164	195	225	19
20	257	288	316	347	12	43	73	104	135	165	196	226	20
21	258	289	317	348	13	44	74	105	136	166	197	227	21
22	259	290	318	349	14	45	75	106	137	167	198	228	22
23	260	291	319	350	15	46	76	107	138	168	199	229	23
24	261	292	320	351	16	47	77	108	139	169	200	230	24
25	262	293	321	352	17	48	78	109	140	170	201	231	25
26	263	294	322	353	18	49	79	110	141	171	202	232	26
27	264	295	323	354	19	50	80	111	142	172	203	233	27
28	265	296	324	355	20	51	81	112	143	173	204	234	28
29	266		325	356	21	52	82	113	144	174	205	235	29
30	267		326	357	22	53	83	114	145	175	206	236	30
31	268		327		23		84	115		176		237	31

Dates	Janv.	Févr.	Mars	Avril	Mai	Juin	Juill.	Août	Sept.	Oct.	Nov.	Déc.	Dates
1	239	270	298	329	359	25	55	86	117	147	178	208	1
2	240	271	299	330	360	26	56	87	118	148	179	209	2
3	241	272	300	331	361	27	57	88	119	149	180	210	3
4	242	273	301	332	362	28	58	89	120	150	181	211	4
5	243	274	302	333	363	29	59	90	121	151	182	212	5
6	244	275	303	334	364	30	60	91	122	152	183	213	6
7	245	276	304	335	365	31	61	92	123	153	184	214	7
8	246	277	305	336	1	32	62	93	124	154	185	215	8
9	247	278	306	337	2	33	63	94	125	155	186	216	9
10	248	279	307	338	3	34	64	95	126	156	187	217	10
11	249	280	308	339	4	35	65	96	127	157	188	218	11
12	250	281	309	340	5	36	66	97	128	158	189	219	12
13	251	282	310	341	6	37	67	98	129	159	190	220	13
14	252	283	311	342	7	38	68	99	130	160	191	221	14
15	253	284	312	343	8	39	69	100	131	161	192	222	15
16	254	285	313	344	9	40	70	101	132	162	193	223	16
17	255	286	314	345	10	41	71	102	133	163	194	224	17
18	256	287	315	346	11	42	72	103	134	164	195	225	18
19	257	288	316	347	12	43	73	104	135	165	196	226	19
20	258	289	317	348	13	44	74	105	136	166	197	227	20
21	259	290	318	349	14	45	75	106	137	167	198	228	21
22	260	291	319	350	15	46	76	107	138	168	199	229	22
23	261	292	320	351	16	47	77	108	139	169	200	230	23
24	262	293	321	352	17	48	78	109	140	170	201	231	24
25	263	294	322	353	18	49	79	110	141	171	202	232	25
26	264	295	323	354	19	50	80	111	142	172	203	233	26
27	265	296	324	355	20	51	81	112	143	173	204	234	27
28	266	297	325	356	21	52	82	113	144	174	205	235	28
29	267		326	357	22	53	83	114	145	175	206	236	29
30	268		327	358	23	54	84	115	146	176	207	237	30
31	269		328		24		85	116		177		238	31

Jours qu'il y a du 10 MAI à une date de chaque mois.

Dates	Déc.	Nov.	Oct.	Sept.	Août	Juill.	Juin	Mai	Avril	Mars	Fevr.	Janv.	Dates
1	205	175	144	114	83	52	22	356	326	295	267	236	1
2	206	176	145	115	84	53	23	357	327	296	268	237	2
3	207	177	146	116	85	54	24	358	328	297	269	238	3
4	208	178	147	117	86	55	25	359	329	298	270	239	4
5	209	179	148	118	87	56	26	360	330	299	271	240	5
6	210	180	149	119	88	57	27	361	331	300	272	241	6
7	211	181	150	120	89	58	28	362	332	301	273	242	7
8	212	182	151	121	90	59	29	363	333	302	274	243	8
9	213	183	152	122	91	60	30	364	334	303	275	244	9
10	214	184	153	123	92	61	31	365	335	304	276	245	10
11	215	185	154	124	93	62	32	1	336	305	277	246	11
12	216	186	155	125	94	63	33	2	337	306	278	247	12
13	217	187	156	126	95	64	34	3	338	307	279	248	13
14	218	188	157	127	96	65	35	4	339	308	280	249	14
15	219	189	158	128	97	66	36	5	340	309	281	250	15
16	220	190	159	129	98	67	37	6	341	310	282	251	16
17	221	191	160	130	99	68	38	7	342	311	283	252	17
18	222	192	161	131	100	69	39	8	343	312	284	253	18
19	223	193	162	132	101	70	40	9	344	313	285	254	19
20	224	194	163	133	102	71	41	10	345	314	286	255	20
21	225	195	164	134	103	72	42	11	346	315	287	256	21
22	226	196	165	135	104	73	43	12	347	316	288	257	22
23	227	197	166	136	105	74	44	13	348	317	289	258	23
24	228	198	167	137	106	75	45	14	349	318	290	259	24
25	229	199	168	138	107	76	46	15	350	319	291	260	25
26	230	200	169	139	108	77	47	16	351	320	292	261	26
27	231	201	170	140	109	78	48	17	352	321	293	262	27
28	232	202	171	141	110	79	49	18	353	322	294	263	28
29	233	203	172	142	111	80	50	19	354	323		264	29
30	234	204	173	143	112	81	51	20	355	324		265	30
31	235		174		113	82		21		325		266	31

Jours qu'il y a du 9 MAI à une date de chaque mois.

Dates	Déc.	Nov.	Oct.	Sept.	Août	Juill.	Juin	Mai	Avril	Mars	Fevr.	Janv.	Dates
1	206	176	145	115	84	53	23	357	327	296	268	237	1
2	207	177	146	116	85	54	24	358	328	297	269	238	2
3	208	178	147	117	86	55	25	359	329	298	270	239	3
4	209	179	148	118	87	56	26	360	330	299	271	240	4
5	210	180	149	119	88	57	27	361	331	300	272	241	5
6	211	181	150	120	89	58	28	362	332	301	273	242	6
7	212	182	151	121	90	59	29	363	333	302	274	243	7
8	213	183	152	122	91	60	30	364	334	303	275	244	8
9	214	184	153	123	92	61	31	365	335	304	276	245	9
10	215	185	154	124	93	62	32	1	336	305	277	246	10
11	216	186	155	125	94	63	33	2	337	306	278	247	11
12	217	187	156	126	95	64	34	3	338	307	279	248	12
13	218	188	157	127	96	65	35	4	339	308	280	249	13
14	219	189	158	128	97	66	36	5	340	309	281	250	14
15	220	190	159	129	98	67	37	6	341	310	282	251	15
16	221	191	160	130	99	68	38	7	342	311	283	252	16
17	222	192	161	131	100	69	39	8	343	312	284	253	17
18	223	193	162	132	101	70	40	9	344	313	285	254	18
19	224	194	163	133	102	71	41	10	345	314	286	255	19
20	225	195	164	134	103	72	42	11	346	315	287	256	20
21	226	196	165	135	104	73	43	12	347	316	288	257	21
22	227	197	166	136	105	74	44	13	348	317	289	258	22
23	228	198	167	137	106	75	45	14	349	318	290	259	23
24	229	199	168	138	107	76	46	15	350	319	291	260	24
25	230	200	169	139	108	77	47	16	351	320	292	261	25
26	231	201	170	140	109	78	48	17	352	321	293	262	26
27	232	202	171	141	110	79	49	18	353	322	294	263	27
28	233	203	172	142	111	80	50	19	354	323	295	264	28
29	234	204	173	143	112	81	51	20	355	324		265	29
30	235	205	174	144	113	82	52	21	356	325		266	30
31	236		175		114	83		22		326		267	31

Jours qu'il y a du **12 MAI** à une date de chaque mois.

Dates	Janv.	Févr.	Mars	Avril	Mai	Juin	Juill.	Août	Sept.	Oct.	Nov.	Déc.	Dates
1	234	265	293	324	354	20	50	81	112	142	173	203	1
2	235	266	294	325	355	21	51	82	113	143	174	204	2
3	236	267	295	326	356	22	52	83	114	144	175	205	3
4	237	268	296	327	357	23	53	84	115	145	176	206	4
5	238	269	297	328	358	24	54	85	116	146	177	207	5
6	239	270	298	329	359	25	55	86	117	147	178	208	6
7	240	271	299	330	360	26	56	87	118	148	179	209	7
8	241	272	300	331	361	27	57	88	119	149	180	210	8
9	242	273	301	332	362	28	58	89	120	150	181	211	9
10	243	274	302	333	363	29	59	90	121	151	182	212	10
11	244	275	303	334	364	30	60	91	122	152	183	213	11
12	245	276	304	335	365	31	61	92	123	153	184	214	12
13	246	277	305	336	1	32	62	93	124	154	185	215	13
14	247	278	306	337	2	33	63	94	125	155	186	216	14
15	248	279	307	338	3	34	64	95	126	156	187	217	15
16	249	280	308	339	4	35	65	96	127	157	188	218	16
17	250	281	309	340	5	36	66	97	128	158	189	219	17
18	251	282	310	341	6	37	67	98	129	159	190	220	18
19	252	283	311	342	7	38	68	99	130	160	191	221	19
20	253	284	312	343	8	39	69	100	131	161	192	222	20
21	254	285	313	344	9	40	70	101	132	162	193	223	21
22	255	286	314	345	10	41	71	102	133	163	194	224	22
23	256	287	315	346	11	42	72	103	134	164	195	225	23
24	257	288	316	347	12	43	73	104	135	165	196	226	24
25	258	289	317	348	13	44	74	105	136	166	197	227	25
26	259	290	318	349	14	45	75	106	137	167	198	228	26
27	260	291	319	350	15	46	76	107	138	168	199	229	27
28	261	292	320	351	16	47	77	108	139	169	200	230	28
29	262		321	352	17	48	78	109	140	170	201	231	29
30	263		322	353	18	49	79	110	141	171	202	232	30
31	264		323		19		80	111		172		233	31

Jours qu'il y a du **11 MAI** à une date de chaque mois.

Dates	Janv.	Févr.	Mars	Avril	Mai	Juin	Juill.	Août	Sept.	Oct.	Nov.	Déc.	Dates
1	235	266	294	325	355	21	51	82	113	143	174	204	1
2	236	267	295	326	356	22	52	83	114	144	175	205	2
3	237	268	296	327	357	23	53	84	115	145	176	206	3
4	238	269	297	328	358	24	54	85	116	146	177	207	4
5	239	270	298	329	359	25	55	86	117	147	178	208	5
6	240	271	299	330	360	26	56	87	118	148	179	209	6
7	241	272	300	331	361	27	57	88	119	149	180	210	7
8	242	273	301	332	362	28	58	89	120	150	181	211	8
9	243	274	302	333	363	29	59	90	121	151	182	212	9
10	244	275	303	334	364	30	60	91	122	152	183	213	10
11	245	276	304	335	365	31	61	92	123	153	184	214	11
12	246	277	305	336	1	32	62	93	124	154	185	215	12
13	247	278	306	337	2	33	63	94	125	155	186	216	13
14	248	279	307	338	3	34	64	95	126	156	187	217	14
15	249	280	308	339	4	35	65	96	127	157	188	218	15
16	250	281	309	340	5	36	66	97	128	158	189	219	16
17	251	282	310	341	6	37	67	98	129	159	190	220	17
18	252	283	311	342	7	38	68	99	130	160	191	221	18
19	253	284	312	343	8	39	69	100	131	161	192	222	19
20	254	285	313	344	9	40	70	101	132	162	193	223	20
21	255	286	314	345	10	41	71	102	133	163	194	224	21
22	256	287	315	346	11	42	72	103	134	164	195	225	22
23	257	288	316	347	12	43	73	104	135	165	196	226	23
24	258	289	317	348	13	44	74	105	136	166	197	227	24
25	259	290	318	349	14	45	75	106	137	167	198	228	25
26	260	291	319	350	15	46	76	107	138	168	199	229	26
27	261	292	320	351	16	47	77	108	139	169	200	230	27
28	262	293	321	352	17	48	78	109	140	170	201	231	28
29	263		322	353	18	49	79	110	141	171	202	232	29
30	264		323	354	19	50	80	111	142	172	203	233	30
31	265		324		20		81	112		173		234	31

Jours qu'il y a du **14 MAI** à une date de chaque mois.

Dates	Déc.	Nov.	Oct.	Sept.	Août	Juill.	Juin	Mai	Avril	Mars	Févr.	Janv.	Dates
1	201	171	140	110	79	48	18	352	322	291	263	232	1
2	202	172	141	111	80	49	19	353	323	292	264	233	2
3	203	173	142	112	81	50	20	354	324	293	265	234	3
4	204	174	143	113	82	51	21	355	325	294	266	235	4
5	205	175	144	114	83	52	22	356	326	295	267	236	5
6	206	176	145	115	84	53	23	357	327	296	268	237	6
7	207	177	146	116	85	54	24	358	328	297	269	238	7
8	208	178	147	117	86	55	25	359	329	298	270	239	8
9	209	179	148	118	87	56	26	360	330	299	271	240	9
10	210	180	149	119	88	57	27	361	331	300	272	241	10
11	211	181	150	120	89	58	28	362	332	301	273	242	11
12	212	182	151	121	90	59	29	363	333	302	274	243	12
13	213	183	152	122	91	60	30	364	334	303	275	244	13
14	214	184	153	123	92	61	31	365	335	304	276	245	14
15	215	185	154	124	93	62	32	1	336	305	277	246	15
16	216	186	155	125	94	63	33	2	337	306	278	247	16
17	217	187	156	126	95	64	34	3	338	307	279	248	17
18	218	188	157	127	96	65	35	4	339	308	280	249	18
19	219	189	158	128	97	66	36	5	340	309	281	250	19
20	220	190	159	129	98	67	37	6	341	310	282	251	20
21	221	191	160	130	99	68	38	7	342	311	283	252	21
22	222	192	161	131	100	69	39	8	343	312	284	253	22
23	223	193	162	132	101	70	40	9	344	313	285	254	23
24	224	194	163	133	102	71	41	10	345	314	286	255	24
25	225	195	164	134	103	72	42	11	346	315	287	256	25
26	226	196	165	135	104	73	43	12	347	316	288	257	26
27	227	197	166	136	105	74	44	13	348	317	289	258	27
28	228	198	167	137	106	75	45	14	349	318	290	259	28
29	229	199	168	138	107	76	46	15	350	319		260	29
30	230	200	169	139	108	77	47	16	351	320		261	30
31	231		170		109	78		17		321		262	31

Jours qu'il y a du **13 MAI** à une date de chaque mois.

Dates	Déc.	Nov.	Oct.	Sept.	Août	Juill.	Juin	Mai	Avril	Mars	Févr.	Janv.	Dates
1	202	172	141	111	80	49	19	353	323	292	264	233	1
2	203	173	142	112	81	50	20	354	324	293	265	234	2
3	204	174	143	113	82	51	21	355	325	294	266	235	3
4	205	175	144	114	83	52	22	356	326	295	267	236	4
5	206	176	145	115	84	53	23	357	327	296	268	237	5
6	207	177	146	116	85	54	24	358	328	297	269	238	6
7	208	178	147	117	86	55	25	359	329	298	270	239	7
8	209	179	148	118	87	56	26	360	330	299	271	240	8
9	210	180	149	119	88	57	27	361	331	300	272	241	9
10	211	181	150	120	89	58	28	362	332	301	273	242	10
11	212	182	151	121	90	59	29	363	333	302	274	243	11
12	213	183	152	122	91	60	30	364	334	303	275	244	12
13	214	184	153	123	92	61	31	365	335	304	276	245	13
14	215	185	154	124	93	62	32	1	336	305	277	246	14
15	216	186	155	125	94	63	33	2	337	306	278	247	15
16	217	187	156	126	95	64	34	3	338	307	279	248	16
17	218	188	157	127	96	65	35	4	339	308	280	249	17
18	219	189	158	128	97	66	36	5	340	309	281	250	18
19	220	190	159	129	98	67	37	6	341	310	282	251	19
20	221	191	160	130	99	68	38	7	342	311	283	252	20
21	222	192	161	131	100	69	39	8	343	312	284	253	21
22	223	193	162	132	101	70	40	9	344	313	285	254	22
23	224	194	163	133	102	71	41	10	345	314	286	255	23
24	225	195	164	134	103	72	42	11	346	315	287	256	24
25	226	196	165	135	104	73	43	12	347	316	288	257	25
26	227	197	166	136	105	74	44	13	348	317	289	258	26
27	228	198	167	137	106	75	45	14	349	318	290	259	27
28	229	199	168	138	107	76	46	15	350	319	291	260	28
29	230	200	169	139	108	77	47	16	351	320		261	29
30	231	201	170	140	109	78	48	17	352	321		262	30
31	232		171		110	79		18		322		263	31

Jours qu'il y a du 16 MAI à une date de chaque mois.

Dates	Janv.	Févr.	Mars	Avril	Mai	Juin	Juill.	Août	Sept.	Oct.	Nov.	Déc.	Dates
1	230	261	289	320	350	16	46	77	108	138	169	199	1
2	231	262	290	321	351	17	47	78	109	139	170	200	2
3	232	263	291	322	352	18	48	79	110	140	171	201	3
4	233	264	292	323	353	19	49	80	111	141	172	202	4
5	234	265	293	324	354	20	50	81	112	142	173	203	5
6	235	266	294	325	355	21	51	82	113	143	174	204	6
7	236	267	295	326	356	22	52	83	114	144	175	205	7
8	237	268	296	327	357	23	53	84	115	145	176	206	8
9	238	269	297	328	358	24	54	85	116	146	177	207	9
10	239	270	298	329	359	25	55	86	117	147	178	208	10
11	240	271	299	330	360	26	56	87	118	148	179	209	11
12	241	272	300	331	361	27	57	88	119	149	180	210	12
13	242	273	301	332	362	28	58	89	120	150	181	211	13
14	243	274	302	333	363	29	59	90	121	151	182	212	14
15	244	275	303	334	364	30	60	91	122	152	183	213	15
16	245	276	304	335	365	31	61	92	123	153	184	214	16
17	246	277	305	336	1	32	62	93	124	154	185	215	17
18	247	278	306	337	2	33	63	94	125	155	186	216	18
19	248	279	307	338	3	34	64	95	126	156	187	217	19
20	249	280	308	339	4	35	65	96	127	157	188	218	20
21	250	281	309	340	5	36	66	97	128	158	189	219	21
22	251	282	310	341	6	37	67	98	129	159	190	220	22
23	252	283	311	342	7	38	68	99	130	160	191	221	23
24	253	284	312	343	8	39	69	100	131	161	192	222	24
25	254	285	313	344	9	40	70	101	132	162	193	223	25
26	255	286	314	345	10	41	71	102	133	163	194	224	26
27	256	287	315	346	11	42	72	103	134	164	195	225	27
28	257	288	316	347	12	43	73	104	135	165	196	226	28
29	258		317	348	13	44	74	105	136	166	197	227	29
30	259		318	349	14	45	75	106	137	167	198	228	30
31	260		319		15		76	107		168		229	31

Jours qu'il y a du 15 MAI à une date de chaque mois.

Dates	Janv.	Févr.	Mars	Avril	Mai	Juin	Juill.	Août	Sept.	Oct.	Nov.	Déc.	Dates
1	231	262	290	321	351	17	47	78	109	139	170	200	1
2	232	263	291	322	352	18	48	79	110	140	171	201	2
3	233	264	292	323	353	19	49	80	111	141	172	202	3
4	234	265	293	324	354	20	50	81	112	142	173	203	4
5	235	266	294	325	355	21	51	82	113	143	174	204	5
6	236	267	295	326	356	22	52	83	114	144	175	205	6
7	237	268	296	327	357	23	53	84	115	145	176	206	7
8	238	269	297	328	358	24	54	85	116	146	177	207	8
9	239	270	298	329	359	25	55	86	117	147	178	208	9
10	240	271	299	330	360	26	56	87	118	148	179	209	10
11	241	272	300	331	361	27	57	88	119	149	180	210	11
12	242	273	301	332	362	28	58	89	120	150	181	211	12
13	243	274	302	333	363	29	59	90	121	151	182	212	13
14	244	275	303	334	364	30	60	91	122	152	183	213	14
15	245	276	304	335	365	31	61	92	123	153	184	214	15
16	246	277	305	336	1	32	62	93	124	154	185	215	16
17	247	278	306	337	2	33	63	94	125	155	186	216	17
18	248	279	307	338	3	34	64	95	126	156	187	217	18
19	249	280	308	339	4	35	65	96	127	157	188	218	19
20	250	281	309	340	5	36	66	97	128	158	189	219	20
21	251	282	310	341	6	37	67	98	129	159	190	220	21
22	252	283	311	342	7	38	68	99	130	160	191	221	22
23	253	284	312	343	8	39	69	100	131	161	192	222	23
24	254	285	313	344	9	40	70	101	132	162	193	223	24
25	255	286	314	345	10	41	71	102	133	163	194	224	25
26	256	287	315	346	11	42	72	103	134	164	195	225	26
27	257	288	316	347	12	43	73	104	135	165	196	226	27
28	258	289	317	348	13	44	74	105	136	166	197	227	28
29	259		318	349	14	45	75	106	137	167	198	228	29
30	260		319	350	15	46	76	107	138	168	199	229	30
31	261		320		16		77	108		169		230	31

Jours qu'il y a du 17 MAI à une date de chaque mois.

Dates	Janv.	Févr.	Mars	Avril	Mai	Juin	Juill.	Août	Sept.	Oct.	Nov.	Déc.	Dates
1	229	260	288	319	349	15	45	76	107	137	168	198	1
2	230	261	289	320	350	16	46	77	108	138	169	199	2
3	231	262	290	321	351	17	47	78	109	139	170	200	3
4	232	263	291	322	352	18	48	79	110	140	171	201	4
5	233	264	292	323	353	19	49	80	111	141	172	202	5
6	234	265	293	324	354	20	50	81	112	142	173	203	6
7	235	266	294	325	355	21	51	82	113	143	174	204	7
8	236	267	295	326	356	22	52	83	114	144	175	205	8
9	237	268	296	327	357	23	53	84	115	145	176	206	9
10	238	269	297	328	358	24	54	85	116	146	177	207	10
11	239	270	298	329	359	25	55	86	117	147	178	208	11
12	240	271	299	330	360	26	56	87	118	148	179	209	12
13	241	272	300	331	361	27	57	88	119	149	180	210	13
14	242	273	301	332	362	28	58	89	120	150	181	211	14
15	243	274	302	333	363	29	59	90	121	151	182	212	15
16	244	275	303	334	364	30	60	91	122	152	183	213	16
17	245	276	304	335	365	31	61	92	123	153	184	214	17
18	246	277	305	336	1	32	62	93	124	154	185	215	18
19	247	278	306	337	2	33	63	94	125	155	186	216	19
20	248	279	307	338	3	34	64	95	126	156	187	217	20
21	249	280	308	339	4	35	65	96	127	157	188	218	21
22	250	281	309	340	5	36	66	97	128	158	189	219	22
23	251	282	310	341	6	37	67	98	129	159	190	220	23
24	252	283	311	342	7	38	68	99	130	160	191	221	24
25	253	284	312	343	8	39	69	100	131	161	192	222	25
26	254	285	313	344	9	40	70	101	132	162	193	223	26
27	255	286	314	345	10	41	71	102	133	163	194	224	27
28	256	287	315	346	11	42	72	103	134	164	195	225	28
29	257		316	347	12	43	73	104	135	165	196	226	29
30	258		317	348	13	44	74	105	136	166	197	227	30
31	259		318		14		75	106		167		228	31

Jours qu'il y a du 18 MAI à une date de chaque mois

Dates	Janv.	Févr.	Mars	Avril	Mai	Juin	Juill.	Août	Sept.	Oct.	Nov.	Déc.	Dates
1	228	259	287	318	348	14	44	75	106	136	167	197	1
2	229	260	288	319	349	15	45	76	107	137	168	198	2
3	230	261	289	320	350	16	46	77	108	138	169	199	3
4	231	262	290	321	351	17	47	78	109	139	170	200	4
5	232	263	291	322	352	18	48	79	110	140	171	201	5
6	233	264	292	323	353	19	49	80	111	141	172	202	6
7	234	265	293	324	354	20	50	81	112	142	173	203	7
8	235	266	294	325	355	21	51	82	113	143	174	204	8
9	236	267	295	326	356	22	52	83	114	144	175	205	9
10	237	268	296	327	357	23	53	84	115	145	176	206	10
11	238	269	297	328	358	24	54	85	116	146	177	207	11
12	239	270	298	329	359	25	55	86	117	147	178	208	12
13	240	271	299	330	360	26	56	87	118	148	179	209	13
14	241	272	300	331	361	27	57	88	119	149	180	210	14
15	242	273	301	332	362	28	58	89	120	150	181	211	15
16	243	274	302	333	363	29	59	90	121	151	182	212	16
17	244	275	303	334	364	30	60	91	122	152	183	213	17
18	245	276	304	335	365	31	61	92	123	153	184	214	18
19	246	277	305	336	1	32	62	93	124	154	185	215	19
20	247	278	306	337	2	33	63	94	125	155	186	216	20
21	248	279	307	338	3	34	64	95	126	156	187	217	21
22	249	280	308	339	4	35	65	96	127	157	188	218	22
23	250	281	309	340	5	36	66	97	128	158	189	219	23
24	251	282	310	341	6	37	67	98	129	159	190	220	24
25	252	283	311	342	7	38	68	99	130	160	191	221	25
26	253	284	312	343	8	39	69	100	131	161	192	222	26
27	254	285	313	344	9	40	70	101	132	162	193	223	27
28	255	286	314	345	10	41	71	102	133	163	194	224	28
29	256		315	346	11	42	72	103	134	164	195	225	29
30	257		316	347	12	43	73	104	135	165	196	226	30
31	258		317		13		74	105		166		227	31

Jours qu'il y a du 20 MAI à une date de chaque mois

Dates	Déc.	Nov.	Oct.	Sept.	Août	Juill.	Juin	Mai.	Avril	Mars	Févr.	Janv.	Dates
1	195	165	134	104	73	42	12	346	316	285	256	226	1
2	196	166	135	105	74	43	13	347	317	286	257	227	2
3	197	167	136	106	75	44	14	348	318	287	258	228	3
4	198	168	137	107	76	45	15	349	319	288	259	229	4
5	199	169	138	108	77	46	16	350	320	289	260	230	5
6	200	170	139	109	78	47	17	351	321	290	261	231	6
7	201	171	140	110	79	48	18	352	322	291	262	232	7
8	202	172	141	111	80	49	19	353	323	292	263	233	8
9	203	173	142	112	81	50	20	354	324	293	264	234	9
10	204	174	143	113	82	51	21	355	325	294	265	235	10
11	205	175	144	114	83	52	22	356	326	295	266	236	11
12	206	176	145	115	84	53	23	357	327	296	267	237	12
13	207	177	146	116	85	54	24	358	328	297	268	238	13
14	208	178	147	117	86	55	25	359	329	298	269	239	14
15	209	179	148	118	87	56	26	360	330	299	270	240	15
16	210	180	149	119	88	57	27	361	331	300	271	241	16
17	211	181	150	120	89	58	28	362	332	301	272	242	17
18	212	182	151	121	90	59	29	363	333	302	273	243	18
19	213	183	152	122	91	60	30	364	334	303	274	244	19
20	214	184	153	123	92	61	31	365	335	304	275	245	20
21	215	185	154	124	93	62	32	1	336	305	276	246	21
22	216	186	155	125	94	63	33	2	337	306	277	247	22
23	217	187	156	126	95	64	34	3	338	307	278	248	23
24	218	188	157	127	96	65	35	4	339	308	279	249	24
25	219	189	158	128	97	66	36	5	340	309	280	250	25
26	220	190	159	129	98	67	37	6	341	310	281	251	26
27	221	191	160	130	99	68	38	7	342	311	282	252	27
28	222	192	161	131	100	69	39	8	343	312	283	253	28
29	223	193	162	132	101	70	40	9	344	313	284	254	29
30	224	194	163	133	102	71	41	10	345	314		255	30
31	225		164		103	72		11		315		256	31

Jours qu'il y a du 19 MAI à une date de chaque mois

Dates	Déc.	Nov.	Oct.	Sept.	Août	Juill.	Juin	Mai.	Avril	Mars	Févr.	Janv.	Dates
1	196	166	135	105	74	43	13	347	317	286	258	227	1
2	197	167	136	106	75	44	14	348	318	287	259	228	2
3	198	168	137	107	76	45	15	349	319	288	260	229	3
4	199	169	138	108	77	46	16	350	320	289	261	230	4
5	200	170	139	109	78	47	17	351	321	290	262	231	5
6	201	171	140	110	79	48	18	352	322	291	263	232	6
7	202	172	141	111	80	49	19	353	323	292	264	233	7
8	203	173	142	112	81	50	20	354	324	293	265	234	8
9	204	174	143	113	82	51	21	355	325	294	266	235	9
10	205	175	144	114	83	52	22	356	326	295	267	236	10
11	206	176	145	115	84	53	23	357	327	296	268	237	11
12	207	177	146	116	85	54	24	358	328	297	269	238	12
13	208	178	147	117	86	55	25	359	329	298	270	239	13
14	209	179	148	118	87	56	26	360	330	299	271	240	14
15	210	180	149	119	88	57	27	361	331	300	272	241	15
16	211	181	150	120	89	58	28	362	332	301	273	242	16
17	212	182	151	121	90	59	29	363	333	302	274	243	17
18	213	183	152	122	91	60	30	364	334	303	275	244	18
19	214	184	153	123	92	61	31	365	335	304	276	245	19
20	215	185	154	124	93	62	32	1	336	305	277	246	20
21	216	186	155	125	94	63	33	2	337	306	278	247	21
22	217	187	156	126	95	64	34	3	338	307	279	248	22
23	218	188	157	127	96	65	35	4	339	308	280	249	23
24	219	189	158	128	97	66	36	5	340	309	281	250	24
25	220	190	159	129	98	67	37	6	341	310	282	251	25
26	221	191	160	130	99	68	38	7	342	311	283	252	26
27	222	192	161	131	100	69	39	8	343	312	284	253	27
28	223	193	162	132	101	70	40	9	344	313	285	254	28
29	224	194	163	133	102	71	41	10	345	314		255	29
30	225	195	164	134	103	72	42	11	346	315		256	30
31	226		165		104	73		12		316		257	31

Jours qu'il y a du 24 MAI à une date de chaque mois.

Dates	Janv.	Févr.	Mars	Avril	Mai	Juin	Juill.	Août	Sept.	Oct.	Nov.	Déc.	Dates
1	225	256	284	315	345	11	41	72	103	133	164	194	1
2	226	257	285	316	346	12	42	73	104	134	165	195	2
3	227	258	286	317	347	13	43	74	105	135	166	196	3
4	228	259	287	318	348	14	44	75	106	136	167	197	4
5	229	260	288	319	349	15	45	76	107	137	168	198	5
6	230	261	289	320	350	16	46	77	108	138	169	199	6
7	231	262	290	321	351	17	47	78	109	139	170	200	7
8	232	263	291	322	352	18	48	79	110	140	171	201	8
9	233	264	292	323	353	19	49	80	111	141	172	202	9
10	234	265	293	324	354	20	50	81	112	142	173	203	10
11	235	266	294	325	355	21	51	82	113	143	174	204	11
12	236	267	295	326	356	22	52	83	114	144	175	205	12
13	237	268	296	327	357	23	53	84	115	145	176	206	13
14	238	269	297	328	358	24	54	85	116	146	177	207	14
15	239	270	298	329	359	25	55	86	117	147	178	208	15
16	240	271	299	330	360	26	56	87	118	148	179	209	16
17	241	272	300	331	361	27	57	88	119	149	180	210	17
18	242	273	301	332	362	28	58	89	120	150	181	211	18
19	243	274	302	333	363	29	59	90	121	151	182	212	19
20	244	275	303	334	364	30	60	91	122	152	183	213	20
21	245	276	304	335	365	31	61	92	123	153	184	214	21
22	246	277	305	336	1	32	62	93	124	154	185	215	22
23	247	278	306	337	2	33	63	94	125	155	186	216	23
24	248	279	307	338	3	34	64	95	126	156	187	217	24
25	249	280	308	339	4	35	65	96	127	157	188	218	25
26	250	281	309	340	5	36	66	97	128	158	189	219	26
27	251	282	310	341	6	37	67	98	129	159	190	220	27
28	252	283	311	342	7	38	68	99	130	160	191	221	28
29	253		312	343	8	39	69	100	131	161	192	222	29
30	254		313	344	9	40	70	101	132	162	193	223	30
31	255		314		10		71	102		163		224	31

Jours qu'il y a du 22 MAI à une date de chaque mois.

Dates	Janv.	Févr.	Mars	Avril	Mai	Juin	Juill.	Août	Sept.	Oct.	Nov.	Déc.	Dates
1	224	255	283	314	344	10	40	71	102	132	163	193	1
2	225	256	284	315	345	11	41	72	103	133	164	194	2
3	226	257	285	316	346	12	42	73	104	134	165	195	3
4	227	258	286	317	347	13	43	74	105	135	166	196	4
5	228	259	287	318	348	14	44	75	106	136	167	197	5
6	229	260	288	319	349	15	45	76	107	137	168	198	6
7	230	261	289	320	350	16	46	77	108	138	169	199	7
8	231	262	290	321	351	17	47	78	109	139	170	200	8
9	232	263	291	322	352	18	48	79	110	140	171	201	9
10	233	264	292	323	353	19	49	80	111	141	172	202	10
11	234	265	293	324	354	20	50	81	112	142	173	203	11
12	235	266	294	325	355	21	51	82	113	143	174	204	12
13	236	267	295	326	356	22	52	83	114	144	175	205	13
14	237	268	296	327	357	23	53	84	115	145	176	206	14
15	238	269	297	328	358	24	54	85	116	146	177	207	15
16	239	270	298	329	359	25	55	86	117	147	178	208	16
17	240	271	299	330	360	26	56	87	118	148	179	209	17
18	241	272	300	331	361	27	57	88	119	149	180	210	18
19	242	273	301	332	362	28	58	89	120	150	181	211	19
20	243	274	302	333	363	29	59	90	121	151	182	212	20
21	244	275	303	334	364	30	60	91	122	152	183	213	21
22	245	276	304	335	365	31	61	92	123	153	184	214	22
23	246	277	305	336	1	32	62	93	124	154	185	215	23
24	247	278	306	337	2	33	63	94	125	155	186	216	24
25	248	279	307	338	3	34	64	95	126	156	187	217	25
26	249	280	308	339	4	35	65	96	127	157	188	218	26
27	250	281	309	340	5	36	66	97	128	158	189	219	27
28	251	282	310	341	6	37	67	98	129	159	190	220	28
29	252		311	342	7	38	68	99	130	160	191	221	29
30	253		312	343	8	39	69	100	131	161	192	222	30
31	254		313		9		70	101		162		223	31

Jours qu'il y a du 24 MAI à une date de chaque mois.

Dates	Janv.	Févr.	Mars	Avril	Mai	Juin	Juill.	Août	Sept.	Oct.	Nov.	Déc.
1	222	253	281	312	342	8	38	69	100	130	161	191
2	223	254	282	313	343	9	39	70	101	131	162	192
3	224	255	283	314	344	10	40	71	102	132	163	193
4	225	256	284	315	345	11	41	72	103	133	164	194
5	226	257	285	316	346	12	42	73	104	134	165	195
6	227	258	286	317	347	13	43	74	105	135	166	196
7	228	259	287	318	348	14	44	75	106	136	167	197
8	229	260	288	319	349	15	45	76	107	137	168	198
9	230	261	289	320	350	16	46	77	108	138	169	199
10	231	262	290	321	351	17	47	78	109	139	170	200
11	232	263	291	322	352	18	48	79	110	140	171	201
12	233	264	292	323	353	19	49	80	111	141	172	202
13	234	265	293	324	354	20	50	81	112	142	173	203
14	235	266	294	325	355	21	51	82	113	143	174	204
15	236	267	295	326	356	22	52	83	114	144	175	205
16	237	268	296	327	357	23	53	84	115	145	176	206
17	238	269	297	328	358	24	54	85	116	146	177	207
18	239	270	298	329	359	25	55	86	117	147	178	208
19	240	271	299	330	360	26	56	87	118	148	179	209
20	241	272	300	331	361	27	57	88	119	149	180	210
21	242	273	301	332	362	28	58	89	120	150	181	211
22	243	274	302	333	363	29	59	90	121	151	182	212
23	244	275	303	334	364	30	60	91	122	152	183	213
24	245	276	304	335	365	31	61	92	123	153	184	214
25	246	277	305	336	1	32	62	93	124	154	185	215
26	247	278	306	337	2	33	63	94	125	155	186	216
27	248	279	307	338	3	34	64	95	126	156	187	217
28	249	280	308	339	4	35	65	96	127	157	188	218
29	250		309	340	5	36	66	97	128	158	189	219
30	251		310	341	6	37	67	98	129	159	190	220
31	252		311		7		68	99		160		221

Jours qu'il y a du 23 MAI à une date de chaque mois.

Dates	Janv.	Févr.	Mars	Avril	Mai	Juin	Juill.	Août	Sept.	Oct.	Nov.	Déc.
1	223	254	282	313	343	9	39	70	101	131	162	192
2	224	255	283	314	344	10	40	71	102	132	163	193
3	225	256	284	315	345	11	41	72	103	133	164	194
4	226	257	285	316	346	12	42	73	104	134	165	195
5	227	258	286	317	347	13	43	74	105	135	166	196
6	228	259	287	318	348	14	44	75	106	136	167	197
7	229	260	288	319	349	15	45	76	107	137	168	198
8	230	261	289	320	350	16	46	77	108	138	169	199
9	231	262	290	321	351	17	47	78	109	139	170	200
10	232	263	291	322	352	18	48	79	110	140	171	201
11	233	264	292	323	353	19	49	80	111	141	172	202
12	234	265	293	324	354	20	50	81	112	142	173	203
13	235	266	294	325	355	21	51	82	113	143	174	204
14	236	267	295	326	356	22	52	83	114	144	175	205
15	237	268	296	327	357	23	53	84	115	145	176	206
16	238	269	297	328	358	24	54	85	116	146	177	207
17	239	270	298	329	359	25	55	86	117	147	178	208
18	240	271	299	330	360	26	56	87	118	148	179	209
19	241	272	300	331	361	27	57	88	119	149	180	210
20	242	273	301	332	362	28	58	89	120	150	181	211
21	243	274	302	333	363	29	59	90	121	151	182	212
22	244	275	303	334	364	30	60	91	122	152	183	213
23	245	276	304	335	365	31	61	92	123	153	184	214
24	246	277	305	336	1	32	62	93	124	154	185	215
25	247	278	306	337	2	33	63	94	125	155	186	216
26	248	279	307	338	3	34	64	95	126	156	187	217
27	249	280	308	339	4	35	65	96	127	157	188	218
28	250	281	309	340	5	36	66	97	128	158	189	219
29	251		310	341	6	37	67	98	129	159	190	220
30	252		311	342	7	38	68	99	130	160	191	221
31	253		312		8		69	100		161		222

Jours qu'il y a du **26 MAI** à une date de chaque mois

Dates	Déc.	Nov.	Oct.	Sept.	Août	Juill.	Juin	Mai	Avril	Mars	Févr.	Janv.	Dates
1	189	159	128	98	67	36	6	340	310	279	251	220	1
2	190	160	129	99	68	37	7	341	311	280	252	221	2
3	191	161	130	100	69	38	8	342	312	281	253	222	3
4	192	162	131	101	70	39	9	343	313	282	254	223	4
5	193	163	132	102	71	40	10	344	314	283	255	224	5
6	194	164	133	103	72	41	11	345	315	284	256	225	6
7	195	165	134	104	73	42	12	346	316	285	257	226	7
8	196	166	135	105	74	43	13	347	317	286	258	227	8
9	197	167	136	106	75	44	14	348	318	287	259	228	9
10	198	168	137	107	76	45	15	349	319	288	260	229	10
11	199	169	138	108	77	46	16	350	320	289	261	230	11
12	200	170	139	109	78	47	17	351	321	290	262	231	12
13	201	171	140	110	79	48	18	352	322	291	263	232	13
14	202	172	141	111	80	49	19	353	323	292	264	233	14
15	203	173	142	112	81	50	20	354	324	293	265	234	15
16	204	174	143	113	82	51	21	355	325	294	266	235	16
17	205	175	144	114	83	52	22	356	326	295	267	236	17
18	206	176	145	115	84	53	23	357	327	296	268	237	18
19	207	177	146	116	85	54	24	358	328	297	269	238	19
20	208	178	147	117	86	55	25	359	329	298	270	239	20
21	209	179	148	118	87	56	26	360	330	299	271	240	21
22	210	180	149	119	88	57	27	361	331	300	272	241	22
23	211	181	150	120	89	58	28	362	332	301	273	242	23
24	212	182	151	121	90	59	29	363	333	302	274	243	24
25	213	183	152	122	91	60	30	364	334	303	275	244	25
26	214	184	153	123	92	61	31	365	335	304	276	245	26
27	215	185	154	124	93	62	32	1	336	305	277	246	27
28	216	186	155	125	94	63	33	2	337	306	278	247	28
29	217	187	156	126	95	64	34	3	338	307		248	29
30	218	188	157	127	96	65	35	4	339	308		249	30
31	219		158		97	66		5		309		250	31

Jours qu'il y a du **25 MAI** à une date de chaque mois.

Dates	Déc.	Nov.	Oct.	Sept.	Août	Juill.	Juin	Mai	Avril	Mars	Févr.	Janv.	Dates
1	190	160	129	99	68	37	7	341	311	280	252	221	1
2	191	161	130	100	69	38	8	342	312	281	253	222	2
3	192	162	131	101	70	39	9	343	313	282	254	223	3
4	193	163	132	102	71	40	10	344	314	283	255	224	4
5	194	164	133	103	72	41	11	345	315	284	256	225	5
6	195	165	134	104	73	42	12	346	316	285	257	226	6
7	196	166	135	105	74	43	13	347	317	286	258	227	7
8	197	167	136	106	75	44	14	348	318	287	259	228	8
9	198	168	137	107	76	45	15	349	319	288	260	229	9
10	199	169	138	108	77	46	16	350	320	289	261	230	10
11	200	170	139	109	78	47	17	351	321	290	262	231	11
12	201	171	140	110	79	48	18	352	322	291	263	232	12
13	202	172	141	111	80	49	19	353	323	292	264	233	13
14	203	173	142	112	81	50	20	354	324	293	265	234	14
15	204	174	143	113	82	51	21	355	325	294	266	235	15
16	205	175	144	114	83	52	22	356	326	295	267	236	16
17	206	176	145	115	84	53	23	357	327	296	268	237	17
18	207	177	146	116	85	54	24	358	328	297	269	238	18
19	208	178	147	117	86	55	25	359	329	298	270	239	19
20	209	179	148	118	87	56	26	360	330	299	271	240	20
21	210	180	149	119	88	57	27	361	331	300	272	241	21
22	211	181	150	120	89	58	28	362	332	301	273	242	22
23	212	182	151	121	90	59	29	363	333	302	274	243	23
24	213	183	152	122	91	60	30	364	334	303	275	244	24
25	214	184	153	123	92	61	31	365	335	304	276	245	25
26	215	185	154	124	93	62	32	1	336	305	277	246	26
27	216	186	155	125	94	63	33	2	337	306	278	247	27
28	217	187	156	126	95	64	34	3	338	307	279	248	28
29	218	188	157	127	96	65	35	4	339	308		249	29
30	219	189	158	128	97	66	36	5	340	309		250	30
31	220		159		98	67		6		310		251	31

Dates	Déc.	Nov.	Oct.	Sept.	Août	Juill.	Juin	Mai	Avril	Mars	Févr.	Janv.	Dates
1	187	157	126	96	65	34	4	338	308	277	249	218	1
2	188	158	127	97	66	35	5	339	309	278	250	219	2
3	189	159	128	98	67	36	6	340	310	279	251	220	3
4	190	160	129	99	68	37	7	341	311	280	252	221	4
5	191	161	130	100	69	38	8	342	312	281	253	222	5
6	192	162	131	101	70	39	9	343	313	282	254	223	6
7	193	163	132	102	71	40	10	344	314	283	255	224	7
8	194	164	133	103	72	41	11	345	315	284	256	225	8
9	195	165	134	104	73	42	12	346	316	285	257	226	9
10	196	166	135	105	74	43	13	347	317	286	258	227	10
11	197	167	136	106	75	44	14	348	318	287	259	228	11
12	198	168	137	107	76	45	15	349	319	288	260	229	12
13	199	169	138	108	77	46	16	350	320	289	261	230	13
14	200	170	139	109	78	47	17	351	321	290	262	231	14
15	201	171	140	110	79	48	18	352	322	291	263	232	15
16	202	172	141	111	80	49	19	353	323	292	264	233	16
17	203	173	142	112	81	50	20	354	324	293	265	234	17
18	204	174	143	113	82	51	21	355	325	294	266	235	18
19	205	175	144	114	83	52	22	356	326	295	267	236	19
20	206	176	145	115	84	53	23	357	327	296	268	237	20
21	207	177	146	116	85	54	24	358	328	297	269	238	21
22	208	178	147	117	86	55	25	359	329	298	270	239	22
23	209	179	148	118	87	56	26	360	330	299	271	240	23
24	210	180	149	119	88	57	27	361	331	300	272	241	24
25	211	181	150	120	89	58	28	362	332	301	273	242	25
26	212	182	151	121	90	59	29	363	333	302	274	243	26
27	213	183	152	122	91	60	30	364	334	303	275	244	27
28	214	184	153	123	92	61	31	365	335	304	276	245	28
29	215	185	154	124	93	62	32	1	336	305		246	29
30	216	186	155	125	94	63	33	2	337	306		247	30
31	217		156		95	64		3		307		248	31

Jours qu'il y a du 27 MAI à une date de chaque mois

Dates	Déc.	Nov.	Oct.	Sept.	Août	Juill.	Juin	Mai	Avril	Mars	Févr.	Janv.	Dates
1	188	158	127	97	66	35	5	339	309	278	250	219	1
2	189	159	128	98	67	36	6	340	310	279	251	220	2
3	190	160	129	99	68	37	7	341	311	280	252	221	3
4	191	161	130	100	69	38	8	342	312	281	253	222	4
5	192	162	131	101	70	39	9	343	313	282	254	223	5
6	193	163	132	102	71	40	10	344	314	283	255	224	6
7	194	164	133	103	72	41	11	345	315	284	256	225	7
8	195	165	134	104	73	42	12	346	316	285	257	226	8
9	196	166	135	105	74	43	13	347	317	286	258	227	9
10	197	167	136	106	75	44	14	348	318	287	259	228	10
11	198	168	137	107	76	45	15	349	319	288	260	229	11
12	199	169	138	108	77	46	16	350	320	289	261	230	12
13	200	170	139	109	78	47	17	351	321	290	262	231	13
14	201	171	140	110	79	48	18	352	322	291	263	232	14
15	202	172	141	111	80	49	19	353	323	292	264	233	15
16	203	173	142	112	81	50	20	354	324	293	265	234	16
17	204	174	143	113	82	51	21	355	325	294	266	235	17
18	205	175	144	114	83	52	22	356	326	295	267	236	18
19	206	176	145	115	84	53	23	357	327	296	268	237	19
20	207	177	146	116	85	54	24	358	328	297	269	238	20
21	208	178	147	117	86	55	25	359	329	298	270	239	21
22	209	179	148	118	87	56	26	360	330	299	271	240	22
23	210	180	149	119	88	57	27	361	331	300	272	241	23
24	211	181	150	120	89	58	28	362	332	301	273	242	24
25	212	182	151	121	90	59	29	363	333	302	274	243	25
26	213	183	152	122	91	60	30	364	334	303	275	244	26
27	214	184	153	123	92	61	31	365	335	304	276	245	27
28	215	185	154	124	93	62	32	1	336	305	277	246	28
29	216	186	155	125	94	63	33	2	337	306		247	29
30	217	187	156	126	95	64	34	3	338	307		248	30
31	218		157		96	65		4		308		249	31

Dates	Déc.	Nov.	Oct.	Sept.	Août	Juill.	Juin	Mai	Avril	Mars	Févr.	Janv.	Dates
1	185	155	124	94	63	32	2	336	306	275	247	216	1
2	186	156	125	95	64	33	3	337	307	276	248	217	2
3	187	157	126	96	65	34	4	338	308	277	249	218	3
4	188	158	127	97	66	35	5	339	309	278	250	219	4
5	189	159	128	98	67	36	6	340	310	279	251	220	5
6	190	160	129	99	68	37	7	341	311	280	252	221	6
7	191	161	130	100	69	38	8	342	312	281	253	222	7
8	192	162	131	101	70	39	9	343	313	282	254	223	8
9	193	163	132	102	71	40	10	344	314	283	255	224	9
10	194	164	133	103	72	41	11	345	315	284	256	225	10
11	195	165	134	104	73	42	12	346	316	285	257	226	11
12	196	166	135	105	74	43	13	347	317	286	258	227	12
13	197	167	136	106	75	44	14	348	318	287	259	228	13
14	198	168	137	107	76	45	15	349	319	288	260	229	14
15	199	169	138	108	77	46	16	350	320	289	261	230	15
16	200	170	139	109	78	47	17	351	321	290	262	231	16
17	201	171	140	110	79	48	18	352	322	291	263	232	17
18	202	172	141	111	80	49	19	353	323	292	264	233	18
19	203	173	142	112	81	50	20	354	324	293	265	234	19
20	204	174	143	113	82	51	21	355	325	294	266	235	20
21	205	175	144	114	83	52	22	356	326	295	267	236	21
22	206	176	145	115	84	53	23	357	327	296	268	237	22
23	207	177	146	116	85	54	24	358	328	297	269	238	23
24	208	178	147	117	86	55	25	359	329	298	270	239	24
25	209	179	148	118	87	56	26	360	330	299	271	240	25
26	210	180	149	119	88	57	27	361	331	300	272	241	26
27	211	181	150	120	89	58	28	362	332	301	273	242	27
28	212	182	151	121	90	59	29	363	333	302	274	243	28
29	213	183	152	122	91	60	30	364	334	303		244	29
30	214	184	153	123	92	61	31	365	335	304		245	30
31	215		154		93	62		1		305		246	31

Dates	Déc.	Nov.	Oct.	Sept.	Août	Juill.	Juin	Mai	Avril	Mars	Févr.	Janv.	Dates
1	186	156	125	95	64	33	3	337	307	276	248	217	1
2	187	157	126	96	65	34	4	338	308	277	249	218	2
3	188	158	127	97	66	35	5	339	309	278	250	219	3
4	189	159	128	98	67	36	6	340	310	279	251	220	4
5	190	160	129	99	68	37	7	341	311	280	252	221	5
6	191	161	130	100	69	38	8	342	312	281	253	222	6
7	192	162	131	101	70	39	9	343	313	282	254	223	7
8	193	163	132	102	71	40	10	344	314	283	255	224	8
9	194	164	133	103	72	41	11	345	315	284	256	225	9
10	195	165	134	104	73	42	12	346	316	285	257	226	10
11	196	166	135	105	74	43	13	347	317	286	258	227	11
12	197	167	136	106	75	44	14	348	318	287	259	228	12
13	198	168	137	107	76	45	15	349	319	288	260	229	13
14	199	169	138	108	77	46	16	350	320	289	261	230	14
15	200	170	139	109	78	47	17	351	321	290	262	231	15
16	201	171	140	110	79	48	18	352	322	291	263	232	16
17	202	172	141	111	80	49	19	353	323	292	264	233	17
18	203	173	142	112	81	50	20	354	324	293	265	234	18
19	204	174	143	113	82	51	21	355	325	294	266	235	19
20	205	175	144	114	83	52	22	356	326	295	267	236	20
21	206	176	145	115	84	53	23	357	327	296	268	237	21
22	207	177	146	116	85	54	24	358	328	297	269	238	22
23	208	178	147	117	86	55	25	359	329	298	270	239	23
24	209	179	148	118	87	56	26	360	330	299	271	240	24
25	210	180	149	119	88	57	27	361	331	300	272	241	25
26	211	181	150	120	89	58	28	362	332	301	273	242	26
27	212	182	151	121	90	59	29	363	333	302	274	243	27
28	213	183	152	122	91	60	30	364	334	303	275	244	28
29	214	184	153	123	92	61	31	365	335	304		245	29
30	215	185	154	124	93	62	32	1	336	305		246	30
31	216		155		94	63		2		306		247	31

Jours qu'il y a du **31 MAI** à une date de chaque mois.

Dates	Déc.	Nov.	Oct.	Sept.	Août	Juill.	Juin	Mai	Avril	Mars	Févr.	Janv.	Dates
1	184	154	123	93	62	31	1	335	305	274	246	215	1
2	185	155	124	94	63	32	2	336	306	275	247	216	2
3	186	156	125	95	64	33	3	337	307	276	248	217	3
4	187	157	126	96	65	34	4	338	308	277	249	218	4
5	188	158	127	97	66	35	5	339	309	278	250	219	5
6	189	159	128	98	67	36	6	340	310	279	251	220	6
7	190	160	129	99	68	37	7	341	311	280	252	221	7
8	191	161	130	100	69	38	8	342	312	281	253	222	8
9	192	162	131	101	70	39	9	343	313	282	254	223	9
10	193	163	132	102	71	40	10	344	314	283	255	224	10
11	194	164	133	103	72	41	11	345	315	284	256	225	11
12	195	165	134	104	73	42	12	346	316	285	257	226	12
13	196	166	135	105	74	43	13	347	317	286	258	227	13
14	197	167	136	106	75	44	14	348	318	287	259	228	14
15	198	168	137	107	76	45	15	349	319	288	260	229	15
16	199	169	138	108	77	46	16	350	320	289	261	230	16
17	200	170	139	109	78	47	17	351	321	290	262	231	17
18	201	171	140	110	79	48	18	352	322	291	263	232	18
19	202	172	141	111	80	49	19	353	323	292	264	233	19
20	203	173	142	112	81	50	20	354	324	293	265	234	20
21	204	174	143	113	82	51	21	355	325	294	266	235	21
22	205	175	144	114	83	52	22	356	326	295	267	236	22
23	206	176	145	115	84	53	23	357	327	296	268	237	23
24	207	177	146	116	85	54	24	358	328	297	269	238	24
25	208	178	147	117	86	55	25	359	329	298	270	239	25
26	209	179	148	118	87	56	26	360	330	299	271	240	26
27	210	180	149	119	88	57	27	361	331	300	272	241	27
28	211	181	150	120	89	58	28	362	332	301	273	242	28
29	212	182	151	121	90	59	29	363	333	302		243	29
30	213	183	152	122	91	60	30	364	334	303		244	30
31	214		153		92	61		365		304		245	31

Jours qu'il y a du **1er JUIN** à une date de chaque mois

Dates	Déc.	Nov.	Oct.	Sept.	Août	Juill.	Juin	Mai	Avril	Mars	Févr.	Janv.	Dates
1	183	153	122	92	61	30	365	334	304	273	245	214	1
2	184	154	123	93	62	31	1	335	305	274	246	215	2
3	185	155	124	94	63	32	2	336	306	275	247	216	3
4	186	156	125	95	64	33	3	337	307	276	248	217	4
5	187	157	126	96	65	34	4	338	308	277	249	218	5
6	188	158	127	97	66	35	5	339	309	278	250	219	6
7	189	159	128	98	67	36	6	340	310	279	251	220	7
8	190	160	129	99	68	37	7	341	311	280	252	221	8
9	191	161	130	100	69	38	8	342	312	281	253	222	9
10	192	162	131	101	70	39	9	343	313	282	254	223	10
11	193	163	132	102	71	40	10	344	314	283	255	224	11
12	194	164	133	103	72	41	11	345	315	284	256	225	12
13	195	165	134	104	73	42	12	346	316	285	257	226	13
14	196	166	135	105	74	43	13	347	317	286	258	227	14
15	197	167	136	106	75	44	14	348	318	287	259	228	15
16	198	168	137	107	76	45	15	349	319	288	260	229	16
17	199	169	138	108	77	46	16	350	320	289	261	230	17
18	200	170	139	109	78	47	17	351	321	290	262	231	18
19	201	171	140	110	79	48	18	352	322	291	263	232	19
20	202	172	141	111	80	49	19	353	323	292	264	233	20
21	203	173	142	112	81	50	20	354	324	293	265	234	21
22	204	174	143	113	82	51	21	355	325	294	266	235	22
23	205	175	144	114	83	52	22	356	326	295	267	236	23
24	206	176	145	115	84	53	23	357	327	296	268	237	24
25	207	177	146	116	85	54	24	358	328	297	269	238	25
26	208	178	147	117	86	55	25	359	329	298	270	239	26
27	209	179	148	118	87	56	26	360	330	299	271	240	27
28	210	180	149	119	88	57	27	361	331	300	272	241	28
29	211	181	150	120	89	58	28	362	332	301		242	29
30	212	182	151	121	90	59	29	363	333	302		243	30
31	213		152		91	60		364	303			244	31

Dates	Janv.	Févr.	Mars	Avril	Mai	Juin	Juill.	Août	Sept.	Oct.	Nov.	Déc.	Days
1	212	243	271	302	332	363	28	59	90	120	151	181	1
2	213	244	272	303	333	364	29	60	91	121	152	182	2
3	214	245	273	304	334	365	30	61	92	122	153	183	3
4	215	246	274	305	335	1	31	62	93	123	154	184	4
5	216	247	275	306	336	2	32	63	94	124	155	185	5
6	217	248	276	307	337	3	33	64	95	125	156	186	6
7	218	249	277	308	338	4	34	65	96	126	157	187	7
8	219	250	278	309	339	5	35	66	97	127	158	188	8
9	220	251	279	310	340	6	36	67	98	128	159	189	9
10	221	252	280	311	341	7	37	68	99	129	160	190	10
11	222	253	281	312	342	8	38	69	100	130	161	191	11
12	223	254	282	313	343	9	39	70	101	131	162	192	12
13	224	255	283	314	344	10	40	71	102	132	163	193	13
14	225	256	284	315	345	11	41	72	103	133	164	194	14
15	226	257	285	316	346	12	42	73	104	134	165	195	15
16	227	258	286	317	347	13	43	74	105	135	166	196	16
17	228	259	287	318	348	14	44	75	106	136	167	197	17
18	229	260	288	319	349	15	45	76	107	137	168	198	18
19	230	261	289	320	350	16	46	77	108	138	169	199	19
20	231	262	290	321	351	17	47	78	109	139	170	200	20
21	232	263	291	322	352	18	48	79	110	140	171	201	21
22	233	264	292	323	353	19	49	80	111	141	172	202	22
23	234	265	293	324	354	20	50	81	112	142	173	203	23
24	235	266	294	325	355	21	51	82	113	143	174	204	24
25	236	267	295	326	356	22	52	83	114	144	175	205	25
26	237	268	296	327	357	23	53	84	115	145	176	206	26
27	238	269	297	328	358	24	54	85	116	146	177	207	27
28	239	270	298	329	359	25	55	86	117	147	178	208	28
29	240		299	330	360	26	56	87	118	148	179	209	29
30	241		300	331	361	27	57	88	119	149	180	210	30
31	242		301		362		58	89		150		211	31

Dates	Janv.	Févr.	Mars	Avril	Mai	Juin	Juill.	Août	Sept.	Oct.	Nov.	Déc.	Dates
1	213	244	272	303	333	364	29	60	91	121	152	182	1
2	214	245	273	304	334	365	30	61	92	122	153	183	2
3	215	246	274	305	335	1	31	62	93	123	154	184	3
4	216	247	275	306	336	2	32	63	94	124	155	185	4
5	217	248	276	307	337	3	33	64	95	125	156	186	5
6	218	249	277	308	338	4	34	65	96	126	157	187	6
7	219	250	278	309	339	5	35	66	97	127	158	188	7
8	220	251	279	310	340	6	36	67	98	128	159	189	8
9	221	252	280	311	341	7	37	68	99	129	160	190	9
10	222	253	281	312	342	8	38	69	100	130	161	191	10
11	223	254	282	313	343	9	39	70	101	131	162	192	11
12	224	255	283	314	344	10	40	71	102	132	163	193	12
13	225	256	284	315	345	11	41	72	103	133	164	194	13
14	226	257	285	316	346	12	42	73	104	134	165	195	14
15	227	258	286	317	347	13	43	74	105	135	166	196	15
16	228	259	287	318	348	14	44	75	106	136	167	197	16
17	229	260	288	319	349	15	45	76	107	137	168	198	17
18	230	261	289	320	350	16	46	77	108	138	169	199	18
19	231	262	290	321	351	17	47	78	109	139	170	200	19
20	232	263	291	322	352	18	48	79	110	140	171	201	20
21	233	264	292	323	353	19	49	80	111	141	172	202	21
22	234	265	293	324	354	20	50	81	112	142	173	203	22
23	235	266	294	325	355	21	51	82	113	143	174	204	23
24	236	267	295	326	356	22	52	83	114	144	175	205	24
25	237	268	296	327	357	23	53	84	115	145	176	206	25
26	238	269	297	328	358	24	54	85	116	146	177	207	26
27	239	270	298	329	359	25	55	86	117	147	178	208	27
28	240	271	299	330	360	26	56	87	118	148	179	209	28
29	241		300	331	361	27	57	88	119	149	180	210	29
30	242		301	332	362	28	58	89	120	150	181	211	30
31	243		302		363		59	90		151		212	31

Jours qu'il y a du 5 JUIN à une date de chaque mois.

Dates	Déc.	Nov.	Oct.	Sept.	Août	Juill.	Juin	Mai	Avril	Mars	Févr.	Janv.	Dates
1	179	149	118	88	57	26	361	330	300	269	241	210	1
2	180	150	119	89	58	27	362	331	301	270	242	211	2
3	181	151	120	90	59	28	363	332	302	271	243	212	3
4	182	152	121	91	60	29	364	333	303	272	244	213	4
5	183	153	122	92	61	30	365	334	304	273	245	214	5
6	184	154	123	93	62	31	1	335	305	274	246	215	6
7	185	155	124	94	63	32	2	336	306	275	247	216	7
8	186	156	125	95	64	33	3	337	307	276	248	217	8
9	187	157	126	96	65	34	4	338	308	277	249	218	9
10	188	158	127	97	66	35	5	339	309	278	250	219	10
11	189	159	128	98	67	36	6	340	310	279	251	220	11
12	190	160	129	99	68	37	7	341	311	280	252	221	12
13	191	161	130	100	69	38	8	342	312	281	253	222	13
14	192	162	131	101	70	39	9	343	313	282	254	223	14
15	193	163	132	102	71	40	10	344	314	283	255	224	15
16	194	164	133	103	72	41	11	345	315	284	256	225	16
17	195	165	134	104	73	42	12	346	316	285	257	226	17
18	196	166	135	105	74	43	13	347	317	286	258	227	18
19	197	167	136	106	75	44	14	348	318	287	259	228	19
20	198	168	137	107	76	45	15	349	319	288	260	229	20
21	199	169	138	108	77	46	16	350	320	289	261	230	21
22	200	170	139	109	78	47	17	351	321	290	262	231	22
23	201	171	140	110	79	48	18	352	322	291	263	232	23
24	202	172	141	111	80	49	19	353	323	292	264	233	24
25	203	173	142	112	81	50	20	354	324	293	265	234	25
26	204	174	143	113	82	51	21	355	325	294	266	235	26
27	205	175	144	114	83	52	22	356	326	295	267	236	27
28	206	176	145	115	84	53	23	357	327	296	268	237	28
29	207	177	146	116	85	54	24	358	328	297		238	29
30	208	178	147	117	86	55	25	359	329	298		239	30
31	209		148		87	56		360		299		240	31

Jours qu'il y a du 4 JUIN à une date de chaque mois.

Dates	Déc.	Nov.	Oct.	Sept.	Août	Juill.	Juin	Mai	Avril	Mars	Févr.	Janv.	Dates
1	180	150	119	89	58	27	362	331	301	270	242	211	1
2	181	151	120	90	59	28	363	332	302	271	243	212	2
3	182	152	121	91	60	29	364	333	303	272	244	213	3
4	183	153	122	92	61	30	365	334	304	273	245	214	4
5	184	154	123	93	62	31	1	335	305	274	246	215	5
6	185	155	124	94	63	32	2	336	306	275	247	216	6
7	186	156	125	95	64	33	3	337	307	276	248	217	7
8	187	157	126	96	65	34	4	338	308	277	249	218	8
9	188	158	127	97	66	35	5	339	309	278	250	219	9
10	189	159	128	98	67	36	6	340	310	279	251	220	10
11	190	160	129	99	68	37	7	341	311	280	252	221	11
12	191	161	130	100	69	38	8	342	312	281	253	222	12
13	192	162	131	101	70	39	9	343	313	282	254	223	13
14	193	163	132	102	71	40	10	344	314	283	255	224	14
15	194	164	133	103	72	41	11	345	315	284	256	225	15
16	195	165	134	104	73	42	12	346	316	285	257	226	16
17	196	166	135	105	74	43	13	347	317	286	258	227	17
18	197	167	136	106	75	44	14	348	318	287	259	228	18
19	198	168	137	107	76	45	15	349	319	288	260	229	19
20	199	169	138	108	77	46	16	350	320	289	261	230	20
21	200	170	139	109	78	47	17	351	321	290	262	231	21
22	201	171	140	110	79	48	18	352	322	291	263	232	22
23	202	172	141	111	80	49	19	353	323	292	264	233	23
24	203	173	142	112	81	50	20	354	324	293	265	234	24
25	204	174	143	113	82	51	21	355	325	294	266	235	25
26	205	175	144	114	83	52	22	356	326	295	267	236	26
27	206	176	145	115	84	53	23	357	327	296	268	237	27
28	207	177	146	116	85	54	24	358	328	297	269	238	28
29	208	178	147	117	86	55	25	359	329	298		239	29
30	209	179	148	118	87	56	26	360	330	299		240	30
31	210		149		88	57		361		300		241	31

Jours qu'il y a du **7 JUIN** à une date de chaque mois.

Dates	Déc.	Nov.	Oct.	Sept.	Août	Juill.	Juin	Mai	Avril	Mars	Févr.	Janv.	Dates
1	177	147	116	86	55	24	359	328	298	267	239	208	1
2	178	148	117	87	56	25	360	329	299	268	240	209	2
3	179	149	118	88	57	26	361	330	300	269	241	210	3
4	180	150	119	89	58	27	362	331	301	270	242	211	4
5	181	151	120	90	59	28	363	332	302	271	243	212	5
6	182	152	121	91	60	29	364	333	303	272	244	213	6
7	183	153	122	92	61	30	365	334	304	273	245	214	7
8	184	154	123	93	62	31	1	335	305	274	246	215	8
9	185	155	124	94	63	32	2	336	306	275	247	216	9
10	186	156	125	95	64	33	3	337	307	276	248	217	10
11	187	157	126	96	65	34	4	338	308	277	249	218	11
12	188	158	127	97	66	35	5	339	309	278	250	219	12
13	189	159	128	98	67	36	6	340	310	279	251	220	13
14	190	160	129	99	68	37	7	341	311	280	252	221	14
15	191	161	130	100	69	38	8	342	312	281	253	222	15
16	192	162	131	101	70	39	9	343	313	282	254	223	16
17	193	163	132	102	71	40	10	344	314	283	255	224	17
18	194	164	133	103	72	41	11	345	315	284	256	225	18
19	195	165	134	104	73	42	12	346	316	285	257	226	19
20	196	166	135	105	74	43	13	347	317	286	258	227	20
21	197	167	136	106	75	44	14	348	318	287	259	228	21
22	198	168	137	107	76	45	15	349	319	288	260	229	22
23	199	169	138	108	77	46	16	350	320	289	261	230	23
24	200	170	139	109	78	47	17	351	321	290	262	231	24
25	201	171	140	110	79	48	18	352	322	291	263	232	25
26	202	172	141	111	80	49	19	353	323	292	264	233	26
27	203	173	142	112	81	50	20	354	324	293	265	234	27
28	204	174	143	113	82	51	21	355	325	294	266	235	28
29	205	175	144	114	83	52	22	356	326	295		236	29
30	206	176	145	115	84	53	23	357	327	296		237	30
31	207		146		85	54		358		297		238	31

Jours qu'il y a du **6 JUIN** à une date de chaque mois.

Dates	Déc.	Nov.	Oct.	Sept.	Août	Juill.	Juin	Mai	Avril	Mars	Févr.	Janv.	Dates
1	178	148	117	87	56	25	360	329	299	268	240	209	1
2	179	149	118	88	57	26	361	330	300	269	241	210	2
3	180	150	119	89	58	27	362	331	301	270	242	211	3
4	181	151	120	90	59	28	363	332	302	271	243	212	4
5	182	152	121	91	60	29	364	333	303	272	244	213	5
6	183	153	122	92	61	30	365	334	304	273	245	214	6
7	184	154	123	93	62	31	1	335	305	274	246	215	7
8	185	155	124	94	63	32	2	336	306	275	247	216	8
9	186	156	125	95	64	33	3	337	307	276	248	217	9
10	187	157	126	96	65	34	4	338	308	277	249	218	10
11	188	158	127	97	66	35	5	339	309	278	250	219	11
12	189	159	128	98	67	36	6	340	310	279	251	220	12
13	190	160	129	99	68	37	7	341	311	280	252	221	13
14	191	161	130	100	69	38	8	342	312	281	253	222	14
15	192	162	131	101	70	39	9	343	313	282	254	223	15
16	193	163	132	102	71	40	10	344	314	283	255	224	16
17	194	164	133	103	72	41	11	345	315	284	256	225	17
18	195	165	134	104	73	42	12	346	316	285	257	226	18
19	196	166	135	105	74	43	13	347	317	286	258	227	19
20	197	167	136	106	75	44	14	348	318	287	259	228	20
21	198	168	137	107	76	45	15	349	319	288	260	229	21
22	199	169	138	108	77	46	16	350	320	289	261	230	22
23	200	170	139	109	78	47	17	351	321	290	262	231	23
24	201	171	140	110	79	48	18	352	322	291	263	232	24
25	202	172	141	111	80	49	19	353	323	292	264	233	25
26	203	173	142	112	81	50	20	354	324	293	265	234	26
27	204	174	143	113	82	51	21	355	325	294	266	235	27
28	205	175	144	114	83	52	22	356	326	295	267	236	28
29	206	176	145	115	84	53	23	357	327	296		237	29
30	207	177	146	116	85	54	24	358	328	297		238	30
31	208		147		86	55		359		298		239	31

Jours qu'il y a du **9 JUIN** à une date de chaque mois.

Dates	Janv.	Févr.	Mars	Avril	Mai	Juin	Juill.	Août	Sept.	Oct.	Nov.	Déc.	Dates
1	206	237	265	296	326	357	22	53	84	114	145	175	1
2	207	238	266	297	327	358	23	54	85	115	146	176	2
3	208	239	267	298	328	359	24	55	86	116	147	177	3
4	209	240	268	299	329	360	25	56	87	117	148	178	4
5	210	241	269	300	330	361	26	57	88	118	149	179	5
6	211	242	270	301	331	362	27	58	89	119	150	180	6
7	212	243	271	302	332	363	28	59	90	120	151	181	7
8	213	244	272	303	333	364	29	60	91	121	152	182	8
9	214	245	273	304	334	365	30	61	92	122	153	183	9
10	215	246	274	305	335	1	31	62	93	123	154	184	10
11	216	247	275	306	336	2	32	63	94	124	155	185	11
12	217	248	276	307	337	3	33	64	95	125	156	186	12
13	218	249	277	308	338	4	34	65	96	126	157	187	13
14	219	250	278	309	339	5	35	66	97	127	158	188	14
15	220	251	279	310	340	6	36	67	98	128	159	189	15
16	221	252	280	311	341	7	37	68	99	129	160	190	16
17	222	253	281	312	342	8	38	69	100	130	161	191	17
18	223	254	282	313	343	9	39	70	101	131	162	192	18
19	224	255	283	314	344	10	40	71	102	132	163	193	19
20	225	256	284	315	345	11	41	72	103	133	164	194	20
21	226	257	285	316	346	12	42	73	104	134	165	195	21
22	227	258	286	317	347	13	43	74	105	135	166	196	22
23	228	259	287	318	348	14	44	75	106	136	167	197	23
24	229	260	288	319	349	15	45	76	107	137	168	198	24
25	230	261	289	320	350	16	46	77	108	138	169	199	25
26	231	262	290	321	351	17	47	78	109	139	170	200	26
27	232	263	291	322	352	18	48	79	110	140	171	201	27
28	233	264	292	323	353	19	49	80	111	141	172	202	28
29	234		293	324	354	20	50	81	112	142	173	203	29
30	235		294	325	355	21	51	82	113	143	174	204	30
31	236		295		356		52	83		144		205	31

Jours qu'il y a du **8 JUIN** à une date de chaque mois.

Dates	Janv.	Févr.	Mars	Avril	Mai	Juin	Juill.	Août	Sept.	Oct.	Nov.	Déc.	Dates
1	207	238	266	297	327	358	23	54	85	115	146	176	1
2	208	239	267	298	328	359	24	55	86	116	147	177	2
3	209	240	268	299	329	360	25	56	87	117	148	178	3
4	210	241	269	300	330	361	26	57	88	118	149	179	4
5	211	242	270	301	331	362	27	58	89	119	150	180	5
6	212	243	271	302	332	363	28	59	90	120	151	181	6
7	213	244	272	303	333	364	29	60	91	121	152	182	7
8	214	245	273	304	334	365	30	61	92	122	153	183	8
9	215	246	274	305	335	1	31	62	93	123	154	184	9
10	216	247	275	306	336	2	32	63	94	124	155	185	10
11	217	248	276	307	337	3	33	64	95	125	156	186	11
12	218	249	277	308	338	4	34	65	96	126	157	187	12
13	219	250	278	309	339	5	35	66	97	127	158	188	13
14	220	251	279	310	340	6	36	67	98	128	159	189	14
15	221	252	280	311	341	7	37	68	99	129	160	190	15
16	222	253	281	312	342	8	38	69	100	130	161	191	16
17	223	254	282	313	343	9	39	70	101	131	162	192	17
18	224	255	283	314	344	10	40	71	102	132	163	193	18
19	225	256	284	315	345	11	41	72	103	133	164	194	19
20	226	257	285	316	346	12	42	73	104	134	165	195	20
21	227	258	286	317	347	13	43	74	105	135	166	196	21
22	228	259	287	318	348	14	44	75	106	136	167	197	22
23	229	260	288	319	349	15	45	76	107	137	168	198	23
24	230	261	289	320	350	16	46	77	108	138	169	199	24
25	231	262	290	321	351	17	47	78	109	139	170	200	25
26	232	263	291	322	352	18	48	79	110	140	171	201	26
27	233	264	292	323	353	19	49	80	111	141	172	202	27
28	234	265	293	324	354	20	50	81	112	142	173	203	28
29	235		294	325	355	21	51	82	113	143	174	204	29
30	236		295	326	356	22	52	83	114	144	175	205	30
31	237		296		357		53	84		145		206	31

Jours qu'il y a du 11 JUIN à une date de chaque mois

Dates	Déc.	Nov.	Oct.	Sept.	Août	Juill.	Juin	Mai	Avril	Mars	Févr.	Janv.	Dates
1	173	143	112	82	51	20	355	324	294	263	235	204	1
2	174	144	113	83	52	21	356	325	295	264	236	205	2
3	175	145	114	84	53	22	357	326	296	265	237	206	3
4	176	146	115	85	54	23	358	327	297	266	238	207	4
5	177	147	116	86	55	24	359	328	298	267	239	208	5
6	178	148	117	87	56	25	360	329	299	268	240	209	6
7	179	149	118	88	57	26	361	330	300	269	241	210	7
8	180	150	119	89	58	27	362	331	301	270	242	211	8
9	181	151	120	90	59	28	363	332	302	271	243	212	9
10	182	152	121	91	60	29	364	333	303	272	244	213	10
11	183	153	122	92	61	30	365	334	304	273	245	214	11
12	184	154	123	93	62	31	1	335	305	274	246	215	12
13	185	155	124	94	63	32	2	336	306	275	247	216	13
14	186	156	125	95	64	33	3	337	307	276	248	217	14
15	187	157	126	96	65	34	4	338	308	277	249	218	15
16	188	158	127	97	66	35	5	339	309	278	250	219	16
17	189	159	128	98	67	36	6	340	310	279	251	220	17
18	190	160	129	99	68	37	7	341	311	280	252	221	18
19	191	161	130	100	69	38	8	342	312	281	253	222	19
20	192	162	131	101	70	39	9	343	313	282	254	223	20
21	193	163	132	102	71	40	10	344	314	283	255	224	21
22	194	164	133	103	72	41	11	345	315	284	256	225	22
23	195	165	134	104	73	42	12	346	316	285	257	226	23
24	196	166	135	105	74	43	13	347	317	286	258	227	24
25	197	167	136	106	75	44	14	348	318	287	259	228	25
26	198	168	137	107	76	45	15	349	319	288	260	229	26
27	199	169	138	108	77	46	16	350	320	289	261	230	27
28	200	170	139	109	78	47	17	351	321	290	262	231	28
29	201	171	140	110	79	48	18	352	322	291		232	29
30	202	172	141	111	80	49	19	353	323	292		233	30
31	203		142		81	50		354		293		234	31

Jours qu'il y a du 10 JUIN à une date de chaque mois,

Dates	Déc.	Nov.	Oct.	Sept.	Août	Juill.	Juin	Mai	Avril	Mars	Févr.	Janv.	Dates
1	174	144	113	83	52	21	356	325	295	264	236	205	1
2	175	145	114	84	53	22	357	326	296	265	237	206	2
3	176	146	115	85	54	23	358	327	297	266	238	207	3
4	177	147	116	86	55	24	359	328	298	267	239	208	4
5	178	148	117	87	56	25	360	329	299	268	240	209	5
6	179	149	118	88	57	26	361	330	300	269	241	210	6
7	180	150	119	89	58	27	362	331	301	270	242	211	7
8	181	151	120	90	59	28	363	332	302	271	243	212	8
9	182	152	121	91	60	29	364	333	303	272	244	213	9
10	183	153	122	92	61	30	365	334	304	273	245	214	10
11	184	154	123	93	62	31	1	335	305	274	246	215	11
12	185	155	124	94	63	32	2	336	306	275	247	216	12
13	186	156	125	95	64	33	3	337	307	276	248	217	13
14	187	157	126	96	65	34	4	338	308	277	249	218	14
15	188	158	127	97	66	35	5	339	309	278	250	219	15
16	189	159	128	98	67	36	6	340	310	279	251	220	16
17	190	160	129	99	68	37	7	341	311	280	252	221	17
18	191	161	130	100	69	38	8	342	312	281	253	222	18
19	192	162	131	101	70	39	9	343	313	282	254	223	19
20	193	163	132	102	71	40	10	344	314	283	255	224	20
21	194	164	133	103	72	41	11	345	315	284	256	225	21
22	195	165	134	104	73	42	12	346	316	285	257	226	22
23	196	166	135	105	74	43	13	347	317	286	258	227	23
24	197	167	136	106	75	44	14	348	318	287	259	228	24
25	198	168	137	107	76	45	15	349	319	288	260	229	25
26	199	169	138	108	77	46	16	350	320	289	261	230	26
27	200	170	139	109	78	47	17	351	321	290	262	231	27
28	201	171	140	110	79	48	18	352	322	291	263	232	28
29	202	172	141	111	80	49	19	353	323	292		233	29
30	203	173	142	112	81	50	20	354	324	293		234	30
31	204		143		82	51		355		294		235	31

Table du haut :

Jours qu'il y a du 13 JUIN à une date de chaque mois.

Dates	Déc.	Nov.	Oct.	Sept.	Août	Juill.	Juin	Mai	Avril	Mars	Févr.	Janv.	Dates
1	171	141	110	80	49	18	353	322	292	261	233	202	1
2	172	142	111	81	50	19	354	323	293	262	234	203	2
3	173	143	112	82	51	20	355	324	294	263	235	204	3
4	174	144	113	83	52	21	356	325	295	264	236	205	4
5	175	145	114	84	53	22	357	326	296	265	237	206	5
6	176	146	115	85	54	23	358	327	297	266	238	207	6
7	177	147	116	86	55	24	359	328	298	267	239	208	7
8	178	148	117	87	56	25	360	329	299	268	240	209	8
9	179	149	118	88	57	26	361	330	300	269	241	210	9
10	180	150	119	89	58	27	362	331	301	270	242	211	10
11	181	151	120	90	59	28	363	332	302	271	243	212	11
12	182	152	121	91	60	29	364	333	303	272	244	213	12
13	183	153	122	92	61	30	365	334	304	273	245	214	13
14	184	154	123	93	62	31	1	335	305	274	246	215	14
15	185	155	124	94	63	32	2	336	306	275	247	216	15
16	186	156	125	95	64	33	3	337	307	276	248	217	16
17	187	157	126	96	65	34	4	338	308	277	249	218	17
18	188	158	127	97	66	35	5	339	309	278	250	219	18
19	189	159	128	98	67	36	6	340	310	279	251	220	19
20	190	160	129	99	68	37	7	341	311	280	252	221	20
21	191	161	130	100	69	38	8	342	312	281	253	222	21
22	192	162	131	101	70	39	9	343	313	282	254	223	22
23	193	163	132	102	71	40	10	344	314	283	255	224	23
24	194	164	133	103	72	41	11	345	315	284	256	225	24
25	195	165	134	104	73	42	12	346	316	285	257	226	25
26	196	166	135	105	74	43	13	347	317	286	258	227	26
27	197	167	136	106	75	44	14	348	318	287	259	228	27
28	198	168	137	107	76	45	15	349	319	288	260	229	28
29	199	169	138	108	77	46	16	350	320	289		230	29
30	200	170	139	109	78	47	17	351	321	290		231	30
31	201		140		79	48		352		291		232	31

Table du bas :

Jours qu'il y a du 12 JUIN à une date de chaque mois.

Dates	Déc.	Nov.	Oct.	Sept.	Août	Juill.	Juin	Mai	Avril	Mars	Févr.	Janv.	Dates
1	172	142	111	81	50	19	354	323	293	262	234	203	1
2	173	143	112	82	51	20	355	324	294	263	235	204	2
3	174	144	113	83	52	21	356	325	295	264	236	205	3
4	175	145	114	84	53	22	357	326	296	265	237	206	4
5	176	146	115	85	54	23	358	327	297	266	238	207	5
6	177	147	116	86	55	24	359	328	298	267	239	208	6
7	178	148	117	87	56	25	360	329	299	268	240	209	7
8	179	149	118	88	57	26	361	330	300	269	241	210	8
9	180	150	119	89	58	27	362	331	301	270	242	211	9
10	181	151	120	90	59	28	363	332	302	271	243	212	10
11	182	152	121	91	60	29	364	333	303	272	244	213	11
12	183	153	122	92	61	30	365	334	304	273	245	214	12
13	184	154	123	93	62	31	1	335	305	274	246	215	13
14	185	155	124	94	63	32	2	336	306	275	247	216	14
15	186	156	125	95	64	33	3	337	307	276	248	217	15
16	187	157	126	96	65	34	4	338	308	277	249	218	16
17	188	158	127	97	66	35	5	339	309	278	250	219	17
18	189	159	128	98	67	36	6	340	310	279	251	220	18
19	190	160	129	99	68	37	7	341	311	280	252	221	19
20	191	161	130	100	69	38	8	342	312	281	253	222	20
21	192	162	131	101	70	39	9	343	313	282	254	223	21
22	193	163	132	102	71	40	10	344	314	283	255	224	22
23	194	164	133	103	72	41	11	345	315	284	256	225	23
24	195	165	134	104	73	42	12	346	316	285	257	226	24
25	196	166	135	105	74	43	13	347	317	286	258	227	25
26	197	167	136	106	75	44	14	348	318	287	259	228	26
27	198	168	137	107	76	45	15	349	319	288	260	229	27
28	199	169	138	108	77	46	16	350	320	289	261	230	28
29	200	170	139	109	78	47	17	351	321	290		231	29
30	201	171	140	110	79	48	18	352	322	291		232	30
31	202		141		80	49		353		292		233	31

Jours qu'il y a du 15 JUIN à une date de chaque mois.

Dates	Déc.	Nov.	Oct.	Sept.	Août	Juill.	Juin	Mai	Avril	Mars	Févr.	Janv.	Dates
1	169	139	108	78	47	16	351	320	290	259	231	200	1
2	170	140	109	79	48	17	352	321	291	260	232	201	2
3	171	141	110	80	49	18	353	322	292	261	233	202	3
4	172	142	111	81	50	19	354	323	293	262	234	203	4
5	173	143	112	82	51	20	355	324	294	263	235	204	5
6	174	144	113	83	52	21	356	325	295	264	236	205	6
7	175	145	114	84	53	22	357	326	296	265	237	206	7
8	176	146	115	85	54	23	358	327	297	266	238	207	8
9	177	147	116	86	55	24	359	328	298	267	239	208	9
10	178	148	117	87	56	25	360	329	299	268	240	209	10
11	179	149	118	88	57	26	361	330	300	269	241	210	11
12	180	150	119	89	58	27	362	331	301	270	242	211	12
13	181	151	120	90	59	28	363	332	302	271	243	212	13
14	182	152	121	91	60	29	364	333	303	272	244	213	14
15	183	153	122	92	61	30	365	334	304	273	245	214	15
16	184	154	123	93	62	31	1	335	305	274	246	215	16
17	185	155	124	94	63	32	2	336	306	275	247	216	17
18	186	156	125	95	64	33	3	337	307	276	248	217	18
19	187	157	126	96	65	34	4	338	308	277	249	218	19
20	188	158	127	97	66	35	5	339	309	278	250	219	20
21	189	159	128	98	67	36	6	340	310	279	251	220	21
22	190	160	129	99	68	37	7	341	311	280	252	221	22
23	191	161	130	100	69	38	8	342	312	281	253	222	23
24	192	162	131	101	70	39	9	343	313	282	254	223	24
25	193	163	132	102	71	40	10	344	314	283	255	224	25
26	194	164	133	103	72	41	11	345	315	284	256	225	26
27	195	165	134	104	73	42	12	346	316	285	257	226	27
28	196	166	135	105	74	43	13	347	317	286	258	227	28
29	197	167	136	106	75	44	14	348	318	287		228	29
30	198	168	137	107	76	45	15	349	319	288		229	30
31	199		138		77	46		350		289		230	31

Jours qu'il y a du 14 JUIN à une date de chaque mois.

Dates	Déc.	Nov.	Oct.	Sept.	Août	Juill.	Juin	Mai	Avril	Mars	Févr.	Janv.	Dates
1	170	140	109	79	48	17	352	321	291	260	232	201	1
2	171	141	110	80	49	18	353	322	292	261	233	202	2
3	172	142	111	81	50	19	354	323	293	262	234	203	3
4	173	143	112	82	51	20	355	324	294	263	235	204	4
5	174	144	113	83	52	21	356	325	295	264	236	205	5
6	175	145	114	84	53	22	357	326	296	265	237	206	6
7	176	146	115	85	54	23	358	327	297	266	238	207	7
8	177	147	116	86	55	24	359	328	298	267	239	208	8
9	178	148	117	87	56	25	360	329	299	268	240	209	9
10	179	149	118	88	57	26	361	330	300	269	241	210	10
11	180	150	119	89	58	27	362	331	301	270	242	211	11
12	181	151	120	90	59	28	363	332	302	271	243	212	12
13	182	152	121	91	60	29	364	333	303	272	244	213	13
14	183	153	122	92	61	30	365	334	304	273	245	214	14
15	184	154	123	93	62	31	1	335	305	274	246	215	15
16	185	155	124	94	63	32	2	336	306	275	247	216	16
17	186	156	125	95	64	33	3	337	307	276	248	217	17
18	187	157	126	96	65	34	4	338	308	277	249	218	18
19	188	158	127	97	66	35	5	339	309	278	250	219	19
20	189	159	128	98	67	36	6	340	310	279	251	220	20
21	190	160	129	99	68	37	7	341	311	280	252	221	21
22	191	161	130	100	69	38	8	342	312	281	253	222	22
23	192	162	131	101	70	39	9	343	313	282	254	223	23
24	193	163	132	102	71	40	10	344	314	283	255	224	24
25	194	164	133	103	72	41	11	345	315	284	256	225	25
26	195	165	134	104	73	42	12	346	316	285	257	226	26
27	196	166	135	105	74	43	13	347	317	286	258	227	27
28	197	167	136	106	75	44	14	348	318	287	259	228	28
29	198	168	137	107	76	45	15	349	319	288		229	29
30	199	169	138	108	77	46	16	350	320	289		230	30
31	200		139		78	47		351		290		231	31

Jours qu'il y a du 17 JUIN à une date de chaque mois.

Dates	Janv.	Févr.	Mars	Avril	Mai	Juin	Juill.	Août	Sept.	Oct.	Nov.	Déc.	Dates
1	198	229	257	288	318	349	14	45	76	106	137	167	1
2	199	230	258	289	319	350	15	46	77	107	138	168	2
3	200	231	259	290	320	351	16	47	78	108	139	169	3
4	201	232	260	291	321	352	17	48	79	109	140	170	4
5	202	233	261	292	322	353	18	49	80	110	141	171	5
6	203	234	262	293	323	354	19	50	81	111	142	172	6
7	204	235	263	294	324	355	20	51	82	112	143	173	7
8	205	236	264	295	325	356	21	52	83	113	144	174	8
9	206	237	265	296	326	357	22	53	84	114	145	175	9
10	207	238	266	297	327	358	23	54	85	115	146	176	10
11	208	239	267	298	328	359	24	55	86	116	147	177	11
12	209	240	268	299	329	360	25	56	87	117	148	178	12
13	210	241	269	300	330	361	26	57	88	118	149	179	13
14	211	242	270	301	331	362	27	58	89	119	150	180	14
15	212	243	271	302	332	363	28	59	90	120	151	181	15
16	213	244	272	303	333	364	29	60	91	121	152	182	16
17	214	245	273	304	334	365	30	61	92	122	153	183	17
18	215	246	274	305	335	1	31	62	93	123	154	184	18
19	216	247	275	306	336	2	32	63	94	124	155	185	19
20	217	248	276	307	337	3	33	64	95	125	156	186	20
21	218	249	277	308	338	4	34	65	96	126	157	187	21
22	219	250	278	309	339	5	35	66	97	127	158	188	22
23	220	251	279	310	340	6	36	67	98	128	159	189	23
24	221	252	280	311	341	7	37	68	99	129	160	190	24
25	222	253	281	312	342	8	38	69	100	130	161	191	25
26	223	254	282	313	343	9	39	70	101	131	162	192	26
27	224	255	283	314	344	10	40	71	102	132	163	193	27
28	225	256	284	315	345	11	41	72	103	133	164	194	28
29	226		285	316	346	12	42	73	104	134	165	195	29
30	227		286	317	347	13	43	74	105	135	166	196	30
31	228		287		348		44	75		136		197	31

Jours qu'il y a du 16 JUIN à une date de chaque mois.

Dates	Janv.	Févr.	Mars	Avril	Mai	Juin	Juill.	Août	Sept.	Oct.	Nov.	Déc.	Dates
1	199	230	258	289	319	350	15	46	77	107	138	168	1
2	200	231	259	290	320	351	16	47	78	108	139	169	2
3	201	232	260	291	321	352	17	48	79	109	140	170	3
4	202	233	261	292	322	353	18	49	80	110	141	171	4
5	203	234	262	293	323	354	19	50	81	111	142	172	5
6	204	235	263	294	324	355	20	51	82	112	143	173	6
7	205	236	264	295	325	356	21	52	83	113	144	174	7
8	206	237	265	296	326	357	22	53	84	114	145	175	8
9	207	238	266	297	327	358	23	54	85	115	146	176	9
10	208	239	267	298	328	359	24	55	86	116	147	177	10
11	209	240	268	299	329	360	25	56	87	117	148	178	11
12	210	241	269	300	330	361	26	57	88	118	149	179	12
13	211	242	270	301	331	362	27	58	89	119	150	180	13
14	212	243	271	302	332	363	28	59	90	120	151	181	14
15	213	244	272	303	333	364	29	60	91	121	152	182	15
16	214	245	273	304	334	365	30	61	92	122	153	183	16
17	215	246	274	305	335	1	31	62	93	123	154	184	17
18	216	247	275	306	336	2	32	63	94	124	155	185	18
19	217	248	276	307	337	3	33	64	95	125	156	186	19
20	218	249	277	308	338	4	34	65	96	126	157	187	20
21	219	250	278	309	339	5	35	66	97	127	158	188	21
22	220	251	279	310	340	6	36	67	98	128	159	189	22
23	221	252	280	311	341	7	37	68	99	129	160	190	23
24	222	253	281	312	342	8	38	69	100	130	161	191	24
25	223	254	282	313	343	9	39	70	101	131	162	192	25
26	224	255	283	314	344	10	40	71	102	132	163	193	26
27	225	256	284	315	345	11	41	72	103	133	164	194	27
28	226	257	285	316	346	12	42	73	104	134	165	195	28
29	227		286	317	347	13	43	74	105	135	166	196	29
30	228		287	318	348	14	44	75	106	136	167	197	30
31	229		288		349		45	76		137		198	31

Jours qu'il y a du 19 JUIN à une date de chaque mois.

Dates	Janv.	Févr.	Mars	Avril	Mai	Juin	Juill.	Août	Sept.	Oct.	Nov.	Déc.	Dates
1	196	227	255	286	316	347	12	43	74	104	135	165	1
2	197	228	256	287	317	348	13	44	75	105	136	166	2
3	198	229	257	288	318	349	14	45	76	106	137	167	3
4	199	230	258	289	319	350	15	46	77	107	138	168	4
5	200	231	259	290	320	351	16	47	78	108	139	169	5
6	201	232	260	291	321	352	17	48	79	109	140	170	6
7	202	233	261	292	322	353	18	49	80	110	141	171	7
8	203	234	262	293	323	354	19	50	81	111	142	172	8
9	204	235	263	294	324	355	20	51	82	112	143	173	9
10	205	236	264	295	325	356	21	52	83	113	144	174	10
11	206	237	265	296	326	357	22	53	84	114	145	175	11
12	207	238	266	297	327	358	23	54	85	115	146	176	12
13	208	239	267	298	328	359	24	55	86	116	147	177	13
14	209	240	268	299	329	360	25	56	87	117	148	178	14
15	210	241	269	300	330	361	26	57	88	118	149	179	15
16	211	242	270	301	331	362	27	58	89	119	150	180	16
17	212	243	271	302	332	363	28	59	90	120	151	181	17
18	213	244	272	303	333	364	29	60	91	121	152	182	18
19	214	245	273	304	334	365	30	61	92	122	153	183	19
20	215	246	274	305	335	1	31	62	93	123	154	184	20
21	216	247	275	306	336	2	32	63	94	124	155	185	21
22	217	248	276	307	337	3	33	64	95	125	156	186	22
23	218	249	277	308	338	4	34	65	96	126	157	187	23
24	219	250	278	309	339	5	35	66	97	127	158	188	24
25	220	251	279	310	340	6	36	67	98	128	159	189	25
26	221	252	280	311	341	7	37	68	99	129	160	190	26
27	222	253	281	312	342	8	38	69	100	130	161	191	27
28	223	254	282	313	343	9	39	70	101	131	162	192	28
29	224		283	314	344	10	40	71	102	132	163	193	29
30	225		284	315	345	11	41	72	103	133	164	194	30
31	226		285		346		42	73		134		195	31

Jours qu'il y a du 18 JUIN à une date de chaque mois.

Dates	Janv.	Févr.	Mars	Avril	Mai	Juin	Juill.	Août	Sept.	Oct.	Nov.	Déc.	Dates
1	197	228	256	287	317	348	13	44	75	105	136	166	1
2	198	229	257	288	318	349	14	45	76	106	137	167	2
3	199	230	258	289	319	350	15	46	77	107	138	168	3
4	200	231	259	290	320	351	16	47	78	108	139	169	4
5	201	232	260	291	321	352	17	48	79	109	140	170	5
6	202	233	261	292	322	353	18	49	80	110	141	171	6
7	203	234	262	293	323	354	19	50	81	111	142	172	7
8	204	235	263	294	324	355	20	51	82	112	143	173	8
9	205	236	264	295	325	356	21	52	83	113	144	174	9
10	206	237	265	296	326	357	22	53	84	114	145	175	10
11	207	238	266	297	327	358	23	54	85	115	146	176	11
12	208	239	267	298	328	359	24	55	86	116	147	177	12
13	209	240	268	299	329	360	25	56	87	117	148	178	13
14	210	241	269	300	330	361	26	57	88	118	149	179	14
15	211	242	270	301	331	362	27	58	89	119	150	180	15
16	212	243	271	302	332	363	28	59	90	120	151	181	16
17	213	244	272	303	333	364	29	60	91	121	152	182	17
18	214	245	273	304	334	365	30	61	92	122	153	183	18
19	215	246	274	305	335	1	31	62	93	123	154	184	19
20	216	247	275	306	336	2	32	63	94	124	155	185	20
21	217	248	276	307	337	3	33	64	95	125	156	186	21
22	218	249	277	308	338	4	34	65	96	126	157	187	22
23	219	250	278	309	339	5	35	66	97	127	158	188	23
24	220	251	279	310	340	6	36	67	98	128	159	189	24
25	221	252	280	311	341	7	37	68	99	129	160	190	25
26	222	253	281	312	342	8	38	69	100	130	161	191	26
27	223	254	282	313	343	9	39	70	101	131	162	192	27
28	224	255	283	314	344	10	40	71	102	132	163	193	28
29	225		284	315	345	11	41	72	103	133	164	194	29
30	226		285	316	346	12	42	73	104	134	165	195	30
31	227		286		347		43	74		135		196	31

Jours qu'il y a du 21 JUIN à une date de chaque mois.

Dates	Déc.	Nov.	Oct.	Sept.	Août	Juill.	Juin	Mai	Avril	Mars	Févr.	Janv.	Dates
1	163	133	102	72	41	10	345	314	284	253	225	194	1
2	164	134	103	73	42	11	346	315	285	254	226	195	2
3	165	135	104	74	43	12	347	316	286	255	227	196	3
4	166	136	105	75	44	13	348	317	287	256	228	197	4
5	167	137	106	76	45	14	349	318	288	257	229	198	5
6	168	138	107	77	46	15	350	319	289	258	230	199	6
7	169	139	108	78	47	16	351	320	290	259	231	200	7
8	170	140	109	79	48	17	352	321	291	260	232	201	8
9	171	141	110	80	49	18	353	322	292	261	233	202	9
10	172	142	111	81	50	19	354	323	293	262	234	203	10
11	173	143	112	82	51	20	355	324	294	263	235	204	11
12	174	144	113	83	52	21	356	325	295	264	236	205	12
13	175	145	114	84	53	22	357	326	296	265	237	206	13
14	176	146	115	85	54	23	358	327	297	266	238	207	14
15	177	147	116	86	55	24	359	328	298	267	239	208	15
16	178	148	117	87	56	25	360	329	299	268	240	209	16
17	179	149	118	88	57	26	361	330	300	269	241	210	17
18	180	150	119	89	58	27	362	331	301	270	242	211	18
19	181	151	120	90	59	28	363	332	302	271	243	212	19
20	182	152	121	91	60	29	364	333	303	272	244	213	20
21	183	153	122	92	61	30	365	334	304	273	245	214	21
22	184	154	123	93	62	31	1	335	305	274	246	215	22
23	185	155	124	94	63	32	2	336	306	275	247	216	23
24	186	156	125	95	64	33	3	337	307	276	248	217	24
25	187	157	126	96	65	34	4	338	308	277	249	218	25
26	188	158	127	97	66	35	5	339	309	278	250	219	26
27	189	159	128	98	67	36	6	340	310	279	251	220	27
28	190	160	129	99	68	37	7	341	311	280	252	221	28
29	191	161	130	100	69	38	8	342	312	281		222	29
30	192	162	131	101	70	39	9	343	313	282		223	30
31	193		132		71	40		344		283		224	31

Jours qu'il y a du 20 JUIN à une date de chaque mois.

Dates	Déc.	Nov.	Oct.	Sept.	Août	Juill.	Juin	Mai	Avril	Mars	Févr.	Janv.	Dates
1	164	134	103	73	42	11	346	315	285	254	226	195	1
2	165	135	104	74	43	12	347	316	286	255	227	196	2
3	166	136	105	75	44	13	348	317	287	256	228	197	3
4	167	137	106	76	45	14	349	318	288	257	229	198	4
5	168	138	107	77	46	15	350	319	289	258	230	199	5
6	169	139	108	78	47	16	351	320	290	259	231	200	6
7	170	140	109	79	48	17	352	321	291	260	232	201	7
8	171	141	110	80	49	18	353	322	292	261	233	202	8
9	172	142	111	81	50	19	354	323	293	262	234	203	9
10	173	143	112	82	51	20	355	324	294	263	235	204	10
11	174	144	113	83	52	21	356	325	295	264	236	205	11
12	175	145	114	84	53	22	357	326	296	265	237	206	12
13	176	146	115	85	54	23	358	327	297	266	238	207	13
14	177	147	116	86	55	24	359	328	298	267	239	208	14
15	178	148	117	87	56	25	360	329	299	268	240	209	15
16	179	149	118	88	57	26	361	330	300	269	241	210	16
17	180	150	119	89	58	27	362	331	301	270	242	211	17
18	181	151	120	90	59	28	363	332	302	271	243	212	18
19	182	152	121	91	60	29	364	333	303	272	244	213	19
20	183	153	122	92	61	30	365	334	304	273	245	214	20
21	184	154	123	93	62	31	1	335	305	274	246	215	21
22	185	155	124	94	63	32	2	336	306	275	247	216	22
23	186	156	125	95	64	33	3	337	307	276	248	217	23
24	187	157	126	96	65	34	4	338	308	277	249	218	24
25	188	158	127	97	66	35	5	339	309	278	250	219	25
26	189	159	128	98	67	36	6	340	310	279	251	220	26
27	190	160	129	99	68	37	7	341	311	280	252	221	27
28	191	161	130	100	69	38	8	342	312	281	253	222	28
29	192	162	131	101	70	39	9	343	313	282		223	29
30	193	163	132	102	71	40	10	344	314	283		224	30
31	194		133		72	41		345		284		225	31

Jours qu'il y a du 23 JUIN à une date de chaque mois.

Dates	Janv.	Févr.	Mars	Avril	Mai	Juin	Juill.	Août	Sept.	Oct.	Nov.	Déc.	Dates
1	192	223	251	282	312	343	8	39	70	100	131	161	1
2	193	224	252	283	313	344	9	40	71	101	132	162	2
3	194	225	253	284	314	345	10	41	72	102	133	163	3
4	195	226	254	285	315	346	11	42	73	103	134	164	4
5	196	227	255	286	316	347	12	43	74	104	135	165	5
6	197	228	256	287	317	348	13	44	75	105	136	166	6
7	198	229	257	288	318	349	14	45	76	106	137	167	7
8	199	230	258	289	319	350	15	46	77	107	138	168	8
9	200	231	259	290	320	351	16	47	78	108	139	169	9
10	201	232	260	291	321	352	17	48	79	109	140	170	10
11	202	233	261	292	322	353	18	49	80	110	141	171	11
12	203	234	262	293	323	354	19	50	81	111	142	172	12
13	204	235	263	294	324	355	20	51	82	112	143	173	13
14	205	236	264	295	325	356	21	52	83	113	144	174	14
15	206	237	265	296	326	357	22	53	84	114	145	175	15
16	207	238	266	297	327	358	23	54	85	115	146	176	16
17	208	239	267	298	328	359	24	55	86	116	147	177	17
18	209	240	268	299	329	360	25	56	87	117	148	178	18
19	210	241	269	300	330	361	26	57	88	118	149	179	19
20	211	242	270	301	331	362	27	58	89	119	150	180	20
21	212	243	271	302	332	363	28	59	90	120	151	181	21
22	213	244	272	303	333	364	29	60	91	121	152	182	22
23	214	245	273	304	334	365	30	61	92	122	153	183	23
24	215	246	274	305	335	1	31	62	93	123	154	184	24
25	216	247	275	306	336	2	32	63	94	124	155	185	25
26	217	248	276	307	337	3	33	64	95	125	156	186	26
27	218	249	277	308	338	4	34	65	96	126	157	187	27
28	219	250	278	309	339	5	35	66	97	127	158	188	28
29	220		279	310	340	6	36	67	98	128	159	189	29
30	221		280	311	341	7	37	68	99	129	160	190	30
31	222		281		342		38	69		130		191	31

Jours qu'il y a du 22 JUIN à une date de chaque mois.

Dates	Janv.	Févr.	Mars	Avril	Mai	Juin	Juill.	Août	Sept.	Oct.	Nov.	Déc.	Dates
1	193	224	252	283	313	344	9	40	71	101	132	162	1
2	194	225	253	284	314	345	10	41	72	102	133	163	2
3	195	226	254	285	315	346	11	42	73	103	134	164	3
4	196	227	255	286	316	347	12	43	74	104	135	165	4
5	197	228	256	287	317	348	13	44	75	105	136	166	5
6	198	229	257	288	318	349	14	45	76	106	137	167	6
7	199	230	258	289	319	350	15	46	77	107	138	168	7
8	200	231	259	290	320	351	16	47	78	108	139	169	8
9	201	232	260	291	321	352	17	48	79	109	140	170	9
10	202	233	261	292	322	353	18	49	80	110	141	171	10
11	203	234	262	293	323	354	19	50	81	111	142	172	11
12	204	235	263	294	324	355	20	51	82	112	143	173	12
13	205	236	264	295	325	356	21	52	83	113	144	174	13
14	206	237	265	296	326	357	22	53	84	114	145	175	14
15	207	238	266	297	327	358	23	54	85	115	146	176	15
16	208	239	267	298	328	359	24	55	86	116	147	177	16
17	209	240	268	299	329	360	25	56	87	117	148	178	17
18	210	241	269	300	330	361	26	57	88	118	149	179	18
19	211	242	270	301	331	362	27	58	89	119	150	180	19
20	212	243	271	302	332	363	28	59	90	120	151	181	20
21	213	244	272	303	333	364	29	60	91	121	152	182	21
22	214	245	273	304	334	365	30	61	92	122	153	183	22
23	215	246	274	305	335	1	31	62	93	123	154	184	23
24	216	247	275	306	336	2	32	63	94	124	155	185	24
25	217	248	276	307	337	3	33	64	95	125	156	186	25
26	218	249	277	308	338	4	34	65	96	126	157	187	26
27	219	250	278	309	339	5	35	66	97	127	158	188	27
28	220	251	279	310	340	6	36	67	98	128	159	189	28
29	221		280	311	341	7	37	68	99	129	160	190	29
30	222		281	312	342	8	38	69	100	130	161	191	30
31	223		282		343		39	70		131		192	31

Jours qu'il y a du 25 JUIN à une date de chaque mois.

Dates	Janv.	Févr.	Mars	Avril	Mai	Juin	Juill.	Août	Sept.	Oct.	Nov.	Déc.	Dates
1	190	221	249	280	310	341	6	37	68	98	129	159	1
2	191	222	250	281	311	342	7	38	69	99	130	160	2
3	192	223	251	282	312	343	8	39	70	100	131	161	3
4	193	224	252	283	313	344	9	40	71	101	132	162	4
5	194	225	253	284	314	345	10	41	72	102	133	163	5
6	195	226	254	285	315	346	11	42	73	103	134	164	6
7	196	227	255	286	316	347	12	43	74	104	135	165	7
8	197	228	256	287	317	348	13	44	75	105	136	166	8
9	198	229	257	288	318	349	14	45	76	106	137	167	9
10	199	230	258	289	319	350	15	46	77	107	138	168	10
11	200	231	259	290	320	351	16	47	78	108	139	169	11
12	201	232	260	291	321	352	17	48	79	109	140	170	12
13	202	233	261	292	322	353	18	49	80	110	141	171	13
14	203	234	262	293	323	354	19	50	81	111	142	172	14
15	204	235	263	294	324	355	20	51	82	112	143	173	15
16	205	236	264	295	325	356	21	52	83	113	144	174	16
17	206	237	265	296	326	357	22	53	84	114	145	175	17
18	207	238	266	297	327	358	23	54	85	115	146	176	18
19	208	239	267	298	328	359	24	55	86	116	147	177	19
20	209	240	268	299	329	360	25	56	87	117	148	178	20
21	210	241	269	300	330	361	26	57	88	118	149	179	21
22	211	242	270	301	331	362	27	58	89	119	150	180	22
23	212	243	271	302	332	363	28	59	90	120	151	181	23
24	213	244	272	303	333	364	29	60	91	121	152	182	24
25	214	245	273	304	334	—	30	61	92	122	153	183	25
26	215	246	274	305	335	1	31	62	93	123	154	184	26
27	216	247	275	306	336	2	32	63	94	124	155	185	27
28	217	248	276	307	337	3	33	64	95	125	156	186	28
29	218		277	308	338	4	34	65	96	126	157	187	29
30	219		278	309	339	5	35	66	97	127	158	188	30
31	220		279		340		36	67		128		189	31

Jours qu'il y a du 24 JUIN à une date de chaque mois.

Dates	Janv.	Févr.	Mars	Avril	Mai	Juin	Juill.	Août	Sept.	Oct.	Nov.	Déc.	Dates
1	191	222	250	281	311	342	7	38	69	99	130	160	1
2	192	223	251	282	312	343	8	39	70	100	131	161	2
3	193	224	252	283	313	344	9	40	71	101	132	162	3
4	194	225	253	284	314	345	10	41	72	102	133	163	4
5	195	226	254	285	315	346	11	42	73	103	134	164	5
6	196	227	255	286	316	347	12	43	74	104	135	165	6
7	197	228	256	287	317	348	13	44	75	105	136	166	7
8	198	229	257	288	318	349	14	45	76	106	137	167	8
9	199	230	258	289	319	350	15	46	77	107	138	168	9
10	200	231	259	290	320	351	16	47	78	108	139	169	10
11	201	232	260	291	321	352	17	48	79	109	140	170	11
12	202	233	261	292	322	353	18	49	80	110	141	171	12
13	203	234	262	293	323	354	19	50	81	111	142	172	13
14	204	235	263	294	324	355	20	51	82	112	143	173	14
15	205	236	264	295	325	356	21	52	83	113	144	174	15
16	206	237	265	296	326	357	22	53	84	114	145	175	16
17	207	238	266	297	327	358	23	54	85	115	146	176	17
18	208	239	267	298	328	359	24	55	86	116	147	177	18
19	209	240	268	299	329	360	25	56	87	117	148	178	19
20	210	241	269	300	330	361	26	57	88	118	149	179	20
21	211	242	270	301	331	362	27	58	89	119	150	180	21
22	212	243	271	302	332	363	28	59	90	120	151	181	22
23	213	244	272	303	333	364	29	60	91	121	152	182	23
24	214	245	273	304	334	—	30	61	92	122	153	183	24
25	215	246	274	305	335	1	31	62	93	123	154	184	25
26	216	247	275	306	336	2	32	63	94	124	155	185	26
27	217	248	276	307	337	3	33	64	95	125	156	186	27
28	218	249	277	308	338	4	34	65	96	126	157	187	28
29	219		278	309	339	5	35	66	97	127	158	188	29
30	220		279	310	340	6	36	67	98	128	159	189	30
31	221		280		341		37	68		129		190	31

Dates	Déc.	Nov.	Oct.	Sept.	Août	Juill.	Juin	Mai	Avril	Mars	Févr.	Janv.	Dates
1	157	127	96	66	35	4	339	308	278	247	219	188	1
2	158	128	97	67	36	5	340	309	279	248	220	189	2
3	159	129	98	68	37	6	341	310	280	249	221	190	3
4	160	130	99	69	38	7	342	311	281	250	222	191	4
5	161	131	100	70	39	8	343	312	282	251	223	192	5
6	162	132	101	71	40	9	344	313	283	252	224	193	6
7	163	133	102	72	41	10	345	314	284	253	225	194	7
8	164	134	103	73	42	11	346	315	285	254	226	195	8
9	165	135	104	74	43	12	347	316	286	255	227	196	9
10	166	136	105	75	44	13	348	317	287	256	228	197	10
11	167	137	106	76	45	14	349	318	288	257	229	198	11
12	168	138	107	77	46	15	350	319	289	258	230	199	12
13	169	139	108	78	47	16	351	320	290	259	231	200	13
14	170	140	109	79	48	17	352	321	291	260	232	201	14
15	171	141	110	80	49	18	353	322	292	261	233	202	15
16	172	142	111	81	50	19	354	323	293	262	234	203	16
17	173	143	112	82	51	20	355	324	294	263	235	204	17
18	174	144	113	83	52	21	356	325	295	264	236	205	18
19	175	145	114	84	53	22	357	326	296	265	237	206	19
20	176	146	115	85	54	23	358	327	297	266	238	207	20
21	177	147	116	86	55	24	359	328	298	267	239	208	21
22	178	148	117	87	56	25	360	329	299	268	240	209	22
23	179	149	118	88	57	26	361	330	300	269	241	210	23
24	180	150	119	89	58	27	362	331	301	270	242	211	24
25	181	151	120	90	59	28	363	332	302	271	243	212	25
26	182	152	121	91	60	29	364	333	303	272	244	213	26
27	183	153	122	92	61	30	365	334	304	273	245	214	27
28	184	154	123	93	62	31	1	335	305	274	246	215	28
29	185	155	124	94	63	32	2	336	306	275		216	29
30	186	156	125	95	64	33	3	337	307	276		217	30
31	187		126		65	34		338		277		218	31

Dates	Déc.	Nov.	Oct.	Sept.	Août	Juill.	Juin	Mai	Avril	Mars	Févr.	Janv.	Dates
1	158	128	97	67	36	5	340	309	279	248	220	189	1
2	159	129	98	68	37	6	341	310	280	249	221	190	2
3	160	130	99	69	38	7	342	311	281	250	222	191	3
4	161	131	100	70	39	8	343	312	282	251	223	192	4
5	162	132	101	71	40	9	344	313	283	252	224	193	5
6	163	133	102	72	41	10	345	314	284	253	225	194	6
7	164	134	103	73	42	11	346	315	285	254	226	195	7
8	165	135	104	74	43	12	347	316	286	255	227	196	8
9	166	136	105	75	44	13	348	317	287	256	228	197	9
10	167	137	106	76	45	14	349	318	288	257	229	198	10
11	168	138	107	77	46	15	350	319	289	258	230	199	11
12	169	139	108	78	47	16	351	320	290	259	231	200	12
13	170	140	109	79	48	17	352	321	291	260	232	201	13
14	171	141	110	80	49	18	353	322	292	261	233	202	14
15	172	142	111	81	50	19	354	323	293	262	234	203	15
16	173	143	112	82	51	20	355	324	294	263	235	204	16
17	174	144	113	83	52	21	356	325	295	264	236	205	17
18	175	145	114	84	53	22	357	326	296	265	237	206	18
19	176	146	115	85	54	23	358	327	297	266	238	207	19
20	177	147	116	86	55	24	359	328	298	267	239	208	20
21	178	148	117	87	56	25	360	329	299	268	240	209	21
22	179	149	118	88	57	26	361	330	300	269	241	210	22
23	180	150	119	89	58	27	362	331	301	270	242	211	23
24	181	151	120	90	59	28	363	332	302	271	243	212	24
25	182	152	121	91	60	29	364	333	303	272	244	213	25
26	183	153	122	92	61	30	365	334	304	273	245	214	26
27	184	154	123	93	62	31	1	335	305	274	246	215	27
28	185	155	124	94	63	32	2	336	306	275	247	216	28
29	186	156	125	95	64	33	3	337	307	276		217	29
30	187	157	126	96	65	34	4	338	308	277		218	30
31	188		127		66	35		339		278		219	31

Jours qu'il y a du 28 JUIN à une date de chaque mois.

Dates	Janv.	Févr.	Mars	Avril	Mai	Juin	Juill.	Août	Sept.	Oct.	Nov.	Déc.	Dates
1	187	218	246	277	307	338	3	34	65	95	126	156	1
2	188	219	247	278	308	339	4	35	66	96	127	157	2
3	189	220	248	279	309	340	5	36	67	97	128	158	3
4	190	221	249	280	310	341	6	37	68	98	129	159	4
5	191	222	250	281	311	342	7	38	69	99	130	160	5
6	192	223	251	282	312	343	8	39	70	100	131	161	6
7	193	224	252	283	313	344	9	40	71	101	132	162	7
8	194	225	253	284	314	345	10	41	72	102	133	163	8
9	195	226	254	285	315	346	11	42	73	103	134	164	9
10	196	227	255	286	316	347	12	43	74	104	135	165	10
11	197	228	256	287	317	348	13	44	75	105	136	166	11
12	198	229	257	288	318	349	14	45	76	106	137	167	12
13	199	230	258	289	319	350	15	46	77	107	138	168	13
14	200	231	259	290	320	351	16	47	78	108	139	169	14
15	201	232	260	291	321	352	17	48	79	109	140	170	15
16	202	233	261	292	322	353	18	49	80	110	141	171	16
17	203	234	262	293	323	354	19	50	81	111	142	172	17
18	204	235	263	294	324	355	20	51	82	112	143	173	18
19	205	236	264	295	325	356	21	52	83	113	144	174	19
20	206	237	265	296	326	357	22	53	84	114	145	175	20
21	207	238	266	297	327	358	23	54	85	115	146	176	21
22	208	239	267	298	328	359	24	55	86	116	147	177	22
23	209	240	268	299	329	360	25	56	87	117	148	178	23
24	210	241	269	300	330	361	26	57	88	118	149	179	24
25	211	242	270	301	331	362	27	58	89	119	150	180	25
26	212	243	271	302	332	363	28	59	90	120	151	181	26
27	213	244	272	303	333	364	29	60	91	121	152	182	27
28	214	245	273	304	334	365	30	61	92	122	153	183	28
29	215		274	305	335	1	31	62	93	123	154	184	29
30	216		275	306	336	2	32	63	94	124	155	185	30
31	217		276		337		33	64		125		186	31

Jours qu'il y a du 29 JUIN à une date de chaque mois.

Dates	Janv.	Févr.	Mars	Avril	Mai	Juin.	Juill.	Août	Sept.	Oct.	Nov.	Déc.	Dates
1	186	217	245	276	306	337	2	33	64	94	125	155	1
2	187	218	246	277	307	338	3	34	65	95	126	156	2
3	188	219	247	278	308	339	4	35	66	96	127	157	3
4	189	220	248	279	309	340	5	36	67	97	128	158	4
5	190	221	249	280	310	341	6	37	68	98	129	159	5
6	191	222	250	281	311	342	7	38	69	99	130	160	6
7	192	223	251	282	312	343	8	39	70	100	131	161	7
8	193	224	252	283	313	344	9	40	71	101	132	162	8
9	194	225	253	284	314	345	10	41	72	102	133	163	9
10	195	226	254	285	315	346	11	42	73	103	134	164	10
11	196	227	255	286	316	347	12	43	74	104	135	165	11
12	197	228	256	287	317	348	13	44	75	105	136	166	12
13	198	229	257	288	318	349	14	45	76	106	137	167	13
14	199	230	258	289	319	350	15	46	77	107	138	168	14
15	200	231	259	290	320	351	16	47	78	108	139	169	15
16	201	232	260	291	321	352	17	48	79	109	140	170	16
17	202	233	261	292	322	353	18	49	80	110	141	171	17
18	203	234	262	293	323	354	19	50	81	111	142	172	18
19	204	235	263	294	324	355	20	51	82	112	143	173	19
20	205	236	264	295	325	356	21	52	83	113	144	174	20
21	206	237	265	296	326	357	22	53	84	114	145	175	21
22	207	238	266	297	327	358	23	54	85	115	146	176	22
23	208	239	267	298	328	359	24	55	86	116	147	177	23
24	209	240	268	299	329	360	25	56	87	117	148	178	24
25	210	241	269	300	330	361	26	57	88	118	149	179	25
26	211	242	270	301	331	362	27	58	89	119	150	180	26
27	212	243	271	302	332	363	28	59	90	120	151	181	27
28	213	244	272	303	333	364	29	60	91	121	152	182	28
29	214		273	304	334	365	30	61	92	122	153	183	29
30	215		274	305	335	1	31	62	93	123	154	184	30
31	216		275		336		32	63		124		185	31

Jours qu'il y a du 1er JUILLET à une date de chaque mois

Dates	Déc.	Nov.	Oct.	Sept.	Août	Juill.	Juin	Mai	Avril	Mars	Févr.	Janv.	Dates
1	153	123	92	62	31	365	335	304	274	243	215	184	1
2	154	124	93	63	32	2	336	305	275	244	216	185	2
3	155	125	94	64	33	3	337	306	276	245	217	186	3
4	156	126	95	65	34	4	338	307	277	246	218	187	4
5	157	127	96	66	35	5	339	308	278	247	219	188	5
6	158	128	97	67	36	6	340	309	279	248	220	189	6
7	159	129	98	68	37	7	341	310	280	249	221	190	7
8	160	130	99	69	38	8	342	311	281	250	222	191	8
9	161	131	100	70	39	9	343	312	282	251	223	192	9
10	162	132	101	71	40	10	344	313	283	252	224	193	10
11	163	133	102	72	41	11	345	314	284	253	225	194	11
12	164	134	103	73	42	12	346	315	285	254	226	195	12
13	165	135	104	74	43	13	347	316	286	255	227	196	13
14	166	136	105	75	44	14	348	317	287	256	228	197	14
15	167	137	106	76	45	15	349	318	288	257	229	198	15
16	168	138	107	77	46	16	350	319	289	258	230	199	16
17	169	139	108	78	47	17	351	320	290	259	231	200	17
18	170	140	109	79	48	18	352	321	291	260	232	201	18
19	171	141	110	80	49	19	353	322	292	261	233	202	19
20	172	142	111	81	50	20	354	323	293	262	234	203	20
21	173	143	112	82	51	21	355	324	294	263	235	204	21
22	174	144	113	83	52	22	356	325	295	264	236	205	22
23	175	145	114	84	53	23	357	326	296	265	237	206	23
24	176	146	115	85	54	24	358	327	297	266	238	207	24
25	177	147	116	86	55	25	359	328	298	267	239	208	25
26	178	148	117	87	56	26	360	329	299	268	240	209	26
27	179	149	118	88	57	27	361	330	300	269	241	210	27
28	180	150	119	89	58	28	362	331	301	270	242	211	28
29	181	151	120	90	59	29	363	332	302	271		212	29
30	182	152	121	91	60	30	364	333	303	272		213	30
31	183		122		61		365	334		273		214	31

Jours qu'il y a du 30 JUIN à une date de chaque mois

Dates	Déc.	Nov.	Oct.	Sept.	Août	Juill.	Juin	Mai	Avril	Mars	Févr.	Janv.	Dates
1	154	124	93	63	32	1	336	305	275	244	216	185	1
2	155	125	94	64	33	2	337	306	276	245	217	186	2
3	156	126	95	65	34	3	338	307	277	246	218	187	3
4	157	127	96	66	35	4	339	308	278	247	219	188	4
5	158	128	97	67	36	5	340	309	279	248	220	189	5
6	159	129	98	68	37	6	341	310	280	249	221	190	6
7	160	130	99	69	38	7	342	311	281	250	222	191	7
8	161	131	100	70	39	8	343	312	282	251	223	192	8
9	162	132	101	71	40	9	344	313	283	252	224	193	9
10	163	133	102	72	41	10	345	314	284	253	225	194	10
11	164	134	103	73	42	11	346	315	285	254	226	195	11
12	165	135	104	74	43	12	347	316	286	255	227	196	12
13	166	136	105	75	44	13	348	317	287	256	228	197	13
14	167	137	106	76	45	14	349	318	288	257	229	198	14
15	168	138	107	77	46	15	350	319	289	258	230	199	15
16	169	139	108	78	47	16	351	320	290	259	231	200	16
17	170	140	109	79	48	17	352	321	291	260	232	201	17
18	171	141	110	80	49	18	353	322	292	261	233	202	18
19	172	142	111	81	50	19	354	323	293	262	234	203	19
20	173	143	112	82	51	20	355	324	294	263	235	204	20
21	174	144	113	83	52	21	356	325	295	264	236	205	21
22	175	145	114	84	53	22	357	326	296	265	237	206	22
23	176	146	115	85	54	23	358	327	297	266	238	207	23
24	177	147	116	86	55	24	359	328	298	267	239	208	24
25	178	148	117	87	56	25	360	329	299	268	240	209	25
26	179	149	118	88	57	26	361	330	300	269	241	210	26
27	180	150	119	89	58	27	362	331	301	270	242	211	27
28	181	151	120	90	59	28	363	332	302	271	243	212	28
29	182	152	121	91	60	29	364	333	303	272		213	29
30	183	153	122	92	61	30	365	334	304	273		214	30
31	184		123		62	31		335		274		215	31

Jours qu'il y a du 2 JUILLET à une date de chaque mois.

Dates	Janv.	Févr.	Mars	Avril	Mai	Juin	Juill.	Août	Sept.	Oct.	Nov.	Déc.	Dates
1	183	214	242	273	303	334	364	30	61	91	122	152	1
2	184	215	243	274	304	335	365	31	62	92	123	153	2
3	185	216	244	275	305	336	1	32	63	93	124	154	3
4	186	217	245	276	306	337	2	33	64	94	125	155	4
5	187	218	246	277	307	338	3	34	65	95	126	156	5
6	188	219	247	278	308	339	4	35	66	96	127	157	6
7	189	220	248	279	309	340	5	36	67	97	128	158	7
8	190	221	249	280	310	341	6	37	68	98	129	159	8
9	191	222	250	281	311	342	7	38	69	99	130	160	9
10	192	223	251	282	312	343	8	39	70	100	131	161	10
11	193	224	252	283	313	344	9	40	71	101	132	162	11
12	194	225	253	284	314	345	10	41	72	102	133	163	12
13	195	226	254	285	315	346	11	42	73	103	134	164	13
14	196	227	255	286	316	347	12	43	74	104	135	165	14
15	197	228	256	287	317	348	13	44	75	105	136	166	15
16	198	229	257	288	318	349	14	45	76	106	137	167	16
17	199	230	258	289	319	350	15	46	77	107	138	168	17
18	200	231	259	290	320	351	16	47	78	108	139	169	18
19	201	232	260	291	321	352	17	48	79	109	140	170	19
20	202	233	261	292	322	353	18	49	80	110	141	171	20
21	203	234	262	293	323	354	19	50	81	111	142	172	21
22	204	235	263	294	324	355	20	51	82	112	143	173	22
23	205	236	264	295	325	356	21	52	83	113	144	174	23
24	206	237	265	296	326	357	22	53	84	114	145	175	24
25	207	238	266	297	327	358	23	54	85	115	146	176	25
26	208	239	267	298	328	359	24	55	86	116	147	177	26
27	209	240	268	299	329	360	25	56	87	117	148	178	27
28	210	241	269	300	330	361	26	57	88	118	149	179	28
29	211		270	301	331	362	27	58	89	119	150	180	29
30	212		271	302	332	363	28	59	90	120	151	181	30
31	213		272		333		29	60		121		182	31

Jours qu'il y a du 3 JUILLET à une date de chaque mois.

Dates	Janv.	Févr.	Mars	Avril	Mai	Juin	Juill.	Août	Sept.	Oct.	Nov.	Déc.	Dates
1	182	213	241	272	302	333	363	29	60	90	121	151	1
2	183	214	242	273	303	334	364	30	61	91	122	152	2
3	184	215	243	274	304	335	365	31	62	92	123	153	3
4	185	216	244	275	305	336	1	32	63	93	124	154	4
5	186	217	245	276	306	337	2	33	64	94	125	155	5
6	187	218	246	277	307	338	3	34	65	95	126	156	6
7	188	219	247	278	308	339	4	35	66	96	127	157	7
8	189	220	248	279	309	340	5	36	67	97	128	158	8
9	190	221	249	280	310	341	6	37	68	98	129	159	9
10	191	222	250	281	311	342	7	38	69	99	130	160	10
11	192	223	251	282	312	343	8	39	70	100	131	161	11
12	193	224	252	283	313	344	9	40	71	101	132	162	12
13	194	225	253	284	314	345	10	41	72	102	133	163	13
14	195	226	254	285	315	346	11	42	73	103	134	164	14
15	196	227	255	286	316	347	12	43	74	104	135	165	15
16	197	228	256	287	317	348	13	44	75	105	136	166	16
17	198	229	257	288	318	349	14	45	76	106	137	167	17
18	199	230	258	289	319	350	15	46	77	107	138	168	18
19	200	231	259	290	320	351	16	47	78	108	139	169	19
20	201	232	260	291	321	352	17	48	79	109	140	170	20
21	202	233	261	292	322	353	18	49	80	110	141	171	21
22	203	234	262	293	323	354	19	50	81	111	142	172	22
23	204	235	263	294	324	355	20	51	82	112	143	173	23
24	205	236	264	295	325	356	21	52	83	113	144	174	24
25	206	237	265	296	326	357	22	53	84	114	145	175	25
26	207	238	266	297	327	358	23	54	85	115	146	176	26
27	208	239	267	298	328	359	24	55	86	116	147	177	27
28	209	240	268	299	329	360	25	56	87	117	148	178	28
29	210		269	300	330	361	26	57	88	118	149	179	29
30	211		270	301	331	362	27	58	89	119	150	180	30
31	212		271		332		28	59		120		181	31

Jours qu'il y a du 5 JUILLET à une date de chaque mois

Dates	Déc.	Nov.	Oct.	Sept.	Août	Juill.	Juin	Mai	Avril	Mars	Févr.	Janv.	Dates
1	149	119	88	58	27	361	331	300	270	239	211	180	1
2	150	120	89	59	28	362	332	301	271	240	212	181	2
3	151	121	90	60	29	363	333	302	272	241	213	182	3
4	152	122	91	61	30	364	334	303	273	242	214	183	4
5	153	123	92	62	31	365	335	304	274	243	215	184	5
6	154	124	93	63	32	1	336	305	275	244	216	185	6
7	155	125	94	64	33	2	337	306	276	245	217	186	7
8	156	126	95	65	34	3	338	307	277	246	218	187	8
9	157	127	96	66	35	4	339	308	278	247	219	188	9
10	158	128	97	67	36	5	340	309	279	248	220	189	10
11	159	129	98	68	37	6	341	310	280	249	221	190	11
12	160	130	99	69	38	7	342	311	281	250	222	191	12
13	161	131	100	70	39	8	343	312	282	251	223	192	13
14	162	132	101	71	40	9	344	313	283	252	224	193	14
15	163	133	102	72	41	10	345	314	284	253	225	194	15
16	164	134	103	73	42	11	346	315	285	254	226	195	16
17	165	135	104	74	43	12	347	316	286	255	227	196	17
18	166	136	105	75	44	13	348	317	287	256	228	197	18
19	167	137	106	76	45	14	349	318	288	257	229	198	19
20	168	138	107	77	46	15	350	319	289	258	230	199	20
21	169	139	108	78	47	16	351	320	290	259	231	200	21
22	170	140	109	79	48	17	352	321	291	260	232	201	22
23	171	141	110	80	49	18	353	322	292	261	233	202	23
24	172	142	111	81	50	19	354	323	293	262	234	203	24
25	173	143	112	82	51	20	355	324	294	263	235	204	25
26	174	144	113	83	52	21	356	325	295	264	236	205	26
27	175	145	114	84	53	22	357	326	296	265	237	206	27
28	176	146	115	85	54	23	358	327	297	266	238	207	28
29	177	147	116	86	55	24	359	328	298	267		208	29
30	178	148	117	87	56	25	360	329	299	268		209	30
31	179		118		57	26		330		269		210	31

Jours qu'il y a du 4 JUILLET à une date de chaque mois

Dates	Déc.	Nov.	Oct.	Sept.	Août	Juill.	Juin	Mai	Avril	Mars	Févr.	Janv.	Dates
1	150	120	89	59	28	362	332	301	271	240	212	181	1
2	151	121	90	60	29	363	333	302	272	241	213	182	2
3	152	122	91	61	30	364	334	303	273	242	214	183	3
4	153	123	92	62	31	365	335	304	274	243	215	184	4
5	154	124	93	63	32	1	336	305	275	244	216	185	5
6	155	125	94	64	33	2	337	306	276	245	217	186	6
7	156	126	95	65	34	3	338	307	277	246	218	187	7
8	157	127	96	66	35	4	339	308	278	247	219	188	8
9	158	128	97	67	36	5	340	309	279	248	220	189	9
10	159	129	98	68	37	6	341	310	280	249	221	190	10
11	160	130	99	69	38	7	342	311	281	250	222	191	11
12	161	131	100	70	39	8	343	312	282	251	223	192	12
13	162	132	101	71	40	9	344	313	283	252	224	193	13
14	163	133	102	72	41	10	345	314	284	253	225	194	14
15	164	134	103	73	42	11	346	315	285	254	226	195	15
16	165	135	104	74	43	12	347	316	286	255	227	196	16
17	166	136	105	75	44	13	348	317	287	256	228	197	17
18	167	137	106	76	45	14	349	318	288	257	229	198	18
19	168	138	107	77	46	15	350	319	289	258	230	199	19
20	169	139	108	78	47	16	351	320	290	259	231	200	20
21	170	140	109	79	48	17	352	321	291	260	232	201	21
22	171	141	110	80	49	18	353	322	292	261	233	202	22
23	172	142	111	81	50	19	354	323	293	262	234	203	23
24	173	143	112	82	51	20	355	324	294	263	235	204	24
25	174	144	113	83	52	21	356	325	295	264	236	205	25
26	175	145	114	84	53	22	357	326	296	265	237	206	26
27	176	146	115	85	54	23	358	327	297	266	238	207	27
28	177	147	116	86	55	24	359	328	298	267	239	208	28
29	178	148	117	87	56	25	360	329	299	268		209	29
30	179	149	118	88	57	26	361	330	300	269		210	30
31	180		119		58	27		331		270		211	31

Jours qu'il y a du 7 JUILLET à une date de chaque mois.

Dates	Janv.	Févr.	Mars	Avril	Mai	Juin	Juill.	Août	Sept.	Oct.	Nov.	Déc.	Dates
1	178	209	237	268	298	329	359	25	56	86	117	147	1
2	179	210	238	269	299	330	360	26	57	87	118	148	2
3	180	211	239	270	300	331	361	27	58	88	119	149	3
4	181	212	240	271	301	332	362	28	59	89	120	150	4
5	182	213	241	272	302	333	363	29	60	90	121	151	5
6	183	214	242	273	303	334	364	30	61	91	122	152	6
7	184	215	243	274	304	335	365	31	62	92	123	153	7
8	185	216	244	275	305	336	1	32	63	93	124	154	8
9	186	217	245	276	306	337	2	33	64	94	125	155	9
10	187	218	246	277	307	338	3	34	65	95	126	156	10
11	188	219	247	278	308	339	4	35	66	96	127	157	11
12	189	220	248	279	309	340	5	36	67	97	128	158	12
13	190	221	249	280	310	341	6	37	68	98	129	159	13
14	191	222	250	281	311	342	7	38	69	99	130	160	14
15	192	223	251	282	312	343	8	39	70	100	131	161	15
16	193	224	252	283	313	344	9	40	71	101	132	162	16
17	194	225	253	284	314	345	10	41	72	102	133	163	17
18	195	226	254	285	315	346	11	42	73	103	134	164	18
19	196	227	255	286	316	347	12	43	74	104	135	165	19
20	197	228	256	287	317	348	13	44	75	105	136	166	20
21	198	229	257	288	318	349	14	45	76	106	137	167	21
22	199	230	258	289	319	350	15	46	77	107	138	168	22
23	200	231	259	290	320	351	16	47	78	108	139	169	23
24	201	232	260	291	321	352	17	48	79	109	140	170	24
25	202	233	261	292	322	353	18	49	80	110	141	171	25
26	203	234	262	293	323	354	19	50	81	111	142	172	26
27	204	235	263	294	324	355	20	51	82	112	143	173	27
28	205	236	264	295	325	356	21	52	83	113	144	174	28
29	206		265	296	326	357	22	53	84	114	145	175	29
30	207		266	297	327	358	23	54	85	115	146	176	30
31	208		267		328		24	55		116		177	31

Jours qu'il y a du 6 JUILLET à une date de chaque mois.

Dates	Janv.	Févr.	Mars	Avril	Mai	Juin	Juill.	Août	Sept.	Oct.	Nov.	Déc.	Dates
1	179	210	238	269	299	330	360	26	57	87	118	148	1
2	180	211	239	270	300	331	361	27	58	88	119	149	2
3	181	212	240	271	301	332	362	28	59	89	120	150	3
4	182	213	241	272	302	333	363	29	60	90	121	151	4
5	183	214	242	273	303	334	364	30	61	91	122	152	5
6	184	215	243	274	304	335	365	31	62	92	123	153	6
7	185	216	244	275	305	336	1	32	63	93	124	154	7
8	186	217	245	276	306	337	2	33	64	94	125	155	8
9	187	218	246	277	307	338	3	34	65	95	126	156	9
10	188	219	247	278	308	339	4	35	66	96	127	157	10
11	189	220	248	279	309	340	5	36	67	97	128	158	11
12	190	221	249	280	310	341	6	37	68	98	129	159	12
13	191	222	250	281	311	342	7	38	69	99	130	160	13
14	192	223	251	282	312	343	8	39	70	100	131	161	14
15	193	224	252	283	313	344	9	40	71	101	132	162	15
16	194	225	253	284	314	345	10	41	72	102	133	163	16
17	195	226	254	285	315	346	11	42	73	103	134	164	17
18	196	227	255	286	316	347	12	43	74	104	135	165	18
19	197	228	256	287	317	348	13	44	75	105	136	166	19
20	198	229	257	288	318	349	14	45	76	106	137	167	20
21	199	230	258	289	319	350	15	46	77	107	138	168	21
22	200	231	259	290	320	351	16	47	78	108	139	169	22
23	201	232	260	291	321	352	17	48	79	109	140	170	23
24	202	233	261	292	322	353	18	49	80	110	141	171	24
25	203	234	262	293	323	354	19	50	81	111	142	172	25
26	204	235	263	294	324	355	20	51	82	112	143	173	26
27	205	236	264	295	325	356	21	52	83	113	144	174	27
28	206	237	265	296	326	357	22	53	84	114	145	175	28
29	207		266	297	327	358	23	54	85	115	146	176	29
30	208		267	298	328	359	24	55	86	116	147	177	30
31	209		268		329		25	56		117		178	31

Table 1 (top):

Jours qu'il y a du 9 JUILLET à une date de chaque mois.

Dates	Déc.	Nov.	Oct.	Sept.	Août	Juill.	Juin.	Mai.	Avril	Mars	Févr.	Janv.	Dates
1	145	115	84	54	23	357	327	296	266	235	207	176	1
2	146	116	85	55	24	358	328	297	267	236	208	177	2
3	147	117	86	56	25	359	329	298	268	237	209	178	3
4	148	118	87	57	26	360	330	299	269	238	210	179	4
5	149	119	88	58	27	361	331	300	270	239	211	180	5
6	150	120	89	59	28	362	332	301	271	240	212	181	6
7	151	121	90	60	29	363	333	302	272	241	213	182	7
8	152	122	91	61	30	364	334	303	273	242	214	183	8
9	153	123	92	62	31	365	335	304	274	243	215	184	9
10	154	124	93	63	32	1	336	305	275	244	216	185	10
11	155	125	94	64	33	2	337	306	276	245	217	186	11
12	156	126	95	65	34	3	338	307	277	246	218	187	12
13	157	127	96	66	35	4	339	308	278	247	219	188	13
14	158	128	97	67	36	5	340	309	279	248	220	189	14
15	159	129	98	68	37	6	341	310	280	249	221	190	15
16	160	130	99	69	38	7	342	311	281	250	222	191	16
17	161	131	100	70	39	8	343	312	282	251	223	192	17
18	162	132	101	71	40	9	344	313	283	252	224	193	18
19	163	133	102	72	41	10	345	314	284	253	225	194	19
20	164	134	103	73	42	11	346	315	285	254	226	195	20
21	165	135	104	74	43	12	347	316	286	255	227	196	21
22	166	136	105	75	44	13	348	317	287	256	228	197	22
23	167	137	106	76	45	14	349	318	288	257	229	198	23
24	168	138	107	77	46	15	350	319	289	258	230	199	24
25	169	139	108	78	47	16	351	320	290	259	231	200	25
26	170	140	109	79	48	17	352	321	291	260	232	201	26
27	171	141	110	80	49	18	353	322	292	261	233	202	27
28	172	142	111	81	50	19	354	323	293	262	234	203	28
29	173	143	112	82	51	20	355	324	294	263		204	29
30	174	144	113	83	52	21	356	325	295	264		205	30
31	175		114		53	22		326		265		206	31

Table 2 (bottom):

Jours qu'il y a du 8 JUILLET à une date de chaque mois

Dates	Déc.	Nov.	Oct.	Sept.	Août	Juill.	Juin.	Mai.	Avril	Mars	Févr.	Janv.	Dates
1	146	116	85	55	24	358	328	297	267	236	208	177	1
2	147	117	86	56	25	359	329	298	268	237	209	178	2
3	148	118	87	57	26	360	330	299	269	238	210	179	3
4	149	119	88	58	27	361	331	300	270	239	211	180	4
5	150	120	89	59	28	362	332	301	271	240	212	181	5
6	151	121	90	60	29	363	333	302	272	241	213	182	6
7	152	122	91	61	30	364	334	303	273	242	214	183	7
8	153	123	92	62	31	365	335	304	274	243	215	184	8
9	154	124	93	63	32	1	336	305	275	244	216	185	9
10	155	125	94	64	33	2	337	306	276	245	217	186	10
11	156	126	95	65	34	3	338	307	277	246	218	187	11
12	157	127	96	66	35	4	339	308	278	247	219	188	12
13	158	128	97	67	36	5	340	309	279	248	220	189	13
14	159	129	98	68	37	6	341	310	280	249	221	190	14
15	160	130	99	69	38	7	342	311	281	250	222	191	15
16	161	131	100	70	39	8	343	312	282	251	223	192	16
17	162	132	101	71	40	9	344	313	283	252	224	193	17
18	163	133	102	72	41	10	345	314	284	253	225	194	18
19	164	134	103	73	42	11	346	315	285	254	226	195	19
20	165	135	104	74	43	12	347	316	286	255	227	196	20
21	166	136	105	75	44	13	348	317	287	256	228	197	21
22	167	137	106	76	45	14	349	318	288	257	229	198	22
23	168	138	107	77	46	15	350	319	289	258	230	199	23
24	169	139	108	78	47	16	351	320	290	259	231	200	24
25	170	140	109	79	48	17	352	321	291	260	232	201	25
26	171	141	110	80	49	18	353	322	292	261	233	202	26
27	172	142	111	81	50	19	354	323	293	262	234	203	27
28	173	143	112	82	51	20	355	324	294	263	235	204	28
29	174	144	113	83	52	21	356	325	295	264		205	29
30	175	145	114	84	53	22	357	326	296	265		206	30
31	176		115		54	23		327		266		207	31

Dates	Janv.	Févr.	Mars	Avril	Mai	Juin	Juill.	Août	Sept.	Oct.	Nov.	Déc.	Dates
1	174	205	233	264	294	325	355	21	52	82	113	143	1
2	175	206	234	265	295	326	356	22	53	83	114	144	2
3	176	207	235	266	296	327	357	23	54	84	115	145	3
4	177	208	236	267	297	328	358	24	55	85	116	146	4
5	178	209	237	268	298	329	359	25	56	86	117	147	5
6	179	210	238	269	299	330	360	26	57	87	118	148	6
7	180	211	239	270	300	331	361	27	58	88	119	149	7
8	181	212	240	271	301	332	362	28	59	89	120	150	8
9	182	213	241	272	302	333	363	29	60	90	121	151	9
10	183	214	242	273	303	334	364	30	61	91	122	152	10
11	184	215	243	274	304	335	365	31	62	92	123	153	11
12	185	216	244	275	305	336	1	32	63	93	124	154	12
13	186	217	245	276	306	337	2	33	64	94	125	155	13
14	187	218	246	277	307	338	3	34	65	95	126	156	14
15	188	219	247	278	308	339	4	35	66	96	127	157	15
16	189	220	248	279	309	340	5	36	67	97	128	158	16
17	190	221	249	280	310	341	6	37	68	98	129	159	17
18	191	222	250	281	311	342	7	38	69	99	130	160	18
19	192	223	251	282	312	343	8	39	70	100	131	161	19
20	193	224	252	283	313	344	9	40	71	101	132	162	20
21	194	225	253	284	314	345	10	41	72	102	133	163	21
22	195	226	254	285	315	346	11	42	73	103	134	164	22
23	196	227	255	286	316	347	12	43	74	104	135	165	23
24	197	228	256	287	317	348	13	44	75	105	136	166	24
25	198	229	257	288	318	349	14	45	76	106	137	167	25
26	199	230	258	289	319	350	15	46	77	107	138	168	26
27	200	231	259	290	320	351	16	47	78	108	139	169	27
28	201	232	260	291	321	352	17	48	79	109	140	170	28
29	202		261	292	322	353	18	49	80	110	141	171	29
30	203		262	293	323	354	19	50	81	111	142	172	30
31	204		263		324		20	51		112		173	31

Dates	Janv.	Févr.	Mars	Avril	Mai	Juin	Juill.	Août	Sept.	Oct.	Nov.	Déc.	Dates
1	175	206	234	265	295	326	356	22	53	83	114	144	1
2	176	207	235	266	296	327	357	23	54	84	115	145	2
3	177	208	236	267	297	328	358	24	55	85	116	146	3
4	178	209	237	268	298	329	359	25	56	86	117	147	4
5	179	210	238	269	299	330	360	26	57	87	118	148	5
6	180	211	239	270	300	331	361	27	58	88	119	149	6
7	181	212	240	271	301	332	362	28	59	89	120	150	7
8	182	213	241	272	302	333	363	29	60	90	121	151	8
9	183	214	242	273	303	334	364	30	61	91	122	152	9
10	184	215	243	274	304	335	365	31	62	92	123	153	10
11	185	216	244	275	305	336	1	32	63	93	124	154	11
12	186	217	245	276	306	337	2	33	64	94	125	155	12
13	187	218	246	277	307	338	3	34	65	95	126	156	13
14	188	219	247	278	308	339	4	35	66	96	127	157	14
15	189	220	248	279	309	340	5	36	67	97	128	158	15
16	190	221	249	280	310	341	6	37	68	98	129	159	16
17	191	222	250	281	311	342	7	38	69	99	130	160	17
18	192	223	251	282	312	343	8	39	70	100	131	161	18
19	193	224	252	283	313	344	9	40	71	101	132	162	19
20	194	225	253	284	314	345	10	41	72	102	133	163	20
21	195	226	254	285	315	346	11	42	73	103	134	164	21
22	196	227	255	286	316	347	12	43	74	104	135	165	22
23	197	228	256	287	317	348	13	44	75	105	136	166	23
24	198	229	257	288	318	349	14	45	76	106	137	167	24
25	199	230	258	289	319	350	15	46	77	107	138	168	25
26	200	231	259	290	320	351	16	47	78	108	139	169	26
27	201	232	260	291	321	352	17	48	79	109	140	170	27
28	202	233	261	292	322	353	18	49	80	110	141	171	28
29	203		262	293	323	354	19	50	81	111	142	172	29
30	204		263	294	324	355	20	51	82	112	143	173	30
31	205		264		325		21	52		113		174	31

Jours qu'il y a du **13 JUILLET** à une date de chaque mois.

Dates	Janv.	Févr.	Mars	Avril	Mai	Juin	Juill.	Août	Sept.	Oct.	Nov.	Déc.	Dates
1	172	203	231	262	292	323	353	19	50	80	111	141	1
2	173	204	232	263	293	324	354	20	51	81	112	142	2
3	174	205	233	264	294	325	355	21	52	82	113	143	3
4	175	206	234	265	295	326	356	22	53	83	114	144	4
5	176	207	235	266	296	327	357	23	54	84	115	145	5
6	177	208	236	267	297	328	358	24	55	85	116	146	6
7	178	209	237	268	298	329	359	25	56	86	117	147	7
8	179	210	238	269	299	330	360	26	57	87	118	148	8
9	180	211	239	270	300	331	361	27	58	88	119	149	9
10	181	212	240	271	301	332	362	28	59	89	120	150	10
11	182	213	241	272	302	333	363	29	60	90	121	151	11
12	183	214	242	273	303	334	364	30	61	91	122	152	12
13	184	215	243	274	304	335	365	31	62	92	123	153	13
14	185	216	244	275	305	336	1	32	63	93	124	154	14
15	186	217	245	276	306	337	2	33	64	94	125	155	15
16	187	218	246	277	307	338	3	34	65	95	126	156	16
17	188	219	247	278	308	339	4	35	66	96	127	157	17
18	189	220	248	279	309	340	5	36	67	97	128	158	18
19	190	221	249	280	310	341	6	37	68	98	129	159	19
20	191	222	250	281	311	342	7	38	69	99	130	160	20
21	192	223	251	282	312	343	8	39	70	100	131	161	21
22	193	224	252	283	313	344	9	40	71	101	132	162	22
23	194	225	253	284	314	345	10	41	72	102	133	163	23
24	195	226	254	285	315	346	11	42	73	103	134	164	24
25	196	227	255	286	316	347	12	43	74	104	135	165	25
26	197	228	256	287	317	348	13	44	75	105	136	166	26
27	198	229	257	288	318	349	14	45	76	106	137	167	27
28	199	230	258	289	319	350	15	46	77	107	138	168	28
29	200		259	290	320	351	16	47	78	108	139	169	29
30	201		260	291	321	352	17	48	79	109	140	170	30
31	202		261		322		18	49		110		171	31

Jours qu'il y a du **12 JUILLET** à une date de chaque mois.

Dates	Janv.	Févr.	Mars	Avril	Mai	Juin	Juill.	Août	Sept.	Oct.	Nov.	Déc.	Dates
1	173	204	232	263	293	324	354	20	51	81	112	142	1
2	174	205	233	264	294	325	355	21	52	82	113	143	2
3	175	206	234	265	295	326	356	22	53	83	114	144	3
4	176	207	235	266	296	327	357	23	54	84	115	145	4
5	177	208	236	267	297	328	358	24	55	85	116	146	5
6	178	209	237	268	298	329	359	25	56	86	117	147	6
7	179	210	238	269	299	330	360	26	57	87	118	148	7
8	180	211	239	270	300	331	361	27	58	88	119	149	8
9	181	212	240	271	301	332	362	28	59	89	120	150	9
10	182	213	241	272	302	333	363	29	60	90	121	151	10
11	183	214	242	273	303	334	364	30	61	91	122	152	11
12	184	215	243	274	304	335	365	31	62	92	123	153	12
13	185	216	244	275	305	336	1	32	63	93	124	154	13
14	186	217	245	276	306	337	2	33	64	94	125	155	14
15	187	218	246	277	307	338	3	34	65	95	126	156	15
16	188	219	247	278	308	339	4	35	66	96	127	157	16
17	189	220	248	279	309	340	5	36	67	97	128	158	17
18	190	221	249	280	310	341	6	37	68	98	129	159	18
19	191	222	250	281	311	342	7	38	69	99	130	160	19
20	192	223	251	282	312	343	8	39	70	100	131	161	20
21	193	224	252	283	313	344	9	40	71	101	132	162	21
22	194	225	253	284	314	345	10	41	72	102	133	163	22
23	195	226	254	285	315	346	11	42	73	103	134	164	23
24	196	227	255	286	316	347	12	43	74	104	135	165	24
25	197	228	256	287	317	348	13	44	75	105	136	166	25
26	198	229	257	288	318	349	14	45	76	106	137	167	26
27	199	230	258	289	319	350	15	46	77	107	138	168	27
28	200	231	259	290	320	351	16	47	78	108	139	169	28
29	201		260	291	321	352	17	48	79	109	140	170	29
30	202		261	292	322	353	18	49	80	110	141	171	30
31	203		262		323		19	50		111		172	31

Jours qu'il y a du 15 JUILLET à une date de chaque mois

Dates	Janv.	Févr.	Mars	Avril	Mai	Juin	Juill.	Août	Sept.	Oct.	Nov.	Déc.	Dates
1	170	201	229	260	290	321	351	17	48	78	109	139	1
2	171	202	230	261	291	322	352	18	49	79	110	140	2
3	172	203	231	262	292	323	353	19	50	80	111	141	3
4	173	204	232	263	293	324	354	20	51	81	112	142	4
5	174	205	233	264	294	325	355	21	52	82	113	143	5
6	175	206	234	265	295	326	356	22	53	83	114	144	6
7	176	207	235	266	296	327	357	23	54	84	115	145	7
8	177	208	236	267	297	328	358	24	55	85	116	146	8
9	178	209	237	268	298	329	359	25	56	86	117	147	9
10	179	210	238	269	299	330	360	26	57	87	118	148	10
11	180	211	239	270	300	331	361	27	58	88	119	149	11
12	181	212	240	271	301	332	362	28	59	89	120	150	12
13	182	213	241	272	302	333	363	29	60	90	121	151	13
14	183	214	242	273	303	334	364	30	61	91	122	152	14
15	184	215	243	274	304	335	365	31	62	92	123	153	15
16	185	216	244	275	305	336	1	32	63	93	124	154	16
17	186	217	245	276	306	337	2	33	64	94	125	155	17
18	187	218	246	277	307	338	3	34	65	95	126	156	18
19	188	219	247	278	308	339	4	35	66	96	127	157	19
20	189	220	248	279	309	340	5	36	67	97	128	158	20
21	190	221	249	280	310	341	6	37	68	98	129	159	21
22	191	222	250	281	311	342	7	38	69	99	130	160	22
23	192	223	251	282	312	343	8	39	70	100	131	161	23
24	193	224	252	283	313	344	9	40	71	101	132	162	24
25	194	225	253	284	314	345	10	41	72	102	133	163	25
26	195	226	254	285	315	346	11	42	73	103	134	164	26
27	196	227	255	286	316	347	12	43	74	104	135	165	27
28	197	228	256	287	317	348	13	44	75	105	136	166	28
29	198		257	288	318	349	14	45	76	106	137	167	29
30	199		258	289	319	350	15	46	77	107	138	168	30
31	200		259		320		16	47		108		169	31

Jours qu'il y a du 14 JUILLET à une date de chaque mois

Dates	Janv.	Févr.	Mars	Avril	Mai	Juin	Juill.	Août	Sept.	Oct.	Nov.	Déc.	Dates
1	171	202	230	261	291	322	352	18	49	79	110	140	1
2	172	203	231	262	292	323	353	19	50	80	111	141	2
3	173	204	232	263	293	324	354	20	51	81	112	142	3
4	174	205	233	264	294	325	355	21	52	82	113	143	4
5	175	206	234	265	295	326	356	22	53	83	114	144	5
6	176	207	235	266	296	327	357	23	54	84	115	145	6
7	177	208	236	267	297	328	358	24	55	85	116	146	7
8	178	209	237	268	298	329	359	25	56	86	117	147	8
9	179	210	238	269	299	330	360	26	57	87	118	148	9
10	180	211	239	270	300	331	361	27	58	88	119	149	10
11	181	212	240	271	301	332	362	28	59	89	120	150	11
12	182	213	241	272	302	333	363	29	60	90	121	151	12
13	183	214	242	273	303	334	364	30	61	91	122	152	13
14	184	215	243	274	304	335	365	31	62	92	123	153	14
15	185	216	244	275	305	336	1	32	63	93	124	154	15
16	186	217	245	276	306	337	2	33	64	94	125	155	16
17	187	218	246	277	307	338	3	34	65	95	126	156	17
18	188	219	247	278	308	339	4	35	66	96	127	157	18
19	189	220	248	279	309	340	5	36	67	97	128	158	19
20	190	221	249	280	310	341	6	37	68	98	129	159	20
21	191	222	250	281	311	342	7	38	69	99	130	160	21
22	192	223	251	282	312	343	8	39	70	100	131	161	22
23	193	224	252	283	313	344	9	40	71	101	132	162	23
24	194	225	253	284	314	345	10	41	72	102	133	163	24
25	195	226	254	285	315	346	11	42	73	103	134	164	25
26	196	227	255	286	316	347	12	43	74	104	135	165	26
27	197	228	256	287	317	348	13	44	75	105	136	166	27
28	198	229	257	288	318	349	14	45	76	106	137	167	28
29	199		258	289	319	350	15	46	77	107	138	168	29
30	200		259	290	320	351	16	47	78	108	139	169	30
31	201		260		321		17	48		109		170	31

Dates	Janv.	Févr.	Mars	Avril	Mai	Juin	Juill.	Août	Sept.	Oct.	Nov.	Déc.	Dates
1	168	199	227	258	288	319	349	15	46	76	107	137	1
2	169	200	228	259	289	320	350	16	47	77	108	138	2
3	170	201	229	260	290	321	351	17	48	78	109	139	3
4	171	202	230	261	291	322	352	18	49	79	110	140	4
5	172	203	231	262	292	323	353	19	50	80	111	141	5
6	173	204	232	263	293	324	354	20	51	81	112	142	6
7	174	205	233	264	294	325	355	21	52	82	113	143	7
8	175	206	234	265	295	326	356	22	53	83	114	144	8
9	176	207	235	266	296	327	357	23	54	84	115	145	9
10	177	208	236	267	297	328	358	24	55	85	116	146	10
11	178	209	237	268	298	329	359	25	56	86	117	147	11
12	179	210	238	269	299	330	360	26	57	87	118	148	12
13	180	211	239	270	300	331	361	27	58	88	119	149	13
14	181	212	240	271	301	332	362	28	59	89	120	150	14
15	182	213	241	272	302	333	363	29	60	90	121	151	15
16	183	214	242	273	303	334	364	30	61	91	122	152	16
17	184	215	243	274	304	335	365	31	62	92	123	153	17
18	185	216	244	275	305	336	1	32	63	93	124	154	18
19	186	217	245	276	306	337	2	33	64	94	125	155	19
20	187	218	246	277	307	338	3	34	65	95	126	156	20
21	188	219	247	278	308	339	4	35	66	96	127	157	21
22	189	220	248	279	309	340	5	36	67	97	128	158	22
23	190	221	249	280	310	341	6	37	68	98	129	159	23
24	191	222	250	281	311	342	7	38	69	99	130	160	24
25	192	223	251	282	312	343	8	39	70	100	131	161	25
26	193	224	252	283	313	344	9	40	71	101	132	162	26
27	194	225	253	284	314	345	10	41	72	102	133	163	27
28	195	226	254	285	315	346	11	42	73	103	134	164	28
29	196		255	286	316	347	12	43	74	104	135	165	29
30	197		256	287	317	348	13	44	75	105	136	166	30
31	198		257		318		14	45		106		167	31

Dates	Janv.	Févr.	Mars	Avril	Mai	Juin	Juill.	Août	Sept.	Oct.	Nov.	Déc.	Dates
1	169	200	228	259	289	320	350	16	47	77	108	138	1
2	170	201	229	260	290	321	351	17	48	78	109	139	2
3	171	202	230	261	291	322	352	18	49	79	110	140	3
4	172	203	231	262	292	323	353	19	50	80	111	141	4
5	173	204	232	263	293	324	354	20	51	81	112	142	5
6	174	205	233	264	294	325	355	21	52	82	113	143	6
7	175	206	234	265	295	326	356	22	53	83	114	144	7
8	176	207	235	266	296	327	357	23	54	84	115	145	8
9	177	208	236	267	297	328	358	24	55	85	116	146	9
10	178	209	237	268	298	329	359	25	56	86	117	147	10
11	179	210	238	269	299	330	360	26	57	87	118	148	11
12	180	211	239	270	300	331	361	27	58	88	119	149	12
13	181	212	240	271	301	332	362	28	59	89	120	150	13
14	182	213	241	272	302	333	363	29	60	90	121	151	14
15	183	214	242	273	303	334	364	30	61	91	122	152	15
16	184	215	243	274	304	335	365	31	62	92	123	153	16
17	185	216	244	275	305	336	1	32	63	93	124	154	17
18	186	217	245	276	306	337	2	33	64	94	125	155	18
19	187	218	246	277	307	338	3	34	65	95	126	156	19
20	188	219	247	278	308	339	4	35	66	96	127	157	20
21	189	220	248	279	309	340	5	36	67	97	128	158	21
22	190	221	249	280	310	341	6	37	68	98	129	159	22
23	191	222	250	281	311	342	7	38	69	99	130	160	23
24	192	223	251	282	312	343	8	39	70	100	131	161	24
25	193	224	252	283	313	344	9	40	71	101	132	162	25
26	194	225	253	284	314	345	10	41	72	102	133	163	26
27	195	226	254	285	315	346	11	42	73	103	134	164	27
28	196	227	255	286	316	347	12	43	74	104	135	165	28
29	197		256	287	317	348	13	44	75	105	136	166	29
30	198		257	288	318	349	14	45	76	106	137	167	30
31	199		258		319		15	46		107		168	31

Jours qu'il y a du 18 JUILLET a une date de chaque mois.

Dates	Janv.	Févr.	Mars	Avril	Mai	Juin	Juill.	Août	Sept.	Oct.	Nov.	Déc.	Dates
1	167	198	226	257	287	318	348	14	45	75	106	136	1
2	168	199	227	258	288	319	349	15	46	76	107	137	2
3	169	200	228	259	289	320	350	16	47	77	108	138	3
4	170	201	229	260	290	321	351	17	48	78	109	139	4
5	171	202	230	261	291	322	352	18	49	79	110	140	5
6	172	203	231	262	292	323	353	19	50	80	111	141	6
7	173	204	232	263	293	324	354	20	51	81	112	142	7
8	174	205	233	264	294	325	355	21	52	82	113	143	8
9	175	206	234	265	295	326	356	22	53	83	114	144	9
10	176	207	235	266	296	327	357	23	54	84	115	145	10
11	177	208	236	267	297	328	358	24	55	85	116	146	11
12	178	209	237	268	298	329	359	25	56	86	117	147	12
13	179	210	238	269	299	330	360	26	57	87	118	148	13
14	180	211	239	270	300	331	361	27	58	88	119	149	14
15	181	212	240	271	301	332	362	28	59	89	120	150	15
16	182	213	241	272	302	333	363	29	60	90	121	151	16
17	183	214	242	273	303	334	364	30	61	91	122	152	17
18	184	215	243	274	304	335	365	31	62	92	123	153	18
19	185	216	244	275	305	336	1	32	63	93	124	154	19
20	186	217	245	276	306	337	2	33	64	94	125	155	20
21	187	218	246	277	307	338	3	34	65	95	126	156	21
22	188	219	247	278	308	339	4	35	66	96	127	157	22
23	189	220	248	279	309	340	5	36	67	97	128	158	23
24	190	221	249	280	310	341	6	37	68	98	129	159	24
25	191	222	250	281	311	342	7	38	69	99	130	160	25
26	192	223	251	282	312	343	8	39	70	100	131	161	26
27	193	224	252	283	313	344	9	40	71	101	132	162	27
28	194	225	253	284	314	345	10	41	72	102	133	163	28
29	195		254	285	315	346	11	42	73	103	134	164	29
30	196		255	286	316	347	12	43	74	104	135	165	30
31	197		256		317		13	44		105		166	31

Jours qu'il y a du 19 JUILLET à une date de chaque mois.

Dates	Janv.	Févr.	Mars	Avril	Mai	Juin	Juill.	Août	Sept.	Oct.	Nov.	Déc.	Dates
1	166	197	225	256	286	317	347	13	44	74	105	135	1
2	167	198	226	257	287	318	348	14	45	75	106	136	2
3	168	199	227	258	288	319	349	15	46	76	107	137	3
4	169	200	228	259	289	320	350	16	47	77	108	138	4
5	170	201	229	260	290	321	351	17	48	78	109	139	5
6	171	202	230	261	291	322	352	18	49	79	110	140	6
7	172	203	231	262	292	323	353	19	50	80	111	141	7
8	173	204	232	263	293	324	354	20	51	81	112	142	8
9	174	205	233	264	294	325	355	21	52	82	113	143	9
10	175	206	234	265	295	326	356	22	53	83	114	144	10
11	176	207	235	266	296	327	357	23	54	84	115	145	11
12	177	208	236	267	297	328	358	24	55	85	116	146	12
13	178	209	237	268	298	329	359	25	56	86	117	147	13
14	179	210	238	269	299	330	360	26	57	87	118	148	14
15	180	211	239	270	300	331	361	27	58	88	119	149	15
16	181	212	240	271	301	332	362	28	59	89	120	150	16
17	182	213	241	272	302	333	363	29	60	90	121	151	17
18	183	214	242	273	303	334	364	30	61	91	122	152	18
19	184	215	243	274	304	335	365	31	62	92	123	153	19
20	185	216	244	275	305	336	1	32	63	93	124	154	20
21	186	217	245	276	306	337	2	33	64	94	125	155	21
22	187	218	246	277	307	338	3	34	65	95	126	156	22
23	188	219	247	278	308	339	4	35	66	96	127	157	23
24	189	220	248	279	309	340	5	36	67	97	128	158	24
25	190	221	249	280	310	341	6	37	68	98	129	159	25
26	191	222	250	281	311	342	7	38	69	99	130	160	26
27	192	223	251	282	312	343	8	39	70	100	131	161	27
28	193	224	252	283	313	344	9	40	71	101	132	162	28
29	194		253	284	314	345	10	41	72	102	133	163	29
30	195		254	285	315	346	11	42	73	103	134	164	30
31	196		255		316		12	43		104		165	31

Jours qu'il y a du 21 JUILLET à une date de chaque mois.

Dates	Janv.	Févr.	Mars	Avril	Mai	Juin	Juill.	Août	Sept.	Oct.	Nov.	Déc.	Dates
1	164	195	223	254	284	315	345	11	42	72	103	133	1
2	165	196	224	255	285	316	346	12	43	73	104	134	2
3	166	197	225	256	286	317	347	13	44	74	105	135	3
4	167	198	226	257	287	318	348	14	45	75	106	136	4
5	168	199	227	258	288	319	349	15	46	76	107	137	5
6	169	200	228	259	289	320	350	16	47	77	108	138	6
7	170	201	229	260	290	321	351	17	48	78	109	139	7
8	171	202	230	261	291	322	352	18	49	79	110	140	8
9	172	203	231	262	292	323	353	19	50	80	111	141	9
10	173	204	232	263	293	324	354	20	51	81	112	142	10
11	174	205	233	264	294	325	355	21	52	82	113	143	11
12	175	206	234	265	295	326	356	22	53	83	114	144	12
13	176	207	235	266	296	327	357	23	54	84	115	145	13
14	177	208	236	267	297	328	358	24	55	85	116	146	14
15	178	209	237	268	298	329	359	25	56	86	117	147	15
16	179	210	238	269	299	330	360	26	57	87	118	148	16
17	180	211	239	270	300	331	361	27	58	88	119	149	17
18	181	212	240	271	301	332	362	28	59	89	120	150	18
19	182	213	241	272	302	333	363	29	60	90	121	151	19
20	183	214	242	273	303	334	364	30	61	91	122	152	20
21	184	215	243	274	304	335	365	31	62	92	123	153	21
22	185	216	244	275	305	336	1	32	63	93	124	154	22
23	186	217	245	276	306	337	2	33	64	94	125	155	23
24	187	218	246	277	307	338	3	34	65	95	126	156	24
25	188	219	247	278	308	339	4	35	66	96	127	157	25
26	189	220	248	279	309	340	5	36	67	97	128	158	26
27	190	221	249	280	310	341	6	37	68	98	129	159	27
28	191	222	250	281	311	342	7	38	69	99	130	160	28
29	192		251	282	312	343	8	39	70	100	131	161	29
30	193		252	283	313	344	9	40	71	101	132	162	30
31	194		253		314		10	41		102		163	31

Jours qu'il y a du 20 JUILLET à une date de chaque mois.

Dates	Janv.	Févr.	Mars	Avril	Mai	Juin	Juill.	Août	Sept.	Oct.	Nov.	Déc.	Dates
1	165	196	224	255	285	316	346	12	43	73	104	134	1
2	166	197	225	256	286	317	347	13	44	74	105	135	2
3	167	198	226	257	287	318	348	14	45	75	106	136	3
4	168	199	227	258	288	319	349	15	46	76	107	137	4
5	169	200	228	259	289	320	350	16	47	77	108	138	5
6	170	201	229	260	290	321	351	17	48	78	109	139	6
7	171	202	230	261	291	322	352	18	49	79	110	140	7
8	172	203	231	262	292	323	353	19	50	80	111	141	8
9	173	204	232	263	293	324	354	20	51	81	112	142	9
10	174	205	233	264	294	325	355	21	52	82	113	143	10
11	175	206	234	265	295	326	356	22	53	83	114	144	11
12	176	207	235	266	296	327	357	23	54	84	115	145	12
13	177	208	236	267	297	328	358	24	55	85	116	146	13
14	178	209	237	268	298	329	359	25	56	86	117	147	14
15	179	210	238	269	299	330	360	26	57	87	118	148	15
16	180	211	239	270	300	331	361	27	58	88	119	149	16
17	181	212	240	271	301	332	362	28	59	89	120	150	17
18	182	213	241	272	302	333	363	29	60	90	121	151	18
19	183	214	242	273	303	334	364	30	61	91	122	152	19
20	184	215	243	274	304	335	365	31	62	92	123	153	20
21	185	216	244	275	305	336	1	32	63	93	124	154	21
22	186	217	245	276	306	337	2	33	64	94	125	155	22
23	187	218	246	277	307	338	3	34	65	95	126	156	23
24	188	219	247	278	308	339	4	35	66	96	127	157	24
25	189	220	248	279	309	340	5	36	67	97	128	158	25
26	190	221	249	280	310	341	6	37	68	98	129	159	26
27	191	222	250	281	311	342	7	38	69	99	130	160	27
28	192	223	251	282	312	343	8	39	70	100	131	161	28
29	193		252	283	313	344	9	40	71	101	132	162	29
30	194		253	284	314	345	10	41	72	102	133	163	30
31	195		254		315		11	42		103		164	31

Dates	Déc.	Nov.	Oct.	Sept.	Août	Juill.	Juin	Mai	Avril	Mars	Févr.	Janv.	Dates
1	131	101	70	40	9	343	313	282	252	221	193	162	1
2	132	102	71	41	10	344	314	283	253	222	194	163	2
3	133	103	72	42	11	345	315	284	254	223	195	164	3
4	134	104	73	43	12	346	316	285	255	224	196	165	4
5	135	105	74	44	13	347	317	286	256	225	197	166	5
6	136	106	75	45	14	348	318	287	257	226	198	167	6
7	137	107	76	46	15	349	319	288	258	227	199	168	7
8	138	108	77	47	16	350	320	289	259	228	200	169	8
9	139	109	78	48	17	351	321	290	260	229	201	170	9
10	140	110	79	49	18	352	322	291	261	230	202	171	10
11	141	111	80	50	19	353	323	292	262	231	203	172	11
12	142	112	81	51	20	354	324	293	263	232	204	173	12
13	143	113	82	52	21	355	325	294	264	233	205	174	13
14	144	114	83	53	22	356	326	295	265	234	206	175	14
15	145	115	84	54	23	357	327	296	266	235	207	176	15
16	146	116	85	55	24	358	328	297	267	236	208	177	16
17	147	117	86	56	25	359	329	298	268	237	209	178	17
18	148	118	87	57	26	360	330	299	269	238	210	179	18
19	149	119	88	58	27	361	331	300	270	239	211	180	19
20	150	120	89	59	28	362	332	301	271	240	212	181	20
21	151	121	90	60	29	363	333	302	272	241	213	182	21
22	152	122	91	61	30	364	334	303	273	242	214	183	22
23	153	123	92	62	31	365	335	304	274	243	215	184	23
24	154	124	93	63	32	1	336	305	275	244	216	185	24
25	155	125	94	64	33	2	337	306	276	245	217	186	25
26	156	126	95	65	34	3	338	307	277	246	218	187	26
27	157	127	96	66	35	4	339	308	278	247	219	188	27
28	158	128	97	67	36	5	340	309	279	248	220	189	28
29	159	129	98	68	37	6	341	310	280	249		190	29
30	160	130	99	69	38	7	342	311	281	250		191	30
31	161		100		39	8		312		251		192	31

Dates	Déc.	Nov.	Oct.	Sept.	Août	Juill.	Juin	Mai	Avril	Mars	Févr.	Janv.	Dates
1	132	102	71	41	10	344	314	283	253	222	194	163	1
2	133	103	72	42	11	345	315	284	254	223	195	164	2
3	134	104	73	43	12	346	316	285	255	224	196	165	3
4	135	105	74	44	13	347	317	286	256	225	197	166	4
5	136	106	75	45	14	348	318	287	257	226	198	167	5
6	137	107	76	46	15	349	319	288	258	227	199	168	6
7	138	108	77	47	16	350	320	289	259	228	200	169	7
8	139	109	78	48	17	351	321	290	260	229	201	170	8
9	140	110	79	49	18	352	322	291	261	230	202	171	9
10	141	111	80	50	19	353	323	292	262	231	203	172	10
11	142	112	81	51	20	354	324	293	263	232	204	173	11
12	143	113	82	52	21	355	325	294	264	233	205	174	12
13	144	114	83	53	22	356	326	295	265	234	206	175	13
14	145	115	84	54	23	357	327	296	266	235	207	176	14
15	146	116	85	55	24	358	328	297	267	236	208	177	15
16	147	117	86	56	25	359	329	298	268	237	209	178	16
17	148	118	87	57	26	360	330	299	269	238	210	179	17
18	149	119	88	58	27	361	331	300	270	239	211	180	18
19	150	120	89	59	28	362	332	301	271	240	212	181	19
20	151	121	90	60	29	363	333	302	272	241	213	182	20
21	152	122	91	61	30	364	334	303	273	242	214	183	21
22	153	123	92	62	31	365	335	304	274	243	215	184	22
23	154	124	93	63	32	1	336	305	275	244	216	185	23
24	155	125	94	64	33	2	337	306	276	245	217	186	24
25	156	126	95	65	34	3	338	307	277	246	218	187	25
26	157	127	96	66	35	4	339	308	278	247	219	188	26
27	158	128	97	67	36	5	340	309	279	248	220	189	27
28	159	129	98	68	37	6	341	310	280	249	221	190	28
29	160	130	99	69	38	7	342	311	281	250		191	29
30	161	131	100	70	39	8	343	312	282	251		192	30
31	162		101		40	9		313		252		193	31

Jours qu'il y a du 25 JUILLET à une date de chaque mois.

Dates	Déc.	Nov.	Oct.	Sept.	Août	Juill.	Juin	Mai	Avril	Mars	Févr.	Janv.	Dates
1	129	99	68	38	7	341	311	280	250	219	191	160	1
2	130	100	69	39	8	342	312	281	251	220	192	161	2
3	131	101	70	40	9	343	313	282	252	221	193	162	3
4	132	102	71	41	10	344	314	283	253	222	194	163	4
5	133	103	72	42	11	345	315	284	254	223	195	164	5
6	134	104	73	43	12	346	316	285	255	224	196	165	6
7	135	105	74	44	13	347	317	286	256	225	197	166	7
8	136	106	75	45	14	348	318	287	257	226	198	167	8
9	137	107	76	46	15	349	319	288	258	227	199	168	9
10	138	108	77	47	16	350	320	289	259	228	200	169	10
11	139	109	78	48	17	351	321	290	260	229	201	170	11
12	140	110	79	49	18	352	322	291	261	230	202	171	12
13	141	111	80	50	19	353	323	292	262	231	203	172	13
14	142	112	81	51	20	354	324	293	263	232	204	173	14
15	143	113	82	52	21	355	325	294	264	233	205	174	15
16	144	114	83	53	22	356	326	295	265	234	206	175	16
17	145	115	84	54	23	357	327	296	266	235	207	176	17
18	146	116	85	55	24	358	328	297	267	236	208	177	18
19	147	117	86	56	25	359	329	298	268	237	209	178	19
20	148	118	87	57	26	360	330	299	269	238	210	179	20
21	149	119	88	58	27	361	331	300	270	239	211	180	21
22	150	120	89	59	28	362	332	301	271	240	212	181	22
23	151	121	90	60	29	363	333	302	272	241	213	182	23
24	152	122	91	61	30	364	334	303	273	242	214	183	24
25	153	123	92	62	31	365	335	304	274	243	215	184	25
26	154	124	93	63	32	1	336	305	275	244	216	185	26
27	155	125	94	64	33	2	337	306	276	245	217	186	27
28	156	126	95	65	34	3	338	307	277	246	218	187	28
29	157	127	96	66	35	4	339	308	278	247		188	29
30	158	128	97	67	36	5	340	309	279	248		189	30
31	159		98		37	6		310		249		190	31

Jours qu'il y a du 24 JUILLET à une date de chaque mois.

Dates	Déc.	Nov.	Oct.	Sept.	Août	Juill.	Juin	Mai	Avril	Mars	Févr.	Janv.	Dates
1	130	100	69	39	8	342	312	281	251	220	192	161	1
2	131	101	70	40	9	343	313	282	252	221	193	162	2
3	132	102	71	41	10	344	314	283	253	222	194	163	3
4	133	103	72	42	11	345	315	284	254	223	195	164	4
5	134	104	73	43	12	346	316	285	255	224	196	165	5
6	135	105	74	44	13	347	317	286	256	225	197	166	6
7	136	106	75	45	14	348	318	287	257	226	198	167	7
8	137	107	76	46	15	349	319	288	258	227	199	168	8
9	138	108	77	47	16	350	320	289	259	228	200	169	9
10	139	109	78	48	17	351	321	290	260	229	201	170	10
11	140	110	79	49	18	352	322	291	261	230	202	171	11
12	141	111	80	50	19	353	323	292	262	231	203	172	12
13	142	112	81	51	20	354	324	293	263	232	204	173	13
14	143	113	82	52	21	355	325	294	264	233	205	174	14
15	144	114	83	53	22	356	326	295	265	234	206	175	15
16	145	115	84	54	23	357	327	296	266	235	207	176	16
17	146	116	85	55	24	358	328	297	267	236	208	177	17
18	147	117	86	56	25	359	329	298	268	237	209	178	18
19	148	118	87	57	26	360	330	299	269	238	210	179	19
20	149	119	88	58	27	361	331	300	270	239	211	180	20
21	150	120	89	59	28	362	332	301	271	240	212	181	21
22	151	121	90	60	29	363	333	302	272	241	213	182	22
23	152	122	91	61	30	364	334	303	273	242	214	183	23
24	153	123	92	62	31	365	335	304	274	243	215	184	24
25	154	124	93	63	32	1	336	305	275	244	216	185	25
26	155	125	94	64	33	2	337	306	276	245	217	186	26
27	156	126	95	65	34	3	338	307	277	246	218	187	27
28	157	127	96	66	35	4	339	308	278	247	219	188	28
29	158	128	97	67	36	5	340	309	279	248		189	29
30	159	129	98	68	37	6	341	310	280	249		190	30
31	160		99		38	7		311		250		191	31

Jours qu'il y a du 27 JUILLET à une date de chaque mois.

Dates	Janv.	Févr.	Mars	Avril	Mai	Juin	Juill.	Août	Sept.	Oct.	Nov.	Déc.	Dates
1	158	189	217	248	278	309	339	5	36	66	97	127	1
2	159	190	218	249	279	310	340	6	37	67	98	128	2
3	160	191	219	250	280	311	341	7	38	68	99	129	3
4	161	192	220	251	281	312	342	8	39	69	100	130	4
5	162	193	221	252	282	313	343	9	40	70	101	131	5
6	163	194	222	253	283	314	344	10	41	71	102	132	6
7	164	195	223	254	284	315	345	11	42	72	103	133	7
8	165	196	224	255	285	316	346	12	43	73	104	134	8
9	166	197	225	256	286	317	347	13	44	74	105	135	9
10	167	198	226	257	287	318	348	14	45	75	106	136	10
11	168	199	227	258	288	319	349	15	46	76	107	137	11
12	169	200	228	259	289	320	350	16	47	77	108	138	12
13	170	201	229	260	290	321	351	17	48	78	109	139	13
14	171	202	230	261	291	322	352	18	49	79	110	140	14
15	172	203	231	262	292	323	353	19	50	80	111	141	15
16	173	204	232	263	293	324	354	20	51	81	112	142	16
17	174	205	233	264	294	325	355	21	52	82	113	143	17
18	175	206	234	265	295	326	356	22	53	83	114	144	18
19	176	207	235	266	296	327	357	23	54	84	115	145	19
20	177	208	236	267	297	328	358	24	55	85	116	146	20
21	178	209	237	268	298	329	359	25	56	86	117	147	21
22	179	210	238	269	299	330	360	26	57	87	118	148	22
23	180	211	239	270	300	331	361	27	58	88	119	149	23
24	181	212	240	271	301	332	362	28	59	89	120	150	24
25	182	213	241	272	302	333	363	29	60	90	121	151	25
26	183	214	242	273	303	334	364	30	61	91	122	152	26
27	184	215	243	274	304	335	365	31	62	92	123	153	27
28	185	216	244	275	305	336	1	32	63	93	124	154	28
29	186		245	276	306	337	2	33	64	94	125	155	29
30	187		246	277	307	338	3	34	65	95	126	156	30
31	188		247		308		4	35		96		157	31

Jours qu'il y a du 26 JUILLET a une date de chaque mois.

Dates	Janv.	Févr.	Mars	Avril	Mai	Juin	Juill.	Août	Sept.	Oct.	Nov.	Déc.	Dates
1	159	190	218	249	279	310	340	6	37	67	98	128	1
2	160	191	219	250	280	311	341	7	38	68	99	129	2
3	161	192	220	251	281	312	342	8	39	69	100	130	3
4	162	193	221	252	282	313	343	9	40	70	101	131	4
5	163	194	222	253	283	314	344	10	41	71	102	132	5
6	164	195	223	254	284	315	345	11	42	72	103	133	6
7	165	196	224	255	285	316	346	12	43	73	104	134	7
8	166	197	225	256	286	317	347	13	44	74	105	135	8
9	167	198	226	257	287	318	348	14	45	75	106	136	9
10	168	199	227	258	288	319	349	15	46	76	107	137	10
11	169	200	228	259	289	320	350	16	47	77	108	138	11
12	170	201	229	260	290	321	351	17	48	78	109	139	12
13	171	202	230	261	291	322	352	18	49	79	110	140	13
14	172	203	231	262	292	323	353	19	50	80	111	141	14
15	173	204	232	263	293	324	354	20	51	81	112	142	15
16	174	205	233	264	294	325	355	21	52	82	113	143	16
17	175	206	234	265	295	326	356	22	53	83	114	144	17
18	176	207	235	266	296	327	357	23	54	84	115	145	18
19	177	208	236	267	297	328	358	24	55	85	116	146	19
20	178	209	237	268	298	329	359	25	56	86	117	147	20
21	179	210	238	269	299	330	360	26	57	87	118	148	21
22	180	211	239	270	300	331	361	27	58	88	119	149	22
23	181	212	240	271	301	332	362	28	59	89	120	150	23
24	182	213	241	272	302	333	363	29	60	90	121	151	24
25	183	214	242	273	303	334	364	30	61	91	122	152	25
26	184	215	243	274	304	335	365	31	62	92	123	153	26
27	185	216	244	275	305	336	1	32	63	93	124	154	27
28	186	217	245	276	306	337	2	33	64	94	125	155	28
29	187		246	277	307	338	3	34	65	95	126	156	29
30	188		247	278	308	339	4	35	66	96	127	157	30
31	189		248		309		5	36		97		158	31

Jours qu'il y a du 29 JUILLET à une date de chaque mois

Dates	Janv.	Févr.	Mars	Avril	Mai	Juin	Juill.	Août	Sept.	Oct.	Nov.	Déc.	Dates
1	156	187	215	246	276	307	337	3	34	64	95	125	1
2	157	188	216	247	277	308	338	4	35	65	96	126	2
3	158	189	217	248	278	309	339	5	36	66	97	127	3
4	159	190	218	249	279	310	340	6	37	67	98	128	4
5	160	191	219	250	280	311	341	7	38	68	99	129	5
6	161	192	220	251	281	312	342	8	39	69	100	130	6
7	162	193	221	252	282	313	343	9	40	70	101	131	7
8	163	194	222	253	283	314	344	10	41	71	102	132	8
9	164	195	223	254	284	315	345	11	42	72	103	133	9
10	165	196	224	255	285	316	346	12	43	73	104	134	10
11	166	197	225	256	286	317	347	13	44	74	105	135	11
12	167	198	226	257	287	318	348	14	45	75	106	136	12
13	168	199	227	258	288	319	349	15	46	76	107	137	13
14	169	200	228	259	289	320	350	16	47	77	108	138	14
15	170	201	229	260	290	321	351	17	48	78	109	139	15
16	171	202	230	261	291	322	352	18	49	79	110	140	16
17	172	203	231	262	292	323	353	19	50	80	111	141	17
18	173	204	232	263	293	324	354	20	51	81	112	142	18
19	174	205	233	264	294	325	355	21	52	82	113	143	19
20	175	206	234	265	295	326	356	22	53	83	114	144	20
21	176	207	235	266	296	327	357	23	54	84	115	145	21
22	177	208	236	267	297	328	358	24	55	85	116	146	22
23	178	209	237	268	298	329	359	25	56	86	117	147	23
24	179	210	238	269	299	330	360	26	57	87	118	148	24
25	180	211	239	270	300	331	361	27	58	88	119	149	25
26	181	212	240	271	301	332	362	28	59	89	120	150	26
27	182	213	241	272	302	333	363	29	60	90	121	151	27
28	183	214	242	273	303	334	364	30	61	91	122	152	28
29	184		243	274	304	335	365	31	62	92	123	153	29
30	185		244	275	305	336	1	32	63	93	124	154	30
31	186		245		306		2	33		94		155	31

Jours qu'il y a du 28 JUILLET à une date de chaque mois

Dates	Janv.	Févr.	Mars	Avril	Mai	Juin	Juill.	Août	Sept.	Oct.	Nov.	Déc.	Dates
1	157	188	216	247	277	308	338	4	35	65	96	126	1
2	158	189	217	248	278	309	339	5	36	66	97	127	2
3	159	190	218	249	279	310	340	6	37	67	98	128	3
4	160	191	219	250	280	311	341	7	38	68	99	129	4
5	161	192	220	251	281	312	342	8	39	69	100	130	5
6	162	193	221	252	282	313	343	9	40	70	101	131	6
7	163	194	222	253	283	314	344	10	41	71	102	132	7
8	164	195	223	254	284	315	345	11	42	72	103	133	8
9	165	196	224	255	285	316	346	12	43	73	104	134	9
10	166	197	225	256	286	317	347	13	44	74	105	135	10
11	167	198	226	257	287	318	348	14	45	75	106	136	11
12	168	199	227	258	288	319	349	15	46	76	107	137	12
13	169	200	228	259	289	320	350	16	47	77	108	138	13
14	170	201	229	260	290	321	351	17	48	78	109	139	14
15	171	202	230	261	291	322	352	18	49	79	110	140	15
16	172	203	231	262	292	323	353	19	50	80	111	141	16
17	173	204	232	263	293	324	354	20	51	81	112	142	17
18	174	205	233	264	294	325	355	21	52	82	113	143	18
19	175	206	234	265	295	326	356	22	53	83	114	144	19
20	176	207	235	266	296	327	357	23	54	84	115	145	20
21	177	208	236	267	297	328	358	24	55	85	116	146	21
22	178	209	237	268	298	329	359	25	56	86	117	147	22
23	179	210	238	269	299	330	360	26	57	87	118	148	23
24	180	211	239	270	300	331	361	27	58	88	119	149	24
25	181	212	240	271	301	332	362	28	59	89	120	150	25
26	182	213	241	272	302	333	363	29	60	90	121	151	26
27	183	214	242	273	303	334	364	30	61	91	122	152	27
28	184	215	243	274	304	335	365	31	62	92	123	153	28
29	185		244	275	305	336	1	32	63	93	124	154	29
30	186		245	276	306	337	2	33	64	94	125	155	30
31	187		246		307		3	34		95		156	31

Jours qu'il y a du 30 JUILLET à une date de chaque mois

Dates	Janv.	Févr.	Mars	Avril	Mai	Juin	Juill.	Août	Sept.	Oct.	Nov.	Déc.	Dates
1	155	186	214	245	275	306	336	2	33	63	94	124	1
2	156	187	215	246	276	307	337	3	34	64	95	125	2
3	157	188	216	247	277	308	338	4	35	65	96	126	3
4	158	189	217	248	278	309	339	5	36	66	97	127	4
5	159	190	218	249	279	310	340	6	37	67	98	128	5
6	160	191	219	250	280	311	341	7	38	68	99	129	6
7	161	192	220	251	281	312	342	8	39	69	100	130	7
8	162	193	221	252	282	313	343	9	40	70	101	131	8
9	163	194	222	253	283	314	344	10	41	71	102	132	9
10	164	195	223	254	284	315	345	11	42	72	103	133	10
11	165	196	224	255	285	316	346	12	43	73	104	134	11
12	166	197	225	256	286	317	347	13	44	74	105	135	12
13	167	198	226	257	287	318	348	14	45	75	106	136	13
14	168	199	227	258	288	319	349	15	46	76	107	137	14
15	169	200	228	259	289	320	350	16	47	77	108	138	15
16	170	201	229	260	290	321	351	17	48	78	109	139	16
17	171	202	230	261	291	322	352	18	49	79	110	140	17
18	172	203	231	262	292	323	353	19	50	80	111	141	18
19	173	204	232	263	293	324	354	20	51	81	112	142	19
20	174	205	233	264	294	325	355	21	52	82	113	143	20
21	175	206	234	265	295	326	356	22	53	83	114	144	21
22	176	207	235	266	296	327	357	23	54	84	115	145	22
23	177	208	236	267	297	328	358	24	55	85	116	146	23
24	178	209	237	268	298	329	359	25	56	86	117	147	24
25	179	210	238	269	299	330	360	26	57	87	118	148	25
26	180	211	239	270	300	331	361	27	58	88	119	149	26
27	181	212	240	271	301	332	362	28	59	89	120	150	27
28	182	213	241	272	302	333	363	29	60	90	121	151	28
29	183		242	273	303	334	364	30	61	91	122	152	29
30	184		243	274	304	335	365	31	62	92	123	153	30
31	185		244		305		1	32		93		154	31

Jours qu'il y a du 31 JUILLET à une date de chaque mois

Dates	Janv.	Févr.	Mars	Avril	Mai	Juin	Juill.	Août	Sept.	Oct.	Nov.	Déc.	Dates
1	154	185	213	244	274	305	335	1	32	62	93	123	1
2	155	186	214	245	275	306	336	2	33	63	94	124	2
3	156	187	215	246	276	307	337	3	34	64	95	125	3
4	157	188	216	247	277	308	338	4	35	65	96	126	4
5	158	189	217	248	278	309	339	5	36	66	97	127	5
6	159	190	218	249	279	310	340	6	37	67	98	128	6
7	160	191	219	250	280	311	341	7	38	68	99	129	7
8	161	192	220	251	281	312	342	8	39	69	100	130	8
9	162	193	221	252	282	313	343	9	40	70	101	131	9
10	163	194	222	253	283	314	344	10	41	71	102	132	10
11	164	195	223	254	284	315	345	11	42	72	103	133	11
12	165	196	224	255	285	316	346	12	43	73	104	134	12
13	166	197	225	256	286	317	347	13	44	74	105	135	13
14	167	198	226	257	287	318	348	14	45	75	106	136	14
15	168	199	227	258	288	319	349	15	46	76	107	137	15
16	169	200	228	259	289	320	350	16	47	77	108	138	16
17	170	201	229	260	290	321	351	17	48	78	109	139	17
18	171	202	230	261	291	322	352	18	49	79	110	140	18
19	172	203	231	262	292	323	353	19	50	80	111	141	19
20	173	204	232	263	293	324	354	20	51	81	112	142	20
21	174	205	233	264	294	325	355	21	52	82	113	143	21
22	175	206	234	265	295	326	356	22	53	83	114	144	22
23	176	207	235	266	296	327	357	23	54	84	115	145	23
24	177	208	236	267	297	328	358	24	55	85	116	146	24
25	178	209	237	268	298	329	359	25	56	86	117	147	25
26	179	210	238	269	299	330	360	26	57	87	118	148	26
27	180	211	239	270	300	331	361	27	58	88	119	149	27
28	181	212	240	271	301	332	362	28	59	89	120	150	28
29	182		241	272	302	333	363	29	60	90	121	151	29
30	183		242	273	303	334	364	30	61	91	122	152	30
31	184		243		304		365	31		92		153	31

Jours qu'il y a du 2 AOUT à une date de chaque mois.

Dates	Janv.	Févr.	Mars	Avril	Mai	Juin	Juill.	Août	Sept.	Oct.	Nov.	Déc.	Dates
1	152	183	211	242	272	303	333	364	30	60	91	121	1
2	153	184	212	243	273	304	334	365	31	61	92	122	2
3	154	185	213	244	274	305	335	1	32	62	93	123	3
4	155	186	214	245	275	306	336	2	33	63	94	124	4
5	156	187	215	246	276	307	337	3	34	64	95	125	5
6	157	188	216	247	277	308	338	4	35	65	96	126	6
7	158	189	217	248	278	309	339	5	36	66	97	127	7
8	159	190	218	249	279	310	340	6	37	67	98	128	8
9	160	191	219	250	280	311	341	7	38	68	99	129	9
10	161	192	220	251	281	312	342	8	39	69	100	130	10
11	162	193	221	252	282	313	343	9	40	70	101	131	11
12	163	194	222	253	283	314	344	10	41	71	102	132	12
13	164	195	223	254	284	315	345	11	42	72	103	133	13
14	165	196	224	255	285	316	346	12	43	73	104	134	14
15	166	197	225	256	286	317	347	13	44	74	105	135	15
16	167	198	226	257	287	318	348	14	45	75	106	136	16
17	168	199	227	258	288	319	349	15	46	76	107	137	17
18	169	200	228	259	289	320	350	16	47	77	108	138	18
19	170	201	229	260	290	321	351	17	48	78	109	139	19
20	171	202	230	261	291	322	352	18	49	79	110	140	20
21	172	203	231	262	292	323	353	19	50	80	111	141	21
22	173	204	232	263	293	324	354	20	51	81	112	142	22
23	174	205	233	264	294	325	355	21	52	82	113	143	23
24	175	206	234	265	295	326	356	22	53	83	114	144	24
25	176	207	235	266	296	327	357	23	54	84	115	145	25
26	177	208	236	267	297	328	358	24	55	85	116	146	26
27	178	209	237	268	298	329	359	25	56	86	117	147	27
28	179	210	238	269	299	330	360	26	57	87	118	148	28
29	180		239	270	300	331	361	27	58	88	119	149	29
30	181		240	271	301	332	362	28	59	89	120	150	30
31	182		241		302		363	29		90		151	31

Jours qu'il y a du 1er AOUT à une date de chaque mois

Dates	Janv.	Févr.	Mars	Avril	Mai	Juin	Juill.	Août	Sept.	Oct.	Nov.	Déc.	Dates
1	153	184	212	243	273	304	334	365	31	61	92	122	1
2	154	185	213	244	274	305	335	1	32	62	93	123	2
3	155	186	214	245	275	306	336	2	33	63	94	124	3
4	156	187	215	246	276	307	337	3	34	64	95	125	4
5	157	188	216	247	277	308	338	4	35	65	96	126	5
6	158	189	217	248	278	309	339	5	36	66	97	127	6
7	159	190	218	249	279	310	340	6	37	67	98	128	7
8	160	191	219	250	280	311	341	7	38	68	99	129	8
9	161	192	220	251	281	312	342	8	39	69	100	130	9
10	162	193	221	252	282	313	343	9	40	70	101	131	10
11	163	194	222	253	283	314	344	10	41	71	102	132	11
12	164	195	223	254	284	315	345	11	42	72	103	133	12
13	165	196	224	255	285	316	346	12	43	73	104	134	13
14	166	197	225	256	286	317	347	13	44	74	105	135	14
15	167	198	226	257	287	318	348	14	45	75	106	136	15
16	168	199	227	258	288	319	349	15	46	76	107	137	16
17	169	200	228	259	289	320	350	16	47	77	108	138	17
18	170	201	229	260	290	321	351	17	48	78	109	139	18
19	171	202	230	261	291	322	352	18	49	79	110	140	19
20	172	203	231	262	292	323	353	19	50	80	111	141	20
21	173	204	232	263	293	324	354	20	51	81	112	142	21
22	174	205	233	264	294	325	355	21	52	82	113	143	22
23	175	206	234	265	295	326	356	22	53	83	114	144	23
24	176	207	235	266	296	327	357	23	54	84	115	145	24
25	177	208	236	267	297	328	358	24	55	85	116	146	25
26	178	209	237	268	298	329	359	25	56	86	117	147	26
27	179	210	238	269	299	330	360	26	57	87	118	148	27
28	180	211	239	270	300	331	361	27	58	88	119	149	28
29	181		240	271	301	332	362	28	59	89	120	150	29
30	182		241	272	302	333	363	29	60	90	121	151	30
31	183		242		303		364	30		91		152	31

Jours qu'il y a du **4 AOUT** a une date de chaque mois.

Dates	Janv.	Févr.	Mars	Avril	Mai	Juin	Juill.	Août	Sept.	Oct.	Nov.	Déc.	Dates
1	150	181	209	240	270	301	331	362	28	58	89	119	1
2	151	182	210	241	271	302	332	363	29	59	90	120	2
3	152	183	211	242	272	303	333	364	30	60	91	121	3
4	153	184	212	243	273	304	334	365	31	61	92	122	4
5	154	185	213	244	274	305	335	1	32	62	93	123	5
6	155	186	214	245	275	306	336	2	33	63	94	124	6
7	156	187	215	246	276	307	337	3	34	64	95	125	7
8	157	188	216	247	277	308	338	4	35	65	96	126	8
9	158	189	217	248	278	309	339	5	36	66	97	127	9
10	159	190	218	249	279	310	340	6	37	67	98	128	10
11	160	191	219	250	280	311	341	7	38	68	99	129	11
12	161	192	220	251	281	312	342	8	39	69	100	130	12
13	162	193	221	252	282	313	343	9	40	70	101	131	13
14	163	194	222	253	283	314	344	10	41	71	102	132	14
15	164	195	223	254	284	315	345	11	42	72	103	133	15
16	165	196	224	255	285	316	346	12	43	73	104	134	16
17	166	197	225	256	286	317	347	13	44	74	105	135	17
18	167	198	226	257	287	318	348	14	45	75	106	136	18
19	168	199	227	258	288	319	349	15	46	76	107	137	19
20	169	200	228	259	289	320	350	16	47	77	108	138	20
21	170	201	229	260	290	321	351	17	48	78	109	139	21
22	171	202	230	261	291	322	352	18	49	79	110	140	22
23	172	203	231	262	292	323	353	19	50	80	111	141	23
24	173	204	232	263	293	324	354	20	51	81	112	142	24
25	174	205	233	264	294	325	355	21	52	82	113	143	25
26	175	206	234	265	295	326	356	22	53	83	114	144	26
27	176	207	235	266	296	327	357	23	54	84	115	145	27
28	177	208	236	267	297	328	358	24	55	85	116	146	28
29	178		237	268	298	329	359	25	56	86	117	147	29
30	179		238	269	299	330	360	26	57	87	118	148	30
31	180		239		300		361	27		88		149	31

Jours qu'il y a du **3 AOUT** a une date de chaque mois.

Dates	Janv.	Févr.	Mars	Avril	Mai	Juin	Juill.	Août	Sept.	Oct.	Nov.	Déc.	Dates
1	151	182	210	241	271	302	332	363	29	59	90	120	1
2	152	183	211	242	272	303	333	364	30	60	91	121	2
3	153	184	212	243	273	304	334	365	31	61	92	122	3
4	154	185	213	244	274	305	335	1	32	62	93	123	4
5	155	186	214	245	275	306	336	2	33	63	94	124	5
6	156	187	215	246	276	307	337	3	34	64	95	125	6
7	157	188	216	247	277	308	338	4	35	65	96	126	7
8	158	189	217	248	278	309	339	5	36	66	97	127	8
9	159	190	218	249	279	310	340	6	37	67	98	128	9
10	160	191	219	250	280	311	341	7	38	68	99	129	10
11	161	192	220	251	281	312	342	8	39	69	100	130	11
12	162	193	221	252	282	313	343	9	40	70	101	131	12
13	163	194	222	253	283	314	344	10	41	71	102	132	13
14	164	195	223	254	284	315	345	11	42	72	103	133	14
15	165	196	224	255	285	316	346	12	43	73	104	134	15
16	166	197	225	256	286	317	347	13	44	74	105	135	16
17	167	198	226	257	287	318	348	14	45	75	106	136	17
18	168	199	227	258	288	319	349	15	46	76	107	137	18
19	169	200	228	259	289	320	350	16	47	77	108	138	19
20	170	201	229	260	290	321	351	17	48	78	109	139	20
21	171	202	230	261	291	322	352	18	49	79	110	140	21
22	172	203	231	262	292	323	353	19	50	80	111	141	22
23	173	204	232	263	293	324	354	20	51	81	112	142	23
24	174	205	233	264	294	325	355	21	52	82	113	143	24
25	175	206	234	265	295	326	356	22	53	83	114	144	25
26	176	207	235	266	296	327	357	23	54	84	115	145	26
27	177	208	236	267	297	328	358	24	55	85	116	146	27
28	178	209	237	268	298	329	359	25	56	86	117	147	28
29	179		238	269	299	330	360	26	57	87	118	148	29
30	180		239	270	300	331	361	27	58	88	119	149	30
31	181						362	28				150	31

Jours qu'il y a du **5 AOUT** à une date de chaque mois.

Dates	Janv.	Févr.	Mars	Avril	Mai	Juin	Juill.	Août	Sept.	Oct.	Nov.	Déc.	Dates
1	149	180	208	239	269	300	330	361	27	57	88	118	1
2	150	181	209	240	270	301	331	362	28	58	89	119	2
3	151	182	210	241	271	302	332	363	29	59	90	120	3
4	152	183	211	242	272	303	333	364	30	60	91	121	4
5	153	184	212	243	273	304	334	365	31	61	92	122	5
6	154	185	213	244	274	305	335	1	32	62	93	123	6
7	155	186	214	245	275	306	336	2	33	63	94	124	7
8	156	187	215	246	276	307	337	3	34	64	95	125	8
9	157	188	216	247	277	308	338	4	35	65	96	126	9
10	158	189	217	248	278	309	339	5	36	66	97	127	10
11	159	190	218	249	279	310	340	6	37	67	98	128	11
12	160	191	219	250	280	311	341	7	38	68	99	129	12
13	161	192	220	251	281	312	342	8	39	69	100	130	13
14	162	193	221	252	282	313	343	9	40	70	101	131	14
15	163	194	222	253	283	314	344	10	41	71	102	132	15
16	164	195	223	254	284	315	345	11	42	72	103	133	16
17	165	196	224	255	285	316	346	12	43	73	104	134	17
18	166	197	225	256	286	317	347	13	44	74	105	135	18
19	167	198	226	257	287	318	348	14	45	75	106	136	19
20	168	199	227	258	288	319	349	15	46	76	107	137	20
21	169	200	228	259	289	320	350	16	47	77	108	138	21
22	170	201	229	260	290	321	351	17	48	78	109	139	22
23	171	202	230	261	291	322	352	18	49	79	110	140	23
24	172	203	231	262	292	323	353	19	50	80	111	141	24
25	173	204	232	263	293	324	354	20	51	81	112	142	25
26	174	205	233	264	294	325	355	21	52	82	113	143	26
27	175	206	234	265	295	326	356	22	53	83	114	144	27
28	176	207	235	266	296	327	357	23	54	84	115	145	28
29	177		236	267	297	328	358	24	55	85	116	146	29
30	178		237	268	298	329	359	25	56	86	117	147	30
31	179		238		299		360	26		87		148	31

Jours qu'il y a du **6 AOUT** à une date de chaque mois

Dates	Janv.	Févr.	Mars	Avril	Mai	Juin	Juill.	Août	Sept.	Oct.	Nov.	Déc.	Dates
1	148	179	207	238	268	299	329	360	26	56	87	117	1
2	149	180	208	239	269	300	330	361	27	57	88	118	2
3	150	181	209	240	270	301	331	362	28	58	89	119	3
4	151	182	210	241	271	302	332	363	29	59	90	120	4
5	152	183	211	242	272	303	333	364	30	60	91	121	5
6	153	184	212	243	273	304	334	365	31	61	92	122	6
7	154	185	213	244	274	305	335	1	32	62	93	123	7
8	155	186	214	245	275	306	336	2	33	63	94	124	8
9	156	187	215	246	276	307	337	3	34	64	95	125	9
10	157	188	216	247	277	308	338	4	35	65	96	126	10
11	158	189	217	248	278	309	339	5	36	66	97	127	11
12	159	190	218	249	279	310	340	6	37	67	98	128	12
13	160	191	219	250	280	311	341	7	38	68	99	129	13
14	161	192	220	251	281	312	342	8	39	69	100	130	14
15	162	193	221	252	282	313	343	9	40	70	101	131	15
16	163	194	222	253	283	314	344	10	41	71	102	132	16
17	164	195	223	254	284	315	345	11	42	72	103	133	17
18	165	196	224	255	285	316	346	12	43	73	104	134	18
19	166	197	225	256	286	317	347	13	44	74	105	135	19
20	167	198	226	257	287	318	348	14	45	75	106	136	20
21	168	199	227	258	288	319	349	15	46	76	107	137	21
22	169	200	228	259	289	320	350	16	47	77	108	138	22
23	170	201	229	260	290	321	351	17	48	78	109	139	23
24	171	202	230	261	291	322	352	18	49	79	110	140	24
25	172	203	231	262	292	323	353	19	50	80	111	141	25
26	173	204	232	263	293	324	354	20	51	81	112	142	26
27	174	205	233	264	294	325	355	21	52	82	113	143	27
28	175	206	234	265	295	326	356	22	53	83	114	144	28
29	176		235	266	296	327	357	23	54	84	115	145	29
30	177		236	267	297	328	358	24	55	85	116	146	30
31	178		237		298		359	25		86		147	31

Jours qu'il y a du 8 AOUT à une date de chaque mois

Dates	Janv.	Févr.	Mars	Avril	Mai	Juin	Juill.	Août	Sept.	Oct.	Nov.	Déc.	Dates
1	146	177	205	236	266	297	327	358	24	54	85	115	1
2	147	178	206	237	267	298	328	359	25	55	86	116	2
3	148	179	207	238	268	299	329	360	26	56	87	117	3
4	149	180	208	239	269	300	330	361	27	57	88	118	4
5	150	181	209	240	270	301	331	362	28	58	89	119	5
6	151	182	210	241	271	302	332	363	29	59	90	120	6
7	152	183	211	242	272	303	333	364	30	60	91	121	7
8	153	184	212	243	273	304	334	365	31	61	92	122	8
9	154	185	213	244	274	305	335	1	32	62	93	123	9
10	155	186	214	245	275	306	336	2	33	63	94	124	10
11	156	187	215	246	276	307	337	3	34	64	95	125	11
12	157	188	216	247	277	308	338	4	35	65	96	126	12
13	158	189	217	248	278	309	339	5	36	66	97	127	13
14	159	190	218	249	279	310	340	6	37	67	98	128	14
15	160	191	219	250	280	311	341	7	38	68	99	129	15
16	161	192	220	251	281	312	342	8	39	69	100	130	16
17	162	193	221	252	282	313	343	9	40	70	101	131	17
18	163	194	222	253	283	314	344	10	41	71	102	132	18
19	164	195	223	254	284	315	345	11	42	72	103	133	19
20	165	196	224	255	285	316	346	12	43	73	104	134	20
21	166	197	225	256	286	317	347	13	44	74	105	135	21
22	167	198	226	257	287	318	348	14	45	75	106	136	22
23	168	199	227	258	288	319	349	15	46	76	107	137	23
24	169	200	228	259	289	320	350	16	47	77	108	138	24
25	170	201	229	260	290	321	351	17	48	78	109	139	25
26	171	202	230	261	291	322	352	18	49	79	110	140	26
27	172	203	231	262	292	323	353	19	50	80	111	141	27
28	173	204	232	263	293	324	354	20	51	81	112	142	28
29	174		233	264	294	325	355	21	52	82	113	143	29
30	175		234	265	295	326	356	22	53	83	114	144	30
31	176		235		296		357	23		84		145	31

Jours qu'il y a du 7 AOUT à une date de chaque mois.

Dates	Janv.	Févr.	Mars	Avril	Mai	Juin	Juill.	Août	Sept.	Oct.	Nov.	Déc.	Dates
1	147	178	206	237	267	298	328	359	25	55	86	116	1
2	148	179	207	238	268	299	329	360	26	56	87	117	2
3	149	180	208	239	269	300	330	361	27	57	88	118	3
4	150	181	209	240	270	301	331	362	28	58	89	119	4
5	151	182	210	241	271	302	332	363	29	59	90	120	5
6	152	183	211	242	272	303	333	364	30	60	91	121	6
7	153	184	212	243	273	304	334	365	31	61	92	122	7
8	154	185	213	244	274	305	335	1	32	62	93	123	8
9	155	186	214	245	275	306	336	2	33	63	94	124	9
10	156	187	215	246	276	307	337	3	34	64	95	125	10
11	157	188	216	247	277	308	338	4	35	65	96	126	11
12	158	189	217	248	278	309	339	5	36	66	97	127	12
13	159	190	218	249	279	310	340	6	37	67	98	128	13
14	160	191	219	250	280	311	341	7	38	68	99	129	14
15	161	192	220	251	281	312	342	8	39	69	100	130	15
16	162	193	221	252	282	313	343	9	40	70	101	131	16
17	163	194	222	253	283	314	344	10	41	71	102	132	17
18	164	195	223	254	284	315	345	11	42	72	103	133	18
19	165	196	224	255	285	316	346	12	43	73	104	134	19
20	166	197	225	256	286	317	347	13	44	74	105	135	20
21	167	198	226	257	287	318	348	14	45	75	106	136	21
22	168	199	227	258	288	319	349	15	46	76	107	137	22
23	169	200	228	259	289	320	350	16	47	77	108	138	23
24	170	201	229	260	290	321	351	17	48	78	109	139	24
25	171	202	230	261	291	322	352	18	49	79	110	140	25
26	172	203	231	262	292	323	353	19	50	80	111	141	26
27	173	204	232	263	293	324	354	20	51	81	112	142	27
28	174	205	233	264	294	325	355	21	52	82	113	143	28
29	175		234	265	295	326	356	22	53	83	114	144	29
30	176		235	266	296	327	357	23	54	84	115	145	30
31	177		236		297		358	24		85		146	31

Dates	Janv.	Févr.	Mars	Avril	Mai	Juin	Juill.	Août	Sept.	Oct.	Nov.	Déc.	Dates
1	144	175	203	234	264	295	325	356	22	52	83	113	1
2	145	176	204	235	265	296	326	357	23	53	84	114	2
3	146	177	205	236	266	297	327	358	24	54	85	115	3
4	147	178	206	237	267	298	328	359	25	55	86	116	4
5	148	179	207	238	268	299	329	360	26	56	87	117	5
6	149	180	208	239	269	300	330	361	27	57	88	118	6
7	150	181	209	240	270	301	331	362	28	58	89	119	7
8	151	182	210	241	271	302	332	363	29	59	90	120	8
9	152	183	211	242	272	303	333	364	30	60	91	121	9
10	153	184	212	243	273	304	334	365	31	61	92	122	10
11	154	185	213	244	274	305	335	1	32	62	93	123	11
12	155	186	214	245	275	306	336	2	33	63	94	124	12
13	156	187	215	246	276	307	337	3	34	64	95	125	13
14	157	188	216	247	277	308	338	4	35	65	96	126	14
15	158	189	217	248	278	309	339	5	36	66	97	127	15
16	159	190	218	249	279	310	340	6	37	67	98	128	16
17	160	191	219	250	280	311	341	7	38	68	99	129	17
18	161	192	220	251	281	312	342	8	39	69	100	130	18
19	162	193	221	252	282	313	343	9	40	70	101	131	19
20	163	194	222	253	283	314	344	10	41	71	102	132	20
21	164	195	223	254	284	315	345	11	42	72	103	133	21
22	165	196	224	255	285	316	346	12	43	73	104	134	22
23	166	197	225	256	286	317	347	13	44	74	105	135	23
24	167	198	226	257	287	318	348	14	45	75	106	136	24
25	168	199	227	258	288	319	349	15	46	76	107	137	25
26	169	200	228	259	289	320	350	16	47	77	108	138	26
27	170	201	229	260	290	321	351	17	48	78	109	139	27
28	171	202	230	261	291	322	352	18	49	79	110	140	28
29	172		231	262	292	323	353	19	50	80	111	141	29
30	173		232	263	293	324	354	20	51	81	112	142	30
31	174		233		294		355	21		82		143	31

Dates	Janv.	Févr.	Mars	Avril	Mai	Juin	Juill.	Août	Sept.	Oct.	Nov.	Déc.	Dates
1	145	176	204	235	265	296	326	357	23	53	84	114	1
2	146	177	205	236	266	297	327	358	24	54	85	115	2
3	147	178	206	237	267	298	328	359	25	55	86	116	3
4	148	179	207	238	268	299	329	360	26	56	87	117	4
5	149	180	208	239	269	300	330	361	27	57	88	118	5
6	150	181	209	240	270	301	331	362	28	58	89	119	6
7	151	182	210	241	271	302	332	363	29	59	90	120	7
8	152	183	211	242	272	303	333	364	30	60	91	121	8
9	153	184	212	243	273	304	334	365	31	61	92	122	9
10	154	185	213	244	274	305	335	1	32	62	93	123	10
11	155	186	214	245	275	306	336	2	33	63	94	124	11
12	156	187	215	246	276	307	337	3	34	64	95	125	12
13	157	188	216	247	277	308	338	4	35	65	96	126	13
14	158	189	217	248	278	309	339	5	36	66	97	127	14
15	159	190	218	249	279	310	340	6	37	67	98	128	15
16	160	191	219	250	280	311	341	7	38	68	99	129	16
17	161	192	220	251	281	312	342	8	39	69	100	130	17
18	162	193	221	252	282	313	343	9	40	70	101	131	18
19	163	194	222	253	283	314	344	10	41	71	102	132	19
20	164	195	223	254	284	315	345	11	42	72	103	133	20
21	165	196	224	255	285	316	346	12	43	73	104	134	21
22	166	197	225	256	286	317	347	13	44	74	105	135	22
23	167	198	226	257	287	318	348	14	45	75	106	136	23
24	168	199	227	258	288	319	349	15	46	76	107	137	24
25	169	200	228	259	289	320	350	16	47	77	108	138	25
26	170	201	229	260	290	321	351	17	48	78	109	139	26
27	171	202	230	261	291	322	352	18	49	79	110	140	27
28	172	203	231	262	292	323	353	19	50	80	111	141	28
29	173		232	263	293	324	354	20	51	81	112	142	29
30	174		233	264	294	325	355	21	52	82	113	143	30
31	175		234		295		356	22		83		144	31

12 AOUT

Jours qu'il y a du **12 AOUT** à une date de chaque mois.

Dates	Déc.	Nov.	Oct.	Sept.	Août	Juill.	Juin	Mai	Avril	Mars	Févr.	Janv.
1	111	81	50	20	354	323	293	262	232	201	173	142
2	112	82	51	21	355	324	294	263	233	202	174	143
3	113	83	52	22	356	325	295	264	234	203	175	144
4	114	84	53	23	357	326	296	265	235	204	176	145
5	115	85	54	24	358	327	297	266	236	205	177	146
6	116	86	55	25	359	328	298	267	237	206	178	147
7	117	87	56	26	360	329	299	268	238	207	179	148
8	118	88	57	27	361	330	300	269	239	208	180	149
9	119	89	58	28	362	331	301	270	240	209	181	150
10	120	90	59	29	363	332	302	271	241	210	182	151
11	121	91	60	30	364	333	303	272	242	211	183	152
12	122	92	61	31	365	334	304	273	243	212	184	153
13	123	93	62	32	1	335	305	274	244	213	185	154
14	124	94	63	33	2	336	306	275	245	214	186	155
15	125	95	64	34	3	337	307	276	246	215	187	156
16	126	96	65	35	4	338	308	277	247	216	188	157
17	127	97	66	36	5	339	309	278	248	217	189	158
18	128	98	67	37	6	340	310	279	249	218	190	159
19	129	99	68	38	7	341	311	280	250	219	191	160
20	130	100	69	39	8	342	312	281	251	220	192	161
21	131	101	70	40	9	343	313	282	252	221	193	162
22	132	102	71	41	10	344	314	283	253	222	194	163
23	133	103	72	42	11	345	315	284	254	223	195	164
24	134	104	73	43	12	346	316	285	255	224	196	165
25	135	105	74	44	13	347	317	286	256	225	197	166
26	136	106	75	45	14	348	318	287	257	226	198	167
27	137	107	76	46	15	349	319	288	258	227	199	168
28	138	108	77	47	16	350	320	289	259	228	200	169
29	139	109	78	48	17	351	321	290	260	229		170
30	140	110	79	49	18	352	322	291	261	230		171
31	141		80		19	353		292		231		172

11 AOUT

Jours qu'il y a du **11 AOUT** à une date de chaque mois.

Dates	Déc.	Nov.	Oct.	Sept.	Août	Juill.	Juin	Mai	Avril	Mars	Févr.	Janv.
1	112	82	51	21	355	324	294	263	233	202	174	143
2	113	83	52	22	356	325	295	264	234	203	175	144
3	114	84	53	23	357	326	296	265	235	204	176	145
4	115	85	54	24	358	327	297	266	236	205	177	146
5	116	86	55	25	359	328	298	267	237	206	178	147
6	117	87	56	26	360	329	299	268	238	207	179	148
7	118	88	57	27	361	330	300	269	239	208	180	149
8	119	89	58	28	362	331	301	270	240	209	181	150
9	120	90	59	29	363	332	302	271	241	210	182	151
10	121	91	60	30	364	333	303	272	242	211	183	152
11	122	92	61	31	365	334	304	273	243	212	184	153
12	123	93	62	32	1	335	305	274	244	213	185	154
13	124	94	63	33	2	336	306	275	245	214	186	155
14	125	95	64	34	3	337	307	276	246	215	187	156
15	126	96	65	35	4	338	308	277	247	216	188	157
16	127	97	66	36	5	339	309	278	248	217	189	158
17	128	98	67	37	6	340	310	279	249	218	190	159
18	129	99	68	38	7	341	311	280	250	219	191	160
19	130	100	69	39	8	342	312	281	251	220	192	161
20	131	101	70	40	9	343	313	282	252	221	193	162
21	132	102	71	41	10	344	314	283	253	222	194	163
22	133	103	72	42	11	345	315	284	254	223	195	164
23	134	104	73	43	12	346	316	285	255	224	196	165
24	135	105	74	44	13	347	317	286	256	225	197	166
25	136	106	75	45	14	348	318	287	257	226	198	167
26	137	107	76	46	15	349	319	288	258	227	199	168
27	138	108	77	47	16	350	320	289	259	228	200	169
28	139	109	78	48	17	351	321	290	260	229	201	170
29	140	110	79	49	18	352	322	291	261	230		171
30	141	111	80	50	19	353	323	292	262	231		172
31	142		81		20	354		293		232		173

Jours qu'il y a du 14 AOUT à une date de chaque mois.

Dates	Janv.	Fevr.	Mars	Avril	Mai	Juin	Juill.	Août	Sept.	Oct.	Nov.	Déc.
1	140	171	199	230	260	291	321	352	18	48	79	109
2	141	172	200	231	261	292	322	353	19	49	80	110
3	142	173	201	232	262	293	323	354	20	50	81	111
4	143	174	202	233	263	294	324	355	21	51	82	112
5	144	175	203	234	264	295	325	356	22	52	83	113
6	145	176	204	235	265	296	326	357	23	53	84	114
7	146	177	205	236	266	297	327	358	24	54	85	115
8	147	178	206	237	267	298	328	359	25	55	86	116
9	148	179	207	238	268	299	329	360	26	56	87	117
10	149	180	208	239	269	300	330	361	27	57	88	118
11	150	181	209	240	270	301	331	362	28	58	89	119
12	151	182	210	241	271	302	332	363	29	59	90	120
13	152	183	211	242	272	303	333	364	30	60	91	121
14	153	184	212	243	273	304	334	365	31	61	92	122
15	154	185	213	244	274	305	335	1	32	62	93	123
16	155	186	214	245	275	306	336	2	33	63	94	124
17	156	187	215	246	276	307	337	3	34	64	95	125
18	157	188	216	247	277	308	338	4	35	65	96	126
19	158	189	217	248	278	309	339	5	36	66	97	127
20	159	190	218	249	279	310	340	6	37	67	98	128
21	160	191	219	250	280	311	341	7	38	68	99	129
22	161	192	220	251	281	312	342	8	39	69	100	130
23	162	193	221	252	282	313	343	9	40	70	101	131
24	163	194	222	253	283	314	344	10	41	71	102	132
25	164	195	223	254	284	315	345	11	42	72	103	133
26	165	196	224	255	285	316	346	12	43	73	104	134
27	166	197	225	256	286	317	347	13	44	74	105	135
28	167	198	226	257	287	318	348	14	45	75	106	136
29	168		227	258	288	319	349	15	46	76	107	137
30	169		228	259	289	320	350	16	47	77	108	138
31	170		229		290		351	17		78		139

Jours qu'il y a du 13 AOUT à une date de chaque mois.

Dates	Janv.	Fevr.	Mars	Avril	Mai	Juin	Juill.	Août	Sept.	Oct.	Nov.	Déc.
1	141	172	200	231	261	292	322	353	19	49	80	110
2	142	173	201	232	262	293	323	354	20	50	81	111
3	143	174	202	233	263	294	324	355	21	51	82	112
4	144	175	203	234	264	295	325	356	22	52	83	113
5	145	176	204	235	265	296	326	357	23	53	84	114
6	146	177	205	236	266	297	327	358	24	54	85	115
7	147	178	206	237	267	298	328	359	25	55	86	116
8	148	179	207	238	268	299	329	360	26	56	87	117
9	149	180	208	239	269	300	330	361	27	57	88	118
10	150	181	209	240	270	301	331	362	28	58	89	119
11	151	182	210	241	271	302	332	363	29	59	90	120
12	152	183	211	242	272	303	333	364	30	60	91	121
13	153	184	212	243	273	304	334	365	31	61	92	122
14	154	185	213	244	274	305	335	1	32	62	93	123
15	155	186	214	245	275	306	336	2	33	63	94	124
16	156	187	215	246	276	307	337	3	34	64	95	125
17	157	188	216	247	277	308	338	4	35	65	96	126
18	158	189	217	248	278	309	339	5	36	66	97	127
19	159	190	218	249	279	310	340	6	37	67	98	128
20	160	191	219	250	280	311	341	7	38	68	99	129
21	161	192	220	251	281	312	342	8	39	69	100	130
22	162	193	221	252	282	313	343	9	40	70	101	131
23	163	194	222	253	283	314	344	10	41	71	102	132
24	164	195	223	254	284	315	345	11	42	72	103	133
25	165	196	224	255	285	316	346	12	43	73	104	134
26	166	197	225	256	286	317	347	13	44	74	105	135
27	167	198	226	257	287	318	348	14	45	75	106	136
28	168	199	227	258	288	319	349	15	46	76	107	137
29	169		228	259	289	320	350	16	47	77	108	138
30	170		229	260	290	321	351	17	48	78	109	139
31	171		230		291		352	18		79		140

Jours qu'il y a du 16 AOÛT à une date de chaque mois

Dates	Janv.	Févr.	Mars	Avril	Mai	Juin	Juill.	Août	Sept.	Oct.	Nov.	Déc.
1	138	169	197	228	258	289	319	350	16	46	77	107
2	139	170	198	229	259	290	320	351	17	47	78	108
3	140	171	199	230	260	291	321	352	18	48	79	109
4	141	172	200	231	261	292	322	353	19	49	80	110
5	142	173	201	232	262	293	323	354	20	50	81	111
6	143	174	202	233	263	294	324	355	21	51	82	112
7	144	175	203	234	264	295	325	356	22	52	83	113
8	145	176	204	235	265	296	326	357	23	53	84	114
9	146	177	205	236	266	297	327	358	24	54	85	115
10	147	178	206	237	267	298	328	359	25	55	86	116
11	148	179	207	238	268	299	329	360	26	56	87	117
12	149	180	208	239	269	300	330	361	27	57	88	118
13	150	181	209	240	270	301	331	362	28	58	89	119
14	151	182	210	241	271	302	332	363	29	59	90	120
15	152	183	211	242	272	303	333	364	30	60	91	121
16	153	184	212	243	273	304	334	365	31	61	92	122
17	154	185	213	244	274	305	335	1	32	62	93	123
18	155	186	214	245	275	306	336	2	33	63	94	124
19	156	187	215	246	276	307	337	3	34	64	95	125
20	157	188	216	247	277	308	338	4	35	65	96	126
21	158	189	217	248	278	309	339	5	36	66	97	127
22	159	190	218	249	279	310	340	6	37	67	98	128
23	160	191	219	250	280	311	341	7	38	68	99	129
24	161	192	220	251	281	312	342	8	39	69	100	130
25	162	193	221	252	282	313	343	9	40	70	101	131
26	163	194	222	253	283	314	344	10	41	71	102	132
27	164	195	223	254	284	315	345	11	42	72	103	133
28	165	196	224	255	285	316	346	12	43	73	104	134
29	166		225	256	286	317	347	13	44	74	105	135
30	167		226	257	287	318	348	14	45	75	106	136
31	168		227		288		349	15		76		137

Jours qu'il y a du 15 AOÛT à une date de chaque mois

Dates	Janv.	Févr.	Mars	Avril	Mai	Juin	Juill.	Août	Sept.	Oct.	Nov.	Déc.
1	139	170	198	229	259	290	320	351	17	47	78	108
2	140	171	199	230	260	291	321	352	18	48	79	109
3	141	172	200	231	261	292	322	353	19	49	80	110
4	142	173	201	232	262	293	323	354	20	50	81	111
5	143	174	202	233	263	294	324	355	21	51	82	112
6	144	175	203	234	264	295	325	356	22	52	83	113
7	145	176	204	235	265	296	326	357	23	53	84	114
8	146	177	205	236	266	297	327	358	24	54	85	115
9	147	178	206	237	267	298	328	359	25	55	86	116
10	148	179	207	238	268	299	329	360	26	56	87	117
11	149	180	208	239	269	300	330	361	27	57	88	118
12	150	181	209	240	270	301	331	362	28	58	89	119
13	151	182	210	241	271	302	332	363	29	59	90	120
14	152	183	211	242	272	303	333	364	30	60	91	121
15	153	184	212	243	273	304	334	365	31	61	92	122
16	154	185	213	244	274	305	335	1	32	62	93	123
17	155	186	214	245	275	306	336	2	33	63	94	124
18	156	187	215	246	276	307	337	3	34	64	95	125
19	157	188	216	247	277	308	338	4	35	65	96	126
20	158	189	217	248	278	309	339	5	36	66	97	127
21	159	190	218	249	279	310	340	6	37	67	98	128
22	160	191	219	250	280	311	341	7	38	68	99	129
23	161	192	220	251	281	312	342	8	39	69	100	130
24	162	193	221	252	282	313	343	9	40	70	101	131
25	163	194	222	253	283	314	344	10	41	71	102	132
26	164	195	223	254	284	315	345	11	42	72	103	133
27	165	196	224	255	285	316	346	12	43	73	104	134
28	166	197	225	256	286	317	347	13	44	74	105	135
29	167		226	257	287	318	348	14	45	75	106	136
30	168		227	258	288	319	349	15	46	76	107	137
31	169		228		289		350	16		77		138

Date	Janv.	Févr.	Mars	Avril	Mai	Juin	Juill.	Août	Sept.	Oct.	Nov.	Déc.	Dates
1	136	167	195	226	256	287	317	348	14	44	75	105	1
2	137	168	196	227	257	288	318	349	15	45	76	106	2
3	138	169	197	228	258	289	319	350	16	46	77	107	3
4	139	170	198	229	259	290	320	351	17	47	78	108	4
5	140	171	199	230	260	291	321	352	18	48	79	109	5
6	141	172	200	231	261	292	322	353	19	49	80	110	6
7	142	173	201	232	262	293	323	354	20	50	81	111	7
8	143	174	202	233	263	294	324	355	21	51	82	112	8
9	144	175	203	234	264	295	325	356	22	52	83	113	9
10	145	176	204	235	265	296	326	357	23	53	84	114	10
11	146	177	205	236	266	297	327	358	24	54	85	115	11
12	147	178	206	237	267	298	328	359	25	55	86	116	12
13	148	179	207	238	268	299	329	360	26	56	87	117	13
14	149	180	208	239	269	300	330	361	27	57	88	118	14
15	150	181	209	240	270	301	331	362	28	58	89	119	15
16	151	182	210	241	271	302	332	363	29	59	90	120	16
17	152	183	211	242	272	303	333	364	30	60	91	121	17
18	153	184	212	243	273	304	334	365	31	61	92	122	18
19	154	185	213	244	274	305	335	1	32	62	93	123	19
20	155	186	214	245	275	306	336	2	33	63	94	124	20
21	156	187	215	246	276	307	337	3	34	64	95	125	21
22	157	188	216	247	277	308	338	4	35	65	96	126	22
23	158	189	217	248	278	309	339	5	36	66	97	127	23
24	159	190	218	249	279	310	340	6	37	67	98	128	24
25	160	191	219	250	280	311	341	7	38	68	99	129	25
26	161	192	220	251	281	312	342	8	39	69	100	130	26
27	162	193	221	252	282	313	343	9	40	70	101	131	27
28	163	194	222	253	283	314	344	10	41	71	102	132	28
29	164		223	254	284	315	345	11	42	72	103	133	29
30	165		224	255	285	316	346	12	43	73	104	134	30
31	166		225		286		347	13		74		135	31

Dates	Janv.	Févr.	Mars	Avril	Mai	Juin	Juill.	Août	Sept.	Oct.	Nov.	Déc.	Dates
1	137	168	196	227	257	288	318	349	15	45	76	106	1
2	138	169	197	228	258	289	319	350	16	46	77	107	2
3	139	170	198	229	259	290	320	351	17	47	78	108	3
4	140	171	199	230	260	291	321	352	18	48	79	109	4
5	141	172	200	231	261	292	322	353	19	49	80	110	5
6	142	173	201	232	262	293	323	354	20	50	81	111	6
7	143	174	202	233	263	294	324	355	21	51	82	112	7
8	144	175	203	234	264	295	325	356	22	52	83	113	8
9	145	176	204	235	265	296	326	357	23	53	84	114	9
10	146	177	205	236	266	297	327	358	24	54	85	115	10
11	147	178	206	237	267	298	328	359	25	55	86	116	11
12	148	179	207	238	268	299	329	360	26	56	87	117	12
13	149	180	208	239	269	300	330	361	27	57	88	118	13
14	150	181	209	240	270	301	331	362	28	58	89	119	14
15	151	182	210	241	271	302	332	363	29	59	90	120	15
16	152	183	211	242	272	303	333	364	30	60	91	121	16
17	153	184	212	243	273	304	334	365	31	61	92	122	17
18	154	185	213	244	274	305	335	1	32	62	93	123	18
19	155	186	214	245	275	306	336	2	33	63	94	124	19
20	156	187	215	246	276	307	337	3	34	64	95	125	20
21	157	188	216	247	277	308	338	4	35	65	96	126	21
22	158	189	217	248	278	309	339	5	36	66	97	127	22
23	159	190	218	249	279	310	340	6	37	67	98	128	23
24	160	191	219	250	280	311	341	7	38	68	99	129	24
25	161	192	220	251	281	312	342	8	39	69	100	130	25
26	162	193	221	252	282	313	343	9	40	70	101	131	26
27	163	194	222	253	283	314	344	10	41	71	102	132	27
28	164	195	223	254	284	315	345	11	42	72	103	133	28
29	165		224	255	285	316	346	12	43	73	104	134	29
30	166		225	256	286	317	347	13	44	74	105	135	30
31	167		226		287		348	14		75		136	31

Jours qu'il y a du 19 AOUT à une date de chaque mois.

Dates	Janv.	Févr.	Mars	Avril	Mai	Juin	Juill.	Août	Sept.	Oct.	Nov.	Déc.	Dates
1	135	166	194	225	255	286	316	347	13	43	74	104	1
2	136	167	195	226	256	287	317	348	14	44	75	105	2
3	137	168	196	227	257	288	318	349	15	45	76	106	3
4	138	169	197	228	258	289	319	350	16	46	77	107	4
5	139	170	198	229	259	290	320	351	17	47	78	108	5
6	140	171	199	230	260	291	321	352	18	48	79	109	6
7	141	172	200	231	261	292	322	353	19	49	80	110	7
8	142	173	201	232	262	293	323	354	20	50	81	111	8
9	143	174	202	233	263	294	324	355	21	51	82	112	9
10	144	175	203	234	264	295	325	356	22	52	83	113	10
11	145	176	204	235	265	296	326	357	23	53	84	114	11
12	146	177	205	236	266	297	327	358	24	54	85	115	12
13	147	178	206	237	267	298	328	359	25	55	86	116	13
14	148	179	207	238	268	299	329	360	26	56	87	117	14
15	149	180	208	239	269	300	330	361	27	57	88	118	15
16	150	181	209	240	270	301	331	362	28	58	89	119	16
17	151	182	210	241	271	302	332	363	29	59	90	120	17
18	152	183	211	242	272	303	333	364	30	60	91	121	18
19	153	184	212	243	273	304	334	365	31	61	92	122	19
20	154	185	213	244	274	305	335	1	32	62	93	123	20
21	155	186	214	245	275	306	336	2	33	63	94	124	21
22	156	187	215	246	276	307	337	3	34	64	95	125	22
23	157	188	216	247	277	308	338	4	35	65	96	126	23
24	158	189	217	248	278	309	339	5	36	66	97	127	24
25	159	190	218	249	279	310	340	6	37	67	98	128	25
26	160	191	219	250	280	311	341	7	38	68	99	129	26
27	161	192	220	251	281	312	342	8	39	69	100	130	27
28	162	193	221	252	282	313	343	9	40	70	101	131	28
29	163		222	253	283	314	344	10	41	71	102	132	29
30	164		223	254	284	315	345	11	42	72	103	133	30
31	165		224		285		346	12		73		134	31

Jours qu'il y a du 20 AOUT à une date de chaque mois.

Dates	Janv.	Févr.	Mars	Avril	Mai	Juin	Juill.	Août	Sept.	Oct.	Nov.	Déc.	Dates
1	134	165	193	224	254	285	315	346	12	42	73	103	1
2	135	166	194	225	255	286	316	347	13	43	74	104	2
3	136	167	195	226	256	287	317	348	14	44	75	105	3
4	137	168	196	227	257	288	318	349	15	45	76	106	4
5	138	169	197	228	258	289	319	350	16	46	77	107	5
6	139	170	198	229	259	290	320	351	17	47	78	108	6
7	140	171	199	230	260	291	321	352	18	48	79	109	7
8	141	172	200	231	261	292	322	353	19	49	80	110	8
9	142	173	201	232	262	293	323	354	20	50	81	111	9
10	143	174	202	233	263	294	324	355	21	51	82	112	10
11	144	175	203	234	264	295	325	356	22	52	83	113	11
12	145	176	204	235	265	296	326	357	23	53	84	114	12
13	146	177	205	236	266	297	327	358	24	54	85	115	13
14	147	178	206	237	267	298	328	359	25	55	86	116	14
15	148	179	207	238	268	299	329	360	26	56	87	117	15
16	149	180	208	239	269	300	330	361	27	57	88	118	16
17	150	181	209	240	270	301	331	362	28	58	89	119	17
18	151	182	210	241	271	302	332	363	29	59	90	120	18
19	152	183	211	242	272	303	333	364	30	60	91	121	19
20	153	184	212	243	273	304	334	365	31	61	92	122	20
21	154	185	213	244	274	305	335	1	32	62	93	123	21
22	155	186	214	245	275	306	336	2	33	63	94	124	22
23	156	187	215	246	276	307	337	3	34	64	95	125	23
24	157	188	216	247	277	308	338	4	35	65	96	126	24
25	158	189	217	248	278	309	339	5	36	66	97	127	25
26	159	190	218	249	279	310	340	6	37	67	98	128	26
27	160	191	219	250	280	311	341	7	38	68	99	129	27
28	161	192	220	251	281	312	342	8	39	69	100	130	28
29	162		221	252	282	313	343	9	40	70	101	131	29
30	163		222	253	283	314	344	10	41	71	102	132	30
31	164		223		284		345	11		72		133	31

Jours qu'il y a du 22 AOUT à une date de chaque mois.

Dates	Janv.	Févr.	Mars	Avril	Mai	Juin	Juill.	Août	Sept.	Oct.	Nov.	Déc.	Dates
1	132	163	191	222	252	283	313	344	10	40	71	101	1
2	133	164	192	223	253	284	314	345	11	41	72	102	2
3	134	165	193	224	254	285	315	346	12	42	73	103	3
4	135	166	194	225	255	286	316	347	13	43	74	104	4
5	136	167	195	226	256	287	317	348	14	44	75	105	5
6	137	168	196	227	257	288	318	349	15	45	76	106	6
7	138	169	197	228	258	289	319	350	16	46	77	107	7
8	139	170	198	229	259	290	320	351	17	47	78	108	8
9	140	171	199	230	260	291	321	352	18	48	79	109	9
10	141	172	200	231	261	292	322	353	19	49	80	110	10
11	142	173	201	232	262	293	323	354	20	50	81	111	11
12	143	174	202	233	263	294	324	355	21	51	82	112	12
13	144	175	203	234	264	295	325	356	22	52	83	113	13
14	145	176	204	235	265	296	326	357	23	53	84	114	14
15	146	177	205	236	266	297	327	358	24	54	85	115	15
16	147	178	206	237	267	298	328	359	25	55	86	116	16
17	148	179	207	238	268	299	329	360	26	56	87	117	17
18	149	180	208	239	269	300	330	361	27	57	88	118	18
19	150	181	209	240	270	301	331	362	28	58	89	119	19
20	151	182	210	241	271	302	332	363	29	59	90	120	20
21	152	183	211	242	272	303	333	364	30	60	91	121	21
22	153	184	212	243	273	304	334	365	31	61	92	122	22
23	154	185	213	244	274	305	335	1	32	62	93	123	23
24	155	186	214	245	275	306	336	2	33	63	94	124	24
25	156	187	215	246	276	307	337	3	34	64	95	125	25
26	157	188	216	247	277	308	338	4	35	65	96	126	26
27	158	189	217	248	278	309	339	5	36	66	97	127	27
28	159	190	218	249	279	310	340	6	37	67	98	128	28
29	160		219	250	280	311	341	7	38	68	99	129	29
30	161		220	251	281	312	342	8	39	69	100	130	30
31	162		221		282		343	9		70		131	31

Jours qu'il y a du 24 AOUT à une date de chaque mois.

Dates	Janv.	Févr.	Mars	Avril	Mai	Juin	Juill.	Août	Sept.	Oct.	Nov.	Déc.	Dates
1	133	164	192	223	253	284	314	345	11	41	72	102	1
2	134	165	193	224	254	285	315	346	12	42	73	103	2
3	135	166	194	225	255	286	316	347	13	43	74	104	3
4	136	167	195	226	256	287	317	348	14	44	75	105	4
5	137	168	196	227	257	288	318	349	15	45	76	106	5
6	138	169	197	228	258	289	319	350	16	46	77	107	6
7	139	170	198	229	259	290	320	351	17	47	78	108	7
8	140	171	199	230	260	291	321	352	18	48	79	109	8
9	141	172	200	231	261	292	322	353	19	49	80	110	9
10	142	173	201	232	262	293	323	354	20	50	81	111	10
11	143	174	202	233	263	294	324	355	21	51	82	112	11
12	144	175	203	234	264	295	325	356	22	52	83	113	12
13	145	176	204	235	265	296	326	357	23	53	84	114	13
14	146	177	205	236	266	297	327	358	24	54	85	115	14
15	147	178	206	237	267	298	328	359	25	55	86	116	15
16	148	179	207	238	268	299	329	360	26	56	87	117	16
17	149	180	208	239	269	300	330	361	27	57	88	118	17
18	150	181	209	240	270	301	331	362	28	58	89	119	18
19	151	182	210	241	271	302	332	363	29	59	90	120	19
20	152	183	211	242	272	303	333	364	30	60	91	121	20
21	153	184	212	243	273	304	334	365	31	61	92	122	21
22	154	185	213	244	274	305	335	1	32	62	93	123	22
23	155	186	214	245	275	306	336	2	33	63	94	124	23
24	156	187	215	246	276	307	337	3	34	64	95	125	24
25	157	188	216	247	277	308	338	4	35	65	96	126	25
26	158	189	217	248	278	309	339	5	36	66	97	127	26
27	159	190	218	249	279	310	340	6	37	67	98	128	27
28	160	191	219	250	280	311	341	7	38	68	99	129	28
29	161		220	251	281	312	342	8	39	69	100	130	29
30	162		221	252	282	313	343	9	40	70	101	131	30
31	163		222		283		344	10		71		132	31

Jours qu'il y a du 24 AOUT à une date de chaque mois.

Dates	Déc.	Nov.	Oct.	Sept.	Août	Juill.	Juin.	Mai.	Avril	Mars	Févr.	Janv.	Dates
1	99	69	38	8	342	311	281	250	220	189	161	130	1
2	100	70	39	9	343	312	282	251	221	190	162	131	2
3	101	71	40	10	344	313	283	252	222	191	163	132	3
4	102	72	41	11	345	314	284	253	223	192	164	133	4
5	103	73	42	12	346	315	285	254	224	193	165	134	5
6	104	74	43	13	347	316	286	255	225	194	166	135	6
7	105	75	44	14	348	317	287	256	226	195	167	136	7
8	106	76	45	15	349	318	288	257	227	196	168	137	8
9	107	77	46	16	350	319	289	258	228	197	169	138	9
10	108	78	47	17	351	320	290	259	229	198	170	139	10
11	109	79	48	18	352	321	291	260	230	199	171	140	11
12	110	80	49	19	353	322	292	261	231	200	172	141	12
13	111	81	50	20	354	323	293	262	232	201	173	142	13
14	112	82	51	21	355	324	294	263	233	202	174	143	14
15	113	83	52	22	356	325	295	264	234	203	175	144	15
16	114	84	53	23	357	326	296	265	235	204	176	145	16
17	115	85	54	24	358	327	297	266	236	205	177	146	17
18	116	86	55	25	359	328	298	267	237	206	178	147	18
19	117	87	56	26	360	329	299	268	238	207	179	148	19
20	118	88	57	27	361	330	300	269	239	208	180	149	20
21	119	89	58	28	362	331	301	270	240	209	181	150	21
22	120	90	59	29	363	332	302	271	241	210	182	151	22
23	121	91	60	30	364	333	303	272	242	211	183	152	23
24	122	92	61	31	365	334	304	273	243	212	184	153	24
25	123	93	62	32	1	335	305	274	244	213	185	154	25
26	124	94	63	33	2	336	306	275	245	214	186	155	26
27	125	95	64	34	3	337	307	276	246	215	187	156	27
28	126	96	65	35	4	338	308	277	247	216	188	157	28
29	127	97	66	36	5	339	309	278	248	217		158	29
30	128	98	67	37	6	340	310	279	249	218		159	30
31	129		68		7	341		280		219		160	31

Jours qu'il y a du 23 AOUT à une date de chaque mois.

Dates	Déc.	Nov.	Oct.	Sept.	Août	Juill.	Juin.	Mai.	Avril	Mars	Févr.	Janv.	Dates
1	100	70	39	9	343	312	282	251	221	190	162	131	1
2	101	71	40	10	344	313	283	252	222	191	163	132	2
3	102	72	41	11	345	314	284	253	223	192	164	133	3
4	103	73	42	12	346	315	285	254	224	193	165	134	4
5	104	74	43	13	347	316	286	255	225	194	166	135	5
6	105	75	44	14	348	317	287	256	226	195	167	136	6
7	106	76	45	15	349	318	288	257	227	196	168	137	7
8	107	77	46	16	350	319	289	258	228	197	169	138	8
9	108	78	47	17	351	320	290	259	229	198	170	139	9
10	109	79	48	18	352	321	291	260	230	199	171	140	10
11	110	80	49	19	353	322	292	261	231	200	172	141	11
12	111	81	50	20	354	323	293	262	232	201	173	142	12
13	112	82	51	21	355	324	294	263	233	202	174	143	13
14	113	83	52	22	356	325	295	264	234	203	175	144	14
15	114	84	53	23	357	326	296	265	235	204	176	145	15
16	115	85	54	24	358	327	297	266	236	205	177	146	16
17	116	86	55	25	359	328	298	267	237	206	178	147	17
18	117	87	56	26	360	329	299	268	238	207	179	148	18
19	118	88	57	27	361	330	300	269	239	208	180	149	19
20	119	89	58	28	362	331	301	270	240	209	181	150	20
21	120	90	59	29	363	332	302	271	241	210	182	151	21
22	121	91	60	30	364	333	303	272	242	211	183	152	22
23	122	92	61	31	365	334	304	273	243	212	184	153	23
24	123	93	62	32	1	335	305	274	244	213	185	154	24
25	124	94	63	33	2	336	306	275	245	214	186	155	25
26	125	95	64	34	3	337	307	276	246	215	187	156	26
27	126	96	65	35	4	338	308	277	247	216	188	157	27
28	127	97	66	36	5	339	309	278	248	217	189	158	28
29	128	98	67	37	6	340	310	279	249	218		159	29
30	129	99	68	38	7	341	311	280	250	219		160	30
31	130		69		8	342		281		220		161	31

118

Jours qu'il y a du 26 AOUT à une date de chaque mois.

Dates	Déc.	Nov.	Oct.	Sept.	Août	Juill.	Juin	Mai	Avril	Mars	Févr.	Janv.	Dates
1	97	67	36	6	340	309	279	248	218	187	159	128	1
2	98	68	37	7	341	310	280	249	219	188	160	129	2
3	99	69	38	8	342	311	281	250	220	189	161	130	3
4	100	70	39	9	343	312	282	251	221	190	162	131	4
5	101	71	40	10	344	313	283	252	222	191	163	132	5
6	102	72	41	11	345	314	284	253	223	192	164	133	6
7	103	73	42	12	346	315	285	254	224	193	165	134	7
8	104	74	43	13	347	316	286	255	225	194	166	135	8
9	105	75	44	14	348	317	287	256	226	195	167	136	9
10	106	76	45	15	349	318	288	257	227	196	168	137	10
11	107	77	46	16	350	319	289	258	228	197	169	138	11
12	108	78	47	17	351	320	290	259	229	198	170	139	12
13	109	79	48	18	352	321	291	260	230	199	171	140	13
14	110	80	49	19	353	322	292	261	231	200	172	141	14
15	111	81	50	20	354	323	293	262	232	201	173	142	15
16	112	82	51	21	355	324	294	263	233	202	174	143	16
17	113	83	52	22	356	325	295	264	234	203	175	144	17
18	114	84	53	23	357	326	296	265	235	204	176	145	18
19	115	85	54	24	358	327	297	266	236	205	177	146	19
20	116	86	55	25	359	328	298	267	237	206	178	147	20
21	117	87	56	26	360	329	299	268	238	207	179	148	21
22	118	88	57	27	361	330	300	269	239	208	180	149	22
23	119	89	58	28	362	331	301	270	240	209	181	150	23
24	120	90	59	29	363	332	302	271	241	210	182	151	24
25	121	91	60	30	364	333	303	272	242	211	183	152	25
26	122	92	61	31	365	334	304	273	243	212	184	153	26
27	123	93	62	32	1	335	305	274	244	213	185	154	27
28	124	94	63	33	2	336	306	275	245	214	186	155	28
29	125	95	64	34	3	337	307	276	246	215		156	29
30	126	96	65	35	4	338	308	277	247	216		157	30
31	127		66		5	339		278		217		158	31

Jours qu'il y a du 25 AOUT à une date de chaque mois.

Dates	Déc.	Nov.	Oct.	Sept.	Août	Juill.	Juin	Mai	Avril	Mars	Févr.	Janv.	Dates
1	98	68	37	7	341	310	280	249	219	188	160	129	1
2	99	69	38	8	342	311	281	250	220	189	161	130	2
3	100	70	39	9	343	312	282	251	221	190	162	131	3
4	101	71	40	10	344	313	283	252	222	191	163	132	4
5	102	72	41	11	345	314	284	253	223	192	164	133	5
6	103	73	42	12	346	315	285	254	224	193	165	134	6
7	104	74	43	13	347	316	286	255	225	194	166	135	7
8	105	75	44	14	348	317	287	256	226	195	167	136	8
9	106	76	45	15	349	318	288	257	227	196	168	137	9
10	107	77	46	16	350	319	289	258	228	197	169	138	10
11	108	78	47	17	351	320	290	259	229	198	170	139	11
12	109	79	48	18	352	321	291	260	230	199	171	140	12
13	110	80	49	19	353	322	292	261	231	200	172	141	13
14	111	81	50	20	354	323	293	262	232	201	173	142	14
15	112	82	51	21	355	324	294	263	233	202	174	143	15
16	113	83	52	22	356	325	295	264	234	203	175	144	16
17	114	84	53	23	357	326	296	265	235	204	176	145	17
18	115	85	54	24	358	327	297	266	236	205	177	146	18
19	116	86	55	25	359	328	298	267	237	206	178	147	19
20	117	87	56	26	360	329	299	268	238	207	179	148	20
21	118	88	57	27	361	330	300	269	239	208	180	149	21
22	119	89	58	28	362	331	301	270	240	209	181	150	22
23	120	90	59	29	363	332	302	271	241	210	182	151	23
24	121	91	60	30	364	333	303	272	242	211	183	152	24
25	122	92	61	31	365	334	304	273	243	212	184	153	25
26	123	93	62	32	1	335	305	274	244	213	185	154	26
27	124	94	63	33	2	336	306	275	245	214	186	155	27
28	125	95	64	34	3	337	307	276	246	215	187	156	28
29	126	96	65	35	4	338	308	277	247	216		157	29
30	127	97	66	36	5	339	309	278	248	217		158	30
31	128		67		6	340		279		218		159	31

Jours qu'il y a du 28 AOUT à une date de chaque mois.

Dates	Déc.	Nov.	Oct.	Sept.	Août.	Juill.	Juin.	Mai.	Avril	Mars	Févr.	Janv.	Dates
1	95	65	34	4	338	307	277	246	216	185	157	126	1
2	96	66	35	5	339	308	278	247	217	186	158	127	2
3	97	67	36	6	340	309	279	248	218	187	159	128	3
4	98	68	37	7	341	310	280	249	219	188	160	129	4
5	99	69	38	8	342	311	281	250	220	189	161	130	5
6	100	70	39	9	343	312	282	251	221	190	162	131	6
7	101	71	40	10	344	313	283	252	222	191	163	132	7
8	102	72	41	11	345	314	284	253	223	192	164	133	8
9	103	73	42	12	346	315	285	254	224	193	165	134	9
10	104	74	43	13	347	316	286	255	225	194	166	135	10
11	105	75	44	14	348	317	287	256	226	195	167	136	11
12	106	76	45	15	349	318	288	257	227	196	168	137	12
13	107	77	46	16	350	319	289	258	228	197	169	138	13
14	108	78	47	17	351	320	290	259	229	198	170	139	14
15	109	79	48	18	352	321	291	260	230	199	171	140	15
16	110	80	49	19	353	322	292	261	231	200	172	141	16
17	111	81	50	20	354	323	293	262	232	201	173	142	17
18	112	82	51	21	355	324	294	263	233	202	174	143	18
19	113	83	52	22	356	325	295	264	234	203	175	144	19
20	114	84	53	23	357	326	296	265	235	204	176	145	20
21	115	85	54	24	358	327	297	266	236	205	177	146	21
22	116	86	55	25	359	328	298	267	237	206	178	147	22
23	117	87	56	26	360	329	299	268	238	207	179	148	23
24	118	88	57	27	361	330	300	269	239	208	180	149	24
25	119	89	58	28	362	331	301	270	240	209	181	150	25
26	120	90	59	29	363	332	302	271	241	210	182	151	26
27	121	91	60	30	364	333	303	272	242	211	183	152	27
28	122	92	61	31	365	334	304	273	243	212	184	153	28
29	123	93	62	32	1	335	305	274	244	213		154	29
30	124	94	63	33	2	336	306	275	245	214		155	30
31	125		64		3	337		276		215		156	31

Jours qu'il y a du 27 AOUT à une date de chaque mois.

Dates	Déc.	Nov.	Oct.	Sept.	Août.	Juill.	Juin.	Mai.	Avril	Mars	Févr.	Janv.	Dates
1	96	66	35	5	339	308	278	247	217	186	158	127	1
2	97	67	36	6	340	309	279	248	218	187	159	128	2
3	98	68	37	7	341	310	280	249	219	188	160	129	3
4	99	69	38	8	342	311	281	250	220	189	161	130	4
5	100	70	39	9	343	312	282	251	221	190	162	131	5
6	101	71	40	10	344	313	283	252	222	191	163	132	6
7	102	72	41	11	345	314	284	253	223	192	164	133	7
8	103	73	42	12	346	315	285	254	224	193	165	134	8
9	104	74	43	13	347	316	286	255	225	194	166	135	9
10	105	75	44	14	348	317	287	256	226	195	167	136	10
11	106	76	45	15	349	318	288	257	227	196	168	137	11
12	107	77	46	16	350	319	289	258	228	197	169	138	12
13	108	78	47	17	351	320	290	259	229	198	170	139	13
14	109	79	48	18	352	321	291	260	230	199	171	140	14
15	110	80	49	19	353	322	292	261	231	200	172	141	15
16	111	81	50	20	354	323	293	262	232	201	173	142	16
17	112	82	51	21	355	324	294	263	233	202	174	143	17
18	113	83	52	22	356	325	295	264	234	203	175	144	18
19	114	84	53	23	357	326	296	265	235	204	176	145	19
20	115	85	54	24	358	327	297	266	236	205	177	146	20
21	116	86	55	25	359	328	298	267	237	206	178	147	21
22	117	87	56	26	360	329	299	268	238	207	179	148	22
23	118	88	57	27	361	330	300	269	239	208	180	149	23
24	119	89	58	28	362	331	301	270	240	209	181	150	24
25	120	90	59	29	363	332	302	271	241	210	182	151	25
26	121	91	60	30	364	333	303	272	242	211	183	152	26
27	122	92	61	31	365	334	304	273	243	212	184	153	27
28	123	93	62	32	1	335	305	274	244	213	185	154	28
29	124	94	63	33	2	336	306	275	245	214		155	29
30	125	95	64	34	3	337	307	276	246	215		156	30
31	126		65		4	338		277		216		157	31

Jours qu'il y a du 30 AOÛT à une date de chaque mois.

Dates	Déc.	Nov.	Oct.	Sept.	Août	Juill.	Juin	Mai	Avril	Mars	Févr.	Janv.	Dates
1	93	63	32	2	336	305	275	244	214	183	155	124	1
2	94	64	33	3	337	306	276	245	215	184	156	125	2
3	95	65	34	4	338	307	277	246	216	185	157	126	3
4	96	66	35	5	339	308	278	247	217	186	158	127	4
5	97	67	36	6	340	309	279	248	218	187	159	128	5
6	98	68	37	7	341	310	280	249	219	188	160	129	6
7	99	69	38	8	342	311	281	250	220	189	161	130	7
8	100	70	39	9	343	312	282	251	221	190	162	131	8
9	101	71	40	10	344	313	283	252	222	191	163	132	9
10	102	72	41	11	345	314	284	253	223	192	164	133	10
11	103	73	42	12	346	315	285	254	224	193	165	134	11
12	104	74	43	13	347	316	286	255	225	194	166	135	12
13	105	75	44	14	348	317	287	256	226	195	167	136	13
14	106	76	45	15	349	318	288	257	227	196	168	137	14
15	107	77	46	16	350	319	289	258	228	197	169	138	15
16	108	78	47	17	351	320	290	259	229	198	170	139	16
17	109	79	48	18	352	321	291	260	230	199	171	140	17
18	110	80	49	19	353	322	292	261	231	200	172	141	18
19	111	81	50	20	354	323	293	262	232	201	173	142	19
20	112	82	51	21	355	324	294	263	233	202	174	143	20
21	113	83	52	22	356	325	295	264	234	203	175	144	21
22	114	84	53	23	357	326	296	265	235	204	176	145	22
23	115	85	54	24	358	327	297	266	236	205	177	146	23
24	116	86	55	25	359	328	298	267	237	206	178	147	24
25	117	87	56	26	360	329	299	268	238	207	179	148	25
26	118	88	57	27	361	330	300	269	239	208	180	149	26
27	119	89	58	28	362	331	301	270	240	209	181	150	27
28	120	90	59	29	363	332	302	271	241	210	182	151	28
29	121	91	60	30	364	333	303	272	242	211		152	29
30	122	92	61	31	365	334	304	273	243	212		153	30
31	123		62		1	335		274		213		154	31

Jours qu'il y a du 29 AOÛT à une date de chaque mois.

Dates	Déc.	Nov.	Oct.	Sept.	Août	Juill.	Juin	Mai	Avril	Mars	Févr.	Janv.	Dates
1	94	64	33	3	337	306	276	245	215	184	156	125	1
2	95	65	34	4	338	307	277	246	216	185	157	126	2
3	96	66	35	5	339	308	278	247	217	186	158	127	3
4	97	67	36	6	340	309	279	248	218	187	159	128	4
5	98	68	37	7	341	310	280	249	219	188	160	129	5
6	99	69	38	8	342	311	281	250	220	189	161	130	6
7	100	70	39	9	343	312	282	251	221	190	162	131	7
8	101	71	40	10	344	313	283	252	222	191	163	132	8
9	102	72	41	11	345	314	284	253	223	192	164	133	9
10	103	73	42	12	346	315	285	254	224	193	165	134	10
11	104	74	43	13	347	316	286	255	225	194	166	135	11
12	105	75	44	14	348	317	287	256	226	195	167	136	12
13	106	76	45	15	349	318	288	257	227	196	168	137	13
14	107	77	46	16	350	319	289	258	228	197	169	138	14
15	108	78	47	17	351	320	290	259	229	198	170	139	15
16	109	79	48	18	352	321	291	260	230	199	171	140	16
17	110	80	49	19	353	322	292	261	231	200	172	141	17
18	111	81	50	20	354	323	293	262	232	201	173	142	18
19	112	82	51	21	355	324	294	263	233	202	174	143	19
20	113	83	52	22	356	325	295	264	234	203	175	144	20
21	114	84	53	23	357	326	296	265	235	204	176	145	21
22	115	85	54	24	358	327	297	266	236	205	177	146	22
23	116	86	55	25	359	328	298	267	237	206	178	147	23
24	117	87	56	26	360	329	299	268	238	207	179	148	24
25	118	88	57	27	361	330	300	269	239	208	180	149	25
26	119	89	58	28	362	331	301	270	240	209	181	150	26
27	120	90	59	29	363	332	302	271	241	210	182	151	27
28	121	91	60	30	364	333	303	272	242	211	183	152	28
29	122	92	61	31	365	334	304	273	243	212		153	29
30	123	93	62	32	1	335	305	274	244	213		154	30
31	124		63		2	336		275		214		155	31

Jours qu'il y a du 1ᵉʳ SEPTEMBRE à une date de chaque mois.

Dates	Déc.	Nov.	Oct.	Sept.	Août	Juill.	Juin	Mai	Avril	Mars	Févr.	Janv.	Dates
1	91	61	30	365	334	303	273	242	212	181	153	122	1
2	92	62	31	1	335	304	274	243	213	182	154	123	2
3	93	63	32	2	336	305	275	244	214	183	155	124	3
4	94	64	33	3	337	306	276	245	215	184	156	125	4
5	95	65	34	4	338	307	277	246	216	185	157	126	5
6	96	66	35	5	339	308	278	247	217	186	158	127	6
7	97	67	36	6	340	309	279	248	218	187	159	128	7
8	98	68	37	7	341	310	280	249	219	188	160	129	8
9	99	69	38	8	342	311	281	250	220	189	161	130	9
10	100	70	39	9	343	312	282	251	221	190	162	131	10
11	101	71	40	10	344	313	283	252	222	191	163	132	11
12	102	72	41	11	345	314	284	253	223	192	164	133	12
13	103	73	42	12	346	315	285	254	224	193	165	134	13
14	104	74	43	13	347	316	286	255	225	194	166	135	14
15	105	75	44	14	348	317	287	256	226	195	167	136	15
16	106	76	45	15	349	318	288	257	227	196	168	137	16
17	107	77	46	16	350	319	289	258	228	197	169	138	17
18	108	78	47	17	351	320	290	259	229	198	170	139	18
19	109	79	48	18	352	321	291	260	230	199	171	140	19
20	110	80	49	19	353	322	292	261	231	200	172	141	20
21	111	81	50	20	354	323	293	262	232	201	173	142	21
22	112	82	51	21	355	324	294	263	233	202	174	143	22
23	113	83	52	22	356	325	295	264	234	203	175	144	23
24	114	84	53	23	357	326	296	265	235	204	176	145	24
25	115	85	54	24	358	327	297	266	236	205	177	146	25
26	116	86	55	25	359	328	298	267	237	206	178	147	26
27	117	87	56	26	360	329	299	268	238	207	179	148	27
28	118	88	57	27	361	330	300	269	239	208	180	149	28
29	119	89	58	28	362	331	301	270	240	209		150	29
30	120	90	59	29	363	332	302	271	241	210		151	30
31	121		60		364	333		272		211		152	31

Jours qu'il y a du 31 AOUT à une date de chaque mois.

Dates	Déc.	Nov.	Oct.	Sept.	Août	Juill.	Juin	Mai	Avril	Mars	Févr.	Janv.	Dates
1	92	62	31	1	335	304	274	243	213	182	154	123	1
2	93	63	32	2	336	305	275	244	214	183	155	124	2
3	94	64	33	3	337	306	276	245	215	184	156	125	3
4	95	65	34	4	338	307	277	246	216	185	157	126	4
5	96	66	35	5	339	308	278	247	217	186	158	127	5
6	97	67	36	6	340	309	279	248	218	187	159	128	6
7	98	68	37	7	341	310	280	249	219	188	160	129	7
8	99	69	38	8	342	311	281	250	220	189	161	130	8
9	100	70	39	9	343	312	282	251	221	190	162	131	9
10	101	71	40	10	344	313	283	252	222	191	163	132	10
11	102	72	41	11	345	314	284	253	223	192	164	133	11
12	103	73	42	12	346	315	285	254	224	193	165	134	12
13	104	74	43	13	347	316	286	255	225	194	166	135	13
14	105	75	44	14	348	317	287	256	226	195	167	136	14
15	106	76	45	15	349	318	288	257	227	196	168	137	15
16	107	77	46	16	350	319	289	258	228	197	169	138	16
17	108	78	47	17	351	320	290	259	229	198	170	139	17
18	109	79	48	18	352	321	291	260	230	199	171	140	18
19	110	80	49	19	353	322	292	261	231	200	172	141	19
20	111	81	50	20	354	323	293	262	232	201	173	142	20
21	112	82	51	21	355	324	294	263	233	202	174	143	21
22	113	83	52	22	356	325	295	264	234	203	175	144	22
23	114	84	53	23	357	326	296	265	235	204	176	145	23
24	115	85	54	24	358	327	297	266	236	205	177	146	24
25	116	86	55	25	359	328	298	267	237	206	178	147	25
26	117	87	56	26	360	329	299	268	238	207	179	148	26
27	118	88	57	27	361	330	300	269	239	208	180	149	27
28	119	89	58	28	362	331	301	270	240	209	181	150	28
29	120	90	59	29	363	332	302	271	241	210		151	29
30	121	91	60	30	364	333	303	272	242	211		152	30
31	122		61		365	334		273		212		153	31

Dates	Déc.	Nov.	Oct.	Sept.	Août	Juill.	Juin	Mai	Avril	Mars	Févr.	Janv.	Dates
1	89	59	28	363	332	301	271	240	210	179	151	120	1
2	90	60	29	364	333	302	272	241	211	180	152	121	2
3	91	61	30	365	334	303	273	242	212	181	153	122	3
4	92	62	31	1	335	304	274	243	213	182	154	123	4
5	93	63	32	2	336	305	275	244	214	183	155	124	5
6	94	64	33	3	337	306	276	245	215	184	156	125	6
7	95	65	34	4	338	307	277	246	216	185	157	126	7
8	96	66	35	5	339	308	278	247	217	186	158	127	8
9	97	67	36	6	340	309	279	248	218	187	159	128	9
10	98	68	37	7	341	310	280	249	219	188	160	129	10
11	99	69	38	8	342	311	281	250	220	189	161	130	11
12	100	70	39	9	343	312	282	251	221	190	162	131	12
13	101	71	40	10	344	313	283	252	222	191	163	132	13
14	102	72	41	11	345	314	284	253	223	192	164	133	14
15	103	73	42	12	346	315	285	254	224	193	165	134	15
16	104	74	43	13	347	316	286	255	225	194	166	135	16
17	105	75	44	14	348	317	287	256	226	195	167	136	17
18	106	76	45	15	349	318	288	257	227	196	168	137	18
19	107	77	46	16	350	319	289	258	228	197	169	138	19
20	108	78	47	17	351	320	290	259	229	198	170	139	20
21	109	79	48	18	352	321	291	260	230	199	171	140	21
22	110	80	49	19	353	322	292	261	231	200	172	141	22
23	111	81	50	20	354	323	293	262	232	201	173	142	23
24	112	82	51	21	355	324	294	263	233	202	174	143	24
25	113	83	52	22	356	325	295	264	234	203	175	144	25
26	114	84	53	23	357	326	296	265	235	204	176	145	26
27	115	85	54	24	358	327	297	266	236	205	177	146	27
28	116	86	55	25	359	328	298	267	237	206	178	147	28
29	117	87	56	26	360	329	299	268	238	207		148	29
30	118	88	57	27	361	330	300	269	239	208		149	30
31	119		58		362	331		270		209		150	31

Dates	Déc.	Nov.	Oct.	Sept.	Août	Juill.	Juin	Mai	Avril	Mars	Févr.	Janv.	Dates
1	90	60	29	364	333	302	272	241	211	180	152	121	1
2	91	61	30	365	334	303	273	242	212	181	153	122	2
3	92	62	31	1	335	304	274	243	213	182	154	123	3
4	93	63	32	2	336	305	275	244	214	183	155	124	4
5	94	64	33	3	337	306	276	245	215	184	156	125	5
6	95	65	34	4	338	307	277	246	216	185	157	126	6
7	96	66	35	5	339	308	278	247	217	186	158	127	7
8	97	67	36	6	340	309	279	248	218	187	159	128	8
9	98	68	37	7	341	310	280	249	219	188	160	129	9
10	99	69	38	8	342	311	281	250	220	189	161	130	10
11	100	70	39	9	343	312	282	251	221	190	162	131	11
12	101	71	40	10	344	313	283	252	222	191	163	132	12
13	102	72	41	11	345	314	284	253	223	192	164	133	13
14	103	73	42	12	346	315	285	254	224	193	165	134	14
15	104	74	43	13	347	316	286	255	225	194	166	135	15
16	105	75	44	14	348	317	287	256	226	195	167	136	16
17	106	76	45	15	349	318	288	257	227	196	168	137	17
18	107	77	46	16	350	319	289	258	228	197	169	138	18
19	108	78	47	17	351	320	290	259	229	198	170	139	19
20	109	79	48	18	352	321	291	260	230	199	171	140	20
21	110	80	49	19	353	322	292	261	231	200	172	141	21
22	111	81	50	20	354	323	293	262	232	201	173	142	22
23	112	82	51	21	355	324	294	263	233	202	174	143	23
24	113	83	52	22	356	325	295	264	234	203	175	144	24
25	114	84	53	23	357	326	296	265	235	204	176	145	25
26	115	85	54	24	358	327	297	266	236	205	177	146	26
27	116	86	55	25	359	328	298	267	237	206	178	147	27
28	117	87	56	26	360	329	299	268	238	207	179	148	28
29	118	88	57	27	361	330	300	269	239	208		149	29
30	119	89	58	28	362	331	301	270	240	209		150	30
31	120		59		363	332		271		210		151	31

Jours qu'il y a du 5 SEPTEMBRE à une date de chaque mois.

Dates	Déc.	Nov.	Oct.	Sept.	Août	Juill.	Juin	Mai	Avril	Mars	Févr.	Janv.	Dates
1	87	57	26	361	330	299	269	238	208	177	149	118	1
2	88	58	27	362	331	300	270	239	209	178	150	119	2
3	89	59	28	363	332	301	271	240	210	179	151	120	3
4	90	60	29	364	333	302	272	241	211	180	152	121	4
5	91	61	30	365	334	303	273	242	212	181	153	122	5
6	92	62	31	1	335	304	274	243	213	182	154	123	6
7	93	63	32	2	336	305	275	244	214	183	155	124	7
8	94	64	33	3	337	306	276	245	215	184	156	125	8
9	95	65	34	4	338	307	277	246	216	185	157	126	9
10	96	66	35	5	339	308	278	247	217	186	158	127	10
11	97	67	36	6	340	309	279	248	218	187	159	128	11
12	98	68	37	7	341	310	280	249	219	188	160	129	12
13	99	69	38	8	342	311	281	250	220	189	161	130	13
14	100	70	39	9	343	312	282	251	221	190	162	131	14
15	101	71	40	10	344	313	283	252	222	191	163	132	15
16	102	72	41	11	345	314	284	253	223	192	164	133	16
17	103	73	42	12	346	315	285	254	224	193	165	134	17
18	104	74	43	13	347	316	286	255	225	194	166	135	18
19	105	75	44	14	348	317	287	256	226	195	167	136	19
20	106	76	45	15	349	318	288	257	227	196	168	137	20
21	107	77	46	16	350	319	289	258	228	197	169	138	21
22	108	78	47	17	351	320	290	259	229	198	170	139	22
23	109	79	48	18	352	321	291	260	230	199	171	140	23
24	110	80	49	19	353	322	292	261	231	200	172	141	24
25	111	81	50	20	354	323	293	262	232	201	173	142	25
26	112	82	51	21	355	324	294	263	233	202	174	143	26
27	113	83	52	22	356	325	295	264	234	203	175	144	27
28	114	84	53	23	357	326	296	265	235	204	176	145	28
29	115	85	54	24	358	327	297	266	236	205		146	29
30	116	86	55	25	359	328	298	267	237	206		147	30
31	117		56		360	329		268		207		148	31

Jours qu'il y a du 4 SEPTEMBRE à une date de chaque mois.

Dates	Déc.	Nov.	Oct.	Sept.	Août	Juill.	Juin	Mai	Avril	Mars	Févr.	Janv.	Dates
1	88	58	27	362	331	300	270	239	209	178	150	119	1
2	89	59	28	363	332	301	271	240	210	179	151	120	2
3	90	60	29	364	333	302	272	241	211	180	152	121	3
4	91	61	30	365	334	303	273	242	212	181	153	122	4
5	92	62	31	1	335	304	274	243	213	182	154	123	5
6	93	63	32	2	336	305	275	244	214	183	155	124	6
7	94	64	33	3	337	306	276	245	215	184	156	125	7
8	95	65	34	4	338	307	277	246	216	185	157	126	8
9	96	66	35	5	339	308	278	247	217	186	158	127	9
10	97	67	36	6	340	309	279	248	218	187	159	128	10
11	98	68	37	7	341	310	280	249	219	188	160	129	11
12	99	69	38	8	342	311	281	250	220	189	161	130	12
13	100	70	39	9	343	312	282	251	221	190	162	131	13
14	101	71	40	10	344	313	283	252	222	191	163	132	14
15	102	72	41	11	345	314	284	253	223	192	164	133	15
16	103	73	42	12	346	315	285	254	224	193	165	134	16
17	104	74	43	13	347	316	286	255	225	194	166	135	17
18	105	75	44	14	348	317	287	256	226	195	167	136	18
19	106	76	45	15	349	318	288	257	227	196	168	137	19
20	107	77	46	16	350	319	289	258	228	197	169	138	20
21	108	78	47	17	351	320	290	259	229	198	170	139	21
22	109	79	48	18	352	321	291	260	230	199	171	140	22
23	110	80	49	19	353	322	292	261	231	200	172	141	23
24	111	81	50	20	354	323	293	262	232	201	173	142	24
25	112	82	51	21	355	324	294	263	233	202	174	143	25
26	113	83	52	22	356	325	295	264	234	203	175	144	26
27	114	84	53	23	357	326	296	265	235	204	176	145	27
28	115	85	54	24	358	327	297	266	236	205	177	146	28
29	116	86	55	25	359	328	298	267	237	206		147	29
30	117	87	56	26	360	329	299	268	238	207		148	30
31	118		57		361	330		269		208		149	31

Jours qu'il y a du 7 SEPTEMBRE à une date de chaque mois.

Dates	Janv.	Févr.	Mars	Avril	Mai	Juin	Juill.	Août	Sept.	Oct.	Nov.	Déc.	Dates
1	116	147	175	206	236	267	297	328	359	24	55	85	1
2	117	148	176	207	237	268	298	329	360	25	56	86	2
3	118	149	177	208	238	269	299	330	361	26	57	87	3
4	119	150	178	209	239	270	300	331	362	27	58	88	4
5	120	151	179	210	240	271	301	332	363	28	59	89	5
6	121	152	180	211	241	272	302	333	364	29	60	90	6
7	122	153	181	212	242	273	303	334	365	30	61	91	7
8	123	154	182	213	243	274	304	335	1	31	62	92	8
9	124	155	183	214	244	275	305	336	2	32	63	93	9
10	125	156	184	215	245	276	306	337	3	33	64	94	10
11	126	157	185	216	246	277	307	338	4	34	65	95	11
12	127	158	186	217	247	278	308	339	5	35	66	96	12
13	128	159	187	218	248	279	309	340	6	36	67	97	13
14	129	160	188	219	249	280	310	341	7	37	68	98	14
15	130	161	189	220	250	281	311	342	8	38	69	99	15
16	131	162	190	221	251	282	312	343	9	39	70	100	16
17	132	163	191	222	252	283	313	344	10	40	71	101	17
18	133	164	192	223	253	284	314	345	11	41	72	102	18
19	134	165	193	224	254	285	315	346	12	42	73	103	19
20	135	166	194	225	255	286	316	347	13	43	74	104	20
21	136	167	195	226	256	287	317	348	14	44	75	105	21
22	137	168	196	227	257	288	318	349	15	45	76	106	22
23	138	169	197	228	258	289	319	350	16	46	77	107	23
24	139	170	198	229	259	290	320	351	17	47	78	108	24
25	140	171	199	230	260	291	321	352	18	48	79	109	25
26	141	172	200	231	261	292	322	353	19	49	80	110	26
27	142	173	201	232	262	293	323	354	20	50	81	111	27
28	143	174	202	233	263	294	324	355	21	51	82	112	28
29	144		203	234	264	295	325	356	22	52	83	113	29
30	145		204	235	265	296	326	357	23	53	84	114	30
31	146		205		266		327	358		54		115	31

Jours qu'il y a du 6 SEPTEMBRE à une date de chaque mois.

Dates	Janv.	Févr.	Mars	Avril	Mai	Juin	Juill.	Août	Sept.	Oct.	Nov.	Déc.	Dates
1	117	148	176	207	237	268	298	329	360	25	56	86	1
2	118	149	177	208	238	269	299	330	361	26	57	87	2
3	119	150	178	209	239	270	300	331	362	27	58	88	3
4	120	151	179	210	240	271	301	332	363	28	59	89	4
5	121	152	180	211	241	272	302	333	364	29	60	90	5
6	122	153	181	212	242	273	303	334	365	30	61	91	6
7	123	154	182	213	243	274	304	335	1	31	62	92	7
8	124	155	183	214	244	275	305	336	2	32	63	93	8
9	125	156	184	215	245	276	306	337	3	33	64	94	9
10	126	157	185	216	246	277	307	338	4	34	65	95	10
11	127	158	186	217	247	278	308	339	5	35	66	96	11
12	128	159	187	218	248	279	309	340	6	36	67	97	12
13	129	160	188	219	249	280	310	341	7	37	68	98	13
14	130	161	189	220	250	281	311	342	8	38	69	99	14
15	131	162	190	221	251	282	312	343	9	39	70	100	15
16	132	163	191	222	252	283	313	344	10	40	71	101	16
17	133	164	192	223	253	284	314	345	11	41	72	102	17
18	134	165	193	224	254	285	315	346	12	42	73	103	18
19	135	166	194	225	255	286	316	347	13	43	74	104	19
20	136	167	195	226	256	287	317	348	14	44	75	105	20
21	137	168	196	227	257	288	318	349	15	45	76	106	21
22	138	169	197	228	258	289	319	350	16	46	77	107	22
23	139	170	198	229	259	290	320	351	17	47	78	108	23
24	140	171	199	230	260	291	321	352	18	48	79	109	24
25	141	172	200	231	261	292	322	353	19	49	80	110	25
26	142	173	201	232	262	293	323	354	20	50	81	111	26
27	143	174	202	233	263	294	324	355	21	51	82	112	27
28	144	175	203	234	264	295	325	356	22	52	83	113	28
29	145		204	235	265	296	326	357	23	53	84	114	29
30	146		205	236	266	297	327	358	24	54	85	115	30
31	147		206		267		328	359		55		116	31

Jours qu'il y a du **9 SEPTEMBRE** à une date de chaque mois

Dates	Janv.	Févr.	Mars	Avril	Mai	Juin	Juill.	Août	Sept.	Oct.	Nov.	Déc.	Dates
1	114	145	173	204	234	265	295	326	357	22	53	83	1
2	115	146	174	205	235	266	296	327	358	23	54	84	2
3	116	147	175	206	236	267	297	328	359	24	55	85	3
4	117	148	176	207	237	268	298	329	360	25	56	86	4
5	118	149	177	208	238	269	299	330	361	26	57	87	5
6	119	150	178	209	239	270	300	331	362	27	58	88	6
7	120	151	179	210	240	271	301	332	363	28	59	89	7
8	121	152	180	211	241	272	302	333	364	29	60	90	8
9	122	153	181	212	242	273	303	334	365	30	61	91	9
10	123	154	182	213	243	274	304	335	1	31	62	92	10
11	124	155	183	214	244	275	305	336	2	32	63	93	11
12	125	156	184	215	245	276	306	337	3	33	64	94	12
13	126	157	185	216	246	277	307	338	4	34	65	95	13
14	127	158	186	217	247	278	308	339	5	35	66	96	14
15	128	159	187	218	248	279	309	340	6	36	67	97	15
16	129	160	188	219	249	280	310	341	7	37	68	98	16
17	130	161	189	220	250	281	311	342	8	38	69	99	17
18	131	162	190	221	251	282	312	343	9	39	70	100	18
19	132	163	191	222	252	283	313	344	10	40	71	101	19
20	133	164	192	223	253	284	314	345	11	41	72	102	20
21	134	165	193	224	254	285	315	346	12	42	73	103	21
22	135	166	194	225	255	286	316	347	13	43	74	104	22
23	136	167	195	226	256	287	317	348	14	44	75	105	23
24	137	168	196	227	257	288	318	349	15	45	76	106	24
25	138	169	197	228	258	289	319	350	16	46	77	107	25
26	139	170	198	229	259	290	320	351	17	47	78	108	26
27	140	171	199	230	260	291	321	352	18	48	79	109	27
28	141	172	200	231	261	292	322	353	19	49	80	110	28
29	142		201	232	262	293	323	354	20	50	81	111	29
30	143		202	233	263	294	324	355	21	51	82	112	30
31	144		203		264		325	356		52		113	31

Jours qu'il y a du **8 SEPTEMBRE** à une date de chaque mois

Dates	Janv.	Févr.	Mars	Avril	Mai	Juin	Juill.	Août	Sept.	Oct.	Nov.	Déc.	Dates
1	115	146	174	205	235	266	296	327	358	23	54	84	1
2	116	147	175	206	236	267	297	328	359	24	55	85	2
3	117	148	176	207	237	268	298	329	360	25	56	86	3
4	118	149	177	208	238	269	299	330	361	26	57	87	4
5	119	150	178	209	239	270	300	331	362	27	58	88	5
6	120	151	179	210	240	271	301	332	363	28	59	89	6
7	121	152	180	211	241	272	302	333	364	29	60	90	7
8	122	153	181	212	242	273	303	334	365	30	61	91	8
9	123	154	182	213	243	274	304	335	1	31	62	92	9
10	124	155	183	214	244	275	305	336	2	32	63	93	10
11	125	156	184	215	245	276	306	337	3	33	64	94	11
12	126	157	185	216	246	277	307	338	4	34	65	95	12
13	127	158	186	217	247	278	308	339	5	35	66	96	13
14	128	159	187	218	248	279	309	340	6	36	67	97	14
15	129	160	188	219	249	280	310	341	7	37	68	98	15
16	130	161	189	220	250	281	311	342	8	38	69	99	16
17	131	162	190	221	251	282	312	343	9	39	70	100	17
18	132	163	191	222	252	283	313	344	10	40	71	101	18
19	133	164	192	223	253	284	314	345	11	41	72	102	19
20	134	165	193	224	254	285	315	346	12	42	73	103	20
21	135	166	194	225	255	286	316	347	13	43	74	104	21
22	136	167	195	226	256	287	317	348	14	44	75	105	22
23	137	168	196	227	257	288	318	349	15	45	76	106	23
24	138	169	197	228	258	289	319	350	16	46	77	107	24
25	139	170	198	229	259	290	320	351	17	47	78	108	25
26	140	171	199	230	260	291	321	352	18	48	79	109	26
27	141	172	200	231	261	292	322	353	19	49	80	110	27
28	142	173	201	232	262	293	323	354	20	50	81	111	28
29	143		202	233	263	294	324	355	21	51	82	112	29
30	144		203	234	264	295	325	356	22	52	83	113	30
31	145		204		265		326	357		53		114	31

Dates	Janv.	Févr.	Mars	Avril	Mai	Juin	Juill.	Août	Sept.	Oct.	Nov.	Déc.	Dates
1	112	143	171	202	232	263	293	324	355	20	51	81	1
2	113	144	172	203	233	264	294	325	356	21	52	82	2
3	114	145	173	204	234	265	295	326	357	22	53	83	3
4	115	146	174	205	235	266	296	327	358	23	54	84	4
5	116	147	175	206	236	267	297	328	359	24	55	85	5
6	117	148	176	207	237	268	298	329	360	25	56	86	6
7	118	149	177	208	238	269	299	330	361	26	57	87	7
8	119	150	178	209	239	270	300	331	362	27	58	88	8
9	120	151	179	210	240	271	301	332	363	28	59	89	9
10	121	152	180	211	241	272	302	333	364	29	60	90	10
11	122	153	181	212	242	273	303	334	365	30	61	91	11
12	123	154	182	213	243	274	304	335	1	31	62	92	12
13	124	155	183	214	244	275	305	336	2	32	63	93	13
14	125	156	184	215	245	276	306	337	3	33	64	94	14
15	126	157	185	216	246	277	307	338	4	34	65	95	15
16	127	158	186	217	247	278	308	339	5	35	66	96	16
17	128	159	187	218	248	279	309	340	6	36	67	97	17
18	129	160	188	219	249	280	310	341	7	37	68	98	18
19	130	161	189	220	250	281	311	342	8	38	69	99	19
20	131	162	190	221	251	282	312	343	9	39	70	100	20
21	132	163	191	222	252	283	313	344	10	40	71	101	21
22	133	164	192	223	253	284	314	345	11	41	72	102	22
23	134	165	193	224	254	285	315	346	12	42	73	103	23
24	135	166	194	225	255	286	316	347	13	43	74	104	24
25	136	167	195	226	256	287	317	348	14	44	75	105	25
26	137	168	196	227	257	288	318	349	15	45	76	106	26
27	138	169	197	228	258	289	319	350	16	46	77	107	27
28	139	170	198	229	259	290	320	351	17	47	78	108	28
29	140		199	230	260	291	321	352	18	48	79	109	29
30	141		200	231	261	292	322	353	19	49	80	110	30
31	142		201		262		323	354		50		111	31

Dates	Janv.	Févr.	Mars	Avril	Mai	Juin	Juill.	Août	Sept.	Oct.	Nov.	Déc.	Dates
1	113	144	172	203	233	264	294	325	356	21	52	82	1
2	114	145	173	204	234	265	295	326	357	22	53	83	2
3	115	146	174	205	235	266	296	327	358	23	54	84	3
4	116	147	175	206	236	267	297	328	359	24	55	85	4
5	117	148	176	207	237	268	298	329	360	25	56	86	5
6	118	149	177	208	238	269	299	330	361	26	57	87	6
7	119	150	178	209	239	270	300	331	362	27	58	88	7
8	120	151	179	210	240	271	301	332	363	28	59	89	8
9	121	152	180	211	241	272	302	333	364	29	60	90	9
10	122	153	181	212	242	273	303	334	365	30	61	91	10
11	123	154	182	213	243	274	304	335	1	31	62	92	11
12	124	155	183	214	244	275	305	336	2	32	63	93	12
13	125	156	184	215	245	276	306	337	3	33	64	94	13
14	126	157	185	216	246	277	307	338	4	34	65	95	14
15	127	158	186	217	247	278	308	339	5	35	66	96	15
16	128	159	187	218	248	279	309	340	6	36	67	97	16
17	129	160	188	219	249	280	310	341	7	37	68	98	17
18	130	161	189	220	250	281	311	342	8	38	69	99	18
19	131	162	190	221	251	282	312	343	9	39	70	100	19
20	132	163	191	222	252	283	313	344	10	40	71	101	20
21	133	164	192	223	253	284	314	345	11	41	72	102	21
22	134	165	193	224	254	285	315	346	12	42	73	103	22
23	135	166	194	225	255	286	316	347	13	43	74	104	23
24	136	167	195	226	256	287	317	348	14	44	75	105	24
25	137	168	196	227	257	288	318	349	15	45	76	106	25
26	138	169	197	228	258	289	319	350	16	46	77	107	26
27	139	170	198	229	259	290	320	351	17	47	78	108	27
28	140	171	199	230	260	291	321	352	18	48	79	109	28
29	141		200	231	261	292	322	353	19	49	80	110	29
30	142		201	232	262	293	323	354	20	50	81	111	30
31	143		202		263		324	355		51		112	31

Jours qu'il y a du 13 SEPTEMBRE à une date de chaque mois.

Dates	Janv.	Févr.	Mars	Avril	Mai	Juin	Juill.	Août	Sept.	Oct.	Nov.	Déc.	Dates
1	110	141	169	200	230	261	291	322	353	18	49	79	1
2	111	142	170	201	231	262	292	323	354	19	50	80	2
3	112	143	171	202	232	263	293	324	355	20	51	81	3
4	113	144	172	203	233	264	294	325	356	21	52	82	4
5	114	145	173	204	234	265	295	326	357	22	53	83	5
6	115	146	174	205	235	266	296	327	358	23	54	84	6
7	116	147	175	206	236	267	297	328	359	24	55	85	7
8	117	148	176	207	237	268	298	329	360	25	56	86	8
9	118	149	177	208	238	269	299	330	361	26	57	87	9
10	119	150	178	209	239	270	300	331	362	27	58	88	10
11	120	151	179	210	240	271	301	332	363	28	59	89	11
12	121	152	180	211	241	272	302	333	364	29	60	90	12
13	122	153	181	212	242	273	303	334	365	30	61	91	13
14	123	154	182	213	243	274	304	335	1	31	62	92	14
15	124	155	183	214	244	275	305	336	2	32	63	93	15
16	125	156	184	215	245	276	306	337	3	33	64	94	16
17	126	157	185	216	246	277	307	338	4	34	65	95	17
18	127	158	186	217	247	278	308	339	5	35	66	96	18
19	128	159	187	218	248	279	309	340	6	36	67	97	19
20	129	160	188	219	249	280	310	341	7	37	68	98	20
21	130	161	189	220	250	281	311	342	8	38	69	99	21
22	131	162	190	221	251	282	312	343	9	39	70	100	22
23	132	163	191	222	252	283	313	344	10	40	71	101	23
24	133	164	192	223	253	284	314	345	11	41	72	102	24
25	134	165	193	224	254	285	315	346	12	42	73	103	25
26	135	166	194	225	255	286	316	347	13	43	74	104	26
27	136	167	195	226	256	287	317	348	14	44	75	105	27
28	137	168	196	227	257	288	318	349	15	45	76	106	28
29	138		197	228	258	289	319	350	16	46	77	107	29
30	139		198	229	259	290	320	351	17	47	78	108	30
31	140		199		260		321	352		48		109	31

Jours qu'il y a du 12 SEPTEMBRE à une date de chaque mois.

Dates	Janv.	Févr.	Mars	Avril	Mai	Juin	Juill.	Août	Sept.	Oct.	Nov.	Déc.	Dates
1	111	142	170	201	231	262	292	323	354	19	50	80	1
2	112	143	171	202	232	263	293	324	355	20	51	81	2
3	113	144	172	203	233	264	294	325	356	21	52	82	3
4	114	145	173	204	234	265	295	326	357	22	53	83	4
5	115	146	174	205	235	266	296	327	358	23	54	84	5
6	116	147	175	206	236	267	297	328	359	24	55	85	6
7	117	148	176	207	237	268	298	329	360	25	56	86	7
8	118	149	177	208	238	269	299	330	361	26	57	87	8
9	119	150	178	209	239	270	300	331	362	27	58	88	9
10	120	151	179	210	240	271	301	332	363	28	59	89	10
11	121	152	180	211	241	272	302	333	364	29	60	90	11
12	122	153	181	212	242	273	303	334	365	30	61	91	12
13	123	154	182	213	243	274	304	335	1	31	62	92	13
14	124	155	183	214	244	275	305	336	2	32	63	93	14
15	125	156	184	215	245	276	306	337	3	33	64	94	15
16	126	157	185	216	246	277	307	338	4	34	65	95	16
17	127	158	186	217	247	278	308	339	5	35	66	96	17
18	128	159	187	218	248	279	309	340	6	36	67	97	18
19	129	160	188	219	249	280	310	341	7	37	68	98	19
20	130	161	189	220	250	281	311	342	8	38	69	99	20
21	131	162	190	221	251	282	312	343	9	39	70	100	21
22	132	163	191	222	252	283	313	344	10	40	71	101	22
23	133	164	192	223	253	284	314	345	11	41	72	102	23
24	134	165	193	224	254	285	315	346	12	42	73	103	24
25	135	166	194	225	255	286	316	347	13	43	74	104	25
26	136	167	195	226	256	287	317	348	14	44	75	105	26
27	137	168	196	227	257	288	318	349	15	45	76	106	27
28	138	169	197	228	258	289	319	350	16	46	77	107	28
29	139		198	229	259	290	320	351	17	47	78	108	29
30	140		199	230	260	291	321	352	18	48	79	109	30
31	141		200		261		322	353		49		110	31

Jours qu'il y a du 15 SEPTEMBRE à une date de chaque mois.

Dates	Janv.	Févr.	Mars	Avril	Mai	Juin	Juill.	Août	Sept.	Oct.	Nov.	Déc.
1	108	139	167	198	228	259	289	320	351	16	47	77
2	109	140	168	199	229	260	290	321	352	17	48	78
3	110	141	169	200	230	261	291	322	353	18	49	79
4	111	142	170	201	231	262	292	323	354	19	50	80
5	112	143	171	202	232	263	293	324	355	20	51	81
6	113	144	172	203	233	264	294	325	356	21	52	82
7	114	145	173	204	234	265	295	326	357	22	53	83
8	115	146	174	205	235	266	296	327	358	23	54	84
9	116	147	175	206	236	267	297	328	359	24	55	85
10	117	148	176	207	237	268	298	329	360	25	56	86
11	118	149	177	208	238	269	299	330	361	26	57	87
12	119	150	178	209	239	270	300	331	362	27	58	88
13	120	151	179	210	240	271	301	332	363	28	59	89
14	121	152	180	211	241	272	302	333	364	29	60	90
15	122	153	181	212	242	273	303	334	365	30	61	91
16	123	154	182	213	243	274	304	335	1	31	62	92
17	124	155	183	214	244	275	305	336	2	32	63	93
18	125	156	184	215	245	276	306	337	3	33	64	94
19	126	157	185	216	246	277	307	338	4	34	65	95
20	127	158	186	217	247	278	308	339	5	35	66	96
21	128	159	187	218	248	279	309	340	6	36	67	97
22	129	160	188	219	249	280	310	341	7	37	68	98
23	130	161	189	220	250	281	311	342	8	38	69	99
24	131	162	190	221	251	282	312	343	9	39	70	100
25	132	163	191	222	252	283	313	344	10	40	71	101
26	133	164	192	223	253	284	314	345	11	41	72	102
27	134	165	193	224	254	285	315	346	12	42	73	103
28	135	166	194	225	255	286	316	347	13	43	74	104
29	136		195	226	256	287	317	348	14	44	75	105
30	137		196	227	257	288	318	349	15	45	76	106
31	138		197		258		319	350		46		107

Jours qu'il y a du 14 SEPTEMBRE à une date de chaque mois.

Dates	Janv.	Févr.	Mars	Avril	Mai	Juin	Juill.	Août	Sept.	Oct.	Nov.	Déc.
1	109	140	168	199	229	260	290	321	352	17	48	78
2	110	141	169	200	230	261	291	322	353	18	49	79
3	111	142	170	201	231	262	292	323	354	19	50	80
4	112	143	171	202	232	263	293	324	355	20	51	81
5	113	144	172	203	233	264	294	325	356	21	52	82
6	114	145	173	204	234	265	295	326	357	22	53	83
7	115	146	174	205	235	266	296	327	358	23	54	84
8	116	147	175	206	236	267	297	328	359	24	55	85
9	117	148	176	207	237	268	298	329	360	25	56	86
10	118	149	177	208	238	269	299	330	361	26	57	87
11	119	150	178	209	239	270	300	331	362	27	58	88
12	120	151	179	210	240	271	301	332	363	28	59	89
13	121	152	180	211	241	272	302	333	364	29	60	90
14	122	153	181	212	242	273	303	334	365	30	61	91
15	123	154	182	213	243	274	304	335	1	31	62	92
16	124	155	183	214	244	275	305	336	2	32	63	93
17	125	156	184	215	245	276	306	337	3	33	64	94
18	126	157	185	216	246	277	307	338	4	34	65	95
19	127	158	186	217	247	278	308	339	5	35	66	96
20	128	159	187	218	248	279	309	340	6	36	67	97
21	129	160	188	219	249	280	310	341	7	37	68	98
22	130	161	189	220	250	281	311	342	8	38	69	99
23	131	162	190	221	251	282	312	343	9	39	70	100
24	132	163	191	222	252	283	313	344	10	40	71	101
25	133	164	192	223	253	284	314	345	11	41	72	102
26	134	165	193	224	254	285	315	346	12	42	73	103
27	135	166	194	225	255	286	316	347	13	43	74	104
28	136	167	195	226	256	287	317	348	14	44	75	105
29	137		196	227	257	288	318	349	15	45	76	106
30	138		197	228	258	289	319	350	16	46	77	107
31	139		198		259		320	351		47		108

Jours qu'il y a du 17 SEPTEMBRE à une date de chaque mois.

Dates	Janv.	Févr.	Mars	Avril	Mai	Juin	Juill.	Août	Sept.	Oct.	Nov.	Déc.	Dates
1	106	137	165	196	226	257	287	318	349	14	45	75	1
2	107	138	166	197	227	258	288	319	350	15	46	76	2
3	108	139	167	198	228	259	289	320	351	16	47	77	3
4	109	140	168	199	229	260	290	321	352	17	48	78	4
5	110	141	169	200	230	261	291	322	353	18	49	79	5
6	111	142	170	201	231	262	292	323	354	19	50	80	6
7	112	143	171	202	232	263	293	324	355	20	51	81	7
8	113	144	172	203	233	264	294	325	356	21	52	82	8
9	114	145	173	204	234	265	295	326	357	22	53	83	9
10	115	146	174	205	235	266	296	327	358	23	54	84	10
11	116	147	175	206	236	267	297	328	359	24	55	85	11
12	117	148	176	207	237	268	298	329	360	25	56	86	12
13	118	149	177	208	238	269	299	330	361	26	57	87	13
14	119	150	178	209	239	270	300	331	362	27	58	88	14
15	120	151	179	210	240	271	301	332	363	28	59	89	15
16	121	152	180	211	241	272	302	333	364	29	60	90	16
17	122	153	181	212	242	273	303	334	365	30	61	91	17
18	123	154	182	213	243	274	304	335	1	31	62	92	18
19	124	155	183	214	244	275	305	336	2	32	63	93	19
20	125	156	184	215	245	276	306	337	3	33	64	94	20
21	126	157	185	216	246	277	307	338	4	34	65	95	21
22	127	158	186	217	247	278	308	339	5	35	66	96	22
23	128	159	187	218	248	279	309	340	6	36	67	97	23
24	129	160	188	219	249	280	310	341	7	37	68	98	24
25	130	161	189	220	250	281	311	342	8	38	69	99	25
26	131	162	190	221	251	282	312	343	9	39	70	100	26
27	132	163	191	222	252	283	313	344	10	40	71	101	27
28	133	164	192	223	253	284	314	345	11	41	72	102	28
29	134		193	224	254	285	315	346	12	42	73	103	29
30	135		194	225	255	286	316	347	13	43	74	104	30
31	136		195		256		317	348		44		105	31

Jours qu'il y a du 16 SEPTEMBRE à une date de chaque mois.

Dates	Janv.	Févr.	Mars	Avril	Mai	Juin	Juill.	Août	Sept.	Oct.	Nov.	Déc.	Dates
1	107	138	166	197	227	258	288	319	350	15	46	76	1
2	108	139	167	198	228	259	289	320	351	16	47	77	2
3	109	140	168	199	229	260	290	321	352	17	48	78	3
4	110	141	169	200	230	261	291	322	353	18	49	79	4
5	111	142	170	201	231	262	292	323	354	19	50	80	5
6	112	143	171	202	232	263	293	324	355	20	51	81	6
7	113	144	172	203	233	264	294	325	356	21	52	82	7
8	114	145	173	204	234	265	295	326	357	22	53	83	8
9	115	146	174	205	235	266	296	327	358	23	54	84	9
10	116	147	175	206	236	267	297	328	359	24	55	85	10
11	117	148	176	207	237	268	298	329	360	25	56	86	11
12	118	149	177	208	238	269	299	330	361	26	57	87	12
13	119	150	178	209	239	270	300	331	362	27	58	88	13
14	120	151	179	210	240	271	301	332	363	28	59	89	14
15	121	152	180	211	241	272	302	333	364	29	60	90	15
16	122	153	181	212	242	273	303	334	365	30	61	91	16
17	123	154	182	213	243	274	304	335	1	31	62	92	17
18	124	155	183	214	244	275	305	336	2	32	63	93	18
19	125	156	184	215	245	276	306	337	3	33	64	94	19
20	126	157	185	216	246	277	307	338	4	34	65	95	20
21	127	158	186	217	247	278	308	339	5	35	66	96	21
22	128	159	187	218	248	279	309	340	6	36	67	97	22
23	129	160	188	219	249	280	310	341	7	37	68	98	23
24	130	161	189	220	250	281	311	342	8	38	69	99	24
25	131	162	190	221	251	282	312	343	9	39	70	100	25
26	132	163	191	222	252	283	313	344	10	40	71	101	26
27	133	164	192	223	253	284	314	345	11	41	72	102	27
28	134	165	193	224	254	285	315	346	12	42	73	103	28
29	135		194	225	255	286	316	347	13	43	74	104	29
30	136		195	226	256	287	317	348	14	44	75	105	30
31	137		196		257		318	349		45		106	31

ours qu'il y a du 19 SEPTEMBRE à une date de chaque mois.

Dates	Janv.	Févr.	Mars	Avril	Mai	Juin	Juill.	Août	Sept.	Oct.	Nov.	Déc.	Dates
1	104	135	163	194	224	255	285	316	347	12	43	73	1
2	105	136	164	195	225	256	286	317	348	13	44	74	2
3	106	137	165	196	226	257	287	318	349	14	45	75	3
4	107	138	166	197	227	258	288	319	350	15	46	76	4
5	108	139	167	198	228	259	289	320	351	16	47	77	5
6	109	140	168	199	229	260	290	321	352	17	48	78	6
7	110	141	169	200	230	261	291	322	353	18	49	79	7
8	111	142	170	201	231	262	292	323	354	19	50	80	8
9	112	143	171	202	232	263	293	324	355	20	51	81	9
10	113	144	172	203	233	264	294	325	356	21	52	82	10
11	114	145	173	204	234	265	295	326	357	22	53	83	11
12	115	146	174	205	235	266	296	327	358	23	54	84	12
13	116	147	175	206	236	267	297	328	359	24	55	85	13
14	117	148	176	207	237	268	298	329	360	25	56	86	14
15	118	149	177	208	238	269	299	330	361	26	57	87	15
16	119	150	178	209	239	270	300	331	362	27	58	88	16
17	120	151	179	210	240	271	301	332	363	28	59	89	17
18	121	152	180	211	241	272	302	333	364	29	60	90	18
19	122	153	181	212	242	273	303	334	365	30	61	91	19
20	123	154	182	213	243	274	304	335	1	31	62	92	20
21	124	155	183	214	244	275	305	336	2	32	63	93	21
22	125	156	184	215	245	276	306	337	3	33	64	94	22
23	126	157	185	216	246	277	307	338	4	34	65	95	23
24	127	158	186	217	247	278	308	339	5	35	66	96	24
25	128	159	187	218	248	279	309	340	6	36	67	97	25
26	129	160	188	219	249	280	310	341	7	37	68	98	26
27	130	161	189	220	250	281	311	342	8	38	69	99	27
28	131	162	190	221	251	282	312	343	9	39	70	100	28
29	132		191	222	252	283	313	344	10	40	71	101	29
30	133		192	223	253	284	314	345	11	41	72	102	30
31	134		193		254		315	346		42		103	31

Jours qu'il y a du 18 SEPTEMBRE à une date de chaque mois

Dates	Janv.	Févr.	Mars	Avril	Mai	Juin	Juill.	Août	Sept.	Oct.	Nov.	Déc.	Dates
1	105	136	164	195	225	256	286	317	348	13	44	74	1
2	106	137	165	196	226	257	287	318	349	14	45	75	2
3	107	138	166	197	227	258	288	319	350	15	46	76	3
4	108	139	167	198	228	259	289	320	351	16	47	77	4
5	109	140	168	199	229	260	290	321	352	17	48	78	5
6	110	141	169	200	230	261	291	322	353	18	49	79	6
7	111	142	170	201	231	262	292	323	354	19	50	80	7
8	112	143	171	202	232	263	293	324	355	20	51	81	8
9	113	144	172	203	233	264	294	325	356	21	52	82	9
10	114	145	173	204	234	265	295	326	357	22	53	83	10
11	115	146	174	205	235	266	296	327	358	23	54	84	11
12	116	147	175	206	236	267	297	328	359	24	55	85	12
13	117	148	176	207	237	268	298	329	360	25	56	86	13
14	118	149	177	208	238	269	299	330	361	26	57	87	14
15	119	150	178	209	239	270	300	331	362	27	58	88	15
16	120	151	179	210	240	271	301	332	363	28	59	89	16
17	121	152	180	211	241	272	302	333	364	29	60	90	17
18	122	153	181	212	242	273	303	334	365	30	61	91	18
19	123	154	182	213	243	274	304	335	1	31	62	92	19
20	124	155	183	214	244	275	305	336	2	32	63	93	20
21	125	156	184	215	245	276	306	337	3	33	64	94	21
22	126	157	185	216	246	277	307	338	4	34	65	95	22
23	127	158	186	217	247	278	308	339	5	35	66	96	23
24	128	159	187	218	248	279	309	340	6	36	67	97	24
25	129	160	188	219	249	280	310	341	7	37	68	98	25
26	130	161	189	220	250	281	311	342	8	38	69	99	26
27	131	162	190	221	251	282	312	343	9	39	70	100	27
28	132	163	191	222	252	283	313	344	10	40	71	101	28
29	133		192	223	253	284	314	345	11	41	72	102	29
30	134		193	224	254	285	315	346	12	42	73	103	30
31	135		194		255		316	347		43		104	31

Jours qu'il y a du 20 SEPTEMBRE à une date de chaque mois.

Dates	Janv.	Févr.	Mars	Avril	Mai	Juin	Juill.	Août	Sept.	Oct.	Nov.	Déc.
1	103	134	162	193	223	254	284	315	346	11	42	72
2	104	135	163	194	224	255	285	316	347	12	43	73
3	105	136	164	195	225	256	286	317	348	13	44	74
4	106	137	165	196	226	257	287	318	349	14	45	75
5	107	138	166	197	227	258	288	319	350	15	46	76
6	108	139	167	198	228	259	289	320	351	16	47	77
7	109	140	168	199	229	260	290	321	352	17	48	78
8	110	141	169	200	230	261	291	322	353	18	49	79
9	111	142	170	201	231	262	292	323	354	19	50	80
10	112	143	171	202	232	263	293	324	355	20	51	81
11	113	144	172	203	233	264	294	325	356	21	52	82
12	114	145	173	204	234	265	295	326	357	22	53	83
13	115	146	174	205	235	266	296	327	358	23	54	84
14	116	147	175	206	236	267	297	328	359	24	55	85
15	117	148	176	207	237	268	298	329	360	25	56	86
16	118	149	177	208	238	269	299	330	361	26	57	87
17	119	150	178	209	239	270	300	331	362	27	58	88
18	120	151	179	210	240	271	301	332	363	28	59	89
19	121	152	180	211	241	272	302	333	364	29	60	90
20	122	153	181	212	242	273	303	334	365	30	61	91
21	123	154	182	213	243	274	304	335	1	31	62	92
22	124	155	183	214	244	275	305	336	2	32	63	93
23	125	156	184	215	245	276	306	337	3	33	64	94
24	126	157	185	216	246	277	307	338	4	34	65	95
25	127	158	186	217	247	278	308	339	5	35	66	96
26	128	159	187	218	248	279	309	340	6	36	67	97
27	129	160	188	219	249	280	310	341	7	37	68	98
28	130	161	189	220	250	281	311	342	8	38	69	99
29	131		190	221	251	282	312	343	9	39	70	100
30	132		191	222	252	283	313	344	10	40	71	101
31	133		192		253		314	345		41		102

Jours qu'il y a du 24 SEPTEMBRE à une date de chaque mois.

Dates	Janv.	Févr.	Mars	Avril	Mai	Juin	Juill.	Août	Sept.	Oct.	Nov.	Déc.
1	102	133	161	192	222	253	283	314	345	10	41	71
2	103	134	162	193	223	254	284	315	346	11	42	72
3	104	135	163	194	224	255	285	316	347	12	43	73
4	105	136	164	195	225	256	286	317	348	13	44	74
5	106	137	165	196	226	257	287	318	349	14	45	75
6	107	138	166	197	227	258	288	319	350	15	46	76
7	108	139	167	198	228	259	289	320	351	16	47	77
8	109	140	168	199	229	260	290	321	352	17	48	78
9	110	141	169	200	230	261	291	322	353	18	49	79
10	111	142	170	201	231	262	292	323	354	19	50	80
11	112	143	171	202	232	263	293	324	355	20	51	81
12	113	144	172	203	233	264	294	325	356	21	52	82
13	114	145	173	204	234	265	295	326	357	22	53	83
14	115	146	174	205	235	266	296	327	358	23	54	84
15	116	147	175	206	236	267	297	328	359	24	55	85
16	117	148	176	207	237	268	298	329	360	25	56	86
17	118	149	177	208	238	269	299	330	361	26	57	87
18	119	150	178	209	239	270	300	331	362	27	58	88
19	120	151	179	210	240	271	301	332	363	28	59	89
20	121	152	180	211	241	272	302	333	364	29	60	90
21	122	153	181	212	242	273	303	334	365	30	61	91
22	123	154	182	213	243	274	304	335	1	31	62	92
23	124	155	183	214	244	275	305	336	2	32	63	93
24	125	156	184	215	245	276	306	337	3	33	64	94
25	126	157	185	216	246	277	307	338	4	34	65	95
26	127	158	186	217	247	278	308	339	5	35	66	96
27	128	159	187	218	248	279	309	340	6	36	67	97
28	129	160	188	219	249	280	310	341	7	37	68	98
29	130		189	220	250	281	311	342	8	38	69	99
30	131		190	221	251	282	312	343	9	39	70	100
31	132		191		252		313	344		40		101

Jours qu'il y a du 23 SEPTEMBRE à une date de chaque mois.

Dates	Janv.	Févr.	Mars	Avril	Mai	Juin	Juill.	Août	Sept.	Oct.	Nov.	Déc.	Dates
1	100	131	159	190	220	251	281	312	343	8	39	69	1
2	101	132	160	191	221	252	282	313	344	9	40	70	2
3	102	133	161	192	222	253	283	314	345	10	41	71	3
4	103	134	162	193	223	254	284	315	346	11	42	72	4
5	104	135	163	194	224	255	285	316	347	12	43	73	5
6	105	136	164	195	225	256	286	317	348	13	44	74	6
7	106	137	165	196	226	257	287	318	349	14	45	75	7
8	107	138	166	197	227	258	288	319	350	15	46	76	8
9	108	139	167	198	228	259	289	320	351	16	47	77	9
10	109	140	168	199	229	260	290	321	352	17	48	78	10
11	110	141	169	200	230	261	291	322	353	18	49	79	11
12	111	142	170	201	231	262	292	323	354	19	50	80	12
13	112	143	171	202	232	263	293	324	355	20	51	81	13
14	113	144	172	203	233	264	294	325	356	21	52	82	14
15	114	145	173	204	234	265	295	326	357	22	53	83	15
16	115	146	174	205	235	266	296	327	358	23	54	84	16
17	116	147	175	206	236	267	297	328	359	24	55	85	17
18	117	148	176	207	237	268	298	329	360	25	56	86	18
19	118	149	177	208	238	269	299	330	361	26	57	87	19
20	119	150	178	209	239	270	300	331	362	27	58	88	20
21	120	151	179	210	240	271	301	332	363	28	59	89	21
22	121	152	180	211	241	272	302	333	364	29	60	90	22
23	122	153	181	212	242	273	303	334	365	30	61	91	23
24	123	154	182	213	243	274	304	335	1	31	62	92	24
25	124	155	183	214	244	275	305	336	2	32	63	93	25
26	125	156	184	215	245	276	306	337	3	33	64	94	26
27	126	157	185	216	246	277	307	338	4	34	65	95	27
28	127	158	186	217	247	278	308	339	5	35	66	96	28
29	128		187	218	248	279	309	340	6	36	67	97	29
30	129		188	219	249	280	310	341	7	37	68	98	30
31	130		189		250		311	342		38		99	31

Jours qu'il y a du 22 SEPTEMBRE à une date de chaque mois.

Dates	Janv.	Févr.	Mars	Avril	Mai	Juin	Juill.	Août	Sept.	Oct.	Nov.	Déc.	Dates
1	101	132	160	191	221	252	282	313	344	9	40	70	1
2	102	133	161	192	222	253	283	314	345	10	41	71	2
3	103	134	162	193	223	254	284	315	346	11	42	72	3
4	104	135	163	194	224	255	285	316	347	12	43	73	4
5	105	136	164	195	225	256	286	317	348	13	44	74	5
6	106	137	165	196	226	257	287	318	349	14	45	75	6
7	107	138	166	197	227	258	288	319	350	15	46	76	7
8	108	139	167	198	228	259	289	320	351	16	47	77	8
9	109	140	168	199	229	260	290	321	352	17	48	78	9
10	110	141	169	200	230	261	291	322	353	18	49	79	10
11	111	142	170	201	231	262	292	323	354	19	50	80	11
12	112	143	171	202	232	263	293	324	355	20	51	81	12
13	113	144	172	203	233	264	294	325	356	21	52	82	13
14	114	145	173	204	234	265	295	326	357	22	53	83	14
15	115	146	174	205	235	266	296	327	358	23	54	84	15
16	116	147	175	206	236	267	297	328	359	24	55	85	16
17	117	148	176	207	237	268	298	329	360	25	56	86	17
18	118	149	177	208	238	269	299	330	361	26	57	87	18
19	119	150	178	209	239	270	300	331	362	27	58	88	19
20	120	151	179	210	240	271	301	332	363	28	59	89	20
21	121	152	180	211	241	272	302	333	364	29	60	90	21
22	122	153	181	212	242	273	303	334	365	30	61	91	22
23	123	154	182	213	243	274	304	335	1	31	62	92	23
24	124	155	183	214	244	275	305	336	2	32	63	93	24
25	125	156	184	215	245	276	306	337	3	33	64	94	25
26	126	157	185	216	246	277	307	338	4	34	65	95	26
27	127	158	186	217	247	278	308	339	5	35	66	96	27
28	128	159	187	218	248	279	309	340	6	36	67	97	28
29	129		188	219	249	280	310	341	7	37	68	98	29
30	130		189	220	250	281	311	342	8	38	69	99	30
31	131		190		251		312	343		39		100	31

Dates	Janv.	Févr.	Mars	Avril	Mai	Juin	Juill.	Août	Sept.	Oct.	Nov.	Déc.	Dates
1	98	129	157	188	218	249	279	310	341	6	37	67	1
2	99	130	158	189	219	250	280	311	342	7	38	68	2
3	100	131	159	190	220	251	281	312	343	8	39	69	3
4	101	132	160	191	221	252	282	313	344	9	40	70	4
5	102	133	161	192	222	253	283	314	345	10	41	71	5
6	103	134	162	193	223	254	284	315	346	11	42	72	6
7	104	135	163	194	224	255	285	316	347	12	43	73	7
8	105	136	164	195	225	256	286	317	348	13	44	74	8
9	106	137	165	196	226	257	287	318	349	14	45	75	9
10	107	138	166	197	227	258	288	319	350	15	46	76	10
11	108	139	167	198	228	259	289	320	351	16	47	77	11
12	109	140	168	199	229	260	290	321	352	17	48	78	12
13	110	141	169	200	230	261	291	322	353	18	49	79	13
14	111	142	170	201	231	262	292	323	354	19	50	80	14
15	112	143	171	202	232	263	293	324	355	20	51	81	15
16	113	144	172	203	233	264	294	325	356	21	52	82	16
17	114	145	173	204	234	265	295	326	357	22	53	83	17
18	115	146	174	205	235	266	296	327	358	23	54	84	18
19	116	147	175	206	236	267	297	328	359	24	55	85	19
20	117	148	176	207	237	268	298	329	360	25	56	86	20
21	118	149	177	208	238	269	299	330	361	26	57	87	21
22	119	150	178	209	239	270	300	331	362	27	58	88	22
23	120	151	179	210	240	271	301	332	363	28	59	89	23
24	121	152	180	211	241	272	302	333	364	29	60	90	24
25	122	153	181	212	242	273	303	334	365	30	61	91	25
26	123	154	182	213	243	274	304	335	1	31	62	92	26
27	124	155	183	214	244	275	305	336	2	32	63	93	27
28	125	156	184	215	245	276	306	337	3	33	64	94	28
29	126		185	216	246	277	307	338	4	34	65	95	29
30	127		186	217	247	278	308	339	5	35	66	96	30
31	128		187		248		309	340		36		97	31

Dates	Janv.	Févr.	Mars	Avril	Mai	Juin	Juill.	Août	Sept.	Oct.	Nov.	Déc.	Dates
1	99	130	158	189	219	250	280	311	342	7	38	68	1
2	100	131	159	190	220	251	281	312	343	8	39	69	2
3	101	132	160	191	221	252	282	313	344	9	40	70	3
4	102	133	161	192	222	253	283	314	345	10	41	71	4
5	103	134	162	193	223	254	284	315	346	11	42	72	5
6	104	135	163	194	224	255	285	316	347	12	43	73	6
7	105	136	164	195	225	256	286	317	348	13	44	74	7
8	106	137	165	196	226	257	287	318	349	14	45	75	8
9	107	138	166	197	227	258	288	319	350	15	46	76	9
10	108	139	167	198	228	259	289	320	351	16	47	77	10
11	109	140	168	199	229	260	290	321	352	17	48	78	11
12	110	141	169	200	230	261	291	322	353	18	49	79	12
13	111	142	170	201	231	262	292	323	354	19	50	80	13
14	112	143	171	202	232	263	293	324	355	20	51	81	14
15	113	144	172	203	233	264	294	325	356	21	52	82	15
16	114	145	173	204	234	265	295	326	357	22	53	83	16
17	115	146	174	205	235	266	296	327	358	23	54	84	17
18	116	147	175	206	236	267	297	328	359	24	55	85	18
19	117	148	176	207	237	268	298	329	360	25	56	86	19
20	118	149	177	208	238	269	299	330	361	26	57	87	20
21	119	150	178	209	239	270	300	331	362	27	58	88	21
22	120	151	179	210	240	271	301	332	363	28	59	89	22
23	121	152	180	211	241	272	302	333	364	29	60	90	23
24	122	153	181	212	242	273	303	334	365	30	61	91	24
25	123	154	182	213	243	274	304	335	1	31	62	92	25
26	124	155	183	214	244	275	305	336	2	32	63	93	26
27	125	156	184	215	245	276	306	337	3	33	64	94	27
28	126	157	185	216	246	277	307	338	4	34	65	95	28
29	127		186	217	247	278	308	339	5	35	66	96	29
30	128		187	218	248	279	309	340	6	36	67	97	30
31	129		188		249		310	341		37		98	31

Dates	Janv.	Févr.	Mars	Avril	Mai	Juin	Juill.	Août	Sept.	Oct.	Nov.	Déc.	Dates
1	96	127	155	186	216	247	277	308	339	4	35	65	1
2	97	128	156	187	217	248	278	309	340	5	36	66	2
3	98	129	157	188	218	249	279	310	341	6	37	67	3
4	99	130	158	189	219	250	280	311	342	7	38	68	4
5	100	131	159	190	220	251	281	312	343	8	39	69	5
6	101	132	160	191	221	252	282	313	344	9	40	70	6
7	102	133	161	192	222	253	283	314	345	10	41	71	7
8	103	134	162	193	223	254	284	315	346	11	42	72	8
9	104	135	163	194	224	255	285	316	347	12	43	73	9
10	105	136	164	195	225	256	286	317	348	13	44	74	10
11	106	137	165	196	226	257	287	318	349	14	45	75	11
12	107	138	166	197	227	258	288	319	350	15	46	76	12
13	108	139	167	198	228	259	289	320	351	16	47	77	13
14	109	140	168	199	229	260	290	321	352	17	48	78	14
15	110	141	169	200	230	261	291	322	353	18	49	79	15
16	111	142	170	201	231	262	292	323	354	19	50	80	16
17	112	143	171	202	232	263	293	324	355	20	51	81	17
18	113	144	172	203	233	264	294	325	356	21	52	82	18
19	114	145	173	204	234	265	295	326	357	22	53	83	19
20	115	146	174	205	235	266	296	327	358	23	54	84	20
21	116	147	175	206	236	267	297	328	359	24	55	85	21
22	117	148	176	207	237	268	298	329	360	25	56	86	22
23	118	149	177	208	238	269	299	330	361	26	57	87	23
24	119	150	178	209	239	270	300	331	362	27	58	88	24
25	120	151	179	210	240	271	301	332	363	28	59	89	25
26	121	152	180	211	241	272	302	333	364	29	60	90	26
27	122	153	181	212	242	273	303	334	365	30	61	91	27
28	123	154	182	213	243	274	304	335	1	31	62	92	28
29	124		183	214	244	275	305	336	2	32	63	93	29
30	125		184	215	245	276	306	337	3	33	64	94	30
31	126		185		246		307	338		34		95	31

Dates	Janv.	Févr.	Mars	Avril	Mai	Juin	Juill.	Août	Sept.	Oct.	Nov.	Déc.	Dates
1	97	128	156	187	217	248	278	309	340	5	36	66	1
2	98	129	157	188	218	249	279	310	341	6	37	67	2
3	99	130	158	189	219	250	280	311	342	7	38	68	3
4	100	131	159	190	220	251	281	312	343	8	39	69	4
5	101	132	160	191	221	252	282	313	344	9	40	70	5
6	102	133	161	192	222	253	283	314	345	10	41	71	6
7	103	134	162	193	223	254	284	315	346	11	42	72	7
8	104	135	163	194	224	255	285	316	347	12	43	73	8
9	105	136	164	195	225	255	286	317	348	13	44	74	9
10	106	137	165	196	226	256	287	318	349	14	45	75	10
11	107	138	166	197	227	257	288	319	350	15	46	76	11
12	108	139	167	198	228	258	289	320	351	16	47	77	12
13	109	140	168	199	229	259	290	321	352	17	48	78	13
14	110	141	169	200	230	260	291	322	353	18	49	79	14
15	111	142	170	201	231	261	292	323	354	19	50	80	15
16	112	143	171	202	232	262	293	324	355	20	51	81	16
17	113	144	172	203	233	263	294	325	356	21	52	82	17
18	114	145	173	204	234	264	295	326	357	22	53	83	18
19	115	146	174	205	235	265	296	327	358	23	54	84	19
20	116	147	175	206	236	266	297	328	359	24	55	85	20
21	117	148	176	207	237	267	298	329	360	25	56	86	21
22	118	149	177	208	238	268	299	330	361	26	57	87	22
23	119	150	178	209	239	269	300	331	362	27	58	88	23
24	120	151	179	210	240	270	301	332	363	28	59	89	24
25	121	152	180	211	241	271	302	333	364	29	60	90	25
26	122	153	181	212	242	272	303	334	365	30	61	91	26
27	123	154	182	213	243	273	304	335	1	31	62	92	27
28	124	155	183	214	244	274	305	336	2	32	63	93	28
29	125		184	215	245	275	306	337	3	33	64	94	29
30	126		185	216	246	276	307	338	4	34	65	95	30
31	127		186		247		308	339		35		96	31

Jours qu'il y a du 28 SEPTEMBRE à une date de chaque mois.

Dates	Janv.	Févr.	Mars	Avril	Mai	Juin	Juill.	Août	Sept.	Oct.	Nov.	Déc.	Dates
1	95	126	154	185	215	246	276	307	338	3	34	64	1
2	96	127	155	186	216	247	277	308	339	4	35	65	2
3	97	128	156	187	217	248	278	309	340	5	36	66	3
4	98	129	157	188	218	249	279	310	341	6	37	67	4
5	99	130	158	189	219	250	280	311	342	7	38	68	5
6	100	131	159	190	220	251	281	312	343	8	39	69	6
7	101	132	160	191	221	252	282	313	344	9	40	70	7
8	102	133	161	192	222	253	283	314	345	10	41	71	8
9	103	134	162	193	223	254	284	315	346	11	42	72	9
10	104	135	163	194	224	255	285	316	347	12	43	73	10
11	105	136	164	195	225	256	286	317	348	13	44	74	11
12	106	137	165	196	226	257	287	318	349	14	45	75	12
13	107	138	166	197	227	258	288	319	350	15	46	76	13
14	108	139	167	198	228	259	289	320	351	16	47	77	14
15	109	140	168	199	229	260	290	321	352	17	48	78	15
16	110	141	169	200	230	261	291	322	353	18	49	79	16
17	111	142	170	201	231	262	292	323	354	19	50	80	17
18	112	143	171	202	232	263	293	324	355	20	51	81	18
19	113	144	172	203	233	264	294	325	356	21	52	82	19
20	114	145	173	204	234	265	295	326	357	22	53	83	20
21	115	146	174	205	235	266	296	327	358	23	54	84	21
22	116	147	175	206	236	267	297	328	359	24	55	85	22
23	117	148	176	207	237	268	298	329	360	25	56	86	23
24	118	149	177	208	238	269	299	330	361	26	57	87	24
25	119	150	178	209	239	270	300	331	362	27	58	88	25
26	120	151	179	210	240	271	301	332	363	28	59	89	26
27	121	152	180	211	241	272	302	333	364	29	60	90	27
28	122	153	181	212	242	273	303	334	365	30	61	91	28
29	123		182	213	243	274	304	335	1	31	62	92	29
30	124		183	214	244	275	305	336	2	32	63	93	30
31	125		184		245		306	337		33		94	31

Jours qu'il y a du 29 SEPTEMBRE à une date de chaque mois.

Dates	Janv.	Févr.	Mars	Avril	Mai	Juin	Juill.	Août	Sept.	Oct.	Nov.	Déc.	Dates
1	94	125	153	184	214	245	275	306	337	2	33	63	1
2	95	126	154	185	215	246	276	307	338	3	34	64	2
3	96	127	155	186	216	247	277	308	339	4	35	65	3
4	97	128	156	187	217	248	278	309	340	5	36	66	4
5	98	129	157	188	218	249	279	310	341	6	37	67	5
6	99	130	158	189	219	250	280	311	342	7	38	68	6
7	100	131	159	190	220	251	281	312	343	8	39	69	7
8	101	132	160	191	221	252	282	313	344	9	40	70	8
9	102	133	161	192	222	253	283	314	345	10	41	71	9
10	103	134	162	193	223	254	284	315	346	11	42	72	10
11	104	135	163	194	224	255	285	316	347	12	43	73	11
12	105	136	164	195	225	256	286	317	348	13	44	74	12
13	106	137	165	196	226	257	287	318	349	14	45	75	13
14	107	138	166	197	227	258	288	319	350	15	46	76	14
15	108	139	167	198	228	259	289	320	351	16	47	77	15
16	109	140	168	199	229	260	290	321	352	17	48	78	16
17	110	141	169	200	230	261	291	322	353	18	49	79	17
18	111	142	170	201	231	262	292	323	354	19	50	80	18
19	112	143	171	202	232	263	293	324	355	20	51	81	19
20	113	144	172	203	233	264	294	325	356	21	52	82	20
21	114	145	173	204	234	265	295	326	357	22	53	83	21
22	115	146	174	205	235	266	296	327	358	23	54	84	22
23	116	147	175	206	236	267	297	328	359	24	55	85	23
24	117	148	176	207	237	268	298	329	360	25	56	86	24
25	118	149	177	208	238	269	299	330	361	26	57	87	25
26	119	150	178	209	239	270	300	331	362	27	58	88	26
27	120	151	179	210	240	271	301	332	363	28	59	89	27
28	121	152	180	211	241	272	302	333	364	29	60	90	28
29	122		181	212	242	273	303	334	365	30	61	91	29
30	123		182	213	243	274	304	335	1	31	62	92	30
31	124		183		244		305	336		32		93	31

Dates	Janv.	Févr.	Mars	Avril	Mai	Juin	Juill.	Août	Sept.	Oct.	Nov.	Déc.	Dates
1	92	123	151	182	212	243	273	304	335	365	31	61	1
2	93	124	152	183	213	244	274	305	336	1	32	62	2
3	94	125	153	184	214	245	275	306	337	2	33	63	3
4	95	126	154	185	215	246	276	307	338	3	34	64	4
5	96	127	155	186	216	247	277	308	339	4	35	65	5
6	97	128	156	187	217	248	278	309	340	5	36	66	6
7	98	129	157	188	218	249	279	310	341	6	37	67	7
8	99	130	158	189	219	250	280	311	342	7	38	68	8
9	100	131	159	190	220	251	281	312	343	8	39	69	9
10	101	132	160	191	221	252	282	313	344	9	40	70	10
11	102	133	161	192	222	253	283	314	345	10	41	71	11
12	103	134	162	193	223	254	284	315	346	11	42	72	12
13	104	135	163	194	224	255	285	316	347	12	43	73	13
14	105	136	164	195	225	256	286	317	348	13	44	74	14
15	106	137	165	196	226	257	287	318	349	14	45	75	15
16	107	138	166	197	227	258	288	319	350	15	46	76	16
17	108	139	167	198	228	259	289	320	351	16	47	77	17
18	109	140	168	199	229	260	290	321	352	17	48	78	18
19	110	141	169	200	230	261	291	322	353	18	49	79	19
20	111	142	170	201	231	262	292	323	354	19	50	80	20
21	112	143	171	202	232	263	293	324	355	20	51	81	21
22	113	144	172	203	233	264	294	325	356	21	52	82	22
23	114	145	173	204	234	265	295	326	357	22	53	83	23
24	115	146	174	205	235	266	296	327	358	23	54	84	24
25	116	147	175	206	236	267	297	328	359	24	55	85	25
26	117	148	176	207	237	268	298	329	360	25	56	86	26
27	118	149	177	208	238	269	299	330	361	26	57	87	27
28	119	150	178	209	239	270	300	331	362	27	58	88	28
29	120		179	210	240	271	301	332	363	28	59	89	29
30	121		180	211	241	272	302	333	364	29	60	90	30
31	122		181		242		303	334		30		91	31

Dates	Janv.	Févr.	Mars	Avril	Mai	Juin	Juill.	Août	Sept.	Oct.	Nov.	Déc.	Dates
1	93	124	152	183	213	244	274	305	336	1	32	62	1
2	94	125	153	184	214	245	275	306	337	2	33	63	2
3	95	126	154	185	215	246	276	307	338	3	34	64	3
4	96	127	155	186	216	247	277	308	339	4	35	65	4
5	97	128	156	187	217	248	278	309	340	5	36	66	5
6	98	129	157	188	218	249	279	310	341	6	37	67	6
7	99	130	158	189	219	250	280	311	342	7	38	68	7
8	100	131	159	190	220	251	281	312	343	8	39	69	8
9	101	132	160	191	221	252	282	313	344	9	40	70	9
10	102	133	161	192	222	253	283	314	345	10	41	71	10
11	103	134	162	193	223	254	284	315	346	11	42	72	11
12	104	135	163	194	224	255	285	316	347	12	43	73	12
13	105	136	164	195	225	256	286	317	348	13	44	74	13
14	106	137	165	196	226	257	287	318	349	14	45	75	14
15	107	138	166	197	227	258	288	319	350	15	46	76	15
16	108	139	167	198	228	259	289	320	351	16	47	77	16
17	109	140	168	199	229	260	290	321	352	17	48	78	17
18	110	141	169	200	230	261	291	322	353	18	49	79	18
19	111	142	170	201	231	262	292	323	354	19	50	80	19
20	112	143	171	202	232	263	293	324	355	20	51	81	20
21	113	144	172	203	233	264	294	325	356	21	52	82	21
22	114	145	173	204	234	265	295	326	357	22	53	83	22
23	115	146	174	205	235	266	296	327	358	23	54	84	23
24	116	147	175	206	236	267	297	328	359	24	55	85	24
25	117	148	176	207	237	268	298	329	360	25	56	86	25
26	118	149	177	208	238	269	299	330	361	26	57	87	26
27	119	150	178	209	239	270	300	331	362	27	58	88	27
28	120	151	179	210	240	271	301	332	363	28	59	89	28
29	121		180	211	241	272	302	333	364	29	60	90	29
30	122		181	212	242	273	303	334	365	30	61	91	30
31	123		182		243		304	335		31		92	31

Jours qu'il y a du **3 OCTOBRE** à une date de chaque mois.

Dates	Déc.	Nov.	Oct.	Sept.	Août	Juill.	Juin	Mai	Avril	Mars	Févr.	Janv.	Dates
1	59	29	363	333	302	271	241	210	180	149	121	90	1
2	60	30	364	334	303	272	242	211	181	150	122	91	2
3	61	31	365	335	304	273	243	212	182	151	123	92	3
4	62	32	1	336	305	274	244	213	183	152	124	93	4
5	63	33	2	337	306	275	245	214	184	153	125	94	5
6	64	34	3	338	307	276	246	215	185	154	126	95	6
7	65	35	4	339	308	277	247	216	186	155	127	96	7
8	66	36	5	340	309	278	248	217	187	156	128	97	8
9	67	37	6	341	310	279	249	218	188	157	129	98	9
10	68	38	7	342	311	280	250	219	189	158	130	99	10
11	69	39	8	343	312	281	251	220	190	159	131	100	11
12	70	40	9	344	313	282	252	221	191	160	132	101	12
13	71	41	10	345	314	283	253	222	192	161	133	102	13
14	72	42	11	346	315	284	254	223	193	162	134	103	14
15	73	43	12	347	316	285	255	224	194	163	135	104	15
16	74	44	13	348	317	286	256	225	195	164	136	105	16
17	75	45	14	349	318	287	257	226	196	165	137	106	17
18	76	46	15	350	319	288	258	227	197	166	138	107	18
19	77	47	16	351	320	289	259	228	198	167	139	108	19
20	78	48	17	352	321	290	260	229	199	168	140	109	20
21	79	49	18	353	322	291	261	230	200	169	141	110	21
22	80	50	19	354	323	292	262	231	201	170	142	111	22
23	81	51	20	355	324	293	263	232	202	171	143	112	23
24	82	52	21	356	325	294	264	233	203	172	144	113	24
25	83	53	22	357	326	295	265	234	204	173	145	114	25
26	84	54	23	358	327	296	266	235	205	174	146	115	26
27	85	55	24	359	328	297	267	236	206	175	147	116	27
28	86	56	25	360	329	298	268	237	207	176	148	117	28
29	87	57	26	361	330	299	269	238	208	177		118	29
30	88	58	27	362	331	300	270	239	209	178		119	30
31	89		28		332	301		240		179		120	31

Jours qu'il y a du **2 OCTOBRE** à une date de chaque mois.

Dates	Déc.	Nov.	Oct.	Sept.	Août	Juill.	Juin	Mai	Avril	Mars	Févr.	Janv.	Dates
1	60	30	364	334	303	272	242	211	181	150	122	91	1
2	61	31	365	335	304	273	243	212	182	151	123	92	2
3	62	32	1	336	305	274	244	213	183	152	124	93	3
4	63	33	2	337	306	275	245	214	184	153	125	94	4
5	64	34	3	338	307	276	246	215	185	154	126	95	5
6	65	35	4	339	308	277	247	216	186	155	127	96	6
7	66	36	5	340	309	278	248	217	187	156	128	97	7
8	67	37	6	341	310	279	249	218	188	157	129	98	8
9	68	38	7	342	311	280	250	219	189	158	130	99	9
10	69	39	8	343	312	281	251	220	190	159	131	100	10
11	70	40	9	344	313	282	252	221	191	160	132	101	11
12	71	41	10	345	314	283	253	222	192	161	133	102	12
13	72	42	11	346	315	284	254	223	193	162	134	103	13
14	73	43	12	347	316	285	255	224	194	163	135	104	14
15	74	44	13	348	317	286	256	225	195	164	136	105	15
16	75	45	14	349	318	287	257	226	196	165	137	106	16
17	76	46	15	350	319	288	258	227	197	166	138	107	17
18	77	47	16	351	320	289	259	228	198	167	139	108	18
19	78	48	17	352	321	290	260	229	199	168	140	109	19
20	79	49	18	353	322	291	261	230	200	169	141	110	20
21	80	50	19	354	323	292	262	231	201	170	142	111	21
22	81	51	20	355	324	293	263	232	202	171	143	112	22
23	82	52	21	356	325	294	264	233	203	172	144	113	23
24	83	53	22	357	326	295	265	234	204	173	145	114	24
25	84	54	23	358	327	296	266	235	205	174	146	115	25
26	85	55	24	359	328	297	267	236	206	175	147	116	26
27	86	56	25	360	329	298	268	237	207	176	148	117	27
28	87	57	26	361	330	299	269	238	208	177	149	118	28
29	88	58	27	362	331	300	270	239	209	178		119	29
30	89	59	28	363	332	301	271	240	210	179		120	30
31	90		29		333	302		241		180		121	31

Jours qu'il y a du 5 OCTOBRE à une date de chaque mois.

Dates	Janv.	Févr.	Mars	Avril	Mai	Juin	Juill.	Août	Sept.	Oct.	Nov.	Déc.	Dates
1	88	119	147	178	208	239	269	300	331	361	27	57	1
2	89	120	148	179	209	240	270	301	332	362	28	58	2
3	90	121	149	180	210	241	271	302	333	363	29	59	3
4	91	122	150	181	211	242	272	303	334	364	30	60	4
5	92	123	151	182	212	243	273	304	335	365	31	61	5
6	93	124	152	183	213	244	274	305	336	1	32	62	6
7	94	125	153	184	214	245	275	306	337	2	33	63	7
8	95	126	154	185	215	246	276	307	338	3	34	64	8
9	96	127	155	186	216	247	277	308	339	4	35	65	9
10	97	128	156	187	217	248	278	309	340	5	36	66	10
11	98	129	157	188	218	249	279	310	341	6	37	67	11
12	99	130	158	189	219	250	280	311	342	7	38	68	12
13	100	131	159	190	220	251	281	312	343	8	39	69	13
14	101	132	160	191	221	252	282	313	344	9	40	70	14
15	102	133	161	192	222	253	283	314	345	10	41	71	15
16	103	134	162	193	223	254	284	315	346	11	42	72	16
17	104	135	163	194	224	255	285	316	347	12	43	73	17
18	105	136	164	195	225	256	286	317	348	13	44	74	18
19	106	137	165	196	226	257	287	318	349	14	45	75	19
20	107	138	166	197	227	258	288	319	350	15	46	76	20
21	108	139	167	198	228	259	289	320	351	16	47	77	21
22	109	140	168	199	229	260	290	321	352	17	48	78	22
23	110	141	169	200	230	261	291	322	353	18	49	79	23
24	111	142	170	201	231	262	292	323	354	19	50	80	24
25	112	143	171	202	232	263	293	324	355	20	51	81	25
26	113	144	172	203	233	264	294	325	356	21	52	82	26
27	114	145	173	204	234	265	295	326	357	22	53	83	27
28	115	146	174	205	235	266	296	327	358	23	54	84	28
29	116		175	206	236	267	297	328	359	24	55	85	29
30	117		176	207	237	268	298	329	360	25	56	86	30
31	118		177		238		299	330		26		87	31

Jours qu'il y a du 4 OCTOBRE à une date de chaque mois.

Dates	Janv.	Févr.	Mars	Avril	Mai	Juin	Juill.	Août	Sept.	Oct.	Nov.	Déc.	Dates
1	89	120	148	179	209	240	270	301	332	362	28	58	1
2	90	121	149	180	210	241	271	302	333	363	29	59	2
3	91	122	150	181	211	242	272	303	334	364	30	60	3
4	92	123	151	182	212	243	273	304	335	365	31	61	4
5	93	124	152	183	213	244	274	305	336	1	32	62	5
6	94	125	153	184	214	245	275	306	337	2	33	63	6
7	95	126	154	185	215	246	276	307	338	3	34	64	7
8	96	127	155	186	216	247	277	308	339	4	35	65	8
9	97	128	156	187	217	248	278	309	340	5	36	66	9
10	98	129	157	188	218	249	279	310	341	6	37	67	10
11	99	130	158	189	219	250	280	311	342	7	38	68	11
12	100	131	159	190	220	251	281	312	343	8	39	69	12
13	101	132	160	191	221	252	282	313	344	9	40	70	13
14	102	133	161	192	222	253	283	314	345	10	41	71	14
15	103	134	162	193	223	254	284	315	346	11	42	72	15
16	104	135	163	194	224	255	285	316	347	12	43	73	16
17	105	136	164	195	225	256	286	317	348	13	44	74	17
18	106	137	165	196	226	257	287	318	349	14	45	75	18
19	107	138	166	197	227	258	288	319	350	15	46	76	19
20	108	139	167	198	228	259	289	320	351	16	47	77	20
21	109	140	168	199	229	260	290	321	352	17	48	78	21
22	110	141	169	200	230	261	291	322	353	18	49	79	22
23	111	142	170	201	231	262	292	323	354	19	50	80	23
24	112	143	171	202	232	263	293	324	355	20	51	81	24
25	113	144	172	203	233	264	294	325	356	21	52	82	25
26	114	145	173	204	234	265	295	326	357	22	53	83	26
27	115	146	174	205	235	266	296	327	358	23	54	84	27
28	116	147	175	206	236	267	297	328	359	24	55	85	28
29	117		176	207	237	268	298	329	360	25	56	86	29
30	118		177	208	238	269	299	330	361	26	57	87	30
31	119		178		239		300	331		27		88	31

Jours qu'il y a du 6 OCTOBRE à une date de chaque mois.

Dates	Janv.	Févr.	Mars	Avril	Mai	Juin	Juill.	Août	Sept.	Oct.	Nov.	Déc.	Dates
1	87	118	146	177	207	238	268	299	330	360	26	56	1
2	88	119	147	178	208	239	269	300	331	361	27	57	2
3	89	120	148	179	209	240	270	301	332	362	28	58	3
4	90	121	149	180	210	241	271	302	333	363	29	59	4
5	91	122	150	181	211	242	272	303	334	364	30	60	5
6	92	123	151	182	212	243	273	304	335	365	31	61	6
7	93	124	152	183	213	244	274	305	336	1	32	62	7
8	94	125	153	184	214	245	275	306	337	2	33	63	8
9	95	126	154	185	215	246	276	307	338	3	34	64	9
10	96	127	155	186	216	247	277	308	339	4	35	65	10
11	97	128	156	187	217	248	278	309	340	5	36	66	11
12	98	129	157	188	218	249	279	310	341	6	37	67	12
13	99	130	158	189	219	250	280	311	342	7	38	68	13
14	100	131	159	190	220	251	281	312	343	8	39	69	14
15	101	132	160	191	221	252	282	313	344	9	40	70	15
16	102	133	161	192	222	253	283	314	345	10	41	71	16
17	103	134	162	193	223	254	284	315	346	11	42	72	17
18	104	135	163	194	224	255	285	316	347	12	43	73	18
19	105	136	164	195	225	256	286	317	348	13	44	74	19
20	106	137	165	196	226	257	287	318	349	14	45	75	20
21	107	138	166	197	227	258	288	319	350	15	46	76	21
22	108	139	167	198	228	259	289	320	351	16	47	77	22
23	109	140	168	199	229	260	290	321	352	17	48	78	23
24	110	141	169	200	230	261	291	322	353	18	49	79	24
25	111	142	170	201	231	262	292	323	354	19	50	80	25
26	112	143	171	202	232	263	293	324	355	20	51	81	26
27	113	144	172	203	233	264	294	325	356	21	52	82	27
28	114	145	173	204	234	265	295	326	357	22	53	83	28
29	115		174	205	235	266	296	327	358	23	54	84	29
30	116		175	206	236	267	297	328	359	24	55	85	30
31	117		176		237		298	329		25		86	31

Jours qu'il y a du 7 OCTOBRE à une date de chaque mois.

Dates	Janv.	Févr.	Mars	Avril	Mai	Juin	Juill.	Août	Sept.	Oct.	Nov.	Déc.	Dates
1	86	117	145	176	206	237	267	298	329	359	25	55	1
2	87	118	146	177	207	238	268	299	330	360	26	56	2
3	88	119	147	178	208	239	269	300	331	361	27	57	3
4	89	120	148	179	209	240	270	301	332	362	28	58	4
5	90	121	149	180	210	241	271	302	333	363	29	59	5
6	91	122	150	181	211	242	272	303	334	364	30	60	6
7	92	123	151	182	212	243	273	304	335	365	31	61	7
8	93	124	152	183	213	244	274	305	336	1	32	62	8
9	94	125	153	184	214	245	275	306	337	2	33	63	9
10	95	126	154	185	215	246	276	307	338	3	34	64	10
11	96	127	155	186	216	247	277	308	339	4	35	65	11
12	97	128	156	187	217	248	278	309	340	5	36	66	12
13	98	129	157	188	218	249	279	310	341	6	37	67	13
14	99	130	158	189	219	250	280	311	342	7	38	68	14
15	100	131	159	190	220	251	281	312	343	8	39	69	15
16	101	132	160	191	221	252	282	313	344	9	40	70	16
17	102	133	161	192	222	253	283	314	345	10	41	71	17
18	103	134	162	193	223	254	284	315	346	11	42	72	18
19	104	135	163	194	224	255	285	316	347	12	43	73	19
20	105	136	164	195	225	256	286	317	348	13	44	74	20
21	106	137	165	196	226	257	287	318	349	14	45	75	21
22	107	138	166	197	227	258	288	319	350	15	46	76	22
23	108	139	167	198	228	259	289	320	351	16	47	77	23
24	109	140	168	199	229	260	290	321	352	17	48	78	24
25	110	141	169	200	230	261	291	322	353	18	49	79	25
26	111	142	170	201	231	262	292	323	354	19	50	80	26
27	112	143	171	202	232	263	293	324	355	20	51	81	27
28	113	144	172	203	233	264	294	325	356	21	52	82	28
29	114		173	204	234	265	295	326	357	22	53	83	29
30	115		174	205	235	266	296	327	358	23	54	84	30
31	116		175		236		297	328		24		85	31

Jours qu'il y a du 9 OCTOBRE à une date de chaque mois

Dates	Janv.	Févr.	Mars	Avril	Mai	Juin	Juill.	Août	Sept.	Oct.	Nov.	Déc.	Dates
1	84	115	143	174	204	235	265	296	327	357	23	53	1
2	85	116	144	175	205	236	266	297	328	358	24	54	2
3	86	117	145	176	206	237	267	298	329	359	25	55	3
4	87	118	146	177	207	238	268	299	330	360	26	56	4
5	88	119	147	178	208	239	269	300	331	361	27	57	5
6	89	120	148	179	209	240	270	301	332	362	28	58	6
7	90	121	149	180	210	241	271	302	333	363	29	59	7
8	91	122	150	181	211	242	272	303	334	364	30	60	8
9	92	123	151	182	212	243	273	304	335	365	31	61	9
10	93	124	152	183	213	244	274	305	336	1	32	62	10
11	94	125	153	184	214	245	275	306	337	2	33	63	11
12	95	126	154	185	215	246	276	307	338	3	34	64	12
13	96	127	155	186	216	247	277	308	339	4	35	65	13
14	97	128	156	187	217	248	278	309	340	5	36	66	14
15	98	129	157	188	218	249	279	310	341	6	37	67	15
16	99	130	158	189	219	250	280	311	342	7	38	68	16
17	100	131	159	190	220	251	281	312	343	8	39	69	17
18	101	132	160	191	221	252	282	313	344	9	40	70	18
19	102	133	161	192	222	253	283	314	345	10	41	71	19
20	103	134	162	193	223	254	284	315	346	11	42	72	20
21	104	135	163	194	224	255	285	316	347	12	43	73	21
22	105	136	164	195	225	256	286	317	348	13	44	74	22
23	106	137	165	196	226	257	287	318	349	14	45	75	23
24	107	138	166	197	227	258	288	319	350	15	46	76	24
25	108	139	167	198	228	259	289	320	351	16	47	77	25
26	109	140	168	199	229	260	290	321	352	17	48	78	26
27	110	141	169	200	230	261	291	322	353	18	49	79	27
28	111	142	170	201	231	262	292	323	354	19	50	80	28
29	112		171	202	232	263	293	324	355	20	51	81	29
30	113		172	203	233	264	294	325	356	21	52	82	30
31	114		173		234		295	326		22		83	31

Jours qu'il y a du 8 OCTOBRE à une date de chaque mois

Dates	Janv.	Févr.	Mars	Avril	Mai	Juin	Juill.	Août	Sept.	Oct.	Nov.	Déc.	Dates
1	85	116	144	175	205	236	266	297	328	358	24	54	1
2	86	117	145	176	206	237	267	298	329	359	25	55	2
3	87	118	146	177	207	238	268	299	330	360	26	56	3
4	88	119	147	178	208	239	269	300	331	361	27	57	4
5	89	120	148	179	209	240	270	301	332	362	28	58	5
6	90	121	149	180	210	241	271	302	333	363	29	59	6
7	91	122	150	181	211	242	272	303	334	364	30	60	7
8	92	123	151	182	212	243	273	304	335	365	31	61	8
9	93	124	152	183	213	244	274	305	336	1	32	62	9
10	94	125	153	184	214	245	275	306	337	2	33	63	10
11	95	126	154	185	215	246	276	307	338	3	34	64	11
12	96	127	155	186	216	247	277	308	339	4	35	65	12
13	97	128	156	187	217	248	278	309	340	5	36	66	13
14	98	129	157	188	218	249	279	310	341	6	37	67	14
15	99	130	158	189	219	250	280	311	342	7	38	68	15
16	100	131	159	190	220	251	281	312	343	8	39	69	16
17	101	132	160	191	221	252	282	313	344	9	40	70	17
18	102	133	161	192	222	253	283	314	345	10	41	71	18
19	103	134	162	193	223	254	284	315	346	11	42	72	19
20	104	135	163	194	224	255	285	316	347	12	43	73	20
21	105	136	164	195	225	256	286	317	348	13	44	74	21
22	106	137	165	196	226	257	287	318	349	14	45	75	22
23	107	138	166	197	227	258	288	319	350	15	46	76	23
24	108	139	167	198	228	259	289	320	351	16	47	77	24
25	109	140	168	199	229	260	290	321	352	17	48	78	25
26	110	141	169	200	230	261	291	322	353	18	49	79	26
27	111	142	170	201	231	262	292	323	354	19	50	80	27
28	112	143	171	202	232	263	293	324	355	20	51	81	28
29	113		172	203	233	264	294	325	356	21	52	82	29
30	114		173	204	234	265	295	326	357	22	53	83	30
31	115		174		235		296	327		23		84	31

Jours qu'il y a du 11 OCTOBRE à une date de chaque mois

Dates	Janv.	Févr.	Mars	Avril	Mai	Juin	Juill.	Août	Sept.	Oct.	Nov.	Déc.	Dates
1	82	113	141	172	202	233	263	294	325	355	21	51	1
2	83	114	142	173	203	234	264	295	326	356	22	52	2
3	84	115	143	174	204	235	265	296	327	357	23	53	3
4	85	116	144	175	205	236	266	297	328	358	24	54	4
5	86	117	145	176	206	237	267	298	329	359	25	55	5
6	87	118	146	177	207	238	268	299	330	360	26	56	6
7	88	119	147	178	208	239	269	300	331	361	27	57	7
8	89	120	148	179	209	240	270	301	332	362	28	58	8
9	90	121	149	180	210	241	271	302	333	363	29	59	9
10	91	122	150	181	211	242	272	303	334	364	30	60	10
11	92	123	151	182	212	243	273	304	335	365	31	61	11
12	93	124	152	183	213	244	274	305	336	1	32	62	12
13	94	125	153	184	214	245	275	306	337	2	33	63	13
14	95	126	154	185	215	246	276	307	338	3	34	64	14
15	96	127	155	186	216	247	277	308	339	4	35	65	15
16	97	128	156	187	217	248	278	309	340	5	36	66	16
17	98	129	157	188	218	249	279	310	341	6	37	67	17
18	99	130	158	189	219	250	280	311	342	7	38	68	18
19	100	131	159	190	220	251	281	312	343	8	39	69	19
20	101	132	160	191	221	252	282	313	344	9	40	70	20
21	102	133	161	192	222	253	283	314	345	10	41	71	21
22	103	134	162	193	223	254	284	315	346	11	42	72	22
23	104	135	163	194	224	255	285	316	347	12	43	73	23
24	105	136	164	195	225	256	286	317	348	13	44	74	24
25	106	137	165	196	226	257	287	318	349	14	45	75	25
26	107	138	166	197	227	258	288	319	350	15	46	76	26
27	108	139	167	198	228	259	289	320	351	16	47	77	27
28	109	140	168	199	229	260	290	321	352	17	48	78	28
29	110		169	200	230	261	291	322	353	18	49	79	29
30	111		170	201	231	262	292	323	354	19	50	80	30
31	112		171		232		293	324		20		81	31

Jours qu'il y a du 10 OCTOBRE à une date de chaque mois

Dates	Janv.	Févr.	Mars	Avril	Mai	Juin	Juill.	Août	Sept.	Oct.	Nov.	Déc.	Dates
1	83	114	142	173	203	234	264	295	326	356	22	52	1
2	84	115	143	174	204	235	265	296	327	357	23	53	2
3	85	116	144	175	205	236	266	297	328	358	24	54	3
4	86	117	145	176	206	237	267	298	329	359	25	55	4
5	87	118	146	177	207	238	268	299	330	360	26	56	5
6	88	119	147	178	208	239	269	300	331	361	27	57	6
7	89	120	148	179	209	240	270	301	332	362	28	58	7
8	90	121	149	180	210	241	271	302	333	363	29	59	8
9	91	122	150	181	211	242	272	303	334	364	30	60	9
10	92	123	151	182	212	243	273	304	335	365	31	61	10
11	93	124	152	183	213	244	274	305	336	1	32	62	11
12	94	125	153	184	214	245	275	306	337	2	33	63	12
13	95	126	154	185	215	246	276	307	338	3	34	64	13
14	96	127	155	186	216	247	277	308	339	4	35	65	14
15	97	128	156	187	217	248	278	309	340	5	36	66	15
16	98	129	157	188	218	249	279	310	341	6	37	67	16
17	99	130	158	189	219	250	280	311	342	7	38	68	17
18	100	131	159	190	220	251	281	312	343	8	39	69	18
19	101	132	160	191	221	252	282	313	344	9	40	70	19
20	102	133	161	192	222	253	283	314	345	10	41	71	20
21	103	134	162	193	223	254	284	315	346	11	42	72	21
22	104	135	163	194	224	255	285	316	347	12	43	73	22
23	105	136	164	195	225	256	286	317	348	13	44	74	23
24	106	137	165	196	226	257	287	318	349	14	45	75	24
25	107	138	166	197	227	258	288	319	350	15	46	76	25
26	108	139	167	198	228	259	289	320	351	16	47	77	26
27	109	140	168	199	229	260	290	321	352	17	48	78	27
28	110	141	169	200	230	261	291	322	353	18	49	79	28
29	111		170	201	231	262	292	323	354	19	50	80	29
30	112		171	202	232	263	293	324	355	20	51	81	30
31	113		172		233		294	325		21		82	31

Dates	Janv.	Févr.	Mars	Avril	Mai	Juin	Juill.	Août	Sept.	Oct.	Nov.	Déc.	Dates
1	80	111	139	170	200	231	261	292	323	353	19	49	1
2	81	112	140	171	201	232	262	293	324	354	20	50	2
3	82	113	141	172	202	233	263	294	325	355	21	51	3
4	83	114	142	173	203	234	264	295	326	356	22	52	4
5	84	115	143	174	204	235	265	296	327	357	23	53	5
6	85	116	144	175	205	236	266	297	328	358	24	54	6
7	86	117	145	176	206	237	267	298	329	359	25	55	7
8	87	118	146	177	207	238	268	299	330	360	26	56	8
9	88	119	147	178	208	239	269	300	331	361	27	57	9
10	89	120	148	179	209	240	270	301	332	362	28	58	10
11	90	121	149	180	210	241	271	302	333	363	29	59	11
12	91	122	150	181	211	242	272	303	334	364	30	60	12
13	92	123	151	182	212	243	273	304	335	365	31	61	13
14	93	124	152	183	213	244	274	305	336	1	32	62	14
15	94	125	153	184	214	245	275	306	337	2	33	63	15
16	95	126	154	185	215	246	276	307	338	3	34	64	16
17	96	127	155	186	216	247	277	308	339	4	35	65	17
18	97	128	156	187	217	248	278	309	340	5	36	66	18
19	98	129	157	188	218	249	279	310	341	6	37	67	19
20	99	130	158	189	219	250	280	311	342	7	38	68	20
21	100	131	159	190	220	251	281	312	343	8	39	69	21
22	101	132	160	191	221	252	282	313	344	9	40	70	22
23	102	133	161	192	222	253	283	314	345	10	41	71	23
24	103	134	162	193	223	254	284	315	346	11	42	72	24
25	104	135	163	194	224	255	285	316	347	12	43	73	25
26	105	136	164	195	225	256	286	317	348	13	44	74	26
27	106	137	165	196	226	257	287	318	349	14	45	75	27
28	107	138	166	197	227	258	288	319	350	15	46	76	28
29	108		167	198	228	259	289	320	351	16	47	77	29
30	109		168	199	229	260	290	321	352	17	48	78	30
31	110		169		230		291	322		18		79	31

Dates	Janv.	Févr.	Mars	Avril	Mai	Juin	Juill.	Août	Sept.	Oct.	Nov.	Déc.	Dates
1	81	112	140	171	201	232	262	293	324	354	20	50	1
2	82	113	141	172	202	233	263	294	325	355	21	51	2
3	83	114	142	173	203	234	264	295	326	356	22	52	3
4	84	115	143	174	204	235	265	296	327	357	23	53	4
5	85	116	144	175	205	236	266	297	328	358	24	54	5
6	86	117	145	176	206	237	267	298	329	359	25	55	6
7	87	118	146	177	207	238	268	299	330	360	26	56	7
8	88	119	147	178	208	239	269	300	331	361	27	57	8
9	89	120	148	179	209	240	270	301	332	362	28	58	9
10	90	121	149	180	210	241	271	302	333	363	29	59	10
11	91	122	150	181	211	242	272	303	334	364	30	60	11
12	92	123	151	182	212	243	273	304	335	365	31	61	12
13	93	124	152	183	213	244	274	305	336	1	32	62	13
14	94	125	153	184	214	245	275	306	337	2	33	63	14
15	95	126	154	185	215	246	276	307	338	3	34	64	15
16	96	127	155	186	216	247	277	308	339	4	35	65	16
17	97	128	156	187	217	248	278	309	340	5	36	66	17
18	98	129	157	188	218	249	279	310	341	6	37	67	18
19	99	130	158	189	219	250	280	311	342	7	38	68	19
20	100	131	159	190	220	251	281	312	343	8	39	69	20
21	101	132	160	191	221	252	282	313	344	9	40	70	21
22	102	133	161	192	222	253	283	314	345	10	41	71	22
23	103	134	162	193	223	254	284	315	346	11	42	72	23
24	104	135	163	194	224	255	285	316	347	12	43	73	24
25	105	136	164	195	225	256	286	317	348	13	44	74	25
26	106	137	165	196	226	257	287	318	349	14	45	75	26
27	107	138	166	197	227	258	288	319	350	15	46	76	27
28	108	139	167	198	228	259	289	320	351	16	47	77	28
29	109		168	199	229	260	290	321	352	17	48	78	29
30	110		169	200	230	261	291	322	353	18	49	79	30
31	111		170		231		292	323		19		80	31

Jours qu'il y a du 15 OCTOBRE à une date de chaque mois.

Dates	Déc.	Nov.	Oct.	Sept.	Août	Juill.	Juin	Mai	Avril	Mars	Févr.	Janv.	Dates
1	47	17	351	321	290	259	229	198	168	137	109	78	1
2	48	18	352	322	291	260	230	199	169	138	110	79	2
3	49	19	353	323	292	261	231	200	170	139	111	80	3
4	50	20	354	324	293	262	232	201	171	140	112	81	4
5	51	21	355	325	294	263	233	202	172	141	113	82	5
6	52	22	356	326	295	264	234	203	173	142	114	83	6
7	53	23	357	327	296	265	235	204	174	143	115	84	7
8	54	24	358	328	297	266	236	205	175	144	116	85	8
9	55	25	359	329	298	267	237	206	176	145	117	86	9
10	56	26	360	330	299	268	238	207	177	146	118	87	10
11	57	27	361	331	300	269	239	208	178	147	119	88	11
12	58	28	362	332	301	270	240	209	179	148	120	89	12
13	59	29	363	333	302	271	241	210	180	149	121	90	13
14	60	30	364	334	303	272	242	211	181	150	122	91	14
15	61	31	365	335	304	273	243	212	182	151	123	92	15
16	62	32	1	336	305	274	244	213	183	152	124	93	16
17	63	33	2	337	306	275	245	214	184	153	125	94	17
18	64	34	3	338	307	276	246	215	185	154	126	95	18
19	65	35	4	339	308	277	247	216	186	155	127	96	19
20	66	36	5	340	309	278	248	217	187	156	128	97	20
21	67	37	6	341	310	279	249	218	188	157	129	98	21
22	68	38	7	342	311	280	250	219	189	158	130	99	22
23	69	39	8	343	312	281	251	220	190	159	131	100	23
24	70	40	9	344	313	282	252	221	191	160	132	101	24
25	71	41	10	345	314	283	253	222	192	161	133	102	25
26	72	42	11	346	315	284	254	223	193	162	134	103	26
27	73	43	12	347	316	285	255	224	194	163	135	104	27
28	74	44	13	348	317	286	256	225	195	164	136	105	28
29	75	45	14	349	318	287	257	226	196	165		106	29
30	76	46	15	350	319	288	258	227	197	166		107	30
31	77		16		320	289		228		167		108	31

Jours qu'il y a du 14 OCTOBRE à une date de chaque mois.

Dates	Déc.	Nov.	Oct.	Sept.	Août	Juill.	Juin	Mai	Avril	Mars	Févr.	Janv.	Dates
1	48	18	352	322	291	260	230	199	169	138	110	79	1
2	49	19	353	323	292	261	231	200	170	139	111	80	2
3	50	20	354	324	293	262	232	201	171	140	112	81	3
4	51	21	355	325	294	263	233	202	172	141	113	82	4
5	52	22	356	326	295	264	234	203	173	142	114	83	5
6	53	23	357	327	296	265	235	204	174	143	115	84	6
7	54	24	358	328	297	266	236	205	175	144	116	85	7
8	55	25	359	329	298	267	237	206	176	145	117	86	8
9	56	26	360	330	299	268	238	207	177	146	118	87	9
10	57	27	361	331	300	269	239	208	178	147	119	88	10
11	58	28	362	332	301	270	240	209	179	148	120	89	11
12	59	29	363	333	302	271	241	210	180	149	121	90	12
13	60	30	364	334	303	272	242	211	181	150	122	91	13
14	61	31	365	335	304	273	243	212	182	151	123	92	14
15	62	32	1	336	305	274	244	213	183	152	124	93	15
16	63	33	2	337	306	275	245	214	184	153	125	94	16
17	64	34	3	338	307	276	246	215	185	154	126	95	17
18	65	35	4	339	308	277	247	216	186	155	127	96	18
19	66	36	5	340	309	278	248	217	187	156	128	97	19
20	67	37	6	341	310	279	249	218	188	157	129	98	20
21	68	38	7	342	311	280	250	219	189	158	130	99	21
22	69	39	8	343	312	281	251	220	190	159	131	100	22
23	70	40	9	344	313	282	252	221	191	160	132	101	23
24	71	41	10	345	314	283	253	222	192	161	133	102	24
25	72	42	11	346	315	284	254	223	193	162	134	103	25
26	73	43	12	347	316	285	255	224	194	163	135	104	26
27	74	44	13	348	317	286	256	225	195	164	136	105	27
28	75	45	14	349	318	287	257	226	196	165	137	106	28
29	76	46	15	350	319	288	258	227	197	166		107	29
30	77	47	16	351	320	289	259	228	198	167		108	30
31	78		17		321	290		229		168		109	31

Jours qu'il y a du 16 OCTOBRE à une date de chaque mois.

Dates	Déc.	Nov.	Oct.	Sept.	Août	Juill.	Juin	Mai	Avril	Mars	Févr.	Janv.	Dates
1	46	16	350	320	289	258	228	197	167	136	108	77	1
2	47	17	351	321	290	259	229	198	168	137	109	78	2
3	48	18	352	322	291	260	230	199	169	138	110	79	3
4	49	19	353	323	292	261	231	200	170	139	111	80	4
5	50	20	354	324	293	262	232	201	171	140	112	81	5
6	51	21	355	325	294	263	233	202	172	141	113	82	6
7	52	22	356	326	295	264	234	203	173	142	114	83	7
8	53	23	357	327	296	265	235	204	174	143	115	84	8
9	54	24	358	328	297	266	236	205	175	144	116	85	9
10	55	25	359	329	298	267	237	206	176	145	117	86	10
11	56	26	360	330	299	268	238	207	177	146	118	87	11
12	57	27	361	331	300	269	239	208	178	147	119	88	12
13	58	28	362	332	301	270	240	209	179	148	120	89	13
14	59	29	363	333	302	271	241	210	180	149	121	90	14
15	60	30	364	334	303	272	242	211	181	150	122	91	15
16	61	31	365	335	304	273	243	212	182	151	123	92	16
17	62	32	1	336	305	274	244	213	183	152	124	93	17
18	63	33	2	337	306	275	245	214	184	153	125	94	18
19	64	34	3	338	307	276	246	215	185	154	126	95	19
20	65	35	4	339	308	277	247	216	186	155	127	96	20
21	66	36	5	340	309	278	248	217	187	156	128	97	21
22	67	37	6	341	310	279	249	218	188	157	129	98	22
23	68	38	7	342	311	280	250	219	189	158	130	99	23
24	69	39	8	343	312	281	251	220	190	159	131	100	24
25	70	40	9	344	313	282	252	221	191	160	132	101	25
26	71	41	10	345	314	283	253	222	192	161	133	102	26
27	72	42	11	346	315	284	254	223	193	162	134	103	27
28	73	43	12	347	316	285	255	224	194	163	135	104	28
29	74	44	13	348	317	286	256	225	195	164		105	29
30	75	45	14	349	318	287	257	226	196	165		106	30
31	76		15		319	288		227		166		107	31

Jours qu'il y a du 17 OCTOBRE à une date de chaque mois.

Dates	Déc.	Nov.	Oct.	Sept.	Août	Juill.	Juin	Mai	Avril	Mars	Févr.	Janv.	Dates
1	45	15	349	319	288	257	227	196	166	135	107	76	1
2	46	16	350	320	289	258	228	197	167	136	108	77	2
3	47	17	351	321	290	259	229	198	168	137	109	78	3
4	48	18	352	322	291	260	230	199	169	138	110	79	4
5	49	19	353	323	292	261	231	200	170	139	111	80	5
6	50	20	354	324	293	262	232	201	171	140	112	81	6
7	51	21	355	325	294	263	233	202	172	141	113	82	7
8	52	22	356	326	295	264	234	203	173	142	114	83	8
9	53	23	357	327	296	265	235	204	174	143	115	84	9
10	54	24	358	328	297	266	236	205	175	144	116	85	10
11	55	25	359	329	298	267	237	206	176	145	117	86	11
12	56	26	360	330	299	268	238	207	177	146	118	87	12
13	57	27	361	331	300	269	239	208	178	147	119	88	13
14	58	28	362	332	301	270	240	209	179	148	120	89	14
15	59	29	363	333	302	271	241	210	180	149	121	90	15
16	60	30	364	334	303	272	242	211	181	150	122	91	16
17	61	31	365	335	304	273	243	212	182	151	123	92	17
18	62	32	1	336	305	274	244	213	183	152	124	93	18
19	63	33	2	337	306	275	245	214	184	153	125	94	19
20	64	34	3	338	307	276	246	215	185	154	126	95	20
21	65	35	4	339	308	277	247	216	186	155	127	96	21
22	66	36	5	340	309	278	248	217	187	156	128	97	22
23	67	37	6	341	310	279	249	218	188	157	129	98	23
24	68	38	7	342	311	280	250	219	189	158	130	99	24
25	69	39	8	343	312	281	251	220	190	159	131	100	25
26	70	40	9	344	313	282	252	221	191	160	132	101	26
27	71	41	10	345	314	283	253	222	192	161	133	102	27
28	72	42	11	346	315	284	254	223	193	162	134	103	28
29	73	43	12	347	316	285	255	224	194	163		104	29
30	74	44	13	348	317	286	256	225	195	164		105	30
31	75		14		318	287		226		165		106	31

Jours qu'il y a du 19 OCTOBRE à une date de chaque mois

Dates	Janv.	Févr.	Mars	Avril	Mai	Juin	Juill.	Août	Sept.	Oct.	Nov.	Déc.	Dates
1	74	105	133	164	194	225	255	286	317	347	13	43	1
2	75	106	134	165	195	226	256	287	318	348	14	44	2
3	76	107	135	166	196	227	257	288	319	349	15	45	3
4	77	108	136	167	197	228	258	289	320	350	16	46	4
5	78	109	137	168	198	229	259	290	321	351	17	47	5
6	79	110	138	169	199	230	260	291	322	352	18	48	6
7	80	111	139	170	200	231	261	292	323	353	19	49	7
8	81	112	140	171	201	232	262	293	324	354	20	50	8
9	82	113	141	172	202	233	263	294	325	355	21	51	9
10	83	114	142	173	203	234	264	295	326	356	22	52	10
11	84	115	143	174	204	235	265	296	327	357	23	53	11
12	85	116	144	175	205	236	266	297	328	358	24	54	12
13	86	117	145	176	206	237	267	298	329	359	25	55	13
14	87	118	146	177	207	238	268	299	330	360	26	56	14
15	88	119	147	178	208	239	269	300	331	361	27	57	15
16	89	120	148	179	209	240	270	301	332	362	28	58	16
17	90	121	149	180	210	241	271	302	333	363	29	59	17
18	91	122	150	181	211	242	272	303	334	364	30	60	18
19	92	123	151	182	212	243	273	304	335	365	31	61	19
20	93	124	152	183	213	244	274	305	336	1	32	62	20
21	94	125	153	184	214	245	275	306	337	2	33	63	21
22	95	126	154	185	215	246	276	307	338	3	34	64	22
23	96	127	155	186	216	247	277	308	339	4	35	65	23
24	97	128	156	187	217	248	278	309	340	5	36	66	24
25	98	129	157	188	218	249	279	310	341	6	37	67	25
26	99	130	158	189	219	250	280	311	342	7	38	68	26
27	100	131	159	190	220	251	281	312	343	8	39	69	27
28	101	132	160	191	221	252	282	313	344	9	40	70	28
29	102		161	192	222	253	283	314	345	10	41	71	29
30	103		162	193	223	254	284	315	346	11	42	72	30
31	104		163		224		285	316		12		73	31

Jours qu'il y a du 18 OCTOBRE à une date de chaque mois

Dates	Janv.	Févr.	Mars	Avril	Mai	Juin	Juill.	Août	Sept.	Oct.	Nov.	Déc.	Dates
1	75	106	134	165	195	226	256	287	318	348	14	44	1
2	76	107	135	166	196	227	257	288	319	349	15	45	2
3	77	108	136	167	197	228	258	289	320	350	16	46	3
4	78	109	137	168	198	229	259	290	321	351	17	47	4
5	79	110	138	169	199	230	260	291	322	352	18	48	5
6	80	111	139	170	200	231	261	292	323	353	19	49	6
7	81	112	140	171	201	232	262	293	324	354	20	50	7
8	82	113	141	172	202	233	263	294	325	355	21	51	8
9	83	114	142	173	203	234	264	295	326	356	22	52	9
10	84	115	143	174	204	235	265	296	327	357	23	53	10
11	85	116	144	175	205	236	266	297	328	358	24	54	11
12	86	117	145	176	206	237	267	298	329	359	25	55	12
13	87	118	146	177	207	238	268	299	330	360	26	56	13
14	88	119	147	178	208	239	269	300	331	361	27	57	14
15	89	120	148	179	209	240	270	301	332	362	28	58	15
16	90	121	149	180	210	241	271	302	333	363	29	59	16
17	91	122	150	181	211	242	272	303	334	364	30	60	17
18	92	123	151	182	212	243	273	304	335	365	31	61	18
19	93	124	152	183	213	244	274	305	336	1	32	62	19
20	94	125	153	184	214	245	275	306	337	2	33	63	20
21	95	126	154	185	215	246	276	307	338	3	34	64	21
22	96	127	155	186	216	247	277	308	339	4	35	65	22
23	97	128	156	187	217	248	278	309	340	5	36	66	23
24	98	129	157	188	218	249	279	310	341	6	37	67	24
25	99	130	158	189	219	250	280	311	342	7	38	68	25
26	100	131	159	190	220	251	281	312	343	8	39	69	26
27	101	132	160	191	221	252	282	313	344	9	40	70	27
28	102	133	161	192	222	253	283	314	345	10	41	71	28
29	103		162	193	223	254	284	315	346	11	42	72	29
30	104		163	194	224	255	285	316	347	12	43	73	30
31	105		164		225		286	317		13		74	31

Dates	Déc.	Nov.	Oct.	Sept.	Août	Juill.	Juin	Mai	Avril	Mars	Févr.	Janv.	Dates
1	41	11	345	315	284	253	223	192	162	131	103	72	1
2	42	12	346	316	285	254	224	193	163	132	104	73	2
3	43	13	347	317	286	255	225	194	164	133	105	74	3
4	44	14	348	318	287	256	226	195	165	134	106	75	4
5	45	15	349	319	288	257	227	196	166	135	107	76	5
6	46	16	350	320	289	258	228	197	167	136	108	77	6
7	47	17	351	321	290	259	229	198	168	137	109	78	7
8	48	18	352	322	291	260	230	199	169	138	110	79	8
9	49	19	353	323	292	261	231	200	170	139	111	80	9
10	50	20	354	324	293	262	232	201	171	140	112	81	10
11	51	21	355	325	294	263	233	202	172	141	113	82	11
12	52	22	356	326	295	264	234	203	173	142	114	83	12
13	53	23	357	327	296	265	235	204	174	143	115	84	13
14	54	24	358	328	297	266	236	205	175	144	116	85	14
15	55	25	359	329	298	267	237	206	176	145	117	86	15
16	56	26	360	330	299	268	238	207	177	146	118	87	16
17	57	27	361	331	300	269	239	208	178	147	119	88	17
18	58	28	362	332	301	270	240	209	179	148	120	89	18
19	59	29	363	333	302	271	241	210	180	149	121	90	19
20	60	30	364	334	303	272	242	211	181	150	122	91	20
21	61	31	365	335	304	273	243	212	182	151	123	92	21
22	62	32	1	336	305	274	244	213	183	152	124	93	22
23	63	33	2	337	306	275	245	214	184	153	125	94	23
24	64	34	3	338	307	276	246	215	185	154	126	95	24
25	65	35	4	339	308	277	247	216	186	155	127	96	25
26	66	36	5	340	309	278	248	217	187	156	128	97	26
27	67	37	6	341	310	279	249	218	188	157	129	98	27
28	68	38	7	342	311	280	250	219	189	158	130	99	28
29	69	39	8	343	312	281	251	220	190	159		100	29
30	70	40	9	344	313	282	252	221	191	160		101	30
31	71		10		314	283		222		161		102	31

Dates	Déc.	Nov.	Oct.	Sept.	Août	Juill.	Juin	Mai	Avril	Mars	Févr.	Janv.	Dates
1	42	12	346	316	285	254	224	193	163	132	104	73	1
2	43	13	347	317	286	255	225	194	164	133	105	74	2
3	44	14	348	318	287	256	226	195	165	134	106	75	3
4	45	15	349	319	288	257	227	196	166	135	107	76	4
5	46	16	350	320	289	258	228	197	167	136	108	77	5
6	47	17	351	321	290	259	229	198	168	137	109	78	6
7	48	18	352	322	291	260	230	199	169	138	110	79	7
8	49	19	353	323	292	261	231	200	170	139	111	80	8
9	50	20	354	324	293	262	232	201	171	140	112	81	9
10	51	21	355	325	294	263	233	202	172	141	113	82	10
11	52	22	356	326	295	264	234	203	173	142	114	83	11
12	53	23	357	327	296	265	235	204	174	143	115	84	12
13	54	24	358	328	297	266	236	205	175	144	116	85	13
14	55	25	359	329	298	267	237	206	176	145	117	86	14
15	56	26	360	330	299	268	238	207	177	146	118	87	15
16	57	27	361	331	300	269	239	208	178	147	119	88	16
17	58	28	362	332	301	270	240	209	179	148	120	89	17
18	59	29	363	333	302	271	241	210	180	149	121	90	18
19	60	30	364	334	303	272	242	211	181	150	122	91	19
20	61	31	365	335	304	273	243	212	182	151	123	92	20
21	62	32	1	336	305	274	244	213	183	152	124	93	21
22	63	33	2	337	306	275	245	214	184	153	125	94	22
23	64	34	3	338	307	276	246	215	185	154	126	95	23
24	65	35	4	339	308	277	247	216	186	155	127	96	24
25	66	36	5	340	309	278	248	217	187	156	128	97	25
26	67	37	6	341	310	279	249	218	188	157	129	98	26
27	68	38	7	342	311	280	250	219	189	158	130	99	27
28	69	39	8	343	312	281	251	220	190	159	131	100	28
29	70	40	9	344	313	282	252	221	191	160		101	29
30	71	41	10	345	314	283	253	222	192	161		102	30
31	72		11		315	284		223		162		103	31

Jours qu'il y a du 23 OCTOBRE à une date de chaque mois.

Dates	Janv.	Févr.	Mars	Avril	Mai	Juin	Juill.	Août	Sept.	Oct.	Nov.	Déc.	Dates
1	70	101	129	160	190	221	251	282	313	343	9	39	1
2	71	102	130	161	191	222	252	283	314	344	10	40	2
3	72	103	131	162	192	223	253	284	315	345	11	41	3
4	73	104	132	163	193	224	254	285	316	346	12	42	4
5	74	105	133	164	194	225	255	286	317	347	13	43	5
6	75	106	134	165	195	226	256	287	318	348	14	44	6
7	76	107	135	166	196	227	257	288	319	349	15	45	7
8	77	108	136	167	197	228	258	289	320	350	16	46	8
9	78	109	137	168	198	229	259	290	321	351	17	47	9
10	79	110	138	169	199	230	260	291	322	352	18	48	10
11	80	111	139	170	200	231	261	292	323	353	19	49	11
12	81	112	140	171	201	232	262	293	324	354	20	50	12
13	82	113	141	172	202	233	263	294	325	355	21	51	13
14	83	114	142	173	203	234	264	295	326	356	22	52	14
15	84	115	143	174	204	235	265	296	327	357	23	53	15
16	85	116	144	175	205	236	266	297	328	358	24	54	16
17	86	117	145	176	206	237	267	298	329	359	25	55	17
18	87	118	146	177	207	238	268	299	330	360	26	56	18
19	88	119	147	178	208	239	269	300	331	361	27	57	19
20	89	120	148	179	209	240	270	301	332	362	28	58	20
21	90	121	149	180	210	241	271	302	333	363	29	59	21
22	91	122	150	181	211	242	272	303	334	364	30	60	22
23	92	123	151	182	212	243	273	304	335	365	31	61	23
24	93	124	152	183	213	244	274	305	336	1	32	62	24
25	94	125	153	184	214	245	275	306	337	2	33	63	25
26	95	126	154	185	215	246	276	307	338	3	34	64	26
27	96	127	155	186	216	247	277	308	339	4	35	65	27
28	97	128	156	187	217	248	278	309	340	5	36	66	28
29	98		157	188	218	249	279	310	341	6	37	67	29
30	99		158	189	219	250	280	311	342	7	38	68	30
31	100		159		220		281	312		8		69	31

Jours qu'il y a du 22 OCTOBRE à une date de chaque mois.

Dates	Janv.	Févr.	Mars	Avril	Mai	Juin	Juill.	Août	Sept.	Oct.	Nov.	Déc.	Dates
1	71	102	130	161	191	222	252	283	314	344	10	40	1
2	72	103	131	162	192	223	253	284	315	345	11	41	2
3	73	104	132	163	193	224	254	285	316	346	12	42	3
4	74	105	133	164	194	225	255	286	317	347	13	43	4
5	75	106	134	165	195	226	256	287	318	348	14	44	5
6	76	107	135	166	196	227	257	288	319	349	15	45	6
7	77	108	136	167	197	228	258	289	320	350	16	46	7
8	78	109	137	168	198	229	259	290	321	351	17	47	8
9	79	110	138	169	199	230	260	291	322	352	18	48	9
10	80	111	139	170	200	231	261	292	323	353	19	49	10
11	81	112	140	171	201	232	262	293	324	354	20	50	11
12	82	113	141	172	202	233	263	294	325	355	21	51	12
13	83	114	142	173	203	234	264	295	326	356	22	52	13
14	84	115	143	174	204	235	265	296	327	357	23	53	14
15	85	116	144	175	205	236	266	297	328	358	24	54	15
16	86	117	145	176	206	237	267	298	329	359	25	55	16
17	87	118	146	177	207	238	268	299	330	360	26	56	17
18	88	119	147	178	208	239	269	300	331	361	27	57	18
19	89	120	148	179	209	240	270	301	332	362	28	58	19
20	90	121	149	180	210	241	271	302	333	363	29	59	20
21	91	122	150	181	211	242	272	303	334	364	30	60	21
22	92	123	151	182	212	243	273	304	335	365	31	61	22
23	93	124	152	183	213	244	274	305	336	1	32	62	23
24	94	125	153	184	214	245	275	306	337	2	33	63	24
25	95	126	154	185	215	246	276	307	338	3	34	64	25
26	96	127	155	186	216	247	277	308	339	4	35	65	26
27	97	128	156	187	217	248	278	309	340	5	36	66	27
28	98	129	157	188	218	249	279	310	341	6	37	67	28
29	99		158	189	219	250	280	311	342	7	38	68	29
30	100		159	190	220	251	281	312	343	8	39	69	30
31	101		160		221		282	313		9		70	31

Jours qu'il y a du 25 OCTOBRE à une date de chaque mois.

Dates	Janv.	Févr.	Mars	Avril	Mai	Juin	Juill.	Août	Sept.	Oct.	Nov.	Déc.	Dates
1	68	99	127	158	188	219	249	280	311	341	7	37	1
2	69	100	128	159	189	220	250	281	312	342	8	38	2
3	70	101	129	160	190	221	251	282	313	343	9	39	3
4	71	102	130	161	191	222	252	283	314	344	10	40	4
5	72	103	131	162	192	223	253	284	315	345	11	41	5
6	73	104	132	163	193	224	254	285	316	346	12	42	6
7	74	105	133	164	194	225	255	286	317	347	13	43	7
8	75	106	134	165	195	226	256	287	318	348	14	44	8
9	76	107	135	166	196	227	257	288	319	349	15	45	9
10	77	108	136	167	197	228	258	289	320	350	16	46	10
11	78	109	137	168	198	229	259	290	321	351	17	47	11
12	79	110	138	169	199	230	260	291	322	352	18	48	12
13	80	111	139	170	200	231	261	292	323	353	19	49	13
14	81	112	140	171	201	232	262	293	324	354	20	50	14
15	82	113	141	172	202	233	263	294	325	355	21	51	15
16	83	114	142	173	203	234	264	295	326	356	22	52	16
17	84	115	143	174	204	235	265	296	327	357	23	53	17
18	85	116	144	175	205	236	266	297	328	358	24	54	18
19	86	117	145	176	206	237	267	298	329	359	25	55	19
20	87	118	146	177	207	238	268	299	330	360	26	56	20
21	88	119	147	178	208	239	269	300	331	361	27	57	21
22	89	120	148	179	209	240	270	301	332	362	28	58	22
23	90	121	149	180	210	241	271	302	333	363	29	59	23
24	91	122	150	181	211	242	272	303	334	364	30	60	24
25	92	123	151	182	212	243	273	304	335	365	31	61	25
26	93	124	152	183	213	244	274	305	336	1	32	62	26
27	94	125	153	184	214	245	275	306	337	2	33	63	27
28	95	126	154	185	215	246	276	307	338	3	34	64	28
29	96		155	186	216	247	277	308	339	4	35	65	29
30	97		156	187	217	248	278	309	340	5	36	66	30
31	98		157		218		279	310		6		67	31

Jours qu'il y a du 24 OCTOBRE à une date de chaque mois.

Dates	Janv.	Févr.	Mars	Avril	Mai	Juin	Juill.	Août	Sept.	Oct.	Nov.	Déc.	Dates
1	69	100	128	159	189	220	250	281	312	342	8	38	1
2	70	101	129	160	190	221	251	282	313	343	9	39	2
3	71	102	130	161	191	222	252	283	314	344	10	40	3
4	72	103	131	162	192	223	253	284	315	345	11	41	4
5	73	104	132	163	193	224	254	285	316	346	12	42	5
6	74	105	133	164	194	225	255	286	317	347	13	43	6
7	75	106	134	165	195	226	256	287	318	348	14	44	7
8	76	107	135	166	196	227	257	288	319	349	15	45	8
9	77	108	136	167	197	228	258	289	320	350	16	46	9
10	78	109	137	168	198	229	259	290	321	351	17	47	10
11	79	110	138	169	199	230	260	291	322	352	18	48	11
12	80	111	139	170	200	231	261	292	323	353	19	49	12
13	81	112	140	171	201	232	262	293	324	354	20	50	13
14	82	113	141	172	202	233	263	294	325	355	21	51	14
15	83	114	142	173	203	234	264	295	326	356	22	52	15
16	84	115	143	174	204	235	265	296	327	357	23	53	16
17	85	116	144	175	205	236	266	297	328	358	24	54	17
18	86	117	145	176	206	237	267	298	329	359	25	55	18
19	87	118	146	177	207	238	268	299	330	360	26	56	19
20	88	119	147	178	208	239	269	300	331	361	27	57	20
21	89	120	148	179	209	240	270	301	332	362	28	58	21
22	90	121	149	180	210	241	271	302	333	363	29	59	22
23	91	122	150	181	211	242	272	303	334	364	30	60	23
24	92	123	151	182	212	243	273	304	335	365	31	61	24
25	93	124	152	183	213	244	274	305	336	1	32	62	25
26	94	125	153	184	214	245	275	306	337	2	33	63	26
27	95	126	154	185	215	246	276	307	338	3	34	64	27
28	96	127	155	186	216	247	277	308	339	4	35	65	28
29	97		156	187	217	248	278	309	340	5	36	66	29
30	98		157	188	218	249	279	310	341	6	37	67	30
31	99		158		219		280	311		7		68	31

Dates	Déc.	Nov.	Oct.	Sept.	Août	Juill.	Juin	Mai	Avril	Mars	Févr.	Janv.	Dates
1	35	5	339	309	278	247	217	186	156	125	97	66	1
2	36	6	340	310	279	248	218	187	157	126	98	67	2
3	37	7	341	311	280	249	219	188	158	127	99	68	3
4	38	8	342	312	281	250	220	189	159	128	100	69	4
5	39	9	343	313	282	251	221	190	160	129	101	70	5
6	40	10	344	314	283	252	222	191	161	130	102	71	6
7	41	11	345	315	284	253	223	192	162	131	103	72	7
8	42	12	346	316	285	254	224	193	163	132	104	73	8
9	43	13	347	317	286	255	225	194	164	133	105	74	9
10	44	14	348	318	287	256	226	195	165	134	106	75	10
11	45	15	349	319	288	257	227	196	166	135	107	76	11
12	46	16	350	320	289	258	228	197	167	136	108	77	12
13	47	17	351	321	290	259	229	198	168	137	109	78	13
14	48	18	352	322	291	260	230	199	169	138	110	79	14
15	49	19	353	323	292	261	231	200	170	139	111	80	15
16	50	20	354	324	293	262	232	201	171	140	112	81	16
17	51	21	355	325	294	263	233	202	172	141	113	82	17
18	52	22	356	326	295	264	234	203	173	142	114	83	18
19	53	23	357	327	296	265	235	204	174	143	115	84	19
20	54	24	358	328	297	266	236	205	175	144	116	85	20
21	55	25	359	329	298	267	237	206	176	145	117	86	21
22	56	26	360	330	299	268	238	207	177	146	118	87	22
23	57	27	361	331	300	269	239	208	178	147	119	88	23
24	58	28	362	332	301	270	240	209	179	148	120	89	24
25	59	29	363	333	302	271	241	210	180	149	121	90	25
26	60	30	364	334	303	272	242	211	181	150	122	91	26
27	61	31	365	335	304	273	243	212	182	151	123	92	27
28	62	32	1	336	305	274	244	213	183	152	124	93	28
29	63	33	2	337	306	275	245	214	184	153		94	29
30	64	34	3	338	307	276	246	215	185	154		95	30
31	65		4		308	277		216		155		96	31

Dates	Déc.	Nov.	Oct.	Sept.	Août	Juill.	Juin	Mai	Avril	Mars	Févr.	Janv.	Dates
1	36	6	340	310	279	248	218	187	157	126	98	67	1
2	37	7	341	311	280	249	219	188	158	127	99	68	2
3	38	8	342	312	281	250	220	189	159	128	100	69	3
4	39	9	343	313	282	251	221	190	160	129	101	70	4
5	40	10	344	314	283	252	222	191	161	130	102	71	5
6	41	11	345	315	284	253	223	192	162	131	103	72	6
7	42	12	346	316	285	254	224	193	163	132	104	73	7
8	43	13	347	317	286	255	225	194	164	133	105	74	8
9	44	14	348	318	287	256	226	195	165	134	106	75	9
10	45	15	349	319	288	257	227	196	166	135	107	76	10
11	46	16	350	320	289	258	228	197	167	136	108	77	11
12	47	17	351	321	290	259	229	198	168	137	109	78	12
13	48	18	352	322	291	260	230	199	169	138	110	79	13
14	49	19	353	323	292	261	231	200	170	139	111	80	14
15	50	20	354	324	293	262	232	201	171	140	112	81	15
16	51	21	355	325	294	263	233	202	172	141	113	82	16
17	52	22	356	326	295	264	234	203	173	142	114	83	17
18	53	23	357	327	296	265	235	204	174	143	115	84	18
19	54	24	358	328	297	266	236	205	175	144	116	85	19
20	55	25	359	329	298	267	237	206	176	145	117	86	20
21	56	26	360	330	299	268	238	207	177	146	118	87	21
22	57	27	361	331	300	269	239	208	178	147	119	88	22
23	58	28	362	332	301	270	240	209	179	148	120	89	23
24	59	29	363	333	302	271	241	210	180	149	121	90	24
25	60	30	364	334	303	272	242	211	181	150	122	91	25
26	61	31	365	335	304	273	243	212	182	151	123	92	26
27	62	32	1	336	305	274	244	213	183	152	124	93	27
28	63	33	2	337	306	275	245	214	184	153	125	94	28
29	64	34	3	338	307	276	246	215	185	154		95	29
30	65	35	4	339	308	277	247	216	186	155		96	30
31	66		5		309	278		217		156		97	31

Dates	Janv.	Févr.	Mars	Avril	Mai	Juin	Juill.	Août	Sept.	Oct.	Nov.	Déc.	Dates
1	64	95	123	154	184	215	245	276	307	337	3	33	1
2	65	96	124	155	185	216	246	277	308	338	4	34	2
3	66	97	125	156	186	217	247	278	309	339	5	35	3
4	67	98	126	157	187	218	248	279	310	340	6	36	4
5	68	99	127	158	188	219	249	280	311	341	7	37	5
6	69	100	128	159	189	220	250	281	312	342	8	38	6
7	70	101	129	160	190	221	251	282	313	343	9	39	7
8	71	102	130	161	191	222	252	283	314	344	10	40	8
9	72	103	131	162	192	223	253	284	315	345	11	41	9
10	73	104	132	163	193	224	254	285	316	346	12	42	10
11	74	105	133	164	194	225	255	286	317	347	13	43	11
12	75	106	134	165	195	226	256	287	318	348	14	44	12
13	76	107	135	166	196	227	257	288	319	349	15	45	13
14	77	108	136	167	197	228	258	289	320	350	16	46	14
15	78	109	137	168	198	229	259	290	321	351	17	47	15
16	79	110	138	169	199	230	260	291	322	352	18	48	16
17	80	111	139	170	200	231	261	292	323	353	19	49	17
18	81	112	140	171	201	232	262	293	324	354	20	50	18
19	82	113	141	172	202	233	263	294	325	355	21	51	19
20	83	114	142	173	203	234	264	295	326	356	22	52	20
21	84	115	143	174	204	235	265	296	327	357	23	53	21
22	85	116	144	175	205	236	266	297	328	358	24	54	22
23	86	117	145	176	206	237	267	298	329	359	25	55	23
24	87	118	146	177	207	238	268	299	330	360	26	56	24
25	88	119	147	178	208	239	269	300	331	361	27	57	25
26	89	120	148	179	209	240	270	301	332	362	28	58	26
27	90	121	149	180	210	241	271	302	333	363	29	59	27
28	91	122	150	181	211	242	272	303	334	364	30	60	28
29	92		151	182	212	243	273	304	335	365	31	61	29
30	93		152	183	213	244	274	305	336	1	32	62	30
31	94		153		214		275	306		2		63	31

Dates	Janv.	Févr.	Mars	Avril	Mai	Juin	Juill.	Août	Sept.	Oct.	Nov.	Déc.	Dates
1	65	96	124	155	185	216	246	277	308	338	4	34	1
2	66	97	125	156	186	217	247	278	309	339	5	35	2
3	67	98	126	157	187	218	248	279	310	340	6	36	3
4	68	99	127	158	188	219	249	280	311	341	7	37	4
5	69	100	128	159	189	220	250	281	312	342	8	38	5
6	70	101	129	160	190	221	251	282	313	343	9	39	6
7	71	102	130	161	191	222	252	283	314	344	10	40	7
8	72	103	131	162	192	223	253	284	315	345	11	41	8
9	73	104	132	163	193	224	254	285	316	346	12	42	9
10	74	105	133	164	194	225	255	286	317	347	13	43	10
11	75	106	134	165	195	226	256	287	318	348	14	44	11
12	76	107	135	166	196	227	257	288	319	349	15	45	12
13	77	108	136	167	197	228	258	289	320	350	16	46	13
14	78	109	137	168	198	229	259	290	321	351	17	47	14
15	79	110	138	169	199	230	260	291	322	352	18	48	15
16	80	111	139	170	200	231	261	292	323	353	19	49	16
17	81	112	140	171	201	232	262	293	324	354	20	50	17
18	82	113	141	172	202	233	263	294	325	355	21	51	18
19	83	114	142	173	203	234	264	295	326	356	22	52	19
20	84	115	143	174	204	235	265	296	327	357	23	53	20
21	85	116	144	175	205	236	266	297	328	358	24	54	21
22	86	117	145	176	206	237	267	298	329	359	25	55	22
23	87	118	146	177	207	238	268	299	330	360	26	56	23
24	88	119	147	178	208	239	269	300	331	361	27	57	24
25	89	120	148	179	209	240	270	301	332	362	28	58	25
26	90	121	149	180	210	241	271	302	333	363	29	59	26
27	91	122	150	181	211	242	272	303	334	364	30	60	27
28	92	123	151	182	212	243	273	304	335	365	31	61	28
29	93		152	183	213	244	274	305	336	1	32	62	29
30	94		153	184	214	245	275	306	337	2	33	63	30
31	95		154		215		276	307		3		64	31

Dates	Déc.	Nov.	Oct.	Sept.	Août	Juill.	Juin	Mai	Avril	Mars	Févr.	Janv.	Dates
1	31	1	335	305	274	243	213	182	152	121	93	62	1
2	32	2	336	306	275	244	214	183	153	122	94	63	2
3	33	3	337	307	276	245	215	184	154	123	95	64	3
4	34	4	338	308	277	246	216	185	155	124	96	65	4
5	35	5	339	309	278	247	217	186	156	125	97	66	5
6	36	6	340	310	279	248	218	187	157	126	98	67	6
7	37	7	341	311	280	249	219	188	158	127	99	68	7
8	38	8	342	312	281	250	220	189	159	128	100	69	8
9	39	9	343	313	282	251	221	190	160	129	101	70	9
10	40	10	344	314	283	252	222	191	161	130	102	71	10
11	41	11	345	315	284	253	223	192	162	131	103	72	11
12	42	12	346	316	285	254	224	193	163	132	104	73	12
13	43	13	347	317	286	255	225	194	164	133	105	74	13
14	44	14	348	318	287	256	226	195	165	134	106	75	14
15	45	15	349	319	288	257	227	196	166	135	107	76	15
16	46	16	350	320	289	258	228	197	167	136	108	77	16
17	47	17	351	321	290	259	229	198	168	137	109	78	17
18	48	18	352	322	291	260	230	199	169	138	110	79	18
19	49	19	353	323	292	261	231	200	170	139	111	80	19
20	50	20	354	324	293	262	232	201	171	140	112	81	20
21	51	21	355	325	294	263	233	202	172	141	113	82	21
22	52	22	356	326	295	264	234	203	173	142	114	83	22
23	53	23	357	327	296	265	235	204	174	143	115	84	23
24	54	24	358	328	297	266	236	205	175	144	116	85	24
25	55	25	359	329	298	267	237	206	176	145	117	86	25
26	56	26	360	330	299	268	238	207	177	146	118	87	26
27	57	27	361	331	300	269	239	208	178	147	119	88	27
28	58	28	362	332	301	270	240	209	179	148	120	89	28
29	59	29	363	333	302	271	241	210	180	149		90	29
30	60	30	364	334	303	272	242	211	181	150		91	30
31	61		365		304	273		212		151		92	31

Dates	Déc.	Nov.	Oct.	Sept.	Août	Juill.	Juin	Mai	Avril	Mars	Févr.	Janv.	Dates
1	32	2	336	306	275	244	214	183	153	122	94	63	1
2	33	3	337	307	276	245	215	184	154	123	95	64	2
3	34	4	338	308	277	246	216	185	155	124	96	65	3
4	35	5	339	309	278	247	217	186	156	125	97	66	4
5	36	6	340	310	279	248	218	187	157	126	98	67	5
6	37	7	341	311	280	249	219	188	158	127	99	68	6
7	38	8	342	312	281	250	220	189	159	128	100	69	7
8	39	9	343	313	282	251	221	190	160	129	101	70	8
9	40	10	344	314	283	252	222	191	161	130	102	71	9
10	41	11	345	315	284	253	223	192	162	131	103	72	10
11	42	12	346	316	285	254	224	193	163	132	104	73	11
12	43	13	347	317	286	255	225	194	164	133	105	74	12
13	44	14	348	318	287	256	226	195	165	134	106	75	13
14	45	15	349	319	288	257	227	196	166	135	107	76	14
15	46	16	350	320	289	258	228	197	167	136	108	77	15
16	47	17	351	321	290	259	229	198	168	137	109	78	16
17	48	18	352	322	291	260	230	199	169	138	110	79	17
18	49	19	353	323	292	261	231	200	170	139	111	80	18
19	50	20	354	324	293	262	232	201	171	140	112	81	19
20	51	21	355	325	294	263	233	202	172	141	113	82	20
21	52	22	356	326	295	264	234	203	173	142	114	83	21
22	53	23	357	327	296	265	235	204	174	143	115	84	22
23	54	24	358	328	297	266	236	205	175	144	116	85	23
24	55	25	359	329	298	267	237	206	176	145	117	86	24
25	56	26	360	330	299	268	238	207	177	146	118	87	25
26	57	27	361	331	300	269	239	208	178	147	119	88	26
27	58	28	362	332	301	270	240	209	179	148	120	89	27
28	59	29	363	333	302	271	241	210	180	149	121	90	28
29	60	30	364	334	303	272	242	211	181	150		91	29
30	61	31	365	335	304	273	243	212	182	151		92	30
31	62				305	274		213		152		93	31

Jours qu'il y a du 2 NOVEMBRE à une date de chaque mois.

Dates	Déc.	Nov.	Oct.	Sept.	Août	Juill.	Juin	Mai	Avril	Mars	Févr.	Janv.	Dates
1	29	364	333	303	272	241	211	180	150	119	91	60	1
2	30	365	334	304	273	242	212	181	151	120	92	61	2
3	31	1	335	305	274	243	213	182	152	121	93	62	3
4	32	2	336	306	275	244	214	183	153	122	94	63	4
5	33	3	337	307	276	245	215	184	154	123	95	64	5
6	34	4	338	308	277	246	216	185	155	124	96	65	6
7	35	5	339	309	278	247	217	186	156	125	97	66	7
8	36	6	340	310	279	248	218	187	157	126	98	67	8
9	37	7	341	311	280	249	219	188	158	127	99	68	9
10	38	8	342	312	281	250	220	189	159	128	100	69	10
11	39	9	343	313	282	251	221	190	160	129	101	70	11
12	40	10	344	314	283	252	222	191	161	130	102	71	12
13	41	11	345	315	284	253	223	192	162	131	103	72	13
14	42	12	346	316	285	254	224	193	163	132	104	73	14
15	43	13	347	317	286	255	225	194	164	133	105	74	15
16	44	14	348	318	287	256	226	195	165	134	106	75	16
17	45	15	349	319	288	257	227	196	166	135	107	76	17
18	46	16	350	320	289	258	228	197	167	136	108	77	18
19	47	17	351	321	290	259	229	198	168	137	109	78	19
20	48	18	352	322	291	260	230	199	169	138	110	79	20
21	49	19	353	323	292	261	231	200	170	139	111	80	21
22	50	20	354	324	293	262	232	201	171	140	112	81	22
23	51	21	355	325	294	263	233	202	172	141	113	82	23
24	52	22	356	326	295	264	234	203	173	142	114	83	24
25	53	23	357	327	296	265	235	204	174	143	115	84	25
26	54	24	358	328	297	266	236	205	175	144	116	85	26
27	55	25	359	329	298	267	237	206	176	145	117	86	27
28	56	26	360	330	299	268	238	207	177	146	118	87	28
29	57	27	361	331	300	269	239	208	178	147		88	29
30	58	28	362	332	301	270	240	209	179	148		89	30
31	59		363		302	271		210		149		90	31

Jours qu'il y a du 1er NOVEMBRE à une date de chaque mois.

Dates	Déc.	Nov.	Oct.	Sept.	Août	Juill.	Juin	Mai	Avril	Mars	Févr.	Janv.	Dates
1	30	365	334	304	273	242	212	181	151	120	92	61	1
2	31	1	335	305	274	243	213	182	152	121	93	62	2
3	32	2	336	306	275	244	214	183	153	122	94	63	3
4	33	3	337	307	276	245	215	184	154	123	95	64	4
5	34	4	338	308	277	246	216	185	155	124	96	65	5
6	35	5	339	309	278	247	217	186	156	125	97	66	6
7	36	6	340	310	279	248	218	187	157	126	98	67	7
8	37	7	341	311	280	249	219	188	158	127	99	68	8
9	38	8	342	312	281	250	220	189	159	128	100	69	9
10	39	9	343	313	282	251	221	190	160	129	101	70	10
11	40	10	344	314	283	252	222	191	161	130	102	71	11
12	41	11	345	315	284	253	223	192	162	131	103	72	12
13	42	12	346	316	285	254	224	193	163	132	104	73	13
14	43	13	347	317	286	255	225	194	164	133	105	74	14
15	44	14	348	318	287	256	226	195	165	134	106	75	15
16	45	15	349	319	288	257	227	196	166	135	107	76	16
17	46	16	350	320	289	258	228	197	167	136	108	77	17
18	47	17	351	321	290	259	229	198	168	137	109	78	18
19	48	18	352	322	291	260	230	199	169	138	110	79	19
20	49	19	353	323	292	261	231	200	170	139	111	80	20
21	50	20	354	324	293	262	232	201	171	140	112	81	21
22	51	21	355	325	294	263	233	202	172	141	113	82	22
23	52	22	356	326	295	264	234	203	173	142	114	83	23
24	53	23	357	327	296	265	235	204	174	143	115	84	24
25	54	24	358	328	297	266	236	205	175	144	116	85	25
26	55	25	359	329	298	267	237	206	176	145	117	86	26
27	56	26	360	330	299	268	238	207	177	146	118	87	27
28	57	27	361	331	300	269	239	208	178	147	119	88	28
29	58	28	362	332	301	270	240	209	179	148		89	29
30	59	29	363	333	302	271	241	210	180	149		90	30
31	60		364		303	272		211		150		91	31

153

Jours qu'il y a du 4 NOVEMBRE à une date de chaque mois

Dates	Janv.	Févr.	Mars	Avril	Mai	Juin	Juill.	Août	Sept.	Oct.	Nov.	Déc.	Dates
1	58	89	117	148	178	209	239	270	301	331	362	27	1
2	59	90	118	149	179	210	240	271	302	332	363	28	2
3	60	91	119	150	180	211	241	272	303	333	364	29	3
4	61	92	120	151	181	212	242	273	304	334	365	30	4
5	62	93	121	152	182	213	243	274	305	335	1	31	5
6	63	94	122	153	183	214	244	275	306	336	2	32	6
7	64	95	123	154	184	215	245	276	307	337	3	33	7
8	65	96	124	155	185	216	246	277	308	338	4	34	8
9	66	97	125	156	186	217	247	278	309	339	5	35	9
10	67	98	126	157	187	218	248	279	310	340	6	36	10
11	68	99	127	158	188	219	249	280	311	341	7	37	11
12	69	100	128	159	189	220	250	281	312	342	8	38	12
13	70	101	129	160	190	221	251	282	313	343	9	39	13
14	71	102	130	161	191	222	252	283	314	344	10	40	14
15	72	103	131	162	192	223	253	284	315	345	11	41	15
16	73	104	132	163	193	224	254	285	316	346	12	42	16
17	74	105	133	164	194	225	255	286	317	347	13	43	17
18	75	106	134	165	195	226	256	287	318	348	14	44	18
19	76	107	135	166	196	227	257	288	319	349	15	45	19
20	77	108	136	167	197	228	258	289	320	350	16	46	20
21	78	109	137	168	198	229	259	290	321	351	17	47	21
22	79	110	138	169	199	230	260	291	322	352	18	48	22
23	80	111	139	170	200	231	261	292	323	353	19	49	23
24	81	112	140	171	201	232	262	293	324	354	20	50	24
25	82	113	141	172	202	233	263	294	325	355	21	51	25
26	83	114	142	173	203	234	264	295	326	356	22	52	26
27	84	115	143	174	204	235	265	296	327	357	23	53	27
28	85	116	144	175	205	236	266	297	328	358	24	54	28
29	86		145	176	206	237	267	298	329	359	25	55	29
30	87		146	177	207	238	268	299	330	360	26	56	30
31	88		147		208		269	300		361		57	31

Jours qu'il y a du 3 NOVEMBRE à une date de chaque mois

Dates	Janv.	Févr.	Mars	Avril	Mai	Juin	Juill.	Août	Sept.	Oct.	Nov.	Déc.	Dates
1	59	90	118	149	179	210	240	271	302	332	363	28	1
2	60	91	119	150	180	211	241	272	303	333	364	29	2
3	61	92	120	151	181	212	242	273	304	334	365	30	3
4	62	93	121	152	182	213	243	274	305	335	1	31	4
5	63	94	122	153	183	214	244	275	306	336	2	32	5
6	64	95	123	154	184	215	245	276	307	337	3	33	6
7	65	96	124	155	185	216	246	277	308	338	4	34	7
8	66	97	125	156	186	217	247	278	309	339	5	35	8
9	67	98	126	157	187	218	248	279	310	340	6	36	9
10	68	99	127	158	188	219	249	280	311	341	7	37	10
11	69	100	128	159	189	220	250	281	312	342	8	38	11
12	70	101	129	160	190	221	251	282	313	343	9	39	12
13	71	102	130	161	191	222	252	283	314	344	10	40	13
14	72	103	131	162	192	223	253	284	315	345	11	41	14
15	73	104	132	163	193	224	254	285	316	346	12	42	15
16	74	105	133	164	194	225	255	286	317	347	13	43	16
17	75	106	134	165	195	226	256	287	318	348	14	44	17
18	76	107	135	166	196	227	257	288	319	349	15	45	18
19	77	108	136	167	197	228	258	289	320	350	16	46	19
20	78	109	137	168	198	229	259	290	321	351	17	47	20
21	79	110	138	169	199	230	260	291	322	352	18	48	21
22	80	111	139	170	200	231	261	292	323	353	19	49	22
23	81	112	140	171	201	232	262	293	324	354	20	50	23
24	82	113	141	172	202	233	263	294	325	355	21	51	24
25	83	114	142	173	203	234	264	295	326	356	22	52	25
26	84	115	143	174	204	235	265	296	327	357	23	53	26
27	85	116	144	175	205	236	266	297	328	358	24	54	27
28	86	117	145	176	206	237	267	298	329	359	25	55	28
29	87		146	177	207	238	268	299	330	360	26	56	29
30	88		147	178	208	239	269	300	331	361	27	57	30
31	89		148		209		270	301		362		58	31

Dates	Déc.	Nov.	Oct.	Sept.	Août	Juill.	Juin	Mai	Avril	Mars	Févr.	Janv.	Dates
1	25	360	329	299	268	237	207	176	146	115	87	56	1
2	26	361	330	300	269	238	208	177	147	116	88	57	2
3	27	362	331	301	270	239	209	178	148	117	89	58	3
4	28	363	332	302	271	240	210	179	149	118	90	59	4
5	29	364	333	303	272	241	211	180	150	119	91	60	5
6	30	365	334	304	273	242	212	181	151	120	92	61	6
7	31	1	335	305	274	243	213	182	152	121	93	62	7
8	32	2	336	306	275	244	214	183	153	122	94	63	8
9	33	3	337	307	276	245	215	184	154	123	95	64	9
10	34	4	338	308	277	246	216	185	155	124	96	65	10
11	35	5	339	309	278	247	217	186	156	125	97	66	11
12	36	6	340	310	279	248	218	187	157	126	98	67	12
13	37	7	341	311	280	249	219	188	158	127	99	68	13
14	38	8	342	312	281	250	220	189	159	128	100	69	14
15	39	9	343	313	282	251	221	190	160	129	101	70	15
16	40	10	344	314	283	252	222	191	161	130	102	71	16
17	41	11	345	315	284	253	223	192	162	131	103	72	17
18	42	12	346	316	285	254	224	193	163	132	104	73	18
19	43	13	347	317	286	255	225	194	164	133	105	74	19
20	44	14	348	318	287	256	226	195	165	134	106	75	20
21	45	15	349	319	288	257	227	196	166	135	107	76	21
22	46	16	350	320	289	258	228	197	167	136	108	77	22
23	47	17	351	321	290	259	229	198	168	137	109	78	23
24	48	18	352	322	291	260	230	199	169	138	110	79	24
25	49	19	353	323	292	261	231	200	170	139	111	80	25
26	50	20	354	324	293	262	232	201	171	140	112	81	26
27	51	21	355	325	294	263	233	202	172	141	113	82	27
28	52	22	356	326	295	264	234	203	173	142	114	83	28
29	53	23	357	327	296	265	235	204	174	143		84	29
30	54	24	358	328	297	266	236	205	175	144		85	30
31	55		359		298	267		206		145		86	31

Dates	Déc.	Nov.	Oct.	Sept.	Août	Juill.	Juin	Mai	Avril	Mars	Févr.	Janv.	Dates
1	26	361	330	300	269	238	208	177	147	116	88	57	1
2	27	362	331	301	270	239	209	178	148	117	89	58	2
3	28	363	332	302	271	240	210	179	149	118	90	59	3
4	29	364	333	303	272	241	211	180	150	119	91	60	4
5	30	365	334	304	273	242	212	181	151	120	92	61	5
6	31	1	335	305	274	243	213	182	152	121	93	62	6
7	32	2	336	306	275	244	214	183	153	122	94	63	7
8	33	3	337	307	276	245	215	184	154	123	95	64	8
9	34	4	338	308	277	246	216	185	155	124	96	65	9
10	35	5	339	309	278	247	217	186	156	125	97	66	10
11	36	6	340	310	279	248	218	187	157	126	98	67	11
12	37	7	341	311	280	249	219	188	158	127	99	68	12
13	38	8	342	312	281	250	220	189	159	128	100	69	13
14	39	9	343	313	282	251	221	190	160	129	101	70	14
15	40	10	344	314	283	252	222	191	161	130	102	71	15
16	41	11	345	315	284	253	223	192	162	131	103	72	16
17	42	12	346	316	285	254	224	193	163	132	104	73	17
18	43	13	347	317	286	255	225	194	164	133	105	74	18
19	44	14	348	318	287	256	226	195	165	134	106	75	19
20	45	15	349	319	288	257	227	196	166	135	107	76	20
21	46	16	350	320	289	258	228	197	167	136	108	77	21
22	47	17	351	321	290	259	229	198	168	137	109	78	22
23	48	18	352	322	291	260	230	199	169	138	110	79	23
24	49	19	353	323	292	261	231	200	170	139	111	80	24
25	50	20	354	324	293	262	232	201	171	140	112	81	25
26	51	21	355	325	294	263	233	202	172	141	113	82	26
27	52	22	356	326	295	264	234	203	173	142	114	83	27
28	53	23	357	327	296	265	235	204	174	143	115	84	28
29	54	24	358	328	297	266	236	205	175	144		85	29
30	55	25	359	329	298	267	237	206	176	145		86	30
31	56		360		299	268		207		146		87	31

Jours qu'il y a du 8 NOVEMBRE à une date de chaque mois.

Dates	Janv.	Févr.	Mars	Avril	Mai	Juin	Juill.	Août	Sept.	Oct.	Nov.	Déc.	Dates
1	54	85	113	144	174	205	235	266	297	327	358	23	1
2	55	86	114	145	175	206	236	267	298	328	359	24	2
3	56	87	115	146	176	207	237	268	299	329	360	25	3
4	57	88	116	147	177	208	238	269	300	330	361	26	4
5	58	89	117	148	178	209	239	270	301	331	362	27	5
6	59	90	118	149	179	210	240	271	302	332	363	28	6
7	60	91	119	150	180	211	241	272	303	333	364	29	7
8	61	92	120	151	181	212	242	273	304	334	365	30	8
9	62	93	121	152	182	213	243	274	305	335	1	31	9
10	63	94	122	153	183	214	244	275	306	336	2	32	10
11	64	95	123	154	184	215	245	276	307	337	3	33	11
12	65	96	124	155	185	216	246	277	308	338	4	34	12
13	66	97	125	156	186	217	247	278	309	339	5	35	13
14	67	98	126	157	187	218	248	279	310	340	6	36	14
15	68	99	127	158	188	219	249	280	311	341	7	37	15
16	69	100	128	159	189	220	250	281	312	342	8	38	16
17	70	101	129	160	190	221	251	282	313	343	9	39	17
18	71	102	130	161	191	222	252	283	314	344	10	40	18
19	72	103	131	162	192	223	253	284	315	345	11	41	19
20	73	104	132	163	193	224	254	285	316	346	12	42	20
21	74	105	133	164	194	225	255	286	317	347	13	43	21
22	75	106	134	165	195	226	256	287	318	348	14	44	22
23	76	107	135	166	196	227	257	288	319	349	15	45	23
24	77	108	136	167	197	228	258	289	320	350	16	46	24
25	78	109	137	168	198	229	259	290	321	351	17	47	25
26	79	110	138	169	199	230	260	291	322	352	18	48	26
27	80	111	139	170	200	231	261	292	323	353	19	49	27
28	81	112	140	171	201	232	262	293	324	354	20	50	28
29	82		141	172	202	233	263	294	325	355	21	51	29
30	83		142	173	203	234	264	295	326	356	22	52	30
31	84		143		204		265	296		357		53	31

Jours qu'il y a du 7 NOVEMBRE à une date de chaque mois.

Dates	Janv.	Févr.	Mars	Avril	Mai	Juin	Juill.	Août	Sept.	Oct.	Nov.	Déc.	Dates
1	55	86	114	145	175	206	236	267	298	328	359	24	1
2	56	87	115	146	176	207	237	268	299	329	360	25	2
3	57	88	116	147	177	208	238	269	300	330	361	26	3
4	58	89	117	148	178	209	239	270	301	331	362	27	4
5	59	90	118	149	179	210	240	271	302	332	363	28	5
6	60	91	119	150	180	211	241	272	303	333	364	29	6
7	61	92	120	151	181	212	242	273	304	334	365	30	7
8	62	93	121	152	182	213	243	274	305	335	1	31	8
9	63	94	122	153	183	214	244	275	306	336	2	32	9
10	64	95	123	154	184	215	245	276	307	337	3	33	10
11	65	96	124	155	185	216	246	277	308	338	4	34	11
12	66	97	125	156	186	217	247	278	309	339	5	35	12
13	67	98	126	157	187	218	248	279	310	340	6	36	13
14	68	99	127	158	188	219	249	280	311	341	7	37	14
15	69	100	128	159	189	220	250	281	312	342	8	38	15
16	70	101	129	160	190	221	251	282	313	343	9	39	16
17	71	102	130	161	191	222	252	283	314	344	10	40	17
18	72	103	131	162	192	223	253	284	315	345	11	41	18
19	73	104	132	163	193	224	254	285	316	346	12	42	19
20	74	105	133	164	194	225	255	286	317	347	13	43	20
21	75	106	134	165	195	226	256	287	318	348	14	44	21
22	76	107	135	166	196	227	257	288	319	349	15	45	22
23	77	108	136	167	197	228	258	289	320	350	16	46	23
24	78	109	137	168	198	229	259	290	321	351	17	47	24
25	79	110	138	169	199	230	260	291	322	352	18	48	25
26	80	111	139	170	200	231	261	292	323	353	19	49	26
27	81	112	140	171	201	232	262	293	324	354	20	50	27
28	82	113	141	172	202	233	263	294	325	355	21	51	28
29	83		142	173	203	234	264	295	326	356	22	52	29
30	84		143	174	204	235	265	296	327	357	23	53	30
31	85		144		205		266	297		358		54	31

Jours qu'il y a du 10 NOVEMBRE à une date de chaque mois

Dates	Déc.	Nov.	Oct.	Sept.	Août	Juill.	Juin	Mai	Avril	Mars	Févr.	Janv.	Dates
1	21	356	325	295	264	233	203	172	142	111	83	52	1
2	22	357	326	296	265	234	204	173	143	112	84	53	2
3	23	358	327	297	266	235	205	174	144	113	85	54	3
4	24	359	328	298	267	236	206	175	145	114	86	55	4
5	25	360	329	299	268	237	207	176	146	115	87	56	5
6	26	361	330	300	269	238	208	177	147	116	88	57	6
7	27	362	331	301	270	239	209	178	148	117	89	58	7
8	28	363	332	302	271	240	210	179	149	118	90	59	8
9	29	364	333	303	272	241	211	180	150	119	91	60	9
10	30	365	334	304	273	242	212	181	151	120	92	61	10
11	31	1	335	305	274	243	213	182	152	121	93	62	11
12	32	2	336	306	275	244	214	183	153	122	94	63	12
13	33	3	337	307	276	245	215	184	154	123	95	64	13
14	34	4	338	308	277	246	216	185	155	124	96	65	14
15	35	5	339	309	278	247	217	186	156	125	97	66	15
16	36	6	340	310	279	248	218	187	157	126	98	67	16
17	37	7	341	311	280	249	219	188	158	127	99	68	17
18	38	8	342	312	281	250	220	189	159	128	100	69	18
19	39	9	343	313	282	251	221	190	160	129	101	70	19
20	40	10	344	314	283	252	222	191	161	130	102	71	20
21	41	11	345	315	284	253	223	192	162	131	103	72	21
22	42	12	346	316	285	254	224	193	163	132	104	73	22
23	43	13	347	317	286	255	225	194	164	133	105	74	23
24	44	14	348	318	287	256	226	195	165	134	106	75	24
25	45	15	349	319	288	257	227	196	166	135	107	76	25
26	46	16	350	320	289	258	228	197	167	136	108	77	26
27	47	17	351	321	290	259	229	198	168	137	109	78	27
28	48	18	352	322	291	260	230	199	169	138	110	79	28
29	49	19	353	323	292	261	231	200	170	139		80	29
30	50	20	354	324	293	262	232	201	171	140		81	30
31	51		355		294	263		202		141		82	31

Jours qu'il y a du 9 NOVEMBRE à une date de chaque mois

Dates	Déc.	Nov.	Oct.	Sept.	Août	Juill.	Juin	Mai	Avril	Mars	Févr.	Janv.	Dates
1	22	357	326	296	265	234	204	173	143	112	84	53	1
2	23	358	327	297	266	235	205	174	144	113	85	54	2
3	24	359	328	298	267	236	206	175	145	114	86	55	3
4	25	360	329	299	268	237	207	176	146	115	87	56	4
5	26	361	330	300	269	238	208	177	147	116	88	57	5
6	27	362	331	301	270	239	209	178	148	117	89	58	6
7	28	363	332	302	271	240	210	179	149	118	90	59	7
8	29	364	333	303	272	241	211	180	150	119	91	60	8
9	30	365	334	304	273	242	212	181	151	120	92	61	9
10	31	1	335	305	274	243	213	182	152	121	93	62	10
11	32	2	336	306	275	244	214	183	153	122	94	63	11
12	33	3	337	307	276	245	215	184	154	123	95	64	12
13	34	4	338	308	277	246	216	185	155	124	96	65	13
14	35	5	339	309	278	247	217	186	156	125	97	66	14
15	36	6	340	310	279	248	218	187	157	126	98	67	15
16	37	7	341	311	280	249	219	188	158	127	99	68	16
17	38	8	342	312	281	250	220	189	159	128	100	69	17
18	39	9	343	313	282	251	221	190	160	129	101	70	18
19	40	10	344	314	283	252	222	191	161	130	102	71	19
20	41	11	345	315	284	253	223	192	162	131	103	72	20
21	42	12	346	316	285	254	224	193	163	132	104	73	21
22	43	13	347	317	286	255	225	194	164	133	105	74	22
23	44	14	348	318	287	256	226	195	165	134	106	75	23
24	45	15	349	319	288	257	227	196	166	135	107	76	24
25	46	16	350	320	289	258	228	197	167	136	108	77	25
26	47	17	351	321	290	259	229	198	168	137	109	78	26
27	48	18	352	322	291	260	230	199	169	138	110	79	27
28	49	19	353	323	292	261	231	200	170	139	111	80	28
29	50	20	354	324	293	262	232	201	171	140		81	29
30	51	21	355	325	294	263	233	202	172	141		82	30
31	52		356		295	264		203		142		83	31

Jours qu'il y a du 12 NOVEMBRE à une date de chaque mois

Dates	Déc.	Nov.	Oct.	Sept.	Août	Juill.	Juin	Mai	Avril	Mars	Févr.	Janv.	Dates
1	19	354	323	293	262	231	201	170	140	109	81	50	1
2	20	355	324	294	263	232	202	171	141	110	82	51	2
3	21	356	325	295	264	233	203	172	142	111	83	52	3
4	22	357	326	296	265	234	204	173	143	112	84	53	4
5	23	358	327	297	266	235	205	174	144	113	85	54	5
6	24	359	328	298	267	236	206	175	145	114	86	55	6
7	25	360	329	299	268	237	207	176	146	115	87	56	7
8	26	361	330	300	269	238	208	177	147	116	88	57	8
9	27	362	331	301	270	239	209	178	148	117	89	58	9
10	28	363	332	302	271	240	210	179	149	118	90	59	10
11	29	364	333	303	272	241	211	180	150	119	91	60	11
12	30	365	334	304	273	242	212	181	151	120	92	61	12
13	31	1	335	305	274	243	213	182	152	121	93	62	13
14	32	2	336	306	275	244	214	183	153	122	94	63	14
15	33	3	337	307	276	245	215	184	154	123	95	64	15
16	34	4	338	308	277	246	216	185	155	124	96	65	16
17	35	5	339	309	278	247	217	186	156	125	97	66	17
18	36	6	340	310	279	248	218	187	157	126	98	67	18
19	37	7	341	311	280	249	219	188	158	127	99	68	19
20	38	8	342	312	281	250	220	189	159	128	100	69	20
21	39	9	343	313	282	251	221	190	160	129	101	70	21
22	40	10	344	314	283	252	222	191	161	130	102	71	22
23	41	11	345	315	284	253	223	192	162	131	103	72	23
24	42	12	346	316	285	254	224	193	163	132	104	73	24
25	43	13	347	317	286	255	225	194	164	133	105	74	25
26	44	14	348	318	287	256	226	195	165	134	106	75	26
27	45	15	349	319	288	257	227	196	166	135	107	76	27
28	46	16	350	320	289	258	228	197	167	136	108	77	28
29	47	17	351	321	290	259	229	198	168	137		78	29
30	48	18	352	322	291	260	230	199	169	138		79	30
31	49		353		292	261		200		139		80	31

Jours qu'il y a du 11 NOVEMBRE à une date de chaque mois

Dates	Déc.	Nov.	Oct.	Sept.	Août	Juill.	Juin	Mai	Avril	Mars	Févr.	Janv.	Dates
1	20	355	324	294	263	232	202	171	141	110	82	51	1
2	21	356	325	295	264	233	203	172	142	111	83	52	2
3	22	357	326	296	265	234	204	173	143	112	84	53	3
4	23	358	327	297	266	235	205	174	144	113	85	54	4
5	24	359	328	298	267	236	206	175	145	114	86	55	5
6	25	360	329	299	268	237	207	176	146	115	87	56	6
7	26	361	330	300	269	238	208	177	147	116	88	57	7
8	27	362	331	301	270	239	209	178	148	117	89	58	8
9	28	363	332	302	271	240	210	179	149	118	90	59	9
10	29	364	333	303	272	241	211	180	150	119	91	60	10
11	30	365	334	304	273	242	212	181	151	120	92	61	11
12	31	1	335	305	274	243	213	182	152	121	93	62	12
13	32	2	336	306	275	244	214	183	153	122	94	63	13
14	33	3	337	307	276	245	215	184	154	123	95	64	14
15	34	4	338	308	277	246	216	185	155	124	96	65	15
16	35	5	339	309	278	247	217	186	156	125	97	66	16
17	36	6	340	310	279	248	218	187	157	126	98	67	17
18	37	7	341	311	280	249	219	188	158	127	99	68	18
19	38	8	342	312	281	250	220	189	159	128	100	69	19
20	39	9	343	313	282	251	221	190	160	129	101	70	20
21	40	10	344	314	283	252	222	191	161	130	102	71	21
22	41	11	345	315	284	253	223	192	162	131	103	72	22
23	42	12	346	316	285	254	224	193	163	132	104	73	23
24	43	13	347	317	286	255	225	194	164	133	105	74	24
25	44	14	348	318	287	256	226	195	165	134	106	75	25
26	45	15	349	319	288	257	227	196	166	135	107	76	26
27	46	16	350	320	289	258	228	197	167	136	108	77	27
28	47	17	351	321	290	259	229	198	168	137	109	78	28
29	48	18	352	322	291	260	230	199	169	138		79	29
30	49	19	353	323	292	261	231	200	170	139		80	30
31	50		354		293	262		201		140		81	31

Jours qu'il y a du 14 NOVEMBRE à une date de chaque mois.

Dates	Janv.	Févr.	Mars	Avril	Mai	Juin	Juill.	Août	Sept.	Oct.	Nov.	Déc.	Dates
1	48	79	107	138	168	199	229	260	291	321	352	17	1
2	49	80	108	139	169	200	230	261	292	322	353	18	2
3	50	81	109	140	170	201	231	262	293	323	354	19	3
4	51	82	110	141	171	202	232	263	294	324	355	20	4
5	52	83	111	142	172	203	233	264	295	325	356	21	5
6	53	84	112	143	173	204	234	265	296	326	357	22	6
7	54	85	113	144	174	205	235	266	297	327	358	23	7
8	55	86	114	145	175	206	236	267	298	328	359	24	8
9	56	87	115	146	176	207	237	268	299	329	360	25	9
10	57	88	116	147	177	208	238	269	300	330	361	26	10
11	58	89	117	148	178	209	239	270	301	331	362	27	11
12	59	90	118	149	179	210	240	271	302	332	363	28	12
13	60	91	119	150	180	211	241	272	303	333	364	29	13
14	61	92	120	151	181	212	242	273	304	334	365	30	14
15	62	93	121	152	182	213	243	274	305	335	1	31	15
16	63	94	122	153	183	214	244	275	306	336	2	32	16
17	64	95	123	154	184	215	245	276	307	337	3	33	17
18	65	96	124	155	185	216	246	277	308	338	4	34	18
19	66	97	125	156	186	217	247	278	309	339	5	35	19
20	67	98	126	157	187	218	248	279	310	340	6	36	20
21	68	99	127	158	188	219	249	280	311	341	7	37	21
22	69	100	128	159	189	220	250	281	312	342	8	38	22
23	70	101	129	160	190	221	251	282	313	343	9	39	23
24	71	102	130	161	191	222	252	283	314	344	10	40	24
25	72	103	131	162	192	223	253	284	315	345	11	41	25
26	73	104	132	163	193	224	254	285	316	346	12	42	26
27	74	105	133	164	194	225	255	286	317	347	13	43	27
28	75	106	134	165	195	226	256	287	318	348	14	44	28
29	76		135	166	196	227	257	288	319	349	15	45	29
30	77		136	167	197	228	258	289	320	350	16	46	30
31	78		137		198		259	290		351		47	31

Jours qu'il y a du 13 NOVEMBRE à une date de chaque mois.

Dates	Janv.	Févr.	Mars	Avril	Mai	Juin	Juill.	Août	Sept.	Oct.	Nov.	Déc.	Dates
1	49	80	108	139	169	200	230	261	292	322	353	18	1
2	50	81	109	140	170	201	231	262	293	323	354	19	2
3	51	82	110	141	171	202	232	263	294	324	355	20	3
4	52	83	111	142	172	203	233	264	295	325	356	21	4
5	53	84	112	143	173	204	234	265	296	326	357	22	5
6	54	85	113	144	174	205	235	266	297	327	358	23	6
7	55	86	114	145	175	206	236	267	298	328	359	24	7
8	56	87	115	146	176	207	237	268	299	329	360	25	8
9	57	88	116	147	177	208	238	269	300	330	361	26	9
10	58	89	117	148	178	209	239	270	301	331	362	27	10
11	59	90	118	149	179	210	240	271	302	332	363	28	11
12	60	91	119	150	180	211	241	272	303	333	364	29	12
13	61	92	120	151	181	212	242	273	304	334	365	30	13
14	62	93	121	152	182	213	243	274	305	335	1	31	14
15	63	94	122	153	183	214	244	275	306	336	2	32	15
16	64	95	123	154	184	215	245	276	307	337	3	33	16
17	65	96	124	155	185	216	246	277	308	338	4	34	17
18	66	97	125	156	186	217	247	278	309	339	5	35	18
19	67	98	126	157	187	218	248	279	310	340	6	36	19
20	68	99	127	158	188	219	249	280	311	341	7	37	20
21	69	100	128	159	189	220	250	281	312	342	8	38	21
22	70	101	129	160	190	221	251	282	313	343	9	39	22
23	71	102	130	161	191	222	252	283	314	344	10	40	23
24	72	103	131	162	192	223	253	284	315	345	11	41	24
25	73	104	132	163	193	224	254	285	316	346	12	42	25
26	74	105	133	164	194	225	255	286	317	347	13	43	26
27	75	106	134	165	195	226	256	287	318	348	14	44	27
28	76	107	135	166	196	227	257	288	319	349	15	45	28
29	77		136	167	197	228	258	289	320	350	16	46	29
30	78		137	168	198	229	259	290	321	351	17	47	30
31	79		138		199		260	291		352		48	31

Jours qu'il y a du 15 NOVEMBRE à une date de chaque mois.

Dates	Janv.	Févr.	Mars	Avril	Mai	Juin	Juill.	Août	Sept.	Oct.	Nov.	Déc.	Dates
1	47	78	106	137	167	198	228	259	290	320	351	16	1
2	48	79	107	138	168	199	229	260	291	321	352	17	2
3	49	80	108	139	169	200	230	261	292	322	353	18	3
4	50	81	109	140	170	201	231	262	293	323	354	19	4
5	51	82	110	141	171	202	232	263	294	324	355	20	5
6	52	83	111	142	172	203	233	264	295	325	356	21	6
7	53	84	112	143	173	204	234	265	296	326	357	22	7
8	54	85	113	144	174	205	235	266	297	327	358	23	8
9	55	86	114	145	175	206	236	267	298	328	359	24	9
10	56	87	115	146	176	207	237	268	299	329	360	25	10
11	57	88	116	147	177	208	238	269	300	330	361	26	11
12	58	89	117	148	178	209	239	270	301	331	362	27	12
13	59	90	118	149	179	210	240	271	302	332	363	28	13
14	60	91	119	150	180	211	241	272	303	333	364	29	14
15	61	92	120	151	181	212	242	273	304	334	365	30	15
16	62	93	121	152	182	213	243	274	305	335	1	31	16
17	63	94	122	153	183	214	244	275	306	336	2	32	17
18	64	95	123	154	184	215	245	276	307	337	3	33	18
19	65	96	124	155	185	216	246	277	308	338	4	34	19
20	66	97	125	156	186	217	247	278	309	339	5	35	20
21	67	98	126	157	187	218	248	279	310	340	6	36	21
22	68	99	127	158	188	219	249	280	311	341	7	37	22
23	69	100	128	159	189	220	250	281	312	342	8	38	23
24	70	101	129	160	190	221	251	282	313	343	9	39	24
25	71	102	130	161	191	222	252	283	314	344	10	40	25
26	72	103	131	162	192	223	253	284	315	345	11	41	26
27	73	104	132	163	193	224	254	285	316	346	12	42	27
28	74	105	133	164	194	225	255	286	317	347	13	43	28
29	75		134	165	195	226	256	287	318	348	14	44	29
30	76		135	166	196	227	257	288	319	349	15	45	30
31	77		136		197		258	289		350		46	31

Jours qu'il y a du 16 NOVEMBRE à une date de chaque mois.

Dates	Janv.	Févr.	Mars	Avril	Mai	Juin	Juill.	Août	Sept.	Oct.	Nov.	Déc.	Dates
1	46	77	105	136	166	197	227	258	289	319	350	15	1
2	47	78	106	137	167	198	228	259	290	320	351	16	2
3	48	79	107	138	168	199	229	260	291	321	352	17	3
4	49	80	108	139	169	200	230	261	292	322	353	18	4
5	50	81	109	140	170	201	231	262	293	323	354	19	5
6	51	82	110	141	171	202	232	263	294	324	355	20	6
7	52	83	111	142	172	203	233	264	295	325	356	21	7
8	53	84	112	143	173	204	234	265	296	326	357	22	8
9	54	85	113	144	174	205	235	266	297	327	358	23	9
10	55	86	114	145	175	206	236	267	298	328	359	24	10
11	56	87	115	146	176	207	237	268	299	329	360	25	11
12	57	88	116	147	177	208	238	269	300	330	361	26	12
13	58	89	117	148	178	209	239	270	301	331	362	27	13
14	59	90	118	149	179	210	240	271	302	332	363	28	14
15	60	91	119	150	180	211	241	272	303	333	364	29	15
16	61	92	120	151	181	212	242	273	304	334	365	30	16
17	62	93	121	152	182	213	243	274	305	335	1	31	17
18	63	94	122	153	183	214	244	275	306	336	2	32	18
19	64	95	123	154	184	215	245	276	307	337	3	33	19
20	65	96	124	155	185	216	246	277	308	338	4	34	20
21	66	97	125	156	186	217	247	278	309	339	5	35	21
22	67	98	126	157	187	218	248	279	310	340	6	36	22
23	68	99	127	158	188	219	249	280	311	341	7	37	23
24	69	100	128	159	189	220	250	281	312	342	8	38	24
25	70	101	129	160	190	221	251	282	313	343	9	39	25
26	71	102	130	161	191	222	252	283	314	344	10	40	26
27	72	103	131	162	192	223	253	284	315	345	11	41	27
28	73	104	132	163	193	224	254	285	316	346	12	42	28
29	74		133	164	194	225	255	286	317	347	13	43	29
30	75		134	165	195	226	256	287	318	348	14	44	30
31	76		135		196		257	288		349		45	31

Dates	Janv.	Févr.	Mars	Avril	Mai	Juin	Juill.	Aout	Sept.	Oct.	Nov.	Déc.	Dates
1	44	75	103	134	164	195	225	256	287	317	348	13	1
2	45	76	104	135	165	196	226	257	288	318	349	14	2
3	46	77	105	136	166	197	227	258	289	319	350	15	3
4	47	78	106	137	167	198	228	259	290	320	351	16	4
5	48	79	107	138	168	199	229	260	291	321	352	17	5
6	49	80	108	139	169	200	230	261	292	322	353	18	6
7	50	81	109	140	170	201	231	262	293	323	354	19	7
8	51	82	110	141	171	202	232	263	294	324	355	20	8
9	52	83	111	142	172	203	233	264	295	325	356	21	9
10	53	84	112	143	173	204	234	265	296	326	357	22	10
11	54	85	113	144	174	205	235	266	297	327	358	23	11
12	55	86	114	145	175	206	236	267	298	328	359	24	12
13	56	87	115	146	176	207	237	268	299	329	360	25	13
14	57	88	116	147	177	208	238	269	300	330	361	26	14
15	58	89	117	148	178	209	239	270	301	331	362	27	15
16	59	90	118	149	179	210	240	271	302	332	363	28	16
17	60	91	119	150	180	211	241	272	303	333	364	29	17
18	61	92	120	151	181	212	242	273	304	334	365	30	18
19	62	93	121	152	182	213	243	274	305	335	1	31	19
20	63	94	122	153	183	214	244	275	306	336	2	32	20
21	64	95	123	154	184	215	245	276	307	337	3	33	21
22	65	96	124	155	185	216	246	277	308	338	4	34	22
23	66	97	125	156	186	217	247	278	309	339	5	35	23
24	67	98	126	157	187	218	248	279	310	340	6	36	24
25	68	99	127	158	188	219	249	280	311	341	7	37	25
26	69	100	128	159	189	220	250	281	312	342	8	38	26
27	70	101	129	160	190	221	251	282	313	343	9	39	27
28	71	102	130	161	191	222	252	283	314	344	10	40	28
29	72		131	162	192	223	253	284	315	345	11	41	29
30	73		132	163	193	224	254	285	316	346	12	42	30
31	74		133		194		255	286		347		43	31

Dates	Janv.	Févr.	Mars	Avril	Mai	Juin	Juill.	Aout	Sept.	Oct.	Nov.	Déc.	Dates
1	45	76	104	135	165	196	226	257	288	318	349	14	1
2	46	77	105	136	166	197	227	258	289	319	350	15	2
3	47	78	106	137	167	198	228	259	290	320	351	16	3
4	48	79	107	138	168	199	229	260	291	321	352	17	4
5	49	80	108	139	169	200	230	261	292	322	353	18	5
6	50	81	109	140	170	201	231	262	293	323	354	19	6
7	51	82	110	141	171	202	232	263	294	324	355	20	7
8	52	83	111	142	172	203	233	264	295	325	356	21	8
9	53	84	112	143	173	204	234	265	296	326	357	22	9
10	54	85	113	144	174	205	235	266	297	327	358	23	10
11	55	86	114	145	175	206	236	267	298	328	359	24	11
12	56	87	115	146	176	207	237	268	299	329	360	25	12
13	57	88	116	147	177	208	238	269	300	330	361	26	13
14	58	89	117	148	178	209	239	270	301	331	362	27	14
15	59	90	118	149	179	210	240	271	302	332	363	28	15
16	60	91	119	150	180	211	241	272	303	333	364	29	16
17	61	92	120	151	181	212	242	273	304	334	365	30	17
18	62	93	121	152	182	213	243	274	305	335	1	31	18
19	63	94	122	153	183	214	244	275	306	336	2	32	19
20	64	95	123	154	184	215	245	276	307	337	3	33	20
21	65	96	124	155	185	216	246	277	308	338	4	34	21
22	66	97	125	156	186	217	247	278	309	339	5	35	22
23	67	98	126	157	187	218	248	279	310	340	6	36	23
24	68	99	127	158	188	219	249	280	311	341	7	37	24
25	69	100	128	159	189	220	250	281	312	342	8	38	25
26	70	101	129	160	190	221	251	282	313	343	9	39	26
27	71	102	130	161	191	222	252	283	314	344	10	40	27
28	72	103	131	162	192	223	253	284	315	345	11	41	28
29	73		132	163	193	224	254	285	316	346	12	42	29
30	74		133	164	194	225	255	286	317	347	13	43	30
31	75		134		195		256	287		348		44	31

Jours qu'il y a du 19 NOVEMBRE à une date de chaque mois

Dates	Janv.	Févr.	Mars	Avril	Mai	Juin	Juill.	Août	Sept.	Oct.	Nov.	Déc.	Dates
1	43	74	102	133	163	194	224	255	286	316	347	12	1
2	44	75	103	134	164	195	225	256	287	317	348	13	2
3	45	76	104	135	165	196	226	257	288	318	349	14	3
4	46	77	105	136	166	197	227	258	289	319	350	15	4
5	47	78	106	137	167	198	228	259	290	320	351	16	5
6	48	79	107	138	168	199	229	260	291	321	352	17	6
7	49	80	108	139	169	200	230	261	292	322	353	18	7
8	50	81	109	140	170	201	231	262	293	323	354	19	8
9	51	82	110	141	171	202	232	263	294	324	355	20	9
10	52	83	111	142	172	203	233	264	295	325	356	21	10
11	53	84	112	143	173	204	234	265	296	326	357	22	11
12	54	85	113	144	174	205	235	266	297	327	358	23	12
13	55	86	114	145	175	206	236	267	298	328	359	24	13
14	56	87	115	146	176	207	237	268	299	329	360	25	14
15	57	88	116	147	177	208	238	269	300	330	361	26	15
16	58	89	117	148	178	209	239	270	301	331	362	27	16
17	59	90	118	149	179	210	240	271	302	332	363	28	17
18	60	91	119	150	180	211	241	272	303	333	364	29	18
19	61	92	120	151	181	212	242	273	304	334	365	30	19
20	62	93	121	152	182	213	243	274	305	335	1	31	20
21	63	94	122	153	183	214	244	275	306	336	2	32	21
22	64	95	123	154	184	215	245	276	307	337	3	33	22
23	65	96	124	155	185	216	246	277	308	338	4	34	23
24	66	97	125	156	186	217	247	278	309	339	5	35	24
25	67	98	126	157	187	218	248	279	310	340	6	36	25
26	68	99	127	158	188	219	249	280	311	341	7	37	26
27	69	100	128	159	189	220	250	281	312	342	8	38	27
28	70	101	129	160	190	221	251	282	313	343	9	39	28
29	71		130	161	191	222	252	283	314	344	10	40	29
30	72		131	162	192	223	253	284	315	345	11	41	30
31	73		132		193		254	285		346		42	31

Jours qu'il y a du 20 NOVEMBRE à une date de chaque mois

Dates	Janv.	Févr.	Mars	Avril	Mai	Juin	Juill.	Août	Sept.	Oct.	Nov.	Déc.	Dates
1	42	73	101	132	162	193	223	254	285	315	346	11	1
2	43	74	102	133	163	194	224	255	286	316	347	12	2
3	44	75	103	134	164	195	225	256	287	317	348	13	3
4	45	76	104	135	165	196	226	257	288	318	349	14	4
5	46	77	105	136	166	197	227	258	289	319	350	15	5
6	47	78	106	137	167	198	228	259	290	320	351	16	6
7	48	79	107	138	168	199	229	260	291	321	352	17	7
8	49	80	108	139	169	200	230	261	292	322	353	18	8
9	50	81	109	140	170	201	231	262	293	323	354	19	9
10	51	82	110	141	171	202	232	263	294	324	355	20	10
11	52	83	111	142	172	203	233	264	295	325	356	21	11
12	53	84	112	143	173	204	234	265	296	326	357	22	12
13	54	85	113	144	174	205	235	266	297	327	358	23	13
14	55	86	114	145	175	206	236	267	298	328	359	24	14
15	56	87	115	146	176	207	237	268	299	329	360	25	15
16	57	88	116	147	177	208	238	269	300	330	361	26	16
17	58	89	117	148	178	209	239	270	301	331	362	27	17
18	59	90	118	149	179	210	240	271	302	332	363	28	18
19	60	91	119	150	180	211	241	272	303	333	364	29	19
20	61	92	120	151	181	212	242	273	304	334	365	30	20
21	62	93	121	152	182	213	243	274	305	335	1	31	21
22	63	94	122	153	183	214	244	275	306	336	2	32	22
23	64	95	123	154	184	215	245	276	307	337	3	33	23
24	65	96	124	155	185	216	246	277	308	338	4	34	24
25	66	97	125	156	186	217	247	278	309	339	5	35	25
26	67	98	126	157	187	218	248	279	310	340	6	36	26
27	68	99	127	158	188	219	249	280	311	341	7	37	27
28	69	100	128	159	189	220	250	281	312	342	8	38	28
29	70		129	160	190	221	251	282	313	343	9	39	29
30	71		130	161	191	222	252	283	314	344	10	40	30
31	72		131		192		253	284		345		41	31

Jours qu'il y a du 21 NOVEMBRE à une date de chaque mois

Dates	Déc.	Nov.	Oct.	Sept.	Août	Juill.	Juin	Mai	Avril	Mars	Févr.	Janv.	Dates
1	10	345	314	284	253	222	192	161	131	100	72	41	1
2	11	346	315	285	254	223	193	162	132	101	73	42	2
3	12	347	316	286	255	224	194	163	133	102	74	43	3
4	13	348	317	287	256	225	195	164	134	103	75	44	4
5	14	349	318	288	257	226	196	165	135	104	76	45	5
6	15	350	319	289	258	227	197	166	136	105	77	46	6
7	16	351	320	290	259	228	198	167	137	106	78	47	7
8	17	352	321	291	260	229	199	168	138	107	79	48	8
9	18	353	322	292	261	230	200	169	139	108	80	49	9
10	19	354	323	293	262	231	201	170	140	109	81	50	10
11	20	355	324	294	263	232	202	171	141	110	82	51	11
12	21	356	325	295	264	233	203	172	142	111	83	52	12
13	22	357	326	296	265	234	204	173	143	112	84	53	13
14	23	358	327	297	266	235	205	174	144	113	85	54	14
15	24	359	328	298	267	236	206	175	145	114	86	55	15
16	25	360	329	299	268	237	207	176	146	115	87	56	16
17	26	361	330	300	269	238	208	177	147	116	88	57	17
18	27	362	331	301	270	239	209	178	148	117	89	58	18
19	28	363	332	302	271	240	210	179	149	118	90	59	19
20	29	364	333	303	272	241	211	180	150	119	91	60	20
21	30	365	334	304	273	242	212	181	151	120	92	61	21
22	31	1	335	305	274	243	213	182	152	121	93	62	22
23	32	2	336	306	275	244	214	183	153	122	94	63	23
24	33	3	337	307	276	245	215	184	154	123	95	64	24
25	34	4	338	308	277	246	216	185	155	124	96	65	25
26	35	5	339	309	278	247	217	186	156	125	97	66	26
27	36	6	340	310	279	248	218	187	157	126	98	67	27
28	37	7	341	311	280	249	219	188	158	127	99	68	28
29	38	8	342	312	281	250	220	189	159	128		69	29
30	39	9	343	313	282	251	221	190	160	129		70	30
31	40		344		283	252		191		130		71	31

Jours qu'il y a du 22 NOVEMBRE à une date de chaque mois

Dates	Déc.	Nov.	Oct.	Sept.	Août	Juill.	Juin	Mai	Avril	Mars	Févr.	Janv.	Dates
1	9	344	313	283	252	221	191	160	130	99	71	40	1
2	10	345	314	284	253	222	192	161	131	100	72	41	2
3	11	346	315	285	254	223	193	162	132	101	73	42	3
4	12	347	316	286	255	224	194	163	133	102	74	43	4
5	13	348	317	287	256	225	195	164	134	103	75	44	5
6	14	349	318	288	257	226	196	165	135	104	76	45	6
7	15	350	319	289	258	227	197	166	136	105	77	46	7
8	16	351	320	290	259	228	198	167	137	106	78	47	8
9	17	352	321	291	260	229	199	168	138	107	79	48	9
10	18	353	322	292	261	230	200	169	139	108	80	49	10
11	19	354	323	293	262	231	201	170	140	109	81	50	11
12	20	355	324	294	263	232	202	171	141	110	82	51	12
13	21	356	325	295	264	233	203	172	142	111	83	52	13
14	22	357	326	296	265	234	204	173	143	112	84	53	14
15	23	358	327	297	266	235	205	174	144	113	85	54	15
16	24	359	328	298	267	236	206	175	145	114	86	55	16
17	25	360	329	299	268	237	207	176	146	115	87	56	17
18	26	361	330	300	269	238	208	177	147	116	88	57	18
19	27	362	331	301	270	239	209	178	148	117	89	58	19
20	28	363	332	302	271	240	210	179	149	118	90	59	20
21	29	364	333	303	272	241	211	180	150	119	91	60	21
22	30	365	334	304	273	242	212	181	151	120	92	61	22
23	31	1	335	305	274	243	213	182	152	121	93	62	23
24	32	2	336	306	275	244	214	183	153	122	94	63	24
25	33	3	337	307	276	245	215	184	154	123	95	64	25
26	34	4	338	308	277	246	216	185	155	124	96	65	26
27	35	5	339	309	278	247	217	186	156	125	97	66	27
28	36	6	340	310	279	248	218	187	157	126	98	67	28
29	37	7	341	311	280	249	219	188	158	127		68	29
30	38	8	342	312	281	250	220	189	159	128		69	30
31	39		343		282	251		190		129		70	31

Jours qu'il y a du 23 NOVEMBRE à une date de chaque mois.

Dates	Janv.	Févr.	Mars	Avril	Mai	Juin	Juill.	Août	Sept.	Oct.	Nov.	Déc.	Dates
1	39	70	98	129	159	190	220	251	282	312	343	8	1
2	40	71	99	130	160	191	221	252	283	313	344	9	2
3	41	72	100	131	161	192	222	253	284	314	345	10	3
4	42	73	101	132	162	193	223	254	285	315	346	11	4
5	43	74	102	133	163	194	224	255	286	316	347	12	5
6	44	75	103	134	164	195	225	256	287	317	348	13	6
7	45	76	104	135	165	196	226	257	288	318	349	14	7
8	46	77	105	136	166	197	227	258	289	319	350	15	8
9	47	78	106	137	167	198	228	259	290	320	351	16	9
10	48	79	107	138	168	199	229	260	291	321	352	17	10
11	49	80	108	139	169	200	230	261	292	322	353	18	11
12	50	81	109	140	170	201	231	262	293	323	354	19	12
13	51	82	110	141	171	202	232	263	294	324	355	20	13
14	52	83	111	142	172	203	233	264	295	325	356	21	14
15	53	84	112	143	173	204	234	265	296	326	357	22	15
16	54	85	113	144	174	205	235	266	297	327	358	23	16
17	55	86	114	145	175	206	236	267	298	328	359	24	17
18	56	87	115	146	176	207	237	268	299	329	360	25	18
19	57	88	116	147	177	208	238	269	300	330	361	26	19
20	58	89	117	148	178	209	239	270	301	331	362	27	20
21	59	90	118	149	179	210	240	271	302	332	363	28	21
22	60	91	119	150	180	211	241	272	303	333	364	29	22
23	61	92	120	151	181	212	242	273	304	334	365	30	23
24	62	93	121	152	182	213	243	274	305	335	1	31	24
25	63	94	122	153	183	214	244	275	306	336	2	32	25
26	64	95	123	154	184	215	245	276	307	337	3	33	26
27	65	96	124	155	185	216	246	277	308	338	4	34	27
28	66	97	125	156	186	217	247	278	309	339	5	35	28
29	67		126	157	187	218	248	279	310	340	6	36	29
30	68		127	158	188	219	249	280	311	341	7	37	30
31	69		128		189		250	281		342		38	31

Jours qu'il y a du 24 NOVEMBRE à une date de chaque mois.

Dates	Janv.	Févr.	Mars	Avril	Mai	Juin	Juill.	Août	Sept.	Oct.	Nov.	Déc.	Dates
1	38	69	97	128	158	189	219	250	281	311	342	7	1
2	39	70	98	129	159	190	220	251	282	312	343	8	2
3	40	71	99	130	160	191	221	252	283	313	344	9	3
4	41	72	100	131	161	192	222	253	284	314	345	10	4
5	42	73	101	132	162	193	223	254	285	315	346	11	5
6	43	74	102	133	163	194	224	255	286	316	347	12	6
7	44	75	103	134	164	195	225	256	287	317	348	13	7
8	45	76	104	135	165	196	226	257	288	318	349	14	8
9	46	77	105	136	166	197	227	258	289	319	350	15	9
10	47	78	106	137	167	198	228	259	290	320	351	16	10
11	48	79	107	138	168	199	229	260	291	321	352	17	11
12	49	80	108	139	169	200	230	261	292	322	353	18	12
13	50	81	109	140	170	201	231	262	293	323	354	19	13
14	51	82	110	141	171	202	232	263	294	324	355	20	14
15	52	83	111	142	172	203	233	264	295	325	356	21	15
16	53	84	112	143	173	204	234	265	296	326	357	22	16
17	54	85	113	144	174	205	235	266	297	327	358	23	17
18	55	86	114	145	175	206	236	267	298	328	359	24	18
19	56	87	115	146	176	207	237	268	299	329	360	25	19
20	57	88	116	147	177	208	238	269	300	330	361	26	20
21	58	89	117	148	178	209	239	270	301	331	362	27	21
22	59	90	118	149	179	210	240	271	302	332	363	28	22
23	60	91	119	150	180	211	241	272	303	333	364	29	23
24	61	92	120	151	181	212	242	273	304	334	365	30	24
25	62	93	121	152	182	213	243	274	305	335	1	31	25
26	63	94	122	153	183	214	244	275	306	336	2	32	26
27	64	95	123	154	184	215	245	276	307	337	3	33	27
28	65	96	124	155	185	216	246	277	308	338	4	34	28
29	66		125	156	186	217	247	278	309	339	5	35	29
30	67		126	157	187	218	248	279	310	340	6	36	30
31	68		127		188		249	280		341		37	31

Jours qu'il y a du 26 NOVEMBRE à une date de chaque mois

Dates	Janv.	Févr.	Mars	Avril	Mai	Juin	Juil.	Août	Sept.	Oct.	Nov.	Déc.	Dates
1	36	67	95	126	156	187	217	248	279	309	340	5	1
2	37	68	96	127	157	188	218	249	280	310	341	6	2
3	38	69	97	128	158	189	219	250	281	311	342	7	3
4	39	70	98	129	159	190	220	251	282	312	343	8	4
5	40	71	99	130	160	191	221	252	283	313	344	9	5
6	41	72	100	131	161	192	222	253	284	314	345	10	6
7	42	73	101	132	162	193	223	254	285	315	346	11	7
8	43	74	102	133	163	194	224	255	286	316	347	12	8
9	44	75	103	134	164	195	225	256	287	317	348	13	9
10	45	76	104	135	165	196	226	257	288	318	349	14	10
11	46	77	105	136	166	197	227	258	289	319	350	15	11
12	47	78	106	137	167	198	228	259	290	320	351	16	12
13	48	79	107	138	168	199	229	260	291	321	352	17	13
14	49	80	108	139	169	200	230	261	292	322	353	18	14
15	50	81	109	140	170	201	231	262	293	323	354	19	15
16	51	82	110	141	171	202	232	263	294	324	355	20	16
17	52	83	111	142	172	203	233	264	295	325	356	21	17
18	53	84	112	143	173	204	234	265	296	326	357	22	18
19	54	85	113	144	174	205	235	266	297	327	358	23	19
20	55	86	114	145	175	206	236	267	298	328	359	24	20
21	56	87	115	146	176	207	237	268	299	329	360	25	21
22	57	88	116	147	177	208	238	269	300	330	361	26	22
23	58	89	117	148	178	209	239	270	301	331	362	27	23
24	59	90	118	149	179	210	240	271	302	332	363	28	24
25	60	91	119	150	180	211	241	272	303	333	364	29	25
26	61	92	120	151	181	212	242	273	304	334	365	30	26
27	62	93	121	152	182	213	243	274	305	335	1	31	27
28	63	94	122	153	183	214	244	275	306	336	2	32	28
29	64		123	154	184	215	245	276	307	337	3	33	29
30	65		124	155	185	216	246	277	308	338	4	34	30
31	66		125		186		247	278		339		35	31

Jours qu'il y a du 25 NOVEMBRE à une date de chaque mois

Dates	Janv.	Févr.	Mars	Avril	Mai	Juin	Juil.	Août	Sept.	Oct.	Nov.	Déc.	Dates
1	37	68	96	127	157	188	218	249	280	310	341	6	1
2	38	69	97	128	158	189	219	250	281	311	342	7	2
3	39	70	98	129	159	190	220	251	282	312	343	8	3
4	40	71	99	130	160	191	221	252	283	313	344	9	4
5	41	72	100	131	161	192	222	253	284	314	345	10	5
6	42	73	101	132	162	193	223	254	285	315	346	11	6
7	43	74	102	133	163	194	224	255	286	316	347	12	7
8	44	75	103	134	164	195	225	256	287	317	348	13	8
9	45	76	104	135	165	196	226	257	288	318	349	14	9
10	46	77	105	136	166	197	227	258	289	319	350	15	10
11	47	78	106	137	167	198	228	259	290	320	351	16	11
12	48	79	107	138	168	199	229	260	291	321	352	17	12
13	49	80	108	139	169	200	230	261	292	322	353	18	13
14	50	81	109	140	170	201	231	262	293	323	354	19	14
15	51	82	110	141	171	202	232	263	294	324	355	20	15
16	52	83	111	142	172	203	233	264	295	325	356	21	16
17	53	84	112	143	173	204	234	265	296	326	357	22	17
18	54	85	113	144	174	205	235	266	297	327	358	23	18
19	55	86	114	145	175	206	236	267	298	328	359	24	19
20	56	87	115	146	176	207	237	268	299	329	360	25	20
21	57	88	116	147	177	208	238	269	300	330	361	26	21
22	58	89	117	148	178	209	239	270	301	331	362	27	22
23	59	90	118	149	179	210	240	271	302	332	363	28	23
24	60	91	119	150	180	211	241	272	303	333	364	29	24
25	61	92	120	151	181	212	242	273	304	334	365	30	25
26	62	93	121	152	182	213	243	274	305	335	1	31	26
27	63	94	122	153	183	214	244	275	306	336	2	32	27
28	64	95	123	154	184	215	245	276	307	337	3	33	28
29	65		124	155	185	216	246	277	308	338	4	34	29
30	66		125	156	186	217	247	278	309	339	5	35	30
31	67		126		187		248	279		340		36	31

Jours qu'il y a du 28 NOVEMBRE à une date de chaque mois

Dates	Janv.	Févr.	Mars	Avril	Mai	Juin	Juill.	Août	Sept.	Oct.	Nov.	Déc.	Dates
1	34	65	93	124	154	185	215	246	277	307	338	3	1
2	35	66	94	125	155	186	216	247	278	308	339	4	2
3	36	67	95	126	156	187	217	248	279	309	340	5	3
4	37	68	96	127	157	188	218	249	280	310	341	6	4
5	38	69	97	128	158	189	219	250	281	311	342	7	5
6	39	70	98	129	159	190	220	251	282	312	343	8	6
7	40	71	99	130	160	191	221	252	283	313	344	9	7
8	41	72	100	131	161	192	222	253	284	314	345	10	8
9	42	73	101	132	162	193	223	254	285	315	346	11	9
10	43	74	102	133	163	194	224	255	286	316	347	12	10
11	44	75	103	134	164	195	225	256	287	317	348	13	11
12	45	76	104	135	165	196	226	257	288	318	349	14	12
13	46	77	105	136	166	197	227	258	289	319	350	15	13
14	47	78	106	137	167	198	228	259	290	320	351	16	14
15	48	79	107	138	168	199	229	260	291	321	352	17	15
16	49	80	108	139	169	200	230	261	292	322	353	18	16
17	50	81	109	140	170	201	231	262	293	323	354	19	17
18	51	82	110	141	171	202	232	263	294	324	355	20	18
19	52	83	111	142	172	203	233	264	295	325	356	21	19
20	53	84	112	143	173	204	234	265	296	326	357	22	20
21	54	85	113	144	174	205	235	266	297	327	358	23	21
22	55	86	114	145	175	206	236	267	298	328	359	24	22
23	56	87	115	146	176	207	237	268	299	329	360	25	23
24	57	88	116	147	177	208	238	269	300	330	361	26	24
25	58	89	117	148	178	209	239	270	301	331	362	27	25
26	59	90	118	149	179	210	240	271	302	332	363	28	26
27	60	91	119	150	180	211	241	272	303	333	364	29	27
28	61	92	120	151	181	212	242	273	304	334	365	30	28
29	62		121	152	182	213	243	274	305	335	1	31	29
30	63		122	153	183	214	244	275	306	336	2	32	30
31	64		123		184		245	276		337		33	31

Jours qu'il y a du 27 NOVEMBRE à une date de chaque mois

Dates	Janv.	Févr.	Mars	Avril	Mai	Juin	Juill.	Août	Sept.	Oct.	Nov.	Déc.	Dates
1	35	66	94	125	155	186	216	247	278	308	339	4	1
2	36	67	95	126	156	187	217	248	279	309	340	5	2
3	37	68	96	127	157	188	218	249	280	310	341	6	3
4	38	69	97	128	158	189	219	250	281	311	342	7	4
5	39	70	98	129	159	190	220	251	282	312	343	8	5
6	40	71	99	130	160	191	221	252	283	313	344	9	6
7	41	72	100	131	161	192	222	253	284	314	345	10	7
8	42	73	101	132	162	193	223	254	285	315	346	11	8
9	43	74	102	133	163	194	224	255	286	316	347	12	9
10	44	75	103	134	164	195	225	256	287	317	348	13	10
11	45	76	104	135	165	196	226	257	288	318	349	14	11
12	46	77	105	136	166	197	227	258	289	319	350	15	12
13	47	78	106	137	167	198	228	259	290	320	351	16	13
14	48	79	107	138	168	199	229	260	291	321	352	17	14
15	49	80	108	139	169	200	230	261	292	322	353	18	15
16	50	81	109	140	170	201	231	262	293	323	354	19	16
17	51	82	110	141	171	202	232	263	294	324	355	20	17
18	52	83	111	142	172	203	233	264	295	325	356	21	18
19	53	84	112	143	173	204	234	265	296	326	357	22	19
20	54	85	113	144	174	205	235	266	297	327	358	23	20
21	55	86	114	145	175	206	236	267	298	328	359	24	21
22	56	87	115	146	176	207	237	268	299	329	360	25	22
23	57	88	116	147	177	208	238	269	300	330	361	26	23
24	58	89	117	148	178	209	239	270	301	331	362	27	24
25	59	90	118	149	179	210	240	271	302	332	363	28	25
26	60	91	119	150	180	211	241	272	303	333	364	29	26
27	61	92	120	151	181	212	242	273	304	334	365	30	27
28	62	93	121	152	182	213	243	274	305	335	1	31	28
29	63		122	153	183	214	244	275	306	336	2	32	29
30	64		123	154	184	215	245	276	307	337	3	33	30
31	65		124		185		246	277		338		34	31

Jours qu'il y a du 30 NOVEMBRE à une date de chaque mois.

Dates	Déc.	Nov.	Oct.	Sept.	Août	Juill.	Juin	Mai	Avril	Mars	Févr.	Janv.	Dates
1	1	336	305	275	244	213	183	152	122	91	63	32	1
2	2	337	306	276	245	214	184	153	123	92	64	33	2
3	3	338	307	277	246	215	185	154	124	93	65	34	3
4	4	339	308	278	247	216	186	155	125	94	66	35	4
5	5	340	309	279	248	217	187	156	126	95	67	36	5
6	6	341	310	280	249	218	188	157	127	96	68	37	6
7	7	342	311	281	250	219	189	158	128	97	69	38	7
8	8	343	312	282	251	220	190	159	129	98	70	39	8
9	9	344	313	283	252	221	191	160	130	99	71	40	9
10	10	345	314	284	253	222	192	161	131	100	72	41	10
11	11	346	315	285	254	223	193	162	132	101	73	42	11
12	12	347	316	286	255	224	194	163	133	102	74	43	12
13	13	348	317	287	256	225	195	164	134	103	75	44	13
14	14	349	318	288	257	226	196	165	135	104	76	45	14
15	15	350	319	289	258	227	197	166	136	105	77	46	15
16	16	351	320	290	259	228	198	167	137	106	78	47	16
17	17	352	321	291	260	229	199	168	138	107	79	48	17
18	18	353	322	292	261	230	200	169	139	108	80	49	18
19	19	354	323	293	262	231	201	170	140	109	81	50	19
20	20	355	324	294	263	232	202	171	141	110	82	51	20
21	21	356	325	295	264	233	203	172	142	111	83	52	21
22	22	357	326	296	265	234	204	173	143	112	84	53	22
23	23	358	327	297	266	235	205	174	144	113	85	54	23
24	24	359	328	298	267	236	206	175	145	114	86	55	24
25	25	360	329	299	268	237	207	176	146	115	87	56	25
26	26	361	330	300	269	238	208	177	147	116	88	57	26
27	27	362	331	301	270	239	209	178	148	117	89	58	27
28	28	363	332	302	271	240	210	179	149	118	90	59	28
29	29	364	333	303	272	241	211	180	150	119		60	29
30	30	365	334	304	273	242	212	181	151	120		61	30
31	31		335		274	243		182		121		62	31

Jours qu'il y a du 29 NOVEMBRE à une date de chaque mois

Dates	Déc.	Nov.	Oct.	Sept.	Août	Juill.	Juin	Mai	Avril	Mars	Févr.	Janv.	Dates
1	2	337	306	276	245	214	184	153	123	92	64	33	1
2	3	338	307	277	246	215	185	154	124	93	65	34	2
3	4	339	308	278	247	216	186	155	125	94	66	35	3
4	5	340	309	279	248	217	187	156	126	95	67	36	4
5	6	341	310	280	249	218	188	157	127	96	68	37	5
6	7	342	311	281	250	219	189	158	128	97	69	38	6
7	8	343	312	282	251	220	190	159	129	98	70	39	7
8	9	344	313	283	252	221	191	160	130	99	71	40	8
9	10	345	314	284	253	222	192	161	131	100	72	41	9
10	11	346	315	285	254	223	193	162	132	101	73	42	10
11	12	347	316	286	255	224	194	163	133	102	74	43	11
12	13	348	317	287	256	225	195	164	134	103	75	44	12
13	14	349	318	288	257	226	196	165	135	104	76	45	13
14	15	350	319	289	258	227	197	166	136	105	77	46	14
15	16	351	320	290	259	228	198	167	137	106	78	47	15
16	17	352	321	291	260	229	199	168	138	107	79	48	16
17	18	353	322	292	261	230	200	169	139	108	80	49	17
18	19	354	323	293	262	231	201	170	140	109	81	50	18
19	20	355	324	294	263	232	202	171	141	110	82	51	19
20	21	356	325	295	264	233	203	172	142	111	83	52	20
21	22	357	326	296	265	234	204	173	143	112	84	53	21
22	23	358	327	297	266	235	205	174	144	113	85	54	22
23	24	359	328	298	267	236	206	175	145	114	86	55	23
24	25	360	329	299	268	237	207	176	146	115	87	56	24
25	26	361	330	300	269	238	208	177	147	116	88	57	25
26	27	362	331	301	270	239	209	178	148	117	89	58	26
27	28	363	332	302	271	240	210	179	149	118	90	59	27
28	29	364	333	303	272	241	211	180	150	119	91	60	28
29	30	365	334	304	273	242	212	181	151	120		61	29
30	31	1	335	305	274	243	213	182	152	121		62	30
31	32		336		275	244		183		122		63	31

Jours qu'il y a du 2 DÉCEMBRE à une date de chaque mois.

Dates	Janv.	Févr.	Mars	Avril	Mai	Juin	Juill.	Août	Sept.	Oct.	Nov.	Déc.	Dates
1	30	61	89	120	150	181	211	242	273	303	334	364	1
2	31	62	90	121	151	182	212	243	274	304	335	365	2
3	32	63	91	122	152	183	213	244	275	305	336	1	3
4	33	64	92	123	153	184	214	245	276	306	337	2	4
5	34	65	93	124	154	185	215	246	277	307	338	3	5
6	35	66	94	125	155	186	216	247	278	308	339	4	6
7	36	67	95	126	156	187	217	248	279	309	340	5	7
8	37	68	96	127	157	188	218	249	280	310	341	6	8
9	38	69	97	128	158	189	219	250	281	311	342	7	9
10	39	70	98	129	159	190	220	251	282	312	343	8	10
11	40	71	99	130	160	191	221	252	283	313	344	9	11
12	41	72	100	131	161	192	222	253	284	314	345	10	12
13	42	73	101	132	162	193	223	254	285	315	346	11	13
14	43	74	102	133	163	194	224	255	286	316	347	12	14
15	44	75	103	134	164	195	225	256	287	317	348	13	15
16	45	76	104	135	165	196	226	257	288	318	349	14	16
17	46	77	105	136	166	197	227	258	289	319	350	15	17
18	47	78	106	137	167	198	228	259	290	320	351	16	18
19	48	79	107	138	168	199	229	260	291	321	352	17	19
20	49	80	108	139	169	200	230	261	292	322	353	18	20
21	50	81	109	140	170	201	231	262	293	323	354	19	21
22	51	82	110	141	171	202	232	263	294	324	355	20	22
23	52	83	111	142	172	203	233	264	295	325	356	21	23
24	53	84	112	143	173	204	234	265	296	326	357	22	24
25	54	85	113	144	174	205	235	266	297	327	358	23	25
26	55	86	114	145	175	206	236	267	298	328	359	24	26
27	56	87	115	146	176	207	237	268	299	329	360	25	27
28	57	88	116	147	177	208	238	269	300	330	361	26	28
29	58		117	148	178	209	239	270	301	331	362	27	29
30	59		118	149	179	210	240	271	302	332	363	28	30
31	60		119		180		241	272		333		29	31

Jours qu'il y a du 1er DÉCEMBRE à une date de chaque mois.

Dates	Janv.	Févr.	Mars	Avril	Mai	Juin	Juill.	Août	Sept.	Oct.	Nov.	Déc.	Dates
1	31	62	90	121	151	182	212	243	274	304	335	365	1
2	32	63	91	122	152	183	213	244	275	305	336	1	2
3	33	64	92	123	153	184	214	245	276	306	337	2	3
4	34	65	93	124	154	185	215	246	277	307	338	3	4
5	35	66	94	125	155	186	216	247	278	308	339	4	5
6	36	67	95	126	156	187	217	248	279	309	340	5	6
7	37	68	96	127	157	188	218	249	280	310	341	6	7
8	38	69	97	128	158	189	219	250	281	311	342	7	8
9	39	70	98	129	159	190	220	251	282	312	343	8	9
10	40	71	99	130	160	191	221	252	283	313	344	9	10
11	41	72	100	131	161	192	222	253	284	314	345	10	11
12	42	73	101	132	162	193	223	254	285	315	346	11	12
13	43	74	102	133	163	194	224	255	286	316	347	12	13
14	44	75	103	134	164	195	225	256	287	317	348	13	14
15	45	76	104	135	165	196	226	257	288	318	349	14	15
16	46	77	105	136	166	197	227	258	289	319	350	15	16
17	47	78	106	137	167	198	228	259	290	320	351	16	17
18	48	79	107	138	168	199	229	260	291	321	352	17	18
19	49	80	108	139	169	200	230	261	292	322	353	18	19
20	50	81	109	140	170	201	231	262	293	323	354	19	20
21	51	82	110	141	171	202	232	263	294	324	355	20	21
22	52	83	111	142	172	203	233	264	295	325	356	21	22
23	53	84	112	143	173	204	234	265	296	326	357	22	23
24	54	85	113	144	174	205	235	266	297	327	358	23	24
25	55	86	114	145	175	206	236	267	298	328	359	24	25
26	56	87	115	146	176	207	237	268	299	329	360	25	26
27	57	88	116	147	177	208	238	269	300	330	361	26	27
28	58	89	117	148	178	209	239	270	301	331	362	27	28
29	59		118	149	179	210	240	271	302	332	363	28	29
30	60		119	150	180	211	241	272	303	333	364	29	30
31	61		120		181		242	273		334		30	31

Table 1 — **Jours qu'il y a du 4 DÉCEMBRE à une date de chaque mois.**

Dates	Janv.	Févr.	Mars	Avril	Mai	Juin	Juill.	Août	Sept.	Oct.	Nov.	Déc.	Dates
1	28	59	87	118	148	179	209	240	271	301	332	362	1
2	29	60	88	119	149	180	210	241	272	302	333	363	2
3	30	61	89	120	150	181	211	242	273	303	334	364	3
4	31	62	90	121	151	182	212	243	274	304	335	365	4
5	32	63	91	122	152	183	213	244	275	305	336	1	5
6	33	64	92	123	153	184	214	245	276	306	337	2	6
7	34	65	93	124	154	185	215	246	277	307	338	3	7
8	35	66	94	125	155	186	216	247	278	308	339	4	8
9	36	67	95	126	156	187	217	248	279	309	340	5	9
10	37	68	96	127	157	188	218	249	280	310	341	6	10
11	38	69	97	128	158	189	219	250	281	311	342	7	11
12	39	70	98	129	159	190	220	251	282	312	343	8	12
13	40	71	99	130	160	191	221	252	283	313	344	9	13
14	41	72	100	131	161	192	222	253	284	314	345	10	14
15	42	73	101	132	162	193	223	254	285	315	346	11	15
16	43	74	102	133	163	194	224	255	286	316	347	12	16
17	44	75	103	134	164	195	225	256	287	317	348	13	17
18	45	76	104	135	165	196	226	257	288	318	349	14	18
19	46	77	105	136	166	197	227	258	289	319	350	15	19
20	47	78	106	137	167	198	228	259	290	320	351	16	20
21	48	79	107	138	168	199	229	260	291	321	352	17	21
22	49	80	108	139	169	200	230	261	292	322	353	18	22
23	50	81	109	140	170	201	231	262	293	323	354	19	23
24	51	82	110	141	171	202	232	263	294	324	355	20	24
25	52	83	111	142	172	203	233	264	295	325	356	21	25
26	53	84	112	143	173	204	234	265	296	326	357	22	26
27	54	85	113	144	174	205	235	266	297	327	358	23	27
28	55	86	114	145	175	206	236	267	298	328	359	24	28
29	56		115	146	176	207	237	268	299	329	360	25	29
30	57		116	147	177	208	238	269	300	330	361	26	30
31	58		117		178		239	270		331		27	31

Table 2 — **Jours qu'il y a du 3 DÉCEMBRE à une date de chaque mois.**

Dates	Janv.	Févr.	Mars	Avril	Mai	Juin	Juill.	Août	Sept.	Oct.	Nov.	Déc.	Dates
1	29	60	88	119	149	180	210	241	272	302	333	363	1
2	30	61	89	120	150	181	211	242	273	303	334	364	2
3	31	62	90	121	151	182	212	243	274	304	335	365	3
4	32	63	91	122	152	183	213	244	275	305	336	1	4
5	33	64	92	123	153	184	214	245	276	306	337	2	5
6	34	65	93	124	154	185	215	246	277	307	338	3	6
7	35	66	94	125	155	186	216	247	278	308	339	4	7
8	36	67	95	126	156	187	217	248	279	309	340	5	8
9	37	68	96	127	157	188	218	249	280	310	341	6	9
10	38	69	97	128	158	189	219	250	281	311	342	7	10
11	39	70	98	129	159	190	220	251	282	312	343	8	11
12	40	71	99	130	160	191	221	252	283	313	344	9	12
13	41	72	100	131	161	192	222	253	284	314	345	10	13
14	42	73	101	132	162	193	223	254	285	315	346	11	14
15	43	74	102	133	163	194	224	255	286	316	347	12	15
16	44	75	103	134	164	195	225	256	287	317	348	13	16
17	45	76	104	135	165	196	226	257	288	318	349	14	17
18	46	77	105	136	166	197	227	258	289	319	350	15	18
19	47	78	106	137	167	198	228	259	290	320	351	16	19
20	48	79	107	138	168	199	229	260	291	321	352	17	20
21	49	80	108	139	169	200	230	261	292	322	353	18	21
22	50	81	109	140	170	201	231	262	293	323	354	19	22
23	51	82	110	141	171	202	232	263	294	324	355	20	23
24	52	83	111	142	172	203	233	264	295	325	356	21	24
25	53	84	112	143	173	204	234	265	296	326	357	22	25
26	54	85	113	144	174	205	235	266	297	327	358	23	26
27	55	86	114	145	175	206	236	267	298	328	359	24	27
28	56	87	115	146	176	207	237	268	299	329	360	25	28
29	57		116	147	177	208	238	269	300	330	361	26	29
30	58		117	148	178	209	239	270	301	331	362	27	30
31	59		118		179		240	271		332		28	31

Jours qu'il y a du 6 DÉCEMBRE à une date de chaque mois

Dates	Janv.	Févr.	Mars	Avril	Mai	Juin	Juill.	Août	Sept.	Oct.	Nov.	Déc.	Dates
1	26	57	85	116	146	177	207	238	269	299	330	360	1
2	27	58	86	117	147	178	208	239	270	300	331	361	2
3	28	59	87	118	148	179	209	240	271	301	332	362	3
4	29	60	88	119	149	180	210	241	272	302	333	363	4
5	30	61	89	120	150	181	211	242	273	303	334	364	5
6	31	62	90	121	151	182	212	243	274	304	335	365	6
7	32	63	91	122	152	183	213	244	275	305	336	1	7
8	33	64	92	123	153	184	214	245	276	306	337	2	8
9	34	65	93	124	154	185	215	246	277	307	338	3	9
10	35	66	94	125	155	186	216	247	278	308	339	4	10
11	36	67	95	126	156	187	217	248	279	309	340	5	11
12	37	68	96	127	157	188	218	249	280	310	341	6	12
13	38	69	97	128	158	189	219	250	281	311	342	7	13
14	39	70	98	129	159	190	220	251	282	312	343	8	14
15	40	71	99	130	160	191	221	252	283	313	344	9	15
16	41	72	100	131	161	192	222	253	284	314	345	10	16
17	42	73	101	132	162	193	223	254	285	315	346	11	17
18	43	74	102	133	163	194	224	255	286	316	347	12	18
19	44	75	103	134	164	195	225	256	287	317	348	13	19
20	45	76	104	135	165	196	226	257	288	318	349	14	20
21	46	77	105	136	166	197	227	258	289	319	350	15	21
22	47	78	106	137	167	198	228	259	290	320	351	16	22
23	48	79	107	138	168	199	229	260	291	321	352	17	23
24	49	80	108	139	169	200	230	261	292	322	353	18	24
25	50	81	109	140	170	201	231	262	293	323	354	19	25
26	51	82	110	141	171	202	232	263	294	324	355	20	26
27	52	83	111	142	172	203	233	264	295	325	356	21	27
28	53	84	112	143	173	204	234	265	296	326	357	22	28
29	54		113	144	174	205	235	266	297	327	358	23	29
30	55		114	145	175	206	236	267	298	328	359	24	30
31	56		115		176		237	268		329		25	31

Jours qu'il y a du 5 DÉCEMBRE à une date de chaque mois

Dates	Janv.	Févr.	Mars	Avril	Mai	Juin	Juill.	Août	Sept.	Oct.	Nov.	Déc.	Dates
1	27	58	86	117	147	178	208	239	270	300	331	361	1
2	28	59	87	118	148	179	209	240	271	301	332	362	2
3	29	60	88	119	149	180	210	241	272	302	333	363	3
4	30	61	89	120	150	181	211	242	273	303	334	364	4
5	31	62	90	121	151	182	212	243	274	304	335	365	5
6	32	63	91	122	152	183	213	244	275	305	336	1	6
7	33	64	92	123	153	184	214	245	276	306	337	2	7
8	34	65	93	124	154	185	215	246	277	307	338	3	8
9	35	66	94	125	155	186	216	247	278	308	339	4	9
10	36	67	95	126	156	187	217	248	279	309	340	5	10
11	37	68	96	127	157	188	218	249	280	310	341	6	11
12	38	69	97	128	158	189	219	250	281	311	342	7	12
13	39	70	98	129	159	190	220	251	282	312	343	8	13
14	40	71	99	130	160	191	221	252	283	313	344	9	14
15	41	72	100	131	161	192	222	253	284	314	345	10	15
16	42	73	101	132	162	193	223	254	285	315	346	11	16
17	43	74	102	133	163	194	224	255	286	316	347	12	17
18	44	75	103	134	164	195	225	256	287	317	348	13	18
19	45	76	104	135	165	196	226	257	288	318	349	14	19
20	46	77	105	136	166	197	227	258	289	319	350	15	20
21	47	78	106	137	167	198	228	259	290	320	351	16	21
22	48	79	107	138	168	199	229	260	291	321	352	17	22
23	49	80	108	139	169	200	230	261	292	322	353	18	23
24	50	81	109	140	170	201	231	262	293	323	354	19	24
25	51	82	110	141	171	202	232	263	294	324	355	20	25
26	52	83	111	142	172	203	233	264	295	325	356	21	26
27	53	84	112	143	173	204	234	265	296	326	357	22	27
28	54	85	113	144	174	205	235	266	297	327	358	23	28
29	55		114	145	175	206	236	267	298	328	359	24	29
30	56		115	146	176	207	237	268	299	329	360	25	30
31	57		116		177		238	269		330		26	31

Dates	Janv.	Févr.	Mars	Avril	Mai	Juin	Juill.	Août	Sept.	Oct.	Nov.	Déc.	Dates
1	24	55	83	114	144	175	205	236	267	297	328	358	1
2	25	56	84	115	145	176	206	237	268	298	329	359	2
3	26	57	85	116	146	177	207	238	269	299	330	360	3
4	27	58	86	117	147	178	208	239	270	300	331	361	4
5	28	59	87	118	148	179	209	240	271	301	332	362	5
6	29	60	88	119	149	180	210	241	272	302	333	363	6
7	30	61	89	120	150	181	211	242	273	303	334	364	7
8	31	62	90	121	151	182	212	243	274	304	335	365	8
9	32	63	91	122	152	183	213	244	275	305	336	1	9
10	33	64	92	123	153	184	214	245	276	306	337	2	10
11	34	65	93	124	154	185	215	246	277	307	338	3	11
12	35	66	94	125	155	186	216	247	278	308	339	4	12
13	36	67	95	126	156	187	217	248	279	309	340	5	13
14	37	68	96	127	157	188	218	249	280	310	341	6	14
15	38	69	97	128	158	189	219	250	281	311	342	7	15
16	39	70	98	129	159	190	220	251	282	312	343	8	16
17	40	71	99	130	160	191	221	252	283	313	344	9	17
18	41	72	100	131	161	192	222	253	284	314	345	10	18
19	42	73	101	132	162	193	223	254	285	315	346	11	19
20	43	74	102	133	163	194	224	255	286	316	347	12	20
21	44	75	103	134	164	195	225	256	287	317	348	13	21
22	45	76	104	135	165	196	226	257	288	318	349	14	22
23	46	77	105	136	166	197	227	258	289	319	350	15	23
24	47	78	106	137	167	198	228	259	290	320	351	16	24
25	48	79	107	138	168	199	229	260	291	321	352	17	25
26	49	80	108	139	169	200	230	261	292	322	353	18	26
27	50	81	109	140	170	201	231	262	293	323	354	19	27
28	51	82	110	141	171	202	232	263	294	324	355	20	28
29	52		111	142	172	203	233	264	295	325	356	21	29
30	53		112	143	173	204	234	265	296	326	357	22	30
31	54		113		174		235	266		327		23	31

Dates	Janv.	Févr.	Mars	Avril	Mai	Juin	Juill.	Août	Sept.	Oct.	Nov.	Déc.	Dates
1	25	56	84	115	145	176	206	237	268	298	329	359	1
2	26	57	85	116	146	177	207	238	269	299	330	360	2
3	27	58	86	117	147	178	208	239	270	300	331	361	3
4	28	59	87	118	148	179	209	240	271	301	332	362	4
5	29	60	88	119	149	180	210	241	272	302	333	363	5
6	30	61	89	120	150	181	211	242	273	303	334	364	6
7	31	62	90	121	151	182	212	243	274	304	335	365	7
8	32	63	91	122	152	183	213	244	275	305	336	1	8
9	33	64	92	123	153	184	214	245	276	306	337	2	9
10	34	65	93	124	154	185	215	246	277	307	338	3	10
11	35	66	94	125	155	186	216	247	278	308	339	4	11
12	36	67	95	126	156	187	217	248	279	309	340	5	12
13	37	68	96	127	157	188	218	249	280	310	341	6	13
14	38	69	97	128	158	189	219	250	281	311	342	7	14
15	39	70	98	129	159	190	220	251	282	312	343	8	15
16	40	71	99	130	160	191	221	252	283	313	344	9	16
17	41	72	100	131	161	192	222	253	284	314	345	10	17
18	42	73	101	132	162	193	223	254	285	315	346	11	18
19	43	74	102	133	163	194	224	255	286	316	347	12	19
20	44	75	103	134	164	195	225	256	287	317	348	13	20
21	45	76	104	135	165	196	226	257	288	318	349	14	21
22	46	77	105	136	166	197	227	258	289	319	350	15	22
23	47	78	106	137	167	198	228	259	290	320	351	16	23
24	48	79	107	138	168	199	229	260	291	321	352	17	24
25	49	80	108	139	169	200	230	261	292	322	353	18	25
26	50	81	109	140	170	201	231	262	293	323	354	19	26
27	51	82	110	141	171	202	232	263	294	324	355	20	27
28	52	83	111	142	172	203	233	264	295	325	356	21	28
29	53		112	143	173	204	234	265	296	326	357	22	29
30	54		113	144	174	205	235	266	297	327	358	23	30
31	55		114		175		236	267		328		24	31

Jours qu'il y a du 10 DÉCEMBRE à une date de chaque mois.

Dates	Déc.	Nov.	Oct.	Sept.	Août	Juill.	Juin	Mai	Avril	Mars	Févr.	Janv.	Dates
1	356	326	295	265	234	203	173	142	112	81	53	22	1
2	357	327	296	266	235	204	174	143	113	82	54	23	2
3	358	328	297	267	236	205	175	144	114	83	55	24	3
4	359	329	298	268	237	206	176	145	115	84	56	25	4
5	360	330	299	269	238	207	177	146	116	85	57	26	5
6	361	331	300	270	239	208	178	147	117	86	58	27	6
7	362	332	301	271	240	209	179	148	118	87	59	28	7
8	363	333	302	272	241	210	180	149	119	88	60	29	8
9	364	334	303	273	242	211	181	150	120	89	61	30	9
10	365	335	304	274	243	212	182	151	121	90	62	31	10
11	1	336	305	275	244	213	183	152	122	91	63	32	11
12	2	337	306	276	245	214	184	153	123	92	64	33	12
13	3	338	307	277	246	215	185	154	124	93	65	34	13
14	4	339	308	278	247	216	186	155	125	94	66	35	14
15	5	340	309	279	248	217	187	156	126	95	67	36	15
16	6	341	310	280	249	218	188	157	127	96	68	37	16
17	7	342	311	281	250	219	189	158	128	97	69	38	17
18	8	343	312	282	251	220	190	159	129	98	70	39	18
19	9	344	313	283	252	221	191	160	130	99	71	40	19
20	10	345	314	284	253	222	192	161	131	100	72	41	20
21	11	346	315	285	254	223	193	162	132	101	73	42	21
22	12	347	316	286	255	224	194	163	133	102	74	43	22
23	13	348	317	287	256	225	195	164	134	103	75	44	23
24	14	349	318	288	257	226	196	165	135	104	76	45	24
25	15	350	319	289	258	227	197	166	136	105	77	46	25
26	16	351	320	290	259	228	198	167	137	106	78	47	26
27	17	352	321	291	260	229	199	168	138	107	79	48	27
28	18	353	322	292	261	230	200	169	139	108	80	49	28
29	19	354	323	293	262	231	201	170	140	109		50	29
30	20	355	324	294	263	232	202	171	141	110		51	30
31	21		325		264	233		172		111		52	31

Jours qu'il y a du 9 DÉCEMBRE à une date de chaque mois.

Dates	Déc.	Nov.	Oct.	Sept.	Août	Juill.	Juin	Mai	Avril	Mars	Févr.	Janv.	Dates
1	357	327	296	266	235	204	174	143	113	82	54	23	1
2	358	328	297	267	236	205	175	144	114	83	55	24	2
3	359	329	298	268	237	206	176	145	115	84	56	25	3
4	360	330	299	269	238	207	177	146	116	85	57	26	4
5	361	331	300	270	239	208	178	147	117	86	58	27	5
6	362	332	301	271	240	209	179	148	118	87	59	28	6
7	363	333	302	272	241	210	180	149	119	88	60	29	7
8	364	334	303	273	242	211	181	150	120	89	61	30	8
9	365	335	304	274	243	212	182	151	121	90	62	31	9
10	1	336	305	275	244	213	183	152	122	91	63	32	10
11	2	337	306	276	245	214	184	153	123	92	64	33	11
12	3	338	307	277	246	215	185	154	124	93	65	34	12
13	4	339	308	278	247	216	186	155	125	94	66	35	13
14	5	340	309	279	248	217	187	156	126	95	67	36	14
15	6	341	310	280	249	218	188	157	127	96	68	37	15
16	7	342	311	281	250	219	189	158	128	97	69	38	16
17	8	343	312	282	251	220	190	159	129	98	70	39	17
18	9	344	313	283	252	221	191	160	130	99	71	40	18
19	10	345	314	284	253	222	192	161	131	100	72	41	19
20	11	346	315	285	254	223	193	162	132	101	73	42	20
21	12	347	316	286	255	224	194	163	133	102	74	43	21
22	13	348	317	287	256	225	195	164	134	103	75	44	22
23	14	349	318	288	257	226	196	165	135	104	76	45	23
24	15	350	319	289	258	227	197	166	136	105	77	46	24
25	16	351	320	290	259	228	198	167	137	106	78	47	25
26	17	352	321	291	260	229	199	168	138	107	79	48	26
27	18	353	322	292	261	230	200	169	139	108	80	49	27
28	19	354	323	293	262	231	201	170	140	109	81	50	28
29	20	355	324	294	263	232	202	171	141	110		51	29
30	21	356	325	295	264	233	203	172	142	111		52	30
31	22		326		265	234		173		112		53	31

Dates	Déc.	Nov.	Oct.	Sept.	Août	Juill.	Juin	Mai	Avril	Mars	Févr.	Janv.	Dates
1	354	324	293	263	232	201	171	140	110	79	51	20	1
2	355	325	294	264	233	202	172	141	111	80	52	21	2
3	356	326	295	265	234	203	173	142	112	81	53	22	3
4	357	327	296	266	235	204	174	143	113	82	54	23	4
5	358	328	297	267	236	205	175	144	114	83	55	24	5
6	359	329	298	268	237	206	176	145	115	84	56	25	6
7	360	330	299	269	238	207	177	146	116	85	57	26	7
8	361	331	300	270	239	208	178	147	117	86	58	27	8
9	362	332	301	271	240	209	179	148	118	87	59	28	9
10	363	333	302	272	241	210	180	149	119	88	60	29	10
11	364	334	303	273	242	211	181	150	120	89	61	30	11
12	365	335	304	274	243	212	182	151	121	90	62	31	12
13	1	336	305	275	244	213	183	152	122	91	63	32	13
14	2	337	306	276	245	214	184	153	123	92	64	33	14
15	3	338	307	277	246	215	185	154	124	93	65	34	15
16	4	339	308	278	247	216	186	155	125	94	66	35	16
17	5	340	309	279	248	217	187	156	126	95	67	36	17
18	6	341	310	280	249	218	188	157	127	96	68	37	18
19	7	342	311	281	250	219	189	158	128	97	69	38	19
20	8	343	312	282	251	220	190	159	129	98	70	39	20
21	9	344	313	283	252	221	191	160	130	99	71	40	21
22	10	345	314	284	253	222	192	161	131	100	72	41	22
23	11	346	315	285	254	223	193	162	132	101	73	42	23
24	12	347	316	286	255	224	194	163	133	102	74	43	24
25	13	348	317	287	256	225	195	164	134	103	75	44	25
26	14	349	318	288	257	226	196	165	135	104	76	45	26
27	15	350	319	289	258	227	197	166	136	105	77	46	27
28	16	351	320	290	259	228	198	167	137	106	78	47	28
29	17	352	321	291	260	229	199	168	138	107		48	29
30	18	353	322	292	261	230	200	169	139	108		49	30
31	19		323		262	231		170		109		50	31

Dates	Déc.	Nov.	Oct.	Sept.	Août	Juill.	Juin	Mai	Avril	Mars	Févr.	Janv.	Dates
1	355	325	294	264	233	202	172	141	111	80	52	21	1
2	356	326	295	265	234	203	173	142	112	81	53	22	2
3	357	327	296	266	235	204	174	143	113	82	54	23	3
4	358	328	297	267	236	205	175	144	114	83	55	24	4
5	359	329	298	268	237	206	176	145	115	84	56	25	5
6	360	330	299	269	238	207	177	146	116	85	57	26	6
7	361	331	300	270	239	208	178	147	117	86	58	27	7
8	362	332	301	271	240	209	179	148	118	87	59	28	8
9	363	333	302	272	241	210	180	149	119	88	60	29	9
10	364	334	303	273	242	211	181	150	120	89	61	30	10
11	365	335	304	274	243	212	182	151	121	90	62	31	11
12	1	336	305	275	244	213	183	152	122	91	63	32	12
13	2	337	306	276	245	214	184	153	123	92	64	33	13
14	3	338	307	277	246	215	185	154	124	93	65	34	14
15	4	339	308	278	247	216	186	155	125	94	66	35	15
16	5	340	309	279	248	217	187	156	126	95	67	36	16
17	6	341	310	280	249	218	188	157	127	96	68	37	17
18	7	342	311	281	250	219	189	158	128	97	69	38	18
19	8	343	312	282	251	220	190	159	129	98	70	39	19
20	9	344	313	283	252	221	191	160	130	99	71	40	20
21	10	345	314	284	253	222	192	161	131	100	72	41	21
22	11	346	315	285	254	223	193	162	132	101	73	42	22
23	12	347	316	286	255	224	194	163	133	102	74	43	23
24	13	348	317	287	256	225	195	164	134	103	75	44	24
25	14	349	318	288	257	226	196	165	135	104	76	45	25
26	15	350	319	289	258	227	197	166	136	105	77	46	26
27	16	351	320	290	259	228	198	167	137	106	78	47	27
28	17	352	321	291	260	229	199	168	138	107	79	48	28
29	18	353	322	292	261	230	200	169	139	108		49	29
30	19	354	323	293	262	231	201	170	140	109		50	30
31	20		324		263	232		171		110		51	31

Jours qu'il y a du 14 DÉCEMBRE à une date de chaque mois

Dates	Janv.	Fevr.	Mars	Avril	Mai	Juin	Juill.	Aout	Sept.	Oct.	Nov.	Déc.	Dates
1	18	49	77	108	138	169	199	230	261	291	322	352	1
2	19	50	78	109	139	170	200	231	262	292	323	353	2
3	20	51	79	110	140	171	201	232	263	293	324	354	3
4	21	52	80	111	141	172	202	233	264	294	325	355	4
5	22	53	81	112	142	173	203	234	265	295	326	356	5
6	23	54	82	113	143	174	204	235	266	296	327	357	6
7	24	55	83	114	144	175	205	236	267	297	328	358	7
8	25	56	84	115	145	176	206	237	268	298	329	359	8
9	26	57	85	116	146	177	207	238	269	299	330	360	9
10	27	58	86	117	147	178	208	239	270	300	331	361	10
11	28	59	87	118	148	179	209	240	271	301	332	362	11
12	29	60	88	119	149	180	210	241	272	302	333	363	12
13	30	61	89	120	150	181	211	242	273	303	334	364	13
14	31	62	90	121	151	182	212	243	274	304	335	365	14
15	32	63	91	122	152	183	213	244	275	305	336	1	15
16	33	64	92	123	153	184	214	245	276	306	337	2	16
17	34	65	93	124	154	185	215	246	277	307	338	3	17
18	35	66	94	125	155	186	216	247	278	308	339	4	18
19	36	67	95	126	156	187	217	248	279	309	340	5	19
20	37	68	96	127	157	188	218	249	280	310	341	6	20
21	38	69	97	128	158	189	219	250	281	311	342	7	21
22	39	70	98	129	159	190	220	251	282	312	343	8	22
23	40	71	99	130	160	191	221	252	283	313	344	9	23
24	41	72	100	131	161	192	222	253	284	314	345	10	24
25	42	73	101	132	162	193	223	254	285	315	346	11	25
26	43	74	102	133	163	194	224	255	286	316	347	12	26
27	44	75	103	134	164	195	225	256	287	317	348	13	27
28	45	76	104	135	165	196	226	257	288	318	349	14	28
29	46		105	136	166	197	227	258	289	319	350	15	29
30	47		106	137	167	198	228	259	290	320	351	16	30
31	48		107		168		229	260		321		17	31

Jours qu'il y a du 13 DÉCEMBRE à une date de chaque mois

Dates	Janv.	Fevr.	Mars	Avril	Mai	Juin	Juill.	Aout	Sept.	Oct.	Nov.	Déc.	Dates
1	19	50	78	109	139	170	200	231	262	292	323	353	1
2	20	51	79	110	140	171	201	232	263	293	324	354	2
3	21	52	80	111	141	172	202	233	264	294	325	355	3
4	22	53	81	112	142	173	203	234	265	295	326	356	4
5	23	54	82	113	143	174	204	235	266	296	327	357	5
6	24	55	83	114	144	175	205	236	267	297	328	358	6
7	25	56	84	115	145	176	206	237	268	298	329	359	7
8	26	57	85	116	146	177	207	238	269	299	330	360	8
9	27	58	86	117	147	178	208	239	270	300	331	361	9
10	28	59	87	118	148	179	209	240	271	301	332	362	10
11	29	60	88	119	149	180	210	241	272	302	333	363	11
12	30	61	89	120	150	181	211	242	273	303	334	364	12
13	31	62	90	121	151	182	212	243	274	304	335	365	13
14	32	63	91	122	152	183	213	244	275	305	336	1	14
15	33	64	92	123	153	184	214	245	276	306	337	2	15
16	34	65	93	124	154	185	215	246	277	307	338	3	16
17	35	66	94	125	155	186	216	247	278	308	339	4	17
18	36	67	95	126	156	187	217	248	279	309	340	5	18
19	37	68	96	127	157	188	218	249	280	310	341	6	19
20	38	69	97	128	158	189	219	250	281	311	342	7	20
21	39	70	98	129	159	190	220	251	282	312	343	8	21
22	40	71	99	130	160	191	221	252	283	313	344	9	22
23	41	72	100	131	161	192	222	253	284	314	345	10	23
24	42	73	101	132	162	193	223	254	285	315	346	11	24
25	43	74	102	133	163	194	224	255	286	316	347	12	25
26	44	75	103	134	164	195	225	256	287	317	348	13	26
27	45	76	104	135	165	196	226	257	288	318	349	14	27
28	46	77	105	136	166	197	227	258	289	319	350	15	28
29	47		106	137	167	198	228	259	290	320	351	16	29
30	48		107	138	168	199	229	260	291	321	352	17	30
31	49		108		169		230	261		322		18	31

Dates	Déc.	Nov.	Oct.	Sept.	Août	Juill.	Juin	Mai	Avril	Mars	Févr.	Janv.	Dates
1	350	320	289	259	228	197	167	136	106	75	47	16	1
2	351	321	290	260	229	198	168	137	107	76	48	17	2
3	352	322	291	261	230	199	169	138	108	77	49	18	3
4	353	323	292	262	231	200	170	139	109	78	50	19	4
5	354	324	293	263	232	201	171	140	110	79	51	20	5
6	355	325	294	264	233	202	172	141	111	80	52	21	6
7	356	326	295	265	234	203	173	142	112	81	53	22	7
8	357	327	296	266	235	204	174	143	113	82	54	23	8
9	358	328	297	267	236	205	175	144	114	83	55	24	9
10	359	329	298	268	237	206	176	145	115	84	56	25	10
11	360	330	299	269	238	207	177	146	116	85	57	26	11
12	361	331	300	270	239	208	178	147	117	86	58	27	12
13	362	332	301	271	240	209	179	148	118	87	59	28	13
14	363	333	302	272	241	210	180	149	119	88	60	29	14
15	364	334	303	273	242	211	181	150	120	89	61	30	15
16	365	335	304	274	243	212	182	151	121	90	62	31	16
17	1	336	305	275	244	213	183	152	122	91	63	32	17
18	2	337	306	276	245	214	184	153	123	92	64	33	18
19	3	338	307	277	246	215	185	154	124	93	65	34	19
20	4	339	308	278	247	216	186	155	125	94	66	35	20
21	5	340	309	279	248	217	187	156	126	95	67	36	21
22	6	341	310	280	249	218	188	157	127	96	68	37	22
23	7	342	311	281	250	219	189	158	128	97	69	38	23
24	8	343	312	282	251	220	190	159	129	98	70	39	24
25	9	344	313	283	252	221	191	160	130	99	71	40	25
26	10	345	314	284	253	222	192	161	131	100	72	41	26
27	11	346	315	285	254	223	193	162	132	101	73	42	27
28	12	347	316	286	255	224	194	163	133	102	74	43	28
29	13	348	317	287	256	225	195	164	134	103		44	29
30	14	349	318	288	257	226	196	165	135	104		45	30
31	15		319		258	227		166		105		46	31

Dates	Déc.	Nov.	Oct.	Sept.	Août	Juill.	Juin	Mai	Avril	Mars	Févr.	Janv.	Dates
1	351	321	290	260	229	198	168	137	107	76	48	17	1
2	352	322	291	261	230	199	169	138	108	77	49	18	2
3	353	323	292	262	231	200	170	139	109	78	50	19	3
4	354	324	293	263	232	201	171	140	110	79	51	20	4
5	355	325	294	264	233	202	172	141	111	80	52	21	5
6	356	326	295	265	234	203	173	142	112	81	53	22	6
7	357	327	296	266	235	204	174	143	113	82	54	23	7
8	358	328	297	267	236	205	175	144	114	83	55	24	8
9	359	329	298	268	237	206	176	145	115	84	56	25	9
10	360	330	299	269	238	207	177	146	116	85	57	26	10
11	361	331	300	270	239	208	178	147	117	86	58	27	11
12	362	332	301	271	240	209	179	148	118	87	59	28	12
13	363	333	302	272	241	210	180	149	119	88	60	29	13
14	364	334	303	273	242	211	181	150	120	89	61	30	14
15	365	335	304	274	243	212	182	151	121	90	62	31	15
16	1	336	305	275	244	213	183	152	122	91	63	32	16
17	2	337	306	276	245	214	184	153	123	92	64	33	17
18	3	338	307	277	246	215	185	154	124	93	65	34	18
19	4	339	308	278	247	216	186	155	125	94	66	35	19
20	5	340	309	279	248	217	187	156	126	95	67	36	20
21	6	341	310	280	249	218	188	157	127	96	68	37	21
22	7	342	311	281	250	219	189	158	128	97	69	38	22
23	8	343	312	282	251	220	190	159	129	98	70	39	23
24	9	344	313	283	252	221	191	160	130	99	71	40	24
25	10	345	314	284	253	222	192	161	131	100	72	41	25
26	11	346	315	285	254	223	193	162	132	101	73	42	26
27	12	347	316	286	255	224	194	163	133	102	74	43	27
28	13	348	317	287	256	225	195	164	134	103	75	44	28
29	14	349	318	288	257	226	196	165	135	104		45	29
30	15	350	319	289	258	227	197	166	136	105		46	30
31	16		320		259	228		167		106		47	31

Jours qu'il y a du 18 DÉCEMBRE à une date de chaque mois

Dates	Janv.	Févr.	Mars	Avril	Mai	Juin	Juill.	Août	Sept.	Oct.	Nov.	Déc.	Dates
1	14	45	73	104	134	165	195	226	257	287	318	348	1
2	15	46	74	105	135	166	196	227	258	288	319	349	2
3	16	47	75	106	136	167	197	228	259	289	320	350	3
4	17	48	76	107	137	168	198	229	260	290	321	351	4
5	18	49	77	108	138	169	199	230	261	291	322	352	5
6	19	50	78	109	139	170	200	231	262	292	323	353	6
7	20	51	79	110	140	171	201	232	263	293	324	354	7
8	21	52	80	111	141	172	202	233	264	294	325	355	8
9	22	53	81	112	142	173	203	234	265	295	326	356	9
10	23	54	82	113	143	174	204	235	266	296	327	357	10
11	24	55	83	114	144	175	205	236	267	297	328	358	11
12	25	56	84	115	145	176	206	237	268	298	329	359	12
13	26	57	85	116	146	177	207	238	269	299	330	360	13
14	27	58	86	117	147	178	208	239	270	300	331	361	14
15	28	59	87	118	148	179	209	240	271	301	332	362	15
16	29	60	88	119	149	180	210	241	272	302	333	363	16
17	30	61	89	120	150	181	211	242	273	303	334	364	17
18	31	62	90	121	151	182	212	243	274	304	335	365	18
19	32	63	91	122	152	183	213	244	275	305	336	1	19
20	33	64	92	123	153	184	214	245	276	306	337	2	20
21	34	65	93	124	154	185	215	246	277	307	338	3	21
22	35	66	94	125	155	186	216	247	278	308	339	4	22
23	36	67	95	126	156	187	217	248	279	309	340	5	23
24	37	68	96	127	157	188	218	249	280	310	341	6	24
25	38	69	97	128	158	189	219	250	281	311	342	7	25
26	39	70	98	129	159	190	220	251	282	312	343	8	26
27	40	71	99	130	160	191	221	252	283	313	344	9	27
28	41	72	100	131	161	192	222	253	284	314	345	10	28
29	42		101	132	162	193	223	254	285	315	346	11	29
30	43		102	133	163	194	224	255	286	316	347	12	30
31	44		103		164		225	256		317		13	31

Jours qu'il y a du 17 DÉCEMBRE à une date de chaque mois

Dates	Janv.	Févr.	Mars	Avril	Mai	Juin	Juill.	Août	Sept.	Oct.	Nov.	Déc.	Dates
1	15	46	74	105	135	166	196	227	258	288	319	349	1
2	16	47	75	106	136	167	197	228	259	289	320	350	2
3	17	48	76	107	137	168	198	229	260	290	321	351	3
4	18	49	77	108	138	169	199	230	261	291	322	352	4
5	19	50	78	109	139	170	200	231	262	292	323	353	5
6	20	51	79	110	140	171	201	232	263	293	324	354	6
7	21	52	80	111	141	172	202	233	264	294	325	355	7
8	22	53	81	112	142	173	203	234	265	295	326	356	8
9	23	54	82	113	143	174	204	235	266	296	327	357	9
10	24	55	83	114	144	175	205	236	267	297	328	358	10
11	25	56	84	115	145	176	206	237	268	298	329	359	11
12	26	57	85	116	146	177	207	238	269	299	330	360	12
13	27	58	86	117	147	178	208	239	270	300	331	361	13
14	28	59	87	118	148	179	209	240	271	301	332	362	14
15	29	60	88	119	149	180	210	241	272	302	333	363	15
16	30	61	89	120	150	181	211	242	273	303	334	364	16
17	31	62	90	121	151	182	212	243	274	304	335	365	17
18	32	63	91	122	152	183	213	244	275	305	336	1	18
19	33	64	92	123	153	184	214	245	276	306	337	2	19
20	34	65	93	124	154	185	215	246	277	307	338	3	20
21	35	66	94	125	155	186	216	247	278	308	339	4	21
22	36	67	95	126	156	187	217	248	279	309	340	5	22
23	37	68	96	127	157	188	218	249	280	310	341	6	23
24	38	69	97	128	158	189	219	250	281	311	342	7	24
25	39	70	98	129	159	190	220	251	282	312	343	8	25
26	40	71	99	130	160	191	221	252	283	313	344	9	26
27	41	72	100	131	161	192	222	253	284	314	345	10	27
28	42	73	101	132	162	193	223	254	285	315	346	11	28
29	43		102	133	163	194	224	255	286	316	347	12	29
30	44		103	134	164	195	225	256	287	317	348	13	30
31	45		104		165		226	257		318		14	31

Jours qu'il y a du 20 DÉCEMBRE à une date de chaque mois

Dates	Janv.	Févr.	Mars	Avril	Mai	Juin	Juill.	Août	Sept.	Oct.	Nov.	Déc.	Dates
1	12	43	71	102	132	163	193	224	255	285	316	346	1
2	13	44	72	103	133	164	194	225	256	286	317	347	2
3	14	45	73	104	134	165	195	226	257	287	318	348	3
4	15	46	74	105	135	166	196	227	258	288	319	349	4
5	16	47	75	106	136	167	197	228	259	289	320	350	5
6	17	48	76	107	137	168	198	229	260	290	321	351	6
7	18	49	77	108	138	169	199	230	261	291	322	352	7
8	19	50	78	109	139	170	200	231	262	292	323	353	8
9	20	51	79	110	140	171	201	232	263	293	324	354	9
10	21	52	80	111	141	172	202	233	264	294	325	355	10
11	22	53	81	112	142	173	203	234	265	295	326	356	11
12	23	54	82	113	143	174	204	235	266	296	327	357	12
13	24	55	83	114	144	175	205	236	267	297	328	358	13
14	25	56	84	115	145	176	206	237	268	298	329	359	14
15	26	57	85	116	146	177	207	238	269	299	330	360	15
16	27	58	86	117	147	178	208	239	270	300	331	361	16
17	28	59	87	118	148	179	209	240	271	301	332	362	17
18	29	60	88	119	149	180	210	241	272	302	333	363	18
19	30	61	89	120	150	181	211	242	273	303	334	364	19
20	31	62	90	121	151	182	212	243	274	304	335	365	20
21	32	63	91	122	152	183	213	244	275	305	336	1	21
22	33	64	92	123	153	184	214	245	276	306	337	2	22
23	34	65	93	124	154	185	215	246	277	307	338	3	23
24	35	66	94	125	155	186	216	247	278	308	339	4	24
25	36	67	95	126	156	187	217	248	279	309	340	5	25
26	37	68	96	127	157	188	218	249	280	310	341	6	26
27	38	69	97	128	158	189	219	250	281	311	342	7	27
28	39	70	98	129	159	190	220	251	282	312	343	8	28
29	40		99	130	160	191	221	252	283	313	344	9	29
30	41		100	131	161	192	222	253	284	314	345	10	30
31	42		101		162		223	254		315		11	31

Jours qu'il y a du 19 DÉCEMBRE à une date de chaque mois

Dates	Janv.	Févr.	Mars	Avril	Mai	Juin	Juill.	Août	Sept.	Oct.	Nov.	Déc.	Dates
1	13	44	72	103	133	164	194	225	256	286	317	347	1
2	14	45	73	104	134	165	195	226	257	287	318	348	2
3	15	46	74	105	135	166	196	227	258	288	319	349	3
4	16	47	75	106	136	167	197	228	259	289	320	350	4
5	17	48	76	107	137	168	198	229	260	290	321	351	5
6	18	49	77	108	138	169	199	230	261	291	322	352	6
7	19	50	78	109	139	170	200	231	262	292	323	353	7
8	20	51	79	110	140	171	201	232	263	293	324	354	8
9	21	52	80	111	141	172	202	233	264	294	325	355	9
10	22	53	81	112	142	173	203	234	265	295	326	356	10
11	23	54	82	113	143	174	204	235	266	296	327	357	11
12	24	55	83	114	144	175	205	236	267	297	328	358	12
13	25	56	84	115	145	176	206	237	268	298	329	359	13
14	26	57	85	116	146	177	207	238	269	299	330	360	14
15	27	58	86	117	147	178	208	239	270	300	331	361	15
16	28	59	87	118	148	179	209	240	271	301	332	362	16
17	29	60	88	119	149	180	210	241	272	302	333	363	17
18	30	61	89	120	150	181	211	242	273	303	334	364	18
19	31	62	90	121	151	182	212	243	274	304	335	365	19
20	32	63	91	122	152	183	213	244	275	305	336	1	20
21	33	64	92	123	153	184	214	245	276	306	337	2	21
22	34	65	93	124	154	185	215	246	277	307	338	3	22
23	35	66	94	125	155	186	216	247	278	308	339	4	23
24	36	67	95	126	156	187	217	248	279	309	340	5	24
25	37	68	96	127	157	188	218	249	280	310	341	6	25
26	38	69	97	128	158	189	219	250	281	311	342	7	26
27	39	70	98	129	159	190	220	251	282	312	343	8	27
28	40	71	99	130	160	191	221	252	283	313	344	9	28
29	41		100	131	161	192	222	253	284	314	345	10	29
30	42		101	132	162	193	223	254	285	315	346	11	30
31	43		102		163		224	255		316		12	31

Jours qu'il y a du 22 DÉCEMBRE à une date de chaque mois

Dates	Janv.	Févr.	Mars	Avril	Mai	Juin	Juill.	Août	Sept.	Oct.	Nov.	Déc.	Dates
1	10	41	69	100	130	161	191	222	253	283	314	344	1
2	11	42	70	101	131	162	192	223	254	284	315	345	2
3	12	43	71	102	132	163	193	224	255	285	316	346	3
4	13	44	72	103	133	164	194	225	256	286	317	347	4
5	14	45	73	104	134	165	195	226	257	287	318	348	5
6	15	46	74	105	135	166	196	227	258	288	319	349	6
7	16	47	75	106	136	167	197	228	259	289	320	350	7
8	17	48	76	107	137	168	198	229	260	290	321	351	8
9	18	49	77	108	138	169	199	230	261	291	322	352	9
10	19	50	78	109	139	170	200	231	262	292	323	353	10
11	20	51	79	110	140	171	201	232	263	293	324	354	11
12	21	52	80	111	141	172	202	233	264	294	325	355	12
13	22	53	81	112	142	173	203	234	265	295	326	356	13
14	23	54	82	113	143	174	204	235	266	296	327	357	14
15	24	55	83	114	144	175	205	236	267	297	328	358	15
16	25	56	84	115	145	176	206	237	268	298	329	359	16
17	26	57	85	116	146	177	207	238	269	299	330	360	17
18	27	58	86	117	147	178	208	239	270	300	331	361	18
19	28	59	87	118	148	179	209	240	271	301	332	362	19
20	29	60	88	119	149	180	210	241	272	302	333	363	20
21	30	61	89	120	150	181	211	242	273	303	334	364	21
22	31	62	90	121	151	182	212	243	274	304	335	365	22
23	32	63	91	122	152	183	213	244	275	305	336	1	23
24	33	64	92	123	153	184	214	245	276	306	337	2	24
25	34	65	93	124	154	185	215	246	277	307	338	3	25
26	35	66	94	125	155	186	216	247	278	308	339	4	26
27	36	67	95	126	156	187	217	248	279	309	340	5	27
28	37	68	96	127	157	188	218	249	280	310	341	6	28
29	38		97	128	158	189	219	250	281	311	342	7	29
30	39		98	129	159	190	220	251	282	312	343	8	30
31	40		99		160		221	252		313		9	31

Jours qu'il y a du 24 DÉCEMBRE à une date de chaque mois

Dates	Janv.	Févr.	Mars	Avril	Mai	Juin	Juill.	Août	Sept.	Oct.	Nov.	Déc.	Dates
1	11	42	70	101	131	162	192	223	254	284	315	345	1
2	12	43	71	102	132	163	193	224	255	285	316	346	2
3	13	44	72	103	133	164	194	225	256	286	317	347	3
4	14	45	73	104	134	165	195	226	257	287	318	348	4
5	15	46	74	105	135	166	196	227	258	288	319	349	5
6	16	47	75	106	136	167	197	228	259	289	320	350	6
7	17	48	76	107	137	168	198	229	260	290	321	351	7
8	18	49	77	108	138	169	199	230	261	291	322	352	8
9	19	50	78	109	139	170	200	231	262	292	323	353	9
10	20	51	79	110	140	171	201	232	263	293	324	354	10
11	21	52	80	111	141	172	202	233	264	294	325	355	11
12	22	53	81	112	142	173	203	234	265	295	326	356	12
13	23	54	82	113	143	174	204	235	266	296	327	357	13
14	24	55	83	114	144	175	205	236	267	297	328	358	14
15	25	56	84	115	145	176	206	237	268	298	329	359	15
16	26	57	85	116	146	177	207	238	269	299	330	360	16
17	27	58	86	117	147	178	208	239	270	300	331	361	17
18	28	59	87	118	148	179	209	240	271	301	332	362	18
19	29	60	88	119	149	180	210	241	272	302	333	363	19
20	30	61	89	120	150	181	211	242	273	303	334	364	20
21	31	62	90	121	151	182	212	243	274	304	335	365	21
22	32	63	91	122	152	183	213	244	275	305	336	1	22
23	33	64	92	123	153	184	214	245	276	306	337	2	23
24	34	65	93	124	154	185	215	246	277	307	338	3	24
25	35	66	94	125	155	186	216	247	278	308	339	4	25
26	36	67	95	126	156	187	217	248	279	309	340	5	26
27	37	68	96	127	157	188	218	249	280	310	341	6	27
28	38	69	97	128	158	189	219	250	281	311	342	7	28
29	39		98	129	159	190	220	251	282	312	343	8	29
30	40		99	130	160	191	221	252	283	313	344	9	30
31	41		100		161		222	253		314		10	31

Jours qu'il y a du 24 DÉCEMBRE à une date de chaque mois.

Dates	Déc.	Nov.	Oct.	Sept.	Aout	Juil.	Juin	Mai	Avril	Mars	Févr.	Janv.
1	342	312	281	251	220	189	159	128	98	67	39	8
2	343	313	282	252	221	190	160	129	99	68	40	9
3	344	314	283	253	222	191	161	130	100	69	41	10
4	345	315	284	254	223	192	162	131	101	70	42	11
5	346	316	285	255	224	193	163	132	102	71	43	12
6	347	317	286	256	225	194	164	133	103	72	44	13
7	348	318	287	257	226	195	165	134	104	73	45	14
8	349	319	288	258	227	196	166	135	105	74	46	15
9	350	320	289	259	228	197	167	136	106	75	47	16
10	351	321	290	260	229	198	168	137	107	76	48	17
11	352	322	291	261	230	199	169	138	108	77	49	18
12	353	323	292	262	231	200	170	139	109	78	50	19
13	354	324	293	263	232	201	171	140	110	79	51	20
14	355	325	294	264	233	202	172	141	111	80	52	21
15	356	326	295	265	234	203	173	142	112	81	53	22
16	357	327	296	266	235	204	174	143	113	82	54	23
17	358	328	297	267	236	205	175	144	114	83	55	24
18	359	329	298	268	237	206	176	145	115	84	56	25
19	360	330	299	269	238	207	177	146	116	85	57	26
20	361	331	300	270	239	208	178	147	117	86	58	27
21	362	332	301	271	240	209	179	148	118	87	59	28
22	363	333	302	272	241	210	180	149	119	88	60	29
23	364	334	303	273	242	211	181	150	120	89	61	30
24	365	335	304	274	243	212	182	151	121	90	62	31
25	1	336	305	275	244	213	183	152	122	91	63	32
26	2	337	306	276	245	214	184	153	123	92	64	33
27	3	338	307	277	246	215	185	154	124	93	65	34
28	4	339	308	278	247	216	186	155	125	94	66	35
29	5	340	309	279	248	217	187	156	126	95		36
30	6	341	310	280	249	218	188	157	127	96		37
31	7		311		250	219		158		97		38

Jours qu'il y a du 23 DÉCEMBRE à une date de chaque mois.

Dates	Déc.	Nov.	Oct.	Sept.	Aout	Juil.	Juin	Mai	Avril	Mars	Févr.	Janv.
1	343	313	282	252	221	190	160	129	99	68	40	9
2	344	314	283	253	222	191	161	130	100	69	41	10
3	345	315	284	254	223	192	162	131	101	70	42	11
4	346	316	285	255	224	193	163	132	102	71	43	12
5	347	317	286	256	225	194	164	133	103	72	44	13
6	348	318	287	257	226	195	165	134	104	73	45	14
7	349	319	288	258	227	196	166	135	105	74	46	15
8	350	320	289	259	228	197	167	136	106	75	47	16
9	351	321	290	260	229	198	168	137	107	76	48	17
10	352	322	291	261	230	199	169	138	108	77	49	18
11	353	323	292	262	231	200	170	139	109	78	50	19
12	354	324	293	263	232	201	171	140	110	79	51	20
13	355	325	294	264	233	202	172	141	111	80	52	21
14	356	326	295	265	234	203	173	142	112	81	53	22
15	357	327	296	266	235	204	174	143	113	82	54	23
16	358	328	297	267	236	205	175	144	114	83	55	24
17	359	329	298	268	237	206	176	145	115	84	56	25
18	360	330	299	269	238	207	177	146	116	85	57	26
19	361	331	300	270	239	208	178	147	117	86	58	27
20	362	332	301	271	240	209	179	148	118	87	59	28
21	363	333	302	272	241	210	180	149	119	88	60	29
22	364	334	303	273	242	211	181	150	120	89	61	30
23	365	335	304	274	243	212	182	151	121	90	62	31
24	1	336	305	275	244	213	183	152	122	91	63	32
25	2	337	306	276	245	214	184	153	123	92	64	33
26	3	338	307	277	246	215	185	154	124	93	65	34
27	4	339	308	278	247	216	186	155	125	94	66	35
28	5	340	309	279	248	217	187	156	126	95	67	36
29	6	341	310	280	249	218	188	157	127	96		37
30	7	342	311	281	250	219	189	158	128	97		38
31	8		312		251	220		159		98		39

26 DÉCEMBRE

Jours qu'il y a du 26 DÉCEMBRE à une date de chaque mois.

Dates	Janv.	Févr.	Mars	Avril	Mai	Juin	Juill.	Août	Sept.	Oct.	Nov.	Déc.	Dates
1	6	37	65	96	126	157	187	218	249	279	310	340	1
2	7	38	66	97	127	158	188	219	250	280	311	341	2
3	8	39	67	98	128	159	189	220	251	281	312	342	3
4	9	40	68	99	129	160	190	221	252	282	313	343	4
5	10	41	69	100	130	161	191	222	253	283	314	344	5
6	11	42	70	101	131	162	192	223	254	284	315	345	6
7	12	43	71	102	132	163	193	224	255	285	316	346	7
8	13	44	72	103	133	164	194	225	256	286	317	347	8
9	14	45	73	104	134	165	195	226	257	287	318	348	9
10	15	46	74	105	135	166	196	227	258	288	319	349	10
11	16	47	75	106	136	167	197	228	259	289	320	350	11
12	17	48	76	107	137	168	198	229	260	290	321	351	12
13	18	49	77	108	138	169	199	230	261	291	322	352	13
14	19	50	78	109	139	170	200	231	262	292	323	353	14
15	20	51	79	110	140	171	201	232	263	293	324	354	15
16	21	52	80	111	141	172	202	233	264	294	325	355	16
17	22	53	81	112	142	173	203	234	265	295	326	356	17
18	23	54	82	113	143	174	204	235	266	296	327	357	18
19	24	55	83	114	144	175	205	236	267	297	328	358	19
20	25	56	84	115	145	176	206	237	268	298	329	359	20
21	26	57	85	116	146	177	207	238	269	299	330	360	21
22	27	58	86	117	147	178	208	239	270	300	331	361	22
23	28	59	87	118	148	179	209	240	271	301	332	362	23
24	29	60	88	119	149	180	210	241	272	302	333	363	24
25	30	61	89	120	150	181	211	242	273	303	334	364	25
26	31	62	90	121	151	182	212	243	274	304	335	365	26
27	32	63	91	122	152	183	213	244	275	305	336	1	27
28	33	64	92	123	153	184	214	245	276	306	337	2	28
29	34		93	124	154	185	215	246	277	307	338	3	29
30	35		94	125	155	186	216	247	278	308	339	4	30
31	36		95		156		217	248		309		5	31

25 DÉCEMBRE

Jours qu'il y a du 25 DÉCEMBRE à une date de chaque mois.

Dates	Janv.	Févr.	Mars	Avril	Mai	Juin	Juill.	Août	Sept.	Oct.	Nov.	Déc.	Dates
1	7	38	66	97	127	158	188	219	250	280	311	341	1
2	8	39	67	98	128	159	189	220	251	281	312	342	2
3	9	40	68	99	129	160	190	221	252	282	313	343	3
4	10	41	69	100	130	161	191	222	253	283	314	344	4
5	11	42	70	101	131	162	192	223	254	284	315	345	5
6	12	43	71	102	132	163	193	224	255	285	316	346	6
7	13	44	72	103	133	164	194	225	256	286	317	347	7
8	14	45	73	104	134	165	195	226	257	287	318	348	8
9	15	46	74	105	135	166	196	227	258	288	319	349	9
10	16	47	75	106	136	167	197	228	259	289	320	350	10
11	17	48	76	107	137	168	198	229	260	290	321	351	11
12	18	49	77	108	138	169	199	230	261	291	322	352	12
13	19	50	78	109	139	170	200	231	262	292	323	353	13
14	20	51	79	110	140	171	201	232	263	293	324	354	14
15	21	52	80	111	141	172	202	233	264	294	325	355	15
16	22	53	81	112	142	173	203	234	265	295	326	356	16
17	23	54	82	113	143	174	204	235	266	296	327	357	17
18	24	55	83	114	144	175	205	236	267	297	328	358	18
19	25	56	84	115	145	176	206	237	268	298	329	359	19
20	26	57	85	116	146	177	207	238	269	299	330	360	20
21	27	58	86	117	147	178	208	239	270	300	331	361	21
22	28	59	87	118	148	179	209	240	271	301	332	362	22
23	29	60	88	119	149	180	210	241	272	302	333	363	23
24	30	61	89	120	150	181	211	242	273	303	334	364	24
25	31	62	90	121	151	182	212	243	274	304	335	365	25
26	32	63	91	122	152	183	213	244	275	305	336	1	26
27	33	64	92	123	153	184	214	245	276	306	337	2	27
28	34	65	93	124	154	185	215	246	277	307	338	3	28
29	35		94	125	155	186	216	247	278	308	339	4	29
30	36		95	126	156	187	217	248	279	309	340	5	30
31	37		96		157		218	249		310		6	31

Dates	Janv.	Févr.	Mars	Avril	Mai	Juin	Juill.	Aout	Sept.	Oct.	Nov.	Déc.	Dates
1	4	35	63	94	124	155	185	216	247	277	308	338	1
2	5	36	64	95	125	156	186	217	248	278	309	339	2
3	6	37	65	96	126	157	187	218	249	279	310	340	3
4	7	38	66	97	127	158	188	219	250	280	311	341	4
5	8	39	67	98	128	159	189	220	251	281	312	342	5
6	9	40	68	99	129	160	190	221	252	282	313	343	6
7	10	41	69	100	130	161	191	222	253	283	314	344	7
8	11	42	70	101	131	162	192	223	254	284	315	345	8
9	12	43	71	102	132	163	193	224	255	285	316	346	9
10	13	44	72	103	133	164	194	225	256	286	317	347	10
11	14	45	73	104	134	165	195	226	257	287	318	348	11
12	15	46	74	105	135	166	196	227	258	288	319	349	12
13	16	47	75	106	136	167	197	228	259	289	320	350	13
14	17	48	76	107	137	168	198	229	260	290	321	351	14
15	18	49	77	108	138	169	199	230	261	291	322	352	15
16	19	50	78	109	139	170	200	231	262	292	323	353	16
17	20	51	79	110	140	171	201	232	263	293	324	354	17
18	21	52	80	111	141	172	202	233	264	294	325	355	18
19	22	53	81	112	142	173	203	234	265	295	326	356	19
20	23	54	82	113	143	174	204	235	266	296	327	357	20
21	24	55	83	114	144	175	205	236	267	297	328	358	21
22	25	56	84	115	145	176	206	237	268	298	329	359	22
23	26	57	85	116	146	177	207	238	269	299	330	360	23
24	27	58	86	117	147	178	208	239	270	300	331	361	24
25	28	59	87	118	148	179	209	240	271	301	332	362	25
26	29	60	88	119	149	180	210	241	272	302	333	363	26
27	30	61	89	120	150	181	211	242	273	303	334	364	27
28	31	62	90	121	151	182	212	243	274	304	335	365	28
29	32	63	91	122	152	183	213	244	275	305	336	1	29
30	33		92	123	153	184	214	245	276	306	337	2	30
31	34		93		154		215	246		307		3	31

Dates	Janv.	Févr.	Mars	Avril	Mai	Juin	Juill.	Aout	Sept.	Oct.	Nov.	Déc.	Dates
1	5	36	64	95	125	156	186	217	248	278	309	339	1
2	6	37	65	96	126	157	187	218	249	279	310	340	2
3	7	38	66	97	127	158	188	219	250	280	311	341	3
4	8	39	67	98	128	159	189	220	251	281	312	342	4
5	9	40	68	99	129	160	190	221	252	282	313	343	5
6	10	41	69	100	130	161	191	222	253	283	314	344	6
7	11	42	70	101	131	162	192	223	254	284	315	345	7
8	12	43	71	102	132	163	193	224	255	285	316	346	8
9	13	44	72	103	133	164	194	225	256	286	317	347	9
10	14	45	73	104	134	165	195	226	257	287	318	348	10
11	15	46	74	105	135	166	196	227	258	288	319	349	11
12	16	47	75	106	136	167	197	228	259	289	320	350	12
13	17	48	76	107	137	168	198	229	260	290	321	351	13
14	18	49	77	108	138	169	199	230	261	291	322	352	14
15	19	50	78	109	139	170	200	231	262	292	323	353	15
16	20	51	79	110	140	171	201	232	263	293	324	354	16
17	21	52	80	111	141	172	202	233	264	294	325	355	17
18	22	53	81	112	142	173	203	234	265	295	326	356	18
19	23	54	82	113	143	174	204	235	266	296	327	357	19
20	24	55	83	114	144	175	205	236	267	297	328	358	20
21	25	56	84	115	145	176	206	237	268	298	329	359	21
22	26	57	85	116	146	177	207	238	269	299	330	360	22
23	27	58	86	117	147	178	208	239	270	300	331	361	23
24	28	59	87	118	148	179	209	240	271	301	332	362	24
25	29	60	88	119	149	180	210	241	272	302	333	363	25
26	30	61	89	120	150	181	211	242	273	303	334	364	26
27	31	62	90	121	151	182	212	243	274	304	335	365	27
28	32		91	122	152	183	213	244	275	305	336	1	28
29	33		92	123	153	184	214	245	276	306	337	2	29
30	34		93		154		215	246		307		3	30
31												4	31

Jours qu'il y a du 29 DÉCEMBRE à une date de chaque mois

Dates	Janv.	Févr.	Mars	Avril	Mai	Juin	Juill.	Août	Sept.	Oct.	Nov.	Déc.	Dates
1	3	34	62	93	123	154	184	215	246	276	307	337	1
2	4	35	63	94	124	155	185	216	247	277	308	338	2
3	5	36	64	95	125	156	186	217	248	278	309	339	3
4	6	37	65	96	126	157	187	218	249	279	310	340	4
5	7	38	66	97	127	158	188	219	250	280	311	341	5
6	8	39	67	98	128	159	189	220	251	281	312	342	6
7	9	40	68	99	129	160	190	221	252	282	313	343	7
8	10	41	69	100	130	161	191	222	253	283	314	344	8
9	11	42	70	101	131	162	192	223	254	284	315	345	9
10	12	43	71	102	132	163	193	224	255	285	316	346	10
11	13	44	72	103	133	164	194	225	256	286	317	347	11
12	14	45	73	104	134	165	195	226	257	287	318	348	12
13	15	46	74	105	135	166	196	227	258	288	319	349	13
14	16	47	75	106	136	167	197	228	259	289	320	350	14
15	17	48	76	107	137	168	198	229	260	290	321	351	15
16	18	49	77	108	138	169	199	230	261	291	322	352	16
17	19	50	78	109	139	170	200	231	262	292	323	353	17
18	20	51	79	110	140	171	201	232	263	293	324	354	18
19	21	52	80	111	141	172	202	233	264	294	325	355	19
20	22	53	81	112	142	173	203	234	265	295	326	356	20
21	23	54	82	113	143	174	204	235	266	296	327	357	21
22	24	55	83	114	144	175	205	236	267	297	328	358	22
23	25	56	84	115	145	176	206	237	268	298	329	359	23
24	26	57	85	116	146	177	207	238	269	299	330	360	24
25	27	58	86	117	147	178	208	239	270	300	331	361	25
26	28	59	87	118	148	179	209	240	271	301	332	362	26
27	29	60	88	119	149	180	210	241	272	302	333	363	27
28	30	61	89	120	150	181	211	242	273	303	334	364	28
29	31		90	121	151	182	212	243	274	304	335	365	29
30	32		91	122	152	183	213	244	275	305	336	1	30
31	33		92		153		214	245		306		2	31

Jours qu'il y a du 30 DÉCEMBRE à une date de chaque mois

Dates	Janv.	Févr.	Mars	Avril	Mai	Juin	Juill.	Août	Sept.	Oct.	Nov.	Déc.	Dates
1	2	33	61	92	122	153	183	214	245	275	306	336	1
2	3	34	62	93	123	154	184	215	246	276	307	337	2
3	4	35	63	94	124	155	185	216	247	277	308	338	3
4	5	36	64	95	125	156	186	217	248	278	309	339	4
5	6	37	65	96	126	157	187	218	249	279	310	340	5
6	7	38	66	97	127	158	188	219	250	280	311	341	6
7	8	39	67	98	128	159	189	220	251	281	312	342	7
8	9	40	68	99	129	160	190	221	252	282	313	343	8
9	10	41	69	100	130	161	191	222	253	283	314	344	9
10	11	42	70	101	131	162	192	223	254	284	315	345	10
11	12	43	71	102	132	163	193	224	255	285	316	346	11
12	13	44	72	103	133	164	194	225	256	286	317	347	12
13	14	45	73	104	134	165	195	226	257	287	318	348	13
14	15	46	74	105	135	166	196	227	258	288	319	349	14
15	16	47	75	106	136	167	197	228	259	289	320	350	15
16	17	48	76	107	137	168	198	229	260	290	321	351	16
17	18	49	77	108	138	169	199	230	261	291	322	352	17
18	19	50	78	109	139	170	200	231	262	292	323	353	18
19	20	51	79	110	140	171	201	232	263	293	324	354	19
20	21	52	80	111	141	172	202	233	264	294	325	355	20
21	22	53	81	112	142	173	203	234	265	295	326	356	21
22	23	54	82	113	143	174	204	235	266	296	327	357	22
23	24	55	83	114	144	175	205	236	267	297	328	358	23
24	25	56	84	115	145	176	206	237	268	298	329	359	24
25	26	57	85	116	146	177	207	238	269	299	330	360	25
26	27	58	86	117	147	178	208	239	270	300	331	361	26
27	28	59	87	118	148	179	209	240	271	301	332	362	27
28	29	60	88	119	149	180	210	241	272	302	333	363	28
29	30		89	120	150	181	211	242	273	303	334	364	29
30	31		90	121	151	182	212	243	274	304	335	365	30
31	32		91		152		213	244		305		1	31

Jours qu'il y a du 31 DÉCEMBRE à une date de chaque mois

Dates	Janv.	Févr.	Mars	Avril	Mai	Juin	Juill.	Août	Sept.	Oct.	Nov.	Déc.	Dates
1	1	32	60	91	121	152	182	213	244	274	305	335	1
2	2	33	61	92	122	153	183	214	245	275	306	336	2
3	3	34	62	93	123	154	184	215	246	276	307	337	3
4	4	35	63	94	124	155	185	216	247	277	308	338	4
5	5	36	64	95	125	156	186	217	248	278	309	339	5
6	6	37	65	96	126	157	187	218	249	279	310	340	6
7	7	38	66	97	127	158	188	219	250	280	311	341	7
8	8	39	67	98	128	159	189	220	251	281	312	342	8
9	9	40	68	99	129	160	190	221	252	282	313	343	9
10	10	41	69	100	130	161	191	222	253	283	314	344	10
11	11	42	70	101	131	162	192	223	254	284	315	345	11
12	12	43	71	102	132	163	193	224	255	285	316	346	12
13	13	44	72	103	133	164	194	225	256	286	317	347	13
14	14	45	73	104	134	165	195	226	257	287	318	348	14
15	15	46	74	105	135	166	196	227	258	288	319	349	15
16	16	47	75	106	136	167	197	228	259	289	320	350	16
17	17	48	76	107	137	168	198	229	260	290	321	351	17
18	18	49	77	108	138	169	199	230	261	291	322	352	18
19	19	50	78	109	139	170	200	231	262	292	323	353	19
20	20	51	79	110	140	171	201	232	263	293	324	354	20
21	21	52	80	111	141	172	202	233	264	294	325	355	21
22	22	53	81	112	142	173	203	234	265	295	326	356	22
23	23	54	82	113	143	174	204	235	266	296	327	357	23
24	24	55	83	114	144	175	205	236	267	297	328	358	24
25	25	56	84	115	145	176	206	237	268	298	329	359	25
26	26	57	85	116	146	177	207	238	269	299	330	360	26
27	27	58	86	117	147	178	208	239	270	300	331	361	27
28	28	59	87	118	148	179	209	240	271	301	332	362	28
29	29		88	119	149	180	210	241	272	302	333	363	29
30	30		89	120	150	181	211	242	273	303	334	364	30
31	31		90		151		212	243		304		365	31

NOTIONS

ET

RENSEIGNEMENTS PRATIQUES

SUR

LES EFFETS DE COMMERCE ET LES EFFETS PUBLICS.

---

1. A la suite de ces Tables d'intérêts, il nous a semblé utile de réunir quelques notions pratiques sur les effets de commerce et les effets publics. Notre but a été de rassembler, sous une forme précise, les principaux renseignements nécessaires : au commerce pour apprécier la validité des billets circulant entre ses mains et pour prendre les précautions indispensables en cas de non-payement à l'échéance ; aux rentiers, actionnaires, porteurs d'obligations, pour gérer et conserver leur fortune. Enfin, à une époque où les nécessités du budget ont amené de nombreuses extensions et aggravations de l'impôt, il nous a paru également d'une utilité incontestable d'indiquer après chaque article les droits que le fisc peut exiger.

CHAPITRE PREMIER.

EFFETS DE COMMERCE.

2. L'expression générique d'*effets de commerce* embrasse tous les billets en usage dans le commerce pour faciliter le mouvement du numéraire. Leur mode rapide de transmission, soit par voie d'endossement, soit par simple tradition, les rend propres à suppléer l'argent dans les transactions

commerciales. Ils sont donc d'un usage très-fréquent et ont une importance de premier ordre; nous donnerons, dans des paragraphes distincts, un aperçu des différentes formes que peuvent revêtir ces effets et des principales règles qui sont propres à chacune de ces formes.

§ 1. — Lettres de change.

3. On appelle *contrat de change* un contrat synallagmatique, à titre onéreux, par lequel une personne s'engage, moyennant une valeur qu'elle reçoit, à faire payer à une autre personne, dans un lieu différent de celui où le contrat est formé, une certaine somme à une époque fixée.

4. La lettre de change est la forme sous laquelle se réalise ce contrat; c'est l'effet de commerce le plus parfait, qui rapproche les villes entre elles, les États entre eux, évite les transports d'argent, et par suite économise le temps, les frais et les risques qu'occasionnerait la translation des fonds d'une place à l'autre; enfin, en se centralisant entre les mains des banquiers particuliers et encore mieux dans les banques publiques, les lettres de change permettent l'extinction de nombreuses dettes par compensation.

5. *a. Forme de la lettre de change.* — La lettre de change est tirée d'un lieu sur un autre; la distance entre ces deux lieux n'est pas fixée par la loi: c'est aux juges à apprécier s'il y a réellement remise de place à place; elle est datée, c'est-à-dire contient la mention du lieu, du jour, du mois et de l'année.

6. Elle énonce la somme à payer, le nom de celui qui doit payer, l'époque et le lieu où le payement doit s'effectuer, la valeur fournie en espèces, en marchandises, en compte ou de toute autre manière; le nom du tiers à l'ordre duquel elle est créée (Code de commerce, art. 110).

7. De cela il résulte que forcément trois personnes concourent à la création d'une lettre de change: le tireur, celui qui recevant la valeur et devenant débiteur donne mandat à un tiers de payer dans un autre lieu; le tiré, celui à qui est donné le mandat de payer à jour déterminé; le preneur, celui en faveur de qui la lettre est émise et qui la reçoit pour la garder ou la faire circuler.

8. Quelquefois la lettre de change est à l'ordre du tireur lui-même; lorsque celui-ci est peu connu et craint de ne pas trouver de preneur, il l'envoie d'abord au tiré pour qu'elle soit acceptée, et alors, revêtue des deux signatures, elle se placera plus facilement, mais ne deviendra réellement une lettre de change et n'en produira tous les effets qu'au moment où elle sera passée à l'ordre d'un tiers.

9. Le défaut de signature du tireur, de mention de la somme à payer ou du nom du tiré, rend la lettre de change complètement nulle; l'absence des autres énonciations ou les erreurs dans ces énonciations ne permettent

pas à la lettre de change de produire tous ses effets, mais elle vaut alors comme simple promesse (art. 112, 636 et suiv.).

10. La lettre de change contient quelquefois d'autres énonciations, qui n'ont aucun caractère essentiel; de ce nombre sont les mentions suivantes : 1° suivant avis, ce qui veut dire que le tiré recevra avant l'échéance avis de la lettre ; s'il payait n'ayant pas été averti, il engagerait sa responsabilité; par contre, la lettre peut dire que le tiré payera sans autre avis, ce qui indique qu'il ne sera pas prévenu de l'arrivée de ladite lettre; 2° retour sans frais, c'est-à-dire que, dans le cas de non-payement à l'échéance, le porteur est dispensé de faire faire un protêt et que, sans assignation, sans procédure, il doit se retourner vers ses garants qui le payeront ; 3° sans garantie, c'est-à-dire que le tireur ayant fourni la provision et étant en mesure de l'établir n'entend pas être garant du non-payement à l'échéance et que le porteur n'aura d'action que contre le tiré; 4° le numéro de la lettre, si elle a été tirée à plusieurs exemplaires : sauf dans le cas de l'article 147 du Code de commerce, le tiré ne doit payer que sur la première (art. 112; *voir* n° 20).

11. Des personnes autres que les trois indiquées plus haut peuvent intervenir dans une lettre de change : ainsi elle peut être tirée sur un individu et payable au domicile d'un tiers; par ordre et pour le compte d'un tiers, qui est appelé *donneur d'ordre*, et le tireur devient tireur pour compte (art. 114). Enfin le payement d'une lettre de change, indépendamment de l'acceptation et de l'endossement, peut être garanti par un aval, c'est-à-dire par une caution, qui est donnée par un tiers sur la lettre même ou par acte séparé. Le donneur d'aval est tenu solidairement et par les mêmes voies que les tireurs et les endosseurs, sauf les conventions différentes des parties (art. 141 et 142).

12. Une lettre de change peut être tirée : à vue, à un ou plusieurs jours, à un ou plusieurs mois, à une ou plusieurs usances de vue; à un ou plusieurs jours, à un ou plusieurs mois, à une ou plusieurs usances de date; à jour fixe ou à jour déterminé; en foire (art. 129). La lettre de change à vue est payable à sa présentation (art. 130); l'échéance à un ou plusieurs jours, à un ou plusieurs mois, à une ou plusieurs usances de vue, est fixée par la date de l'acceptation ou du protêt faute d'acceptation (art. 131). L'usance est de trente jours, qui courent du lendemain de la date de la lettre de change; les mois sont tels qu'ils sont fixés par le calendrier grégorien (art. 132); une lettre de change payable en foire est échue la veille du jour fixé pour la clôture de la foire, ou le jour de la foire si elle ne dure qu'un jour (art. 133). Si l'échéance d'une lettre de change est à un jour férié légal, elle est payable la veille (art. 134); tous les délais de grâce, de faveur, d'usage ou d'habitude locale, pour le payement des lettres de change sont abrogés (art. 135).

13. *b. De la provision et de l'acceptation.* — Le tireur, qui s'oblige à faire payer la lettre de change par le tiré au jour et dans le lieu convenus, doit

procurer à ce dernier les moyens d'effectuer le payement, c'est-à-dire constituer la provision; elle peut être faite par le donneur d'ordre pour le compte de qui la lettre de change est tirée; mais, même dans ce cas, le tireur pour compte demeure tenu de cette obligation vis-à-vis des endosseurs et du porteur (art. 115). La provision peut consister en une somme d'argent, mais il y a également provision si, à l'échéance de la lettre de change, celui sur qui elle est fournie est redevable au tireur, ou à celui pour le compte de qui elle est tirée, d'une somme au moins égale au montant de la lettre de change. En cas de dénégation, la preuve qu'il y avait provision à l'échéance incombe au tireur, sinon il est tenu de la garantie, quoique le protêt ait été fait après les délais (art. 116 et 117).

14. L'acceptation est l'engagement du tiré de payer la lettre de change au jour et dans le lieu déterminés (art. 121). L'acceptation d'une lettre de change doit être signée : elle est exprimée par le mot *accepté;* elle est datée si l'échéance est à un délai de vue, et, dans ce cas, ce défaut de date de l'acceptation rend la lettre exigible au terme y exprimé à compter de sa date; lorsque la lettre est payable dans un autre lieu que celui de la résidence de l'accepteur, l'acceptation doit indiquer le domicile où le payement doit être effectué (art. 122 et 123). L'acceptation ne peut être conditionnelle, mais elle peut être partielle : dans ce cas le porteur est tenu de faire protester la lettre pour le surplus (art. 124); celui qui retiendrait pour l'acceptation une lettre de change plus de vingt-quatre heures serait passible de dommages-intérêts (art. 125).

15. Le tireur et les endosseurs sont garants solidaires de l'acceptation (art. 118 et 140); le refus d'acceptation est constaté par un acte que l'on nomme *protêt faute d'acceptation* (*voir* nos 22, 29 et suiv.); il n'y a pas d'époque fixe pour la rédaction de cet acte ou de délais rigoureux pour sa notification; sur la notification du protêt, les endosseurs et le tireur sont respectivement tenus de donner caution pour assurer le payement de la lettre de change à son échéance, ou d'en effectuer le remboursement avec les frais de protêt et de rechange (article 120; *voir* nos 28 et 29).

16. L'acceptation suppose la provision et en établit la preuve à l'égard des endosseurs (art. 117).

17. Après le protêt faute d'acceptation, un tiers intervenant peut accepter pour le tireur ou l'un des endosseurs, afin de faire honneur à leur signature; cette intervention est signée par le tiers, mentionnée dans l'acte de protêt, et notifiée à celui pour qui on est intervenu. Cette intervention, si le tiers est solvable, donnera garantie au porteur qui suspendra vraisemblablement toute poursuite; cependant celui-ci conserve tous ses droits contre le tireur et les endosseurs, à raison du défaut d'acceptation par le tiré (art. 126 à 128).

18. *c. De l'endossement.* — La propriété d'une lettre de change se transmet par la voie de l'endossement. L'endossement est un acte, écrit au dos

de la lettre de change, par lequel le tireur ou tout porteur de la lettre de change, bien que restant garant de l'acceptation, de la provision et du payement à l'échéance, en fait passer la propriété sur une autre tête (art. 136). Pour être régulier, l'endossement doit être daté, exprimer la valeur fournie, énoncer le nom de la personne à l'ordre de qui il est passé, sans quoi il ne vaut que comme procuration (art. 137 et 138). Sous peine de faux, il est défendu d'antidater les ordres (art. 139 et Code pénal, art. 147). Tous ceux qui ont signé, accepté ou endossé une lettre de change sont tenus à la garantie solidaire envers le porteur (art. 140).

19. *d. Des payements.* — La lettre de change doit être, à son échéance, payée en totalité; les payements faits à compte sur le montant d'une lettre de change sont à la décharge des tireurs et endosseurs, mais le porteur n'en doit pas moins faire protester la lettre de change pour le surplus (art. 166); il est défendu aux juges d'accorder des délais pour le payement (art. 157). En outre, ce payement ne saurait être imposé au porteur avant l'échéance et en une monnaie autre que celle indiquée (art. 143 et 146). Après le protêt, la lettre de change peut être payée par intervention : l'intervenant est subrogé aux droits du porteur (art. 158, 159).

20. Celui qui paye une lettre de change avant son échéance est responsable de la validité du payement (art. 144); s'il paye à l'échéance et sans opposition, il est présumé valablement libéré : c'est à ceux qui veulent attaquer le payement à prouver qu'il y a eu faute de sa part (art. 145); d'ailleurs, afin d'assurer la libre circulation de cette sorte d'effets de commerce, l'opposition entre les mains du tiré n'est admise que dans les cas de perte de la lettre de change et de faillite du porteur (art. 149). — Le payement d'une lettre de change fait sur une deuxième, troisième, quatrième, etc., est valable, lorsque la seconde, troisième, quatrième, etc., porte que ce payement annule l'effet des autres; mais celui qui paye sur une seconde, troisième, etc., sans retirer celle qui porte son acceptation, n'opère pas sa libération à l'égard du tiers porteur de son acceptation (art. 147 et 148; *voir* n° 10).

21. *a. Perte d'une lettre de change.* — S'il s'agit d'une lettre non acceptée, celui à qui elle appartient peut en poursuivre le payement sur une seconde, troisième, etc. (art. 150), dont il obtiendra la délivrance en suivant la marche tracée par l'article 154, s'il n'y a pas eu pluralité d'exemplaires au moment de la création. Si la lettre de change perdue est revêtue de l'acceptation, le payement ne peut en être exigé sur une seconde, troisième, etc., que par ordonnance du juge et en donnant caution. Si le propriétaire de la lettre perdue n'a aucun exemplaire à représenter, il peut en demander le payement au juge, en justifiant de sa propriété par ses livres de commerce et en donnant caution (art. 152). Ces cautions sont libérées après trois ans s'il n'y a eu aucune poursuite (art. 155). En cas de refus de payement sur la demande formée en vertu des articles 151 et 152, le propriétaire de la

lettre perdue conserve tous ses droits par un acte de protestation, fait le lendemain du jour de l'échéance et notifié dans la forme des protêts (art. 153).

22. *f. Droits et devoirs du porteur.* — Le porteur d'une lettre de change doit en exiger le payement le jour de son échéance (art. 161) ou après certains délais déterminés par l'art. 160, lorsque les deux places sont très-éloignées l'une de l'autre; le refus de payement doit être constaté, le lendemain du jour de l'échéance, par un acte que l'on nomme *protêt faute de payement;* si ce jour est un jour férié légal, le protêt est fait le jour suivant (art. 162); le porteur n'est dispensé du protêt faute de payement, ni par le protêt faute d'acceptation, ni par la mort ou la faillite de celui sur qui la lettre de change est tirée; dans le cas de faillite de l'accepteur avant l'échéance, le porteur peut faire protester et exercer son recours (art. 163).

23. Le porteur d'une lettre de change protestée a une action individuelle contre le tireur et chacun des endosseurs, ou une action collective contre les endosseurs et le tireur; si le porteur exerce le recours individuellement contre son cédant, il doit lui faire notifier le protêt et, à défaut de remboursement, le faire citer en jugement dans les quinze jours qui suivent la date du protêt, si celui-ci réside dans les cinq myriamètres, et dans un délai fixé par les art. 165 et 166 lorsqu'il réside plus loin.

24. Si le porteur exerce son recours collectivement contre les endosseurs et le tireur, il jouit, à l'égard de chacun d'eux, du délai déterminé par les art. 165 et 166.

25. Chaque endosseur a le droit d'exercer le même recours, ou individuellement, ou collectivement dans le même délai (art. 167); à leur égard le délai court du lendemain de la date de la citation en justice.

26. Tous ces délais pour la présentation, pour le protêt, pour l'exercice de l'action en garantie sont rigoureux, et, lorsqu'il les laisse passer, le porteur de la lettre de change est déchu de tous droits contre les endosseurs (art. 168 et 169), et même vis-à-vis du tireur, si celui-ci prouve qu'il y a eu provision.

27. Le porteur a une action de droit commun contre le tiré s'il y a eu acceptation; il peut agir également contre lui, même à défaut d'acceptation, s'il y a eu provision (art. 170); dans le cas de défaut d'acceptation et de provision, la garantie du tireur subsiste, même lorsque le protêt n'a pas été fait dans les délais (art. 117).

Le porteur peut, avec l'autorisation du juge, saisir conservatoirement les effets mobiliers des tireurs, accepteurs et endosseurs (art. 172).

28. Le porteur a un moyen simple de rentrer dans la valeur de sa lettre de change, c'est d'en tirer une nouvelle sur le tireur ou sur l'un des endosseurs, accompagnée d'un compte de retour (art. 177 et suiv.).

29. *g. Formes du protêt.* — Le protêt est un acte extra-judiciaire par lequel le porteur d'une lettre de change fait constater soit le refus d'acceptation, soit celui de payement.

30. Les protèts sont rédigés aujourd'hui par un notaire ou par un huissier, les témoins ne sont plus nécessaires (art. 173. Décret du 23 mars 1848, art. 2). Le protèt doit être fait au domicile de celui sur qui la lettre de change était payable ou à son dernier domicile connu ; au domicile des personnes indiquées par la lettre de change pour la payer au besoin ; au domicile du tiers qui a accepté par intervention, le tout par un seul et même acte (art. 173).

31. L'acte de protèt contient : la transcription littérale de la lettre de change, de l'acceptation, des endossements, la sommation de payer le montant de la lettre de change ; il énonce la présence ou l'absence de celui qui doit payer, les motifs de refus de payer et de signer (art. 174).

32. *h. Prescription.* — Toutes les actions relatives aux lettres de change se prescrivent par cinq ans, à compter du jour du protèt ou de la dernière poursuite judiciaire, s'il n'y a eu condamnation, ou si la dette n'a été reconnue par un acte séparé (art. 189).

§ 2. — Billets divers.

33. Le *billet à ordre* est celui par lequel une personne s'engage à payer à une autre personne ou à son ordre une somme fixe à un jour déterminé. Il diffère de la lettre de change en ce qu'il est payable dans le lieu où il est souscrit, et que deux personnes seulement interviennent dans sa confection, le souscripteur et le bénéficiaire. A la différence de la lettre de change, le billet à ordre ne constitue pas essentiellement un acte de commerce (Code de commerce, art. 636 et suiv.).

34. Le billet à ordre est daté, il énonce la somme à payer, le nom de celui à l'ordre de qui il est souscrit, l'époque à laquelle le payement doit s'effectuer, la valeur qui a été fournie en espèces, en marchandises, en compte ou de toute autre manière.

35. Toutes les dispositions relatives aux lettres de change et concernant l'échéance, l'endossement, la solidarité, l'aval, le payement, le protèt, le rechange, sont applicables aux billets à ordre ; il en est de même de la prescription lorsqu'il s'agit de billets souscrits par des négociants, marchands ou banquiers ou pour faits de commerce.

36. On distingue encore d'autres billets : le billet à domicile, lorsqu'une personne s'engage à payer une somme à une autre dans un certain lieu : il y a ici un nouveau point de ressemblance avec la lettre de change ; le billet au porteur, qui est l'engagement de payer au porteur la somme mentionnée sur le billet : il se transmet par tradition. Le mandat est un effet par lequel on charge un tiers de payer à une personne déterminée une somme fixée,

mais qui ne contient pas toutes les formes ni toutes les conditions de solidité d'une lettre de change : *Il vous plaira payer contre le présent mandat,* à mon ordre. Le porteur ne peut exiger l'acceptation et n'est pas soumis, en cas de non-payement, à l'obligation de déclarer protêt. Il rentre d'ailleurs dans la mission du juge d'apprécier s'il y a mandat ou lettre de change.

§ 3. — Impôts sur les effets de commerce.

37. *Timbre.* — Les lettres de change, billets à ordre ou au porteur, mandats, retraites, etc., et tous autres effets négociables ou de commerce sont frappés d'un droit de timbre proportionnel, suivant la valeur de l'effet et d'après le tarif suivant :

38. 15 centimes, jusqu'à 100 francs; 30 centimes, jusqu'à 200 francs; 45 centimes, jusqu'à 300 francs; 60 centimes, jusqu'à 400 francs; 75 centimes, jusqu'à 500 francs; 90 centimes, jusqu'à 600 francs; 1 fr. 05 c., jusqu'à 700 francs; 1 fr. 20 c., jusqu'à 800 francs; 1 fr. 35 c., jusqu'à 900 francs; 1 fr. 50 c., jusqu'à 1000 francs, sans fractions ni décimes, le droit de timbre des effets négociables ou de commerce étant gradué par 100 francs sans fraction, de 100 à 1000 francs; 3 francs, de 1000 à 2000 francs; 4 fr. 50 c., de 2000 à 3000 francs; 6 francs, de 3000 à 4000 francs, et ainsi de suite, sans fractions ni décimes (Loi du 5 juin 1850, art. 1; Loi du 23 août 1871, art. 2; Loi du 19 février 1874, art. 3).

39. Celui qui reçoit du souscripteur un effet non timbré est tenu de le faire viser, pour timbre, dans les quinze jours de sa date ou avant l'échéance si cet effet a moins de quinze jours de date, et dans tous les cas avant toute négociation; dans ce cas, le droit est de 45 centimes par 100 francs ou fraction de 100 francs (mêmes Lois).

Ce tarif ne s'applique pas aux effets tirés de l'étranger sur l'étranger et circulant en France, qui restent soumis au tarif de faveur de 50 centimes par 2000 francs (Loi du 20 décembre 1872); mais il s'applique à tous autres.

40. Sont également soumis au tarif proportionnel, reproduit plus haut, les billets, obligations, délégations et tous mandats non négociables, quelles que soient d'ailleurs leurs formes ou leurs dénominations, servant à procurer une remise de fonds de place à place. Cette disposition est applicable aux écrits spécifiés ci-dessus souscrits en France et payables hors de France, et réciproquement (Lois du 19 février 1874, art. 4).

41. L'application de ces tarifs est assurée par les dispositions pénales des art. 4 à 8 de la Loi du 5 juin 1850 et 4 de la Loi du 19 février 1874.

42. *Enregistrement.* — La lettre de change et les autres effets négociables sont soumis au droit proportionnel d'enregistrement de 50 centimes par

100 francs (Loi du 22 frimaire an VII, art. 69; Loi du 7 août 1850, art. 9; Loi du 28 février 1872, art. 10), plus les 2 ½ décimes (Loi du 23 août 1871, art. 1; Loi du 30 décembre 1873, art. 2). Mais ces effets ne sont enregistrés qu'avec les protêts, sans distinction entre les protêts faute d'acceptation et ceux faute de payements (mêmes Lois de l'an VII, de 1850 et de 1872).

43. Les lettres de change venant de l'étranger sont soumises au même droit d'enregistrement que celles émises en France.

44. *Timbre-quittance de 10 centimes.* — Sont exempts du droit de timbre de 10 centimes les acquits inscrits sur les chèques, ainsi que sur les lettres de change, billets à ordre et autres effets de commerce assujettis au droit proportionnel.

§ 4. — Chèques.

45. Lorsque l'usage des banques de dépôt fut répandu, les déposants, propriétaires des sommes reçues par ces établissements, voulurent avoir des facilités pour disposer de leurs capitaux; de là l'institution du check ou chèque. Celui qui est en compte courant avec une maison de banque, où il dépose ses économies, par laquelle il fait recevoir ses revenus, doit posséder deux carnets : l'un dit de compte, qui sert à régler par avoir et débit la situation du compte courant; l'autre dit carnet de chèques, petit registre à talons dont on extrait des billets, appelés *chèques,* sur lesquels sont inscrites les sommes que l'on veut retirer; soit que le déposant se présente lui-même, soit qu'il remette ces billets à des créanciers en acquit de dettes à payer.

46. Voici comment la Loi du 23 mai 1865 définit le chèque : C'est l'écrit qui, sous la forme d'un mandat de payement, sert au tireur à effectuer le retrait, à son profit ou au profit d'un tiers, de tout ou partie de fonds portés au crédit de son compte chez le tiré et disponibles (art. 1).

47. Le chèque est signé par le tireur; la date du jour où il est tiré est inscrite en toute lettre et de la main de celui qui a écrit le chèque; il indique le lieu d'où il est émis, il ne peut être tiré qu'à vue. Toutes stipulations entre le tireur, le bénéficiaire ou le tiré, ayant pour objet de rendre le chèque payable autrement qu'à vue et à première réquisition, sont nulles de plein droit (Loi de 1865, art. 1; Loi du 19 février 1874, art. 5).

48. Au moment du payement, le chèque, même au porteur, doit être acquitté par celui qui touche; l'acquit est daté (Loi de 1874, art. 5).

49. Le chèque ne peut être tiré que sur un tiers ayant provision préalable, il peut être tiré d'un lieu sur un autre ou sur la même place (Loi de 1865, art. 2 et 3).

50. L'émission d'un chèque, même lorsqu'il est tiré d'un lieu sur un

autre, ne constitue pas, par sa nature, un acte de commerce ; c'est là une différence avec la lettre de change ; d'ailleurs il ne constitue pas un instrument de crédit, mais un mode de payement ; toutefois, les dispositions du Code de commerce relatives à la garantie solidaire du tireur et des endosseurs, au protêt et à l'exercice de l'action en garantie, en matière de lettre de change, sont applicables aux chèques (Loi de 1865, art. 4 ; *voir* nos 22 et suiv., 29 et suiv.).

51. Au point de vue de la transmission, le chèque peut être souscrit au profit d'une personne dénommée et sans mention à ordre ; il n'est cessible, dans ce cas, que dans les formes voulues pour la cession de toute créance (Code civil, art. 1690 et suiv.) ; ou avec la mention à ordre : il se transmet alors par voie d'endossement ; enfin il est au porteur et la simple tradition en transfère la propriété.

52. Le porteur d'un chèque doit en réclamer le payement dans le délai de cinq jours, y compris le délai de la date, si le chèque est tiré de la place sur laquelle il est payable, et dans le délai de huit jours, y compris le jour de la date, s'il est tiré d'un autre lieu. Le porteur d'un chèque qui n'en réclame pas le payement dans ces délais perd son recours contre les endosseurs, et même contre le tireur, si la provision a péri par le fait du tiré, après lesdits délais (Loi de 1865, art. 3).

53. Le tireur qui émet un chèque sans date, ou non daté en toutes lettres, s'il s'agit d'un chèque de place à place, celui qui revêt un chèque d'une fausse date ou d'une fausse énonciation du lieu d'où il est tiré, sont passibles d'une amende de 6 pour 100 de la somme pour laquelle le chèque est tiré, sans que cette amende puisse être inférieure à 100 francs. La même amende est due, personnellement et sans recours, par le premier endosseur ou le porteur d'un chèque sans date ou non daté en toutes lettres, s'il est tiré de place à place, ou portant une date postérieure à l'époque à laquelle il est endossé ou présenté. Enfin cette amende est due en outre par celui qui paye ou reçoit en compensation un chèque sans date, ou irrégulièrement daté, ou présenté au payement avant la date d'émission. — Celui qui émet un chèque sans provision préalable et disponible est passible de la même amende, sans préjudice des peines correctionnelles, s'il y a lieu (Loi du 19 février 1874, art. 6). Celui qui paye un chèque sans exiger qu'il soit acquitté est passible personnellement, et sans recours, d'une amende de 50 francs (Loi du 19 février 1874, art. 7).

54. *Impôts.* — Les chèques de place à place sont assujettis à un droit de timbre fixe de 20 centimes ; les chèques sur place sont timbrés à 10 centimes ; la taxe additionnelle de 10 centimes, pour les chèques de place à place, peut être acquittée au moyen d'un timbre mobile de 10 centimes. Sont applicables aux chèques de place à place, non timbrés conformément à la loi, les dispositions pénales des art. 4, 5, 6, 7 et 8 de la Loi du 5 juin 1850 (Loi du 19 février 1874, art. 8).

55. Quant aux droits autres que celui de timbre, *voir* plus haut, nᵒˢ 42 et suivants.

56. Toutes les dispositions législatives relatives aux chèques tirés de France sont applicables aux chèques tirés hors de France et payables en France ; ces derniers doivent, avant tout endossement en France, être timbrés avec des timbres mobiles. Si le chèque n'a pas été timbré, conformément aux dispositions ci-dessus, le bénéficiaire, le premier endosseur, le porteur ou le tiré sont tenus, sous peine de l'amende de 6 pour 100, de le faire timbrer avant tout usage en France ; si ce chèque tiré hors de France n'est pas souscrit conformément aux dispositions ci-dessus, il est assujetti, sous les mêmes peines, aux droits de timbre des effets de commerce ; toutes les parties sont solidaires pour le recouvrement des droits et des amendes (Loi du 19 février 1874, art. 9).

§ 5. — Warrants.

57. Enfin nous mentionnerons les récépissés et warrants, qui ont été créés pour permettre au commerce de trouver une nouvelle source de crédit en offrant en gage les marchandises déposées dans les magasins généraux, et pour faciliter les négociations de ces mêmes marchandises.

58. A cet effet il est établi, sur l'avis des Chambres de commerce, avec l'autorisation du Gouvernement et sous sa surveillance, des magasins généraux pour recevoir les marchandises et les objets fabriqués que les négociants et industriels veulent y déposer (Loi du 28 mai 1858, art. 1).

59. Des récépissés, délivrés aux déposants, énoncent leurs nom, profession et domicile, ainsi que la nature de la marchandise déposée et les énonciations propres à en établir et à en déterminer la valeur ; à chaque récépissé de marchandises est annexé un bulletin de gage, ou *warrant*, contenant les mêmes mentions que le récépissé (même Loi, art. 1 et 2).

60. Les récépissés et les warrants peuvent être transférés par voie d'endossement, ensemble ou séparément ; l'endossement du warrant séparé du récépissé vaut nantissement de la marchandise au profit du cessionnaire du warrant ; l'endossement du récépissé transmet au cessionnaire le droit de disposer de la marchandise, à la charge par lui, lorsque le warrant n'est pas transféré avec le récépissé, de payer la créance garantie par le warrant, ou d'en laisser payer le montant sur le prix de la vente de la marchandise (art. 4).

61. Tout ce qui concerne les récépissés et les warrants est réglé par la Loi du 28 mai 1858 et par le Décret du 12 mars 1859.

62. *Impôts.* — Le warrant non séparé de son récépissé n'a aucun rôle et par suite n'est assujetti à aucun impôt. Séparé et formant bulletin de gage, il est atteint par le timbre proportionnel, ainsi qu'il a été exposé aux

n⁰ˢ 37 et suiv. (Loi du 28 mai 1858, art. 13). Lorsqu'on veut en faire usage, *soit par acte public, soit en justice ou devant toute autre autorité constituée,* il doit être enregistré au droit de 50 centimes par 100 plus les 2 ½ décimes (Loi du 28 mai 1858, art. 13; Loi du 22 frimaire an VII, art. 23 et 69, § II, n⁰ 6; Loi du 28 février 1872). — Quant aux récépissés, ils sont soumis au timbre de dimension (Loi du 13 brumaire an VII, art. 12; Loi du 23 août 1871, art. 2). Le récépissé qui reste entre les mains du propriétaire est enregistré au droit fixe; lorsqu'il est transféré à un tiers il est frappé d'un droit proportionnel de mutation (à rapprocher pour les aggravations d'impôts dans ces deux cas) : Loi du 23 août 1871, art. 1; Loi du 30 décembre 1873, art. 2; Loi du 19 février 1874, art. 2).

CHAPITRE II.

EFFETS PUBLICS.

63. Sous une acception restreinte, l'expression : *Effets publics* ne comprend que les créances sur l'État, sur les communautés d'habitants, société ou établissements autorisés par une loi à contracter des emprunts publics; mais, dans un sens plus étendu et répandu dans la pratique, on entend par effets publics toutes les valeurs mobilières qui sont cotées à la Bourse.

64. Il ne peut rentrer dans le cadre restreint que nous nous sommes tracé de parler ici de tous les fonds d'État, de toutes les valeurs industrielles qui trouvent place au Tableau des cours quotidiens; nous renvoyons donc nos lecteurs aux ouvrages spéciaux, nous bornant à traiter, sous des paragraphes distincts, des Rentes françaises, des Bons du Trésor, des Actions de la Banque de France, des Actions et Obligations du Crédit foncier; les autres valeurs mobilières (Emprunts des villes, Actions et Obligations industrielles, des Chemins de fer, Omnibus ou Tramways, etc.) feront l'objet d'un alinéa unique où nous réunirons des renseignements généraux sur les transferts, sur le payement des intérêts ou dividendes, sur les impôts qui frappent cette partie de la richesse nationale, et enfin sur les mesures à prendre en cas de perte ou vol de titres.

65. Quelques notions sur les valeurs étrangères admises à la cote termineront ce Travail.

§ 1. — Rentes françaises.

66. Le contrat de constitution de rente perpétuelle à titre onéreux est celui par lequel une personne acquiert, moyennant l'aliénation d'un capital, le droit d'exiger à perpétuité, d'une autre personne, des revenus périodiques, appelés *arrérages*, sous la condition de ne pouvoir réclamer le capital versé et sous la réserve essentielle, pour le débiteur, de se libérer lorsqu'il le voudra, par le remboursement dudit capital (Code civil, art. 1909).

67. Si, depuis que la loi a reconnu la légitimité du prêt à intérêt (Code civil, art. 1905; Loi du 3 septembre 1807), ce contrat a perdu de son importance au point de vue des conventions entre particuliers, il est devenu, au contraire, l'un des plus fréquents et des plus importants du droit administratif; c'est sous cette forme que se réalisent, le plus souvent, les emprunts des États. On comprend, en effet, tous les dangers qu'il y aurait pour l'État à se trouver, à certaines époques, soumis aux actions en remboursement de ses créanciers, les perturbations financières et politiques que pourrait amener la gêne du Trésor en présence d'une échéance considérable.

68. Nous avons tenu à donner une définition exacte de la constitution de rente, parce que c'est dans la convention même que l'État puise le droit de changer les bases du contrat primitif, le taux du prêt, ce qu'on appelle *convertir la rente*. Lorsque, après avoir emprunté à des conditions onéreuses, un Gouvernement voit son crédit se relever, l'intérêt de l'argent baisser par suite de l'abondance du numéraire sur la place, il est de son devoir, il est de l'intérêt général d'arriver à une diminution des arrérages qu'il sert chaque année; et, soit qu'il cherche à modifier, d'accord avec ses créanciers, le contrat antérieurement passé, ce qui constitue la conversion facultative, soit qu'en imposant ses nouvelles conditions il offre en même temps le remboursement de la rente au pair, ce qui constitue la conversion forcée, il fait quelque chose de légitime.

69. *Privilèges de la Rente.* — La Rente française est, assurément, le titre le plus recherché sur notre marché; outre la sécurité qu'elle offre à l'épargne en présence du crédit et de la richesse de la France, de la loyauté avec laquelle, depuis la Révolution, notre pays a toujours rempli ses engagements, du contrôle de nos finances, certains privilèges ont été accordés à cette valeur et ont contribué à accroître la faveur dont elle a toujours été l'objet.

70. 1° Les sommes dont le placement ou le remploi *en immeubles* est prescrit ou autorisé par la loi, par un jugement, par un contrat ou par un testament peuvent être employées en rentes 3 pour 100 (Loi du 2 juillet

1862, art. 46) ou, même, en rentes 5 pour 100 (Loi du 16 septembre 1871, art. 29).

71. 2° Les rentes sur l'État sont exemptes de tout impôt (Loi du 9 vendémiaire an VI), de tout droit de timbre ou d'enregistrement (Loi du 22 frimaire an VII, art. 70, § 3; Loi du 13 brumaire an VII, art. 16; Ordonnance du 10 octobre 1834); mais on remarqua promptement que le but proposé avait été dépassé, qu'il y avait injustice à ne soumettre à aucun droit de mutation les rentes sur l'État transmises à titre gratuit, et que l'intérêt du Trésor et de son crédit n'exigeait l'exemption des droits de timbre et de transmission qu'en faveur des ventes ou transferts à titre onéreux; l'immunité en faveur des rentes fut restreinte dans ce sens (Loi du 18 juillet 1836, art. 6; Loi du 18 mai 1850, art. 7). La valeur des titres est déterminée par le cours de la Bourse au jour de la donation ou du décès. Les droits de mutation par décès des inscriptions de rentes et les peines encourues en cas de retard ou d'omissions de ces valeurs dans la déclaration des héritiers ne sont prescriptibles que par trente ans (Loi du 8 juillet 1852, art. 26).

72. 3° Il ne peut être reçu d'opposition sur les rentes de l'État ou au payement des arrérages (Loi du 8 nivôse an VI, art. 4; Loi du 22 floréal an VII, art. 7). Le principe de l'insaisissabilité des rentes n'a été restreint que par deux exceptions : l'une, résultant de l'art. 4 *in fine* de la Loi du 8 nivôse an VI, qui défend aux comptables envers la République de disposer de leurs inscriptions avant l'apurement de leurs comptes, si mieux ils n'aiment fournir caution; de ce texte le Ministre des Finances a tiré le droit de mettre opposition sur les rentes des comptables et de faire vendre ces titres en cas de débet; l'autre, écrite dans le dernier paragraphe de l'art. 7 de la Loi du 22 floréal an VII et qui permet l'opposition, sur le payement des arrérages, faite par le propriétaire dans l'hypothèse de vol ou de perte du titre.

73. 4° Tout propriétaire de rentes sur l'État peut compenser les arrérages qui lui sont dus avec les contributions directes à sa charge, ou même avec celles d'un tiers à ce consentant (Loi du 14 avril 1819, art. 6; Ordonnance du 4 avril 1819, art. 15).

74. Les rentes sur l'État ont revêtu différents types. On en compte quatre, en ce moment : 3 pour 100; 4 pour 100; 4 ½ pour 100 et 5 pour 100.

75. Ces rentes diffèrent dans les époques d'échéance des arrérages : le 4 et le 4 ½ ne se payent que par semestre, le 22 mars et le 22 septembre; les deux autres rentes sont assurées par un service trimestriel d'arrérages : le 3, les 1er janvier, 1er avril, 1er juillet et 1er octobre; le 5, les 16 février, 16 mai, 16 août et 16 novembre. En échelonnant ainsi de six semaines en six semaines les échéances des deux principales rentes françaises, on a voulu procurer au rentier le bénéfice de rentrées successives et rapprochées, lui permettant de faire face aux exigences de sa situation. — Ces diverses sortes de rentes diffèrent aussi dans leurs cours : elles ne subissent pas avec

la même sensibilité les oscillations de hausse et de baisse; le 3, mieux assuré par sa nature même contre une conversion forcée, présente plus de garantie et est généralement d'un cours plus élevé; cette différence entre le prix des rentes permet de faire ce que l'on appelle *un arbitrage*, c'est-à-dire l'échange d'un titre d'une nature en celui d'une autre.

76. De nombreuses dispositions ont été prises pour assurer la circulation des rentes françaises, rendre facile la perception des arrérages et attirer l'épargne des plus modestes capitalistes.

77. A l'origine tous les titres étaient nominatifs (Décret du 24 août 1793); pour faciliter la négociation de ces valeurs et rendre plus prompte la rentrée des revenus, la création de titres au porteur fut autorisée (Ordonnance du 29 avril 1831). Aujourd'hui il est loisible aux rentiers d'échanger leurs titres nominatifs contre des titres au porteur, suivant les règles énoncées dans les art. 2 à 8 de l'Ordonnance du 29 avril 1831; ou *vice versa* (Ordonnance du 31 mai 1838, art. 181 et suiv.; Ordonnance du 31 mai 1862, art. 212 et 213).

78. Le titre nominatif contient les nom et prénoms du rentier, le numéro de la série et celui de l'extrait, le montant des arrérages dus et la date de la jouissance; le titre au porteur, un numéro d'ordre, le montant de la rente, la date de la jouissance, vingt coupons qui doivent être détachés aux diverses échéances. On a concilié, depuis, la commodité de toucher ses arrérages sur la simple présentation d'un coupon avec la sécurité que donne le titre nominatif, en imaginant une nouvelle espèce de titres nominatifs avec coupons se détachant aux échéances (Décret du 18 juin 1864): ce sont les titres mixtes, qui ne peuvent être délivrés qu'aux rentiers ayant la pleine et entière disposition de leurs titres (Arrêté du Ministre des Finances du 6 juillet 1864).

79. Le minimum légal des inscriptions nominatives ou au porteur est de 5 francs (Décret du 7 juillet 1848; Décret du 29 janvier 1864).

80. Tout extrait d'inscription de rente immatriculée sur le Grand-Livre de la Dette publique, à Paris, doit, pour former titre valable contre le Trésor, être revêtu du visa du contrôle (Loi du 24 avril 1833, art. 4).

81. Lorsque les cases d'un titre nominatif, qui servent à recevoir les timbres de payement, ou les coupons d'un titre au porteur sont épuisés, le propriétaire doit s'adresser, pour obtenir un nouveau titre, au Bureau des Transferts, au Ministère des Finances, de 10h à 11h30m, vingt jours au moins avant l'ouverture du trimestre.

82. Les arrérages sont payés : à Paris, à la Caisse du Trésor public, et pour les coupons au porteur dont le total ne dépasse pas 500 francs chez les Receveurs-percepteurs; dans les départements, soit à la Trésorerie générale, soit aux Recettes d'arrondissement, soit même chez les Percepteurs communaux, à la volonté des rentiers.

83. Les rentiers qui changent de résidence doivent, pour éviter tout retard

dans le payement, en faire la déclaration au Trésorier payeur général du nouveau département, au moins un mois avant l'échéance du trimestre. Cette déclaration indique le nom du rentier, le numéro, la série, la somme de l'inscription, le département où la rente doit être payée et celui où elle l'était précédemment.

84. Toutes les demandes concernant les rentes sont adressées au Ministre des Finances, Direction de la Dette inscrite, ou aux Trésoriers payeurs généraux dans les départements, et doivent être sur papier timbré (Loi du 13 brumaire an VII).

85. Celui qui touche les arrérages d'une inscription n'est pas tenu de justifier de sa propriété ni d'un mandat spécial : l'acquit du porteur libère le Trésor public (Loi du 22 floréal an VII, art. 5).

86. Enfin la multiplicité des détenteurs de titres rendant difficile, à Paris, l'accès des guichets, dans les premiers jours de l'échéance, il a été donné un moyen de s'assurer le payement à jour fixe. Ce moyen consiste à déposer quinze jours environ à l'avance (le public est prévenu par voie d'affiches) les titres nominatifs et les coupons détachés ; le Trésor distribue des imprimés pour effectuer ce dépôt, les coupons sont annulés devant le déposant et il lui est délivré un bulletin, payable au porteur, indiquant la somme à recevoir, le jour du payement et de la restitution des inscriptions; ces valeurs, émises par le Payeur central, n'engagent le Trésor qu'autant qu'elles sont séparées de leur talon et visées immédiatement au contrôle.

87. *Grand-Livre. Inscriptions. Inscriptions départementales.* — Le Grand-Livre de la Dette publique contient la liste alphabétique des propriétaires de rentes perpétuelles sur l'État et présente autant de comptes qu'il y a d'inscriptions, bien que souvent plusieurs inscriptions soient au même nom (Ordonnance du 31 mai 1862, art. 169). Il se compose d'autant de volumes que l'exigent les besoins du service (même Ordonnance, art. 198). Les rentes des communes, des établissements publics, celles qui sont affectées à un majorat, forment des séries spéciales.

88. La Loi du 14 avril 1819 et l'Ordonnance du même jour ont institué, dans chaque département, *un livre auxiliaire du Grand-Livre de la Dette publique*, tenu par les Trésoriers payeurs généraux, qui en délivrent des certificats signés par eux et visés par les Préfets, remplissant l'office du contrôle placé près les caisses du Trésor à Paris (Ordonnance du 31 mai 1862, art. 206 à 210).

89. Quelle est la force probante de l'inscription sur le Grand-Livre et des énonciations qu'elle contient? La jurisprudence a constamment décidé que la teneur de l'inscription d'une rente sur l'État établit une preuve légale de propriété au profit du titulaire (Cour de Paris, 31 décembre 1840; Cour de Cassation, 22 juillet 1844, 16 février 1848). Ce titre a toute la force d'un contrat passé entre particuliers et, par suite, ne saurait perdre sa valeur que devant le dol ou la fraude constatée et ne peut être attaqué qu'au moyen de preuves écrites.

90. Le titre au porteur constitue une présomption de propriété en faveur du détenteur, par application du principe : En fait de meubles possession vaut titre (Code civil, art. 2279); il peut être revendiqué contre celui qui l'a volé ou trouvé, mais non contre le tiers acquéreur de bonne foi *qui s'en est rendu propriétaire sur un marché public* (Code civil, art. 2280).

91. *Transfert.* — L'opération qui consiste à annuler sur le Grand-Livre une inscription faite au nom d'une certaine personne et de la remplacer par une nouvelle inscription faite au nom d'une autre personne s'appelle *transfert.*

92. Les achats et ventes de rentes sur l'État donnent lieu à deux opérations distinctes : la négociation, c'est-à-dire la manifestation de la volonté des parties, l'une désirant vendre, l'autre acheter, qui le plus généralement se fait à la Bourse par l'intermédiaire des agents de change, mais qui pourrait revêtir la forme d'un contrat direct entre les parties ou par-devant notaire (Cour de Cassation, 28 août 1837); et le transfert, c'est-à-dire la mutation sur le Grand-Livre de la Dette publique, pour laquelle on est forcé d'employer l'intermédiaire d'un agent de change.

93. Les Trésoriers payeurs généraux servent d'intermédiaires pour les achats ou ventes que les particuliers demeurant dans les départements veulent faire de titres directs sur le Trésor, ou de titres départementaux là où il n'y a pas de Bourse de commerce; ils doivent opérer sans frais, sauf ceux de courtage justifiés par bordereaux d'agent de change; ils encourent la responsabilité des mandataires (Loi du 14 avril 1819, art. 1; Ordonnance du 31 mai 1862, art. 210). S'il existe, au chef-lieu, une Bourse de commerce, ils font les transferts, quant aux titres départementaux, sans en référer à la Dette inscrite (Ordonnance du 14 avril 1819, titre II).

94 Quant aux formes du transfert en lui-même, elles sont fort simples. Les transferts d'inscription sont faits au Trésor public, en présence d'un agent de change de la Bourse de Paris, qui certifie l'identité du propriétaire, la vérité de sa signature et des pièces produites; cet agent de change est responsable, par le seul fait de son attestation, de la validité desdits transferts; cette garantie ne dure que pendant cinq ans (Arrêté du 22 prairial an X, art. 15 et 16).

95. Ainsi, du côté du vendeur, remise du titre, signature à la Bourse d'un ordre de transfert, le tout certifié par un agent de change; du côté de l'acheteur, dépôt d'un certificat signé par un agent de change et indiquant les nom et prénoms de l'acquéreur.

96. Pour éviter complètement entre les parties toute difficulté résultant du refus de livrer le titre et aussi pour assurer le secret des transactions, les agents de change emploient le *transfert d'ordre* : l'agent de change vendeur signe sur les registres du Trésor un premier transfert au nom de l'agent de change de l'acheteur, et, lorsque celui-ci a payé à son confrère le prix de la négociation, il signe lui-même un second transfert au nom de l'acheteur, son client (Arrêté de la Chambre syndicale, du 28 avril 1828).

97. Enfin la mutation peut avoir pour cause une donation, un testament ou un droit dans une succession ouverte : elle donne lieu alors à ce qu'on appelle le *transfert de forme*. C'est aussi ce mode de transfert qui est employé en cas de modifications dans les qualités du propriétaire, de perte du titre, de réunion de plusieurs inscriptions en une seule ou d'une division d'une inscription en plusieurs; excepté dans cette dernière hypothèse, le ministère des agents de change n'est pas exigé pour le transfert de forme : il suffit d'un acte de propriété, d'un jugement, d'un acte de notoriété joint à l'appui de la demande de transfert (Loi du 28 floréal an VII; Instruction ministérielle du 1er mai 1819, art. 35 à 43); le tout se passe alors au Ministère des Finances, Bureau des Transferts.

98. Les règles que nous avons tracées pour le transfert des rentes ne sont pas nécessairement employées lorsqu'il s'agit de rentes au porteur : la cession peut alors être amiable, s'opérer par la simple remise du titre, sans ministère des agents de change; mais, comme le font ressortir les auteurs, il y a toujours utilité à négocier à la Bourse, car, outre que l'on n'a pas à s'inquiéter de la validité du titre, on possède le bordereau de l'agent de change qui constitue une preuve d'acquisition pour le cas de perte ou de vol du titre; enfin celui qui a acheté de bonne foi sur le marché public ne peut être dépossédé par le précédent propriétaire (toujours dans l'hypothèse de perte ou de vol), que sous la condition d'être remboursé du prix d'achat.

99. *Erreurs. Difficultés. Compétence.* — Il peut être commis des erreurs sur le Grand-Livre de la Dette publique; on les distingue en erreurs anciennes et erreurs nouvelles : les erreurs nouvelles, c'est-à-dire produites sur le nouvel extrait ou dans le nouveau transfert, lorsqu'elles peuvent être attestées par les agents de change ou qu'elles sont le fait des agents du Trésor, se redressent sur le vu d'un certificat de l'agent de change ou même sans production d'aucune pièce; les erreurs anciennes et les erreurs nouvelles qui résultent des pièces produites ne sont rectifiées qu'après décision ministérielle ou ordonnance du chef de l'État (Décision du Ministre des Finances, du 2 juillet 1814).

100. Les difficultés relatives aux inscriptions de rentes sur l'État sont de deux natures : ou elles ont trait au droit de propriété, de disposition, d'usufruit, etc., de la rente; les tribunaux ordinaires sont compétents pour en connaître; ou elles soulèvent des questions relativement à la régularité et à la validité des transferts, au refus de délivrer un nouveau titre, à l'opposition administrative faite au payement des arrérages ou du capital; le Ministre des Finances doit en connaître à l'exclusion des tribunaux civils (Arrêt du Conseil d'État, du 17 juillet 1843).

101. *Prescription.* — Les arrérages des rentes sur l'État se prescrivent par cinq ans (Loi du 24 août 1793; Code civil, art. 2277). L'interruption de la prescription ne peut résulter que d'une réclamation appuyée de pièces justificatives jointes à la demande, ou adressées au plus tard dans le délai d'un an (Conseil d'État, 8 et 13 avril 1809).

102. *Perte ou vol.* — En cas de perte ou vol des inscriptions nominatives, le premier soin du propriétaire doit être de faire opposition au Trésor et au Syndicat des agents de change, pour empêcher le transfert et le payement des arrérages.

103. Ensuite le rentier fait devant le maire une déclaration de perte, en présence de deux témoins qui certifient ses dires. Cette déclaration doit être enregistrée; les extraits d'inscription sont remplacés après l'échéance du trimestre ou du semestre suivant la nature de la rente (Décret du 3 messidor an XII).

104. Ces dispositions ne s'appliquent pas au cas de perte ou de vol de titres au porteur : le Ministre des Finances n'est pas autorisé à délivrer des duplicata de ces titres (Ordonnance du Conseil d'État, du 27 août 1840).

105. Toutefois, dans la pratique, en cas de perte de titres au porteur, le Trésor reçoit, d'une manière officieuse, et sans engager sa responsabilité, les oppositions et les déclarations qui lui sont faites; il consent même à délivrer des duplicata, mais en exigeant alors la remise d'un cautionnement égal à la valeur du titre augmenté de cinq années d'arrérages. Jusqu'aux années dernières, l'État conservait indéfiniment ces cautionnements; aujourd'hui ils sont restitués si, dans les vingt ans qui suivent, il n'a été formé aucune demande de la part des tiers-porteurs, soit pour les arrérages, soit pour les capitaux; à cette époque, le Trésor est définitivement libéré envers le porteur des titres primitifs, sauf l'action personnelle de celui-ci contre la personne qui aura obtenu le duplicata (Loi du 15 juin 1875, art. 16).

§ 2. — Bons du Trésor.

106. Les Bons du Trésor constituent un autre mode d'emprunt par l'État; nous ne sommes plus ici en présence du contrat de constitution de rente, c'est-à-dire d'une aliénation perpétuelle du capital par le prêteur, mais bien en présence du contrat de prêt, ne portant aliénation des fonds versés aux Caisses publiques que pour un temps.

107. Ainsi donc ces Bons, qui portent intérêts, contiennent l'engagement du Trésor de rembourser le capital à jour fixe : l'échéance ne pourrait être changée que du consentement du porteur.

108. Chaque année le Ministre des Finances est autorisé, par la loi des recettes, à créer, dans une limite déterminée, des obligations de ce genre, pour le service de la Trésorerie, les négociations avec la Banque de France et quelquefois pour le payement de travaux publics; la loi des dépenses assure le crédit nécessaire pour le service des intérêts de ces Bons, qui ne forment qu'une partie de ce que l'on appelle la *Dette flottante*.

109. Les échéances sont généralement courtes, d'un mois à cinq ans; cependant, à la suite des désastres de 1870, le Ministre des Finances a été autorisé à émettre des Bons à plus longs termes, calculés de manière que l'exigibilité arrive après le remboursement des prêts successifs faits par la Banque de France au Trésor.

110. L'intérêt de ces obligations varie avec les besoins du moment, l'abondance plus ou moins grande des capitaux et la durée plus ou moins longue du prêt. Des arrêtés du Ministre des Finances déterminent le taux de cet intérêt.

111. Ces Bons sont au porteur ou payables à ordre, transmissibles par simple tradition ou par voie d'endossement; c'est dire que le ministère des agents de change n'est pas exigé pour leur cession, cependant ils sont négociables à la Bourse et sont admis à la cote.

112. Le contrat qui intervient entre le prêteur et le Trésor, à l'occasion de l'émission des Bons du Trésor, est soumis aux règles du droit commun. La prescription quinquennale leur est applicable (Loi du 29 janvier 1831, art. 9).

113. Cette valeur ne profite pas du privilége d'insaisissabilité établi en faveur des rentes sur l'État; mais, le payement devant avoir lieu au porteur ou à ordre, il ne serait reçu au Trésor d'opposition que de la part du propriétaire, en cas de perte du titre, et du syndic, en cas de faillite du porteur (*voir* n° 20).

114. Dans l'hypothèse de perte ou de vol d'une valeur de cette nature, le possesseur doit faire immédiatement opposition au payement, il justifie ensuite au Ministre de son droit au remboursement, et généralement on le lui accorde sous la garantie du dépôt de rentes d'une valeur égale au capital et aux intérêts du Bon perdu; ce cautionnement est conservé pendant cinq ans.

115. Ces Bons ne sont passibles d'aucun impôt soit sur le revenu, soit pour transmission, à l'exception du timbre-quittance de 10 centimes, qui est payé par le prêteur.

§ 3. — Actions de la Banque de France.

116. Le crédit est cette confiance qui s'établit entre le capital existant et le travail productif, qui fait que le premier est cédé par le prêteur au second, l'emprunteur, dans l'assurance d'un remboursement à une époque plus ou moins éloignée. C'est sur lui que sont basés les divers effets de commerce et même les effets publics que nous parcourons. Mais comment mettre en rapport les capitaux et le travail, comment rapprocher les offres des demandes? C'est là l'office du banquier, qui donne au crédit son essor

et le met à même de rendre de grands services. Il recueille les épargnes, les capitaux oisifs et les rend productifs en les livrant de nouveau à la circulation par l'escompte des effets de commerce; il paye pour le compte des déposants; il facilite l'établissement des grandes industries, le placement de leurs actions et obligations : car, éparpillés entre mille mains, les capitaux ne seraient capables que de petites choses, réunis dans la main du banquier ils permettent d'en entreprendre de grandes; enfin, centralisant les effets de commerce, il facilite le change de place en place, la négociation de ces effets dont il devient lui-même l'assureur par l'endossement.

117. Cependant, tous ces effets, le banquier particulier ne peut les produire que dans un certain cercle, sa notoriété ne s'étend pas loin, ses opérations doivent être limitées comme ses ressources elles-mêmes : de là est venue l'idée de la création de Banques publiques, qui ont puisé leur supériorité dans le principe d'association; leur prospérité, la confiance que sans tarder elles ont inspirée ont fait naître le Billet de banque. Au lieu de remettre en circulation les effets de commerce qu'ils venaient d'escompter, effets d'une négociabilité toujours un peu difficile, attendu qu'ils ne représentent que de l'argent à terme, que la solvabilité du débiteur n'est pas toujours connue et que, quant à la lettre de change, le mode de transmission constitue un engagement de la part de l'endosseur, au lieu donc de remettre en circulation ces effets, les établissements de banque publique les gardent jusqu'à l'échéance et les remplacent par le Billet de banque, payable au porteur et remboursable en argent à première vue.

118. Ayant ainsi embrassé rapidement les opérations des banques publiques, nous dirons quelques mots de la Banque de France, qui, avec celle d'Angleterre, est le plus grand établissement d'escompte et de circulation.

119. *Opérations.* — Nous passerons sous silence les services que la Banque a rendus au Trésor public en lui prêtant à diverses époques critiques : nous nous en tiendrons aux rapports de la Banque de France avec les particuliers.

120. La Banque de France est autorisée :

1º A émettre des Billets de banque, dont le maximum est déterminé par une loi;

2º A escompter des effets de commerce, dont l'échéance ne dépasse pas trois mois, et qui sont garantis par trois signatures au moins, ou par deux et un transfert de Titres de Rentes, de la Banque, d'Actions des Chemins de fer français, d'Obligations de la Ville, et de Récépissés des Magasins généraux;

3º A recevoir en compte courant les sommes des établissements publics et des particuliers;

4º A faire des avances sur titres, même n'ayant pas d'échéance fixe, jusqu'à concurrence des $\frac{4}{5}$ de la valeur des effets représentés, d'après leur cours au comptant (Ordonnance du 15 juin 1834, qui règle les conditions du prêt); dans la pratique, la Banque ne prête jamais au delà des $\frac{4}{5}$ de cette valeur. Les avances en question peuvent se faire sur les Fonds publics français (Loi du 17 mai 1834); les Actions et Obligations des Chemins de fer français (Décret du 3 mars 1852); les Obligations de la Ville de Paris (Décret du 28 mars 1852), et les Obligations du Crédit foncier (Loi du 9 juin 1857, art. 7);

5° A recevoir en garde, moyennant le payement d'un droit annuel, les valeurs de toute nature, françaises et étrangères, au porteur et nominatives; elle encaisse et paye les arrérages, elle en libère ou échange les titres sous certaines réserves (*voir* Instruction du 1er mai 1868).

En cas de dépôt de titres au porteur, il est indispensable d'obtenir, ce à quoi les grands établissements ne se refusent jamais, un récépissé mentionnant les numéros des titres; on constate ainsi en vertu de quel contrat les titres sont détenus, et l'on évite que d'autres inscriptions soient substituées à celles déposées; ce qui est important pour les valeurs remboursables avec primes ou avec lots.

6° A avoir une Caisse de dépôts volontaires pour tous lingots et monnaies d'or et d'argent.

121. *Capital-actions.* — Le capital de la Banque de France est représenté par des actions nominales, elles ne peuvent être au porteur, de 1000 francs chacune, inscrites sur les registres de la Banque, ou de ses succursales pour les titres départementaux (Loi du 24 germinal an XI; décret, 16 janvier 1808). — Les actionnaires ne sont pas engagés au delà de leur souscription.

122. Ces actions sont meubles par la détermination de la loi, mais elles peuvent être immobilisées; ces titres le mentionnent alors : dans ce cas, elles servent de remploi à des sommes provenant de ventes d'immeubles. Cette déclaration d'immobilisation une fois inscrite sur les registres, les actions qui en sont l'objet sont soumises au Code Napoléon et aux lois de privilége et d'hypothèque, comme les immeubles. Elles ne peuvent être aliénées et les priviléges et hypothèques ne peuvent être purgés qu'en se conformant aux lois relatives aux priviléges et hypothèques sur les propriétés foncières (Loi du 16 janvier 1808, art. 7, Loi du 23 mars 1855, art. 1er).

123. Les actions de la Banque sont cotées à la Bourse, elles sont négociables par ministère d'agent de change; le transfert a lieu sur les registres de la Banque.

124. Les transmissions par donations, testaments ou successions, donnent lieu à un simple transfert sur les registres, au vu des pièces justificatives du droit de propriété de ceux qui se prétendent nouveaux actionnaires.

125. Les dividendes des actions de la Banque sont payés tous les six mois entre les mains des titulaires porteurs de leurs titres, à moins de procuration spéciale donnée à un tiers.

126. En cas de perte du titre, on doit faire opposition à la Banque. Les créanciers d'un actionnaire peuvent mettre saisie sur les actions de leurs

débiteurs ou sur les dividendes de ces actions, et poursuivre la procédure en validité de saisie-arrêt.

127. Ces valeurs sont atteintes des droits de timbre, de transmission, et de l'impôt de 3 % sur les valeurs mobilières (*voir* plus loin, nos 149 et suiv., 158 et suiv., 163 et suiv.).

§ 4. — Actions et obligations du Crédit foncier.

128. Le but du Crédit foncier a été primitivement de procurer des capitaux aux propriétaires fonciers et de les soustraire à un remboursement unique, à jour déterminé, en leur permettant de se libérer par annuités et à long terme.

129. Le Crédit foncier prête donc aux propriétaires d'immeubles, mais sur première hypothèque et jusqu'à concurrence de la moitié de la valeur des immeubles seulement ; il crée des lettres de gage, ou obligations foncières, négociables à la Bourse, amortissables par voie de tirage au sort, qui sont toujours à la disposition des capitaux disponibles, soit dans les bureaux du Crédit foncier même, soit dans ceux des trésoriers payeurs généraux et des receveurs particuliers des Finances, et qui souvent sont remises directement à l'emprunteur en échange de son engagement hypothécaire. Le Crédit foncier emprunte donc pour prêter, il n'est que l'intermédiaire entre le capital et le travail ; il intervient pour faciliter la rencontre de l'offre et de la demande, certifier les garanties du prêt, assurer le service des intérêts et le remboursement du capital, mais sans échéance fixe

130. Les attributions du Crédit foncier ont été successivement étendues ; aujourd'hui cet établissement est autorisé à :

o Prêter sur hypothèque aux propriétaires d'immeubles des sommes remboursables soit à long terme par annuité, soit à court terme et sans amortissement, aux conditions déterminées par l'art. 8 du décret du 6 juillet 1854 (Statuts approuvés par décret du 16 août 1856) ;

2o Créer et négocier des obligations foncières ou lettres de gage, sans jamais dépasser le montant des sommes dues hypothécairement par les emprunteurs ;

3o Recevoir, avec ou sans intérêts, les capitaux en dépôt ; en exécution de cet art. 2 des statuts, le Crédit foncier délivre aux déposants, lors des versements, des bons de caisse à ordre ou des carnets de compte courant. Pour le numéraire, l'intérêt fixé par l'établissement, 2 % actuellement, court du jour du versement ; pour les coupons, du quinzième jour après l'échéance ; les propriétaires de compte courant sont également munis d'un livre de chèques qui leur permet de tirer sur le Crédit et de disposer des sommes déposées. Bien que les bons de caisse et les chèques ne soient, d'après la loi, payables qu'à deux jours de vue, dans la pratique ils sont payés à bureau ouvert lorsqu'ils ne dépassent pas 20 000 francs, et le lendemain du jour du visa s'ils sont créés pour une somme supérieure ;

49

4° Employer les capitaux déposés, jusqu'à concurrence de la moitié de leur montant, et pour un terme qui n'excédera pas 90 jours, soit en avances, suivant les conditions délibérées en Conseil d'administration, sur les titres qui seraient reçus à la Banque de France comme garanties d'avance, soit en achat de bons du Trésor;

5° Créer des obligations de drainage, avec garantie de l'État, jusqu'à concurrence de 100 millions, pour faciliter les prêts en vue des opérations de drainage (Loi du 28 mai 1858);

6° Prêter aux départements, aux communes et aux associations syndicales les sommes qu'ils ont obtenu l'autorisation d'emprunter; à cet effet le Crédit foncier crée, en représentation de la valeur de ces emprunts et jusqu'à concurrence de leur montant, des obligations dites *communales*, qui ne diffèrent des obligations foncières qu'en ce que la garantie, au lieu d'être une hypothèque, consiste dans la solvabilité des départements et des communes (Loi du 6 juillet 1860).

131. *Actions.* — Le capital social du Crédit foncier est divisé en actions, garanties par un fonds de réserve, nominatives ou au porteur, négociables à la Bourse. Pour les titres nominatifs, ils sont transférés par un acte sur les registres de la Compagnie; les titres au porteur sont transmis par simple tradition. Les actionnaires ne sont engagés que jusqu'à concurrence du capital souscrit, sans pouvoir être assujettis à des appels de fonds (voir *Impôts*, *Perte ou vol*, nos 149 et suiv.; 173 et suiv.)

132. *Obligations.* — Par ces titres le Crédit foncier s'engage à servir les intérêts des sommes prêtées, le 1er mai et le 1er novembre de chaque année, et à en effectuer le remboursement par voie de tirage au sort le 22 mars et le 22 septembre. Les obligations foncières se divisent en deux classes : les unes de 500 francs, donnant lieu à un intérêt de 5 % et à un remboursement sans prime ni lots; les autres de 1000 francs, divisées en coupures de 500 francs ou de 100 francs suivant les demandes, rapportant 3 ou 4 %, remboursables avec prime et attribution de lots; les tirages des lots ont lieu quatre fois par an, les 22 mars, 22 juin, 22 septembre, 22 décembre, et les lots sont payés les 1er mai, 1er août, 1er novembre et 1er février qui suivent les tirages.

133. Les obligations communales sont aussi à prime et lots, ou simplement à intérêts; le tirage des lots n'est que semestriel, le 22 mars et le 22 septembre; le même jour a lieu le tirage des obligations appelées au remboursement.

134. Les titres peuvent être au porteur ou nominatifs, cessibles par voie d'endossement, négociables à la Bourse.

« Il n'est admis aucune opposition au payement du capital ou des intérêts, si ce n'est en cas de perte de la lettre de gage. » (Décret organique de 1852, art. 18.)

135. Les titres d'obligations du Crédit foncier des départements et des

communes sont assujettis aux droits de timbre et de transmission (Loi du 16 septembre 1871, art. 11) : ils en avaient été exempts jusque-là.

§ 5. — Actions et obligations dans les Sociétés industrielles.

136. *Notions générales.* — On appelle *actions*, dans les sociétés industrielles, les parts dans le capital social ; le total de toutes les actions égale donc le capital social.

137. Cette division du capital en actions est surtout employée dans les sociétés anonymes et les sociétés en commandite, forme d'association qui est la plus propre aux grandes entreprises.

138. La société anonyme est celle dans laquelle tous les associés restent inconnus et n'engagent leur responsabilité que jusqu'à concurrence de leur mise (Code de commerce, art. 29, 30). La société en commandite se contracte entre un ou plusieurs associés responsables et solidaires, et un ou plusieurs associés simples bailleurs de fonds, appelés *commanditaires* ou *associés en commandite ;* ces derniers ne sont passibles des pertes que jusqu'à concurrence des fonds qu'ils ont mis ou dû mettre dans la société. (Code de commerce, art. 26.)

139. Si la société venait à faire faillite avant le versement complet de la somme représentant le taux d'émission des actions, les souscripteurs pourraient être contraints à effectuer les versements complémentaires.

140. Les sociétés anonymes et en commandite sont aujourd'hui régies par la loi du 24 juillet 1867.

141. Les titres sont nominatifs, sous la réserve de certaines conditions énumérées dans la loi précitée, ils peuvent être également au porteur ; il est toujours loisible aux propriétaires de changer la nature de leurs titres. Le transfert des titres nominatifs se fait sur les registres de la Compagnie, après négociation par ministère d'agent de change, lorsque les valeurs sont cotées à la Bourse ; le vendeur doit au préalable demander à la Compagnie la conversion de son titre en titre au porteur, il se présente ensuite chez son agent de change, qui vend, et l'acheteur fait transférer à son nom, sur le certificat de l'agent de change acquéreur. Les titres au porteur sont transmissibles par voie de tradition, mais il est toujours prudent de n'acheter que sur le marché public ; quelquefois les titres de cette nature sont cessibles par endossement.

142. On distingue les actions en actions de capital, délivrées contre versement des sommes fixées lors de l'émission ; actions industrielles, délivrées contre apport, par quelques-uns des membres, de leur industrie, de leur invention ; actions de jouissance, remises aux anciens actionnaires après remboursement des actions primitives, lorsqu'il est prélevé une somme sur les bénéfices annuels pour former un fonds de réserve. Les

premières seules donnent droit à une part proportionnelle dans les béné-
fices et dans le fonds social; les dernières donnent part dans les bénéfices
et dans les dividendes; enfin, pour les secondes, celles dites *industrielles*,
leurs avantages sont déterminés par les assemblées générales des action-
naires, en conformité des art. 4 et 24 de la loi du 24 juillet 1857 : ils consistent
généralement dans une part proportionnelle dans les bénéfices. Souvent les
statuts exigent que les titres de cette nature restent dans la caisse de la société.

143. Les dividendes des actions sont en général fixés tous les trimestres,
payables en l'acquit du porteur du titre, à la caisse de la société ou de ses
succursales.

144. *Obligations.* — Les titres d'obligations dans les sociétés industriel-
les représentent les parts dans les emprunts desdites sociétés; ce sont des
titres de créance : ils ne donnent donc aucun droit sur la répartition de
l'actif ou des bénéfices, mais le service de leurs intérêts doit être assuré avant
toute distribution de dividende aux actionnaires; en cas de dissolution de
la société, leur remboursement se prélève sur le fonds social, également avant
toute répartition aux actionnaires, n'encourant la crainte de perte que dans
l'hypothèse de faillite.

145. Les règles pour la transmission sont les mêmes que celles indiquées
relativement aux actions (*voir* nº 141.)

146. Le payement des intérêts est généralement semestriel, à vue et en
l'acquit du porteur.

147. L'amortissement se fait le plus souvent par voie de tirage au sort,
avec prime, quelquefois avec lots; la compagnie se réserve toujours le droit
d'anticiper les remboursements.

148. Les intérêts et dividendes non réclamés dans les cinq ans de leur
échéance sont prescrits (Code civil, art. 2277).

149. Impôts frappant les valeurs mobilières. Droit de timbre. — *Actions
dans les sociétés.* — Chaque titre ou certificat d'action dans une société,
compagnie ou entreprise quelconque, financière, commerciale, industrielle
ou civile, que l'action soit d'une somme fixe ou d'une quotité, qu'elle soit
libérée ou non libérée, émis à partir du 1er janvier 1851, est assujetti au
timbre proportionnel de 0fr,50 pour 100 du capital nominal, pour les
sociétés, compagnies ou entreprises dont la durée n'excède pas dix ans, et
à 1 % pour celles dont la durée dépasse dix ans.

150. A défaut de capital nominal, le droit se calcule sur le capital réel,
dont la valeur est déterminée d'après les règles établies par les lois d'en-
registrement. L'avance en est faite par la compagnie, et la perception suit
les sommes de 20 francs en 20 francs inclusivement et sans fraction (Loi
du 5 juin 1850, art. 14).

151. Les titres ou certificats d'actions sont tirés d'un registre à souche,
le timbre est apposé sur la souche et sur le talon; les registres doivent
être communiqués aux préposés de l'enregistrement (même Loi, art. 16). Le

titre ou certificat d'action délivré par suite de transfert ou de renouvellement est timbré à l'extraordinaire, ou visé pour timbre gratis, si le titre ou certificat primitif a été timbré (art. 17).

152. En cas de contravention, les sociétés sont passibles d'une amende de 12 % du montant de l'action (art. 18), et les agents de change ou courtiers qui ont concouru à la cession ou transfert d'un titre non timbré sont passibles d'une amende de 10 % du montant de l'action (art. 19).

153. Quant aux certificats d'actions et aux titres délivrés antérieurement au 1er janvier 1851, tout renouvellement ou transfert est assujetti au timbre proportionnel de 0fr,05 par 100 francs (art. 20 et 21).

154. Les sociétés, compagnies, entreprises, peuvent s'affranchir des obligations imposées par les art. 14 et 20 en contractant avec l'Etat un abonnement pour toute la durée de la société ; le droit est annuel, de 0fr,05 par 100 francs du capital nominal ou du capital réel à défaut de capital nominal (plus 2 décimes, Loi du 30 mars 1872, art. 3) ; le payement est fait, à la fin de chaque trimestre, au bureau d'enregistrement du lieu où se trouve le siége de l'entreprise. Un règlement d'administration publique du 27 juillet 1850 a déterminé les formalités pour l'application du timbre sur les actions ; en cas d'abonnement, des timbres spéciaux, indiquant ce régime de perception, sont appliqués sur la souche et le talon des titres (Règlement du 27 juillet 1850, art. 5). Chaque contravention au règlement en question est passible d'une amende de 50 francs.

155. *Obligations négociables.* — Les titres d'obligations souscrits à compter du 1er janvier 1851 par les départements, communes, établissements publics et compagnies, sous quelque dénomination que ce soit, sont assujettis au timbre proportionnel de 1 % du montant du titre. L'avance en est faite par les départements, communes, établissements publics et compagnies (Loi du 5 juin 1850, art. 27). La perception du droit suit les sommes et valeurs de 20 francs en 20 francs inclusivement et sans fraction. Les titres sont tirés d'un registre à souche, qui doit être présenté à la Régie (art. 28). Ce timbre n'est pas dû en cas de renouvellement du titre. Toute contravention aux art. 27 et 28 entraîne une amende de 10 % du montant du titre. Un délai a été donné pour soumettre à l'extraordinaire au droit de timbre fixé par les lois existantes tout titre d'obligation souscrit antérieurement au 1er janvier 1851 (art. 30).

156. Les départements, communes, établissements publics et compagnies peuvent s'affranchir des obligations imposées par les art. 27 et 30, en contractant avec l'Etat un abonnement pour toute la durée de la société ; le droit est annuel, de 0fr,05 par 100 francs du montant de chaque titre, payable à la fin de chaque trimestre au bureau d'enregistrement du lieu où les départements, etc., ont le siége de leur administration.

157. Les art. 15, 19, 23 de la loi de 1850 et le décret du 27 juillet 1850 sont applicables aux titres d'obligations.

49.

Décimes. — Il a été ajouté, par la loi du 23 août 1871, deux décimes au principal des droits de timbre de toute nature.

158. DROIT DE TRANSMISSION. — Toute cession de titres ou promesses d'actions et d'obligations dans une société, compagnie ou entreprise quelconque, financière, industrielle, commerciale ou civile, quelle que soit la date de sa création, est assujettie à un droit de 0^{fr},50 par 100 francs de la valeur négociée.

159. Ce droit, pour les titres au porteur et pour ceux dont la transmission peut s'opérer sans un transfert sur les registres de la société, est converti en une taxe annuelle et obligatoire de 0^{fr},20 par 100 francs du capital desdites actions et obligations, évalué par leur cours moyen pendant l'année précédente, et, à défaut de cours dans cette année, conformément aux règles établies par les lois sur l'enregistrement (Loi du 23 juin 1857, art. 6; et Loi du 29 juin 1872, art. 3).

160. Le droit pour les titres nominatifs, dont la transmission ne peut s'opérer que par un transfert sur les registres de la société, est perçu, au moment du transfert, pour le compte du Trésor, par les sociétés, compagnies ou entreprises, qui en sont constituées débitrices par le fait du transfert (art. 7).

161. Le droit, sur les titres au porteur ou assimilés, est payable par trimestre, et avancé par les sociétés, compagnies et entreprises, sauf recours contre les porteurs desdits titres (même article).

162. Dans les sociétés qui admettent le titre au porteur, tout propriétaire d'actions ou d'obligations a toujours la faculté de convertir ses titres au porteur en titres nominatifs et réciproquement; dans l'un et l'autre cas, la conversion donne lieu à la perception du droit de transmission (art. 8).

163. Un décret du 17 juillet 1857 a déterminé les modes de calcul des droits, les obligations des compagnies, le contrôle des agents de l'enregistrement.

164. Ces taxes sont affranchies des deux décimes existants (Loi du 29 juin 1872, art. 3).

165. Toute contravention aux précédentes dispositions et à celles des règlements faits pour leur exécution est punie d'une amende de 100 à 5000 francs, sans préjudice des peines portées par l'art. 39 de la Loi du 22 frimaire an VII, pour omission ou insuffisance de déclaration (art. 10).

166. DROITS DE MUTATION. — L'impôt de transmission n'est perçu qu'en cas de cession à titre onéreux, en cas de transmission à titre gratuit, par suite de succession, legs ou donation, les valeurs mobilières sont assujetties au droit ordinaire de mutation. La quotité de ce droit a souvent varié, il frappe la valeur d'après son cours moyen au jour du décès ou de la donation, ou, si le titre n'est pas coté à la Bourse, d'après le capital fixé en conformité des lois d'enregistrement.

167. Le défaut de déclaration ou la fausse déclaration entraîne, à titre d'amende, un double droit.

168. IMPÔT SUR LE REVENU DES VALEURS MOBILIÈRES. — Indépendamment des droits de timbre, de transmission et de mutation, une taxe annuelle et obligatoire de 3 °/₀ du revenu a été établie : 1° sur les intérêts, dividendes, revenus et tous autres produits des actions de toute nature des sociétés, compagnies ou entreprises quelconques, financières, industrielles, commerciales ou civiles, quelle que soit l'époque de leur création ; 2° sur les arrérages et intérêts annuels des emprunts et obligations des départements, communes et établissements publics, ainsi que des sociétés, compagnies et entreprises ci-dessus désignées ; 3° sur les intérêts, produits et bénéfices annuels des parts d'intérêt et commandites dans les sociétés, compagnies et entreprises dont le capital n'est pas divisé en actions (Loi du 29 juin 1872, art. 1er). Toutefois ce *tertio* a subi une modification par suite d'une loi plus récente du 1er décembre 1875, qui a décidé que l'impôt en question n'est pas applicable aux parts d'intérêt dans les sociétés commerciales en nom collectif et dans les sociétés de toute nature, dites de coopération, formées exclusivement entre des ouvriers et artisans au moyen de leurs cotisations périodiques, et qu'il ne doit frapper que le montant de la commandite, dans les sociétés en commandite dont le capital n'est pas divisé en actions (*voir* art. 1 et 2 de la Loi. Instruction de l'Administration du 11 décembre 1872).

169. Le revenu est déterminé : 1° pour les actions, par le dividende fixé d'après les délibérations des assemblées générales d'actionnaires ou des conseils d'administration, les comptes rendus ou tous autres documents analogues ; 2° pour les obligations ou emprunts, par l'intérêt ou le revenu distribué dans l'année ; 3° pour les parts d'intérêt et commandite, soit par les délibérations des conseils d'administration des intéressés, soit, à défaut, par l'évaluation à raison de 5 °/₀ du montant du capital social ou de la commandite ou du prix moyen des cessions de parts d'intérêt consenties pendant l'année précédente. Les comptes rendus et les extraits des délibérations des conseils d'administration ou des actionnaires sont déposés, dans les vingt jours de leur date, au bureau de l'enregistrement du siége social (art. 2).

170. Le montant de l'impôt est avancé, sauf leur recours, par les sociétés, compagnies, entreprises, villes, départements ou établissements publics (*voir* d'ailleurs Décret du 6 décembre 1872, et Instruction de l'Administration du 11 décembre 1872, concernant l'exécution de la Loi du 29 juin 1872.)

171. La taxe de 3 °/₀ a été étendue aux lots et primes de remboursement payés aux créanciers et aux porteurs d'obligations, effets publics et tous autres titres d'emprunt. La valeur est déterminée, pour la perception de la taxe, savoir : 1° pour les lots, par le montant même du lot en monnaie française ; 2° pour les primes, par la différence entre la somme remboursée et le taux d'émission des emprunts (Loi du 21 juin 1875 et Décret du 15 décembre 1876).

172. Toute contravention aux lois et règlements cités plus haut est punie conformément à l'art. 10 de la loi du 23 juin 1857 (*voir* n° 165, Loi du 29 juin 1872, art. 5).

173. PERTE OU VOL DES TITRES. — *a. Titres nominatifs.* — Au cas de perte ou de vol de titre nominatif, le propriétaire doit faire une opposition au transfert entre les mains du gérant ou directeur de la société et entre celles du syndicat des agents de change, et une opposition au payement des intérêts également au siége de la société, qui, en outre, peut être contrainte à verser les intérêts échus à la Caisse des dépôts et consignations.

174. Lorsqu'il s'agit d'un titre transmissible par voie de transfert sur les registres des compagnies, on est en droit d'exiger de ces dernières la délivrance de nouveaux titres nominatifs. D'ailleurs, elles s'y prêtent ordinairement de bon gré, en prenant quelques mesures de précaution, par exemple en laissant écouler un certain temps et en demandant une caution; en outre, les titres portent la mention *duplicata* et le motif pour lequel ils ont été délivrés.

175. *Loi du 15 juin 1872, relative aux titres au porteur.* — ART. 1er. Le propriétaire de titres au porteur qui en est dépossédé par quelque événement que ce soit peut se faire restituer contre cette perte, dans la mesure et dans les conditions déterminées par la présente loi.

6. ART. 2. Le propriétaire dépossédé fera notifier par huissier à l'établissement débiteur un acte indiquant le nombre, la nature, la valeur nominale, le numéro et, s'il y a lieu, la série des titres. Il devra aussi, autant que possible, énoncer : 1° l'époque et le lieu où il est devenu propriétaire ainsi que le mode de son acquisition ; 2° l'époque et le lieu où il a reçu les derniers intérêts ou dividendes ; 3° les circonstances qui ont accompagné sa dépossession. Le même acte contiendra une élection de domicile dans la commune du siége de l'établissement débiteur. Cette notification emportera opposition au payement tant du capital que des dividendes échus ou à échoir.

177 ART. 3. Lorsqu'il se sera écoulé une année depuis l'opposition sans qu'elle ait été contredite, et que, dans cet intervalle, deux termes au moins d'intérêts ou de dividendes auront été mis en distribution, l'opposant pourra se pourvoir auprès du Président du Tribunal civil du lieu de son domicile, afin d'obtenir l'autorisation de toucher les intérêts ou dividendes échus ou à échoir, au fur et à mesure de leur exigibilité, et même le capital des titres frappés d'opposition dans le cas où ledit capital serait ou deviendrait exigible.

178. ART. 4. Si le président accorde l'autorisation, l'opposant devra, pour toucher les intérêts ou dividendes, fournir une caution solvable dont l'engagement s'étendra au montant des annuités exigibles et de plus à une valeur double de la dernière annuité échue. Après deux ans écoulés depuis l'autorisation sans que l'opposition ait été contredite, la caution sera de

plein droit déchargée. Si l'opposant ne veut ou ne peut fournir la caution requise, il pourra, sur le vu de l'autorisation, exiger de la compagnie le dépôt à la Caisse des dépôts et consignations des intérêts ou dividendes échus et de ceux à échoir, au fur et à mesure de leur exigibilité. Après deux ans écoulés depuis l'autorisation, sans que l'opposition ait été contredite, l'opposant pourra retirer de la Caisse des dépôts et consignations les sommes ainsi déposées, et percevoir librement les intérêts et dividendes à échoir, au fur et à mesure de leur exigibilité.

179. Art. 5. Si le capital des titres frappés d'opposition est devenu exigible, l'opposant qui aura obtenu l'autorisation ci-dessus pourra en toucher le montant à charge de fournir caution. Il pourra, s'il le préfère, exiger de la compagnie que le montant dudit capital soit déposé à la Caisse des dépôts et consignations.

180. Lorsqu'il se sera écoulé dix ans depuis l'époque de l'exigibilité et cinq ans au moins à partir de l'autorisation sans que l'opposition ait été contredite, la caution sera déchargée, et, s'il y a eu dépôt, l'opposant pourra retirer de la Caisse des dépôts et consignations les sommes en faisant l'objet.

Art. 6. La solvabilité de la caution à fournir en vertu des dispositions des articles précédents sera appréciée comme en matière commerciale. S'il s'élève des difficultés, il sera statué en référé par le Président du Tribunal du domicile de l'établissement débiteur.

181. Il sera loisible à l'opposant de fournir un nantissement au lieu et place d'une caution. Ce nantissement pourra être constitué en titres de rentes sur l'Etat. Il sera restitué à l'expiration des délais fixés pour la libération de la caution.

182. Art 7. En cas de refus de l'autorisation dont il est parlé en l'art. 3, l'opposant pourra saisir, par voie de requête, le tribunal civil de son domicile, lequel statuera après avoir entendu le ministère public. Le jugement obtenu dudit tribunal produira les effets attachés à l'ordonnance d'autorisation.

183. Art. 8. Quand il s'agira de coupons au porteur détachés du titre, si l'opposition n'a pas été contredite, l'opposant pourra, après trois années à compter de l'échéance et de l'opposition, réclamer le montant desdits coupons de l'établissement débiteur, sans être tenu de se pourvoir d'autorisation.

184. Art. 9. Les payements, faits à l'opposant suivant les règles ci-dessus posées, libèrent l'établissement débiteur envers tout tiers porteur qui se présenterait ultérieurement. Le tiers porteur au préjudice duquel lesdits payements auraient été faits conserve seulement une action personnelle contre l'opposant qui aurait formé son opposition sans cause.

185. Art. 10. Si, avant que la libération de l'établissement débiteur soit accomplie, il se présente un tiers porteur des titres frappés d'opposition,

ledit établissement doit provisoirement retenir ces titres contre un récépissé remis au tiers porteur ; il doit de plus avertir l'opposant, par lettre chargée, de la présentation du titre, en lui faisant connaître le nom et l'adresse du tiers porteur. Les effets de l'opposition restent alors suspendus jusqu'à ce que la justice ait prononcé entre l'opposant et le tiers porteur.

186. ART. 11. L'opposant qui voudra prévenir les négociations ou la transmission des titres dont il a été dépossédé devra notifier par exploit d'huissier, au syndicat des agents de change de Paris, une opposition renfermant les énonciations prescrites par l'art. 2 de la présente loi ; l'exploit contiendra réquisition de faire publier les numéros des titres.

187. Cette publication sera faite, un jour franc au plus tard, par les soins et sous la responsabilité du syndicat des agents de change de Paris, dans un bulletin quotidien, établi et publié dans les formes et sous les conditions déterminées par un règlement d'administration publique (Règlement du 10 avril 1873).

188. Le même règlement fixera le coût de la rétribution annuelle due par l'opposant pour frais de publicité (o^{fr},5o par numéro et par an). Cette rétribution annuelle sera payée d'avance à la caisse du syndicat, faute de quoi la dénonciation de l'opposition ne sera pas reçue ou la publication ne sera pas continuée à l'expiration de l'année pour laquelle la rétribution aura été payée.

189. ART. 12. Toute négociation ou transmission postérieure au jour où le bulletin est parvenu ou aurait pu parvenir par la voie de la poste dans le lieu où elle a été faite sera sans effet vis-à-vis de l'opposant, sauf le recours du tiers porteur contre son vendeur et contre l'agent de change par l'intermédiaire duquel la négociation aura eu lieu. Le tiers porteur pourra également, dans le cas prévu par le précédent article, contester l'opposition faite irrégulièrement ou sans droit.

190. Sauf les cas où la mauvaise foi serait démontrée, les agents de change ne seront responsables des négociations faites par leur entremise qu'autant que les oppositions leur auront été signifiées personnellement ou qu'elles auront été publiées dans le bulletin par les soins du syndicat.

191. ART. 13. Les agents de change doivent inscrire sur leurs livres les numéros des titres qu'ils achètent ou qu'ils vendent. Ils mentionneront sur les bordereaux d'achat les numéros livrés. Un règlement d'administration publique déterminera le taux de la rémunération qui sera allouée à l'agent de change pour cette inscription de numéro (o^{fr},o5 par titre, règlement précité).

192. ART. 14. A l'égard des négociations ou transmissions de titres antérieurs à la publication de l'opposition, il n'est pas dérogé aux dispositions des art. 2279 et 2280 du Code civil.

193. ART. 15. Lorsqu'il se sera écoulé dix ans depuis l'autorisation

obtenue par l'opposant, conformément à l'art. 3, et que pendant le
même laps de temps l'opposition aura été publiée sans que personne se
soit présenté pour recevoir les intérêts ou dividendes, l'opposant pourra
exiger de l'établissement débiteur qu'il lui soit remis un titre semblable et
subrogé au premier. Ce titre devra porter le même numéro que le titre
originaire, avec la mention qu'il est délivré par duplicata.

194. Le titre délivré en duplicata conférera les mêmes droits que le titre
primitif et sera négociable dans les mêmes conditions.

195. Le temps pendant lequel l'établissement n'aurait pas mis en distribu-
tion de dividendes ou d'intérêts ne sera pas compté dans le délai ci-dessus.

196. Dans le cas du présent article, le titre primitif sera frappé de dé-
chéance, et le tiers porteur qui le représentera après la remise du nouveau
titre à l'opposant n'aura qu'une action personnelle contre celui-ci au cas
où l'opposition aurait été faite sans droit.

197. L'opposant qui réclamera de l'établissement un duplicata payera les
frais qu'il occasionnera. Il devra de plus garantir par un dépôt ou par une
caution que le numéro du titre frappé de déchéance sera publié pendant
dix ans, avec une mention spéciale, au bulletin quotidien.

198. Art. 16. Les dispositions de la présente loi sont applicables aux
titres au porteur émis par les départements, les communes et les établis-
sements publics, mais elles ne sont pas applicables aux billets de la Ban-
que de France, ni aux billets de même nature, émis par des établissements
également autorisés, ni aux rentes ou autres titres au porteur émis par l'Etat,
lesquels continueront à être régis par les lois et règlements en vigueur.

§ 6. — Valeurs étrangères.

199. Les valeurs étrangères qui peuvent se présenter sur notre marché
sont de deux sortes, les fonds d'Etat, les actions et obligations dans les
sociétés industrielles.

Les emprunts étrangers ne peuvent être publiés en France et contractés
directement qu'avec l'autorisation du gouvernement, mais les titres de ces
emprunts sont de plein droit admis à la cote de la Bourse, sans qu'on
puisse en inférer une approbation de la part du gouvernement français.
(Ordonnance du 12 novembre 1823.)

200. Les valeurs dans les sociétés étrangères n'étaient pas admises au
cours public, avant l'apparition des sociétés de chemins de fer étrangers;
aujourd'hui la négociation à la Bourse de Paris et dans les Bourses dépar-
tementales de ces titres est soumise aux lois et règlements qui sont applica-
cables à la négociation des valeurs françaises de même nature (Décret du
22 mai 1858, art. 1). De plus, ces compagnies étrangères doivent justifier
qu'elles sont constituées conformément aux lois des pays où elles se sont
formées, que leurs actions et obligations sont cotées officiellement dans

leur pays. Les actions doivent être d'au moins 500 francs libérées jusqu'à concurrence des sept dixièmes, donner lieu à des opérations assez nombreuses pour permettre d'en apprécier le cours (art. 2, 3 et 4).

201. Les obligations sont négociées et cotées en France, lorsque le capital social ou la partie de ce capital représentée par des actions a été intégralement versé et que l'émission, en France, de ces obligations a été autorisée par les Ministres des Finances, du Commerce, de l'Agriculture et des Travaux publics (art. 5).

202. Ces titres étrangers ne peuvent être négociés que par le ministère des agents de change (Code de commerce, art. 76). Il est interdit à ces officiers ministériels de participer à la négociation des valeurs en question, d'en publier le cours ou d'en annoncer la souscription, avant qu'elles aient été admises à être négociées par la chambre syndicale des agents de change (Décret du 22 mai 1858, art. 6).

203. Leurs intérêts, le plus souvent représentés par des coupons au porteur, sont payables chez un banquier ou dans un établissement financier, en argent français; mais il y a à tenir compte du cours du change et aussi de ce que, outre les impôts qui frappent en France ces valeurs, elles supportent certaines taxes à l'étranger.

204. Sont atteints par : 1° le droit de timbre, les titres de rentes, emprunts et tous autres effets publics des gouvernements étrangers, d'après le tarif suivant : $0^{fr},75$ pour chaque titre de 500 francs et au-dessous; $1^{fr},50$ pour chaque titre de 500 francs jusqu'à 1000 francs; 3 francs pour chaque titre au-dessus de 1000 francs jusqu'à 2000, et ainsi de suite, à raison de $1^{fr},50$ par 1000 francs ou fractions de 1000 francs (Loi du 25 mai 1872, art. 1er; Instruction de l'Administration du 27 mai 1872)

2° Le droit de timbre et de transmission, le droit de 3 % du revenu : les actions, obligations, titres d'emprunts, quelle que soit d'ailleurs leur dénomination, des sociétés, compagnies, entreprises, corporations, villes; provinces étrangères (Loi du 5 juin 1850, Loi du 23 juin 1857, Loi du 23 août 1871, Loi du 16 septembre 1871, Loi du 30 mars 1872, art. 1er; Décret du 24 mai 1872; Instruction de l'Administration du 24 mai 1872; Loi du 29 juin 1872, art. 4; Décret du 6 décembre 1872; Instruction de l'Administration du 11 décembre 1872; Loi du 21 juin 1875, art 5; Décret du 15 décembre 1875; voir nos 149 à 173.)

3° Le droit de mutation : les fonds publics, actions, obligations, parts d'intérêts, créances, et généralement les valeurs mobilières étrangères de toute nature, dépendant soit de la succession d'un étranger domicilié en France, avec ou sans autorisation, soit des successions régies par la loi française, ou faisant l'objet d'une transmission à titre gratuit s'opérant en France et même à l'étranger si c'est au profit d'un Français (Loi du 18 mai 1850, art. 7; loi du 23 août 1871, art. 3 et 4).

8273   Paris. — Imprimerie de GAUTHIER-VILLARS, quai des Augustins, 55.

EXTRAIT DU CATALOGUE GÉNÉRAL

DE

GAUTHIER-VILLARS,

IMPRIMEUR–LIBRAIRE,

SUCCESSEUR DE MALLET-BACHELIER,

Quai des Augustins, 55, à Paris.

———

Le Catalogue général est envoyé aux personnes qui en font la demande par lettre affranchie.

En envoyant à M. Gauthier-Villars un mandat sur la Poste ou une valeur sur Paris, on reçoit les Ouvrages *franco* dans tous les pays qui font partie de l'Union générale des Postes, à l'exception des États-Unis de l'Amérique du Nord, c'est-à-dire, en *Europe, Algérie, Égypte, Maroc, Russie d'Asie, Tunisie, Turquie d'Asie.* — Pour les *États-Unis de l'Amérique du Nord,* ajouter 1 *franc* par vol. in-4, et 50 *centimes* par vol. in-8 ou in-12. — Pour les autres pays, suivant les conventions postales.

———

ANNALES SCIENTIFIQUES DE L'ÉCOLE NORMALE SUPÉRIEURE, publiées sous les auspices du Ministre de l'Instruction publique, par un *Comité de Rédaction composé de MM. les Maîtres de Conférences.*

1re Série, 7 volumes in-4, avec figures dans le texte et planches sur cuivre, années 1864 à 1870.   150 fr.

La **2e Série,** commencée en 1872, paraît, chaque mois, par numéro contenant 4 à 5 feuilles in-4, avec figures dans le texte et planches. L'abonnement est annuel et part du 1er janvier.

Prix de l'abonnement pour un an (12 numéros):

Paris............................. 30 fr.
Europe, Algérie, Égypte, Maroc, Russie
    d'Asie, Tunisie, Turquie d'Asie..... 35 fr.
États-Unis de l'Amérique du Nord... 37 fr.
Autres pays....................... 40 fr.

AMADIEU, ancien Officier d'État-major, Directeur d'une École préparatoire à Versailles. — **Notions** élémentaires d'Algèbre, exigées pour l'admission à l'École Navale, à l'École de Saint-Cyr et à l'École Forestière. In-12; 3e édition; 1867.   3 fr.

In-18 jésus; J.   1

ANDRÉ (**Ch.**), Astronome adjoint à l'Observatoire de Paris. — **Étude de la diffraction dans les instruments d'optique**; son influence dans les observations astronomiques. (Thèse.) In-4; 1876.   4 fr.

ANNALES DE L'OBSERVATOIRE DE PARIS, publiées par M. *Le Verrier.* **Partie théorique**, tomes I à XIII. In-4, avec planches; 1855-1876.

Les Tomes I à X et les Tomes XII et XIII se vendent séparément.   27 fr.

Le Tome XI (1876) comprend deux *Parties* qui se vendent séparément.   20 fr.

Le tome XIV est *sous presse.*

ANNALES DE L'OBSERVATOIRE DE PARIS, publiées par M. *U.-J. Le Verrier.* **Observations.** Tomes I à XXIII, années 1800 à 1867; Tome XXX, année 1874. 24 volumes in-4 (en tableaux) 1858 à 1876   960 fr.

Chaque volume se vend séparément..   40 fr.

Le tome XXXI, **Observations** de 1875, est *sous presse.*

ANNUAIRE DE L'OBSERVATOIRE DE MONT-SOURIS pour **1877**; **Météorologie, Agriculture, Hygiène** (contenant le résumé des travaux de l'année 1876 : *Magnétisme terrestre; carte magnétique de la France; électricité atmosphérique; hauteurs barométriques; température de l'eau et du sol; actinométrie; eaux météorique; évaporation à la surface de l'eau; végétation*). 6e année. In-18, avec nombreuses figures dans le texte et la carte des courbes d'égale déclinaison magnétique en France.   2 fr.

ANNUAIRE pour l'an **1877**, publié par le **Bureau des Longitudes** (contenant des Notices scientifiques : *Sur les Orages et sur la formation de la grêle;* par M. **Faye**, membre de l'Institut. — *Déclinaison de l'aiguille aimantée;* par M. **Marié-Davy.** — In-18 avec 2 planches et la carte des courbes d'égale déclinaison magnétique en France).   1 fr. 50 c.

Pour recevoir l'Annuaire franco par la poste, en France, ajouter 35 c.

AOUST (l'Abbé), Professeur à la Faculté des Sciences de Marseille. — **Analyse infinitésimale des courbes tracées sur une surface quelconque.** In-8; 1869.   7 fr.

AOUST (l'Abbé). — **Analyse infinitésimale des courbes planes,** contenant la résolution d'un grand nombre de problèmes choisis, à l'usage des candidats à la licence. In-8, avec 80 fig. dans le texte; 1873.   8 fr. 50 c.

AOUST. — **Analyse infinitésimale des courbes dans l'espace.** In-8, avec 40 figures dans le texte; 1876.   11 fr.

BABINET, Membre de l'Institut (Académie des Sciences). — **Études et Lectures sur les Sciences d'observation** et leurs applications pratiques. 8 vol. in-12.

Chaque volume se vend séparément.   2 fr. 50 c.

BABINET, Membre de l'Institut, et **HOUSEL,** Professeur de Mathématiques. — **Calculs pratiques appliqués aux Sciences d'observation.** In-8, avec 75 figures dans le texte; 1857.   6 fr.

BACHET, sieur de **MÉZIRIAC**. — **Problèmes plaisants et délectables qui se font par les nombres.** 3ᵉ éd., revue, simplifiée et augmentée par *A. Labosne*. Petit in-8, caractères elzévirs, titre en 2 couleurs, papier vergé, couverture en parchemin; 1874. (*Tiré à petit nombre.*) 6 fr.

BALTZER (Dʳ **Richard**), Professeur au Gymnase de Dresde. — **Théorie et applications des Déterminants,** avec l'indication des sources originales, traduit de l'allemand, par *J. Hoüel*, docteur ès Sciences. In-8; 1861. 5 fr.

BARRESWIL et **DAVANNE**. — **Chimie photographique,** contenant les Éléments de Chimie expliqués par des exemples empruntés à la Photographie; les procédés de Photographie sur glace (collodion humide, sec ou albuminé), sur papiers, sur plaques; la manière de préparer soi-même, d'essayer, d'employer tous les réactifs, d'utiliser les résidus, etc. 4ᵉ édition, augmentée et ornée de figures dans le texte. In-8; 1864. 8 fr. 50 c.

BELLANGER (**C.-A.**), Professeur d'Hydrographie. — **Petit Catéchisme de Machine à vapeur,** à l'usage des candidats aux grades de la marine de commerce. 2ᵉ édition. Petit in-8, avec Atlas de 6 planches; 1872. 3 fr.

BELLAVITIS, Professeur à l'Université de Padoue. — **Exposition de la Méthode des Équipollences,** traduit de l'italien par *C.-A. Laisant*, Capitaine du Génie. In-8, avec figures dans le texte; 1874. 4 fr. 50 c.

BENOIT (**P.-M.-N.**). — **La Règle à Calcul expliquée,** ou Guide du Calculateur à l'aide de la Règle logarithmique à tiroir. Fort volume in-12 avec pl. 5 fr.
    La **Règle à Calcul** (*Instrument*) se vend séparément 6 fr.

BENOIT (**P.-M.-N.**). — **Guide du Meunier et du Constructeur de Moulins.** 1ʳᵉ *Partie :* Constructions des moulins. 2ᵉ *Partie :* Meunerie. 2 vol. in-8 de 900 pages, avec 22 planches contenant 638 figures; 1863. 12 fr.

BERNARD (**A.**), Agrégé de l'Université, professeur de Chimie et de Physique à Cognac. — **Alcoométrie.** Grand in-8, avec 6 planches; 1875. 5 fr.

BERTHELOT (**Marcellin**), Professeur au Collége de France. — **Leçons sur les Méthodes générales de synthèse en Chimie organique.** In-8; 1864. 8 fr.

BERTRAND (**J.**), Membre de l'Institut. — **Traité de Calcul différentiel et de Calcul intégral.**
    Calcul différentiel. In-4; 1864............ (*Rare.*)
    Calcul intégral (*Intégrales définies et indéfinies*). In-4 de 720 p., avec 88 fig. dans le texte; 1870... 30 fr.
    Le troisième et dernier volume, Calcul intégral (*Équations différentielles*), est sous presse.

BERTRAND (**J.**). — **La Théorie de la Lune d'Aboul-Wefâ.** In-4; 1873. 1 fr. 50 c.

BILLET, Professeur de Physique à la Faculté des Sciences de Dijon. — **Traité d'Optique physique.** 2 forts vol. in-8, avec 14 pl. composées de 337 fig.; 1858. 15 fr.

BOUCHARLAT (**J.-L.**). — **Théorie des Courbes et des Surfaces du second ordre,** ou Traité complet d'application de l'Algèbre à la Géométrie. 3ᵉ édition, revue, corrigée et augmentée de Notes et des **Principes de la Trigonométrie rectiligne**. In-8, avec pl.; 1845.　　8 fr.

BOUCHARLAT (J.-L.). — Éléments de Calcul différentiel et de Calcul intégral. 7ᵉ édition, in-8, avec planches; 1858.　　8 fr.

BOUCHARLAT (J.-L.). — Éléments de Mécanique. 4ᵉ édition; 1 volume in-8, avec 10 planches; 1861. 8 fr.

BOUCHET (U.), calculateur principal du Bureau des Longitudes. — Hémérologie ou Traité pratique complet des calendriers julien, grégorien, israélite et musulman, avec les règles de l'ancien calendrier égyptien. (*Ouvrage approuvé par l'Académie des Sciences*). In-8; 1868.　　7 fr. 50 c.

BOUR (Edm.), Ingénieur des Mines. — Cours de Mécanique et Machines, professé à l'École Polytechnique : *Cinématique*. In-8, avec Atlas de 30 planches in-4 gravées sur cuivre; 1865.　　10 fr.

　Statique et travail des forces dans les machines à l'état de mouvement uniforme, publié par M. *Phillips*, Professeur de Mécanique à l'École Polytechnique, avec la collaboration de MM. *Collignon* et *Kretz*. In-8, avec Atlas de 8 planches contenant 106 fig.; 1868.　6 fr.

　Dynamique et Hydraulique, avec 125 figures dans le texte; 1874.　　7 fr. 50 c.

BOURDON, ancien Examinateur d'admission à l'École Polytechnique. — Éléments d'Arithmétique. 35ᵉ édit. In-8; 1872. (*Adopté par l'Université.*)　　4 fr.

BOURDON. — Application de l'Algèbre à la Géométrie, comprenant la Géométrie analytique à deux et à trois dimensions. 8ᵉ édit., revue et annotée par M. *Darboux*. In-8, avec pl.; 1875. (*Adopté par l'Université.*) 8 fr.

BOURDON. — Éléments d'Algèbre, avec Notes signées *Prouhet*. 14ᵉ éd. In-8; 1873. (*Adopté par l'Univ.*) 8 fr.

BOURDON. — Trigonométrie rectiligne et sphérique. 2ᵉ éd., revue et annotée par M. *Brisse*. In-8, avec fig. dans le texte; 1877. (*Adopté par l'Université.*)　3 fr.

BOUSSINGAULT, Membre de l'Institut. — Agronomie, Chimie agricole et Physiologie. 2ᵉ *édition*. 5 volumes in-8, avec planches sur cuivre et figures dans le texte; 1860-1861-1864-1868-1874.　　26 fr.

　Chacun des tomes I à IV se vend séparément.　　5 fr.
　Le tome V se vend séparément.　　6 fr.

BOUSSINGAULT. — Études sur la transformation du fer en acier par la cémentation. In-8; 1875. 4 fr.

BRESSE, Professeur de Mécanique à l'École des Ponts et Chaussées. — Cours de Mécanique appliquée professé à l'École des Ponts et Chaussées.

　Première Partie : *Résistance des Matériaux et Stabilité des Constructions*. In-8, avec fig. dans le texte. 2ᵉ édition; 1866.　　8 fr.

　Deuxième Partie : *Hydraulique*. In-8, avec figures dans le texte et une planche; 2ᵉ édition; 1868.　　8 fr.

　Troisième Partie : *Calcul des Moments de flexion dans une poutre à plusieurs travées solidaires*. In-8, avec

figures dans le texte et Atlas in-folio de 24 planches
sur cuivre; 1865. 16 fr.
Chaque Partie se vend séparément.

BREWER (D^r). — **La Clef de la Science**, ou *Les Phé-
nomènes de la Nature expliqués.* 5e édition, revue, trans-
formée et considérablement augmentée, par M. *l'Abbé
Moigno.* In-18 jésus, xv-727 pages; 1874. 4 fr. 50 c.

BRIOSCHI (**F.**), Professeur de Mathématiques à l'Univer-
sité de Pavie. — **Théorie des Déterminants et leurs
principales applications**; traduit de l'italien par M. *E.
Combescure*, Professeur de Mathémat. In-8; 1856. 5 fr.

BRIOT (**Ch.**), Professeur suppléant à la Faculté des
Sciences. — **Théorie mécanique de la Chaleur.** In-8,
avec figures dans le texte; 1869. 7 fr. 50 c.

BRIOT (**Ch.**). — **Essais sur la Théorie mathématique
de la Lumière.** In-8, avec fig. dans le texte; 1864. 4 fr.

BRIOT (**Ch.**) et **BOUQUET**. — **Théorie des fonctions
elliptiques.** 2e édition. In-4, avec figures; 1875. 30 fr.

BRUNNOW (**F.**), Directeur de l'Observatoire de Dublin.
— **Traité d'Astronomie sphérique et d'Astronomie
pratique.** Édition française publiée par MM. *André* et
Lucas, Astronomes adjoints à l'Observatoire de Paris.

PREMIÈRE PARTIE : *Astronomie sphérique.* In-8, avec
figures dans le texte; 1869. 10 fr.

DEUXIÈME PARTIE : *Astronomie pratique*, augmentée de
Tables astronomiques, de nombreux développements sur
la construction et l'emploi des instruments, sur les mé-
thodes adoptées à l'Observatoire de Paris, sur l'équation
personnelle, sur la parallaxe du Soleil, etc. In-8, avec
figures dans le texte; 1872. 10 fr.

**BULLETIN DES SCIENCES MATHÉMATIQUES
ET ASTRONOMIQUES**, rédigé par MM. *Darboux,
Hoüel* et *Tannery*, avec la collaboration de MM. *André,
Battaglini, Bougaïef, Brocard, Klein, Laisant, Lampe, Les-
piault, Potocki, Radau, Weyr, etc.* sous la direction de
la Commission des Hautes Études. (Président de la Com-
mission: M. *Chasles*; Membres: MM. *J. Bertrand, Puiseux,
J.-A. Serret.*) IIe SÉRIE. Tome I (en deux Parties), 1877.

Ce **Bulletin** mensuel, fondé en 1870, a formé par an,
jusqu'en 1872, un volume de 25 à 26 feuilles grand in-8
(tomes I, II, III). — A partir de cette époque, un accroisse-
ment considérable lui a été donné, sans augmentation de
prix, et ce Journal a formé, depuis janvier 1873 jusqu'en dé-
cembre 1876, 2 volumes par an (1 volume par semestre,
avec Tables), comprenant en tout 42 à 43 feuilles grand in-8.
Les Tomes I à XI, 1870 à 1876, composent la Ire SÉRIE.

La IIe SÉRIE, qui a commencé en janvier 1877, forme
chaque année un volume de 42 à 43 feuilles, qui comprend
2 Parties ayant une pagination spéciale et pouvant se relier
séparément. La première Partie contient : 1° *Comptes rendus
de Livres et Analyses de Mémoires;* 2° *Traductions de Mé-
moires importants et peu répandus, Réimpression d'Ouvrages
rares et Mélanges scientifiques.* La deuxième Partie contient:
Revue des Publications périodiques et académiques.

1.

Les abonnements sont annuels et partent de janvier.
Prix pour un an (12 *numéros*):

Paris........................ .... 15 fr.
Europe, Algérie, Egypte, Maroc, Russie
   d'Asie, Tunisie, Turquie d'Asie... 18 fr.
États-Unis de l'Amérique du Nord... 20 fr.
Autres pays....................... 22 fr.

La **1re** Série, Tomes I à XI, 1870 à 1876, *se vend* 120 fr.

CABANIÉ, Charpentier, Professeur du Trait de Charpente, de Mathématiques, etc. — **Charpente générale théorique et pratique.** 2 volumes in-folio avec planches. 2e édition; 1868. (*Port non compris.*) 50 fr.
   On vend séparément : le tome Ier, **Bois droit.** 25 fr.
                       le tome II, **Bois croche.** 25 fr.

CAHOURS (**Auguste**), Professeur à l'Ecole Polytechnique. — **Traité de Chimie générale élémentaire.** Leçons professées à l'Ecole centrale des Arts et Manufactures et à l'École Polytechnique. (*Autorisé par décision ministérielle.*)

   Chimie inorganique. 3e édition. 2 volumes in-18 jésus avec 230 figures et 8 planches; 1874. 10 fr.
   Chaque volume se vend séparément. 6 fr.
   Chimie organique. 3e édition, 3 volumes in-18 jésus avec figures; 1874-1875. 15 fr.
   Chaque volume se vend séparément. 6 fr.

CALLON (**Ch.**). — **Cours de construction de machines** professé à l'Ecole centrale des Arts et Manufactures. Album cartonné, contenant 118 planches in-folio de dessins avec cotes et légendes (*Matériel agricole. Hydraulique*); 1875. 30 fr.

CATALAN (**E.**), ancien Élève de l'Ecole Polytechnique.— **Manuel des Candidats à l'Ecole Polytechnique.**

   Tome Ier : **Algèbre, Trigonométrie, Géométrie analytique à deux dimensions.** In-18, avec 167 figures; 1857. 5 fr.
   Tome II : **Géométrie analytique à trois dimensions, Mécanique.** In-18, avec 139 fig. dans le texte; 1858. 4 fr.
   Chaque volume se vend séparément.

CATALAN (**E.**). — **Traité élémentaire des Séries.** Grand in-8, avec figures; 1860. 5 fr.

CAUCHY (le **Baron Aug.**), Membre de l'Académie des Sciences. — **Sa Vie et ses Travaux,** par M. *Valson*, Professeur à la Faculté des Sciences de Grenoble, avec une Préface de M. *Hermite*, Membre de l'Académie des Sciences. 2 vol. in-8; 1868. 8 fr.

CAUCHY (**Aug.**). — **Exercices d'Analyse et de Physique mathématique.** 4 vol. in-4. 150 fr.

CHARLON (**H.**). — **Théorie mathématique des Opérations financières.** Grand in-8, avec Tables logarithmiques; 1869. 7 fr. 50 c.

CHASLES — **Traité des Sections coniques,** faisant suite au **Traité de Géométrie supérieure.** *Première Partie.* In-8, avec 5 planches gravées sur cuivre, et contenant 133 figures; 1865. 9 fr.

La seconde Partie, qui est sous presse, se vendra de même séparément.

CHASLES. — Aperçu historique sur l'origine et le développement des méthodes en Géométrie, particulièrement de celles qui se rapportent à la Géométrie moderne, suivi d'un *Mémoire de Géométrie sur deux principes généraux de la Science, la Dualité et l'Homographie.* Seconde édition, conforme à la première. Un beau volume in-4 de 850 pages; 1875. 35 fr.

CHEVALLIER et MÜNTZ. — Problèmes de Mathématiques, avec leurs solutions développées, à l'usage des Candidats au Baccalauréat ès Sciences et aux Écoles du Gouvernement. In-8, lithographié; 1872. 4 fr.

CHEVALLIER et MÜNTZ. — Problèmes de Physique, avec leurs solutions développées, à l'usage des Candidats au Baccalauréat ès Sciences et aux Écoles du Gouvernement. In-8, lithographié; 1872. 2 fr. 75 c.

CHEVILLARD, Professeur à l'École des Beaux-Arts. — **Leçons nouvelles de Perspective.** In-8, avec Atlas. In-4 de 32 planches gravées sur acier; 1868. 12 fr.

CHEVREUL (E.-E.), Membre de l'Institut. — **De la Baguette divinatoire, du Pendule** dit *explorateur* et des **Tables tournantes.** In-8; 1854. 3 fr.

CHOQUET, Docteur ès Sciences. — **Traité d'Algèbre.** (*Autorisé.*) In-8; 1856. 7 fr. 50 c.

CLAUSIUS (R.), Professeur à l'Université de Bonn, correspondant de l'Institut de France. — **De la fonction potentielle et du potentiel;** traduit de l'allemand, sur la 2e édition, par *F. Folie.* In-8; 1870. 4 fr.

CLAUSIUS (R.). — **Théorie mécanique de la Chaleur.** 2 vol. in-18 jésus, cartonnés; 1868-1869. 15 fr.

COMBEROUSSE (Charles de), Ingénieur, Professeur de Mécanique et Examinateur d'admission à l'Ecole Centrale des Arts et Manufactures. — **Cours de Mathématiques**, à l'usage des Candidats à l'Ecole Polytechnique, à l'Ecole Normale supérieure et à l'Ecole Centrale des Arts et Manufactures. 3 vol. in-8, avec fig. dans le texte et planches. 30 fr.

Chaque volume se vend séparément :

Le Tome 1er, Arithmétique et Algèbre élémentaire (avec 38 figures dans le texte). 2e édition; 1876. 10 fr.

On vend à part : Arithmétique. 4 fr.
Algèbre élémentaire. 6 fr.

Le Tome II, Géométrie plane, Géométrie dans l'espace, Complément de Géométrie, Trigonométrie, Complément d'Algèbre (avec 466 figures dans le texte). 10 fr.

Le Tome III, Géométrie analytique, Géométrie descriptive (avec Atlas de 53 pl., contenant 274 fig.). 10 fr.

COMITÉ INTERNATIONAL DES POIDS ET MESURES. — **Procès-verbaux des Séances de 1875-1876.** In-8; 1876. 2 fr.

COMPAGNON (P.-F.), ancien Professeur de l'Université. — **Éléments de Géométrie.** Cet Ouvrage est surtout destiné aux jeunes gens qui se préparent aux Écoles du Gouvernement. 2e édit. In-8, avec fig.; 1876. 7 fr.

COMPAGNON (P.-F.). — **Abrégé des Éléments de Géométrie.** Cet Ouvrage s'adresse particulièrement aux Élèves des différentes classes de Lettres et aux candidats au Baccalauréat ès Lettres ou ès Sciences, ou aux Élèves de l'enseignement secondaire spécial. 2ᵉ édition. In-8, avec figures; 1876. (*Autorisé par le Conseil supérieur de l'Enseignement secondaire spécial.*)   4 fr. 50 c.

CONNAISSANCE DES TEMPS ou des mouvements célestes à l'usage des Astronomes et des Navigateurs, pour l'année 1878.

La *Connaissance des Temps* a reçu, à partir de l'année 1876, des augmentations considérables et des perfectionnements très-importants. Elle forme, *Additions* non comprises, un fort volume grand in-8 de plus de 800 pages.

     Prix : Sans additions.   5 fr.
     »   Avec additions.   7 fr. 50 c.

Pour recevoir l'Ouvrage franco dans les pays de l'Union postale, ajouter 1 fr.

Les *Additions* contiennent :

Théorie de l'aberration, dans laquelle il est tenu compte du mouvement du système solaire; par M. *Yvon Villarceau.* — Théorie analytique des inégalités de la lumière des étoiles doubles; par M. *Yvon Villarceau.* — Recueil de nombres pouvant servir à la discussion des observations du passage de Vénus du 8 décembre 1874; par M. *Puiseux.* — Recherches sur l'orbite de la planète Maïa, et éphémérides pour l'opposition de 1876; par M. *L. Schulhof.*

CONSOLIN (B.), Professeur du Cours de Voilerie à Brest. — **Manuel du Voilier,** revu et publié par ordre du Ministre de la Marine. Grand in-8 sur jésus, de 528 pages et 11 planches; 1859.   12 fr.

CONSOLIN (B.). — **Méthode pratique de la Coupe des voiles des navires et embarcations,** suivie de Tables graphiques. In-12, avec 3 planches; 1863.   3 fr.

CONSOLIN (B.). — **L'Art de voiler les embarcations,** suivi d'un Aide-Mémoire de Voilerie. In-12, avec une grande planche; 1866.   2 fr.

CREMONA (L.), Directeur de l'École d'application des Ingénieurs, à Rome. — **Éléments de Géométrie projective** (*Géométrie supérieure*), traduits par *Ed. Dewulf*, Chef de bataillon du Génie. Un beau volume in-8, avec 216 fig. sur cuivre, en relief, dans le texte; 1875. 6 fr.

CRESSON. — **Principes de Dessin** pour préparation à tous les genres. **40** grands modèles gradués, format demi-jésus, lithogr., avec un texte explicatif; 1865. 8 fr.

DARCY. — **Recherches expérimentales relatives au mouvement des eaux dans les tuyaux.** In-4, avec 12 grandes planches; 1857.   15 fr.

DELAISTRE (L.), Professeur de Dessin général. — **Cours complet de Dessin linéaire,** gradué et progressif, contenant la Géométrie pratique, élémentaire et descriptive; l'Arpentage, le Levé des Plans et le Nivellement;

le Tracé des Cartes géographiques ; des Notions sur l'Architecture ; le Dessin industriel ; la perspective linéaire et aérienne ; le Tracé des ombres et l'étude du Lavis.

Atlas cartonné, in-4 oblong, contenant 60 planches et 70 pages de texte. 2ᵉ édit., revue et corrigée ; 1873. 15 fr.

Ouvrage donné en prix, par la Société d'Encouragement pour l'Industrie nationale, aux CONTRE-MAITRES des Etablissements industriels, et choisi par le Ministre de l'Instruction publique pour les Bibliothèques scolaires.

DELAMBRE, Membre de l'Institut. — Traité complet d'Astronomie théorique et pratique. 3 vol. in-4, avec planches ; 1814. 40 fr.

DELAMBRE. — Histoire de l'Astronomie ancienne. 2 vol. in-4, avec planches ; 1817. 25 fr.

DELAMBRE. — Histoire de l'Astronomie du moyen âge. 1 vol. in-4, avec planches ; 1819. 20 fr.

DELAMBRE. — Histoire de l'Astronomie moderne. 2 vol. in-4, avec planches ; 1821. 30 fr.

DELAMBRE. — Histoire de l'Astronomie au XVIIIᵉ siècle ; publiée par M. *Mathieu*, Membre de l'Académie des Sciences. In-4, avec planches ; 1827. 20 fr.

DELISLE (A.), Examinateur pour l'admission à l'Ecole Navale, Professeur émérite et officier de l'Université, et **GERONO**, Professeur de Mathématiques. — Géométrie analytique. In-8, avec planches. 5 fr.

DELISLE et **GERONO**. — Éléments de Trigonométrie rectiligne et sphérique ; 7ᵉ édition. In-8, avec planches ; 1876. 3 fr. 50 c.

DENFER, chef des travaux graphiques de l'Ecole Centrale des Arts et Manufactures. —Album de Serrurerie, conforme au cours de Constructions civiles professé à l'Ecole Centrale par E. MULLER, et contenant *l'emploi du fer dans la maçonnerie et dans la charpente en bois, la charpente en fer, les ferrements des menuiseries en bois, la menuiserie en fer, les grosses fontes et articles divers de quincaillerie.* Gr. in-4, contenant 100 belles planches lith.; 1872. 13 fr.

D'ÉTROYAT (Ad.). — De la carène du navire et de l'Échelle de solidité. In-4, avec 5 planches ; 1856. 4 fr.

DIEN et **FLAMMARION**. — Atlas céleste, comprenant toutes les Cartes de l'ancien Atlas de **Ch. Dien**, rectifié, augmenté et enrichi de 5 Cartes nouvelles relatives aux principaux objets d'études astronomiques, par **C. Flammarion**, avec une *Instruction* détaillée pour les diverses Cartes de l'Atlas. In-folio, cartonné avec luxe, de 31 planches gravées sur cuivre, dont 5 doubles. 3ᵉ édition ; 1877.

Prix { En feuilles, dans une couverture imprimée.. 40 fr.
{ Cartonné avec luxe, toile pleine............ 45 fr.

Les Cartes composant cet Atlas sont les suivantes :

A. Constellations de l'hémisphère céleste boréal (*Carte double*).
B. Constellations de l'hémisphère céleste austral (*Carte double*).
1. Petite Ourse, Dragon, Céphée, Cassiopée, Persée.
2. Andromède, Cassiopée, Persée, Triangle.

3. Girafe, Cocher, Lynx, Télescope.
4. Grande Ourse, Petit Lion.
5. Chevelure de Bérénice, Lévriers, Bouvier, Couronne boréale.
6. Dragon, Carré d'Hercule, Lyre, Cercle mural.
7. Hercule, Ophiuchus, Serpent, Taureau de Poniatowski, Écu de Sobieski.
8. Cygne, Lézard, Céphée.
9. Aigle et Antinoüs, Dauphin, Petit Cheval, Renard, Oie, Flèche, Pégase.
10. Bélier, Taureau (Pléiades, Hyades, Mouche).
11. Gémeaux, Cancer, Petit Chien.
12. Lion, Sextant, Tête de l'Hydre.
13. Vierge.
14. Balance, Serpent, Hydre.
15. Scorpion, Ophiuchus, Serpent, Loup.
16. Sagittaire, Couronne australe.
17. Capricorne, Verseau, Poisson austral.
18. Poissons, Carré de Pégase.
19. Baleine, Atelier du Sculpteur.
20 Éridan, Lièvre, Colombe, Harpe, Sceptre, Laboratoire.
21. Orion, Licorne.
22. Grand Chien, Navire, Boussole.
23. Hydre, Coupe, Corbeau, Sextant, Chat.
24. Constellations voisines du pôle austral (*Carte double*).
25. Mouvements propres séculaires des étoiles (*Carte double*).
26. Carte générale des étoiles multiples, montrant leur distribution dans le Ciel (*Carte double*).
27. Étoiles multiples en mouvement relatif certain.
28. Orbites d'étoiles doubles et groupes d'étoiles les plus curieux du Ciel.
29. Les plus belles nébuleuses du Ciel (1).

On vend séparément un Fascicule contenant :

Les 5 *Cartes nouvelles*, nᵒˢ 25 à 29 de l'Atlas céleste, par **C. Flammarion**. Ces cartes sont renfermées dans une couverture imprimée, avec l'*Instruction* composée pour la nouvelle édition de l'Atlas.   15 fr.

DISLERE, Ingénieur des constructions navales, Secrétaire du Conseil des Travaux de la Marine. — **Les Croiseurs; la Guerre de Course.** Grand in-8, avec 3 pl. ; 1875. 6 fr.

DISLERE. — **La Guerre d'escadre et la Guerre de côtes.** (*Les nouveaux navires de combat.*) Un beau volume grand in-8, avec nombreuses figures, gravées sur bois, dans le texte; 1876.   7 fr.

DOSTOR (**G.**), Docteur ès Sciences, Professeur à la Faculté des Sciences de l'Université catholique de Paris. — **Éléments de la théorie des déterminants,** avec application à l'Algèbre, la Trigonométrie et la Géométrie analytique dans le plan et dans l'espace, à l'usage des classes de Mathématiques spéciales. In-8; 1877. 8 fr.

---

(1) Pour recevoir franco, par poste, dans tous les pays de l'Union postale, l'Atlas *en feuilles*, soigneusement enroulé et enveloppé, ajouter.   2 fr.

Les dimensions (0ᵐ,50 sur 0ᵐ,35) de l'Atlas *cartonné* ne permettant pas de l'expédier par la poste, cet Atlas *cartonné*, dont le poids est de 2ᵏᵍ,9, sera envoyé aux frais du destinataire, soit par messageries grande vitesse, soit par tout autre mode indiqué.

DUBOIS, Examinateur hydrographe de la Marine. — **Les passages de Vénus sur le disque solaire**, considérés au point de vue de la détermination de la distance du Soleil à la Terre. *Passage de 1874; Notions historiques sur les passages de 1761 et 1769.* In-18 jésus, avec figures ; 1874. 3 fr. 50 c.

DUCOM. — **Cours complet d'observations nautiques**, avec les notions nécessaires au Pilotage et au Cabotage, augmenté de la puissance des effets des ouragans, typhons, tornados des régions tropicales. 3ᵉ éd. 1858. 1 vol. in-8. 12 fr.

DUHAMEL, Membre de l'Institut. — **Éléments de Calcul infinitésimal.** 3ᵉ édit., revue et annotée par M. *J. Bertrand*, Membre de l'Institut. 2 vol. in-8, avec planches; 1874-1875. 15 fr.

DUHAMEL. — **Des Méthodes dans les sciences de raisonnement.** 5 vol. in-8. 27 fr. 50 c.

PREMIÈRE PARTIE. *Des Méthodes communes à toutes les sciences de raisonnement.* 2ᵉ édition, In-8 ; 1875. 2 fi. 50 c.

DEUXIÈME PARTIE. *Application des Méthodes à la science des nombres et à la science de l'étendue.* 2ᵉ édition. In-8; 1877. 7 fr. 50 c.

TROISIÈME PARTIE. *Application de la science des nombres à la science de l'étendue.* In-8, avec fig.; 1868. 7 fr. 50 c.

QUATRIÈME PARTIE. *Application des Méthodes générales à la science des forces.* In-8, avec fig.; 1870. 7 fr. 50 c.

CINQUIÈME PARTIE. *Essai d'une application des Méthodes à la science de l'homme moral.* In-8; 1873. 2 fr. 50 c.

DULOS (Pascal), Professeur de Mécanique à l'École d'Arts et Métiers et à l'École des Sciences d'Angers. — **Cours de Mécanique**, à l'usage des Écoles d'Arts et Métiers et de l'enseignement spécial des Lycées. 4 vol. in-8, avec belles figures gravées sur bois dans le texte; 1875-1876-1877. (*Ouvrage honoré d'une souscription des Ministères de l'Agriculture et de l'Instruction publique.*)

On vend séparément :

TOME I : *Composition des forces. — Équilibre des corps solides. — Centre de gravité. — Machines simples. — Ponts suspendus. — Travail des forces. — Principe des forces vives. — Moments d'inertie. — Force centrifuge. — Pendule simple et pendule composé. — Centre de percussion. — Régulateur à force centrifuge. Pendule balistique.* 7 fr. 50 c.

TOME II : *Résistances nuisibles ou passives. — Frottement. — Application aux machines. — Roideur des cordes. — Application du théorème des forces vives à l'établissement des machines. — Théorie du volant. — Résistance des matériaux.* 7 fr. 50 c.

TOME III : *Hydraulique. — Écoulement des fluides. — Jaugeage des cours d'eau. — Établissement des canaux à régime constant. — Récepteurs hydrauliques. — Travail des pompes. — Bélier hydraulique. — Vis d'Archimède. — Moulins à vent.* 7 fr. 50 c.

TOME IV : *Machines à vapeur. — Notions générales sur la Thermodynamique. — Chaudières à vapeur. — Calcul des volants. — Distribution de la vapeur dans les cylindres. — Courbes de réglementation. — Appareils dynamométriques.*

(*Sous presse.*)

DU MONCEL (Th.), Ingénieur électricien de l'Administration des Lignes télégraphiques. — **Traité théorique et pratique de Télégraphie électrique**, à l'usage des employés télégraphistes, des ingénieurs, des constructeurs et des inventeurs. Vol. in-8 de 642 pages, avec 156 figures dans le texte et 3 planches sur cuivre; imprimé sur carré fin satiné; 1864.   10 fr.

DU MONCEL (Th.). — **Notice sur l'appareil d'induction électrique de Ruhmkorff**, suivie d'un Mémoire sur les courants induits. 5ᵉ édit., in-8, avec fig.; 1867.   7 fr. 50 c.

DU MONCEL (Th.). — **Exposé des Applications de l'Électricité**. *Technologie électrique*. 3ᵉ édition, entièrement refondue. Cette édition formera 4 volumes grand in-8, avec nombreuses figures dans le texte. Les t. I, II et III, 1872-1873-1874, ont paru et se vendent séparément.

Tome I : 516 p., 1 pl. et 99 fig.; 1872. Cartonné. 14 fr.
Tome II : 560 pages, 1 tableau, 2 planches et 192 figures; 1873. Cartonné.   14 fr.
Tome III : 552 pages, 7 planches et 192 figures; 1874. Cartonné.   14 fr.
Tome IV : 570 pages, 9 planches et 123 figures; 1876. Cartonné.   14 fr.

DUPLAIS (aîné). — **Traité de la fabrication des liqueurs et de la distillation des alcools**, suivi du *Traité de la fabrication des eaux et boissons gazeuses*. 4ᵉ édition, revue et augmentée par *Duplais jeune*. 2 volumes in-8, avec 15 planches; 1877.   16 fr.

DUPRÉ (Ath.), Doyen de la Faculté des Sciences de Rennes. — **Théorie mécanique de la Chaleur**. In-8, avec figures dans le texte; 1869.   8 fr.

DUPUY DE LOME, Membre de l'Institut. — **L'Aérostat à hélice**. Note sur l'aérostat construit pour le compte de l'État. In-4, avec 9 grandes planches gravées sur acier; 1872.   6 fr. 50 c.

DURUTTE (le Comte C.), Compositeur, ancien Élève de l'École Polytechnique. — **Esthétique musicale. Résumé élémentaire de la Technie harmonique et Complément de cette Technie**, suivi de l'*Exposé de la loi de l'enchaînement dans la mélodie, dans l'harmonie et dans leur concours*, et précédé d'une *Lettre de M. Ch. Gounod, Membre de l'Institut*. Un beau volume in-8; 1876.   10 fr.

EBELMEN. — **Chimie, Céramique, Géologie, Métallurgie**, revues et corrigées par M. *Salvétat*. 3 forts vol. in-8, avec fig. dans le texte (2ᵉ tirage); 1861.   15 fr.

ENDRÈS (E.), Ingénieur en chef des Ponts et Chaussées. — **Manuel du Conducteur des Ponts et Chaussées**, d'après le dernier *Programme officiel des examens*. Ouvrage indispensable aux Conducteurs et Employés secondaires des Ponts et Chaussées et des Compagnies de Chemins de fer, aux Gardes-Mines, aux Gardes et Sous-Officiers de l'Artillerie et du Génie, aux Agents voyers et à tous les Candidats à ces emplois. 5ᵉ édition. 3 vol. in-8.   24 fr.

On vend séparément :

Tome Iᵉʳ, Partie théorique, avec 290 figures dans le

texte; et Tome II, Partie pratique, avec 323 figures dans
le texte et 4 planches d'instruments dessinés et gravés
d'après les meilleurs modèles. 2 vol. in-8; 1873.   15 fr,

Tome III, Applications. Ce dernier volume est con-
sacré à l'exposition des doctrines spéciales qui se ratta-
chent à l'*Art de l'ingénieur* en général et au service des
Ponts et Chaussées en particulier. In-8, avec 162 figures
dans le texte; 1875.   9 fr.

ERMEL, Professeur à l'École Centrale des Arts et Ma-
nufactures. — **Album des éléments et organes de ma-
chines** traités dans le Cours de Constructions de ma-
chines à l'École Centrale; suivi de planches relatives
aux machines soufflantes, par M. *Jordan*, Professeur du
Cours de Métallurgie. Portefeuille oblong, cartonné, con-
tenant 19 planches de texte explicatif et 102 planches de
dessins cotés; 1871.   **13 fr.**

FAÀ DE BRUNO (le chevalier **Fr.**), Docteur ès Sciences,
Professeur de Mathématiques à l'Université de Turin. —
Théorie des formes binaires. Un fort volume in-8;
1876.   16 fr.

FAÀ DE BRUNO (le Chevalier **Fr.**). — **Traité élémen-
taire du Calcul des Erreurs, avec des Tables stéréo-
typées.** Ouvrage utile à ceux qui cultivent les Sciences
d'observation. In-8; 1869.   4 fr.

FAÀ DE BRUNO (le **Chevalier Fr.**). — **Théorie géné-
rale de l'élimination.** Grand in-8; 1859.   3 fr. 50 c.

FABRE (**C.**). — **Aide-Mémoire de Photographie pour
1877,** 2° année. In-18, avec spécimens.
Prix: Broché.   1 fr. 75 c.
Cartonné.   2 fr. 25 c.

FATON (**Le P.**). — **Traité d'Arithmétique théorique
et pratique,** en rapport avec les nouveaux *Programmes*
d'enseignement, terminé par une petite Table de Loga-
rithmes. Chaque théorie est suivie d'un choix d'Exercices
gradués de calcul et d'un grand nombre de Problèmes.
8° édition, revue et corrigée. In-12; 1875. (*Autorisé
par décision ministérielle.*) Broché.   2 fr. 75 c.
Cartonné.   3 fr. 20 c.

FATON (**Le P.**). — **Premiers éléments d'Arithmé-
tique.** 5° édition. In-12; 1876. Broché.   1 fr. 50 c.
Cartonné.   1 fr. 90 c.

FAVRE (**P.-A.**), Correspondant de l'Institut (Académie
des Sciences), Professeur de Chimie à la Faculté des
Sciences de Marseille. — **Aide-Mémoire de Chimie à
l'usage des Lycées et des** établissements secondaires,
*rédigé conformément au Programme du Baccalauréat ès
Sciences.* In-8, avec Atlas; 1864.   5 fr.

FINANCE (**Ch.**), Professeur au collège de Saint-Dié. —
Arithmétique, à l'usage des Élèves des Écoles normales
primaires, des Collèges, des Lycées et des Pensions, com-
prenant les matières exigées *pour le brevet d'instituteur et
pour l'admission aux Écoles des Arts et Métiers.* Nouvelle
édition, revue et augmentée. In-12, 1874.   2 fr. 50 c.

2

FINANCE (Ch.). — **Arithmétique** à l'usage des écoles primaires, des classes élémentaires des colléges, des lycées et des pensions. 2ᵉ édition revue et augmentée. In-18 cartonné; 1875.   1 fr.

FLAMMARION (Camille). — **Études et Lectures sur l'Astronomie.** In-12 avec fig. et cartes; tomes I à VII; 1867-1869-1872-1873-1874-1875-1876.
Chaque volume se vend séparément.   2 fr. 50 c.

FRANCŒUR (L.-B.). — **Uranographie, ou Traité élémentaire d'Astronomie**, à l'usage des personnes peu versées dans les Mathématiques, des Géographes, des Marins, des Ingénieurs, accompagné de planisphères. 6ᵉ édit. 1 vol. in-8, avec pl.; 1853.   10 fr.

FRANCOEUR (L.-B.). — **Traité de Géodésie**, comprenant la Topographie, l'Arpentage, le Nivellement, la Géomorphie terrestre et astronomique, la Construction des Cartes, la Navigation, augmenté de **Notes sur la mesure des bases**, par M. *Hossard.* 4ᵉ édition. In-8, avec 11 planches; 1865.   (*Rare.*)

FRENET (F.). — **Recueil d'Exercices sur le Calcul infinitésimal.** Ouvrage destiné aux Candidats à l'École Polytechnique et à l'École Normale, aux Élèves de ces Écoles et aux personnes qui se préparent à la licence ès Sciences mathématiques. 3ᵉ édition. In-8, avec figures dans le texte; 1873.   7 fr. 50 c.

FREYCINET (Charles de). — **De l'Analyse infinitésimale, Étude sur la métaphysique du haut calcul.** In-8, avec fig.; 1860.   6 fr.

FREYCINET (Charles de), Chef de l'exploitation des chemins de fer du Midi. — **Des Pentes économiques en Chemins de fer. Recherches sur les dépenses des rampes.** In-8; 1861.   6 fr.

GAUSSIN, Ingénieur hydrographe de la Marine. — **Définition du Calcul quotientiel d'Eugène Gounelle.** In-4; 1876.   2 fr.

GÉRARDIN (H.), Ingénieur en chef des Ponts et Chaussées. — **Théorie des moteurs hydrauliques. Application et travaux exécutés pour l'alimentation du canal de l'Aisne à la Marne par les machines.** In-8, avec Atlas in-folio raisin de 25 planches; 1873.   20 fr.

GINOT-DESROIS (Mᶫᶫᵉ). — **Planisphère mobile**, au moyen duquel on peut apprendre l'Astronomie seul et sans le secours des Mathématiques. 7ᵉ éd., 1847; sur carton. 4 fr.

GINOT-DESROIS (Mᶫᶫᵉ). — **Planisphère astronomique ou Calendrier astronomique perpétuel**, donnant le quantième des mois, les jours de la semaine, les phases de la Lune, la place du Soleil dans l'écliptique pour un jour donné, le lever, le passage au méridien, le coucher de ces astres et des étoiles, ainsi que les principales éclipses de Soleil visibles à Paris depuis 1858 jusqu'en 1874, dans l'ordre de leur grandeur et dimension. 2ᵉ éd., 1861; sur carton, avec une brochure in-8 donnant la description et les usages du Calendrier perpétuel.   5 fr.

GIRARD (L.-D.), Ingénieur civil. — **Hydraulique.** — Utilisation de la force vive de l'eau appliquée à l'industrie.

— Critique de la théorie connue et exposé d'une théorie nouvelle. In-4, avec Atlas de 13 planches; 1863. 8 fr.

GIRARD (L.-D.). — **Chemin de fer glissant, nouveau système de locomotion à propulsion hydraulique.** In-4, avec atlas de 6 planches in-plano; 1864. 8 fr.

GIRARD (L.-D.). — **Élévation d'eau pour l'alimentation des villes et distribution de force à domicile.**

N° 1. Grand in-4, avec 2 planches et figures dans le texte; 1868. 3 fr.

N° 2. Grand in-4, avec 2 planches et Atlas de 6 planches in-plano; 1869. 6 fr.

Le prospectus détaillé des ouvrages de L.-D. Girard est envoyé aux personnes qui en font la demande par lettre affranchie. (La librairie Gauthier-Villars vient d'acquérir la propriété de tous les ouvrages de M. L.-D. Girard, et en a diminué les prix de vente.)

GRANDEAU (L.) et TROOST (L.). — **Traité pratique d'Analyse chimique,** par **F. WOEHLER,** Associé étranger de l'Institut de France. Édition française, publiée avec le concours de l'Auteur. 1 volume in-18 jésus, avec 76 figures dans le texte et une planche; 1866. 4 fr. 50 c.

GRANDEAU. — **Instruction pratique sur l'Analyse spectrale,** comprenant : 1° la description des appareils; 2° leur application aux recherches chimiques; 3° leur application aux observations physiques; 4° la projection des spectres. In-8 avec 2 planches sur cuivre et 1 planche chromolithographiée; 1863. 3 fr.

HATON DE LA GOUPILLIÈRE (J.-N.). — **Traité théorique et pratique des Engrenages.** In-8, avec figures dans le texte; 1861. 3 fr. 50 c.

HATON DE LA GOUPILLIÈRE (J.-N.). — **Traité des Mécanismes,** renfermant la théorie géométrique des organes et celle des résistances passives. In-8, avec 16 pl. gravées sur cuivre; 1864. 10 fr.

HERMITE (Ch.), Membre de l'Institut. — **Cours d'Analyse de l'École Polytechnique.** Première Partie, contenant le *Calcul différentiel* et les *Premiers principes du Calcul intégral.* Un fort volume in-8, avec figures dans le texte; 1873. 14 fr.

La Seconde Partie contiendra la fin du Calcul intégral.

HIRN (G.-A.), Correspondant de l'Institut. — **Théorie mécanique de la Chaleur.** Première Partie et seconde Partie.

Première Partie. — **Exposition analytique et expérimentale de la Théorie mécanique de la Chaleur.** 3e édition, entièrement refondue. In-8, grand raisin, avec figures dans le texte. Tome I; 1875. 12 fr.

Tome II; 1876. 12 fr.

Seconde Partie (formant Ouvrage séparé). — **Conséquences philosophiques et métaphysiques de la Thermodynamique. Analyse élémentaire de l'Univers.** In-8 grand raisin; 1868. 10 fr.

HIRN (G.-A.). — **Mémoire sur la Thermodynamique.** In-8, avec 2 planches; 1867. 5 fr.

HIRN (G.-A.). — **Note sur les variations de la capa-**

cité calorifique de l'eau, vers le maximum de densité.
In-4; 1870.   1 fr.

HIRN (G.-A.). — **Mémoire sur les conditions d'équi-
libre et sur la nature probable des anneaux de Sa-
turne.** In-4, avec planches; 1872.   4 fr.

HIRN (G.-A.). — **Le Monde de Saturne**, ses conditions
d'existence et de durée; suivi d'une *Note* relative à l'ex-
périence du pendule de Foucault. Lecture faite à la So-
ciété d'Histoire naturelle de Colmar. In-8, avec planch.;
1872.   1 fr. 50 c.

HIRN (G.-A.). — **Mémoire sur les propriétés opti-
ques de la flamme des corps en combustion et sur
la température du Soleil.** In-8; 1873.   1 fr. 25 c.

HIRN (G.-A.). — **Théorie analytique élémentaire
du Planimètre Amsler.** Grand in-8, avec planches;
1875.   2 fr. 50 c.

HOMMEY, Capitaine de frégate en retraite. — **Tables d'an-
gles horaires.** 2 volumes grand in-8 en tableaux.   15 fr.

HOÜEL (J.), Professeur de Mathématiques à la Faculté des
Sciences de Bordeaux. — **Tables de Logarithmes à cinq
décimales,** pour les nombres et les lignes trigonomé-
triques, suivies des **Logarithmes d'addition et de sous-
traction ou Logarithmes de Gauss** et de diverses **Ta-
bles usuelles.** Nouvelle édit., revue et augmentée. Grand
in-8; 1877. (*Autorisé par décision ministérielle.*)   2 fr.

HOÜEL (J.). — **Recueil de formules et de Tables numé-
riques.** 2ᵉ édit., grand in-8; 1868.   4 fr. 50 c.

HOÜEL (J.). — **Essai critique sur les principes fondamen-
taux de la Géométrie élémentaire ou Commentaire
sur les XXXII premières propositions des Éléments
d'Euclide.** In-8, avec figures; 1867.   2 fr. 50 c.

HOÜEL (J.). — **Théorie élémentaire des quantités
complexes.** Grand in-8, avec figures dans le texte.
    Iʳᵉ Partie: *Algèbre des quantités complexes;* 1867. (*Rare.*)
    IIᵉ Partie: *Théorie des fonctions uniformes;* 1868. (*Rare.*)
    IIIᵉ Partie: *Théorie des fonctions multiformes;* 1871. 3 fr.
    IVᵉ Partie: *Théorie des Quaternions;* 1874.   8 fr.
    La Iʳᵉ Partie se trouve encore dans le tome V (prix :
10 fr. 50 c.) et la IIᵉ Partie dans le tome VI (prix :
11 fr.) des *Mémoires de la Société des Sciences physiques
et naturelles de Bordeaux.* (*Voir* le Catalogue général.)

HOÜEL (J.). — **Sur le développement de la fonction
perturbatrice,** suivant la forme adoptée par Hansen
dans la théorie des petites planètes. In-8; 1875.   3 fr.

IMBARD. — **De la Mesure du Temps, et Description
de la Méridienne verticale portative du Temps vrai
et du Temps moyen** pour régler les pendules et les
montres, etc. 2ᵉ édition. In-18, avec pl.; 1857.   1 fr.

INSTITUT DE FRANCE. — **Comptes rendus heb-
domadaires des séances de l'Académie des Sciences.**
    Ces **Comptes rendus** paraissent régulièrement tous les
dimanches, en un cahier de 32 à 40 pages, quelquefois de
80 à 120. L'abonnement est annuel, et part du 1ᵉʳ janvier.

Prix de l'abonnement, franco :

Pour Paris. 20 fr. || Pour les départements. 30 fr.

Pour l'Union postale. 34 fr.

La collection complète, de 1835 à 1873, forme 77 volumes in-4. 770 fr.

Chaque année se vend séparément. 20 fr.

— **Table générale des Comptes rendus des séances de l'Académie des Sciences**, par ordre de matières et par ordre alphabétique de noms d'auteurs.

Tables des tomes 1 à 31 (1835-1850). In-4, 1853. 20 fr.

Tables des tomes 32 à 61 (1851-1865). In-4, 1870. 20 fr.

— **Supplément aux Comptes rendus des Séances de l'Académie des Sciences.**

Tomes I et II, 1856 et 1861, séparément. 25 fr.

INSTITUT DE FRANCE. — **Mémoires présentés par divers savants à l'Académie des Sciences**, et imprimés par son ordre. 2e série. In-4; tomes I à XXV, 1827-1877.

Chaque volume se vend séparément. 15 fr.

— **Mémoires de l'Académie des Sciences.** In-4; tomes I à XXXVIII et XL, 1816 à 1874 et 1876.

Chaque volume se vend séparément. 15 fr.

La librairie Gauthier-Villars, qui depuis le 1er janvier 1877 a seule le dépôt des *Mémoires* publiés par l'Académie des Sciences, envoie franco sur demande la Table générale des matières contenues dans ces *Mémoires.*

INSTITUT DE FRANCE. — **Recueil de Mémoires, Rapports et Documents relatifs à l'observation du passage de Vénus sur le Soleil.**

1re PARTIE. *Procès-verbaux des séances tenues par la Commission.* In-4; 1877. 12 fr. 50 c.

IIe PARTIE, avec SUPPLÉMENT. — *Mémoires.* In-4, avec 7 pl., dont 3 en chromolithographie; 1876. 12 fr. 50 c.

INSTRUCTION sur les paratonnerres. Voir POUILLET et GAY-LUSSAC.

JAMIN (J.), Professeur de Physique à l'École Polytechnique. — **Cours de Physique de l'École Polytechnique.** 2e édition. 3 forts volumes in-8 avec 1002 figures dans le texte et 8 planches sur acier; 1868-1871. (*Autorisé par décision ministérielle.*) 32 fr.

On vend séparément :

Le tome I (*Propriétés générales des corps, Hydrostatique, Électricité statique, Magnétisme*). 12 fr.

Les tomes II et III. 20 fr.

JAMIN. — **Cours de Physique de l'École Polytechnique.** APPENDICE AU TOME 1er : *Thermométrie, Dilatation, Optique géométrique, Problèmes et Solutions*; rédigé conformément au nouveau programme d'admission à l'École Polytechnique. In-8 de VIII-214 pages, avec 132 belles figures dans le texte; 1875. 3 fr. 50 c.

Le tome 1er du *Cours de Physique de l'École Polytechnique* de M. JAMIN et l'*Appendice* à ce tome 1er comprennent l'exposition détaillée et très-complète des matières exigées pour l'admission à l'École Polytechnique. Les

Élèves de Mathématiques spéciales qui suivront ce *Cours* (tome Ier et Appendice) auront ainsi entre les mains le premier volume d'un grand Traité de Physique qu'ils pourront compléter ultérieurement, si, poursuivant l'étude de cette science, ils se préparent à la Licence ou entrent dans une des grandes Écoles du Gouvernement.

JAMIN (**J.**). — **Petit Traité de Physique**, à l'usage des Établissements d'Instruction, des aspirants aux Baccalauréats et des candidats aux Écoles du Gouvernement. In-8, avec 686 figures dans le texte; 1870.   8 fr.

Ce livre élémentaire est conçu dans un esprit nouveau. Dès les premiers mots, l'Auteur démontre que la chaleur est un mouvement moléculaire, et cette idée guide ensuite le lecteur dans toutes les expériences, et les explique. La Terre et les aimants n'étant que des solénoïdes, on fait dépendre le magnétisme de l'électricité. L'Acoustique montre dans leurs détails les vibrations longitudinales, transversales, circulaires et elliptiques, elle prépare à l'Optique. Cette dernière Partie enfin est l'étude des vibrations de toute sorte qui se produisent dans l'éther; les interférences et la polarisation sont expliquées de la manière la plus élémentaire, et la Théorie vibratoire est rendue accessible à tous. L'Auteur espère que les modifications qu'il propose dans l'enseignement de la Physique seront approuvées par ses collègues, et qu'elles seront profitables aux élèves en les délivrant de ce que les savants ont abandonné, en élevant leur esprit jusqu'à de plus hautes conceptions, en leur montrant l'ensemble philosophique d'une science déjà très-avancée, et qui semble toucher à son terme.

JONQUIÈRES (**E. de**), Lieutenant de vaisseau.—**Mélanges de Géométrie pure**. In-8, avec planches; 1856. 5 fr.

JORDAN (**Camille**), Ingénieur des Mines. — **Traité des Substitutions et des Équations algébriques**. In-4; 1870.   30 fr.

JOUBERT (**le P.**), Professeur à l'École Sainte-Geneviève. — **Sur les équations qui se rencontrent dans la théorie de la transformation des fonctions elliptiques**. In-4; 1876.   5 fr.

JOURNAL DE L'ÉCOLE POLYTECHNIQUE, publié par le Conseil d'instruction de cet Établissement. 44 Cahiers formant 27 volumes in-4, avec figures et planches.   500 fr.
Le XLVe Cahier est sous presse.

JOURNAL DE MATHÉMATIQUES PURES ET APPLIQUÉES, ou Recueil mensuel de Mémoires sur les diverses parties des Mathématiques, fondé en 1836 et publié jusqu'en 1874 par M. *J. Liouville*. — A partir de 1875, le *Journal de Mathématiques* est publié par M. *H. Resal*, Membre de l'Institut, avec la collaboration de plusieurs savants.

1re **Série**, 20 volumes in-4, années 1836 à 1855 (au lieu de 600 francs).   400 fr.
Chaque volume pris séparément, au lieu de 30 fr. 25 fr.
2e **Série**, 19 volumes in-4, année 1856 à 1874 (au lieu de 570 fr.)   380 fr.
Chaque volume pris séparément, au lieu de 30 fr., 25 fr.
La 3e Série, commencée en 1875, continue de paraître chaque mois par cahier de 32 à 48 pages. L'abonnement est annuel, et part du 1er janvier.

Prix de l'abonnement, par année, pour Paris. 30 fr.
Europe, Algérie, Égypte, Maroc, Russie
  d'Asie, Tunisie, Turquie d'Asie .... 35 fr.
États-Unis de l'Amérique du Nord........ 37 fr.
Autres pays............................... 40 fr.

— **Table générale des 20 volumes composant la 1ʳᵉ Sé-**
rie. In-4. 3 fr. 50 c.

— **Table générale des 15 premiers volumes de la 2ᵉ Sé-**
rie. In-4. 3 fr. 50 c.

JULIEN (Stanislas), Membre de l'Institut. — **Histoire
et Fabrication de la Porcelaine chinoise.** Ouvrage
traduit du chinois, accompagné de Notes et Additions
par M. *Salvétat*, et augmenté d'un **Mémoire sur la Por-
celaine du Japon.** Grand in-8, avec 14 pl., figures gra-
vées sur bois, et une carte de la Chine; 1856. 6 fr.

JULLIEN (A.), Licencié ès Sciences mathématiques et
physiques.—**Méthode nouvelle pour l'enseignement de
la Géométrie descriptive (Perspectives et Reliefs.)**
La Méthode se compose d'un Cours élémentaire et d'une
Collection de Reliefs, qui se vendent séparément, savoir :

Cours élémentaire de Géométrie descriptive, con-
  forme au programme du Baccalauréat ès Sciences.
  In-18 jésus avec figures et 143 planches intercalées
  dans le texte; 1875. Cartonné. 3 fr. 50 c.

Collection de Reliefs à pièces mobiles se rapportant
  aux questions principales du Cours élémentaire :
Petite boîte, comprenant 30 reliefs, avec 118 pièces mé-
talliques pour monter les reliefs. (*Port non compris.*) 10 fr.
Grande boîte, comprenant les mêmes reliefs tout montés.
(*Port non compris.*) 15 fr.

JULLIEN (le **P.**), de la Compagnie de Jésus. — **Pro-
blèmes de Mécanique rationnelle** disposés pour servir
d'applications aux principes enseignés dans les Cours. Cet
Ouvrage renferme les questions nouvellement introduites
dans le Programme de la Licence et de nombreuses appli-
cations pratiques. 2 volumes in-8, avec fig. dans le texte;
2ᵉ édition; 1867. 15 fr.

KIAËS, Chef des travaux graphiques à l'École Polytech-
nique et ancien Élève de cette École. — **Arithmétique
élémentaire**, approuvée par le Ministre de la Guerre
pour l'enseignement des caporaux et sapeurs dans les
Écoles régim. du Génie. In-12 cart. 2ᵉ éd.; 1874. 1 fr. 20 c.

KIAËS. — **Traité d'Arithmétique**, approuvé par le Mi-
nistre pour l'enseignement des sous-officiers dans les
Écoles régim. du Génie. In-12; 1867. 2 fr. 75 c.
  Cartonné. 3 fr. 20 c.

KRETZ, Ingénieur en chef des Manufactures de l'État.
Matière et Éther; *indication d'une méthode pour établir
les propriétés de l'éther.* In-18 jésus; 1875. 1 fr. 50 c.

LACROIX. — **Traité élémentaire d'Arithmétique**,
22ᵉ édition. In-8; 1848. 2 fr.

LACROIX. — **Éléments de Géométrie**, suivis de *No-
tions sur les courbes usuelles.* 19ᵉ édition, revue par
M. *Prouhet.* In-8, avec 220 figures dans le texte; 1874.
(*Autorisé par décision ministérielle.*) 4 fr.

LACROIX. — Éléments d'Algèbre. 23ᵉ édit., revue par M. *Prouhet.* In-8 ; 1871.   6 fr.

LACROIX. — Complément des Éléments d'Algèbre. 7ᵉ édition. In-8 ; 1863.   4 fr.

LACROIX. — Traité élémentaire de Trigonométrie rectiligne et sphérique, et d'Application de l'Algèbre à la Géométrie. In-8, avec planches ; 1863. 11ᵉ édition, revue et corrigée.   4 fr.

LACROIX. — Introduction à la connaissance de la Sphère. 4ᵉ édition. In-18 ; avec planches ; 1872. *Ouvrage choisi par S. Exc. le Ministre de l'Instruction publique pour les Bibliothèques scolaires.*   1 fr. 25 c.

LACROIX. — Traité élémentaire de Calcul différentiel et de Calcul intégral. 8ᵉ édition, revue et augmentée de Notes par MM. *Hermite* et *J.-A. Serret,* Membres de l'Institut. 2 vol. in-8 avec pl. ; 1874. 15 fr.

LACROIX. — Traité élémentaire du Calcul des Probabilités. 4ᵉ édition. In-8, avec planche ; 1864.   5 fr.

LACROIX. — Introduction à la Géographie mathématique et critique et à la Géographie physique. In-8, avec planches ; 1847.   7 fr.

LA GOURNERIE (de). — Traité de Perspective linéaire. In-4, avec Atlas de 45 planches in-folio dont 8 doubles ; 1859.   40 fr.

LA GOURNERIE (de). — Traité de Géométrie descriptive. In-4, publié en trois *Parties* avec Atlas ; 1873-1862-1864.   30 fr.

  Chaque Partie se vend séparément.   10 fr.

  La Iʳᵉ Partie (2ᵉ édition) contient tout ce qui est exigé pour l'*admission à l'École Polytechnique.*

  Les IIᵉ et IIIᵉ Parties sont le développement du *Cours de Géométrie descriptive* professé à l'École Polytechnique.

LAGRANGE. — Mécanique analytique. 3ᵉ édition, revue, corrigée et annotée par M. *J. Bertrand.* 2 vol. in-4 ; 1855.   40 fr.

LAGRANGE. — Œuvres publiées par les soins de M. *Serret,* Membre de l'Institut, sous les auspices du Ministre de l'Instruction publique. Tomes 1 à VI ; 1867, 1874. — Chaque volume se vend séparément.   30 fr.

  Le tome VII est sous presse.

LALANDE. — Tables de Logarithmes pour les **Nombres** et les **Sinus** à **CINQ DÉCIMALES** ; revues par le baron *Reynaud.* Nouvelle édition augmentée de *Formules pour la Résolution des Triangles,* par M. *Bailleul,* typographe. In-18 ; 1875. (*Autorisé par décision du Ministre de l'Instruction publique.*)   2 fr.

  Cartonné.   2 fr. 40 c.

LALANDE. — Tables de Logarithmes, étendues à **SEPT DÉCIMALES,** par *F.-C.-M. Marie,* précédées d'une Instruction par le baron *Reynaud.* Nouvelle édition augmentée de *Formules pour la Résolution des Triangles,* par M. *Bailleul,* typographe. In-12 ; 1877.   3 fr. 50 c.

  Cartonné.   3 fr. 90 c.

LAMÉ (G.), Membre de l'Institut. — Leçons sur les fonctions inverses des transcendantes et les Surfaces isothermes. In-8, avec figures dans le texte; 1857.   5 fr.

LAMÉ (G.). — Leçons sur les Coordonnées curvilignes et leurs diverses applications. In-8, avec figures dans le texte; 1859.   5 fr.

LAMÉ (G.). — Leçons sur la Théorie mathématique de l'élasticité des corps solides. In-8, avec planches. 2e édition; 1866.   6 fr. 50 c.

LAMÉ (G.). — Leçons sur la Théorie analytique de la Chaleur. In-8, avec figures; 1861.   6 fr. 50 c.

LAPLACE. — Exposition du Système du Monde. 6e édit., précédée de l'Éloge de l'auteur par M. le baron *Fourier.* In-4, papier fin, avec portrait; 1835.   15 fr.

LAPLACE. — Essai philosophique sur les Probabilités. 6e édition. In-8; 1840.   5 fr.

LAPLACE. — Précis de l'Histoire de l'Astronomie. 2e édition. In-8; 1863.   3 fr.

LAUGEL (Aug.), ancien Elève de l'Ecole Polytechnique. — Science et Philosophie. In-18 jésus 1863.   3 fr. 50 c.

LAURENT (A.), Correspondant de l'Institut. — Méthode de Chimie, précédée d'un *Avis au Lecteur,* par *Biot.* In-8, avec figures; 1854.   8 fr.

LAURENT (H.), Officier du Génie, ancien Elève de l'Ecole Polytechn. — Théorie des Séries. In-8; 1862. 4 fr.

LAURENT (H.). — Théorie des Résidus. In-8, avec figures dans le texte; 1865.   4 fr.

LAURENT (H.). — Traité d'Algèbre, à l'usage des Candidats aux Écoles du Gouvern. 2e éd., mise en harmonie avec les derniers Progr. In-8; 1875.   7 fr. 50 c.

LAURENT (H.). — Traité de Mécanique rationnelle à l'usage des Candidats à l'Agrégation et à la Licence. 2e édit. 2 vol. in-8 avec figures; 1877.   (*Sous presse.*)

LAURENT (H.). — Traité du Calcul des probabilités. In-8; 1873.   7 fr. 50 c.

LEBESGUE. — Exercices d'Analyse numérique, relatifs à l'*Analyse indéterminée* et à la *Théorie des nombres.* In-8; 1859.   2 fr. 50 c.

LE COINTE (I.-L.-A.). — Solutions développées de 300 Problèmes qui ont été proposés dans les compositions mathématiques pour l'admission au grade de Bachelier ès Sciences dans diverses Facultés de France. In-8, avec figures dans le texte; 1865.   6 fr.

LECOQ DE BOISBAUDRAN. — Spectres lumineux-Spectres prismatiques et en longueurs d'ondes, destinés aux recherches de Chimie minérale. Grand in-8, avec atlas contenant 29 belles planches gravées sur acier; 1874. 20 fr.

LE FÈVRE (le B. Pierre). — Mémorial du Bienheureux Pierre Le Fèvre, premier compagnon de S. Ignace de Loyola, publié pour la première fois en son texte latin et traduit en français par le P. Marcel Bouix, S. J. In-18 raisin, viii-455 pages, titre en noir et rouge; 1874.   3 fr. 50 c.

LEFÈVRE. — Abrégé du nouveau traité de l'Arpen-

tage, ou **Guide pratique et mémoratif de l'Arpenteur,**
particulièrement destiné aux personnes qui n'ont point
étudié la Géométrie. Gros volume in-12, avec 18 pl.,
dont une coloriée.   7 fr.

LEFORT (F.). — **Tables des surfaces de déblai et de
remblai, des largeurs d'emprise et des longueurs des
talus,** relatives à un chemin de fer à deux voies ou à une
Route de 10 *mètres* de largeur entre fossés, pour des cotes
sur l'axe de 0^m à 15^m et pour des déclivités sur le profil
transversal de 0^m à 0^m,25. Gr. in-8 sur jés.; 1861. 3 fr.

   Mêmes Tables relatives à une *Route de 8 mètres.* Grand
      in-8 sur jésus; 1863.   3 fr.

   Mêmes Tables relatives à un chemin de fer, à une voie
   ou à une *Route de* 6 *mètres,* etc. Grand in-8 sur jésus;
   1862.   3 fr.

LEFORT (F.), Inspecteur général des Ponts et Chaus-
sées. — **Sur les bases des calculs de stabilité des ponts
à tabliers métalliques.** Examen critique des bases de
calculs, habituellement en usage pour apprécier la sta-
bilité des ponts à tabliers métalliques soutenus par des
poutres droites prismatiques, et *propositions pour l'adop-
tion de bases nouvelles.* Ouvrage approuvé par l'Acadé-
mie des Sciences sur le Rapport de M. de Saint-Venant et
honoré d'une souscription du Ministre des Travaux pu-
blics. In-4, avec 4 grandes planches.; 1876.   4 fr.

LENTHÉRIC (J.), Professeur à l'École du Génie de
Montpellier. — **Exposition élémentaire des diverses
Théories de la Géométrie moderne.** In-4, avec 6 plan-
ches; 1874.   6 fr. 50 c.

LEONELLI. — **Supplément logarithmique,** précédé
d'une Notice sur l'Auteur, par M. *J. Hoüel,* Professeur
de Mathématiques pures à la Faculté des Sciences de
Bordeaux. 2e édition. In-8; 1876.   4 fr.

LEPRIEUR, Trésorier de l'École Polytechnique. —
**Répertoire de l'École Polytechnique de 1855 à
1865,** faisant suite au *Répertoire* publié par M. *Ma-
rielle.* In-8; 1867.   3 fr.

LEROY (C.-F.-A.), ancien Professeur à l'École Polytech-
nique et à l'École Normale supérieure. — **Traité de Sté-
réotomie,** comprenant les **Applications de la Géométrie
descriptive à la Théorie des Ombres, la Perspective
linéaire, la Gnomonique, la Coupe des Pierres et la
Charpente.** 7e édition, revue et annotée par M. *E. Marte-
let,* ancien élève de l'École Polytechnique, professeur de
Géométrie descriptive à l'École centrale des Arts et Manu-
factures. In-4, avec Atlas de 74 pl. in-folio; 1877   26 fr.

LEROY (C.-F.-A.). -- **Traité de Géométrie descriptive.**
10e édition, revue et annotée par M. *Martelet.* In-4, avec
Atlas de 71 planches; 1877.   16 fr.

LEVY (Maurice), Ingénieur des Ponts et Chaussées,
Docteur ès Sciences. — **La Statique graphique,** et ses
Applications aux Constructions. Un beau volume grand
in-8, avec un Atlas même format, comprenant 14 plan-
ches doubles; 1874.   16 fr. 50 c.

LE TELLIER (le D^r). — **Nouveau système de Sténo-
graphie.** In-8 raisin, avec 37 pl.; 1869.   2 fr. 50 c.

LIONNET (**E**.), Agrégé de l'Université, examinateur suppléant d'admission à l'Ecole Navale. — **Éléments d'Arithmétique**. 3ᵉ édition. In-8; 1857. (*Autorisé par l'Université*.) 4 fr.

LIONNET (**E**.). — **Algèbre élémentaire**. 5ᵉ édition. In-8; 1868. 4 fr.

LONCHAMPT (**A**.). — **Recueil des principaux Problèmes** posés dans les examens pour l'*Ecole Polytechnique* et pour l'*Ecole Centrale des Arts et Manufactures*, ainsi que dans les conférences des *Ecoles préparatoires* les plus importantes de Paris. **Enoncés et Solutions**. 1 volume lithographié, grand in-8 sur jésus; 1865. 8 fr.

LONCHAMPT (**A**.), Préparateur aux bacalauréats ès lettres et ès sciences, et aux Écoles du Gouvernement. — **Recueil de Problèmes** tirées des *compositions données à la Sorbonne*, de 1853 à 1875-1876, pour les *Baccalauréats ès sciences*, suivis des compositions de Mathématiques élémentaires, de Physique, de Chimie et de Sciences naturelles, données aux *Concours généraux* de 1846 à 1875-1876, et de *types d'examens* du baccalauréat ès lettres et des baccalauréats ès sciences. 2ᵉ édition; in-18 jésus, avec figures dans le texte et planches; 1876-1877 :

1ʳᵉ Partie : Arithmétique. — Algèbre. — Trigonométrie..........	*Questions*.	1 fr.	»
	Solutions.	1 fr.	80 c.
IIᵉ Partie : Géométrie.......	*Questions*.	1 fr.	»
	Atlas		60 c.
	Solutions.	2 fr.	80 c.

IIIᵉ Partie : **Approximations numériques** (THÉORIE ET APPLICATION). — **Maxima et minima** (THÉORIE ET QUESTIONS). — **Courbes usuelles, Géométrie descriptive, Cosmographie, Mécanique.**

Théories et *Questions*. 1 fr. 50 c.
Solutions.. 1 fr. 50 c.

IVᵉ Partie: **Physique.—Chimie.** *Questions*. (*Sous presse*).
Solutions. (*Sous presse*).

Vᵉ Partie : **Types d'examens** du Baccalauréat ès lettres, du Baccalauréat ès sciences complet, du Baccalauréat ès sciences restreint. — **Compositions de Mathématiques élémentaires** et des Sciences physiques données aux Concours généraux de 1849 à 1876. (*Sous presse*).

LOYAU (**Achille**), Ingénieur des Arts et Manufactures. — **Album de charpentes en bois**, renfermant différents types de *planchers, pans de bois, combles, échafaudages, ponts provisoires*, etc. Grand in-4, contenant 120 planches de dessins cotés; 1873. 25 fr.

MAHISTRE, Professeur à la Faculté de Lille. — **L'art de tracer les Cadrans solaires**, à l'usage des Instituteurs et des personnes qui savent manier la règle et le compas. (*Approuvé par le Conseil de l'Instruction publique*.) 2ᵉ éd. In-18, avec fig. dans le texte; 1864. 1 fr. 25 c.

MAHISTRE. — **Cours de Mécanique appliquée**. In-8, avec 211 figures intercalées dans le texte; 1858. 8 fr.

MAIRE, Capitaine du Génie. — Éléments de fortification passagère, à l'usage des officiers de toutes armes.
Ire et IIe PARTIE : *Etude générale des retranchements. Construction et organisation des retranchements.* In-8 avec figures; 1875.   4 fr.
IIIe PARTIE : *Application au terrain.* In-8; 1875.   4 fr.

MANSION (**Paul**), Professeur à l'Université de Gand. — **Théorie des équations aux dérivées partielles du premier ordre.** In-8; 1875.   6 fr.

MARIE, Professeur de Topographie. — **Principes du Dessin et du Lavis de la Carte topographique**, accompagnés de 9 modèles, dont 8 sont coloriés avec soin. 1 vol. in-4 oblong; 1825.   15 fr.

MARIE. — **Géométrie stéréographique**, ou *Relief des polyèdres, pour faciliter l'étude des corps*, avec 25 planches gravées et découpées de manière à reconstituer les polyèdres. In-8.   5 fr.

MARIE (**Maximilien**), Répétiteur à l'École Polytechnique. — **Théorie des fonctions des variables imaginaires.** 3 volumes grand in-8, de 280 à 300 pages; 1874-1875-1876.   20 fr.

MARIÉ-DAVY, Directeur de l'Observatoire de Montsouris. — **Instructions pour les observations météorologiques** (baromètres, thermomètres, actinomètre, hygromètres, psychromètres, pluviomètre, évaporomètre, anémomètre, phénomènes divers, *Tables de réduction*, etc.). In-4, avec figures dans le texte; 1876.   2 fr. 50 c.

MARIELLE. — **Répertoire de l'École Polytechnique depuis l'époque de sa création en 1794 jusqu'en 1855** inclusivement. (*Voir* **LEPRIEUR**, page 22, pour la suite du **Répertoire**.) In-8; 1855.   5 fr.

MASTAING (de), Professeur à l'École centrale des Arts et Manufactures. — **Cours de Mécanique appliquée à la résistance des matériaux.** Leçons professées à l'École centrale de 1862 à 1872 et rédigées par M. de Mastaing et rédigées par M. *Courtès-Lapeyrat*, Ingénieur des Arts et Manufactures, répétiteur du Cours. Grand in-8 avec nombreuses figures dans le texte et planche; 1874.   15 fr.

MATHIEU (**Émile**), Professeur à la Faculté des Sciences de Besançon. — **Cours de Physique mathématique.** In-4; 1873.   15 fr.

MEISSAS (**N.**). — **Tables pour servir aux Etudes et à l'exécution des chemins de fer**, ainsi que dans tous les travaux où l'on fait usage du Cercle et de la Mesure des angles. 2e édition; 1867.   8 fr.

MÉMORIAL DE L'ARTILLERIE, rédigé par les soins du Comité de l'Artillerie. Volume in-8, avec Atlas cartonné de 24 planches (no VIII); 1867.   12 fr.
Ce volume contient l'historique des modifications successives introduites dans l'organisation du personnel et dans le matériel de l'Artillerie, par suite de l'adoption des *bouches à feu rayées*.

MÉMORIAL DE L'OFFICIER DU GÉNIE, ou Recueil de Mémoires, Expériences, Observations et Procédés propres à perfectionner la Fortification et les Constructions militaires; rédigé par les soins du Comité des Fortifications, avec l'approbation du Ministre de la Guerre. In-8, avec planches et nombreuses figures dans le texte. Chaque volume, à partir du **N° 21**, se vend séparément. 7 fr. 50 c.

Les **N°ˢ 21** (1873), **22** (1874), **23** (1874), **24** (1875) **25** (1876), sont en vente. Le **N° 26** est sous presse.

Pour recevoir *franco*, ajouter 70 c. par volume.

MOIGNO (l'Abbé). — **Calcul des Variations.** In-8; 1861. 6 fr.

MOIGNO (l'Abbé). — **Leçons de Mécanique analytique,** rédigées principalement d'après les méthodes d'*Augustin Cauchy*, et étendues aux travaux les plus récents. Statique. In-8, avec planches; 1868. 12 fr.

MOIGNO (l'Abbé). — **Actualités scientifiques.**

PREMIÈRE SÉRIE.

1º **Analyse spectrale des Corps célestes;** par *Huggins*. 1 fr. 50 c.

2º **Calorescence. — Influence des couleurs;** par *Tyndall*. 1 fr. 50 c.

3º **La Matière et la Force;** par *Tyndall*. 1 fr. 50 c.

4º **Les Éclairages modernes;** par l'Abbé *Moigno*. (*Épuisé.*)

5º **Sept Leçons de Physique générale;** par *A. Cauchy*. 1 fr. 50 c.

6º **Physique moléculaire;** par l'Abbé *Moigno*. (*Épuisé.*)

7º **Chaleur et Froid;** par *Tyndall*. 2 fr.

8º **Sur la Radiation;** par *Tyndall*. 1 fr. 25 c.

9º **Sur la force de combinaison des atomes;** par *Hofmann*. 1 fr. 25 c.

10º **Faraday inventeur;** par *Tyndall*. 2 fr.

11º **Saccharimétrie optique, chimique et mélassimétrique;** par l'Abbé *Moigno*. 3 fr. 50 c.

12º **La Science anglaise, son bilan en 1868** (réunion à Norwich); par l'Abbé *Moigno*. 2 fr. 50 c.

13º **Mélanges de Physique et de Chimie pures et appliquées;** par *Frankland, Graham, Macquorn-Rankine, Perkin, Sainte-Claire Deville, Tyndall.* 3 fr. 50 c.

14º **Les Aliments;** par *Letheby*. 3 fr.

15º **Constitution de la Matière;** par le P. *Leray*. 2 fr.

16º **Esquisse historique de la Théorie dynamique de la Chaleur;** par *Tait*. 3 fr. 50

17º **Théorie du Vélocipède. — Sur les lois de l'écoulement de la vapeur;** par *Macquorn-Rankine*. 1 fr. 50

18º **Les Métamorphoses chimiques du Carbone;** par *Odling*. 2 fr.

19º **Programme d'un cours en sept leçons sur les phénomènes et les théories électriques;** par *Tyndall*. 1 fr. 50

20º **Géologie des Alpes et du tunnel des Alpes;** par *Elie de Beaumont* et *Sismonda*. 2 fr.

21º **La Science anglaise, son bilan en 1869** (réunion à Exeter). 3 fr. 50 c.

22º **La Lumière;** par *Tyndall*. 2 fr.

23º **Les Agents explosifs modernes et leurs applications;** par l'Abbé *Moigno*. 2 fr.

3

24° **Religion et Patrie,** vengées de la fausse science et de l'envie haineuse; par l'Abbé *Moigno.* 1 fr. 50 c.

25° **Éléments de Thermodynamique;** par *J. Moutier.* 2 fr. 50 c.

26° **Sur la force de la Poudre et des Matières explosibles;** par *M. Berthelot.* 3 fr. 50 c.

27° **Sursaturation des solutions gazeuses;** par *Tomlinson.* 2 fr.

28° **Optique moléculaire. Effets de précipitation, de décomposition, d'illumination produits par la lumière;** par l'Abbé *Moigno.* 2 fr. 50 c.

29° **L'Architecture du monde des atomes,** avec 100 fig. dans le texte; par *Gaudin.* 5 fr.

30° **Étude sur les éclairs;** par *P. Perrin.* 2 fr. 50 c.

31° **Manuel pratique militaire des chemins de fer,** avec nombr. fig.; par le capitaine *Issalène.* 2 fr. 50

32° **Instruction sur les Paratonnerres;** par *Pouillet* et *Gay-Lussac;* avec 58 fig. et planche. 2 fr. 50 c.

33° **Tables barométriques et hypsométriques pour le calcul des hauteurs,** précédées d'une *Instruction,* par *R. Radau.* 1 fr.

34° **Les passages de Vénus sur le disque solaire,** avec figures; par *Edm. Dubois.* 3 fr. 50 c.

35° **Manuel élémentaire de Photographie au collodion humide,** avec figures; par *Dumoulin.* 1 fr. 50

36° **Problèmes plaisants et délectables qui se font par les nombres;** par *Bachet, sieur de Méziriac.* 3ᵉ ed., revue par *Labosne.* Un joli vol., petit in-8, elzévir, papier vergé, couverture parchemin. 6 fr.

37° **La Chaleur** considérée comme un mode de mouvement; par *Tyndall.* 2ᵉ édition française, avec nombreuses figures; 1874. 8 fr.

38° **L'Astronomie pratique et les observatoires en Europe et en Amérique,** depuis le milieu du xviiᵉ siècle jusqu'à nos jours; par *André* et *Rayet.* In-18 jésus, avec belles figures dans le texte et planches en couleur.

    Iʳᵉ PARTIE : *Angleterre.* 4 fr. 50 c.
    IIᵉ PARTIE: *Écosse, Irlande et Colonies anglaises.* 4 fr. 50 c.
    IIIᵉ PARTIE : *Amérique du Nord.* 4 fr. 50 c.
    IVᵉ PARTIE : *Amérique du Sud,* et Météorologie américaine. (*Sous presse.*)

39° **Méthodes chimiques pour la recherche des falsifications, l'essai, l'analyse des matières fertilisantes;** par *Ferdinand Jean.* 3 fr. 50 c.

40° **Premières leçons de Photographie,** avec figures; par *Perrot de Chaumeux.* 1 fr. 50 c.

41° **Les Mines dans la guerre de campagne. —** Exposé des divers procédés d'inflammation des mines et des pétards de rupture. — Emploi de préparations pyrotechniques et emploi de l'électricité, avec 51 fig. dans le texte; par le capit. *Picardat.* 2 fr. 50

42° **Essai sur une manière de représenter les quantités**

imaginaires dans les constructions géométriques, par R. Argand. 2ᵉ édition, précédée d'une préface par M. *J. Hoüel.* 5 fr.

43° **Essai sur les piles**, par *A. Callaud.* 2ᵉ édition, avec 2 planches. (Ouvrage couronné par la Société des Sciences de Lille.) 2 fr. 50 c.

44° **Matière et Éther**; indication d'une méthode pour établir les propriétés de l'Éther, par *Kretz*, Ingénieur en chef des Manufactures de l'État. 1 fr. 50 c.

45° **L'Unité dynamique des forces et des phénomènes de la nature, ou l'Atome tourbillon**; par *F. Marco*, Professeur au Lycée Cavour, à Turin. 2 fr. 50 c.

46° **Physique et Physique du Globe.** Divers Mémoires de MM. *Tyndall, Carpenter, Ramsay, Raphaël de Rossi* et *Félix Plateau.* Traduit par l'Abbé Moigno. 2 fr. 50 c.

47° **La grande pyramide, pharaonique de nom, humanitaire de fait**; ses merveilles, ses mystères et ses enseignements; par M. *Piazzi Smyth*, Astronome royal d'Écosse. Traduit de l'anglais par l'abbé *Moigno.* 3 fr. 50 c.

48° **La Foi et la Science**; explosion de la libre pensée en août et septembre 1874. Discours annotés de MM. *Tyndall, du Bois-Reymond, Owen, Huxley, Hooker* et *Sir John Lubbock*; par l'Abbé Moigno. 3 fr.

49° **Les insuccès en Photographie**; causes et remèdes, suivis de la retouche des clichés et du gélatinage des épreuves; par *Cordier.* 3ᵉ édit. 1 fr. 75 c.

50° **La Photolithographie, son origine, ses procédés, ses applications**; par *C. Fortier.* Petit in-8, orné de planches, fleurons, culs-de-lampe, etc., obtenus au moyen de la Photolithographie. 3 fr. 50 c.

51° **Procédé au Collodion sec**; par *F. Boivin.* 2ᵉ édit., augmentée des formulaires de Th. Sutton, des tirages aux poudres inertes (procédé au charbon), ainsi que de notions pratiques sur la Photolithographie, l'électrogravure et l'impression à l'encre grasse. 1 fr. 50 c.

52° **Les Pandynamomètres de torsion et de flexion**, *Théorie et application*; avec 2 grandes planches; par M. *G.-A. Hirn.* 2 fr.

53° **Notice sur les Aréomètres employés dans l'industrie, le commerce et les sciences**, avec figures dans le texte; par *Baserga*, constructeur d'instruments. 1 fr. 50 c.

54° **Manuel du Magnanier**, application des théories de M. Pasteur à l'éducation des vers à soie; par *L. Roman.* Un beau volume avec nombreuses figures ombrées dans le texte et 6 planches en couleur. 4 fr. 50 c.

55° **Les Couleurs reproduites en Photographie**; Historique, théorie et pratique; par *Eug. Dumoulin.* 1 fr. 50 c.

56° **Progrès récents de l'Astronomie stellaire**; par *R. Radau.* 1 fr. 50 c.

57° **Les Observatoires de montagne** (avec figures dans le texte); par *R. Radau*.   1 fr. 50 c.

58° **Les poussières de l'air**, avec figures dans le texte et 4 planches; par *Gaston Tissandier*.   2 fr. 25 c.

Deuxième Série. — *Cours de science illustrée.*

1° **L'Art des projections**, avec 103 fig.   2 fr. 50 c.

2° **Photomicrographie** en 100 tableaux pour projections; par *Girard*.   1 fr. 50 c.

3° **Les Accidents**, secours en l'absence de l'homme de l'art; par *Smée*.   1 fr. 25 c.

4° **L'Anatomie et l'Histologie**, enseignées par les projections lumineuses; par le Dr *Le Bon*.   1 fr.

MOLLET (J.). — Gnomonique graphique, ou **Méthode** facile pour tracer les **Cadrans** solaires sur toutes sortes de **Plans**, en ne faisant usage que de la règle et du compas. 6ᵉ édit. In-8, avec pl.; 1865.   3 fr. 50 c.

MOUCHOT, Professeur au Lycée de Tours. — **La Chaleur** solaire et ses applications industrielles. In-8, avec fig. dans le texte; 1869.   3 fr.

NAUDIER, Docteur en droit, conseiller de préfecture de l'Aube. — **Traité théorique et pratique de la Législation** et de la **Jurisprudence des Mines, des Minières** et des **Carrières**. In-8; 1877.   10 fr.

NOURY. — **Tarifs** d'après le Système métrique décimal pour cuber les bois carrés ou en grume ou ronds, et tous les corps solides quelconques, ainsi que les colis ou ballots, caisses, etc. 3ᵉ édit. In-8; 1877. (*Approuvé par les Ministres de l'Intérieur et de la Marine.*)   4 fr.

NOUVELLES ANNALES DE MATHÉMATIQUES. Journal des Candidats aux Écoles Polytechnique et Normale, rédigé par MM. *Gerono* et *Brisse*. (Publication fondée en 1842 par MM. *Gerono* et *Terquem*, et continuée par MM. *Gerono, Prouhet et Bourget*.)

1ʳᵉ Série. 20 vol. in-8, années 1842 à 1861. 240 fr.

Les tomes I à VII, X et XVI à XX (1842-1848, 1851 et 1857 à 1861) ne se vendent pas séparément. Les autres tomes de la 1ʳᵉ série se vendent séparément. 12 fr.

La **2ᵉ Série**, commencée en 1862, continue de paraître chaque mois par cahier de 48 pages. L'abonnement est annuel, et part du 1ᵉʳ janvier.

Prix de l'abonnement pour Paris.   15 fr.

Europe, Algérie, Égypte, Maroc, Russie d'Asie, Tunisie, Turquie d'Asie.................. 17 fr.

États-Unis de l'Amérique du Nord......... 19 fr.

Autres pays............................. 20 fr.

Les tomes I à VIII (1862 à 1869) de la **2ᵉ Série** ne se vendent pas séparément. Les tomes suivants se vendent séparément.   15 fr.

OGER (F.), Professeur d'Histoire et de Géographie, Maître de Conférences au Collège Sainte-Barbe. — **Géographie de la France et Géographie générale, physique, militaire, historique, politique, administrative et statistique,** *rédigée conformément au Programme officiel*, à l'usage des Candidats aux Écoles du Gouvernement et aux

Aspirants aux Baccalauréats ès Lettres et ès Sciences.
6ᵉ édition. In-8; 1876. 3 fr.

Cet Ouvrage correspond à l'Atlas de Géographie générale du même Auteur.

OGER (F.). — **Atlas de Géographie.**

Atlas de Géographie générale à l'usage des Lycées, des Collèges, des Institutions préparatoires aux Écoles du gouvernement et de tous les établissements d'Instruction publique. 7ᵉ édition. In-plano, cartonné, contenant 31 Cartes coloriées; 1875. 14 fr.

Atlas Géographique et Historique à l'usage de la classe de QUATRIÈME. In-plano cartonné, contenant 16 cartes coloriées; 1875. 8 fr. 50 c.

Atlas Géographique et Historique à l'usage de la classe de CINQUIÈME. In-plano cartonné, contenant 18 cartes coloriées; 1875. 8 fr. 50 c.

Atlas Géographique et Historique à l'usage de la classe de SIXIÈME. In-plano cartonné, contenant 18 cartes coloriées; 1875. 6 fr.

Atlas Géographique et Historique à l'usage des CLASSES ÉLÉMENTAIRES (7ᵉ, 8ᵉ et 9ᵉ), contenant 13 cartes coloriées; 1875. 6 fr.

OGER (F.). — **Cours d'Histoire générale à l'usage des Lycées, des établissements d'instruction publique, des candidats aux Écoles du Gouvernement et aux baccalauréats**, rédigé conformément aux programmes officiels.

I. *Histoire de l'Europe depuis l'invasion des Barbares jusqu'au* XIVᵉ *siècle.* 2ᵉ édition. In-8; 1875. 3 fr. 50 c.

II. *Histoire de l'Europe depuis le* XIVᵉ *jusqu'au milieu du* XVIIᵉ *siècle.* 2ᵉ édition. In-8; 1875. 3 fr. 50 c.

III. *Histoire de l'Europe de 1610 à 1848.* 3ᵉ édition; 1875. 6 fr. 50 c.

IV. *Histoire de l'Europe de 1610 à 1815. (Cours de Rhétorique).* 2ᵉ édition. In-8; 1875. 7 fr. 50 c.

PAINVIN (L.), Professeur de Mathématiques spéciales au Lycée de Lyon. — **Principes de Géométrie analytique.** 2 volumes grand in-4, lithographiés, de plus de 800 pages chacun, avec nombreuses figures dans le texte.

Iʳᵉ PARTIE. — *Géométrie plane;* 1866. (*Épuisé.*)

IIᵉ PARTIE. — *Géométrie de l'espace;* 1871. 23 fr.

PASTEUR, Membre de l'Institut. — **Études sur le Vinaigre, sa fabrication, ses maladies, moyens de les prévenir; nouvelles observations sur la conservation des Vins par la chaleur.** Grand in-8, avec figures; 1868. 4 fr.

PASTEUR (L.). — **Études sur la maladie des Vers à soie;** *moyen pratique assuré de la combattre et d'en prévenir le retour.* Deux beaux volumes grand in-8, avec figures dans le texte et 37 planches; 1870. 20 fr.

PASTEUR (L.). — **Études sur la Bière;** *ses maladies, causes qui les provoquent, procédé pour la rendre inaltérable,* avec une THÉORIE NOUVELLE DE LA FERMENTATION. Grand in-8, avec 85 figures dans le texte et 12 planches gravées; 1876. 20 fr.

Pour recevoir franco, dans tous les pays faisant partie

de l'Union postale, l'Ouvrage soigneusement emballé entre cartons, ajouter 1 fr.

PAUL (Casimir de), Professeur à l'École municipale Turgot. — **Géométrie élémentaire théorique et pratique.**

Ire Partie : *Géométrie plane*, suivie d'un Exposé élémentaire du Lever des Plans et de l'Arpentage. In-18 jésus; 1865.   2 fr. 50 c.

IIe Partie: *Géométrie dans l'espace*, suivie d'un Exposé élémentaire du nivellement. In-18 jésus, avec figures; 1868.   2 fr.

PEAUCELLIER, Lieutenant-Colonel du Génie.— **Mémoire sur les conditions de stabilité des voûtes en berceau.** In-8, avec figures; 1875.   2 fr.

PEIGNÉ (M.-A.) — **Conversion des mesures, monnaies et poids de tous les pays étrangers en mesures, monnaies et poids de la France.** In-18 jésus; 1867. 2 fr. 50 c.

PEREIRE (Eugène). — **Tables de l'intérêt composé, des annuités et des rentes viagères.** 2e édit. augmentée de 8 *Tableaux graphiques*. In-4; 1873.   10 fr.

PETIT (F.), Directeur de l'Observatoire de Toulouse. — **Traité d'Astronomie pour les gens du monde,** avec des *Notes complémentaires* pour les Candidats au Baccalauréat, aux Écoles spéciales et à la Licence ès Sciences mathématiques. 2 volumes in-18 jésus, avec 286 figures dans le texte et une Carte céleste; 1866.   7 fr.

PHILLIPS, Membre de l'Institut. — **Cours d'Hydraulique et d'Hydrostatique,** professé à l'École Centrale des Arts et Manufactures. (La rédaction est de M. *Al. Gouilly*, agrégé des lycées, répétiteur du cours de M. Phillips). Grand in-8, avec fig. dans le texte; 1875.   15 fr.

PIARRON DE MONDESIR, Ingénieur des Ponts et Chaussées. — **Dialogues sur la Mécanique;** *Méthode nouvelle* pour l'enseignement de cette Science, résultats scientifiques nouveaux. In-8, avec figures; 1870.   6 fr.

PIERRE (J.-I.), Professeur à la Faculté des Sciences de Caen. — **Exercices sur la Physique,** ou Recueil de questions susceptibles de faire l'objet de compositions écrites soit dans les classes supérieures des lycées, soit aux examens du Baccalauréat ès Sciences, soit aux examens d'admission aux principales écoles, avec l'indication des solutions. 2e édit. In-8, avec 4 pl.; 1862.   4 fr.

POINSOT.— **Éléments de Statique,** précédés d'une *Notice sur Poinsot,* par M. J. Bertrand, Membre de l'Institut. 12e édition ; 1877.   6 fr.

POISSON (S.-D.), Membre de l'Institut. — **Traité de Mécanique.** 2e édit. 2 forts vol. in-8; 1833.   18 fr.

PONCELET, Membre de l'Institut.— **Applications d'Analyse et de Géométrie** qui ont servi de principal fondement au **Traité des Propriétés projectives des figures,** suivies d'Additions par MM. *Mannheim* et *Moutard*, anciens Élèves de l'École Polytechnique. 2 vol. in-8, avec figures dans le texte; 1864.   20 fr.

Chaque volume se vend séparément.   10 fr.

PONCELET. — **Traité des Propriétés projectives des**

figures. Ouvrage utile à ceux qui s'occupent des appli-
cations de la Géométrie descriptive et d'opérations géo-
métriques sur le terrain. 2ᵉ édition, 1865-1866. 2 beaux
volumes in-4 d'environ 450 pages chacun, avec de nom-
breuses planches gravées sur cuivre.   40 fr.
Le second volume se vend séparément.   20 fr.

PONCELET. — Introduction à la **Mécanique** indus-
trielle, physique ou expérimentale. 3ᵉ édit., publiée par
M. *Kretz*, ingénieur en chef, inspecteur des manufactures
de l'État. In-8 de 757 pages, avec 3 pl.; 1870.   12 fr.

PONCELET. — Cours de **Mécanique** appliquée aux
Machines; publié par M. *Kretz*. 2 volumes in-8.

1ʳᵉ Partie : *Machines en mouvement, Régulateurs et
transmissions, Résistances passives*, avec 117 figures dans
le texte et 2 planches ; 1874.   12 fr.

2ᵉ Partie : *Mouvement des fluides, Moteurs, Ponts-levis*,
avec 111 figures; 1876.   12 fr.

POUDRA. — Traité de **Perspective-Relief.** In-8, avec
Atlas oblong de 18 planches; 1862.   8 fr. 50 c.

POUILLET et **GAY-LUSSAC.** — Instruction sur les
paratonnerres, adoptée par l'Académie des Sciences.
In-18 jésus, avec 58 figures dans le texte et une planche;
1874.   2 fr. 50 c.

PRÉFECTURE DE LA SEINE. — Assainissement
de la Seine. Épuration et utilisation des eaux d'é-
goût. 3 beaux volumes in-8 jésus ; avec 17 planches, dont
10 en chromolithographie; 1876.   20 fr.

PUISSANT. — Traité de **Géodésie**, ou Exposition des
Méthodes trigonométriques et astronomiques, applica-
bles soit à la mesure de la Terre, soit à la confection du
canevas des cartes et des plans topographiques. 3ᵉ éd.
2 vol. in-4, avec 13 pl.; 1842.   75 fr.

REGNAULT (J.-J.). — Traité de **Géométrie** pratique
et d'**Arpentage**, comprenant les **Opérations graphiques**
et de nombreuses **Applications aux Travaux** de toute
nature, à l'usage des Écoles professionnelles, des Écoles
normales primaires, des employés des Ponts et Chaus-
sées, des Agents voyers, etc. 2ᵉ édition, revue et aug-
mentée. In-8, avec 14 pl.; 1860.   5 fr.

REGNAULT (J.-J.). — Cours pratique d'**Arpentage**, à
l'usage des Instituteurs, des Élèves des Écoles primaires,
des Propriétaires et des Cultivateurs. In-18, sur jésus,
avec figures dans le texte. 2ᵉ édition; 1870. 1 fr. 50 c.

RESAL (H.), ancien Élève de l'École Polytechnique. —
Éléments de **Mécanique**, rédigés d'après les Leçons de
Mécanique professées à la Faculté des Sciences de Paris
par M. *Poncelet*. Nouvelle édit., revue et corrigée. In-8,
avec pl ; 1862. (*Adopté par l'Université.*)   4 fr. 50 c.

RESAL (H.). — Traité de **Cinématique** pure. In-8,
avec 77 figures; 1862.   6 fr.

RESAL (H.), Ingénieur des Mines, Docteur ès Sciences.
— Traité élémentaire de **Mécanique** céleste. In-8, avec
planche; 1865.   8 fr.

RESAL (H.), Membre de l'Institut. — Traité de **Méca-**

nique générale, comprenant les *Leçons professées à l'École Polytechnique.* 4 vol. in-8, se vendant séparément :

TOME I : *Cinématique.* — *Théorèmes généraux de la Mécanique.* — *De l'équilibre et du mouvement des corps solides.* In-8, avec figures dans le texte; 1873.   9 fr. 50 c.

TOME II : *Frottement.* — *Equilibre intérieur des corps.* — *Théorie mathématique de la poussée des terres.* — *Equilibre et mouvements vibratoires des corps isotropes.* — *Hydrostatique.* — *Hydrodynamique.* — *Hydraulique.* — *Thermodynamique,* suivie de la *Théorie des armes à feu.* In-8; 1874.   9 fr. 50 c.

TOME III : *Des machines considérées au point de vue des transformations de mouvement et de la transformation du travail des forces.* — *Application de la Mécanique à l'Horlogerie.* In-8, avec belles figures ombrées dans le texte; 1875.   11 fr.

TOME IV : *Moteurs animés.* — *De l'eau et du vent considérés comme moteurs.* — *Machines hydrauliques et élévatoires.* — *Machines à vapeur, à air chaud et à gaz.* In-8, avec 200 belles figures, levées et dessinées d'après les meilleurs types; 1876.   15 fr.

ROMAN (L.). — **Manuel du Magnanier.** *Application des théories de M. Pasteur à l'éducation des vers à soie.* Un beau volume in-18 jésus, avec nombreuses figures dans le texte et 6 planches en couleur; 1876.   4 fr. 50 c.

ROUCHÉ (Eugène), Professeur au Lycée Charlemagne. — **Éléments d'Algèbre,** à l'usage des Candidats au Baccalauréat ès Sciences et aux Écoles spéciales. (*Rédigés conformément aux Programmes.*) In-8, avec figures dans le texte; 1857.   4 fr.

ROUCHÉ (Eugène), Professeur à l'École Centrale, Répétiteur à l'École Polytechnique, etc., et **COMBEROUSSE (Charles de),** Professeur à l'École Centrale et au Collège Chaptal, etc. — **Traité de Géométrie élémentaire,** conforme aux Programmes officiels, renfermant un très-grand nombre d'exercices et plusieurs Appendices consacrés à l'exposition des principales méthodes de la Géométrie moderne. 3ᵉ édition, revue et notablement augmentée. In-8 de XXXVI-890 pages, avec 611 figures dans le texte, et 1085 questions proposées; 1873-1874.   12 fr.

On vend séparément, savoir :

Iʳᵉ PARTIE. — *Géométrie plane.*   5 fr.

IIᵉ PARTIE. — *Géométrie de l'espace; Courbes et Surfaces usuelles.*   7 fr.

ROUCHÉ (Eugène) et COMBEROUSSE (Charles de). — **Éléments de Géométrie,** entièrement conformes aux derniers programmes d'enseignement des classes de troisième, de seconde, de rhétorique et de philosophie, suivis d'un **Complément** à l'usage des Élèves de **Mathématiques élémentaires** et de **Mathématiques spéciales,** et de *Notions sur le Lever des plans et l'Arpentage.* 2ᵉ édition, revue et corrigée. In-8; 1873.   5 fr.

SAINTE-CLAIRE DEVILLE (H.), Maître de Conférences à l'École Normale, etc. — **De l'Aluminium. Ses**

propriétés, sa fabrication et ses applications. In-8, avec planches: 1859. 3 fr. 50 c.

SAINT-EDME, Professeur de Sciences Physiques aux Ecoles municipales d'Auteuil, Lavoisier, Turgot, et à l'Ecole supérieure du Commerce.—**L'Électricité appliquée aux Arts mécaniques, à la Marine, au Théâtre.** In-8, avec belles fig. dans le texte; 1871. 4 fr.

SAINT-GERMAIN (de), Professeur de Mécanique à la Faculté des Sciences de Caen, ancien Maître de Conférences à l'École des Hautes Études de Paris. — **Recueil d'Exercices sur la Mécanique rationnelle**, à l'usage des candidats à la Licence et à l'Agrégation des Sciences mathématiques. In-8, avec figures dans le texte; 1877. 8 fr. 50 c.

SALMON (G.).—**Leçons d'Algèbre supérieure**; traduites de l'anglais par M. *Bazin*, Ingénieur des Ponts et Chaussées, et augmentées de *Notes* par M. *Hermite*, Membre de l'Institut. In-8; 1868. 7 fr. 50 c.

SALMON (G.). — **Traité de Géométrie analytique** (*Sections coniques*), traduit de l'anglais par M. *Resal*, Ingénieur des Mines, et M. *Vaucheret*, ancien Elève de l'Ecole Polytechnique. In-8, avec fig.; 1870. 10 fr.

SALVÉTAT (A.), Chef des travaux chimiques à la Manufacture de Sèvres. — **Leçons de Céramique**, professées à l'École Centrale des Arts et Manufactures, ou **Technologie Céramique, comprenant les Notions de Chimie, de Technologie et de Pyrotechnie applicables à la fabrication, à la synthèse, à l'analyse, à la décoration des poteries.** 2 vol. in-18, avec 479 figures dans le texte. 12 fr.

SALVÉTAT (A.). — **Album du cours de Technologie chimique** professé à l'École Centrale. Portefeuille in-4 cartonné, contenant 70 planches doubles; 1874. 25 fr.

Ire PARTIE, 24 planches : Céramique. — IIe PARTIE, 26 planches : Couleurs, Blanchiment, Teintures et Impressions. — IIIe PARTIE, 20 planches : Métallurgie (Métaux autres que le fer).

Les planches de la première Partie de cet Album se rapportent à l'Ouvrage de M. Salvétat, LEÇONS DE CÉRAMIQUE annoncé ci-dessus.

SCHRÖN (L.). — **Tables de Logarithmes** à sept décimales pour les nombres depuis **1** jusqu'à **108 000**, et pour les fonctions trigonométriques de 10 en 10 secondes; et **Table d'Interpolation** pour le calcul des parties proportionnelles; précédées d'une **Introduction** par J. *Hoüel*. 2 beaux volumes grand in-8 jésus. Paris; 1876.

PRIX :

	Broché.	Cartonné.
Tables de Logarithmes............	8 fr.	9 fr. 75 c.
Table d'interpolation.............	2	3 25
Tables de Logarithmes et Table d'interpolation réunies en un seul volume................	10	11 75

SECCHI (le **P. A.**), Directeur de l'Observatoire du Collège Romain, Correspondant de l'Institut de France.
— **Le Soleil.** 2ᵉ édition. Deux beaux volumes grand in-8, avec Atlas; 1875-1877. 30 fr.

On vend séparément :

Iʳᵉ Partie. Un volume grand in-8, avec 150 figures dans le texte et un atlas comprenant 6 grandes planches gravées sur acier (I. *Spectre ordinaire du Soleil et Spectre d'absorption atmosphérique.* — II. *Spectre de diffraction*, d'après la photographie de M. Henry Draper — III, IV, V et VI. *Spectre normal du Soleil*, d'après Angström, et *Spectre normal du Soleil, portion ultra-violette*, par M. A. Cornu); 1875. 18 fr.

IIᵉ Partie. Un volume grand in-8, avec nombreuses figures dans le texte, et 13 planches, dont 12 en couleur (I à VIII. *Protubérances solaires.* — IX. *Type de tache du Soleil.* — X et XI, *Nébuleuses*, etc. — XII et XIII. *Spectres stellaires*); 1877. 18 fr.

SERRET (**J.-A.**), Membre de l'Institut — **Traité d'A-rithmétique**, à l'usage des candidats au Baccalauréat ès Sciences et aux Écoles spéciales. 6ᵉ édition, revue et mise en harmonie avec les derniers Programmes officiels par **J.-A. Serret** et par **Ch. de Comberousse**, Professeur de Cinématique à l'École Centrale et de Mathématiques spéciales au Collège Chaptal. In-8; 1875. (*Autorisé par décision ministérielle.*) 4 fr. 50 c.

SERRET (**J.-A.**). — **Traité de Trigonométrie.** 5ᵉ édition, revue et augmentée. In-8 avec fig. dans le texte; 1875. (*Autorisé par décision ministérielle.*) 4 fr.

SERRET (**J.-A**). — **Cours d'Algèbre supérieure.** 2ᵉ édition, 2 volumes in-8 avec figures. (*Le Tome I vient de paraître; le Tome II sera publié à la fin de 1877.*) Prix pour les souscripteurs aux 2 volumes 25 fr.

SERRET (**J.-A.**). — **Cours de Calcul différentiel et intégral.** 2ᵉ édit. 2 vol. in-8, avec figures. (*Sous presse.*)

SERRET (**Paul**). — **Théorie nouvelle géométrique et mécanique des lignes à double courbure.** In-8, avec 67 figures dans le texte; 1860. 8 fr.

SERRET (**Paul**). — **Géométrie de Direction.** Application des coordonnées polyédriques. *Propriété de dix points de l'ellipsoïde, de neuf points d'une combe gauche du quatrième ordre, de huit points d'une cubique gauche.* In-8, avec figures dans le texte; 1869. 10 fr.

STURM, Membre de l'Institut.— **Cours d'Analyse de l'École Polytechnique.** 5ᵉ édit., revue et corrigée par M. *Prouhet*, répétiteur d'Analyse à l'École Polytechnique. 2 vol. in-8, avec figures dans le texte; 1877. 12 fr.

STURM. — **Cours de Mécanique de l'École Polytechnique**, publié, d'après le vœu de l'auteur, par M. E. *Prouhet*. 3ᵉ édition. 2 volumes in-8, avec 189 figures dans le texte; 1875. 12 fr.

TARNIER, Inspecteur de l'Instruction primaire à Paris.
— **Éléments de Géométrie pratique**, conformes au programme de l'enseignement secondaire spécial (année pré-

paratoire, Sciences), à l'usage des Ecoles primaires et des divers établissements scolaires. In-8, avec figures dans le texte, accompagné d'un Atlas in-folio contenant 1 planche typographique et 7 belles planches coloriées gravées sur acier; 1872. Prix du texte broché, avec l'Atlas en feuilles dans une couverture imprimée.   6 fr.

Prix du texte cartonné et de l'Atlas cartonné sur onglets.   8 fr. 75 c.

On vend séparément :

Le texte, broché,   2 fr. 50 c.;   cartonné,   3 fr. 25 c.
L'Atlas, en feuilles, 3 fr. 50 c.; cart. sur ongl., 5 fr. 50 c.

L'étude de la Géométrie rationnelle se poursuit depuis des siècles, mais l'enseignement de la Géométrie pratique est encore à créer en France. C'est à ce but que M. Tarnier a appliqué ses efforts; et nous pouvons dire que son œuvre, éminemment utile, comble une lacune d'autant plus regrettable qu'elle n'existe pas dans les pays voisins. « L'éducation de l'œil et de la main » pourra ainsi occuper dans l'enseignement classique et professionnel la place qui lui est due, alors surtout que la régénération du pays par une instruction véritablement utile est une des questions politiques et sociales qui préoccupent vivement les esprits.

THIERRY fils, Graveur éditeur du *Vignole de Poche*. — **Méthode graphique et géométrique**, ou le **Dessin linéaire** appliqué aux arts en général, et en particulier à la projection des ombres, à la pratique de la coupe des pierres, à la perspective linéaire et aux cinq ordres d'Architecture. 2e éd., revue et corrigée par M. *C.-F.-M. Marie*. Grand in-8 oblong, avec 50 planches; 1846. (*Ouvrage choisi par le Ministre de l'Instruction publique pour les Bibliothèques scolaires.*)   6 fr.

THOREL (**J.-B.-A.**), Géomètre de 1re classe du Cadastre. — **Arpentage et Géodésie pratiques**. Ouvrage à l'aide duquel on peut apprendre le Système métrique, l'Arpentage, la Division des terres, la Trigonométrie rectiligne, le Levé des Plans et la Gnomonique. 2e tirage. In-4, avec planches; 1855.   4 fr.

TISSERAND, Correspondant de l'Institut, Directeur de l'Observatoire de Toulouse, ancien Maitre de Conférences à l'École des Hautes Études de Paris. — **Recueil complémentaire d'Exercices sur le Calcul infinitésimal**, à l'usage des candidats à la Licence et à l'Agrégation des Sciences mathématiques. (Cet Ouvrage forme une suite naturelle à l'excellent *Recueil d'Exercices* de M. FRENET.) In-8, avec figures dans le texte; 1877.   7 fr. 50 c.

TYNDALL (**John**). — **Le Son**, traduit de l'anglais et augmenté d'un Appendice par M. l'Abbé *Moigno*. In-8, orné de 171 figures dans le texte; 1869.   7 fr.

TYNDALL (**John**). — **La Chaleur**, considérée comme un *mode de mouvement*. 2e édition française, traduite sur la 4e édition anglaise, par l'Abbé *Moigno*. Un fort volume in-18 jésus, avec nombreuses figures; 1874.   8 fr.

TYNDALL (**John**). — **La Lumière**; six Lectures faites en Amérique en **1872-1873**; Ouvrage traduit de l'anglais par M. l'Abbé *Moigno*. In-8, avec figures dans le texte; 1875.   7 fr.

VALERIUS (B.), Docteur ès sciences. — **Traité théorique et pratique de la fabrication du fer et de l'acier**, accompagné d'un *Exposé des améliorations dont elle est susceptible*, principalement en Belgique. — Deuxième édition originale française, publiée d'après le manuscrit de l'Auteur, et augmentée de plusieurs articles par H. VALÉRIUS, Professeur à l'Université de Gand. Un volume grand in-8, de 880 pages, texte compacte, avec un Atlas in-folio de 45 planches (dont deux doubles) gravées; 1875. 75 fr.

VALLÈS (F.), Inspecteur général des Ponts et Chaussées. — **Des formes imaginaires en Algèbre.**

Ire PARTIE: *Leur interprétation en abstrait et en concret.* In-8; 1869. 5 fr.

IIe PARTIE: *Intervention de ces formes dans les équations des cinq premiers degrés.* Grand in-8, lithographié; 1873. 6 fr.

IIIe PARTIE: *Représentation à l'aide de ces formes des directions dans l'espace.* In-8; 1876. 5 fr.

VASQUEZ QUEIPO, Membre de l'Académie royale des Sciences et du Conseil supérieur de l'Instruction publique de Madrid, Lauréat de l'Institut de France. — **Tables de logarithmes à six décimales**, pour les nombres depuis 1 jusqu'à 20000 et pour les lignes trigonométriques, le rayon étant pris égal à l'unité; avec un *Appendice* servant à trouver, sur-le-champ et sans le secours des formules, le logarithme d'un nombre et *vice versâ*, avec 20 chiffres exacts et au-dessous. 2e édit. française. In-8; 1876. 4 fr.

VASSAL (le major **Vladimir**), ancien Ingénieur. — **Nouvelles Tables** donnant avec cinq décimales les logarithmes vulgaires et naturels des nombres de 1 à 10800, et des fonctions circulaires et hyperboliques pour tous les degrés du quart de cercle de minute en minute. Un beau vol. in-4°; 1872. 12 fr.

VIANT (J.), Agrégé de l'Université. — **Éléments de Géométrie descriptive**, rédigés conformément au nouveau Programme de Saint-Cyr, à l'usage des candidats à ladite École, à l'École Navale, à l'École Forestière et au Baccalauréat ès Sciences. In-8, avec Atlas de 16 planches; 1862. 2 fr. 50 c.

VIANT (J.). — **Notions sur quelques courbes usuelles**, rédigées conformément aux nouveaux Programmes. In-8, avec planches; 1864. 2 fr. 50 c.

VIEILLE(J.), Inspecteur général de l'Instruction publique. — **Éléments de Mécanique**, rédigés conformément au Progr. du nouveau plan d'études des Lycées. 3e édit.; 1 vol. in-8, avec fig. dans le texte; 1875. 4 fr. 50 c.

VIEILLE (J.). — **Cours complémentaire d'Analyse et de Mécanique rationnelle**, professé à l'École Normale. In-8; 1851. 7 fr.

VIEILLE (J.). — **Théorie générale des approximations numériques**, à l'usage des Candidats aux Écoles spéciales. In-8, 2e édition; 1854. 3 fr. 50 c.

VINCENT, Répétiteur de Chimie industrielle à l'École

Centrale. — **Carbonisation des bois en vases clos et utilisation des produits dérivés.** Grand in-8, avec belles figures gravées sur bois; 1873.   5 fr.

VIOLEINE (A.-P.), ancien Chef de bureau au Ministère des Finances. — **Tables pour faciliter les Calculs des Probabilités sur la vie humaine.** In-4; 1859.   10 fr.

VIOLEINE (A.-P.). — Nouvelles Tables pour les calculs d'Intérêts composés, d'Annuités et d'Amortissement. 3e édition, revue et augmentée par M. *Laas d'Aguen*, gendre de l'Auteur. In-4; 1876.   15 fr.

ZEUNER. — Théorie mécanique de la Chaleur, avec ses APPLICATIONS AUX MACHINES. 2e édition, entièrement refondue, avec figures dans le texte et nombreux tableaux. Ouvrage traduit de l'allemand et augmenté d'un *Appendice* comprenant les travaux postérieurs à la publication du texte allemand, en particulier les importantes Recherches de M. Zeuner sur les propriétés de la vapeur d'eau surchauffée; par M. *M. Arnthal*. Un fort volume in-8; 1869.   10 fr.

EXTRAIT DU CATALOGUE DE PHOTOGRAPHIE

Agenda photographique pour 1877, publié sous la direction de M. LÉON VIDAL. Deuxième année. Un joli volume in-18, reliure anglaise, avec spécimens de photochromie, de tirages à l'encre grasse et d'héliogravure sur zinc..................................... 6 fr.

Aide-Mémoire de Photographie pour 1877, publié sous les auspices de la Société photographique de Toulouse, par M. C. FABRE. Deuxième année. In-18, avec plusieurs spécimens d'épreuves aux encres grasses.

     Prix : Broché................. 1 fr. 75 c.
             Cartonné............... 2 fr. 25 c.

Annuaire Photographique, par *A. Davanne*. 3 vol. in-18, années 1865 à 1867.

     On vend séparément chaque volume :

     Broché................. 1 fr. 75.
     Cartonné............... 2 fr. 25.

Barreswil et Davanne. — *Chimie photographique.* 4e édition, revue et augmentée. In-8, avec fig.... 8 fr. 50 c.

Belloc (A.). — *Traité théorique et pratique de Photographie sur collodion.* In-8...................... 2 fr.

Belloc (A.). — *Photographie rationnelle, Traité complet théorique et pratique.* In-8.................... 5 fr.

Belloc (A.). — *Code de l'opérateur photographe.* In-18 carré................................. 1 fr.

Belloc (G.). — *Photographie, procédé sur verre et sur papier,* verre opale, mat et brillant; coloris instantané; retouche du cliché; etc. In-12, avec planche..... 1 fr.

Blanquart-Evrard. — *Intervention de l'art dans la Photographie.* In-12, avec une photographie..:   1 fr. 50 c.

Boivin (F.). — *Procédé au collodion sec.* 2e édition, augmentée du formulaire de Th. Sutton, des tirages aux poudres inertes (procédé au charbon), ainsi que de notions pratiques sur la Photographie, l'Electrogravure et l'Impression à l'encre grasse. In-18 j.; 1876.   1 fr. 50 c.

Bulletin de la Société française de Photographie. Grand in-8, mensuel, 22e année, 1876.

Prix pour un an : Paris et les départements..   12 fr.
Étranger...................   15 fr.

Cordier (V.). — *Les insuccès en Photographie; causes et remèdes.* 3e édit., avec figures. In-18 jésus.   1 fr. 75 c.

Davanne. — *Les Progrès de la Photographie.* Résumé comprenant les perfectionnements apportés aux divers procédés photographiques pour les épreuves négatives et les épreuves positives, les nouveaux modes de tirage des épreuves positives par les impressions aux poudres colorées et par les impressions aux encres grasses. In-8; 1877...................   6 fr. 50 c.

Despaquis. — *Photographie au charbon.* (Gélatine et Bichromates alcalins.) In-8 jésus.........   1 fr. 50 c.

Dumoulin. — *Manuel élémentaire de Photographie au collodion humide.* In-18 jésus, avec figures..   1 fr. 50 c.

Dumoulin. — *Les Couleurs reproduites en Photographie;* Historique, théorie et pratique. In-18 jésus.   1 fr. 50 c.

Fortier (G.). — *La Photolithographie, son origine, ses procédés, ses applications.* Petit in-8, orné de planches, fleurons, culs-de-lampe, etc., obtenus au moyen de la Photolithographie; 1876..............   3 fr. 50 c.

Fouque. — *La vérité sur l'invention de la Photographie.* — *Nicéphore Niepce, sa vie, ses essais et ses travaux.* In-8, avec planches photolithographiques reproduisant diverses pièces authentiques ....   6 fr.

Gaudin. — *Vade-Mecum de Photographie,* suivi d'un répertoire de Chimie et de Physique et d'un formulaire. In-12................................   4 fr.

Godard (E.). — *Encyclopédie des virages,* contenant la description des meilleurs procédés et tous les renseignements nécessaires pour obtenir photographiquement des épreuves positives sur papier avec une grande variété et une grande richesse de tons. 2e édition, revue et augmentée, contenant la préparation des sels d'or et d'argent. In-8 ....   2 fr

Hannot, Chef du service de la Photographie au Dépôt de la Guerre de Belgique. — *Les Éléments de la Photographie.* I. Aperçu historique et exposition des opérations de la Photographie. — Propriété des sels d'argent. — III. Optique photographique. In-8 ....   1 fr. 50 c.

La Blanchère (H. de). — *Monographie du stéréoscope et des épreuves stéréoscopiques.* In-8, avec figures.. 5 fr.

Lallemand. — *Nouveaux procédés d'impression autographique et de photolithographie.* In-12.......... 1 fr.

Monckhoven (Van). — *Nouveau procédé de Photographie sur plaques de fer,* et Notice sur les vernis photographiques et le collodion sec. In-8 .... 3 fr.

Moock. — *Traité pratique complet d'impressions photographiques aux encres grasses et de phototypographie et photogravure.* 2ᵉ édition, beaucoup augmentée. In-18 jésus; 1877.............................. 3 fr.

Perrot de Chaumeux (L.). — *Premières Leçons de Photographie.* In-12, avec figures. 2ᵉ édition..... 1 fr. 50 c.

Phipson (le Dʳ). — *Le préparateur photographe,* ou Traité de Chimie à l'usage des photographes et des fabricants de produits photographiques. In-12 avec fig....... 3 fr.

Russel (G.). — *Le Procédé au Tannin,* traduit de l'anglais par M. Aimé Girard. 2ᵉ éd. In-18 jésus, avec fig. 2 fr. 50 c.

Vidal (Léon). — *Traité pratique de Photographie au charbon,* complété par la description de divers *Procédés d'impressions inaltérables (Photochromie et tirages photomécaniques).* 3ᵉ édition. In-18 jésus, avec une planche spécimen de Photochromie et 2 planches spécimens d'impression à l'encre grasse; 1877........... 4 fr. 50 c.

———

ANDRÉ et **RAYET,** Astronomes adjoints de l'Observatoire de Paris, et **ANGOT,** Professeur de Physique au Lycée de Versailles. — **L'Astronomie pratique et les Observatoires en Europe et en Amérique,** depuis le milieu du xvııᵉ siècle jusqu'à nos jours. In-18 jésus, avec belles figures dans le texte et planches en couleur.

Iʳᵉ Partie : *Angleterre;* 1874. 4 fr. 50 c.

IIᶜ Partie : *Écosse, Irlande et colonies anglaises;* 1874. 4 fr. 50 c.

IIIᵉ Partie : *Amérique du Nord;* 1877. 4 fr. 50 c.

IVᶜ Partie : *Amérique du Sud,* et Météorologie américaine. (Sous presse.)

Vᵉ Partie : *Italie.* (Sous presse.)

VIᶜ Partie : *Europe continentale.* (Sous presse.)

Chaque Partie se vend séparément.

LIBRAIRIE DE GAUTHIER-VILLARS
quai des Grands-Augustins, 55.

LONCHAMPT (A.), Préparateur aux baccalauréats ès lettres et ès sciences, et aux Écoles du Gouvernement. — Recueil de Problèmes tirés des *compositions données à la Sorbonne*, de 1853 à 1875-1876, pour les *Baccalauréats ès sciences*, suivis des compositions de Mathématiques élémentaires, de Physique, de Chimie et de Sciences naturelles, données aux *Concours généraux* de 1846 à 1875-1876, et de *types d'examens* du baccalauréat ès lettres et des baccalauréats ès sciences. 2ᵉ édition ; in-18 jésus, avec figures dans le texte et planches ; 1876-1877 :

1ʳᵒ Partie : Arithmétique. — Algèbre. — **Trigonométrie**...................... *Questions*. 1 fr. »
Solutions. 1 fr. 80 c.

IIᵉ Partie : **Géométrie**....... *Questions*. 1 fr. »
Atlas. 60 c.
Solutions. 2 fr. 80 c.

IIIᵉ Partie : **Approximations numériques** (théorie et application). — **Maxima et minima** (théorie et questions). — **Courbes usuelles, Géométrie descriptive, Cosmographie, Mécanique.**

Théories et *Questions*. 1 fr. 50 c.
Solutions.. 1 fr. 50 c.

IVᵉ Partie : **Physique.—Chimie.** *Questions*. (*Sous presse*).
Solutions. (*Sous presse*).

Vᵉ Partie : **Types d'examens du Baccalauréat ès lettres‘ du Baccalauréat ès sciences complet, du Baccalauréat ès sciences restreint. — Compositions de Mathématiques élémentaires et des Sciences physiques** données aux Concours généraux de 1849 à 1876........ (*Sous presse*).

LIBRAIRIE DE GAUTHIER-VILLARS,

QUAI DES AUGUSTINS, 55, A PARIS.

RECUEIL COMPLÉMENTAIRE D'EXERCICES

SUR LE

CALCUL INFINITÉSIMAL,

Par M. F. TISSERAND,

Directeur de l'Observatoire de Toulouse,
Ancien Maître de Conférences à l'École des Hautes Études de Paris.

IN-8 DE XIX–388 PAGES; 1877. — PRIX : 7 FR. 50 C.

Tous ceux qui s'occupent d'Analyse connaissent le précieux *Recueil d'Exercices sur le Calcul infinitésimal* de M. F. Frenet, qui est déjà arrivé à sa troisième édition. L'Ouvrage que vient de publier M. Tisserand est un complément du consciencieux travail du professeur de Lyon. Il s'adresse, en général, à une catégorie d'étudiants un peu plus avancés et a un caractère moins systématique.

Le premier Livre est consacré à des exercices sur l'Algèbre, la Géométrie analytique et le Calcul différentiel; le deuxième, à des questions de Calcul intégral (intégrales définies et indéfinies, quadratures, rectifications, etc., équations différentielles et aux dérivées partielles). Le Livre troisième contient la solution de questions diverses concernant les courbes et les surfaces. C'est la partie la plus importante, la plus originale et la plus étendue de l'Ouvrage. Pour donner une idée de cette dernière Partie, nous citerons quelques questions : 1. Trouver les courbes dans lesquelles le rayon de courbure ρ est lié à l'angle α que fait la tangente avec une direction fixe par une relation $\rho = f(\alpha)$. 15. Questions sur les trajectoires. 31. Trouver une courbe dont la conique osculatrice est une ellipse de surface constante. 62-70. Systèmes triplement orthogonaux.

Le Recueil contient en tout 166 questions, dont plusieurs contiennent un grand nombre de cas particuliers. P. M.

(Extrait du *Journal de l'Instruction publique.*)

4.

RECUEIL D'EXERCICES

SUR LA

MÉCANIQUE RATIONNELLE,

A L'USAGE DES CANDIDATS A LA LICENCE
ET A L'AGRÉGATION DES SCIENCES MATHÉMATIQUES,

PAR A. DE SAINT-GERMAIN,
Professeur de Mécanique à la Faculté des Sciences de Caen.

IN-8 DE VIII-456 PAGES; 1877. — PRIX : 8 FR. 50 C.

« On ne peut bien posséder les théories peu nombreuses, mais fécondes, qui constituent la Mécanique rationnelle, si l'on n'en a fait des applications attentives et variées. » Les Recueils de William Walton et du P. Jullien sont trop élevés ; celui de M. A. Führmann contient des questions trop faciles ; le Cours complémentaire de M. Vieille est trop peu étendu. M. de Saint-Germain a essayé de faire un Ouvrage qui ne présentât aucun de ces inconvénients. Voici la table des Chapitres : I. *Statique*. Équilibre d'un point matériel. Composition des forces parallèles. Centres de gravité. Équilibre des corps solides. Équilibre d'un fil flexible. Attraction des systèmes. — II. *Cinématique*. Mouvement d'un point matériel. Mouvement d'une figure dans un plan. Mouvement général d'un solide.—III. *Dynamique*. Mouvement d'un point libre; sur une courbe; sur une surface. Mouvement relatif. Application des principes généraux de la Dynamique au mouvement des systèmes. Mouvement d'un solide. Équations générales de la Mécanique. — La méthode de l'auteur est très-simple : il traite à fond une question choisie, puis laisse au lecteur le soin de résoudre de la même manière un certain nombre de questions analogues. On remarquera que toute la partie purement analytique de la Mécanique rationnelle est reportée dans un Chapitre assez étendu (36 pages), qui contient le principe des vitesses virtuelles, le principe de d'Alembert, les équations de Lagrange et de Hamilton et la méthode d'intégration de Jacobi.   P. M.

(Extrait du *Journal de l'Instruction publique*.)

LIBRAIRIE DE GAUTHIER-VILLARS,

QUAI DES AUGUSTINS, 55, A PARIS.

Envoi franco, contre mandat de poste ou valeur sur Paris,
dans tous les pays de l'Union postale.

MANUEL

DU MAGNANIER.

APPLICATION DES THÉORIES DE M. PASTEUR
A L'ÉDUCATION DES VERS A SOIE,

Par Léopold ROMAN,

DE MIRAMAS (B.-D.-R.)

UN BEAU VOLUME IN-18 JÉSUS,
AVEC NOMBREUSES FIG. DANS LE TEXTE ET 6 PL. EN COULEUR; 1876.

Prix : 4 fr. 50 c.

Grâce aux remarquables travaux de M. Pasteur, l'indus-
trie séricicole tend à reprendre son importance. Au décou-
ragement des éducateurs qui, depuis plus de vingt-cinq
ans, voyaient leurs récoltes tour à tour anéanties par des
maladies inconnues succède enfin la confiance en l'avenir.
Il est même certain que le jour où les magnaniers sauront
abandonner les errements de la routine et entrer franc-
chement dans la voie du progrès tracée par M. Pasteur,
que le jour où ils feront eux-mêmes leurs graines comme
autrefois, sans avoir recours à des marchands trop souvent
sans loyauté, que ce jour-là, disons-nous, s'ouvrira pour
la sériciculture une ère nouvelle qui lui rendra son an-
cienne prospéridté.

L'auteur du *Manuel du Magnanier*, instruit par de longues et pénibles expériences, a pensé qu'il rendrait un véritable service aux sériciculteurs en décrivant aussi simplement que possible les nouveaux procédés, et en mettant à la portée de toutes les intelligences la méthode simple et économique qui doit être appliquée.

Nous sommes heureux d'ajouter que le savant M. Pasteur, auquel la sériciculture doit une éternelle reconnaissance, a bien voulu accepter la dédicace de cet Ouvrage et lui donner son approbation.

TABLE DES MATIÈRES.

Paris. — Imp. de Gauthier-Villars, quai des Augustins, 55.

LIBRAIRIE DE GAUTHIER-VILLARS.

Quai des Grands-Augustins, 55.

DIEN et FLAMMARION. — Atlas céleste, comprenant toutes les Cartes de l'ancien Atlas de **Ch. Dien**, rectifié, augmenté et enrichi de 5 Cartes nouvelles relatives aux principaux objets d'études astronomiques, par **C. Flammarion**, avec une *Instruction* détaillée pour les diverses Cartes de l'Atlas. In-folio, cartonné avec luxe, de 31 planches gravées sur cuivre, dont 5 doubles. 3e édition; 1877.

Prix (1) | En feuilles, dans une couverture imprimée.. 40 fr.
| Cartonné avec luxe, toile pleine............ 45 fr.

Les Cartes composant cet Atlas sont les suivantes :

A. Constellations de l'hémisphère céleste boréal (*Carte double*).
B. Constellations de l'hémisphère céleste austral (*Carte double*).
1. Petite Ourse, Dragon, Céphée, Cassiopée, Persée.
2. Andromède, Cassiopée, Persée. Triangle.
3. Girafe, Cocher, Lynx, Télescope.
4. Grande Ourse, Petit Lion.
5. Chevelure de Bérénice, Lévriers, Bouvier, Couronne boréale.
6. Dragon, Carré d'Hercule, Lyre, Cercle mural.
7. Hercule, Ophiuchus, Serpent, Taureau de Poniatowski, Écu de Sobieski.
8. Cygne, Lézard, Céphée.
9. Aigle et Antinoüs, Dauphin, Petit Cheval, Renard, Oie, Flèche, Pégase.
10. Bélier, Taureau (Pléiades, Hyades, Mouche).
11. Gémeaux, Cancer, Petit Chien.
12. Lion, Sextant, Tête de l'Hydre.
13. Vierge.
14. Balance, Serpent, Hydre.
15. Scorpion, Ophiuchus, Serpent, Loup.

---

(1) Pour recevoir franco, par poste, dans tous les pays de l'Union postale, l'ATLAS *en feuilles*, soigneusement enroulé et enveloppé, ajouter.   2 fr.

Les dimensions (0m,50 sur 0m,35) de l'ATLAS *cartonné* ne permettant pas de l'expédier par la poste, cet Atlas *cartonné*, dont le poids est de 2kg,9, sera envoyé aux frais du destinataire, soit par messageries grande vitesse, soit par tout autre mode indiqué.

16. Sagittaire, Couronne australe.
17. Capricorne, Verseau, Poisson austral.
18. Poissons, Carré de Pégase.
19. Baleine, Atelier du Sculpteur.
20. Éridan, Lièvre, Colombe, Harpe, Sceptre, Laboratoire.
21. Orion, Licorne.
22. Grand Chien, Navire, Boussole.
23. Hydre, Coupe, Corbeau, Sextant, Chat.
24. Constellations voisines du pôle austral (*Carte double*).
25. Mouvements propres séculaires des étoiles (*Carte double*).
26. Carte générale des étoiles multiples, montrant leur distribution dans le Ciel (*Carte double*).
27. Étoiles multiples en mouvement relatif certain.
28. Orbites d'étoiles doubles et groupes d'étoiles les plus curieux du Ciel.
29. Les plus belles nébuleuses du Ciel.

On vend séparément un Fascicule contenant :

Les 5 *Cartes nouvelles*, n°s 25 à 29 de l'Atlas céleste, par **C. Flammarion**. Ces cartes sont renfermées dans une couverture imprimée, avec l'*Instruction* composée pour la nouvelle édition de l'Atlas.   15 fr.

SECCHI (le **P. A.**), Directeur de l'Observatoire du Collége Romain, Correspondant de l'Institut de France. — **Le Soleil**. 2ᵉ édition. PREMIÈRE et SECONDE PARTIE. Deux beaux volumes grand in-8, avec Atlas; 1875-1877. *Prix pour les Souscripteurs aux deux volumes.*   30 fr.

On vend séparément :

Iʳᵉ PARTIE. Un beau volume grand in-8, avec 150 fig. dans le texte et un atlas comprenant 6 grandes planches gravées sur acier (I. *Spectre ordinaire du Soleil* et *Spectre d'absorption atmosphérique*. — II. *Spectre de diffraction*, d'après la photographie de M. HENRY DRAPER — III, IV, V et VI. *Spectre normal du Soleil*, d'après ANGSTRÖM, et *Spectre normal du Soleil*, *portion ultra-violette*, par M. A. CORNU); 1875.   18 fr.

IIᵉ PARTIE. Un volume grand in-8, avec nombreuses figures dans le texte, et 13 planches, dont 12 en couleur (I à VIII. *Protubérances solaires.* — IX. *Type de tache du Soleil.* — X et XI, *Nébuleuses*, etc. — XII et XIII. *Spectres stellaires*); 1877.   18 fr.

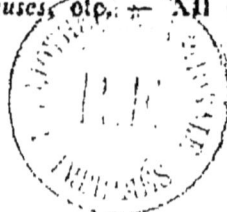

LIBRAIRIE DE GAUTHIER-VILLARS,
Quai des Augustins, 55.

PETIT TRAITÉ

DE PHYSIQUE,

A L'USAGE

DES ÉTABLISSEMENTS D'INSTRUCTION,

DES ASPIRANTS AUX BACCALAURÉATS ET DES CANDIDATS
AUX ÉCOLES DU GOUVERNEMENT,

Par M. J. JAMIN,

Membre de l'Institut, Professeur à l'École Polytechnique
et à la Faculté des Sciences de Paris.

In-8, avec nombreuses figures dans le texte ; 1870.
Prix : 8 francs.

Depuis le commencement de ce siècle, la Physique a
été renouvelée dans son ensemble : aussi ne peut-on qu'ap-
prouver l'Auteur du *Petit Traité de Physique* d'avoir,
même dans un livre élémentaire, exposé cette science au
point de vue des théories nouvelles. Dès les premiers mots,
l'Auteur démontre que la Chaleur est un mouvement molé-
culaire, et cette idée guide ensuite le lecteur dans toutes
les expériences et les explique. La Terre et les aimants
n'étant que des solénoïdes, on fait dépendre le Magné-
tisme de l'Électricité. L'Acoustique montre dans leurs
détails les vibrations longitudinales, transversales, circu-
laires et elliptiques ; elle prépare à l'Optique. Cette der-
nière Partie enfin est l'étude des vibrations de toute sorte
qui se produisent dans l'éther ; les interférences et la po-
larisation sont expliquées de la manière la plus élémen-
taire, et la Théorie vibratoire est rendue accessible à tous.
Un tel mode d'enseignement est appelé à rendre un réel
service aux élèves en les délivrant de ce que les savants
ont abandonné, en élevant leur esprit jusqu'à de plus
hautes conceptions, en leur montrant l'ensemble philoso-
phique d'une science déjà très avancée et qui semble tou-
cher à son terme.

LIBRAIRIE DE GAUTHIER-VILLARS,

QUAI DES AUGUSTINS, 55, A PARIS.

APERÇU HISTORIQUE

SUR L'ORIGINE ET LE DÉVELOPPEMENT

DES

MÉTHODES EN GÉOMÉTRIE

PARTICULIÈREMENT

DE CELLES QUI SE RAPPORTENT A LA GÉOMÉTRIE MODERNE

SUIVI D'UN

MÉMOIRE DE GÉOMÉTRIE

SUR DEUX PRINCIPES GÉNÉRAUX DE LA SCIENCE, LA DUALITÉ
ET L'HOMOGRAPHIE;

Par M. CHASLES,

Membre de l'Institut.

SECONDE ÉDITION, CONFORME A LA PREMIÈRE.

UN BEAU VOLUME IN-4 DE 850 PAGES; 1875.

Prix : **35** francs.

3660   Paris.— Imp. de GAUTHIER-VILLARS, quai des Augustins, 55.
(AVRIL 1877.)